Il tuo libro di testo su PC/MAC, tablet, smartphone

Come funziona?

È PERFETTO PER STUDIARE

Puoi scegliere il carattere, aumentarne le dimensioni, impostare la spaziatura e modificare lo sfondo della pagina che vanno meglio per te.
Le **mappe concettuali** e tutto il **testo in versione audio** sono un aiuto in più per andare incontro a tutte le tue esigenze.

È SEMPRE A PORTATA DI MANO

Puoi utilizzarlo su tutti i tipi di dispositivo: PC/MAC, netbook, tablet, smartphone. Il contenuto si adatta al device che stai usando per garantire la **massima leggibilità e la migliore esperienza di studio**.

È TUTTO SINCRONIZZATO

Ogni modifica o personalizzazione che apporti viene memorizzata e **la ritrovi su tutti i device**. Scrivi note e svolgi esercizi sul tuo smartphone e te li ritroverai sul tuo pc o tablet.

È TOTALMENTE PERSONALIZZABILE

Grazie a semplici funzioni puoi intervenire sulle lezioni da studiare: puoi **ritagliare** e **ricomporre i testi**, **evidenziare** e **annotare le tue osservazioni**.
Puoi aggiungere immagini e link a video o siti esterni e **prepararti le mappe concettuali** che più ti aiutano ad assimilare e ricordare ciò che stai studiando.

È UTILE PER RESTARE SEMPRE IN CONTATTO

Puoi **condividere** le tue attività col docente e con i tuoi compagni di classe, anche in tempo reale.

ATTIVA IL TUO EBOOK

1. Registrati a deascuola.it
2. Clicca su "attiva libro" e inserisci il codice nell'apposito campo
3. Entra subito nel tuo eBook online

Istruzioni per il BUON USO

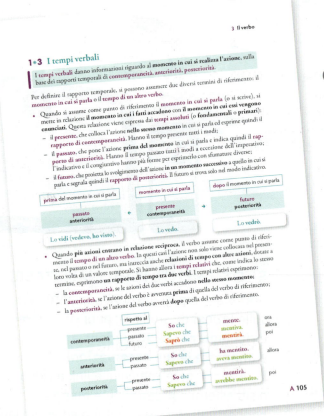

Grafica, lettering e colori della teoria

Abbiamo cercato di aiutarti nello studio evidenziando le parole del testo della teoria con tre colori: il **lilla**, l'**azzurro** e il **nero**.

Le parole di cui diamo la **definizione** sono evidenziate in **lilla**, le parole con cui diamo le **spiegazioni** sono evidenziate in **nero**, le **parole azzurre** sono gli **esempi**.

Per spiegarti dei concetti in contrapposizione tra loro usiamo colori differenti: il **lilla** e l'**azzurro**, il **verde** e l'**arancio**.

Grafica, simboli e colori delle rubriche

Per aiutarti ad approfondire e memorizzare le regole e a districarti tra i trabocchetti della grammatica, hai a disposizione **5 rubriche** che potrai usare come utili cassette degli attrezzi.

NEL VIVO DELLA LINGUA
per apprendere e capire alcuni usi che, pur non dettati da vere e proprie regole grammaticali, si sono consolidati nella nostra lingua.

I TRUCCHI DEL MESTIERE
per risolvere, con consigli pratici e tutorial, i dubbi più spinosi.

FACCIAMO IL PUNTO SU...
per mettere a confronto concetti e funzioni diverse.

OCCHIO ALL'ERRORE
per capire al volo che cosa devi fare.

IL BUON USO DELLA SCRITTURA
per acquisire strategie di buona scrittura.

Colori, etichette e tipologie di esercizi

Ogni esercizio è contrassegnato da un'etichetta azzurra che ti indica quali **COMPETENZE** devi acquisire: **FONETICHE**, **ORTOGRAFICHE**, **MORFOLOGICHE**, **SINTATTICHE**, **LESSICALI**, **TESTUALI**, **DI SCRITTURA**.

L'etichetta **DALLA GRAMMATICA ALLA SCRITTURA** contrassegna gli esercizi che ti aiutano ad applicare le regole grammaticali per imparare a scrivere in modo corretto; altri esercizi danno vita ad alcuni percorsi tematici su **MITO**, **STORIA**, **SCIENZE**, **TEATRO**.
I brani che spiegano l'origine e il significato di parole difficili, modi di dire o termini nuovi, e il contesto in cui si usano sono identificati da: **DENTRO LE PAROLE** e **PAROLE DI OGGI**.
Nell'indice iniziale, al fondo degli argomenti di ogni unità, sono raccolte tutte le parole oggetto di queste tipologie di esercizi.

> **DENTRO LE PAROLE** derby, 38 • avere il bernoccolo, 39 • sport, 43 • Per un punto Martin perse la cappa, 44 • modi di dire o espressioni idiomatiche, 50 • Tallone d'Achille, 50 • pomo della discordia, 50

Imparare a imparare

Le competenze sono un traguardo che devi raggiungere esercitandoti costantemente: per questo, gli esercizi sono articolati in **5 diverse serie**, che scandiscono il percorso di ogni Unità:

ALLENA LE COMPETENZE — ti permette di verificare le tue conoscenze e abilità subito dopo ogni paragrafo di teoria.

RAFFORZA LE TUE COMPETENZE — ti aiuta a riepilogare i contenuti di una o più Unità e consolidare le competenze.

METTI IN GIOCO LE TUE COMPETENZE — ti permette di esercitare tutte le competenze linguistiche in modo trasversale e originale.

VERIFICA LE TUE COMPETENZE — alla fine dell'Unità, ti consente di verificare le competenze acquisite attraverso prove con punteggi chiusi.

PREPARATI ALLA PROVA INVALSI — ti pemette di allenarti alla Prova omonima.

VERIFICA FINALE delle COMPETENZE — Alla fine delle parti di **Morfologia** e **Sintassi** potrai verificare l'insieme delle competenze acquisite.

I livelli degli esercizi

Tutti gli esercizi hanno un livello di difficoltà da 1 a 3 ○○○.
Gli esercizi ad alta leggibilità sono riconoscibili grazie all'icona .
Gli esercizi **SUPER!** rappresentano una sfida per i più bravi.

Nelle pagine precedenti trovi le istruzioni per utilizzare questo manuale in formato eBook. Ricorda che gli esercizi con il simbolo 📝 diventano interattivi, così come le mappe concettuali 🎬.

Indice

Parte 1 — La parola 15

1 I suoni delle parole e i segni grafici 16

1 Le vocali 18
  1.1 I dittonghi, i trittonghi, gli iati 18
  ALLENA LE COMPETENZE 19

2 Le consonanti 20
  Il buon uso della scrittura
  I dubbi ortografici /1 20
  2.1 Le consonanti doppie 22
  Il buon uso della scrittura
  I dubbi ortografici /2 22
  2.2 I digrammi e i trigrammi 22
  ALLENA LE COMPETENZE 23

3 La sillaba 26
  ALLENA LE COMPETENZE 26
  I trucchi del mestiere
  Come dividere in sillabe 27

4 L'accento tonico e l'accento grafico 28
  ALLENA LE COMPETENZE 29
  Il buon uso della scrittura
  Monosillabi con e senza accento 30

5 L'elisione e il troncamento 32
  Il buon uso della scrittura
  Andare a capo con una parola da apostrofare 34
  ALLENA LE COMPETENZE 34
  I trucchi del mestiere
  Quando usare l'apostrofo 35
  I trucchi del mestiere
  Quando scrivere *ce nel c'è nél ce n'è, s'èl sél se, se n'èl se ne, m'èl me, t'èl te* 37

RAFFORZA LE TUE COMPETENZE 38

6 I segni di punteggiatura 40
  6.1 La virgola 41
  6.2 Il punto e virgola e i due punti 42
  ALLENA LE COMPETENZE 43
  6.3 Il punto, il punto interrogativo e il punto esclamativo 45

  6.4 La lettera maiuscola 46
  ALLENA LE COMPETENZE 46
  6.5 Gli altri segni grafici 47
  Il buon uso della scrittura al computer
  I caratteri, la spaziatura, l'accento 49
  ALLENA LE COMPETENZE 50

RAFFORZA LE TUE COMPETENZE 51
MAPPA DELLE CONOSCENZE 52
METTI IN GIOCO LE TUE COMPETENZE 54
PREPARATI ALLA PROVA INVALSI 58
VERIFICA LE TUE COMPETENZE 59

DENTRO LE PAROLE illazione, 34 • ematoma, 34 • ecchimosi, 34 • input, 34 • *derby*, 38 • avere il bernoccolo, 39 • sport, 43 • per un punto Martin perse la cappa, 44 • modi di dire o espressioni idiomatiche, 50 • **STORIA** Guai ai vinti!, 19 • La carta e la sua produzione, 51 • La punteggiatura nelle edizioni latine, 51 • La mano di Muzio Scevola, 59

Mappa interattiva

Gli esercizi dell'unità contrassegnati da questo simbolo diventano interattivi sull'eBook.

2 La forma e il significato delle parole 60

1 La struttura delle parole 62
  ALLENA LE COMPETENZE 62

2 Il lessico e la formazione delle parole 63
  2.1 La derivazione 63
  2.2 L'alterazione 66
  ALLENA LE COMPETENZE 67
  2.3 La composizione 69
  ALLENA LE COMPETENZE 71
  2.4 Il prestito 72
  ALLENA LE COMPETENZE 74

RAFFORZA LE TUE COMPETENZE 75

A 4

Indice

3 Le relazioni di significato tra le parole — 76

   3.1 L'omonimìa — 76

   3.2 La polisemìa — 76
   ALLENA LE COMPETENZE — 77

   3.3 Il significato denotativo e il significato connotativo — 79
   ALLENA LE COMPETENZE — 80

   3.4 I sinonimi — 81
   ALLENA LE COMPETENZE — 82

   3.5 Gli antònimi — 83
   ALLENA LE COMPETENZE — 84

   3.6 Gli iperònimi e gli ipònimi; gli olònimi e i merònimi — 85
   ALLENA LE COMPETENZE — 85

4 Le famiglie di parole e i campi semantici — 86
   ALLENA LE COMPETENZE — 86
   Il buon uso del dizionario
   I diversi significati registrati nel dizionario — 88

RAFFORZA LE TUE COMPETENZE — 89
MAPPA DELLE CONOSCENZE — 90
METTI IN GIOCO LE TUE COMPETENZE — 92
PREPARATI ALLA PROVA INVALSI — 96
VERIFICA LE TUE COMPETENZE — 98

DENTRO LE PAROLE *hacker*, 74 • *cracker*, 74 • nome di battesimo, 75 • omónimo, 75 • soprannome, 75 • pseudonimo, 75 • prestanome, 75 • onomastica, 75 • toponomastica, 75 • bancarotta, 75 • corsa a staffetta, 78 • ingannare, 82 • risolvere, 82 • *curling*, 92 • omofobia, 94 • fobia, 94 • *gay*, 94 • lesbica, 94

Mappa interattiva

Gli esercizi dell'unità contrassegnati da questo simbolo diventano interattivi sull'eBook.

Parte 2 — La morfologia — 99

3 Il verbo — 100

1 La struttura del verbo — 102

   1.1 La persona e il numero — 102
   Nel vivo della lingua
   Il soggetto sottinteso — 103
   ALLENA LE COMPETENZE — 103

   1.2 I modi verbali — 104
   ALLENA LE COMPETENZE — 104

   1.3 I tempi verbali — 105
   ALLENA LE COMPETENZE — 106
   I trucchi del mestiere
   Come distinguere il rapporto di tempo tra due verbi — 107

   1.4 L'aspetto — 108
   ALLENA LE COMPETENZE — 109

2 Il genere e la forma del verbo — 110

   2.1 I verbi transitivi — 110
   ALLENA LE COMPETENZE — 111

   2.2 I verbi intransitivi — 112
   I trucchi del mestiere
   Come distinguere se un verbo è transitivo o intransitivo — 112
   ALLENA LE COMPETENZE — 113

   2.3 La funzione transitiva e intransitiva — 115
   ALLENA LE COMPETENZE — 116

   2.4 La forma attiva — 117
   ALLENA LE COMPETENZE — 117
   Occhio all'errore
   Che voi sogniate o *che voi sognate*? — 120

   2.5 La forma passiva — 121
   Nel vivo della lingua
   La direzione dell'azione nella frase passiva — 121
   Nel vivo della lingua
   Usi particolari del *si* passivante — 122
   ALLENA LE COMPETENZE — 123
   I trucchi del mestiere
   Come distinguere i verbi di forma attiva da quelli di forma passiva — 123
   I trucchi del mestiere
   Come analizzare una forma passiva — 124

A 5

Indice

I trucchi del mestiere
Come volgere alla forma passiva una voce
verbale attiva   124

2.6 La forma riflessiva   126

Nel vivo della lingua
L'uso intensivo delle particelle pronominali   127

I trucchi del mestiere
Come riconoscere la forma riflessiva
e distinguerne i tipi   127

ALLENA LE COMPETENZE   128

2.7 La forma intransitiva pronominale   129

I trucchi del mestiere
Come distinguere la forma intransitiva pronominale
dalla forma riflessiva   130

ALLENA LE COMPETENZE   130

2.8 La forma impersonale   132

Nel vivo della lingua
L'ausiliare dei verbi indicanti fenomeni atmosferici   132

Nel vivo della lingua
L'uso figurato dei verbi indicanti fenomeni
atmosferici   132

I trucchi del mestiere
Come riconoscere la forma impersonale   133

ALLENA LE COMPETENZE   134

RAFFORZA LE TUE COMPETENZE   135

Facciamo il punto su... la particella *si*   136

3 Le funzioni del verbo   138

3.1 I verbi copulativi   138

ALLENA LE COMPETENZE   140

3.2 I verbi ausiliari   141

ALLENA LE COMPETENZE   141

3.3 I verbi servili   143

3.4 I verbi fraseologici   143

ALLENA LE COMPETENZE   144

RAFFORZA LE TUE COMPETENZE   146

4 Gli usi dell'indicativo e dei suoi tempi   148

4.1 Il presente   148

ALLENA LE COMPETENZE   149

4.2 L'imperfetto   150

Nel vivo della lingua
Usi dell'imperfetto nella lingua parlata   150

4.3 Il passato remoto   151

Nel vivo della lingua
Usi regionali del passato remoto
e del passato prossimo   151

ALLENA LE COMPETENZE   152

Occhio all'errore
Se lo facevi tu o se lo avessi fatto tu?   153

4.4 Il passato prossimo   154

ALLENA LE COMPETENZE   154

4.5 Il trapassato prossimo   155

4.6 Il trapassato remoto   155

ALLENA LE COMPETENZE   155

4.7 Il futuro semplice   156

4.8 Il futuro anteriore   156

ALLENA LE COMPETENZE   157

RAFFORZA LE TUE COMPETENZE   158

5 Gli usi del congiuntivo e dei suoi tempi   162

Nel vivo della lingua
Congiuntivo o indicativo?   163

ALLENA LE COMPETENZE   164

Occhio all'errore
Lo facci lei o lo faccia lei?   165

RAFFORZA LE TUE COMPETENZE   167

Facciamo il punto su...
l'uso del congiuntivo nelle dipendenti   167

6 Gli usi del condizionale e dei suoi tempi   169

ALLENA LE COMPETENZE   170

Occhio all'errore
Se scriverei o se scrivessi?   171

Facciamo il punto su...
l'uso dei tempi dei modi finiti nelle proposizioni
dipendenti   172

RAFFORZA LE TUE COMPETENZE   174

7 Gli usi dell'imperativo   177

Nel vivo della lingua
Altre forme per impartire un ordine
o fare una richiesta   177

ALLENA LE COMPETENZE   178

8 Gli usi dell'infinito e dei suoi tempi   179

ALLENA LE COMPETENZE   180

9 Gli usi del participio e dei suoi tempi   182

Nel vivo della lingua
Il participio assoluto   183

ALLENA LE COMPETENZE   184

I trucchi del mestiere
Come riconoscere se un participio è nome,
aggettivo o verbo   185

Occhio all'errore
L'uso corretto del participio passato   186

A 6

Indice

10	**Gli usi del gerundio e dei suoi tempi**	188
	ALLENA LE COMPETENZE	189
	Il buon uso della scrittura L'uso corretto del gerundio	189
11	**La coniugazione**	191
	Il buon uso del dizionario Il verbo nei dizionari	191
	Coniugazione del verbo *essere*	192
	Coniugazione del verbo *avere*	193
	1ª coniugazione attiva: verbo *amare*	194
	2ª coniugazione attiva: verbo *temere*	195
	3ª coniugazione attiva: verbo *servire*	196
	1ª coniugazione passiva: verbo *amare*	197
	1ª coniugazione riflessiva: verbo *lavarsi*	198
	I principali verbi irregolari	199
	I principali verbi difettivi	205
MAPPA DELLE CONOSCENZE		206
METTI IN GIOCO LE TUE COMPETENZE		208
	Il buon uso della scrittura Le oscillazioni dei tempi verbali	214
PREPARATI ALLA PROVA INVALSI		216
VERIFICA LE TUE COMPETENZE		218

DENTRO LE PAROLE cattività, 104 • accattivarsi, 104 • accattivante, 104 • allettante, 104 • seducente, 104 • scostante, 104 • cattivo, 107 • cattiveria, 107 • mitologia, 113 • mito, 113 • mitologico, 113 • mitico, 113 • *robot*, 114 • androide, 114 • *pacemaker*, 135 • manovra, 140 • manovra economica, 140 • globalizzazione, 142 • cappio, 142 • scapolo, 142 • corollario, 145 • corolla, 145 • *okay*, 158 • strega, 158 • caccia alle streghe, 158 • maccartismo, 159 • colpo della strega, 159 • Titani, 160 • atlante, 160 • titanico, 160 • pomo della discordia, 161 • sibillino, 164 • linciaggio, 174 • olimpiade, 175 • *pentathlon*, 175 • dongiovanni, 180 • casanova, 180 • antisettico, 184 • germicida, 184 • disinfestante, 184 • narcotizzante, 184 • monouso, 184 • esondare, 184 • tabagismo, 184 • fuorviante, 184 • geriatria, 184 • vessatorio, 184 • angheria, 184 • additivi, 185 • edulcoranti, 185 • liofilizzati, 185 • passare la notte in bianco, 189 • candidato, 189 • chi ha fatto trenta può fare trentuno, 209 • spartano, 210 • laconico, 210 • perdere le staffe o la trebisonda o la tramontana, 210 • Trebisonda, 210 • tramontana, 211 • capro espiatorio, 211 • espiare, 211 • nicotina, 211 • *smoking*, 211 • fatica di Sisifo, 212 **MITO** La trasmissione dei miti, 135 • Gli Atridi, 136 • Deucalione e Pirra, 137 • Il diluvio, 137 • Clitennestra, 146 • Il sacrificio di Ifigenia, 147 • La morte di Agamennone, 147 • I Titani, 160 • Pomo della discordia, 161 • Ulisse, ovvero Odisseo, 176 • La prima astuzia di Odisseo, 176 • Odisseo tenta di disertare la guerra, 176 • Sisifo, 212 • Il castigo di Sisifo, 212 **STORIA** Alessandro Magno e il cavallo Bucefalo, 153 • maccartismo, 159 • Le Sibille nell'antichità, 168 • La Sibilla, profetessa cristiana, 168 • Le avventure di Casanova, 181 • Il mito di Casanova, 181 • Inno di Mameli, 209 **TEATRO** Storia de *La traviata*, 215

Lingue a confronto Il verbo

Mappa interattiva

Gli esercizi dell'unità contrassegnati da questo simbolo diventano interattivi sull'eBook.

4 L'articolo — 220

1	**Le forme dell'articolo**	222
	ALLENA LE COMPETENZE	222
2	**Gli usi dell'articolo**	225
	Nel vivo della lingua Altri valori dell'articolo determinativo	225
	Occhio all'errore Mio figlio o il mio figlio?	225
	Nel vivo della lingua Altri valori dell'articolo indeterminativo	226
	Il buon uso della scrittura Quando non si usa nessun tipo di articolo	227
	ALLENA LE COMPETENZE	228
	I trucchi del mestiere Come distinguere l'articolo partitivo dalla preposizione *di*	228
RAFFORZA LE TUE COMPETENZE		229
METTI IN GIOCO LE TUE COMPETENZE		230

DENTRO LE PAROLE tagliare la corda, 223 • dubbio amletico, 223 • mangiare la foglia, 224 • sabotaggio, 229 • ostruzionismo, 229 • ostruzionismo parlamentare, 229 • caloria, 229 **STORIA** fare un quarantotto, 231

Gli esercizi dell'unità contrassegnati da questo simbolo diventano interattivi sull'eBook.

5 Il nome — 232

1	**Il significato dei nomi**	234
	Nel vivo della lingua Prima il nome, poi il cognome!	234
	Nel vivo della lingua Astratto o concreto?	235
	ALLENA LE COMPETENZE	236
	Il buon uso della scrittura La concordanza con i nomi collettivi	239
2	**La forma dei nomi: il genere**	240
	Nel vivo della lingua La falsa variazione di genere	241
	ALLENA LE COMPETENZE	241

A 7

Indice

3 La forma dei nomi: il numero   244
    ALLENA LE COMPETENZE   246

4 La struttura e la formazione dei nomi   247
    Nel vivo della lingua
    I falsi alterati   247
    ALLENA LE COMPETENZE   249

RAFFORZA LE TUE COMPETENZE   251
MAPPA DELLE CONOSCENZE   253
METTI IN GIOCO LE TUE COMPETENZE   254
VERIFICA LE TUE COMPETENZE: IL NOME E L'ARTICOLO   256

> **DENTRO LE PAROLE** rodersi il fegato, 237 • avere un bel fegato, 237 • essere senza cervello, 238 • dare di volta il cervello, 238 • cervello di gallina, 238 • non avere cuore, 238 • persona di cuore, 238 • cassandra, 246 • battistrada, 250 • spartitraffico, 250 • telepass, 250 • coprifuoco, 251 • a vanvera, 251 • *ab ovo*, 251 • ipocondria, 252 • guastafeste, 252 • bassorilievo, 252 • dendrocronologia, 252 • demagogia, 252 • ematologia, 252 • tappabuchi, 252 • popolo, 252 • popolazione, 252 • cittadinanza, 252   **MITO** Cassandra, 236 • Cassandra e il cavallo di Troia, 236

 Lingue a confronto
Il nome

 Mappa interattiva

 Gli esercizi dell'unità contrassegnati da questo simbolo diventano interattivi sull'eBook.

6 L'aggettivo qualificativo   258

1 La forma e la concordanza degli aggettivi qualificativi   260
    ALLENA LE COMPETENZE   261

2 Le funzioni e le posizioni dell'aggettivo   263
    Nel vivo della lingua
    Posizione diversa, significato diverso   263
    ALLENA LE COMPETENZE   264

3 La struttura e la formazione degli aggettivi   266
    ALLENA LE COMPETENZE   267

4 I gradi di intensità dell'aggettivo   269
    ALLENA LE COMPETENZE   271
    I trucchi del mestiere
    Come distinguere il comparativo di maggioranza e di minoranza dal superlativo relativo   272

Occhio all'errore
È *migliore* o *il più migliore*?   274

RAFFORZA LE TUE COMPETENZE   275
MAPPA DELLE CONOSCENZE   279
METTI IN GIOCO LE TUE COMPETENZE   280
PREPARATI ALLA PROVA INVALSI   **282**
VERIFICA LE TUE COMPETENZE   284

> **DENTRO LE PAROLE** altruista, 261 • egoista, 261 • temerario, 261 • subdolo, 261 • oculato, 261 • volpino, 264 • corvino, 264 • aquilino, 264 • taurino, 264 • animalesco, 264 • belluino, 264 • canini, 264 • rapace, 264 • felini, 264 • volontà di ferro, 267 • corpo di vetro, 267 • periodo d'oro, 267 • torre d'avorio, 267 • idrogenati, 267 • cardiovascolare, 267 • cardiocircolatorio, 267 • vandalismo, 268 • ecumene, 271 • anecumene, 271 • paria, 271 • brutto come un rospo, 273 • ingoiare un rospo, 273 • sputare il rospo, 273 • indorare la pillola, 273 • cogliere al volo, 275 • capirsi al volo, 275 • prendere il volo, 275 • volo pindarico, 275 • *bluetooth*, 276 • fare le cose alla carlona, 277 • vestirsi alla carlona, 277 • gioviale, 278 • erculeo, 278 • giunonico, 278 • venereo, 278 • afrodisiaco, 278 • marziale, 278 • vulcano, 278 • mercurio, 278 • sistema solare, 280   **STORIA** Il crollo dell'Impero, 268 • I vestiti *casual* dell'imperatore Carlo Magno, 277

 Lingue a confronto
L'aggettivo qualificativo

 Mappa interattiva

 Gli esercizi dell'unità contrassegnati da questo simbolo diventano interattivi sull'eBook.

7 **Il pronome e gli aggettivi pronominali**   286

1 I pronomi personali   288
    1.1 I pronomi personali in funzione di soggetto   289
    Nel vivo della lingua
    Quando il pronome personale soggetto va espresso   289
    Nel vivo della lingua
    Noi al posto di *io*   290

    1.2 I pronomi personali in funzione di complemento   290

    1.3 I pronomi allocutivi   292
    ALLENA LE COMPETENZE   293
    I trucchi del mestiere
    Come riconoscere la funzione logica delle forme atone   295
    Occhio all'errore
    A me mi piaci proprio te o *a me piaci proprio tu*?   297

    1.4 I pronomi personali riflessivi   299
    ALLENA LE COMPETENZE   300
    Facciamo il punto su...
    le funzioni di *ci* e *vi*   301

RAFFORZA LE TUE COMPETENZE   302

Indice

2 I pronomi relativi — 304
2.1 I pronomi relativi misti — 305
ALLENA LE COMPETENZE — 306
I trucchi del mestiere
Come distinguere *che* soggetto da *che* complemento oggetto — 307
Il buon uso della scrittura
L'uso del pronome relativo — 309

RAFFORZA LE TUE COMPETENZE — 313

3 I pronomi e gli aggettivi possessivi — 316
Nel vivo della lingua
Gli aggettivi possessivi in funzione sostantivata — 317
ALLENA LE COMPETENZE — 317
Occhio all'errore
Sua zia o *la sua zia*? — 319

4 I pronomi e gli aggettivi dimostrativi — 320
ALLENA LE COMPETENZE — 321

RAFFORZA LE TUE COMPETENZE — 322

Facciamo il punto su...
le funzioni di *ne* — 322

5 I pronomi e gli aggettivi indefiniti — 324
ALLENA LE COMPETENZE — 325

6 I pronomi e gli aggettivi interrogativi ed esclamativi — 327
ALLENA LE COMPETENZE — 328
Facciamo il punto su...
le diverse funzioni di *che* — 329
Facciamo il punto su...
chi — 330

7 I pronomi e gli aggettivi numerali — 331
Nel vivo della lingua
Gli aggettivi numerali sostantivati — 332
ALLENA LE COMPETENZE — 333
Il buon uso della scrittura
Come si scrivono i numeri in cifre romane e i secoli — 334

RAFFORZA LE TUE COMPETENZE — 336
MAPPA DELLE CONOSCENZE — 340
METTI IN GIOCO LE TUE COMPETENZE — 342
PREPARATI ALLA PROVA INVALSI — 345
VERIFICA LE TUE COMPETENZE — 348

DENTRO LE PAROLE Europa, 294 • fisco, 306 • culinaria, 307 • gastronomia, 307 • ragù, 307 • mozzarella, 307 • confiscare, 308 • enologia, 311 • etologia, 311 • entomologia, 311 • etnologia, 311 • laurea, 311 • eco, 313 • pallavolo, 313 • narcisista, 314 • giro di vite, 315 • *background*, 323 • *puzzle*, 328 • *sandwich*, 328 • i nomi dei mesi, 333 • schiavo, 334 • ciao, 334 • quadratura del cerchio, 336 • vegano, 337 • padre padrone, 337 • *J'accuse*, 337 • tallone d'Achille, 339 • le bugie hanno le gambe corte, 345   **MITO** il rapimento di Europa, 294 • Europa, 294 • Teseo, 303 • Egeo ritrova suo figlio, 303 • eco, 313 • Narciso, 314 • Il Minotauro, 342 • Teseo, 343 • Achille si nasconde dal re Licomede, 343 • Achille viene smascherato, 344

 Lingue a confronto
I pronomi personali e relativi

 Mappa interattiva

 Gli esercizi dell'unità contrassegnati da questo simbolo diventano interattivi sull'eBook.

8 Le parti invariabili del discorso — 350

1 L'avverbio — 352
Nel vivo della lingua
Aggettivi in funzione di avverbi — 353
Nel vivo della lingua
Il significato dell'avverbio *mai* — 354
ALLENA LE COMPETENZE — 356
I trucchi del mestiere
Come distinguere un avverbio da un aggettivo o da un pronome — 358
1.1 I gradi di intensità dell'avverbio — 360
ALLENA LE COMPETENZE — 360
Occhio all'errore
Meglio o *più meglio*? — 361

2 La preposizione — 362
ALLENA LE COMPETENZE — 363
Nel vivo della lingua
Verbi e aggettivi che si costruiscono solo con certe preposizioni — 364
Facciamo il punto su...
alcune preposizioni — 365

3 La congiunzione — 366
Facciamo il punto su...
i connettivi — 366
3.1 Le congiunzioni coordinanti — 367
3.2 Le congiunzioni subordinanti — 368
ALLENA LE COMPETENZE — 369
Il buon uso della scrittura
Assolutamente sì, assolutamente no, piuttosto che! — 371

Indice

Facciamo il punto su...
la congiunzione *che* — 372
RAFFORZA LE TUE COMPETENZE — 373

4 L'interiezione — 376
ALLENA LE COMPETENZE — 377

MAPPA DELLE CONOSCENZE — 378
METTI IN GIOCO LE TUE COMPETENZE — 380
PREPARATI ALLA PROVA INVALSI — 383
VERIFICA LE TUE COMPETENZE — 384

I trucchi del mestiere
Come si fa l'analisi grammaticale — 386

VERIFICA FINALE DELLE COMPETENZE – MORFOLOGIA — 390

DENTRO LE PAROLE *corner*, 356 • *gol*, 356 • *autogol*, 356 • presto e bene non stanno insieme, 356 • presto e bene raro avviene, 356 • chi va piano va sano e va lontano, 356 • chi va forte va alla morte, 356 • chi tardi arriva male alloggia, 356 • chi ha tempo non aspetti tempo, 356 • chi dorme non piglia pesci, 356 • beati i primi..., 356 • tante teste, tanti pareri, 356 • menare il can per l'aia, 357 • trebbiare, 357 • fallo, 363 • folla, 363 • *ultras*, 363 • *dribbling*, 364 • dribblare, 364 • avere la coda di paglia, 365 • eclatante, 369 • plagio, 369 • plagiare, 369 • *inter nos*, 370 • *non plus ultra*, 370 • postumo, 370 • postumi, 370 • inflazione, 371 • salvare capra e cavoli, 373 • il dado è tratto, 374 • *gratis*, 380 • placebo, 380 • senza infamia e senza lode, 381 • ignavi, 381 • rosa dei venti, 382 • grecale, 382 • scirocco, 382 • libeccio, 382 • maestrale, 382 • levante, 382 • ponente, 382 • austro, 382 • tramontana, 382 • Bel Paese, 382   **STORIA** il dado è tratto, 374

 Lingue a confronto
Le parti invariabili del discorso

 Mappa interattiva

 Gli esercizi dell'unità contrassegnati da questo simbolo diventano interattivi sull'eBook.

Parte 3 La sintassi — 397

9 La sintassi della frase semplice — 398

1 La struttura della proposizione — 400
1.1 Il nucleo della frase e le valenze del verbo — 400
1.2 Le espansioni — 402
1.3 I complementi-argomento e i complementi circostanziali — 403
ALLENA LE COMPETENZE — 404

2 Il predicato — 406
2.1 Il predicato verbale — 406
2.2 Il predicato nominale — 407
2.3 La frase nominale — 408
ALLENA LE COMPETENZE — 408

Facciamo il punto su...
le funzioni del verbo *essere* — 411

I trucchi del mestiere
Come si fa l'analisi logica — 414

3 Il soggetto — 416
Nel vivo della lingua
L'inversione del soggetto e del complemento oggetto — 417

I trucchi del mestiere
Come riconoscere il soggetto — 417
ALLENA LE COMPETENZE — 418

4 L'attributo e l'apposizione — 421
Nel vivo della lingua
Il nome *città* — 422
ALLENA LE COMPETENZE — 422

5 La classificazione dei complementi — 426
5.1 Il complemento oggetto (o diretto) — 426
ALLENA LE COMPETENZE — 427
5.2 Il complemento di termine — 430
ALLENA LE COMPETENZE — 430
5.3 Il complemento di specificazione — 432
ALLENA LE COMPETENZE — 433
RAFFORZA LE TUE COMPETENZE — 436
5.4 Il complemento d'agente e il complemento di causa efficiente — 439
Facciamo il punto su...
il passaggio dalla frase attiva a quella passiva — 439
ALLENA LE COMPETENZE — 440
5.5 Il complemento di causa — 442
ALLENA LE COMPETENZE — 442

A 10

Indice

5.6 Il complemento di fine — 443
ALLENA LE COMPETENZE — 443
I trucchi del mestiere
Come distinguere il complemento di causa
dal complemento di fine — 443

5.7 Il complemento di mezzo — 446

5.8 Il complemento di modo — 446

5.9 Il complemento di compagnia
e il complemento di unione — 447
I trucchi del mestiere
Come distinguere i complementi di mezzo,
di modo, di compagnia o unione — 447
ALLENA LE COMPETENZE — 448

RAFFORZA LE TUE COMPETENZE — 451

5.10 I complementi di luogo — 454
ALLENA LE COMPETENZE — 456

5.11 Il complemento di allontanamento
o di separazione — 458

5.12 Il complemento di origine
o di provenienza — 458
I trucchi del mestiere
Come distinguere il complemento di origine
dal complemento di moto da luogo — 458
ALLENA LE COMPETENZE — 459

5.13 I complementi di tempo — 460
ALLENA LE COMPETENZE — 461

5.14 Il complemento predicativo — 463
ALLENA LE COMPETENZE — 464
I trucchi del mestiere
Come distinguere il complemento predicativo — 465

RAFFORZA LE TUE COMPETENZE — 468

5.15 Il complemento di qualità — 471

5.16 Il complemento di argomento — 471
ALLENA LE COMPETENZE — 471

5.17 Il complemento
di denominazione — 472
ALLENA LE COMPETENZE — 472

5.18 Il complemento partitivo — 473

5.19 Il complemento di paragone — 474

5.20 Il complemento di materia — 474

5.21 Il complemento di età — 474
ALLENA LE COMPETENZE — 475
I trucchi del mestiere
Come distinguere i complementi introdotti
dalla preposizione *di* — 477

5.22 Il complemento di limitazione — 479

5.23 I complementi di vantaggio
e di svantaggio — 479

5.24 Il complemento di colpa — 479

5.25 Il complemento di pena — 480
ALLENA LE COMPETENZE — 480

5.26 I complementi di quantità — 483

5.27 I complementi di abbondanza
e di privazione — 484
ALLENA LE COMPETENZE — 485

5.28 Il complemento di rapporto — 486

5.29 Il complemento di esclusione
o eccettuativo — 486

5.30 Il complemento di sostituzione
o di scambio — 486

5.31 Il complemento concessivo — 487

5.32 Il complemento distributivo — 487

5.33 Il complemento vocativo — 487
ALLENA LE COMPETENZE — 488

RAFFORZA LE TUE COMPETENZE — 489

MAPPA DELLE CONOSCENZE — 492

METTI IN GIOCO LE TUE COMPETENZE — 493

PREPARATI ALLA PROVA INVALSI — 497

VERIFICA LE TUE COMPETENZE — 499

DENTRO LE PAROLE famiglia, 408 • patriarcale, 408 • mononucleare, 409 • monoparentale, 409 • allargata, 409 • di fatto, 409 • monogamica, 409 • poligamica, 409 • sindacati, 409 • sciopero, 409 • scioperato, 409 • specie, 410 • genere, 410 • ordine, 410 • ferie, 412 • feriale, 412 • ferragosto, 412 • sissizi, 412 • brodo nero, 412 • Oscar, 419 • Nobel, 419 • ZTL, 422 • inquinamento acustico, 422 • sciopero selvaggio, 423 • sciopero bianco, 423 • *cool*, 423 • *mainstream*, 423 • *trend*, 424 • *trendy*, 424 • *ketchup*, 424 • besciamella, 424 • maionese, 424 • *brandy*, 425 • *cognac*, 425 • *armagnac*, 425 • barolo, 425 • barbaresco, 425 • tartufo, 425 • mangiare la foglia, 427 • spada di Damocle, 427 • machiavellico, 429 • centauro, 429 • estradizione, 430 • defezione, 430 • giallo, 433 • Argentina, 434 • Terra del Fuoco, 434 • onomatopeico, 435 • *boom*, 435 • diagnosi, 435 • anamnesi, 435 • prognosi, 435 • posologia, 435 • effetti collaterali, 435 • pigmalione, 437 • carpaccio, 440 • *Harry's Bar*, 441 • faida, 444 • legge del taglione, 444 • guidrigildo, 444 • metabolismo, 445 • biopsia, 445 • ematoma, 445 • ecchimosi, 445 • ipocondria, 445 • ipocondriaco, 445 • eutanasia, 445 • omeopatia, 448 • circuire, 448 • coatto, 448 • *business*, 448 • appalto, 448 • abrogazione, 448 • a tutta birra, 448 • a tutto gas, 448 • alla chetichella, 448 • acqua cheta, 448 • alla romana, 448 • alla cacciatora, 449 • alla Bismarck, 449 • bullismo, 449 • uragano, 450 • *motel*, 450 • *brunch*, 450 • ordalia, 451 • *identikit*, 452 • fatiche d'Ercole, 457 • *offshore*, 459 • *jeep*, 459 • S.U.V., 459 • paradisi fiscali, 459 • denaro sporco, 459 • evasione fiscale, 459 • maneggiare, 459 • maneggio, 459 • *manager*, 459 • asso nella manica, 459 • *virus*, 462 • bermuda, 467 • *montgomery*, 467 • ipnosi, 467 • morfina, 467 • estate di San Martino, 469 • oratorio, 469 • cappellani, 469 • cappella, 469 •

A 11

Indice

• *silhouette*, 469 • sindrome di Stendhal, 470 • *quiz*, 473 • robusto, 476 • muscoli d'acciaio, 476 • uomo di ferro, 476 • sarcofago, 478 • razzismo, 481 • *apartheid*, 481 • ingiuria, 482 • diffamazione, 482 • calunnia, 482 • amnistia, 482 • indulto, 482 • grazia, 482 • concussione, 482 • concusso, 482 • concussore, 482 • abuso d'ufficio, 482 • custodia cautelare, 482 • inquinare, 482 • metafora, 488 • transgenico, 496 • uovo di Colombo, 497 **STORIA** i sissizi e il brodo nero, 412 • faida, la legge del taglione, il guidrigildo, 444 • l'ordalia, 451 • la tomba di Tutankhamon, 478 **TEATRO** Pigmalione, 437 • l'ordalia, 451 • Sosia e Anfitrione, 453 **MITO** Colonne d'Ercole, 457 • L'indovinello della Sfinge ed Edipo, 491

Mappa interattiva

Gli esercizi dell'unità contrassegnati da questo simbolo diventano interattivi sull'eBook.

---

10 La sintassi del periodo 502

1 Il periodo, le proposizioni indipendenti e le proposizioni dipendenti 504
ALLENA LE COMPETENZE 505

2 La classificazione delle proposizioni indipendenti 506
ALLENA LE COMPETENZE 507

3 La struttura del periodo 509
ALLENA LE COMPETENZE 510

3.1 Le forme di coordinazione 512
ALLENA LE COMPETENZE 513

3.2 Le forme e i gradi di subordinazione 516
I trucchi del mestiere
Come si fa l'analisi del periodo 518
ALLENA LE COMPETENZE 522

RAFFORZA LE TUE COMPETENZE 524

Il buon uso della scrittura
L'uso della coordinazione e della subordinazione 527

4 Le proposizioni subordinate completive 528

4.1 La proposizione soggettiva 528
ALLENA LE COMPETENZE 529

4.2 La proposizione oggettiva 530
ALLENA LE COMPETENZE 531
I trucchi del mestiere
Come distinguere la proposizione soggettiva dall'oggettiva 532

4.3 La proposizione dichiarativa 533
ALLENA LE COMPETENZE 533
I trucchi del mestiere
Come distinguere la proposizione dichiarativa dalle altre proposizioni completive 534

RAFFORZA LE TUE COMPETENZE 536

4.4 La proposizione interrogativa indiretta 540
ALLENA LE COMPETENZE 541
I trucchi del mestiere
Come distinguere la proposizione interrogativa indiretta dalle altre completive 542

5 Le proposizioni subordinate attributive o appositive 546

5.1 La proposizione relativa propria 546
ALLENA LE COMPETENZE 548

RAFFORZA LE TUE COMPETENZE 550

6 Le proposizioni circostanziali 554

6.1 La proposizione causale 554
ALLENA LE COMPETENZE 555

6.2 La proposizione finale 556
ALLENA LE COMPETENZE 557

RAFFORZA LE TUE COMPETENZE 559

I trucchi del mestiere
Come distinguere le proposizioni introdotte da *perché* 559

6.3 La proposizione consecutiva 562
ALLENA LE COMPETENZE 563
Il buon uso della scrittura
L'uso delle proposizioni subordinate implicite 565

6.4 La proposizione temporale 567
ALLENA LE COMPETENZE 568

6.5 La proposizione concessiva 571
ALLENA LE COMPETENZE 572

RAFFORZA LE TUE COMPETENZE 574

6.6 La proposizione modale 576
ALLENA LE COMPETENZE 576

6.7 La proposizione strumentale 577
ALLENA LE COMPETENZE 577
I trucchi del mestiere
Come distinguere la proposizione modale dalla strumentale 578

6.8 La proposizione condizionale e il periodo ipotetico 580
ALLENA LE COMPETENZE 582

A 12

Indice

Occhio all'errore
I modi verbali richiesti dalla congiunzione *se* — 584

RAFFORZA LE TUE COMPETENZE — 587

6.9 La proposizione comparativa — 589
ALLENA LE COMPETENZE — 590

6.10 La proposizione avversativa — 591
ALLENA LE COMPETENZE — 592

6.11 La proposizione eccettuativa — 593

6.12 La proposizione esclusiva — 593
ALLENA LE COMPETENZE — 594

6.13 La proposizione limitativa — 594
ALLENA LE COMPETENZE — 595

Facciamo il punto su...
le congiunzioni e le preposizioni che introducono più proposizioni subordinate — 596

RAFFORZA LE TUE COMPETENZE — 598

7 Il discorso diretto e indiretto — 605
I trucchi del mestiere
Il passaggio dal discorso diretto al discorso indiretto — 605
ALLENA LE COMPETENZE — 606
METTI IN GIOCO LE TUE COMPETENZE — 609
PREPARATI ALLA PROVA INVALSI — 615
VERIFICA LE TUE COMPETENZE — 618
VERIFICA FINALE DELLE COMPETENZE – SINTASSI — 620

DENTRO LE PAROLE *monitor*, 508 • *video*, 508 • *monitoraggio*, 508 • *ministro*, 511 • *minestra*, 511 • *phubbing*, 512 • *phone*, 512 • *snubbing*, 512 • *hipster*, 513 • *mass media*, 514 • *medium*, 514 • *snob*, 523 • fuoco greco, 525 • *selfie*, 535 • *cinema*, 535 • secessione, 536 • *apologo*, 536 • *vulcano*, 543 • *vulcanizzazione*, 543 • a piede libero, 544 • spezzare i ceppi, liberarsi dai ceppi, 544 • argento vivo, 544 • *twitter*, 548 • *twittare*, 548 • occhio di lince, 549 • *twoosh*, 550 • *follower*, 550 • *retweet*, 550 • *hashtag*, 550 • *reply*, 550 • franco tiratore, 550 • cecchino, 550 • *imprinting*, 551 • etologia, 551 • baraonda, 551 • chiasso, 551 • baccano, 551 • gazzarra, 551 • schiamazzo, 551 • *cancan*, 551 • casino, 551 • *no global*, 552 • *no profit*, 552 • fare la parte del leone, 555 • canicola, 555 • i giorni della merla, 556 • UNESCO, 557 • UNICEF, 557 • alla berlina, 558 • alla gogna, 558 • gogna mediatica, 558 • tritacarne mediatico, 558 • democrazia diretta, 560 • democrazia rappresentativa, 560 • *referendum* propositivo, abrogativo, 560 • fare il diavolo a quattro, 564 • *whatsappare*, 564 • *photoshoppare*, 564 • lira, 569 • denaro, 570 • moneta, 570 • soldi, 570 • euro, 570 • Europa, 570 • i nomi dei giorni della settimana, 574 • andare a Canossa, 575 • essere male in arnese, 578 • senz'arte né parte, 578 • man bassa, 578 • sparare a zero, 578 • *in medias res*, 578 • predazione, 579 • necrofago, 579 • mimetismo, 579 • parassitismo, 579 • simbiosi, 579 • estorsione, 579 • pizzo, 579 • *racket*, 579 • denaro sporco, 579 • riciclaggio, 579 • riciclaggio dei rifiuti, 579 • *test*, 584 • testare, 584 • decimazione, 586 • concorso materiale, 586 • concorso morale, 586 • connivenza, 586 • favoreggiamento, 586 • ricettazione, 586 • *nerd*, 587 • *marketing*, 591 • *deus ex machina*, 591 • secchione, 594 • *qui pro quo*, 594 • *stalking*, 595 • *mobbing*, 600 • mobbizzato, 600 • galassia, 600 • Via Lattea, 600 • *élite*, 601 • *escamotage*, 601 • *stage*, 601 • *pop*, 601 • *techno*, 601 • *rock'n'roll*, 601 • *hard rock*, 601 • *heavy metal*, 601 • idrostatica, 601 • peso specifico, 603 • complesso di Edipo, 603 • bisturi, 612 • boicottaggio, 613 • boicottare, 613 • maratona, 615 **MITO** Il ciclo bretone e il mito di re Artù, 505 • Origine del mito di re Artù, 544 • I cavalieri della tavola rotonda, 563 • Artù diventa re, 569 • Lancillotto, 573 • Lancillotto e Ginevra, 573 • La fine della storia di Lancillotto, Ginevra e Artù, 573 • Il vello d'oro e la storia di Frisso ed Elle, 574 • Frisso e il sacrificio dell'ariete, 574 • Enrico IV va a Canossa, 575 • Tristano, 588 • L'amore tra Tristano e Isotta, 588 • La morte di Tristano e Isotta, 588 • Gli Argonauti, 598 • La fuga di Giasone e Medea, 599 • Medea vendica Giasone, 599 • Come nacque la Via Lattea, 600 • La metamorfosi di Aracne, 613 **STORIA** La formula misteriosa del fuoco greco, 525 • l'apologo di Menenio Agrippa, 536 • Una nuova secessione, 537 • Enrico IV va a Canossa, 575 • L'atto di penitenza di Enrico IV, 575 • la decimazione, 586 • Archimede, 601 • *Eureka, eureka*!, 602 • Un celebre esperimento, 602 • la maratona, 615 **TEATRO** Prometeo incatenato, 561 • Prometeo incatenato... e poi liberato, 561 • La tragedia *Medea*, 599 • Edipo e la terribile profezia, 603 • La profezia dell'oracolo si avvera, 604 • Edipo scopre la terribile verità, 604

 Gli esercizi dell'unità contrassegnati da questo simbolo diventano interattivi sull'eBook.

Indice

Parte 4 — La competenza comunicativa — 631

11 La comunicazione — 632

1 Gli elementi della comunicazione — 634

2 I segni — 635

3 I linguaggi — 638
- **Nel vivo della comunicazione**
  I messaggi chiariti dalle *emoticon* — 638
- **Il buon uso della comunicazione**
  Forme trasversali: creare linguaggi sensoriali per supplire agli impedimenti comunicativi della disabilità /Il Braille /La lingua dei segni/ Altre esperienze — 640
- ALLENA LE COMPETENZE — 641

RAFFORZA LE TUE COMPETENZE — 645

4 Il contesto comunicativo — 646
- ALLENA LE COMPETENZE — 647

5 I fattori di disturbo e di rinforzo della comunicazione — 650
- ALLENA LE COMPETENZE — 651

VERIFICA LE TUE COMPETENZE — 652

12 La lingua nel tempo e nello spazio — 654

1 Le varietà diacroniche — 656
- **1.1** Le origini dal latino — 656
- **1.2** Dal latino ai volgari — 658
- **1.3** Le prime testimonianze del volgare nella penisola italiana — 659
- **1.4** Le principali trasformazioni nel passaggio dal latino all'italiano — 660
- ALLENA LE COMPETENZE — 663
- **1.5** Il volgare diventa lingua letteraria — 665
- **1.6** Il Quattrocento e l'invenzione della stampa — 666
- **1.7** Il Cinquecento e la questione della lingua — 667
- **1.8** Il Seicento e il Settecento — 667
- **1.9** L'Ottocento e la ricerca di una lingua nazionale — 669
- **1.10** L'unificazione linguistica dopo l'Unità d'Italia — 670

2 Le varietà sincroniche della lingua — 671
- **2.1** Le varietà geografiche e i dialetti — 671
- ALLENA LE COMPETENZE — 673
- **2.2** I registri — 674
  - **Nel vivo della lingua**
    Il buon uso dell'allocutivo — 675
- **2.3** I sottocodici o linguaggi settoriali — 676
  - **Nel vivo della lingua**
    Come si sono formati i sottocodici — 678
  - ALLENA LE COMPETENZE — 679
- **2.4** I gerghi — 683
- **2.5** La lingua parlata e la lingua scritta — 684
  - **Nel vivo della lingua**
    Gli elementi extralinguistici della lingua parlata — 686
  - ALLENA LE COMPETENZE — 687
- **2.6** Le funzioni della lingua — 689
  - **Nel vivo della lingua**
    Lo *slogan* pubblicitario — 691
  - ALLENA LE COMPETENZE — 693

VERIFICA LE TUE COMPETENZE — 695

INDICE ANALITICO — 697

Parte 1

La parola

La **parola** è la più piccola unità linguistica dotata di significato.

L'**insieme delle parole di una lingua** costituisce il **lessico** (dal greco *léxis*, "parola"), che è un sistema **complesso**, **aperto** e **molto variabile**.

Le parole sono oggetto di studio di varie discipline.

- La **fonologia** (dal greco *phoné*, "suono", e *lógos*, "studio") è la scienza che studia i **suoni articolati** del linguaggio umano, detti "foni";
- La **fonetica** (dal greco *phoné*, "suono") è il settore della linguistica che si occupa dei **fonemi**, cioè dei suoni che permettono di trasmettere e distinguere le parole di una lingua;
- L'**etimologia** (dal greco *étymon*, "significato autentico della parola", e *lógos*, "studio") si occupa dell'**origine** e dell'**evoluzione delle parole**;
- L'**ortografia** (dal greco *orthós*, "corretto", e *graphéin*, "scrivere") stabilisce le regole della trascrizione dei suoni delle parole di una lingua mediante segni grafici, denominati **lettere** o **grafemi**, e dell'uso dei segni d'interpunzione;
- La **semantica** (dal greco *semantikós*, "dotato di significato") è la parte della linguistica che si interessa del **significato** e delle **trasformazioni di significato** delle parole.

competenze fonologiche e ortografiche	conoscenze	abilità
Saper riconoscere e analizzare correttamente le parole della lingua italiana a livello fonetico e ortografico. **Saper produrre** frasi e testi applicando correttamente le regole di fonetica e ortografia.	• I suoni e le lettere; l'alfabeto italiano e la trascrizione dei suoni • Le vocali e le consonanti, i dittonghi, i trittonghi e gli iati • Le sillabe • L'accento, l'elisione e il troncamento • Le principali regole ortografiche • La punteggiatura	• Applicare le regole dell'ortografia nell'uso delle doppie, delle maiuscole, dell'accento e dell'apostrofo • Usare correttamente la punteggiatura

competenze lessicali	conoscenze	abilità
Saper riconoscere, analizzare e comprendere le parole sulla base della loro struttura, formazione e significato. **Saper produrre** frasi e testi usando correttamente i significati denotativi e connotativi delle parole.	• La struttura della parola: formazione, alterazione e composizione • I rapporti di significato tra le parole • La denotazione e la connotazione	• Riconoscere la struttura delle parole • Comprendere il significato delle parole • Trovare i sinonimi e i contrari, gli ipònimi e gli iperònimi • Riconoscere i prestiti • Usare il dizionario

1 I suoni delle parole e i segni grafici

I suoni usati per comporre le parole si chiamano **fonemi** (dal greco *phoné*, "suono, voce") e sono di numero variabile da una lingua all'altra.
I fonemi sono rappresentati graficamente da segni convenzionali chiamati **grafemi** (dal greco *graféin*, "scrivere") o **lettere**. L'insieme delle lettere forma l'alfabeto (da *alpha* e *beta*, le prime due lettere dell'alfabeto greco).

La scrittura si avvale anche di altri segni, i più importanti dei quali sono l'**accento**, l'**apostrofo** e la **punteggiatura**.

FORME I **fonemi** della lingua italiana sono **30** e, a seconda del modo in cui vengono prodotti, vengono tradizionalmente suddivisi in **vocali** e **consonanti**.

Le **lettere** dell'alfabeto della lingua italiana, che è derivato da quello latino, sono **21**; a esse ne sono state aggiunte altre **5** (j, k, w, x, y) per trascrivere i suoni delle parole straniere.

Le lettere, che possono essere scritte con **caratteri maiuscoli** o **minuscoli**, sono disposte in un ordine convenzionale (**alfabeto**) che è il seguente:

maiuscolo	A B C D E F G H I J K L M N O P Q R S T U V W X Y Z
minuscolo	a b c d e f g h i j k l m n o p q r s t u v w x y z

FUNZIONI I fonemi permettono di distinguere le parole di una lingua, svolgendo una funzione di tipo **distintivo** e **semantico**.

cane ⟷ **r**ane

s**ó**le ⟷ **m**ole

CONOSCENZE · ABILITÀ · COMPETENZE

p. 15

La parola

1 Le vocali

> Le **vocali** sono **suoni** che possono essere pronunciati **da soli**. Le vocali sono **sette** e, a seconda di una maggiore o minore apertura delle labbra nel pronunciarle, sono **aperte** o **chiuse**.

Per rappresentare i **sette fonemi vocalici** disponiamo di sole **cinque lettere**: *a, e, i, o, u*.
Le lettere *e, o* rappresentano, infatti, sia il **suono aperto** sia quello **chiuso** (in realtà la pronuncia diversa viene avvertita solo nella parlata dei toscani o di coloro che hanno studiato dizione). Nei testi scritti la loro diversa pronuncia può essere segnalata dall'accento: l'**accento grave** (*è, ò*) indica il **suono aperto**, l'accento acuto (*é, ó*) segnala il **suono chiuso**. Stabilire l'esatto suono di queste due vocali è utile per distinguere due **omografi**, cioè parole che si scrivono allo stesso modo, ma che hanno pronuncia e significato diversi.

la pèsca (= *il frutto del pesco*)   la pésca (= *l'atto del pescare*)
le bòtte (= *le percosse*)   la bótte (= *il recipiente per il vino*)

Riepilogando:

a	è sempre **aperta**
e, o	sono sempre **chiuse** quando, nel pronunciarle, non facciamo cadere su di esse l'accento della parola (**accento tonico**); sono, invece, **aperte** o **chiuse** quando sono accentate nella pronuncia
i, u	sono sempre **chiuse**

1*1 I dittonghi, i trittonghi, gli iati

> Le vocali possono unirsi a formare un **gruppo vocalico** che, a seconda del numero e del tipo di vocali di cui si compone, viene definito **dittongo**, **trittongo** o **iato**.

I **dittonghi** sono **gruppi di due vocali** che si pronunciano con una sola emissione di voce e sono formati da *i* o *u* (non accentate nella pronuncia) + una **vocale** (per lo più) accentata nella pronuncia.

ia, ie, io, iu	piàno, sièpe, fiòre, fiùto, ...
ua, ue, ui, uo	rituàle, duètto, guìda, buòno, ...
ai, ei, oi	amài, sèi, vòi, ...
au, eu	càusa, fèudo, ...

I **trittonghi** sono **gruppi di tre vocali** che si pronunciano con una sola emissione di voce; sono formati da **un dittongo** unito alla *i*.

iài, ièi, uài, uòi, iuò	soffiài, mièi, guài, buòi, aiuòla, ...

Gli **iati** (dal latino *hiatum*, "apertura, distacco") sono **unioni di due o più vocali** che si pronunciano con **suoni distinti** e quindi **non formano dittongo**. Ciò avviene quando:

le vocali *a, e, o* si incontrano tra loro	paese, creatura, boato, reo, ...
la *i* o la *u* accentate si incontrano con un'altra vocale non accentata	vìa, paùra, pìo, ...
la *i* fa parte del prefisso *ri-* o dei prefissoidi *bi-* e *tri-*	riunire, biennio, triangolo, ...

A 18

1 I suoni delle parole e i segni grafici

Allena le Competenze

1 ●○○ COMPETENZE FONETICHE **Metti** in ordine alfabetico le seguenti parole.

1. pallone [.....] 2. inoltrare [.....] 3. cautela [.....] 4. gnomo [.....] 5. stomaco [.....]
6. hamburger [.....] 7. jazz [.....] 8. autoadesivo [.....] 9. labirinto [.....] 10. wafer [.....]
11. disperazione [.....] 12. memoria [.....] 13. nascita [.....] 14. ubbidire [.....]
15. orso [.....] 16. zafferano [.....] 17. tuono [.....] 18. karaoke [.....] 19. rapidità [.....]
20. aliscafo [1] 21. rauco [.....] 22. quadro [.....] 23. vacanza [.....] 24. xilofono [.....]
25. strofinare [.....] 26. yogurt [.....] 27. trono [.....]

2 ●●○ COMPETENZE FONETICHE **Distingui** le vocali dai dittonghi.

autorità • bandiera • fiume • agguato • cianfrusaglia • coniuge • insidia • conguaglio • sciame • vestiario • giornale • fienile • iniquo • guida • caimano • siepe • cinciallegra

3 ●●○ COMPETENZE FONETICHE **Riconosci** i dittonghi.

schiaccianoci • inquinamento • deconcentrazione • piagnucoloso • ingiustizia • giostra • incoscienza • gioielliere • Piacenza • autoscuola • fienile • auspicio • lasciapassare • delinquente • fiumana • cinquecento • stuolo • cianfrusaglia • fiatone • guida • fiato • Siena • amai • ciabatta • voi

4 ●●● COMPETENZE FONETICHE STORIA **Distingui** i dittonghi, i trittonghi e gli iati.

Guai ai vinti! Lo storiografo latino Livio, nella sua *Storia di Roma dalla fondazione*, racconta che nel 390 a.C., quando i Galli riuniti insieme giunsero in Italia, misero a ferro e fuoco il paese e la capitale, seminando ovunque la paura. Solo la rocca del Campidoglio resistette all'assedio per quasi sette mesi. Infine, il poco eroico Brenno, capo dei barbari, prese questa decisione: avrebbe lasciato la città con i suoi soldati, a patto che gli fosse stata consegnata, come tributo di guerra, una quantità d'oro sufficiente a sollevare il piatto di una bilancia da lui stesso preparata, ma in realtà truccata. Quando un senatore, vedendo che il piatto non si sollevava mai, notificò l'ingiusto inganno, Brenno sguainò la sua pesante spada e la aggiunse sul piatto dei pesi, rendendo quindi il calcolo ancora più iniquo ed esclamando: «Guai ai vinti!», per indicare che le condizioni di resa vengono dettate dal vincitore in base al diritto del più forte.

5 ●●● COMPETENZE LESSICALI PAROLE DENTRO I TESTI **Sostituisci** con un sinonimo le seguenti parole evidenziate nell'esercizio 4.

1. seminando: ....
2. tributo: ....
3. notificò: ....
4. sguainò: ....
5. iniquo: ....
6. vinti: ....

A 19

La parola

2 Le consonanti

> Le **consonanti**, come indica il nome stesso (dal latino *consonante(m)*, "che suona insieme con"), sono **suoni** che possono essere pronunciati solo **assieme a una vocale** e vengono prodotti quando la fuoriuscita dell'aria dai polmoni **incontra un ostacolo**.

Le consonanti sono tradizionalmente classificate secondo:

- il **modo di articolazione**, cioè il tipo di occlusione di uno o più organi fonatòri, in base al quale si distinguono in:

consonanti occlusive	**g** e **c** (+ *a, o, u, h*), **p, b, t, d**
consonanti fricative	**f, v, s, sc**
consonanti liquide	**l, r, gl**
consonanti nasali	**m, n, gn**
consonanti affricate	**c, g** (+ *e, i*), **z**

- il **luogo di articolazione**, cioè l'organo vocalico interessato nella pronuncia, in base al quale si distinguono in:

consonanti labiali	**p, b, m**
consonanti dentali	**d, t**
consonanti labio-dentali	**f, v**
consonanti alveolari	**l, n, r, s, z**
consonanti palatali	**c, g** (+ *e, i*), **gl, gn, sc**
consonanti gutturali	**c, g, k, q**

- la **sonorità**, cioè la vibrazione o meno delle corde vocali, in base alla quale si distinguono in:

consonanti sonore nella pronuncia le corde vocaliche vibrano	**c, g** (+ *e, i*), **s** (+ *b, d, g, l, m, n, r, v*, tra due vocali), **z** (a inizio di parola o tra due vocali), **b, d, m, n, r**
consonanti sorde le corde vocali non vibrano	**c, f, g, p, t, s, z**

Il buon uso della scrittura

I dubbi ortografici /1 Tra i **suoni consonantici della nostra lingua** e le **lettere per trascriverli non c'è** sempre **una corrispondenza perfetta** e proprio questa difformità è all'origine di molti dubbi ed errori ortografici. In particolare, **la corrispondenza tra fonemi consonantici e grafemi è la seguente**:

- in *b, d, f, l, m, n, p, r, t, v* suono e lettera coincidono;
- le lettere *c, g, q, s, z* corrispondono a più suoni;
- la lettera **h**, definita muta, non rappresenta alcun suono.

Esaminiamo, quindi, **le lettere** o i gruppi di lettere che sono causa delle maggiori difficoltà ortografiche.

1 I suoni delle parole e i segni grafici

si scrive		esempi
h	davanti a *i*, *e* per il suono duro di *c*, *g*	cherubino, chiesa, ghetto, ghiotto
	nelle voci del verbo *avere*	ho, hai, ha, hanno
	nelle esclamazioni	ah!, ahimè!, ahi!, ehi!, oh!, ohi!
	in alcune parole di origine straniera	hangar, hello, habitat
cu + vocale	in una ventina di parole e nei loro composti	circuito, cuoco, cuoio, cuore, scuola, innocuo, percuotere, evacuare
qu + vocale	negli altri casi	squarcio, equitazione, questura
cqu + vocale	in *acqua*, *acquisto*, nei loro derivati e in alcuni passati remoti: *acquerello*, *acquitrino*, *acquirente*, *nacque*, *tacque*	
ccu	in tutti gli altri casi	accusato, accudire, taccuino
qqu	solo in *soqquadro*	
cie	in *cieco*, *cielo*, *specie*, *superficie*, *efficienza*, *sufficienza*, *società*, *crociera*	
	nel plurale dei nomi in vocale + -**cìa**	farmacie
ce	in tutti gli altri casi	soddisfacente, celeste, cena
gie	in *igiene*, *igienico*, *effigie*	
	nel plurale dei nomi in vocale + -**gìa**	valigie
ge	in tutti gli altri casi	gelato, frange, agenzia
scie	solo in *usciere*, *scienza*, *coscienza* e nei loro derivati	
sce	in tutti gli altri casi	scena, scelta, cosce
li	sempre a inizio di parola, tranne *gli* (articolo e pronome)	lingua, lieto, liuto
	quando la *l* è doppia	allievo, allietare, sollievo
	quando la *i* è accentata e in alcune parole derivate dal latino	malìa, cavaliere, ciliegia, esilio, milione, miliardo, olio, vigilia
	nei nomi propri	Emilio, Virgilio **MA** Guglielmo
gli	negli altri casi	gli, glielo, gliene, figlio, consiglio, luglio, famigliare (riferito a *famiglia*) / familiare (nel senso di "conosciuto")
ni	in alcune parole di origine latina	niente, scrutinio, colonia, genio, matrimonio
	quando la *i* è accentata	compagnìa
gni	nella 1ª persona plurale dell'indicativo presente e nella 1ª e 2ª persona plurale del congiuntivo presente dei verbi in -*gnare*	noi insegniamo, che noi disegniamo, che voi sogniate
gn	in tutti gli altri casi:	compagna, ognuno, ingegnere
np	nei composti con **ben-** e **Gian-**	benpensante, Gianpiero
mb / mp	in tutti gli altri casi	bambola, campo

A 21

La parola

2*1 Le consonanti doppie

Tutte le consonanti, tranne *h*, all'interno di una parola possono **raddoppiare**, cioè essere pronunciate con una durata doppia; di conseguenza, si scrivono due volte *pa**cc**o*, *a**dd**endo*, *a**ff**itto*, *co**ll**etto*, *ca**mm**ino*, *pe**nn**a*, *gue**rr**a*, *ca**ss**a*, *a**tt**izzare*, ...

Il buon uso della scrittura

I dubbi ortografici / 2 Le **consonanti doppie** sono anch'esse oggetto di dubbi ortografici. Ricorda che non raddoppiano mai:
- la ***g*** + ***-ione***: *re**g**ione*, *sta**g**ione*;
- la ***b*** davanti a ***-ile***: *invisi**b**ile*, *compati**b**ile*, *impermea**b**ile*;
- la ***z*** davanti a ***-ia***, ***-io***, ***-ie***: *avari**z**ia*, *a**z**ione*, *ami**c**izie* **MA** *pa**zz**ia*, *ra**zz**ia*, *cora**zz**iere* e i loro derivati.

Nelle **parole composte** la **consonante iniziale** della seconda parola
- **raddoppia** se la prima parola è costituita da uno dei seguenti elementi:
  - le congiunzioni ***e***, ***o***, ***né***, ***se***: *e**bb**ene*, *o**vv**ero*, *ne**pp**ure*, *se**pp**ure*, ...
  - le preposizioni ***a***, ***da***, ***fra***, ***su***: *a**cc**anto*, *da**pp**rima*, *fra**pp**orre*, *su**dd**etto*, ...
  - gli avverbi ***là***, ***più***, ***sì***, ***così***: *la**gg**iù*, *piu**tt**osto*, *si**ff**atto*, *cosi**dd**etto*, ...
  - i prefissi ***sopra-***, ***sovra-***, ***contra-***: *sopra**tt**utto*, *sovra**pp**orre*, *contra**dd**ire*, ...
- **non raddoppia**:
  - se ***s* impura** (cioè seguita da un'altra consonante): *soprascritto*, *sovrastruttura*, *contrastante*, ...
  - se si trova dopo i prefissi ***contro-***, ***pre-***, ***tra-***, ***sotto-***, ***intra-***: *contro**b**attere*, *prevedere*, *trapiantare*, *sottosopra*, *intravedere*, ...

2*2 I digrammi e i trigrammi

I digrammi sono un **insieme di due lettere** che trascrive **un solo suono**.

ch, gh, sc (+ *e, i*)	fo**ch**e, **ch**ilo, ma**gh**e, a**gh**i, **sc**elta, **sc**immia, ...
ci, gi (+ *a, o, u*)	cami**ci**a, **ci**occolata, **ci**uffo, **gi**acinto, **gi**oco, **gi**udice, ...
gl + **i**	fi**gl**i, coni**gl**i, ...
gn + vocale	ca**gn**a, so**gn**o, **gn**u, ...

I trigrammi sono un **insieme di tre lettere** che trascrive **un solo suono**.

gli + vocale	fami**gli**a, mo**gli**e, fo**gli**o, ...
sci + vocale	**sci**arpa, **sci**occo, a**sci**utto, ...

1 I suoni delle parole e i segni grafici

ALLENA LE COMPETENZE

6 ●○○ COMPETENZE FONETICHE INSIEME **Suddividete** la classe in 4/5 gruppi. **Sostituite la consonante in grassetto in modo da formare altre parole di senso compiuto. Vince il gruppo che ne trova un numero maggiore.** Tempo: 10 minuti.

botte • **c**ane • ar**m**a • **b**aro • **l**ino • **p**orta • **t**are • ra**n**a • **t**etto

7 ●○○ COMPETENZE FONETICHE **Distingui** i digrammi dai trigrammi.

1. Chiedigli se ha visto i fuochi d'artificio. **2.** Conosci la storia dell'agnello e del lupo? **3.** Chi della famiglia ha visto quella scena? **4.** Che scompiglio ha provocato quello sciame d'api! **5.** Siamo stati a sciare in montagna. **6.** Se non c'è lo sciopero, domenica faremo lo sci d'acqua ai laghi. **7.** Mia figlia mi ha regalato un ventaglio vermiglio. **8.** Che sciocca! Sono scivolata proprio sulla soglia di casa. **9.** Margherita ha voluto scegliere le rose gialle. **10.** Sua moglie è fisiatra.

8 ●●○ COMPETENZE ORTOGRAFICHE **Completa** opportunamente con la lettera *h* le parole che la richiedono.

1. Si è rotto l'ardware del mio computer e l'o portato a riparare dal mio tecnico di fiducia. **2.** A se non ci fossi tu! Grazie a te Luca a capito come si fa a scrivere bene. **3.** ai già pranzato? Io o proprio fame e andrei proprio a mangiare un ot dog o un amburger a casa di Gianni. **4.** O che rabbia! Ai sentito la notizia di quei due ladri che l'anno scorso anno rapinato decine di banche nell'interland? **5.** A se fossi stato con me! L'altra sera o partecipato a una serata di gala dove anno premiato numerose star di Ollywood. **6.** Ai, mi ai fatto male! Le tue unghie anno una lunghezza esagerata! **7.** A mezzogiorno nella all dell'otel ci anno servito dell'ottimo pollo al curry. **8.** O che bella sorpresa! Ti o aspettato e ai avuto la buona idea di venirmi a trovare.

9 ●●● COMPETENZE ORTOGRAFICHE DENTRO LE PAROLE **Completa** scegliendo tra *cu / cqu / qu / qqu* e **forma** le parole che corrispondono a ciascuna definizione.

1. Mettere a so.........adro significa mettere tutto sottosopra creando un gran disordine. **2.** Il ....estore è il responsabile e il coordinatore delle forze di Polizia. **3.** Durante l'e.........inozio la durata del giorno è uguale a quella della notte. **4.** Sciala.........are è spendere il denaro senza misura. **5.** Ciò che è costituito dalla mescolanza indistinta di cose o di persone è detto "promis.........o". **6.** Il tac.........ino è un piccolo quaderno su cui prendere appunti. **7.** Il se.........estro di persona è il reato per cui si priva qualcuno della libertà di movimento. **8.** Ciò che lascia spazio ai malintesi è un e.........ivoco. **9.** Funge da spartia.........e tutto ciò che costituisce una separazione. **10.** Si impiega il verbo de.........rtare per indicare la riduzione di una somma di denaro.

10 ●●● COMPETENZE ORTOGRAFICHE **Completa** scegliendo tra *cu / ccu / cqu / qu / qqu*.

1. s.........otere **2.** a.........rato **3.** a.........aragia **4.** a.........ila **5.** s.........illante **6.** ....otazione **7.** ....adrante **8.** li.........ame **9.** e.........ivalente **10.** a.........ire **11.** inno.........o **12.** e.........ipaggio **13.** a.........itrino **14.** s.........oiare **15.** a.........irente **16.** ....oziente **17.** ....lturismo **18.** riscia.........are **19.** in.........ietante **20.** suba.........eo **21.** in.........bazione **22.** a.........lturato **23.** su.........lento **24.** su.........be

A 23

La parola

11 ●○○ COMPETENZE LESSICALI **Rintraccia** le parole dell'esercizio 10 che corrispondono alle seguenti definizioni. **Scrivi** il numero corrispondente

1. che non arreca alcun danno [.....] **2.** che ha lo stesso valore di qualcosa [.....] **3.** insieme delle persone che lavorano su una nave o su un aereo [.....] **4.** staccare la pelle dal corpo morto degli animali [.....] **5.** che provoca turbamento e preoccupazione [.....] **6.** pantano, stagno [.....] **7.** accentuare, rendere più aspro [.....]

12 ●●○ COMPETENZE ORTOGRAFICHE DENTRO LE PAROLE **Completa** scegliendo tra *sce/scie* e **forma** le parole che corrispondono a ciascuna definizione.

1. Si dice "fanta.........ntifico" un racconto o un film ambientato in un ipotetico mondo futuro. **2.** Una persona inconsapevole, priva di senso di responsabilità è inco.........nte. **3.** L'adole.........nza è la fase della crescita dell'essere umano che va all'incirca dai 13 ai 18 anni. **4.** Definiamo "acquie.........nte" chi annui......... sempre di fronte alle decisioni altrui. **5.** Un metodo si defini......... ".........ntifico" se è preciso e rigoroso. **6.** L'a.........ta è colui che rinuncia a piaceri e interessi materiali per un fine etico e spirituale. **7.** Chi è ....ttico si mostra incredulo e diffidente verso fatti o affermazioni **8.** È qualificato come "onni.........nte" il narratore che conosce ogni aspetto della vicenda.

13 ●●○ COMPETENZE ORTOGRAFICHE **Completa** il gruppo **a.** scegliendo tra *ce/cie* e il gruppo **b.** scegliendo tra *ge/gie*.

a. insuffi.........nte • mer.........nario • cartuc.........ra • provin......... • so.........vole • ec.........zionale • rossic......... • artifi.........re • car.........re • frec......... • farma......... • bilan......... • quer......... • preco......... • ....coslovacco • ineffi.........nte • spe......... • gia.........nza • minac......... • ....città

b. strate......... • ener......... re • reg......... • foto.........nico • ....netico • omo.........neo • in.........gneristico • ....mito • bol......... • bu......... • i.........nizzante • ....ologo • ele......... • ....stionale • scheg......... • stra......... • a.........volare • cilie......... • piog.........

14 ●●○ COMPETENZE ORTOGRAFICHE DENTRO LE PAROLE **Completa** scegliendo tra *ce/cie* e **forma** le parole che corrispondono a ciascuna definizione.

1. Chi non ha bisogno dell'aiuto altrui si definisce "autosuffi.........nte". **2.** Il primo ministro della Germania prende il nome di "can.........lliere". **3.** È effi.........ente una persona particolarmente abile e capace. **4.** Si dice che fa da pa.........ere chi tenta di mettere pace tra persone in dissidio. **5.** Un acuto mal di testa prende il nome di ".........falea". **6.** Un individuo aperto al rapporto e al dialogo con gli altri è so.........vole. **7.** È in.........nsurato chi non ha mai riportato condanne penali. **8.** Chi si comporta male tiene un comportamento disdi.........vole.

15 ●○○ COMPETENZE LESSICALI DENTRO LE PAROLE **Completa** scegliendo tra *ge/gie* e **forma** le parole che corrispondono a ciascuna definizione.

1. Si definisce "effi........." una figura rappresentata in disegno o in scultura. **2.** Si dice "e.........mone" quello Stato che esercita una superiorità politica o economica sugli altri. **3.** È contin.........nte ciò che dipende da una situazione momentanea e passeggera. **4.** Nelle antiche armature, la gor.........ra era la parte che proteggeva la gola. **5.** Ha un'acconciatura a rag.........ra una donna che ha una serie di spilloni conficcati nelle trecce. **6.** Chi si occupa di i.........ne è definito "i.........nista". **7.** Il ....riatra è il medico che si occupa delle malattie degli anziani. **8.** Un individuo assai onesto e incorruttibile si merita di essere chiamato "inte.........rrimo".

1 I suoni delle parole e i segni grafici

16 ●○○ `COMPETENZE ORTOGRAFICHE` **Completa** il gruppo a. scegliendo tra *li / gli* e il gruppo b. scegliendo tra *ni / gn / gni*.

a. ve.........a • ammobi.........ato • o.........era • impi.........are • aggrovi.........ato • so.........ola • cipi.........o • ve.........ero • Giu.........o • mi.........ardario • coni.........etto • vettova.........e

b. matrimo.........o • che noi inse.........amo • inge.........eria • cico.........a • mugu.........are • voi so.........ate • pio.........ere • vi.........aiolo • stra.........ero • i.........ettore • inse.........amento

17 ●●○ `COMPETENZE ORTOGRAFICHE` `DENTRO LE PAROLE` **Completa** scegliendo tra *gli / li / lli* e **forma** le parole che corrispondono a ciascuna definizione.

1. Le fa.........e sono fratture che possono prodursi in una massa rocciosa. **2.** Si dice che una persona poco autonoma abbia bisogno di una ba.........a. **3.** Si definisce "polti.........a" un composto semiliquido, molliccio e colloso. Ecco perché, metaforicamente, "si riduce in polti.........a" qualcuno quando viene aggredito verbalmente o fisicamente. **4.** Il cordo.........o è un dolore profondo, specialmente nel caso di un lutto. **5.** Vive in un idi.........o chi sta trascorrendo un periodo di pace e di tranquillità. **6.** Si definisce "lucu.........ano" un pranzo raffinato e abbondante. **7.** L'a.........ante è un aereo che vola senza motore, sfruttando le correnti d'aria ascensionali. **8.** La sezione distaccata di una banca o di un'azienda prende il nome di "fi.........ale".

18 ●●○ `COMPETENZE ORTOGRAFICHE` `DENTRO LE PAROLE` **Completa** scegliendo tra *gn / gni / ni* e **forma** le parole che corrispondono a ciascuna definizione.

1. È a.........ostico chi non si pronuncia su una questione, perché non ha prove per esprimere un giudizio. **2.** ....omico è sinonimo di "sentenzioso" e si dice di uno scritto di tono moraleggiante. **3.** Co.........are si.........fica "fabbricare" se riferito a una moneta, "inventare" se a una parola. **4.** Si dice "i.........fuga" una sostanza non infiammabile. **5.** L'i.........avia è la mancanza di volontà e di fermezza di carattere. **6.** "Arci.........o" è l'aggettivo che indica un individuo duro e severo. **7.** Una persona ma.........erosa ha modi esageratamente gentili e cerimo.........osi. **8.** Sono di antico li.........aggio coloro che discendono da una famiglia antica e nobile. **9.** L'i.........ominia è un grave disonore: in latino si.........ficava "senza nome, senza reputazione". **10.** Avere gli occhi i.........ettati di sangue significa essere fuori di sé dall'ira.

19 ●●○ `COMPETENZE ORTOGRAFICHE` **Riconosci** le parole che contengono errori di ortografia e **correggile**.

1. incommensurabile **2.** inderogabile **3.** raziocinio **4.** dimestichezza **5.** derattizzazione **6.** bizzantino **7.** sponsorizzazione **8.** aglienante **9.** zizania **10.** provvigione **11.** faggiolo **12.** conubbio **13.** inprenditore **14.** abbitacolo **15.** patibbolo **16.** nazionalizzazione **17.** oliera **18.** aereoporto **19.** accelerare **20.** parmiggiano

20 ●●○ `COMPETENZE LESSICALI` **Rintraccia** le parole dell'esercizio 19 che corrispondono alle seguenti definizioni. **Scrivi** il numero corrispondente.

1. relativo all'Impero romano d'Oriente [.....] **2.** che fa smarrire il senso della propria identità [.....] **3.** unione armonica, alleanza, matrimonio [.....] **4.** compenso corrisposto per il lavoro eseguito, calcolato secondo una determinata proporzione sul totale del profitto [.....] **5.** discordia, contrasto [.....] **6.** capacità di ragionare [.....] **7.** che non si può misurare, perché infinitamente grande [.....] **8.** confidenza, familiarità [.....]

A 25

La parola

3 La sillaba

> La **sillaba** è un **suono** o un **gruppo di suoni** che viene pronunciato **con una sola emissione di voce**; comprende **sempre una vocale** e rappresenta **la più piccola combinazione di suoni** in cui può essere scomposta una parola.

formano una sillaba	esempi
una sola vocale	i-so-la, a-li, o-de, e-ra, u-va , ...
un dittongo o un trittongo	uo-mo, ie-ri, a-iuo-la, ...
una o più consonanti con una vocale o un dittongo	ar-ma, pia-no, trau-ma, ...

Le sillabe si definiscono:

- **aperte**, quando terminano in vocale;
- **chiuse**, quando terminano in consonante.

re – fe – ren – dum   sillabe aperte   sillabe chiuse

In base al numero di sillabe da cui sono composte, le parole si classificano in:

monosillabe	una sillaba	ciò, no, ...
bisillabe	due sillabe	a-go, bi-scia, ...
trisillabe	tre sillabe	om-brel-lo, san-da-li, ...
quadrisillabe	quattro sillabe	gio-cat-to-lo, car-tel-li-na, ...
polisillabe	più di quattro sillabe	i-nef-fi-cien-te, a-scol-ta-to-re, ...

Allena le Competenze

21 ●○○ COMPETENZE FONETICHE INSIEME **Formate** un'altra parola eliminando una sillaba. **Tempo: 5 minuti.**

1. amare ....
2. liquido ....
3. caviale ....
4. leggero ....
5. metallo ....
6. edera ....
7. addizione ....
8. affoga ....
9. lavagna ....
10. pastori ....
11. cinema ....
12. terrore ....

22 ●○○ COMPETENZE FONETICHE **Dividi** le seguenti parole in sillabe.

1. cassettina ....
2. libellula ....
3. poltiglia ....
4. botte ....
5. polenta ....
6. spiaggia ....
7. telefono ....
8. cantina ....
9. appiccicoso ....

1 I suoni delle parole e i segni grafici

I trucchi del mestiere

Come dividere in sillabe Dividere in sillabe è un'operazione che serve sia **per andare a capo** quando si scrive, sia per **contare il numero** delle sillabe quando si vuole definire il metro dei versi di una poesia. Il principio fondamentale della divisione in sillabe è che l'**unità della sillaba non deve essere spezzata**. Ecco quindi le regole fondamentali per individuare le sillabe di cui una parola si compone.

formano una sillaba e non si possono dividere	esempi
una consonante semplice + una vocale, un dittongo o un trittongo	**suo**-no, **cau-zio**-ne, **buoi**
una vocale o un dittongo da soli, se sono a inizio di parola e seguiti da una sola consonante	**a**-mo, **e**-ro-e, **i**-co-na, **o**-tre, **uo**-vo, **au**-re-o
una vocale o una consonante e una vocale + **l**, **m**, **n**, **r** seguite da un'altra consonante	**al**-ba, **tom**-ba, **un**-to, **sar**-to
b, **c**, **d**, **f**, **g**, **p**, **t**, **v** + **l**, **r** + vocale seguente (sono gruppi che possono trovarsi a inizio di parola)	o-**blò**, **cri**-si, **fri**-go, **glo**-bo, a-**pri**-le, **tro**-ta, a-**tle**-ta, pio-**vra**
s + una o due consonanti + vocale seguente	vi-**sta**, **stra**-da
un digramma o un trigramma + vocale seguente	**gno**-mo, stri-**scia**, **chi**-glia
ci, **gi** (con la i non accentata) + vocale seguente	**cia**-nu-ro, **cie**-lo, **gio**-co, **giu**-ria

appartengono a sillabe diverse e si possono dividere	esempi
le vocali di uno iato	po-**e**-ta, le-**o**-ne, bo-**a**-to
le consonanti doppie, compreso **cq**	at-ti-mo, an-no, ac-qua
due consonanti che non si trovano mai a inizio di parola: **bs**, **cn**, **cz**, **dn**, **ft**, **gm**, **lt**, **mb**, **mp**, **mn**, **nt**, **ps**, **pt**, **rc**, **rs**, **rt**, **tm**, **zt**	ac-ne, ec-ze-ma, men-to, nem-bo, am-ni-sti-a, bor-sa, var-co, naf-ta, rit-mo

23 ●●○ COMPETENZE FONETICHE **Correggi** gli errori nella divisione in sillabe delle seguenti parole.

1. ca-u-te-la-re **2.** tra-u-ma-tiz-za-nte **3.** pae-se **4.** spi-a-cque **5.** con-ti-nu-ia-mo **6.** trans-a-zi-o-ne **7.** bo-sni-a-co **8.** a-iu-o-la **9.** to-vag-lio-lo **10.** con-gi-un-zi-o-ne **11.** na-fta-li-na **12.** da-i **13.** ef-fic-ien-te **14.** bi-sog-no-so **15.** in-con-trov-er-ti-bi-le **16.** ci-e-co **17.** cic-at-riz-zan-te **18.** in-qui-e-tud-i-ne

24 ●●○ COMPETENZE FONETICHE **Dividi** le seguenti parole in sillabe e **classificale** in una tabella in relazione al numero di sillabe.

ovviamente • fraintendimento • gladiolo • guai • guardalinee • portinaio • sottobicchiere • paranormale • spazio • ghiottoneria • intuibile • aiutante • gratuito • balneabile • fiocchetto • guaito • meandro • colloquiale • fucsia • teatrante • coriaceo • noi • tuoi • sgranchirsi • geologia • subacqueo • più • sciacquai • gianduiotto • spiegamelo • nacque • parsimonioso • annacquare • suoi • lei • mai • abaco • reliquiario • auto • annuimmo • superstizioso

La parola

4 L'accento tonico e l'accento grafico

L'**accento tonico** è il **rafforzamento del tono della voce** che nella pronuncia dà maggior rilievo a una sillaba rispetto alle altre della stessa parola. È presente **in quasi tutte le parole** della lingua italiana.

L'**accento grafico** è il **segno** che nella scrittura si pone talora su una vocale finale di parola **per evidenziarne l'accento tonico**. È presente **solo in alcune parole** della lingua italiana e **in casi particolari**.

La **sillaba** e la **vocale** su cui cade l'accento sono dette **toniche** (dal greco *tónos*, "accento"), quelle **prive di accento** sono definite **atone** (dal greco *a* privativa + *tónos*).

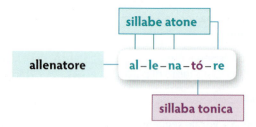

A seconda della posizione della sillaba accentata e indipendentemente dalla loro lunghezza, le parole si classificano in:

parole	posizione dell'accento	esempi
tronche	sull'**ultima** sillaba	severi**tà**, caf**fè**, pe**rò**, gioven**tù**, ...
piane	sulla **penultima** sillaba	**bór**sa, a**mó**re, frivo**léz**za, ...
sdrucciole	sulla **terzultima** sillaba	**cár**dine, ci**tó**fono, alfa**bé**tico, ...
bisdrucciole	sulla **quartultima** sillaba	**lí**tigano, **ré**golano, af**fá**scinano, por**tá**tecelo, ...
trisdrucciole	sulla **quintultima** sillaba	**ór**dinaglielo, **ín**dicamele, ...

Non posseggono l'accento tonico solo **pochi monosillabi** che, riguardo alla posizione, sono detti:

- **proclitici** (dal greco *pro*, "davanti", e *klínomai*, "mi appoggio"), se nella pronuncia si appoggiano alla **parola** che li **segue**; sono proclitici gli **articoli determinativi**, le **preposizioni** e le **particelle pronominali** *mi*, *ti*, *ci*, *vi*, *si*, *gli*, *lo*, *li*, *la*, *le*, *ne* quando precedono il verbo.

    Le saluterò   **Lo** farò da solo.   **Vi** verrà a trovare.
    Ce li presti?   **Ne** vuoi?   **Si** è dimenticato.

- **enclitici** (dal greco *en*, "in, su", e *klinomai*, "mi appoggio"), se si appoggiano nella pronuncia e si scrivono **uniti alla parola che li precede**; sono enclitiche le **particelle pronominali** quando si uniscono al verbo anche in coppia.

    Saluta**le**.   Fal**lo** da solo.   Verrà a trovar**vi**.
    Presta**celi**.   Dam**mene** un po'.   Deve esser**sene** dimenticato.

A 28

1 I suoni delle parole e i segni grafici

Nella lingua scritta l'accento tonico della parola viene segnalato dall'**accento grafico** solo su:
- la **vocale finale** delle **parole tronche** che hanno più di una sillaba, come *città, ventitré, vedrò, capì, lassù*;
- i **monosillabi** che contengono un **dittongo** come *ciò, già, giù, piè, può, più, scià*, perché senza l'indicazione dell'accento la loro pronuncia sarebbe *cio, gia, giu, pie, puo, piu, scia* e diventerebbero bisillabi;
- alcuni **monosillabi** che, senza l'accento, si confonderebbero con altri monosillabi di significato diverso.

L'accento grafico **non** è mai d'**obbligo all'interno della parola**, ma può essere segnato in casi particolari per indicare:
- la **pronuncia delle parole omògrafe**, quelle cioè che si scrivono allo stesso modo, ma si pronunciano diversamente.

càpito	verbo *capitare*	capìto	verbo *capire*
àmbito	nome	ambìto	aggettivo
vènti	nome	vénti	aggettivo

- la corretta **pronuncia di parole d'uso non comune** come *stricnìna, ecchìmosi*.

Per indicare l'accento, la scrittura tipografica si avvale di **tre tipi diversi di accento**:
- **grave** (`) si pone sulle vocali *a, i, o, u* e sulla vocale *e* di suono **aperto** (*saprà, partì, portò, giù, è, cioè, tè, caffè,* ...);
- **acuto** (´) si usa sulla vocale *e* di suono **chiuso** (in *né, sé, ché* e nei suoi composti *perché, affinché, benché, purché*); nelle forme tronche delle terze persone singolari del passato remoto (*poté, batté, ripeté,* ...); in tutti i composti di *tre* (*ventitré, centotré,* ...)
- **circonflesso** (^), d'uso ormai raro, si pone sulla *i* per indicare la contrazione di *-ii*, come in *principî* (per segnalare il plurale di *principio* e non di *principe*).

ALLENA LE COMPETENZE

25 ●○○ **COMPETENZE FONETICHE** Abbiamo segnato l'accento sulla sillaba tonica di queste parole che sono spesso pronunciate in modo sbagliato. **Indica** se sono tronche [T], piane [P] o sdrucciole [S] e **memorizza** la loro pronuncia esatta.

1. edìle [.....]   2. persuadère [.....]   3. ìmprobo [.....]   4. epìteto [.....]   5. baùle [.....]
6. zaffìro [.....]   7. ìlare [.....]   8. rubrìca [.....]   9. infìdo [.....]   10. mulìebre [.....]
11. Iràn [.....]   12. regìme [.....]   13. motoscàfo [.....]   14. fortùito [.....]   15. pudìco [.....]
16. mollìca [.....]   17. cosmopolìta [.....]   18. *collant* (dal francese, leggi "collàn") [.....]
19. *dépliant* (dal francese, leggi "depliàn") [.....]

La parola

26 ●●○ COMPETENZE FONETICHE **Riconosci** la sillaba tonica delle seguenti forme verbali.

inviateglielo • illudendoci • illudono • prestamela • indica • vendicano • vendicato • spense • volano • restituitecelo • confezionaglielo • confezioneremmo • indisse • confezionavano • proponendoglielo • concedetevelo • inventerebbero

27 ●●○ COMPETENZE FONETICHE **Riconosci** la sillaba tonica delle seguenti forme verbali e **classificale** in relazione alla posizione dell'accento.

1. insegnò 2. insegnamele 3. insegnano 4. insegnerebbero 5. insegniamo 6. spiegaglielo
7. spiegò 8. spiegate 9. spiegano 10. spiegandolo 11. ordinamelo 12. ordinateglielo
13. ordinava 14. ordinavano 15. ordinerà

Il buon uso della scrittura

Monosillabi con e senza accento

monosillabi con accento	esempi	monosillabi senza accento	esempi
dà (presente di dare)	Non mi dà mai ascolto.	da (preposizione)	Vengo da Roma.
dì (nome)	Somministrare tre volte al dì.	di (preposizione)	Giunse di corsa l'amico di Luca.
è (presente di essere)	Dov'è Anna?	e (congiunzione)	Anna e Ada sono cugine.
là (avverbio)	Siediti là.	la (articolo, particella pronominale, nota musicale)	La preside la convocherà domani.
lì (avverbio)	Posalo lì.	li (pronome)	Non li conosco.
né (congiunzione)	Non è né carne né pesce.	ne (particella pronominale e avverbiale)	Ne vuoi un po'? No, me ne vado subito.
sì (avverbio)	Sì, lo so.	si (particella pronominale, nota musicale)	Andrea non si è ancora vestito.
sé (pronome) MA se stesso / sé stesso	Chi fa da sé, fa per tre.	se (congiunzione)	Non so se andare o se rimanere qui.
tè (nome)	Gradisce un tè?	te (pronome)	Chi te l'ha detto?
ché = perché	Vieni, ché è tardi.	che (pronome e congiunzione)	Sono certo che sei tu quello che vincerà.
		tutti i monosillabi non presenti nella colonna di sinistra	blu, fa, fu, me, re, qui, qua, sa, so, su, sta, sto, tra, tre, va

A 30

1 I suoni delle parole e i segni grafici

28 ●○○ **COMPETENZE ORTOGRAFICHE** **Segna** l'accento grafico sulle parole che lo richiedono.

1. Fabrizio non sta bene, percio non andra al lavoro ne questa settimana ne la prossima. **2.** Non ci fu un si o un no, ma solo un ma. **3.** Una volta la, la guida ci indichera il sentiero per giungere a quella cascina lassu. **4.** Se verra, Nicolo portera con se tre amici che abitano a pochi isolati da qua. **5.** Se la mamma vorra, sto io qui con te. **6.** Che ne e di me se qui ognuno pensa solo a se? **7.** Su qui e su qua l'accento non va, su li e su la l'accento va. **8.** Se non lo raggiungiamo la, chissa che pensera di me e di te. **9.** Non berro piu con te ne il te ne il caffe. **10.** Giulio e un ragazzo che si da da fare anche se io non gli do molta fiducia. **11.** Notte e di e rimasto qui con me: non so se domani si sveglicra in tempo per venire da te. **12.** Chi te lo fa fare?

29 ●○○ **COMPETENZE ORTOGRAFICHE** **Segna** l'accento grafico sulle parole che lo richiedono.

1. Se ne sta come un re e nessuno fu mai piu beato di lui. **2.** Giada e disperata: non sa fare il riassunto de *Il fu Mattia Pascal*. **3.** Si, un bel di si vedra chi avra avuto ragione. **4.** Li ho visti proprio li. **5.** Da uno come te non voglio ne consigli ne favori. **6.** So che lo sa gia, ma io glielo diro nuovamente. **7.** Non potro vivere ne con te ne senza di te. **8.** Di e notte e stato la con lui. **9.** Non me ne importa piu nulla di te, ne di cio che fai. **10.** Non ne so nulla di tutto cio ne mi interessa. **11.** Si e offeso e non tornera piu qui. **12.** Che fa di la? Sta da solo e parla tra se.

30 ●●● **COMPETENZE FONETICHE** **Segna** opportunamente l'accento acuto o grave.

svanira • perche • vicere • cioe • ne (*congiunzione*) • caffe • e (*verbo*) • liberta • se (*pronome*) • purche • te (*bevanda*) • capacita • parti • capiro • fara • quassu • pero • gia • capi • pote

31 ●●○ **COMPETENZE ORTOGRAFICHE E LESSICALI** **Completa** con l'omografo adeguato.

1. (*abituàti / abìtuati*) _____ a non fare programmi; i tuoi amici sono _____ così. **2.** (*rubino / rùbino*) Non indossare quell'anello col _____ se non vuoi che te lo _____ . **3.** (*indìce / ìndice*) Si _____ un sondaggio telefonico per conoscere l'_____ di gradimento. **4.** (*ìmpari / impàri*) Non _____ mai nulla e non riesci a comprendere che la tua è una lotta _____ . **5.** (*altèro / àltero*) _____ sempre la voce quando voglio sembrare _____ . **6.** (*circùito / circuìto*) Sono stato _____ da due tipacci, mentre ero alle gare nel _____ qui vicino. **7.** (*tendìne / téndine*) Mentre appendeva le _____ , è scivolata e si è lesa il _____ di Achille. **8.** (*ténere / tenère*) Non potendosi _____ per mano, i due ragazzi si scambiavano _____ occhiate.

32 ●●○ **COMPETENZE ORTOGRAFICHE E LESSICALI** **Segna** opportunamente l'accento per distinguere l'omografo.

1. Mi **agito** sempre quando mi accorgo di aver **agito** male nei confronti di qualcuno. **2.** Nell'**ambito** delle mie amicizie, Lucia può conseguire quel premio tanto **ambito**. **3.** Metti un **calzino** affinché quelle scarpe ti **calzino** alla perfezione. **4.** Il suo mandato **decade** nella prima **decade** di ottobre. **5.** Pietro è un uomo così **compito** da poter svolgere un **compito** tanto delicato. **6.** Se raggiungiamo la **meta**, otterremo la **meta** del montepremi in palio. **7.** Il ministro dell'economia **valuta** bene se convenga cambiare la **valuta** corrente. **8.** Se Anna avesse **seguito** le mie indicazioni, la discussione non avrebbe avuto **seguito**. **9.** La **balia** di mio nipote è rimasta per un'ora in **balia** dei malviventi. **10.** **Subito** dopo il fischio d'inizio partita, la squadra ha **subito** un goal.

A 31

La parola

5 L'elisione e il troncamento

Quando parliamo, pronunciamo le parole in successione e le colleghiamo in una catena di suoni. Per esigenze di pronuncia, operiamo fusioni e soppressioni foniche tra parole che vengono a contatto. I **fenomeni fonetici di collegamento**, che intervengono a modificare la parte finale di una parola per adattarla ai suoni della parola successiva, sono l'**elisione** e il **troncamento**.

> L'**elisione** è la caduta della **vocale finale non accentata** di una parola davanti a un'altra parola **che comincia per vocale o per h**. Con l'elisione si ottiene una forma che non corrisponde a una parola autonoma ed esistente: perciò, nella scrittura la caduta della vocale della parola viene **sempre segnalata con l'apostrofo** (la amica → l'amica).

L'**elisione è obbligatoria** quando l'incontro di due suoni vocalici risulta particolarmente sgradevole; perciò **si devono sempre apostrofare**:

gli articoli **lo, la** e le relative **preposizioni articolate**	l'oroscopo, l'anima, nell'acqua, dell'olio, …
l'articolo **una** davanti a parola che **inizia per vocale**	un'arte, un'ombra, un'anatra, un'alunna, …
gli aggettivi **quello/a, bello/a, santo/a**	quell'allievo, bell'uomo, sant'Agata, …
gli avverbi **ci, come, dove** seguiti da forme verbali inizianti per e	c'erano, c'è, c'entra, com'è, dov'era, …
la congiunzione **anche** seguita dai pronomi personali **egli, esso/a, esse/i**	anch'egli, anch'esse, …
le parole di alcune **formule fisse**	tutt'al più, tutt'altro, nient'altro, pover'uomo, senz'altro, d'estate, d'argento, d'amore e d'accordo, …

L'**elisione è frequente**, e dipende dalle scelte espressive personali, con:

le particelle **lo, la, mi, ti, ci, si, vi, ne**	mi / m'alzai; se ne / se n'andò; incontrai Paolo e lo / l'invitai, …
la preposizione **di**	di interesse / d'interesse, …
l'aggettivo **questo/a**	questo / quest'anello, …

L'**elisione è scorretta** e quindi **non** si devono apostrofare:

tutte le parole davanti alla **i** + vocale	lo Ionio, quello iato, bella iella, …
le parole plurali	le opere, alle insegnanti, belle imprese, …
l'articolo **gli** e le relative **preposizioni articolate**	gli Austriaci, quegli autonomi, …
l'avverbio e il pronome **ci** davanti alle vocali *a, o, u*	Non ci andrò; Ci occorre; Ci udì., …
i pronomi **le, li** (perché si potrebbero confondere con *lo, la*)	Le invitai a cena; Li incontrai, …
la preposizione **da** (perché si potrebbe confondere con la preposizione *di*)	da Andrea, da affittare, **MA** d'ora in poi, d'ora innanzi, …

A 32

1 I suoni delle parole e i segni grafici

> Il **troncamento** è **la caduta o della vocale o della sillaba finale non accentata** di una parola davanti a un'altra parola **che comincia per vocale o consonante**. A differenza della parola che subisce l'elisione, la parola che subisce il troncamento può avere una sua esistenza autonoma e **non ha l'apostrofo, tranne in pochi casi particolari.**

Una parola si può troncare **solo quando è singolare e termina in -e o in -o**; alcune perdono:

la **e / o** finale preceduta da **l, r, n, m** davanti a una parola che **non inizia** per **gn, ps, x, z, s** impura	**un** asino, **un** leone; **nessun** odio, **nessun** sospetto; **ciascun** atleta, **ciascun** ciclista, ...
la **sillaba finale** davanti a una parola che inizia per consonante a eccezione di **gn, ps, x, z, s** impura	**Fra** Martino; **gran** signore; **bel** profilo; **quel** film, ...

Il troncamento è **obbligatorio** con:

uno e i suoi composti **alcuno, ciascuno, nessuno**	**un** eroe, **alcun** modo, **ciascun** allievo
bello, santo, quello, quando seguiti da consonante e sempre con **buono**	**bel** viso, **san** Patrizio, **quel** capitolo, **buon** uomo, ...
tale, quale seguiti da voci del verbo *essere* che iniziano con la *e*	**tal** è, **qual** è, **qual** era, ...
signore, dottore, ingegnere, professore, cavaliere, frate, suora, seguiti dal nome proprio	**signor** Luigi, **professor** Bianchi, **suor** Maria Grazia, ...
amore, bene, fiore, fine, fino, male in particolari locuzioni	**amor** proprio, **ben** fatto, **fior** fiore, in **fin** di vita, in **fin** dei conti, **mal** di mare, ...

Il troncamento è **facoltativo** con:

tale, quale, grande davanti a consonante	**qual** / **quale** sorpresa; **gran** / **grande** fatica, ...
i **verbi all'infinito** o facenti parte di alcune **locuzioni verbali**	**aver** / **avere** sete; **perder** / **perdere** tempo; **saper** / **sapere** parlare; **voler** / **volere** bene. ...

Il troncamento è **scorretto**:

davanti a parole che cominciano con **gn, ps, s** impura, **x, z**	uno gnomo, uno psicologo, nessuno scoiattolo, grande stormo, santo Stefano, bello zaino, quello xilofono, ... **Fanno eccezione:** san Stanislao; san Zeno; ingegner Zappegno, dottor Zamengo, commendator Stramaglia

Da evitare (sia pure in uso): **un pneumatico, *un buon psicologo, *un buon stipendio, *un bel zero.*

Alcune forme particolari di troncamento avvengono anche **quando la parola non è seguita da un'altra parola**; in questi casi, e solo in questi, **il troncamento è segnalato dall'apostrofo.**

po' = poco	Ne vorrei un **po'**.	**sta'** = stai	**Sta'** qui.	**to'** = togli (prendi)	**To'**, prendi.
da' = dai	**Da'** questo a lei.	**va'** = vai	**Va'** con lei.		
di' = dici	**Di'** la verità.	**te'** = tieni	**Te'**, prendilo.	**mo'** = modo	A **mo'** di esempio.
fa' = fai	**Fa'** come vuoi.	**be'** = bene	**Be'**, vedremo.		

Infine, una forma particolare di troncamento è *piè*, da *piede*, che ha l'accento e si trova in locuzioni particolari: *a **piè** di pagina, a **piè** pari, a **piè** sospinto.*

A 33

La parola

Il buon uso della scrittura

Andare a capo con una parola da apostrofare Quando si deve andare a capo con una parola con l'apostrofo, non è bene **lasciare l'apostrofo in sospeso a fine riga**; questa soluzione è ammessa nella stampa per esigenze tipografiche.

dell'articolo
- del / l'articolo (da evitare invece dello / articolo)
- dell' / articolo (solo nei testi a stampa)

Allena le Competenze

33 ○○ COMPETENZE ORTOGRAFICHE **Completa** scegliendo tra *un, uno, una, un'*.

1. .... aroma   2. .... oste   3. .... gnomo   4. .... spatola   5. .... autoscatto
6. .... eco   7. .... ascensore   8. .... eruzione   9. .... xenofobo   10. .... scarto
11. .... yogurt   12. .... iride   13. .... caso difficile   14. .... insegnante severa
15. .... sforzo immane   16. .... inutile sforzo   17. .... geniale idea   18. .... idea brillante

34 ○○ COMPETENZE ORTOGRAFICHE DENTRO LE PAROLE **Completa** i seguenti testi scegliendo tra *un, una, un'*.

1. .... **illazione** è .... supposizione priva di fondamento, ... giudizio non motivato.
2. .... **ematoma** o .... **ecchimosi** è .... versamento di sangue in .... tessuto, ... emorragia provocata dalla rottura di .... vaso sanguigno a seguito di .... urto o di .... trauma. Nella lingua comune lo si definisce .... livido.
3. **Input** è .... prestito dall'inglese e significa "immissione". Nel linguaggio informatico indica .... inserimento di dati in .... elaboratore elettronico. È .... parola che si usa anche nella lingua quotidiana: .... input infatti è .... idea o .... suggerimento che dà .... impulso alla realizzazione di .... progetto. È quindi .... avvio, ... azione che mette in moto .... procedimento.

35 ●○○ COMPETENZE LESSICALI **Completa** le seguenti frasi con una delle parole dell'esercizio 34.

1. Non hai nessuna prova a sostegno di quanto dici; la tua è solo un' ....
2. Il contrario di .... è output, che indica il risultato di una operazione.
3. Marco è tornato a casa con un bell' .... : è caduto per l'ennesima volta!   4. È morto a seguito dei traumi riportati nell'incidente, che hanno provocato un' .... interna.

A 34

1 I suoni delle parole e i segni grafici

I trucchi del mestiere

Quando usare l'apostrofo   Distinguere l'**elisione** dal **troncamento** rappresenta una delle maggiori incertezze nella grafia della nostra lingua. Ecco qualche suggerimento che ti aiuterà a risolvere eventuali dubbi.

- Quando non sai se apostrofare una parola seguita da un'altra che inizia per vocale, prova **a sostituire la seconda parola con un'altra che inizia per consonante** (a eccezione di *gn*, *ps*, *x*, *z*, *s* impura) **e che sia dello stesso genere**.
  - Se la forma risultante è **corretta**, si tratta di un **troncamento** e quindi **non devi apostrofare**.

si scrive	**un** amico	**buon** aumento	**qual** è	**tal** altro
perché si può dire	**un** compagno	**buon** guadagno	**qual** sarà	**tal** riscontro

  - Se la forma è **scorretta**, si tratta di un'**elisione** e quindi **devi apostrofare**.

si scrive	**un'**isola	**nessun'**ansia	**quell'**edera	**bell'**amica
perché **non** si può dire	*un penisola	*nessun gioia	*quel pianta	*bel ragazza

- Le forme particolari di troncamento hanno **sempre l'apostrofo** per i seguenti motivi:
  - *da'*, *fa'*, *sta'*, *va'* (che si possono anche scrivere nella loro forma piena *dai*, *fai*, *stai*, *vai*) e *di'* (da *dici*) hanno l'apostrofo perché serve a distinguere le **forme dell'imperativo** da quelle della 3ª **persona singolare dell'indicativo presente** (*egli fa*, *sta*, *va*) e, nel caso di *da'*, *di'*, a non confonderle rispettivamente con la preposizione *da* e l'indicativo *dà*, e con la preposizione *di* e il nome *dì*;
  - *po'* (*poco*) e i meno usati *te'* (da *tieni*), *be'* (da *bene*), *to'* (da *togli*, cioè *prendi*), *mo'* (da *modo*) sono forme stabili che si usano anche quando non sono seguiti da un'altra parola.
    To', prendine un **po'**.

36 ●●● COMPETENZE ORTOGRAFICHE **Fai** l'elisione quando è obbligatoria o frequente.

lo hotel • degli amanti • degli ignoranti • le estremità • le invidio • bello inizio • Santo Alfonso • di inverno • di ogni specie • da amare • ci è • di Antonella • opere di arte • le aprì • le ambizioni • delle atlete • ne inventò una altra • gli impose • quando anche • non ce ne è

37 ●●● COMPETENZE ORTOGRAFICHE **Fai** l'elisione quando è obbligatoria o frequente.

1. «Che cosa è che non ti è piaciuto di questo uomo?» «Niente, tutto al più non ho apprezzato la sua arroganza.»   **2.** Le tue parole mi indispettiscono molto, per questo non ti ho più chiesto niente altro.   **3.** Lo andai a prendere allo aeroporto e lo abbracciai: nello attenderlo avevo trascorso ore di ansia.   **4.** Passo a prenderti tra mezza ora. Se non sei pronta, tutto al più ti aspetto nello androne.   **5.** Non si è mai avuto un periodo di crisi come quello che ci è stato questo anno.   **6.** Lucio si è sbagliato e mi ha confessato che questa amicizia gli interessa più di ogni altra cosa.

A 35

La parola

38 ●●○ **COMPETENZE ORTOGRAFICHE** Fai l'elisione quando è obbligatoria o frequente.

1. Non mi è ancora arrivata la automobile che ho ordinato, ma sono certo che la andrò a ritirare entro questo anno. **2.** Mi interessa sapere dove è stato tutto il giorno e con quali amici si è divertito senza avvertirmi. **3.** Se mi aveste avvertito, sarei venuto anche io in vacanza a casa di Caterina questa estate. **4.** Dove è che hai messo quella autoradio di cui mi hai tanto parlato? **5.** «Vuoi qualcosa altro da assaggiare?» «Niente altro, grazie.» **6.** Come è che non hai ancora ridato quello abito alla amica di Gaia?

39 ●●○ **COMPETENZE ORTOGRAFICHE** Fai le opportune modifiche grafiche e indica se si tratta di elisione [E] o di troncamento [T].

1. questo affare [.....]   8. Santa Agnese [.....]
2. Frate Giovanni [.....]   9. di estate [.....]
3. nessuno altro [.....]   10. bello incontro [.....]
4. bello appartamento [.....]   11. buono appetito [.....]
5. della azione [.....]   12. sullo albero [.....]
6. quale è [.....]   13. come era [.....]
7. nessuno vincolo [.....]   14. grande classe [.....]

40 ●●○ **COMPETENZE ORTOGRAFICHE** Fai le opportune modifiche grafiche e indica se si tratta di elisione [E] o di troncamento [T].

1. quando anche [.....]   9. suora Virginia [.....]
2. signore Rossi [.....]   10. la ho vista [.....]
3. mare Ionio [.....]   11. professore Conti [.....]
4. lo ornitologo [.....]   12. buono inizio [.....]
5. ciascuno amico [.....]   13. quale errore [.....]
6. bello lavoro [.....]   14. un poco di sale [.....]
7. pure tuttavia [.....]   15. siamo preparati [.....]
8. frate Ignazio [.....]   16. tale caso [.....]

41 ●●○ **COMPETENZE ORTOGRAFICHE** Fai le opportune modifiche grafiche e distingui se si tratta di elisione o di troncamento.

1. Frate Pasquale è un bravo uomo, ma è un poco noioso. **2.** Fai un poco il bravo e raccontami cosa hai combinato ieri a scuola. **3.** Lo ho trovato come era da giovane: tale era, tale è rimasto. **4.** Mezza ora fa ho parlato a quattro occhi con quel bullo e non ho avuto bisogno di alcuno aiuto. **5.** Non ci era nessuna altra ragazza a farsi fare l'autografo dal cantante. **6.** Uno affronto di tale genere non me lo avresti dovuto fare. **7.** A questa ora saranno tutti bene addormentati. **8.** Suora Paola è stata trasferita una altra volta. **9.** Dimmi quale è il tuo libro. Sono certo che non te lo ha rubato nessuno. **10.** Ciascuno alunno dovrà portare la propria quota di iscrizione. **11.** Te lo ho già confessato: sono fidanzato dallo anno scorso. **12.** A tale proposito non so proprio quale scusa tu possa accampare.

1 I suoni delle parole e i segni grafici

I trucchi del mestiere

Quando scrivere ce ne / c'è né / ce n'è, s'è / sé / se, se n'è / se ne, m'è / me, t'è / te

Questi gruppi di **uguale pronuncia**, ma di **grafia diversa**, sono occasioni di errori molto comuni. Ecco, quindi, alcuni suggerimenti pratici.

- Per avere la certezza che in essi sia presente il verbo *essere*, prova a sostituire *è* con *era*.

si scrive	non **ce n'è** abbastanza **se n'è** dimenticato	**s'è** già pentito **m'è** già capitato
perché si può dire	non **ce n'era** abbastanza **se n'era** dimenticato	**s'era** già pentito **m'era** già capitato

si scrive	**ce ne** siamo ricordati
perché **non** si può dire	*c'eravamo / n'eravamo ricordati

- Se sei in dubbio tra *sé* o *se*, inserisci *stesso*; se la frase ha senso, è il pronome riflessivo e, quindi, scriverai *sé*.

si scrive	lo tiene sempre con **sé**
perché si può dire	lo tiene sempre con **se stesso**
si scrive	sai **se** verrà?
perché **non** si può dire	*sai **se stesso** verrà?

Ricorda! Non si possono **mai** avere le forme *c'è n'è*, *s'è n'è*, perché **non è possibile** che il verbo *essere* sia ripetuto due volte!

42 ●●○ COMPETENZE ORTOGRAFICHE **Completa** il gruppo a. con *me, m'è, me ne*, e il gruppo b. con *te, t'è, te ne*.

a. 1. .... lo rispieghi, per favore? 2. .... passato di mente. 3. Non .... dimenticherò.

b. 1. .... ho conservato uno. 2. .... lo hanno già riferito? 3. Che .... preso?

43 ●●○ COMPETENZE ORTOGRAFICHE **Completa** scegliendo tra *c'è, ce ne, c'è né, ce n'è*.

1. .... da fare in questa scuola! 2. .... qualche pettegolezzo che vuoi riferirmi? 3. .... siamo andati da lì in fretta e furia. 4. .... ancora di cioccolata? 5. Cosa .... importa? 6. Non .... Luigi né Alessandro. 7. Non .... ragione di essere preoccupati. 8. Se non ci direte cosa .... che non va, andremo subito. 9. .... basta uno solo. 10. Non .... frutta né verdura.

44 ●●○ COMPETENZE ORTOGRAFICHE **Completa** scegliendo tra *s'è, sé, se, se n'è, se ne*.

1. .... non .... occupa lui, perché dovrei farlo io? 2. Non .... presentato e non si sa .... ha avuto un contrattempo o .... scordato. 3. .... tu non li avessi offesi, non .... sarebbero andati. 4. .... rifiutato di dirmi cosa avesse e .... andato via. 5. .... sta tutto solo e bada solo a .... 6. .... non fosse così sicuro di .... , ... sarebbe accorto. 7. .... la prende sempre con me. 8. Non .... può più di questo freddo. 9. .... già preparato Andrea? No, ... sta sul divano a poltrire. 10. .... stato in silenzio tutto il giorno e non ho capito .... ce l'abbia con me.

La parola

RAFFORZA LE TUE COMPETENZE

45 ●●○ COMPETENZE ORTOGRAFICHE Segna l'**accento** o l'**apostrofo** dove richiesto e **correggi** gli **errori di ortografia** nelle seguenti frasi.

1. Questo lavoro non va; va a rifarlo! 2. Questo abito non mi va piu perche mi sta stretto. 3. Da qua, questo esercizzio lo faccio io, tu fa l'altro. 4. Due giorni fa e venuto qui e si e fermato un po. 5. Vengo subito, fa conto che sia gia li. 6. E un fa, non un sol. 7. Sta un po fermo o va via di qui. 8. Di a me cio che vuoi chiedere a tuo padre. 9. To, prendi e va. 10. Non mi va proprio cio che hai fatto. 11. Se ne sta li con le mani in mano. 12. Ameglia non ha ne tempo ne voglia di fare queste correzzioni.

46 ●●○ COMPETENZE ORTOGRAFICHE Segna l'**accento** o l'**apostrofo** dove richiesto e **correggi** gli **errori di ortografia** nelle seguenti frasi.

1. Te, te li do io i soldi per quella cosa la. 2. Di sempre la verità, anche se ti da fastidio. 3. Chi gli da da bere? Sta morendo di sete. 4. Te, prendi un po di te, e la sete se ne va. 5. Fa un po tu cio che ti sta piu a cuore. 6. Chi la fa questa cosa qui? 7. Sa chi fa queste riparazzioni? Si, uno che sta la. 8. Non si sa chi se ne va di la. 9. Di di si, anche se non ti va. 10. Consegnamo domani la relazione e speriamo di prendere la sufficenza. 11. Non ci sto nella scuadra a mo di riserva. 12. Da tu uno sguardo alla bambina quando non sono qui.

47 ●●● COMPETENZE ORTOGRAFICHE DENTRO LE PAROLE **Correggi** gli **errori di ortografia** del seguente brano.

James Pollard, *Il giorno del derby a Epson*, XIX secolo.

Nel gergo sportivo la parola *derby* stà a indicare le sfide tra scuadre della stessa città. Ma l'origine del termine non è ne univoca ne chiara. Ce chi collega la nascita del vocabolo alla situazzione politica della città inglese di Derby nel XIX secolo, quando fù sconvolta dalla lotta fra le due fazzioni dominanti. Altri fanno riferimento alle sfide che al martedì grasso e al mercoledì delle Ceneri si tenevano ad Ashbourne, vicino a Derby, tra gli abitanti a Nord e quelli a Sud del fiume. Secondo un altra ipotesi più attendibile, *derby* a invecie avuto origine dalla corsa ecuestre anglosassone, chiamata *The derby*, ideata per la prima volta da un tal' Edward Stanley nel 1780. Quel anno, in qualità di dodicesimo conte di Derby, egl'organizzò all'ippodromo di Epsom una corsa al galoppo per cavalli di tre anni sulla distanza di un milio e mezzo. Derby, che in origine era sia il nome della città inglese sia il titolo nobigliare del conte, passò quindi ha indicare le corse di cavalli e fù poi esportato con successo in Europa. Non ce invece un ipotesi sulla data precisa in cui il termine passò dall'ambito dell'ippica al mondo del calcio. Sappiamo comunque che negli anni Cinquanta dello secolo scorso cominciarono le grandi sfide tra scuadre della stessa città – Milano, Torino, Roma, Genova – che vennero appunto denominate *derby*. Poi a poco a poco la parola allargò il propio raggio ad altri sport e non solo e passò a indicare ogni genere di competizione in cui si affrontano scuadre che, per questioni geografiche, sociali o politiche, hanno fra loro una rivalità storica molto acciesa.

1 I suoni delle parole e i segni grafici

48 ●●● **COMPETENZE ORTOGRAFICHE** **DENTRO LE PAROLE** **Completa** opportunamente il testo scrivendo nel puntinato lilla una parola, adeguata al contesto, che abbia subìto un'**elisione**, e inserendo nel puntinato blu una delle parole proposte, che sono dei **troncamenti**.

alcun • ancor • aver • ben (*2 volte*) • Ben • dottor • esser • far • gran • qual • tal • un (*3 volte*)

Avere il bernoccolo per la matematica, gli affari o per .... altra disciplina è ....
espressione .... uso comune: si dice per .... intendere che qualcuno ha una spiccata predisposizione in .... campo .... definito. Il modo di dire si collega alla
frenologia, una scienza sviluppatasi nel 1800 a opera di .... F. J. Gall. Secondo
i suoi studi, le facoltà mentali sono localizzate in determinati punti della corteccia cerebrale e lo
sviluppo di una particolare facoltà porterebbe a .... ispessimento della scatola cranica
e alla conseguente formazione di una protuberanza, cioè di .... bernoccolo. E sapete
.... era il numero delle facoltà individuate dal .... Gall? .... ventisette,
a cui potevano corrispondere altrettanti bernoccoli. Questa teoria non ha .... valore
scientifico, tuttavia si riconosce a Gall il merito .... stato il primo ad
studiato le aree della corteccia cerebrale e le facoltà ad esse associate. Perciò, per ricordare il
.... contributo dato .... attuale neuropsicologia, il suo cranio viene
oggi conservato in .... museo parigino. Della sua teoria rimane .... evidente traccia .... italiano che ha mantenuto il modo di dire precedentemente citato.

49 ●●● **COMPETENZE FONETICHE** **DENTRO LE PAROLE** **Metti** l'**accento tonico** in modo da ottenere la parola che corrisponde al significato indicato, poi spostando opportunamente l'accento trova l'**omografo** di cui specificherai l'accento tonico e il significato.

1. regia: regale   .... = ...

2. presidi: gruppi di vigilanza, sostegni   .... = ...

3. perdono: voce del verbo perdere   .... = ...

4. turbine: macchine motrici   .... = ...

5. viola: voce del verbo violare   .... = ...

6. nettare: pulire   .... = ...

7. nocciolo: pianta delle nocciole   .... = ...

8. principi: norme, criteri   .... = ...

50 ●●● **COMPETENZE FONETICHE** **DALLA GRAMMATICA ALLA SCRITTURA** **Scrivi** una frase per ciascuna delle seguenti coppie di **omografi**.

1. è, e   **2.** dà, da   **3.** né, ne   **4.** sé, se   **5.** sì, si   **6.** là, la   **7.** lì, li

51 SUPER! **COMPETENZE FONETICHE** **DALLA GRAMMATICA ALLA SCRITTURA** **Scrivi** una frase che contenga ciascuna delle seguenti coppie di **omografi**.

1. càpitano / capitàno   **2.** lìberale / liberàle   **3.** léggere / leggère   **4.** vìolino / violìno   **5.** pàttino / pattìno   **6.** sùbito / subìto   **7.** prèdico / predìco   **8.** tèmperino / temperìno

A **39**

La parola

6 I segni di punteggiatura

> I **segni di punteggiatura** (o di **interpunzione**) sono i **segni grafici**, propri della scrittura, che segnalano le **pause** e le **intonazioni** del discorso ed evidenziano i **collegamenti logici** tra le diverse parti.

La punteggiatura svolge una **funzione**:

- **segmentatrice**, perché suddivide il testo, segnalando le **pause** e le **sospensioni** della voce, per evidenziare i rapporti e i collegamenti tra le parti del discorso. Questa funzione è importante perché cambiando o **spostando un segno** si fa assumere alla frase un **significato completamente diverso**.

- **sintattica**, perché serve a rimarcare le **relazioni tra gli elementi di una frase**, a separare tra loro le proposizioni o a esprimere una **relazione di coordinazione** o di **subordinazione**.
  La donna**,** essendosi accorta di aver dimenticato la patente**,** ritornò a casa**,** entrò e si guardò attorno**:** la stanza era stata messa sottosopra dai ladri (= si accorse che la stanza...).

- **espressiva**, perché suggerisce l'**intonazione**, conferendo alla frase un significato preciso.
  Vieni subito**!**   Vieni subito**?**   Vieni subito**!?!**   Vieni subito**...**

In relazione a queste funzioni, i segni di punteggiatura si distinguono in:

segni deboli	virgola punto e virgola due punti	, ; :	svolgono una **debole funzione segmentatrice**, segnalando **pause di breve o media intensità**; svolgono un'**importante funzione sintattica**, evidenziando gli elementi di una frase o scandendo le singole frasi in un periodo
segni forti	punto fermo	.	svolge un'**importante funzione segmentatrice** e **sintattica**, segnalando una **pausa forte e intensa**
	punto interrogativo punto esclamativo	? !	indicano le **intonazioni tipiche del parlato** e sono i segni più usati in funzione **espressiva**

L'uso della punteggiatura è in qualche modo soggettivo perché è finalizzato allo stile espressivo che chi scrive vuole adottare e/o al tipo di testo che vuole produrre. Ad esempio, lo stile giornalistico fa un ampio uso di punti fermi per conferire al discorso un ritmo immediato e scattante; i testi scientifici, invece, che privilegiano la chiarezza espositiva, rimarcano i collegamenti logici del pensiero ricorrendo frequentemente al capoverso per segnalare il passaggio da un argomento all'altro. Tuttavia, pur fatta salva una certa flessibilità, **l'uso dei segni di interpunzione deve rispettare alcune regole consolidate e condivise**.

A 40

6*1 La virgola

La **virgola** (,) segnala una **pausa debole** e **distingue gli elementi di una frase** o le **proposizioni di uno stesso periodo**.

si usa	esempi
nelle **enumerazioni**, negli **elenchi** e nelle **descrizioni** per separare i singoli elementi, tranne l'ultimo che, in genere, è introdotto dalla congiunzione **e**	Impastare farina, zucchero, latte e uova. La stanza era ampia, accogliente, ben arredata **e** luminosa.
dopo un avverbio come **sì**, **no**, **bene**, **certo**, **d'altronde** e per dividere due elementi ripetuti	Com'è andato il compito? Bene, credo. Presto, presto: arriva il pullman.
per isolare una **frase incidentale**, un'**espressione avverbiale**, un **complemento di vocazione**, un'**apposizione composta** dopo il nome	Agnese, a quanto si dice, non parteciperà alla gara. Presto, amici miei, entrate! Bianchi, il mio avvocato, è in ferie.
per separare una **frase coordinata per asindeto** o introdotta da **ma**, **però**, **tuttavia**, **anzi**, **perciò**, ...	Luigi entrò, vide Luca, ma non lo salutò. Sono stanco, anzi stanchissimo.
tra la principale e le subordinate temporali, causali, concessive, condizionali. È sempre d'obbligo per delimitare una subordinata con il verbo al **gerundio** o al **participio**, o una **incidentale**	Appena giunta a Milano, Adele andò subito a salutare l'amica che, dopo essere stata alcuni anni all'estero, aveva fatto ritorno a casa.

non si usa	esempi
per separare elementi della frase strettamente legati, come **soggetto** e **verbo**, **verbo** e **complemento oggetto**. **Soggetto e predicato possono essere separati** solo quando tra di essi si frappone un **inciso** o quando l'**ordine sintattico viene invertito**, ma le virgole in questi casi sono **due**	Valeria non poteva tollerare quei rimproveri. Valeria, la sorella minore, non poteva tollerare quei rimproveri. Quei rimproveri, Valeria, non li poteva proprio tollerare.
davanti alle congiunzioni **o**, **sia**, **né** quando introducono un elenco o mettono in correlazione elementi di una stessa frase; la virgola, invece, si usa quando si stabilisce una **corrispondenza tra due diverse proposizioni**	Potremo giocare a carte **o** a dama **o** a scacchi. Ho deciso che andrò al mare **sia** che tu venga, **sia** che debba andarci da sola.
per separare **reggente** e **dipendenti** strettamente legate, come le **proposizioni soggettive, oggettive, interrogative indirette, comparative**. Invece, le **proposizioni relative** che esprimono **informazioni non necessarie** alla comprensione della reggente devono essere poste tra due virgole; quelle che introducono **determinazioni indispensabili** non devono essere separate dalla reggente; **la presenza o l'omissione della virgola comporta un cambiamento di significato**	Gli ospiti che non la conoscevano rimasero stupefatti. → solo quelli che non la conoscevano Gli ospiti, che non la conoscevano, rimasero stupefatti. → tutti gli ospiti, nessuno dei quali la conosceva

A 41

La parola

6*2 Il punto e virgola e i due punti

Il **punto e virgola** (**;**) e i **due punti** (**:**) segnalano una **pausa intermedia** tra quelle indicate dalla virgola e dal punto, e spezzano un periodo complesso in due **segmenti autonomi**, ma **collegati da nessi logici di significato**.

I **due punti** (**:**) segnalano che quanto segue **chiarisce**, **spiega**, **illustra**, **dimostra**, **esemplifica**, **conclude** quanto detto precedentemente. Corrispondono a un **connettivo**, cioè a un termine di collegamento come *perciò, cioè, in altre parole, perché, in conclusione* ecc., o a un'**intera frase** come *mi spiego meglio, e adesso ti dico quali, e adesso ti faccio degli esempi*. Sono quindi molto utili, perché **evitano ripetizioni** e permettono di spezzare un periodo altrimenti troppo lungo e complesso.

si usano per introdurre	esempi
un **discorso diretto** o una **citazione**	Carla gridò: «Ho superato l'esame di guida!».
un **esempio**, un **elenco** o una **enumerazione**. **Attenzione:** non devono mai essere usati **per separare il verbo dal complemento oggetto**, anche se questo è costituito da un elenco	Ho invitato alla mia festa anche le mie nuove compagne: Marta, Luisa e Laura. (i due punti equivalgono alla frase *e adesso ti dico quali*) Ho invitato alla mia festa Marta, Luisa e Laura.
una **spiegazione**, una **conclusione**, una **causa** o una **conseguenza** di quanto affermato	Luca pensava: non avrebbe accettato quell'incarico. (i due punti equivalgono a *che*) Non verrò a sciare: devo ancora finire la relazione. (i due punti equivalgono a *perché*) Domani ho la verifica: non posso venire. (i due punti equivalgono a *perciò, di conseguenza*) Aprì la cassaforte: era vuota! (i due punti equivalgono alla frase *e vide che*)

Il **punto e virgola** (**;**) nell'uso attuale tende sempre più a **essere sostituito dal punto fermo**.

si usa	esempi
per separare **proposizioni coordinate complesse**: ad esempio, prima di una coordinata con valore esplicativo conclusivo	Pioveva, faceva freddo ed eravamo stanchi; perciò rimanemmo a casa.
nelle **enumerazioni** e negli **elenchi**, quando i singoli elementi sono accompagnati da espansioni	All'assemblea erano presenti il dott. Perri, l'amministratore dello stabile; il Sig. Bianchi che fungeva da segretario; Baldini e Verdi, i consiglieri.

1 I suoni delle parole e i segni grafici

ALLENA LE COMPETENZE

52 ●○○ **COMPETENZE ORTOGRAFICHE** Inserisci opportunamente la virgola.

1. No non avevi ragione tu e lo sai bene! **2.** Francesca amica mia non disperarti: in fondo non è successo niente di irreparabile. **3.** «Luca quando andrai in vacanza?» «Non so non ci ho ancora pensato ma devo decidere al più presto». **4.** Albert Einstein a causa del nazismo andò a vivere negli Stati Uniti d'America dove insegnò a Princeton. **5.** Il Libano la cui capitale è Beirut un'antica città fenicia non supera gli undicimila abitanti. **6.** Carlotta cosa mi suggerisci per il pranzo di Natale? Sarà meglio il pesce il coniglio il pollo o l'arrosto di vitello? **7.** La decisione di Marco e tu lo sai meglio di chiunque altro è stata condizionata dai suoi genitori. **8.** Giulio non appena ebbe parcheggiato si accorse di aver dimenticato a casa l'abbonamento ferroviario. **9.** Mangiò si coricò si alzò e uscì subito senza aver ancora preparato le valigie che così pensava avrebbe fatto al suo ritorno. **10.** Il romanzo scritto in una lingua criptica e immaginosa non ottenne il successo sperato.

53 ●●○ **COMPETENZE ORTOGRAFICHE** **DENTRO LE PAROLE** Inserisci opportunamente la virgola.

La parola **sport** che è presente in molte lingue e che noi identifichiamo come inglese ha in realtà una lunga storia. Sembra infatti derivare dal verbo latino *deportare* che tra i suoi significati aveva anche quello di "uscire fuori porta", cioè uscire fuori dalle mura della città per svagarsi e dedicarsi al divertimento o ad attività sportive. Da questo verbo derivò nel francese antico la parola *desport*, "divertimento svago". L'Inghilterra la importò nel XIV secolo modificandola in *disport* poi due secoli dopo l'abbreviò in *sport* termine che nell'inglese di oggi ha vari significati tra cui "divertimento svago" e "attività sportive". Nel XIX secolo *sport* è entrato anche nell'italiano con il ben noto significato. Il significato originario rimane però nell'espressione "fare qualcosa per sport", cioè per divertimento. Inoltre dall'antico termine francese è derivata la parola *diporto* che ha lo stesso significato. Le imbarcazioni da diporto ad esempio sono quelle usate per scopi ricreativi o sportivi e non per fini commerciali.

54 ●●○ **COMPETENZE TESTUALI** Modifica la posizione della virgola in modo da ottenere una frase di significato diverso.

1. Quando arriva la zia, Cristina è contenta. **2.** Mentre il cuoco cucinava, un galletto cantava. **3.** Mentre il professore interrogava, Mario rideva. **4.** Dopo aver comprato quel regalo, a Pietro finirono i soldi. **5.** Mentre Marco dorme, nella sua camera Adele legge un libro. **6.** Se tu fumi il sigaro in salotto, io spalanco le finestre. **7.** Quando il leone insegue, la gazzella corre veloce. **8.** Piangendo, la donna seguiva il feretro. **9.** Se Paola aiuta la nonna, è contenta. **10.** Giorgio, ti sta cercando Filippo. **11.** Mentre il ladro fuggiva in moto, lo inseguivano i poliziotti. **12.** Mentre Rita mette in ordine nella mansarda, i gatti giocano.

A 43

La parola

55 ○○ COMPETENZE ORTOGRAFICHE **Inserisci** opportunamente la virgola e i due punti.

1. Coraggio prendi queste gocce vedrai ti sentirai subito meglio. 2. Da quando è arrivato in città gli ho dato due alternative può stare da me o da sua zia. 3. In Scozia ho ammirato tre diversi aspetti la disponibilità delle persone la bellezza del paesaggio lo splendore dei palazzi aristocratici. 4. Per favore se vai al mercato comprami mele pere e banane. 5. Nella macedonia ho messo molti tipi di frutta fragole albicocche banane ananas e noci. 6. No non dirmi nulla di quella faccenda sono già stato informato da Marco.

56 ●○○ COMPETENZE ORTOGRAFICHE **Inserisci** opportunamente la virgola e i due punti.

1. Non credere che la vita sia sempre facile lo so bene io che ho dovuto affrontare molte difficoltà. 2. Marta che è la mia migliore amica si trova in ospedale è caduta dal motorino e si è rotta un braccio. 3. Presto presto il treno parte tra mezz'ora. 4. Le elezioni del 2013 per la carica di sindaco di New York pur avendo avuto una bassa partecipazione di votanti sono state significative a essere eletto è stato un oriundo italiano Bill De Blasio. 5. Ho immaginato un luogo pieno di piante esotiche e misteriose mangrovie dai fiori blu banani alti dieci metri palme dagli strani colori. 6. Al porto la nave ha già tutti i motori i generatori le luci accese le auto salgono lungo la rampa silenziose.

57 ●●○ COMPETENZE ORTOGRAFICHE DENTRO LE PAROLE **Inserisci** opportunamente la virgola e i due punti.

Frati francescani.

Il detto **per un punto Martin perse la cappa** ha un'origine curiosa. Martino padre guardiano di un convento ambiva alla cappa cioè alla veste di abate. Aveva nel cuore questa segreta speranza quando così si narra venne a sapere che il reverendo superiore sarebbe passato dal suo convento. Escogitò allora un espediente per mettersi in bella mostra agli occhi dell'illustre visitatore quello di scrivere sul portone del convento un bel motto latino che significava: «La porta sia aperta. Non sia chiusa a nessun uomo onesto». Martino si mise all'opera scriveva sognando la bella cappa ma distratto dai suoi pensieri sbagliò la collocazione del punto. La frase che scrisse in realtà suonava così: «La porta non sia aperta a nessuno. Sia chiusa all'uomo onesto». Quando il superiore giunto davanti al portale lesse quella frase infelice si indispettì e se ne andò. E fu così che per un solo punto Martino perse sia la stima del suo superiore sia la cappa che desiderava tanto.

1 I suoni delle parole e i segni grafici

6*3 Il punto, il punto interrogativo e il punto esclamativo

> Il **punto**, il **punto interrogativo** e il **punto esclamativo** sono **segni forti** e segnalano uno **stacco netto**.

> Il **punto**, o **punto fermo** (.) **conclude** una frase di senso compiuto o un periodo.

> Il **punto a capo segnala uno stacco ancora più marcato** e un cambio di argomento: in questo caso, si scrive sulla riga successiva e si comincia un nuovo **capoverso**.

si usa	esempi
nelle **abbreviazioni**: le parole si interrompono dopo una consonante o una doppia; per indicare il plurale si raddoppia la consonante finale	ecc. (eccetera); sigg. (signori); Ing. (ingegnere); Gent.ma Sig.na (gentilissima signorina) ; ill.mo Dott. (illustrissimo dottor); pp. (pagine); segg. (seguenti)
nelle **sigle** **MA non** in quelle d'uso corrente e che si possono leggere come parole uniche	G.U. (Gazzetta Ufficiale); PP.TT. (poste e telegrafi); C.R.I. (Croce Rossa Italiana) **MA** FIAT (Fabbrica Italiana Automobili Torino); CONI (Comitato Olimpico Nazionale Italiano); RAI (Radio Audizioni Italiane)
per scandire le diverse parti di un **indirizzo e-mail** o **web**	mario.rosso@gmail.com; www.amnesty.it

> Il **punto interrogativo** (?) indica il tono ascendente della voce ed è usato per le **domande** o le **richieste** formulate in modo diretto; la sua presenza, quindi, caratterizza la **proposizione interrogativa diretta**. La lettera iniziale della parola che lo segue **di norma è maiuscola**; può essere **minuscola** quando il discorso continua e la pausa è breve.

Dove hai preso questo libro? Me lo presti?
Chi era quell'uomo? chi diceva di essere? o forse mentiva?

> Il **punto esclamativo** (!) segnala l'intonazione discendente tipica delle **esortazioni**, degli **ordini** e delle **esclamazioni** prodotte dai diversi stati d'animo.

Che meraviglia!   Basta con questo chiasso!   Esci subito di qui!

Il punto esclamativo può trovarsi in combinazione con l'interrogativo quando, per rimarcare il proprio stupore, si riprende con tono interrogativo l'espressione riferita da altri.

«In piscina ho incontrato Maurizio». «Maurizio?! Ma non era alle Maldive?»

Nella pubblicità e nei fumetti il punto interrogativo e il punto esclamativo si trovano talora ripetuti, per dare enfasi alla frase.

Noooo!!! Che cooosa???

A 45

La parola

6*4 La lettera maiuscola

La **lettera maiuscola** è d'uso convenzionale all'**inizio di un testo** e del **discorso diretto**, dopo il **punto fermo** e di norma dopo il **punto interrogativo** ed **esclamativo**; è, inoltre, **obbligatoria** con alcune categorie di nomi.

categorie di nomi che esigono la maiuscola	esempi
nomi propri di persona e di **animale**, nomi che indicano **popoli** o **abitanti di una località** (**MA non** gli aggettivi corrispondenti)	Carlo Magno, Rex, gli Egizi, i Milanesi **MA** i ragazzi milanesi
nomi propri di cosa (**nomi geografici** e dei **corpi celesti**)	Tevere, Everest, Marte
nomi di **festività religiose** e **civili**	Natale, Capodanno, Hannuka, Ramadan
nomi di **enti**, **istituzioni**, **partiti**, **squadre sportive**, **ditte**, **uffici** e le **sigle**	la Croce Rossa, il Parlamento, la Juventus, CEE, ONU, USA
nomi di **secoli**, **periodi storici**, **correnti letterarie** e grandi **avvenimenti**	il Novecento, l'Illuminismo, la Resistenza
titoli di libri, **film**, **opere artistiche**, **giornali** in genere; se il titolo è formato da più di una parola, la maiuscola è d'obbligo solo per la lettera iniziale	*La casa degli spiriti*, *Via col vento*, *I promessi sposi*, "La Stampa"
qualifiche e, solo negli scritti formali, **pronomi personali** e **aggettivi possessivi** riferiti al destinatario	Dottor, Onorevole, Preside, Professore; Desidero informarLa...
sole, **terra**, **luna** in ambito astronomico; **nord**, **sud**, **est**, **ovest** se indicano zone geopolitiche	La Luna è il satellite della Terra; il Sud-Est asiatico
ponte, **palazzo**, **torre** se seguiti dal nome proprio; **monte**, **lago**, **fiume**, **mare**, **città** quando fanno parte del nome proprio	Ponte Vecchio, Palazzo Pitti, Torre di Pisa, Monte Bianco, Lago Maggiore, Fiume Giallo, Mar Rosso, Città del Messico

ALLENA LE COMPETENZE

58 ●●○ **COMPETENZE TESTUALI** **Inserisci** i segni di interpunzione adeguati al contesto e le lettere maiuscole.

1. a. Studia come devo dirtelo
   b. Studia no non ci credo miracolo
   c. Studia non può uscire con noi
2. a. Partono il figlio però rimane a casa
   b. Partono sono pazzi non vedono come nevica
   c. Partono no hanno deciso di restare
3. a. Venite allora prenotiamo anche per voi
   b. Venite poi ci organizzeremo per uscire
   c. Venite vi stiamo aspettando da ore
4. a. Ha mangiato ora possiamo uscire
   b. Ha mangiato no prima vuole farsi una doccia
   c. Ha mangiato tutto è proprio un ingordo

1 I suoni delle parole e i segni grafici

59 ●●○ **COMPETENZE ORTOGRAFICHE** **Metti** la lettera maiuscola dove è necessaria.

1. un tale al cinema mi disse: "è libero questo posto?" indovina un po' chi era? era luca, il nostro vecchio compagno del liceo cavour. **2.** filippo I d'asburgo, detto il bello, figlio dell'imperatore massimiliano I d'asburgo, sposò giovanna la pazza, figlia di ferdinando re d'aragona, e assieme alla moglie divenne erede al trono di castiglia. **3.** il lago regillo si trova nella provincia di roma, a 7 km a est di frascati, nella località detta pantano secco, teatro di una celebre battaglia in cui i romani sconfissero e uccisero maurilio ottavio, genero di tarquinio il superbo.

6*5 Gli altri segni grafici

Nella scrittura si usano anche altri **segni grafici** che indicano particolari aspetti del discorso. Vediamoli in dettaglio:

i puntini di sospensione o di reticenza	le virgolette	la lineetta	il trattino	le parentesi tonde e quadre	l'asterisco	la barra
...	« » " " ' '	—	-	( ) [ ]	*	/

> I **puntini di sospensione** o **di reticenza** (**...**), sempre nel numero fisso di tre, **interrompono** o **lasciano in sospeso** il discorso.

si usano	esempi
per esprimere **meraviglia**, **imbarazzo**, **incertezza**, **ironia**, per fare un'**allusione** o una **intimidazione**; per preparare il lettore a una **battuta di spirito** o all'**uso particolare di una parola**, come spesso accade nei cruciverba; dopo i puntini la frase interrotta può essere ripresa o rimanere incompiuta	Certo che un ragazzo così...; Ci siamo capiti... Sono senza parole...; A buon intenditor... È una meraviglia...; I... confini dell'Italia.
per rendere le false partenze o i cambi di progetto propri del parlato	Vorrei che tu..., sì; insomma, mi piacerebbe...
per indicare un **elenco aperto**	Quest'anno abbiamo studiato molti autori: Verga, Pirandello, Svevo...
per indicare in una citazione l'**omissione** di una parte di testo; in questo caso i puntini vanno collocati entro parentesi quadre	In ogni classe [...] c'è quello "bravo" e "quello che fa ridere".

> Le **virgolette**, che si distinguono in basse (« »), alte (" "), apici (' '), si trovano sempre in coppia.

si usano	esempi
per delimitare un **discorso diretto** o una **citazione** in cui si riportano testualmente le parole altrui	Prima di varcare il Rubicone, Giulio Cesare disse: «Il dado è tratto». Don Abbondio non era certo "un cuor di leone".
per segnalare l'**uso allusivo**, **traslato** o **ironico** di un termine o di un'espressione	Questo "giovanotto" aveva ormai ottant'anni.

A 47

La parola

| Le **lineette** (–) vengono usate in coppia. |

si usano	esempi
per delimitare il **discorso diretto** al posto delle virgolette, ma solo se, dopo la battuta del dialogo, il testo prosegue; se ne usa invece una sola in apertura quando il testo non prosegue	Egli le chiese: – Dove andrai? – Non so ancora, – rispose Anna – ma in ogni caso non te lo direi.
per delimitare un **inciso**, soprattutto quando è piuttosto lungo, in alternativa alla virgola o alle parentesi	Quando mi scriverà – e spero che lo faccia presto – te lo dirò.

| Il **trattino** (-), nei testi a stampa è più corto della lineetta. |

si usa	esempi
per unire parole che non costituiscono un composto stabile	La guerra-lampo; la situazione socio-economica
per collegare due numeri o due parole con il significato di "da ...a", "tra ...a"	15-18 aprile; ore 16,30-18,30; anni '60-'70; la Torino-Milano (l'autostrada da Torino a Milano); la partita Roma-Inter (la partita tra la Roma e l'Inter)
per dividere in **sillabe** o indicare il prefisso o il suffisso di una parola	il-lu-stra-re; il prefisso pre-; il suffisso -mento
per indicare l'"a capo" nella scrittura a mano	I miei amici partiranno domani per l'Australia.

| Le **parentesi**, sempre usate in coppia, possono essere **tonde** ( ) o **quadre** [ ]. |

- Le **parentesi tonde** servono a isolare all'interno del testo un'**informazione accessoria**, come l'autore di una citazione, una data, la traduzione di un termine straniero, o a delimitare un **inciso**, che introduce una spiegazione, una precisazione o un commento. L'eventuale segno d'interpunzione, che chiude la frase posta prima della parentesi, va collocato dopo la chiusura della parentesi stessa.

  Nel mezzo del cammin di nostra vita / mi ritrovai in una selva oscura / che la diritta via era smarrita. (Dante)

  Non mi diede alcuna spiegazione (e ciò mi ha molto ferita), e se ne andò.

- Le **parentesi quadre** sono usate per delimitare parole che non fanno parte del testo, ma che sono state inserite per facilitarne la comprensione, oppure per racchiudere i puntini di sospensione indicanti un'omissione.

  Il re [Carlo Magno] inviò un'ambasceria al Papa.

1 I suoni delle parole e i segni grafici

> L'**asterisco** (*) si pone in alto a fine parola per segnalare una nota di chiarimento. Tre asterischi sostituiscono un'informazione che l'autore vuole volontariamente omettere.

Era essa l'ultima figlia del principe *** gran gentiluomo milanese. (A. Manzoni)

> La **barra**, o *slash*, (/) indica un'**alternativa**, una **complementarità** o una **contrapposizione** tra due o più elementi; è usata anche per segnalare la fine di un verso, quando si trascrive un testo di poesia senza andare a capo.

Gli / Le insegnanti della classe   Si sta come / d'autunno / sugli alberi / le foglie. (G. Ungaretti)

Il buon uso della scrittura al computer

I caratteri   Si scrivono in carattere *corsivo* (o *italic*) i **titoli delle opere letterarie**, dei film, delle *pièce* teatrali (tranne i titoli di quotidiani e riviste), le **parole straniere** non integrate nella lingua italiana, le **espressioni onomatopeiche**.
Si usa il carattere **grassetto** (o **bold**) per **mettere in rilievo** parole o espressioni; è bene però non abusarne perché appesantisce l'aspetto grafico del testo.

La spaziatura
- L'**apostrofo** non richiede nessuno spazio né prima né dopo di sé. Solo nelle forme particolari di troncamento occorre mettere uno spazio dopo l'apostrofo.
L'anno scolastico sta quasi per finire e gli studenti sembrano un po' stanchi.
- I **segni di punteggiatura** si scrivono attaccati alla parola che li precede; richiedono invece, come tutte le parole, uno spazio dopo di sé.
- Si mette uno spazio prima delle **parentesi** e delle **virgolette aperte**, ma non si mette dopo; la parola si attacca quindi ad esse. Allo stesso modo non si mette lo spazio prima di chiuderle.
Ecco un celebre aforisma: "L'esperienza è il tipo di insegnante più difficile. Prima ti fa l'esame, poi ti spiega la lezione". (Oscar Wilde)
- Il **trattino breve** si attacca alla parola che lo precede e lo segue; il **trattino lungo** richiede uno spazio prima e dopo di sé.
Oscar Wilde (1854-1900); (Dublino, 16 ottobre 1854 – Parigi, 30 novembre 1900).
- La **barretta** si scrive tra due spazi se mette in relazione più parole, altrimenti è priva di spazi.
Il / la sottoscritto/a   timbro e firma del titolare / legale rappresentante

L'accento   Sulla tastiera e usando il programma *word*, puoi distinguere due tipi di **accento**:
- l'**accento acuto** (´), che va sulla vocale *e* di suono **chiuso**. Le parole d'uso comune che hanno questo accento sono *né, sé, ché* e suoi composti *perché, affinché, benché, purché*; le forme tronche delle terze persone singolari del passato remoto *poté, batté, ripeté, …*; i composti di tre come *ventitré, trentatré, …*
- l'**accento grave** (`), che va sulle vocali *a, i, o, u* e sulla vocale *e* di suono **aperto**: *libertà, partì, portò, giù, è, cioè, tè, caffè, bebè, ahimè, bignè, Noè, Mosè, …*

La parola

Allena le Competenze

60 ●○○ **COMPETENZE TESTUALI** **Spiega** quale funzione svolgono i segni grafici.

1. […] sarebbe assai stimolante un'indagine retrospettiva […] sui tempi in cui la pubblicità si chiamava ancora "réclame", veniva definita "l'anima del commercio", era artigianale e patetica, un tantino stravagante, deliziosamente ingenua … (M. Corti)

2. Sì, anche questa volta ti è andata bene, ma … ricorda che "Tanto va la gatta al lardo che…"

3. Per noi che siamo fatti per vivere sotterra – pensava Malpelo – dovrebbe essere buio sempre dappertutto. (Verga)

4. «Una volta catturavo i lupi assieme a papà – racconta il ragazzo. – Oggi, casomai, "prendiamo in trappola" i turisti, usando i lupi come esca».

5. È sorta in Italia una nuova specie di uomo, "l'Homo pharmaceuticus", il quale cresce, si nutre, e… muore di medicine.

6. Il granoturco, "il raggio di sole degli dèi", viene coltivato in Messico come elemento base e per preparare bevande.

61 ●●● **COMPETENZE ORTOGRAFICHE E TESTUALI** **DENTRO LE PAROLE** **Inserisci** la punteggiatura (salvo i punti fermi) e i segni grafici (parentesi, virgolette, trattini) adeguati al contesto.

I **modi di dire** o **espressioni idiomatiche** sono locuzioni che vengono memorizzate come un'unica entità e che in genere resistono a sostituzioni lessicali e a trasformazioni sintattiche quindi così sono e così si usano. È anche una loro prerogativa il fatto che il significato della frase completa non corrisponde quasi mai alla somma dei significati delle singole parole. Ad esempio affogare in un bicchier d'acqua cioè perdersi in un nonnulla è solo una metafora a meno che la vittima non sia un insetto. Gran parte di questi detti ha origini chiare anche se non sempre è possibile identificare una data di nascita precisa. I miti le favole e la cultura greco latina ne sono da sempre una vera e propria fucina. Per citare qualche esempio derivano dalla mitologia classica il **tallone d'Achille** vedi pagina 339 il **pomo della discordia** dal mondo contadino da cui ne sono derivati moltissimi ricordiamo **salvare capra e cavoli** vedi pagina 373 **menare il can per l'aia conoscere i propri polli andare a letto con le galline**. In altri casi lo spunto proviene da episodi realmente accaduti infatti la storia di tutti i tempi ne costituisce una fonte inesauribile. Nel mondo d'oggi invece a lanciare nuove espressioni idiomatiche sono soprattutto i media con battute tratte da film canzoni spettacoli comici. Spesso si tratta di veri e propri tormentoni che conquistano subito una grande notorietà e diffusione anche se di breve durata sono soprattutto i personaggi dello spettacolo e del cabaret a inventarli e per loro questi modi di dire sono è proprio il caso di dirlo un vero **asso nella manica**.

1 I suoni delle parole e i segni grafici

RAFFORZA LE TUE COMPETENZE

62 ●●○ COMPETENZE ORTOGRAFICHE E TESTUALI STORIA **Inserisci la punteggiatura** e i **segni grafici negli spazi indicati, e metti dove occorrono le maiuscole.**

La carta e la sua produzione L'invenzione della carta [.....] da ritagli di seta ridotti in pasta [.....] fibre di gelso e di bambù [.....] lino o cotone [.....] spetta ai Cinesi nel I secolo d [.....] C [.....] furono però gli Arabi a diffonderla in Europa nell'XI secolo attraverso la Penisola Iberica [.....] in Italia il nuovo materiale scrittorio fece la sua comparsa tra il XII e XIII secolo [.....] nel XIII secolo a Fabriano erano in funzione già otto cartiere [.....] la produzione della carta era il risultato di un lungo processo [.....] punto di partenza furono prevalentemente gli stracci di origine vegetale [.....] che venivano lavati [.....] pressati nei tini e lasciati a fermentare per ottenere l'isolamento della cellulosa [.....] in seguito venivano tritati e battuti da mulini a vento o ad acqua fino ad ottenere una pasta in cui veniva immersa la forma [.....] telaio di legno su cui erano applicati fili metallici orizzontali e verticali [.....] detti filoni e vergelle [.....] [.....] sulla forma la pasta si depositava in modo uniforme e veniva poi lasciata asciugare. Il foglio di carta ottenuto veniva in seguito pressato per eliminare l'acqua residua e collato con gelatina animale o amido [.....] per distinguere la propria produzione i cartai utilizzarono la filigrana [.....] un marchio di fabbrica costituito da un filo metallico piegato secondo disegni particolari e applicato alla forma [.....] la pasta di carta [.....] colando, risultava meno spessa in corrispondenza del disegno [.....] che risultava così visibile in controluce [.....]

(www.biblioteche.unicatt.it)

63 SUPER! COMPETENZE ORTOGRAFICHE E TESTUALI STORIA **Inserisci la punteggiatura, le maiuscole e i segni grafici adeguati.**

La punteggiatura nelle edizione latine La punteggiatura che troviamo oggi nelle edizioni moderne di scrittori latini non è originale ma rappresenta il risultato di secoli di adeguamenti l'interpunzione latina era infatti molto diversa da quella moderna la punteggiatura delle versioni sui libri di testo è quindi una punteggiatura tradotta un'interpretazione con i segni moderni di quello che pensiamo indicasse la punteggiatura latina agli albori della scrittura la pausa veniva indicata con un semplice spazio vuoto successivamente la necessità di economizzare lo spazio sulla lastra impose l'eliminazione degli spazi tra parola e parola e nacquero così la scrittura continua le sigle e le abbreviazioni con lo sviluppo di periodi più complessi nacque però l'esigenza di dividere le frasi per comprenderne pienamente il senso funzione segmentatrice e con la nascita delle scuole di oratoria e la diffusione della lettura ad alta voce si sentì il bisogno di qualche indicazione che aiutasse il lettore a dosare gli intervalli funzione pausativa fin dalle origini, quindi, alla punteggiatura era attribuita sia una funzione pausativa sia una funzione sintattica gli stessi termini tradotti dal greco con cui furono indicati i primi segni interpuntivi avevano in origine un valore sintattico i tre termini *comma colon* e *periodos* che indicavano le diverse parti della frase passarono a indicare i segni ancora oggi in inglese sono usati i termini greci *comma* significa virgola *colon* due punti semicolon punto e virgola e *period* punto. I termini *distinctiones* e *positurae* indicavano invece le pause di cui i segni d'interpunzione sono i simboli grafici.

(www.maturità.scuolazoo.it)

A 51

I SUONI E I SEGNI GRAFICI • mappa delle conoscenze

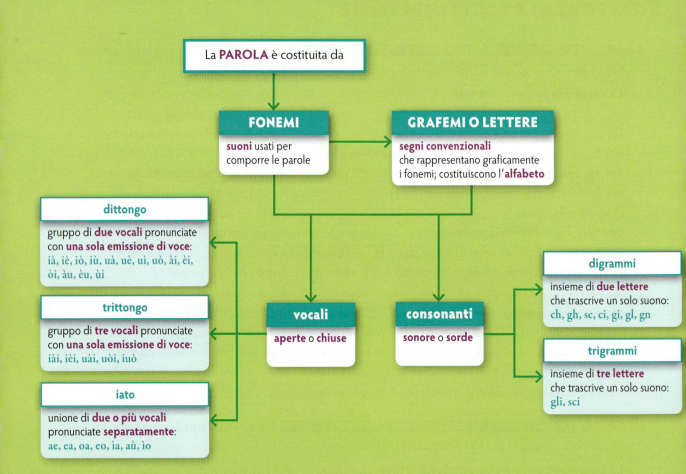

L'ACCENTO

tonico
indica il **rafforzamento della voce** nella pronuncia di una delle sillabe della parola

- lo possiedono:
  – parole di **due o più sillabe**
  – alcuni **monosillabi**:
    sì, no, re, tre, su, ma, fu

- non lo possiedono le **particelle pronominali (monosillabi)**:
  mi, ti, ci, vi, si, gli, lo, li, la, le, ne

grafico
solo in certi casi segnala nella scrittura l'**accento tonico**

- è d'obbligo su:
  – **parole tronche**: lassù
  – **monosillabi con dittongo**: già
  – alcuni **monosillabi**:
    dà, dì, è, là, lì, né, sì, sé, tè, ché

- non è d'obbligo su:
  – **sillabe all'interno della parola**
  – altri **monosillabi**:
    da, di, e, la, li, ne, si, se, te

ELISIONE
caduta della **vocale finale non accentata** di una parola davanti a un'altra che inizia **per vocale** o **h muta**

- è sempre segnalata dall'**apostrofo**:
  un'ora, bell'amico, nessun'altra

TRONCAMENTO
caduta della **vocale** o della **sillaba finale non accentata** di una parola davanti a un'altra che comincia **per vocale** o **consonante**

- **non è segnalato dall'apostrofo**:
  un uomo, bel luogo, nessun altro

- è segnalato dall'**apostrofo** solo in:
  po', be', mo', to', te', da', di', fa', sta', va'

A 53

La parola

METTI IN GIOCO LE TUE COMPETENZE

COMPETENZE COMUNICATIVE

64 ●●○ **Inserisci** i segni di interpunzione adeguati al contesto.

1. Ha finito No non ancora
   Ha finito perciò possiamo uscire
   Ha finito è proprio bravo come dicevi tu

2. Mangia sta mattina non ha fatto colazione
   Mangia ma tra poco arriva
   Mangia No è ancora presto

3. Uscite ma non fate tardi
   Uscite Sì fra poco
   Uscite La mamma vi sta cercando

4. Vieni Ti sto aspettando con ansia
   Vieni Allora preparo per due
   Vieni poi decideremo insieme cosa fare

COMPETENZE LOGICO-GRAMMATICALI

65 ●●○ **Modifica** la punteggiatura e i segni grafici, così da ottenere una frase di significato diverso. Puoi eliminare o aggiungere dei segni, oppure cambiarne la posizione.

1. Ti voglio bene. Luca.   **2.** Pino, mangia tutta la pizza!   **3.** Mi sono fermato a studiare a casa di Irene: sono arrivato in ritardo.   **4.** Il professore esclamò: "Il preside arriverà a momenti".   **5.** L'imputato – affermò il giudice – non è in grado di intendere e di volere.   **6.** Stai tranquilla! Antonella mi ha promesso che non lo rifarà più.   **7.** L'alunno esce dall'aula; piangendo, la compagna lo segue.   **8.** Parto per il mare la settimana prossima: devo incontrare dei vecchi amici.   **9.** Il corteo degli studenti sfilò lungo la via: erano in tanti a manifestare il loro dissenso.   **10.** Appena uscita di casa, ho sentito gridare: "Paola!"   **11.** Bravo! Hai ascoltato i consigli del tuo amico, incosciente!   **12.** Il soldato affrontò il nemico, senza armi.   **13.** Se tu fossi stato più attento, Andrea non sarebbe caduto.   **14.** Mentre gli operai lavoravano in cantina, mancò la luce.

COMPETENZE ORTOGRAFICHE

66 ●●○ Uno studente distratto o poco preparato ha trascritto il seguente testo, tratto da una tavoletta del poeta latino Fedro; nel ricopiarlo però ha fatto molti errori ortografici. **Correggili**.

La verità, tutta la verità   Non c'è nulla di miliore per l'uomo che dire la verità: la sincerità però spesso và dritta alla propria rovina. Un'uomo sinciero viaggiava con un bugiardo; camminando assieme essi giunsero nel paese delle scimmie. Una scimmia, non appena li vide – si trattava di uno scimmione che si era fatto loro capo – ordinò che fossero arrestati e interrogati per sapere che cosa quegl'uomini pensassero di lui. Poi fece schierare tutte le scimmie davanti a lui, proprio come aveva visto fare all'imperatore, ordinò di portare i due uomini al centro e chiese loro: "Chi sono io?". Il bugiardo disse: "Tu sei l'imperatore". "E questi che vedete in piedi davanti a mè, chi sono?". Il bugiardo rispose: "Questi sono i tuoi comandanti". E per questa risposta menzogniera il capo ordinò che quell'uomo, che aveva fatto ricorso all'adulazzione, fosse premiato. Frattanto l'uomo sincero diceva tra sé e sé: "Se costui, che è un bugiardo e mente su tutto, è stato trattato e premiato così, che cosa riceverò io, s'è dirò la verità?". Stava riflettendo su questo, quando la scimmia, che voleva essere chiamata imperatore, li domandò: "Dimmi: chi sono io e chi sono costoro davanti a me?". Ma l'uomo, che amava la verità ed era abituato a dire sempre il vero, rispose: "Tu sei una scimmia, e tutti questi sono scimmie come tè". Subito la scimmia ordinò ai compagni di farlo a pezzi perché aveva detto la verità.

1 I suoni delle parole e i segni grafici

67 ●●○ **Completa** le seguenti frasi scegliendo tra *ce ne, c'è né, ce n'è, s'è, sé, se, se n'è, se ne*.

1. Non .... più bisogno. **2.** Non .... sono più di uomini così. **3.** Non .... servono più. **4.** Non .... Fulvio né Roberto. **5.** .... andiamo subito via. **6.** .... ancora uno. **7.** .... basta uno solo. **8.** .... sarebbe ancora da dire. **9.** Non .... pasta né riso. **10.** .... di gente strana! **11.** .... già visto qualcuno? **12.** .... già andato. **13.** Chi .... offerto per questo lavoro? **14.** Non so .... riuscirò a finire in tempo. **15.** Non .... ancora accorto. **16.** .... andò, piangendo. **17.** .... mai occupato di noi? **18.** .... la prende sempre con me, mai con .... **19.** Non .... va mai prima delle nove. **20.** Non so .... vale la pena fare da ....

68 ●●○ **Segna** l'accento o l'apostrofo dove sono necessari e **correggi** i tre errori di ortografia contenuti nelle seguenti frasi.

1. Da un occhiata alla gatta quando saro lontano da qui. **2.** Qual e il tuo libro? **3.** Te, te li do io i soldi per quella cosa la. **4.** Chi ti da da mangiare se lui se ne va? **5.** Fa un po tu cio che ti pare piu opportuno. **6.** Consegnamo domani la relazione e speriamo di prendere la sufficenza. **7.** Sa chi da ripetizioni di matematica? Si, un ragazzo che si e laureato qui. **8.** Se non ci dira cosa ci e che non va ce ne andremo immediatamente da qua. **9.** Non ci sto nella scuadra a mo di riserva. **10.** Di sempre la verita, anche se non ti va. **11.** Stefano non ha ne tempo ne voglia di lavorare. **12.** Questa giacca non mi va piu perche mi sta stretta. **13.** Non e ne un fa ne un sol, ma un si. **14.** To, prendi e va. **15.** Fabio se ne sta li con le mani in mano e non sa mai che fare. **16.** Da qua, questo esercizio lo faccio io, tu fa l'altro. **17.** Due giorni fa e venuto qui e si e fermato un po. **18.** Fidati di me: fa conto che quel compito sia gia svolto. **19.** Sta un po in silenzio o va via di qui. **20.** Questo riassunto non va; va a rifarlo!

69 ●●● **Riscrivi** il seguente testo: **correggi** gli errori di ortografia, **fai** le opportune elisioni e **segna** gli accenti.

La follia al potere Un potente stregone, con lo intento di distruggere un regnio, verso una pozione magica nel pozzo dove bevevano tutti i suditi. Chiuncue avesse toccato quella acqua, sarebbe diventato matto. Il mattino seguente la intera popolazzione ando al pozzo per bere. Tutti impazzirono, tranne il ré, che possedeva un pozzo privato per se e per la familia, al quale lo stregone non era riuscito ad arrivare. Preoccupato, il sovrano tento di esercitare la propria autorita sulla popolazzione, promulgando una serie di leggi per la sicureza e la salute pubblica. I polizziotti e gli ispettori, che avevano bevuto un po di acqua avvelenata, trovarono assurde le decisioni reali e decisero di non rispettarle. Quando gli abitanti del regnio appresero il testo del decreto, si convinsero che il sovrano fosse impazzito, e che pertanto ordinasse cose prive di senso. Urlando si recarono al castello chiedendo la abdicazzione. Disperato, il ré si dichiaro pronto a lasciare il trono, ma la regina glielo impedì, suggerendogli: "Andiamo alla fonte, e beviamo quella acqua. In tal modo saremo uguali a loro". E cosi fecero: il ré e la regina bevvero la acqua della follia e presero immediatamente a dire cose prive di senso. Nel frattempo, i suditi si pentirono: adesso che il ré dimostrava tanta saggezza, perche non consentirgli di continuare a governare? La calma regno nuovamente nel paese, anche se i suoi abitanti si comportavano in maniera del tutto diversa dai loro vicini. E cosi il re pote governare sino alla fine dei suoi giorni.

(P. Coelho, *Veronika decide di morire*)

A 55

La parola

COMPETENZE ORTOGRAFICHE

70 ●●● **Inserisci** opportunamente i segni di punteggiatura e i segni grafici negli spazi indicati.

L'insostenibile leggerezza della punteggiatura   [   ] Fate una pausa nel discorso [   ] un respiro [   ] mettete la virgola [   ] ci incoraggiavano le maestre. E il primo danno era fatto. Il punto è proprio questo. L'ago normativo della punteggiatura è sempre stato disturbato dall'idea che i segni di interpunzione descrivano le pause del parlato. Non è così [   ] si tratta di una vecchia regola fuorviante [   ] visto che si scrive per essere capiti e non per essere letti ad alta voce. Senza negare che alcuni segni hanno una funzione espressiva [   ] come l'esclamativo, l'interrogativo, i puntini di sospensione. Dobbiamo convincerci che la funzione principe della punteggiatura è logico[   ]sintattica [   ] serve a stabilire legami tra le frasi e a rendere comprensibile il nostro pensiero [   ] orientando la scrittura. In sostanza si tratta di istruzioni che lo scrivente fornisce al lettore perché possa compiere una serie di ben determinate operazioni mentali [   ] il risultato delle quali sarà la comprensione da parte del lettore del brano o della frase che ha letto. Pause [   ] sospensioni del discorso [   ] silenzi compresi...

(da *Avvenire*)

COMPETENZE ORTOGRAFICHE E TESTUALI

71 ●●● Questo post, tratto da un blog, è stato scritto volutamente senza l'impiego dei segni d'interpunzione. **Scandisci** il testo in periodi, **inserendo** opportunamente i segni di punteggiatura e le lettere maiuscole.

Vietata qui la punteggiatura

section 1

VITTORIASACC

sono nata con la penna in mano si può dire e ho cominciato a scrivere da quando avevo cinque anni ricordo ancora le ansie di tutti i miei insegnanti per farmi scrivere correttamente e ci sono quasi riusciti ma in questo frangente mi torna in mente il primo compito in classe alla scuola media le virgole non sapevo a cosa servissero così alla fine del tema che non ricordo di cosa parlasse mi soffermai alcuni minuti per riguardarlo e poiché di virgole non c'era manco l'ombra iniziai ad aggiungerne qualcuna ricordo come fosse ora che seguivo una logica... artistica e misi quelle virgole secondo la distanza tra le parole come se fosse stato un dipinto e bisognava aggiungere i ritocchi di luce beh per quel compito portai a casa un bel quattro proprio per le virgole messe a casaccio ma la prof mi spiegò tutte quelle cose che ancora sfuggivano alla mia preparazione benedizione a quella santa donna che mi curò come fossi una piantina da allora non sbagliai per così dire nemmeno una virgola e i miei compiti furono sempre da sette e da otto la scrittura e il piacere di farla mi accompagna da tutta una vita anche se non mi sono mai cimentata a snocciolare romanzi ben altri sono stati i sentieri sui quali m'incamminai tipo l'insegnamento a mia volta e il giornalismo quel giornalismo che però come disse già un grande del novecento non lascia spazio alla tua fantasia e per la miseria è vero il tempo non mi basta per poter concentrarmi nelle idee che mi balenano in testa ma sono obbligata a lasciarle andar via perché il tempo scappa e devo ubbidire alla logica di un giornale un po' di spazio però me lo ricavo e proprio perché ho poco tempo a disposizione cercherò di guadagnarmelo evitando quello necessario per la punteggiatura

A 56

1 I suoni delle parole e i segni grafici

COMPETENZE LESSICALI

72 ●●○ Spiega il significato dei seguenti modi di dire.

1. essere a un punto morto: ....
2. dare dei punti: ....
3. fare il punto: ....
4. venire al punto: ....
5. fare punto a capo: ....
6. metterci un punto: ....
7. mettere a punto: ....
8. di punto in bianco: ....
9. non spostarsi di una virgola: ....
10. mettere tra parentesi: ....

COMPETENZE DI SCRITTURA

73 ●●● Il seguente articolo è un esempio di stile giornalistico che usa la punteggiatura e, soprattutto il punto, in modo anomalo rispetto alle norme convenzionali e in funzione espressiva. Il testo viene così spezzettato in frasi brevissime, spesso non autonome né sul piano sintattico né sul piano del significato. **Riscrivilo**, modificando la punteggiatura secondo le regole convenzionali e accorpando frasi e periodi non autonomi o troppo brevi.

E la chiamano estate   L'estate sta finendo. Ma forse non è mai cominciata. Intendo l'estate di una volta. La stagione del riposo. Quando si andava in ferie. Tutti. O quasi. Quella stagione non c'è più. I periodi di ferie si sono accorciati. Per alcune persone e famiglie si limitano a qualche gita al mare nei fine settimana. Altre, ancora, vi hanno rinunciato del tutto. La colpa è della crisi, ma anche dei modelli di vita che cambiano.

Anche il calcio ci ha abbandonati   Proprio perché non ci abbandona mai. è sempre calciomercato. In tutte le stagioni. Anche d'estate. Ovviamente. è sempre campionato. Non fa tempo a finire Ferragosto che è già cominciato. E così rischia di perdere il *pathos* di un tempo. Perché se si gioca sempre e sempre ancora. Se è sempre calciomercato e sempre campionato, allora la domenica non è più la stessa. Non c'è più festa. Non c'è più religione. D'altronde, il campionato è sempre. Dovunque. In ogni luogo e in ogni medium. Non finisce mai. Solo l'estate sta finendo. Finalmente. Questa estate: mi ha sfinito. Per me è una stagione faticosa. Perfino un po' dolorosa. Ma l'autunno è alle porte. Meglio prepararsi.

(I. Diamanti, in "la Repubblica")

74 ●●● Dopo aver letto il testo, **spiega** qual è stata la vendetta della virgola, quindi **scrivi** un breve testo sullo stesso modello.

La vendetta della virgola   C'era una volta una virgola seccata dalla poca considerazione in cui tutti la tenevano. Perfino i bambini delle elementari si facevano beffe di lei dimenticando del tutto la sua esistenza. Che cos'è una virgola, dopo tutto? Nei giornali nessuno la usa più. La buttano, a casaccio. E allora un giorno la virgola si ribellò. Quando il Presidente di uno degli Stati più potenti al mondo scrisse il breve appunto, dopo il lungo colloquio con il suo avversario: "Pace, impossibile lanciare i missili", e lo passò frettolosamente al Generale, in quel momento la piccola e trascurata virgola mise in atto il suo piano e si spostò. Si spostò solo di una parola, appena un saltino. Quello che lesse il Generale fu: "Pace impossibile, lanciare i missili". E scoppiò una Guerra mondiale.

(B. Ferrero, *Il Segreto dei Pesci Rossi*, ElleDiCi)

A 57

PREPARATI ALLA PROVA INVALSI

A1. Nella frase *In questa località verranno presto abbattute tutte le case, che sono state costruite in modo abusivo*, la virgola

- A ☐ non è corretta perché separa il pronome relativo dal nome a cui si riferisce
- B ☐ non è corretta perché il pronome relativo precisa il nome con un'informazione necessaria
- C ☐ è corretta perché introduce un inciso
- D ☐ è corretta perché il pronome relativo si riferisce solo a una parte delle case

A2. Nella frase *Mia madre mi aveva assegnato un compito molto impegnativo: ripulire e mettere in perfetto ordine la mia stanza*, i due punti hanno la funzione di introdurre

- A ☐ un elenco
- B ☐ un'esplicitazione
- C ☐ un discorso indiretto
- D ☐ un esempio

A3. Nelle seguenti frasi separa le parole e inserisci opportunamente accenti, apostrofi, segni di interpunzione e lettere maiuscole.

a. diunpocheintenzionihai

....

b. fuventannifameloricordobeneche-
seneandoviadaquidaalloranonnesa-
pemmopiunulla

....

c. qualerailsuonomelosapevasololaura-
enessunaltra

....

d. nonceranessunaltrochepotesseresi-
stereagliassaltidiunindividuodiquel-
lamole

....

A4. Rifletti: si deve sempre scrivere *un atleta*, *un'atleta* o sono corrette entrambe le grafie? Motiva la tua risposta.

....

A5. Associa il fenomeno fonetico che accomuna ciascun gruppo di parole (tranne una) e cancella la parola intrusa.

> **a.** dittongo • **b.** elisione •
> **c.** troncamento • **d.** trigramma •
> **e.** digramma

1. bel giorno, quel ragazzo, san Pietro, uno zufolo, qual è [.....]
2. artigli, paglia, maglie, aglio, frattaglie [.....]
3. darei, fai, voi, qui, lei [.....]
4. ghiro, ciuffo, giallo, scimmia, sciame [.....]
5. un', nessun', po', dell', quest' [.....]

VERIFICA LE TUE COMPETENZE

A. **Inserisci** opportunamente *ce*, *c'è*, *ne*, *n'è*, *né*, *se*, *s'è*, *sé*.

1. .... per tutti.

2. .... dimenticato, non è un problema.

3. D'ora in poi .... guarderà bene.

4. Ha portato con .... anche suo fratello.

5. .... vuoi ancora?

6. .... qualcuno alla porta.

7. Non .... importa nulla.

8. .... stupito anche lui del risultato.

9. .... sono ancora nel cassetto.

10. Non .... mai sentito nulla di più insulso.

11. .... oggi .... domani verranno ad aggiustare la lavatrice.

12. .... defilato portando con .... tutti i soldi.

13. Non so .... accorto dello scherzo.

14. Anche .... offeso, non .... lo deve dire.

1 punto per ogni risposta esatta **Punti** .... /24

B. **Rintraccia** e **correggi** i 5 errori di ortografia contenuti nel seguente testo, quindi **inserisci** gli opportuni segni di punteggiatura negli spazi indicati.

La mano di Muzio Scevola Com'è forse noto un po a tutti [ ] l'espressione [ ] **metterci la mano sul fuoco** [ ] si usa per indicare di essere sicuri su un determinato fatto [ ] deriva [ ] come molte altre espressioni proverbiali [ ] da un episodio leggendario dell'antica Roma, tramandato dallo storico latino Tito Livio [ ] nel 508 a.C. [ ] durante l'assedio di Roma da parte degli Etruschi [ ] guidati dal re Porsenna [ ] mentre in città cominciavano a scarseggiare i viveri [ ] un giovane patrizio romano [ ] Muzio Cordoba [ ] propose di uccidere da solo il generale etrusco [ ] ottenuta l'autorizzazione del senato [ ] si infiltrò nel campo dell' avversario armato di un pugnale [ ] li c'era un uomo vestito come il re e Muzio [ ] non sapendo che era uno scriba [ ] lo uccise [ ] catturato dalle guardie [ ] il giovane fu portato in quattro e quattr'otto da Porsenna e gli disse [ ] [ ] l'elegante veste del tuo ministro mi ha tratto in inganno [ ] ora punirò la mia mano destra [ ] [ ] ciò detto [ ] pose la destra su un braciere ardente e senza esitazione sopportò il dolore delle ustioni [ ] impressionato da un tale coraggio [ ] il re ordinò che venisse subito liberato [ ] Muzio [ ] allora [ ] ringraziò il sovrano [ ] ma lo avvertì [ ] [ ] tengo in gran conto il vostro gesto e per questo vi rivelerò che trecento romani hanno giurato di uccidervi [ ] io sono stato il primo e non è stato un buon'inizio [ ] ma [ ] fa attenzione [ ] prima o poi qualcun'altro riuscirà nell'intento [ ] [ ] in seguito a quell'episodio [ ] Muzio fu soprannominato Scevola [ ] che significa [ ] mancino [ ] [ ]

1 punto per ogni risposta esatta **Punti** .... /50

C. **Inserici** opportunamente i segni di interpunzione, salvo i punti fermi, negli spazi indicati.

Punto e basta? C'è una sola controindicazione nello scrivere un pezzo sulla punteggiatura [ ] ogni volta che stai per battere una virgola o un punto [ ] ogni volta che ti scapperebbe un punto e virgola o ti verrebbe la tentazione di usare i puntini di sospensione [ ] ti chiedi se quello sia il segno giusto messo al posto giusto e quanti scuotimenti di testa [ ] quanta riprovazione scatteranno nel lettore erudito e purista in materia. C'è da sentirsi tremare le vene ai polsi ma con le virgole [ ] e men che meno con le virgolette [ ] non si scherza. (da *Avvenire*)

1 punto per ogni risposta esatta **Punti** .... /6

TOTALE PUNTI .... /80

A 59

2 La forma e il significato delle parole

La parola si compone di due elementi inscindibili, la forma e il significato.

- La **forma**, o **significante**, è l'**elemento concreto** che si percepisce con i sensi dell'udito e della vista; è l'insieme dei suoni nella lingua parlata e di lettere nella lingua scritta.
- Il **significato** è l'**idea mentale** che associamo alla forma.

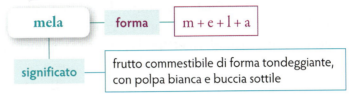

> **FORME** La **relazione tra forma e significato** è **arbitraria** ed è dovuta a una **convenzione** condivisa dai parlanti una stessa lingua. Ne è prova il fatto che le lingue esprimono uno stesso significato con forme diverse.

italiano	francese	inglese	tedesco	spagnolo
cavallo	cheval	horse	Pferd	caballo

Può anche accadere che una **medesima forma** esprima in lingue diverse **significati differenti**: ad esempio, *burro* in spagnolo significa "asino".

> **FUNZIONI** In relazione alle **funzioni**, le parole si distinguono in:

- **parole piene**, in grado di esprimere un **significato compiuto** anche quando sono considerate singolarmente, **al di fuori di un contesto**. Sono parole piene il **nome**, l'**aggettivo**, il **verbo** e l'**avverbio**.

    L'**amica francese** di **mia madre è arrivata improvvisamente**.
    ● nome ● aggettivo ● verbo ● avverbio

- **parole vuote**, prive di un significato definito, che svolgono una **funzione di collegamento**. Sono parole vuote il **pronome**, l'**articolo**, la **congiunzione**, la **preposizione**, categorie grammaticali in grado di trasmettere informazioni solo se combinate con altre parti del discorso.

    Uomini **e** animali. → funzione di congiungere due parole
    Vive **in** Austria. → funzione di determinare il luogo
    Ho letto il libro **in** sei giorni. → funzione di determinare il tempo

CONOSCENZE • ABILITÀ • COMPETENZE

↻ p. 15

La parola

1 La struttura delle parole

> La **struttura** delle parole può essere scomposta in **unità minori** e, a seconda degli elementi che la compongono, può essere **variabile** o **invariabile**, **primitiva** o **derivata**.

La struttura di una **parola variabile** è composta da:
- la **radice**, la parte **fissa** e **invariabile**, che esprime il significato di base;
- la **desinenza**, la parte **finale** e **variabile**, che permette alle parole di **flettersi** per dare informazioni di tipo grammaticale, indicando il **genere** e il **numero** (nei nomi, articoli, aggettivi e in alcuni pronomi), il **modo**, il **tempo**, la **persona** e il **numero** (nei verbi).

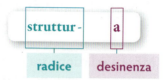

Le parole variabili **posseggono** e, in genere, **mutano la desinenza**; sono l'articolo, il nome, il verbo, l'aggettivo e alcuni pronomi. Le **parole invariabili non hanno la desinenza** e, quindi, non ammettono la flessione; sono l'avverbio, la congiunzione, la preposizione semplice, l'interiezione.

> La struttura della parola può anche presentare altre **unità minori**, chiamate **affissi**.
> Le parole prive di affissi si dicono **primitive**, perché **non derivano** da altre parole della stessa lingua. Le parole che presentano uno o più affissi si dicono **derivate**, perché si sono formate da altre parole della stessa lingua grazie al meccanismo della **derivazione**.

Nelle parole derivate l'insieme delle parti poste prima della desinenza, cioè la radice e gli affissi, costituisce il **tema**. Nelle parole primitive il **tema coincide invece con la radice**.

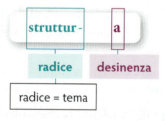
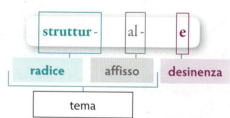

ALLENA LE COMPETENZE

1 ●○○ **COMPETENZE MORFO-LESSICALI** **Indica** se le seguenti parole sono primitive **[P]** o derivate **[D]** e **scomponile** in radice, desinenza e affissi.

1. ineleggibile [D]   in- elegg- ibil- e
2. disimpegno [.....]
3. giraffa [.....]
4. manesco [.....]
5. comunitario [.....]
6. infortunio [.....]
7. sfortuna [.....]
8. spago [.....]

2 Il lessico e la formazione delle parole

> Il **lessico** è **l'insieme delle parole** di una lingua: esso costituisce un sistema **complesso**, **aperto** e **variabile** perché è in costante espansione e si arricchisce continuamente di nuove parole.

L'**arricchimento del lessico** è avvenuto e continua ad avvenire in due modi:

- **modo endogeno**, cioè dall'**interno della lingua**, modificando termini già esistenti. Le neoformazioni endogene si generano attraverso i meccanismi di:
  - **derivazione**, quando una nuova parola si forma a partire da un'altra.
    carta → cart**aceo**, cart**olina**, **in**cart**amento**, **s**cart**are**
  - **alterazione**, quando una nuova parola si forma da un'altra con l'aggiunta di **suffissi alterativi**.
    carta → cart**ina**, cart**accia**
  - **composizione**: due o più parole si uniscono in una sola (cartapecora, cartapesta), o si combinano assieme (carta di credito, carta da parati);
  - **abbreviazione**, quando una parola è la forma ridotta di un'altra.
    cinema da cinematografo; **moto** da motocicletta;
    Un tipo particolare di abbreviazione è l'**acronimo**, costituito dalle lettere iniziali di più parole.
    TAC = **T**omografia **A**ssiale **C**omputerizzata
- **modo esogeno**, cioè dall'**esterno** della lingua, attingendo da altre lingue moderne o antiche grazie al fenomeno del **prestito**.

Le parole che in tempi recenti sono entrate a far parte della lingua o hanno assunto un nuovo significato sono definite **neologismi** (dal greco *neos*, "nuovo", e *lógos*, "parola").

2*1 La derivazione

> La **derivazione** consente di formare **una parola nuova**, aggiungendo alla radice di una **parola-base** già esistente (nome, aggettivo, verbo) uno o più elementi, chiamati **affissi**.

Gli **affissi**, anche detti **morfemi modificanti**, si distinguono in:

- **prefissi** (dal latino *praefixum*, "fissare davanti"), quando si aggiungono **prima della radice**;
- **suffissi** (dal latino *subfixum*, "appendere sotto"), quando si pongono **dopo la radice**.

Le parole derivate che presentano sia un prefisso sia uno o più suffissi sono dette **parasintetiche**.

La parola

> Le **parole derivate con l'aggiunta di uno o più prefissi** mantengono la **stessa categoria grammaticale della parola-base** ma possono assumere un **significato diverso** o addirittura **opposto**.

nebbi-a	nome	anti-**nebbi**-a	nome
leal-e	aggettivo	s-**leal**-e	aggettivo
veder-e	verbo	pre-**veder**-e	verbo

Uno stesso prefisso può aver avuto **due origini diverse** ed esprimere perciò **significati differenti**.

prefisso	originato da	significati
a-	*alfa* privativo greco	**negazione** a**sociale**
	preposizione latina *ad*, "verso"	**avvicinamento** a**ccorrere**
in-	prefisso latino *in*	**negazione** in**visibile**
	preposizione latina *in*	**introduzione, trasformazione** in**cassare**, in**giallire**
anti-/ ante-	*anti* (dal greco "contro, di fronte")	**opposizione** anti**furto**
	preposizione latina *ante*, "davanti, prima"	**anteriorità** (nel tempo e nello spazio) ante**guerra**, anti**pasto**, anti**bagno**

Ecco un quadro sintetico dei principali prefissi e dei significati che esprimono.

prefissi	significati	esempi	prefissi	significati	esempi
a(d)- entro- i(n)-	avvicinamento, dentro	**a**tterrare **entro**terra **in**scatolare	oltre- sur- stra- tra(s)- ultra-	oltre, al di là	**oltre**mare **sur**reale **stra**ripare **tra**forare **ultra**terreno
de- di- e(s)- extra- s-	allontanamento, separazione, fuori	**de**tronizzare **di**rottare **e**mettere **extra**terrestre **s**fornare	inter- fra-	in mezzo, tra	**inter**regno **fra**pporre
			anti- contra-	opposizione	**anti**furto **contrad**dire
de- di-	rafforzamento, maggiore intensità	**de**gustare **di**scendere	ipo- sub- sotto-	grado inferiore, sotto	**ipo**calorico **sub**normale **sotto**scala
a- de- dis- i(n)- s-	negazione, privazione, contrario	**a**sociale **de**crescere **dis**accordo **im**morale **s**fiducia	arci- archi- iper- sopra- sovra- super- sur- extra- stra- ultra-	grado superiore, sopra	**arci**vescovo **archi**trave **iper**attivo **sopra**ffino **sovra**esposto **super**alcolico **sur**riscaldato **extra**forte **stra**pagare **ultra**piatto
re- r(i)-	ripetizione, reciprocità	**re**imbarcare **ri**amare			
ante- anti- pre-	prima, davanti	**ante**guerra **anti**camera **pre**vedere	pos(t)- retro-	dopo, dietro	**pos**datare **retro**marcia

A 64

2 La forma e il significato delle parole

> Le **parole derivate con l'aggiunta di uno o più suffissi** possono **non mantenere** la stessa categoria grammaticale della parola-base e, pur rimanendo nello stesso ambito semantico, possono assumere un **significato diverso**.

grand-e (aggettivo) → **grand-ios-o** (aggettivo), **grand-eggi-are** (verbo), **grand-ezz-a** (nome)

Ecco un quadro sintetico dei principali suffissi e dei significati che esprimono.

suffissi	parti del discorso	esempio	suffissi	parti del discorso	esempio
-aio -aiolo -ano -ante -ario -(i)ere -ino -ista -sore -tore -trice	nomi comuni di persona	benzin**aio** bosc**aiolo** guardi**ano** insegn**ante** bibliotec**ario** ingegn**ere** arrot**ino** dent**ista** oppres**sore** gioca**tore** sogna**trice**	-aio -eria -eto -ificio -ile -toio -torio	nomi di luoghi	gran**aio** bir**reria** ros**eto** lan**ificio** fien**ile** galoppa**toio** osserva**torio**
-aggine -anza -enza -età -ezza -ia -ismo -ità -itudine -izia	nomi di qualità, caratteristiche	sbadat**aggine** toller**anza** differ**enza** sazi**età** bell**ezza** pazz**ia** altru**ismo** util**ità** soli**tudine** pigr**izia**	-aceo -ale -ano -are -ario -asco -astico -atico -ato -esco -ese -evole -ico -iero -ino -igno -ivo -oso	aggettivi derivati da nomi	cart**aceo** music**ale** itali**ano** popol**are** sanit**ario** rivier**asco** scol**astico** lun**atico** fortun**ato** princip**esco** cort**ese** amich**evole** atom**ico** ospedal**iero** triest**ino** ferr**igno** istint**ivo** pericol**oso**
-aggio -ata -ato -ita -mento -sione -ura -uta -zione	nomi di azioni	lav**aggio** passeggi**ata** apprendist**ato** usc**ita** insegna**mento** divi**sione** chius**ura** cad**uta** forma**zione**	-ante -bile -ente -evole -tivo	aggettivi derivati da verbi	abbond**ante** mangia**bile** perd**ente** lod**evole** compara**tivo**
			-eggiare -ificare -izzare	verbi derivati da nomi o aggettivi	cort**eggiare** nid**ificare** civil**izzare**
-ale -ario -iera -ino	nomi di oggetti	bracci**ale** lampad**ario** zupp**iera** cancell**ino**	-mente -oni	avverbi derivati da aggettivi o nomi	veloce**mente** ginocch**ioni**

A 65

La parola

2*2 L'alterazione

> L'**alterazione** è un **particolare tipo di derivazione**, in cui alla parola-base si aggiunge un **suffisso alterativo**; questo non modifica né la categoria grammaticale né il significato della parola di partenza, ma **precisa** il suo significato in relazione alla **qualità** o alla **quantità**.

I suffissi alterativi si distinguono in:

- **diminutivi**, se indicano una **quantità minore** e una **qualità ora positiva ora negativa**.

suffissi diminutivi	categoria grammaticale	esempi
-ino, -ello, -etto, -acchiotto, -icino, -iccino, -olino, -icello, -icciuolo, -otto	nomi	ragazz**ino**, fontan**ella**, cas**etta**, ors**acchiotto**, cuor**icino**, libr**iccino**, besti**olina**, camp**icello**, donn**icciuola**, ragazz**otto**
-ino	aggettivi e avverbi	piccol**ino**, poch**ino**
-acchiare, -icchiare, -ellare, -erellare	verbi	rub**acchiare**, cant**icchiare**, mord**icchiare**, salt**ellare**, cant**erellare**

- **accrescitivi**, se indicano una **quantità maggiore** e talora una **qualità negativa** che esprime un'idea di "sgradevolezza".

suffissi accrescitivi	categoria grammaticale	esempi
-one, -accione	nomi	ragazz**one**, om**accione**
-one	aggettivi e avverbi	pigr**one**, ben**one**

- **vezzeggiativi**, se indicano una **quantità minore** e una **qualità positiva** che esprime un'idea di "grazioso, piacevole".

suffissi vezzeggiativi	categoria grammaticale	esempi
-uccio, -uzzo, -olo	nomi	cavall**uccio**, labbr**uzzo**, figli**olo**
-uccio	aggettivi e avverbi	car**uccio**, cald**uccio**, mal**uccio**

- **peggiorativi**, se indicano una **qualità negativa** che esprime un'idea di "sgradevole, brutto".

suffissi peggiorativi	categoria grammaticale	esempi
-accia, -accio, -uccio, -astro, -onzolo, -iciattolo, -ucolo, -uncolo, -aglia	nomi	fatic**accia**, levat**accia**, caratter**accio**, lavor**accio**, avvocat**uccio**, giovin**astro**, medic**onzolo**, om**iciattolo**, poet**ucolo**, om**uncolo**, pleb**aglia**, gent**aglia**
-accio	aggettivi e avverbi	avar**accio**, mal**accio**

2 La forma e il significato delle parole

ALLENA LE COMPETENZE

2 ●○○ COMPETENZE MORFO-LESSICALI **Riconosci** la parola-base da cui sono derivate le parole di ciascun gruppo e **cancella** l'intrusa.

1. boccheggiare • boccone • bocca • boccale • boccata • beccata

2. corporale • scorporare • corpo • corroso • corposo • corpuscolo

3. sfiorire • fioraio • fioritura • fiore • fioco • fiorame • infiorettare

4. colpetto • colpa • colpevole • colposo • discolpare • colpevolizzare

3 ●○○ COMPETENZE MORFO-LESSICALI **Riconosci** le parole derivate e i relativi prefissi, e **cancella** le parole in cui i gruppi di lettere iniziali non sono prefissi.

1. incerto • incosciente • ingannevole • intenso • insolito • inusuale

2. disabilitare • disabituare • disapprovare • distribuire • discordare

3. abile • asociale • acidificante • aconfessionale • acritico • asintomatico

4 ●●○ COMPETENZE MORFO-LESSICALI **Riconosci** i prefissi e **spiega** qual è il significato che aggiungono alla parola-base.

1. dispiacere 2. inefficacia 3. superstrada 4. prevendita 5. postbellico 6. subacqueo 7. consuocero 8. interdentale 9. stracolmo 10. antiscippo 11. retrodatare 12. postmoderno 13. retrobottega 14. rivedere

5 ●●○ COMPETENZE MORFO-LESSICALI **Indica** se le seguenti parole sono alterate [A] o se sono derivate con l'aggiunta di un prefisso [DP], di un suffisso [DS] o di un prefisso e un suffisso [DPS].

1. scimmiesco [............] 2. scimmiottare [............] 3. erbetta [............] 4. erbario [............] 5. diserbante [............] 6. ridacchiare [............] 7. risatina [............] 8. freschetto [............] 9. frescura [............] 10. rinfrescare [............] 11. giornataccia [............] 12. giornalmente [............] 13. giornatina [............] 14. aggiornare [............] 15. anticamera [............] 16. cameretta [............] 17. disintossicante [............] 18. intossicazione [............] 19. pronipote [.........] 20. nipotino [.........] 21. ingrandimento [.........] 22. grandicello [.........] 23. lavoricchiare [.........] 24. lavoretto [.........] 25. latticino [.........] 26. allattamento [.........] 27. pelliccia [.........] 28. pellaccia [.........] 29. sfacciataggine [.........] 30. faccione [.........] 31. riccamente [.........] 32. arricchimento [.........]

6 ●●○ COMPETENZE MORFO-LESSICALI INSIEME **Formate** con gli opportuni prefissi il maggior numero di verbi derivati possibili. **Vince** chi ne forma di più. **Tempo: 5 minuti.**

1. porre 2. portare 3. fare 4. mandare

7 ●●○ COMPETENZE MORFO-LESSICALI **Forma**, usando gli opportuni prefissi, parole di significato opposto a quelle indicate.

1. alcolico 2. probabile 3. concentrato 4. rimediabile 5. fasciare 6. fedeltà 7. comporre 8. armonico 9. crescita 10. intossicare 11. razionale 12. abile

A 67

La parola

8 ●●○ COMPETENZE LESSICALI AMPLIA IL TUO VOCABOLARIO Spiega il significato dei seguenti verbi derivati con l'aggiunta di prefissi.

1. **dire**   contraddire, disdire, indire, interdire, predire, ridire
2. **venire**   convenire, intervenire, pervenire, prevenire, provenire, svenire
3. **portare**   apportare, asportare, deportare, esportare, importare, sopportare, trasportare
4. **mettere**   commettere, emettere, immettere, permettere, premettere, trasmettere, smettere
5. **trarre**   attrarre, astrarre, contrarre, detrarre, protrarre, sottrarre

9 ●●○ COMPETENZE MORFO-LESSICALI Forma, usando gli opportuni prefissi, nomi, verbi e avverbi derivati.

	nomi derivati	verbi derivati	avverbi derivati
1. pietà			
2. mano			
3. veloce			
4. forte			
5. dolce			
6. improvviso			

10 ●●○ COMPETENZE MORFO-LESSICALI Forma almeno cinque derivati con ciascuno dei seguenti prefissi.

1. sopra- / sovra-   2. dis-   3. s-   4. de-   5. sub-   6. stra-   7. in-   8. a-

11 ●●○ COMPETENZE MORFO-LESSICALI Forma almeno cinque derivati con ciascuno dei seguenti suffissi.

1. -ata   4. -ante   7. -ezza
2. -ere   5. -aio   8. -izia
3. -trice   6. -ale   9. -iera

12 ●●○ COMPETENZE MORFO-LESSICALI Forma, usando un prefisso e un suffisso, delle parole derivate parasintetiche.

1. alcol   5. sisma   9. leggere
2. destino   6. macchia   10. illudere
3. pista   7. rigido   11. lavare
4. erba   8. forte   12. carta

13 ●●● COMPETENZE MORFO-LESSICALI DALLA GRAMMATICA ALLA SCRITTURA Forma, usando gli opportuni prefissi, verbi derivati dalle seguenti parole-base e scrivi una frase con ciascuno di essi.

1. confisca   2. lotto   3. velocità   4. canale   5. rettifica   6. intenso   7. sensibile   8. penale
9. scarso   10. civile   11. beato   12. criminale   13. solidale   14. ottimo

2 La forma e il significato delle parole

2*3 La composizione

> La **composizione** è il meccanismo di formazione delle parole che **unisce due o più parole autonome** per formare una **parola nuova e dotata di significato proprio**, detta **composto**.

In base al rapporto che si stabilisce tra le parole che si uniscono, i composti si classificano in:

- **composti stabili** (o **composti veri e propri**), se sono percepiti come una **parola unica** e dotata di **significato proprio** e **autonomo**, che, in genere, è molto diverso dall'unione dei significati delle parole che li compongono. Questo tipo di composizione genera **nomi, aggettivi e verbi**, a partire dall'unione di parole che possono appartenere a **categorie grammaticali uguali** o **diverse**.

composti	parti del discorso che li compongono	esempi
nomi	nome + nome; aggettivo + aggettivo nome + aggettivo; aggettivo + nome verbo + nome avverbio + aggettivo verbo + verbo verbo + avverbio; avverbio + verbo nome + preposizione + nome preposizione o avverbio + nome	cavolfiore; sordomuto palcoscenico; mezzogiorno portaoggetti sottomarino bagnasciuga buttafuori; malessere pomodoro, ficodindia sottosuolo, retroguardia
aggettivi	aggettivo o avverbio + aggettivo	agrodolce, sempreverde
verbi	nome o avverbio + verbo	manomettere, benedire

- **composti cólti**, se sono formati con **prefissoidi** o **suffissoidi**, vale a dire parole di **origine latina** e **greca** che sono confluite nella lingua italiana con la funzione di prefissi e suffissi. I prefissoidi e i suffissoidi trasmettono al composto il loro significato originario e sono registrati dal dizionario come "primo o secondo elemento di parole composte".

Questo tipo di composizione è presente anche in altre lingue europee e viene utilizzato per coniare **parole dei linguaggi settoriali**, soprattutto dell'ambito tecnologico e scientifico, tanto che gran parte della loro terminologia specifica presenta forme simili in lingue differenti. I prefissoidi e i suffissoidi possono comporsi tra di loro o unirsi a una parola italiana o straniera.

antropo- (dal greco *ánthropos*, "uomo") + -logia (dal greco *logía*, "studio") = **antropologia**
(studio dell'uomo)

auto- (dal greco *autós*, "stesso, da sé") + -mobile = **automobile**

auto- + -gol = **autogol**

Alcuni prefissoidi, dopo essere entrati nella composizione di una parola, hanno assunto un **nuovo significato**; con questo nuovo valore hanno originato a loro volta una **nuova serie di composti**. In questi casi il dizionario riporta entrambi i prefissoidi registrandoli in due lemmi distinti.

auto- + mobile = **automobile** → **auto**- = relativo all'automobile → **auto**strada, **auto**radio, **auto**rimessa, **auto**fficina, **auto**ambulanza, **auto**botte, **auto**bus, **auto**stop, **auto**cross

A 69

La parola

Ecco un quadro sintetico dei principali prefissoidi e suffissoidi; conoscerne il significato è molto utile perché consente di comprendere il significato di molti termini specialistici e "difficili".

prefissoidi	significati	esempi	prefissoidi	significati	esempi
aero- (1)	aria	**aeri**forme	macro-	grande	**macro**cosmo
aero- (2)	aeroplano	**aero**porto	maxi-	grande	**maxi**rapina
antropo-	uomo	**antropo**logia	mega-	grande	**mega**fono
audio-	ascolto, udito	**audio**cassetta	micro-	piccolo	**micro**cosmo
auto- (1)	se stesso, da sé	**auto**controllo	mini-	piccolo	**mini**bus
auto- (2)	automobile	**auto**botte	moto-	motore	**moto**barca
biblio-	libro	**biblio**teca	multi-	molti, più	**multi**uso
bio-	vita	**bio**logia	neo-	nuovo, recente	**neo**nato
cine-	cinematografo	**cine**club	omo-	uguale, simile	**omo**fonia
cosmo-	mondo, universo	**cosmo**logia	onni-	tutto	**onni**presente
crono-	tempo	**crono**logia	pluri-	più, più volte	**pluri**decorato
demo-	popolo	**demo**crazia	poli-	più, molteplice	**poli**cromia
eco-	ambiente	**eco**logia	psico-	mente, psiche	**psico**logia
filo-	amore	**filo**sofia	radio- (1)	raggio, radiazione	**radio**logia
fono-	suono, voce	**fono**logia	radio- (2)	radiofonia	**radio**ricevente
foto- (1)	luce	**foto**grafia	socio-	società, sociale	**socio**logia
foto- (2)	fotografia	**foto**reporter	tecno-	arte, tecnica	**tecno**logia
geo-	Terra	**geo**grafia	tele- (1)	lontano	**tele**scopio
idro-	acqua	**idro**logia	tele- (2)	televisione	**tele**comando
iso-	uguale	**iso**scele	termo-	temperatura	**termo**metro

suffissoidi	significati	esempi	suffissoidi	significati	esempi
-algia	dolore	nevr**algia**	-geno	che genera	pato**geno**
-antropo	uomo	fil**antropo**	-grafia	scrittura, descrizione	calli**grafia**
-cida	che uccide	omi**cida**	-iatria	cura, medicina	odonto**iatria**
-crazia	dominio, potere	buro**crazia**	-logia	studio	minera**logia**
-fagia	il mangiare	antropo**fagia**	-mania	pazzia, ossessione	clepto**mania**
-fero	che porta, che genera	calori**fero**	-metria	misurazione	geo**metria**
-filia	amore, interesse	estero**filia**	-patia	sentimento, malattia	anti**patia**
-fobia	paura, avversione	claustro**fobia**	-scopia	vista, osservazione	radio**scopia**
-fonia	suono, voce	stereo**fonia**	-sofia	scienza, sapere	filo**sofia**
-forme	che ha forma di	fili**forme**	-teca	deposito, raccolta	disco**teca**

A 70

2 La forma e il significato delle parole

Le **parole macedonia** si sono formate dalla fusione di parti di parole già esistenti.

fanta(sia) + **scienza** = **fantascienza**

post(ale) + **telegra**(fico) + (tele)**fonico** = **postelegrafonico**

Una particolare forma di composizione è la (**parola**) **polirematica** (dal greco *poli*, "molti", e *rema*, "parola"), che si è formata dalla **combinazione di due o più parole che funzionano come una parola sola**. I termini che la compongono rimangono autonomi e distinti, ma il loro insieme esprime un significato unitario. **La sequenza delle parole da cui sono formate non può essere né cambiata di ordine né spezzata**, inserendo, ad esempio, un aggettivo al suo interno.

anima gemella, casa editrice, fuggi fuggi, usa e getta, cessate il fuoco, forno a microonde, carta di credito, carta da parati, forze dell'ordine, fare gola, fare incetta, ...

ALLENA LE COMPETENZE

14 ●○○ COMPETENZE MORFO-LESSICALI **Scegli** le parti del discorso da cui sono formati i seguenti composti.

> **a.** nome + aggettivo • **b.** preposizione + nome • **c.** aggettivo + aggettivo •
> **d.** verbo + nome • **e.** nome + nome • **f.** aggettivo + nome •
> **g.** avverbio + avverbio • **h.** verbo + verbo

1. biancospino [f] 2. madreperla [.....] 3. portafogli [.....] 4. lungomare [.....]
5. acquamarina [.....] 6. lavasciuga [.....] 7. rossoblu [.....] 8. malvolentieri [.....]

15 ●●○ COMPETENZE MORFO-LESSICALI **Indica** se le seguenti parole sono composti stabili [S], cólti [C] o polirematiche [P].

1. geometria [.....] 2. pronto soccorso [.....] 3. biblioteca [.....] 4. punto d'incontro [.....]
5. titoli di Stato [.....] 6. polifonia [.....] 7. colpo di fulmine [.....] 8. banco di beneficenza [.....]
9. termodinamica [.....] 10. lavavetri [.....] 11. maremoto [.....] 12. spartitraffico [.....]

16 ●●○ COMPETENZE LESSICALI DENTRO LE PAROLE **Associa** il composto cólto alla definizione corrispondente.

> **a.** che sa tutto • **b.** che si riferisce alla popolazione • **c.** che ha molti colori •
> **d.** che è di tipo o di specie diverse • **e.** chi studia i terremoti • **f.** chi studia gli uccelli •
> **g.** chi ama i cani • **h.** chi è appassionato di cinema • **i.** chi studia gli insetti

1. eterogeneo [.....] 2. policromo [.....] 3. sismologo [.....] 4. ornitologo [.....] 5. entomologo [.....] 6. onnisciente [.....] 7. demografico [.....] 8. cinefilo [.....] 9. cinofilo [.....]

17 ●●○ COMPETENZE MORFO-LESSICALI **Forma** uno o più composti cólti con i seguenti prefissoidi e suffissoidi.

piro- • bio- • zoo- • onni- • poli- • multi- • idro- • archeo- • cosmo- • paleo- • mega- • necro- •
-iatria • -fonia • -sofia • -mania • -fero • -crazia • -antropia • -scopia • -grafia • -logia • -gogia • -teca

La parola

2*4 Il prestito

> Il **prestito** è un fenomeno di **arricchimento esogeno del lessico**, che consiste nell'assorbimento di parole provenienti da un'altra lingua, antica o moderna. Questi apporti stranieri sono chiamati **prestiti** o **forestierismi**.

Per capire quanto il fenomeno sia ampio e durevole, basta pensare che tutte le parole che l'italiano non ha ereditato direttamente dal latino provengono da altre lingue. Queste parole sono state assorbite, dalla tarda antichità fino ai giorni nostri, dalle lingue con cui le popolazioni italiane sono venute a contatto o perché ne hanno subìto la dominazione o perché hanno stretto, con i rispettivi popoli, relazioni commerciali o culturali.

Una lingua acquisisce prestiti per due motivi:

- **per necessità**, per supplire alla **mancanza** di vocaboli corrispondenti; i prestiti per necessità, infatti, non hanno un sinonimo di origine italiana e possono essere sostituiti **solo con una perifrasi**;
- **per prestigio**, per richiamare una civiltà o una cultura considerata prestigiosa, oppure per ragioni di **brevità** e **praticità**, come nel caso di molte **parole inglesi** entrate nella nostra lingua in tempi recenti; i prestiti per prestigio hanno parole italiane di significato corrispondente.

Rispetto alla **forma**, i prestiti si classificano in:

- **integrati**, se **sono stati adattati alla pronuncia e alla grafia italiana**; si tratta di parole, di cui non si riconosce più l'origine straniera, che sono entrate nell'italiano ormai da lungo tempo e provengono sia dall'area europea sia da lingue e culture lontane;
- **non integrati**, se sono immediatamente riconoscibili perché **hanno mantenuto la loro forma originaria**; in genere sono prestiti di epoca moderna.

Anche se il lessico dell'italiano ha accolto prestiti da molte lingue e culture diverse, consideriamo qui i più significativi.

- I **latinismi**, considerati come **prestiti interni**, sono costituiti da parole latine che, dopo essere cadute in disuso, sono state riprese dagli uomini di cultura direttamente dai testi latini scritti e sono state via via immesse nell'italiano e in altre lingue.

  Il latino è stato un ricchissimo **serbatoio di risorse lessicali** a cui hanno attinto le **terminologie tecnico-specialistiche** e **scientifiche** di tutte le lingue europee. Tra queste, si distingue la **lingua inglese** che, dopo l'italiano, è la lingua che nel corso della sua storia ha sfruttato maggiormente il latino per il recupero e la coniazione di nuove parole.

  I latinismi si distinguono in:

prestiti integrati	repubblica, applaudire, esonerare, antenna, bulbo, cellula, condominio, società, corolla, ...
prestiti non integrati che hanno modificato il significato originario	agenda (= "le cose da fare"); forum (= "piazza"); incipit (= "è incominciato"); habitat (= "egli abita"); virus (= "veleno")
prestiti non integrati che sono entrati con lo stesso significato	*junior, senior, excursus, lapsus, bis, plus, aut aut, ad hoc, pro capite, qui pro quo, ex aequo*, ...

2 La forma e il significato delle parole

- Gli **anglismi** provengono soprattutto dall'anglo-americano; sono numerosi e in continua crescita. Tra di essi vi sono sia parole di **uso comune** sia termini legati allo **sviluppo tecnologico ed economico**. Molti sono prestiti integrati, entrati nell'italiano a partire dal Novecento.

prestiti di necessità	*goal, film, by-pass, file, mouse, smog, rock and roll, ...*
prestiti di prestigio	*kit, leader, flirt, baby-sitter, week-end, killer, partner, barman, meeting, ...*

Molti anglismi sono **anglolatinismi**, parole percepite come inglesi, ma che in realtà hanno origini latine.
Ecco qualche esempio: ***mass media***, che è opportuno pronunciare nella pronuncia italiana, e deriva da *massa* e *media*; la parola *massa* che significava inizialmente "impasto", fu usata in seguito per indicare la folla, che appariva come un composto unico, ma formato da molti elementi; *media* è il plurale di *medium* e significa "mezzi"; ***fax***, che gli statunitensi scrivono ancora per esteso nella forma latina *fac simile* (letteralmente, "fai in modo simile"); ***fan*** (abbreviazione di *fanaticus*) e ***computer*** (da *computator*, "calcolatore"); e ancora, *export, detective, terminal, austerity, relax, serial, tutor, fiction, monitor, sponsor, horror.*

- I **francesismi** comprendono parole che provengono dal francese medievale, come *danza, burro, cugino, giallo, giorno, mangiare, saggio, cavaliere, dama, viola, gioiello,* e moltissimi vocaboli entrati nell'italiano a partire dall'Ottocento come *ristorante, maionese, menù, paté, puré, cinema, informatica, crêpe, omelette, croissant, boutique, soubrette, griffe, toilette, taxi, roulette, mèche, collage, forfait, charme, dossier.*

- I **grecismi** sono termini che dal greco antico sono confluiti nell'italiano e in altre lingue, interessando **tutti i campi del sapere**, dalle scienze (in particolare il linguaggio medico) alla storiografia, la filosofia, la politica, l'architettura, come *farmaco, diagnosi, prognosi, sisma, meteorite, fisica, ottica, eclissi, idea, tesi, tragedia, teatro, scena, ...*

- I **germanismi** provengono da lingue germaniche, antiche e moderne. Goti e Longobardi ci hanno trasmesso termini della **vita militare**, come *guerra, elmo, guardia,* o **quotidiana**, come *nastro, fiasco, arredare, russare, ricco, sguattero, bara, federa, roba, scaffale, schiena, stinco, milza, guancia.* Risalgono a tempi più recenti parole come *speck, krapfen, strudel, würstel, müsli, crauti, birra, brindisi, lager, bliz, bunker, diesel, diktat, fon, panzer, ...*

- Gli **arabismi** provengono dalle diverse varietà dell'arabo e si sono integrati nel lessico italiano a partire dal Medioevo. Sono **parole d'uso quotidiano**, come *ragazzo, assassino, arancio, limone, zucchero, spinacio, elisir, caffè, cotone, bazar, magazzino, scacchi,* **parole della matematica**, dell'**astronomia**, della **chimica**, come *algebra, cifra, zero, zenit, alcol, amalgama,* e altre, invece, di recente introduzione, come *intifada, burqa, kefiah, ayatollah.*

- Gli **ispanismi** comprendono numerose parole che lo spagnolo aveva assorbito come termini esotici e che l'italiano ha ripreso come prestiti integrati, come *amaca, ananas, cacao, cioccolato, condor, lama, mais, patata, canoa,* e altri vocaboli di largo uso, come *azienda, posata, puntiglio, tango, torero, uragano, zaino, movida, ...*

A 73

La parola

Allena le Competenze

18 ⬤○○ **COMPETENZE LESSICALI** Riconosci i prestiti nelle seguenti frasi tratte da articoli di giornale.

1. Elettrosmog: nuove regole tra escamotage e paletti. 2. Exploit di un 17enne agli europei di scacchi. Un adolescente mette ko il campione, al primo round. 3. Inghilterra, debacle europea. Ancora una chance per Manchester City e Arsenal. 4. Addio scoop! Un dj prestato alla moda ha sviluppato un'originale linea di abbigliamento "anti-paparazzi", con un tessuto che riesce a boicottare gli scatti dei flash. 5. L'aspetto meno glamour del fare startup è che l'imprenditore è, molto spesso, un uomo solo al comando. 6. Gli skipper e i relativi equipaggi sono stati presentati al Boat Show. Tra le novità, un team italiano. 7. Cambia la stampa online e offline in Italia: il restyling di Repubblica.it e Corriere.it.

19 ⬤⬤○ **COMPETENZE LESSICALI** Sostituisci i prestiti individuati nell'esercizio 18 con un sinonimo italiano.

20 ⬤⬤⬤ **COMPETENZE LESSICALI** Trova un sinonimo italiano per i seguenti prestiti non integrati di prestigio derivati dall'inglese e dal francese.

1. flop 2. make-up 3. match 4. food 5. full-time 6. reporter 7. club 8. fan 9. budget 10. killer 11. volley-ball 12. manager 13. reclame 14. gourmet 15. charme 16. garage 17. dépliant 18. vernissage 19. chalet 20. menu 21. tour 22. griffe 23. maître 24. métro 25. defilé

21 ⬤⬤⬤ **COMPETENZE LESSICALI** **DENTRO LE PAROLE** Riconosci i prestiti e sostituiscili, quando è possibile, con un sinonimo italiano.

Il termine *hacker*, da *to hack*, "tagliare, fare a pezzi", si formò verso gli anni '50 nel gergo giovanile americano: indicava chi riusciva a infiltrarsi nelle zone riservate ai *campus* universitari o faceva semplicemente degli scherzi telefonici. Il collegamento con la tecnologia arrivò nel decennio successivo all'interno di un club di modellismo di trenini, dove gli addetti alla gestione e al miglioramento dei circuiti elettrici si definirono *hacker*. Quando poi entrò nel *campus* uno dei primi modelli di computer, essi si impegnarono a modificare i *software* per renderli più veloci e divertenti. Il termine *hacker* passò allora a indicare coloro che, per migliorare l'efficienza e la velocità del *software* già esistente, componevano assieme vari programmi in modo anche poco rispettoso dei metodi ufficiali e finivano spesso per ingolfare le risorse della macchina. Ampliando ancora il suo significato, la parola passò a indicare chi, compiacendosi di affrontare una sfida intellettuale, cerca di aggirare ogni tipo di ostacolo. I *media*, però, usarono il termine nel senso di "pirata informatico" e fu proprio con questo significato che la parola *hacker* si è diffusa nell'uso comune. Il termine corretto per definire tutti quegli individui che si divertono senza scrupoli a inviare virus, a ottenere informazioni scardinando *password*, reti e sistemi sarebbe invece *cracker*, dal verbo *to crack*, "rompere".

22 **SUPER!** **COMPETENZE DI SCRITTURA** Scrivi, usando almeno dieci prestiti, un breve testo su uno sport a tua scelta.

2 La forma e il significato delle parole

RAFFORZA LE TUE COMPETENZE

23 ●●○ COMPETENZE MORFO-LESSICALI DENTRO LE PAROLE **Distingui** se le parole indicate sono **primitive [P]**, **derivate [D]** o **composte [C]**.

Ognuno di noi può essere identificato [.....] cioè distinto da tutti gli altri, grazie ai nomi [.....] propri che gli vengono attribuiti. Tutti abbiamo un cognome [.....] e un **nome di battesimo** [.....], così chiamato perché i cristiani [.....] lo ricevono ufficialmente [.....] durante la sua celebrazione [.....]. Questi due nomi propri, però, possono risultare insufficienti [.....] a contraddistinguere [.....] un individuo: ciò accade quando ci sono degli **omónimi**, cioè persone [.....] che si trovano casualmente [.....] ad avere lo stesso nome e cognome, e che possono quindi essere riconosciute [.....] e distinte solo grazie alla data [.....] e al luogo [.....] di nascita [.....]. Il **soprannome** [.....], invece, è un appellativo [.....] scherzoso [.....] o ingiurioso [.....] attribuito a una persona, soprattutto [.....] per richiamarne [.....] una particolare caratteristica [.....]. Lo hanno personaggi [.....] storici [.....] famosi [.....], come, ad esempio, l'imperatore [.....] Federico I (1125-1190), più conosciuto come il *Barbarossa* [.....], Maria Tudor, regina d'Inghilterra, detta "la Sanguinaria" [.....]. In letteratura [.....] è celeberrimo quello di Rosso Malpelo [.....], protagonista dell'omonima novella [.....] di Giovanni Verga.

24 ●●○ COMPETENZE MORFO-LESSICALI DENTRO LE PAROLE **Distingui** se le parole indicate sono **derivate [D]**, **alterate [A]**, **composte [C]** o se sono **composti cólti [CC]**.

Oggigiorno [.....] sono numerosi i nomignoli [.....] che vengono dati a personaggi famosi: ad esempio, nel mondo del calcio [.....] troviamo Pupone [.....], Codino [.....], Aeroplanino [.....], Soldatino [.....], Supermario [.....]. Numerosi scrittori e personaggi dello spettacolo, invece, per favorire la loro notorietà [.....], si sono scelti uno **pseudonimo** [.....], cioè un nome diverso da quello con cui sono registrati [.....] all'anagrafe [.....], più piacevole [.....] o più facile da ricordare. Tutt'altra cosa è il **prestanome** [.....]: si tratta di un individuo che presta il suo nome a un altro che vuole mantenere l'anonimato [.....]. In questo modo il prestanome partecipa ad affari e firma atti di varia natura [.....] per conto di un altro che non può o non vuole comparire direttamente [.....] e che quindi è spesso una persona di malaffare [.....] o in malafede [.....]. Il settore della linguistica [.....] che studia i nomi propri di persona è l'**onomastica** [.....]; il ramo dell'onomastica che spiega l'origine e il significato dei nomi di luogo si chiama **toponomastica** [.....].

25 ●●○ COMPETENZE MORFO-LESSICALI DENTRO LE PAROLE **Distingui** le parole **derivate**, **alterate** e **composte**.

Nel Medioevo nelle piazze c'era sempre un continuo viavai di gente: c'era chi vivacchiava facendo l'astrologo o il mediconzolo, c'erano i furbetti che facevano dei furtarelli e soprattutto c'erano i commercianti con le loro compravendite. Talvolta gli affari andavano benone; altre volte maluccio e, quando il proprietario di un banco ambulante o di una bottega non poteva più effettuare i pagamenti ai suoi creditori, veniva dichiarato insolvente. Allora il Comune incaricava alcuni suoi funzionari di spezzare con un colpo netto il banco su cui egli esponeva la mercanzia: così facendo, il banco risultava inservibile e lo sfortunato venditore non poteva più esercitare il suo mestiere. Da quest'uso è derivata la parola **bancarotta** che indica ancor oggi il reato di insolvenza di un imprenditore che ha dichiarato fallimento. La bancarotta semplice è cagionata da imprudenza; quella fraudolenta ha alla base una frode, cioè la volontà e la consapevolezza di ottenere illegittimamente un guadagno danneggiando il creditore.

A 75

La parola

3 Le relazioni di significato tra le parole

Le principali relazioni che interessano il **significato** delle parole sono:

omonimìa	parole **uguali** nella **forma**, **diverse** per **significato**
polisemìa	una sola parola, **più significati**
sinonimìa	più parole, con **significato uguale** o **simile**
antonimìa	più parole, con **significato opposto** o **contrario**
iperonimìa, olonimìa	una parola che **include** il **significato** di altre parole

3*1 L'omonimìa

> L'**omonimìa** (dal greco *homós*, "uguale", e *ónoma*, "nome") è il fenomeno per cui parole **distinte** e **diverse** per **significato** e per **origine** si sono trovate casualmente ad avere la **stessa forma**.

L'**omonimìa** prevede **tre tipi di omònimi**.

- Gli **omògrafi** si scrivono allo stesso modo, ma si pronunciano in modo diverso o **per la posizione dell'accento** o **per il suono, aperto o chiuso, della vocale**.
  il **téndine** / le **tendìne**   la **pésca** (lo sport) / la **pèsca** (il frutto) / egli **pésca** (l'azione di *péscare*)

- Gli **omòfoni** si pronunciano allo stesso modo, ma hanno una grafia diversa.
  anno / hanno; te / tè; dà / da; cieco / ceco

- Gli **omònimi totali** sono **omòfoni** e **omògrafi**, cioè si pronunciano e si scrivono allo stesso modo; esprimono, però, significati completamente diversi e, se inseriti in un contesto, non possono essere confusi.
  l'**amo** / io **amo**;
  la **radio** (= *l'apparecchio*) / il **radio** (= *l'elemento chimico*) / il **radio** (= *l'osso dell'avambraccio*)

3*2 La polisemìa

> La **polisemìa** (dal greco *polýsemos*, "che ha molti significati") è il fenomeno per cui **una parola** è in grado di esprimere **più significati**, detti **accezioni**.

La polisemìa è una caratteristica della lingua e risponde a criteri di economia e di praticità. Infatti, per non creare parole sempre nuove, la lingua **attribuisce nuovi significati** a parole già esistenti, che vengono scelte, in genere, per un **rapporto di somiglianza** tra gli oggetti rappresentati.

2 La forma e il significato delle parole

In ogni parola polisemica ciò che consente di riconoscere e distinguere un'accezione dalle altre è il **contesto**, sia **linguistico**, cioè **i legami di significato con le altre parole**, sia **situazionale**, cioè l'**insieme delle circostanze in cui avviene il discorso**.

È solo il contesto, inoltre, che permette di capire e di distinguere l'accezione di una parola che, oltre a essere di uso comune, è entrata nel **linguaggio di un particolare settore** diventandone un **termine specialistico**. Ecco, ad esempio, come la parola *soluzione* può assumere, in linguaggi diversi, significati sensibilmente differenti, anche se tutti legati all'azione di "sciogliere".

	linguaggi	accezioni
soluzione (dal latino *solvere*, "sciogliere")	lingua comune	modo con cui si risolve una difficoltà, si spiega qualcosa (un enigma, un indovinello, un quesito) o si giunge a un accordo
	linguaggio della chimica	miscela omogenea di una o più sostanze, separabili non meccanicamente, ma mediante cambiamenti dello stato fisico
	linguaggio della matematica	valore dell'incognita che verifica un'equazione o un sistema di equazioni
	linguaggio commerciale	pagamento di un debito

ALLENA LE COMPETENZE

26 ●●○ **COMPETENZE MORFOLOGICHE** **Specifica** le categorie grammaticali dei seguenti omònimi.

1. **porta:** nome femminile singolare / voce del verbo "portare", modo indicativo, tempo presente, 3ª persona singolare
2. **corte:** ....
3. **letto:** ....
4. **sale:** ....
5. **popolare:** ....
6. **generale:** ....
7. **urto:** ....
8. **corso:** ....
9. **lungo:** ....
10. **le:** ....

A 77

La parola

27 ●●○ COMPETENZE LESSICALI · DALLA GRAMMATICA ALLA SCRITTURA · **Scrivi** due frasi, una per ogni accezione dei seguenti omònimi.

1. miglio
2. diritto
3. capitale
4. vite
5. calcolo
6. lente
7. mobile
8. tasso
9. cavo
10. radio
11. riso
12. temporale

28 ●●○ COMPETENZE LESSICALI · DENTRO LE PAROLE · **Riconosci** le parole polisemiche.

La **corsa a staffetta** è una gara di atletica leggera a squadre, nata a fine Ottocento in una università della Pennsylvania. Il termine "staffetta" è derivato da "staffa", la parola di origine longobarda che indica l'anello metallico a fondo piatto, usato dal cavaliere come leva per salire a cavallo e come punto di appoggio durante la cavalcata. Ogni squadra è formata da una batteria di quattro atleti: i primi tre devono percorrere una frazione del percorso e passare il testimone al compagno seguente entro uno spazio limitato, chiamato zona di cambio. Il testimone è un tubo di alluminio vuoto, di 30 cm di lunghezza e di 50 gr di peso. Ovviamente questo genere di gara richiede non solo la velocità, ma anche un forte affiatamento tra i componenti della squadra per passarsi il testimone nel minor tempo possibile.

29 ●●○ COMPETENZE LESSICALI · DALLA GRAMMATICA ALLA SCRITTURA · **Scrivi** una frase per ciascun contesto d'uso delle seguenti parole.

1. acuto (*all'ospedale; a un concerto; a scuola*) 2. radice (*a scuola; dal dentista; in giardino*) 3. triangolo (*in autostrada; a scuola; a un concerto*) 4. numero (*in un negozio di scarpe; al circo; dal giornalaio*) 5. borsa (*in banca; al mercato*) 6. investire (*in banca; per strada*) 7. gemma (*in una gioielleria, in giardino*)

30 ●●○ COMPETENZE LESSICALI · **Indica** se le seguenti parole sono polisemiche [P] o hanno un omònimo [O].

1. maschera [.....] 2. collo [.....] 3. affetto [.....] 4. comune [.....] 5. moto [.....] 6. passo [.....] 7. campione [.....] 8. fondo [.....] 9. partito [.....] 10. capo [.....] 11. prova [.....] 12. generale [.....] 13. storia [.....] 14. molare [.....] 15. buca [.....] 16. fede

31 ●●● COMPETENZE LESSICALI · DALLA GRAMMATICA ALLA SCRITTURA · **Trova** le numerose accezioni della parola *rete* e **scrivi** una frase per ciascun significato individuato.

32 SUPER! COMPETENZE LESSICALI · AMPLIA IL TUO VOCABOLARIO · **Trova** le diverse accezioni delle seguenti parole che, oltre a essere di uso comune, sono termini specialistici di particolari settori.

1. scala: ....
2. rivoluzione: ....
3. potenza: ....
4. reazione: ....
5. pressione: ....
6. corrente: ....
7. arco: ....

2 La forma e il significato delle parole

3*3 Il significato denotativo e il significato connotativo

> Ogni parola ha un **significato denotativo**, cioè un significato **letterale** e **di base**, che le è stato attribuito **per convenzione** e a cui viene associata, anche quando si trova isolata da qualsiasi contesto. Questo significato è **oggettivo** e rimanda semplicemente a **ciò che l'oggetto è**.

> Molte parole possono assumere anche un **significato connotativo**, un significato **aggiuntivo** e **accessorio** che non rimanda all'oggetto in sé, ma a una **proprietà** che gli viene comunemente attribuita. È quindi un significato **soggettivo**, **creativo**, ricco di valori **espressivi**, più che informativi.

	significato denotativo	significato connotativo
spina	Mi sono punta con la **spina** di una rosa.	Ho una **spina** nel **cuore**. Sono sulle **spine** per l'esame..
cuore	Il **cuore** è il muscolo che presiede alla circolazione sanguigna.	Nel **cuore** della notte si udì un boato. Quella notizia lo colpì al **cuore**.

In genere **una parola assume un significato connotativo quando viene collocata in un contesto semantico diverso da quello che le è proprio**: in questo modo si carica di un significato nuovo, più personale ed emotivo, anche se mantiene una certa connessione con il suo significato letterale. Dato il carattere soggettivo, **il significato connotativo è anche variabile**: una stessa parola, infatti, a seconda del contesto in cui viene inserita, può assumere connotazioni molto diverse.
La parola *cane*, ad esempio, viene associata all'animale domestico: questo è il suo significato **denotativo**. La stessa parola *cane*, però, può richiamare delle proprietà comunemente attribuite all'animale ed esprimere quindi significati connotativi, soggettivi e variabili. Può evocare il concetto positivo di "fedeltà", ma anche assumere connotazioni negative; è quanto avviene in espressioni d'uso proverbiale come Quell'attore è proprio un **cane** (= *È un cattivo attore*); Fa un tempo da **cani** (= *Fa brutto tempo*); È solo come un **cane** (= *È stato abbandonato da tutti*); È arrabbiato come un **cane**. Altre parole, invece, grazie a fattori culturali o a usi stilistici, hanno assunto significati connotativi stabili, associati a una valutazione, positiva o negativa, da tutti riconosciuta e condivisa; è il caso di termini come *nido* e *agnello*, che evocano universalmente valori positivi, e di *sciacallo*, associato, invece, a un concetto negativo.

La connotazione imprime quindi alla parola un **trasferimento di significato** facendole assumere un **senso traslato**, cioè "spostato" rispetto a quello denotativo. Questo modo di usare le parole si definisce **uso figurato**, perché il significato è dato dalla **figura**, dall'immagine evocata dalla parola. Fanno ampio uso dei significati connotativi i **testi letterari** (in particolare quelli poetici), i **linguaggi della politica**, della **pubblicità**, e del **giornalismo**, soprattutto **sportivo**; la stessa lingua quotidiana ricorre alla connotazione nelle **espressioni idiomatiche**, le cosiddette **frasi fatte** o **modi di dire**. L'uso delle parole nei loro **significati denotativi**, invece, è tipico dei **testi scientifici**, **tecnici** e **informativi** che definiscono oggetti e idee in modo oggettivo e neutro, perché possano risultare comprensibili a tutti in modo immediato e inequivocabile.

La parola

ALLENA LE COMPETENZE

33 ●●○ **COMPETENZE LESSICALI** Indica se le parole in grassetto sono usate in senso denotativo [D] o in senso connotativo [C].

1. Paola ti tratta malissimo! Sei il suo **zerbino** [.....]!   2. Achille si batteva come un **leone** [.....].   3. Quando andremo in **montagna** [.....]?   4. Quel grande pino è stato abbattuto da un **fulmine** [.....].   5. È un evento che mi resterà **scolpito** [.....] nella memoria!   6. I politici dovrebbero essere persone senza **macchia**. [.....]   7. Che **coda** [.....] c'era in autostrada!   8. Ci stanno ancora inseguendo o li abbiamo **seminati** [.....]?   9. In matematica sei davvero una **cima** [.....].   10. Siamo sulla **cima** [.....] del monte.

34 ●●● **COMPETENZE LESSICALI** Sostituisci le parole usate nelle seguenti frasi in senso connotativo con parole o espressioni di senso denotativo.

1. Era un secolo .... che non la vedevo.   2. Marisa ha una storia .... con il suo direttore.   3. Nelle difficoltà devi lottare con le unghie ....   4. Quell'uomo si sentiva in una cassaforte ....   5. Questa promozione me la sono proprio sudata. ....   6. Non ti credo, perché racconti sempre un sacco .... di storie ....   7. Appena mi chiamerà, volerò .... da lei.   8. Sicuramente hai preso un granchio ....   9. In quella circostanza Marco ha dimostrato di avere un gran fegato ....   10. Quella donna è una lingua lunga .... e ha spiattellato .... tutti gli affari dei suoi vicini di casa.

35 ●●● **COMPETENZE LESSICALI** Sostituisci con parole di significato denotativo le parole che indicano le parti del corpo e che sono usate nelle seguenti frasi in senso connotativo.

1. L'agorà era il cuore .... delle antiche città greche.   2. Nei momenti difficili, tu sei sempre la mia spalla ....   3. Incomincio a sentire i denti .... della fame.   4. Che fatica attraversare quel braccio .... di mare!   5. Versami un dito .... di spumante.   6. Ci troviamo sempre nell'occhio .... del ciclone.   7. Si sono formate lunghe code sulle principali arterie ....   8. Riccardo non è un uomo di polso ....   9. L'auto si è bloccata sul ciglio .... della strada.   10. Sei il cervello .... dell'azienda!   11. Scusatemi, ma oggi non sono proprio in vena ....   12. Quell'uomo ha davvero naso .... negli affari.   13. La foresta Amazzonica è il polmone .... del nostro pianeta.   14. Non mi arrenderò: mi difenderò con le unghie e con i denti ....

36 **SUPER!** **COMPETENZE DI COMUNICAZIONE** Specifica per ciascuna frase due contesti situazionali: l'uno in cui la frase abbia un senso denotativo, l'altra in cui esprima un senso connotativo.

1. Occorre rompere il ghiaccio.   2. Sono veri gioielli.   3. Ha perso la bussola.   4. Tagliamo la corda!   5. Ho fatto una frittata!   6. È l'ora di far luce.   7. Fai retromarcia.   8. Ha mangiato la foglia.   9. Che pizza!   10. Sono dei parassiti.   11. È la solita minestra.   12. Non ha vuotato il sacco.

2 La forma e il significato delle parole

3*4 I sinonimi

I **sinonimi** (dal greco *syn*, "insieme", e *ónoma*, "nome") sono parole o espressioni che esprimono un **significato uguale** o **molto simile**.

volto / viso   dire / affermare   tra / fra

I sinonimi **non hanno un significato sempre identico**: pur condividendo sostanzialmente il significato di fondo, essi lo esprimono con una **sfumatura** o **sotto un aspetto diversi** e perciò non sono sempre **intercambiabili**.

Le differenze d'uso dipendono essenzialmente dai seguenti fattori:

- la **sfumatura di significato** espressa.

  Ecco alcuni aggettivi indicati dal dizionario come sinonimi: essi definiscono la medesima qualità, ma la attribuiscono a soggetti diversi (cose, persone) o la propongono in relazione ad aspetti differenti.

- il **grado di intensità del significato**.

  | triste | infelice, afflitto, addolorato, avvilito, sconsolato | esprimono uno stato d'animo simile, ma in grado maggiore |

- il **contesto linguistico**, che non ammette che alcune parole possano combinarsi con altre. La parola *vecchio*, ad esempio, è sinonimo di *anziano*, ma non in tutti i contesti, perché *vecchio* può essere riferito indifferentemente a persone o a cose, mentre *anziano*, esclusivamente a persone; allo stesso modo si può dire indifferentemente *Devo* **ultimare** / **finire** *questo lavoro per lunedì*, ma non si può usare il verbo *ultimare* come sinonimo di *finire* in una frase come *Abbiamo finito il caffè*.

- la **situazione comunicativa**. Facciamo un esempio: la parola *papà* è sinonimo di *padre*, ma esprime un particolare valore affettivo ed è, quindi, adatta a un ambito strettamente familiare; allo stesso modo *mal di testa* equivale a *emicrania*, ma se il primo è d'**uso comune**, il secondo è un **termine specialistico del linguaggio medico**. Alcuni sinonimi, inoltre, servono ad **attenuare un significato** e a esprimerlo in modo meno crudo e diretto: è il caso di *scomparsa* in luogo di *morte*, di *passare a miglior vita* / *spirare* / *mancare* rispetto a *morire*, oppure di *operatore scolastico*, *operatore ecologico* al posto dei termini più semplici, ma in apparenza più umili, di *bidello* e *spazzino*.

A 81

La parola

ALLENA LE COMPETENZE

37 ●○○ **COMPETENZE LESSICALI** Riconosci il sinonimo delle parole in grassetto.

1. Le tue riposte sono sempre **evasive** (*allusive • vaghe • incomprensibili*). 2. Con le sue spese folli ha **sperperato** gran parte dell'eredità (*lapidato • distribuito • dilapidato*). 3. Ho consultato un **esimio** (*eloquente • insigne • esanime*) chirurgo. 4. È l'ora di **dirimere** (*redimere • ridiscutere • risolvere*) questa spinosa questione. 5. Purtroppo devo **declinare** (*rimandare • biasimare • rifiutare*) il tuo gentile invito. 6. Questo errore non può certo essere **imputato** (*amputato • accusato • attribuito*) a me. 7. Ogni lavoro dovrebbe essere adeguatamente **remunerato** (*retribuito • redarguito • rifatto*). 8. Quell'uomo è **arrogante** (*presuntuoso • violento • arrivista*). 9. Nel rispondergli sei stato molto **conciso** (*comprensivo • sintetico • consapevole*).

38 ●●○ **COMPETENZE LESSICALI** **DENTRO LE PAROLE** Completa le frasi scegliendo tra i seguenti verbi, che il dizionario propone come sinonimi, quello più adeguato.

sinonimi di **ingannare**: *circuire • truffare • abbindolare • illudere • frodare*

1. Non lasciarti .... dalle sue chiacchiere. 2. .... il fisco è un grave reato. 3. Persone senza scrupoli hanno cercato di .... l'anziana donna per impossessarsi dei suoi averi. 4. Attenzione! Ti vogliono ....: quella collana non è d'oro. 5. Quell'uomo ha voluto .... Valeria facendole mille promesse.

sinonimi di **risolvere**: *chiarire • appianare • rescindere • dirimere • estinguere*

1. Occorre .... la questione al più presto. 2. Spero di essere in grado di .... il debito con la banca entro pochi anni. 3. I miei inquilini vogliono .... il contratto. 4. Mi potresti .... questo dubbio? 5. Non preoccuparti: quei due alla fine finiranno per .... i loro contrasti.

39 ●●● **COMPETENZE LESSICALI** Indica se le differenze d'uso dei seguenti sinonimi dipendono da una sfumatura di significato (positivo o negativo) [S], dal grado di intensità [I] o dalla situazione comunicativa [C].

1. ferita / piaga [.....] 2. lodare / adulare [.....] 3. triste / disperato [.....] 4. fifa / paura [.....] 5. ansia / panico [.....] 6. padre / papà [.....] 7. nubile / zitella [.....] 8. freddo / ghiacciato [.....] 9. ingannare / gabbare [.....] 10. gentile / mellifluo [.....] 11. bugia / menzogna [.....] 12. coraggioso / temerario [.....] 13. avaro / pidocchioso [.....] 14. parsimonioso / tirchio [.....] 15. guardare / scrutare [.....]

40 ●●● **COMPETENZE LESSICALI** **DALLA GRAMMATICA ALLA SCRITTURA** Scrivi tre frasi per ciascun gruppo di parole, che sono indicate dal dizionario come sinonimi, ma che in realtà non sono utilizzabili in tutti i contesti linguistici.

1. redigere / scrivere / compilare
2. deliberare / decidere / emanare
3. intero / incolume / intatto
4. famoso / rinomato / insigne

A 82

3*5 Gli antònimi

> Gli **antònimi** (dal greco *antí*, "contro", e *ónoma*, "nome"), detti più comunemente **contrari**, sono parole che esprimono **significati tra loro opposti**.

A seconda del tipo di opposizione semantica, gli antònimi si suddividono in tre gruppi.

- Gli **antònimi totali** hanno significati che sono **graduabili** e che **non si escludono a vicenda**; non possono essere entrambi veri, ma possono **non essere entrambi falsi**.
  Prendiamo, ad esempio, la coppia di antònimi:

bello ↔ brutto	se una cosa è *bella* non può essere allo stesso tempo *brutta*, ma *se non è bella* **non è necessariamente** *brutta*; tra i due significati vi è una possibile gradualità: bellissimo, **bello**, abbastanza bello, né bello né brutto, non bello, bruttino, **brutto**, bruttissimo
amare ↔ odiare	non si può *amare* e *odiare* allo stesso tempo, ma *non amare* non significa *odiare* e viceversa

- Gli **antònimi complementari** hanno significati che **si escludono a vicenda** e **non sono graduabili**: perciò affermare l'uno comporta necessariamente negare l'altro.

  vita ↔ morte   presente ↔ assente   pari ↔ dispari

- Gli **antònimi inversi** sono coppie di parole che esprimono uno **stesso significato**, ma lo considerano però da due **punti di vista opposti**. In genere indicano rapporti spaziali, temporali, di parentela o di relazione, e i loro significati sono **o entrambi veri o entrambi falsi**.

  sopra ↔ sotto   comprare ↔ vendere   padre ↔ figlio

Numerose categorie di parole, come i **numeri** e i **nomi indicanti nazionalità**, **colore** o **forma**, non presentano alcuna relazione di opposizione.
Ad esempio, l'aggettivo *bianco* non può essere considerato in relazione di opposizione con *nero*; se è vero, infatti, che una cosa non può essere contemporaneamente nera e bianca, è anche vero che può non essere né bianca né nera, ma di un qualsiasi altro colore.

Le **parole polisemiche** hanno un antònimo **per ciascuna accezione**.

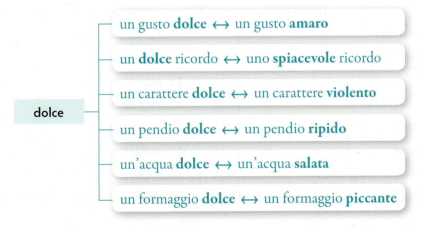

La parola

Allena le Competenze

41 ●○○ **COMPETENZE LESSICALI** Scegli l'antònimo delle parole in grassetto.

1. Non ascoltare i suoi consigli: è un uomo **subdolo** (*infido / cauto / torvo*).
2. Alessandra è una ragazza molto **estroversa** (*spigliata / timida / superficiale*).
3. La bellezza è una qualità **effimera** (*fugace / duratura / inutile*).
4. Esenzione *ticket* per i cittadini **indigenti** (*residenti / stranieri / benestanti*).
5. Non mi sento di **biasimare** (*consigliare / incoraggiare / approvare*) Laura.
6. Parla in modo **prolisso** (*pratico / conciso / fluviale*) e **sibillino** (*cifrato / chiaro / insincero*).
7. Valerio è davvero **egocentrico** (*altruista • leale • divertente*).
8. Mi è sembrato un prezzo **equo** (*ponderato • inadeguato • inatteso*)

42 ●●○ **COMPETENZE LESSICALI** **Forma** l'antònimo delle seguenti parole aggiungendo o cambiando il prefisso.

1. simmetria
2. incoraggiare
3. persuadere
4. consigliare
5. allergico
6. agevole
7. critico
8. pietoso
9. salubre
10. intonato
11. igienico
12. ubbidire
13. conformismo
14. normalità
15. idratare
16. anteporre
17. procedere
18. stabilizzare
19. allacciare
20. crescere

43 ●●○ **COMPETENZE LESSICALI** **Indica** se le seguenti coppie di parole sono tra loro antònimi totali [T], complementari [C], inversi [I].

1. acquirente, venditore [.....] 2. avaro, generoso [.....] 3. grasso, magro [.....] 4. condannato, assolto [.....] 5. minimo, massimo [.....] 6. diritto, rovescio [.....] 7. acceso, spento [.....] 8. alto, basso [.....] 9. antenati, discendenti [.....] 10. silenzio, rumore [.....] 11. largo, stretto [.....] 12. vicino, lontano [.....]

44 ●●● **COMPETENZE LESSICALI** **AMPLIA IL TUO VOCABOLARIO** **Scrivi** l'antònimo delle seguenti parole e **indica** se è un antònimo totale [T], complementare [C] o inverso [I].

1. soggettivo: .... [.....]
2. nessuno: .... [.....]
3. pulito: .... [.....]
4. no: .... [.....]
5. interesse: .... [.....]
6. abbiente: .... [.....]
7. rovescio: .... [.....]
8. sincero: .... [.....]
9. temerario: .... [.....]
10. nubile: .... [.....]
11. mai: .... [.....]
12. ingrassare: .... [.....]
13. lento: .... [.....]
14. madre: .... [.....]
15. supino: .... [.....]
16. avanti: .... [.....]

2 La forma e il significato delle parole

3*6 Gli iperònimi e gli ipònimi; gli olònimi e i merònimi

Gli **iperònimi** (dal greco *hypér*, "sopra", e *ónoma*, "nome") sono parole che esprimono un **significato generale**, che include il **significato più specifico** di altre parole, dette **ipònimi** (dal greco *hypó*, "sotto", e *ónoma* "nome").

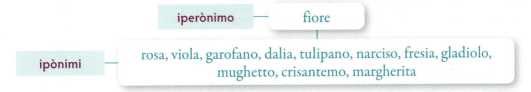

Gli **olònimi** (dal greco *holon*, "intero", e *ónoma* "nome") sono nomi che indicano il **tutto**, mentre i **merònimi** (dal greco *méros*, "intero", e *ónoma* "nome") sono nomi che ne indicano le **parti**.

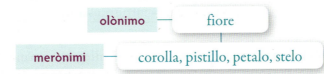

ALLENA LE COMPETENZE

45 ●○○ **COMPETENZE LESSICALI** Riconosci l'iperònimo.

1. sommare, dividere, calcolare, sottrarre, moltiplicare   2. dire, confidare, confessare, rivelare, suggerire   3. spolverare, scrostare, sgrassare, pulire, lavare   4. andare, spostarsi, tornare, salire, scendere   5. olio, acqua, latte, vino, liquido   6. recipiente, borraccia, bottiglia, botte, tanica   7. ombrina, pesce, branzino, sogliola, merluzzo

46 ●●○ **COMPETENZE LESSICALI** Specifica l'iperònimo dei seguenti ipònimi.

1. rombo, quadrato, rettangolo, quadrilatero.   2. rhum, gin, vodka, whisky   3. mosca, zanzara, coccinella, farfalla   4. margherita, giglio, papavero   5. forno, lavatrice, frigorifero   6. rame, piombo, alluminio, ferro   7. mandarino, arancia, limone, cedro   8. ebraismo, cristianesimo, induismo   9. mi, ti, si, ci, li   10. mi, fa, si, do, re   11. *Madame Butterfly*, *Aida*, *La Bohéme*   12. nei, del, sui, ai

47 ●●● **COMPETENZE LESSICALI** Riconosci le relazioni di significato che collegano le seguenti parole, usando la tabella proposta, che riprodurrai sul quaderno.

~~torta~~ / ~~fetta~~ / ~~dessert~~ • venere / marte / divinità • lama / camelide / dromedario • lama / coltello / arma • chiesa / moschea / edificio di culto • edificio / fondamenta / tetto • ulna / femore / ossa • cranio / scheletro / tibia

iperònimo	ipònimi	olònimo	merònimo
dessert	torta	torta	fetta

La parola

4 Le famiglie di parole e i campi semantici

Le parole che, attraverso i meccanismi di derivazione o composizione, sono nate dalla radice di una **parola-base** costituiscono nel loro insieme una **famiglia di parole**.
Le parole che ne fanno parte appartengono a **parti del discorso** diverse e ricevono dalla radice della parola capostipite il **significato di base**.

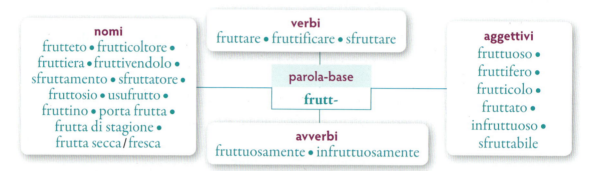

Gli insiemi di parole che esprimono **significati tra loro collegati** formano un **campo semantico**. I campi semantici possono essere considerati dei **sottosistemi del "sistema lessico"**, sono pressoché **infiniti** e comprendono un **numero molto variabile di parole**.

Ad esempio, il campo semantico della medicina annovera un numero indefinibile di termini; quello dei colori, invece, è meno vasto e ancor più ridotto è quello delle note musicali.

Per formare un campo semantico si parte da una **parola-guida** e si associano a essa nomi, aggettivi, verbi che appartengono alla stessa area di significato. Ad esempio, la parola-guida *frutta* richiama i numerosissimi nomi che ne indicano i diversi tipi (*fragola, ananas, mela, ...*), le parti (*buccia, polpa, nocciolo, semi, ...*), le persone o i luoghi connessi (*fruttivendolo, ortolano, frutteto, ortofrutta, mercato*), i cibi di cui è un ingrediente (*marmellata, confettura, crostata, gelatina, gelato, frullato, ...*), aggettivi che ne definiscono le qualità (*matura, acerba, marcia, esotica, biologica, ...*), verbi che specificano azioni a essa inerenti (*maturare, marcire, sbucciare, raccogliere, glassare, ...*).

Infine, ogni parola che fa parte di un determinato campo semantico **può richiamarne a sua volta altre appartenenti ad aree semantiche diverse** e così via, secondo una **fitta rete di relazioni reciproche** e di **associazioni** di vario genere.

ALLENA LE COMPETENZE

48 ●○○ **COMPETENZE LESSICALI** Riconosci la parola-base di ciascuna famiglia di parole e l'intruso che non ne fa parte.

1. collare, collo, scollato, incollare, collo di bottiglia, colletto, osso del collo
2. canticchiare, cantilena, cantone, canto, scuola di canto, controcanto
3. biancospino, bianchiccio, imbianchino, bianco, sbiancare, bianconero, banco
4. gradazione, degradare, gradatamente, graduare, gradevole, grado, terzo grado

2 La forma e il significato delle parole

49 ●●○ COMPETENZE LESSICALI INSIEME **Formate** la famiglia di parole della parola-base *fuoco*, che comprenda derivati con prefissi o/e suffissi, alterati, composti, polirematiche. **Vince** chi trova più parole. **Tempo: 10 minuti.**

50 ●●○ COMPETENZE LESSICALI **Indica** le parole che appartengono al campo semantico del "calcio" **[C]**, quelle che appartengono al campo semantico della "guerra" **[G]** e quelle che fanno parte di entrambi **[E]**.

1. difesa [.....] **2.** attacco [.....] **3.** cacciabombardiere [.....] **4.** cannoniere [.....] **5.** campo [.....] **6.** porta [.....] **7.** arbitro [.....] **8.** portaerei [.....] **9.** rete [.....] **10.** fanteria [.....] **11.** inseguimento [.....] **12.** imboscata [.....] **13.** rimessa [.....] **14.** sortita [.....] **15.** mortaio [.....] **16.** squadra [.....] **17.** fallo [.....] **18.** palo [.....] **19.** granata [.....] **20.** mina [.....] **21.** ammiraglio [.....] **22.** capitano [.....] **23.** allenatore [.....] **24.** siluro [.....] **25.** riserva [.....] **26.** autoblindo [.....] **27.** attaccante [.....] **28.** brigata [.....] **29.** contropiede [.....] **30.** formazione [.....] **31.** traversone [.....] **32.** campagna [.....] **33.** lancio [.....] **34.** ostruzione [.....] **35.** bossolo [.....] **36.** ammonizione [.....] **37.** tiro [.....] **38.** genio [.....] **39.** panchina [.....] **40.** trincea [.....] **41.** fucilata [.....] **42.** rigore [.....] **43.** rete

51 ●●○ COMPETENZE LESSICALI **Riconosci** i tre campi semantici a cui appartengono le seguenti parole e **collocale** nel campo individuato usando lo schema proposto. **Indica** poi in quali altri campi semantici puoi inserire alcune di esse.

> pianeta • serbatoio • altitudine • copertone • densità • satellite • ellisse • continente • carrozzeria • equinozio • lago • capitale • congiunzione • acceleratore • oceano • astro • metropoli • carburatore • coordinata • deserto • targa • rivoluzione • pianura • meteora • cruscotto • depressione • frizione • nazione • benzina • foresta

52 ●●○ COMPETENZE LESSICALI INSIEME **Formate** il campo semantico a partire dalla parola-guida *scuola*. **Vince** chi trova più parole. **Tempo: 10 minuti.**

A 87

La parola

Il buon uso del dizionario

I diversi significati registrati nel dizionario   Il **dizionario** è uno strumento utilissimo **per conoscere il significato delle parole**: esso registra tutti i significati – di base, estensivi e traslati – che ogni singola parola può assumere nei diversi contesti, e permette di **distinguere le parole omònime da quelle polisemiche**, nel caso in cui non se ne conosca l'**etimologia**.

I significati delle parole sono così riportati:

- le **accezioni**, cioè i diversi significati delle parole polisemiche, sono spiegate **all'interno dello stesso lemma** e sono distinte mediante la **numerazione**.
- il **significato estensivo**, viene contraddistinto dalla **numerazione** ed è segnalato dall'abbreviazione (*estens.*); l'uso **figurato** viene invece indicato con l'abbreviazione (*fig.*).
- gli **omònimi**, sono registrati con **lemmi distinti**, contrassegnati dalla **numerazione** e dall'indicazione della **categoria grammaticale** di appartenenza.

> **saldo**[1] *agg.* **1** senza rotture e quindi robusto, resistente **2** (*fig.*) fermo, costante, irremovibile ǁ Lat. volg. *saldu(m)*
>
> **saldo**[2] *s.m.* **1** somma algebrica degli addebiti e degli accrediti di un conto **2** ultima quota, ultima parte che completa un tutto **3** (*estens.*) rimanenze, merci che si vendono in liquidazione ǁ Deriv. di *saldare*

Attraverso la consultazione del dizionario è anche possibile rendersi conto dell'**etimologia**, cioè dell'**origine delle parole**, che viene regolarmente indicata.

Il dizionario registra per ogni lemma una serie di **sinonimi** (*Sin.*) e di **antònimi**, definiti genericamente **contrari** (*Contr.*): nel caso di parole con più accezioni, esso riporta i sinonimi e i contrari relativi a ogni significato specifico.

> **accessibile** *agg.* **1** (*di luogo*) **Sin.** raggiungibile, agibile, praticabile **Contr.** inaccessibile, irraggiungibile, impraticabile **2** (*di persona*) **Sin.** cordiale, alla mano, alla buona, affabile, disponibile, aperto, abbordabile **Contr.** inaccessibile, inaccostabile, scostante, scontroso, scorbutico, chiuso, ombroso, burbero **3** (*di prezzo*) **Sin.** modico, modesto, basso **Contr.** caro, alto, eccessivo **4** (*di scritto, discorso ecc.*) **Sin.** facile, comprensibile, semplice, agevole, intelligibile **Contr.** difficile, complicato, complesso, inaccessibile, astruso, oscuro.
>
> (*Dizionario dei sinonimi e dei contrari*, Garzanti)

È quindi molto utile consultarlo per individuare le **relazioni di significato tra le parole**, per trovare la **parola più specifica o più adatta a un determinato contesto**, per **evitare ripetizioni** nella scrittura cercando un termine di significato **affine a quello già usato** o negando il suo contrario.

2 La forma e il significato delle parole

RAFFORZA LE TUE COMPETENZE

53 ●○○ **COMPETENZE LESSICALI** **Sostituisci** l'**aggettivo** *grande* scegliendo il **sinonimo** adeguato.

ingente • ampio • capiente • maestoso • eccezionale • grave • voluminoso • eccellente

1. un salone *grande* ....

2. una somma *grande* ....

3. una pentola *grande* ....

4. un risultato *grande* ....

5. un uomo *grande* ....

6. un pioppo *grande* ....

7. un problema *grande* ....

8. un pacco *grande* ....

54 ●○○ **COMPETENZE LESSICALI** **Sostituisci** con un **antònimo** gli **aggettivi** usati nelle locuzioni dell'esercizio 53.

1. ....

2. ....

3. ....

4. ....

5. ....

6. ....

7. ....

8. ....

55 ●●● **COMPETENZE LESSICALI** **Associa** le parole della colonna di sinistra con le parole della colonna di destra con cui hanno una relazione di significato, quindi **specifica** qual è la relazione di significato che le collega.

1. alberi

2. biasimare

3. dissidio

4. televisore

5. denigrare

6. redarguire

7. chimica

8. ménto

9. attuale

10. cuore

11. gas

a. apprezzare ....

b. rimproverare ....

c. metano ....

d. mènto ....

e. obsoleto ....

f. atrio ....

g. divergenza ....

h. querce ....

i. deplorare ....

l. schermo ....

m. scienza ....

56 **SUPER!** **COMPETENZE LESSICALI** **Scrivi** una frase con ciascuna parola delle seguenti coppie di sinonimi: usale in due contesti in cui non risultino intercambiabili.

a. aiuto / soccorso: ....

b. odore / aroma: ....

c. unione / fusione: ....

d. furto / rapina: ....

e. perdere / smarrire: ....

A 89

LA FORMA E IL SIGNIFICATO DELLE PAROLE
• mappa delle conoscenze

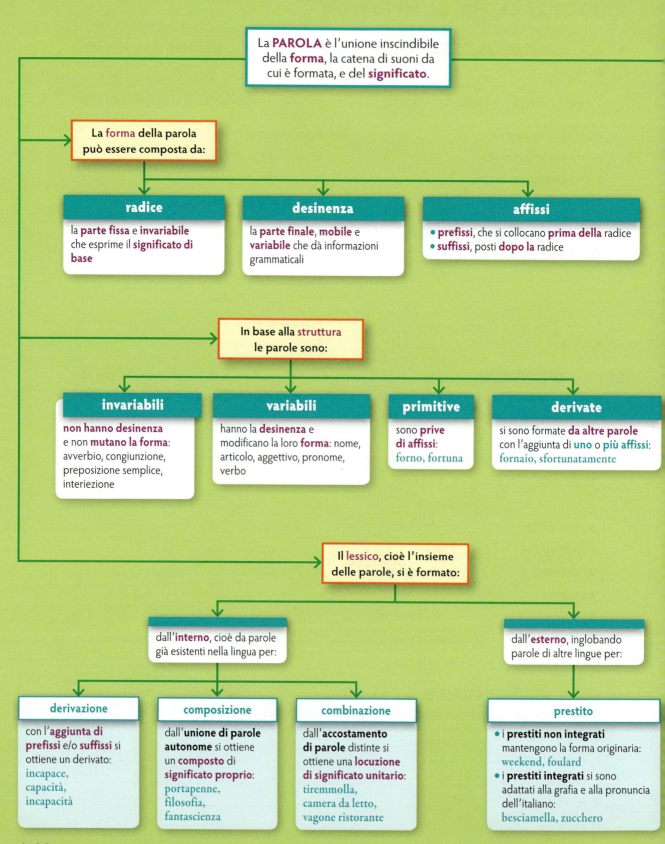

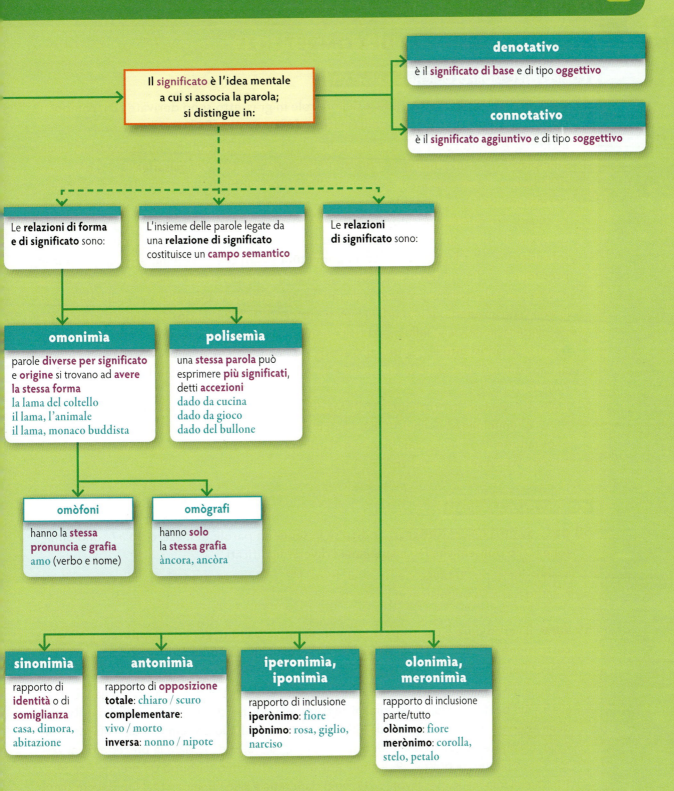

La parola

METTI IN GIOCO LE TUE COMPETENZE

COMPETENZE MORFOLOGICHE E LESSICALI

57 ●●○ **DENTRO LE PAROLE** **Indica** se le parole in grassetto sono derivate **[D]**, composti stabili **[S]**, composti cólti **[C]**, polirematiche **[P]** o prestiti **[PR]**.

Il **curling** era uno **sport** [.......] **pressoché** [.......] **sconosciuto** [.......] in Italia prima delle **Olimpiadi** [.......] **invernali** [.......] di Torino del 2006. Si gioca sulla **falsariga** [.......] del gioco delle bocce; le gare però non si disputano in una **bocciofila** [.......], ma su lastre di ghiaccio **perfettamente** [.......] levigate.

La squadra di quattro **giocatori** [.......] deve piazzare le proprie **stone** [.......] il più vicino possibile al centro di tre anelli concentrici disegnati sul ghiaccio. La stone è un blocco **arrotondato** [.......] di granito con un'**impugnatura** [.......] che lo fa sembrare una **pentola a pressione** [.......] o un **ferro da stiro** [.......]. A turno uno dei quattro giocatori piegandosi su una scarpa dalla suola liscia scivola sulla pista e impugnando la **maniglia** [.......] rilascia [.......] la stone con un effetto detto **curl** (in inglese "roteare"). Dopo il lancio, la traiettoria **curvilinea** [.......] della stone viene influenzata dall'azione di altri due giocatori che ripuliscono il tratto di ghiaccio **antistante** [.......] con una scopa *ad hoc* [.......], regolando la spazzata in modo da far assumere alla stone la direzione e la velocità desiderate. Ed ora facciamo un po' di cronistoria [.......].

Il gioco, inventato in Scozia nel tardo **Medioevo** [.......], diventò sport olimpico **maschile** [.......] e **femminile** [.......] nel 1998 ed è oggi molto **popolare** [.......] nei Paesi **nordici** [.......] e soprattutto [.......] in Canada. Il termine **curling** [.......] fece invece la sua prima comparsa in un testo **scozzese** [.......] del 1620.

COMPETENZE LESSICALI

58 ●●○ **PAROLE DENTRO I TESTI** **Indica** se le seguenti parole dell'esercizio 57 sono omòfone **[O]** o polisemiche **[P]** e **spiegane** i diversi significati.

1. squadra [.....] **2.** pressione [.....] **3.** ferro [.....] **4.** piegarsi [.....] **5.** influenzato [.....] **6.** tratto [.....] **7.** popolare [.....]

59 ●●● Il verbo *dare* è usato spesso con un significato molto generico oppure entra nella costruzione di numerose frasi fatte: **riscrivi** le seguenti frasi usando un verbo o un'espressione di significato più specifico e **fai** le opportune modifiche.

1. Gli ha dato una brutta notizia. **2.** Gli hanno dato una pena di due anni **3.** Ieri hanno dato alla TV un bel film giallo. **4.** Sandra mi ha dato dei soldi, perché avevo dimenticato il libretto degli assegni. **5.** Quella ragazza dà lezioni d'inglese. **6.** Il tuo profumo mi dà il mal di testa. **7.** La mia amica ha dato il nome di Beatrice alla figlia. **8.** Si deve dare la precedenza ai veicoli che vengono da destra. **9.** Il mio medico mi ha dato uno sciroppo da prendere la sera. **10.** Dammi una mano, per favore! **11.** Non dare retta a quell'uomo! **12.** Non dovete darvi pensiero per me. **13.** Al suono dell'allarme i ladri se la diedero a gambe. **14.** Il suo stato di salute mi dà da pensare. **15.** Mi puoi dare il cambio? **16.** Abbiamo finalmente dato il via ai lavori di ristrutturazione. **17.** Quella ragazza mi dà ai nervi, ma non voglio darglielo a vedere. **18.** Mi sembra che lui dia i numeri e che tu gli dia manforte.

A 92

2 La forma e il significato delle parole

60 ●●○ La parola *rigore* è polisemica: **sostituiscila** nelle seguenti frasi, quando è possibile, con un sinonimo.

1. È stata una sentenza di grande rigore (................................). **2.** Usa questa crema per proteggerti il viso dal rigore (................................) invernale. **3.** Quel giudice è un uomo di grande rigore (................................) morale. **4.** Per la cerimonia è di rigore (................................) l'abito lungo da sera. **5.** Quella ricerca è stata svolta con grande rigore (................................). **6.** L'ideazione del calcio di rigore (................................) si ebbe intorno al 1890 ed è attribuita a un portiere nord-irlandese. **7.** A rigor (................................) di logica avresti dovuto tenere tu la conferenza. **8.** L'area di rigore (................................) è il rettangolo lungo 40,32 m e profondo 16,50 m antistante la porta. **9.** Nell'esercito romano gli ordini venivano fatti rispettare con rigore (................................) inflessibile.

61 ●●○ **Spiega** il significato dei seguenti composti cólti appartenenti al lessico della medicina. **Consulta** eventualmente il dizionario.

termometro • osteopata • ortopedia • cardiopatico • radiologia • podologo • stomatologia • ipotermia • ortodonzia • dermatologia • emetico • ematico • antipiretico

COMPETENZE COMUNICATIVE

62 ●●○ **Spiega** le differenze di significato o d'uso delle seguenti coppie di parole, che sono considerate sinonimi.

1. vedere / osservare
2. bestia / belva
3. battaglia / guerra
4. pensare / riflettere
5. breve / corto

6. gatto / micio
7. sentire / ascoltare
8. scontro / litigio
9. azzannare / mordere
10. scuro / buio

11. saggio / sapiente
12. madre / mamma
13. disgrazia / tragedia
14. andare / avviarsi
15. moderno / recente

63 ●●○ **Indica**, quando possibile, un sinonimo e un antònimo della parola in grassetto che siano adeguati al contesto delle seguenti frasi.

frasi	sinonimo	antònimo
1. È un ragazzo **acuto**.		
2. Provò un dolore **acuto**.		
3. È un angolo **acuto**.		
4. Si scrive con l'accento **acuto**.		
5. Si udì un suono **acuto**.		
6. È stato un inverno **rigido**.		
7. È molto **rigido** nei movimenti.		
8. È stato un provvedimento alquanto **rigido**.		
9. È un materiale assai **rigido**.		
10. Qui l'orario è **rigido**.		

A 93

La parola

COMPETENZE LESSICALI, TESTUALI E DI SCRITTURA

64 ●●● **DENTRO LE PAROLE** **Leggi** il testo e **svolgi** le attività proposte.

Le parole dell'uguaglianza sulla "bandiera arcobaleno".

a. I telegiornali e i quotidiani parlano spesso di **omofobia**. La parola fu coniata nel 1965 dallo psicologo George Weinberg ed è entrata nell'italiano nel ventennio successivo.
Il suo significato vuole indicare la paura irrazionale, il disgusto, il disagio, l'ostilità e l'intolleranza della società nei confronti delle persone omosessuali. Il termine è composto da *omo* e *fobia*, che assumono però un significato particolare: *omo-* non mantiene il significato originario di "uguale", ma è l'abbreviazione di "omosessuale".

La **fobia** è una paura ingiustificata, il forte malessere che qualcuno prova in una particolare situazione; in questo caso però è piuttosto un pregiudizio e soprattutto i suoi effetti negativi sono avvertiti non da chi lo prova, ma da coloro verso cui è rivolta, cioè gli omosessuali. A parte l'etimologia, l'omofobia è causata, in genere, dal contesto antropologico in cui si nasce e si vive, dai messaggi, diretti e indiretti, che la famiglia, la politica, la religione e i media trasmettono. Il risultato sono tutti quei comportamenti che ledono i diritti e la dignità delle persone sulla base del loro orientamento sessuale: le discriminazioni sul posto di lavoro, nelle istituzioni, nella cultura, gli atti di violenza fisica e psicologica. Alla radice c'è sempre la convinzione che l'omosessualità sia qualcosa di assolutamente innaturale e contrario alle norme del vivere comune. Non di rado poi l'essere *gay* viene associato alla pedofilia, mentre – così risulta dalle statistiche – il 95% dei pedofili è eterosessuale.

b. Riguardo alla parola **gay**, le sue radici risalgono al francese antico dove *gai* significava "allegro, gaio", che passò nell'inglese nella forma *gay* e assunse poi il significato di "dissoluto, lussurioso". Fino ai primi anni del 1900, tuttavia, il termine non era affatto legato all'omosessualità. Incominciò a esserlo nella lingua parlata degli Stati Uniti, tanto che nel 1969 i militanti del neonato movimento di liberazione omosessuale rifiutarono le parole, spesso ingiuriose, usate dagli eterosessuali nei loro confronti e si autodefinirono *gay*: sull'esempio americano la parola si diffuse poi nel mondo con questo significato.

Le donne con orientamento sessuale e affettivo nei confronti di altre donne si sono invece riconosciute nel termine **lesbica**. La parola deriva dall'isola greca di Lesbo, dove visse nel VII secolo a.C. Saffo, una delle maggiori poetesse di tutti i tempi. Nei suoi versi Saffo cantò la bellezza della femminilità e l'eros tra donne, che dal suo nome viene anche chiamato "saffico".

1. **Riconosci** le parole derivate con i prefissi *in-* (che può modificarsi in *ill-*, *irr-*) e *dis-*, che esprimono un significato negativo.

2. Il prefissoide di origine greca *tele-* significa "da lontano", ma a partire dal composto *televisione* ha assunto anche il significato di "relativo alla televisione". **Indica** se nei seguenti composti il prefisso significa "da lontano" [A] o "relativo alla televisione" [B].

1. telecamera [.....]   2. teleobiettivo [.....]   3. teleabbonato [.....]   4. teleallarme [.....]   5. telefilm [.....]   6. telegenico [.....]   7. teleferica [.....]   8. telefono [.....]   9. telecronaca [.....]   10. telescopio [.....]   11. telecomunicazioni [.....]   12. telequiz [.....]

2 La forma e il significato delle parole

3. **Riconosci** nel testo i composti cólti e trova altre parole in cui siano presenti i prefissoidi e suffissoidi individuati.
4. **Scrivi** un testo da pubblicare sul giornalino della scuola per sensibilizzare i tuoi compagni sul tema dell'omofobia e per indurli a riflettere su quanto sia doloroso per un ragazzo o una ragazza esserne vittime.

COMPETENZE LESSICALI E DI SCRITTURA

65 ●●● **Riscrivi** il seguente testo sostituendo il maggior numero di termini possibile con il loro antònimo.

Sul tram

Mezzanotte. Piove. Gli autobus passano pressoché vuoti. Sul cofano di un A, dalle parti della Bastiglia, un vecchio con la testa incassata tra le spalle, senza cappello, ringrazia una signora seduta molto distante, perché gli carezza la mano. Poi va a mettersi in piedi sulle ginocchia di un signore che stava occupando il proprio posto.

Due ore prima, dietro alla Gare de Lyon, lo stesso vecchio si tappava le orecchie per non ascoltare un vagabondo che si rifiutava di dirgli che avrebbe dovuto abbassare di un posto il bottone inferiore delle sue mutande.

(R. Quenau, *Esercizi di stile*, trad. it. di U. Eco, Mondadori, Milano 1983)

COMPETENZE DI SCRITTURA

66 ●●● **Scrivi** una frase usando in senso denotativo le seguenti parole che appartengono al campo semantico della "guerra"; poi **scrivi** un'altra frase usandole in senso figurato e **spiegane** il significato.

1. sparare:
2. trincerarsi:
3. carica:
4. prima linea:
5. assedio:
6. cannonata:
7. attacco:
8. cavalleria:
9. miccia:
10. fucilata:

PREPARATI ALLA PROVA INVALSI

Il diritto alla salute

Secondo l'Organizzazione Mondiale della Sanità, la salute è uno "stato di completo benessere fisico, psichico e sociale e non, come generalmente si crede, semplice assenza di malattia", e in quanto tale fa parte dei diritti fondamentali del cittadino. In questa prospettiva, l'articolo 32 della *Costituzione italiana* dichiara che *la Repubblica tutela la salute come fondamentale dirit-*
5 *to dell'individuo e interesse della collettività, e garantisce cure gratuite agli indigenti.* L'assistenza sanitaria gratuita garantita è uno dei punti fondamentali che caratterizzano il sistema di *welfare* italiano ed europeo, a differenza, ad esempio, del sistema statunitense.

Le condizioni del benessere psicofisico

La salute fisica e mentale dipende da una serie di fattori, oltre all'età, al sesso, alle caratteristiche genetiche. In primo luogo, le condizioni socioeconomiche, culturali e ambientali di un
10 individuo incidono profondamente sul suo approccio verso l'igiene, la cura della persona, la prevenzione dalle malattie sessualmente trasmissibili, dalle patologie cardiovascolari, dall'insorgenza di tumori e così via. Inoltre, un basso livello culturale si associa più frequentemente a un rifiuto della medicina ufficiale a favore di rimedi pseudoscientifici. È fondamentale, inoltre, che l'ambiente di lavoro sia sicuro e controllato, e siano prese precauzioni contro possibili fattori
15 nocivi – radiazioni, materiali pericolosi, come amianto e silicio, forti rumori – che a lungo termine possono avere gravi ripercussioni sulla salute. Non si possono trascurare, infine, le abitudini di vita, ad esempio l'alimentazione, l'attività fisica, le ore di sonno, il fumo.

Le dipendenze

Le dipendenze, in tutte le loro forme, sono una piaga sociale la cui entità è cresciuta enormemente negli ultimi decenni, spesso a danno delle fasce più deboli della popolazione. Esse portano
20 l'individuo a perdere il controllo sulla propria vita e a ridursi in uno stato di schiavitù psicofisica che lo costringe all'assunzione compulsiva di determinate sostanze o a praticare determinati comportamenti patologici. Le dipendenze più frequenti sono il tabagismo, l'alcolismo, le tossicodipendenze (con abuso di droghe varie, *in primis* di stupefacenti quali l'*ecstasy* e altre fenilletilamine), la dipendenza sessuale, quelle da psicofarmaci e da gioco d'azzardo patologico (o
25 ludopatia); inoltre sono frequenti nei giovani comportamenti ossessivo-compulsivi nei confronti del cibo e della tecnologia, con gravi ricadute sulla salute e sullo sviluppo fisico e mentale della persona.

A1. **Comunemente per *salute* si intende**

A ☐ il benessere fisico e sociale

B ☐ l'assenza di malattia

C ☐ il benessere fisico, psichico e sociale

D ☐ un superiore stato di benessere

A2. **L'articolo 32 della *Costituzione italiana***

A ☐ sancisce che la salute è un dovere dei cittadini

B ☐ garantisce ai bisognosi cure a costi limitati

C ☐ impone a tutti i cittadini i medesimi trattamenti sanitari

D ☐ garantisce ai più poveri l'assistenza sanitaria gratuita

2 La forma e il significato delle parole

A3. Il sistema sanitario americano

A ☐ prevede l'assistenza sanitaria gratuita

B ☐ non prevede l'assistenza sanitaria gratuita

C ☐ è identico a quello europeo

D ☐ garantisce a tutti la medesima assistenza sanitaria

A4. La propensione per rimedi alternativi alla medicina ufficiale dipende da

A ☐ la salute fisica e mentale dell'individuo

B ☐ il timore dell'insorgenza di tumori

C ☐ il basso livello di istruzione dell'individuo

D ☐ le condizioni malsane dell'ambiente lavorativo

A5. Le dipendenze

A ☐ colpiscono soltanto i più giovani

B ☐ privano l'individuo della propria autonomia

C ☐ sono in declino negli ultimi decenni

D ☐ non sono relative all'abuso di sigarette

A6. Le parole *welfare* (riga 6) ed *ecstasy* (riga 23) **costituiscono due**

A ☐ parole composte

B ☐ prestiti integrati

C ☐ prestiti non integrati

D ☐ calchi semantici

A7. *Italiano, europeo, statunitense* (riga 7) sono aggettivi

A ☐ primitivi

B ☐ derivati

C ☐ alterati

D ☐ composti

A8. L'aggettivo *patologico* (riga 24) è costituito da

A ☐ un prefissoide e un suffissoide di origine latina

B ☐ un prefissoide e un suffissoide di origine greca

C ☐ due prefissoidi di origine greca

D ☐ un prefissoide di origine greca e un suffissoide di lingua latina

A9. La parola *ludopatia* (riga 25) è costituita da

A ☐ un prefissoide e un suffissoide di origine greca

B ☐ un prefissoide di origine latina e un suffissoide di origine greca

C ☐ due prefissoidi di origine greca

D ☐ un prefissoide di origine latina e un suffissoide italiano

A10. Rintraccia nel testo i sinonimi delle seguenti parole o espressioni.

a. **difendere, preservare:** ....

b. **bisognoso:** ....

c. **misure cautelative:** ....

d. **conseguenze:** ....

e. **grandezza:** ....

A11. Rintraccia nel testo gli antònimi delle seguenti parole.

a. **presenza:** ....

b. **secondario:** ....

c. **a pagamento:** ....

d. **malattia:** ....

e. **innocui:** ....

A12. Rintraccia nel testo le parole con il prefissoide *psico-* e spiegane il significato.

....

....

....

A 97

VERIFICA LE TUE COMPETENZE La forma e il significato delle parole

A. **Indica** se le seguenti parole sono derivate con un prefisso [P], con un suffisso [S], con un prefisso e un suffisso [PS] o con un suffisso alterativo [A], quindi **specifica** la parola-base.

1. slegare   [......] ....
2. ordinazione   [......] ....
3. inutile   [......] ....
4. bigliettino   [......] ....
5. disorganizzazione [......] ....

6. imburrare   [......] ....
7. furterello   [......] ....
8. minoranza   [......] ....
9. abbottonatura   [......] ....
10. gioielleria   [......] ....

1 punto per ogni risposta esatta   **Punti** .... / 10

B. **Indica** se le seguenti parole sono composti stabili [S], composti còlti [C] o polirematiche [P].

1. senzatetto [.....]   2. parco giochi [.....]   3. telepatia [.....]   4. gratta e vinci [.....]   5. monoteismo [.....]   6. tergicristallo [.....]   7. paleologia [.....]   8. bibliografia [.....]   9. dormiveglia [.....]   10. capotavola [.....]

1 punto per ogni risposta esatta   **Punti** .... / 10

C. **Indica** se le seguenti parole sono prestiti [P], derivate [D] o composte [C].

1. partner [.....]   2. radiosveglia [.....]   3. odontoiatria [.....]   4. stock [.....]   5. disapprovare [.....]   6. incorporare [.....]   7. black-out [.....]   8. pennuto [.....]

1 punto per ogni risposta esatta   **Punti** .... / 8

D. **Indica** se le espressioni in grassetto sono usate in senso denotativo [D] o connotativo [C].

1. **Taglio la corda**, perché ho paura. [.....]   2. **Taglio la corda**, perché si è aggrovigliata. [.....]
3. **Ho perso la bussola** e gliene ho dette di tutti i colori. [.....]   4. **Ho perso la bussola** e mi è difficile orientarmi. [.....]   5. **Ha alzato il gomito** e mi ha urtato. [.....]   6. **Ha alzato il gomito** ed è meglio che non guidi. [.....]   7. **Ho visto le stelle**, quando mi sono pizzicato il dito. [.....]
8. **Ho visto le stelle** con il telescopio. [.....]   9. In ogni famiglia c'è **una pecora nera**. [.....]   10. Nel gregge vi è solo **una pecora nera**. [.....]

1 punto per ogni risposta esatta   **Punti** .... / 10

E. **Riconosci** le coppie di sinonimi.

avarizia • cautela • costanza • spilorceria • bagnato • prudenza • determinazione • rovistare • frugare • avvenenza • astuto • gentile • scaltro • cortese • fradicio • bellezza

1 punto per ogni risposta esatta   **Punti** .... / 8

F. **Indica** se la relazione di significato che lega i seguenti gruppi di parole è di sinonimia [S], antonimia [A] o di inclusione [I].

1. matita, cancelleria [.....]   2. pregevole, apprezzabile [.....]   3. illimitato, inesauribile [.....]
4. originale, copia [.....]   5. rana, anfibio [.....]   6. sentimento, gelosia [.....]   7. anteporre, posporre [.....]   8. opportuno, adeguato [.....]

1 punto per ogni risposta esatta   **Punti** .... / 8

G. **Forma** il contrario delle seguenti parole aggiungendo o cambiando il prefisso.

1. tipico: ....
2. agevole: ....
3. infornare: ....
4. pietoso: ....

5. persuadere: ....
6. conformismo: ....
7. legittimare: ....
8. influente: ....

1 punto per ogni risposta esatta   **Punti** .... / 8

TOTALE PUNTI .... /62

Parte 2

La morfologia

La **morfologia** (dal greco *morfé*, "forma", e *logos*, "discorso", "studio")
è il settore della grammatica che analizza e classifica le **forme delle parole** secondo
tre aspetti fondamentali:

- la **forma**, che può essere variabile o invariabile,

- la **concordanza**, cioè il modo in cui la forma varia quando la parola si collega ad altre
  parole,

- la **funzione**, cioè il ruolo che la parola, a prescindere dalla classe di appartenenza,
  può avere in rapporto ad altre parole (ad esempio l'aggettivo *forte*, può assumere la
  funzione di nome, *i forti*, o di avverbio, *Parla forte*).

L'**analisi morfologica**, comunemente chiamata **analisi grammaticale**, consiste dunque
nel classificare le parole in relazione a questi criteri; il suo scopo è quello di far comprendere le ragioni e le modalità secondo cui le forme delle parole variano, in modo da saperle
usare adeguatamente.

competenze	conoscenze	abilità
Saper riconoscere e analizzare correttamente le parti variabili e invariabili del discorso. **Saper produrre** frasi e testi applicando correttamente le regole della morfologia.	• Le forme e le funzioni delle parti variabili del discorso: verbo, articolo, nome, aggettivo e pronome. • I concetti di coniugazione, genere, forma, numero, concordanza del verbo. • Le forme e le funzioni delle parti invariabili del discorso: avverbio, preposizione, congiunzione, interiezione. • Il procedimento dell'analisi grammaticale.	• Analizzare le parti variabili del discorso, riconoscendone il tipo, la forma, il genere, il numero e la funzione. • Applicare le regole della concordanza. • Coniugare correttamente i verbi. • Usare correttamente i pronomi. • Analizzare la parti invariabili.

3 Il verbo

Il verbo (dal latino *verbum*, "parola")
**è la parte variabile del discorso che indica
e colloca nel tempo un'azione, uno stato,
un modo di essere, un evento.**

Come rivela la sua stessa etimologia, è la **parola per eccellenza** e rappresenta il **centro della frase**, l'elemento cardine che organizza attorno a sé tutti gli altri componenti.

FORME Il verbo è la parte del discorso **più variabile**: può, infatti, assumere oltre un centinaio di forme che, raggruppate in un insieme ordinato, costituiscono la **coniugazione**. Grazie alla sua variabilità, il verbo è in grado di trasmettere le seguenti informazioni:

persona e numero	specificano **a chi è riferita l'azione**
modo	presenta l'azione come **reale**, **possibile**, **desiderabile**, **imposta**, ...
tempo	colloca l'azione nel **presente**, nel **passato**, nel **futuro**
forma (o diatesi)	definisce la direzione dell'azione (**attiva**, **passiva** o **riflessiva**)

FUNZIONI Dal punto di vista della **funzione sintattica**, cioè del ruolo che riveste all'interno della frase, il verbo viene definito **predicato**, in quanto "predica", cioè dà informazioni riguardo al soggetto. Il verbo è quindi un elemento indispensabile alla costruzione della frase: anche nelle **frasi nominali**, cioè quelle apparentemente prive di una forma verbale, il verbo è solo **sottinteso** e può essere ricavato dal contesto.

Silenzio! (sott. *fate*)

Quando puoi venire? Martedì. (sott. *posso venire*)

Per me un'aranciata. (sott. *porti*)

Oggi sciopero dei mezzi di trasporto. (sott. *c'è*)

CONOSCENZE · ABILITÀ · COMPETENZE

p. 99

La morfologia

1 La struttura del verbo

La **struttura** del verbo si compone dei seguenti elementi:
- la **radice** o **morfema lessicale**, che è la parte **invariabile** che esprime il significato lessicale;
- la **vocale tematica** (**-a-**, **-e-**, **-i-**), posta subito dopo la radice, permette di distinguere la coniugazione cui il verbo appartiene e assieme alla **radice** costituisce il **tema verbale**;
- la **desinenza** o **morfema grammaticale**, che è la parte finale e **variabile**; il ricco sistema di desinenze di cui il verbo dispone segnala la **persona** e il **numero**, il **modo**, il **tempo**.

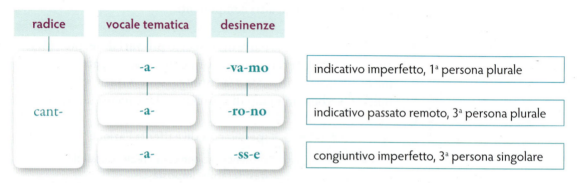

> Il complesso **sistema di forme** che il verbo assume si definisce **coniugazione**.

I verbi dell'italiano (tranne *essere* e *avere* che hanno una coniugazione propria) sono suddivisi in **tre coniugazioni** che si distinguono per la vocale tematica dell'infinito:
- **prima coniugazione**: verbi in **-are** (*lod-are*, *mangi-are*, *parl-are*);
- **seconda coniugazione**: verbi in **-ere** (*legg-ere*, *vend-ere*, *rid-ere*);
- **terza coniugazione**: verbi in **-ire** (*obbed-ire*, *ven-ire*, *sent-ire*).

1*1 La persona e il numero

> La **persona** e il **numero** caratterizzano i **modi finiti** e indicano **a chi si riferisce** l'informazione espressa dal verbo.

Le **persone** sono **tre** per ciascun **numero** (tranne che nell'imperativo): corrispondono ai **pronomi personali** e definiscono la **posizione del soggetto rispetto all'azione**.
I **numeri** sono due, **singolare** e **plurale**.

persona	singolare	plurale	il soggetto è
1ª	io corr-**o**	noi corr-**iamo**	chi parla o scrive
2ª	tu corr-**i**	voi corr-**ete**	chi ascolta o legge
3ª	lui, lei, egli, ella, esso, essa corr-**e**	loro, essi, esse corr-**ono**	ciò di cui si parla

Il participio passato, da solo o nelle voci composte con l'ausiliare *essere*, dà indicazioni anche riguardo al **genere** del soggetto, maschile o femminile.

Appena uscit**e** di casa, incontrammo Alex che era ritornat**o** da Londra.

Ero uscit**a** da sola, poi ho incontrato Luca e Andrea che erano andat**i** al cinema.

3 Il verbo

Nel vivo della lingua

Il soggetto sottinteso I pronomi personali in funzione di soggetto possono essere **sottintesi**, perché le **desinenze** dei verbi italiani permettono già di **distinguere le persone**. È invece opportuno esprimere il pronome in funzione di soggetto quando una stessa desinenza può indicare persone diverse, come nel caso del **congiuntivo presente** e **imperfetto**.

È necessario che **io** parta / che **tu** parta / che **egli** parta.
Era ora che **io** partissi / che **tu** partissi.

ALLENA LE COMPETENZE

1 ●○○ COMPETENZE MORFOLOGICHE **Riconosci** la parola che non è un verbo.

1. imitare • dirottare • polare • ornare • caricare
2. sostenere • temere • ridere • compiacere • pasticcere
3. finito • capito • uscito • cucito • infradito
4. mosse • riscosse • tosse • cosse • percosse
5. educasse • sperperasse • carcasse • dimenticasse • gridasse

2 ●○○ COMPETENZE MORFOLOGICHE **Indica** se le seguenti voci verbali appartengono alla 1ª, 2ª o 3ª coniugazione.

1. amare ☐
2. partito ☐
3. scritto ☐
4. credere ☐
5. pagaste ☐
6. parli ☐
7. servito ☐
8. piangesse ☐
9. lodasti ☐
10. giocherò ☐
11. contando ☐
12. slegato ☐
13. restando ☐
14. entrate ☐
15. salivo ☐
16. temeva ☐

3 ●●○ COMPETENZE MORFOLOGICHE **Specifica** la persona e il numero delle seguenti voci verbali.

1. andrei ....
2. provenivate ....
3. seppero ....
4. nuotavamo ....
5. avreste letto ....
6. conoscete ....
7. vissero ....
8. prende ....
9. verrebbero ....

4 ●○○ COMPETENZE MORFOLOGICHE **Trasforma** le voci singolari alla persona plurale corrispondente e viceversa.

1. spedirai ....
2. immaginavi ....
3. passeggerete ....
4. avrebbero dormito ....
5. segnai ....
6. scrivevano ....
7. dimenticherò ....
8. hanno conosciuto ....

A 103

La morfologia

1*2 I modi verbali

I **modi verbali** sono **sette** e si distinguono in **due gruppi**, che si differenziano per la **flessione** e per il **significato** espresso: i **modi finiti** e i **modi indefiniti**.

- I **modi finiti** sono l'**indicativo**, il **congiuntivo**, il **condizionale** e l'**imperativo**; sono così chiamati perché dispongono di **desinenze specifiche** per definire la **persona** e il **numero**. Sul piano del significato, esprimono la **modalità dell'azione** secondo il punto di vista dell'emittente. Sul piano dell'uso all'interno della frase, essi rappresentano i modi fondamentali e sono di largo impiego sia nelle **proposizioni indipendenti** sia nelle **proposizioni dipendenti** di forma **esplicita**.

- I **modi indefiniti** sono l'**infinito**, il **gerundio** e il **participio**; essi **non hanno desinenze specifiche** per definire la persona; fa eccezione il **participio passato** che segnala il numero e il genere. Sul piano del significato, indicano l'**azione in modo generico**, senza esprimere il punto di vista dell'emittente. Sul piano dell'uso, se sono impiegati da soli (cioè non accompagnati da un verbo servile o fraseologico), svolgono la **funzione di predicato** quasi esclusivamente nelle **proposizioni dipendenti** di forma **implicita**. Inoltre, l'infinito, il participio e, meno frequentemente, il gerundio, possono essere usati in **funzione nominale** come **nomi** e **aggettivi** e sono perciò chiamati **forme nominali del verbo** o **nomi verbali**.

ALLENA LE COMPETENZE

5 ●○○ COMPETENZE MORFOLOGICHE Indica se le voci verbali sono coniugate a un modo finito **[F]** o indefinito **[I]**.

sappiamo [.....]; incontrarono [.....]; mangiando [.....]; avendo scritto [.....]; vinto [.....]; andrei [.....]; proveniente [.....]; sappiate [.....]; nuotavamo [.....]; avere letto [.....]; è ritornato [.....]; essere caduto [.....]; abbiamo conosciuto [.....]; andammo [.....]; ricorderà [.....]; passeggiando [.....]; avrebbe dormito [.....]; dimenticherò [.....].

6 ●●○ COMPETENZE MORFOLOGICHE DENTRO LE PAROLE Indica se le voci verbali sono coniugate a un modo finito **[F]** o indefinito **[I]**.

La parola **cattività** indica [.....] la condizione degli animali selvaggi, obbligati [.....] a vivere [.....] in gabbie o recinti, dopo essere stati catturati [.....]. Il termine è stato usato [.....] per indicare [.....] anche lo stato di prigionia di esseri umani: ricordiamo [.....], ad esempio, la cattività babilonese, il periodo in cui gli Ebrei furono deportati [.....] a Babilonia (597-538 a.C.) da Nabucodonosor II, e la cattività avignonese, il periodo in cui il papato risiedette [.....] ad Avignone (1305-1377), costrettovi [.....] dal re di Francia.

7 ●●● COMPETENZE MORFOLOGICHE DENTRO LE PAROLE Distingui le voci verbali coniugate a un modo finito o indefinito.

Dalla stessa radice di *cattura* e *cattività* deriva **accattivarsi**, cioè "cercare di ottenere il favore di qualcuno", e l'aggettivo **accattivante**, usato per definire l'atteggiamento di chi cerca di procurarsi la simpatia altrui, conquistandola o con i propri meriti o con un comportamento studiato ad arte. Sono sinonimi **allettante** e **seducente**; l'aggettivo **scostante** esprime il significato contrario.

A 104

1*3 I tempi verbali

> I **tempi verbali** danno informazioni riguardo al **momento in cui si realizza l'azione**, sulla base dei rapporti temporali di **contemporaneità**, **anteriorità**, **posteriorità**.

Per definire il rapporto temporale, si possono assumere due diversi termini di riferimento: il **momento in cui si parla** o il **tempo di un altro verbo**.

- Quando si assume come punto di riferimento il **momento in cui si parla** (o si scrive), si mette in relazione **il momento in cui i fatti accadono** con **il momento in cui essi vengono enunciati**. Questa relazione viene espressa dai **tempi assoluti** (o **fondamentali** o **primari**):
  - il **presente**, che colloca l'azione **nello stesso momento** in cui si parla ed esprime quindi il **rapporto di contemporaneità**. Hanno il tempo presente tutti i modi;
  - il **passato**, che pone l'azione **prima del momento** in cui si parla e indica quindi il **rapporto di anteriorità**. Hanno il tempo passato tutti i modi a eccezione dell'imperativo; l'indicativo e il congiuntivo hanno più forme per esprimerlo con sfumature diverse;
  - il **futuro**, che proietta lo svolgimento dell'azione **in un momento successivo** a quello in cui si parla e segnala quindi il **rapporto di posteriorità**. Il futuro si trova solo nel modo indicativo.

- Quando **più azioni entrano in relazione reciproca**, il verbo assume come punto di riferimento il **tempo di un altro verbo**. In questi casi l'azione non solo viene collocata nel presente, nel passato o nel futuro, ma intreccia anche **relazioni di tempo con altre azioni**, dotate a loro volta di un valore temporale. Si hanno allora i **tempi relativi** che, come indica lo stesso termine, esprimono **un rapporto di tempo tra due verbi**. I tempi relativi esprimono:
  - la **contemporaneità**, se le azioni dei due verbi accadono **nello stesso momento**;
  - l'**anteriorità**, se l'azione del verbo è avvenuta **prima** di quella del verbo di riferimento;
  - la **posteriorità**, se l'azione del verbo avverrà **dopo** quella del verbo di riferimento.

La morfologia

> Dal punto di vista della **forma**, i **tempi verbali** si distinguono in **semplici** e **composti**.

- I **tempi semplici** sono costituiti da **una sola** parola, formata dalla **radice** del verbo e dalla **desinenza** (**lod**-*ate*, **tem**-*endo*, **ven**-*issero*, …);
- I **tempi composti** sono formati da **due parole**: una voce dell'**ausiliare *essere*** o ***avere***, che indica il modo, il tempo, la persona e il numero, e il **participio passato del verbo** (*avete* **lodato**, *avendo* **temuto**, *fossero* **venuti**, …).

Nella seguente tabella è indicata la ripartizione dei tempi all'interno dei singoli modi e sono segnalati i **tempi composti** della forma attiva.

		TEMPI		
		presente	passato	futuro
MODI FINITI	indicativo	presente	imperfetto passato remoto passato prossimo trapassato prossimo trapassato remoto	futuro semplice futuro anteriore
	congiuntivo	presente	imperfetto passato trapassato	
	condizionale	presente	passato	
	imperativo	presente		

		TEMPI	
		presente	passato
MODI INDEFINITI	infinito	presente	passato
	participio	presente	passato
	gerundio	presente	passato

● tempi semplici
● tempi composti

ATTENZIONE: le forme verbali della **coniugazione passiva** sono **tutte composte**, a eccezione del participio passato.

Allena le Competenze

8 ●○○ **COMPETENZE MORFOLOGICHE** **Indica** se i verbi in grassetto esprimono un'azione che avviene nel presente **[PR]**, che è avvenuta nel passato **[PA]** o che avverrà nel futuro **[F]**.

1. Giacomo **ha aperto** […….] un bel negozio; gli affari gli **vanno** […….] molto bene.
2. **Andrai** […….] anche tu al concerto? Io **ho acquistato** […….] il biglietto.
3. Dove **sei stato** […….]? Perché non **rispondi** […….]?
4. Mia nonna si **è sentita** […….] male: **vado** […….] subito da lei.
5. **Ho** […….] un gran mal di testa, perciò non **andrò** […….] allo stadio.

A 106

3 Il verbo

I trucchi del mestiere

Come distinguere il rapporto di tempo tra due verbi Per valutare la relazione temporale che collega la seconda voce verbale alla prima, è sufficiente esplicitare con un **avverbio di tempo** (*allora* per il passato, *ora* per il presente, *poi* per il futuro) il momento in cui avviene ciascuna delle due azioni.

posteriorità	**Sapevo** (*allora*) che **avrebbe detto** (*poi*) la verità.
contemporaneità	**Sapevo** (*allora*) che **diceva** (*allora*) la verità.
anteriorità	**So** (*ora*) che **aveva detto** (*allora*) la verità

9 ●●○ COMPETENZE MORFOLOGICHE Indica se i tempi in grassetto esprimono una relazione di contemporaneità [C], di anteriorità [A] o di posteriorità [P] con l'altro verbo della frase.

1. Ci avevi assicurato che non **avresti bevuto** [.....] mai più. 2. Avevamo capito tutti che Sandro **si trovava** [.....] in difficoltà. 3. Non puoi immaginare quello che **è successo** [.....]. 4. Ci ha detto che ci **avrebbe accompagnati** [.....] lui, ma sappiamo che non **è** [.....] mai di parola! 5. Non sapevo che **si fosse trasferito** [.....] all'estero.

10 ●●○ COMPETENZE MORFOLOGICHE Indica se i tempi in grassetto esprimono contemporaneità [C], anteriorità [A] o posteriorità [P] rispetto alla voce verbale in corsivo, e **specifica** se l'azione principale avviene nel presente [PR] o nel passato [PA].

1. *Mi scrive* che **lavora** [.....] molto. [.....] 2. *Mi scrive* che **lavorerà** [.....] molto. [.....] 3. *Mi scrive* che **ha lavorato** [.....] molto. [.....] 4. Laura *diceva* che tu l'**avevi aiutata** [.....]. [.....] 5. Laura *diceva* che tu l'**avresti aiutata** [.....]. [.....] 6. Laura *diceva* che tu l'**aiutavi** [.....] sempre. [.....] 7. *Sapevo* che **aveva accettato** [.....] l'invito. [.....] 8. *Sapevo* che **avrebbe accettato** [.....] l'invito. [.....] 9. *So* che **accetta** [.....] volentieri l'invito. [.....]

11 ●○○ COMPETENZE MORFOLOGICHE Indica se i tempi sono semplici [TS] o composti [TC].

1. Hai [.......] davvero una bella borsa; dove l'hai comprata [.......]? 2. Ho ricevuto [.......] un sms molto carino; te lo leggerò [.......]. 3. Abito [.......] con mia sorella, ma presto mi trasferirò [.......]. 4. Ho cambiato [.......] lavoro e mi trovo [.......] molto bene. 5. Luigi mi ha invitato [.......] in montagna; così scieremo [.......] assieme.

12 ●○○ COMPETENZE MORFOLOGICHE DENTRO LE PAROLE **Distingui** le voci verbali che sono coniugate ai tempi semplici da quelle coniugate ai tempi composti.

Molte parole che oggi usiamo abitualmente hanno avuto una storia davvero imprevedibile. Ad esempio le parole **cattivo**, **cattiveria** derivano dal latino *captivus*, "prigioniero". Dal IV secolo, quando il Cristianesimo si era ampiamente diffuso, si usava l'espressione *captivus diaboli*, "prigioniero del diavolo", per indicare un uomo malvagio. Poi, come è spesso accaduto, l'espressione fu abbreviata e, lasciando da parte il diavolo, rimase solo *cattivo*. Il significato d'origine della parola latina è invece rimasto in *catturare*, "far prigioniero", *cattura*, *cattività*.

A 107

La morfologia

1*4 L'aspetto

L'**aspetto verbale** è **il modo in cui viene concepito lo svolgimento dell'azione**, cioè il grado di **compiutezza**, la **durata** o la **fase di svolgimento** in cui essa viene colta.

- In relazione al grado di **compiutezza**, l'azione può avere un aspetto:
  - **imperfettivo**, se non risulta conclusa e rimane **incompiuta**; questo aspetto è indicato dal tempo **presente** e, in relazione al passato, dall'**imperfetto**;
  - **perfettivo**, se risulta definitivamente **compiuta**. Per quanto riguarda il passato, il tempo **passato remoto** segnala che l'azione è totalmente separata dal presente, il **passato prossimo** indica invece che l'azione, pur compiuta, è in relazione ancora con il presente.

- In relazione alla **durata**, cioè al protrarsi nel tempo, l'azione può avere un aspetto:
  - **durativo**, quando si svolge in un arco di tempo abbastanza ampio; sono di questo tipo l'azione **abituale**, che dura nel tempo perché rappresenta una consuetudine, e l'azione **iterativa**, quella cioè che si ripete più volte;
  - **momentaneo** o **puntuale**, quando avviene e si esaurisce in un istante.

  In questo caso l'aspetto può essere espresso da:

	aspetto durativo	aspetto momentaneo
il **significato** del verbo stesso	verbi come *discutere, indagare, mangiare, passeggiare, ...*	verbi come *cadere, nascere, scoppiare, svegliarsi, ...*
il **tempo** verbale (solo in relazione al passato)	imperfetto Il telefono **squillava** (= *per un certo tempo*). **Scrivevo** a un ragazzo inglese (= *più volte*).	passato remoto Il telefono **squillò** (= *per breve tempo*). **Scrissi** a un ragazzo inglese (= *una volta*).
un verbo fraseologico **aspettuale**	verbi come *continuare a, seguitare a, persistere a (nel), ...* + infinito Sara **continuò a** correre.	verbi come *mettersi a, iniziare a, ...* + infinito Sara si **mise a** correre.

- In relazione alla **fase di svolgimento**, il verbo può accompagnarsi a un **verbo fraseologico aspettuale** per rappresentare l'azione sotto l'aspetto:
  - **ingressivo**, se coglie la fase iniziale.
    Ho iniziato a riordinare la mia stanza.
    Si mise a piovere.
  - **egressivo** (o "d'uscita"), se presenta la fase conclusiva.
    Ho finito di riordinare la mia stanza.
    Aveva smesso di piovere.
  - **progressivo**, se indica che l'azione è in corso di svolgimento e prosegue nel suo sviluppo.
    Sto riordinando la mia stanza.
    Stava piovendo a dirotto.

Allena le Competenze

13 ○○○ **COMPETENZE MORFOLOGICHE** Riconosci i verbi che esprimono un aspetto momentaneo.

esplodere • viaggiare • imbattersi • morire • cercare • trovare • cantare • imbarcarsi • scrivere • addormentarsi • guidare • navigare • possedere • pagare • nuotare • dormire • incontrare • firmare • bruciare • accendere • scivolare • sciare • tuffarsi

14 ●●○ **COMPETENZE MORFOLOGICHE** Indica se l'azione è momentanea [M] o durativa [D] e specifica se l'aspetto è espresso dal significato del verbo [V], dal tempo [T] o da un verbo aspettuale [A].

1. Ahi, mi hai pestato [.....; .....] un piede! 2. Pioveva [.....; .....] e un lampo illuminò [.....; .....] la campagna. 3. Tagliavo [.....; .....] l'erba quando un cane salta [.....; .....] lo steccato e si avventa [.....; .....] sul mio cagnolino. 4. Nicolò continua a comportarsi [.....; .....] da bambino viziato. 5. Le sue continue battute urtavano [.....; .....] la mia sensibilità. 6. I ragazzi guardavano [.....; .....] la partita, quando Raffaella li chiamò [.....; .....] 7. Alla battuta tutti scoppiarono [.....; .....] in una fragorosa risata. 8. Fare degli errori è umano, seguitare a farli [.....; .....] è diabolico.

15 ●●○ **COMPETENZE MORFOLOGICHE** Indica se l'aspetto è ingressivo [I], egressivo [E] o progressivo [P].

1. Ho finito di leggere [.....] il libro. 2. Appena saputa la notizia, si mise a piangere [.....]. 3. Stavo per chiederti [.....] se vuoi venire. 4. Stavo scrivendo [.....] al computer quando è andata via la corrente. 5. Ho preso a riordinare [.....] la stanza. 6. Ascolta bene quello che sto per dirti [.....]. 7. Appena il padrone lo chiamò, il cane smise di correre [.....]. 8. L'ubriaco stava parlando [.....] tra sé, quando all'improvviso prese a insultare [.....] tutti i passanti. 9. Stefano e Francesco hanno smesso di discutere [.....] solo ora. 10. Ho appena terminato di mangiare [.....].

16 ●●● **COMPETENZE MORFOLOGICHE** **DALLA GRAMMATICA ALLA SCRITTURA** Riscrivi le frasi, integrandole con un verbo fraseologico, in modo che esprimano gli aspetti elencati.

aspetto	a. Telefono a Giulia.	b. Nevica.
imperfettivo		
perfettivo		
durativo		
momentaneo		
ingressivo		
progressivo		
egressivo		

17 ●●● **COMPETENZE MORFOLOGICHE** **DALLA GRAMMATICA ALLA SCRITTURA** Scrivi una serie di frasi i cui verbi esprimano l'aspetto durativo o momentaneo con la modalità indicata.

1. **aspetto durativo** a. significato del verbo stesso b. tempo imperfetto c. verbo aspettuale
2. **aspetto momentaneo** a. significato del verbo stesso b. tempo passato remoto c. tempo passato prossimo

A 109

La morfologia

2 Il genere e la forma del verbo

Il **genere** e la **forma del verbo** sono due aspetti strettamente connessi tra loro: entrambi, infatti, riguardano sia il **significato del verbo** sia **il modo in cui esso si mette in relazione con gli altri elementi della frase**.

Il **genere** è il modo in cui il verbo **organizza il rapporto tra il soggetto e gli altri elementi della frase**: può essere **transitivo** o **intransitivo**.

La **forma** (o **diàtesi**, dal greco *diàthesis*, "ordinamento") esprime la **direzione dell'azione** e il **ruolo svolto dal soggetto nella frase**: può essere **attiva**, **passiva**, **riflessiva**.

Tra il genere e la forma si stabiliscono le seguenti relazioni:

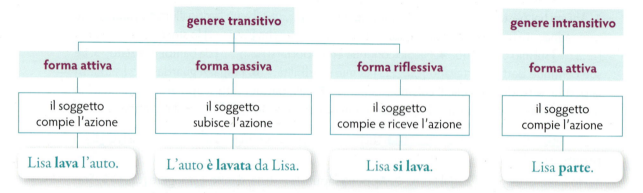

2*1 I verbi transitivi

Secondo la definizione tradizionale, i verbi sono **transitivi** (dal latino *transire*, "passare") quando esprimono un'azione che **viene compiuta dal soggetto** e che **transita** su qualcuno o qualcosa **che ne costituisce l'oggetto**. Sono dunque transitivi tutti i verbi che ammettono un **complemento oggetto** (o **diretto**).

Questa definizione di verbo transitivo non è tuttavia esauriente: il concetto di verbo transitivo, infatti, risulta completo **solo se viene messo in relazione con il concetto di forma**.
Si deve allora aggiungere che i verbi transitivi, oltre a esprimere un'azione che può transitare dal soggetto all'oggetto:

- **posseggono sia la forma attiva sia la forma passiva**; le due forme esprimono lo **stesso significato**, ma, come vedremo, lo esprimono **cambiando la direzione dell'azione**. Alcuni verbi transitivi, inoltre, ammettono anche la **forma riflessiva**;

3 Il verbo

- richiedono l'**ausiliare** *avere* nei tempi composti della **forma attiva** e l'**ausiliare** *essere* in tutti i tempi della **forma passiva**.

forma attiva	forma passiva
Daniele **amava** Martina.	Martina **era amata** da Daniele.
Il vento **aveva abbattuto** quell'albero.	Quell'albero **era stato abbattuto** dal vento.

Molti verbi transitivi esprimono un **senso compiuto** solo quando sono accompagnati dal **complemento oggetto** (→ il concetto di valenza, p. 400).

   Matteo **ha cambiato** il computer.   Matteo **ha acquistato** un portatile.

Con alcuni verbi transitivi, invece, il **complemento oggetto può non essere espresso**. In questi casi il verbo indica l'**azione in sé**, e il complemento oggetto, pur non specificato, può essere dedotto **dal significato del verbo** o **dal contesto generale**. Il verbo perciò rimane transitivo e si dice che è usato **in senso assoluto**.

Sara **mangia** troppi dolci.	→	verbo transitivo con l'oggetto espresso
Sara **mangia** a tutte le ore.	→	verbo transitivo usato **in senso assoluto**: il verbo indica l'azione di "mangiare", che ha come oggetto generico "il cibo"

ALLENA LE COMPETENZE

18 ○○○ **COMPETENZE MORFOLOGICHE** Riconosci i verbi transitivi.

invidiare • esprimere • cadere • vendere • chiamare • partire • telefonare • inciampare • aggiustare • sorprendere • inventare • ritornare • sorridere • morire • ferire • guidare • passeggiare • riconoscere • chiacchierare • capire • insorgere • litigare

19 ○○○ **COMPETENZE MORFOLOGICHE** Indica se i verbi sono transitivi con l'oggetto espresso [T] o transitivi usati in senso assoluto [TA].

1. Antonio ha bevuto [......] troppe birre: lui beve [......] sempre troppo.   2. Mi piace molto leggere [......]; in questi giorni sto leggendo [......] un bel giallo.   3. Hai finito [......] il lavoro? No, non ho ancora finito [......].   4. Oggi ho studiato [......] cinque pagine di storia. Dopo aver studiato [......] ti chiamerò [......].   5. Hai visto [......]? Davide ha [......] un nuovo motorino.   6. Al supermercato ho visto [......] dei prodotti in promozione.   7. Mangerei [......] volentieri una bella pizza. Me la fai [......]?   8. Il medico mi ha raccomandato [......] di mangiare [......] lentamente e di masticare [......] a lungo.   9. Ho capito [......]: non ti chiamo [......] fino a che non ho finito [......].   10. Hai visto [......] il film?

20 ●●● **COMPETENZE MORFOLOGICHE** Distingui i verbi transitivi con l'oggetto espresso dai transitivi usati in senso assoluto.

1. Paolo studia poco.   2. Chiamami e dammi una risposta.   3. Ho visto lei, mentre stava leggendo in giardino.   4. Chi ha vinto la partita di tennis? Ha vinto di nuovo lui.   5. Per vedere bene, devo mettere gli occhiali.   6. Il caldo di questi giorni ci sta soffocando. Dobbiamo bere tanto e mangiare cibi leggeri.   7. Il mio vicino di casa non saluta mai.   8. Ho chiamato Sandro almeno tre volte; non mi ha mai risposto: evidentemente stava facendo altro.

La morfologia

2•2 I verbi intransitivi

> I **verbi intransitivi** (da *transire* e il prefisso privativo *in*) esprimono **uno stato o un'azione che non può passare direttamente su un oggetto**. In questo caso il significato del verbo **può richiedere un completamento**, che viene però espresso da un **complemento indiretto**, cioè introdotto generalmente da una preposizione[1].

Inoltre, i verbi intransitivi presentano le seguenti caratteristiche:
- hanno **solo la forma attiva** e **non ammettono il passaggio alla forma passiva**;
- alcuni formano i **tempi composti** con l'ausiliare *avere*, altri con l'ausiliare *essere*.

Il gattino / Luca / Claudia	sta miagolando. / ha telefonato / sta parlando	– / a Paolo. / con Elena.
chi / che cosa compie l'azione	azione che non transita	
soggetto	**verbo intransitivo**	**complemento indiretto**

Nella maggioranza dei casi, i verbi intransitivi possiedono solo questo genere, perché il loro significato indica **uno stato o un'azione che non può mai ricadere su un oggetto**, come i verbi *abbaiare, arrossire, agire, andare, camminare, partire, passeggiare, sfiorire, sorgere, tremare, ...*

Vi sono tuttavia alcuni verbi intransitivi, di numero molto limitato, che possono essere usati come **transitivi quando assumono come oggetto un nome che possiede la stessa radice o che appartiene alla stessa area di significato**, oppure **quando sono usati in senso figurato**. In questi casi si parla di **funzione transitiva del verbo** e di **complemento dell'oggetto interno**.

Vivere una vita felice. **Dormire** sonni profondi. Quell'uomo **tuonava** minacce.

I trucchi del mestiere

Come distinguere se un verbo è transitivo o intransitivo Per distinguere il genere di un verbo, volgilo all'**infinito presente** e aggiungi *qualcuno* o *qualcosa*.

- Se la frase **ha senso**, il verbo è **transitivo**. Ad esempio, *ha perdonato, ha cucinato* sono transitivi perché si può dire *perdonare qualcuno, cucinare qualcosa* e possono essere volti alla forma passiva: *essere perdonato, essere cucinato da qualcuno*.
- Se la frase **non ha senso**, il verbo è **intransitivo**. Ad esempio, *ha sorriso, è fiorito* sono intransitivi perché non si può dire *sorridere qualcuno/qualcosa, *fiorire qualcuno/qualcosa e non possono essere volti alla forma passiva: *essere sorriso, *essere fiorito da qualcuno.

---

1. Alcuni verbi sono classificati come intransitivi **perché non possono reggere un complemento oggetto e non possono essere volti in forma passiva**; dal punto di vista del **significato**, però, essi esprimono un'**azione che passa su qualcuno o qualcosa**, indicati da un **complemento indiretto**. Perciò alcuni grammatici classificano questi verbi come **transitivi indiretti**. Si tratta di verbi come *ricorrere a, giovare a, nuocere a, ubbidire a*.

Allena le Competenze

21 ○○○ COMPETENZE MORFOLOGICHE **Indica** se i verbi sono intransitivi **[I]** o intransitivi usati come transitivi con l'oggetto interno **[TO]**.

1. Dove vive [.......] tuo fratello? **2.** Gianni e Luisa stanno vivendo [.......] momenti davvero felici. **3.** Una bambina piangeva [.......] disperatamente. **4.** Hai agito [.......] molto bene e puoi dormire [.......] il sonno del giusto. **5.** Il mio gatto sta dormendo [.......] sul divano. **6.** Dove corri? [.......] **7.** Andrea ha corso [.......] una corsa entusiasmante. **8.** La mia squadra ha giocato [.......] una bella partita. **9.** Perché non vuoi più giocare [.......] con lui? **10.** Per quel lavoro ho sudato [.......] sette camicie.

22 ●●○ COMPETENZE MORFOLOGICHE DENTRO LE PAROLE **Riconosci** i verbi intransitivi.

La parola **mitologia** indica sia il complesso dei miti di un popolo sia lo studio della loro origine e del loro significato. **Mito** deriva dal greco *mythos*, che significava "racconto". I miti, infatti, erano racconti che, parlando delle gesta di dèi e di eroi leggendari, davano una spiegazione simbolica delle origini del mondo e dell'umanità, dei fenomeni naturali, delle istituzioni sociali e dei valori culturali. Ogni civiltà fiorita sulla Terra ha sviluppato, fin dalle sue origini, delle narrazioni, che sono poi confluite in un complesso sistema di miti: essi riflettono la cultura dei popoli cui appartengono e la loro interpretazione della realtà. Il loro fascino non deve indurre a credere che siano racconti fantastici a scopo di intrattenimento; al contrario, essi rappresentano un tentativo di risposta alle domande esistenziali dell'uomo e trasmettono i principi morali e religiosi su cui poggia la struttura sociale di un popolo e in cui essa affonda le sue radici. Dal sostantivo *mito* sono derivati gli aggettivi **mitologico** e **mitico**. *Mitico* ha poi acquisito il significato estensivo di "leggendario, memorabile" nella lingua quotidiana e di "eccezionale e straordinario" nel gergo giovanile.

Jacob Peter Gowy, *La caduta di Icaro*, XVII secolo, Madrid, Museo del Prado.

23 ●●○ COMPETENZE MORFOLOGICHE **Indica** se i verbi sono transitivi **[T]** o intransitivi **[I]**.

1. Tutti gioirono [.......] per la vittoria in cui nessuno sperava [.......] più. **2.** A difesa della casa trovammo [.......] un cane che ringhiava [.......] minacciosamente. **3.** Dopo aver percepito [.......] le prime scosse di terremoto, gli abitanti del paese uscirono [.......] precipitosamente dalle case tremando [.......] di paura. **4.** Ieri sono rientrata [.......] precipitosamente a casa, perché è scoppiato [.......] un forte temporale e io avevo dimenticato [.......] di chiudere [.......] le finestre. **5.** Dopo aver navigato [.......] a lungo e aver perso [.......] tutti i suoi compagni, Ulisse riuscì finalmente a sbarcare [.......] a Itaca. **6.** A chi non piace [.......] il cioccolato? **7.** Ho affrontato [.......] l'interrogazione confidando [.......] nella mia buona stella. **8.** Siamo andati [.......] sui Navigli a bere [.......] qualcosa **9.** Se vuoi che ti risponda [.......] subito, mandami [.......] una e-mail. **10.** Peccato che tu non sia venuto [.......]. È stata una festa incredibile!

La morfologia

24 ●○○ **COMPETENZE MORFOLOGICHE** **DENTRO LE PAROLE** Distingui i verbi transitivi dagli intransitivi.

Intelligenza artificiale.

Il termine **robot** nacque nel 1921 quando Karel Čapek lo introdusse nel suo dramma fantascientifico *RUR* (Robot Universali di Rossum). Lo spettacolo debuttò a Praga in lingua ceca e l'anno seguente a New York in inglese. L'opera e il termine *robot* ebbero subito una grande diffusione. In realtà Čapek aveva ripreso questa parola da *robota* che nella lingua ceca significa "lavoro duro, forzato". Ma veniamo alla storia. Un certo Rossum aveva scoperto come costruire l'uomo artificiale producendo le diverse parti del corpo e assemblandole insieme. Sulla base delle sue formule, il chimico Domin aveva costruito i primi robot che fungevano da operai. Secondo lui, avrebbero liberato l'umanità dalla schiavitù del lavoro. Il risultato fu però catastrofico: l'umanità divenne viziosa e indolente, le nascite erano calate. La moglie di Domin distrusse i manoscritti con le istruzioni per fabbricare robot. Era ormai troppo tardi: i robot, dopo essersi ribellati e aver schiacciato gli uomini, avevano conquistato la Terra e i più evoluti avevano scoperto anche l'amore.

25 ●●○ **COMPETENZE MORFOLOGICHE** **DENTRO LE PAROLE** Distingui i verbi transitivi, i transitivi usati in senso assoluto e gli intransitivi.

Nel nostro immaginario il robot è un essere artificiale che assomiglia a un uomo. In realtà un robot con aspetto umano è un **androide** (il termine deriva dalla parola che nel greco antico significa "uomo" e dal suffisso *-oide*, che esprime il concetto di "simile a"). La parola *robot* definisce invece ogni tipo di apparecchio che svolge un lavoro al posto dell'uomo. Alcuni robot necessitano della supervisione diretta dell'uomo e agiscono in base a dei comandi (è il caso dei robot da cucina che frullano, impastano, affettano o dei bracci meccanici delle catene di montaggio), altri funzionano autonomamente grazie a linee guida generali o a processi di intelligenza artificiale, come nel caso dei macchinari in uso nell'industria e nelle comunicazioni. Riguardo alla pronuncia, possiamo dire *ròbot* (all'inglese) o *robò* (secondo la pronuncia francese).

26 ●●● **COMPETENZE MORFOLOGICHE** Indica se i verbi sono transitivi [T], transitivi usati in senso assoluto [TA], intransitivi [I] o intransitivi usati come transitivi con l'oggetto interno [TO].

1. Confidiamo [.......] in te: tu leggi [.......] molto e potrai rispondere [.......] a queste domande.   **2.** Molti aristocratici e perfino un re, Federico II di Svevia, studiarono [.......] la falconeria, ossia il metodo di addestramento dei rapaci.   **3.** I tifosi di calcio piansero [.......] lacrime amare per la sconfitta della loro squadra, che subì [.......] un gol proprio agli ultimi minuti di gioco.   **4.** L'archeologo francese Jacques de Morgan scoprì [.......], a inizio Novecento, il *Codice di Hammurabi* nell'antica città mediorientale di Susa.   **5.** Ho sognato [.......] un sogno bellissimo: viaggiavo [.......] in una mongolfiera sulla savana.   **6.** I Greci e i Fenici, per commerciare [.......], intessevano [.......] scambi anche con Tartesso, città che era situata [.......] all'estremo limite occidentale dell'Europa.   **7.** Manzoni racconta [.......] che il principe di Condè dormì [.......] sonni tranquilli prima di combattere [.......] la battaglia di Rocroi.

3 Il verbo

2*3 La funzione transitiva e intransitiva

Alcuni verbi sono **transitivi o intransitivi non per natura, ma per funzione**: in base al **significato** che esprimono, assumono una **costruzione diversa** e si comportano **ora come transitivi ora come intransitivi**.

I verbi che ammettono le due funzioni sono **transitivi quando hanno il complemento oggetto**, e diventano **intransitivi quando**:

- **esprimono un significato compiuto che non necessita di alcun complemento**, né diretto né indiretto. L'alternanza di funzione comporta una modesta variazione di significato e, in genere, richiede l'uso dell'**ausiliare** *avere* nella **funzione transitiva** e dell'**ausiliare** *essere* nella **funzione intransitiva**.

funzione transitiva + complemento oggetto	funzione intransitiva (senza complemento oggetto)
Avevate cambiato idea?	La situazione **era cambiata.**
Il pescatore **ha calato** le reti.	Il sole **è calato.**
Ho mancato il cesto di poco.	Il nonno **è mancato** questa notte.
Ha migliorato il suo rendimento scolastico.	Il tempo **è migliorato.**

- **sono costruiti con un complemento indiretto**; per questi verbi la diversa funzione implica un radicale mutamento di significato.

funzione transitiva + complemento oggetto	funzione intransitiva + complemento indiretto
Il medico **assiste** (= *cura*) i suoi pazienti.	**Ho assistito** (= *ero presente*) alla tua lezione.
Quell'uomo **ha ceduto** (= *ha venduto*) la sua attività.	Non **cederò** (= *mi farò intimidire da*) alle tue minacce.
Conterò (= *stabilirò il numero di*) i soldi.	**Conterò** (= *farò affidamento*) solo su di me. Tu **conti** (= *sei importante*) per me.
Devi **filtrare** (= *far passare attraverso il filtro*) il té.	La luce **filtra** (= *penetra*) dalle persiane.

- **assumono la forma pronominale**; in questo caso si accompagnano a una **particella pronominale** (*mi, ti, ci, vi, si*) che diventa **parte integrante del verbo stesso** (➤ p. 129).

funzione transitiva	funzione intransitiva in forma pronominale
Ho rotto un bicchiere. (verbo *rompere*)	La lavatrice **si è rotta.** (verbo *rompersi*)
Spaventerai il nonno. (verbo *spaventare*)	Il nonno **si spaventerà.** (verbo *spaventarsi*)
Sveglia tuo fratello! (verbo *svegliare*)	Tuo fratello **si è svegliato.** (verbo *svegliarsi*)
Le sue parole **hanno commosso** (verbo *commuovere*) tutti.	Nel rivederlo **mi sono commossa.** (verbo *commuoversi*)

A 115

La morfologia

Allena le Competenze

27 ●○○ **COMPETENZE MORFOLOGICHE** **Indica** se nelle seguenti coppie di frasi il verbo è usato in funzione transitiva [T] o intransitiva [I].

1. a. Luigi ha cambiato [.....] opinione.   **b.** La situazione economica di quella famiglia è molto cambiata [.....].
2. a. Riccardo è guarito [.....] dall'influenza.   **b.** Riuscirà la medicina a guarire [.....] tutte le malattie?
3. a. Già nell'antichità gli uomini fondevano [.....] l'oro per fare i gioielli.   **b.** L'alluminio fonde [.....] a circa 650 gradi.
4. a. Hanno appena finito di girare [.....] alcune scene di un film.   **b.** Ho girato [.....] tutto il giorno per la città.
5. a. Attenzione: il tetto sta cedendo [.....]!   **b.** Il signor Rossi ha ceduto [.....] l'attività ai figli.
6. a. Il pubblico fischiò [.....] l'esibizione del cantante.   **b.** Fermati [.....]! Il vigile ha fischiato [.....].

28 ●●○ **COMPETENZE MORFOLOGICHE** **Indica** se il verbo è usato in funzione transitiva [T] o intransitiva [I].

1. Questo vecchio cappotto non mi serve [.....] più.   **2.** Quale commessa ti ha servito [.....]?   **3.** Ho meditato [.....] a lungo sul problema.   **4.** Luca mediterà [.....] sicuramente una vendetta.   **5.** L'uso figurato di una parola estende [.....] il suo significato.   **6.** L'epidemia si estese [.....] con gran rapidità.   **7.** La neve si è sciolta [.....] al sole.   **8.** Sciogli [.....] il burro per la torta.   **9.** Queste due vetture differiscono [.....] solo negli accessori.   **10.** Hanno differito [.....] la decisione alla settimana prossima.   **11.** Finalmente ti è spuntato [.....] un sorriso.   **12.** Abbiamo spuntato [.....] un buon prezzo.   **13.** Il parrucchiere mi spunta [.....] i capelli ogni mese.   **14.** In strada ho assistito [.....] a uno spettacolo indicibile.   **15.** Sergio ha imparato a contare [.....] a tre anni.

29 ●●● **COMPETENZE MORFOLOGICHE** **Distingui** se nelle seguenti frasi i verbi transitivi sono usati in funzione intransitiva senza complemento oggetto, intransitiva con complemento indiretto o intransitiva con forma pronominale.

1. Mentre guardavamo la partita, inaspettatamente la televisione si è rotta.   **2.** Questa strada porta direttamente alla piazza   **3.** Teneva molto a te.   **4.** Non cedere mai!   **5.** Il sole è calato all'improvviso e il cielo si è tinto di rosso.   **6.** Credo che Luca si sia svegliato: il gatto è balzato dal letto.   **7.** Quest'anno aspiro alla promozione a giugno.   **8.** È iniziato il primo tempo.

30 SUPER! **COMPETENZE MORFOLOGICHE** **DALLA GRAMMATICA ALLA SCRITTURA** **Indica** se il verbo è usato in funzione transitiva [T] o intransitiva [I] e **scrivi** una frase usandolo nell'altra funzione.

1. Non ho ancora finito il lavoro, ripassa [.....] domani.   **2.** Valentina cambia [.....] spesso d'umore.   **3.** Quell'uomo è stato condannato per aver evaso [.....] le tasse.   **4.** Ho cominciato [.....] un nuovo lavoro.   **5.** Il paziente versava [.....] in gravissime condizioni.   **6.** Nel lavaggio la mia maglietta si è rovinata [.....].   **7.** Prima di parlare rifletti! [.....].   **8.** Stai correndo [.....] un grande pericolo.   **9.** L'esercito nemico attaccò [.....] all'alba.   **10.** L'anno scolastico volge [.....] al termine.

A 116

2*4 La forma attiva

> La **forma attiva** del verbo indica **l'azione compiuta dal soggetto** o lo **stato in cui si trova il soggetto**.
> Tutti i verbi, sia i transitivi sia gli intransitivi, hanno la forma attiva.

verbi transitivi	verbi intransitivi
Achille **uccise** Ettore.	**Partiremo** domani.
Marco **ha acquistato** i biglietti.	Il cane **ha abbaiato** a lungo.
Un incendio **aveva distrutto** la casa.	Il sole **è tramontato**.

Come puoi osservare dagli esempi, i tempi della coniugazione attiva possono essere **semplici** o **composti**.

- I tempi **semplici** sono costituiti da **un'unica parola**: per formarli, si aggiungono alla radice le **desinenze** della coniugazione a cui il verbo appartiene.
- I tempi **composti** sono formati da due elementi: una **voce dell'ausiliare** e il **participio passato** del verbo.
  Riguardo all'ausiliare i **verbi transitivi** hanno sempre *avere*; i **verbi intransitivi** invece si costruiscono alcuni con *avere*, altri con *essere*, **senza una regola fissa** (in genere richiedono *essere* i verbi che indicano uno stato o un moto).

Tutti i verbi regolari si coniugano secondo il modello-tipo della coniugazione a cui appartengono. L'appendice con tutte le tavole è alle pp. 192-198. In particolare, la coniugazione dei verbi *essere* e *avere* sono alle pp. 192-193; la 1ª coniugazione attiva è a p. 194; la 2ª è a p. 195; la 3ª è a p. 196. La coniugazione dei principali verbi irregolari è alle pp. 199-205.

ALLENA LE COMPETENZE

31 ●○○ COMPETENZE MORFOLOGICHE ANALISI GRAMMATICALE **Analiza** le seguenti voci verbali coniugate al modo indicativo: **indicane** coniugazione (1ª, 2ª o 3ª), tempo, persona e numero.

colpì • accenderai • ho incontrato • erano usciti • cadrà • vedesti • obbligò • studierò • sarà rimasto • divise • urlano • avete superato • correvamo • ebbe incontrato • tacquero • finirete • era piaciuto • incontraste • aveva cucinato • avrete compreso • regoleranno • era pervenuto • trascorsi • ho comunicato • approvarono • volerò • avevano temuto • saranno arrivate • applaudì • sciolsero • camminavano • pagherò • ho riconosciuto • illuminava • ha disapprovato • saranno entrate • incombono • avrò presentato • raggiunse • ha trovato • seguirete • avete guarito • costruirà • avevano girato • hai servito • fai • rispetterò • eri caduto • vi siete pentite

La morfologia

32 ○○○ COMPETENZE MORFOLOGICHE   ANALISI GRAMMATICALE   **Analizza** le seguenti voci verbali coniugate al modo indicativo: **indica** coniugazione, genere (transitivo o intransitivo), tempo, persona e numero.

viaggiammo • stringerete • approfittano • aveva pregato • prenderà • ho bruciato • abbiamo evitato • avrà imparato • avevano saputo • assomigliano • visitarono • hai creduto • mandai • avrà vinto • avevo previsto • baciò • ebbe telefonato • abbaiava • bevono • legai • sei riuscito • hai comprato • sbucceranno • invasero • offrirà • ha aumentato • lessi • avete preferito • riprendete • ebbero udito • fuggirò • amaste • avrai indicato • indossa • racconteranno • sarete scappati • giungevano • sarà nato

33 ●○○ COMPETENZE MORFOLOGICHE   ANALISI GRAMMATICALE   **Analizza** le seguenti voci verbali coniugate ai modi congiuntivo, condizionale e imperativo: **indica** coniugazione, genere, tempo, persona e numero.

abbia sopportato • sarei venuto • volerebbe • continuassero • trattieni • mangeresti • fossi sceso • avessero cucinato • partite • scriva • abbiano evitato • circondassero • avreste portato • sia arrivato • spingi • scavassero • dormiamo • avresti creduto • combattiate • ascoltassi • avessero controllato • sarebbero morti • scaldassero • analizzerebbero • avesse camminato • abbia narrato • sorga • avremmo promosso • comprometteraste • crescete • sia caduto • punissi • abbiano aperto • prestino

34 ○○○ COMPETENZE MORFOLOGICHE   ANALISI GRAMMATICALE   **Analizza** le seguenti voci verbali coniugate ai modi indefiniti.

inoltrare • avendo assunto • fioriti • avere mostrato • essendo giunte • giocando • derivante • caduto • essere partito • avendo deciso • tramontato • controllando • avere visto • urlando • impallidito • proveniente • decomporre • essendo rimasta • avendo descritto • avere parlato • trattenere • segnando • scappato • giunte • avendo cominciato • corrente • fuggito • comparire • incollato • dirigente • essere sbarcato • dipendente • avere rotto • bruciando • avendo navigato • essere accorso

35 ●○○ COMPETENZE MORFOLOGICHE   ANALISI GRAMMATICALE   **Analizza** le seguenti voci verbali coniugate ai modi finiti e indefiniti.

1. avere indotto • inducendo • indurresti • abbiate indotto • avevano indotto • inducessimo • ho indotto • inducevate • avessi indotto • avrebbero indotto • indusse
2. nascere • sono nato • essendo nato • sarebbe nato • nascessero • siate nati • nascente • nascevi • nascerebbe • nasciate • sarà nato • nacque • fossero nati
3. spendesti • aveva speso • spenderà • spenderesti • avrebbero speso • spendano • spendono • hai speso • avendo speso • avere speso • spesero • spendendo

3 Il verbo

36 ●○○ COMPETENZE MORFOLOGICHE ANALISI GRAMMATICALE **Analizza le seguenti voci verbali coniugate ai modi finiti e indefiniti.**

avere infierito • bagnava • avevano appoggiato • fossero partiti • tenterai • avendo coltivato • siano giunti • avrai isolato • sarebbe fuggito • suggerendo • parlassi • ebbe camminato • avete scelto • conoscerei • finisca • erano andati • ballassimo • lavavo

37 ●○○ COMPETENZE MORFOLOGICHE ANALISI GRAMMATICALE **Analizza le seguenti voci verbali coniugate ai modi finiti e indefiniti.**

avendo criticato • era invecchiato • scomparendo • regnai • risponderà • tormen-terebbero • intravidi • abbia seguito • muterebbe • ha colorato • chiudano • ebbero usufruito • avrai colto • provvedere • sconfiggessi • deluderai • siano scappati • sareste rimasti • avere partecipato • parlante • riflettiate • avemmo sorriso

38 ●●○ COMPETENZE MORFOLOGICHE ANALISI GRAMMATICALE **Coniuga i seguenti verbi alle persone e ai tempi richiesti dell'indicativo.**

1. urtare: 2ª singolare

dell'imperfetto .... del futuro ....

del passato remoto .... del futuro anteriore ....

2. ridere: 3ª singolare

del trapassato prossimo .... del passato remoto ....

dell'imperfetto .... del trapassato remoto ....

3. dire: 1ª plurale

del futuro semplice .... del trapassato prossimo ....

del presente .... del passato remoto ....

4. condurre: 2ª plurale

dell'imperfetto .... del futuro ....

del trapassato prossimo .... del passato remoto ....

39 ●●○ COMPETENZE MORFOLOGICHE ANALISI GRAMMATICALE **Volgi al corrispondente tempo del congiuntivo le seguenti voci verbali coniugate al modo indicativo.**

1. credo ....

2. parcheggia ....

3. togliete ....

4. prendi ....

5. hai mosso ....

6. andavate ....

7. aveva detto ....

8. parti ....

9. avevi visto ....

10. premiate ....

11. prendevamo ....

12. sai ....

13. ho obiettato ....

14. giudico ....

15. seppellisco ....

16. avevate cotto ....

A 119

La morfologia

Occhio all'errore

Che voi sogniate o che voi sognate? La **coniugazione di alcuni verbi** presenta **difficoltà ortografiche** perché, per trascrivere i suoni che si vengono a formare, è **talora necessario aggiungere o eliminare una** *i*.

verbi in	come si comportano	come si scrivono
-gnare / -gnere	hanno la **i** solo alle 1ᵉ persone plurali del presente indicativo (desinenza **-iamo**) e alle 1ᵉ e 2ᵉ persone plurali del congiuntivo presente (desinenze **-iamo**, **-iate**)	noi sogniamo, che noi sogniamo, che voi sogniate **MA**: voi sognate, noi sogneremo
-ciare / -giare / -sciare	perdono la **i** davanti alla **e**	egli bacerà, noi mangeremo, io lascerei
-cere	aggiungono una **i** davanti a **o / a / u** e talvolta raddoppiano la **c**	essi piacciono, che tu piaccia, piaciuto
-iare	- mantengono la **i** accentata davanti alla **i** della desinenza - perdono la **i** non accentata davanti alla **i** della desinenza	tu invìi, che essi invìino tu studi, che essi studino

40 ●●○ **COMPETENZE MORFOLOGICHE** **Coniuga** i seguenti verbi alle persone, ai modi e ai tempi indicati.

1. disegnare — 2ª pl., pres. ind. .... pres. cong. ....
2. spegnere — 1ª pl., pres. ind. .... futuro ....
3. strisciare — 2ª sing., futuro .... imperfetto ind. ....
4. rinunciare — 3ª sing., pres. ind. .... pres. cond. ....
5. spiare — 3ª pl., pres. ind. .... imperfetto cong. ....
6. invidiare — 2ª sing., pres. ind. .... pres. cong. ....
7. cuocere — 3ª pl., pres. cong. .... pres. ind. ....
8. vincere — 1ª pl., pres. cong. .... pres. cond. ....

41 ●●● **COMPETENZE MORFOLOGICHE** **Coniuga** i seguenti verbi irregolari alla persona indicata del passato remoto.

1. accendere — 2ª sing. ....
2. muovere — 3ª pl. ....
3. nascere — 2ª sing. ....
4. succedere — 3ª sing. ....
5. eccellere — 3ª sing. ....
6. espellere — 1ª sing. ....
7. chiudere — 3ª sing. ....
8. porre — 3ª sing. ....
9. proteggere — 2ª sing. ....
10. mettere — 2ª sing. ....
11. apparire — 1ª pl. ....
12. redigere — 1ª sing. ....
13. infrangere — 3ª pl. ....
14. giacere — 3ª pl. ....
15. ungere — 1ª sing. ....
16. volgere — 3ª sing. ....

A 120

2*5 La forma passiva

> La **forma passiva** del verbo indica **l'azione subita dal soggetto** e **compiuta da qualcuno** (il **complemento d'agente**; dal latino *agens*, "colui che agisce") o **da qualcosa** (il **complemento di causa efficiente**).
> **Solo i verbi transitivi ammettono questa forma**; gli intransitivi, invece, non la posseggono.

Ettore **fu ucciso** da Achille. → *uccidere* = verbo transitivo

I biglietti **sono stati acquistati** da Marco. → *acquistare* = verbo transitivo

La casa **era stata distrutta** da un incendio. → *distruggere* = verbo transitivo

Nel vivo della lingua

La direzione dell'azione nella frase passiva Confronta le frasi passive proposte negli esempi precedenti con le corrispondenti forme attive:
Achille **uccise** Ettore.
Marco **ha acquistato** i biglietti.
Un incendio **aveva distrutto** la casa.
Come puoi notare, il **significato rimane sostanzialmente invariato**.
Quello che cambia è la **direzione dell'azione espressa**: nella forma attiva l'azione passa dal soggetto all'oggetto; nella forma passiva l'azione procede nella direzione inversa, passando dal complemento d'agente (o di causa efficiente) al soggetto.
Si produce così un diverso **effetto stilistico ed espressivo**: la frase attiva mette in evidenza **chi compie l'azione**, cioè il soggetto agente; la frase passiva concentra l'attenzione **sull'azione in sé e su chi la subisce**, cioè sul soggetto paziente.
Infine, la costruzione passiva permette di **non indicare da chi venga compiuta l'azione**, quando la sua identità sia sconosciuta o risulti irrilevante o implicita.

Tre quadri del museo **sono stati rubati**.   Mi **è stato recapitato** uno strano pacco.
Per il maltempo la gara **sarà rimandata**.   Quando **fu costruito** questo castello?

Riguardo alla loro composizione, **le forme passive sono tutte composte: presentano sempre l'ausiliare *essere*,** coniugato allo **stesso tempo del verbo di forma attiva**, e il **participio passato del verbo, concordato con il soggetto in genere e numero**. Le forme passive, in sostanza, presentano **un elemento in più** rispetto alle corrispondenti voci attive.

forma attiva	tempo → tempo dell'ausiliare essere	forma passiva
vedo	presente → *sono* + participio passato	sono visto
vedevo	imperfetto → *ero* + participio passato	ero visto
ho visto	passato prossimo → *sono stato* + participio passato	sono stato visto
avevo visto	trapassato prossimo → *ero stato* + participio passato	ero stato visto

La morfologia

> Oltre che con il verbo *essere*, la forma passiva si può formare anche con i verbi *venire*, *andare*, *restare*, *rimanere*, *finire* in **funzione di ausiliari**.

- *Venire* è di largo uso, ma solo nei **tempi semplici**.
  La città **venne saccheggiata** dai nemici.

- *Andare*, *restare*, *rimanere*, *finire* si usano per rimarcare il **significato negativo** dell'azione o la sua **breve durata**.

  Tutto il raccolto **è andato** perduto.   Sono **rimasto** offeso dal suo comportamento.
  Restammo colpiti dalle sue parole.   Il ciclista **finì** travolto da un'auto.

- *Andare* si usa prevalentemente al **tempo presente** per comunicare un'idea di **necessità** o di **opportunità**.
  Il modulo **va restituito** in segreteria.   L'acqua non **va sprecata**.

> La forma passiva può essere espressa anche con la costruzione del *si* **passivante**, che è usata soprattutto **quando il complemento d'agente non è indicato**.

Questa costruzione richiede che il **soggetto sia sempre indicato** ed è ammessa solo nei **modi finiti** e alla 3ª **persona singolare e plurale**.

Nei tempi semplici la **particella *si*** precede il verbo di forma attiva; nei tempi composti **accompagna un verbo già espresso in forma passiva**. Davanti alla particella pronominale *ne*, il *si* diventa *se*.

Si cercherà (= *sarà cercata*) una soluzione al problema.
Si deve rispettare (= *deve essere rispettata*) la *privacy*.
Si sono venduti (= *sono stati venduti*) molti prodotti scontati.
Si sono fatti (= *sono stati fatti*) tutti gli esami clinici: adesso **se ne attende** (= *è atteso*) l'esito.

Nel vivo della lingua

Usi particolari del *si* passivante   Negli annunci sui giornali è d'uso ricorrente scrivere la particella *si* **unita al verbo**; in questo caso il verbo perde la vocale finale nelle voci del plurale.

Vende**si** (affitta**si**) magazzino.
Vendon**si** (affittan**si**) ville a schiera.
Cerca**si** commessa esperta.
Cercan**si** giovani automuniti.

Al tempo presente, la costruzione del *si* **passivante** può esprimere **dovere** o **obbligo**.

Queste parole in mia presenza non **si dicono** (= *non devono essere dette*)!
I compiti **si fanno**, non **si copiano** (= *devono essere fatti, non devono essere copiati*)!

3 Il verbo

ALLENA LE COMPETENZE

I trucchi del mestiere

Come distinguere i verbi di forma attiva da quelli di forma passiva Per distinguere un verbo di **forma attiva** da uno di **forma passiva**, considera innanzitutto se la voce è formata da **1, 2 o 3 parole**.

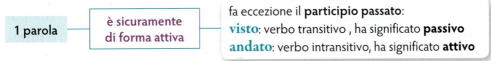

3 parole — è sicuramente di forma passiva

---

42 ●●● COMPETENZE MORFOLOGICHE ANALISI GRAMMATICALE **Analizza** le seguenti voci verbali.

siano sorpresi • sperando • sareste stati odiati • siamo riusciti • sarebbero catturati • fuggivate • abbiate ricompensato • avrebbe detto • abbiamo penato • camminavamo • sia inserito • abbiamo rifiutato • fossero stati colpiti • invitato • scrissero • sarebbe posto • fosse iscritto • era calcolato • giungerebbe • tramontò • essere sorto • usufruirete

43 ●●○ COMPETENZE MORFOLOGICHE **Indica** se i verbi sono alla forma passiva [P] o attiva [A].

1. saprò [.....]
2. era stato ferito [.....]
3. aveva riscosso [.....]
4. sei stato offeso [.....]
5. avere sbagliato [.....]
6. capiranno [.....]
7. avrei rinunciato [.....]
8. erano ruzzolati [.....]
9. è stato conseguito [.....]
10. sarei eletto [.....]

A 123

La morfologia

I trucchi del mestiere

Come analizzare una forma passiva Quando devi analizzare una forma passiva, considera l'**ausiliare *essere* senza il participio passato del verbo**: il **modo** e il **tempo del verbo *essere*** corrispondono a **quelli della forma completa**.

era stato (venduto)   indicativo trapassato   siate (assunti)   congiuntivo presente
essendo stato (visto) gerundio passato   essere (ascoltato) infinito presente

44 ●●○ COMPETENZE MORFOLOGICHE **Indica** se le seguenti voci verbali composte con l'ausiliare *essere* sono forme passive di verbi transitivi **[P]** o forme attive di verbi intransitivi **[A]**.

1. era accorso [.....] 2. era stato ignorato [.....] 3. sarà stato trattenuto [.....] 4. sarà difeso [.....] 5. essere partito [.....] **6.** fu ammirato [.....] 7. siamo usciti [.....] 8. erano scelti [.....] **9.** è stato consegnato [.....] 10. è giunto [.....] 11. essendo riparato [.....] 12. essendo tramontato [.....] 13. essere impazzito [.....] 14. siate imitati [.....] 15. siano avvertiti [.....]

45 ●●○ COMPETENZE MORFOLOGICHE ANALISI GRAMMATICALE **Analizza** le seguenti voci verbali di forma passiva.

sarebbe approvato • erano acquistati • eri stato lodato • sei osservato • sarà stato scritto • siete stimati • saremo aspettati • foste stati derisi • essendo stato messo • sia stato protetto • condotto • fosse fuso • era stato diviso • cotto • siate stati difesi • fosti visto • sarà scelto • siete stati superatii

4<u>6</u> ●●○ COMPETENZE MORFOLOGICHE ANALISI GRAMMATICALE **Analizza** le seguenti voci verbali di forma passiva.

fosse assalito • siano stati costretti • erano assolti • essendo stato individuato • era scalato • essere visto • sarà respinto • foste stati ammessi • sarebbe stato abolito • fossero stati costretti • sostituito • fu limitato • essere riportato • oppresso • saranno stati letti • sia stato raccolto • essendo superato

Come volgere alla forma passiva una voce verbale attiva Per **volgere una voce verbale attiva alla forma passiva**, coniuga l'**ausiliare *essere*** allo **stesso modo e tempo** in cui il verbo è espresso nella forma attiva e aggiungi poi il **participio passato del verbo**.

forma attiva	tempo	tempo dell'ausiliare	forma passiva
io capisco	presente	presente (= *sono*)	io sono capito
noi capivamo	imperfetto	imperfetto (= *eravamo*)	noi eravamo capiti
egli ha capito	passato prossimo	passato prossimo (= *è stato*)	egli è stato capito

Come abbiamo già osservato, ogni voce verbale passiva è formata da **un elemento in più** rispetto alla corrispondente voce attiva.

47 ●●○ **COMPETENZE MORFOLOGICHE** Volgi alla forma passiva le seguenti voci verbali attive.

regalava • incollando • manderete • abbia osservato • lavava • distrussero • ho spinto • dividerete • hai capito • avesse travolto • scrive • avreste colpito • avreste persuaso • spendessero • abbia incitato • vinceremmo • sospenderà • illuminare • avendo avvertito • avere ferito • colpire • tradusse • avrà offeso • avere scoperto • spegneranno • ho frainteso • hanno isolato • avete offeso • morderai • avete raccolto • vendendo

48 ●●○ **COMPETENZE MORFOLOGICHE** Volgi alla forma passiva le voci verbali che la ammettono.

avendo criticato • era invecchiato • scomparendo • regnai • risponderà • tormenterebbero • intravidi • abbia seguito • muterebbe • ha colorato • chiudano • ebbero usufruito • avrai colto • provvedere • sconfiggessi • deluderai • siano scappati • sareste rimasti • avere partecipato • parlante • riflettiate • avemmo sorriso • cercheremmo • aveva concluso • estrassero • scomparso • avrai confuso • scriveresti • avesse inflitto • avete consegnato

49 ●●● **COMPETENZE MORFOLOGICHE** Volgi le seguenti frasi alla forma passiva. Attenzione: non è sempre possibile.

1. I carabinieri arrestarono il ladro.   **2.** I vigili del fuoco accorsero veloci: in poche ore spensero l'incendio.   **3.** Molti consegnarono la relazione in ritardo.   **4.** Gli alpinisti giunsero sulla vetta dopo un lungo cammino.   **5.** Le parole di Riccardo colpirono la suscettibilità di Valentina.   **6.** Finì l'estate e tornammo tutti in città.   **7.** Alcuni, anzi troppi, giudicano le persone dall'apparenza.   **8.** In un ristorante hanno servito dei cibi avariati.   **9.** Gli antichi romani chiamavano "Punici" i Cartaginesi.   **10.** Partiremo la settimana prossima per la Scozia. Là ci raggiungerà poi anche Massimo.

50 ●●● **COMPETENZE MORFOLOGICHE** Sostituisci opportunamente l'ausiliare *essere* con *andare, finire, rimanere, venire*.

1. Questo documento deve essere consegnato al più presto.   **2.** A causa della frana siamo stati isolati in montagna per due giorni.   **3.** Il marmo che usava Michelangelo era estratto dalle cave di Carrara.   **4.** Gianna, per fortuna, non è stata coinvolta nell'incidente.   **5.** Il pedone fu travolto da un automobilista ubriaco.   **6.** La tua camera deve essere riordinata.

51 ●●○ **COMPETENZE MORFOLOGICHE** Riconosci il *si* passivante. Attenzione: non è sempre presente.

1. Non si accettano ordinazioni.   **2.** Si effettuano cambi di merce.   **3.** Questa sera si lavorerà fino a tardi.   **4.** Per le strade di Roma si vedono molti turisti in ogni stagione.   **5.** Si dicono tante cose belle su di te.   **6.** In quel negozio non si fanno i saldi.   **7.** Si approverà il tuo progetto al prossimo collegio docenti.   **8.** Valeria fa acquisti di cui poi si pente.   **9.** Si vive bene in quel piccolo paese.   **10.** Qui si vendono molti prodotti a chilometri zero.

La morfologia

2*6 La forma riflessiva

> La **forma riflessiva** del verbo indica **un'azione che il soggetto compie e allo stesso tempo riceve su se stesso**.
>
> **Solo i verbi transitivi** ammettono la forma riflessiva perché è indispensabile che il verbo regga un **complemento oggetto**.

La forma riflessiva non è una forma morfologica a sé stante, ma si costruisce premettendo al verbo i **pronomi personali atoni** (detti anche **particelle pronominali proclitiche**) *mi*, *ti*, *ci*, *vi*, *si* che, riferendosi al soggetto, hanno **valore riflessivo**. Le particelle diventano invece **enclitiche**, cioè si pongono dopo il verbo e si uniscono a esso, quando questo è all'**imperativo** o a un **modo indefinito** (infinito, participio, gerundio). I **tempi composti** richiedono **sempre** l'**ausiliare essere**.

Ci **siamo** già **prepara**t**i**.

Vestitevi e **preparate**vi!

Mi **laverò** le mani.

Verrò a tavola, dopo **esser**mi **lavato** le mani.

Daniela e Luisa si **sono incontrate**.

Incontrandosi, Daniela e Luisa si **sono abbracciate**.

● particella riflessiva enclitica
● particella riflessiva proclitica

Tutti gli esempi precedenti contengono un verbo di forma riflessiva, ma l'azione si riflette sul soggetto secondo tre modalità differenti, ciascuna delle quali corrisponde a **una particolare forma riflessiva**:

- **La forma riflessiva propria** (o **diretta**) indica un'azione che il soggetto compie e riceve direttamente su di sé: le particelle pronominali *mi*, *ti*, *ci*, *vi*, *si* svolgono funzione di **complemento oggetto**.

  Patrizia, hai finito di **asciugar**ti (= *asciugare te stessa*)?

  Sì, adesso mi **sto pettinando** (= *sto pettinando me stessa*).

- **La forma riflessiva apparente** (o **indiretta**) indica un'azione che ricade sul soggetto in modo indiretto: in questo caso il verbo ha un **complemento oggetto espresso** e le particelle pronominali *mi*, *ti*, *ci*, *vi*, *si*, **sempre riferite al soggetto**, svolgono funzione di **complemento di termine** o **di vantaggio**;

  Marta si **spazzola** i capelli (= *spazzola i capelli a se stessa*).

  Pulisciti le scarpe (= *pulisci le scarpe a te stesso*)!

  Toglietevi gli sci (= *togliete gli sci a voi stessi*)!

- **La forma riflessiva reciproca** indica l'azione che due o più soggetti compiono e ricevono vicendevolmente; l'idea di reciprocità può essere rimarcata dalle locuzioni *a vicenda*, *reciprocamente*, *l'un l'altro*. In questa forma le particelle plurali *ci*, *vi*, *si* possono avere funzione di **complemento oggetto** o di **termine**, a seconda del significato espresso dal verbo.

  Smettetela di **rincorrer**vi!

  Quei due si **telefonano** tutti i giorni.

  I due sospettati si **incolpavano** l'un l'altro.

  Ci **diamo** sempre consigli a vicenda.

A 126

Nel vivo della lingua

L'uso intensivo delle particelle pronominali In alcune espressioni della lingua parlata le particelle pronominali si uniscono al verbo **senza attribuirgli un valore riflessivo**. Esse, infatti, non svolgono alcuna funzione sintattica, ma conferiscono all'espressione una **maggior vivacità e intensità**, rimarcando l'interesse e la partecipazione del soggetto all'azione: la particella pronominale perciò **può essere eliminata senza compromettere il senso della frase** e, in una eventuale traduzione in lingua straniera, in genere, non deve essere tradotta.

Ci prendiamo (= *Prendiamo*) un caffè?
Vi siete mangiati (= *Avete mangiato*) tutto!
Ti sei fatto (= *Hai fatto*) davvero un bel viaggio.
Mi berrei (= *Berrei*) una birra.

I trucchi del mestiere

Come riconoscere la forma riflessiva e distinguerne i tipi Per **riconoscere la forma riflessiva di un verbo** controlla se la **particella pronominale** (*mi, ti, si, ci, vi*) **si riferisce al soggetto** e se può essere sostituita dalla **forma forte del pronome** accompagnata da *stesso*.

Voglio fotografar**mi** tra i fiori.	=	*Io voglio fotografare* **me stessa** *tra i fiori.*
Nessuno **si** arricchisce con il gioco.	=	*Nessuno arricchisce* **se stesso** *con il gioco.*
Lava**ti** subito le mani!	=	*Tu lava subito le mani a* **te stesso**!
Ci siamo rinfrescati!	=	*Noi abbiamo rinfrescato* **noi stessi**!
Perché non **vi** siete messi le pantofole?	=	*Perché voi non avete messo le pantofole* **a voi stessi**?

Per distinguere i tre tipi di forma riflessiva, sostituisci le particelle pronominali *mi, ti, si, ci, vi* nella corrispondente forma tonica; se è possibile:

- sostituirla con *me stesso, te stesso, se stesso, noi stessi, voi stessi, se stessi*, la forma è **riflessiva propria**;

- sostituirla con *a me stesso, a te stesso, a se stesso, a noi stessi, a voi stessi, a se stessi* e il verbo regge un complemento oggetto, la forma è **riflessiva apparente**;

- aggiungere alle particelle *si, ci, vi*, le locuzioni *a vicenda / l'un l'altro*, la forma è **riflessiva reciproca**.

Anna **si** sta truccando.	=	*Anna sta truccando* **se stessa**.	→ propria
Anna **si** sta truccando gli occhi.	=	*Anna sta truccando gli occhi* **a se stessa**.	→ apparente
Quei due vogliono **sfidarsi**.	=	*Vogliono sfidarsi* **l'un l'altro**.	→ reciproca

A 127

La morfologia

Allena le Competenze

52 ●○○ **COMPETENZE MORFOLOGICHE** Riconosci i verbi di forma riflessiva.

1. Come ti sei conciato! Non ti riconosco più.   2. Mi sono pesata, perché mi avevano detto che mi trovavano un po' dimagrita.   3. Ti ricordo il famoso proverbio: aiutati che il ciel ti aiuta!   4. Vi ritenete tanto bravi, da non volere che vi aiutiamo?   5. Ti vuoi sempre curare da sola, ma cosa ti ha detto il medico?.   6. Si sa che Manuela si veste sempre con gran gusto.   7. Si parte questa sera: spero che i tuoi amici si preparino per tempo.   8. Guarda come ti sei sporcato! Tua madre ti sgriderà.

53 ●○○ **COMPETENZE MORFOLOGICHE** Indica se la forma riflessiva è propria [P] o apparente [A].

1. Prima di entrare, pulìsciti [.....] bene le scarpe!   2. Immagino che tu prima o poi finirai per cacciarti [.....] nei guai.   3. I dentisti raccomandano di lavarsi [.....] i denti dopo ogni pasto.   4. Smettila di specchiarti [.....] e di spazzolarti [.....] continuamente i capelli!   5. Mi sono punta [.....] tagliando le rose.   6. Vestiti [.....] subito o prenderai un raffreddore.   7. Ognuno si garantisce [.....] un buon futuro con l'impegno e il lavoro.   8. Con le tue ansie ti rovini [.....] la vita e ti fai venire [.....] mille dubbi.

54 ●●○ **COMPETENZE MORFOLOGICHE** Indica se la forma riflessiva è propria [P], apparente [A] o reciproca [R].

1. Per asciugarti [.....] méttiti [.....] pure il mio accappatoio.   2. Ci stiamo preparando [.....] per uscire.   3. Appena lei è scesa dal treno ci siamo abbracciate [.....].   4. I due si guardavano [.....] con uno sguardo d'intesa.   5. Quei ragazzi si aiutano [.....] spesso, ma Stefano si ritiene [.....] sempre il più bravo.   6. Ti rovinerai [.....] gli occhi.   7. Mi sono concessa [.....] una pausa.   8. Ci siamo immersi [.....] con le bombole.   9. Laura si sta mettendo [.....] lo smalto alle unghie.   10. Si erano giurati [.....] amore eterno e adesso non si sopportano [.....] più.

55 ●●● **COMPETENZE MORFOLOGICHE** Distingui se la forma riflessiva è propria, apparente o reciproca.

1. Non toccarti continuamente la ferita o ti farai venire un'infezione!   2. Luca si mette sempre in mostra e si attribuisce tutti i meriti.   3. Dopo aver fatto le analisi, mia madre si è imposta una dieta ferrea.   4. Le due auto si sono urtate.   5. Ti sei fatto un brutto taglio: disinfettati subito!   6. Ci stiamo ancora truccando e Giulia deve ancora cambiarsi l'abito.   7. Con tutte quelle paure Luca si sta tormentando inutilmente tanto da rendersi la vita difficile.   8. Quei due non si frequentano più.   9. Prima della gara gli sfidanti si studiavano.   10. Pietro si lava i denti da solo.

56 ●●○ **COMPETENZE MORFOLOGICHE** Riconosci le particelle pronominali d'uso intensivo.

1. Riccardo si è divorato un enorme piatto di spaghetti e adesso si sta facendo un sonnellino.   2. È ovvio che tu ti senta un mattone sullo stomaco: ti sei bevuto tutta la birra.   3. Ti assicuro che ti sei perso una bella giornata.   4. Dopo cena mi metterò in pigiama e mi leggerò un bel libro.   5. Il gatto si era mangiato una bella bistecca e si stava ancora leccando i baffi.   6. Ci manca il tempo o possiamo berci qualcosa?   7. Questa sera ci incontreremo a casa mia e ci vedremo un bel film.   8. Voglio concedermi una pausa e farmi un bel viaggio alle Maldive.

3 Il verbo

2∗7 La forma intransitiva pronominale

La **forma intransitiva pronominale** è tipica di alcuni verbi **intransitivi** che sono accompagnati dalle particelle *mi*, *ti*, *ci*, *vi*, *si*: queste, però, non hanno valore riflessivo e non svolgono alcuna funzione sintattica, ma sono **parte integrante del verbo**.
Le forme dei tempi composti richiedono sempre l'ausiliare *essere*.

Alcuni verbi che indicano uno stato d'animo o una condizione del soggetto **hanno solo la forma intransitiva pronominale**, come *accorgersi, adirarsi, arrendersi, avvalersi, fidarsi, imbattersi, immedesimarsi, impadronirsi, incamminarsi, lagnarsi, ostinarsi, pentirsi, rammaricarsi, ribellarsi, ricredersi, vergognarsi,* ...

Luca **si è vergognato** di ciò che ha detto.

Devi ammettere che **ti sei fidato** troppo di lui.

Mi ero incamminato per il bosco quando **mi sono imbattuto** in un cinghiale.

> i verbi sono *vergognarsi, fidarsi, incamminarsi, imbattersi*: non esistono le forme **vergognare, *fidare, *incamminare, *imbattere* e la particella pronominale non ha valore riflessivo.

Alcuni verbi **non hanno stabilmente la forma pronominale**, ma possono assumerla variando il loro significato in modo più o meno rilevante. Questo gruppo comprende:

- i verbi che possono essere usati sia come **transitivi** sia come **intransitivi pronominali**, come *allontanare / allontanarsi, annoiare / annoiarsi, fermare / fermarsi, offendere / offendersi, ricordare / ricordarsi, sbagliare / sbagliarsi, spaventare / spaventarsi, stupire / stupirsi, svegliare / svegliarsi, trattenere / trattenersi, voltare / voltarsi*.

  Il diverso uso comporta un cambiamento di prospettiva dell'azione e un **diverso ausiliare** nei tempi composti.

uso transitivo (ausiliare *avere*)	uso intransitivo pronominale (ausiliare *essere*)
Hai offeso Alessandra.	Alessandra **si è offesa**.
Il suo racconto **ha stupito** tutti.	Non **mi sono stupita** affatto.
Avete sbagliato strada.	Voi **vi siete sbagliati**.
Con quella maschera Marco **ha spaventato** tutti i suoi amichetti.	A vedere Marco con quella maschera tutti i suoi amichetti **si sono spaventati**.

- i verbi che possono essere sia **intransitivi** (senza la particella pronominale) sia **intransitivi pronominali** con una lieve sfumatura di significato, come *approfittare / approfittarsi, sedere / sedersi*, o con un radicale cambiamento di significato come nel caso di *infuriare / infuriarsi*.

uso intransitivo	uso intransitivo pronominale
Ho approfittato dell'occasione.	**Si è approfittato** della tua generosità.
Sedeva (= *stava seduto*) in salotto.	**Si era seduto** (= *si era messo a sedere*).
Infuria (= *imperversa*) la tempesta.	**Si è infuriato** (= *si è adirato*) con me.

A 129

La morfologia

> ### I trucchi del mestiere
>
> **Come distinguere la forma intransitiva pronominale dalla forma riflessiva**
> Per distinguere la **forma intransitiva pronominale** dalla forma riflessiva ricorda che:
>
> - se il verbo **non esiste senza la particella pronominale**, è sicuramente **intransitivo pronominale**.
>
>   **Si ostina** a non rispondere. ⟶ il verbo *ostinare non esiste
>
> - se il verbo esiste **anche senza la particella pronominale** è **intransitivo pronominale** quando il soggetto della frase **non compie volontariamente** l'azione su di sé o per se stesso: la particella pronominale perciò non può essere sostituita con la corrispondente forma forte. Prendiamo, ad esempio, *gonfiarsi*: il verbo *gonfiare* esiste, ma osserva.
>
>   La mano di Marco, punta da una vespa, **si è gonfiata** in maniera preoccupante. ⟶ la mano non compie volontariamente l'azione di *gonfiarsi* e, infatti, l'espressione non può essere trasformata in *La mano ha gonfiato se stessa*: perciò la forma del verbo, anche se è accompagnata dalla particella *si*, non è riflessiva, ma **intransitiva pronominale**
>
> In generale puoi tenere presente queste indicazioni.
>
> - Sono **riflessivi** i verbi che indicano azioni che gli **esseri umani** e talora gli **animali** compiono **deliberatamente** sul proprio corpo o su una sua parte, come *vestirsi, asciugarsi, lavarsi, spalmarsi, spazzolarsi, pettinarsi, truccarsi, infilarsi, allacciarsi, abbottonarsi, …*
> - Sono **intransitivi pronominali** i verbi che indicano:
>   – un **sentimento** o un **moto spontaneo** dell'animo, indotto negli esseri viventi da una circostanza esterna, come *vergognarsi, pentirsi, innamorarsi, spaventarsi, ribellarsi, ostinarsi, abbattersi, addolorarsi, divertirsi, …*
>   – un **fenomeno fisico** che si verifica **in modo spontaneo o casuale** in un essere vivente o in un oggetto, in genere per effetto di una causa esterna, come *svegliarsi, addormentarsi, ammalarsi, raffreddarsi, rompersi, fermarsi, illuminarsi, spegnersi, …*

ALLENA LE COMPETENZE

57 ●○○ **COMPETENZE MORFOLOGICHE** Riconosci **i verbi che hanno solo la forma intransitiva pronominale.**

avviarsi • adirarsi • inoltrarsi • impuntarsi • mettersi • accorgersi • fidarsi • confidarsi • ribellarsi • impadronirsi • abbandonarsi • avvalersi • incamminarsi • commuoversi • dolersi • decidersi • sbagliarsi • lagnarsi • trasferirsi • inorgoglirsi • accanirsi • abbattersi • vergognarsi • specchiarsi • allontanarsi • appoggiarsi • ricordarsi

3 Il verbo

58 ●●○ COMPETENZE MORFOLOGICHE **Indica** se i verbi sono transitivi [T] o intransitivi pronominali [IP].

1. Quale vuoi? Devi deciderti [.......]! **2.** Non capisco perché tu abbia rifiutato [.......] il suo aiuto. **3.** Perché Marco non si muove [.......]? **4.** All'improvviso il suo volto si illuminò [.......]. **5.** Lo chiamai, ma lui non si voltò [.......]. **6.** Fulvio, cadendo, ha battuto [.......] la testa. **7.** I contadini lamentano [.......] la perdita di gran parte del raccolto. **8.** A che ora ti sei svegliato [.......]? **9.** L'insegnante ha allontanato [.......] il ragazzo dalla classe. **10.** Non ricordo [.......] il giorno fissato per l'appuntamento dal dentista.

59 ●●● COMPETENZE MORFOLOGICHE DALLA GRAMMATICA ALLA SCRITTURA **Scrivi** una frase per ciascun verbo dell'esercizio 58 usandolo in funzione transitiva se intransitiva pronominale o viceversa.

1. Quale vuoi? Devi deciderti! → *Io pretendo di decidere il mio futuro.*

60 ●●● COMPETENZE MORFOLOGICHE **Completa** le frasi coniugando i verbi tra parentesi e **indica** se il verbo è intransitivo pronominale [IP], riflessivo proprio [RP] o riflessivo reciproco [RR].

1. Il comico era divertente: il pubblico (*sbellicarsi*) .... [.......] dalle risa.

2. Se mi fossi trovato in quella condizione, (*considerarsi*) .... [.......] l'uomo più felice del mondo.

3. Ti chiedo scusa, ma non (*pentirsi*) .... [.......].

4. I candidati (*presentarsi*) .... [.......] l'un l'altro.

5. Non lo sopportava quando (*dilungarsi*) .... [.......] così.

6. Celeste entrò in casa e (*accorgersi*) .... [.......] che il suo computer (*volatilizzarsi*) .... [.......].

7. Smettila di (*lagnarsi*) .... [.......].

8. Se avesse saputo la verità, non (*tormentarsi*) .... [.......].

61 SUPER! COMPETENZE MORFOLOGICHE **Indica** se la forma dei verbi è riflessiva propria [P], apparente [A], reciproca [R] o intransitiva pronominale [IP].

1. Prima di uscire, si specchiò [.......] e si annodò [.......] la cravatta. **2.** Quando ti prepari [.......] per uscire non finisci mai: ti lavi [.......], ti spazzoli [.......] i capelli, ti dai [.......] lo smalto alle unghie, ti vesti [.......] in mille modi e non ti accontenti [.......] mai del risultato. **3.** Marco e Luigi si prestano [.......] spesso le cose, ma poi si pentono [.......]. **4.** Ci siamo veramente divertiti [.......] a quella festa. **5.** Non si vedono [.......] spesso, ma si telefonano [.......] tutte le sere. **6.** Mi sono bruciata [.......] mentre mi stiravo [.......] la gonna. **7.** Non prenderti [.......] in giro! Ricrediti [.......] una buona volta su di lei! **8.** Alessia si veste [.......] sempre alla moda, si guarda [.......] spesso allo specchio e se si rende conto [.......] di aver preso anche solo un chilo si mette [.......] subito a dieta. **9.** Mi complimento [.......] con te: non mi ero accorta [.......] di quanto fossi bravo in cucina! **10.** Alessandro si vergognava [.......] del comportamento che aveva tenuto la sera prima.

A **131**

La morfologia

2*8 La forma impersonale

> La **forma impersonale** del verbo esprime un'azione **che non può essere riferita a un soggetto**, né espresso né sottinteso.

In questa forma il verbo è usato nei modi definiti solo alla **terza persona singolare** e nei tempi composti presenta l'ausiliare *essere*.

Sono **impersonali veri e propri**, perché non possono essere usati alla prima e alla seconda persona i verbi che indicano **fenomeni atmosferici**, come albeggiare, diluviare, grandinare, lampeggiare, nevicare, piovere, rannuvolarsi, tuonare, e le locuzioni di significato affine, composte dal verbo *fare* seguito da un **aggettivo** o un **nome**, come fare caldo, fare freddo, fare bello, fare giorno, fare notte, ...

Nel vivo della lingua

L'ausiliare dei verbi indicanti fenomeni atmosferici Come richiesto dalla forma impersonale in genere, i verbi indicanti fenomeni atmosferici dovrebbero avere nei tempi composti l'ausiliare *essere*; tuttavia nell'uso corrente prevale ormai l'ausiliare *avere*, soprattutto quando viene indicata la **durata dell'azione**.

Questa notte è **nevicato**. **Ha nevicato** per due giorni.

L'uso figurato dei verbi indicanti fenomeni atmosferici Questi verbi possono essere usati anche **in senso figurato** e solo in questo caso ammettono la **costruzione personale con il relativo soggetto**.

I soldi non **piovono** dal cielo. Il semaforo **lampeggia**.

Numerosi verbi **regolarmente personali** e alcune **locuzioni verbali** hanno **forma impersonale** quando **reggono un infinito** o **una proposizione subordinata introdotta da *che* o *di***. In realtà, in questi casi la mancanza di soggetto è solo apparente, perché è la proposizione a funzionare da soggetto: si tratta della **subordinata soggettiva**, che li segue e ne completa il significato.

verbo regolarmente personale			assume	
soggetto	forma personale		forma impersonale	proposizione soggettiva
Tu	mi **sembri** preoccupato.		Mi **sembra**	che tu sia preoccupato.

Rientrano in questa categoria:

- i verbi che esprimono **convenienza**, **necessità**, **apparenza**, **accadimento**, **piacere**, come *accadere, bastare, bisognare, capitare, convenire, importare, occorrere, parere, piacere, sembrare, succedere*, ...

  Conviene parlargli subito.   Mi è **capitato** di perdere il treno.
  Succede spesso che sbaglino strada.   Mi **piaceva** andare dai nonni.

- le locuzioni formate dalla **3ª persona singolare** di *essere* + **nome**, **aggettivo** o **avverbio**, come *è un peccato, una fortuna, un errore; è chiaro, facile, giusto, opportuno, vero; è meglio, male, tardi, ...* oppure le locuzioni *non sta / va bene che*.

  È opportuno rientrare.   **Fu una fortuna** che fosse lì.
  Era meglio rimanere a casa.   Non **sta bene** che tu parli mangiando.

- i verbi che indicano **opinione**, **affermazione**, **divieto** o **permesso**, come *credere, pensare, ritenere, dire, raccontare, tramandare, impedire, vietare, permettere* e simili, espressi in forma **passiva** oppure preceduti dalla particella *si* **di valore impersonale**.

  Si pensa che sia lui il colpevole.   **È stato tramandato** che Omero fosse cieco.
  Si dice che voglia trasferirsi.   Ci **è stato impedito** di entrare.

> Tutti i verbi, infine, **possono essere costruiti in forma impersonale**, premettendo alla **terza persona singolare** del verbo, privo di soggetto, la **particella di valore impersonale *si*** e aggiungendo nel caso dei verbi pronominali la **particella *ci***.

In questi casi, tuttavia, anche se manca un soggetto determinato, è possibile supporre che l'azione venga compiuta da un soggetto generico e indeterminato, quale *la gente, tutti, tu, noi*, che può essere ricavato dal senso della frase.

Qui **si mangia** bene e non **ci si annoia** mai.   **Si spera** sempre nel domani.   Quando **si parte**?

La costruzione con il *si* impersonale, come quella con il *si* passivante, può anche esprimere "dovere o obbligo".

Qui non **si** fuma (= **non si deve fumare**).

I trucchi del mestiere

Come riconoscere la forma impersonale   La forma è impersonale quando il verbo è coniugato alla **3ª persona singolare** dell'indicativo, del congiuntivo o del condizionale, e **non ha mai un soggetto** né espresso né sottinteso. L'azione del verbo quindi non può essere attribuita a qualcuno o a qualcosa in modo specifico.
La forma si considera impersonale anche quando la funzione di soggetto è svolta da una **subordinata soggettiva** introdotta da *che* o *di*.

Osserva in questi esempi la differenza tra l'uso impersonale e quello personale di uno stesso verbo.

forma impersonale	forma personale
Qui **si mangia** troppo. (Che cosa si mangia?)	Qui **si mangia** dell'ottimo pesce. (Che cosa si mangia? Il pesce.)
Non mi **sembra** che abbia detto la verità. (Chi, che cosa sembra?)	Marco **sembra** stanco. (Chi sembra? Marco.)
Mi **è stato detto** che cambierai scuola. (Che cosa è stato detto?)	Ti **è stato detto** l'orario di partenza? (Che cosa è stato detto? L'orario.)

La morfologia

ALLENA LE COMPETENZE

62 ○○○ **COMPETENZE MORFOLOGICHE** Riconosci i verbi alla forma impersonale.

1. Oggi fa davvero caldo: chissà se domani pioverà? 2. Non mi pare di essere scortese; ti sembro uno che non sa le buone maniere? 3. Dove si va questa sera? Si può andare al cinema oppure potete venire tutti a casa mia. 4. Sembra che abbiano perso l'aereo ed è possibile che vengano in treno. 5. Tuona e lampeggia: si dovrà rinunciare alla gita. 6. Si dice che sarà un inverno molto freddo: chissà se nevicherà. 7. Capita a tutti di sbagliare: bisogna però saper riconoscere i propri errori. 8. Grandinavano sassi giù dalla collina e si decise di chiudere la strada sottostante. 9. Non ci è stato possibile avvisarti prima: la prossima volta conviene che sia tu a informarti per tempo.

63 ●●○ **COMPETENZE MORFOLOGICHE** **DALLA GRAMMATICA ALLA SCRITTURA** Riscrivi le seguenti frasi usando la costruzione del *si* impersonale.

1. La gente parla spesso senza pensare.
2. Durante l'estate dobbiamo bere di più.
3. Domani non andremo a scuola.
4. Avvertiamo che la viabilità è stata modificata.
5. Un tempo credevano che la Terra fosse piatta.
6. Nessuno deve giudicare senza conoscere i fatti.
7. Sugli autobus non bisogna parlare al conducente.

64 ●●○ **COMPETENZE MORFOLOGICHE** Distingui i verbi alla forma impersonale da quelli alla forma personale e motiva la tua scelta.

1. Non occorre che tu venga qui: si può parlare anche per telefono. 2. Quante uova occorrono per la torta? 3. Mi è stato vietato di frequentarlo perché si dice che sia un ragazzo violento. 4. L'acquisto di alcolici è vietato ai minori. 5. Si era detto che ci saremmo visti a Roma, ma il nostro tanto sperato incontro non sarà possibile. 6. Non è possibile che non ti ricordi il suo cognome. 7. Da quando è tornata, Martina non sembra più lei: che cosa le sarà successo? 8. Succede che si facciano progetti che poi non si potranno realizzare. 9. Da quando sei partito, qui sono successe tante cose. 10. Con i tuoi genitori si parla spesso di te e la tua mancanza si sente molto.

65 **SUPER!** **COMPETENZE MORFOLOGICHE** Indica se il valore della **particella *si*** ha funzione impersonale **[I]**, passivante **[P]**, riflessiva **[R]**, o pronominale **[PR]** e motiva la tua scelta.

1. Quell'uomo si [........] è accusato del furto. 2. Si [........] accusano spesso degli innocenti. 3. Matteo si [........] è comprato degli scarponi nuovi. 4. Si [........] comperano anche molte cose inutili. 5. In questo negozio si [........] preparano confezioni natalizie. 6. Giulia si [........] sta spalmando la crema abbronzante. 7. Non si [........] dimenticano mai le persone care. 8. Si [........] è dimenticato di consegnarmi la merce. 9. L'imputato si [........] difese dalle accuse. 10. Oggi si [........] va in piscina. 11. Si [........] è rifiutato di accompagnarci. 12. Si [........] spera sempre nel futuro.

RAFFORZA LE TUE COMPETENZE

66 ●●○ COMPETENZE MORFOLOGICHE MITO Distingui i verbi intransitivi, i transitivi attivi e i transitivi passivi. Quindi volgi alla forma passiva i verbi attivi e viceversa: in quale caso non è possibile?

La trasmissione dei miti I miti furono composti da autori anonimi che li tramandarono oralmente. Furono poi redatti in forma scritta solo in una fase successiva, quando incontrarono lungo il loro cammino un autore colto che provvide a trascriverli. Accade non di rado che uno stesso mito ci sia pervenuto in versioni diverse: questo viene spiegato dagli studiosi con il fatto che la storia, nel lungo percorso della tradizione orale, ha subito variazioni e aggiunte e talvolta è stata fissata in forma scritta da autori diversi. Lo studio parallelo dei miti dei popoli antichi, che è stato portato avanti dagli antropologi, ha poi evidenziato come molte narrazioni, pur nate all'interno di civiltà lontane tra loro, presentino somiglianze straordinarie. Un tipico esempio è costituito dal racconto di un diluvio di proporzioni gigantesche, che compare nella mitologia di molte culture ed è condiviso da popoli che vissero nei cinque diversi continenti. Ne fa parte il mito del diluvio universale, l'inondazione catastrofica mandata da una divinità per punire e distruggere il genere umano, alla quale sfuggirono solo pochi uomini di grande virtù. Il mito viene proposto in forme simili dalla Bibbia, nel racconto dell'arca di Noè, dall'*Epopea di Gilgamesh* della mitologia babilonese, nella storia *Indù Puranica* di Manu e in quella di Deucalione e Pirra che appartiene alla mitologia greca.

Il diluvio universale e l'Arca di Noè, particolare delle Storie dell'Antico Testamento, 1215-1280, mosaico, Venezia, Basilica di San Marco.

67 ●●○ COMPETENZE LESSICALI PAROLE DENTRO I TESTI Il verbo *fissare* ha più accezioni: riconosci con quale significato è usato nel testo dell'esercizio 66, scegliendolo tra quelli indicati. Scrivi una frase usando il verbo *fissare* con ognuno dei significati proposti.

1. ☐ osservare
2. ☐ attaccare
3. ☐ rendere inalterabile
4. ☐ concordare
5. ☐ prenotare
6. ☐ concentrare

68 ●●○ COMPETENZE MORFOLOGICHE DENTRO LE PAROLE Riconosci i verbi di forma passiva e trasformali nella corrispondente forma attiva. Riscrivi infine la prima frase usando il *si* passivante.

Il termine *pacemaker* può essere tradotto "segna-passo". Indica l'apparecchio capace di stimolare e regolare elettricamente i battiti del cuore quando questi non vengono assicurati in maniera normale dal tessuto cardiaco. Il *pacemaker* è usato oggi da milioni di persone e fu inventato dall'americano Wilson Greatbatch quasi per caso. Greatbatch, appassionato di radiotrasmissioni e di elettronica, lavorava presso una radio amatoriale; perciò, quando fu chiamato alle armi durante la Seconda guerra mondiale, venne utilizzato come radio-operatore nella Marina americana. In seguito, si laureò in Ingegneria e, incuriosito dalle relazioni fra cuore e sistema elettrico, si dedicò allo studio di transistor in grado di evidenziare le accelerazioni del battito cardiaco. Un giorno si accorse che le pulsazioni create da una resistenza da lui installata per errore coincidevano con quelle generate dal battito di un cuore sano e regolare.

La morfologia

69 ●●● **COMPETENZE MORFOLOGICHE** **MITO** **Classifica** le **forme verbali** nella tabella che riprodurrai sul quaderno.

Gli Atridi Agamennone e Menelao, figli di Atreo e detti perciò "Atridi", furono i protagonisti della guerra di Troia. Del loro padre si conoscono le vicende scellerate che sono state tramandate dalla mitologia e dalle tragedie antiche. Atreo aveva un fratello gemello, Tieste, assieme al quale si era macchiato dell'omicidio di un fratellastro. Cacciati in esilio dal padre e volendo entrambi impossessarsi del regno di Micene, il cui re era morto senza lasciare eredi, i due fratelli incominciarono a ingannarsi a vicenda, senza risparmiarsi alcun genere di bassezza. Tieste, ad esempio, insidiò la sposa di Atreo perché lo aiutasse nella conquista del regno. Ma grazie all'intervento dello stesso Zeus, fu Atreo a diventare re di Micene e subito dopo si affrettò a cacciare il fratello, avendo cura però di tenersi i figli di lui in ostaggio. Quando venne a conoscenza dell'adulterio commesso dalla propria moglie con Tieste, lo richiamò dicendo di voler riconciliarsi con lui. Fingendosi amico, Atreo invitò il fratello a banchetto, ma dopo che Tieste ebbe mangiato con grande appetito, gli mostrò le teste sanguinanti dei tre ragazzi (lui stesso li aveva uccisi nonostante si fossero rifugiati, supplici, presso un altare di Zeus) e gli rivelò di avergli servito come cibo le carni dei suoi stessi figli. Tieste inorridito fuggì maledicendo il fratello e tutta la sua progenie. La saga della famiglia, però, non si conclude qui, ma avrà ancora ulteriori cruenti sviluppi.

transitive attive	transitive passive	transitive riflessive	intransitive	intransitive pronominali

Facciamo il punto su ... la particella *si*

La particella *si* ha valori diversi. Rivediamoli.

- **Riflessivo proprio**: accompagna un verbo transitivo e svolge la funzione di **complemento oggetto**. Luigi **si** (= *sé*, *se stesso*) asciuga.

- **Riflessivo apparente**: accompagna un verbo transitivo con complemento oggetto espresso e svolge la funzione di **complemento di termine** o **di vantaggio**. Luigi **si** (= *a se stesso*) asciuga le mani.

- **Riflessivo reciproco**: indica che l'azione avviene in modo reciproco. **Si** (= *l'un l'altro*, *reciprocamente*) amano e **si** telefonano sempre.

- **Pronominale**: è **parte integrante** del verbo (che ha valore intransitivo); in questo caso il verbo senza il *si* o non esiste o ha un significato diverso.

  Ugo **si** è pentito, ma **si** rifiuta di scusarsi. | non esiste *pentire*, e *rifiutarsi* non significa "rifiutare se stesso", ma "non volere"

- **Passivante**: rende passivo il verbo, che è transitivo, si trova alla **3ª persona** ed è accompagnato da un **sostantivo** in funzione di **soggetto**. Si mangiano troppi dolci = *Sono mangiati*.

- **Impersonale**: indica che **non c'è un soggetto determinato**, precede il **verbo di 3ª persona singolare**, che è intransitivo o transitivo (in quest'ultimo caso, però, il verbo non deve essere accompagnato da un sostantivo in funzione di soggetto, perché il *si* sarebbe allora passivante). Oggi **si** va al mare. = *Noi* (= *tutti quanti*) *andiamo al mare*.

- **Intensivo**: rimarca il coinvolgimento del soggetto nell'azione; non svolgendo alcuna funzione grammaticale, può essere eliminato. **Si** è mangiato tre panini = *Ha mangiato tre panini*.

A 136

3 Il verbo

70 ●●● **COMPETENZE MORFOLOGICHE** Indica se la particella *si* ha valore riflessivo proprio [P], riflessivo apparente [A], riflessivo reciproco [R], pronominale [PR], passivante [PASS] o impersonale [I].

1. Si [.......] distribuiranno opuscoli informativi a tutti i partecipanti. 2. Quando si [.......] parte per le vacanze? 3. Carlo si [.......] rammarica di non poter essere presente. 4. Si [.......] è fatta tagliare i capelli da un bravo parrucchiere. 5. I due imputati si [.......] accusavano a vicenda. 6. Quando si [.......] studia non ci si [.......] deve distrarre. 7. Spero che prima o poi questo mistero si [.......] chiarirà. 8. Si [.......] ricordi di spedire la ricevuta.

71 ●●● **COMPETENZE MORFOLOGICHE** Indica se la particella *si* ha valore riflessivo proprio [P], riflessivo apparente [A], riflessivo reciproco [R], pronominale [PR], passivante [PASS] o impersonale [I].

1. Quei due si [.......] ostacolano sempre, perché non si sopportano [.......]. 2. Finalmente si [.......] è liberato dal vizio del fumo. 3. Matteo non deve disperarsi [.......] così: prima o poi tutto si [.......] aggiusterà. 4. A volte si parla [.......] senza riflettere e si dicono [.......] cose di cui poi ci si pente [.......]. 5. Se le mani si [.......] sono screpolate cosa si [.......] può fare? 6. In tutte le situazioni Jessica si [.......] mette sempre al centro dell'attenzione. 7. In questo silenzio si [.......] dorme benissimo. 8. Per non sporcarsi [.......] si [.......] è messo la tuta da lavoro.

72 ●●● **COMPETENZE MORFOLOGICHE** **MITO** Distingui se la particella *si* ha valore impersonale, passivante, riflessivo oppure intransitivo pronominale.

Deucalione e Pirra Nella mitologia greca si narra la storia di Deucalione e di sua moglie Pirra. I due giovani sposi si erano trasferiti dalla gelida Scizia per stabilirsi ai piedi del monte Parnaso che si trova in Tessaglia. Lì regnavano con grande benevolenza sforzandosi di dare al loro popolo benessere e serenità. I loro sudditi però, ritenendosi pari agli dèi, si erano insuperbiti e si comportavano con grande arroganza ed egoismo. Mentre un tempo si accontentavano dei frutti che la Terra donava loro spontaneamente, prendendone ciascuno quanto era sufficiente per una vita semplice e sobria, adesso i più forti si impadronivano di tutto quanto a scapito dei più deboli. Si fissarono allora i confini dei poderi e si promulgarono delle leggi per stabilire delle regole e punire i trasgressori. Tutto però si rivelò inutile.

73 **SUPER!** **COMPETENZE MORFOLOGICHE** **MITO** Distingui i valori della particella *si*.

Il diluvio Si scatenarono prepotenze, tradimenti, violenze di ogni genere: infine gli uomini si armarono e si affrontarono in guerre sanguinose. A questo punto Zeus si adirò e prese la decisione di distruggere il genere umano, sommergendolo con un diluvio. Nessuno si sarebbe salvato da quella terribile punizione, tranne Deucalione e Pirra, lui re giusto e generoso, lei donna saggia e pia. Su esortazione di Zeus essi si fabbricarono una barca e dopo aver galleggiato per i nove giorni del diluvio si misero in salvo sulla vetta del Parnaso. Dopo che l'acqua si fu ritirata, scesero dal monte e si avviarono verso un tempio dove l'oracolo della dea della giustizia li esortò a raccogliere le ossa della Gran Madre e a gettarle alle loro spalle. I due sposi si guardarono stupiti e disorientati, poi la mente di Deucalione si illuminò: le ossa della Gran Madre erano le pietre della Terra. Così le raccolsero e si affrettarono a gettarle dietro di sé: quelle lanciate da Deucalione si trasformarono in uomini, quelle gettate da Pirra diventarono donne. E così la Terra si ripopolò.

A 137

La morfologia

3 Le funzioni del verbo

I verbi, in base alla **funzione** e al **significato** che svolgono all'interno della frase, si classificano in **predicativi**, **copulativi** e **verbi di servizio**.

- I **verbi predicativi** costituiscono il gruppo di gran lunga più numeroso, hanno un significato pieno e perciò, anche da soli, sono in grado di dare luogo al **predicato verbale**.

    Giulia **gioca** spesso con Valentina.   Dopo cena di solito **leggo** un po'.
    Il mio gatto **dormiva** sempre.   **Guarda: nevica!**

- I **verbi copulativi** non hanno un significato definito, ma funzionano da semplice **collegamento** con una parte nominale.

    Luca **è** imbattibile a scacchi.   Daniele **diventerà** un bravo medico.

- I **verbi ausiliari**, **servili**, **fraseologici** svolgono una **funzione di servizio**. Essi non esprimono un significato autonomo, ma **precedono un verbo di modo indefinito**, di cui specificano, completano o arricchiscono il significato. Il verbo di servizio forma un **unico predicato** con il verbo che accompagna.

    Io **sono** partito.   Tu **devi** vederla.
    Possiamo partire, ora?   **Continuano** a sbagliare.

3*1 I verbi copulativi

I **verbi copulativi** (dal latino *copula*, "unione, legame") **collegano** il soggetto a un **nome** o a un **aggettivo**, che esprime una **qualità** o una **caratteristica** del soggetto o dell'oggetto.

Il **verbo copulativo per eccellenza è il verbo** *essere* che prende il nome di **copula**.

In questa funzione, il verbo *essere* si limita ad attribuire una qualità al soggetto, mentre la **parte portatrice di significato** è costituita dalla **parte nominale**, che nell'analisi logica viene definita **nome del predicato**.

Il verbo *essere* ha **funzione predicativa** quando è usato nel **significato di "stare, trovarsi, esistere, vivere"** o quando indica **appartenenza** o **destinazione**.

Non **era** (= *si trovava*) in casa.   Di chi **è** (= *appartiene*) quella borsa?
Il dubbio **c'è** (= *esiste*).   Questi fiori **sono** (= *sono destinati*) per te.

A 138

3 Il verbo

I **verbi copulativi** si trovano a metà strada tra la copula e i verbi predicativi: come la copula, collegano al soggetto una parte nominale ma, a differenza della copula e come i verbi predicativi, **descrivono il processo che porta il soggetto o l'oggetto ad acquisire una qualità o una caratteristica**. In analisi logica la parte nominale prende il nome di **complemento predicativo del soggetto** o **del complemento oggetto**.

soggetto	verbo copulativo	predicativo del soggetto	
Nicolò	**è diventato**	padre. (nome)	
Agnese	**sembrava**	felice. (aggettivo)	
soggetto	verbo copulativo	complemento oggetto	predicativo del complemento oggetto
I compagni	**hanno nominato**	Stefano	come rappresentante. (nome)
Noi	**riteniamo**	Francesca	molto leale. (aggettivo)

Alcuni verbi sono copulativi **per natura**, come *diventare, sembrare, parere, chiamarsi, mostrarsi, rivelarsi, fingersi,* ...

Il tuo discorso non mi **sembra** coerente.

La notizia **si rivelò** falsa.

Luca **si mostrava** insofferente.

Il malvivente **si finse** un poliziotto.

Molti verbi, invece, possono essere usati **sia in funzione predicativa sia in funzione copulativa**.

funzione predicativa	funzione copulativa
In cielo **apparve** una cometa.	Il cielo **appariva** sereno.
Silvia **rimase** a casa.	Silvia **rimase** stupita.
Luigi **è chiamato** al telefono.	Luigi **è chiamato** Rambo da tutti.
Paolo **è stimato** da tutti.	Paolo **è stimato** un buon allenatore.

In relazione al **significato** che esprimono, i verbi che ammettono una funzione copulativa si distinguono in:

- **effettivi**, come *fare, rendere, diventare, nascere, crescere, invecchiare,* ...

  L'uomo **nacque** ricco e **morì** povero.

  Lo **hai reso** davvero felice.

- **appellativi**, come *chiamare, dire, denominare, soprannominare,* ...

  Attila **era soprannominato** "il flagello di Dio".

  Chiameranno Luna la loro bambina.

- **elettivi**, come *creare, eleggere, proclamare, scegliere,* ...

  Cicerone **fu eletto** console.

  Hanno scelto lui come capocordata.

- **estimativi**, come *considerare, credere, giudicare, ritenere, stimare,* ...

  L'imputato **venne giudicato** colpevole.

  Lo **ritengono** tutti un uomo interessante.

A 139

La morfologia

Allena le Competenze

74 ●○○ **COMPETENZE MORFOLOGICHE** **Indica** se i verbi sono usati in funzione predicativa [P] o copulativa [C].

1. Giulia è apprezzata [.....] da tutti ed è ritenuta [.....] una studentessa modello.
2. I danni che sono stati causati [.....] dal maltempo alle coltivazioni sembrano [.....] irreparabili.   3. Il ciclista è risultato [.....] positivo al doping e sarà escluso [.....] dalla gara.   4. Lo giudicavo [.....] un amico, ma mi sono sbagliata [.....] sul suo conto.
5. Chiama [.....] il nonno ad alta voce: con l'età è diventato [.....] un po' sordo.
6. Abbiamo trovato [.....] un bel gattino bianco che era stato abbandonato [.....]: lo abbiamo portato [.....] a casa e lo chiameremo [.....] Nuvola.   7. Il pittore Vincent van Gogh visse [.....] povero, morì [.....] suicida e divenne [.....] famoso solo dopo la sua morte.   8. Io non ti giudico [.....], anche se ritengo [.....] il tuo comportamento un po' avventato.   9. Ha ricevuto [.....] un secondo mandato a segretario generale delle Nazioni Unite Ban Ki-moon, che era stato già eletto [.....] nel 2007, pur non essendo inizialmente considerato [.....] il favorito.

75 ●●○ **COMPETENZE MORFOLOGICHE**   **DENTRO LE PAROLE**   **Indica** se la funzione del verbo *essere* e dei verbi in grassetto è predicativa [P] o copulativa [C].

Manovra è [.....] una parola con più significati e per questo è **denominata** [.....] polisemica. È [.....] propria della lingua comune dove **definisce** [.....] l'insieme di operazioni **ritenute** [.....] necessarie a mettere in azione un dispositivo o a raggiungere uno scopo. È [.....] anche un termine del linguaggio militare, dove **indica** [.....] lo spostamento delle unità dell'esercito secondo un determinato piano strategico. C'è [.....] anche la **manovra economica** che, quando è [.....] di proporzioni limitate, **viene chiamata** [.....] "manovrina". Ma dov'è [.....] la sua origine? È [.....] nel latino tardo che con l'espressione *manu opera* **designava** [.....] ogni opera di tipo manuale: è [.....] da lì che **si formò** [.....] il francese *manoevre*, che a partire dall'Ottocento **entrò** [.....] nell'italiano modificandosi in "manovra".

76 ●●● **COMPETENZE MORFOLOGICHE** **Riconosci** i verbi usati in funzione copulativa e **distingui** se sono effettivi, appellativi, elettivi o estimativi. **Scegline** quattro e **scrivi** con ciascuno una frase usandoli in funzione predicativa.

1. Federico I fu soprannominato il Barbarossa; egli diventò imperatore del Sacro Romano Impero nel 1155.   2. La sua nascita rese i suoi genitori veramente felici.   3. Pietro è considerato un giocatore falloso.   4. Come cuoco, sei giudicato un vero disastro.   5. Alfredo è soprannominato dai compagni "il genio dell'informatica".   6. Eliogabalo fu sacerdote del dio Elagabal e fu proclamato imperatore a soli 14 anni.   7. Il Dottor Bianchi, il nostro medico, è diventato primario.   8. Pietro del Morrone, da tutti ritenuto un santo, fu eletto papa e volle chiamarsi Celestino V. Egli fondò una congregazione di eremiti che furono quindi denominati celestini.
9. Celestino V si ritenne incapace di gestire i problemi della Chiesa e nel 1294 abdicò dal soglio pontificio.   10. Mi domando come Massimiliano possa essere considerato un bravo medico: molti lo ritengono superficiale e affrettato nelle sue diagnosi.

A 140

3*2 I verbi ausiliari

> Sono **ausiliari** (dal latino *auxiliares*, "che portano aiuto") i verbi *essere* e *avere* quando sono usati per costruire le **forme composte** di un verbo.

l'ausiliare	si usa per formare		esempio
avere	i tempi composti della forma attiva	– di tutti i verbi **transitivi**	Io **ho** incontrato Laura.
		– di alcuni verbi **intransitivi**	Tu **hai** viaggiato.
essere	i tempi composti	– di alcuni verbi **intransitivi**	**Siamo** partiti.
		– di tutti gli **intransitivi pronominali**	Vi **siete** pentiti?
		– della forma **riflessiva**	Ci **siamo** lavati.
		– della forma **impersonale**	Si **è** parlato di te.
	tutti i tempi	– della forma **passiva**	**Sarai** eletto. **È stato** promosso.

I verbi che possono essere sia transitivi sia intransitivi richiedono come ausiliare:

- *avere* nella **forma attiva**, *essere* nella **forma passiva**, quando funzionano come **verbi transitivi**;
  Ha avanzato una richiesta inaccettabile. → **È stata avanzata** una richiesta inaccettabile.
- *essere*, quando funzionano come **verbi intransitivi**.
  L'esercito **è** avanzato in territorio nemico.

Possono essere usati in funzione di ausiliari nella formazione del passivo anche i verbi *venire*, *andare*, *finire*, *restare*, *rimanere*, ...

ALLENA LE COMPETENZE

77 ●●○ **COMPETENZE MORFOLOGICHE** Riconosci i verbi *essere* e *avere* in funzione di ausiliari.

1. Quando sarai qui, ti parlerò di ciò che ho visto ieri a Milano. **2.** Tutti gli studenti della scuola sono andati a visitare una mostra, che hanno trovato molto interessante. **3.** Sandra ha dimenticato a casa il suo tablet. Chi di voi è disponibile a portarglielo? **4.** È stata individuata da alcuni sommozzatori una nave romana, che probabilmente aveva fatto naufragio. **5.** Adesso non ho tempo di parlare; sono già molto in ritardo e temo di essere sgridata da mia madre. **6.** Quando sei arrivata? Chi ti è venuta a prendere all'aeroporto? **7.** Visto che sei molto bravo in matematica, sei stato scelto per partecipare ai Giochi di Archimede. **8.** Avendo avuto più tempo, avrei visitato anche quella mostra. **9.** È una gran fortuna aver incontrato qui i miei amici.

La morfologia

78 ●●○ COMPETENZE MORFOLOGICHE DENTRO LE PAROLE **indica** se l'ausiliare accompagna un verbo transitivo di forma attiva **[TA]**, passiva **[TP]** o un verbo intransitivo **[I]**.

Times Square, piazza simbolo di New York con le pubblicità di marchi famosi.

Il termine **globalizzazione** è [.......] nato dalla fusione dell'espressione *new economy* con *integration*. **È stato** [.......] coniato dal giornalista Theodor Levit che lo **ha** [.......] usato per la prima volta nel 1983 in un articolo del "New York Times". All'inizio il termine **è stato** [.......] riferito alle relazioni economiche tra grandi aziende multinazionali, poi **è** [.......] passato a indicare il mercato globale, cioè mondiale. La globalizzazione però non si **è** [.......] realizzata solo in campo economico, ma **ha** [.......] interessato tutti i settori della vita e deve perciò **essere** [.......] inquadrata anche nel contesto dei cambiamenti sociali, tecnologici e politici degli ultimi decenni. Il fenomeno **è stato** [.......] favorito dallo sviluppo dei trasporti a lungo raggio in tempi rapidi e soprattutto **è stato** [.......] determinato dallo straordinario progresso delle telecomunicazioni e delle tecnologie informatiche, che **hanno** [.......] permesso lo scambio di informazioni in tutto il mondo in tempo reale. La globalizzazione **ha** [.......] incrementato gli scambi di conoscenze, tecnologie, conquiste civili e **ha** [.......] comportato un'omologazione su scala planetaria di gusti e stili di vita.

79 ●●○ COMPETENZE LESSICALI PAROLE DENTRO I TESTI **Spiega** il significato delle seguenti parole dell'esercizio 78.

1. coniato 2. essere inquadrata 3. a lungo raggio 4. ha incrementato 5. omologazione

80 ●●○ COMPETENZE MORFOLOGICHE DENTRO LE PAROLE **Indica** se l'ausiliare accompagna un verbo intransitivo **[I]** o un verbo transitivo di forma attiva **[TA]**, passiva **[TP]** o riflessiva **[R]**. Motiva la tua scelta.

Molti termini d'uso comune **sono** [.......] giunti nella nostra lingua da parole latine che **hanno** [.......] subito nel tempo notevoli trasformazioni di significato. **È** [.......] anche capitato che alcune **abbiano** [.......] incontrato nel corso dei secoli trasferimenti di senso davvero imprevedibili. Ad esempio, il nome *capulum*, che **è** [.......] diventato **cappio**, indicava il laccio con cui **veniva** [.......] trattenuto per il collo un uomo o un animale che **era stato** [.......] catturato. Così i verbi *capulare* e *scapulare* significavano rispettivamente "prendere" ed "**essere** [.......] sfuggito al cappio", cioè "essere libero". E proprio dal participio passato di quest'ultimo verbo si **è** [.......] formato il termine **scapolo**, per indicare l'uomo che, non **avendo** [.......] preso moglie, non si **è** [.......] mai legato al "laccio" del matrimonio.

81 SUPER! COMPETENZE MORFOLOGICHE **Completa** opportunamente con gli ausiliari *essere* o *avere*, e **distingui** se il verbo è transitivo di forma attiva, passiva o riflessiva, oppure se è intransitivo.

1. Un grande masso .... rotolato giù dalla collina. 2. Perché ti .... messo quella vecchia maglia? 3. Valentina mi .... sembrata stanca. 4. A chi l'............ detto? 5. Ieri l'autostrada .... chiusa per un grave incidente. 6. Il cane del vicino .... abbaiato tutta la notte. 7. Una donna anziana .... attraversato col rosso, ... investita da una moto ed .... poi deceduta all'ospedale. 8. Ci .... sentiti del tutto incapaci di aiutarli. 9. Ti .... esercitato abbastanza? 10. Questo fine settimana .... rimasto a casa.

3*3 I verbi servili

> I **verbi servili** per eccellenza sono *dovere*, *potere*, *volere*, quando accompagnano un verbo all'**infinito** per presentare la sua azione come **necessaria** (**Devo** partire), **possibile** (**Posso** partire) o **voluta** (**Voglio** partire).

Nei **tempi composti** essi tendono ad assumere l'**ausiliare del verbo che accompagnano**, ma con alcune oscillazioni:

se accompagnano	richiedono	esempio
il verbo *essere*	avere	Ha **voluto** esserci.
un verbo che usa *avere*	avere	Non ho **potuto** aiutarlo.
un verbo intransitivo che usa *essere*	essere (avere, nella lingua parlata)	Sono **dovuto** partire. Ho **dovuto** partire.
un verbo di forma riflessiva o intransitiva pronominale	essere, se la particella pronominale li precede	Non mi sono **potuto** lavare. Si sono **dovuti** pentire.
	avere, se la particella è unita all'infinito	Non ho **potuto** lavarmi. Hanno **dovuto** pentirsi.

Dovere, *potere*, *volere* possono anche essere usati da soli in **funzione predicativa**.

Possono essere usati in funzione servile anche *preferire*, *desiderare*, *solere* (= *essere solito*), *sapere* (= *essere in grado di*), *essere capace di*, *osare* e simili. In questo caso sono sempre seguiti da un verbo all'**infinito** e mantengono l'ausiliare *avere*, ad eccezione di *solere* che richiede il verbo *essere*.

Non **ha osato** chiedertelo.   **Sai** nuotare?   **Sono solito** viaggiare in treno.

3*4 I verbi fraseologici

> I **verbi fraseologici** accompagnano un verbo coniugato a un modo **indefinito**, per evidenziarne una particolare sfumatura di significato.

Come indica la loro stessa denominazione, i verbi fraseologici si collegano al verbo per mezzo di una **preposizione**, formando delle **combinazioni fisse di più parole** che costituiscono un unico predicato.

Si è sentito obbligato a farci gli auguri, ma **si è limitato a** mandare un telegramma.

La morfologia

Tra i verbi fraseologici, i verbi **aspettuali** e i verbi **causativi** esprimono un significato specifico.

- I **verbi aspettuali** definiscono l'**aspetto** dell'azione, specificando in quale modo essa **si sviluppa nel tempo** e in quale **fase di svolgimento** viene colta da chi parla.

In particolare:

verbi fraseologici	aspetto dell'azione	esempi
stare / essere per, accingersi a, essere sul punto di + infinito	imminenza	**Stanno per** arrivare. **Ero sul punto di** svenire.
cercare di, sforzarsi di, tentare di, provare a + infinito	tentativo di compierla	Mi **sforzo di** credergli. **Prova a** voltare pagina.
cominciare a, mettersi a, prendere a + infinito	inizio	Mi **misi a** correre. La ragazza **prese a** urlare.
stare, andare, venire + gerundio	svolgimento	**Sto** pensando a lui. Il rumore **va** via via crescendo.
continuare a, seguitare a, persistere a (nel), ostinarsi a + infinito	durata	**Continuava a** piangere. Ti **ostini a** difenderlo.
finire di (per, con), cessare di, smettere di + infinito	conclusione	Ho **finito di** studiare. Il cuore **cessò di** battere.

- I **verbi causativi** *fare* e *lasciare* precedono l'**infinito** di un altro verbo e indicano che il soggetto **fa eseguire** o **lascia eseguire ad altri l'azione**. In questo caso, quindi, il soggetto non rappresenta chi compie materialmente l'azione, ma chi la causa, ordinandone o permettendone lo svolgimento.

Il professore mi **ha fatto** rifare il compito.

I miei non mi **lasceranno** venire.

ALLENA LE COMPETENZE

82 ●○○ **COMPETENZE MORFOLOGICHE** **Indica** se i verbi sono usati come predicati autonomi **[A]** o in funzione di verbi servili **[S]**.

1. Vorrei [.......] tanto rivedere il mio amico George. **2.** Chi vuole [.......] del gelato? **3.** Dovrebbero [.......] essere più gentili con te. **4.** Ti devo [.......] dei soldi? **5.** Sai [.......] chi verrà a pranzo da noi? **6.** Luca sa [.......] sempre capire quando sono preoccupata. **7.** Sei capace di [.......] fare quella torta? **8.** Dobbiamo osare [.......] l'impossibile. **9.** Non osavo [.......] chiederti un prestito. **10.** Mio padre soleva [.......] ritrovarsi con gli amici per vedere la partita. **11.** Quando potrai [.......] venire finalmente a trovarci? **12.** Preferisco [.......] il salato al dolce. **13.** Preferiamo [.......] fare una passeggiata piuttosto che andare al cinema. **14.** Non osavo [.......] guardarlo negli occhi.

3 Il verbo

83 ●●○ COMPETENZE MORFOLOGICHE DENTRO LE PAROLE **Riconosci** i verbi usati in funzione servile.

Nel linguaggio matematico il **corollario** è un teorema che non deve essere dimostrato perché è la conseguenza logica di un teorema più generale. Oseresti mai pensare che ha la stessa origine di **corolla**, l'insieme dei petali di un fiore? Vuoi sapere perché? La parola *corolla* significava in latino "coroncina". Con le corone, che potevano essere non solo di fiori, ma anche di lamine d'oro o d'argento, i Romani solevano premiare gli atleti o gli attori eccellenti. Ma poiché gli uomini, anche se non sempre osano ammetterlo, desiderano ricevere doni più sostanziosi, alla corona si aggiungeva spesso una somma di denaro. La parola assunse quindi il significato di "aggiunta" e i matematici la ripresero per indicare un ragionamento che può essere dedotto da un altro. Riguardo all'origine di *corolla* bisogna invece citare il grande botanico Linneo. Essendo anche poeta, egli seppe definire l'insieme dei petali con un'immagine davvero suggestiva: quella di una coroncina in cima allo stelo.

84 ●●○ COMPETENZE MORFOLOGICHE **Completa** i verbi delle seguenti frasi con l'ausiliare opportuno.

1. Tu .... dovuto impegnarti di più. **2.** Non .... potuto essere presente alla cerimonia. **3.** Speriamo che non si .... dovuti pentire della loro scelta. **4.** Sandro .... dovuto uscire prima. **5.** Come .... potuto essere tanto incosciente? **6.** Non capisco perché voi .... voluto il mio aiuto. **7.** Ci .... dovuti ricredere sul suo conto. **8.** Mi .... dovuto svegliare molto presto. **9.** .... voluto partire prima, ma mi .... dovuto fermare per aspettare Anna. **10.** Come .... potuto accadere?

85 ●○○ COMPETENZE MORFOLOGICHE **Riconosci** i verbi fraseologici.

1. Non riuscirò mai a spiegarglielo: è impossibile fargli capire il problema. **2.** Abbiamo cercato di rassicurarlo ma non ci siamo riusciti. **3.** Non devi limitarti a studiare a memoria le regole, ma devi sforzarti di capirne il senso. **4.** Sta ancora dormendo? Prova a svegliarlo. **5.** Se non cerchi di migliorare i tuoi risultati scolastici, mi vedrò costretto a non lasciarti più uscire con gli amici. **6.** Non mi far dire qualcosa di cui poi dovrò pentirmi. **7.** Stavo già per uscire, quando mia madre mi ha fatto prendere un grande spavento: tremava tutta e stava per svenire. **8.** Quando incomincia a parlare, Laura non smette più di raccontare.

86 ●●○ COMPETENZE MORFOLOGICHE **Riconosci** i verbi fraseologici e **indica** se sono causativi [C] o aspettuali, **specificando** se esprimono imminenza [AI], tentativo [AT], inizio [AIN], svolgimento [AS], durata [AD] o conclusione [AC].

1. Sono sul punto di risolvere il problema. [.......] **2.** Lasciami uscire con loro! [.......] **3.** Smetti di mangiare ciliegie. [.......] **4.** Seguita a parlare male di noi e va dicendo in giro un mucchio di bugie. [.......] **5.** I tifosi presero a offendere gli avversari. [.......] **6.** Smisero di parlare. [.......] **7.** Stavamo per concludere un buon affare, ma poi tutto è sfumato. [.......] **8.** Dopo la morte del figlio, il padre iniziò a lasciarsi andare e smise di uscire di casa. [.......] **9.** L'affluenza dei visitatori andava via via aumentando. [.......] **10.** Quando stava per salire sull'aereo, ebbe un ripensamento e si mise a correre. [.......]

A 145

La morfologia

RAFFORZA LE TUE COMPETENZE

87 ●●○ **COMPETENZE MORFOLOGICHE** Riconosci i **verbi di servizio** e **classificali** nella tabella che riprodurrai sul quaderno.

1. Chi fece costruire le piramidi? **2.** Si ostina a voler fare di testa sua. **3.** Mi sono messa a cucinare. **4.** Luca sa già nuotare. **5.** Dovrei credere a ciò che ha detto? **6.** Lasciami guardare il film. **7.** Da chi è stato progettato il ponte? **8.** Che cosa andate cercando? **9.** Marco sta guardando la TV. **10.** Quando finisci di studiare? **11.** Avrei dovuto parlargli io. **12.** Vuoi uscire con noi stasera? **13.** Puoi dirmi cos'è accaduto? **14.** Cerca di arrivare puntuale. **15.** Mi fai fare una telefonata?

	ausiliare	servile	aspettuale	causativo
1. Chi fece costruire le piramidi?				fece

88 ●●○ **COMPETENZE MORFOLOGICHE** Volgi le voci verbali delle seguenti coppie di frasi dal **passato remoto** al **passato prossimo** scegliendo l'**ausiliare** adeguato.

1. a. I marinai calarono le vele. **b.** Fortunatamente il prezzo del petrolio calò. **2. a.** Con quell'investimento arricchì il suo capitale. **b.** Grazie alla sua nuova attività Marco si arricchì molto. **3. a.** Gran parte dei passeggeri della nave affogò. **b.** Il pover'uomo affogò il dolore nell'alcol. **4. a.** Con le sue continue richieste di denaro mi asfissiò. **b.** A seguito dell'incendio una coppia di anziani asfissiò. **5. a.** La nevicata cessò. **b.** Cessò di nevicare. **6. a.** Corsi subito a casa. **b.** In quell'occasione corsi un bel rischio. **7. a.** Finalmente esplose l'estate. **b.** I ladri in fuga esplosero dei colpi di pistola. **8. a.** Gli accordi di pace tra i due Paesi fallirono. **b.** Matteo non fallì il bersaglio. **9. a.** Il malvivente evase di prigione. **b.** Quell'uomo evase le tasse. **10. a.** Una lepre schizzò fuori da un cespuglio. **b.** Mio fratello schizzò la mia maglia di vernice.

89 ●●○ **COMPETENZE LESSICALI** Indica se nelle coppie di frasi dell'esercizio 88 il verbo mantiene lo stesso significato e **sostituiscilo** con un verbo o un'espressione equivalenti.

90 ●●○ **COMPETENZE MORFOLOGICHE** **MITO** Riconosci i verbi di **forma passiva** e **volgili** alla **forma attiva**; distingui il valore della **particella** *si*.

Clitennestra Clitennestra, figlia del re di Sparta e sorella di Elena, è considerata un personaggio importante all'interno del mito greco: oltre a essere citata più volte nell'*Odissea*, compare anche in alcune opere dei grandi tragediografi greci Eschilo, Sofocle ed Euripide. Si racconta che lei avesse sposato Tantalo, figlio di Tieste, e avesse avuto un figlio. Un giorno però Agamennone, diventato re di Micene, aveva dichiarato guerra a Tantalo, lo aveva fatto uccidere assieme al figlio e ne aveva sposato a forza la vedova. Dal nuovo matrimonio Clitennestra aveva avuto un figlio, Oreste, e tre figlie, Elettra, Ifigenia e Crisotemi. Quando il principe troiano Paride rapì Elena, la moglie di Menelao, il fratello di lui, Agamennone, si mise a capo di una grande spedizione contro Troia. L'esercito della coalizione si radunò sulle coste della Beozia, ma quando stava per partire, si levò un'insolita e persistente bonaccia che impedì alle navi di salpare.

3 Il verbo

91 ●●● COMPETENZE MORFOLOGICHE MITO **Analizza** le voci verbali, indicando **genere**, **forma**, **modo** e **tempo** e, nel caso dei **verbi di servizio**, **specificane** la tipologia; **volgi**, quando possibile, le voci verbali **attive** alla forma **passiva**, e viceversa.

Il sacrificio di Ifigenia Per capire quale fosse la causa che impediva la partenza della flotta, si consultò un indovino. Si seppe così che la bonaccia era provocata dalla dea Diana, la cui cerva sacra era stata uccisa da Agamennone. La collera della dea avrebbe potuto essere placata solo se Agamennone avesse sacrificato la propria figlia Ifigenia. Il re dapprima si rifiutò, ma poi, spinto dagli altri capi greci, acconsentì e fece venire la figlia, dicendo di volerla fidanzare con Achille. Quando però era ormai sul punto di essere sacrificata, la giovane venne salvata dalla stessa dea che la portò via con sé per farne una sua sacerdotessa. Benché non fosse stata uccisa, Ifigenia era comunque stata sottratta alla madre con l'inganno e questo finì per accrescere ancor più il risentimento di Clitennestra verso il marito.

92 ●●● COMPETENZE MORFOLOGICHE MITO **Riconosci** i **verbi copulativi** e gli **ausiliari** e **specifica** se accompagnano un **verbo transitivo** o **intransitivo**.

La morte di Agamennone Dopo che la spedizione per Troia fu partita, Egisto, figlio di Tieste e quindi cugino di Agamennone, cercò di sedurre Clitennestra e, dopo esserci riuscito, regnò con lei a Micene. I due amanti si erano già illusi che Agamennone non sarebbe sopravvissuto a quella guerra che sembrava interminabile (era durata infatti 10 anni). Alla fine però egli tornò, conducendo con sé Cassandra, la giovane figlia del re troiano Priamo, che era diventata sua schiava e concubina e aveva avuto da lui due gemelli. Questa situazione aveva quindi finito per accrescere ancor più il risentimento di Citennestra verso il marito. Egisto e la regina erano stati subito informati dell'arrivo di Agamennone dalle spie che avevano fatto appostare per conoscere in anticipo quando il re fosse tornato. Elaborarono quindi un piano per disfarsi di lui. Dapprima lo accolsero con grandi manifestazioni di gioia, che egli credette sincere, nonostante fosse stato avvertito da Cassandra del pericolo che stava per abbattersi su di lui; poi lo uccisero a tradimento, mentre stava facendo un sacrificio e si trovava quindi disarmato e indifeso. Anche Cassandra, ben consapevole della sua fine imminente, venne uccisa nella congiura, assieme ai suoi due gemelli.

93 ●●● COMPETENZE MORFOLOGICHE DALLA GRAMMATICA ALLA SCRITTURA **Riscrivi** le frasi in modo che esprimano gli **aspetti** richiesti: **usa** opportunamente un **verbo fraseologico**.

1. Patrizia dipinge un quadro. (*svolgimento / inizio / conclusione*)
2. Quell'autore scriveva un nuovo romanzo. (*imminenza / tentativo / durata*)
3. Leggevo un capitolo dei *Promessi Sposi*. (*durata / inizio / conclusione*)
4. Dei ladri svaligiano la banca. (*tentativo / svolgimento / imminenza*)
5. Il professore detta il compito. (*imminenza / svolgimento / inizio*)
6. Accese il fuoco nel camino. (*durata / tentativo / conclusione*)

94 ●●● COMPETENZE MORFOLOGICHE DALLA GRAMMATICA ALLA SCRITTURA **Riscrivi** le frasi in modo che esprimano i **valori** richiesti: **usa** opportunamente un **verbo di servizio**.

1. La nonna fa la torta di mele. (*svolgimento / volontà / conclusione*)
2. Il ladro nascose la refurtiva in cantina. (*dovere / tentativo / svolgimento*)
3. Francesca non piangeva. (*possibilità / durata / conclusione*)

A 147

La morfologia

4 Gli usi dell'indicativo e dei suoi tempi

L'**indicativo** (dal latino *indicare*, "mostrare con il dito, indicare") è il modo della **certezza** e dell'**obiettività**, e presenta l'azione come **reale** e **sicura**.

Per i significati che esprime, l'indicativo è senza dubbio il **modo fondamentale**; esso è infatti il modo più usato nelle **proposizioni indipendenti** e conosce un largo impiego anche nelle **proposizioni dipendenti**, soprattutto in quelle che presentano l'azione come un **fatto certo** e **oggettivo**.

Ha **otto tempi**, **cinque** dei quali riguardano il **passato** e **due** il **futuro**; alcuni esprimono un **tempo assoluto**, altri un **tempo relativo**.

4*1 Il presente

attivo	passivo
Io vedo	Io sono visto

Il **presente** indica un'azione che si verifica nel **momento in cui si parla o si scrive**.

    Oggi **sono** in ritardo.   **Aspetto** l'autobus.

Il presente è usato anche per indicare fatti e azioni che **non avvengono nel momento stesso in cui si parla**, ma che mantengono, tuttavia, **un certo legame con il presente**.

A 148

3 Il verbo

In questi usi si distinguono i seguenti tipi di presente:

presente	significati	esempi
abituale	azione **che si ripete abitualmente** anche nel passato e nel futuro	Il martedì **vado** in piscina. Mi **piace** leggere.
atemporale	fatto **sempre valido**; è specifico di **proverbi, leggi** e **trattazioni**	Chi **dorme** non **piglia** pesci. La Terra **gira** attorno al Sole.
storico	eventi del passato **attualizzati** che vivacizzano **narrazioni** o **descrizioni**	La scoperta dell'America **avviene** nel 1492.
al posto del futuro	azione che **avverrà certamente** in un futuro prossimo	**Partiamo** domani.

Il presente è l'unico tempo dell'indicativo che sia nelle **proposizioni indipendenti** sia nelle **dipendenti** esprime un rapporto di **contemporaneità** rispetto al **presente** o al **futuro**.

Mentre io **parlo**, tu non **ascolti** quello che **dico**.   Gli dirò che ciò che **fa** non **è** giusto.

ALLENA LE COMPETENZE

95 ●○○ **COMPETENZE MORFOLOGICHE** **Indica** se il presente esprime un'azione che avviene nel momento in cui si parla **[M]**, che è avvenuta nel passato **[P]** o che avverrà nel futuro **[F]**.

1. Domenica andiamo a un matrimonio. [.....] 2. Vado di corsa da Lia. [.....] 3. Nelle vacanze di Natale vengo in montagna con te. [.....] 4. Auto pirata investe un ciclista e fugge. [.....] 5. La pasta è pronta. [.....] 6. Alessandro Magno muore nel 323 a.C. [.....] 7. Parto domani e ti raggiungo. [.....] 8. Ho un terribile mal di testa. [.....] 9. Quando viene scoperta l'Australia? [.....] 10. Mi annoio ad ascoltare questa conferenza. [.....]

96 ●●○ **COMPETENZE MORFOLOGICHE** **Indica** se il presente esprime un'azione che avviene nel momento in cui si parla **[M]**, o se è un presente abituale **[A]**, storico **[S]**, o un presente al posto del futuro **[F]**.

1. Il sabato sera Luca va al cinema con Lia. [.....] 2. Domenica Luca esce con Lia. [.....] 3. Da un anno Luca esce con Lia. [.....] 4. Luca esce in moto con Lia e, a causa del terreno scivoloso, perde il controllo e finisce contro un albero. [.....] Sono ancora ricoverati entrambi in ospedale per varie fratture. [.....] 5. Anche se sta diluviando, Luca vuole uscire in moto con Lia. [.....]

97 ●●● **COMPETENZE MORFOLOGICHE** **Indica** se il presente esprime un'azione che avviene nel momento in cui si parla **[M]** o se è un presente abituale **[A]**, atemporale **[AT]**, storico **[S]** o un presente al posto del futuro **[F]**.

1. Mi iscrivo, se lo fai anche tu. [.....] 2. Non fumo e non bevo alcolici. [.....] 3. Ho mal di stomaco e mi faccio una tisana. [.....] 4. Nel 2006 l'Italia vince il campionato mondiale di calcio. [.....] 5. La mononucleosi è la malattia infettiva definita anche "sindrome del bacio". [.....] 6. L'anno prossimo cambio lavoro. [.....] 7. Il professor Rossi riceve il lunedì dalle 13 alle 14. [.....] 8. Domani vieni al mare con noi? [.....] 9. Giulio Cesare muore nel 44 a.C. [.....]

La morfologia

4*2 L'imperfetto

attivo	passivo
Io vedevo	Io ero visto

> L'**imperfetto** colloca l'azione nel **passato**, presentandola nel suo **svolgimento** e mettendone in evidenza la **durata**.

Come indica lo stesso nome (dal latino *imperfectum*, "non compiuto"), l'imperfetto ha un marcato **valore aspettuale** che si può riscontrare nei suoi vari usi.

Ecco il quadro completo dei valori aspettuali dell'imperfetto e dei rispettivi significati.

valori dell'imperfetto	usi	esempio
durativo	esprime un'azione di una certa durata, colta nel suo svolgimento	Il ferito **urlava** per il dolore. Quando arrivai, Anna **dormiva**.
abituale o iterativo	esprime un'azione che avviene abitualmente e si ripete nel passato	Anni fa **frequentavo** la palestra. Luca **faceva** sempre degli scherzi.
descrittivo	è il tempo delle sequenze descrittive all'interno di narrazioni al passato	La stanza **era** piccola e buia e dall'unica finestra **filtrava** una luce fioca e spettrale.
narrativo o storico	dà enfasi e attualizza gli avvenimenti; ricorre nelle opere narrative o storiche, nei resoconti giornalistici, soprattutto di cronaca nera	**C'era** una volta un re… I rapinatori **riuscivano** a fuggire su un'auto rubata, **ingaggiavano** una sparatoria con le forze dell'ordine e, infine, **venivano catturati**.

Nel vivo della lingua

Usi dell'imperfetto nella lingua parlata Nella lingua parlata di registro colloquiale si ricorre frequentemente all'imperfetto:

- **conativo**, per indicare un'**intenzione non realizzata** o un **rischio che si è corso**.
  Guarda cosa mi **facevi** fare: per poco non lo **investivo**!
- di **modestia**, per formulare una **richiesta in modo cortese** o per esprimere un **desiderio**, talora con tono quasi di rinuncia.
  Volevo due litri di latte.   **Potevi** chiederlo a me!
  Pensavo di parlarti, ma non è urgente.
- **ludico** (dal latino *ludus*, "gioco"), usato soprattutto dai bambini quando si distribuiscono i rispettivi ruoli nel gioco.
  Tu **volevi** distruggere la città e io **ero** Batman che ti **davo** la caccia.

A 150

Nelle **proposizioni dipendenti** l'imperfetto rimarca sempre un **aspetto durativo** ed esprime rapporti di:

- **contemporaneità**, rispetto a un verbo espresso a un tempo del **passato**.

  Tutti sapevano che Giulia non **frequentava** più Matteo.
  Il telefono squillò, mentre **facevo** la doccia.
  Stefano ha visto Marco che **litigava** con Anna.

  allora   allora

- **anteriorità**, rispetto a un verbo espresso al **presente**.

  Tutti sanno che Giulia non **frequentava** più Matteo.
  Conosci quel ragazzo che **veniva** a scuola con me?

  adesso   allora

4*3 Il passato remoto

attivo	passivo
Io vidi	Io fui visto

> Il **passato remoto** indica un evento accaduto nel **passato**, presentandolo come totalmente **concluso** o sottolineandone la **breve durata**.

In tutte le proposizioni, sia indipendenti sia dipendenti, mantiene il suo **valore aspettuale**: in **opposizione all'imperfetto**, definisce l'azione passata come **momentanea**; **in opposizione al passato prossimo** la presenta come **priva di legami** con il presente.

Alex andava a scuola in motorino: quel giorno **cadde** e si **slogò** una spalla.
Cristoforo Colombo **sbarcò** a San Salvador il 12 ottobre 1492.

È il tempo specifico della **prosa narrativa** in genere.

Nel vivo della lingua

Usi regionali del passato remoto e del passato prossimo   A livello nazionale, l'uso del passato remoto è piuttosto **disomogeneo**. Nell'Italia del Nord e in parte in quella centrale, si registra la tendenza a sostituirlo con il **passato prossimo**, anche per indicare quegli eventi, **lontani nel tempo** e **senza relazioni con il presente**, che richiederebbero il passato remoto.

Ho incontrato mia moglie trent'anni fa, durante un viaggio a Parigi.

Nella lingua parlata in alcune zone del Sud, invece, si tende a usarlo **al posto del passato prossimo** per riferire fatti del passato recente.

Stamattina **feci** la spesa in quel nuovo supermercato.

La morfologia

ALLENA LE COMPETENZE

98 ●○○ COMPETENZE MORFOLOGICHE Riconosci i verbi all'indicativo imperfetto.

1. L'auto procedeva ad alta velocità, quando all'improvviso sbandò. **2.** Conosco bene questa strada: la percorrevo un tempo andando in palestra. **3.** Mia madre chiacchierava con un'amica, così ha bruciato l'arrosto. **4.** Andando a scuola, mi fermavo a fare colazione in quel bar. **5.** Ho incontrato un uomo affascinante: aveva i capelli brizzolati e uno sguardo penetrante. **6.** Ho saputo che era lei l'amica di Massimo. **7.** Ricordo che da piccola Laura aveva paura dei fantasmi. **8.** L'anno scorso andammo in Sardegna: la spiaggia era ampia e dorata, il mare limpido aveva il colore del turchese. **9.** Ti ricordi quando facevamo le feste sulla spiaggia? **10.** Pioveva a dirotto, perciò rimanemmo in casa.

99 ●●○ COMPETENZE MORFOLOGICHE Indica se nelle frasi dell'esercizio precedente i verbi all'imperfetto esprimono un'azione durativa [D], un fatto abituale [A], una descrizione [DE], l'anteriorità rispetto ad un presente [AP], la contemporaneità rispetto ad un passato [CP].

100 ●●○ COMPETENZE MORFOLOGICHE Indica se i verbi all'imperfetto esprimono un'azione durativa [D], un fatto abituale [A], una narrazione [N] o una descrizione [DE].

1. I ragazzi chiacchieravano [........] a voce alta, quando il professore entrò in classe. **2.** Quando partivamo [........] per le gite in montagna, ci alzavamo sempre prestissimo [........]. **3.** La domenica ci incontravamo [........] da Paolo per vedere le partite di calcio in TV. **4.** Nel giardino del castello c'era [........] una distesa di tulipani fioriti: era [........] un incanto. **5.** Era [........] una casa piccola, buia e sembrava [........] disabitata da anni. **6.** Il ladro fuggiva [........] con i suoi complici, ma veniva [........] fermato alla dogana dalla polizia. **7.** Pioveva [........] da tre giorni: così tornammo in città. **8.** C'era [........] una volta un principe, che viveva [........] solo e triste, in un magnifico palazzo. **9.** Dormivo [........] profondamente, quando una sirena mi svegliò di soprassalto. **10.** Da bambino Stefano dormiva [........] pochissimo. **11.** Nel 1978 i terroristi delle Brigate Rosse rapivano [........] il segretario della Democrazia Cristiana, Aldo Moro, il cui cadavere veniva ritrovato [........] il 9 maggio.

101 ●●○ COMPETENZE MORFOLOGICHE Indica se l'imperfetto nella dipendente stabilisce un rapporto di anteriorità rispetto al presente [A] o di contemporaneità rispetto al passato [C].

1. Da piccola ascoltavo con piacere le storie che mi raccontava mia nonna. [.....] **2.** Ripenso spesso a quando andavamo al mare con i nonni. [.....] **3.** Avevi già capito che avevo un debole per lei? [.....] **4.** Gianni, che da giovane era molto esuberante, è ora un uomo molto posato e tranquillo. [.....] **5.** Lo sai che le donne spartane erano più libere di quelle ateniesi? [.....] **6.** Andrea ha visto Valeria mentre distribuiva dei volantini. [.....] **7.** Adesso so bene che avevi ragione tu. [.....] **8.** Entrai in casa proprio mentre squillava il telefono. [.....] **9.** Ricordo che da bambino dormivo con un orsacchiotto bianco. [.....] **10.** Mentre era affacciata alla finestra, la ragazza assistette a uno scippo. [.....]

A 152

3 Il verbo

Occhio all'errore

Se lo facevi tu o se lo avessi fatto tu? Sono da evitare sia nella scrittura sia nella lingua parlata di registro formale i seguenti usi dell'imperfetto:

- l'**imperfetto al posto del condizionale passato**, per esprimere il rapporto di posteriorità rispetto a un passato.

  NO Aveva detto che <u>veniva</u> a trovarmi e che si <u>fermava</u> qualche giorno.

  SÌ Aveva detto che **sarebbe venuto** a trovarmi e che si **sarebbe fermato** qualche giorno.

- l'**imperfetto al posto del congiuntivo e del condizionale** nel periodo ipotetico.

  NO Se <u>venivi</u> anche tu, <u>potevamo</u> giocare a carte.

  SÌ Se **fossi venuto** anche tu, **avremmo potuto** giocare a carte.

102 ●●○ COMPETENZE MORFOLOGICHE **Correggi** gli errori nell'uso dell'imperfetto.

1. Mi aveva promesso che mi aiutava. **2.** Se lo incontravo, gli consegnavo personalmente questa lettera. **3.** Potevi dirmi subito che non venivi in vacanza con noi. **4.** Se sapevo la verità, non ti sgridavo. **5.** Se studiavate, eravate sicuramente promossi. **6.** Luigi credeva che era un lavoro semplice. **7.** Non sapevo che anche Patrizia partecipava alla gara. **8.** Mi aveva assicurato che arrivava puntuale.

103 ●○○ COMPETENZE MORFOLOGICHE STORIA **Completa** il testo coniugando il verbo tra parentesi al passato remoto o all'imperfetto.

Alessandro Magno e il cavallo Bucefalo
Alessandro Magno (*avere*) .... solo dodici anni quando (*riuscire*) .... a domare il cavallo Bucefalo. Suo padre, il re Filippo di Macedonia, lo aveva comprato a una cifra esorbitante: (*essere*) .... uno splendido animale, ma (*avere*) .... un carattere molto focoso e apparentemente indomabile, tanto che il sovrano già (*meditare*) .... di restituirlo. Il giovane Alessandro però (*notare*) .... che il cavallo (*essere*) .... spaventato dalla propria ombra: così lo (*mettere*) .... con il muso rivolto verso il sole e gli (*salire*) .... in groppa. Da allora il cavallo non (*lasciarsi*) .... più montare da nessun altro e per quasi un ventennio (*accompagnare*) .... il suo padrone. Morì per le ferite riportate nella battaglia che (*essere combattuta*) .... contro il re indiano Poro: Alessandro (*volere*) .... seppellire il suo amato destriero con tutti gli onori militari e in quel luogo (*fondare*) .... la città di Bucefala.

Alessandro Magno con il suo cavallo, particolare de *La battaglia di Isso*, 100 a.C., Napoli, Museo archeologico nazionale.

A 153

La morfologia

4*4 Il passato prossimo

attivo	passivo
Io ho visto	Io sono stato visto

> Il **passato prossimo** indica un'azione **accaduta** e **compiuta nel passato**, ma ancora **legata al presente**, un fatto avvenuto **in un periodo di tempo molto recente** (*oggi*, *poco fa*) o **non del tutto terminato** (*quest'anno*, *questo mese*), oppure un evento che, pur lontano, **mantiene i suoi effetti nel presente** ed è avvertito da chi parla e scrive come ancora vicino.

Oggi **sono venuto** a prenderti a scuola, ma non ti **ho visto**.
Marisa **ha abitato** qui per tre anni e in questi giorni **è tornata** al suo paese d'origine.
Alessandro **ha ereditato** questa casa dai suoi nonni.

Mantiene questo valore anche nelle **proposizioni dipendenti**, in cui esprime il rapporto di **anteriorità** rispetto al **presente**, rimarcando la stretta relazione con il verbo reggente.

Lo sapete che il padre di Laura **è stato** un campione di sci?   adesso   prima
Devi pagare tu, dal momento che **hai fatto** tu quel danno.

Allena le Competenze

104 ●○○ COMPETENZE MORFOLOGICHE **Completa** le seguenti frasi, coniugando il verbo al passato remoto o al passato prossimo.

1. Dopo la gara i giocatori sportivamente (*stringersi*) .... la mano. 2. (*Essere*) .... un periodo molto faticoso, ora mi riposo. 3. Quel giorno Mattia (*vestirsi*) .... elegantemente. 4. Ieri (*finire*) .... la scuola! 5. Schlieman (*scavare*) .... nel sito di Hissarlik, alla ricerca dell'antica Troia. 6. Questa mattina mi (*telefonare*) .... Sergio. 7. Perché ieri non mi (*lasciare*) .... uscire con Anna? 8. Leopardi (*scrivere*) .... l'*Infinito* nel 1819.

105 ●●○ COMPETENZE MORFOLOGICHE E LESSICALI **Scegli** il verbo adatto al contesto e **coniugalo** opportunamente al passato remoto o al passato prossimo di forma attiva o passiva.

> sventare • redigere • redarguire • ritrattare • perorare • emanare • annoverare • comportare

1. Per il suo comportamento oggi Andrea .... dal preside. 2. Nel 2006 .... un attentato su linee aeree transatlantiche; subito dopo .... misure di sicurezza molto più restrittive che .... gravi disagi per le linee aeree. 3. Chi .... il verbale della seduta? 4. La testimonianza sembrava aver convinto tutti, ma poi il testimone .... 5. Cicerone .... la causa dei Siciliani contro Verre, pronunciando le famose *Verrine*. 6. Saffo .... ancor oggi tra le più grandi poetesse d'amore.

A 154

4*5 Il trapassato prossimo

attivo	passivo
Io avevo visto	Io ero stato visto

> Il **trapassato prossimo** è un **tempo relativo** che esprime il **rapporto di anteriorità** rispetto al **passato**; indica, cioè, un'azione avvenuta **prima** di un'altra, espressa ai tempi **imperfetto**, **passato remoto** o **passato prossimo**.

Lui mi aiutava sempre, quando non **avevo capito** la lezione.
Paolo ci disse che suo figlio **aveva superato** l'esame per la patente.
Vi ho portato il libro che mi **avevate chiesto**.

Ricorre sia nelle **proposizioni indipendenti** sia nelle **dipendenti** per riferire l'**antefatto** degli avvenimenti narrati.

Tutti si trovavano in grande miseria. Quell'anno, infatti, il raccolto **era stato scarso**.
Tutti si trovavano in grande miseria perché quell'anno il raccolto **era stato scarso**.

4*6 Il trapassato remoto

attivo	passivo
Io ebbi visto	Io fui stato visto (non usato)

> Il **trapassato remoto** è un **tempo relativo** che esprime il **rapporto di anteriorità** rispetto al **passato remoto**.

Questo tempo è ormai caduto in disuso nel parlato; si trova solo nella lingua scritta e letteraria ed esclusivamente nelle **proposizioni subordinate temporali** introdotte da *quando*, *dopo che*, *una volta che* per esprimere un'azione **totalmente conclusa**. Inoltre, non è più usato né per il verbo *essere* (*fui stato*) né nelle forme passive.

Quand'**ebbe terminato** il discorso, tutti lo applaudirono con entusiasmo.
Una volta che **fu partito**, Alessandro provò un'angoscia insostenibile.

Allena le Competenze

106 ○○○ COMPETENZE MORFOLOGICHE **Distingui** il trapassato prossimo dal trapassato remoto.

1. Avevi già conosciuto Gianni quando ci siamo parlati? 2. Eravamo appena usciti, quando si mise a piovere. 3. Appena ebbi finito di mangiare, uscii. 4. Avevamo già pensato al regalo per Matteo. 5. Dopo che ebbe parlato con il medico, Sandra si tranquillizzò. 6. Mi avevano proposto di andare al mare con loro, ma io non accettai. 7. Monica era già partita, quando la chiamai. 8. Quando ebbe terminato i compiti, mi chiamò.

La morfologia

4*7 Il futuro semplice

attivo	passivo
Io vedrò	Io sarò visto

> Il **futuro semplice** indica un'azione che avverrà in **un momento successivo** rispetto a quello in cui si parla o si scrive.

L'estate prossima **andremo** in Sardegna.
Adesso studio, poi **uscirò**.

Il futuro, più o meno svincolato dal suo valore temporale, può esprimere altri significati.

significati	esempi
dubbio (espresso in forma interrogativa o esclamativa)	**Saranno** già qui? Non **crederà** che lo faccia io!
ordine (equivale al modo imperativo)	Lo **chiederai** a tuo padre!
concessione	**Sarà** anche ricco, ma quanto spende!
affermazione attenuata	Ti **dirò** subito che lui non mi piace.
valutazione approssimativa o **supposizione**	**Sarà** quasi mezzanotte. A quest'ora **vorrete** mangiare.

Nelle **dipendenti** esprime un rapporto di **posteriorità** rispetto a un verbo coniugato al **presente** o al **passato prossimo**, o la **contemporaneità** rispetto al **futuro**.

Non so se ci **riusciranno**. | adesso | poi |
Dimmi chi ti **accompagnerà**.

Gli ho assicurato che ci **penserò**. | allora | poi |
Ve ne parlerò quando **verrete** qui. | poi | poi |

4*8 Il futuro anteriore

attivo	passivo
Io avrò visto	Io sarò stato visto

> Il **futuro anteriore** è un **tempo relativo** che esprime un **rapporto di anteriorità** rispetto al **futuro**: indica un evento che si realizzerà nel futuro **prima** di un'azione espressa al **futuro semplice**.

Il futuro anteriore si trova per lo più nelle **proposizioni dipendenti temporali**; il suo uso, tuttavia, è ormai limitato ai testi di registro formale; negli altri casi è sostituito dal futuro semplice.

Ti presterò il libro, non appena l'**avrò letto** io.
Quando **avrai finito** gli esami, partiremo per le vacanze. | poi | prima |

3 Il verbo

Nelle **proposizioni principali** il futuro anteriore, svincolato dal suo valore temporale, esprime, come il futuro semplice, altri significati riferiti al **passato**.

significati	esempi
dubbio	Dove **avrà messo** le chiavi?
concessione	**Sarà** anche **stato** gentile, ma quanto era noioso!
supposizione o valutazione approssimativa	**Saranno state** le otto quando è arrivato.

ALLENA LE COMPETENZE

107 ●○○ **COMPETENZE MORFOLOGICHE** **Indica** se il futuro semplice esprime un'azione che si colloca nel futuro [F] o nel presente [P].

1. Quando ti consegneranno il risultato delle analisi? [.....]   2. Sarà già ora di piantare i gerani? [.....]   3. Saranno anche bravi in matematica, ma non sono dei geni! [.....]   4. Lo zio cambierà lavoro; così ci ha detto ieri. [.....]   5. Quando verrai a trovarmi nella mia nuova casetta? [.....]   6. Sarà già ora di togliere la torta dal forno? [.....]   7. Dopo questo viaggio i nonni vorranno riposarsi. [.....]   8. Dove sarà mai mio fratello a quest'ora? [.....]   9. Che cosa farai durante le vacanze? [.....]   10. Pioverà? [.....]

108 ●●○ **COMPETENZE MORFOLOGICHE** **Indica** se il futuro semplice esprime un'azione futura [F], un dubbio [D], un ordine [O], una valutazione approssimativa [V], una supposizione [S] o un rapporto di posteriorità [P].

1. Pensi che mi presterà [.....] il suo motorino?   2. Secondo me, quella ragazza non avrà [.....] ancora vent'anni.   3. Sarà [.....] ancora impegnato?   4. Gli parlerò e gli spiegherò [.....] tutta la questione.   5. Faremo [.....] bene ad avvertirlo?   6. Dopo il cinema tornerete [.....] subito a casa!   7. Ti ho già detto che ne riparleremo [.....] al mio ritorno.   8. Terminerò [.....] il lavoro tra poche ore.   9. So già che non ci vedremo [.....] più.   10. Quel pozzo sarà [.....] profondo almeno cinque metri.   11. Vorrei chiamarlo, ma forse starà [.....] ancora dormendo.   12. Penso che Lisa domani non verrà [.....].   13. Farai [.....] ciò che ti ho detto, senza discutere!   14. A quest'ora avrete [.....] fame.

109 ●●○ **COMPETENZE MORFOLOGICHE** **Indica** se il futuro anteriore esprime un rapporto di anteriorità rispetto a un futuro [A], un dubbio [D], una concessione [C] o una supposizione [S].

1. Sarà anche stato [.....] sommerso di lavoro, ma almeno una telefonata!   2. Dove si sarà mai nascosto [.....] il mio gatto?   3. Quando mi avrai spiegato [.....] il motivo per cui hai agito così, forse riuscirò a capire.   4. Chi avrà mai fatto [.....] una cosa simile?   5. Appena sarò riuscito [.....] a capire cosa è successo, te lo dirò.   6. Saranno state [.....] già le dieci di sera quando mi ha telefonato.   7. Finché non avrà finito [.....] l'esame, lo aspetteremo qui.   8. Sarà stato [.....] Daniele...?   9. Che cosa avrà voluto [.....] dire?   10. Dopo che ti sarai ristabilito [.....], ti inviterò a cena a casa mia.   11. Come avrà potuto [.....] comperarsi un'auto tanto costosa?   12. Ci sarà anche stato [.....] un ritardo dell'autobus, ma è questa l'ora di arrivare?

A 157

La morfologia

RAFFORZA LE TUE COMPETENZE

110 ●●○ COMPETENZE MORFOLOGICHE | DENTRO LE PAROLE | **Distingui** i **tempi dell'indicativo** e **spiega** quale tipo di **azione nel passato** esprime ciascun tempo.

Sull'origine della parola **okay** indagarono per anni gli stessi statunitensi che ci hanno poi trasmesso questa come l'origine più probabile. Nel 1840 alle elezioni presidenziali degli Stati Uniti si era presentato come candidato un certo Martin Van Buren. Il comitato che lo sosteneva, dovendo scegliersi un nome, aveva adottato quello del paese in cui era nato lo stesso candidato e si era battezzato *Old Kinderhook Club*. Il nome però era troppo lungo, così lo abbreviarono in *O.K. Club* e poi in *O.K.* La sigla piacque subito a tutti: era facile, breve, martellante e sembrava di buon augurio per la vittoria. E anche dopo che Van Buren non ebbe vinto le elezioni, *OK*, ormai popolarissimo, sopravvisse come formula di approvazione e di consenso. Durante la Seconda guerra mondiale, dopo che si era ormai divulgata in tutti i paesi di lingua inglese, la parola invase anche l'Europa: grazie alle truppe statunitensi diventò d'uso internazionale ed è diventata oggi una delle parole più note nel mondo.

111 ●●○ COMPETENZE MORFOLOGICHE | DENTRO LE PAROLE | **Coniuga** il verbo al tempo dell'**indicativo** adeguato al contesto.

Francesco Maria Guazzo, *Il pranzo delle streghe al sabba*, incisione tratta dal *Compendium maleficarum*, XVII secolo, Milano.

Il termine **strega**, con cui oggi noi (*definire*) .... una donna che (*apparire*) .... malevola e arcigna, (*derivare*) .... dalla forma *striga*, che in latino (*significare*) .... "uccello notturno". Nelle fiabe, che (*piacere*) .... tanto ai bambini, la strega (*essere*) .... sempre vecchia e bruttissima, ma soprattutto (*esercitare*) .... la magia solo per scopi malvagi. In questi racconti (*rimanere*) .... il ricordo di antichi terrori che per secoli (*accompagnare*) .... questa figura. L'immagine della strega (*nascere*) .... dalle credenze popolari del Medioevo ed (*sopravvivere*) .... per secoli, almeno fino al XVIII secolo. In quei tempi le (*essere attribuito*) .... poteri magici che le (*derivare*) .... da rapporti col diavolo.

112 ●●○ COMPETENZE MORFOLOGICHE | DENTRO LE PAROLE | **Coniuga** il verbo al tempo dell'**indicativo** adeguato al contesto.

Per più di trecento anni in Europa (*dilagare*) .... la **caccia alle streghe**, cioè la ricerca, la persecuzione e la condanna di donne sospettate di compiere malefici e fatture. Allora si (*pensare*) .... che esse intrattenessero rapporti con forze oscure e infernali, dalle quali (*ricevere*) .... poteri malefici. A causa di queste superstizioni popolari che spesso le (*trasformare*) .... in capri espiatori per ogni genere di male, migliaia di esse (*essere bruciato*) .... vive sui roghi. L'espressione caccia alle streghe (*essere ripreso*) .... poi in tempi moderni per indicare qualsiasi forma di persecuzione, dettata da superstizione o da timori infondati e talvolta anche orchestrata dal potere, che (*essere perpetrato*) .... nei confronti di individui o di gruppi che (*essere identificato*) .... come il nemico da combattere.

3 Il verbo

 113 ●●○ COMPETENZE MORFOLOGICHE DENTRO LE PAROLE STORIA Scegli le voci verbali adeguate al contesto e completa il testo.

> furono scoperti • si diffuse • fu (3 volte) • è rimasto • si erano trasferiti •
> aveva fatto • furono obbligati • si affermò • rimase • furono • fu negato •
> erano pervenute • coniò • avevano commesso • aveva manipolato •
> votò • aveva accusato • ebbe • aveva condotto • scomparve •
> furono accusati • morì

Un esempio di caccia alle streghe che _____ molto famoso _____ il **maccartismo**, che _____ tra gli anni Quaranta e Cinquanta negli Stati Uniti. Dopo che _____ clamorosi casi di spionaggio a favore dell'Unione Sovietica, _____ un atteggiamento politico di violento anticomunismo e un clima di sospetto generalizzato nei confronti di presunti comunisti. Uno dei principali artefici _____ il senatore repubblicano Joseph McCarthy, sul cui nome un giornalista satirico _____ il termine. A fare le spese di quell'atmosfera di caccia alle streghe _____ anche molti personaggi della cultura e del cinema, che _____ dall'Europa dopo l'avvento del nazismo e che, a causa delle loro simpatie per le sinistre, _____ a emigrare. Tra questi Charlie Chaplin, a cui nel 1952 _____ il visto di rientro dopo che _____ un viaggio in Europa; nei suoi confronti non ci _____ mai una dichiarazione ufficiale di colpevolezza, ma la sua carriera nel cinema americano _____ del tutto compromessa.

Molti altri _____ per fatti che non _____, sulla base di prove false, infondate o per denunce che _____ in forma anonima. Il maccartismo _____ fine nel 1954, quando una commissione del Senato _____ una mozione di censura contro McCarthy, che _____ di simpatie comuniste gli alti gradi dell'esercito e _____ contro di loro una violenta campagna diffamatoria. Dopo che per molti anni _____ le paure dell'opinione pubblica per favorire la sua carriera politica, egli _____ dalla scena e _____ nel 1957 a 48 anni per le conseguenze dell'alcolismo.

114 ●●● COMPETENZE MORFOLOGICHE E LESSICALI DENTRO LE PAROLE Completa il testo con un verbo adeguato al contesto e coniugalo al tempo opportuno dell'indicativo.

Dalla credenza delle streghe _____ anche la locuzione **colpo della strega**. _____ di un improvviso episodio di lombalgia acuta, che _____ un dolore lancinante e la sensazione di essere "bloccato". Il soggetto che ne _____ un senso di estrema rigidità nella zona lombare per la presenza di una contrattura muscolare che gli _____ anche i più banali movimenti e perciò egli _____ a rimanere nella posizione in cui _____ il colpo. In genere, questo blocco doloroso _____ da un movimento brusco della colonna vertebrale o da uno sforzo. Ma cosa _____ le streghe? Alle streghe _____ anche la malefica capacità di bloccare nelle posizioni più strane una persona: _____ che le si avvicinassero e che con una scusa qualunque la toccassero. Spesso poi le streghe _____ le sembianze di donne ammaliatrici e gli uomini attratti dal loro fascino _____ loro il baciamano: così, chinandosi per sfiorare con la bocca la loro mano, _____ bloccati in quella scomoda posizione.

A 159

La morfologia

115 ● ● ○ **COMPETENZE LESSICALI** **Indica** il significato assunto dalle seguenti parole già evidenziate nel testo degli esercizi 111, 112 e 114. Attenzione: le alternative possono essere più di una.

1. malevolo:
   a. ☐ che vuol far del male b. ☐ malizioso c. ☐ prevenuto

2. arcigno:
   a. ☐ scontroso b. ☐ buffo c. ☐ burbero d. ☐ disordinato

3. dilagare:
   a. ☐ durare b. ☐ dilatarsi c. ☐ diffondersi d. ☐ allagare

4. maleficio:
   a. ☐ pratica magica malvagia b. ☐ malefatta c. ☐ cattiveria d. ☐ veleno

5. fattura:
   a. ☐ pratica di stregoneria b. ☐ fatto negativo c. ☐ documento commerciale

6. infondato:
   a. ☐ senza fondo b. ☐ sfondato c. ☐ immotivato d. ☐ senza fondamento

7. orchestrato:
   a. ☐ organizzato b. musicato c. ☐ coordinato d. ☐ suonato dall'orchestra

8. lancinante:
   a. ☐ molto doloroso b. ☐ acuto c. ☐ improvviso d. ☐ immotivato

9. sembianze:
   a. ☐ somiglianza b. ☐ aspetto c. ☐ linee d. ☐ lineamenti

10. ammaliatrice:
    a. ☐ malevola b. ☐ ammalata c. ☐ affascinante d. ☐ seducente

116 ● ● ○ **COMPETENZE MORFOLOGICHE** **DENTRO LE PAROLE** **Coniuga** il verbo al tempo dell'**indicativo** adeguato al contesto.

I **Titani** (essere) .... i giganti, figli di Urano e di Gea. Poiché (volere) .... conquistare l'Olimpo, essi (ingaggiare) .... una lotta violenta, ma (essere sconfitto) .... da Zeus e duramente puniti. Tutti (essere gettato) .... nell'abisso del Tartaro, tranne Atlante, che (essere condannato) .... a sostenere per sempre sulle spalle la volta celeste. Dopo che (diffondersi) .... l'uso di riportare sulla copertina delle raccolte di carte geografiche la figura di Atlante che (sorreggere) .... il mondo, così come (essere raffigurato) .... nella famosa raccolta del 1595, la parola **atlante** (passare) .... a indicare ogni genere di volume di carte illustrate. Ma la storia della parola non (finire) .... qui. Infatti, dopo essere diventata un nome comune, (entrare) .... a far parte di due linguaggi settoriali. In medicina (indicare) .... la prima vertebra cervicale, quella che (sembrare) .... sorreggere l'intero cranio. E che ne (essere) .... dei Titani? Anche loro (lasciare) .... traccia nel lessico: l'aggettivo **titanico** (in francese *titanique* e in inglese *titanic*) (indicare) .... un'impresa tanto straordinaria da richiedere uno sforzo sovrumano e Titanic (essere) .... il nome del famoso transatlantico che (inabissarsi) .... nel 1912, dopo che un iceberg lo (speronare) ....

3 Il verbo

117 ●●○ COMPETENZE LESSICALI PAROLE DENTRO I TESTI **Spiega** il significato delle seguenti parole evidenziate nell'esercizio 116.

1. ingaggiare: ....
2. volta celeste: ....
3. sorreggere: ....

4. sovrumano: ....
5. inabissarsi: ....
6. speronare: ....

118 ●●○ COMPETENZE MORFOLOGICHE DENTRO LE PAROLE MITO **Coniuga** opportunamente il verbo all'**imperfetto**, al **passato prossimo** o al **trapassato prossimo**.

L'espressione **pomo della discordia**, che indica la causa di un attrito o di una controversia, (*nascere*) .... dalla mitologia greca. Ecco il racconto da cui ci (*derivare*) .... Alle nozze di Peleo e Teti, (*essere invitato*) .... tutti gli dei, tranne la Discordia, che (*essere*) .... una dea invisa a tutti quanti. Questa, però, (*presentarsi*) .... ugualmente alla festa e (*lanciare*) .... in mezzo alla sala una mela d'oro, come dono per la dea più bella. Subito Atena, Era e Afrodite (*cominciare*) .... a reclamare il pomo per sé. Allora Zeus, che non (*volere*) .... essere coinvolto nel litigio, (*demandare*) .... il giudizio a Paride, il più bello tra i mortali. Dopo che ognuna delle dee (*offrire*) .... un dono per propiziarsi il suo favore, Paride (*assegnare*) .... il primato della bellezza ad Afrodite, che gli (*promettere*) .... la donna più bella del mondo. Questa (*essere*) .... Elena, che (*vivere*) .... a Sparta dove (*sposare*) .... il re Menelao. (*Nascere*) .... così la premessa della guerra di Troia.

119 ●●○ COMPETENZE MORFOLOGICHE **Completa** le frasi coniugando il verbo *arrivare* al tempo dell'**indicativo** adeguato.

1. So che Paola .... domani sera. 2. So che Paola .... stamattina all'alba. 3. So che Paola .... qui molti anni fa. 4. So che Paola .... sempre puntuale, perciò l'aspetto. 5. So che Paola .... sempre puntuale, perciò l'aspettai. 6. Sapevo che Paola .... già da due giorni. 7. Solo stasera saprò se Paola .... laggiù sana e salva. 8. Tempo fa seppi che Paola .... a casa sempre molto triste. 9. Sapevo che Paola .... a casa verso le venti, ma quella sera .... molto più tardi. 10. Ci metteremo a tavola, solo dopo che .... anche Paola. 11. Dopo che Paola ...., ci sentimmo tutti più tranquilli.

120 ●●● COMPETENZE DI SCRITTURA **Scrivi** un breve testo iniziando così: *È stata un'impresa davvero titanica.*

121 ●●● COMPETENZE DI SCRITTURA **Scrivi** un breve racconto basato su un episodio reale o inventato, incentrato su "un pomo della discordia".

122 ●●○ COMPETENZE DI SCRITTURA **Descrivi** una località in cui hai trascorso una vacanza: **usa** solo i tempi dell'**indicativo** che si riferiscono al passato.

A 161

La morfologia

5 Gli usi del congiuntivo e dei suoi tempi

> Il **congiuntivo** è il modo della **soggettività**: esprime pertanto l'**incertezza**, la **possibilità**, l'**eventualità**, il **dubbio**, il **desiderio**.

Ha **quattro tempi**, **due semplici** e **due composti**.

tempo	attivo	passivo
presente	che io veda	che io sia visto
imperfetto	che io vedessi	che io fossi visto
passato	che io abbia visto	che io sia stato visto
trapassato	che io avessi visto	che io fossi stato visto

Il congiuntivo deve il suo nome al fatto che "congiunge" una **proposizione dipendente alla sua reggente**: è un modo, infatti, che ricorre soprattutto nelle **proposizioni dipendenti**, ma può anche essere usato nelle **proposizioni indipendenti** per esprimere significati specifici.

- Nelle **proposizioni indipendenti** il congiuntivo può esprimere diversi significati.

congiuntivo	significato	esempio
dubitativo	**dubbio** o **supposizione** sotto forma di domanda	Che non **abbia** capito?
desiderativo	**augurio** al presente, **desiderio** all'imperfetto, **rimpianto** al trapassato	Che Dio ti **aiuti**! **Potessi** essere lì con te! Magari **avessi potuto** aiutarlo!
esortativo	**ordine** o **richiesta**, in sostituzione dell'imperativo, alla 3ª **persona** del **presente**	**Esca** subito di qui! Per favore, **firmi** qui.
concessivo	al presente e al passato **concessione** o **consenso**; è spesso preceduto da *pure*	**Sia pur** bravo, ma è antipatico.

- Nelle **proposizioni dipendenti**, dove ha un uso più ampio, i tempi del congiuntivo esprimono un **rapporto temporale** rispetto al verbo della reggente.

congiuntivo	rapporto temporale	esempi
presente	**contemporaneità** rispetto al **presente**	Temo che lo **faccia** lui.
imperfetto	**contemporaneità** rispetto al **condizionale presente** o a un tempo **passato**	Vorrei che lo **facessi** tu. Temevo che lo **facesse** lui.
	anteriorità rispetto al **presente** segnalando l'aspetto durativo dell'azione	Temo che **guidasse** lei.
passato	**anteriorità** rispetto al **presente** segnalando l'aspetto momentaneo dell'azione	Temo che l'**abbia fatto** lui.
trapassato	**anteriorità** rispetto al **passato**	Temevo che l'**avesse fatto** lui.

A 162

Nelle **proposizioni dipendenti** il congiuntivo **è obbligatorio** quando nella reggente vi sono:

- **verbi e locuzioni che esprimono soggettività**, sotto forma di:
    - **opinione**, come *credere, immaginare, pensare, ritenere, presumere, supporre, ...*; espressioni impersonali *si dice, si racconta, ...*
    - **volontà o desiderio**, come *pretendere, volere, aspettarsi, augurarsi, desiderare, sperare, ...*
    - **permesso o divieto**, come *acconsentire a, ammettere, concedere, permettere, impedire, proibire, temere, ...*
    - **stati d'animo**, come *compiacersi, dispiacersi, meravigliarsi, dubitare, rallegrarsi, stupirsi, ...*
    - **incertezza o incapacità**, come *non essere certo, non essere sicuro, non sapere, non dire, ...*
    - **necessità o possibilità**, come *bisogna, conviene, occorre, pare, sembra, è opportuno, può darsi, può essere, ...*
    - **valutazione**, come *è un problema, è una fortuna, è ovvio, è utile, è sbagliato, ...*

- **congiunzioni e locuzioni congiuntive subordinanti** di valore:

finale (*affinché, perché*)	Te lo ripeto, perché tu lo **capisca** bene.
temporale (*prima che*)	Prima che lui **parta**, voglio incontrarlo.
consecutivo (*in modo che, così che*)	Fa' in modo che non **debba** pentirmene.
concessivo (*benché, sebbene, nonostante, malgrado*)	È contento, malgrado non **abbia vinto**.
modale (*come se, quasi che, comunque*)	Fa' come se io non ci **fossi**.
condizionale (*qualora, a patto che, a condizione che, nel caso che, purché*)	L'avrei aiutato, qualora me lo **avesse chiesto**.
eccettuativo (*tranne che, eccetto che*) o **esclusivo** (*a meno che, senza che*)	Verrò da te, a meno che non **venga** tu da me.

- **indefiniti**:

chiunque, qualunque, dovunque	Qualunque cosa tu **decida**, per me va bene. Chiunque te l'**abbia detto**, è un bugiardo.

Nel vivo della lingua

Congiuntivo o indicativo? Nelle **dipendenti rette dal verbo** *dire*, si usa l'**indicativo** per presentare un fatto o una notizia come **veri**; si usa, invece, il **congiuntivo** per prendere le distanze dalla notizia, presentandola come un **fatto supposto**.

Dicono che **hanno aperto** / **abbiano aperto** un nuovo supermercato. ● modo indicativo
Dicevano che l'indagato **era fuggito** / **fosse fuggito** all'estero. ● modo congiuntivo

Nelle **dipendenti relative** l'**indicativo** esprime **certezza** e **obiettività**, il **congiuntivo** esprime **eventualità** o **valore restrittivo**, segnalando una **limitazione** o una **condizione**.

Verrò con Paola che **conosce** bene la strada.
C'è qualcuno di voi che mi **sappia** indicare la strada? ● modo indicativo
Il corso **è riservato** a coloro che **abbiano superato** il test. ● modo congiuntivo

A 163

La morfologia

ALLENA LE COMPETENZE

123 ●○○ **COMPETENZE MORFOLOGICHE** **Indica** se il congiuntivo è indipendente **[I]** o dipendente **[D]**.

1. Credi che Patrizia possa [.....] vincere? Io non penso che sia [.....] lei a vincere. 2. Che mi abbia mentito [.....]? Eppure sembrava fosse [.....] sincero. 3. Non è il caso che inventino [.....] delle scuse: dicano [.....] piuttosto la verità. 4. Che Marco sia [.....] capace? Magari riuscisse [.....] a montare questo mobiletto! 5. Purché lo voglia [.....], può migliorare i suoi risultati. Si metta [.....] a studiare e vedrà. 6. Roberta, qualunque cosa abbia fatto [.....], ha sempre ottenuto un grande successo. 7. Sia [.....] pur bravo questo idraulico, ma tutti ritengono che sia [.....] molto caro. 8. Magari fossi stato [.....] io a fare questa torta! 9. Credo che si trovino [.....] in una situazione davvero difficile: che Dio li aiuti [.....]! 10. Scriva [.....] qui nome e data di nascita.

124 ●●○ **COMPETENZE MORFOLOGICHE** **Indica** se il congiuntivo indipendente ha valore dubitativo **[D]**, desiderativo **[DE]**, esortativo **[E]** o concessivo **[C]**.

1. Che si sia offeso? [.....] 2. Sia pur partito presto, ma ha perso il treno. [.....] 3. Magari ci fossimo resi conto di quanto stavi male! [.....] 4. Decida con calma, poi mi faccia sapere. [.....] 5. Che abbia capito male? [.....] 6. Magari avessimo vinto noi il torneo! [.....] 7. Abbia pure dei problemi, ma non può non venire. [.....] 8. Ah, se solo gli avessi dato ascolto! [.....] 9. Entri e si accomodi. [.....] 10. Abbiano pure fortuna, ma si danno anche molto da fare. [.....] 11. O se potessi venire con te! [.....] 12. Che non abbiano ricevuto il nostro messaggio? [.....]

125 ●●○ **COMPETENZE MORFOLOGICHE** **DENTRO LE PAROLE** **Distingui** i congiuntivi indipendenti dai dipendenti; **indica** quindi se l'elemento che richiede l'uso del congiuntivo dipendente è una congiunzione, un pronome o un verbo reggente.

Michelangelo Buonarroti, *Sibilla Libica*, particolare della Cappella Sistina, XVI secolo, Città del Vaticano, Musei Vaticani.

Forse alcuni di voi non sanno che cosa significhi la parola **sibillino** né da dove abbia avuto origine. Vediamone innanzitutto il significato. L'aggettivo definisce un discorso o una risposta tanto oscura ed enigmatica che possa essere interpretata in vari modi. E adesso veniamo all'origine. La parola deriva da Sibilla, il nome di celebri profetesse dell'antichità. Sembra che esse trascrivessero i loro vaticini su foglie di palma e che le affidassero al vento. È ovvio che toccasse poi al richiedente ricomporle in un ordine logico: ma quale? Prendiamo ad esempio la famosa frase latina con cui le sibille rispondevano a qualunque soldato le avesse interrogate sull'esito della propria missione: *ibis redibis non morieris in bello*. Leggendola «*Ibis, redibis, non morieris in bello*», come se ci fossero queste virgole e queste pause, vorrebbe dire "Andrai, tornerai, non morirai in guerra". E magari fosse stato sempre così! La frase però poteva prestarsi anche a un'altra lettura: infatti, se si fossero lette le parole con una pausa diversa, cioè *Ibis, redibis non, morieris in bello*, il responso sarebbe stato "Andrai, non ritornerai, morirai in guerra". Ma, nonostante la frase ammettesse anche questa interpretazione funesta, possiamo ben presupporre che ogni soldato ritenesse giusta per sé solo e sempre la prima.

A 164

3 Il verbo

Occhio all'errore

Lo facci lei o lo faccia lei?   Gli errori che riguardano l'**uso del congiuntivo** sono così diffusi al punto che il suo uso corretto nella scrittura e nel parlato è indice di buona conoscenza della lingua.

- Fai innanzitutto attenzione alla **forma** del congiuntivo.

NO	SÌ
Vadi via!	Vada via!
E vadino pure anche loro!	E vadano pure anche loro!
Penso che tu abbi ragione.	Penso che tu abbia ragione.
Pensavo che stasse con voi.	Pensavo che stesse con voi.
Non vorrei che ti dasse torto.	Non vorrei che ti desse torto.
Facci pure!	Faccia pure!

- Non usare l'**imperfetto congiuntivo al posto del presente congiuntivo** quando vuoi invitare o esortare qualcuno a fare qualcosa.

NO	SÌ
Entrasse in casa!	Entri in casa!
Si accomodassero avanti!	Si accomodino avanti!
Mi facesse questa cortesia!	Mi faccia questa cortesia!

- Precisa **il pronome soggetto** quando non è possibile dedurlo dalla **desinenza del verbo** se le persone presentano forme identiche, come accade alla 1ª, 2ª, 3ª **persona singolare** del **presente** e del **passato**, e alla 1ª e 2ª **persona singolare** dell'**imperfetto** e del **trapassato**.

  Luca crede che **io** / **tu** / **lui** abbia mentito.   Credevano che **io** / **tu** fossi partito.

126 ○○○ **COMPETENZE MORFOLOGICHE** Riconosci e correggi gli errori nell'uso del congiuntivo.

1. Lo facesse lei! 2. Pensavo che Marco stasse dormendo. 3. Purché sia onesto, ogni lavoro è decoroso. 4. Avrei voluto che me lo dicesse lui. 5. Vadino pure, credo che se ne pentiranno. 6. Sebbene è ricco, non spende. 7. Penso che Luca è tornato molto tardi. 8. Purché lo fai, ti aiuto io. 9. È evidente che Lucia sia già partita. 10. Prima che parlate voi, vi spiego io.

127 ●●○ **COMPETENZE MORFOLOGICHE** Indica se il verbo in grassetto nelle prime frasi esprime un rapporto di contemporaneità [C] o di anteriorità [A], quindi scrivi nelle seconde frasi il verbo al tempo adatto a mantenere lo stesso rapporto.

1. Non credo che tu **abbia** ragione. [.....] Non credevo che tu .... ragione.
2. Non volevo che tu **soffrissi**. [.....] Non voglio che tu ....
3. Temo che non **abbia capito**. [.....] Temevo che non ....
4. Spero che tu **possa** venire. [.....] Speravo che tu .... venire.
5. Mi meravigliai che **avesse sbagliato**. [.....] Mi meraviglio che ....
6. Non capisco da dove **sia entrata**. [.....] Non capivo da dove ....

A 165

La morfologia

128 ●●○ COMPETENZE MORFOLOGICHE Completa le seguenti frasi coniugando opportunamente il verbo al tempo del congiuntivo adeguato.

1. Credevo che tu non (*essere*) _____ ancora guarito. 2. Spero che tu ieri (*essere*) _____ attento. 3. Sembra che quest'anno il tempo non (*volere*) _____ mettersi al bello. 4. Comportati sempre come se gli altri ti (*osservare*) _____ . 5. Se tu gli (*dare*) _____ ascolto, non ti troveresti in questo guaio. 6. Vorrei che tu ieri (*essere*) _____ più gentile con lei. 7. Credo che Marco (*arrivare*) _____ già a Napoli. 8. Vorrei che anche tu (*dire*) _____ la tua opinione. 9. Benché (*disobbedire*) _____ , i genitori lo perdonarono. 10. Sarei venuto volentieri se non (*avere*) _____ un imprevisto. 11. Non sono sicuro che Andrea (*venire*) _____ . 12. Chiunque (*fare*) _____ già il compito, può consegnarlo.

129 ●●○ COMPETENZE MORFOLOGICHE Completa le frasi con il verbo al tempo del congiuntivo adeguato a mantenere lo stesso rapporto di tempo che esprime nella prima frase. Attenzione: in ogni gruppo di frasi può essere richiesto più volte lo stesso tempo.

1. Partiamo prima che piova.
   a. Partimmo prima che _____ .
   b. Vorremmo partire prima che _____ .
   c. Avremmo voluto partire prima che _____ .
2. Aspetto che arrivi mia madre.
   a. Aspettavo che _____ mia madre.
   b. Aspetterò che _____ mia madre.
   c. Avrei aspettato che _____ mia madre.
3. Credevo che non avesse finito.
   a. Credo che non _____ .
   b. Avevo creduto che non _____ .
   c. Crederei che non _____ .
4. Verrò a patto che si torni presto.
   a. Vengo a patto che si _____ presto.
   b. Verrei a patto che si _____ presto.
   c. Sarei venuto a patto che si _____ presto.

130 ●●○ COMPETENZE MORFOLOGICHE DALLA GRAMMATICA ALLA SCRITTURA Riscrivi le seguenti frasi, **sostituendo** le parole in grassetto con quelle tra parentesi. **Cambia** opportunamente il verbo e, se necessario, **esprimi** il pronome soggetto.

1. **Anche se** (*benché*) non lo meritano, li aiuterò. 2. **Quello che** (*qualunque cosa*) fai tu, riesce sempre bene. 3. L'omaggio sarà offerto a **chi** (*chiunque*) presenta una prova d'acquisto del prodotto. 4. Non ti comprerò il motorino **se non** (*a meno che*) lo hai meritato. 5. **Anche se** (*nonostante*) è anziano, mio padre è un uomo molto attivo. 6. **Anche se** (*sebbene*) ti vergognavi, avresti dovuto parlarmene. 7. **Quando** (*prima che*) parti, controlla di aver chiuso porte e finestre. 8. Studio con impegno **per** (*affinché*) poter rimediare le insufficienze. 9. Parteciperò alla maratona **se** (*a patto che*) mi sentirò in forma. 10. **Se** (*purché*) lo vuoi, puoi rimediare le tue lacune.

3 Il verbo

RAFFORZA LE TUE COMPETENZE

Facciamo il punto su ... l'uso del congiuntivo nelle dipendenti

Il **congiuntivo** nelle dipendenti è **d'obbligo** quando il verbo reggente esprime **soggettività**; è, invece, richiesto l'**indicativo** quando esprime **certezza** e **oggettività**.

uso del congiuntivo	uso dell'indicativo
↓	↓
immagino / suppongo / può darsi / voglio / spero / non permetterò / sono felice / credo / penso / mi meraviglio / dubito / temo / mi dispiace / sembra	*ha assicurato / ha informato / ha sentito / ha detto / sostengo / so / sappiamo / mi ricordo / ho scritto / mi hanno risposto / hanno rivelato / è certo*
↓	↓
che Anna **vada** con lei. che Matteo **sia stato** due mesi a Parigi.	che Anna **andrà** con lei. che Marco **è stato** due mesi a Parigi.

131 ●●○ **COMPETENZE MORFOLOGICHE** **Scegli** la voce verbale adeguata a reggere la proposizione dipendente; **riscrivi** poi la frase utilizzando l'altra voce verbale e apportando le modifiche necessarie.

1. (*Ritiene / Dice*) che tu sei egoista.   **2.** (*Sembrava / Ho saputo*) che quell'appartamento fosse già stato venduto.   **3.** (*Abbiamo temuto / Abbiamo notato*) che c'era una perdita d'acqua. **4.** Il professore (*pensò / disse*) che alcuni allievi avevano copiato il compito.   **5.** (*So / Credo*) che amate molto il vostro lavoro.   **6.** (*Mi rendevo conto / Avevo la sensazione*) che avesse bisogno d'aiuto.   **7.** I medici (*ipotizzarono / confermarono*) che il ragazzo aveva lesioni interne. **8.** (*Può darsi / So per certo*) che non ha ancora trovato casa.   **9.** (*Mi stupisco / Ho capito*) che Veronica non ha ancora cambiato idea.   **10.** Marta (*supponeva / diceva*) che i suoi amici erano già partiti.

132 ●●○ **COMPETENZE MORFOLOGICHE** **Completa** le seguenti frasi coniugando opportunamente il verbo all'**indicativo** o al **congiuntivo**.

1. Partiremo alle cinque se (*essere*) .... d'accordo anche voi e posto che Alex (*riuscire*) .... a svegliarsi.

2. Malgrado non (*sentirsi*) .... in forma, mi sforzai di partecipare alla gara, anche se non (*avere*) .... nessuna speranza di vincere.

3. Dopo che Marco (*partire*) ...., rimetti la stanza a posto prima che (*arrivare*) .... i tuoi genitori.

4. Comportati bene come i tuoi genitori ti (*insegnare*) .... e come se ci (*essere*) .... sempre qualcuno a osservarti.

5. Benché Lisa non mi (*dare*) .... mai ascolto, io continuo a darle dei suggerimenti: anche se lei (*fare*) .... come vuole, ritengo (*essere*) .... giusto consigliarla.

6. Prima che io (*finire*) .... ci vorrà ancora un bel po': perciò andate, io vi (*raggiungere*) .... solo dopo che (*terminare*) ....

A 167

133 SUPER! COMPETENZE MORFOLOGICHE E LESSICALI STORIA **Completa** il testo, coniugando opportunamente il verbo al **modo indicativo** o **congiuntivo**.

Michelangelo Buonarroti, *Sibilla Delfica*, particolare della Cappella Sistina, XVI secolo, Città del Vaticano, Musei Vaticani.

Le Sibille nell'antichità   Si ritiene che in origine Sibilla (*essere*) .... il nome proprio di una profetessa e che solo più tardi (*designare*) .... tutto un genere di sacerdotesse che – così almeno si (*credere*) .... – (*essere invasato*) .... dal dio Apollo. Sembra che esse (*operare*) .... in vari santuari collocati nel bacino del Mediterraneo e che i più famosi (*trovarsi*) .... a Cuma, in Italia, e a Delfi, in Grecia. Benché i responsi delle Sibille (*essere*) .... oscuri e ambigui, ai loro santuari (*accorrere*) .... da ogni parte sia cittadini privati sia incaricati da intere città: speravano che Apollo, attraverso le sue sacerdotesse, (*rivelare*) .... loro il futuro circa l'esito di una guerra o l'opportunità di fondare una nuova città. Dalla tradizione romana apprendiamo poi quanto (*essere*) .... importanti gli Oracoli sibillini, cioè testi sacri di origine etrusca. Si tramanda che essi (*essere custodito*) .... da un collegio di sacerdoti che (*essere consultato*) .... regolarmente in caso di pericolo.

134 SUPER! COMPETENZE MORFOLOGICHE E LESSICALI STORIA **Completa** il testo con i verbi adeguati al contenuto e opportunamente coniugati al **modo indicativo** o **congiuntivo**.

La Sibilla, profetessa cristiana   Non deve poi stupire il fatto che le Sibille .... a esistere anche in epoca cristiana; ovviamente Dio .... il posto della divinità pagana che le .... Esse quindi .... in nome di Dio le sciagure che avrebbero colpito gli uomini qualora .... il volere divino e preannunciavano la salvezza a chiunque .... pienamente alla grazia divina. È importante sottolineare come l'arte cristiana .... spesso le Sibille, che .... un ruolo al femminile corrispondente ai profeti. Sebbene .... molti gli illustri pittori che le .... , senza dubbio le più note .... le cinque Sibille che Michelangelo .... nella Cappella Sistina.

135 ●●● COMPETENZE LESSICALI **Scegli**, tra quelli indicati, il significato che assumono i verbi in grassetto a seconda che siano seguiti dal **modo indicativo** o dal **congiuntivo**.

> **1.** trovare naturale **2.** riconoscere **3.** far attenzione **4.** supporre **5.** occuparsi **6.** rendersi conto

1. a. Devi **ammettere** che Giulia si è comportata male con noi.   [......]
   b. **Ammettiamo** che abbia ragione tu.   [......]

2. a. **Ho capito** subito che Marco non era d'accordo.   [......]
   b. **Capisco** che tu sia in ansia per l'esame.   [......]

3. a. Devi **badare** che tuo fratello non si faccia male.   [......]
   b. Non **badare** a quello che faccio io.   [......]

136 SUPER! COMPETENZE DI SCRITTURA **Scrivi** un breve testo che cominci così: *La sua risposta era davvero sibillina*. **Usa** almeno sei verbi al congiuntivo.

3 Il verbo

6 Gli usi del condizionale e dei suoi tempi

> Il **condizionale** (dal latino *condicione(m)*, "condizione") esprime la **possibilità** legata a una determinata condizione o, in senso più generale, segnala la **relatività** e la **soggettività** dell'azione.

Ha **due tempi**, **uno semplice** e **uno composto**.

tempo	attivo	passivo
presente	io vedrei	io sarei visto
passato	io avrei visto	io sarei stato visto

A differenza del congiuntivo, ricorre con una certa frequenza sia nelle **proposizioni indipendenti** sia nelle **proposizioni dipendenti**, e **tre** sono i suoi usi fondamentali.

- Nel suo uso più specifico il condizionale indica un evento **che può realizzarsi solo a condizione che** **se ne verifichi prima un altro**. In questo caso il verbo al condizionale si trova in una frase collegata a una **proposizione dipendente condizionale**. Questo tipo di frase è introdotto dalla congiunzione *se*, ha il verbo al **congiuntivo** ed esprime la **condizione necessaria**. (➡ p. 580)

Prenderei l'aereo,
fatto che potrebbe verificarsi nel presente

se ci fosse posto.
se si verificasse la condizione

Saremmo in tredici,
fatto che si verificherebbe nel presente

se fosse venuto anche Luigi.
se si fosse verificata la condizione

Avrei preso l'aereo,
fatto che si sarebbe verificato nel passato

se ci fosse stato posto.
se si fosse verificata la condizione

La proposizione con il verbo al condizionale è chiamata **apodosi**, quella con il verbo al congiuntivo è detta **protasi**: l'insieme delle due costituisce il **periodo ipotetico**.

La condizione può anche **non essere espressa** e rimanere **sottintesa**.

Cambierei volentieri casa (sott. se *potessi*).
Avrei potuto aiutarlo io (sott. se *me l'avesse chiesto*).

- Nelle proposizioni **non collegate a una proposizione condizionale**, il condizionale esprime in forma attenuata i seguenti significati.

significati	esempi
desiderio o **richiesta**, formulati in modo cortese (condizionale di **cortesia**)	**Vorrei** un paio di stivali neri. **Sapresti** indicarmi un buon ristorante?
dubbio, soprattutto con i verbi *potere*, *dovere*, *volere* (condizionale **dubitativo**)	Che cosa **dovrei** / **avrei dovuto** dire? Non so che cos'altro **potrei** / **avrei potuto** fare.
affermazione o **opinione personale**	**Direi** che le cose non stanno così. Credo che **sarebbe** / **sarebbe stato** meglio partire.
supposizione o **notizia probabile**, ma **non certa** (condizionale di **dissociazione**)	L'indiziato **sarebbe** un conoscente della vittima; i due **avrebbero avuto** dei vecchi rancori.

A 169

La morfologia

- In alcune **proposizioni dipendenti**, il condizionale al solo **tempo passato** esprime un **rapporto di posteriorità** rispetto a un verbo coniugato a un **tempo passato**.

    Ci chiedevamo quando ci **avresti dato** una risposta.
    Fu chiaro a tutti che Luca non **sarebbe venuto**.   allora   poi
    Avevo temuto che Sara non **avrebbe superato** l'esame di guida.

    In questa funzione specifica di indicare la **posteriorità** in relazione al passato, è usato nei testi narrativi quando si vuole introdurre una **prolessi**, cioè anticipare un avvenimento successivo ai fatti che si stanno raccontando.

    George **si sentiva** finalmente al sicuro, ma **si sarebbe ricreduto** di lì a qualche mese.

ALLENA LE COMPETENZE

137 ●●○ **COMPETENZE MORFOLOGICHE** Indica se i verbi al condizionale esprimono un fatto che potrebbe verificarsi a una condizione [A], che si verificherebbe nel presente se si fosse verificata una condizione [B], che avrebbe potuto verificarsi nel passato se si fosse verificata una condizione [C].

1. Se ci avessi ascoltato, non avresti sbagliato. [.....] 2. Se ascoltassi, non te ne pentiresti. [.....] 3. Se fossi partito prima, non saresti in ritardo. [.....] 4. Se mi aiutassi, te ne sarei grato. [.....] 5. Se non l'avessi aiutata, non avrebbe finito in tempo. [.....] 6. Se fossi stato più attento, sapresti fare l'esercizio. [.....] 7. Se avessi risparmiato, potresti comprarti il motorino nuovo. [.....] 8. Se avessi guidato con attenzione, non avresti tamponato quell'auto. [.....]

138 ●●○ **COMPETENZE MORFOLOGICHE** Indica se i verbi coniugati al condizionale esprimono un fatto che potrebbe verificarsi a una condizione [A], che si verificherebbe nel presente se si fosse realizzata una condizione [B], che avrebbe potuto verificarsi nel passato se si fosse realizzata una condizione [C], oppure un rapporto di posteriorità [D].

1. Ero sicura che avresti apprezzato [.....] il suo regalo. 2. Se ti dessero le ferie, verresti [.....] al mare? 3. Ti avrei accompagnata [.....], se avessi avuto l'auto. 4. Pensavo che ad agosto saresti andata [.....] in Marocco. 5. Se tu fossi Luca, accetteresti [.....] quel lavoro? 6. Mi aveva scritto che si sarebbe sposata [.....] quest'anno. 7. Se me l'avessi spiegata bene, non avrei sbagliato [.....] strada. 8. Se ti avesse invitata, andresti alla sua festa [.....]?

139 ●●○ **COMPETENZE MORFOLOGICHE** Indica se il condizionale esprime un dubbio [D], un desiderio o una richiesta [DE], un'opinione personale [O], una supposizione [S].

1. Potresti [.......] accompagnarmi tu? 2. L'assassino sarebbe [.......] un vicino di casa. 3. Mi sembrerebbe giusto [.......] avvertire anche loro. 4. Lo scoppio sarebbe avvenuto [.......] verso le 5 di mattina. 5. Staresti [.......] un po' zitto per favore? 6. Come potrei [.......] risolvere questo problema? 7. Avrebbe ricevuto [.......] queste informazioni da una lettera anonima. 8. Verrei [.......] volentieri in vacanza con te. 9. Sarebbe [.......] meglio non partire? 10. Che cosa avrei potuto [.......] fare di più?

A 170

3 Il verbo

Occhio all'errore

Se scriverei o se scrivessi? L'uso o il mancato uso del condizionale nelle proposizioni **dipendenti** costituisce un errore grossolano. Perciò ricorda queste regole.

- La congiunzione *se* che introduce una **proposizione condizionale** (protasi) **non può mai essere seguita dal verbo al condizionale**; richiede invece l'**indicativo**, se la frase presenta l'ipotesi come un dato di fatto, il **congiuntivo**, se la propone come possibile o irrealizzabile. L'**apodosi**, cioè la frase collegata a quella introdotta dal *se* e con il verbo al congiuntivo, ha invece il **condizionale**.

NO	SÌ
Se pioverebbe non andrei al mare.	Se **piove** non vado al mare.
	Se **piovesse** non andrei al mare.
Se sarei ricco comprerei una Ferrari.	Se **fossi** ricco comprerei una Ferrari.
Se avrei avuto tempo ti aiutavo.	Se **avessi** avuto tempo ti **avrei aiutato**.

- Il *se* può **reggere il modo condizionale** quando la frase dipende da un verbo come chiedere, domandarsi, non sapere ed esprime una domanda o un dubbio: in questo caso il *se* introduce una frase subordinata **interrogativa indiretta**.

  Mi chiedo se lei mi **avrebbe aiutato**.   Non so se **finirei** senza il tuo aiuto.

  Per esprimere la **posteriorità rispetto al passato** è richiesto, soprattutto nello scritto, il **condizionale passato**, e non l'indicativo imperfetto.

NO	SÌ
Lo sapevo che finiva presto.	Lo sapevo che **avrebbe finito** presto.

140 ○○○ **COMPETENZE MORFOLOGICHE** Riconosci e correggi gli errori nell'uso del condizionale e del congiuntivo.

1. Se sarei ricco, mi piacerebbe fare dei lunghi viaggi. **2.** Se il giardino sarebbe più grande, potessimo mangiare all'aperto. **3.** Se passerebbe di qui, glielo chiederei. **4.** Mi aiuteresti? Se tu lo facessi, potrei finire molto prima. **5.** Credevo che venivi più tardi a prendermi. **6.** Se mi dicevi che eri in anticipo, mi preparavo prima e adesso sarei pronta. **7.** Se avevo saputo l'ultima domanda prendevo un bel voto. **8.** Mi accompagneresti tu in auto? **9.** Potrei chiederlo anche a mio padre, ma preferirei che lo facessi tu. **10.** Credi che Sandra mi presterebbe la sua borsa? **11.** Credevo che tu mi prestavi l'ombrello, altrimenti portavo il mio. **12.** Se lo sapevo, te lo dicevo.

141 ●●○ **COMPETENZE MORFOLOGICHE** Riscrivi correttamente le seguenti frasi.

1. Se sarebbe lei a chiedergli di aiutarla, dice di no. **2.** Non so se lei ti aiutava, come ho fatto io. **3.** Credevo che si iscriveva a quella scuola. **4.** Avevano promesso che andavano subito a casa. **5.** Se diresti che non sono stato bravo diresti una bugia. **6.** Anche se pioverebbe, Marco viene in moto. **7.** Se avevo con me la patente, potevo guidare io. **8.** Mi aveva assicurato che andava a lavorare con suo fratello. **9.** Perché non dovevi dirmelo? Tanto me lo dicevano gli altri. **10.** Se verrebbe assunto, dovrebbe cominciare a lavorare il mese prossimo. **11.** Se sarei andato a ballare te lo avrei detto. **12.** Se domani avrei tempo, verrei a trovarti; ma sono sicuro che non potrei. **13.** Oh se sarebbe qui con noi! Mi aiutava ad aggiustare il motorino...

A 171

La morfologia

Facciamo il punto su …
l'uso dei tempi dei modi finiti nelle proposizioni dipendenti

I modi finiti che ricorrono nelle **proposizioni dipendenti** sono l'**indicativo**, il **congiuntivo**, il **condizionale** (non l'imperativo). All'interno di questo tipo di proposizioni i tempi di questi modi hanno un **valore relativo**: esprimono cioè un **rapporto di tempo rispetto al verbo della proposizione reggente**, secondo norme generali di accordo che sono riassunte nelle tabelle seguenti.

- Nelle **proposizioni dipendenti** che richiedono il **modo indicativo**, l'uso dei tempi verbali è il seguente:

RAPPORTO DI CONTEMPORANEITÀ		
tempo della reggente	tempo dell'indicativo nella dipendente	esempi
presente o futuro	presente	Mentre **parla** di te, **piange**. Mi **dica** che nome **ha**. **Dite**mi sempre ciò che **pensate**. **Giurerei** che **è** un bravo ragazzo. Gli **dirò** che **è** necessario.
passato	imperfetto	**Piangeva**, mentre **parlava** di te. **Seppi** che **era** al mare. **Ho detto** ciò che **pensavo**. **Avevo saputo** che **stavi** poco bene. **Avrei detto** che **era** lui.

Le proposizioni dipendenti che richiedono il **modo indicativo** possono indicare il **rapporto di anteriorità** con tempi diversi: il loro uso dipende dall'**aspetto** dell'azione che ciascun tempo esprime. (⬅ p. 108)

RAPPORTO DI ANTERIORITÀ		
tempo della reggente	tempo dell'indicativo nella dipendente	esempi
presente	imperfetto passato remoto passato prossimo (a seconda dell'aspetto dell'azione)	Ti **assicuro** che non lo **sapevo**. **So** che tempo fa **pubblicò** un romanzo. **So** che non **hai** ancora **capito**. **Direi** che **ha mentito**.
passato	trapassato prossimo	**Dicevano** che **era andato** all'estero. **Riferimmo** ciò che **avevamo saputo**. Non **ho creduto** a ciò che mi **aveva detto**. Gli **avrei detto** che **aveva sbagliato**.
passato remoto	trapassato remoto	Dopo che **ebbe parlato**, si **sedette**.
futuro	futuro anteriore	**Uscirai**, quando **avrai finito**.

A 172

3 Il verbo

RAPPORTO DI POSTERIORITÀ		
tempo della reggente	tempo dell'indicativo nella dipendente	esempi
presente	futuro	Non **so** se **verrò**. **Prometti** che non **mentirai** più. Mi **dica** che lo **farà**.
passato*	condizionale passato	**Ero** certo che **sarebbe venuto**. **Seppi** che **sarebbe partito**. **Ho creduto** che **sarebbe morto**. **Avevo pensato** che non ti **avrei** più **rivisto**.
MA passato prossimo	futuro	Mi **ha assicurato** che **verrà**.

*ATTENZIONE: la posteriorità rispetto al passato **non è espressa con il modo indicativo** ma con il **modo condizionale passato**.

- Nelle **proposizioni dipendenti** che richiedono il **modo congiuntivo**, l'uso dei tempi verbali è il seguente:

RAPPORTO DI CONTEMPORANEITÀ		
tempo della reggente	tempo del congiuntivo nella dipendente	esempi
presente o futuro	presente	**Voglio** che tu **sia** felice. **Penserà** che **sia** troppo tardi.
MA presente condizionale	imperfetto	**Vorrei** che tu **fossi** più diligente.
passato	imperfetto	**Volevo** che tu **fossi** felice. **Ho pensato** che ti **piacesse**. **Avrei creduto** che tu **fossi** felice.

RAPPORTO DI ANTERIORITÀ		
tempo della reggente	tempo del congiuntivo nella dipendente	esempi
presente o futuro	passato (per azione momentanea) imperfetto (per azione durativa)	**Crede** / **crederà** che l'**abbia fatto** io? **Penso** che Ugo **abbia bevuto** troppo. **Penso** che Ugo **bevesse** molto.
MA presente condizionale	trapassato	**Vorrei** che tu **fossi stato** là.
passato	trapassato	**Credevo** che tu **fossi partito**. **Ipotizzai** che **avesse** già **mangiato**. **Avrei voluto** che tu **fossi stato** là.

A 173

La morfologia

RAFFORZA LE TUE COMPETENZE

142 ●●○ **COMPETENZE MORFOLOGICHE** Coniuga il verbo al modo e al tempo adeguati ai **rapporti di tempo** indicati.

1. contemporaneità: a. So che Paola (*trovarsi*) .... a Pisa. **b.** Sapevo che Paola (*trovarsi*) .... a Pisa. **c.** Avevo saputo che Paola (*trovarsi*) .... a Pisa.

2. posteriorità: a. Dissero che Pietro (*partire*) .... all'alba. **b.** Dicono che Pietro (*partire*) .... all'alba. **c.** Avevano detto che Pietro (*partire*) .... all'alba.

3. contemporaneità: a. Credo che tu (*volere*) .... un gattino. **b.** Avevo creduto che tu (*volere*) .... un gattino. **c.** Anna diceva che tu (*volere*) .... un gattino.

4. posteriorità: a. Penso che Carlo (*essere*) .... d'accordo. **b.** Immaginavo che Carlo (*essere*) .... d'accordo. **c.** Mi ha assicurato che Carlo (*essere*) .... d'accordo.

5. anteriorità: a. Mi chiedo se Anna (*cambiare*) .... casa. **b.** Non vorrei che Anna (*cambiare*) .... casa. **c.** Ho saputo che Anna (*cambiare*) .... casa.

143 ●●○ **COMPETENZE MORFOLOGICHE DENTRO LE PAROLE** Coniuga il verbo ai modi **congiuntivo** o **condizionale**.

Se un gruppo di cittadini privati, ritenendo un individuo colpevole di un grave delitto, lo aggredisse con l'intenzione di ucciderlo, (*fare*) .... un **linciaggio**. Una persona invece che (*essere*) .... vittima di diffamazione e di denigrazione (*subire*) .... un linciaggio morale, un'arma molto potente che (*potere*) .... compromettere la sua reputazione personale e professionale. La parola *linciaggio* sembra essere derivata dal nome di un certo Lynch, un latifondista della Virginia, che alla fine della guerra d'indipendenza americana (*punire*) .... con una giustizia arbitraria i coloni fedeli alla Gran Bretagna. Secondo altri all'origine della parola (*esserci*) .... William Lynch, un capitano della Virginia che negli ultimi anni del Settecento (*prodigarsi*) .... nel punire per mano di una folla ben aizzata individui sospettati di un crimine. In ogni caso, sembra che, fino al secolo scorso, (*verificarsi*) .... negli Stati Uniti numerosi episodi di linciaggio nei confronti di quegli individui di colore che si (*ribellarsi*) .... alla schiavitù o che (*macchiarsi*) .... di piccoli o grandi reati. E che cosa (*pensare*) .... voi se (*vedere*) .... le cartoline dell'epoca che ritraggono un uomo impiccato e, ai lati, i suoi carnefici, compiaciuti dell'atto di giustizia che, secondo loro, (*compiere*) .... ?

144 ●●○ **COMPETENZE MORFOLOGICHE DALLA GRAMMATICA ALLA SCRITTURA** Riscrivi il testo dell'esercizio 143 volgendo all'**indicativo** (quando è possibile) le forme verbali al **congiuntivo** e **spiega** quale differente sfumatura di significato comporta il cambiamento.

145 ●●○ **COMPETENZE LESSICALI PAROLE DENTRO I TESTI** Associa le seguenti parole dell'esercizio 143 ai sinonimi corrispondenti.

1. denigrare ....   **a.** istigare, sobillare, provocare, eccitare
2. compromettere ....   **b.** irregolare, illegittimo, ingiusto
3. reputazione ....   **c.** calunniare, diffamare, screditare, infangare, svilire
4. arbitrario ....   **d.** danneggiare, rovinare, distruggere, pregiudicare
5. prodigarsi ....   **e.** buon nome, stima, considerazione
6. aizzare ....   **f.** impegnarsi, adoperarsi, darsi da fare

A 174

3 Il verbo

146 ●●○ COMPETENZE MORFOLOGICHE | DENTRO LE PAROLE **Coniuga** i verbi ai tempi dell'**indicativo**, **congiuntivo** o **condizionale** adeguati al contesto.

I Giochi olimpici hanno un'antichissima tradizione che (*risalire*) .... alla Grecia dell'VIII sec. a.C. La prima **Olimpiade**, infatti, (*svolgersi*) .... nel 775 a.C. presso la città di Olimpia, da cui le gare (*prendere*) .... poi il nome. Sembra che all'inizio (*essere*) .... solo una manifestazione locale con una gara di corsa. In seguito però i Greci (*aggiungere*) .... altre specialità sportive: il pugilato, le corse di carri e il **pentathlon** (in greco *penta*, "cinque") che (*comprendere*) .... la corsa, il salto in lungo, il lancio del disco e quello del giavellotto, la lotta. Le Olimpiadi (*avere*) .... un carattere sacro, perché (*avvenire*) .... in onore di Zeus. Durante il loro svolgimento I Greci (*sospendere*) .... tutte le operazioni militari, per fare in modo che (*potere*) .... parteciparvi chiunque, purché (*essere*) .... un uomo libero e non straniero. Ogni atleta sapeva che se (*vincere*) .... (*ricevere*) .... una corona d'ulivo: ma, nonostante il premio (*essere*) .... solo simbolico, era noto a tutti che una vittoria olimpica (*procurare*) .... all'atleta e alla sua città un prestigio e una gloria enormi. Nel 393 d.C. l'imperatore Teodosio (*proibire*) .... i Giochi olimpici, perché riteneva che (*essere*) .... in contrasto con il Cristianesimo. Oggi non (*potere*) .... assistere a questi grandi eventi sportivi se a fine Ottocento il barone Pierre De Coubertin non (*avere*) .... l'idea di farli rivivere. Le prime Olimpiadi dell'era moderna (*svolgersi*) .... nel 1896 ad Atene. In seguito (*continuare*) .... a disputarsi ogni quattro anni, salvo le interruzioni durante le due guerre mondiali.

147 ●●○ COMPETENZE LESSICALI **Spiega** il significato delle seguenti parole formate con i **prefissi di origine greca** *penta-*, "cinque", e *deca-*, "dieci".

pentagramma • pentagono • pentapartito • decagono • decalogo • decagrammo • decalitro

148 ●●○ COMPETENZE MORFOLOGICHE E SINTATTICHE **Trasforma** le **proposizioni coordinate** in una **subordinata** introdotta da *se* e **modifica** opportunamente il **modo** e il **tempo** del verbo.

1. Sei gentile e mi aiuti a portare questi pacchi pesanti. **2.** Mi hanno dato un aumento e quest'estate faccio un viaggio in Egitto. **3.** Gli hanno riparato il computer e ha scritto la relazione. **4.** Giulio mi avverte sempre quando arriva a destinazione e io non sono preoccupata. **5.** Facevi attenzione alle spiegazioni del professore e non avevi difficoltà a svolgere gli esercizi. **6.** Avevo scommesso sulla vittoria di quella squadra e adesso ho vinto una bella somma.

149 ●●● COMPETENZE DI SCRITTURA **Scrivi** un breve testo scegliendo uno dei seguenti attacchi.

1. Se fossi...

2. Se avessi avuto...

3. Se non fossi andato/a alla festa...

4. Se ti avessi dato ascolto...

150 SUPER! COMPETENZE COMUNICATIVE **Immagina** di prendere la parola durante un'assemblea di classe per illustrare ai tuoi insegnanti alcune richieste che potrebbero migliorare la vita scolastica. **Usa** almeno 10 verbi ai modi **congiuntivo** e/o **condizionale**.

A 175

La morfologia

151 ●●○ COMPETENZE MORFOLOGICHE MITO **Coniuga** i verbi ai tempi dei modi **indicativo** o **condizionale** adeguati al contesto.

Ulisse, ovvero Odisseo Sappiamo che Odisseo, il cui nome (*essere latinizzato*) .... poi in Ulisse, (*essere*) .... nell'antichità uno degli eroi più famosi. Certamente però nessuno a quei tempi (*potere*) .... immaginare che nei secoli futuri questo eroe (*diventare*) .... il simbolo stesso dell'astuzia e dell'intelligenza. Ne (*dare*) .... prova fin dai tempi in cui (*volere*) .... scegliersi la sposa. Egli (*unirsi*) .... alla folta schiera dei pretendenti della bellissima Elena, anche se (*sapere*) .... che lui, tra tutti i più importanti principi greci, non (*avere*) .... nessuna possibilità di successo: il suo vero intento (*essere*) .... quello di attirarsi il favore del padre di lei Tindareo, re di Sparta.

Testa di Ulisse, 4-26 d.C., Sperlonga, Museo Archeologico.

152 ●●● COMPETENZE MORFOLOGICHE MITO **Coniuga** i verbi ai **tempi** e **modi finiti** adeguati al contesto.

La prima astuzia di Odisseo Tindareo, alla vista di tutti quei pretendenti, (*trovarsi*) .... in grave difficoltà perché non sapeva che cosa (*potere*) .... escogitare per non inimicarsi quelli che non (*essere scelto*) .... Odisseo gli (*fornire*) .... la soluzione: far giurare a tutti i principi che, su chiunque (*cadere*) .... la sua scelta, essi la (*accettare*) .... di buon grado e anzi (*difendere*) .... i vincoli matrimoniali di fronte a qualunque pericolo li (*insidiare*) .... Alla fine il re (*scegliere*) .... come marito di Elena Menelao, che (*portare*) .... i doni più ricchi. Inoltre, in segno di riconoscenza, (*intercedere*) .... presso suo fratello Icario affinché (*dare*) .... in sposa a Odisseo sua figlia, la saggia Penelope, che (*essere*) .... proprio la donna a cui l'eroe (*mirare*) .... Quando Paride (*sottrarre*) .... Elena al marito Menelao, tutti i principi greci, in virtù del giuramento a Tindareo, (*essere obbligato*) .... a partecipare alla guerra contro Troia. Anche lo stesso Odisseo (*dovere*) .... prestarvi fede, tanto più che gli oracoli (*predire*) .... che Troia, senza l'aiuto dello scaltro Odisseo, non (*potere*) .... essere conquistata.

153 SUPER! COMPETENZE MORFOLOGICHE MITO **Completa** il testo con i verbi adeguati al contesto coniugandoli opportunamente ai tempi dell'**indicativo**, **congiuntivo** o **condizionale**.

Odisseo tenta di disertare la guerra Odisseo, però, ... anche lui una profezia: se .... a Troia, ... in patria solo dopo vent'anni. .... quindi di fingersi pazzo. Così quando Menelao e Palamede .... a Itaca per condurlo con sé, lo .... che .... un campo con un cavallo e un bue aggiogati assieme, ... del sale nei solchi al posto dei semi e .... parole senza senso. Palamede immaginando che tutta quella scena .... solo una finzione, ... il piccolo Telemaco davanti all'aratro. Odisseo allora .... subito l'aratro, perché il piccolo non venisse ucciso dal vomere, svelando così la sua simulazione. Disse che .... per Troia assieme agli altri principi, solo a condizione che .... alla spedizione anche Achille, che invece si era nascosto e .... di stanarlo dal suo nascondiglio.

A 176

7 Gli usi dell'imperativo

> L'**imperativo** (dal latino *imperare*, "comandare") è il modo usato da chi parla per **indurre il destinatario a compiere l'azione desiderata**.
> Il destinatario, che costituisce il **soggetto** del verbo, è **sempre di 2ª persona**; l'azione può presentarsi sotto forma di **ordine**, **invito**, **esortazione**, **consiglio** o **permesso**.

Spegni subito la radio! **Aiuta** tua sorella, per favore.
Contate pure su di noi. Su, **camminate** più in fretta.

Dati i valori che esprime, l'imperativo possiede soltanto la **2ª persona singolare e plurale**, il **tempo presente** e la **forma attiva**; inoltre il suo uso è limitato esclusivamente alle **proposizioni indipendenti**.

tempo	attivo
presente	ama, amate

- Nelle persone mancanti, l'imperativo è sostituito dal **congiuntivo presente esortativo**.

  Firmi qui!   Forza, **andiamo** anche noi!   **Vengano** pure avanti!

- Per il **comando negativo** si usa l'**avverbio *non*** seguito da:
  - l'**infinito presente** per la 2ª persona singolare.
    Paolo, non **urlare**!
  - l'**imperativo** per la 2ª persona plurale.
    Non **urlate**!
  - il **congiuntivo esortativo** per le altre persone.
    Non **urli**!   Non **urliamo**!   Non **urlino**!

Nel vivo della lingua

Altre forme per impartire un ordine o fare una richiesta Per impartire un **ordine** o per formulare una **richiesta**, si può ricorrere ad altre forme che hanno toni differenti e sono adatte a situazioni diverse, informali o formali.

forme	esempi
futuro (tono informale e imperioso)	Domani **starai** a casa!
si passivante o impersonale (tono imperioso)	Qui non **si fuma**!
frase nominale, cioè con verbo sottinteso	Un caffè, per favore! (sott. *Mi fa*)
frase interrogativa (tono formale e cortese)	**Può** (le dispiace) accompagnarmi? Mi **daresti** qualcosa da bere?
infinito presente (tono formale e impersonale)	**Rallentare** in galleria.

La morfologia

ALLENA LE COMPETENZE

154 ●○○ COMPETENZE MORFOLOGICHE **Indica** se i seguenti ordini sono impartiti con l'imperativo [I], il congiuntivo esortativo [C], il futuro indicativo [F], l'infinito [I] o con una frase nominale [N].

1. Chiedete pure, se non avete capito. [.....] 2. Accendere i fari in galleria. [.....] 3. Mi dica con calma che cosa è successo quella sera. [.....] 4. Domani mi consegnerai il lavoro finito! [.....] 5. Un succo di frutta, per cortesia. [.....] 6. Venga avanti il prossimo. [.....] 7. Risponda solo in presenza del suo avvocato. [.....] 8. Se vuoi uscire con me, preparati subito e fai in fretta! [.....] 9. Chiudi quella finestra! Si gela! [.....] 10. Lavare a secco. [.....]

155 ●●○ COMPETENZE MORFOLOGICHE **Coniuga** opportunamente i verbi tra parentesi all'imperativo, al congiuntivo esortativo o al futuro semplice.

1. (*Alzare*) .... la mano quelli che sono d'accordo. 2. Ve lo ripeto: (*dovere*) .... rispettare il lavoro degli altri! 3. Adesso basta! Per una settimana non mi (*chiedere*) .... più soldi. 4. Mi (*dire*) .... con calma che cosa si sente. 5. Domani (*venire*) .... a scuola accompagnato dai tuoi genitori. 6. Ti prego: (*cercare a me*) .... gli occhiali. 7. Chi ha tempo non (*aspettare*) .... tempo. 8. (*dire*) .... pure, signora: tocca a lei. 9. Non ci vedo: (*accendere*) .... la luce! 10. Dove hai messo le chiavi? (*Cercare*) .... !

156 ●●○ COMPETENZE COMUNICATIVE **Formula** le seguenti richieste adeguandole al destinatario indicato.

1. Chiedi il dizionario: **a.** a un amico **b.** al tuo professore
   a. .... b. ....
2. Chiedi di farti una pizza: **a.** a tua madre **b.** al pizzaiolo
   a. .... b. ....
3. Chiedi di telefonare più tardi: **a.** a un amico di tuo padre **b.** a una compagna di scuola
   a. .... b. ....
4. Chiedere di rallentare: **a.** a tutti gli automobilisti **b.** a un amico
   a. .... b. ....
5. Chiedere di prendere un farmaco lontano dai pasti: **a.** il medico al paziente **b.** la ditta farmaceutica a tutti i consumatori
   a. .... b. ....

157 ●●● COMPETENZE MORFOLOGICHE DALLA GRAMMATICA ALLA SCRITTURA **Scrivi** usando l'imperativo un testo a tua scelta (il regolamento di un concorso, di un gioco di squadra, una ricetta, le indicazioni per il montaggio di qualche oggetto...) in cui ti rivolgi a una persona con cui sei in confidenza. Poi **riscrivilo**, immaginando di rivolgerti a una persona che non conosci e usando, quindi, il congiuntivo esortativo.

8 Gli usi dell'infinito e dei suoi tempi

> L'**infinito** (dal latino *infinitum*), come sottolinea il nome stesso, è il **modo indefinito per eccellenza**, esprime **l'azione in sé** ed è **la forma-base del verbo indicata nel dizionario**.

Ha **due tempi**, **uno semplice** e **uno composto**.

tempo	attivo	passivo
presente	vedere	essere visto
passato	avere visto	essere stato visto

L'infinito è al tempo stesso una **forma verbale** e una **forma nominale**; può dunque avere funzione di **verbo** nelle **proposizioni indipendenti e dipendenti**, e funzione di **sostantivo**.

In funzione di **verbo** può essere retto da **verbi servili** o **fraseologici** oppure si trova:

- nelle **proposizioni indipendenti**, con i seguenti significati:

infinito	significati	esempi
presente	istruzione in tono impersonale	**Ritirare** lo scontrino alla cassa.
	divieto per la 2ª persona singolare	Non **toccare** le mie cose!
	dubbio in forma interrogativa	Dove **andare**? Chi **chiamare**?
	un fatto all'interno di una narrazione (infinito narrativo)	Stavo uscendo ed eccolo **arrivare**.
presente e passato	esclamazione, anche in senso desiderativo	Tu, **mentire** a tua madre! Magari **averlo saputo** prima!

- nelle **proposizioni subordinate implicite** in cui esprime i seguenti **rapporti di tempo**:

infinito	rapporto di tempo	esempi
presente	contemporaneità posteriorità	Dice / diceva di **stare** bene qui. Spero / avevo sperato di **partire** domani.
anteriorità	passato	Credo / credevo di **aver trovato** la soluzione. Per **aver fatto** quello scherzo, fu punito.

In funzione di **nome**, l'infinito (detto appunto **sostantivato**) si comporta come un **nome maschile invariabile**: può essere preceduto dall'**articolo** o da una **preposizione articolata** e all'interno della frase può svolgere **tutte le funzioni logiche** del sostantivo. Non perde però la sua natura di verbo: al **presente** colloca l'azione in una dimensione atemporale, al **passato** presenta l'azione come del tutto compiuta; inoltre, può reggere un **complemento**, essere espresso in **forma passiva** o essere determinato da un **avverbio**.

Dipingere mi rilassa.	**L'essere stato scelto** è un gran onore.	soggetto
Non amo **guidare**.	Tutti desiderano **essere amati**.	complemento oggetto
È tempo **di fare** un bilancio.	È sfinito **per il** gran **lavorare**.	complementi indiretti

Alcuni infiniti di grande uso sono diventati **veri e propri nomi** e sono **variabili nel numero**, come *il parere, il volere, il dovere, il potere, il militare, il dispiacere* ...

A 179

La morfologia

ALLENA LE COMPETENZE

158 ●○○ **COMPETENZE MORFOLOGICHE** **Indica** se l'infinito è usato in funzione di nome [N] o di verbo [V].

1. Tra poco assisteremo al sorgere [.....] del sole. 2. Credo di aver copiato [.....] male il numero. 3. Sai di essere [.....] un fenomeno in matematica? 4. Prevenire [.....] è meglio che curare [.....]. 5. Ti piace cucinare [.....]? Quali piatti sai fare [.....]? 6. Non ho il potere [.....] di farti avere [.....] un simile sconto. 7. L'aver guidato [.....] di notte mi ha affaticato. 8. Sono stato svegliato dall'abbaiare [.....] del cane del vicino. 9. Non credi di essere stato [.....] molto fortunato? 10. L'aver segnato [.....] il gol lo ha reso felice. 11. Verrà domani a parlare [.....] con noi. 12. Tra il dire [.....] e il fare [.....] c'è di mezzo il mare. 13. Sa di aver deluso [.....] le tue aspettative.

159 ●●○ **COMPETENZE MORFOLOGICHE** **Indica** se l'infinito esprime un'istruzione [I], un comando negativo [C], un dubbio [D] o un'esclamazione [E].

1. A chi consegnare [.....] il modulo? 2. Tu aver scritto [.....] una lettera anonima! 3. Non cedere [.....]! 4. Mantenere [.....] la destra. 5. Come giudicare [.....] il suo comportamento? 6. Io, credere [.....] a lui! 7. Non cambiare [.....] idea! 8. Magari, aver vinto [.....] alla lotteria! 9. Rinunciare [.....] proprio ora? 10. Voi, andarvene [.....] così! 11. Non staccare [.....] l'etichetta.

160 ●●○ **COMPETENZE MORFOLOGICHE** **Indica** se il rapporto di tempo espresso dall'infinito è di contemporaneità [C], anteriorità [A] o posteriorità [P].

1. Credeva di aver ingannato [.....] tutti. 2. So di sbagliare [.....]. 3. Dopo aver visto [.....] il film, ne discuteremo. 4. Temeva di non trovare [.....] più le chiavi. 5. Ricordati di aver pagato [.....] caro il tuo errore. 6. Riteneva di aver insistito [.....] troppo con te. 7. Penso di accettare [.....] quell'incarico. 8. Decisi di non telefonargli [.....] più, dopo aver capito [.....] cosa pensava di me. 9. Sono sicura di conoscerti [.....] bene. 10. Credo di essere partita [.....] troppo presto. 11. Valeria si rendeva conto di avere [.....] un ottimo lavoro. 12. Antonio ha raccontato a tutti noi di essere stato [.....] in vacanza con voi.

161 ●●● **COMPETENZE MORFOLOGICHE** **DENTRO LE PAROLE** **Riconosci** gli infiniti e **specificane** il tempo e la funzione (verbale o nominale). **Riconosci** anche le voci verbali al congiuntivo e **indica** l'elemento che richiede l'uso di questo modo.

È interessante constatare come nella lingua di oggi continuino a essere usate espressioni che si rifanno a personaggi del passato. Ad esempio, l'avere successo con le donne fa definire un uomo un **dongiovanni** o un **casanova**, benché questi siano in realtà personaggi del XVIII secolo. Don Giovanni è una figura letteraria resa famosa dall'opera omonima di Mozart, in cui viene rappresentato il seduttore *impenitente* che trascorre il tempo a corteggiare tutte le donne. Giacomo Casanova, invece, nacque a Venezia nel 1725. Egli è ricordato per aver avuto innumerevoli legami amorosi, ma in realtà fu un uomo dalle mille risorse. In un continuo *peregrinare* per l'Europa, ebbe una vita avventurosa e irripetibile. Il suo comportarsi in modo *spregiudicato*, l'aver intrecciato relazioni scandalose e l'essersi legato alla Massoneria gli valsero una condanna da parte degli Inquisitori e la *reclusione* ai Piombi, il famoso carcere di Venezia, da cui riuscì ben presto a fuggire.

162 ●●● COMPETENZE MORFOLOGICHE STORIA **Analizza** le forme verbali e **specifica** il tempo e la funzione degli infiniti.

Le avventure di Casanova Se Casanova avesse saputo che la durata della pena sarebbe stata abbastanza breve (il non renderlo noto al condannato era allora di prassi), certo si sarebbe guardato dall'affrontare il rischio mortale di evadere e soprattutto il pericolo di essere riacciuffato dagli Inquisitori. Probabilmente erano stati gli appoggi di cui godeva ad averlo aiutato a ottenere una condanna "leggera" e forse anche nell'evadere. Comunque Casanova, dopo essere fuggito, sapeva che il problema sarebbe stato il seminare gli Inquisitori. Dopo molte peripezie si recò a Parigi, dove poté pienamente dedicarsi alla sua specialità: frequentare l'alta società, ottenere il meglio, dilapidare il denaro che le nobildonne innamorate gli offrivano. Qui promosse una lotteria nazionale, l'unico modo, secondo lui, per far contribuire di buon grado i cittadini alla finanza pubblica. Per aver intrapreso delle operazioni sbagliate, si ricoprì di debiti e scampò di nuovo al carcere grazie alla ricchezza di un'amica.

Ritratto di Giacomo Casanova, XVIII secolo.

163 ●●● COMPETENZE MORFOLOGICHE STORIA **Completa** il seguente testo con le voci verbali adeguate.

> frequentò • pubblicò • si propose • si dedicò • conobbe • fu colpito • terminò • riuscì • abbia avuto • avrebbe voluto • viaggiare • incappare • vivere • rimanere • aver composto • aver assistito • aver trascorso

Il mito di Casanova Gli anni successivi furono tutti un gran .... per l'Europa: .... personaggi importanti e, grazie al fascino e alla curiosità suscitata, ... i circoli più esclusivi delle capitali, non senza .... in episodi spiacevoli, denunce, duelli, espulsioni. Infine dopo .... diciott'anni in esilio, ... a tornare a Venezia dove, per ...., ... agli Inquisitori come spia, ma nell'esercitare questa attività sembra ...., pare, scarso successo. .... allora alla scrittura e .... il primo tomo della traduzione dell'*Iliade*. Ben presto però .... da un definitivo provvedimento di esilio. .... i suoi giorni a Dux in Boemia, dopo .... da lontano alla caduta della Repubblica di Venezia e al crollo di quel mondo altolocato a cui .... stabilmente appartenere, non prima di .... *La storia della mia vita*, una vita tanto straordinaria da .... per sempre nell'immaginario collettivo.

164 ●●● COMPETENZE LESSICALI PAROLE DENTRO I TESTI **Sostituisci** le seguenti parole evidenziate negli esercizi 161, 162 e 163 con un sinonimo adeguato.

1. impenitente: ....
2. peregrinare: ....
3. spregiudicato: ....
4. reclusione: ....
5. di prassi: ....
6. riacciuffare: ....
7. peripezie: ....
8. dilapidare: ....
9. incappare: ....
10. provvedimento: ....
11. altolocato: ....
12. collettivo: ....

A 181

La morfologia

9. Gli usi del participio e dei suoi tempi

> Il **participio**, come sottolinea lo stesso termine, è il modo che "partecipa" sia alle proprietà del **verbo** sia a quelle del **nome** e dell'**aggettivo**. Come il verbo, ha **coniugazione**, **tempo** e **forma**, come il nome e l'aggettivo, segnala il **genere** e il **numero**.

Ha **due tempi**, entrambi semplici.

tempo	attivo	passivo
presente	vedente, cadente	----------
passato	caduto	visto

Grazie alla sua duplice natura, il participio può svolgere sia la funzione di **verbo** sia quella di **nome** e di **aggettivo**.

In **funzione di verbo**, il participio si trova sempre in una **dipendente implicita** ed esprime i seguenti valori e rapporti di tempo.

participio	rapporti di tempo e valori	esempi
presente	rapporto di **contemporaneità** (valore **attivo**)	Il treno **proveniente** (= *che proviene*) da Roma è in arrivo al terzo binario.
passato	rapporto di **anteriorità** (valore **attivo** nei verbi **intransitivi**, **passivo** nei **transitivi**)	**Tornato** (= *dopo essere tornato*; valore attivo) dalle ferie, ritirai subito la posta. Mi svegliai, **spaventata** (= *poiché ero stata spaventata*; valore passivo) da un grido.

I due tempi hanno però un uso molto diverso:

- il **participio presente** ha perso quasi del tutto la sua natura verbale che aveva nel latino e nell'italiano antico, e viene oggi adoperato come **verbo solo nel linguaggio giuridico e burocratico**; in tutti gli altri usi è generalmente sostituito da una **proposizione relativa**.

  Sarà presentato un progetto **rispondente** (= *che risponde*) agli obiettivi comuni.

- il **participio passato** ha mantenuto la sua natura verbale e costituisce il predicato di numerose **proposizioni dipendenti implicite** di valore **causale**, **temporale**, **relativo**, **concessivo**, **condizionale**.

  Uscito (= *dopo che ero uscito*) di casa, mi accorsi di non aver preso il portafoglio.

  Laura, **ferita** (= *poiché era stata ferita*) da quelle parole, scoppiò a piangere.

  Pur **rimproverato** (= *anche se è stato rimproverato*), Alessandro continuò a fare dispetti al fratellino.

  Il vino, **bevuto** (= *se è stato bevuto*) con moderazione, non fa male.

3 Il verbo

Nel vivo della lingua

Il participio assoluto L'italiano ha ereditato dal latino l'**uso assoluto del participio**. Si tratta di una costruzione in cui il participio, seguito dal suo soggetto, forma una **proposizione subordinata isolata** dal resto del periodo: *absolutus*, infatti, significava in latino "sciolto da".

Vinti i Galli (= *dopo che i Galli erano stati vinti*), l'esercito tornò a Roma.
Partito Marco (= *dopo che Marco fu partito*), Laura rimase con le sue amiche.

Il participio passato, inoltre, entra nella formazione dei **tempi composti della forma attiva** e di **tutti i tempi della forma passiva**, nei quali segue queste **norme di concordanza**:

- in presenza dell'ausiliare *essere*, **concorda sempre in genere e numero con il soggetto**.

  Il giorno **era trascorso**   La notte **era trascorsa**.
  I giorni **erano trascorsi**. Le notti **erano trascorse**.

- in presenza dell'ausiliare *avere*, **rimane invariato al maschile singolare**. Concorda, però, con il complemento oggetto che lo precede:

  – **sempre**, se il complemento oggetto è costituito dalle particelle pronominali *lo*, *la*, *li*, *le*.

  L'ho **accompagnato**. / La ho **accompagnata**.
  Li ho **accompagnati**. / Le ho **accompagnate**.

  – **in modo facoltativo**, se il complemento oggetto è costituito da un **altro pronome personale** o da un **pronome relativo**.

  Chi ci ha **aiutato** / **aiutati**?
  Conosci i ragazzi che abbiamo **incontrato** / **incontrati**?

In **funzione di nome**, il participio ha un ampio uso in entrambi i tempi. Alcuni participi sono diventati **aggettivi** a tutti gli effetti: **concordano con il nome** che accompagnano e ammettono i **gradi comparativo** e **superlativo**. Altri, invece, registrati come tali dal dizionario sono stati **sostantivati** e sono **nomi**.

participi	aggettivi	nomi
presenti	abbondante, angosciante, apparente, potente, preoccupante, seguente, indisponente, logorante, sorridente, ubbidiente, vincente, ...	affluente, sorgente, dirigente, cantante, insegnante, commerciante, presidente, abitante, concorrente, credente, ente (derivato dal verbo essere), ...
passati	accusato, contenuto, detenuto, dipinto, evaso, gelato, invitato, mandato, morto, pensionato, pentito, tessuto, ...	abbronzato, afflitto, atterrito, educato, fidato, ghiacciato, maledetto, profumato, soddisfatto, ...

La morfologia

ALLENA LE COMPETENZE

165 ●○○ COMPETENZE MORFOLOGICHE | DENTRO LE PAROLE | **Distingui** il participio passato dal participio presente.

1. Le sostanze **antisettiche** o **germicide**, chiamate comunemente disinfettanti, servono a eliminare i germi patogeni e a prevenire le infezioni.
2. I **disinfestanti** sono dei preparati chimici utilizzati per liberare i campi coltivati da insetti o erbe infestanti. Usati in maniera esagerata, sono inquinanti e possono contaminare gravemente le falde acquifere sottostanti i terreni.
3. Le sostanze **narcotizzanti** producono la perdita della sensibilità e della coscienza, come i farmaci somministrati per l'anestesia.

166 ●●○ COMPETENZE MORFOLOGICHE **Distingui** se i participi dell'esercizio 165 hanno funzione di nome o aggettivo.

1. nome: ....
2. aggettivo: ....

167 ●●○ COMPETENZE MORFOLOGICHE | DENTRO LE PAROLE | **Completa** con il participio passato del verbo.

1. Gli strumenti chirurgici sono oggi **monouso**, cioè vengono (*usare*) .... una sola volta; viene così (*garantire*) .... una maggior igiene.
2. Si dice che fiumi o laghi **esondano** quando le loro acque si sono (*ingrossare*) .... per le piogge, hanno (*rompere*) .... gli argini e (*allagare*) .... le rive.
3. Il **tabagismo** è l'intossicazione cronica (*causare*) .... dall'uso massiccio e (*prolungare*) .... di tabacco.
4. Ci hai dato un suggerimento **fuorviante**, che cioè ci ha (*trarre*) .... in errore e (*condurre*) .... su una pista (*sbagliare*) ....
5. Ho (*conoscere*) .... Laura e Paolo, due medici (*specializzare*) .... in **geriatria**, cioè nelle malattie e nei disturbi (*accusare*) .... dagli anziani.
6. Sono (*definire*) .... **vessatori** i comportamenti di chi ha (*abusare*) .... della propria autorità nei confronti di altri e li ha (*sottoporre*) .... a delle **angherie**, cioè a prepotenze e soprusi.

168 ●●● COMPETENZE MORFOLOGICHE | DALLA GRAMMATICA ALLA SCRITTURA | **Scrivi** sul quaderno una frase coniugando i seguenti verbi al participio presente o passato, in funzione di nome o di aggettivo, secondo l'uso prevalente.

rinfrescare • attaccare • conoscere • sorridere • vedere • partecipare • dirigere • trafficare • disinfettare • bandire • trattare • cucire • mandare • dettare • condannare • chiudere • evadere • corrompere

3 Il verbo

I trucchi del mestiere

Come riconoscere se un participio è nome, aggettivo o verbo Ricorda che:

- se è preceduto da un **articolo**, una **preposizione articolata** o un **aggettivo determinativo**, il participio ha funzione di **nome**.
  Comunicheremo al più presto le nuove disposizioni ai **dirigenti** scolastici.
  Un **pensionato** è stato aggredito da alcuni **delinquenti**.

- se accompagna un **nome** e, in genere, ammette il **comparativo** o il **superlativo**, il participio ha funzione di **aggettivo**.
  Sono ragazzi (molto) **educati** e di capacità (molto) **brillanti**.

- se è seguito da un **complemento** e può essere trasformato in una **proposizione**, il participio ha funzione di **verbo**.
  Può rivolgersi al dottor Rossi, **dirigente** (= *che dirige*) l'ufficio reclami.
  Gli Spartani, **educati** (= *poiché erano educati*) con ferrea disciplina, erano ottimi soldati.

169 ○○○ COMPETENZE LESSICALI **Completa** con il participio, presente o passato, dei verbi proposti e **indica** se è usato in funzione di nome [N] o di aggettivo [A].

avere • battere • sottoscrivere • fare • assumere • spettare • risiedere

1. Il parcheggio è riservato ai .... [.....].
2. I .... [.....] della porta blindata sono in acciaio.
3. Calcolare l'area di un quadrato .... [.....] il lato di cm 15.
4. Gli .... [.....] titolo possono inoltrare domanda di partecipazione.
5. I nuovi .... [.....] devono firmare il contratto di lavoro.
6. I proprietari della barca .... [.....] bandiera panamense sono stati arrestati.
7. Il documento è stato firmato dal vicepresidente, ... [.....] funzioni.
8. Il nuovo impiegato, da poco .... [.....], era in difficoltà nell'espletare i compiti a lui .... [.....].
9. Il .... [.....], ... [.....] a Roma, richiede la patente.

170 ●●● COMPETENZE MORFOLOGICHE DENTRO LE PAROLE **Distingui** se i participi sono usati in funzione di nomi, aggettivi o verbi autonomi che non fanno parte cioè di un tempo composto.

1. Gli **additivi** sono sostanze naturali o artificiali che, aggiunte ai cibi, ne migliorano le caratteristiche, come nel caso dei coloranti o degli **edulcoranti**, cioè dei dolcificanti, oppure ne ritardano il deterioramento, come nel caso dei conservanti. La presenza di additivi deve sempre essere esplicitata nelle etichette indicanti la lista degli ingredienti.
2. I **liofilizzati** sono prodotti che si conservano a lungo mantenendo inalterate le loro proprietà; sono il risultato del particolare procedimento consistente nella disidratazione della sostanza precedentemente congelata.

171 ●●○ COMPETENZE MORFOLOGICHE **Trasforma** in una subordinata adeguata i participi in funzione di verbo individuati nel testo dell'esercizio 169.

A 185

La morfologia

Occhio all'errore

L'uso corretto del participio passato

Ricorda che:

- **in assenza di un soggetto espresso**, il participio assume lo **stesso soggetto del verbo della reggente**, perciò il suo collegamento con il soggetto **deve risultare ben chiaro**.

NO	SÌ
Marco si fece subito visitare dal suo medico, caduto dalla scala.	Marco, **caduto** dalla scala, si fece subito visitare dal suo medico.
Vinti i Galli in una cruenta battaglia, si arresero.	I Galli, **vinti** in una cruenta battaglia, si arresero. / Vinti in una cruenta battaglia, i Galli si arresero.

- il soggetto, se **diverso** da quello della proposizione reggente, deve **essere espresso** e collocato **dopo** il **participio**. Questa costruzione, però, **non è possibile** quando il verbo è **intransitivo** e si costruisce con l'ausiliare *avere*.

NO	SÌ
Sorpreso durante il furto, il carabiniere arrestò il ladro.	**Sorpreso** il ladro durante il furto, il carabiniere lo arrestò.
sorpreso si riferisce al carabiniere	*si deve esprimere il soggetto ladro (= chi è stato sorpreso)*
Occupato nel trasloco, verrò al posto di Ugo.	Verrò io al posto di Ugo, **occupato** nel trasloco.
occupato assume come soggetto io	*si deve collocare occupato in modo che si colleghi al soggetto Ugo (= chi è occupato)*
Io e Laura non andavamo d'accordo; appena arrivata, io me ne andai.	Io e Laura non andavamo d'accordo; appena **arrivata** lei, io me ne andai.
arrivata assume come soggetto io	*si deve ripetere il soggetto (lei riferito a Laura)*
Camminato a lungo, eravamo molto stanchi.	**Avendo camminato** a lungo, eravamo molto stanchi.
*la costruzione con il participio **non è possibile** perché camminare è intransitivo e richiede l'ausiliare avere*	*si deve usare il gerundio composto*

A 186

172 ●○○ COMPETENZE MORFOLOGICHE **Riconosci** nelle seguenti frasi l'errore nell'uso del participio e **riscrivile** correttamente.

1. Gli studenti, controllato il permesso scritto dai genitori, sono autorizzati a uscire un'ora prima.   2. Classificatosi primo alle Olimpiadi di matematica, tutti i professori si complimentarono con Alessandro.   3. Corso tutti i giorni per mezz'ora, mi sento in gran forma.   4. Giulia riuscì a prendere il treno, uscita in ritardo.   5. Assente da alcuni giorni, il docente coordinatore telefonò ai genitori di Marco.   6. Investito da un motorino, portarono Pietro al pronto soccorso.

173 ●●● COMPETENZE MORFOLOGICHE DALLA GRAMMATICA ALLA SCRITTURA **Riconosci** le frasi che presentano un uso scorretto del participio e **riscrivile** correttamente mantenendo il participio, quando è possibile.

1. Ho ricevuto un SMS da Giulia appena uscita di casa.   2. Parlato a lungo di te stessa, sei apparsa una persona egocentrica.   3. Luigi trovò il nonno svenuto e disteso sul pavimento, appena arrivato a casa.   4. Sbagliato l'esercizio, fui rimproverata dal professore.   5. Viaggiato molto, ho visto posti di una bellezza incredibile.   6. Luca ricevette in regalo da suo padre un motorino nuovo, promosso a pieni voti.   7. Terminati i compiti, uscirò.   8. Saputa la notizia, la donna svenne.   9. Ricoverata all'ospedale andrò al più presto a trovare la mia amica. 10. Rapinata la banca, il cassiere diede subito l'allarme.   11. Appena tornata dalle ferie, la portinaia avvertì subito la signora Rossi che era arrivato un pacco per lei.   12. Valeria, terminati gli studi, si trasferì negli Stati Uniti.   13. Impegnato a sostenere l'esame di guida giocherò io al posto di Roberto.   14. Studiato molto, Valentina e Raffaella sostennero una brillante interrogazione.   15. Spaventato dai rumori, il mio gatto si nascose sotto il letto.   16. Morto dopo una lunga malattia, la figlia fu colta da una profonda depressione.

174 ●●● COMPETENZE MORFOLOGICHE **Sostituisci** le espressioni in grassetto con un participio passato: quando non è possibile, **spiega** il perché.

1. **Dopo aver superato** l'esame, andammo tutti a festeggiare.
2. I banditi, **quando erano** ormai **braccati**, si nascosero nella boscaglia, ma vennero catturati.
3. **Poiché non è piovuto** da molto tempo, tutti i fiumi sono in secca.
4. **Dopo aver parlato** animosamente con Luca, Andrea e Paolo uscirono sbattendo la porta.
5. **Mentre andavo** a scuola, ho incontrato un caro amico.
6. **Dopo che** Luca **era partito**, la casa sembrava vuota.
7. **Dopo aver visitato** la mostra, parteciperemo a una conferenza.
8. Il bambino, **quando ebbe visto** il palloncino volare via, scoppiò in lacrime.
9. **Dopo aver nuotato** a lungo, il ragazzo fu colto da malore.
10. **Benché non fosse stata invitata**, Emanuela si presentò alla festa.
11. **Dal momento che fu sorpreso** dal temporale, si rifugiò in una baita.
12. **Nonostante tu abbia vinto**, hai dimostrato grande umiltà.

La morfologia

10 Gli usi del gerundio e dei suoi tempi

> Il **gerundio** precisa la modalità con cui avviene l'azione indicata dalla proposizione reggente, specificandone il **modo**, il **mezzo**, la **causa**, il **tempo**, la **condizione**, la **concessione**, cioè la circostanza nonostante la quale avviene l'azione.

Camminava **zoppicando**.	modo
Sbagliando si impara.	mezzo
Avendo vinto, furono festeggiati da tutti.	causa
Piangeva, **pensando** a lui.	tempo
Facendo così, ti renderai antipatico.	condizione
Pur **essendosi allenato** molto, non ha vinto.	concessione

Ha **due tempi**, uno **semplice** e uno **composto**.

tempo	attivo	passivo
presente	vedendo	essendo visto
passato	avendo visto	essendo stato visto

Il gerundio è usato come **verbo** nelle **proposizioni subordinate causali**, **temporali**, **concessive**, **condizionali** e i suoi tempi esprimono i seguenti rapporti:

gerundio	rapporti di tempo	esempi
presente (o gerundio semplice)	contemporaneità	**Tornando** a casa, passerò da te. **Vedendo** il figlio ferito, la madre svenne. **Ascoltando** musica mi rilasso.
passato (o gerundio composto)	anteriorità	**Essendo arrivata** tardi, non trovai posto. **Avendo ottenuto** un mutuo, comprerò la casa.

Il **gerundio presente** può anche essere usato:

- in unione con un **verbo fraseologico** come *stare*, *andare*, con cui indica l'azione **in pieno svolgimento**.

    Stavo facendo i compiti quando Alberto mi chiamò.
    A Venezia l'acqua alta **andava** via via **aumentando**.

- con valore di **nome**, nella funzione logica di **complemento di mezzo** o **di modo**.

    Morendo (= *per mezzo della sua morte*) salvò molte vite.
    Alessandra uscì di casa **correndo** (= *di corsa*).

3 Il verbo

ALLENA LE COMPETENZE

175 ○○○ COMPETENZE MORFOLOGICHE DENTRO LE PAROLE **Distingui** il gerundio presente dal gerundio passato.

La società medievale era suddivisa in tre classi: c'erano i monaci, che trascorrevano i giorni pregando, i cavalieri, che passavano la vita combattendo, e i contadini, che vivevano lavorando. Il rito di investitura dei cavalieri, pur essendo caduto in disuso da tempo, ha lasciato traccia nell'espressione **passare la notte in bianco**. Infatti, chi voleva diventare cavaliere doveva prepararsi pregando e digiunando; poi avendo indossato una tunica bianca, passava la notte prima dell'investitura in un luogo consacrato, rimanendo sveglio accanto alle armi. Oggi invece si passa una notte in bianco quando, avendo avuto un problema durante il giorno o avendo qualche preoccupazione, non si riesce a dormire. Anche la parola **candidato** è antica, essendo derivata dal latino *candidus*, "candido": i Romani che aspiravano a una carica pubblica andavano in giro indossando una toga bianca, facendosi così riconoscere.

176 ○○○ COMPETENZE MORFOLOGICHE **Distingui** se i gerundi individuati nell'esercizio 175 esprimono il modo, il tempo, la causa o la concessione.

177 ○○○ COMPETENZE MORFOLOGICHE **Indica** se il gerundio precisa il modo [MO], il mezzo [ME], la causa [CA], il tempo [T], la condizione [CO], la concessione [CC].
1. Avendo perso [.......] il treno, verrò in aereo. **2.** Prendendo [.......] l'aereo sarei lì verso mezzogiorno. **3.** Pur **prendendo** [.......] l'aereo, non arriverei in tempo. **4.** Tornando [.......] a casa, passerò al supermercato. **5.** Avendo parlato [.......] per ore, sono rimasta senza voce. **6.** Arrivarono correndo [.......]. **7.** Ci chiamò facendo [.......] un gesto con la mano. **8.** Avendo fatto [.......] i compiti già ieri, adesso posso uscire. **9.** Andando [.......] in bicicletta, sono caduta. **10.** Pur essendosi arricchito [.......], Lorenzo è rimasto un uomo semplice.

Il buon uso della scrittura

L'uso corretto del gerundio Un uso eccessivo del gerundio genera periodi contorti e faticosi da leggere: meglio ricorrere piuttosto a **proposizioni subordinate esplicite**. Inoltre ricorda che come il participio, anche il gerundio **non ha desinenze** per indicare la persona e, **in assenza di un soggetto espresso, assume lo stesso del verbo della reggente**. Perciò:
- se il soggetto del gerundio è **diverso** da quello della reggente, va espresso e collocato **dopo il gerundio** o, nel caso di gerundio composto, **dopo il suo ausiliare**.

NO Non avendo soldi a sufficienza, ho prestato a Silvia 50 euro.

SÌ Non **avendo Silvia** soldi a sufficienza, le ho prestato 50 euro.

Ho conosciuto George a Londra; essendo venuto a Roma, l'ho rivisto con piacere.

Ho conosciuto George a Londra; **essendo lui venuto** a Roma, l'ho rivisto con piacere.

A 189

La morfologia

- se il soggetto del gerundio è **lo stesso** della reggente, va collocato con attenzione in modo che sia **collegato al soggetto della reggente** e, soprattutto, in modo che **non passi sotto la reggenza di un'altra proposizione**.

  NO Carlo è stato rapinato, <u>andando</u> da Marta.

  SÌ Carlo, **andando** da Marta, è stato rapinato.

  Un bambino di otto anni è stato aggredito da un pitbulll, <u>procurandogli</u> gravi lesioni al volto.

  Un pitbull ha aggredito un bambino di otto anni **procurandogli** gravi lesioni al volto.

178 ●●○ **COMPETENZE MORFOLOGICHE** Riconosci e correggi le frasi in cui il gerundio è usato in modo scorretto.

1. Avendo mangiato troppo, mi sentivo poco bene. **2.** Avendo mangiato troppo, riportammo a casa Marco. **3.** Avendo vinto, il console romano ricevette l'onore del trionfo. **4.** I Romani avendo vinto, le altre tribù dei Galli si arresero. **5.** Raccontando sempre bugie, nessuno più ti crederà. **6.** Pur avendo avuto tutto dalla vita, non sei ancora soddisfatto. **7.** Quando arrivai, la trovai piangendo. **8.** Piangendo, mi pregò di non lasciarla sola quella notte. **9.** Abbiamo divorato tutto, avendo una fame da lupi. **10.** Essendo affamati, abbiamo divorato tutto in un istante.

179 ●●○ **COMPETENZE MORFOLOGICHE** Sostituisci l'espressione in grassetto con la forma del gerundio che esprime lo stesso rapporto di tempo e lo stesso significato attivo o passivo. Attenzione: esplicita il soggetto nel caso non coincida con quello del verbo reggente.

1. Poiché **era stato riconosciuto**, lo scippatore si diede alla fuga. **2.** Dopo **essere stato sorpreso** a rubare, l'uomo fu denunciato. **3.** Con il **leggere** ad alta voce, imparerai più facilmente. **4.** Se **avrai** qualche ora libera, potremo andare assieme in palestra. **5.** Ho appreso la notizia **mentre ascoltavo** la radio. **6.** Poiché **siete** lontani, sono triste. **7.** Pur **se avevi** torto, lei si è schierata dalla tua parte. **8.** Dopo che **arrivarono** a destinazione, tirarono un sospiro di sollievo.

180 ●●● **COMPETENZE MORFOLOGICHE** **DALLA GRAMMATICA ALLA SCRITTURA** Riscrivi correttamente le seguenti frasi che presentano un uso scorretto del gerundio, mantenendolo quando è possibile.

1. Ho sentito il treno fischiare da lontano, annunciando il suo passaggio. **2.** Essendo uscito dalla sua tana, il cacciatore colpì il cinghiale. **3.** Essendosi aggravato, Luca corse subito al capezzale del nonno. **4.** Non avendo l'ombrello, ho dato a Francesca il mio. **5.** Avendo dei forti dolori alla schiena, il medico ha prescritto a mio padre una cura antinfiammatoria. **6.** Avendo la febbre, l'insegnante mi lasciò uscire dall'aula. **7.** Avendo ancora dei soldi a disposizione, mia madre mi permise di prolungare la vacanza. **8.** Essendo raffreddato, verrò io a casa tua.

11 La coniugazione

> La **coniugazione** è l'insieme delle forme che il verbo può assumere per definire la **persona**, il **numero**, il **modo** e il **tempo**.

A eccezione dei verbi *essere* e *avere*, che hanno una flessione anomala, i verbi sono suddivisi in **tre coniugazioni**:

Dal punto di vista della coniugazione, i verbi si classificano in:

- **verbi regolari**, che si coniugano secondo la forma-tipo della coniugazione a cui appartengono;
- **verbi irregolari**, che presentano all'interno della loro coniugazione **alcuni mutamenti nella radice o nella desinenza**;
- **verbi difettivi**, che non hanno una coniugazione completa perché **sono privi di alcuni modi, tempi** o **persone**;
- **verbi sovrabbondanti**, che appartengono a **due coniugazioni** e, pur avendo la stessa radice, presentano **desinenze diverse**. Tra questi, alcuni mantengono il medesimo significato, altri invece vanno incontro a lievi variazioni di senso.

adempi**ere** = ademp**ire**   intorbid**are** = intorbid**ire**   dimagr**are** = dimagr**ire**
scolor**are** (= *togliere il colore*) ≠ scolor**ire** (= *perdere il colore*)

 Il buon uso del dizionario

Il verbo nei dizionari   I **verbi** (**v.**) sono registrati dal dizionario nella forma dell'**infinito presente**.

genere:
tr. = transitivo;
intr. = intransitivo;
se il verbo ammette sia la funzione transitiva sia la funzione intransitiva, sono indicate ed esemplificate entrambe

♦**amare** [a-mà-re] (**v. tr.**) **1** nutrire profondo affetto, voler bene: *amare i propri figli* | sentire propensione, attaccamento per qualcosa: *amare gli animali*; *amare la musica* | gradire; desiderare: *amo viaggiare*; *amerei vederti* **2** provare inclinazione affettiva e attrazione fisica per qualcuno: *amare una donna* | fare l'amore: *l'amo con grande trasporto* **3** nutrire un sentimento religioso di amore, di carità: *amare Dio, il prossimo* **4** mostrare inclinazione istintiva: *i gatti amano il caldo* ♦ **amarsi** **rifl.** voler bene a se stesso ♦ **v. rec.** **1** volersi bene **2** avere una relazione amorosa o rapporti sessuali.

              forme irregolari della coniugazione   reggenze

ausiliare *essere* o *avere*:
alcuni dizionari registrano l'ausiliare solo nel caso dei verbi intransitivi

forma:
pron. = intransitiva pronominale;
rifl. = riflessiva;
pron. rec. = pronominale reciproca

---

181 **COMPETENZE MORFOLOGICHE E LESSICALI** **Cerca** sul dizionario il verbo *convenire*: **riconosci** in quale accezione e in quale funzione (transitiva [T] o intransitiva [I]) è usato in ciascuna frase e **indicane** un sinonimo.

1. Conveniamo con te sull'opportunità di andarcene.   [.....] (........................)
2. Con la banca abbiamo convenuto il tasso di interesse.   [.....] (........................)
3. Quell'abito non conviene alla circostanza.   [.....] (........................)

La morfologia

Coniugazione del verbo *essere*

modo indicativo		modo congiuntivo	
tempi semplici	**tempi composti**	**tempi semplici**	**tempi composti**
presente io sono tu sei egli è noi siamo voi siete essi sono	**Passato prossimo** io sono stato tu sei stato egli è stato noi siamo stati voi siete stati essi sono stati	**presente** (che) io sia (che) tu sia (che) egli sia (che) noi siamo (che) voi siate (che) essi siano	**passato** (che) io sia stato (che) tu sia stato (che) egli sia stato (che) noi siamo stati (che) voi siate stati (che) essi siano stati
imperfetto io ero tu eri egli era noi eravamo voi eravate essi erano	**trapassato prossimo** io ero stato tu eri stato egli era stato noi eravamo stati voi eravate stati essi erano stati	**imperfetto** (che) io fossi (che) tu fossi (che) egli fosse (che) noi fossimo (che) voi foste (che) essi fossero	**trapassato** (che) io fossi stato (che) tu fossi stato (che) egli fosse stato (che) noi fossimo stati (che) voi foste stati (che) essi fossero stati
passato remoto io fui tu fosti egli fu noi fummo voi foste essi furono	**trapassato remoto** ✲ io fui stato tu fosti stato egli fu stato noi fummo stati voi foste stati essi furono stati	modo condizionale	
^	^	**presente** io sarei tu saresti egli sarebbe noi saremmo voi sareste essi sarebbero	**passato** io sarei stato tu saresti stato egli sarebbe stato noi saremmo stati voi sareste stati essi sarebbero stati
futuro semplice io sarò tu sarai egli sarà noi saremo voi sarete essi saranno	**futuro anteriore** io sarò stato tu sarai stato egli sarà stato noi saremo stati voi sarete stati essi saranno stati	**modo imperativo**	
^	^	**presente** — sii tu — — siate voi —	

infinito		participio		gerundio	
presente essere	**passato** essere stato	**presente** (ente)	**passato** stato	**presente** essendo	**passato** essendo stato

✲Non più usato.

3 Il verbo

Coniugazione del verbo *avere*

modo indicativo		modo congiuntivo	
tempi semplici	**tempi composti**	**tempi semplici**	**tempi composti**
presente	**passato prossimo**	**presente**	**passato**
io ho	io ho avuto	(che) io abbia	(che) io abbia avuto
tu hai	tu hai avuto	(che) tu abbia	(che) tu abbia avuto
egli ha	egli ha avuto	(che) egli abbia	(che) egli abbia avuto
noi abbiamo	noi abbiamo avuto	(che) noi abbiamo	(che) noi abbiamo avuto
voi avete	voi avete avuto	(che) voi abbiate	(che) voi abbiate avuto
essi hanno	essi hanno avuto	(che) essi abbiano	(che) essi abbiano avuto
imperfetto	**trapassato prossimo**	**imperfetto**	**trapassato**
io avevo	io avevo avuto	(che) io avessi	(che) io avessi avuto
tu avevi	tu avevi avuto	(che) tu avessi	(che) tu avessi avuto
egli aveva	egli aveva avuto	(che) egli avesse	(che) egli avesse avuto
noi avevamo	noi avevamo avuto	(che) noi avessimo	(che) noi avessimo avuto
voi avevate	voi avevate avuto	(che) voi aveste	(che) voi aveste avuto
essi avevano	essi avevano avuto	(che) essi avessero	(che) essi avessero avuto
passato remoto	**trapassato remoto**	**modo condizionale**	
io ebbi	io ebbi avuto	**presente**	**passato**
tu avesti	tu avesti avuto	io avrei	io avrei avuto
egli ebbe	egli ebbe avuto	tu avresti	tu avresti avuto
noi avemmo	noi avemmo avuto	egli avrebbe	egli avrebbe avuto
voi aveste	voi aveste avuto	noi avremmo	noi avremmo avuto
essi ebbero	essi ebbero avuto	voi avreste	voi avreste avuto
		essi avrebbero	essi avrebbero avuto
futuro semplice	**futuro anteriore**	**modo imperativo**	
io avrò	io avrò avuto	**presente**	
tu avrai	tu avrai avuto	–	
egli avrà	egli avrà avuto	abbi tu	
noi avremo	noi avremo avuto	–	
voi avrete	voi avrete avuto	–	
essi avranno	essi avranno avuto	abbiate voi	
		–	

infinito		participio		gerundio	
presente	**passato**	**presente**	**passato**	**presente**	**passato**
avere	avere avuto	avente	avuto	avendo	avendo avuto

A 193

La morfologia

1ª coniugazione attiva: verbo *amare*

modo indicativo		modo congiuntivo	
tempi semplici	**tempi composti**	**tempi semplici**	**tempi composti**
presente io am-o tu am-i egli am-a noi am-iamo voi am-ate essi am-ano	**passato prossimo** io ho amato tu hai amato egli ha amato noi abbiamo amato voi avete amato essi hanno amato	**presente** (che) io am-i (che) tu am-i (che) egli am-i (che) noi am-iamo (che) voi am-iate (che) essi am-ino	**passato** (che) io abbia amato (che) tu abbia amato (che) egli abbia amato (che) noi abbiamo amato (che) voi abbiate amato (che) essi abbiano amato
imperfetto io am-avo tu am-avi egli am-ava noi am-avamo voi am-avate essi am-avano	**trapassato prossimo** io avevo amato tu avevi amato egli aveva amato noi avevamo amato voi avevate amato essi avevano amato	**imperfetto** (che) io am-assi (che) tu am-assi (che) egli am-asse (che) noi am-assimo (che) voi am-aste (che) essi am-assero	**trapassato** (che) io avessi amato (che) tu avessi amato (che) egli avesse amato (che) noi avessimo amato (che) voi aveste amato (che) essi avessero amato
passato remoto io am-ai tu am-asti egli am-ò noi am-ammo voi am-aste essi am-arono	**trapassato remoto** io ebbi amato tu avesti amato egli ebbe amato noi avemmo amato voi aveste amato essi ebbero amato	**modo condizionale**	
		presente io am-erei tu am-eresti egli am-erebbe noi am-eremmo voi am-ereste essi am-erebbero	**passato** io avrei amato tu avresti amato egli avrebbe amato noi avremmo amato voi avreste amato esi avrebbero amato
futuro semplice io am-erò tu am-erai egli am-erà noi am-eremo voi am-erete essi am-eranno	**futuro anteriore** io avrò amato tu avrai amato egli avrà amato noi avremo amato voi avrete amato essi avranno amato	**modo imperativo**	
		presente – am-a tu – – am-ate voi –	

infinito		participio		gerundio	
presente am-are	**passato** avere amato	**presente** am-ante	**passato*** (am-ato)	**presente** am-ando	**passato** avendo amato

*Ha valore attivo *solo* nei verbi intransitivi (*andato*).
Nei verbi transitivi ha *sempre* valore passivo.

A 194

3 Il verbo

2ª coniugazione attiva: verbo *temere*

modo indicativo		modo congiuntivo	
tempi semplici	**tempi composti**	**tempi semplici**	**tempi composti**
presente io tem-o tu tem-i egli tem-e noi tem-iamo voi tem-ete essi tem-ono	**passato prossimo** io ho temuto tu hai temuto egli ha temuto noi abbiamo temuto voi avete temuto essi hanno temuto	**presente** (che) io tem-a (che) tu tem-a (che) egli tem-a (che) noi tem-iamo (che) voi tem-iate (che) essi tem-ano	**passato** (che) io abbia temuto (che) tu abbia temuto (che) egli abbia temuto (che) noi abbiamo temuto (che) voi abbiate temuto (che) essi abbiano temuto
imperfetto io tem-evo tu tem-evi egli tem-eva noi tem-evamo voi tem-evate essi tem-evano	**trapassato prossimo** io avevo temuto tu avevi temuto egli aveva temuto noi avevamo temuto voi avevate temuto essi avevano temuto	**imperfetto** (che) io tem-essi (che) tu tem-essi (che) egli tem-esse (che) noi tem-essimo (che) voi tem-este (che) essi tem-essero	**trapassato** (che) io avessi temuto (che) tu avessi temuto (che) egli avesse temuto (che) noi avessimo temuto (che) voi aveste temuto (che) essi avessero temuto
passato remoto io tem-etti tu tem-esti egli tem-ette noi tem-emmo voi tem-este essi tem-ettero	**trapassato remoto** io ebbi temuto tu avesti temuto egli ebbe temuto noi avemmo temuto voi aveste temuto essi ebbero temuto	**modo condizionale**	
		presente io tem-erei tu tem-eresti egli tem-erebbe noi tem-eremmo voi tem-ereste essi tem-erebbero	**passato** io avrei temuto tu avresti temuto egli avrebbe temuto noi avremmo temuto voi avreste temuto essi avrebbero temuto
futuro semplice io tem-erò tu tem-erai egli tem-erà noi tem-eremo voi tem-erete essi tem-eranno	**futuro anteriore** io avrò temuto tu avrai temuto egli avrà temuto noi avremo temuto voi avrete temuto essi avranno temuto	**modo imperativo**	
		presente – tem-i tu – – tem-ete voi –	

infinito		participio		gerundio	
presente tem-ere	**passato** avere temuto	**presente** tem-ente	**passato** (tem-uto)	**presente** tem-endo	**passato** avendo temuto

*Ha valore attivo *solo* nei verbi intransitivi (*caduto*).
Nei verbi transitivi ha *sempre* valore passivo.

A 195

La morfologia

3ª coniugazione attiva: verbo *servire*

modo indicativo		modo congiuntivo	
tempi semplici	**tempi composti**	**tempi semplici**	**tempi composti**
Presente io serv-o tu serv-i egli serv-e noi serv-iamo voi serv-ite essi serv-ono	**passato prossimo** io ho servito tu hai servito egli ha servito noi abbiamo servito voi avete servito essi hanno servito	**presente** (che) io serv-a (che) tu serv-a (che) egli serv-a (che) noi serv-iamo (che) voi serv-iate (che) essi serv-ano	**passato** (che) io abbia servito (che) tu abbia servito (che) egli abbia servito (che) noi abbiamo servito (che) voi abbiate servito (che) essi abbiano servito
imperfetto io serv-ivo tu serv-ivi egli serv-iva noi serv-ivamo voi serv-ivate essi serv-ivano	**trapassato prossimo** io avevo servito tu avevi servito egli aveva servito noi avevamo servito voi avevate servito essi avevano servito	**imperfetto** (che) io serv-issi (che) tu serv-issi (che) egli serv-isse (che) noi serv-issimo (che) voi serv-iste (che) essi serv-issero	**trapassato** (che) io avessi servito (che) tu avessi servito (che) egli avesse servito (che) noi avessimo servito (che) voi aveste servito (che) essi avessero servito
passato remoto io serv-ii tu serv-isti egli serv-ì noi serv-immo voi serv-iste essi serv-irono	**trapassato remoto** io ebbi servito tu avesti servito egli ebbe servito noi avemmo servito voi aveste servito essi ebbero servito	**modo condizionale**	
		presente io serv-irei tu serv-iresti egli serv-irebbe noi serv-iremmo voi serv-ireste essi serv-irebbero	**passato** io avrei servito tu avresti servito egli avrebbe servito noi avremmo servito voi avreste servito essi avrebbero servito
futuro semplice io serv-irò tu serv-irai egli serv-irà noi serv-iremo voi serv-irete essi serv-iranno	**futuro anteriore** io avrò servito tu avrai servito egli avrà servito noi avremo servito voi avrete servito essi avranno servito	**modo imperativo**	
		presente – serv-i tu – – serv-ite voi –	

infinito		participio		gerundio	
presente serv-ire	**passato** avere servito	**presente** serv-ente	**passato*** (serv-ito)	**presente** serv-endo	**passato** avendo servito

*Ha valore attivo *solo* nei verbi intransitivi (*partito*).
Nei verbi transitivi ha *sempre* valore passivo.

3 Il verbo

1ª coniugazione passiva: verbo *amare*

modo indicativo		modo congiuntivo	
tempi semplici	**tempi composti**	**tempi semplici**	**tempi composti**
presente	**passato prossimo**	**presente**	**passato**
io sono amato	io sono stato amato	(che) io sia amato	(che) io sia stato amato
tu sei amato	tu sei stato amato	(che) tu sia amato	(che) tu sia stato amato
egli è amato	egli è stato amato	(che) egli sia amato	(che) egli sia stato amato
noi siamo amati	noi siamo stati amati	(che) noi siamo amati	(che) noi siamo stati amati
voi siete amati	voi siete stati amati	(che) voi siate amati	(che) voi siate stati amati
essi sono amati	essi sono stati amati	(che) essi siano amati	(che) essi siano stati amati
imperfetto	**trapassato prossimo**	**imperfetto**	**trapassato**
io ero amato	io ero stato amato	(che) io fossi amato	(che) io fossi stato amato
tu eri amato	tu eri stato amato	(che) tu fossi amato	(che) tu fossi stato amato
egli era amato	egli era stato amato	(che) egli fosse amato	(che) egli fosse stato amato
noi eravamo amati	noi eravamo stati amati	(che) noi fossimo amati	(che) noi fossimo stati amati
voi eravate amati	voi eravate stati amati	(che) voi foste amati	(che) voi foste stati amati
essi erano amati	essi erano stati amati	(che) essi fossero amati	(che) essi fossero stati amati
passato remoto	**trapassato remoto**	modo condizionale	
io fui amato		**presente**	**passato**
tu fosti amato		io sarei amato	io sarei stato amato
egli fu amato	*non usato*	tu saresti amato	tu saresti stato amato
noi fummo amati		egli sarebbe amato	egli sarebbe stato amato
voi foste amati		noi saremmo amati	noi saremmo stati amati
essi furono amati		voi sareste amati	voi sareste stati amati
		essi sarebbero amati	essi sarebbero stati amati
futuro semplice	**futuro anteriore**	modo imperativo	
io sarò amato	io sarò stato amato	**presente**	
tu sarai amato	tu sarai stato amato	–	
egli sarà amato	egli sarà stato amato	(sii amato tu)	
noi saremo amati	noi saremo stati amati	–	
voi sarete amati	voi sarete stati amati	–	
essi saranno amati	essi saranno stati amati	(siate amati voi)	
		–	

infinito		participio		gerundio	
presente	**passato**	**presente**	**passato***	**presente**	**passato**
essere amato	essere stato amato	– – –	amato	essendo amato	essendo stato amato

*Ha valore passivo *solo* nei verbi transitivi.
Nei verbi intransitivi ha *sempre* valore attivo.

A 197

La morfologia

1ª coniugazione riflessiva: verbo *lavarsi*

modo indicativo		modo congiuntivo	
tempi semplici	**tempi composti**	**tempi semplici**	**tempi composti**
presente io mi lavo tu ti lavi egli si lava noi ci laviamo voi vi lavate essi si lavano	**passato prossimo** io mi sono lavato tu ti sei lavato egli si è lavato noi ci siamo lavati voi vi siete lavati essi si sono lavati	**presente** (che) io mi lavi (che) tu ti lavi (che) egli si lavi (che) noi ci laviamo (che) voi vi laviate (che) essi si lavino	**passato** (che) io mi sia lavato (che) tu ti sia lavato (che) egli si sia lavato (che) noi ci siamo lavati (che) voi vi siate lavati (che) essi si siano lavati
imperfetto io mi lavavo tu ti lavavi egli si lavava noi ci lavavamo voi vi lavavate essi si lavavano	**trapassato prossimo** io mi ero lavato tu ti eri lavato egli si era lavato noi ci eravamo lavati voi vi eravate lavati essi si erano lavati	**imperfetto** (che) io mi lavassi (che) tu ti lavassi (che) egli si lavasse (che) noi ci lavassimo (che) voi vi lavaste (che) essi si lavassero	**trapassato** (che) io mi fossi lavato (che) tu ti fossi lavato (che) egli si fosse lavato (che) noi ci fossimo lavati (che) voi vi foste lavati (che) essi si fossero lavati
passato remoto io mi lavai tu ti lavasti egli si lavò noi ci lavammo voi vi lavaste essi si lavarono	**trapassato remoto** io mi fui lavato tu ti fosti lavato egli si fu lavato noi ci fummo lavati voi vi foste lavati essi si furono lavati	**modo condizionale**	
		presente io mi laverei tu ti laveresti egli si laverebbe noi ci laveremmo voi vi lavereste essi si laverebbero	**passato** io mi sarei lavato tu ti saresti lavato egli si sarebbe lavato noi ci saremmo lavati voi vi sareste lavati essi si sarebbero lavati
futuro semplice io mi laverò tu ti laverai egli si laverà noi ci laveremo voi vi laverete essi si laveranno	**futuro anteriore** io mi sarò lavato tu ti sarai lavato egli si sarà lavato noi ci saremo lavati voi vi sarete lavati essi si saranno lavati	**modo imperativo**	
		presente — làvati tu — — lavatevi voi —	

infinito		participio		gerundio	
presente lavarsi	**passato** essersi lavato	**presente** lavantesi	**passato** lavatosi	**presente** lavandosi	**passato** essendosi lavato

3 Il verbo

I principali verbi irregolari

verbo	ausiliare	forme irregolari
accendere	avere	*pass. rem.*: io accesi, tu accendesti, egli accese, noi accendemmo, voi accendeste, essi accesero; *part. pass.*: acceso
andare	essere	*indic. pres.*: io vado, tu vai, egli va, noi andiamo, voi andate, essi vanno; *futuro*: io andrò, tu andrai ecc.; *cong. pres.*: che io vada, che tu vada, che egli vada, che noi andiamo, che voi andiate, che essi vadano; *condiz. pres.*: io andrei, tu andresti ecc.; *imperativo*: va' (vai), andate
annettere	avere	*pass. rem.*: io annettei (annessi), tu annettesti, egli annetté (annesse), noi annettemmo, voi annetteste, essi annetterono (annessero); *part. pass.*: annesso
apparire	essere	*indic. pres.*: io appaio, tu appari, egli appare, noi appariamo, voi apparite, essi appaiono; *pass. rem.*: io apparvi, tu apparisti, egli apparve, noi apparimmo, voi appariste, essi apparvero; *cong. pres.*: che io appaia, che tu appaia, che egli appaia, che noi appariamo, che voi appariate, che essi appaiano; *imperativo*: appari, apparite; *part. pass.*: apparso
aprire	avere	*pass. rem.*: io aprii (apersi), tu apristi, egli aprì (aperse), noi aprimmo, voi apriste, essi aprirono (apersero); *part. pass.*: aperto
ardere	avere	*pass. rem.*: io arsi, tu ardesti, egli arse, noi ardemmo, voi ardeste, essi arsero; *part. pass.*: arso
assumere	avere	*pass. rem.*: io assunsi, tu assumesti, egli assunse, noi assumemmo, voi assumeste, essi assunsero; *part. pass.*: assunto
bere	avere	*indic. pres.*: io bevo, tu bevi, egli beve, noi beviamo, voi bevete, essi bevono; *imperf.*: io bevevo, tu bevevi ecc.; *pass. rem.*: io bevvi, tu bevesti, egli bevve (bevette), noi bevemmo, voi beveste, essi bevvero (bevettero); *fut.*: io berrò, tu berrai ecc.; *cong. pres.*: che io beva, che tu beva ecc.; *imperf.*: che io bevessi ecc.; *condizionale pres.*: io berrei, tu berresti ecc.; *imperativo*: bevi, bevete; *part. pres.*: bevente; *part. pass.*: bevuto; *gerundio pres.*: bevendo
cadere	essere	*pass. rem.*: io caddi, tu cadesti, egli cadde, noi cademmo, voi cadeste, essi caddero; *futuro*: io cadrò, tu cadrai ecc.; *condiz. pres.*: io cadrei, tu cadresti ecc.
chiedere	avere	*pass. rem.*: io chiesi, tu chiedesti, egli chiese, noi chiedemmo, voi chiedeste, essi chiesero; *part. pass.*: chiesto
chiudere	avere	*pass. rem.*: io chiusi, tu chiudesti, egli chiuse, noi chiudemmo, voi chiudeste, essi chiusero; *part. pass.*: chiuso
cogliere	avere	*indic. pres.*: io colgo, tu cogli, egli coglie, noi cogliamo, voi cogliete, essi colgono; *pass. rem.*: io colsi, tu cogliesti, egli colse, noi cogliemmo, voi coglieste, essi colsero; *cong. pres.*: che io colga, che tu colga, che egli colga, che noi cogliamo, che voi cogliate, che essi colgano; *part. pass.*: colto
concedere	avere	*pass. rem.*: io concessi, tu concedesti, egli concesse, noi concedemmo, voi concedeste, essi concessero; *part. pass.*: concesso
condurre	avere	*indic. pres.*: io conduco, tu conduci, egli conduce, noi conduciamo, voi conducete, essi conducono; *imperfetto*: io conducevo, tu conducevi ecc.; *pass. rem.*: io condussi, tu conducesti, egli condusse, noi conducemmo, voi conduceste, essi condussero; *futuro*: io condurrò, tu condurrai, egli condurrà, noi condurremo, voi condurrete, essi condurranno; *cong. pres.*: che io conduca, che tu conduca, che egli conduca, che noi conduciamo, che voi conduciate, che essi conducano; *cong. imperf.*: che io conducessi, che tu conducessi ecc.; *condiz. pres.*: io condurrei, tu condurresti ecc.; *imperativo*: conduci, conducete; *part. pres.*: conducente; *part. pass.*: condotto; *gerundio*: conducendo

A 199

 **La morfologia**

verbo	ausiliare	forme irregolari
conoscere	avere	*pass. rem.*: io conobbi, tu conoscesti, egli conobbe, noi conoscemmo, voi conosceste, essi conobbero
correre	essere, avere	*pass. rem.*: io corsi, tu corresti, egli corse, noi corremmo, voi correste, essi corsero; *part. pass.*: corso
crescere	essere	*pass. rem.*: io crebbi, tu crescesti, egli crebbe, noi crescemmo, voi cresceste, essi crebbero
cuocere	avere	*indic. pres.*: io cuocio, tu cuoci, egli cuoce, noi cociamo, voi cocete, essi cuociono; *pass. rem.*: io cossi, tu cocesti, egli cosse, noi cocemmo, voi coceste, essi cossero; *cong. pres.*: che io cuocia, che tu cuocia, che egli cuocia, che noi cociamo, che voi cociate, che essi cuociano; *part. pass.*: cotto
dare	avere	*indic. pres.*: io do, tu dai, egli dà, noi diamo, voi date, essi danno; *pass. rem.*: io diedi (detti), tu desti, egli diede (dette), noi demmo, voi deste, essi diedero (dettero); *futuro*: io darò, tu darai ecc.; *cong. pres.*: che io dia, che tu dia, che egli dia, che noi diamo, che voi diate, che essi diano; *cong. imperf.*: che io dessi, che tu dessi, che egli desse, che noi dessimo, che voi deste, che essi dessero; *condiz. pres.*: io darei, tu daresti ecc.; *imperativo*: da' (dai), date
decidere	avere	*pass. rem.*: io decisi, tu decidesti, egli decise, noi decidemmo, voi decideste, essi decisero; *part. pass.*: deciso
difendere	avere	*pass. rem.*: io difesi, tu difendesti, egli difese, noi difendemmo, voi difendeste, essi difesero; *part. pass.*: difeso
dipingere	avere	*pass. rem.*: io dipinsi, tu dipingesti, egli dipinse, noi dipingemmo, voi dipingeste, essi dipinsero; *part. pass.*: dipinto
dire	avere	*indic. pres.*: io dico, tu dici, egli dice, noi diciamo, voi dite, essi dicono; *imperfetto*: io dicevo, tu dicevi ecc.; *pass. rem.*: io dissi, tu dicesti, egli disse, noi dicemmo, voi diceste, essi dissero; *futuro*: io dirò, tu dirai ecc.; *cong. pres.*: che io dica, che tu dica ecc.; *cong. imperf.*: che io dicessi, che tu dicessi ecc.; *condiz. pres.*: io direi, tu diresti ecc.; *imperativo*: di', dite; *part. pres.*: dicente; *part. pass.*: detto; *gerundio*: dicendo
dirigere	avere	*pass. rem.*: io diressi, tu dirigesti, egli diresse, noi dirigemmo, voi dirigeste, essi diressero; *part. pass.*: diretto
discutere	avere	*pass. rem.*: io discussi, tu discutesti, egli discusse, noi discutemmo, voi discuteste, essi discussero; *part. pass.*: discusso
distinguere	avere	*pass. rem.*: io distinsi, tu distinguesti, egli distinse, noi distinguemmo, voi distingueste, essi distinsero; *part. pass.*: distinto
distruggere	avere	*pass. rem.*: io distrussi, tu distruggesti, egli distrusse, noi distruggemmo, voi distruggeste, essi distrussero; *part. pass.*: distrutto
dividere	essere	*pass. rem.*: io divisi, tu dividesti, egli divise, noi dividemmo, voi divideste, essi divisero; *part. pass.*: diviso
dovere	avere	*indic. pres.*: io devo (debbo), tu devi, egli deve, noi dobbiamo, voi dovete, essi devono (debbono); *futuro*: io dovrò, tu dovrai ecc.; *cong. pres.*: che io debba, che tu debba, che egli debba, che noi dobbiamo, che voi dobbiate, che essi debbano; *condiz. pres.*: io dovrei, tu dovresti ecc.; *imperativo e part. pres.*: mancano
eccellere	avere, essere	*pass. rem.*: io eccelsi, tu eccellesti, egli eccelse, noi eccellemmo, voi eccelleste, essi eccelsero; *part. pass.*: eccelso
emergere	essere	*pass. rem.*: io emersi, tu emergesti, egli emerse, noi emergemmo, voi emergeste, essi emersero; *part. pass.*: emerso

A 200

3 Il verbo

verbo	ausiliare	forme irregolari
espandere	avere	*pass. rem.*: io espansi, tu espandesti, egli espanse, noi espandemmo, voi espandeste, essi espansero; *part. pass.*: espanso
espellere	avere	*pass. rem.*: io espulsi, tu espellesti, egli espulse, noi espellemmo, voi espelleste, essi espulsero; *part. pass.*: espulso
fare	avere	*indic. pres.*: io faccio, tu fai, egli fa, noi facciamo, voi fate, essi fanno; *imperfetto*: io facevo, tu facevi ecc.; *pass. rem.*: io feci, tu facesti, egli fece, noi facemmo, voi faceste, essi fecero; *cong. pres.*: che io faccia, che tu faccia, che egli faccia, che noi facciamo, che voi facciate, che essi facciano; *cong. imperf.*: che io facessi, che tu facessi ecc.; *condiz. pres.*: io farei, tu faresti ecc.; *imperativo*: fa' (fai), fate; *part. pres.*: facente; *part. pass.*: fatto; *gerundio*: facendo
fondere	avere	*pass. rem.*: io fusi, tu fondesti, egli fuse, noi fondemmo, voi fondeste, essi fusero; *part. pass.*: fuso
friggere	avere	*pass. rem.*: io frissi, tu friggesti, egli frisse, noi friggemmo, voi friggeste, essi frissero; *part. pass.*: fritto
giacere	avere, essere	*indic. pres.*: io giaccio, tu giaci, egli giace, noi giacciamo, voi giacete, essi giacciono; *pass. rem.*: io giacqui, tu giacesti, egli giacque, noi giacemmo, voi giaceste, essi giacquero; *cong. pres.*: che io giaccia, che tu giaccia, che egli giaccia, che noi giacciamo, che voi giacciate, che essi giacciano; *imperativo*: giaci, giacete; *part. pass.*: giaciuto
giungere	essere	*pass. rem.*: io giunsi, tu giungesti, egli giunse, noi giungemmo, voi giungeste, essi giunsero; *part. pass.*: giunto
illudere	avere	*pass. rem.*: io illusi, tu illudesti, egli illuse, noi illudemmo, voi illudeste, essi illusero; *part. pass.*: illuso
leggere	avere	*pass. rem.*: io lessi, tu leggesti, egli lesse, noi leggemmo, voi leggeste, essi lessero; *part. pass.*: letto
mettere	avere	*pass. rem.*: io misi, tu mettesti, egli mise, noi mettemmo, voi metteste, essi misero; *part. pass.*: messo
mordere	avere	*pass. rem.*: io morsi, tu mordesti, egli morse, noi mordemmo, voi mordeste, essi morsero; *part. pass.*: morso
morire	essere	*indic. pres.*: io muoio, tu muori, egli muore, noi moriamo, voi morite, essi muoiono; *futuro*: io morirò, tu morirai ecc.; *cong. pres.*: che io muoia, che tu muoia, che egli muoia, che noi moriamo, che voi moriate, che essi muoiano; *condiz. pres.*: io morirei, tu moriresti ecc.; *imperativo*: muori, morite; *part. pass.*: morto
muovere	avere	*pass. rem.*: io mossi, tu movesti, egli mosse, noi movemmo, voi moveste, essi mossero; *part. pass.*: mosso
nascere	essere	*pass. rem.*: io nacqui, tu nascesti, egli nacque, noi nascemmo, voi nasceste, essi nacquero; *part. pass.*: nato
nascondere	avere	*pass. rem.*: io nascosi, tu nascondesti, egli nascose, noi nascondemmo, voi nascondeste, essi nascosero; *part. pass.*: nascosto
nuocere	avere	*indic. pres.*: io noccio, tu nuoci, egli nuoce, noi nociamo, voi nocete, essi nocciono; *pass. rem.*: io nocqui, tu nocesti, egli nocque, noi nocemmo, voi noceste, essi nocquero; *cong. pres.*: che io noccia, che tu noccia, che egli noccia, che noi nociamo, che voi nociate, che essi nocciano; *imperativo*: nuoci, nocete; *part. pass.*: nociuto
offrire	avere	*pass. rem.*: io offrii (offersi), tu offristi, egli offrì (offerse), noi offrimmo, voi offriste, essi offrirono (offersero); *part. pres.*: offerente; *part. pass.*: offerto

A 201

La morfologia

verbo	ausiliare	forme irregolari
parere	essere	*indic. pres.*: io paio, tu pari, egli pare, noi paiamo, voi parete, essi paiono; *pass. rem.*: io parvi, tu paresti, egli parve, noi paremmo, voi pareste, essi parvero; *futuro*: io parrò, tu parrai, egli parrà, noi parremo, voi parrete, essi parranno; *cong. pres.*: che io paia, che tu paia, che egli paia, che noi paiamo, che voi paiate, che essi paiano; *condiz. pres.*: io parrei, tu parresti ecc.; *part. pres.*: parvente; *part. pass.*: parso; *manca*: imperativo
perdere	avere	*pass. rem.*: io persi, tu perdesti, egli perse, noi perdemmo, voi perdeste, essi persero; *part. pass.*: perso (perduto)
persuadere	avere	*pass. rem.*: io persuasi, tu persuadesti, egli persuase, noi persuademmo, voi persuadeste, essi persuasero; *part. pass.*: persuaso
piacere	essere	*indic. pres.*: io piaccio, tu piaci, egli piace, noi piacciamo, voi piacete, essi piacciono; *pass. rem.*: io piacqui, tu piacesti, egli piacque, noi piacemmo, voi piaceste, essi piacquero; *cong. pres.*: che io piaccia, che tu piaccia, che egli piaccia, che noi piacciamo, che voi piacciate, che essi piacciano; *imperativo*: piaci, piacete
piangere	avere	*pass. rem.*: io piansi, tu piangesti, egli pianse, noi piangemmo, voi piangeste, essi piansero; *part. pass.*: pianto
porgere	avere	*pass. rem.*: io porsi, tu porgesti, egli porse, noi porgemmo, voi porgeste, essi porsero; *part. pass.*: porto
porre	avere	*indic. pres.*: io pongo, tu poni, egli pone, noi poniamo, voi ponete, essi pongono; *imperfetto*: io ponevo, tu ponevi ecc.; *pass. rem.*: io posi, tu ponesti, egli pose, noi ponemmo, voi poneste, essi posero; futuro: io porrò, tu porrai ecc.; *cong. pres.*: che io ponga, che tu ponga, che egli ponga, che noi poniamo, che voi poniate, che essi pongano; *cong. imperf.*: che io ponessi, che tu ponessi ecc.; *condiz. pres.*: io porrei, tu porresti ecc.; *imperativo*: poni, ponete; *part. pres.*: ponente; *part. pass.*: posto; *gerundio*: ponendo
potere	avere	*indic. pres.*: io posso, tu puoi, egli può, noi possiamo, voi potete, essi possono; *futuro*: io potrò, tu potrai ecc.; *cong. pres.*: che io possa, che tu possa, che egli possa, che noi possiamo, che voi possiate, che essi possano; *condiz. pres.*: io potrei, tu potresti ecc.; *manca: imperativo*
prendere	avere	*pass. rem.*: io presi, tu prendesti, egli prese, noi prendemmo, voi prendeste, essi presero; *part. pass.*: preso
proteggere	avere	*pass. rem.*: io protessi, tu proteggesti, egli protesse, noi proteggemmo, voi proteggeste, essi protessero; *part. pass.*: protetto
pungere	avere	*pass. rem.*: io punsi, tu pungesti, egli punse, noi pungemmo, voi pungeste, essi punsero; *part. pass.*: punto
reggere	avere	*pass. rem.*: io ressi, tu reggesti, egli resse, noi reggemmo, voi reggeste, essi ressero; *part. pass.*: retto
rendere	avere	*pass. rem.*: io resi, tu rendesti, egli rese, noi rendemmo, voi rendeste, essi resero; *part. pass.*: reso
ridere	avere	*pass. rem.*: io risi, tu ridesti, egli rise, noi ridemmo, voi rideste, essi risero; *part. pass.*: riso
rimanere	essere	*indic. pres.*: io rimango, tu rimani, egli rimane, noi rimaniamo, voi rimanete, essi rimangono; *pass. rem.*: io rimasi, tu rimanesti, egli rimase, noi rimanemmo, voi rimaneste, essi rimasero; *futuro*: io rimarrò, tu rimarrai ecc.; *cong. pres.*: che io rimanga, che tu rimanga, che egli rimanga, che noi rimaniamo, che voi rimaniate, che essi rimangano; *condiz. pres.*: io rimarrei, tu rimarresti ecc.; *imperativo*: rimani, rimanete; *part. pass.*: rimasto
risolvere	avere	*pass. rem.*: io risolsi, tu risolvesti, egli risolse, noi risolvemmo, voi risolveste, essi risolsero; *part. pass.*: risolto

3 Il verbo

verbo	ausiliare	forme irregolari
rispondere	avere	*pass. rem.*: io risposi, tu rispondesti, egli rispose, noi rispondemmo, voi rispondeste, essi risposero; *part. pass.*: risposto
rompere	avere	*pass. rem.*: io ruppi, tu rompesti, egli ruppe, noi rompemmo, voi rompeste, essi ruppero; *part. pass.*: rotto
salire	essere	*indic. pres.*: io salgo, tu sali, egli sale, noi saliamo, voi salite, essi salgono; *cong. pres.*: che io salga, che tu salga, che egli salga, che noi saliamo, che voi saliate, che essi salgano; *imperativo*: sali, salite
sapere	avere	*indic. pres.*: io so, tu sai, egli sa, noi sappiamo, voi sapete, essi sanno; *pass. rem.*: io seppi, tu sapesti, egli seppe, noi sapemmo, voi sapeste, essi seppero; *futuro*: io saprò, tu saprai, egli saprà, noi sapremo, voi saprete, essi sapranno; *cong. pres.*: che io sappia, che tu sappia ecc.; *imperativo*: sappi, sapete; *part. pres.*: sapiente
scegliere	avere	*indic. pres.*: io scelgo, tu scegli, egli sceglie, noi scegliamo, voi scegliete, essi scelgono; *pass. rem.*: io scelsi, tu scegliesti, egli scelse, noi scegliemmo, voi sceglieste, essi scelsero; *cong. pres.*: che io scelga, che tu scelga, che egli scelga, che noi scegliamo, che voi scegliate, che essi scelgano; *imperativo*: scegli, scegliete; *part. pass.*: scelto
scendere	essere	*pass. rem.*: io scesi, tu scendesti, egli scese, noi scendemmo, voi scendeste, essi scesero; *part. pass.*: sceso
sciogliere	avere	*indic. pres.*: io sciolgo, tu sciogli, egli scioglie, noi sciogliamo, voi sciogliete, essi sciolgono; *pass. rem.*: io sciolsi, tu sciogliesti, egli sciolse, noi sciogliemmo, voi scioglieste, essi sciolsero; *cong. pres.*: che io sciolga, che tu sciolga, che egli sciolga, che noi sciogliamo, che voi sciogliate, che essi sciolgano; *imperativo*: sciogli, sciogliete; *part. pass.*: sciolto
scorgere	avere	*pass. rem.*: io scorsi, tu scorgesti, egli scorse, noi scorgemmo, voi scorgeste, essi scorsero; *part. pass.*: scorto
scrivere	avere	*pass. rem.*: io scrissi, tu scrivesti, egli scrisse, noi scrivemmo, voi scriveste, essi scrissero; *part. pass.*: scritto
scuotere	avere	*pass. rem.*: io scossi, tu scotesti, egli scosse, noi scotemmo, voi scoteste, essi scossero; *part. pass.*: scosso
sedere	essere	*indic. pres.*: io siedo (seggo), tu siedi, egli siede, noi sediamo, voi sedete, essi siedono (seggono); *cong. pres.*: che io sieda (segga), che tu sieda (segga), che egli sieda (segga), che noi sediamo, che voi sediate, che essi siedano (seggano); *imperativo*: siedi, sedete
sorgere	essere	*pass. rem.*: io sorsi, tu sorgesti, egli sorse, noi sorgemmo, voi sorgeste, essi sorsero; *part. pass.*: sorto
spargere	avere	*pass. rem.*: io sparsi, tu spargesti, egli sparse, noi spargemmo, voi spargeste, essi sparsero; *part. pass.*: sparso
spegnere	avere	*pass. rem.*: io spensi, tu spegnesti, egli spense, noi spegnemmo, voi spegneste, essi spensero; *part. pass.*: spento
spendere	avere	*pass. rem.*: io spesi, tu spendesti, egli spese, noi spendemmo, voi spendeste, essi spesero; *part. pass.*: speso
spingere	avere	*pass. rem.*: io spinsi, tu spingesti, egli spinse, noi spingemmo, voi spingeste, essi spinsero; *part. pass.*: spinto
stare	essere	*indic. pres.*: io sto, tu stai, egli sta, noi stiamo, voi state, essi stanno; *pass. rem.*: io stetti, tu stesti, egli stette, noi stemmo, voi steste, essi stettero; *futuro*: io starò, tu starai ecc.; *cong. pres.*: che io stia, che tu stia, che egli stia, che noi stiamo, che voi stiate, che essi stiano; *cong. imperf.*: che io stessi, che tu stessi, che egli stesse, che noi stessimo, che voi steste, che essi stessero; *condiz. pres.*: io starei, tu staresti ecc.; *imperativo*: sta' (stai), state

A 203

 La morfologia

verbo	ausiliare	forme irregolari
stringere	avere	*pass. rem.*: io strinsi, tu stringesti, egli strinse, noi stringemmo, voi stringeste, essi strinsero; *part. pass.*: stretto
succedere	essere	*pass. rem.*: io succedetti (successi), tu succedesti, egli succedette (successe), noi succedemmo, voi succedeste, essi successero; *part. pass.*: succeduto (successo)
tacere	avere	*indic. pres.*: io taccio, tu taci, egli tace, noi taciamo, voi tacete, essi tacciono; *pass. rem.*: io tacqui, tu tacesti, egli tacque, noi tacemmo, voi taceste, essi tacquero; *cong. pres.*: che io taccia, che tu taccia, che egli taccia, che noi taciamo, che voi taciate, che essi tacciano; *imperativo*: taci, tacete
tendere	avere	*pass. rem.*: io tesi, tu tendesti, egli tese, noi tendemmo, voi tendeste, essi tesero; *part. pass.*: teso
tenere	avere	*indic. pres.*: io tengo, tu tieni, egli tiene, noi teniamo, voi tenete, essi tengono; *pass. rem.*: io tenni, tu tenesti, egli tenne, noi tenemmo, voi teneste, essi tennero; *futuro*: io terrò, tu terrai ecc.; *cong. pres.*: che io tenga, che tu tenga, che egli tenga, che noi teniamo, che voi teniate, che essi tengano; *condiz. pres.*: io terrei, tu terresti ecc.; *imperativo*: tieni, tenete
tingere	avere	*pass. rem.*: io tinsi, tu tingesti, egli tinse, noi tingemmo, voi tingeste, essi tinsero; *part. pass.*: tinto
togliere	avere	*indic. pres.*: io tolgo, tu togli, egli toglie, noi togliamo, voi togliete, essi tolgono; *pass. rem.*: io tolsi, tu togliesti, egli tolse, noi togliemmo, voi toglieste, essi tolsero; *cong. pres.*: che io tolga, che tu tolga, che egli tolga, che noi togliamo, che voi togliate, che essi tolgano; *part. pass.*: tolto
torcere	avere	*pass. rem.*: io torsi, tu torcesti, egli torse, noi torcemmo, voi torceste, essi torsero; *part. pass.*: torto
trarre	avere	*indic. pres.*: io traggo, tu trai, egli trae, noi traiamo, voi traete, essi traggono; *pass. rem.*: io trassi, tu traesti, egli trasse, noi traemmo, voi traeste, essi trassero; *futuro*: io trarrò, tu trarrai ecc.; *cong. pres.*: che io tragga, che tu tragga, che egli tragga, che noi traiamo, che voi traiate, che essi traggano; *cong. imperf.*: che io traessi, che tu traessi ecc.; *condiz. pres.*: io trarrei, tu trarresti ecc.; *imperativo*: trai, traete; *part. pres.*: traente; *part. pass.*: tratto; *gerundio*: traendo
udire	avere	*indic. pres.*: io odo, tu odi, egli ode, noi udiamo, voi udite, essi odono; *futuro*: io udirò (udrò), tu udirai (udrai) ecc.; *cong. pres.*: che io oda, che tu oda, che egli oda, che noi udiamo, che voi udiate, che essi odano; *condiz. pres.*: io udirei (udrei), tu udiresti (udresti) ecc.; *part. pres.*: udente
uscire	essere	*indic. pres.*: io esco, tu esci, egli esce, noi usciamo, voi uscite, essi escono; *cong. pres.*: che io esca, che tu esca, che egli esca, che noi usciamo, che voi usciate, che essi escano; *imperativo*: esci, uscite
valere	essere	*indic. pres.*: io valgo, tu vali, egli vale, noi valiamo, voi valete, essi valgono; *pass. rem.*: io valsi, tu valesti, egli valse, noi valemmo, voi valeste, essi valsero; *futuro*: io varrò, tu varrai ecc.; *cong. pres.*: che io valga, che tu valga, che egli valga, che noi valiamo, che voi valiate, che essi valgano; *condiz. pres.*: io varrei, tu varresti ecc.; *imperativo*: vali, valete; *part. pass.*: valso
vedere	avere	*pass. rem.*: io vidi, tu vedesti, egli vide, noi vedemmo, voi vedeste, essi videro; *futuro*: io vedrò, tu vedrai ecc.; *condiz. pres.*: io vedrei, tu vedresti ecc.; *imperativo*: vedi, vedete; *part. pass.*: visto (veduto)

3 Il verbo

verbo	ausiliare	forme irregolari
venire	essere	*indic. pres.*: io vengo, tu vieni, egli viene, noi veniamo, voi venite, essi vengono; *pass. rem.*: io venni, tu venisti, egli venne, noi venimmo, voi veniste, essi vennero; *futuro*: io verrò, tu verrai ecc.; *cong. pres.*: che io venga, che tu venga, che egli venga, che noi veniamo, che voi veniate, che essi vengano; *condiz. pres.*: io verrei, tu verresti ecc.; *imperativo*: vieni, venite; *part. pres.*: veniente; *part. pass.*: venuto
vincere	avere	*pass. rem.*: io vinsi, tu vincesti, egli vinse, noi vincemmo, voi vinceste, essi vinsero; *part. pass.*: vinto
vivere	essere, avere	*pass. rem.*: io vissi, tu vivesti, egli visse, noi vivemmo, voi viveste, essi vissero; *futuro*: io vivrò, tu vivrai ecc.; *condiz. pres.*: io vivrei, tu vivresti ecc.; *part. pass.*: vissuto
volere	avere	*indic. pres.*: io voglio, tu vuoi, egli vuole, noi vogliamo, voi volete, essi vogliono; *pass. rem.*: io volli, tu volesti, egli volle, noi volemmo, voi voleste, essi vollero; *futuro*: io vorrò, tu vorrai ecc.; *cong. pres.*: che io voglia, che tu voglia, che egli voglia, che noi vogliamo, che voi vogliate, che essi vogliano; *condiz. pres.*: io vorrei, tu vorresti ecc.; *imperativo*: volete
volgere	avere	*pass. rem.*: io volsi, tu volgesti, egli volse, noi volgemmo, voi volgeste, essi volsero; *part. pass.*: volto

I principali verbi difettivi

verbo	forme difettive
addirsi	*indic. pres.*: si addice, si addicono; *imperfetto*: si addicevano; *cong. pres.*: si addica, si addicano; *cong. imperf.*: si addicesse, si addicessero
delìnquere	*part. pres.*: delinquente
fèrvere	*indic. pres.*: ferve, fervono; *imperfetto*: ferveva, fervevano; *part. pres.*: fervente
secèrnere	*si usa nelle terze persone dei tempi semplici; manca del passato remoto; part. pass.*: secreto
solere	*indic. pres.*: suole, sogliamo, solete, sogliono; *imperfetto*: solevo, solevi; *part. pres.*: sòlito; *gerundio*: solendo
ùrgere	*indic. pres.*: urge, urgono; *imperfetto*: urgeva, urgevano; *futuro*: urgerà, urgeranno; *cong. pres.*: urga, urgono; *cong. imperf.*: urgesse, urgessero; *condiz. pres.*: urgerebbe, urgerebbero; *part. pres.*: urgente; *gerundio*: urgendo
vèrtere	*indic. pres.*: verte, vertono; *imperfetto*: verteva, vertevano; *pass. rem.*: verté, verterono; *futuro*: verterà, verteranno; *cong. pres.*: verta, vertano; *cong. imperf.*: vertesse, vertessero; *condiz. pres.*: verterebbe, verterebbero; *part. pres.*: vertente; *gerundio*: vertendo
vìgere	*indic. pres.*: vige, vigono; *imperfetto*: vigeva, vigevano; *futuro*: vigerà, vigeranno; *cong. pres.*: viga, vigano; *cong. imperf.*: vigesse, vigessero; *condiz. pres.*: vigerebbe, vigerebbero; *part. pres.*: vigente; *gerundio*: vigendo

(⊙ Come si fa l'analisi grammaticale del verbo, p. 386)

LINGUE A CONFRONTO **IL VERBO**

La struttura del sistema verbale nelle diverse lingue presenta molte particolarità e differenze. Leggi sull'**eBook** e confronta sull'eBook le forme del verbo in **inglese**, **francese**, **spagnolo** e **tedesco** e svolgi gli esercizi.

A 205

IL VERBO • mappa delle conoscenze

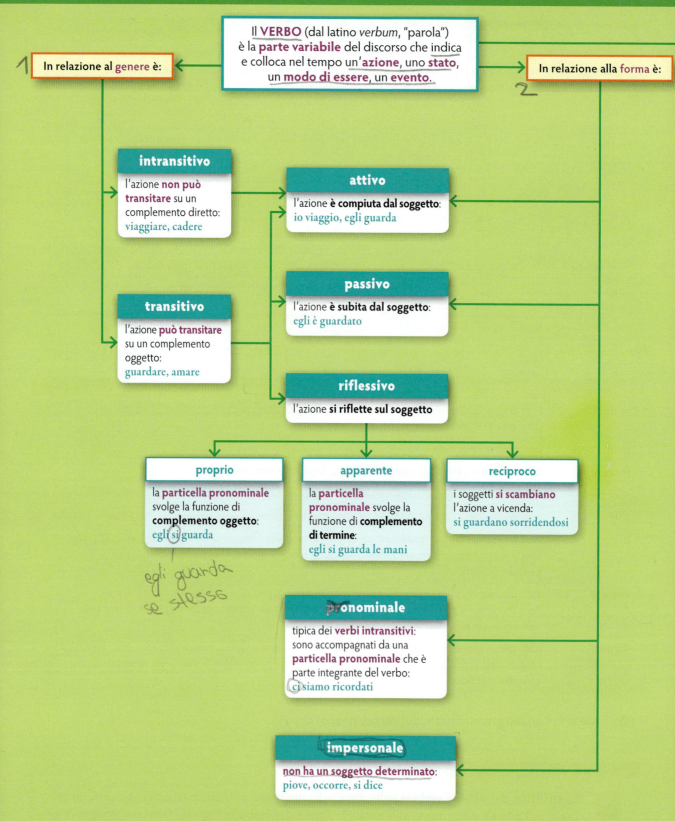

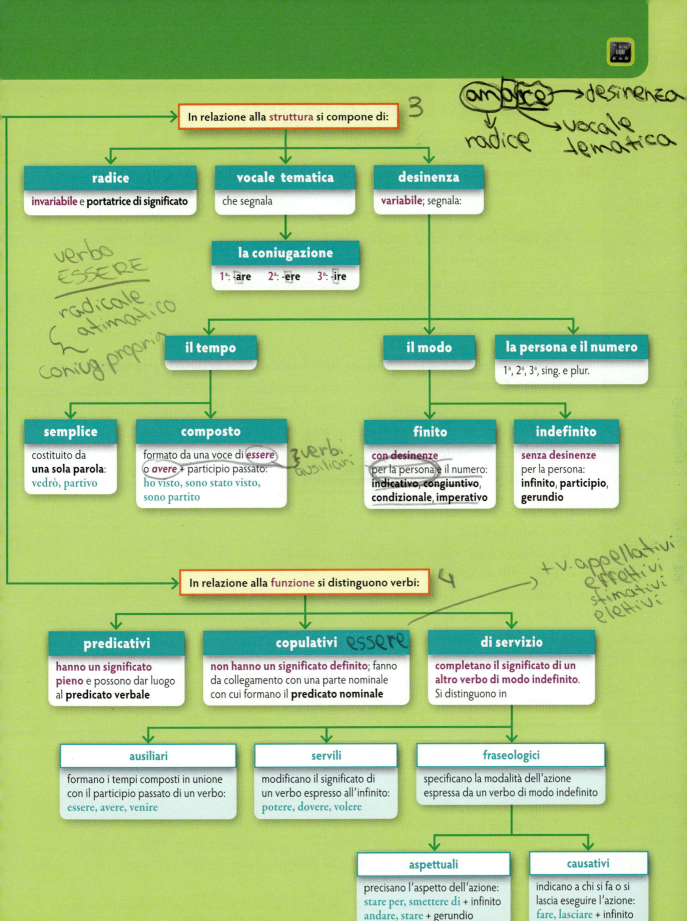

La morfologia

METTI IN GIOCO LE TUE COMPETENZE

COMPETENZE LOGICO-GRAMMATICALI

182 ●●○ **Individua** la caratteristica condivisa dai verbi di ciascun gruppo tranne uno e **cancella** l'intruso.

1. badare, ragionare, abusare, viaggiare, spedire
2. asciugarsi, vestirsi, vergognarsi, specchiarsi, lodarsi
3. tenere, tacere, temere, soffrire, intravedere
4. sono amato, sono caduto, sono visto, sono creduto, sono aiutato
5. abitare, abusare, partire, discutere, esitare
6. tacque, vide, parlerò, uscì, rubò

183 ●●○ **Indica** qual è la caratteristica condivisa dai verbi di ciascun gruppo tranne uno e **cancella** l'intruso.

1. si vendono libri; si legge poco; si acquistano monete; si affittano pedalò
2. sembri stanco; mi pare strano; fu ritenuto innocente; fu convocato dal preside
3. si baciarono; si telefonavano tutti i giorni; si strinsero la mano; si lasciarono
4. devo uscire; non posso telefonargli; vorrei aiutarti; sto arrivando

184 ●●● Basandoti sul modo e tempo verbale delle seguenti affermazioni, **rispondi** alle domande. Se dico:

1. avrei incontrato Sandra se fossi andato in palestra.
   Ho incontrato Sandra?
2. incontrerò Sandra se verrà in palestra.
   La potrò incontrare?
3. ho incontrato Sandra in palestra.
   Quanto tempo fa l'ho incontrata?
4. incontrai Sandra in palestra.
   Quando e quante volte l'ho incontrata?
5. incontravo Sandra in palestra.
   Quante volte l'ho incontrata?
6. cerco una ragazza che viene in palestra con me.
   Conosco già quella ragazza?
7. cerco una ragazza che venga in palestra con me.
   Conosco già quella ragazza?

185 ●●○ **Riconosci** la relazione tra i due membri delle seguenti proporzioni e **trova** l'elemento mancante.

1. arrivare : partire = svegliarsi : x
2. vestire : vestirsi = pettinare : x
3. giocando : avendo giocato = x : essendo caduto
4. avere visto : essere stato visto = x : essere stato lodato

A 208

3 Il verbo

COMPETENZE MORFOLOGICHE

186 ●●○ **STORIA** **Distingui** i verbi intransitivi, intransitivi pronominali, transitivi attivi e passivi.

L'*Inno di Mameli* L'inno nazionale italiano, conosciuto come *Inno di Mameli*, è opera di due ragazzi genovesi: il ventenne Goffredo Mameli, poeta e patriota, scrive il testo, e il ventinovenne Michele Novaro, musicista e cantante, compone la musica. È il settembre del 1847: un gruppo di giovani patrioti, riunitisi in una casa di Torino, trascorrono il tempo suonando e discutendo di politica. Uno di loro, estratto di tasca un foglietto, dice a Novaro: «Guarda che cosa ti manda Goffredo da Genova!». Afferrato il foglio, Novaro legge con entusiasmo i versi scritti dall'amico Mameli e, sedutosi al pianoforte, si accinge a metterli in musica. Messo in difficoltà dal chiasso e dall'entusiasmo dei compagni, torna a casa e, ripreso il testo e le poche note strimpellate prima, compone di getto la parte musicale. L'inno si diffonde tra i patrioti del tempo: l'enfasi dei versi e l'impeto della melodia lo rendono il canto più amato dell'Unità d'Italia, tanto che, proclamata la Repubblica nel 1946, viene assunto come inno nazionale. E Mameli? Durante un'azione militare fu ferito a una gamba dalla baionetta di un suo stesso compagno. Sopraggiunta una grave infezione ne subì l'amputazione, ma è ormai troppo tardi: un mese prima di compiere ventidue anni, muore recitando versi nel delirio.

187 ●●● **DENTRO LE PAROLE** **Distingui** le funzioni della particella *si*, **specifica** il tempo dei verbi al congiuntivo e al condizionale, e **stabilisci** il rapporto di tempo che esprimono rispetto al verbo reggente. **Motiva** infine l'uso di questi modi.

Con il detto **chi ha fatto trenta può fare trentuno** s'intende dire che chiunque abbia già affrontato una bella fatica o un gran lavoro, deve essere disposto a fare un ulteriore sforzo, a meno che non voglia che il tutto risulti inutile. Qualcuno ritiene che il detto abbia avuto origine dai giorni del mese, altri dal gioco delle carte. La maggior parte degli studiosi crede invece che si debba mettere in relazione con una frase pronunciata dal papa Leone X (1475-1521). Questo pontefice aveva indetto un concistoro per la nomina dei nuovi cardinali. Malgrado avesse già deciso di limitare il loro numero a trenta, si accorse di aver dimenticato un prelato di grandi meriti. Non si capacitava di come avesse potuto scordarsi di lui e soprattutto si chiedeva come avrebbe potuto rimediare. Alla fine pensò che la soluzione più semplice sarebbe stata quella di portare il loro numero a trentuno, in modo che anche quel prelato potesse diventare cardinale. E si pensa che proprio in quel contesto egli abbia pronunciato la frase che si dice ancora oggi.

188 ●●● **Completa** coniugando opportunamente il verbo all'indicativo, al congiuntivo o al condizionale.

1. So che Anna (*arrivare*) .... da poco e credo che (*ripartire*) .... domenica.
2. Sapevo che (*arrivare*) .... da poco e credevo che (*ripartire*) .... domenica.   **3.** Dicono che domani (*vincere*) .... lui, perché (*allenarsi*) .... molto.
4. Dicevano che il giorno seguente (*vincere*) .... lui, perché (*allenarsi*) .... molto.   **5.** Sembra che oggi ci (*essere*) .... una fitta nebbia in autostrada.   **6.** Vorrei che oggi non ci (*essere*) .... una fitta nebbia in autostrada.   **7.** Avrei voluto che ieri non ci (*essere*) .... una fitta nebbia in autostrada.   **8.** Dicono che domani ci (*essere*) .... una fitta nebbia in autostrada.

A 209

La morfologia

COMPETENZE MORFOLOGICHE

189 ●●○ **DENTRO LE PAROLE** **Completa** il seguente testo coniugando opportunamente i verbi al modo congiuntivo. **Riconosci** i casi in cui il congiuntivo è d'obbligo e **sottolinea** l'elemento che ne richiede l'uso.

Nonostante la civiltà spartana non ci (*trasmettere*) .... molto, rimane traccia dei loro costumi negli aggettivi "spartano" e "laconico" che, sebbene in senso letterale (*significare*) .... entrambi "di Sparta", sono passati nella nostra lingua a esprimere concetti diversi. **Spartano** ha il significato di "severo, austero, rigido, sobrio, poco confortevole". Con educazione spartana si indica per esempio un sistema educativo che (*essere*) .... severo e rigido; definiamo spartana una sistemazione che non (*garantire*) .... tutti i comfort, ma che (*limitarsi*) .... a fornire solo i servizi essenziali. Presso gli Spartani, infatti, era consuetudine che i ragazzi all'età di sette anni (*essere sottratto*) .... alla famiglia e (*essere educato*) .... alla vita comunitaria affinché (*potere*) .... diventare soldati forti e ben addestrati. Ci meravigliamo oggi che essi (*andare*) .... scalzi, (*possedere*) .... un'unica veste per tutte le stagioni, e (*procurarsi*) .... il cibo con espedienti. Sappiamo inoltre che, benché (*essere sottoposto*) .... a punizioni fisiche, non spargevano neppure una lacrima.

190 ●●● **DENTRO LE PAROLE** **Completa** il seguente testo coniugando opportunamente i verbi al modo congiuntivo e **sottolinea** i casi in cui il congiuntivo è usato in alternativa all'indicativo per esprimere soggettività.

Laconico deriva da *Laconi*, termine con cui erano chiamati gli Spartani, e fa riferimento alla loro caratteristica di essere di poche parole. Licurgo, il legislatore di Sparta che sembra (*vivere*) .... nell'VIII-VII secolo a.C., volle che i ragazzi (*imparare*) .... a parlare in modo stringato ed efficace e che (*abituarsi*) .... a esprimere un concetto con il minor numero di parole. Dicevano che un giorno un seccatore (*chiedere*) .... con insistenza a uno Spartano chi (*essere*) .... secondo lui il migliore dei suoi concittadini e che lui gli (*rispondere*) .... : «Credo che lo (*essere*) .... chiunque ti (*somigliare*) .... il meno possibile». È chiaro dunque che proprio rifacendosi all'insofferenza dei Laconi per le chiacchiere inutili l'aggettivo *laconico* (*entrare*) .... nel nostro vocabolario nel significato di "breve, sintetico, molto conciso".

191 ●●○ **DENTRO LE PAROLE** **Completa** coniugando opportunamente il verbo all'indicativo, al congiuntivo o al condizionale nella forma attiva o passiva.

Perdere le staffe o la trebisonda o la tramontana significa che qualcuno (*arrabbiarsi*) .... tanto da perdere il controllo di sé. Sembra che questi modi di dire (*avere*) .... origini lontane. La prima espressione (*riprendere*) .... dall'antica immagine del cavaliere: infatti, se i piedi gli (*scivolare*) .... fuori dalle staffe mentre (*cavalcare*) .... , egli (*perdere*) .... l'equilibrio e il controllo del cavallo e (*disarcionare*) .... Oggi, invece chi perde le staffe non riesce più a controllarsi e magari dice delle cose che, se (*essere*) .... in sé, non (*dire*) .... **Trebisonda** era invece una città commerciale sul Mar Nero: se i mercanti (*perdere*) .... la rotta verso questa città, ... (*subire*) gravi danni economici e forse (*attaccare*) .... dai pirati che infestavano i mari. Il modo di dire è rimasto, anche se i mercanti di allora non (*potere*) .... certo immaginare che in futuro la perdita (*essere*) .... non di merci, ma

A 210

3 Il verbo

della capacità di controllarsi in situazioni difficili. La **tramontana** è un vento che soffia dal Nord e che i naviganti, prima dell'invenzione della bussola, (*assumere*) .... come punto di riferimento per le loro rotte. Adesso queste espressioni (*usare*) .... con significato ben diverso, ma (*essere*) .... davvero bello se tutti noi (*riuscire*) .... a non perdere mai né le staffe né la trebisonda né la tramontana.

192 SUPER! DENTRO LE PAROLE **Analizza** le voci verbali del brano, **indica** il genere (transitivo o intransitivo), la forma (attiva o passiva), il modo, il tempo. **Specifica** la funzione del participio (verbo o nome). **Distingui** se il rapporto di tempo espresso dai tempi verbali nelle proposizioni indicate è di contemporaneità [C], anteriorità [A], posteriorità [P].

Per quale motivo definiamo **capro espiatorio** la persona a cui sono state attribuite [.....] le colpe altrui o che sconta [.....] una pena al posto di altri?

L'espressione trae origine da un antico rito sacro compiuto [.....] dal popolo Ebraico e descritto nell'Antico Testamento. Nella Bibbia si legge infatti che nel Giorno dell'Espiazione gli Ebrei conducevano [.....] nel Tempio di Gerusalemme due capri perché venissero sacrificati [.....] dal Sommo Sacerdote. L'officiante immolava quindi uno dei due capri, poi, ponendo [.....] le mani sulla testa di quello ancora vivo, confessava tutte le iniquità che erano state commesse [.....] dalla comunità dei credenti. Si riteneva infatti che questo rito purificatorio avrebbe trasferito [.....] sul capro tutti i peccati commessi [.....] dal popolo di Israele e che i fedeli sarebbero stati così purificati [.....] dal male che avevano compiuto [.....]. Dopo la cerimonia nessuno toccava più l'animale e la povera bestia veniva affidata dal celebrante a un uomo scelto [.....] dalla comunità che l'avrebbe condotta [.....] in mezzo al deserto affinché con la sua morte **espiasse**, cioè subisse la punizione di tutte le colpe degli uomini. Questo rituale era praticato non solo dagli Ebrei, ma anche da altre civiltà arcaiche orientali nella convinzione e nel timore che le colpe di ogni individuo ricadessero [.....] sull'intera comunità.

193 ●●● DENTRO LE PAROLE **Riconosci** le voci verbali ai modi indefiniti e **distingui** se svolgono funzione di verbo, aggettivo o nome (segnala anche quelle che sono diventate veri nomi e aggettivi).

Per l'Europa la storia del tabacco ha inizio con la scoperta dell'America. Il fumare, l'annusare, il masticare tabacco era un'abitudine comune presso gli indigeni. Ben presto quest'uso, adottato dai conquistatori spagnoli e portoghesi, venne importato anche nei loro Paesi. Nel Portogallo si faceva un gran parlare di questa strana pianta proveniente dalle lontane Antille e nel 1560 l'ambasciatore francese a Lisbona, Jean Nicot, venuto a conoscenza delle proprietà medicinali dell'erba contro molte malattie, ne spedì un campione alla corte francese. La pianta, apprezzata non per le sue decantate virtù terapeutiche, ma per il piacere procurato dall'aroma delle sue foglie, si diffuse in Europa con il nome di *tabaco*, usato dagli indigeni e ripreso dagli Spagnoli. Di Nicot rimase traccia imperitura in *nicotine*, il termine coniato dagli scienziati nell'Ottocento e italianizzato poi in **nicotina**, con cui si definisce l'alcaloide che, aspirato fumando, è altamente tossico e cancerogeno.

Nel 1600 l'Inghilterra, seguita da altri Paesi, iniziò a far fruttare l'abitudine del fumare, diventata vero e proprio vizio di molti, e si costituirono i primi monopoli. Nacque anche lo *smoking*, la "giacca da fumo", data dall'ospite agli invitati allo scopo di preservare il loro abito dall'odore del tabacco. Essi lo indossavano quando, dopo cena, si ritiravano a fumare in una sala apposita, per non dare fastidio alle donne o a chi non fumava. Lo smoking, in seguito, ha cambiato del tutto la sua funzione ed è oggi l'abito elegante da indossare rigorosamente di sera.

A 211

La morfologia

COMPETENZE MORFOLOGICHE

194 ●●● **MITO** **Coniuga** il verbo al modo, definito o indefinito, e al tempo adeguati al contesto.

Sisifo La leggenda di Sisifo (*comprendere*) .... numerosi episodi, ognuno dei quali è la storia di un'astuzia. Un giorno egli vide che Zeus (*rapire*) .... la figlia del fiume-dio Asopo; quando questi (*presentarsi*) .... a lui, (*cercare*) .... dappertutto la propria figlia, Sisifo promise di rivelargli il nome del rapitore, a condizione che egli (*fare*) .... scaturire una fonte nella sua città. Poiché il fiume-dio acconsentì, Sisifo gli (*rivelare*) .... che il colpevole era Zeus, (*attirarsi*) .... così la collera del padre di tutti gli dèi. Questi, profondamente adirato, gli (*inviare*) .... il genio della Morte, Tanatos, affinché lo (*uccidere*) .... Sisifo, però, non (*accettare*) .... il suo destino, (*riuscire*) .... a sorprendere Tanatos e a incatenarlo, cosicché per un certo tempo nessun uomo (*potere*) .... più morire. Fu allora necessario che (*intervenire*) .... lo stesso Zeus, per costringere Sisifo a liberare Tanatos, in modo tale che quest'ultimo (*potere*) .... continuare a svolgere la sua funzione.

195 **SUPER!** **DENTRO LE PAROLE** **MITO** **Coniuga** il verbo al modo, definito o indefinito, e al tempo adeguati al contesto. **Distingui** i verbi intransitivi pronominali (considera sia i verbi in parentesi sia quelli già coniugati nel testo), i verbi fraseologici e i servili.

Il castigo di Sisifo La sua prima vittima fu Sisifo stesso, il quale, invece di accettare la propria sorte, (*ingiungere*) .... alla moglie, prima di morire, di non tributargli gli onori funebri. Quando poi arrivò agli Inferi, Ade si informò per quale motivo non vi (*giungere*) .... nel modo consueto. Sisifo allora, (*lamentarsi*) .... dell'empietà della moglie, finì per commuovere il dio, tanto da ottenere il privilegio di ritornare sulla terra per punirla. Una volta (*giungere*) .... sulla terra, (*riuscire*) .... a rimanervi e a vivere fino a tarda età.
Ma quando egli (*morire*) .... veramente, gli dèi (*volere*) .... evitare che Sisifo (*potere*) .... ancora fuggire, escogitarono per lui un compito che non gli (*lasciare*) .... alcuna possibilità di andarsene. Il castigo molto singolare era quello che egli (*fare*) .... rotolare continuamente un masso enorme, mentre (*risalire*) .... un pendio scosceso. Dopo che il masso (*giungere*) .... alla sommità, subito (*ricadere*) .... giù, come se (*essere trascinato*) .... dal suo stesso peso, e così il tormento di Sisifo doveva ricominciare, senza mai esaurirsi. E proprio da questo mito (*nascere*) .... l'espressione **fatica di Sisifo** per indicare un lavoro estenuante e senza fine.

COMPETENZE LESSICALI

196 ●●○ **PAROLE DENTRO I TESTI** **Scegli** le tre parole di significato contrario a quello delle seguenti parole, evidenziate negli esercizi 189 e 190.

1. **rigido:** flessibile, elastico, duro, duttile, inflessibile
2. **sobrio:** morigerato, esagerato, frugale, sfarzoso, opulento
3. **stringato:** conciso, sintetico, prolisso, esaustivo, particolareggiato
4. **efficace:** debole, inadeguato, incapace, valido, incostituente
5. **insofferenza:** indifferenza, tolleranza, sopportazione, smania, pazienza
6. **conciso:** logorroico, costante, verboso, coincidente, ridondante

A 212

3 Il verbo

197 ●●● Nell'esercizio 193 compare l'aggettivo *imperituro*, derivato dal participio futuro latino che terminava in *-urus*: **trova** tu altri esempi di participi in *-uro*.

198 SUPER! Alcuni aggettivi sono derivati da participi passati, ma hanno modificato il loro significato; alcuni di essi hanno anche cambiato genere, assumendo valore attivo, mentre il participio passato aveva valore passivo. **Riconosci** nelle seguenti coppie di frasi le differenze di significato dell'aggettivo e del verbo in grassetto e **sostituiscili** con un sinonimo o un'espressione di significato equivalente.

1. **a.** Un numero **sterminato** di soldati persiani si schierò nella pianura di Maratona.
   b. Nella battaglia un gran numero di nemici fu **sterminato** dagli Ateniesi.

2. **a.** Federico II di Prussia e Caterina II di Russia sono considerati sovrani **illuminati**.
   b. La notte era **illuminata** dalla luna piena.

3. **a.** Francesco è un tipo **deciso**.
   b. È stato **deciso** che tu rimanga dai nonni.

4. **a.** Il suo studio è un ambiente **raccolto**.
   b. Tutte le ciliegie di quest'albero sono state già **raccolte**.

5. **a.** In **determinate** situazioni è meglio tacere.
   b. L'aumento della disoccupazione è stato **determinato** dalla crisi economica.

6. **a.** Molti compagni **influenzati** sono assenti dalle lezioni da alcuni giorni.
   b. La mia decisione non sarà **influenzata** dalle vostre accuse infondate.

7. **a.** Questa lampada emana una luce **diffusa**.
   b. La notizia è stata **diffusa** da tutti i giornali.

8. **a.** Hanno invitato alla festa un numero **ristretto** di amici.
   b. La nostra cucina è stata **ristretta** per ingrandire il soggiorno.

COMPETENZE TESTUALI

199 ●●● **Scrivi** un breve testo per ogni situazione comunicativa indicata, usando modi e tempi verbali di volta in volta adeguati.

1. Dare istruzioni a un tuo amico su come svolgere un lavoro. **2.** Chiedere a un professore informazioni su come svolgere un lavoro. **3.** Spiegare una ricetta di cucina. **4.** Dare su un blog informazioni sulla tua città. **5.** Esporre i tuoi progetti e i tuoi desideri sul tuo futuro lavorativo.

COMPETENZE DI SCRITTURA

200 ●●● **Scrivi** sul quaderno un breve testo raccontando un episodio che sia pertinente con il detto *Chi ha fatto trenta può fare trentuno*.

201 ●●● **Spiega** perché l'espressione *fatica di Sisifo* (spiegata all'esercizio 195) ha assunto il significato che le attribuiamo oggi.

202 ●●● **Scrivi** un articolo di giornale da pubblicare sul giornalino della scuola, con il seguente titolo: *L'astuto Sisifo condannato a una pena singolare*. Puoi utilizzare le informazioni contenute nell'esercizio 195.

A 213

La morfologia

Il buon uso della scrittura

Le oscillazioni dei tempi verbali L'incoerenza nell'uso dei tempi verbali, in particolare la continua oscillazione tra il **presente storico** e i **tempi del passato**, è un errore diffuso nella scrittura.

Il presente storico può essere usato **lungo tutto il testo narrativo o descrittivo** perché produce **l'effetto stilistico di attualizzare eventi o descrizioni di personaggi vissuti nel passato**, rendendoli più dinamici e brillanti e aumentando il grado di coinvolgimento del lettore (o dell'ascoltatore). Un testo in cui è particolarmente adatto l'uso del presente storico è il **riassunto di un testo letterario**.

Ecco come Italo Calvino sintetizza l'episodio dell'ultimo incontro fra Orlando e Angelica nell'*Orlando furioso*:

> I due non si riconoscono. E come potrebbe Angelica ravvisare in quell'energumeno dalla pelle nera, in quella faccia da teschio, in quella barba e chioma piene di foglie secche e d'alghe marine, il capitano dalla risplendente armatura che per lei è sempre stato Orlando? E quanto a Orlando, l'apparizione di Angelica è solo un baluginare di colori in movimento, seducente sì, ma come un riflesso del sole su un ruscello o come il dispiegarsi della coda d'un pavone.
>
> (*Italo Calvino racconta l'Orlando furioso*, Einaudi, Milano 1988)

Tuttavia si può anche scegliere di raccontare i fatti del passato con gli opportuni **tempi del passato** e usare il presente storico solo per **sottolineare singoli eventi**, evidenziandone il carattere **inatteso**, **drammatico** o **incalzante**.

L'importante è adottare il presente storico quando è funzionale a ottenere questi effetti espressivi, facendo attenzione a non passare continuamente da questo tempo ai tempi del passato sia in parti di testo omogenee sia all'interno di uno stesso periodo.

Ecco tre esempi di buon uso del presente storico.

> Ero tornata a casa stanchissima e avevo intenzione di andare subito a dormire, quando **suona** alla porta quello scocciatore del mio vicino di casa. **Incomincia** a parlarmi dei guai del condominio, **si lamenta** dell'amministratore e della signora Rossi. Non se ne **va** più e per un'ora **rimango** lì a fingere di ascoltarlo, mentre gli occhi mi **si chiudono**. È stato un vero incubo!

> Quando i detenuti uscivano dalle celle del carcere di Fresnes, in Francia, per andare in parlatorio, le guardie penitenziarie dovevano fare un timbro su una mano, da controllare poi al loro rientro: un metodo per evitare scambi di persona in carcere. Ma nella primavera di trent'anni fa, a Trescore Balneario, Emiliano Facchinetti **progetta** proprio uno scambio. **Ha** 21 anni, una passione per l'arte e la necessità di dare una mano nel bar di famiglia, in centro al paese. Ma soprattutto, è legatissimo al fratello, 8 anni più di lui, che a Fresnes è in cella.
>
> (www.corriere.it)

> E stando così fermo, sospeso il fruscio de' piedi nel fogliame, tutto tacendo d'intorno a lui, (Renzo) cominciò a sentire un rumore, un mormorio, un mormorio d'acqua corrente. **Sta** in orecchi; n'è certo; **esclama**: «è l'Adda!» Fu il ritrovamento d'un amico, d'un fratello, d'un salvatore.
>
> (A. Manzoni, *Promessi sposi*, capitolo XVII)

3 Il verbo

203 ●●● COMPETENZE DI SCRITTURA TEATRO **Riscrivi** il seguente testo che contiene grossolane oscillazioni di tempo e incoerenze nell'uso del presente storico e dei tempi del passato. Nella prima versione **usa** solo il presente storico, nella seconda solo i tempi passati dell'indicativo. **Rileggi** le due versioni e valuta quale delle due ti sembra più efficace e scorrevole. **Scrivi**, infine, una terza versione usando opportunamente in alcune parti i tempi del passato e in altre il presente storico.

Storia de *La traviata* *La traviata* è una delle opere liriche più rappresentate nel mondo. Giuseppe Verdi la compose nel 1853, sul libretto scritto da Francesco Maria Piave, dopo aver visto a teatro *La signora delle camelie*, di Alexandre Dumas figlio, che aveva già riscosso un grande successo, grazie alla scabrosità dell'argomento e alla notorietà della protagonista, una delle più famose cortigiane parigine, realmente esistita e morta ventitreenne a un anno dall'uscita del romanzo. Ma veniamo alla trama de *La traviata*. La vicenda è ambientata nella Parigi di metà Ottocento. Violetta Valéry era una mondana famosa, amante di un barone, ma ha la salute gravemente minata dalla tisi. A una festa incontra il giovane Alfredo: lui le dichiara tutto il suo amore e lei gli regala una camelia, promettendogli che lo rivedrà quando questa sarà appassita. Anche Violetta, però, si innamora di Alfredo; decise quindi di cambiare vita, di abbandonare Parigi, i suoi lussi e le sue trasgressioni, per andare a vivere con lui in campagna. Qui i due vivevano felici. Un giorno però, mentre Alfredo non era in casa, la donna riceve la visita del padre di Alfredo, Germont, che le chiese di lasciare per sempre Alfredo, perché la loro convivenza disdicevole avrebbe potuto pregiudicare il matrimonio dell'altra sua figlia. Violetta cerca di opporsi, ma alla fine, pensando di fare il bene del suo innamorato, si sacrifica e finge di aver nostalgia di Parigi e della sua vita di prima. Alfredo, sconvolto dalla rabbia e dalla delusione, la raggiunse a una festa e la tratta da prostituta, gettandole pubblicamente del denaro e dicendole con grande disprezzo: «Questa donna pagata io l'ho!». Lo stato di salute di Violetta si aggrava ulteriormente ed è ormai in fin di vita quando Alfredo, che finalmente è venuto a sapere la verità dal padre, corre da lei per chiederle perdono. Mentre Alfredo, disperato, era al capezzale della giovane, giunge anche Germont, commosso e sinceramente pentito. Ma ormai era troppo tardi: Violetta, pur rincuorata, muore tra le braccia dell'unico amore della sua vita.

204 ●●● COMPETENZE GRAMMATICALI E LESSICALI **Completa** opportunamente le seguenti affermazioni.

1. *Traviata* è il _____ di *traviare*. Nel titolo dell'opera la parola, preceduta dall'_____ , ha funzione di _____ . Il verbo *traviare* è formato dal prefisso *tra-* (dal latino *trans*, "al di là, oltre") e *via*, quindi significa alla lettera "_____". È usato per indicare l'azione di _____ una persona. **2.** Considera l'espressione *salute gravemente minata dalla tisi*: *minata* è il _____ del verbo _____ , che nel suo significato letterale vuol dire "collocare cariche esplosive in un'area", ma che è qui usato nel suo significato figurato di _____ . **3.** Nella frase *la loro convivenza disdicevole avrebbe potuto pregiudicare il matrimonio dell'altra sua figlia*, *disdicevole* significa "_____"; *pregiudicare* può essere sostituito da "_____". **4.** *Stare al capezzale* di qualcuno significa "stare presso al letto di una persona che è _____".

A 215

PREPARATI ALLA PROVA INVALSI

Bollette, tasse, imposte, assicurazioni, spese varie: che salasso!

Il **salasso** di oggi non è più quello di una volta. Tempo fa era un'operazione terapeutica, oggi ormai quasi del tutto abbandonata, che consisteva nel far defluire il sangue da una vena. Per capirne l'importanza, bisogna fare riferimento al pensiero scientifico del grande medico Galeno (sec. II), che concepiva la buona salute del corpo come uno scorrere armonioso di fluidi
5   interni. La malattia sarebbe stata causata da "ingorghi" di questo flusso e si pensava perciò al salasso come al rimedio principe per eliminare dall'organismo una certa quantità di sangue inquinato e ristabilire così l'equilibrio interno.

La pratica del salasso avveniva così: il paziente, dopo essersi seduto su un basso sgabello, prestava il braccio all'operazione; per dare stabilità all'arto, egli teneva saldamente in mano
10   un lungo bastone fissato nel terreno, e con la mano libera reggeva la vaschetta nella quale sarebbe stato raccolto il sangue. Il chirurgo, in piedi alle sue spalle, apriva una vena con un ago a uncino, tendendo con l'altra mano la pelle per facilitare il defluire del sangue. Altre volte, invece, si preferiva incidere la vena della fronte: in questo caso si metteva il paziente a testa in giù con un fazzoletto stretto intorno al collo a mo' di laccio emostatico per fare
15   ingrossare le vene da aprire.

La tecnica del salasso aveva una sua versione *soft* nell'applicazione delle **sanguisughe**, parassiti che vivono in acque dolci, la cui bocca possiede tre lamine taglienti; dopo essersi attaccate con le ventose alla pelle di un essere vivente e aver praticato un'incisione, esse ne succhiano il sangue.

20   Le sanguisughe, si sa, esistono ancora; oggi però il loro nome è usato spesso in senso figurato per indicare chi ha come abitudine lo spillare in continuazione del danaro, come gli usurai avidi ed esosi.

A1. La parola *salasso* è usata oggi per indicare in tono scherzoso
- A. ☐ un'operazione terapeutica
- B. ☐ un'operazione finanziaria
- C. ☐ un grande guadagno
- D. ☐ un grande esborso di denaro

A2. In passato il *salasso* era una pratica che serviva a
- A. ☐ provocare un ingorgo di umori interni
- B. ☐ eliminare del sangue inquinato
- C. ☐ ristabilire l'equilibrio dei fluidi interni
- D. ☐ prelevare sangue per compiere analisi

A3. In quali di questi modi non avveniva il *salasso*
- A. ☐ tramite l'applicazione delle sanguisughe
- B. ☐ tendendo la pelle fino a provocare una lacerazione
- C. ☐ incidendo una vena
- D. ☐ facendo uscire il sangue dal naso al paziente posto a testa in giù

A4. Nell'espressione *rimedio principe* (riga 6) la parola *principe* significa
....
....

A 216

3 Il verbo

A5. L'aggettivo *emostatico* (riga 14) **significa**

A. ☐ che tiene fermo il paziente

B. ☐ che fa scorrere il sangue

C. ☐ che ferma il sangue

D. ☐ che calma il dolore

A6. L'aggettivo *esosi* (riga 22) **non significa nel testo**

A. ☐ odioso   C. ☐ eccessivo

B. ☐ meschino   D. ☐ ingordo

A7. *Si pensava* (riga 5) **è una forma**

A. ☐ passiva

B. ☐ impersonale

C. ☐ riflessiva propria

D. ☐ riflessiva apparente

A8. La forma verbale *sarebbe stata causata* (riga 5) **esprime**

A. ☐ una condizione

B. ☐ una supposizione

C. ☐ un dubbio

D. ☐ un'opinione personale

A9. *Essersi seduto* (riga 8) **è una forma**

A. ☐ transitiva

B. ☐ passiva

C. ☐ intransitiva pronominale

D. ☐ riflessiva propria

A10. L'imperfetto *avveniva* (riga 8) **indica un'azione del passato**

A. ☐ appena conclusa

B. ☐ abituale

C. ☐ momentanea

D. ☐ contemporanea a un'altra

A11. *Sarebbe stato raccolto* (riga 11) **è**

A. ☐ congiuntivo trapassato

B. ☐ indicativo futuro anteriore

C. ☐ condizionale presente

D. ☐ condizionale passato

A12. *Si metteva* (riga 13) **è una forma**

A. ☐ passiva

B. ☐ impersonale

C. ☐ riflessiva propria

D. ☐ riflessiva apparente

A13. Nell'espressione *fare ingrossare* (righe 14-15) **il verbo** *fare* **svolge la funzione di verbo**

A. ☐ servile

B. ☐ causativo

C. ☐ ausiliare

D. ☐ fraseologico

A14. *Essersi attaccate* (righe 17-18) **è una forma**

A. ☐ riflessiva propria

B. ☐ riflessiva impropria

C. ☐ intransitiva pronominale

D. ☐ passivante

A15. Analizza la voce *È usato* (riga 20).

persona .... ,

modo .... ,

tempo .... ,

forma ....

A16. Indica se le seguenti affermazioni sono vere (V) o false (F).

1. *Abbandonata* (riga 2) è un participio passato di valore attivo. .... V ☐ F ☐

2. *Essersi attaccate* (righe 17-18) è un infinito presente. .... V ☐ F ☐

3. *Aver praticato* (riga 18) è un infinito passato di valore attivo. .... V ☐ F ☐

4. *Essere* (riga 18) è un infinito presente in funzione di nome. .... V ☐ F ☐

5. *Vivente* (riga 18) è un participio presente in funzione di verbo. .... V ☐ F ☐

6. *Spillare* (riga 21) è un infinito presente in funzione di verbo. .... V ☐ F ☐

A 217

VERIFICA LE TUE COMPETENZE

A. **Indica** se nelle seguenti frasi i verbi sono transitivi [TR], transitivi usati in modo assoluto [TA], intransitivi [IN] o intransitivi con l'oggetto interno [IO].

1. Le popolazioni germaniche calarono [.......] dal nord devastando [.......] i territori. **2.** Per oggi ho studiato [.......] abbastanza. **3.** Non gli hai ancora telefonato [.......]? **4.** La foresta sta bruciando [.......] da giorni. **5.** Qui ho vissuto [.......] giorni veramente sereni. **6.** Ha raccolto [.......] tutti i dati che gli avevo chiesto [.......]. **7.** Sta combattendo [.......] una seria battaglia contro la sua malattia. **8.** Stiamo arrivando [.......] all'autogrill dove troveremo [.......] i nostri amici ad aspettarci [.......]. **9.** Non devi mangiare [.......] così in fretta. **10.** Uscirò [.......] con Anna per andare [.......] al cinema. **11.** Le ho dedicato [.......] tutto il tempo che avevo [.......]. **12.** È molto dispiaciuto e sta piangendo [.......] lacrime amare. **13.** Ti è piaciuto [.......] questo libro? Sì, l'ho trovato [.......] molto avvincente.

1 punto per ogni risposta esatta   **Punti** .... /20

B. **Indica** se nelle seguenti frasi i verbi sono transitivi attivi [TA], transitivi passivi [TP], transitivio riflessivi [TR] o intransitivi attivi [IA].

1. Quell'autore scrive [.......] bellissime storie. **2.** Mi appello [.......] al vostro buon cuore. **3.** Non siamo stati avvisati [.......] per tempo. **4.** Sono accorsi [.......] tutti: solo tu non ti sei accorto [.......] di nulla. **5.** Il capotreno controllò [.......] le nostre prenotazioni. **6.** Il compito sarà restituito [.......] fra due settimane. **7.** Alessandro si cosparge [.......] di profumo e si pettina [.......] in continuazione. **8.** I soffitti erano stati decorati [.......] di un bel colore giallo sole. **9.** Quando scendi [.......] dall'aereo, fammi [.......] una telefonata. **10.** Sono stati elusi [.......] tutti i controlli. **11.** Aspettami [.......]: devo ancora cambiarmi [.......]. **12.** Giorgio fu sorpreso [.......] a copiare [.......]. **13.** A quale scuola ti sei iscritto [.......]? **14.** Un uomo fu visto [.......] gettarsi [.......] giù dal ponte.

1 punto per ogni risposta esatta   **Punti** .... /20

C. **Indica** se nelle seguenti frasi la forma dei verbi è riflessiva propria [Rp], apparente [Ra], reciproca [Rr] o intransitiva pronominale [PR].

1. Perché ti vergogni [.......] a parlare in pubblico? **2.** Quando sono nervosa mi compro [.......] sempre qualcosa di nuovo. **3.** Ci siamo visti [.......] allo specchio e ci siamo spaventati [.......] per il nostro aspetto orrendo. **4.** I miei due figli si azzuffano [.......] in continuazione. **5.** Devi arrenderti [.......] di fronte all'evidenza. **6.** Smettetela di parlarvi [.......] durante il compito. **7.** Il gatto si lecca [.......] accuratamente il pelo. **8.** È da un po' che quei due non si parlano [.......] più. **9.** Vi lagnate [.......] sempre per qualunque cosa. **10.** I chirurghi si sono lavati [.......] le mani scrupolosamente prima dell'intervento **11.** Per quel progetto si è avvalso [.......] di un collaboratore davvero valido. **12.** Si sono attribuiti [.......] ingiustamente tutti i meriti. **13.** I colleghi di quell'ufficio non si rispettano [.......] affatto. **14.** Affrettatevi [.......] a mettervi [.......] in salvo! **15.** Dopo aver giocato con gli acquerelli cambiatevi [.......] la maglietta. **16.** Ci confrontammo [.......] a lungo prima di decidere. **17.** Si è impadronito [.......] del mio i-Pod e si ostina [.......] a non restituirmelo.

1 punto per ogni risposta esatta   **Punti** .... /20

A 218

3 Il verbo

D. Riconosci il valore della particella *si*: riflessivo proprio [Rp], apparente [Ra], reciproco [Rr], pronominale [PR], rafforzativo [R], impersonale [I], passivante [P].

1. Si [.......] sono visti il film da soli, senza dirci nulla. **2.** Si [.......] sono visti solo ieri sera e già sentono la mancanza uno dell'altro. **3.** Si [.......] vedono molti ragazzi che non sanno comportarsi [.......] educatamente. **4.** Il ragazzo fu aggredito ma si [.......] difese con grande coraggio. **5.** I tuoi amici si [.......] sono bevuti tutte le bibite. **6.** Dopo un lungo assedio i barbari infine si [.......] arresero. **7.** Laggiù si [.......] vedeva del fumo uscire dal camino. **8.** Quei due ragazzacci si [.......] sono picchiati di santa ragione. **9.** Preparati: oggi si [.......] esce. **10.** In giardino si [.......] sentono i guaiti dei cuccioli. **11.** I due complici si [.......] accusavano senza ritegno. **12.** Luigi si [.......] arrampicò sull'albero e cadde. **13.** Agnese si [.......] propose come rappresentante di classe. **14.** Quando si [.......] sono sperperati i patrimoni, si [.......] spera nella fortuna. **15.** Veronica si [.......] è fatta una bella passeggiata. **16.** Francesco si [.......] è asciugato con il mio asciugamano da spiaggia. **17.** Si [.......] può andare in quel ristorante dove si [.......] mangia un ottimo fritto di pesce.

1 punto per ogni risposta esatta   **Punti** .... /20

E. Analizza le seguenti forme verbali, indicando **forma, modo, tempo, persona** e **numero**.

1. ebbero riconosciuto
2. saremmo stati eletti
3. fossero partiti
4. avrete imparato
5. avremmo letto

6. avere riempito
7. avendo colorato
8. essendo vissuto
9. sono stati assolti
10. tramontò

11. abbiate sorpreso
12. laveresti
13. erano dipinte
14. leggete!
15. sarai stato salutato

2 punti per ogni voce verbale correttamente analizzata   **Punti** .... /30

F. Coniuga i verbi indicati al modo opportuno e al tempo adatto a esprimere il rapporto di tempo richiesto

1. L'idraulico ci ha detto che (*potere*, posteriorità) .... riparare la perdita senza problemi. **2.** Pensavamo che i nostri vicini (*vendere*, contemporaneità) .... l'alloggio a un prezzo più basso. **3.** Sono stupita che proprio tu (*dimenticarsi*, anteriorità) .... del nostro anniversario. **4.** Si ipotizzò che il rapinatore (*avere*, contemporaneità) .... un complice all'interno della banca. **5.** Mi ricordo che il tuo amico (*essere*, anteriorità) .... davvero molto simpatico. **6.** Andrea si era dimenticato che Giulia gli (*dire*, anteriorità) .... di fare la spesa. **7.** Vorrei che tu mi (*perdonare*, anteriorità) .... **8.** Nessuno immaginava quanti giorni (*trascorrere*, posteriorità) .... prima che ci rivedessimo. **9.** Ho potuto constatare che la casa (*essere ristrutturata*, anteriorità) .... alcuni anni prima. **10.** Sono convinta che Martina (*essere*, anteriorità) .... un'amica molto cara per tutti noi.

1 punto per ogni risposta esatta   **Punti** .... /10

TOTALE PUNTI .... /120

A 219

4 L'articolo

L'articolo è una parte variabile del discorso che non ha un significato proprio; per questo non è usato da solo, ma precede sempre un nome a cui trasmette una sfumatura di significato.

FORME La forma dell'articolo è **variabile** e concorda in **genere** e **numero** con il nome che accompagna.

Gli articoli si distinguono in **determinativi**, **indeterminativi**, **partitivi**.

FUNZIONI L'articolo precisa il significato del nome presentandolo come **qualcosa di conosciuto** (**articolo determinativo**), come **qualcosa di non conosciuto** o come il **singolo elemento di una categoria** (**articolo indeterminativo**) oppure come la **parte di un tutto** o una **quantità indeterminata** di elementi (**articolo partitivo**).

Inoltre l'articolo:

- **segnala il genere e il numero del nome**, confermandoli quando sono già indicati dalle desinenze del nome (**il** gatto / **la** gatta / **i** gatti / **le** gatte); rendendoli noti, quando la forma del nome non consente di distinguere:
    - due nomi di forma uguale ma di genere e significato diversi.
      il capitale, **la** capitale
    - il maschile e il femminile del nome ambigenere.
      il / **la** cantante, **i** / **le** cantanti
    - il singolare e il plurale del nome invariabile.
      lo / **gli** sci

- **fa assumere la funzione di nome** ad altre parti del discorso.

il bere	→	verbo
i buoni	→	aggettivo
il nulla	→	pronome
un domani	→	avverbio
i perché	→	congiunzione

CONOSCENZE · ABILITÀ · COMPETENZE

 p. 99

La morfologia

1 Le forme dell'articolo

> Gli **articoli determinativi** e gli **articoli partitivi** hanno forme che **variano nel genere e nel numero**. Gli **articoli indeterminativi**, invece, hanno **forme variabili solo nel genere**, posseggono **solo il singolare** e al plurale sono **sostituiti dai partitivi**.

Ecco il quadro completo delle forme degli articoli.

articolo	singolare		plurale	
	maschile	femminile	maschile	femminile
determinativo	il, lo, l'	la, l'	i, gli	le
indeterminativo	un, uno	una, un'	---	---
partitivo	del, dello, dell'	della, dell'	dei, degli	delle

La scelta tra le diverse forme di uno stesso genere e numero **dipende dalla lettera iniziale della parola che segue**.

le forme maschili	si usano davanti a	esempio
l', **un** (mai apostrofato!), **dell'**, **gli**, **degli**	vocale (tranne *i* + vocale)	**l'**aereo, **un** astro, **dell'**aceto, **gli** affari, **degli** eredi
lo, **uno**, **dello**, **gli**, **degli**	*s* impura, *z*, *x*, *y*, *gn*, *pn*, *ps* *i* + vocale	**lo** sbaglio, **uno** gnu, **dello** zenzero, **gli** gnocchi, **gli** ioni, **degli** svaghi
il, **un**, **del**, **i**, **dei**	tutte le altre consonanti	**il** seme, **un** cane, **del** riso, **i** fiori, **dei** rovi; **fa eccezione**: **gli** dèi

le forme femminili	si usano davanti a	esempio
la, **della**, **le**, **delle**, **una**	consonante	**la** notte, **della** frutta, **le** case, **delle** rose, **una** sera
	i + vocale	**la** iena, **le** iene, **delle** iene, **una** iena
l', **un'**, **dell'**	vocale (tranne *i* + vocale)*	**l'**utilità, **un'**idea, **dell'**acqua

Per i **nomi stranieri** che iniziano con suoni consonantici e presentano una grafia diversa da quella dell'italiano, occorre fare riferimento alla loro **pronuncia** e ricorrere poi alla forma richiesta dal suono iniziale.

lo / **uno** *champagne* → perché si dice *lo/uno sciocco*   **il** / **un** *chador* → perché si dice *il/un cielo*

ALLENA LE COMPETENZE

1 ●○○ **COMPETENZE MORFOLOGICHE** Riconosci i casi in cui l'articolo determinativo è unito al nome a formare una parola inesistente e **correggi**, apostrofando l'articolo determinativo.

1. labbra **2.** labirinto **3.** lamante **4.** labbazia **5.** laccio **6.** lacrima **7.** lebbrezza **8.** lecatombe **9.** leccesso **10.** lealtà **11.** legamento **12.** legalità **13.** leccezione

4 L'articolo

2 ●●○ COMPETENZE MORFOLOGICHE DENTRO LE PAROLE **Indica** se gli articoli sono determinativi [D] o indeterminativi [I].

Tagliare la corda è un [....] modo di dire che si usa come sinonimo di "fuggire, scappare di fretta o di nascosto". Due sono le [....] possibili origini. La [....] prima risalirebbe al linguaggio che usavano gli [....] antichi marinai, per i [....] quali l'[....] atto del salpare era indicato con l'[....] espressione "tagliare le [....] corde", un'[....] azione che si fa anche oggi nel caso di un'[....] emergenza. L'[....] altra ipotesi chiama in causa i [....] prigionieri, gli [....] schiavi o gli [....] animali, che riuscivano a fuggire spezzando le [....] corde che li imprigionavano.

3 ●●○ COMPETENZE MORFOLOGICHE DENTRO LE PAROLE **Distingui** gli articoli determinativi dagli indeterminativi.

L'espressione **dubbio amletico** indica un quesito importante e impegnativo, che presenta una difficile soluzione. Il riferimento è a un personaggio di Shakespeare, Amleto, che nell'omonima tragedia pronuncia la famosa frase: «Essere o non essere, questo è il problema». Le rappresentazioni di questa scena prevedono spesso che Amleto pronunci le sue battute con un teschio in mano, simbolo della fragilità umana. In realtà il monologo con il teschio si trova nella scena in cui si celebra il funerale di Ofelia, la donna innamorata di Amleto che, non ricambiata, impazzisce e si toglie la vita.

4 ●●○ COMPETENZE MORFOLOGICHE **Completa** la tabella con le forme corrette dell'articolo determinativo **[AD]** e indeterminativo **[AI]**.

	AD	AI	nome
1.	il	un	sosia
2.	il	un	fossile
3.	lo	uno	scavo
4.	la	una	scarpa
5.	lo	uno	gnocco
6.	lo	uno	sbadiglio
7.	lo	uno	sceicco
8.	la	una	scienza

	AD	AI	nome
9.	l'		immobile
10.	l'		unghia
11.	l'		ostrica
12.	l'		ornitorinco
13.	l'		accetta
14.	lo		pseudonimo
15.	lo		xenofobo
16.	lo		sperpero

5 ●○○ COMPETENZE MORFOLOGICHE **Riconosci** gli articoli partitivi.

1. Ho comprato delle magliette colorate nel negozio di cui ti ho parlato. **2.** C'è del torbido in tutta quella vicenda. **3.** Mi servono delle uova e della farina per fare delle crêpes. **4.** Paolo ed Ernesto sono davvero degli ottimi colleghi di lavoro. **5.** Dei genitori si sono recati dal preside per ricevere delle spiegazioni sull'accaduto. **6.** Ti hanno detto che ci sono dei compiti per domani? **7.** Alla mostra erano esposti dei quadri davvero originali. **8.** Sono venuti a trovarci degli amici dello zio e ci hanno portato dei salatini deliziosi. **9.** Vorrei avere del denaro da spendere come desidero. **10.** A causa del caldo torrido, degli anziani ebbero un malore.

A 223

La morfologia

6 ○○○ COMPETENZE MORFOLOGICHE | DENTRO LE PAROLE **Distingui** gli articoli determinativi, indeterminativi e partitivi.

La locuzione **mangiare la foglia** è impiegata per indicare quanto un individuo sia abile nel cogliere il significato occulto di una frase e sappia leggere tra le righe per capire anche delle cose non dette. Sull'origine di questa espressione esistono delle spiegazioni diverse. La prima fa riferimento all'episodio di Ulisse, il celebre eroe, sull'isola della maga Circe. L'ingegnoso condottiero comprende il trucco di cui la donna si serve per tramutare degli uomini in bestie e, per evitare gli effetti del sortilegio, mangia una foglia donatagli da Ermes, il messaggero degli dèi. Un'altra interpretazione richiama l'abitudine che hanno i bachi da seta di assaggiare le foglie per appurarne la commestibilità. Infine, c'è la versione che assimila gli uomini agli animali da pascolo; questi da cuccioli bevono il latte materno, poi, una volta cresciuti, cominciano a mangiare delle foglie e dell'erba. Quindi, al momento della raggiunta maturità si "mangia la foglia".

7 ○○○ COMPETENZE LESSICALI | PAROLE DENTRO I TESTI **Associa** le seguenti parole evidenziate nell'esercizio 6 al significato corrispondente.

1. locuzione .... a. nascosto
2. occulto .... b. condizione di ciò che si può mangiare
3. tramutare .... c. incantesimo
4. ingegnoso .... d. trasformare
5. sortilegio .... e. rendere simile
6. appurare .... f. controllare la verità di qualcosa
7. commestibilità .... g. modo di dire
8. assimilare .... h. acuto, intelligente

8 ○○○ COMPETENZE MORFOLOGICHE **Completa** la tabella con la forma corretta degli articoli determinativi [AD], indeterminativi [AI] o partitivi [AP]. Davanti ai nomi invariabili o ambigenere **specifica** tutte le alternative possibili, **metti** un trattino per le forme mancanti.

	AD	AI	AP	nome
1.				bullone
2.				insegnante
3.				caffè
4.				artisti
5.				lasagne
6.				sport
7.				idrogeno
8.				coccodrilli
9.				ingegneri

	AD	AI	AP	nome
10.				ancora
11.				testimone
12.				tram
13.				cognata
14.				psichiatra
15.				città
16.				arcobaleno
17.				boa
18.				zeri

2 Gli usi dell'articolo

> L'**articolo determinativo** identifica **con precisione una persona, un animale o una cosa, distinguendola** da tutti gli altri.

Si usa per indicare:

- **persone**, **animali o cose già note** a chi parla e a chi ascolta oppure **già citate nel discorso**.
  Dov'è **il** gatto? È sotto **il** letto.
  Un pedone è stato investito da un'auto: **l'**uomo, subito soccorso, è poi deceduto.

- **persone**, **animali o cose ben individuabili** o perché precisate da un **complemento di specificazione** o da una **proposizione relativa**, o perché **uniche in natura**.
  La sorella di Paolo è a Londra.
  Ho perso **la** penna che avevo appena acquistato.
  L'equatore è equidistante dai poli.

- **un'intera categoria**, **una specie o un insieme**.
  Il poeta (= *tutti i poeti*) parla spesso d'amore.
  I serpenti mi terrorizzano.

Nel vivo della lingua

Altri valori dell'articolo determinativo L'articolo determinativo può essere usato con valore di:

- **aggettivo dimostrativo**.
  Finirò la relazione entro **la** (= *questa*) settimana.
  Oh, **il** (= *quel*) bugiardo!

- **aggettivo indefinito** con senso **distributivo**.
  La (= *ogni*) domenica andiamo sempre al mare.

Occhio all'errore

Mio figlio o il mio figlio? L'uso dell'articolo determinativo presenta numerose oscillazioni, soprattutto in presenza di **alcune categorie di nomi** o in determinate espressioni. In particolare, **non si usa** con **nomi comuni di parentela di genere singolare** quando sono preceduti da un **aggettivo possessivo diverso da *loro***; fanno però eccezione i **nomi alterati** e le **espressioni familiari**.

NO	il mio figlio, la sua sorella, il tuo cugino	SÌ	mio figlio, sua sorella, tuo cugino

MA **il** loro zio, **il** mio figliolo, **la** sua sorellina, **il** suo bambino

A 225

La morfologia

> L'**articolo indeterminativo** presenta **una persona, un animale o una cosa in modo generico**, senza identificarli con precisione.

Si usa per indicare:

- **persone**, **animali o cose non conosciute** e **non ancora nominate** all'interno del discorso.
  Un ragazzo mi ha consegnato **una** lettera.

- **un elemento qualsiasi** appartenente a una **categoria** o a una **specie**.
  Una balena si è arenata su **una** spiaggia del Mare del Nord.

- **cose uniche in natura**, **sostanze**, **idee**, ma solo quando se ne rimarca un **aspetto particolare**.
  C'era **un** sole accecante.   Era **una** Milano invasa da turisti stranieri.

 Nel vivo della lingua

Altri valori dell'articolo indeterminativo L'articolo indeterminativo può essere usato:

- con il valore di **aggettivo indefinito** con senso **distributivo**.
  Un (= *ogni*) giudice deve sempre essere imparziale.

- in **senso rafforzativo**, soprattutto nel linguaggio colloquiale.
  Ho **una** fame che mangerei anche il piatto.

- unito a un **numerale** nel significato di "circa, pressappoco".
  Ho **un** (= *circa*) centinaio di pagine di storia da studiare.

- con un **nome proprio** per trasformarlo in **nome comune** o per indicare l'**opera in luogo dell'autore**.
  Parli come **un** cicerone.
  Hanno rubato **un** Picasso (= *un quadro di Picasso*).

> L'**articolo partitivo** presenta il nome come la **parte indeterminata di un tutto**. È formato dall'unione della preposizione ***di*** + l'**articolo determinativo**, e ha perciò le stesse forme della preposizione articolata, **con cui non va confuso**.

Si usa davanti a:

- i **nomi singolari non numerabili** ed equivale a "un po' di, una certa quantità di".
  Vuoi ancora **del** (= *un po' di*) tè?

- i **nomi plurali** ed equivale alle forme *alcuni, alcune* dell'aggettivo indefinito e sostituisce il plurale dell'articolo indeterminativo;
  Nel laghetto ci sono **dei** (= *alcuni*) cigni e **delle** (= *alcune*) anatre.

- gli **aggettivi sostantivati singolari** ed assume il significato di "qualcosa *di*".
  In questa faccenda c'è **del** (= *qualcosa di*) losco.

4 L'articolo

Il buon uso della scrittura

Quando non si usa nessun tipo di articolo Non si usa nessun tipo di articolo:

- con i **nomi propri** di **persona**, **città** e **piccola isola**, tranne quando sono **accompagnati da un aggettivo o da una determinazione**; l'articolo è ammesso anche con i **cognomi riferiti a un'intera famiglia** o a **una donna**, e con i **cognomi di alcuni uomini famosi del passato**.

non si usa	Rita e Davide non sono usciti.	Bianchi è uscito?
	Cipro è un'isola del Mediterraneo.	Roma è sempre fantastica.
MA si usa	**una** Compagnoni in gran forma	**la** Rossi	**il** dottor Nicola
	il Walter che conosci	**il** Boccaccio	**una** Milano deserta

- con i **nomi dei mesi** e **dei giorni della settimana**, tranne quando sono **accompagnati da un aggettivo o da una determinazione**.
  Maggio è il mio mese preferito.   Oggi è domenica.
  MA **il** maggio scorso, **la** domenica di Pasqua, **una** domenica di luglio

- in espressioni che indicano **modo**, **mezzo**, **luogo**, **materia**, **fine**, come *a torto, senza paura, con calma, di corsa, in auto, da casa a scuola*, e con i nomi in funzione di **complemento predicativo**.
  una borsa da viaggio e di cuoio   un abito da cerimonia e di seta
  essere eletto rappresentante di classe

- davanti ai **nomi che formano con** il **verbo** un'**espressione unica** o che si trovano in **frasi negative**, come *avere sete, dare fiducia, fare amicizia, trovare lavoro, perdere tempo*.
  Non ci sono scuse.   Non ho più pazienza.   Non c'era tempo.

- con i **nomi plurali** e nelle **enumerazioni** per dare un'idea di indeterminatezza.
  Si vendono mobili usati.   Ho comprato penne, matite e quaderni.
  MA Ho comprato **le** penne, **le** matite e **i** quaderni indicati dalla tua maestra.

- nello **stile abbreviato** di telegrammi, titoli di giornali, annunci pubblicitari e proverbi.
  Ditta affermata ricerca segretarie anche primo impiego.
  Gallina vecchia fa buon brodo.

Come i diversi tipi di articolo fanno assumere al nome una sfumatura di significato, anche l'assenza di articolo **implica un significato**, trasmettendo cioè un **senso di indeterminatezza**.

9 ●●● **COMPETENZE MORFOLOGICHE** **Completa** le seguenti frasi con le forme dell'**articolo determinativo**, **indeterminativo** o **partitivo** adeguate. **Metti** un trattino nei casi in cui l'articolo non si debba usare.

1. Conosci .... Matteo? Intendo .... Matteo che ha vinto .... gara. **2.** Non voglio che tu mi dia .... denaro: mi basta .... tua riconoscenza. **3.** Quei due sono come .... cane e .... gatto. **4.** Ho comperato tutto .... occorrente per .... scuola: .... quaderni, ... libri, ... matite e .... capiente cartella. **5.** .... Milano d'oggi non è più quella di .... tempo. **6.** .... piccola Barbara ha .... splendidi occhi blu. **7.** Vado sempre in palestra .... giovedì, ma questa settimana andrò .... venerdì. **8.** Ho perso .... pazienza! **9.** Ho mangiato .... formaggio con .... ottime patate al forno. **10.** .... can che abbia, non morde.

A 227

La morfologia

ALLENA LE COMPETENZE

I trucchi del mestiere

Come distinguere l'articolo partitivo dalla preposizione *di* Per distinguere se *di* (e le corrispondenti preposizioni articolate *del*, *dello*, …) è una preposizione o un articolo partitivo, sostituiscilo con:

- *un po' di*, se il nome è singolare.
- *alcuni* / *alcune*, se il nome è plurale.

Se la frase che ottieni ha senso, *di* è un articolo partitivo; al contrario, se la frase non ha senso, *di* è una preposizione.

Il caffè **di** Marisa era ottimo. → Il caffè un po' di Marisa era ottimo.

> la frase non ha senso: *di* è una preposizione

Le dita **delle** mani sono cinque. → Le dita di alcune mani sono cinque.

> la frase non ha senso: *della* è una preposizione articolata

C'è ancora **della** torta? → C'è ancora un po' di torta?

> la frase ha senso: *della* è un articolo partitivo

Vuoi **dei** cioccolatini? → Vuoi alcuni cioccolatini?

> la frase ha senso: *dei* è un articolo partitivo

10 ●●○ COMPETENZE MORFOLOGICHE **Fai** l'analisi grammaticale degli articoli.

1. Stanotte ho sentito dei colpi di pistola e ho saputo che c'è stata una sparatoria.
2. I gatti e i cani sono animali che difficilmente vanno d'accordo.
3. Per la festa di Gianluca ho preparato dei salatini e una torta al cocco.
4. Pietro ha bevuto del latte avariato e si è dovuto sottoporre a una gastroscopia.
5. Un cugino di mio padre mi ha regalato delle rarissime fotografie.
6. Lino, uno dei miei più cari amici, ha sempre fatto del bene a tutti.
7. Lo zio di Antonello si è fratturato il polso durante una partita di pallavolo.
8. Gli anziani hanno sempre le parole giuste per consolarci.

11 ●●● COMPETENZE MORFO-LESSICALI **Spiega** la sfumatura di significato che esprime l'articolo determinativo nelle seguenti frasi.

1. La verità trionfa sempre. 2. Il formaggio va conservato in un luogo fresco. 3. Il pittore che ha dipinto questo quadro è di origine svedese. 4. Gli uomini che badano solo alle ricchezze finiscono col rimanere da soli. 5. Il panettiere di piazza Venezia è molto gentile. 6. Il gioco è bello finché dura poco. 7. Il formaggio che ho mangiato ieri sera era scaduto. 8. Fare il panettiere è un lavoro faticoso. 9. La pace porta sempre grandi vantaggi. 10. La pace di Barcellona fu stipulata tra Carlo V e Clemente VII.

4 L'articolo

RAFFORZA LE TUE COMPETENZE

12 ●●○ COMPETENZE MORFOLOGICHE | DENTRO LE PAROLE | **Completa** il seguente testo con le forme dell'**articolo determinativo** o **indeterminativo** adeguate.

Quando qualcuno danneggia volontariamente .... strumenti di .... produzione per impedire .... regolare svolgimento di .... attività o di .... lavoro fa .... azione di **sabotaggio**. Poiché .... parola deriva dal francese *sabot*, "zoccolo", ... suo significato letterale è "urtare con .... zoccolo" e quindi "rompere".
L'**ostruzionismo** è, invece, ... comportamento messo in atto per ostacolare .... altri. Fanno **ostruzionismo parlamentare** .... gruppi di minoranza che ricorrono a .... uso esasperato di azioni previste dal regolamento: .... verifica del numero legale, ... presentazione di molti emendamenti, ... iscrizione in massa a parlare durante .... sedute. .... scopo è quello di ritardare o impedire .... approvazione di .... disegno di legge o di .... altra deliberazione.

13 ●●○ COMPETENZE MORFOLOGICHE | **Correggi** gli errori nell'uso degli articoli.

1. Un ferro è uno dei più importanti materiali da costruzione. **2.** Gianni è l'uomo dallo spiccato senso dell'umorismo. **3.** Marta è tanto la cara persona! **4.** Un nostro professore di italiano ci ha consigliato per delle vacanze estive i libri di narrativa. **5.** Abbiamo trascorso con loro i momenti molto allegri. **6.** Un romanzo più famoso di Italo Svevo è *La coscienza di Zeno*. **7.** Un venerdì è il giorno della settimana che preferisco. **8.** Un lupo perde un pelo, ma non un vizio. **9.** Il ragazzino serio come te non dovrebbe fare gli scherzi del genere. **10.** Secondo Aristotele, un uomo è l'animale politico.

14 ●●○ COMPETENZE MORFOLOGICHE | DENTRO LE PAROLE | **Completa** il seguente testo con le forme dell'**articolo determinativo**, **indeterminativo** o **partitivo** adeguate.

Avere *una* **corretta** alimentazione è forse *la* medicina **preventiva** più importante. *Il* cibo, infatti, deve fornire al corpo *l'* energia necessaria a svolgere tutte *le* attività, senza produrre però *delle* **eccedenze**. *L'* unità di misura del contenuto energetico degli alimenti è detta **caloria**. *Le* calorie sono ormai *una* **fonte** di preoccupazione per *le* società più ricche, dove *la* pubblicità e *i* mezzi di comunicazione ci presentano *la* magrezza come sinonimo di bellezza e di salute perfetta. Per questo motivo si affrontano *delle* diete.

La piramide alimentare indica, per ogni categoria di cibi, la corretta quantità che dovremmo assumerne.

15 ●●○ COMPETENZE LESSICALI | PAROLE DENTRO I TESTI
Associa le seguenti parole al significato che assumono nell'esercizio 14.

1. corretta   ....   **a.** che previene le malattie
2. preventiva ....   **b.** giusta e sana
3. eccedenza   ....   **c.** ragione
4. fonte   ....   **d.** quantità eccessiva

A 229

La morfologia

METTI IN GIOCO LE TUE COMPETENZE

COMPETENZE LOGICO-GRAMMATICALI

16 ●●○ **Indica** se l'articolo è determinativo **[D]**, indeterminativo **[I]** o partitivo **[P]**, quindi **associa** a ogni nome il significato che il tipo di articolo o la sua assenza gli conferisce.

1. Consulterò il medico.   [.....] -------   **a.** esercita la professione di medico

2. Consulterò un medico.   [.....] -------   **b.** alcuni medici

3. I medici sono in sciopero.   [.....] -------   **c.** tutta la categoria dei medici

4. Ho consultato dei medici.   [.....] -------   **d.** un medico non identificato

5. Suo padre è medico.   [.....] -------   **e.** è una donna

6. È un anestesista di questo ospedale.   [.....] -------   **f.** è un uomo

7. È un'anestesista di questo ospedale.   [.....] -------   **g.** un medico noto a chi parla e a chi ascolta

17 ●●○ **Quante volte chi parla va al mare nel mese di giugno?**

1. La domenica, a giugno, vado al mare.   ....

2. Per tutto il mese c'è stato brutto tempo, ma domenica finalmente andrò al mare.   ....

3. A giugno vado al mare una domenica sì e una no.   ....

4. Una domenica di giugno andrò al mare.   ....

18 ●●○ **Associa** l'espressione della prima colonna con l'espressione adeguata della seconda e della terza colonna.

1. Pierpaolo è
     a. amico   **d.** che tutti vorrebbero.
     b. un amico   **e.** di tutti.
     c. l'amico   **f.** di famiglia.

2. Abbiamo visitato
     a. Vienna   **d.** diversa dal solito.
     b. la Vienna   **e.** la settimana scorsa.
     c. una Vienna   **f.** descritta in quella guida.

3. Chiara ha bevuto
     a. acqua   **e.** del rubinetto.
     b. un'acqua   **f.** gelida.
     c. l'acqua   **g.** e menta.
     d. dell'acqua   **h.** tonica.

4. Ho portato in lavanderia
     a. camicie   **d.** molto sporche.
     b. le camicie   **e.** e pantaloni.
     c. delle camicie   **f.** che ho macchiato di sugo.

5. Compra al mercato
     a. frutta   **d.** di stagione.
     b. la frutta   **e.** e verdura.
     c. della frutta   **f.** migliore che riesci a trovare.

6. Il signor Verdi è
     a. professore   **d.** davvero competente.
     b. un professore   **e.** migliore che abbia avuto.
     c. il professore   **f.** di matematica.

4 L'articolo

19 ●●○ **Sostituisci** opportunamente l'articolo in grassetto con gli aggettivi *quello, questo, ogni, alcuni*.

1. Hai **dei** libri da prestarmi? .... 2. Domani ti porto **il** libro che mi hai prestato. .... 3. Entro **l'**anno cambieranno l'auto. .... 4. **Il** sabato vado in piscina. .... 5. Ho visto la sua auto nuova, ma mi piaceva di più **la** vecchia. .... 6. **Uno** sportivo deve anche saper perdere. .... 7. Avevo già organizzato **un** viaggio con **degli** amici per **l'**estate, ma dovrò rinunciarvi. ....

COMPETENZE MORFOLOGICHE

20 ●●● **STORIA** **Completa** con le forme e i tipi di articolo adeguati. **Barra** lo spazio se l'articolo non è necessario.

Ci sono .... modi di dire che hanno avuto .... origine storica. Tra questi c'è **fare un quarantotto**, che significa fare .... gran confusione e .... gran baccano, provocando magari anche .... risse o .... disordini. .... numero quarantotto va messo in relazione con .... 1848, ... anno in cui in tutta .... Europa e anche in Italia scoppiarono .... rivoluzioni e .... moti insurrezionali. Nell'anno '48 ci furono quindi .... avvenimenti molto gravi e importanti che cambiarono .... situazione politica in molti Stati e lasciarono .... conseguenze molto significative. Ed è per questo motivo che .... numero 48 è rimasto ancor oggi a indicare .... situazione di grande disordine e .... scombussolamento generale.

21 ●●● La lingua latina non possedeva nessun tipo di articolo: quando si traduce è quindi necessario esprimerlo e sceglierne opportunamente la tipologia e la forma. Uno studente non proprio brillante ha tradotto dal latino questa breve favola: ma ha sbagliato l'uso dell'articolo. **Correggi** e **riscrivi**.

Il pipistrello cadde a terra e subito passò da quelle parti la donnola, ma mentre questa stava per ucciderlo un volatile la pregò con le suppliche di risparmiarlo. Una donnola disse che odiava degli uccelli e che quindi l'avrebbe ucciso senza la pietà. Allora un pipistrello le spiegò che non era l'uccello ma il topo, e così ebbe salva della vita. Tempo dopo cadde di nuovo e l'altra donnola lo prese e alle sue suppliche rispose che odiava dei topi. Allora un pipistrello spiegò che non era il topo ma l'uccello, e anche questa volta ebbe salva una vita. Una favoletta insegna che non bisogna impiegare sempre degli stessi espedienti, ma che occorre adattarli via via alle circostanze.

Illustrazione di pipistrello, in *Natural History of Animals*, XIX secolo.

COMPETENZE DI SCRITTURA

22 **SUPER!** **Scrivi** un breve testo cominciando così: "*Quel giorno era successo un quarantotto*". Utilizza tutti i tipi di articolo.

PREPARATI ALLA PROVA INVALSI → p. 282   **VERIFICA LE TUE COMPETENZE** → p. 256

A 231

5 Il nome

Il nome (dal latino *nomen* "denominazione"), o **sostantivo** (dal latino *substantivum*, "che designa una sostanza"), **è la parte variabile del discorso che ci permette di identificare tutti gli elementi della realtà e della nostra immaginazione.**

FORME I nomi sono una parte del discorso **variabile**. La maggior parte di essi **cambia la desinenza** per esprimere il **numero** e, nel caso di esseri viventi, il **genere**.

Anche le altre parti del discorso, spesso precedute dall'articolo, possono essere **sostantivate**, cioè usate come nomi.

I **miei** sono partiti.	→	pronome
Preferisco l'**utile** al **dilettevole**.	→	aggettivo
Partire è un po' morire.	→	verbo
Dimmi il **perché**.	→	congiunzione
Il **troppo** stroppia.	→	avverbio
Tra i tifosi si levò un **urrà**.	→	interiezione

FUNZIONI I nomi rispondono all'esigenza primaria di denominare tutto ciò che esiste nella realtà e nell'immaginazione: per questo sono le prime parole che pronunciano i bambini. Sono inoltre **fondamentali in ogni lingua**, tanto che non se ne conosce nessuna, né antica né moderna, che sia priva di nomi. Essi, infine, sono **la classe di parole più ricca e più aperta**, perché si arricchisce continuamente di nuovi elementi.

CONOSCENZE · ABILITÀ · COMPETENZE

p. 99

La morfologia

1 Il significato dei nomi

> I **nomi** si distinguono in **nomi di persona**, **di animale** o **di cosa**; in base al **significato** si classificano in **nomi comuni** e **nomi propri**.

- I **nomi comuni** indicano **in modo generico** l'elemento di una categoria. Sono nomi comuni: *zia, cane, vulcano, monumento, continente, …*
- I **nomi propri** si scrivono con la **lettera maiuscola** e indicano in **modo preciso** un singolo elemento, distinguendolo da tutti gli altri. Sono nomi propri: *Marta, Rex, Etna, Colosseo, Africa, …*

Nel vivo della lingua

Prima il nome, poi il cognome! Nelle presentazioni e nell'apporre la propria firma, il **nome deve sempre precedere** il **cognome**. Le uniche eccezioni consentite sono quelle in cui, per comodità di consultazione, viene richiesto l'**ordine alfabetico**, come accade negli elenchi anagrafici, telefonici, enciclopedici e nelle registrazioni di vario genere.

Alcuni **nomi comuni** sono considerati **propri**, e devono quindi essere scritti con la lettera **maiuscola**, quando indicano un'**istituzione**.

una chiesa **MA** la Chiesa   un impero **MA** l'Impero romano   uno stato **MA** lo Stato

Per il fenomeno dell'**antonomasia** (dal greco *antí*, "al posto di", e *ónoma*, "nome"):

- un **nome proprio** di qualcuno o di qualcosa diventa un **nome comune** per indicare la **caratteristica che distingue** la persona o la cosa a cui il nome proprio appartiene;
- un **nome comune** o una **locuzione** sostituisce il nome proprio di qualcuno sulla base di una **qualità** che gli viene **universalmente riconosciuta**.

nome proprio	nome comune
la dea **Venere**	una **venere**, cioè una donna molto bella
Biro, l'inventore della penna a sfera	la **biro**, la sua invenzione
Barolo, il paese delle Langhe	il **barolo**, il prodotto tipico del paese omònimo
il poema dell'**Odissea**	un'**odissea**, cioè un viaggio avventuroso
Dante	il **Poeta**
Attila	il **Flagello di Dio**

> I nomi comuni si classificano in **concreti** o **astratti**, **numerabili** o **non numerabili**, e **collettivi**.

- I **nomi concreti** indicano persone, animali o oggetti che **esistono in natura** e che possiamo quindi percepire attraverso **uno dei nostri sensi**, cioè possiamo vedere, udire, odorare, toccare, gustare. Sono nomi concreti: *amico, profumo, sirena, calore, aceto, …*

5 Il nome

- I **nomi astratti** indicano **entità non materiali**, concetti, sentimenti, qualità che possiamo **solo immaginare**. Il significato del nome *gentilezza*, ad esempio, non può essere percepito con i sensi; non è la gentilezza in sé che possiamo vedere, ma solo persone o comportamenti gentili. Sono nomi astratti: *felicità, bellezza, lealtà, pace, arroganza*, ...

Nel vivo della lingua

Astratto o concreto? La distinzione tra nomi concreti e nomi astratti **non è assoluta**: alcuni nomi, infatti, possono essere usati, a seconda del contesto, in senso astratto o in senso concreto. Inoltre, i nomi concreti diventano spesso astratti quando sono usati in **senso figurato** e, in questo caso, si considerano **non numerabili**.

senso astratto	senso concreto
L'**amicizia** è un bene prezioso.	Le vere **amicizie** (= *i veri amici*) sono rare.
Cadendo mi sono rotto il **naso**.	Avete **naso** (= *capacità, intuito*) negli affari.

- I **nomi numerabili** indicano elementi che **si possono contare** e, se espressi al singolare, si riferiscono a **un singolo elemento**. Sono nomi numerabili: *giocatore, bufalo, sogno, ingiustizia, mese, gatto, albero, lettera, tavolo*, ...
  I **nomi non numerabili**, invece, indicano materiali, sostanze o realtà astratte che **non hanno quantità numeriche**. Sono nomi non numerabili: *latte, pepe, rame, ghisa, pazienza, superbia*, ...

  Dato il loro significato, i nomi non numerabili hanno solo la **forma singolare**. Alcuni di essi possono essere quantificati con le **unità di misura** (*chili, quintali, litri*, ...); altri possono essere quantificati solo **in modo generico mediante l'articolo partitivo** (*del, della, dello* = "un po' di") e dagli **avverbi di quantità** (*poco, molto, abbastanza*).

  Alcuni nomi non numerabili (*oro, argento, ferro, sale, acqua*, ...) hanno la **forma plurale**, ma è solo **apparente**, perché esprime un **significato diverso** dalla rispettiva forma singolare.

  | l'oro | il metallo | → | gli ori | gli oggetti d'oro, il seme delle carte da gioco |

- I **nomi collettivi** indicano, anche nella forma del singolare, un **insieme omogeneo di persone, animali o cose**, numericamente determinato o indeterminato. Alcuni nomi collettivi sono **numerabili** (e quindi si possono volgere al **plurale**), altri sono **non numerabili** (e, quindi, **non** si possono volgere al plurale).

A 235

La morfologia

ALLENA LE COMPETENZE

1 ●○○ **COMPETENZE MORFOLOGICHE** **Riconosci** nei seguenti proverbi o frasi celebri i nomi e le parole sostantivate e **specifica** la parte del discorso di appartenenza.

1. Tra il dire e il fare c'è di mezzo il mare. .... 2. Il riso abbonda sulle labbra degli stolti. .... 3. Errare è umano, ma perseverare nell'errore è diabolico. .... 4. Beati gli ultimi se i primi sono onesti. .... 5. A ciascuno il suo. .... 6. Immagino il prima da com'è stato il poi. 7. Un bel tacer non fu mai scritto. .... 8. La pazienza è la virtù dei forti. .... 9. Il difficile sta nel cominciare. .... 10. I pazzi crescono senza innaffiarli. ....

2 ●●○ **COMPETENZE MORFOLOGICHE** **MITO** **Distingui** i nomi comuni dai nomi propri. Attenzione: i nomi propri sono stati scritti con la lettera minuscola.

Cassandra La giovane cassandra, definita da omero "la più bella tra le figlie di priamo e di ecuba", aveva ricevuto da apollo il dono della preveggenza. Il dio glielo aveva concesso in cambio del suo amore, ma lei, dopo aver ricevuto la facoltà profetica, lo aveva respinto. Così apollo la punì con un triste destino, quello di prevedere il futuro, ma di non essere mai creduta. Ad esempio predisse ai genitori che il fratello paride avrebbe causato la rovina di troia. Quando lui partì alla volta di sparta, cassandra sapeva già che paride avrebbe rapito elena, moglie del re menelao, e che questo avrebbe causato una lunga guerra e la caduta della propria città. Come sempre, però, non fu creduta.

3 ●●○ **COMPETENZE MORFOLOGICHE** **MITO** **Distingui** i nomi concreti dai nomi astratti.

Cassandra e il cavallo di Troia Per molti anni i Greci avevano combattuto con grande valore e a costo di molte sofferenze, ma non erano riusciti a piegare la resistenza dei Troiani. A risolvere la situazione intervenne l'astuzia di Odisseo, che elaborò l'inganno del cavallo di legno. I Troiani, pazzi di gioia nel vedere l'accampamento nemico deserto, avevano creduto alle menzogne del falso traditore Sinone. Lui aveva detto loro che quel cavallo gigantesco avrebbe assicurato per lungo tempo alla città pace e prosperità. Cassandra, invece, aveva la piena consapevolezza del pericolo e cercò invano di avvisare i suoi concittadini. Solo Laocoonte le prestò fede, ma la dea Atena, favorevole ai Greci, fece strangolare lui e i suoi due giovani figli da due enormi serpenti venuti dal mare.

Ricostruzione in legno del cavallo di Troia al tramonto, Hisarlik, Turchia.

4 ●●○ **COMPETENZE MORFOLOGICHE** **Classifica** i nomi in relazione al loro significato.

segale • tribù • fiume • intransigenza • Firenze • Topolino • bellezza • atomo • candela

proprio	comune	concreto	astratto

A 236

5 Il nome

5 ●●○ **COMPETENZE LESSICALI** **Spiega** il significato che i nomi propri in grassetto hanno assunto come nomi comuni.

1. Sia nel mito antico, sia nella *Divina commedia*, **Cerbero** è uno dei guardiani dell'Inferno. **2.** Il veneziano Giacomo **Casanova** fu un famoso seduttore che visse alla fine del Settecento. **3.** L'*Odissea* è l'opera che più di ogni altra ha al proprio centro il tema del viaggio. **4. Gradasso** è un personaggio dell'*Orlando furioso* particolarmente spavaldo. **5.** Nel film di Fellini *La dolce vita* **Paparazzo** è il fotografo dei vip. **6.** Nel famoso romanzo di Cervantes, **Don Chisciotte** è un cavaliere sognatore, che lotta contro i mulini a vento scambiandoli per altri cavalieri. **7.** Il più forte eroe greco fu **Ercole**, che portò a termine dodici terribili fatiche. **8.** L'*Apocalisse* è attribuita all'apostolo Giovanni e descrive la fine del mondo.

6 ●●● **COMPETENZE MORFOLOGICHE** **DALLA GRAMMATICA ALLA SCRITTURA** **Scrivi** due frasi per ogni nome usandolo una volta come nome proprio e una volta come comune.

1. Paperon de' Paperoni **2.** Champagne **3.** Cenerentola **4.** Calvario **5.** Marsala **6.** Siberia **7.** Gorgonzola **8.** Maratona **9.** Rambo **10.** Robin Hood

7 ●●○ **COMPETENZE MORFOLOGICHE E LESSICALI** **Indica**, in ciascuna coppia di frasi, se la parola in grassetto esprime un significato astratto [A] o concreto [C].

1. a. La **ricchezza** non sempre rende felici. [.....]
b. Quell'uomo ha sperperato tutta la **ricchezza** ereditata. [.....]
2. a. L'UNESCO tutela le **bellezze** del paesaggio. [.....]
b. La Venere di Milo è una statua dalla straordinaria **bellezza**. [.....]
3. a. Luca mostra uno scarso **interesse** per le materie umanistiche. [.....]
b. Coloro che depositano del denaro in banca percepiscono un **interesse**. [.....]
4. a. *Il pensatore* è una celebre **scultura** di Rodin. [.....]
b. Donatello eccelse nella **scultura**. [.....]
5. a. Grazie alla ricerca, la **medicina** ha fatto notevoli progressi. [.....]
b. Hai comprato la **medicina** di cui ha bisogno il nonno? [.....]
6. a. Montale ha ricevuto il premio Nobel per la **poesia**. [.....]
b. Non ho ancora fatto la parafrasi della **poesia** di Leopardi. [.....]

8 ●●● **COMPETENZE MORFOLOGICHE E LESSICALI** **DENTRO LE PAROLE** **Indica** se i nomi in grassetto sono astratti [A], concreti [C] o concreti usati in senso astratto [AC]; e se sono numerabili [N] o non numerabili [NN]. Segui l'esempio.

I mille usi del… fegato **Rodersi il fegato** [AC ; NN] significa essere **preda** [...... ; ......] dell'**ira** [...... ; ......], dell'invidia o del **rancore** [...... ; ......]: si pensa infatti che questi sentimenti possano provocare una produzione eccessiva di **bile** [...... ; ......]. Ma perché si dice "avere fegato" quando si mostra **coraggio** [...... ; ......] e **insensibilità** [...... ; ......] alla **paura** [...... ; ......] e al **dolore** [...... ; ......]? Perché nei **secoli** [......; ......] antichi c'era la **credenza** [...... ; ......] che il **fegato** [...... ; ......] fosse la **sede** [...... ; ......] del **sentimento** [...... ; ......] e della **passione** [...... ; ......]. Del resto ancor oggi si dice **avere un bel fegato** per indicare che si compiono azioni con spudoratezza e **impudenza** [...... ; ......], senza farsi alcuno **scrupolo** [...... ; ......].

La morfologia

9 ○○○ COMPETENZE LESSICALI **Completa** con il nome collettivo che corrisponde a ciascun insieme.

1. insieme di clienti .... 4. insieme di pesci ....
2. insieme di navi .... 5. insieme di api ....
3. insieme di lupi .... 6. insieme di soldati ....

10 ○○○ COMPETENZE LESSICALI **Specifica** il nome di persona, animale o cosa di cui è costituito l'insieme che ciascun nome collettivo designa.

1. confraternita   4. costellazione   7. parure
2. pattuglia   5. pinacoteca   8. clero
3. elettorato   6. drappello   9. fauna

11 ○○○ COMPETENZE LESSICALI DENTRO LE PAROLE AMPLIA IL TUO VOCABOLARIO **Associa** i seguenti nomi collettivi alle definizioni corrispondenti.

> **a.** burocrazia • **b.** drappello • **c.** *entourage* • **d.** etnia • **e.** nomenclatura • **f.** plotone

1. Gruppo di soldati raccolti sotto la medesima insegna [......] **2.** insieme di termini di una disciplina o di un'attività [......] **3.** Insieme di persone che formano il seguito di una persona importante [......] **4.** Gruppo umano che condivide caratteri fisici e culturali [......] **5.** Reparto militare autonomo, costituito da due o più squadre di soldati [......] **6.** Uffici e impiegati che si occupano dell'amministrazione pubblica [......]

12 ○○○ COMPETENZE MORFOLOGICHE **Indica** se i seguenti nomi sono concreti [C] o astratti [A], collettivi numerabili [COL N] o non numerabili [COL NN]. Segui l'esempio.

1. squadra [C, COL NN] **2.** noia [............] **3.** incertezza [............] **4.** prole [............] **5.** speranza [............] **6.** millennio [............] **7.** salvia [............] **8.** nidiata [............] **9.** pianeta [............] **10.** sincerità [............] **11.** flora [............] **12.** odore [............] **13.** pazienza [............] **14.** varicella [............] **15.** esercito [............] **16.** rame [............] **17.** crema [............] **18.** paura [............] **19.** classe [............] **20.** gioia [............]

13 ●●○ COMPETENZE MORFOLOGICHE DENTRO LE PAROLE **Indica** se i nomi in grassetto sono astratti [A], concreti [C] o concreti usati in senso astratto [AC], quindi **distingui** i numerabili dai non numerabili.

Cuore e cervello   In seguito il **primato** [......] della **sfera** [......] emotiva passò a un altro **organo** [......], il **cuore** [......], in contrapposizione al **cervello** [......], che rappresenta il **pensiero** [......] e l'**intelligenza** [......]. A questi organi si associarono altri modi di dire: **essere senza cervello** [......], cioè essere sciocchi o sbadati; **dare di volta il cervello**, impazzire all'improvviso come se il **cervello** [......] si fosse capovolto; **avere un cervello da gallina**, cioè essere poco intelligenti, perché si pensava che l'intelligenza fosse direttamente proporzionale alla quantità della massa cerebrale; **non avere cuore** [......], cioè non avere la **forza** [......] o il coraggio di fare qualcosa; **persona di cuore**, per indicare qualcuno dotato di grande **generosità** [......] e **disponibilità** [......] nei confronti del **prossimo** [......].

A 238

Il buon uso della scrittura

La concordanza con i nomi collettivi La norma grammaticale richiede che con un **nome collettivo singolare** in funzione di **soggetto**, il **verbo** si accordi al **singolare**. Osserva:

Il pubblico **è intervenuto** numeroso. La ciurma **si era ammutinata**.

Quando però il periodo è complesso, è facile perdere di vista il soggetto e concordare il verbo con i nomi plurali che nella nostra mente costituiscono i componenti dell'insieme. Osserva:

La **classe** ha applicato le regole e <u>**si sono impegnati**</u> con profitto.

Nel periodo il verbo è stato concordato **non con il soggetto grammaticale**, la *classe*, **ma con il soggetto logico**, *gli studenti*, che formano l'insieme "classe" e che concretamente *si sono impegnati*. La concordanza corretta è:

La **classe** ha applicato le regole e **si è impegnata** con profitto.

Ulteriori incertezze ed errori nascono quando il nome collettivo, soprattutto se astratto, è seguito dalla **preposizione *di*** e dal **nome plurale dei membri dell'insieme**. In questo caso si può avere la cosiddetta **concordanza a senso**: il verbo **non segue** la concordanza grammaticale con il soggetto singolare, **ma si accorda con il nome plurale** che indica chi effettivamente compie l'azione; l'**accordo del verbo** è dunque **al plurale**. Quest'uso è accettabile solo nella lingua parlata, nella scrittura, invece, è **sempre preferibile la concordanza grammaticale al singolare**.

concordanza a senso NO	concordanza grammaticale SÌ
Al matrimonio **c'erano** un centinaio di invitati.	Al matrimonio **c'era** un centinaio di invitati.
Al referendum **hanno votato** il 52% degli aventi diritto.	Al referendum **ha votato** il 52% degli aventi diritto.
La maggior parte dei naufraghi **sono stati portati** in salvo.	La maggior parte dei naufraghi **è stata portata** in salvo.

La **concordanza a senso con il verbo al plurale** è invece **sempre obbligatoria** con le espressioni *un po' di* e *un paio di*.

Un po' di problemi **sono** già **stati risolti**. **Un paio di** cosette non mi **sono** chiare.

14 ●●● **COMPETENZE MORFOLOGICHE** **Scegli** la concordanza corretta tra verbo e soggetto.

1. La maggioranza dei cittadini *approvava / approvavano* i provvedimento del sindaco. **2.** *Passerà / passeranno* un migliaio d'anni prima che questo avvenga. **3.** Un paio di amici si è *già iscritto / sono già iscritti* alla gara. **4.** Una dozzina di uova *basterà / basteranno*? **5.** Un bel po' di studenti *sono già stati interrogati / è già stato interrogato*. **6.** Una folla di tifosi si *dirigeva / dirigevano* allo stadio. **7.** *C'erano / c'era* una ventina di persone in fila al botteghino. **8.** *Saranno / Sarà* una dozzina d'anni che non lo vedo. **9.** Un paio di lavate di testa lo *metterebbero / metterebbe* in riga. **10.** La mandria di gnu si *dirigeva / dirigevano* verso il fiume.

La morfologia

2 La forma dei nomi: il genere

> Tutti i nomi della lingua italiana hanno un **genere**, che può essere **maschile** o **femminile**.

Gran parte dei **nomi di esseri viventi** posseggono i **due generi** per indicare gli individui dei **due sessi**. Essi, di solito, esprimono la caratterizzazione sessuale con l'**alternanza del genere**; in questi casi, quindi, **il genere grammaticale coincide con quello naturale**.

maestro → maestra   infermiere → infermiera

gatto → gatta   principe → principessa

I **nomi di esseri non viventi** (cose, concetti astratti o azioni) hanno un **genere fisso**, sono cioè **o solo maschili o solo femminili**. Il loro genere grammaticale non ha alcun legame con il significato che esprimono, ma è stabilito **per convenzione**.
Ad esempio, sono nomi maschili *sasso*, *odio*, *oggetto*; sono nomi femminili *pietra*, *ostilità*, *cosa*, nonostante abbiano un significato non molto diverso.

A seconda di come esprimono la **differenza di genere**, i nomi di esseri viventi si classificano in **mobili**, **indipendenti**, **ambigeneri**, **promiscui**.

- I **nomi mobili** hanno **due forme**, una maschile e una femminile, che hanno la **stessa radice**; per passare dal maschile al femminile **cambiano la desinenza** o **aggiungono un suffisso**.

maschile	femminile	esempi
-o	-a; -essa	sarto → sarta; avvocato → avvocatessa
-e	-a; -essa	cassiere → cassiera; conte → contessa
-a	-essa	poeta → poetessa
-tore	-trice; -toressa	pittore → pittrice; dottore → dottoressa

Formano il femminile modificando **anche la radice** i nomi:

re → regina   gallo → gallina   eroe → eroina

cane → cagna   dio → dea   stregone → strega

- I **nomi indipendenti** hanno **due forme**, una maschile e una femminile, **completamente diverse**, quindi indipendenti l'una dall'altra.

fratello → sorella   genero → nuora   fuco → ape

- I **nomi ambigeneri** terminano in *-e*, *-a*, *-ista*, *-cida*, *-iatra* o sono **participi sostantivati**; hanno **un'unica forma** per il maschile e per il femminile; la differenza di genere può essere dedotta dall'**articolo** o da un **eventuale aggettivo** che li accompagna.

il consorte → la consorte   il dirigente → la dirigente

il giornalista → la giornalista   il pediatra → la pediatra

il presunto omicida → la presunta omicida   l'artista famoso → l'artista famosa

- I **nomi promiscui** posseggono **un'unica forma** per entrambi i sessi, o solo maschile o solo femminile. Si tratta per lo più di **nomi di animali** di cui si può indicare il sesso con la specificazione *maschio* / *femmina*:

    la volpe **maschio** → la volpe **femmina**   il canguro **maschio** → il canguro **femmina**

    Sono anche promiscui pochi **nomi di persona femminili** usati per indicare anche il genere **maschile**: *spia, recluta, sentinella, guardia, guida, vittima, persona*.

Ricapitolando:

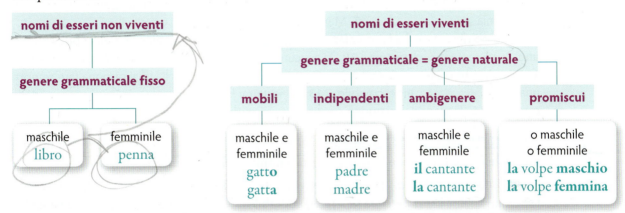

Nel vivo della lingua

La falsa variazione di genere   Alcune coppie di nomi di cosa sembrano essere la forma maschile e femminile di uno stesso nome. In realtà si tratta di una **falsa variazione di genere**, perché ciascuno di essi costituisce un nome a sé: i due nomi possono essersi formati dalla **stessa radice** e avere, quindi, un aspetto del significato in comune, o da **radici differenti** ed esprimere perciò un significato del tutto diverso.

il mento / la menta   il caso / la casa   il panno / la panna   il torto / la torta

Gli omòfoni   Gli **omòfoni** sono nomi che hanno **forma identica, ma genere e significato diversi**: possono essere distinti dalla **presenza dell'articolo**, dell'**aggettivo** o dal **contesto generale**.

il boa / la boa   il capitale / la capitale   il lama / la lama   il fronte / la fronte

Allena le Competenze

15 ●○○ COMPETENZE MORFOLOGICHE **Riconosci** i nomi di genere femminile.

canzone • mattone • pallone • cornicione • alluvione • cartone • eco • campanile • gente • amore • fede • barcone • camice • specie • imbarcazione • squadriglia • scia • cuoca • orchestra • tastiera • enigma • tavola • profeta • poeta • commedia

16 ●○○ COMPETENZE MORFOLOGICHE **Individua** tra i nomi dell'esercizio 15 quelli che ammettono l'alternanza di genere e **volgili** al genere opposto.

La morfologia

17 ○○○ **COMPETENZE LESSICALI** Completa le frasi scegliendo il nome tra le seguenti coppie.

> gobbo/gobba • cappello/cappella • torto/torta •
> colpo/colpa • taglio/taglia • filo/fila • manico/manica

1. Abbiamo visitato la *cappella* degli Scrovegni. **2.** Hai assaggiato la *torta* di pere della nonna? **3.** Mi hai fatto perdere il *filo* del discorso! **4.** Il dromedario, a differenza del cammello, ha una sola *gobba*. **5.** Quasimodo è conosciuto come il *gobbo* di Notre-Dame. **6.** Non ho comprato quella gonna perché non c'era la mia *taglia*. **7.** Mentre trasportavo la valigia, si è rotto il *manico*. **8.** Un colpo di vento le ha fatto volare il *cappello*. **9.** Nel silenzio della notte risuonò un *colpo* di pistola. **10.** Ti assicuro che la *colpa* dell'errore non è mia. **11.** Non insistere: hai *torto* marcio. **12.** Per entrare agli Uffizi bisogna fare sempre una *fila* indescrivibile. **13.** La sarta mi ha accorciato la *manica* della camicia. **14.** Ti piace il mio nuovo *taglio* di capelli?

18 ●●○ **COMPETENZE MORFOLOGICHE** Indica se nelle seguenti frasi il genere dei nomi è maschile [M] o femminile [F], e specifica i nomi che hanno un genere fisso [FI].

1. Ho visitato la mostra [F ; FI] di quella famosa artista [F ; ....] canadese. **2.** Il mio amico [M ; ....] Gianni è una persona [F ; FI] adorabile. **3.** La poetessa [F ; ....] Saffo ha scritto numerosi componimenti [M ; FI] d'amore. **4.** Quell'atleta [F ; ....] è la migliore fra le ragazze [F ; ....] della sua età [F ; FI]. **5.** Il conte [M ; ....] d'Albafiorita è uno dei pretendenti [M ; ....] della locandiera [F ; ....] Mirandolina. **6.** Il commercialista [M ; ....] mi ha consegnato la dichiarazione [F ; FI] dei redditi [M ; FI]. **7.** La bambina [F ; ....] scoppiò a piangere perché aveva perso la bambola [F ; FI] di pezza [F ; FI]. **8.** La professoressa [F ; ....] ha espresso la sua opinione [F ; FI] ai genitori [M ; ....] dei ragazzi [M ; ....].

19 ●●● **COMPETENZE LESSICALI** **AMPLIA IL TUO VOCABOLARIO** Associa le seguenti parole alla definizione corrispondente.

1. il pianeta	a	**a.** oggetto celeste
2. la pianeta	c	**b.** regione anatomica corrispondente all'osso frontale
3. Il radio	e	**c.** paramento liturgico indossato dai sacerdoti
4. la radio	d	**d.** apparecchio che trasmette suoni e musica
5. il capitale	h	**e.** osso del braccio; elemento chimico
6. la capitale	l	**f.** insegnamento pratico che si ricava dalla lettura delle favole
7. il fronte	g	**g.** in ambito militare, la linea di contatto tra due forze contrapposte
8. la fronte	b	**h.** somma di denaro investito
9. il morale	i	**i.** stato d'animo, disposizione psicologica
10. la morale	f	**l.** città sede degli organi supremi di governo

20 ●●● **COMPETENZE MORFOLOGICHE** Volgi al femminile i seguenti nomi e articoli.

1. un contadino (*la contadina*) **2.** un cantante (*la cantante*) **3.** un dio (*una dea*) **4.** un profeta (*una profetessa*) **5.** un frate **6.** un genero (*una suocera*) **7.** un erede (*un'erede*) **8.** un barista (*una barista*) **9.** un insegnante (*un'insegnante*) **10.** un accompagnatore (*una accompagnatrice*) **11.** un autore (*un'autrice*) **12.** un fratello (*una sorella*) **13.** un poeta (*una poetessa*) **14.** un abate **15.** un marito (*una moglie*) **16.** un cane (*una cagna*) **17.** un conte (*una contessa*) **18.** un montone **19.** un astronauta **20.** un celibe

5 Il nome

21 ●●○ COMPETENZE MORFOLOGICHE **Distingui** nei seguenti proverbi i nomi mobili, indipendenti e promiscui.

1. L'occhio del padrone ingrassa il cavallo. 2. Mettere una pulce all'orecchio. 3. Prendere due piccioni con una fava. 4. Prendere lucciole per lanterne. 5. Gallina vecchia fa buon brodo. 6. Chi pecora si fa, il lupo se la mangia. 7. Tagliare la testa al toro. 8. Vendere la pelle dell'orso prima di averlo ucciso. 9. Meglio un asino vivo che un dottore morto. 10. Avere la memoria di un elefante. 11. La madre dei cretini è sempre incinta. 12. Non saper cavare un ragno dal buco. 13. Essere come il gatto e la volpe. 14. Moglie e buoi dei paesi tuoi. 15. Ingoiare un rospo.

22 ●●○ COMPETENZE LESSICALI AMPLIA IL TUO VOCABOLARIO **Trova** per ciascuna definizione il modo di dire dell'esercizio 21 corrispondente.

1. Fare progetti contando su qualcosa che ancora non si ha. [.....] 2. Meglio essere un po' più ignoranti e sani piuttosto che ammalarsi per avere studiato troppo. [.....] 3. Scambiare una cosa per un'altra di maggiore importanza. [.....] 4. Suscitare negli altri un sospetto. [.....] 5. Solo la persona direttamente interessata può curare i propri interessi. [.....] 6. Non trovare nessuna soluzione nonostante gli sforzi fatti. [.....] 7. Risolvere un problema adottando una soluzione drastica. [.....] 8. Di ignoranti ce ne sono tanti e ce ne saranno sempre. [.....] 9. Essere inseparabili, talvolta anche per compiere azioni disoneste. [.....] 10. L'esperienza è una virtù. [.....] 11. Meglio sposare una persona del proprio paese e delle proprie tradizioni. [.....] 12. Dover sopportare una situazione spiacevole. [.....] 13. Con il mostrarsi debole, si diventa vittima dei più forti. [.....] 14. Ottenere due risultati con un unico sforzo. [.....] 15. Avere un'ottima memoria. [.....]

23 ●●○ COMPETENZE MORFOLOGICHE **Distingui** i nomi ambigenere e i nomi promiscui.

1. La regista non ha ancora scelto le comparse per il nuovo film. 2. Questo atleta è lento come una lumaca. 3. Il giornalista non ha saputo fornire sufficienti dettagli sull'identità della vittima. 4. Tamara de Lempicka è un'artista polacca molto apprezzata dai critici d'arte. 5. Gli spettatori ricoprirono di fischi la soprano e il violoncellista che l'accompagnava. 6. La preside ha convocato i docenti per discutere i nuovi progetti. 7. Quel ginnasta ha la stessa grazia di un colibrì. 8. La volpe, il lupo, il serpente, il corvo sono i protagonisti di molte favole di Esopo. 9. È proprio brava la fisiatra che mi ha consigliato il tuo collega. 10. Paola, la figlia della consorte di Gianni, è stata nominata erede unica del conte di Alba. 11. Nel Parco Nazionale del Serengeti è possibile osservare zebre, gnu ed elefanti. 12. Questa autista sfreccia come un leopardo.

24 ●●○ COMPETENZE MORFOLOGICHE **Indica** se il genere dei seguenti nomi è maschile [M], femminile [F] o maschile e femminile [M/F], quindi **specifica** se sono mobili [MO], indipendenti [I], ambigenere [A] o promiscui [P].

1. fioraio	[.....;.....]	6. maschio	[.....;.....]	11. gazzella	[.....;.....]	16. bidello	[.....;.....]
2. pittrice	[.....;.....]	7. maiale	[.....;.....]	12. coniuge	[.....;.....]	17. giraffa	[.....;.....]
3. monaca	[.....;.....]	8. spia	[.....;.....]	13. usignolo	[.....;.....]	18. hostess	[.....;.....]
4. re	[.....;.....]	9. sorella	[.....;.....]	14. cigno	[.....;.....]	19. cuculo	[.....;.....]
5. artista	[.....;.....]	10. corista	[.....;.....]	15. madrina	[.....;.....]	20. animatore	[.....;.....]

25 ●●○ COMPETENZE MORFOLOGICHE **Volgi** al genere opposto i nomi dell'esercizio 24.

La morfologia

3 La forma dei nomi: il numero

I nomi possono essere di **numero singolare** o **plurale**: il **singolare** individua **un solo** essere animato o inanimato o, nel caso dei nomi collettivi, **un solo insieme di elementi**; il **plurale** indica una **molteplicità** di esseri animati o di cose.
A seconda di come esprimono la **differenza di numero**, i nomi si classificano in variabili, invariabili, difettivi, sovrabbondanti.

- I **nomi variabili** sono la grande maggioranza e hanno **forme distinte** per i due numeri: essi esprimono il plurale **cambiando la desinenza della forma singolare**, in base alla quale sono raggruppati in **3 classi**.
Alcuni gruppi di nomi che appartengono alla 1ª e alla 2ª classe hanno **forme particolari di plurale**.

NOMI VARIABILI

classe	singolare	plurale	esempi
1ª	-a	maschile -i femminile -e	il poeta → i poeti la busta → le buste
2ª	-o	maschile -i femminile -i	il tavolo → i tavoli la mano → le mani
3ª	-e	maschile -i femminile -i	il fossile → i fossili la notte → le notti

A

nomi 1ª classe	plurale	esempi
maschile in -**ca**, -**ga**	-**chi**, -**ghi**	esar**ca** → esar**chi**; colle**ga** → colle**ghi**
femminile in -**ca**, -**ga**	-**che**, -**ghe**	o**ca** → o**che**; ri**ga** → ri**ghe**
femminile in -**cìa**, -**gìa** (con l'accento tonico sulla *i*)	-**cìe**, -**gìe**	farma**cìa** → farma**cìe**; ma**gìa** → ma**gìe**
femminile in -**cia**, -**gia** (preceduti da vocale)	-**cie**, -**gie**	aca**cia** → aca**cie**; vali**gia** → vali**gie**
femminile in -**cia**, -**gia** (preceduti da consonante)	-**ce**, -**ge**	roc**cia** → roc**ce**; spiag**gia** → spiag**ge**

O

nomi 2ª classe	plurale	esempi
maschili in -**ìo**	-**ìi**	fruscìo → fruscìi
maschili in -**co**, -**go** (accentati sulla penultima sillaba)	-**chi**, -**ghi**	bru**co** → bru**chi** luo**go** → luo**ghi**
maschili in -**co**, -**go** (accentati sulla terzultima sillaba)	-**ci**, -**gi**	móna**co** → móna**ci** áspara**go** → áspara**gi**
maschili in -**logo** (accentati sulla terzultima sillaba)	-**logi** se nomi di persona -**loghi** se nomi di cosa	antropó**logo** → antropó**logi** monó**logo** → monó**loghi**

Fanno eccezione: cárico → cárichi; incárico → incárichi; pízzico → pízzichi; válico → válichi; epílogo → epíloghi; óbbligo → óbblighi; prófugo → prófughi; náufrago → náufraghi.

Formano il plurale in **modo irregolare**:
l'ala → **le ali**   l'arma → **le armi**   il dio → **gli dèi**
il tempio → **i templi**   l'uomo → **gli uomini**   il bue → **i buoi**

Cambiano **genere al plurale**:
l'uovo → **le uova**   il migliaio → **le migliaia**   il paio → **le paia**
l'eco → **gli echi**   il carcere → **le carceri**

A 244

5 Il nome

- I **nomi invariabili** mantengono **la stessa forma sia al singolare sia al plurale**; il loro numero perciò può essere distinto solo per la concordanza con altre parti variabili del discorso (articolo, aggettivo, verbo).
  Sono nomi invariabili:
  - i **monosillabi** che terminano in **vocale**, come   *gru, sci, re, ...*;
  - i nomi **tronchi**, come   *città, oblò, virtù, martedì, ...*;
  - i nomi in *-i*, come   *crisi, analisi, brindisi, oasi, ...*;
  - alcuni nomi **maschili** in *-a*, come   *cinema, gorilla, boia, vaglia, ...*;
  - alcuni nomi **femminili** in *-o* e in *-ie*, come   *foto, biro, specie, serie, ...*;
  - alcuni nomi **composti**, come   *portabagagli, terraferma, ...*;
  - i nomi di **origine straniera**, come   *film, garage, kebab, wurstel, ...*

- I **nomi difettivi** (dal latino *deficĕre*, "mancare") **mancano di uno dei due numeri**.
  Sono difettivi del plurale:
  - i nomi **non numerabili**, come   *il rame, il miele, il morbillo, il coraggio, ...*;
  - alcuni **nomi collettivi**, come   *la prole, il bestiame, la selvaggina, ...*;
  - i nomi dei **mesi**, come   *gennaio, luglio, settembre, ...*

  Sono difettivi del singolare:
  - alcuni nomi di **origine latina**, come   *le nozze, le ferie, le esequie, ...*;
  - alcuni nomi che indicano **insiemi**, come   *i viveri, le vettovaglie, i posteri, ...*;
  - i nomi di oggetti formati da **due parti uguali**, come   *i pantaloni, gli occhiali, ...*

- I **nomi sovrabbondanti** hanno **due plurali di genere diverso**, che possono esprimere:
  - un **significato uguale** o molto simile.
    il ginocchio → **i ginocchi** / **le ginocchia**   il sopracciglio → **i sopraccigli** / **le sopracciglia**
    il grido   → **i gridi** / **le grida**   l'orecchio   → **gli orecchi** / **le orecchie**
  - un **significato diverso**.

singolare	plurale	plurale
il braccio	i bracci (di un oggetto)	le braccia (del corpo umano)
il ciglio	i cigli (di un fosso)	le ciglia (dell'occhio)
il filo	i fili (del telefono, d'erba)	le fila (del discorso, di una congiura)
il fondamento	i fondamenti (di una disciplina)	le fondamenta (di una casa)
il labbro	i labbri (di una ferita)	le labbra (della bocca)
il muro	i muri (di una casa)	le mura (di una città)
l'osso	gli ossi (degli animali)	le ossa (l'ossatura umana)

Pochi nomi, infine, hanno **due forme di singolare di diverso genere** e **una forma di plurale**.

maschile singolare	il legno (il materiale)	maschile plurale	i legni
femminile singolare	la legna (da ardere)		–
maschile singolare	il frutto (degli alberi, del lavoro)	maschile plurale	i frutti
femminile singolare	la frutta (che si compra, o secca)		–

A 245

La morfologia

ALLENA LE COMPETENZE

26 ○○○ COMPETENZE MORFOLOGICHE **Volgi** al plurale i seguenti nomi e articoli.

1. l'arco 2. il giglio 3. il mago 4. la tovaglia 5. l'analista 6. il monarca 7. l'ospite 8. il fruscio 9. l'analisi 10. il gas 11. la strega 12. l'idea 13. il farmaco 14. il sugo

27 ○○○ COMPETENZE MORFOLOGICHE **Volgi** al plurale i seguenti nomi, inserendo anche l'articolo determinativo.

1. superficie 2. arca 3. equivoco 4. dea 5. gufo 6. capitale (città) 7. capitale (denaro) 8. elastico 9. diagnosi 10. cigolio 11. cinema 12. festival 13. libraio 14. picco

28 ○○○ COMPETENZE MORFOLOGICHE DENTRO LE PAROLE **Distingui** i nomi variabili, invariabili e difettivi.

Dopo che la città di Troia fu conquistata e data alle fiamme, le donne troiane subirono la triste sorte che toccava alle prigioniere. Cassandra diventò la schiava e la concubina del re Agamennone, che la portò con sé a Micene. Prima di giungere alla reggia, la giovane profetizzò all'Atride la sua morte, ma lui non volle crederle e cadde vittima della congiura ordita dalla moglie Clitemnestra e dall'amante Egisto. Anche la stessa Cassandra fu uccisa ma, nonostante l'infelicità della sua vita, conquistò la fama presso i posteri. Ancor oggi, infatti, si attribuisce l'appellativo di **cassandra** a chi, pur preannunciando eventi sfavorevoli giustamente previsti, non viene creduto. C'è poi la "sindrome di Cassandra": ne è affetto chi, con grande pessimismo, formula ipotesi negative sul futuro e pensa che non ci sia alcuna possibilità di evitare che si realizzino nella realtà.

29 ○○○ COMPETENZE MORFOLOGICHE **Indica** se i seguenti nomi sono invariabili [I], difettivi del singolare [DS] o difettivi del plurale [DP].

1. cesoie [......] 2. pazienza [......] 3. coraggio [......] 4. redini [......] 5. tribù [......] 6. crisi [......] 7. manette [......] 8. città [......] 9. idrogeno [......] 10. ferie [......] 11. vaglia [......] 12. morbillo [......] 13. viveri [......] 14. parentesi [......] 15. nozze [......] 16. sport [......]

30 ○○○ COMPETENZE LESSICALI **Completa** le frasi con la forma corretta dei seguenti nomi sovrabbondanti e, quando necessario, dei relativi articoli.

> fili / fila • fondamenti / fondamenta • fusi / fusa • gridi / grida • labbra / labbri • membri / membra • mura / muri

1. La ferita non si è cicatrizzata e i suoi _____ si sono aperti. 2. _____ dei tifosi inondavano lo stadio. 3. Lealtà e onestà sono _____ della vita in società. 4. A questo punto possiamo tirare _____ del discorso. 5. L'imbianchino ha pitturato tutti _____ della mia casa 6. _____ delle scimmie spaventarono i turisti. 7. Ti piacciono _____ di perle che mi ha regalato Antonio? 8. Non mi ero accorto che stessero gettando _____ di un nuovo edificio. 9. A Roma sono ancora visibili tracce delle robuste _____ aureliane. 10. C'è stato un diverbio tra _____ del partito. 11. La filatura a mano veniva realizzata tramite _____. 12. Non ho mai capito perché i gatti facciano le _____. 13. Voglio ritornare a casa per riposare le stanche _____. 14. Hai le _____ screpolate.

4 La struttura e la formazione dei nomi

> In relazione alla **struttura** e alla **modalità** con cui sono formati, i nomi si classificano in **primitivi**, **derivati**, **alterati**, **composti**.

- I **nomi primitivi** non derivano da nessun'altra parola della lingua italiana e sono formati solo dalla **radice** e dalla **desinenza**.

- I **nomi derivati** si sono formati aggiungendo alla **radice di una parola-base primitiva** uno o più **prefissi** (l'elemento posto prima della radice), o uno o più **suffissi** (l'elemento che segue la radice).

- I **nomi alterati** si formano aggiungendo alla **radice di un nome primitivo** un **suffisso alterativo**; questo suffisso non cambia sostanzialmente il significato di base, ma lo modifica nella **quantità** o nella **qualità**.

  I nomi alterati possono essere:
  - **diminutivi**, come   om**ino**, ort**icello**, cas**etta**, ors**acchiotto**, ragazz**otto**, ...
  - **accrescitivi**, come   ragazz**one**, om**accione**, ...
  - **vezzeggiativi**, come   cavall**uccio**, labbr**uzzo**, figli**olo**, ...
  - **peggiorativi**, come   temp**accio**, giovin**astro**, om**iciattolo**, poet**ucolo**, om**uncolo**, pleb**aglia**, ...

  DISPREGGIATIVI

 Nel vivo della lingua

I falsi alterati   Alcuni nomi sono definiti **falsi alterati** perché, pur presentando terminazioni uguali ai suffissi alterativi, sono **nomi primitivi** e **non hanno alcun legame** con i sostantivi di cui sembrano essere gli alterati.

bottone   bottino   focaccia   magone   torrone

Numerosi nomi che erano **in origine degli alterati** hanno assunto nel tempo un **significato proprio**, diverso da quello del nome originario e sono ormai considerati **nomi derivati**.

cartone   cannone   fantino   vetrino
pancetta   forchetta   righello   cassetto

La morfologia

- I **nomi composti** si sono formati dall'unione di **due** (o più) **parole** che possono anche appartenere a **categorie grammaticali diverse**.

In base alle loro componenti, i nomi composti formano il **plurale** secondo alcune regole generali, alle quali, però, vi sono **non poche eccezioni**.

nomi composti da	formazione del plurale	esempi
nome + nome	se i due nomi sono dello stesso genere, si volge al plurale solo il secondo	il pescecane → i pescecani la madreperla → le madreperle
	se i due nomi sono di genere diverso, si volge al plurale solo il primo	il pescespada → i pescispada MA la ferrovia → le ferrovie il crocevia → i crocevia
nome + aggettivo	si volgono al plurale entrambi	il pellerossa → i pellirosse la cassaforte → le casseforti MA il palcoscenico → i palcoscenici
aggettivo + nome	si volge al plurale il secondo elemento	il bassorilievo → i bassorilievi la piattaforma → le piattaforme MA la malalingua → le malelingue
aggettivo + aggettivo	si volge al plurale il secondo elemento	il chiaroscuro → i chiaroscuri il pianoforte → i pianoforti MA l'altopiano → gli altopiani / gli altipiani
avverbio + aggettivo	si volge al plurale il secondo elemento	il sottomarino → i sottomarini il sempreverde → i sempreverdi
verbo + nome preposizione + nome	se il nome è maschile va al plurale; negli altri casi il composto resta invariato	il passaporto → i passaporti il sottosuolo → i sottosuoli l'aspirapolvere → gli aspirapolvere il dopobarba → i dopobarba MA l'asciugamano → gli asciugamani il salvagente → i salvagenti / i salvagente la sottoveste → le sottovesti la sopratassa → le sopratasse
verbo + verbo	il composto resta invariato	il saliscendi → i saliscendi il dormiveglia → i dormiveglia
verbo + avverbio	il composto resta invariato	il posapiano → i posapiano il buttafuori → i buttafuori
avverbio + verbo	il composto resta invariato	il benestare → i benestare
nome + preposizione + nome	si modifica la desinenza o del primo o del secondo nome	il ficodindia → i fichidindia il pomodoro → i pomodori

5 Il nome

I composti con la parola *capo* obbediscono a regole particolari.

composto	formato da	si volge al plurale	esempi
di forma maschile	*capo* + nome di persona	l'uno e l'altro	il capooperaio → i capioperai
di forma maschile	*capo* + nome di cosa	la parola *capo*	il capoclasse → i capiclasse
di forma femminile	*capo* + nome di persona	il nome di persona	la capooperaia → le capooperaie
di forma femminile	*capo* + nome di cosa	resta tutto invariato	la capoclasse → le capoclasse
nome di cosa	*capo* + nome di cosa	il nome di cosa	il capogiro → i capogiri

Sono considerati nomi composti anche quelli formati con **prefissoidi** o **suffissoidi** (p. 69), cioè elementi che sono usati come prefissi e suffissi, ma che in origine erano **parole greche o latine autonome**, come *ecologia, bibliografia, filosofia, biblioteca, termosifone, omicida, autonomia*, ...
(⊙ Come si fa l'analisi grammaticale del nome, p. 387)

> 🇬🇧🇫🇷🇪🇸🇩🇪 LINGUE A CONFRONTO IL NOME
>
> La morfologia del nome presenta nelle altre lingue alcune differenze. Confronta sull'**eBook** la struttura del nome in **inglese**, **francese**, **spagnolo** e **tedesco** e svolgi gli esercizi.

Allena le Competenze

31 ○○○ ABILITÀ MORFO-LESSICALI Riconosci i nomi derivati con l'aggiunta di un prefisso e **scomponili** in prefisso + radice.

1. indipendenza 2. dentiera 3. denutrizione 4. decrescita 5. decentramento
6. preconcetto 7. premiazione 8. preavviso 9. precarietà 10. prevendita
11. consuoceri 12. contabilità 13. concelebrazione 14. consigliere 15. biscottiera

32 ○○○ COMPETENZE MORFO-LESSICALI Trova il nome primitivo dei seguenti nomi e **indica** se sono formati con l'aggiunta di un prefisso [P], di un suffisso [S] o di entrambi [PS].

1. da _erba_ → erboristeria [......]; diserbante [......]
2. da _gelo_ → disgelo [......]; gelata [......]
3. da _pane_ → impanatura [......]; panificio [......]
4. da _carta_ → incartamento [......]; cartiera [......]
5. da _bottega_ → retrobottega [......]; bottegaio [......]
6. da _grazia_ → ringraziamento [......]; disgrazia [......]

33 ●●○ COMPETENZE MORFO-LESSICALI **Forma** dai seguenti nomi il nome derivato che indica il mestiere o l'attività corrispondente; **usa** i suffissi *-aio, -ino, -iere, -ante, -ista*.

1. opera
2. commercio
3. chitarra
4. bagno
5. posta
6. uscio
7. gelato
8. forno
9. porta
10. biglietto
11. giornale
12. arte
13. camera
14. canto
15. ferrovia

La morfologia

34 ●○○ **COMPETENZE MORFOLOGICHE** **Riconosci** i nomi alterati.

1. Il cagnone della signorina Malfenti riuscì a sventare la rapina, facendo scappare a gambe levate i ladruncoli. 2. Domani farete un compitino di regolette: non fate i furbetti e non mancate a lezione! 3. A causa del tifone che si è abbattuto sul paesello, molte delle casupole sono rimaste irrimediabilmente danneggiate. 4. Hai mai letto il libricino di Gadda intitolato *Quer pasticciaccio brutto de Via Merulana*? 5. Quand'ero piccolino, la mia cara zietta mi raccontava le favolette: la mia preferita era *Il brutto anatroccolo*. 6. Anche se sono un golosone, non riesco a venire a far colazione con voi: mi fa male un canino e ho un febbrone da cavallo. 7. Quel giovinastro intrattabile si è adirato con l'imbianchino che ha dipinto la sua cameretta di verdino e non di azzurrino. 8. Sono uno sbadatello! Ho lasciato aperto l'armadietto dello spogliatoio e così mi hanno rubato il berretto che mi ha regalato il mio nonnino.

35 ●●○ **COMPETENZE MORFOLOGICHE** **Distingui** i nomi alterati dai falsi alterati.

limetta • limone • torrone • torretta • cavallina • cavalletto • manina • manetta • manaccia • nasino • nasone • nasello • rossetto • bulletto • bullone • occhietto • occhiello • borsetta • collina • cerino • cerotto • cerone • mattone • mattino • pagliuzza • pagliaccio • cantuccio

36 ●●○ **COMPETENZE MORFOLOGICHE** **Indica** il tipo di alterazione dei seguenti nomi: diminutivo [D], accrescitivo [A], vezzeggiativo [V] o peggiorativo [P].

1. casetta [.....] 2. porticciolo [.....] 3. libraccio [.....] 4. nuvolone [.....] 5. negozietto [.....] 6. viuzza [.....] 7. medicastro [.....] 8. languorino [.....] 9. tesoruccio [.....] 10. gentaglia [.....] 11. cagnone [.....] 12. attorucolo [.....] 13. figuraccia [.....] 14. fuocherello [.....]

37 ●●○ **COMPETENZE MORFOLOGICHE** **Trova** per ciascun nome la parola di cui era in origine un alterato e di cui ora è considerato un derivato.

1. barretta 2. zolletta 3. scarpone 4. padrino 5. cerchione 6. panino 7. cartone 8. minestrone 9. orecchino 10. cassetto 11. dischetto 12. taschino 13. cannone 14. fattorino 15. tendone 16. caschetto 17. canestrello 18. fumetto 19. vetrino

38 ●●○ **COMPETENZE MORFOLOGICHE** **DENTRO LE PAROLE** **Riconosci** i nomi composti.

1. Il **battistrada** è la parte dello pneumatico che aderisce all'asfalto. Nel Medioevo era il servo che precedeva a cavallo la carrozza del signore. Oggi *fare da battistrada a qualcuno* significa facilitargli il cammino o il compito. 2. Lo **spartitraffico** è un rialzo stradale o una sovrastruttura simile, che serve a spartire le correnti di traffico; spesso delimita il controviale, cioè il viale più stretto che fiancheggia il viale principale. 3. Il **telepass** è la denominazione del marchio registrato del telepedaggio, cioè il sistema elettronico che permette di pagare il pedaggio sulle autostrade in modo automatico e senza sosta al casello. 4. Il codice stradale vieta la circolazione sui marciapiedi di biciclette, monopattini, motocicli e motoveicoli.

39 ●●○ **COMPETENZE MORFO-LESSICALI** **Scomponi** i seguenti nomi negli elementi grammaticali di cui si compongono, quindi **volgili** al plurale.

1. coprifuoco 2. dopolavoro 3. dormiveglia 4. ficcanaso 5. lasciapassare 6. malalingua 7. sottobosco 8. sottopassaggio 9. roccaforte 10. gentildonna 11. copriletto 12. contrordine 13. biancospino 14. capoclasse 15. ficodindia 16. malvivente

5 Il nome

RAFFORZA LE TUE COMPETENZE

40 ●●● COMPETENZE MORFOLOGICHE DENTRO LE PAROLE **Riconosci** i nomi **collettivi**, gli **invariabili** e gli **alterati**.

I ragazzini di oggi, si sa, hanno più vantaggi e agevolazioni della gioventù di una volta. Tra questi rientra senza dubbio la permissività dei genitori che concedono ai figlioli di uscire spesso, anche di sera, confidando nella virtù e nell'autocontrollo della loro prole. In genere, però, si è conservata la buona tradizione del **coprifuoco**, cioè dell'orario prefissato del rientro a casa. L'origine di questa parolina, non troppo amata dai giovinastri ribelli, affonda le sue radici in un'usanza medievale. All'epoca, le casupole del popolo erano fatte di legname e gli incendi nei villaggi erano all'ordine del giorno: al tramonto, quindi, i rintocchi del campanone del borgo invitavano la cittadinanza a coprire il fuoco con la cenere. In seguito, la parola ha assunto un significato diverso: nei periodi di ostilità bellica o di emergenza civica, il coprifuoco indicava che la popolazione, a un'ora prestabilita, doveva ritirarsi nelle proprie abitazioni, per evitare pericoli o la possibilità di disordini e tafferugli.

41 ●●○ COMPETENZE LESSICALI AMPLIA IL TUO VOCABOLARIO **Trova** nel testo dell'esercizio 40 i sinonimi delle seguenti parole.

1. accondiscendenza **2.** fare affidamento **3.** deriva **4.** guerra **5.** tumulti

42 ●●○ COMPETENZE MORFOLOGICHE DENTRO LE PAROLE **Distingui** i nomi **collettivi**, gli **invariabili**, i **sovrabbondanti** e gli **alterati**.

Quando la gente si esprime a casaccio, senza connettere le labbra al cervello, siamo soliti dire che parla **a vanvera**. L'etimologia di questo termine è incerta. Secondo alcuni deriverebbe dalla parola onomatopeica *fanfera* a sua volta derivata dal suono *fan-fan*, da cui *fanfarone*, che si usa per apostrofare un tipetto chiacchierone e sbruffone. Altri studiosi, invece, propendono per una derivazione dallo spagnolo: la *bambarria*, nel gioco del biliardo, è un tiro sbagliato, ma vincente grazie alla casualità.

43 ●●○ COMPETENZE MORFOLOGICHE DENTRO LE PAROLE **Distingui** i nomi maschili e femminili, e rispetto alla variazione di genere, **specifica** se sono nomi **indipendenti**, **ambigenere**, **promiscui**; quindi **distingui** i nomi **invariabili** e i **composti**.

La locuzione latina *ab ovo* indica che un fatto viene narrato fin dai suoi inizi. Una prima ipotesi sulla sua origine fa riferimento ai fastosi banchetti dell'antica Roma. La tipica cena romana proponeva per antipasti una serie di pietanze leggere, tra le quali non potevano mancare le uova, e terminava poi con la frutta. Un proverbio recitava, infatti, *ab ovo usque ad mala*, "dall'uovo fino alle mele". Una seconda interpretazione si rifà invece a un passo dell'*Arte Poetica* di Orazio. Il poeta latino sostiene che per raccontare un evento non occorre illustrarne minuziosamente gli antefatti e porta come esempio Omero, il quale non cominciò *dal doppio uovo di Leda* per raccontare la guerra di Troia. Secondo la mitologia, Leda era la bellissima donna che ebbe come amante Zeus, trasformatosi in un cigno. La giovane generò due uova: da uno nacquero due maschi, Castore e Polluce, detti i Dioscuri, dall'altro due femmine, Clitennestra ed Elena, la responsabile dello scoppio della guerra di Troia. Anche questa tesi spiega la locuzione con l'origine molto remota di un avvenimento.

A 251

La morfologia

44 ●●○ **COMPETENZE MORFOLOGICHE** Distingui se i seguenti nomi sono primitivi, derivati, alterati, composti, quindi sottolinea quelli invariabili.

1. pizzetta 2. solidarietà 3. bullone 4. bombola 5. parrucchiere 6. vigneto 7. librone
8. burrone 9. telecronista 10. pagliericcio 11. spazzaneve 12. cambiavaluta 13. fagotto
14. ragazzotto 15. alabastro 16. poetastro 17. oblò 18. fiocchettino 19. guardasigilli
20. scendiletto 21. palazzetto 22. facchino 23. astuccio 24. beccuccio 25. infermità

45 ●●○ **COMPETENZE MORFO-LESSICALI DENTRO LE PAROLE** Indica se i nomi in grassetto sono primitivi [P], derivati [D], composti [C] o composti cólti [CC].

1. **Ipocondria** [.....] è la **denominazione** [.....] con cui si indica la **patologia** [.....] caratterizzata da un'**apprensione** [.....] eccessiva e infondata di una **persona** [.....] riguardo la propria **salute** [.....]. 2. Col termine **guastafeste** [.....] si è soliti apostrofare chi ha come **passatempo** [.....] quello di turbare la **serenità** [.....] di una **situazione** [.....] allegra. 3. Il **bassorilievo** [.....] è una **tipologia** [.....] di **scultura** [.....] in cui le **raffigurazioni** [.....] sono presentate su un piano di **fondo** [.....] dal quale sporgono con un **rialzo** [.....] ridotto. 4. La **dendrocronologia** [.....] è un sistema di **datazione** [.....] che trae **indicazioni** [.....] sulla base del **conteggio** [.....] degli **anelli** [.....] annuali di crescita dei **tronchi** [.....] degli **alberi** [.....]. 5. Si definisce **demagogia** [.....] l'atteggiamento politico di uno **statista** [.....] che mira ad accaparrarsi il **favore** [.....] del popolo [.....] per mezzo di promesse che non potranno essere mantenute e che spesso sono fatte in **malafede** [.....]. 6. L'**ematologia** [.....] è quella **specializzazione** [.....] della **medicina** [.....] che si occupa dell'**approfondimento** [.....] delle malattie del **sangue** [.....]. 7. Fa da **tappabuchi** [.....] l'**individuo** [.....] che all'ultimo **momento** [.....] è chiamato per la **sostituzione** [.....] di un assente.

46 ●●○ **COMPETENZE MORFOLOGICHE** Volgi al plurale i seguenti nomi composti.

1. il portapenne 2. il palcoscenico 3. il caposaldo 4. il bassorilievo 5. il capostazione
6. l'anticamera 7. la terracotta 8. l'asciugamano 9. il francobollo 10. lo schiaccianoci
11. l'altopiano 12. il saliscendi 13. la giravolta 14. l'intervista 15. la ferrovia 16. il grattacapo

47 ●●● **COMPETENZE LESSICALI DENTRO LE PAROLE** Completa le seguenti definizioni inserendo opportunamente i nomi proposti.

abitanti • appartenenza • apolidi • città • cittadinanza • cittadini • condizioni • fasce • insieme • legge • nascita • parola • significato • sinonimo • Stato • stranieri • termine • territorio

1. Si definisce **popolo** il complesso dei .... di uno .... Il .... è usato con un significato più ristretto per indicare le .... sociali meno privilegiate e di .... economiche più modeste; in senso estensivo è .... di "popolazione".
2. Si definisce **popolazione** l'........................... delle persone che vivono in un .... La parola ha quindi un .... più ampio rispetto a *popolo* perché, oltre ai cittadini, comprende gli .... (da *extra*, "al di fuori"), cioè i cittadini di un altro Stato, e gli .... (da *a* privativo e *pólis*, "città"), le persone prive di qualsiasi ....
3. La **cittadinanza** è la condizione di .... a uno Stato che o si acquisisce per .... o si può ottenere per .... a determinate condizioni. La .... viene anche usata in senso estensivo per indicare l'insieme degli .... di una ....

A 252

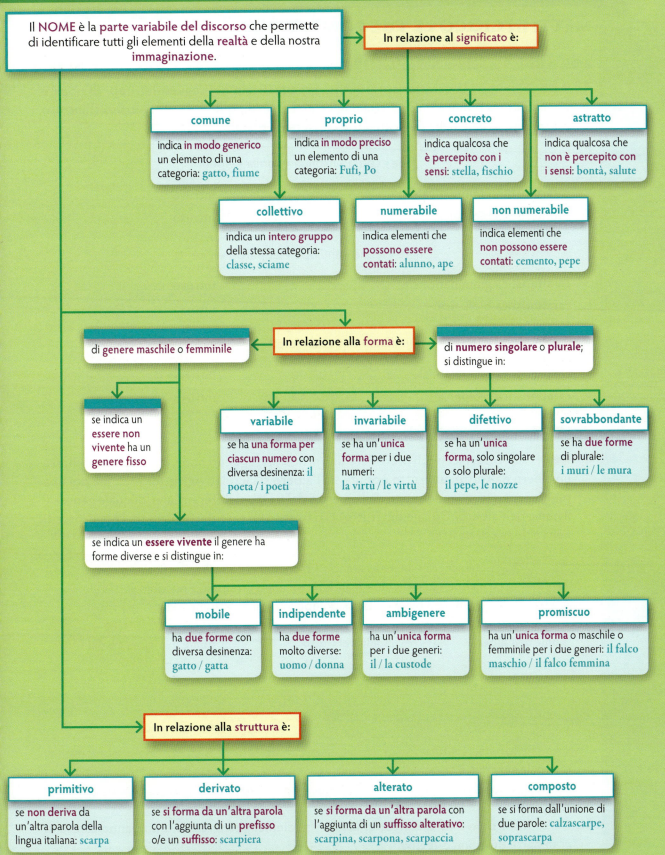

La morfologia

METTI IN GIOCO LE TUE COMPETENZE

COMPETENZE LOGICO-GRAMMATICALI

48 ●●● **Riconosci** la caratteristica di tipo grammaticale dei seguenti gruppi di nomi e quella di tipo biologico condivisa dagli stessi animali, quindi **trova** l'intruso (l'intruso può essere uguale nelle due categorie o essere diverso).

> boa • cobra • mamba • gorilla • vipera

caratteristica grammaticale: .... intruso ....
caratteristica biologica: .... intruso ....

> tigre • leone • antilope • leopardo • lince

caratteristica grammaticale: .... intruso ....
caratteristica biologica: .... intruso ....

> giraffina • capretta • furetto • cavallino

caratteristica grammaticale: .... intruso ....
caratteristica biologica: .... intruso ....

COMPETENZE MORFOLOGICHE

49 ●●○ **Classifica**, facendoli precedere dall'articolo, i seguenti nomi, che possono indicare un albero da frutto, un frutto oppure sia l'albero sia il relativo frutto. **Formula** poi una regola generale: quando i nomi dell'albero e del frutto si differenziano, di quale genere è il nome dell'albero? E quale del frutto? Hai trovato un caso particolare tra i nomi inseriti nella colonna di destra?

> albicocca • ananas • arancio • banano • caco • ciliegia • fico •
> limone • mandarino • mandorla • mango • nespolo • nocciolo •
> noce • olivo • pesca • pompelmo • ribes • susino • kiwi

nome dell'albero	nome del frutto	nome dell'albero e del frutto

La regola generale è: ....
Il caso particolare è: ....

50 ●●○ **Trova** o **inventa** una ricetta, vera o verosimile: gli ingredienti dovranno essere in gran parte dei nomi difettivi.

A 254

5 Il nome

COMPETENZE MORFOLOGICHE E LESSICALI

51 ●●○ **Trova** i nomi derivati che corrispondono alle seguenti definizioni.

1. contro il furto: ....
2. prima del fatto: ....
3. esonero in parte: ....
4. non accordo: ....
5. luna a metà: ....
6. nuova ammissione: ....
7. non ordine: ....

8. non certezza: ....
9. mezzo cerchio: ....
10. avviso preventivo: ....
11. non socialità: ....
12. contro il calcare: ....
13. non favore: ....
14. non moralità: ....

52 ●●○ **Forma** uno o più nomi composti, aggiungendo una parola a quelle elencate di seguito.

1. lavoro
2. piano
3. luogo
4. acqua
5. capo
6. via
7. carta
8. gusto

53 ●●○ **Forma** un nome derivato, un alterato e un composto a partire dai seguenti nomi.

1. ombrello
2. linea
3. mano
4. pasta
5. scala
6. festa
7. famiglia
8. libro

COMPETENZE LESSICALI

54 ●●○ I modi di dire che utilizzano parti del corpo sono molto numerosi e di largo uso. Te ne proponiamo alcuni: **spiega** con una frase il significato che ciascuno di essi esprime.

1. rimanere a bocca asciutta: ....
2. essere sulla bocca di tutti: ....
3. parlare a braccio: ....
4. cogliere qualcuno con le mani nel sacco: ....
5. avere la puzza sotto il naso: ....
6. aprire gli occhi: ....
7. essere tutt'orecchi: ....
8. essere pelle e ossa: ....
9. puntare i piedi: ....
10. essere con le spalle al muro: ....

COMPETENZE DI SCRITTURA

55 ●●● **Scrivi** un breve testo raccontando un episodio con situazioni che si prestino all'utilizzo di alcuni dei modi di dire proposti all'esercizio 54.

56 SUPER! **Scrivi** due brevi testi su un argomento a tua scelta: **usa** nel primo solo nomi maschili e nel secondo solo nomi femminili.

57 SUPER! **Scrivi** due brevi testi su un argomento a tua scelta: **usa** nel primo solo nomi singolari e nel secondo solo nomi plurali.

A 255

VERIFICA LE TUE COMPETENZE   Il nome e l'articolo

A. Indica con una crocetta se i seguenti nomi sono propri [P], comuni [C], concreti [CO], astratti [A], collettivi [COL], numerabili [N], non numerabili [NN].

	P	C	CO	A	COL	N	NN
1. orzo	☐	☐	☐	☐	☐	☐	☐
2. stormo	☐	☐	☐	☐	☐	☐	☐
3. mare	☐	☐	☐	☐	☐	☐	☐
4. bontà	☐	☐	☐	☐	☐	☐	☐
5. Alpi	☐	☐	☐	☐	☐	☐	☐
6. fogliame	☐	☐	☐	☐	☐	☐	☐
7. acqua	☐	☐	☐	☐	☐	☐	☐
8. costanza	☐	☐	☐	☐	☐	☐	☐
9. ossigeno	☐	☐	☐	☐	☐	☐	☐
10. imparzialità	☐	☐	☐	☐	☐	☐	☐

1 punto per ogni risposta esatta   **Punti** ..../10

B. Indica con una crocetta se i seguenti nomi sono maschili [M] o femminili [F] e, rispetto alla variazione di genere, se sono mobili [MO], indipendenti [I], ambigeneri [A] o promiscui [P].

	M	F	MO	I	A	P
1. fratello	☐	☐	☐	☐	☐	☐
2. tigre	☐	☐	☐	☐	☐	☐
3. operatore	☐	☐	☐	☐	☐	☐
4. docente	☐	☐	☐	☐	☐	☐
5. senatrice	☐	☐	☐	☐	☐	☐
6. conte	☐	☐	☐	☐	☐	☐
7. marito	☐	☐	☐	☐	☐	☐
8. maga	☐	☐	☐	☐	☐	☐
9. serpente	☐	☐	☐	☐	☐	☐
10. ape	☐	☐	☐	☐	☐	☐

1 punto per ogni risposta esatta   **Punti** ..../10

C. Indica con una crocetta se i seguenti nomi sono singolari [S] o plurali [P] e, rispetto alla variazione di numero, se sono variabili [V], invariabili [I], difettivi [D], sovrabbondanti [SO].

	S	P	V	I	D	SO
1. forbici	☐	☐	☐	☐	☐	☐
2. città	☐	☐	☐	☐	☐	☐
3. analisi	☐	☐	☐	☐	☐	☐
4. cemento	☐	☐	☐	☐	☐	☐
5. fili	☐	☐	☐	☐	☐	☐
6. cerchio	☐	☐	☐	☐	☐	☐
7. virtù	☐	☐	☐	☐	☐	☐
8. classe	☐	☐	☐	☐	☐	☐
9. fondamenti	☐	☐	☐	☐	☐	☐
10. manette	☐	☐	☐	☐	☐	☐

1 punto per ogni risposta esatta   **Punti** ..../10

5 Il nome

D. Indica la funzione dell'articolo determinativo in grassetto, scegliendo tra le seguenti alternative: **a.** definisce il genere del nome ambigenere; **b.** distingue il numero del nome invariabile; **c.** determina il genere e il significato dei nomi omòfoni.

1. La [.....] capitale d'Italia è Roma.   **2.** In quella cattedrale si trova **lo** [.....] splendido fonte battesimale di cui mi hai parlato.   **3. Il** [.....] lama fornisce una pregiata lana.   **4.** Non ricordo **i** [.....] film che mi ha consigliato.   **5.** Non capisco perchè tu abbia contestato **la** [.....] mia tesi. **6. La** [.....] pallavolista a rete ha effettuato un'alzata eccezionale.   **7.** Sua sorella è **la** [.....] complice delle sue malefatte.   **8.** Hai saputo **le** [.....] novità?   **9. Il** [.....] tuo collega si è comportato correttamente.   **10.** Non trovo più **la** [.....] biro.

1 punto per ogni risposta esatta   **Punti** ..../10

E. Completa opportunamente con l'articolo determinativo, indeterminativo e partitivo. Barra lo spazio nel caso in cui un tipo di articolo non sia possibile; davanti ai nomi invariabili o ambigeneri **specifica** tutte le alternative possibili.

1. _____ _____ _____ bar	**6.** _____ _____ _____ artista
2. _____ _____ _____ pane	**7.** _____ _____ _____ gnu
3. _____ _____ _____ vino	**8.** _____ _____ _____ spazi
4. _____ _____ _____ insegna	**9.** _____ _____ _____ formaggio
5. _____ _____ _____ articoli	**10.** _____ _____ _____ scimpanzè

1 punto per ogni risposta esatta   **Punti** ..../10

F. Volgi al plurale i seguenti nomi e i rispettivi articoli.

1. l'antropologo _____	**6.** il raggio _____
2. l'auto _____	**7.** il centinaio _____
3. il medico _____	**8.** la gru _____
4. una freccia _____	**9.** un brindisi _____
5. il pendìo _____	**10.** il vaglia _____

1 punto per ogni risposta esatta   **Punti** ..../10

G. Analizza i nomi indicati in relazione ai seguenti aspetti:

significato: comune, proprio, concreto, astratto, collettivo, numerabile, non numerabile;
formazione: primitivo, derivato, alterato, composto;
genere: maschile, femminile; mobile, indipendente, ambigenere, promiscuo;
numero: singolare, plurale; invariabile, difettivo, sovrabbondante

1. portamonete _____

2. villette _____

3. razzismo _____

4. padrini _____

5. falco _____

2 punti per ogni risposta esatta   **Punti** ..../10

TOTALE PUNTI ..../70

A 257

6 L'aggettivo qualificativo

L'aggettivo (dal latino *adiectivum*, "che si aggiunge") è la parte variabile del discorso che accompagna il nome per attribuirgli una qualità o una determinazione.

FORME L'aggettivo qualificativo ha **forme variabili** che concordano nel **genere** e nel **numero** con il nome che accompagna, e alcune **forme invariabili**.

FUNZIONI In relazione al **significato**, cioè a seconda del tipo di **informazione** che aggiungono al nome, gli aggettivi si classificano tradizionalmente in **aggettivi qualificativi** e in **aggettivi determinativi**.

- Gli **aggettivi qualificativi** attribuiscono al nome una **qualità** che precisa o modifica il suo significato.
- Gli **aggettivi determinativi** "determinano" il nome con una caratteristica specifica, come l'**appartenenza**, la **posizione nello spazio**, la **quantità**.
  Gran parte delle loro forme, però, possono essere usate **sia come aggettivi sia come pronomi**, perciò abbiamo ritenuto opportuno trattare gli aggettivi determinativi assieme ai pronomi corrispondenti.

L'aggettivo qualificativo può svolgere anche la funzione di **nome** (**funzione sostantivata**), quando è preceduto da un articolo e non accompagna un nome, oppure può svolgere funzione di **avverbio** (**funzione avverbiale**).

CONOSCENZE · ABILITÀ · COMPETENZE

p. 99

La morfologia

1 La forma e la concordanza degli aggettivi qualificativi

> Gli **aggettivi qualificativi** sono prevalentemente **variabili** nel **genere** e nel **numero**, e si suddividono in **tre classi**. Gli aggettivi di ciascuna classe si distinguono per la **desinenza** del **maschile singolare** e per il **numero di forme** di cui dispongono per indicare il **genere** e il **numero**.

classe	singolare maschile	singolare femminile	plurale maschile	plurale femminile	esempi
1ª	-o	-a	-i	-e	uomo alt**o**, uomini alt**i** donna alt**a**, donne alt**e**
2ª	-e	-e	-i	-i	uomo fort**e**, uomini fort**i** donna fort**e**, donne fort**i**
3ª	-a	-a	-i	-e	uomo altruist**a**, uomini altruist**i** donna altruist**a**, donne altruist**e**

Per il plurale degli aggettivi in *-co / ca*, *-go / ga*, *-cio / cia*, *-gio / gia*, *-io*, valgono le stesse norme del nome (🔙 **5, § 3**).

L'aggettivo concorda in **genere** e **numero** con il **nome** a cui si riferisce. Quando si riferisce a **più nomi** si comporta in questo modo:

con i nomi	l'aggettivo	esempi
di genere uguale	va al **plurale** e prende il loro **genere**	Sandr**a** e Paol**a** sono **simpatiche**.
di genere diverso	va al **plurale** e al genere **maschile**, se si trova in funzione **predicativa**	Il giglio e la rosa sono **profumati**. Tavol**i** e sedi**e** erano **antichi**.
	va al **plurale** e per lo più al **maschile**, ma può anche concordare con il nome più vicino al **femminile**, se si trova in funzione **attributiva**	Pantalon**i** e magli**e** **nuovi** / **nuove**. Libr**i** e monet**e** **antichi** / **antiche**.

> Gli **aggettivi qualificativi invariabili** sono **pochi**; hanno **una sola forma**, che è comune ai **due generi** e ai **due numeri**.

Sono **aggettivi invariabili**:

- *pari* e i suoi derivati, come *dispari*, *impari*, ...
- alcuni **composti con *ante-*, *anti-***, come *anteguerra*, *antifurto*, *antinebbia*, ...
- alcuni aggettivi che indicano **colori**, come *lilla*, *rosa*, *viola*, *blu*, *amaranto*, ...
- le coppie di aggettivi indicanti una **gradazione di colore**, come *rosa pallido*, *verde cupo*, ...
- gli aggettivi che **derivano da avverbi**, come *dabbene*, *dappoco*, *perbene*, ...
- gli aggettivi di **origine straniera**, come *chic*, *snob*, ...

A 260

6 L'aggettivo qualificativo

ALLENA LE COMPETENZE

1 ●○○ COMPETENZE MORFOLOGICHE DENTRO LE PAROLE **Riconosci** gli aggettivi qualificativi.

1. È **altruista** una persona che ha una grande considerazione degli altri e un'invidiabile propensione ad aiutare le persone bisognose d'aiuto. È, invece, **egoista** chi bada solo a se stesso e all'interesse personale; la parola deriva dal pronome latino *ego*, "io". 2. Un comportamento **temerario** è sconsiderato, avventato. L'avverbio latino *témere*, infatti, significa "in modo imprudente". 3. Chi è **subdolo** tende a nascondere le sue vere intenzioni e agisce in modo falso e ipocrita per ottenere un fine nascosto. La parola di origine latina è composta da *sub*, "sotto", e dal sostantivo *dolum*, che indica un'azione ingannevole. 4. È **oculato** chi agisce con un impegno costante e profondo e, prima di prendere decisioni frettolose, fa un'analisi scrupolosa.

2 ●●○ COMPETENZE MORFOLOGICHE **Distingui** gli aggettivi individuati nell'esercizio 1 in variabili in genere e numero (1ª classe), variabili solo nel numero (2ª classe) e variabili nel genere solo al plurale (3ª classe).

3 ●●○ COMPETENZE MORFOLOGICHE **Scrivi** tutte le forme (maschile, femminile, singolare, plurale) degli aggettivi che hai suddiviso in classi nell'esercizio 2.

4 ●●○ COMPETENZE LESSICALI DENTRO LE PAROLE **Associa** le parole formate con il prefisso *sub*-, "sotto, vicino", alla definizione corrispondente.

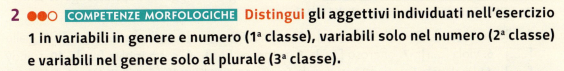

1. subconscio • 2. succube • 3. subacqueo • 4. subalpino •
5. subordinato • 6. subliminale • 7. suburbano

a. Che si trova nella periferia di una città. [.....] **b.** Che si trova o si svolge sotto la superficie dell'acqua. [.....] **c.** Persona che si sottomette alle decisioni altrui. [.....] **d.** Situato ai piedi della catena montuosa delle Alpi. [.....] **e.** Sfera dell'attività psichica che si trova al di sotto del livello della coscienza. [.....] **f.** Che dipende da qualcuno o da qualcosa. [.....] **g.** Sensazione al di sotto del livello di coscienza. [.....]

5 ●●○ COMPETENZE MORFOLOGICHE **Volgi** al plurale le seguenti espressioni formate da nome più aggettivo.

1. persona snob 2. uomo ammodo 3. quadro autentico 4. ciliegia rossa 5. zio ricco 6. re crudele 7. nemico audace 8. chiesa barocca 9. sorriso sarcastico 10. saga avvincente 11. esercizio semplice 12. musica rock 13. mente stanca 14. tenda blu scuro 15. maga perbene 16. tifoso rossonero 17. striscia analoga 18. regina saggia 19. costola sporgente 20. cassapanca antica 21. atleta esibizionista 22. strage inutile 23. cane dalmata 24. attore comico 25. scolaro ligio 26. grattacielo antisismico 27. luogo desertico 28. azione eroica 29. superficie liscia 30. golf lilla 31. raggio atomico 32. spazio geografico 33. reazione allergica 34. caffè turco 35. intonaco termico 36. persona dappoco

A 261

La morfologia

6 ●●○ COMPETENZE MORFOLOGICHE Completa la tabella con le forme mancanti degli aggettivi.

singolare		plurale	
maschile	femminile	maschile	femminile
	audace		
utile			
			fataliste
	familiare		
		orientali	
mitologico			
selvatico			
		nipponici	

7 ●●○ COMPETENZE MORFOLOGICHE Indica se i seguenti aggettivi appartengono alla 1ª, 2ª o 3ª classe o se sono invariabili [INV].

1. allettante [.....] **2.** malleabile [.....] **3.** cosmologico [.....] **4.** disdicevole [.....] **5.** giallo [.....] **6.** viola [.....] **7.** oneroso [.....] **8.** mendace [.....] **9.** cosmopolita [.....] **10.** trendy [.....] **11.** malevolo [.....] **12.** gradevole [.....] **13.** abolizionista [.....] **14.** immobile [.....] **15.** litigioso [.....] **16.** dispari [.....] **17.** abbiente [.....] **18.** ripido [.....] **19.** inagibile [.....] **20.** antimafia [.....] **21.** marrone [.....] **22.** geniale [.....] **23.** estatico [.....] **24.** dabbene [.....]

8 ●●○ COMPETENZE LESSICALI DENTRO LE PAROLE Completa i seguenti proverbi con un aggettivo scelto tra quelli proposti, opportunamente concordato.

solo • chiuso • vecchio • corto • santo • buono • sereno • bello • piccolo • fedele • sporco

1. Gallina .... fa .... brodo. **2.** Gente ...., il ciel l'aiuta. **3.** In una bocca .... non entrano le mosche. **4.** Le bugie hanno le gambe .... **5.** Meglio .... che male accompagnati. **6.** Rosso di sera, ... tempo si spera. **7.** In casa del diavolo non parlar di acqua .... **8.** I panni .... si lavano in famiglia. **9.** Nella botte .... c'è il vino buono. **10.** Il miglior specchio è un amico ....

9 ●●○ COMPETENZE MORFOLOGICHE Completa le seguenti frasi con l'aggettivo opportunamente concordato; nel caso in cui vi siano due possibilità, **indicale** entrambe.

1. Ho incontrato il professore di fisica e la preside: erano (*entusiasta*) .... dei tuoi miglioramenti. **2.** Sullo scaffale ci sono giornali e riviste (*ingiallito*) .... **3.** Luca e Antonella sono (*viziato*) .... e (*capriccioso*) .... **4.** A causa delle (*incessante*) .... piogge, córsi e strade (*cittadino*) .... sono (*allagato*) .... **5.** Ho sempre sognato viaggiare per paesi e terre (*esotico*) .... **6.** Raccontami del tuo viaggio e della tua avventura (*entusiasmante*) .... **7.** Ho mangiato una torta e un babà davvero (*delizioso*) .... **8.** (*Poco*) .... sono i ragazzi e le ragazze che vivono (*solo*) ....

2 Le funzioni e le posizioni dell'aggettivo

L'aggettivo qualificativo può trovarsi in **funzione attributiva** o in **funzione predicativa**.

Si trova in **funzione attributiva** quando **precede** o **segue** direttamente il **nome**; nell'analisi logica è chiamato **attributo**.

La **diversa posizione rispetto al nome** è strettamente legata al **significato dell'aggettivo**, che viene collocato:

- **dopo il nome**, quando ne indica una **qualità distintiva**, come la forma, il colore, la posizione, la materia, la nazionalità, ...

    un giardino **ampio** e **quadrato**   la penna **rossa**
    la mano **destra**   i cantanti **inglesi**

- **prima** o **dopo il nome**, quando ne indica una **qualità generica**. La diversa collocazione produce però una differenza di significato:
    - l'aggettivo **prima del nome** ha un **valore descrittivo**, cioè non contrappone la qualità ad altre, ma la presenta come un giudizio soggettivo;

        Hai messo il tuo **bel** vestito!

    - l'aggettivo **dopo il nome** assume, invece, un **valore distintivo**, cioè indica una qualità che permette di distinguere il nome dagli altri della stessa categoria.

        Hai messo il tuo vestito **bello**! (= *proprio quello, non gli altri meno belli*)

Nel vivo della lingua

Posizione diversa, significato diverso A seconda della **posizione**, alcuni aggettivi come *povero, vecchio, nuovo, alto, vero, semplice, unico, solo, numeroso,* ... assumono **un significato completamente diverso**.

Un **pover**'uomo (= *misero e infelice*)   Un uomo **povero** (= *privo di mezzi*)
Un **vecchio** amico (= *di vecchia data*)   Un amico **vecchio** (= *anziano*)
Un **alto** dirigente (= *di alto livello*)   Un dirigente **alto** (= *di alta statura*)
Dolci acque (= *piacevoli e tranquille*)   Acque **dolci** (= *distinte dall'acqua del mare*)
Numerose famiglie (= *molte di numero*)   Famiglie **numerose** (= *con molti componenti*)

Si trova in **funzione predicativa** quando **si collega al nome tramite il verbo**. In questo caso è indispensabile al senso logico della frase; nell'analisi logica svolge la funzione di **nome del predicato** o di **complemento predicativo**.

Caterina è molto **ordinata**.
Questo pesce non mi sembra **fresco**.

La morfologia

> L'aggettivo qualificativo può anche **non** accompagnare un nome: in questi casi svolge **funzione sostantivata** o **funzione avverbiale**.

- L'aggettivo qualificativo si trova in **funzione sostantivata** quando è **preceduto** da un **articolo**, una **preposizione articolata**, un **aggettivo determinativo** o un **numerale**; in realtà il nome a cui l'aggettivo si riferisce è **sottinteso**.

    Un **espresso** (sott. *caffè*), grazie!   Due **giovani** (sott. *persone*) si sono incontrati nel parco.

    L'uso sostantivato di alcuni aggettivi si è a tal punto consolidato che sono sentiti come nomi a tutti gli effetti: *un quotidiano, la finanziaria, il giornaliero, i mondiali, i Francesi, l'inglese, ...*

- L'aggettivo qualificativo si trova in **funzione avverbiale** quando **segue un verbo** e **ne modifica il significato**. È espresso al **maschile singolare**.

    Camminare **piano** (= *lentamente*).   Vestire **sportivo** (= *in modo sportivo*).

ALLENA LE COMPETENZE

10 ●●● COMPETENZE MORFOLOGICHE DENTRO LE PAROLE **Distingui** gli aggettivi in funzione attributiva da quelli in funzione predicativa.

1. Ha un'astuzia **volpina** chi sfrutta ogni situazione, anche negativa, a proprio vantaggio. 2. I capelli **corvini** sono neri come il corvo, il naso **aquilino** ricorda il becco di un'aquila ed è **taurino** il collo che ricorda quello di un toro. 3. L'atteggiamento **animalesco** è tipico delle bestie e non dovrebbe diventare normale fra gli esseri umani. 4. Si definiscono **belluine** (dal nome latino *belua*, "bestia") le grida o le urla di chi è così furioso da sembrare simile a un animale. 5. I denti **canini** sono robusti e aguzzi e ricordano i denti dei cani. 6. È **rapace** chi, come l'aquila o il falco, è dominato dall'incontrollabile impulso di stendere gli artigli su ciò che ritiene una preda. 7. Chi ha i riflessi **felini** è agile come un gatto.

11 ●○○ COMPETENZE MORFOLOGICHE **Riconosci** nei seguenti proverbi gli aggettivi usati in funzione sostantivata.

1. Il difficile sta nel cominciare. 2. Il peggior sordo è quello che non vuol sentire. 3. Il giovane ozioso sarà un vecchio bisognoso. 4. Il riso abbonda sulla bocca degli stolti. 5. Per ingannare un furbo ci vuole un furbo e mezzo. 6. Gli zotici e i villani discutono con le mani. 7. Nel paese dei ciechi anche un guercio è re. 8. Quando il piccolo parla, il grande ha già sparlato. 9. Al mondo ci sono più pazzi che briciole di pane. 10. La fortuna aiuta gli audaci.

12 ●●● **Distingui** se gli aggettivi qualificativi hanno funzione di aggettivo o di aggettivo sostantivato e, in questo caso, **specifica** il nome sottinteso.

1. Questo detersivo è adatto per i delicati. 2. Due rette parallele non si incontrano mai. 3. Lo sai che gli opposti si attraggono. 4. Ludovico è mancino e quindi scrive con la sinistra. 5. Questa è una frase subordinata, ma non so se sia una relativa. 6. Il greco è una materia difficile da imparare.

A 264

13 ●●○ COMPETENZE MORFOLOGICHE DENTRO LE PAROLE **Distingui** se gli aggettivi sono usati in funzione attributiva o sostantivata.

1. Il nobile è di sangue blu, il passionale ha il sangue caldo, mentre ha il sangue freddo chi resta calmo davanti a un pericolo improvviso. **2.** Gli onesti hanno le mani pulite; ha le mani libere chi può agire in modo indisturbato. **3.** Sono di manica larga gli indulgenti, i comprensivi e tutti coloro che giudicano gli altri senza eccessiva severità. **4.** La pettegola ha la lingua lunga, i fortunati al gioco hanno la mano felice. **5.** Ha l'amaro in corpo chi è pieno di rancore; ha l'argento vivo addosso chi è irrequieto.

14 ●●○ COMPETENZE MORFOLOGICHE DENTRO LE PAROLE **Distingui** se gli aggettivi sono usati in funzione sostantivata o avverbiale.

1. Va forte l'uomo di successo, mentre va piano e lontano il prudente. **2.** Lavora sodo chi si impegna a fondo, bada al sodo chi considera solo gli aspetti pratici o è sensibile ai vantaggi economici. **3.** Chi guarda per il sottile è preciso e pignolo; chi guarda storto ha lo sguardo minaccioso e ostile. **4.** È un dritto chi è scaltro, astuto e anche un po' imbroglione, ma se il furbo trova qualcuno che lo fa rigare dritto diventa onesto e rispettoso. **5.** Parlano chiaro e tondo i sinceri e gli schietti. **6.** Sudano freddo gli ansiosi e i paurosi. Giocano sporco i disonesti; gioca duro chi è disposto a rischiare. **7.** Vede lontano chi sa prevedere lo sviluppo degli eventi.

15 ●●● COMPETENZE MORFOLOGICHE DENTRO LE PAROLE **Distingui** se gli aggettivi sono usati in funzione attributiva, predicativa, sostantivata oppure avverbiale.

1. Dorme a occhi aperti chi casca dal sonno; dorme profondamente chi dorme sodo, dorme solo con un occhio chi rimane vigile e attento. **2.** Chi ha l'amaro in bocca è rimasto insoddisfatto e deluso; resta a bocca asciutta chi non ottiene nulla e all'asciutto chi si ritrova senza quattrini. **3.** Vede nero il pessimista, vede chiaro chi finalmente ha capito, vede doppio chi ha bevuto troppo. **4.** Gli ostinati hanno la testa dura; è una testa calda chi ha un carattere irascibile. **5.** Ha la testa vuota chi è povero di idee; la testa quadra il testardo e quadrata il riflessivo.

16 ●●● COMPETENZE MORFOLOGICHE **Spiega** oralmente il significato espresso dall'aggettivo a seconda che sia posto prima o dopo il nome.

1. Ci siamo accordati su una certa cifra / cifra certa. **2.** L'alluvione ha devastato la vecchia città / città vecchia. **3.** È un povero vecchio / vecchio povero. **4.** Soffro per l'alta pressione / la pressione alta. **5.** Ieri si sono presentate diverse persone / persone diverse. **6.** È un alto magistrato / magistrato alto. **7.** Ho lavorato tutta la santa settimana / la settimana santa!

17 ●●● COMPETENZE MORFOLOGICHE DALLA GRAMMATICA ALLA SCRITTTURA **Scrivi** una frase con ciascuna delle seguenti locuzioni e **spiega** il significato espresso dall'aggettivo a seconda che sia posto prima o dopo il nome.

1. un soldato semplice / un semplice soldato **2.** un unico maestro / un maestro unico **3.** un altissimo poeta / un poeta altissimo **4.** numerose famiglie / famiglie numerose **5.** buon professore / un professore buono **6.** Il nome proprio / il proprio nome **7.** un amico grande / un grande amico **8.** un semplice quesito / un quesito semplice

La morfologia

3 La struttura e la formazione degli aggettivi

Sul piano della **struttura** e della loro **formazione**, gli aggettivi qualificativi si distinguono in **primitivi**, **derivati**, **alterati** e **composti**.

- Gli **aggettivi primitivi** sono formati solo dalla **radice** e dalla **desinenza** e **non derivano** da altre parole della lingua. Gli **aggettivi derivati** si formano aggiungendo un **prefisso** e/o un **suffisso** alla radice di un nome, di un altro aggettivo o di un verbo.

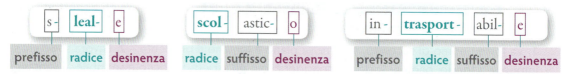

- Gli **aggettivi alterati** si ottengono aggiungendo alla radice di un aggettivo primitivo un **suffisso alterativo** che ne modifica il significato nella **quantità** o nella **qualità**.
Gli aggettivi alterati possono essere:

diminutivi	magr**ino**, grazios**etto**, grandic**ello**, …
accrescitivi	simpatic**one**, ignorant**one**, …
vezzeggiativi	cald**uccio**, pien**otto**, …
peggiorativi	grigi**astro**, pigr**accio**, …

- Gli **aggettivi composti** si sono formati dall'**unione di due parole**. Le parole del composto che indicano caratteristiche distinte possono essere scritte **separatamente** o **unite da un trattino**.

aggettivo + aggettivo	sordomuto, teorico-pratico, greco-romano, …
avverbio + aggettivo	lungimirante, maleducato, beninformato, …

Gli aggettivi composti **variano** nel **genere** e nel **numero** modificando **solo la desinenza della seconda parola**, che è sempre un aggettivo.

fiori variopint**i**   stipendi medio-alt**i**   testi veterotestamentar**i**
tifosi bianconer**i**   scritti autobiografic**i**   occhi grigioazzurr**i**

Come i **composti còlti**, anche gli aggettivi composti possono essere formati con **prefissoidi** o **suffissoidi**.

autosufficiente   idroelettrico   cardiopatico
polifunzionale   cronologico   elettromagnetico

🇬🇧🇫🇷🇪🇸🇩🇪 **LINGUE A CONFRONTO** **L'AGGETTIVO QUALIFICATIVO**

 In rapporto alla sua formazione, l'aggettivo qualificativo nelle lingue considerate presenta, come in italiano, aggettivi primitivi e derivati.
Confronta sull'**eBook** le caratteristiche dell'aggettivo qualificativo in **inglese**, **francese**, **spagnolo** e **tedesco** e svolgi gli esercizi.

6 L'aggettivo qualificativo

ALLENA LE COMPETENZE

18 ●○○ COMPETENZE MORFO-LESSICALI **Indica** se i seguenti aggettivi sono primitivi [P] o derivati [D].

1. grosso [.....] **2.** enorme [.....] **3.** vasto [.....] **4.** forte [.....] **5.** colossale [.....] **6.** maestoso [.....] **7.** brillante [.....] **8.** smisurato [.....] **9.** robusto [.....] **10.** eccezionale [.....] **11.** sconfinato [.....] **12.** immenso [.....] **13.** noto [.....] **14.** maturo [.....] **15.** alto [.....] **16.** popolare [.....] **17.** spazioso [.....] **18.** felice [.....] **19.** largo [.....] **20.** voluminoso [.....] **21.** gigantesco [.....] **22.** grandioso [.....] **23.** adulto [.....] **24.** geniale [.....] **25.** bravo [.....] **26.** abile [.....] **27.** famoso [.....] **28.** ampio [.....]

19 ●●○ COMPETENZE MORFOLOGICHE DENTRO LE PAROLE **Sostituisci** le espressioni in grassetto con un aggettivo derivato.

1. Ha una **volontà di ferro** (........................) chi persegue i propri obiettivi con tenacia.
2. Il **corpo di vetro** (........................) è una sostanza gelatinosa dell'occhio. **3.** Si dice **periodo d'oro** (........................) uno dei periodi storici di maggior splendore. **4.** Si rinchiude in una **torre d'avorio** (........................) chi si isola per perseguire i propri ideali. **5.** Chi è duro e inflessibile ha un carattere di bronzo (........................). **6.** Hanno **movimenti di legno** (........................) coloro che sono privi di grazia e di scioltezza. **7.** Il *Codice d'argento* (........................) è un manoscritto che conserva la versione gotica del *Nuovo Testamento*. **8.** Si definisce **suono di metallo** (........................) un suono particolarmente acuto e penetrante.

20 ●●○ COMPETENZE MORFO-LESSICALI **Forma** il contrario dei seguenti aggettivi servendoti dei prefissi negativi *a-*, *dis-*, *in-*, *s-*. **Fai attenzione** alle trasformazioni fonetiche.

1. popolare **2.** impegnato **3.** possibile **4.** coerente **5.** sostenibile **6.** garbato **7.** abile **8.** limitato **9.** abitato **10.** esatto **11.** capace **12.** equo **13.** decente **14.** sociale **15.** fortunato **16.** normale **17.** logico **18.** politico **19.** adorno **20.** agevole **21.** vertebrato **22.** riconoscibile

21 ●○○ COMPETENZE MORFOLOGICHE **Indica** se gli aggettivi sono alterati [A] o derivati [D].

1. rossiccio [.....] **2.** arrossito [.....] **3.** arrossato [.....] **4.** innervosito [.....] **5.** nervosetto [.....] **6.** poveraccio [.....] **7.** impoverito [.....] **8.** poverello [.....] **9.** arricchito [.....] **10.** riccone [.....] **11.** dolciastro [.....] **12.** addolcito [.....] **13.** sbarbato [.....] **14.** barbuto [.....] **15.** vecchietto [.....] **16.** svecchiato [.....] **17.** invecchiato [.....] **18.** vecchierello [.....] **19.** piccoletto [.....] **20.** rimpicciolito [.....] **21.** piccolino [.....]

22 ●●○ COMPETENZE MORFOLOGICHE DENTRO LE PAROLE **Riconosci** gli aggettivi composti.

1. I grassi **idrogenati**, presenti nella margarina e in altri alimenti semisolidi di origine industriale, sono ottenuti dalla lavorazione di oli di qualità scadente o già rancidi. Poiché fanno aumentare il colesterolo, favoriscono l'insorgere di malattie **cardiovascolari** e di disturbi **cardiocircolatori**, cioè relativi al cuore e alla circolazione del sangue. Per un'alimentazione sana è meglio usare l'olio di oliva, di soia, di girasole, ricchi di grassi monoinsaturi, o l'olio di arachidi o di mais, che hanno grassi polinsaturi.

A 267

La morfologia

23 ●●○ **COMPETENZE LESSICALI** **INSIEME** **Trovate** 10 aggettivi qualificativi composti con *idro-*, *cardio-*, *mono-*, *poli-*, *psico-*. **Consultate** eventualmente il dizionario.
Tempo: 10 minuti.

24 ●●● **COMPETENZE MORFO-LESSICALI** **STORIA** **Distingui** gli aggettivi qualificativi primitivi, derivati, composti. **Specifica**, quando è possibile, l'aggettivo di significato contrario.
Il crollo dell'Impero Dopo lunghi periodi di guerre di frontiera, il debole *limes*, cioè il confine dell'Impero romano d'Occidente era caduto, permettendo ai popoli guerrieri di riversarsi nelle sue province decadute e indebolite. Fra questi popoli, c'erano i famosi Vandali, che nel V secolo d.C., approfittando delle sanguinose guerre in cui erano impegnati i loro temibili avversari, scesero in Gallia, nella penisola iberica, in Africa settentrionale e in Italia, dove l'augusta capitale fu sottoposta al violento saccheggio del 455 d.C. I vasti regni romano-barbarici che ne derivarono furono di breve durata e lasciarono solo labili tracce. È rimasto però nel nostro vocabolario il termine *vandalo*, forse per un'associazione un po' illegittima, perché mentre i Vandali distruggevano, spinti dalla necessità primitiva di sopravvivenza, i vandali moderni abbattono in modo insensato e bestiale tutto ciò che di grande e di bello c'è nelle nostre città.

25 ●●● **COMPETENZE MORFO-LESSICALI** **DENTRO LE PAROLE** **Distingui** gli aggettivi qualificativi primitivi, derivati, composti e alterati.
Quasi ogni giorno la cronaca nera pone al centro dell'attenzione gravi episodi relativi agli atti vandalici, espressione divenuta ormai comune per qualificare il vergognoso comportamento di giovinastri teppistelli che, per pulsione quasi maniacale, sono spinti a deturpare beni pubblici e privati, solo per ottusa insensibilità. Il termine **vandalismo** fu impiegato per la prima volta dall'abate Henry Gregoire, nel 1794, durante la Rivoluzione francese, per criticare il riprovevole operato dei soldati repubblicani a danno delle antiche chiese e dei preziosi monumenti presenti sul territorio. Con questa parola, l'intransigente vescovo voleva fare un chiaro riferimento all'azione distruttiva dei Vandali durante le invasioni dell'epoca tardo-antica.

26 ●●● **COMPETENZE LESSICALI** **Sostituisci** le espressioni scritte in grassetto con un aggettivo alterato.

1. Questa bevanda ha un sapore **leggermente amaro**.
2. Il mio nipotino è **piuttosto gracile** e **spesso malato**.
3. Pietro è proprio una **persona semplice**.
4. Il mio PC è **un po' vecchio**, ma funziona ancora benissimo.
5. Non fidarti di quel ragazzo: è **piuttosto furbo**.
6. Non sono convinto di dipingere il soffitto di un colore **giallo chiaro**.
7. Luisa ha un pessimo carattere ed è **spesso abbastanza nervosa**.
8. Ci ha riservato un'accoglienza **alquanto fredda**.
9. Spero di non incontrare Sara: è **un po' noiosa**.
10. Il cielo di oggi è **di un colore cupo tendente al grigio**.

4 I gradi di intensità dell'aggettivo

L'aggettivo qualificativo esprime anche la "**misura**" **di una qualità**, valutandola secondo **tre gradi d'intensità**: **positivo**, **comparativo** e **superlativo**

Il **grado positivo** indica la **qualità**, **senza precisarne l'intensità** e **senza usarla come termine di confronto**.

Il **grado comparativo** indica la qualità come **criterio di confronto tra due elementi**, denominati **primo** e **secondo termine di paragone**.

Il comparativo può essere di **tre tipi**:

- di **maggiornaza**
- di **minoranza**
- di **uguaglianza**

Ciascuno si forma **premettendo all'aggettivo di grado positivo** rispettivamente l'avverbio *più*, *meno*, *tanto / così*. Ecco una sintesi della formazione dei comparativi.

comparativo di	forme	esempi
maggioranza (la qualità del 1° termine è **maggiore** di quella del 2°)	più... di / che	Sara è **più alta** di Luca.
minoranza (la qualità del 1° termine è **minore** di quella del 2°)	meno... di / che	Luca è **meno alto** di Sara.
uguaglianza (la qualità del 1° termine è **uguale** a quella del 2°)	[tanto / così] ... quanto / come	Luca è [**tanto**] **alto quanto** Sara. Luca è **alto come** Sara.

Nei comparativi di maggioranza e minoranza il secondo termine di paragone può essere introdotto da:

- la **preposizione** *di*, quando è costituito da un **nome** o da un **pronome** non preceduti da una preposizione, oppure da un **avverbio**.
  Oggi Sara è **più allegra di** Simona.   Oggi Sara è **più allegra di** ieri.
- la **congiunzione** *che*, quando è costituito da un **nome** o da un **pronome** retto da una preposizione, oppure quando la comparazione avviene tra **aggettivi** o **verbi**.
  Mio padre è stato **più severo** con me **che** con mio fratello.
  La tua amica è **più bella che** simpatica.   È **meno stancante** sciare **che** giocare a tennis.

La morfologia

> Il **grado superlativo** indica una **qualità posseduta nel suo grado massimo** o **minimo** e si distingue in **superlativo assoluto** e **superlativo relativo**.

- Il **superlativo assoluto** esprime l'**intensità massima in modo assoluto**, cioè senza introdurre un termine di riferimento. Si forma:

aggiungendo al tema dell'aggettivo i suffissi **-issimo**, **-errimo** (per *acre, salubre, celebre, misero, integro, aspro*), **-entissimo** (per gli aggettivi in *-dico, -fico, -volo*)	simpatic**issimo**, celeb**errimo**, benevol**entissimo**
premettendo all'aggettivo di grado positivo gli avverbi **molto, assai, estremamente, oltremodo**	**molto** famoso, **assai** affollato, **oltremodo** serio
aggiungendo al tema dell'aggettivo i prefissi **arci-, ultra-, stra-, extra-, iper-, sovra-, super-**	**arci**noto, **ultra**sensibile, **stra**carico, **iper**attivo, **super**economico
ripetendo o rafforzando l'aggettivo con un altro **aggettivo**, un **nome** o una **locuzione**	**caldo caldo**, arrabbiato **nero**, pieno **zeppo**, freddo **cane**, insolito **quanto mai**

Alcuni aggettivi, oltre alle forme normali, hanno anche **forme sintetiche di comparativo di maggioranza e di superlativo**: sono composte da una sola parola e sono derivate dal latino.

positivo	comparativo di maggioranza	superlativo relativo	superlativo assoluto
buono (bello)	**migliore** (più buono)	il migliore	**ottimo** (buonissimo)
cattivo (brutto)	**peggiore** (più cattivo)	il peggiore	**pessimo** (cattivissimo)
grande	**maggiore** (più grande)	il maggiore	**massimo** (grandissimo)
piccolo	**minore** (più piccolo)	il minore	**minimo** (piccolissimo)
alto	**superiore** (più alto)	---	**supremo, sommo** (altissimo)
basso	**inferiore** (più basso)	---	**infimo** (bassissimo)
interno	**interiore** (più interno)	---	**intimo**
esterno	**esteriore** (più esterno)	---	**estremo**

- Il **superlativo relativo** esprime l'**intensità massima o minima**, restringendola però a un gruppo di persone o cose. Il gruppo di riferimento **può essere esplicitamente indicato** (in questo caso si ha il **complemento partitivo**, o **può essere sottinteso**.
Si forma in questo modo:

Le preposizioni *tra, fra* non si possono usare dopo un nome proprio e un nome collettivo, che richiedono l'uso della preposizione *di*.

Roma è la più grande città **d'Italia**.   Roma è la più grande **tra le città italiane**.
Marco è il più bravo **della sua squadra**.   **Tra i giocatori** di quella squadra il più bravo è Marco.

6 L'aggettivo qualificativo

Non ammettono né il grado comparativo né il grado superlativo **gli aggettivi che indicano una qualità non graduabile**, come la nazionalità, la provenienza, il tempo, il credo politico o religioso, un aspetto tecnico-scientifico, …, e quelli che esprimono già una **qualità di intensità massima**, come *sublime, magnifico, meraviglioso, infinito, enorme, immenso, eterno, orrendo,* …

(➲ Come si fa l'analisi grammaticale dell'aggettivo, p. 387)

ALLENA LE COMPETENZE

27 ●○○ COMPETENZE MORFOLOGICHE **Indica** se il grado degli aggettivi qualificativi è positivo [P], comparativo di maggioranza [MA], comparativo di minoranza [MIN] o comparativo di uguaglianza [U].

1. Lo schermidore polacco [……] si è rivelato meno abile [……] di quello sloveno.
2. L'inverno è stato rigido [……], ma non più rigido [……] di quello dell'anno scorso.
3. Giampaolo è orgoglioso [……] come suo fratello. 4. Il professore nuovo [……] è più competente [……] di quello vecchio, ma è meno [……] simpatico. 5. Le tue osservazioni sono tanto acute [……] quanto quelle del tuo avversario. 6. Il piccolo [……] gatto di Gianluca è meno affettuoso [……] del mio. 7. La cena di oggi è stata più frugale [……] di quella di ieri, ma senza dubbio meno gustosa [……]. 8. Sei tanto geniale [……] quanto umile [……]! 9. Questo jeans è meno caro [……] di quello di prima, ma anche più scadente [……]. 10. Pur essendo più grande [……], Gianni è meno intelligente [……] di voi.

28 ●○○ COMPETENZE MORFOLOGICHE DENTRO LE PAROLE **Distingui** i superlativi assoluti dai superlativi relativi.

1. L'**ecumene** e l'**anecumene** sono rispettivamente la parte della Terra abitata e disabitata dall'uomo. L'anecumene comprende le parti più aride dei deserti, le zone più impenetrabili delle foreste, le aree molto fredde e le parti più alte delle montagne, ma si sta riducendo perché l'uomo va via via occupando anche i luoghi più inospitali del pianeta.

Le zone desertiche della Terra, selvagge e disabitate, sono parte dell'anecumene.

2. I **paria**, anche detti "intoccabili", sono la classe infima della popolazione dell'India. In tempi assai remoti erano una casta di lavoratori molto umili, che discendevano dai più antichi abitanti della penisola indiana, assoggettati dagli Arii intorno al 1800 a.C. Oggi la parola è anche usata per indicare persone che vivono in una condizione di gravissima povertà o di grandissima emarginazione.

La morfologia

I trucchi del mestiere

Come distinguere il comparativo di maggioranza e di minoranza dal superlativo relativo Per non confondere il **comparativo di maggioranza** o di **minoranza** con il **superlativo relativo**, ricorda che il **superlativo relativo** è sempre contraddistinto dall'**articolo**, il quale può essere posto **prima dell'avverbio** *più* / *meno* o **prima del nome**.

comparativo	superlativo relativo
Raffaele è **meno giovane di** Filippo.	Filippo è **il meno giovane** (sott.: *di tutti*).
Filippo è **più giovane di** Raffaele.	Raffaele è **il più giovane della** sua classe.
Anna è alta, ma tu sei **più alta**.	Sei **una** delle ragazze **più alte della** squadra.

29 ●●○ COMPETENZE MORFOLOGICHE **Distingui** i comparativi di maggioranza dai superlativi relativi.

1. Una delle specie più minacciate in Italia è quella del lupo. **2.** L'orca è un delfinide, ma in cattività è più aggressiva dei delfini. **3.** Il più piccolo dei rinoceronti è quello di Sumatra: è anche il più minacciato di estinzione **4.** Si credeva che il rondone fosse il più veloce fra gli uccelli, ma è stato poi dimostrato che il falco pellegrino può raggiungere una velocità più elevata. **5.** Tra i babbuini verdi sono i più forti a dominare, non i più vecchi. **6.** Il ghepardo ha forma più snella e arti più lunghi del leopardo. **7.** Il colibrì ape è il più piccolo uccello esistente al mondo. **8.** Il condor è il più grosso fra i rapaci, e ha un'apertura alare più ampia di tre metri. **9.** Gli uccelli hanno una temperatura corporea molto più elevata di quella degli uomini. **10.** Il pappatacio è un insetto più piccolo di una zanzara e più silenzioso.

30 ●●○ COMPETENZE MORFOLOGICHE DALLA GRAMMATICA ALLA SCRITTURA **Scrivi** una frase con ciascuno dei seguenti gruppi di parole, esprimendo gli aggettivi al grado comparativo richiesto.

1. idrogeno / ossigeno / leggero (*maggioranza*) **2.** rame / argento / malleabile (*uguaglianza*) **3.** New York / Shangai / popolosa (*minoranza*) **4.** studiare / uscire / divertente (*minoranza*) **5.** Luca / bello / bravo (*maggioranza*) **6.** ghepardo / falco pellegrino / veloce (*minoranza*). **7.** il libro di storia / difficile / noioso (*uguaglianza*) **8.** Quasimodo / Luzi / celebre (*maggioranza*).

31 ●●○ COMEPTENZE MORFOLOGICHE **Indica** se gli aggettivi sono al grado comparativo di maggioranza [MA], di minoranza [MIN] o di uguaglianza [U], oppure al grado superlativo assoluto [SA] o relativo [SR].

1. Sei tanto furbo [.......] quanto falso. **2.** È il ragazzo più furbo [.......] che conosco. **3.** È furbo [.......] come una volpe. **4.** Sei meno furbo [.......] di lui. **5.** Ugo è il più giovane [.......] della classe. **6.** È di poco più giovane [.......] di me. **7.** Non è più giovanissima [.......]: non è giovane [.......] come sembra. **8.** Il tuo regalo è molto gradito [.......]. **9.** Non potevi farmi una cosa più gradita [.......]. **10.** Le parole sono meno gradite [.......] dei fatti. **11.** Questo risotto è buonissimo [.......]: è meno cotto [.......] di quello di ieri e più gustoso [.......]. **12.** La tua torta era più originale [.......] di quella di Laura.

6 L'aggettivo qualificativo

32 ●●● | COMPETENZE MORFOLOGICHE | DENTRO LE PAROLE | **Classifica** gli aggettivi di grado non positivo in una tabella come quella proposta.

All'interno dei modi di dire più frequenti, una delle bestiole più citate è il **rospo**. Questo animaletto è al centro di espressioni idiomatiche quanto mai ricorrenti e antichissime, che vengono usate per indicare qualità o situazioni oltremodo sgradevoli. Come si sa, il rospo non è un animale proprio graziosissimo: perciò, quando diciamo che qualcuno è **brutto come un rospo**, di certo non gli stiamo facendo il migliore fra i complimenti, perché stiamo insinuando che egli sia – per usare un eufemismo – meno bello della media comune. Quando, poi, qualcuno deve sopportare una situazione pessima o estremamente umiliante, senza poter neppure mostrare il minimo disappunto, si dice che è costretto a **ingoiare un rospo**. Un'espressione ancor più familiare è **sputare il rospo**, cioè decidersi a parlare di qualcosa che è motivo di grandissimo malumore o di fortissima preoccupazione. Se si considera che il rospo è più grosso di un normale boccone di cibo, "sputare un rospo" è sicuramente meno problematico che "ingoiarlo"!

comparativo di maggioranza	comparativo di minoranza	superlativo assoluto	superlativo relativo

33 ●●● | COMPETENZE MORFOLOGICHE | DENTRO LE PAROLE | **Distingui** il grado di intensità degli aggettivi di grado non positivo.

Le medicine hanno spesso un gusto non molto gradito e questo era già chiarissimo ai farmacisti di un tempo. E così per rendere meno amare le pillole ai pazienti, i farmacisti del passato presero l'abitudine di rivestirle di un velo leggero leggero di liquirizia. Questo efficacissimo espediente non solo rendeva le pillole più gradevoli al gusto, ma le faceva diventare anche più piacevoli alla vista, perché le tingeva di un colore molto simile a quello dell'oro. Il vantaggio però più apprezzabile era che le pillole diventavano più scivolose e quindi meno difficili da inghiottire. In ogni caso da questa abitudine ormai strasuperata è nato il detto **indorare la pillola**. Oggi non si indorano più le pillole con la liquirizia, ma si possono indorare, cioè rendere meno sgradite, le notizie più amare, i rifiuti o i rimproveri più difficili da accettare, i doveri più faticosi o i compiti meno graditi, magari con qualche parola gentile e un sorriso o un gesto affettuoso.

34 ●●● | COMPETENZE MORFOLOGICHE | **Completa** la tabella con i gradi richiesti dei seguenti aggettivi qualificativi.

positivo	comparativo di maggioranza	superlativo assoluto	superlativo relativo
1. piccolo	+ piccolo	piccolissimo	il + piccolo
2. cattivo	+ cattivo	cattivissimo	il + cattivo
3. buono	+ buono	buonissimo	il + buono
4. integro	+ integro	integerrimo	il + integro
5. salubre	+ salubre	saluberrimo	il + salubre
6. alto	+ alto	altissimo	il + alto

A 273

La morfologia

35 ●●○ COMPETENZE MORFOLOGICHE Specifica la forma più usata di superlativo assoluto dei seguenti aggettivi; metti un trattino (–) nei casi in cui non sia ammesso.

1. benefico ....
2. nobile ....
3. intimo ....
4. straordinario ....
5. restio ....
6. francese ....
7. estremo ....
8. sferico ....
9. agile ....
10. aspro ....
11. strenuo ....
12. orribile ....
13. ferreo ....
14. malevolo ....
15. interessante ....
16. grande ....
17. labile ....
18. salubre ....

Occhio all'errore

È *migliore* o il *più migliore*? Quando si parla, e soprattutto quando si scrive, occorre evitare nell'**uso dei comparativi e dei superlativi** errori come quelli delle frasi della colonna di sinistra.

NO		SÌ	
	a. Paolo è più migliore di te.		Paolo è **migliore** (**più buono**) di te.
	b. Vi credete forse più superiori?		Vi credete forse **superiori**?
	c. La tua pastiera è ottima assai.		La tua pastiera è **ottima** (**assai buona**).
	d. È un errore minimissimo.		È un errore **minimo**.
	e. È lo sbaglio più enorme da fare.		È lo sbaglio **più grosso** da fare.

Nella colonna di sinistra, le frasi **a.** e **b.** sono scorrette perché *migliore* e *superiore* sono già forme di grado comparativo. Le frasi **c.** e **d.** sono scorrette perché *ottimo* e *minimo* sono già forme di grado superlativo. La frase **e.** è scorretta perché l'aggettivo *enorme* indica già una qualità di intensità massima e ammette, quindi, solo il grado positivo.

36 ●●○ COMPETENZE MORFOLOGICHE Correggi nelle seguenti frasi gli errori nell'uso dei comparativi e dei superlativi.

1. Il libro di avventure che sto leggendo è estremamente magnifico. **2.** Provengono sempre strani rumori dal piano più inferiore. **3.** Catilina era l'acrissimo nemico di Cicerone. **4.** Sono molto superindaffarato in questo periodo perché il mio più migliore collaboratore è in vacanza. **5.** La situazione è più peggiore di quanto sospettassi. **6.** È il più simpaticissimo ragazzo che abbia mai incontrato. **7.** Sono assai arcisoddisfatto del lavoro che hai svolto con il più maggiore impegno. **8.** Roberta è la più pessima delle mie compagne di classe. **9.** Luca è più superiore a tutti per costanza e impegno. **10.** Ho fatto un affare pessimissimo: ho comprato quelle magliette a un prezzo più maggiore di quanto non le vendessero nel negozio in piazza.

6 L'aggettivo qualificativo

RAFFORZA LE TUE COMPETENZE

37 ●●○ **COMPETENZE MORFOLOGICHE** **DENTRO LE PAROLE** **Indica** se gli aggettivi appartengono alla **1ª, 2ª o 3ª classe**, o se sono **invariabili [I]**, quindi **seleziona** il significato corretto.

1. **evanescente**	[.....] ☐ relativo a Eva	☐ evasivo	☐ indistinto, impreciso
2. **entusiasta**	[.....] ☐ indifferente	☐ gioioso	☐ atletico
3. **puerile**	[.....] ☐ perdente	☐ infantile	☐ persuasivo
4. **loquace**	[.....] ☐ chiacchierone	☐ silenzioso	☐ locale
5. **beffardo**	[.....] ☐ derisorio	☐ relativo all'Epifania	☐ simpatico
6. **querulo**	[.....] ☐ che si trova qui	☐ rumoroso	☐ lamentoso
7. **introverso**	[.....] ☐ che sbaglia verso	☐ spaesato	☐ chiuso, asociale
8. **chic**	[.....] ☐ volgare, rozzo	☐ raffinato	☐ rumoroso
9. **angusto**	[.....] ☐ imperiale	☐ stretto	☐ robusto
10. **sagace**	[.....] ☐ relativo a una saga	☐ ingenuo	☐ abile, acuto

38 ●●○ **COMPETENZE MORFOLOGICHE** **DENTRO LE PAROLE** **Distingui** se gli **aggettivi qualificativi** appartengono alla **1ª, 2ª o 3ª classe**. **Distingui**, infine, se svolgono funzione **attributiva** o **predicativa**.

1. **Coglie al volo** chi è intelligente, intuitivo e perspicace. Le persone che si trovano in particolare sintonia **si capiscono al volo**, cioè si intendono senza molte parole, come se il loro pensiero si librasse nell'aria.

2. Si dice che hanno **preso il volo** le persone ipocrite e disoneste che fuggono in modo fulmineo, per non dare spiegazioni del loro agire scorretto. Questa espressione comune si usa anche per chi se ne va via veloce come il vento, oppure per una ragazza nubile che lascia il nido familiare per sposarsi.

3. Deriva dal mondo classico l'espressione idiomatica **volo pindarico**: indica un passaggio tanto brusco da un argomento a un altro da sembrare illogico oppure un discorso che appare inconcludente o utopistico. Pindaro era un poeta greco del VI secolo a.C., famoso per i suoi inni dedicati ai vincitori delle competizioni sportive panelleniche. Il celebre cantore era solito iniziare i suoi componimenti lirici con un breve accenno agli atleti vittoriosi, dilungandosi poi nella celebrazione di miti e leggende antiche.

39 ●●○ **COMPETENZE LESSICALI** **PAROLE DENTRO I TESTI** **Associa** alle seguenti parole dell'esercizio 38 il significato corrispondente.

1. perspicace	....	**a.**	che comprende prontamente
2. sintonia	....	**b.**	che riguarda tutta la Grecia
3. librarsi	....	**c.**	donna non sposata
4. fulmineo	....	**d.**	irrealizzabile
5. nubile	....	**e.**	armonia, accordo
6. utopistico	....	**f.**	rapido
7. panellenico	....	**g.**	mantenersi sospeso in aria

A 275

La morfologia

40 ●●○ COMPETENZE MORFOLOGICHE | PAROLE DI OGGI Riconosci gli aggettivi in funzione predicativa. Indica se sono al grado positivo [P], comparativo [C] o superlativo assoluto [S].

La tecnologia *bluetooth* permette la connessione tra dispositivi mobili e lo scambio di informazioni e documenti.

Nei tempi passati, anche in quelli non lontanissimi [.....], lo scambio di informazioni era un'operazione lunga [.....] e non sempre facilissima [.....]. Oggi, invece, nell'era digitale [.....] la trasmissione dei dati è molto più rapida [.....] e di qualità migliore [.....]. Inoltre, può anche avvenire senza un collegamento fisico [.....], come nel caso del *Bluetooth*. I giovanissimi [.....], armati di telefonini sempre più avanzati [.....], usano quotidianamente questo sistema di connessione innovativo [.....] e arcinoto [.....] per trasferire *file*, foto, documenti, video. L'operazione è più semplice [.....] di quanto si possa immaginare. Una volta attivato, infatti, il *Bluetooth* è in grado di rilevare un altro dispositivo che si trovi nel raggio della frequenza e che supporti a sua volta questo tipo di tecnologia. Nonostante il suo uso sia tanto facile [.....] quanto diffuso, solo pochi conoscono l'origine assai curiosa [.....] di questo nome inglese [.....] che significa "dente blu" [.....].

41 ●●○ COMPETENZE MORFOLOGICHE Sostituisci gli aggettivi di grado comparativo e superlativo con le corrispondenti forme sintetiche.

1. Sarai sicuramente il più bravo (.....................) alunno dell'istituto, ma come amico sei molto cattivo (.....................). **2.** Questi gnocchi sono buonissimi (.....................): sono i più buoni (.....................) tra tutti quelli che ho assaggiato. **3.** Delle tre cugine, Gianna è la più piccola (.....................), Susanna la più grande (.....................). **4.** Sono così ansioso che anche il più piccolo (.....................) problema mi angoscia. **5.** I più grandi (.....................) e i più cattivi (.....................) problemi dei centri urbani sono lo smog e il traffico. **6.** È impossibile conoscere la parte più interna (.....................) della personalità degli uomini. **7.** Devi maneggiare questo vaso con la più grande (.....................) cautela possibile. **8.** La mia più brava (.....................) amica abita al piano più alto (.....................). **9.** Il livello del mio francese è più basso (.....................) del suo. **10.** Non lasciarti ingannare dalle sue qualità più esterne (.....................). **11.** Questo film è più brutto (.....................) del previsto: è davvero molto brutto (.....................). **12.** Nella zona più esterna (.....................) del giardino c'è uno scivolo.

42 ●○○ COMPETENZE MORFOLOGICHE Indica se i seguenti aggettivi qualificativi sono primitivi [P] o derivati [D].

1. vistoso [.....] **2.** burbero [.....] **3.** amichevole [.....] **4.** disinvolto [.....] **5.** informale [.....] **6.** sportivo [.....] **7.** imperturbabile [.....] **8.** remissivo [.....] **9.** cinico [.....] **10.** capriccioso [.....] **11.** sciatto [.....] **12.** alternativo [.....] **13.** aggressivo [.....] **14.** confusionario [.....] **15.** moderno [.....] **16.** trasandato [.....] **17.** comprensivo [.....] **18.** classico [.....] **19.** spensierato [.....] **20.** colorato [.....].

43 ●●○ COMPETENZE LESSICALI Distingui se gli aggettivi qualificativi dell'esercizio 42 si riferiscono al carattere di una persona o al suo modo di vestire.

44 ○○○ COMPETENZE MORFOLOGICHE PAROLE DI OGGI **Indica** se gli aggettivi sono al **grado positivo [P]**, **comparativo [C]**, **superlativo assoluto [S]** o **relativo [SR]**. **Riconosci** l'**aggettivo alterato**.

Harald "Bluetooth" di Danimarca (in danese Harald Blaatand), visse tra il 911 e il 985 d.C. e fu non solo uno dei più grandi [.......] guerrieri della storia, ma anche il primo re che riuscì ad unificare il frammentario [.......] regno di Danimarca, che comprendeva anche Svezia e Norvegia. Egli riuscì a riunire popoli fino a quel momento assai ostili [.......] fra loro, divisi dal mare e da tradizioni estremamente diverse [.......], convertendoli al cristianesimo. Sembra che il suo soprannome derivasse dalla sua smodata [.......] passione per i gustosissimi [.......] mirtilli, i più deliziosi [.......] fra i frutti di bosco, che conferiscono ai denti proprio una colorazione bluastra. Nel 1999 la svedese [.......] Ericsson ha voluto usare il soprannome assai originale [.......] di questo re per identificare la tecnologia per reti senza fili. Infatti, ciò che fece Harald è molto simile [.......] a quello che fa un protocollo capace di mettere in comunicazione dispositivi tanto lontani [.......] quanto disparati. Anche il logo del *Bluetooth* è costituito dall'unione delle rune nordiche [.......] (Hagall e Berkanan) che corrispondono alle moderne [.......] H e B, iniziali di Harald Blaatand.

45 ○○○ COMPETENZE MORFOLOGICHE DENTRO LE PAROLE **Distingui** se gli aggettivi qualificativi sono **derivati**, **composti** o **alterati** e **specificane** il **grado di intensità**.

Fare le cose alla carlona significa affrontare le cose in modo superficiale e sbrigativo; **vestirsi alla carlona** significa vestirsi in modo sciatto e trascurato. L'espressione deriva dal "Re Carlone", il soprannome dato al celeberrimo Carlo Magno, incoronato dal papa nell'anno 800 imperatore del Sacro Romano Impero. Il suo biografo Eginardo ci ha fornito su di lui informazioni interessantissime. Era molto alto, quasi gigantesco per l'epoca, e di corporatura robusta; aveva un naso tutt'altro che piccolino, un collo corto e grassottello e portava barba e folta capigliatura e lunghi baffi. Era uno fra i più abili guerrieri e cacciatori, un nuotatore imbattibile, un politico lungimirante e un grandissimo sostenitore della cultura. Sembra fosse un ghiottone, soprattutto di carni rosse e di selvaggina, e non cambiò mai abitudini alimentari, nonostante i medici gli consigliassero una dieta più equilibrata e ipocalorica.

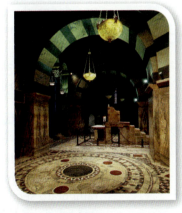

Trono di Carlo Magno nella Cappella Palatina, 786-804, Cattedrale di Aquisgrana.

46 ○○○ COMPETENZE MORFOLOGICHE STORIA **Distingui** se gli aggettivi qualificativi sono **derivati**, **composti** o **alterati** e **specificane** il **grado di intensità**.

I vestiti *casual* dell'imperatore

Carlo Magno aveva abitudini piuttosto anticonformiste: anche nei poemi cavallereschi era rappresentato come un uomo goffo e malaccorto nelle sue azioni. Soprattutto vestiva in modo inadeguato al suo rango e si presentava malvestito anche quando gli veniva fatto un ritratto. Si racconta che un giorno si recò a una battuta di caccia con un abito di stoffa molto ruvida, grezza, usuale per i contadini, ma non per i suoi cortigiani che indossavano abiti molto più lussuosi e sfarzosi. Davanti al loro stupore l'imperatore disse che il suo abbigliamento era sì un po' rozzo e sempliciotto, ma era certo più adatto alla circostanza. Infatti, di lì a poco si scatenò un violentissimo temporale e al termine della giornata Carlo fece notare agli altri cacciatori benvestiti che la sua umilissima veste era rimasta asciutta, mentre i loro abiti assai pregiati si erano tutti inzuppati e rovinati.

La morfologia

47 ●●● **COMPETENZE MORFOLOGICHE** **Riconosci** gli **aggettivi qualificativi** e **fanne** l'analisi grammaticale.

1. Il mio golf verde-rame è morbidissimo e meno caro di quanto si possa credere.   **2.** Il papà di Angela è un sapientone e racconta sempre aneddoti storici interessantissimi.   **3.** Ti passo a prendere con la mia auto decappottabile e ci faremo un giretto avventuroso nelle zone più romantiche di Parigi.   **4.** Michele, quel ragazzo dai capelli rossicci, è un simpaticone e ironizza sempre sul fatto di essere grassottello.   **5.** Sono assai dispiaciuto per l'increscioso avvenimento: non avresti potuto darmi un dispiacere maggiore di questo.   **6.** Questa salsa agrodolce è davvero ottima: la migliore che abbia mai assaggiato.   **7.** I cammelli e i dromedari, animali pacifici e assai lenti, sono molto diffusi nell'Africa sub-sahariana.

48 ●●● **COMPETENZE MORFOLOGICHE** **DENTRO LE PAROLE** **Distingui** se gli aggettivi qualificativi sono **derivati**, **composti**, **alterati**.

Dal nome delle divinità greco-latine, che erano antropomorfe, ci sono derivati numerosi termini. Da Giove, il dio più potente dell'Olimpo, ma per nulla fedele, proviene **gioviale**, che si dice di una persona molto allegra, amichevole ed espansiva. Con una donna mortale egli generò Ercole che, essendo semidivino, aveva una straordinaria forza fisica e di lui è rimasta traccia nell'aggettivo **erculeo**. Giunone, la sposa dell'onnipotente Giove, era raffigurata come una donna che diremmo formosa piuttosto che grassottella: l'aggettivo **giunonico** definisce quindi una donna prosperosa e dal portamento maestoso. La più bella delle dee era invece Venere, dea dell'amore, chiamata dai Greci Afrodite: dai suoi nomi si sono formati **venereo**, che indica le malattie contratte attraverso i rapporti sessuali, e **afrodisiaco**, detto di cibi che stimolerebbero il desiderio.

49 ●●● **COMPETENZE MORFOLOGICHE** **DENTRO LE PAROLE** **Distingui** se gli aggettivi qualificativi sono **derivati**, **composti**, **alterati**.

Da Marte, dio della guerra, è derivato **marziale** che, oltre a definire ciò che ha attinenza con la vita militare, significa "fiero, energico". Questo dio era vigoroso e combattivo e spesso veniva raffigurato seminudo per mettere in evidenza il suo fisico ben proporzionato. Ebbe con lui una relazione extraconiugale Venere, moglie di Vulcano, il dio del fuoco, abilissimo nel forgiare i metalli, ma zoppo e piuttosto bruttino: da lui è derivato il nome comune **vulcano**. Marte, inoltre, generò con Rea Silvia i mitici fondatori di Roma, Romolo e Remo: fu un rapporto non lecito perché lei era sacerdotessa di Vesta e aveva l'obbligo tassativo di mantenere la verginità. Mercurio, messaggero degli dèi e protettore dei viaggiatori, era sempre in movimento: perciò venne chiamato **mercurio** l'elemento chimico metallico di colore argenteo, liquido e molto mobile. Mercurio era anche un furbone dalla parola facile e un bricconcello che fin da piccino si impossessava volentieri della roba altrui: diventò così anche il protettore dei ladri e dei commercianti, che a volte sono un po' bugiardelli. Inoltre già i Romani diedero il nome del dio all'omonimo pianeta, forse a causa del suo moto superiore a quello degli altri pianeti.

50 ●●○ **COMPETENZE LESSICALI** **Forma** il **contrario** dei seguenti aggettivi.

a. potente: ....

b. mortale: ....

c. proporzionato: ....

d. lecito: ....

e. fedele: ....

f. sessuale : ....

g. abile: ....

h. mobile : ....

A 278

L'AGGETTIVO QUALIFICATIVO • mappa delle conoscenze

L'**AGGETTIVO QUALIFICATIVO** è la **parte variabile del discorso** che indica una **qualità del nome**.

Può avere funzione:

Quando accompagna un nome

attributiva
se **precede** o **segue** il nome:
un libro nuovo / un nuovo libro

predicativa
se **si collega al nome** tramite il verbo:
il libro è nuovo
P.N. copula + agg. predic.

Quando non accompagna un nome

sostantivata
se è **preceduto dall'articolo** ed equivale a un **nome**:
il giusto; i sapienti

avverbiale
se **segue un verbo** ed equivale a un **avverbio**:
parlare piano; andare adagio

In base alla forma può essere:

variabile
- nel **genere** e nel **numero** → **1ª classe** (4 forme: bello / bella / belli / belle)
- solo nel **numero** → **2ª classe** (2 forme: fedele / fedeli)
- nel **numero** e nel **genere**, al **plurale** → **3ª classe** (3 forme: altruista / altruisti / altruiste)

invariabile
una forma per i **due generi** e i **due numeri**:
pari, blu

In rapporto alla struttura e alla formazione può essere:

primitivo
se **non deriva da nessun'altra parola** ed è formato **solo da radice e desinenza**:
felice

derivato
se **deriva da un'altra parola** con l'aggiunta di un **prefisso** e/o un **suffisso**:
infelice, fuggevole

alterato
se aggiunge un **suffisso alterativo** che precisa la qualità:
bellino / belloccio

composto
se è formato dall'**unione di due elementi**:
rossoneri

In base al grado di intensità può essere:

positivo
indica semplicemente la **qualità**:
bravo

comparativo
indica la qualità come **criterio di confronto tra due elementi**, denominati **primo e secondo termine di paragone**; può essere: *primo termine / secondo termine*
- di maggioranza → Io sono più bravo di te
- di uguaglianza → Io sono bravo come te
- di minoranza → Io sono meno bravo di te

superlativo
indica una qualità nel suo **massimo** o **minimo grado**; può essere:
- assoluto → molto bravo, bravissimo
- relativo → Il più bravo della classe

A 279

La morfologia

METTI IN GIOCO LE TUE COMPETENZE

COMPETENZE LOGICO-GRAMMATICALI

51 ●●○ **Riconosci** la caratteristica condivisa da ciascuno dei seguenti gruppi di aggettivi qualificativi e **cancella** l'intruso.

1. intelligente • simpatico • brillante • felice _____
2. disorganizzato • asociale • illuso • denutrito _____
3. inusuale • interno • incorporeo • inconsistente _____
4. misero • celebre • semplice • acre _____

52 ●●● **Riconosci** la coppia di aggettivi qualificativi in cui non è rispettato il medesimo rapporto logico.

1. **a.** brutto/bellezza **b.** grasso/magrezza **c.** alto/altezza **d.** antipatico/simpatia
2. **a.** ulteriore/ultimo **b.** posteriore/postumo **c.** esteriore/estremo **d.** superiore/supremo

53 ●●● Grazia ha tre sorelle, Sonia, Marcella e Lea, e due fratelli, Davide e Pietro. Sapendo che Davide è il maggiore di tutti e che Pietro è più vecchio di Marcella e Lea (non necessariamente in quest'ordine), ma più giovane di Grazia e Sonia (non necessariamente in quest'ordine), è falso affermare che:

a. ☐ Grazia è più vecchia di Marcella. **c.** ☐ Grazia è più vecchia di Lea ma più giovane di Pietro.
b. ☐ Marcella è più giovane di Sonia. **d.** ☐ Sonia è più vecchia di Lea.

COMPETENZE MORFOLOGICHE

54 ●●● **DENTRO LE PAROLE** **Distingui** gli aggettivi al grado superlativo assoluto da quelli al superlativo relativo.

Il sistema solare è l'insieme dei corpi celesti mantenuti in orbita dalla forza di gravità del Sole. I pianeti più vicini al Sole sono Mercurio, Venere, la Terra e Marte; tra tutti Mercurio è il più vicino ma è molto difficile osservarlo. Giove, Saturno, Urano, Nettuno e Plutone, i pianeti giganti, sono invece lontanissimi dal Sole. Venere è l'astro più luminoso dopo il Sole. Marte è il pianeta rosso: il fenomeno più impressionante che lo caratterizza è un vento assai violento, provocato dalla fortissima escursione termica. I pianeti giganti sono molto diversi. Giove è una sfera molto grande di polvere e gas: una delle sue regioni più fredde è la Macchia Rossa. Saturno è molto simile a Giove ed è il pianeta più leggero del sistema solare. La sua caratteristica più nota è l'essere circondato da anelli concentrici che gli ruotano attorno: il più conosciuto è Titano. Nettuno è il più denso dei pianeti giganti. Plutone è il più distante dal Sole e quindi il più freddo ed è anche il meno conosciuto.

COMPETENZE DI SCRITTURA

55 ●●● **Deduci** dall'esercizio 54 le relazioni tra i pianeti e **scrivi** 5 frasi per ciascun gruppo di parole, esprimendo l'aggettivo ai tre gradi di comparativo e ai due gradi di superlativo.

Plutone/Terra/freddo   Venere/Mercurio/lontano

6 L'aggettivo qualificativo

COMPETENZE MORFO-LESSICALI

56 ●●○ Completa le frasi con gli aggettivi qualificativi opportunamente concordati.

> asettico • arrivista • capzioso • contrito • consunto •
> esoso • emaciato • forbito • inerme • inerte

1. Mi sono stupito di quanto Paola e Anna fossero .... : le ho trovate magrissime e smunte. **2.** Non vado più in quel negozio perché vende le scarpe a prezzi davvero .... **3.** Luca è un abile oratore e si esprime sempre con un linguaggio .... **4.** Non ho superato il test perché le domande erano incomprensibili e .... **5.** Quegli imputati non possono difendersi: sono .... di fronte alle accuse. **6.** Gli allievi mi sembrano pentiti dei loro errori: non ti sembrano .... ? **7.** Letizia e Giada sono disposte a tutto pur di raggiungere i loro scopi: sono proprio delle .... ! **8.** Il paziente è stato allocato in una stanza .... per impedire il contagio da parte di virus. **9.** Non indossare più quel cappotto: non vedi com'è .... ? **10.** La grave malattia costringe il nonno a rimanere .... a letto.

COMPETENZE LESSICALI

57 ●●○ Associa i seguenti aggettivi qualificativi ai significati corrispondenti.

1. immemore	....	**a.** vano, leggero	
2. propizio	....	**b.** di diversa natura o qualità	
3. antiemetico	....	**c.** che manifesta rancore	
4. corroborante	....	**d.** che riguarda la scienza che studia l'uomo	
5. astioso	....	**e.** che previene o reprime il vomito	
6. eterogeneo	....	**f.** che non si ricorda	
7. antropologico	....	**g.** sacrilego, condannabile	
8. esecrabile	....	**h.** benevolo, favorevole	
9. fatuo	....	**i.** composto, solenne	
10. ieratico	....	**l.** che tonifica	

58 ●●○ Spiega il significato delle seguenti locuzioni che comprendono sempre un aggettivo indicante un colore. In questi casi però l'insieme del nome e dell'aggettivo assume un significato ben diverso da quello indicato dalle due singole parole.

> lavoro nero • linea rossa • bandiera bianca • cartellino giallo • mosca bianca •
> pecora nera • benzina verde • principe azzurro.

59 ●●○ Trova per ciascuna serie di aggettivi qualificativi il nome adeguato.

1. conserte • aperte • muscolose • ossute

2. aureo • primo • pari • immaginario

3. espresso • lungo • macchiato • ristretto

4. limpido • nuvoloso • terso • coperto

5. pronunciato • aquilino • arricciato • camuso

6. cotonati • ricci • crespi • scalati

7. espresso • regionale • rapido • interregionale

8. leggero • agitato • profondo • tranquillo

9. convesso • piatto • giro • retto

10. primitivo • alterato • astratto • invariabile

A 281

PREPARATI ALLA PROVA INVALSI

Lo sportivo più ricco della storia

Lo sportivo più ricco della storia? Secondo la prestigiosa rivista americana "Forbes" sarebbe Tiger Woods, il primo atleta ad aver guadagnato nella sua carriera oltre un miliardo di dollari tra premi, ingaggi e sponsorizzazioni. Una cifra mostruosa, pari a circa 775 milioni di euro.
Ma Peter Struck, docente di Studi Classici all'Università della Pennsylvania smentisce l'autorevole testata: i mille milioni di dollari del campione di golf sono bruscolini se paragonati ai 36 milioni di sesterzi guadagnati in ventiquattro anni di attività da Gaius Appuleius Diocles, un auriga ispano-romano del II secolo.
Le corse dei carri erano la "Formula 1" dell'epoca e i conduttori erano acclamati dalle folle come vere e proprie *star*. Scelti tra le classi più umili della società romana, venivano arruolati all'interno di vere e proprie scuderie da corsa. Gaius Appuleius debuttò all'età di diciotto anni nella squadra bianca, dopo sei anni passò a quella verde e concluse la sua carriera a quarantadue anni nella fila dei rossi.
Il *team* investiva parecchio sull'auriga. Lo allenava, lo manteneva, acquistava e allevava per lui i cavalli migliori e lo forniva di tutto l'equipaggiamento necessario: un elmo in pelle, schinieri, una robusta protezione per il torace, una frusta e un coltello, utile per tenere lontani gli avversari durante le corse, per tagliare le redini in caso di rovinose cadute dalla quadriga o… per evitare, con un gesto estremo, la vergogna della sconfitta.
La corsa partiva a un cenno dell'imperatore e si svolgeva su sette giri del circo, durante i quali l'unica regola era che… non esistevano regole. Per riscuotere il premio era sufficiente arrivare, vivi, tra i primi tre.
Secondo un'iscrizione ritrovata a Roma da Struck, Gaius Appuleius vinse nella sua lunga carriera 35 863 320 sesterzi, circa cinque volte lo stipendio del governatore di provincia meglio pagato della sua epoca. Questa cifra era sufficiente per acquistare il grano necessario alla sopravvivenza dell'intera Roma per un anno intero o per pagare il salario a tutti i soldati ordinari dell'impero per un quinto di anno. Oggi, per pagare gli stipendi delle forze armate americane per lo stesso periodo di tempo occorrerebbero circa 15 miliardi di dollari. E nemmeno Woods, con i suoi *drive* micidiali, potrebbe permettersi tanto.

A1. Tiger Woods è un
- A. ☐ automobilista di Formula 1
- B. ☐ golfista
- C. ☐ tennista
- D. ☐ pugile

A2. Peter Struck insegna
- A. ☐ negli USA
- B. ☐ a Roma
- C. ☐ in Transilvania
- D. ☐ non è indicato

A3. Gaius Appuleius era
- A. ☐ un auriga
- B. ☐ un centurione
- C. ☐ un gladiatore
- D. ☐ un corridore

A4. La carriera di Gaius Appuleius durò
- A. ☐ 18 anni
- B. ☐ 24 anni
- C. ☐ 42 anni
- D. ☐ fino alla morte

A 282

6 L'aggettivo qualificativo

A5. Gaius Appuleius passò nella categoria dei verdi

A. ☐ a 18 anni

B. ☐ a 24 anni

C. ☐ a 42 anni

D. ☐ non è indicato

A6. Per evitare la vergogna della sconfitta, l'auriga

A. ☐ tagliava le redini della quadriga

B. ☐ teneva lontani gli avversari con un coltello

C. ☐ si toglieva la vita

D. ☐ indossava la corazza e gli schinieri

A7. Lo stipendio del governatore di provincia meglio pagato all'epoca di Gaius Appuleius ammontava a

A. ☐ 35 milioni di sesterzi

B. ☐ più di Gaius Appuleius

C. ☐ 7 mila sesterzi

D. ☐ 7 milioni di sesterzi

A8. Rintraccia nel testo le parole corrispondenti alle seguenti definizioni

a. atto con cui ci si assicura le prestazioni di qualcuno con un contratto: ....

b. titolo di un giornale: ....

c. carro da corsa trainato da quattro cavalli: ....

d. insieme degli oggetti necessari per una qualche attività: ....

e. strisce di cuoio attaccate al morso dei cavalli per guidarli: ....

A9. Rintraccia nel testo il sintagma che ha lo stesso significato di *prestigiosa rivista*.

....

....

....

A10. *Sponsorizzazione* è un nome (riga 3)

A. ☐ primitivo

B. ☐ derivato da un prefisso latino e un suffisso

C. ☐ derivato da un prefisso inglese e un suffisso

D. ☐ alterato

A11. *Bruscolini* (riga 5) è un nome

A. ☐ primitivo e singolare

B. ☐ diminutivo e plurale

C. ☐ di derivazione colta e plurale

D. ☐ invariabile e singolare

A12. *Attività* (riga 6) è un nome

A. ☐ maschile e invariabile

B. ☐ femminile e invariabile

C. ☐ femminile e mobile

D. ☐ maschile e mobile

A13. Nell'espressione *Gaius Appuleius Diocles, un auriga ispano-romano del II secolo* (righe 6-7), l'uso dell'articolo indeterminativo dipende dal fatto che

A. ☐ si parla di qualcuno di ben noto

B. ☐ si indica un individuo unico

C. ☐ il personaggio in questione viene nominato per la prima volta nel discorso

D. ☐ ha valore di aggettivo indefinito

A14. *Prestigiosa* (riga 1) è un aggettivo

A. ☐ primitivo   C. ☐ composto

B. ☐ derivato   D. ☐ alterato

A.15 *Estremo* è

A. ☐ il comparativo di *esterno*

B. ☐ il comparativo di *esteriore*

C. ☐ il superlativo di *esteriore*

D. ☐ il superlativo di *esterno*

A 283

VERIFICA LE TUE COMPETENZE

A. **Indica** se i seguenti aggettivi dispongono di quattro forme [1ª classe], di due forme [2ª classe], di tre forme [3ª classe] per indicare il genere e il numero o se sono invariabili [INV].

1. blu ....
2. intransigente ....
3. affarista ....
4. fedele ....
5. corto ....
6. accattivante ....
7. perbene ....
8. corroborante ....

9. tozzo ....
10. sportivo ....
11. costruttivo ....
12. incoerente ....
13. anticrimine ....
14. pluralista ....
15. insigne ....
16. violento ....

1 punto per ogni risposta esatta   Punti ..../16

B. **Indica** se la funzione sintattica degli aggettivi è attributiva [A], predicativa [P], sostantivata [S] o avverbiale [AVV].

1. I disonesti [.......] sono puniti con leggi inflessibili [.......].
2. Se continui a camminare veloce [.......] non riuscirò ad adeguare il mio passo lento [.......].
3. Spesso è difficile [.......] distinguere il giusto [.......] da ciò che ci sembra ingiusto [.......].
4. Ho abbracciato forte [.......] il mio vecchio [.......] nonno per salutarlo.
5. L'attesa ci sembrava breve [.......], invece abbiamo dovuto fare una lunga [.......] coda.
6. La situazione è già difficile [.......], ma il brutto [.......] deve ancora arrivare.
7. L'assurdo [.......] è che credono tutti nei tuoi strani [.......] progetti.
8. La pioggia eccessiva [.......] dello scorso [.......] autunno ha reso inagibili [.......] i sentieri del bellissimo [.......] parco alle porte della città.
9. Mangia sano [.......] e vivrai più a lungo.

1 punto per ogni risposta esatta   Punti ..../20

C. **Indica** se i seguenti aggettivi sono primitivi, derivati, alterati, composti.

1. cortino ....
2. intercontinentale ....
3. virtuoso ....
4. rotondetto ....
5. leggero ....
6. terreo ....
7. insensibile ....

8. antisfondamento ....
9. fresco ....
10. dolciastro ....
11. saturo ....
12. tirannico ....
13. sereno ....
14. polivalente ....

1 punto per ogni risposta esatta   Punti ..../14

A 284

6 L'aggettivo qualificativo

D. Individua nelle seguenti frasi gli aggettivi di grado non positivo e, riportandoli nella riga sottostante, **indicane** il grado (superlativo assoluto, superlativo relativo, comparativo di maggioranza, comparativo di uguaglianza, comparativo di minoranza).

1. Per le foto ha usato una pellicola ultrasensibile che fa fotografie accuratissime.

2. Gli arti superiori sono meno lunghi di quelli inferiori.

3. Inventa una giustificazione più credibile per i tuoi pessimi voti.

4. Joke è l'acerrimo nemico di Batman.

5. Adotta sistemi più efficaci per rimediare alla pessima figura.

6. È arcinoto che non sei studioso come tuo fratello.

7. Hai preparato un'ottima cena, la migliore di quelle a cui mi hai invitato.

8. Questo lavoro assai redditizio diventa ogni giorno più impegnativo.

9. Nel peggiore dei casi oggi sarai un po' più preparato di ieri.

10. Questa offerta sembra migliore di quella, ma la ditta è meno affidabile.

1 punto per ogni risposta esatta   **Punti** ..../20

E. Spiega il significato delle seguenti parole.

1. antropomorfo
2. onnipotente
3. avere
4. attinenza
5. fiero

6. combattivo
7. tassativo
8. lecito
9. extraconiugale
10. omonimo

1 punto per ogni risposta esatta   **Punti** ..../10

TOTALE PUNTI ..../80

A 285

7 Il pronome e gli aggettivi pronominali

Il pronome (dal latino *pro nomen*, "al posto del nome") è la parte del discorso che **sostituisce un nome o un altro elemento della frase, oppure un'intera frase.**
I pronomi e gli aggettivi pronominali sono una **classe mista di pronomi e di aggettivi determinativi.**

Molte delle loro forme possono essere usate **sia come pronomi sia come aggettivi, alcune solo come pronomi, poche solo come aggettivi.**

I pronomi e gli aggettivi pronominali costituiscono un **sistema chiuso**, composto cioè da un numero fisso di elementi e non destinato ad arricchirsi di nuove parole.

FORME La maggior parte dei pronomi e degli aggettivi determinativi ha **forme variabili**, che si accordano in **genere** e **numero** con il nome che sostituiscono o che accompagnano. I pronomi personali e i pronomi relativi risentono della declinazione latina e presentano **forme diverse** per esprimere il complemento diretto e il complemento indiretto.

FUNZIONI Per quanto riguarda gli aggettivi pronominali, essi hanno **funzione di aggettivi** quando accompagnano un nome, hanno **funzione di pronomi** quando lo sottintendono.
Sulla base del **significato** e della **funzione** si distinguono in:

pronomi	pronomi e aggettivi pronominali
personali	possessivi
personali riflessivi	dimostrativi
relativi	indefiniti
	interrogativi ed esclamativi
	numerali

CONOSCENZE • ABILITÀ • COMPETENZE

p. 99

La morfologia

1 I pronomi personali

> I **pronomi personali** indicano gli individui coinvolti nella comunicazione: la persona che parla (1ª persona), la persona o l'animale a cui si parla (2ª persona), la persona, la cosa o l'animale di cui si parla (3ª persona).

I pronomi personali traggono origine dalla declinazione latina e sono quindi **variabili** in relazione a:

- la **persona** (**1ª**, **2ª**, **3ª**) e il **numero** (**singolare** e **plurale**);
- il **genere**, solo nella **3ª persona**;
- la **funzione logica**.

I pronomi personali differenziano le loro forme anche a seconda della funzione logica che svolgono all'interno della frase e presentano:

– una forma per la **funzione di soggetto**, sempre **tonica**, cioè con accento proprio;
– due forme per la **funzione di complemento**, una **tonica**, o **forte**, l'altra **atona** (dal greco ἀ + *tonos*, "senza suono, senza accento"), o **debole**.

Ecco il quadro completo delle forme dei pronomi personali, suddivise in base alla funzione logica che possono svolgere.

persona		soggetto forme toniche	complemento forme toniche	complemento forme atone
1ª singolare		io	me ● ● ●	mi ● ●
2ª singolare		tu	te ● ● ●	ti ● ●
3ª singolare	maschile	egli, lui, esso	lui ● ● ● esso ● ●	lo ● gli ● ne ●
	femminile	ella, lei, essa	lei ● ● ● essa ● ●	la ● le ● ne ●
1ª plurale		noi	noi ● ● ●	ci ● ●
2ª plurale		voi	voi ● ● ●	vi ● ●
3ª plurale	maschile	essi, loro	loro ● ● ● essi ● ●	li ● ne ●
	femminile	esse, loro	loro ● ● ● esse ● ●	le ● ne ●

● complemento oggetto
● complemento di termine
● complemento indiretto

A 288

7 Il pronome e gli aggettivi pronominali

1∗1 I pronomi personali in funzione di soggetto

> I **pronomi personali** svolgono la funzione di **soggetto** quando indicano **chi svolge l'azione espressa dal verbo**.

- I **pronomi** di **1ª** e **2ª persona**, *io*, *tu*, *noi*, *voi*, **non distinguono il genere**.
- Il **pronome** di **3ª persona** ha forme diverse sia per indicare il **genere** sia per distinguere **persone**, **animali** e **cose**.

forma di 3ª persona	si riferisce a	uso
egli	persone già citate	solo negli scritti formali
ella	persone già citate	letterario, in disuso nella lingua parlata e scritta
lui, lei, loro[1]	persone e, nella lingua quotidiana, animali di casa	diffuso e corretto
		d'obbligo dopo un verbo o le congiunzioni *e*, *anche*, *proprio*, *pure*, *neppure* (**Anche** loro vengono.)
		nelle contrapposizioni o per mettere in evidenza il soggetto (**Lui** dorme, **lei** legge.)
esso	animale o cosa	in disuso nella lingua parlata e sostituito da *questo*, *quello*
essa, essi, esse	persone, animali, cose	in disuso nella lingua parlata e sostituiti da *questo*, *quello*

Nel vivo della lingua

Quando il pronome personale soggetto va espresso A differenza di quanto avviene in altre lingue moderne, in italiano il **pronome personale soggetto non viene espresso quando la persona può essere dedotta dalla desinenza del verbo**.

(**Tu**) Hai già consegnato la relazione?   Ieri (**noi**) siamo andati da Luca.

Può **essere espresso** quando si vuole **dare risalto al soggetto**: in questo caso, nella lingua parlata viene enfatizzato con il tono della voce e può anche essere **messo dopo il verbo**.

Non ho dubbi: siete stati **voi**!

Il pronome personale soggetto, invece, **deve essere espresso** in tutti quei casi in cui **il soggetto non può essere chiaramente ricavato dal verbo o dalla frase**, oppure quando **il soggetto è seguito da un'apposizione**.

Io andare da lui?   **Voi** qui?
Rimanendo **tu** a casa, staremo più tranquilli.   **Lui**, così ricco, abita qui?

---

1. I grammatici non considerano più scorretto l'uso nella scrittura delle **forme *lui*, *lei*, *loro*** in funzione di soggetti, in luogo di *egli*, *ella*, *essi* che ritengono ormai obsoleti. D'altra parte già Alessandro Manzoni nella revisione linguistica dei *Promessi sposi* preferì le forme *lui*, *lei*, *loro* in funzione di soggetto; molti altri scrittori di riconosciuto valore artistico hanno seguito quest'uso che, considerato un tempo una sgrammaticatura, è diventato nel vivo della lingua una consuetudine, se non la regola.

A 289

La morfologia

Nel vivo della lingua

Noi* al posto di *io In alcuni particolari contesti comunicativi si usa il pronome di 1ª persona plurale *noi* al posto di *io*. Ciò avviene:
- nei **discorsi ufficiali** di persone che rivestono alte cariche dello Stato o della Chiesa, secondo il costrutto del ***pluralis maiestatis***, "plurale di maestà", di derivazione latina.

  Noi rivolgiamo un accorato appello a tutti i cittadini.
- nei casi in cui si vuole **attenuare un'affermazione** o **conferirle un tono ironico**, secondo l'uso comunemente chiamato del **plurale di modestia**.

  Noi vorremmo che tutti voi rifletteste ancora su questa proposta.
- negli articoli giornalistici, nelle interviste televisive e nelle lettere commerciali allo scopo di **spersonalizzare il discorso**.

  Noi affronteremo l'argomento nella prossima puntata.

  Noi rivolgiamo alla vostra cortese attenzione la seguente domanda.

1*2 I pronomi personali in funzione di complemento

I **pronomi personali complemento** svolgono le funzioni di **complemento oggetto** e di **complemento indiretto**. Presentano due serie di forme, **toniche**, o **forti**, e **atone**, o **deboli**.

- Le **forme toniche**, o **forti**, sono dotate di **accento proprio** e, tranne nella funzione di complemento oggetto, sono precedute da una **preposizione** o da una **locuzione preposizionale**.

  Hanno scelto proprio **te**.   Credi a **me**, non a **lui**.   Arriverò prima di **voi**.

- Le **forme atone**, o **deboli**, anche dette **particelle pronominali**, **non hanno accento proprio** e **non sono mai precedute da preposizione**. Nella pronuncia esse **si appoggiano al verbo** e, a seconda della loro posizione, sono:
  - **proclitiche**, cioè "piegate in avanti", quando sono **collocate prima del verbo**.

    La vedrò a teatro.   **Ci** aiutò.   **Vi** parlerò domani.
  - **enclitiche**, cioè "piegate indietro", quando **si uniscono alla parte finale del verbo**; ciò avviene se il verbo è ai modi **imperativo**, **gerundio**, **participio passato**, **infinito** (che perde la *e* finale).

    Aiuta**ci**.   Vedendo**la**, capirai.

    Salutato**lo**, me ne andai.   Posso parlar**vi**?

  Quando l'**infinito è preceduto da un verbo servile** (*sapere, volere, potere, dovere*) si può avere **sia la forma enclitica sia la forma proclitica**, posta **prima** del verbo servile.

  Non **lo** posso dire / Non posso dir**lo**.   **Gli** devo dare / Devo dar**gli** del denaro.

Le forme toniche e atone non sono del tutto equivalenti. In alcune funzioni **sono d'obbligo le forme toniche**; nei casi, invece, in cui si possono usare entrambe le forme, le **forme toniche hanno maggiore intensità rispetto alle atone**.

7 Il pronome e gli aggettivi pronominali

Ecco un quadro sintetico dei diversi usi delle due forme di pronomi personali.

in funzione di	si usano le forme toniche	esempi	si usano le forme atone	esempi
complemento oggetto	*me, te, lui, lei, noi, voi, loro* per dare rilievo al pronome	Hanno accusato **lui**.	*mi, ti, lo, la, ci vi, li, le* per dare scarso rilievo al pronome	**Lo** hanno accusato.
	per creare contrapposizione	Ha chiamato **te**, non **lei**.	non si usano nelle contrapposizioni	–
complemento di termine	*me, te, lui, lei, noi, voi, loro* precedute dalla preposizione **a**.	Dirò tutto a **lui**. A **lei** di' la verità.	*mi, ti, gli, le, ci, vi* per dare scarso rilievo al pronome	**Gli** dirò tutto. **Dille** la verità.
	per creare contrapposizione	Scriverò a **te**, non a **lui**.	non si usano nelle contrapposizioni	–
	alla **3ª persona plurale** si usa *loro*, **con** o **senza** la preposizione *a*.	Manderò (a) **loro** dei fiori.	non esiste una forma atona per la **3ª persona plurale**	–
altri complementi indiretti	*me, te, lui, lei, noi, voi, loro* obbligatoriamente e sempre facendole precedere da una preposizione	Verrò con **voi**. Arriverò prima di **te**. L'ho fatto solo per **lei**. Hanno già parlato tra di **loro**?	non si usano, tranne *ne*, che corrisponde a "di lui, di lei, di loro, da lui, da lei, da loro"	Sei innamorata di lui? **Ne** parli sempre (= *di lui*). Andrea non ha un bel carattere: io **ne** sto lontana (= *da lui*).

I **pronomi personali complemento** *me, te, lui, lei, loro* si usano al posto delle corrispondenti forme dei pronomi personali soggetto:

- **dopo un aggettivo** nelle esclamazioni prive di verbo.

  Povera **me**!   Beato **te**!

- **quando seguono i verbi** *essere*, *sembrare* e non si riferiscono al soggetto o quando sono rafforzati da *stesso*.

  Così vestita, sembra **me**.   Sii **te** stesso.

  MA Me l'hai detto proprio **tu**.   Fallo **tu**.

- **dopo** *come* o *quanto*, ma solo quando il verbo è sottinteso.

  Farò come **te**.

  Sua sorella è gentile quanto **lei**.

  MA Se Marco avesse studiato come studio **io**, sarebbe promosso.

- **quando, preceduti dalla congiunzione** *e*, **seguono un altro pronome soggetto**.

  Io e **te**.   Tu e **lui**.

  MA Tu e **io**.

A 291

La morfologia

> Le **forme atone** possono **essere usate in coppia** (*me la*, *te lo*, *gliela*, ...).

In questi casi:
- la **prima forma** ha funzione di **complemento di termine**: *mi*, *ti*, *ci*, *vi* diventano *me*, *te*, *ce*, *ve*; il pronome *gli* assume la forma *glie* (= *a lui*, *a lei*, *a loro*) e si unisce all'altro pronome;
- la **seconda forma** ha funzione di **complemento oggetto**, quando è costituita da *lo*, *la*, *li*, *le*; di **complemento di specificazione**, **d'argomento** o **partitivo**, quando il pronome è *ne*.

Per quanto riguarda la posizione rispetto al verbo, le coppie di particelle sono per lo più **proclitiche**; diventano, invece, **enclitiche** quando il verbo è ai modi **imperativo**, **infinito**, **gerundio**.

Me li presti?	**Me la** presenti?	**Ce lo** ha detto lui.
Glielo giuro, prof!	**Gliel**'ho detto più volte.	**Gliene** parlerò io.
Dam**meli**!	Aver**glielo** detto prima!	Avendo**telo** già detto...

Il **pronome** *lo* può anche riferirsi a un'**intera frase**, precedente o successiva: in questo caso equivale alla forma neutra del pronome dimostrativo e significa "ciò, questa cosa".

| **Lo** hai già saputo? Marco si sposerà presto. | Mi hanno chiesto dove abita George, ma io non **lo** so. |

Ci, *vi*, *ne* possono avere funzione di **pronomi dimostrativi** (➜ p. 320) o di **avverbi di luogo** (➜ p. 353).

1*3 I pronomi allocutivi

> I **pronomi allocutivi** (dal latino *adloqui*, "parlare") sono le forme dei pronomi personali usate per **rivolgersi direttamente a qualcuno**.

La scelta tra le diverse forme è determinata sia dalla **situazione comunicativa** sia dal **tipo di rapporto che intercorre tra gli interlocutori**.

situazione	nei confronti di un solo interlocutore, uomo o donna	nei confronti di due o più interlocutori	esempi
informale	**tu**	**voi**	**Tu**, Laura, hai già studiato storia? E **voi** siete già stati interrogati?
formale	**lei** e i pronomi atoni femminili **la**, **le** (nomi, aggettivi, verbi concordano invece al maschile se riferiti a un uomo, al femminile se riferiti a una donna)	**voi**	Dottor Rossi, **la** disturbo? **Le** posso chiedere un chiarimento? **Lei**, dottoressa, era stata informata del fatto?
molto formale	**voi**, in riferimento a un ufficio o a un'azienda **Ella** e i pronomi atoni femminili **La**, **Le** (la concordanza di nomi e aggettivi è sempre femminile)	**loro**	Signor Presidente, **Le** sono grato per la Sua visita, che **Ella** compie a soli due mesi da quando i Rappresentanti del Popolo italiano **La** hanno eletta alla più alta magistratura dello Stato. (dal discorso di Papa Francesco al Presidente della Repubblica Sergio Mattarella del 18 aprile 2015)

7 Il pronome e gli aggettivi pronominali

ALLENA LE COMPETENZE

1 ●○○ **COMPETENZE MORFOLOGICHE** Indica se le forme *lo, la, le, gli* sono articoli [A] o pronomi personali [P].

1. Sapevi che la [.....] figlia del tuo professore è la [.....] mia compagna di banco? 2. Hai già battuto lo [.....] scontrino? Sì, l' [.....] ho battuto. 3. Non mi ricordo più la [.....] via; sai indicarmela [.....]? 4. Ti piacciono le [.....] camicie che ti hanno regalato? Sì, ma le [.....] avrei preferite più chiare. 5. Vedrai Luca stasera? Non so ancora, ma se lo [.....] incontrerò gli [.....] riferirò che gli [.....] sci sono pronti. 6. Egli la [.....] intravide da lontano: la [.....] sua veste rossa la [.....] rendeva ancora più attraente di come la [.....] ricordava. 7. Paolo mi dice sempre che lo [.....] stipendio non gli [.....] basta mai. 8. Dove sono le [.....] mie scarpe? Non le [.....] ho viste, ma posso aiutarti a cercarle [.....]. 9. Gli [.....] studenti sono andati dal preside e gli [.....] hanno portato l'autorizzazione.

2 ●●○ **COMPETENZE MORFO-SINTATTICHE** Riconosci i pronomi personali soggetto.

Antonio Meucci lavorò come tecnico di scena in un teatro di Firenze. Lì egli conobbe Ester Mochi, la sposò e, come altri Italiani, anche loro emigrarono a New York. Nel 1854 Meucci costruì un primo prototipo di telefono per comunicare con la moglie, dal momento che lei era costretta a letto da una grave malattia. Non fu lui, però a brevettare il telefono: egli, infatti, trovandosi in gravi difficoltà economiche, non riuscì a versare la somma di denaro necessaria. La sua invenzione fu invece attribuita a Alexander Bell: proprio lui, infatti, ne depositò il brevetto nel 1876, dopo che Meucci aveva portato il suo apparecchio alla compagnia dove Bell lavorava. Meucci si rivolse allora ai giudici per ottenere il riconoscimento della propria invenzione: essi, tuttavia, diedero ragione a Bell. Ma nel 2002 il Congresso degli Stati Uniti attribuì definitivamente a Meucci l'invenzione del telefono: da allora esso è un'invenzione tutta italiana.

3 ●●○ **COMPETENZE MORFO-SINTATTICHE** Completa opportunamente le seguenti frasi con i pronomi personali in funzione di soggetto.

1. Verrò .... a prenderti, ma .... non farti aspettare. 2. Non siamo .... a dover dire cosa dovete fare .... 3. Gliel'ha detto .... di invitare anche lei alla festa? Sì, e .... ha accettato con entusiasmo. 4. Non sarò certo .... a dirglielo: fallo .... , se vuoi. 5. Lasciami lavorare: non ho tempo da perdere, ... 6. .... ha parlato con Sara e Daniela; anche .... non sapevano nulla di ciò che ti è capitato. 7. Non credo che .... volesse offenderti; sei .... che non hai capito bene. 8. Neppure .... hanno saputo rispondere alla domanda che mi ha fatto il professore. 9. Per più di un secolo Bell è stato considerato l'inventore del telefono: in realtà .... ne sottrasse l'invenzione a Meucci. 10. Dovresti chiamarli .... : .... non hanno il tuo numero.

A 293

La morfologia

4 ●●● COMPETENZE MORFO-SINTATTICHE **Distingui** se i pronomi personali svolgono funzione di soggetto o di complemento.

1. Gli hai dato tu il giornale? Sì, adesso lo sta leggendo lui. **2.** Quel ragazzo non mi ispira fiducia: non voglio che voi lo frequentiate. **3.** Vogliono proprio voi, non me. **4.** Di' a lei di fare la spesa; non posso fare sempre tutto io. **5.** Luca le ha mandato dei fiori e lei li ha accettati con gran piacere. **6.** Mi piacerebbe andare da Alberto e Riccardo e ricambiare il favore che mi hanno fatto loro. **7.** Avreste dovuto contattarci voi almeno una settimana fa, ma non vi abbiamo sentiti per nulla. **8.** Per favore, non disturbarci: dobbiamo studiare, noi. **9.** Non posso accompagnarti io: devo già andare a prendere lei. **10.** Dovresti avvertirli tu del ritardo: loro ci stanno aspettando.

5 ●●○ COMPETENZE MORFOLOGICHE **Volgi** al singolare le frasi 1-5 e al plurale le 6-8.

1. Perché non venite al cinema anche voi? **2.** Non dobbiamo scrivere noi a loro, ma voi. **3.** Le tue sorelle hanno dei problemi: se voi steste loro accanto, le sollevereste da qualche preoccupazione. **4.** Quando ho chiesto loro di aiutarmi a terminare il lavoro, i miei amici si sono subito dichiarati disponibili; io li ho poi ringraziati moltissimo e ho fatto loro un piccolo regalo. **5.** I miei fratelli non si accorgevano che li stavamo osservando e così abbiamo fatto loro uno scherzetto. **6.** La mia amica ama molto gli animali e io le regalerò un gattino. **7.** Ho telefonato a un mio compagno di scuola e l'ho invitato a mangiare una pizza. **8.** Tua cugina è un'egoista: a lei non importa nulla di come stai tu.

6 ●●● COMPETENZE MORFO-SINTATTICHE DENTRO LE PAROLE MITO **Riconosci** i pronomi personali e **distingui** le forme soggetto, le forme atone complemento e le forme toniche complemento.

Il rapimento di Europa   Chi di voi conosce l'origine della parola **Europa**? Se non la sapete, ve la diciamo noi, raccontandovi il mito da cui essa è derivata. Europa era una bellissima principessa, figlia del re di Tiro. Ella era solita andare sulle rive del mare assieme alle sue coetanee per raccogliere fiori e intrecciare con essi delle ghirlande. Un giorno Zeus le vide dall'alto, notò tra di loro Europa e subito se ne innamorò. Allora egli scese dall'Olimpo e, per non spaventare le giovani, *assunse* le *sembianze* di un toro bianco che pascolava *placidamente*. Esse nel vederlo così bello e *mansueto* gli si avvicinarono per accarezzarlo. Europa, per gioco, gli *montò* in *groppa* e quello all'improvviso la rapì, fuggendo al galoppo sulle acque del mare.

7 ●●○ COMPETENZE LESSICALI PAROLE DENTRO I TESTI **Trova** il sinonimo delle seguenti parole evidenziate nell'esercizio 6.

1. assumere: ....   3. placidamente: ....   5. montare: ....
2. sembianze: ....   4. mansueto: ....   6. groppa: ....

8 ●●● COMPETENZE MORFO-SINTATTICHE MITO **Riconosci** i pronomi personali e **distingui** le forme atone complemento dalle forme toniche complemento.

Il nome "Europa"   La giovane terrorizzata vedeva sotto di lei gli abissi del mare e durante la folle corsa si teneva ben aggrappata alle sue corna. Infine, quando giunsero a Creta, il toro depose Europa sotto un grande platano, le si rivelò come Zeus e si unì a lei, che in seguito partorì tre figli tra cui il famoso Minosse. Il nome di "Europa" fu poi usato dai Greci per indicare l'area geografica attorno alla Grecia, che per loro rappresentava la culla della civiltà contrapposta all'Asia, "terra di barbari". Il toro personificato da Zeus diventò invece una costellazione e uno dei segni dello Zodiaco.

7 Il pronome e gli aggettivi pronominali

I trucchi del mestiere

Come riconoscere la funzione logica delle forme atone Le forme atone possono esprimere funzioni logiche diverse:

- *mi*, *ti*, *ci*, *vi* possono essere **complemento oggetto e complemento di termine**;
- *le* può essere **complemento oggetto plurale** e **complemento di termine singolare**.

Per distinguere la loro funzione logica, devi considerare innanzitutto la **reggenza del verbo** e per maggior sicurezza trasformare la forma debole nella forma forte corrispondente.

complemento oggetto	complemento di termine
Paola **mi** (= *me*) chiama.	Mario **mi** (= *a me*) telefonò.
Perdona**mi** (= *me*).	Scrivi**mi** (= *a me*).
Non **ti** (= *te*) ho visto.	**Ti** (= *a te*) racconterò tutto.
Voglio veder**ti** (= *te*).	Non posso risponder**ti** (= *a te*).
Lo (= *lui*) vedrò domani.	**Gli** (= *a lui*) dirò la verità.
Chiama**lo** (= *lui*).	Da**gli** (= *a lui*) tempo.
La (= *lei*) vedrò domani.	**Le** (= *a lei*) scriverò domani.
Non disturbar**la** (= *lei*).	Porta**le** (= *a lei*) dei fiori.
Ci (= *noi*) hanno chiamato.	**Ci** (= *a noi*) porterà dei libri.
Dovrà ascoltar**ci** (= *noi*).	Date**ci** (= *a noi*) fiducia.
Vi (= *voi*) accompagneremo.	**Vi** (= *a voi*) farò uno sconto.
Vuole accompagnar**vi** (= *voi*).	Posso telefonar**vi** (= *a voi*)?
Li (= *loro,* maschile) aspettiamo.	–
Aiuta**le** (= *loro,* femminile.).	–

9 ●●○ **COMPETENZE MORFO-SINTATTICHE** **Indica** se le forme atone svolgono la funzione di complemento oggetto [CO] o di complemento di termine [CT].

1. Le [.......] racconterò tutto. **2.** Perdonalo [.......]. **3.** Dagli [.......] più tempo. **4.** Le [.......] hai fatto le tue scuse? **5.** Ascoltali [.......]! **6.** Quanto gli [.......] hai prestato? **7.** Portale [.......] al cinema. **8.** Le [.......] ho dato lo scontrino, signora? **9.** Chi vi [.......] ha dato il permesso? **10.** Li [.......] avevi già visti? **11.** Amici, seguitemi [.......]! **12.** Ci [.......] hanno convocati per un colloquio. **13.** Deve darci [.......] più spazio o non potremo dimostrargli [.......] le nostre capacità. **14.** Chi lo [.......] ha medicato? **15.** Vi [.......] aspettiamo all'angolo. **16.** Non disturbarla [.......]. **17.** Raccontami [.......] con calma l'accaduto. **18.** Ci [.......] sembra tardi per incontrarli [.......]. **19.** Non finirà mai di stupirci [.......]. **20.** Lo [.......] hanno applaudito a lungo. **21.** Puoi accompagnarmi [.......]? **22.** Non appena arriverò, vi [.......] telefonerò.

A 295

La morfologia

10 ●●● COMPETENZE MORFO-SINTATTICHE **Indica** se le forme dei pronomi personali svolgono la funzione di soggetto [S], di complemento oggetto [CO] o di complemento di termine [CT].

1. Vi [......] contatterò io [......] al più presto e vi [......] comunicherò la mia decisione.
2. Ti [......] prego, perdonami [......] e dammi [......] un'altra occasione per dimostrarti [......] il mio affetto. 3. Spero di vederti [......] al più presto: devo raccontarti [......] quello che mi [......] è successo ieri. 4. Non smetteremo mai di ringraziarvi [......]: accordandoci [......] la vostra fiducia, voi [......] ci [......] avete salvati da una brutta situazione.
5. Confidaci [......] i tuoi problemi e in ogni modo cercheremo noi [......] di aiutarti [......].
6. Proprio tu [......] gli [......] hai promesso ciò che non ti [......] sarà possibile mantenere.
7. L'imputato ci [......] rivelò di essere stato lui [......] a rapinarli [......] e a ordinar loro [......] di tacere. 8. Se venissero anche loro [......], mi [......] farebbero un immenso piacere. 9. Vorrei essere stato io [......] a dirle [......] quelle parole. 10. Credi sia giusto tu [......] che lei [......] non ci [......] saluti più? 11. Non ti [......] sembra di aver esagerato! Ti [......] hanno criticato tutti! 12. Beato lui [......] che potrà accompagnarvi [......] in vacanza!

11 ●○○ COMPETENZE MORFOLOGICHE **Completa** le seguenti frasi scegliendo le forme dei pronomi personali *li* o *gli*.

1. .... hai già conosciuti? 2. .... hai riferito quello che ti avevo detto? 3. Non .... compro perché quando l'ha fatto Carlo .... sono costati molti grattacapi. 4. .... avete portato quei regali e non .... ha nemmeno guardati. 5. Come .... ho comprati, così .... posso rivendere.
6. Dar........ i miei quadri? Mai! Piuttosto .... butto via. 7. I libri? Non posso portarte........ perché sono troppi. 8. .... hai imposto vincoli così stringenti che non .... può rispettare. 9. Possiamo chiamare l'elettricista e chieder........ cosa fare per questo danno.
10. Quando .... incontrerò, ... rimprovererò per aver preso in giro Matteo e aver........ detto molte malignità.

12 ●○○ COMPETENZE MORFOLOGICHE **Completa** le seguenti frasi con il pronome adatto a sostituire i nomi indicati tra parentesi.

1. (*Marco*) Se .... rivedrò, ... dirò ciò che penso di ....
2. (*Marta*) Se .... rivedrò, ... dirò ciò che penso di ....
3. (*Marco e Pietro*) Se .... rivedrò, dirò .... ciò che penso.
4. (*Marta e Daniela*) Se .... rivedrò, dirò .... ciò che penso.
5. (*Daniela*) Beata .... ; tutti .... apprezzano e .... vogliono bene.
6. (*Pietro*) Beato .... ; tutti .... apprezzano e .... vogliono bene.
7. (*Luca*) .... ho mandato una mail per avvertir........ del cambiamento di programma.
8. (*Luca e Sandra*) Ho mandato .... una mail per avvertir........ del nuovo programma.

7 Il pronome e gli aggettivi pronominali

Occhio all'errore

***A me mi piaci proprio te* o *a me piaci proprio tu*?** L'uso dei pronomi personali è alla base di errori gravi e molto ricorrenti nella lingua scritta e parlata. Perciò, ricorda che:

- in funzione di **soggetto** la forma corretta è ***tu***, **non *te***, che è, invece, **complemento**.

NO	SÌ
Te sei proprio un'amica.	**Tu** sei proprio un'amica.
Farò come hai fatto te.	Farò come hai fatto **tu**.
Dimmelo te.	Dimmelo **tu**.

- le espressioni *a me mi*, *a te ti* sono **scorrette** (anche se molto diffuse) perché lo stesso pronome **viene ripetuto con due forme diverse ma equivalenti**.

- **non devi usare *ne*** (= *di/da lui*, *lei*, *loro*, *questo*, *questa*, *questi*, *queste*) quando nella frase c'è già un altro pronome con la stessa funzione logica, ad esempio *di cui*, perché l'espressione ***di cui ne*** equivale a dire "di cui di questo".

NO	SÌ
A me mi piace viaggiare.	**A me** piace viaggiare. / **Mi** piace viaggiare.
Il caffè a te non ti piace?	Non **ti** piace / **A te** non piace il caffè?
A lui non glielo presto.	**A lui** non lo presto / non **gli**elo presto.
Adele di lui ne parla male.	Adele parla male **di lui** / **ne** parla male.
Ho un problema di cui ne devo parlare.	Ho un problema **di cui** devo parlare.
Ne vuoi ancora un po' di gelato?	Vuoi ancora un po' **di gelato**? / **Ne** vuoi ancora un po'?

Inoltre, devi usare per le **3ᵉ persone** in funzione di **complemento di termine**:

- ***gli*** per il **singolare maschile** (= *a lui*);
- ***le*** (**non *gli***) per il **singolare femminile** (= *a lei*);
- ***loro*** per il **plurale maschile** e **femminile**; questa forma tende oggi a essere sostituita da ***gli***, che è considerata accettabile, ma solo per il **maschile**.

Non confondere le forme *le* / *li* / *gli*, che vanno correttamente **concordate, al maschile o al femminile, con il nome a cui si riferiscono**.

Stefano mi ha chiesto un parere e io **gli** (= *a lui*, *Stefano*) dirò francamente ciò che penso.
Marta mi ha chiesto un parere e io **le** (= *a lei*, *Marta*) dirò francamente ciò che penso.
Ho incontrato Paolo e Luca e **li** (= *loro*) ho invitati alla festa.
Marta e Paola mi hanno chiesto un parere e io ho detto **loro** (= *a loro*) ciò che penso.
Andrea e Luca mi hanno chiesto un parere e io ho detto **loro** / Andrea e Luca mi hanno chiesto un parere e io **gli** ho detto ciò che penso.

Infine, le forme atone *ci*, *ce* significano "a noi" e **devono sempre essere riferite alla sola 1ª persona plurale**.

NO	SÌ
Ho visto Luca, ma non ci ho parlato.	Ho visto Luca, ma non **gli** ho parlato.
Se vedo Sara ce lo dico io.	Se vedo Sara **gli**elo dico io.
No, non dircelo!	No, non dir**gli**elo!

A 297

La morfologia

13 ○○○ **COMPETENZE MORFOLOGICHE** **Correggi** gli errori nell'uso dei pronomi personali; nel caso vi siano due possibilità, **specificale** entrambe.

1. Proprio te ti lamenti!   2. Ho visto Marisa, ma non ci ho parlato.   3. Se le telefoni, digli che arriverò tardi.   4. Diteci anche a noi quello che ha fatto.   5. Io non me ne occupo più di quelle pratiche.   6. Truccata così non sembri più te.   7. A lei non glielo hanno raccontato.   8. A me non mi è mai capitato.   9. Sei proprio un ragazzo strano te!   10. Non devi chiedercelo a lui, ma a lei.   11. Ho incontrato Fulvio ma non ho voluto dirci che venivo da te.   12. Paolo è un bugiardo, perciò non crederlo.   13. Da un po' di tempo non si ci vede più.   14. Si telefoniamo tutti i giorni e si raccontiamo com'è trascorsa la giornata.   15. Ti sembra giusto a te che Luca dia sempre ragione a lei e non a me?   16. Cosa gliene importa a loro dei miei problemi?   17. Era tanto buio che appena si ci si vedeva.   18. È venuta Marta: non ce l'avevi detto che sono malato?   19. Signora, mio figlio non c'è, ma appena arriva la faccio telefonare.   20. Ne hai ancora sentito parlare di lui?

14 ●●○ **COMPETENZE MORFOLOGICHE** **Riscrivi** correttamente le seguenti frasi.

1. Mia madre è molto ansiosa: non dirgli del mio incidente.   2. A lei non la invito alla mia festa.   3. Giancarlo di lei ne ha una brutta opinione.   4. Beato tu che hai preso dieci in matematica!   5. Vieni anche te al cinema con noi?   6. Ne gradisci ancora un po' di pasta al pesto?   7. A chi non gli piace il gelato?   8. A lei gli sembri fuori di senno.   9. Sei rimasto così turbato da quell'evento che ne parli sempre di quello.   10. La devo assolutamente telefonare per chiedergli un appuntamento.   11. Sei stato te a dipingere quel quadro?   12. Diccelo a noi! Sai che di noi ti puoi fidare!   13. Fulvio ha superato l'esame: le regaleranno un computer nuovo.

15 ●●● **COMPETENZE DI SCRITTURA** **Riscrivi** la seguente lettera immaginando di rivolgerti a una persona con cui non hai rapporti di confidenza… **Usa** un registro più formale e cambia i pronomi allocutivi.

Mario carissimo,
contrariamente a quanto ti avevo annunciato, domenica prossima non potrò essere presente alla tua cena, a cui per altro tenevo tanto. Un improvviso impegno di lavoro mi costringe ad allontanarmi da Roma e devo purtroppo rinunciare al piacere di festeggiare con te la tua laurea. Ti faccio comunque tante congratulazioni e spero di poterti incontrare al più presto per rifartele di persona. Auguro a te e ai tuoi amici una splendida serata … io sicuramente vi penserò.

A presto amico mio!
Un abbraccio
Paolo

16 SUPER! **COMPETENZE DI SCRITTURA** **Scrivi** due biglietti di scuse per essere arrivato/a in ritardo: il primo indirizzato a un tuo amico/a; il secondo a una persona di riguardo con la quale non hai rapporti di confidenza.

17 SUPER! **COMPETENZE DI SCRITTURA** **Scrivi** una lettera di reclamo indirizzata a un ufficio pubblico, usando gli allocutivi di registro "molto formale".

1*4 I pronomi personali riflessivi

I **pronomi personali riflessivi** sono una **sottoclasse dei pronomi personali**; indicano la persona o l'animale **su cui si riflette l'azione** compiuta da lui stesso. Si riferiscono sempre al **soggetto** della frase e hanno funzione di **complemento diretto** o **indiretto** (**mai di soggetto**).

Paola **si** sta pettinando.

Pensate sempre a **voi stessi!**

I pronomi riflessivi di **1ª** e **2ª persona** hanno **forme uguali** a quelle dei **pronomi personali complemento**; hanno, invece, **forme specifiche per la 3ª persona**. Inoltre, per ciascuna persona possiedono **due forme**, l'una tonica, l'altra atona.

Ecco il quadro completo delle forme dei pronomi personali riflessivi.

persona	forma tonica (tutti i complementi)	forma atona (complemento oggetto / complemento di termine)
1ª singolare	me (stesso / a)	mi
2ª singolare	te (stesso / a)	ti
3ª singolare	sé (se stesso / a)	si
1ª plurale	noi (stessi / e)	ci
2ª plurale	voi (stessi / e)	vi
3ª plurale	sé (se stessi / e), loro	si

- Le **forme toniche si trovano sempre dopo il verbo** e possono essere rafforzate dall'aggettivo *stesso*; possono svolgere la funzione di **complemento oggetto** o, se accompagnate da una preposizione, di **complemento indiretto**.
  Per il pronome di 3ª persona, preceduto dalle preposizioni *tra*, *fra* o dalle locuzioni preposizionali *in mezzo a*, *assieme a*, *insieme con*, si usa la forma *loro* al posto di *sé*.

  Davide ama solo **se stesso**.

  Tu pensi solo a **te**.

  Dovete solo contare su **voi stessi**.

  MA Discutono sempre tra **loro**.

- Le **forme atone** *mi*, *ti*, *ci*, *vi*, *si* (che diventano *me*, *te*, *ce*, *ve*, *se* quando sono seguite da un'altra particella atona) servono a costruire la forma riflessiva del verbo. Possono essere **proclitiche** o **enclitiche**, e svolgono le seguenti funzioni sintattiche:

  – **complemento oggetto**, nella forma **riflessiva propria**.

  Paolo **si** sta rovinando.   Paolo teme di esser**si** rovinato

  – **complemento di termine**, nella forma **riflessiva apparente**.

  Tu **ti** stai rovinando la vita.   Stai per rovinar**ti** la vita.
  Me ne comprerò un altro.   **Te** lo sei già messo?

La morfologia

- Le **forme plurali** *ci*, *vi*, *si* indicano un'**azione riflessiva reciproca** quando accompagnano verbi che indicano un'azione che i soggetti si scambiano a vicenda. A seconda del verbo, possono avere funzione di **complemento oggetto** o di **complemento di termine**.

Io e Luca **ci** stimiamo molto.   **Si** amano da sempre.   `complemento oggetto`

Vi scrivete ancora?   **Ci** diciamo sempre tutto.   `complemento di termine`

Le particelle *mi*, *ti*, *ci*, *vi*, *si*, oltre a essere usate nella costruzione della forma riflessiva, entrano nella composizione dei **verbi intransitivi pronominali**: in questo caso non hanno alcun valore riflessivo e non svolgono alcuna funzione sintattica, ma sono **parte integrante del verbo**.

Mi sono annoiato.

Anna **si** è stupita.

Non **ce** ne siamo accorti.

Allena le Competenze

18 ●○○ **COMPETENZE MORFOLOGICHE** **Indica** se i pronomi sono personali [P] o personali riflessivi [PR].

1. I vanitosi parlano sempre di sé [.....]. **2.** Lui [.....] parla spesso di loro [.....]. **3.** Tendi sempre a sopravvalutarti [.....] e molti ti [.....] criticano per questo. **4.** È meglio che ti [.....] parli io [.....], prima di loro [.....]. **5.** Disponetevi [.....] in ordine alfabetico. **6.** Ci [.....] candideremo come rappresentanti del Consiglio di Istituto. **7.** Mi [.....] hanno fatto le loro scuse. **8.** Accidenti! Mi [.....] sono tagliata. Mi [.....] porti, per favore un disinfettante? **9.** Non sottrarti [.....] al tuo dovere o ti [.....] costringeremo noi [.....]. **10.** Ti [.....] sei scelto un compagno di banco davvero simpatico. **11.** Vi [.....] siete iscritti a un corso di studi che vi [.....] impegnerà molto, ma vi [.....] darà molte soddisfazioni. **12.** Massimo ha un bel cane e lo [.....] porta sempre con sé [.....].

19 ●●○ **COMPETENZE MORFOLOGICHE** **Distingui** i pronomi personali riflessivi dai pronomi personali.

1. Se continua a lavarsi le mani in questo modo gli verranno i geloni. **2.** Ti sei messo i guanti e la sciarpa? Fuori si gela. **3.** Si crede un genio e invece è solo un presuntuoso. **4.** Ti stai truccando troppo! **5.** Mi ritengo fortunato di averti conosciuta. **6.** Non puoi pensare solo a te stesso! **7.** Ti sei sporcato un'altra volta? **8.** Ci amiamo dal primo giorno in cui ci siamo visti! **9.** Stiamo vicino al caminetto per scaldarci. **10.** «Va' ad aprire la porta!» «Vai tu: io dovrei vestirmi!» **11.** È meglio che ci pettiniamo: siamo inguardabili. **12.** Non è possibile che Tommaso voglia cambiarsi la maglia tre volte al giorno! **13.** Si sono scambiati il numero di telefono, così possono sentirsi. **14.** Mi cambio l'abito e sono subito da te.

7 Il pronome e gli aggettivi pronominali

> **Facciamo il punto su... le funzioni di *ci* e *vi***

A seconda del contesto, ***ci*** e ***vi*** possono svolgere la funzione di:

- **pronome personale**, con funzione di **complemento oggetto** (= *noi*) o di **complemento di termine** (= *a noi*).
  Ci (= *noi*) aiuti? Accompagna**ci** (= *noi*) tu!   Non **ci** (= *a noi*) parla più.   Da**cci** (= *a noi*) retta.

- **pronome personale riflessivo**, con funzione di **complemento oggetto** (= *noi stessi*) o **complemento di termine** (= *a noi stessi*).
  Ci (= *noi stessi*) vestiamo subito.   Concediamo**ci** (= *a noi stessi*) una pausa!

- **pronome personale riflessivo reciproco** (= *l'un l'altro*).
  Ci (= *l'un l'altro*) stimiamo molto.   Incontriamo**ci** (= *l'un l'altro*)!

- parte integrante di un **verbo pronominale** (nessuna funzione sintattica).
  Ci siamo impegnati molto.   Affrettiamo**ci**!

- **pronome dimostrativo** (= *a ciò*, *su questo*).
  Non **ci** (= *a ciò*) posso credere.   Puoi contar**ci** (= *su questo*)!

- **avverbio di luogo** (= *in / verso / per quel luogo*), anche con il verbo *essere*, quando significa "trovarsi", "esistere".
  Ci (= *in quel luogo*) abito da tempo.   Va**cci** (= *in quel luogo*) subito.
  Ci (= *per quel luogo*) passo spesso.   **Ci** sono problemi?

- **rafforzativo**, in usi tipici del parlato.
  Ci prendiamo un caffè? (= *Prendiamo un caffè?*)

20 ●●○ **COMPETENZE MORFOLOGICHE** **Indica** se *ci* e *vi* hanno funzione di pronome personale **[PP]**, pronome personale riflessivo **[PR]**, pronome personale riflessivo reciproco **[PRR]**.

1. Ragazzi, mettevi [......] in fila e seguiteci [......].   **2.** Diteci [......] il motivo per cui avete deciso di non vedervi [......] più.   **3.** Vi [......] passeremo a prendere alle 9; vi [......] prego, vestitevi [......] in modo adeguato alla cerimonia.   **4.** Quando ci [......] incontriamo, ci [......] concediamo un bel gelato.   **5.** Raccontateci [......] di come vi [......] siete conosciuti.   **6.** Vi [......] credete sempre i migliori, ma tutti quanti vi [......] considerano solo dei presuntuosi.   **7.** Io e Marta ci [......] conosciamo da sempre e spesso ci [......] scambiano per due sorelle.   **8.** Vi [......] siete cacciati proprio in un bel guaio! E adesso ci [......] toccherà togliervi [......] dai pasticci!   **9.** Che cosa vi [......] impedisce di comprarvi [......] quella casa? Vi [......] manca forse il danaro?   **10.** Io e Pietro ci [......] amiamo davvero e ci [......] sentiamo persino ringiovaniti.

21 **SUPER!** **COMPETENZE MORFOLOGICHE** **Indica** se *ci* ha funzione di pronome personale **[PP]**, pronome personale riflessivo **[PR]**, parte integrante di un verbo pronominale **[VP]**, avverbio di luogo **[AV]**.

1. Non ci [......] crediamo invincibili, ma certo non sarete voi a batterci [......].   **2.** I cugini ci [......] hanno invitato: È da molto che non ci [......] andiamo.   **3.** Non ci [......] piace vantarci [......].   **4.** Ci [......] siamo adirati con la commessa perché non voleva darci [......] lo scontrino.   **5.** «Un giorno o l'altro devo andare da Tommaso!» «Ci [......] passiamo adesso?»   **6.** Ci [......] siamo lavati in giardino.   **7.** Ci [......] siamo dimenticati la crema: cerchiamo di non scottarci [......]!   **8.** Che meraviglia Venezia! Ci [......] siamo stati quando ci [......] hanno dato le ferie.

A 301

La morfologia

RAFFORZA LE TUE COMPETENZE

 22 ●○○ COMPETENZE MORFOLOGICHE **Distingui** se i pronomi personali svolgono la funzione di **soggetto**, di **complemento oggetto** o di **complemento indiretto**.

1. Secondo Alba, loro sono già a casa, ma tu che cosa pensi di fare? **2.** Sono certa che li porterà domani. **3.** Dategli una mano! **4.** Credimi, non è così. **5.** Non ho dubbi che lui parli bene l'inglese, ma tu chiediglielo lo stesso. **6.** Se me lo chiedesse lei, verrei. **7.** Questa è la mia gatta: l'avete vista per il quartiere? **8.** Fammi una cortesia: prendigli la palla che gli è caduta nel tuo giardino. **9.** Non devi aver paura di loro: sono solo dei cuccioli di coccodrillo! **10.** Sai che è lei la ragazza di cui ti ho parlato un mese fa?

 23 ●○○ COMPETENZE MORFOLOGICHE DALLA GRAMMATICA ALLA SCRITTURA **Sostituisci** le parti in grassetto con il **pronome personale** adeguato e **riscrivi** le frasi con le opportune modifiche.

1. Hai dato **a Marcello** il regalo? **2.** Hai parlato con **Paolo e Antonio**? **3.** Ho visto **Maria** e ho detto a **Maria** di non preoccuparsi. **4.** Ho detto **a Marta** che non dimenticheremo **Marta**. **5.** La tastiera che hai dato a **Luca** sta funzionando bene. **6.** Hai visto **il professore e il preside**? **7.** Daniela ha chiesto **al tabaccaio** se avesse quegli strani francobolli, ma **il tabaccaio** ha risposto **a Daniela** che non aveva **quei francobolli**. **8.** Ho incontrato **la professoressa e il preside** e ho comunicato **alla professoressa e al preside** il mio progetto. **9.** Diedero quel materiale **agli operai** e questi portarono **il materiale** nel magazzino. **10.** Ho regalato **a Elisa** un libro che divertirà **Elisa**.

24 ●●○ COMPETENZE MORFOLOGICHE **Completa** le seguenti frasi con la forma adeguata del **pronome personale**.

1. Ho visto Marta diversa: da tempo non .... capitava di essere così allegra: sei stato bravo .... che sei riuscito finalmente a far .... sorridere. **2.** È meglio che .... dica .... che sono tuo amico e che .... voglio bene, prima che .... venga a saper .... da altri. **3.** Abbiamo parlato con Andrea e .... abbiamo chiesto delle spiegazioni: .... abbiamo visto molto strano ma non siamo riusciti a cavar .... una parola sull'accaduto. **4.** Beato .... che andrai a Londra e rivedrai George e Alan: farebbe davvero piacere anche a .... incontrar .... , perché .... trovo molto simpatici. **5.** Lasciate .... in pace, non .... rendete conto che Matteo non vuole più discutere con .... ? **6.** Se andrai da Nicolò, riporta .... i libri che .... ha prestato; probabilmente .... aspetta per svolgere il tema che .... è stato assegnato per la settimana prossima.

25 ●●○ COMPETENZE MORFO-SINTATTICHE **Riscrivi** le frasi sostituendo i **pronomi personali** con la **particella ne**.

1. Ho letto il tuo articolo e ho tratto numerosi spunti da esso. **2.** Marco è un allievo modello e tutti parlano bene di lui. **3.** I cioccolatini mi fanno male, ma non posso fare a meno di essi. **4.** Giorgia è una ragazza modello: i genitori sono fieri di lei. **5.** Li ho incontrati al mare e conservo di loro un bel ricordo. **6.** Luca ha un brutto carattere e io sto lontano da lui. **7.** Ho venduto due anelli e ho ricavato da essi cinquecento euro. **8.** Ho visto un grave incidente e sono rimasta colpita da esso.

26 ○○○ **COMPETENZE MORFOLOGICHE** Distingui se il pronome riflessivo ha valore di riflessivo proprio, apparente o reciproco.

1. Si sono sempre detestati in silenzio. 2. Si è messo il maglione? 3. Ti sei bagnato tutto il maglione. 4. Claudia si è messa un rossetto luccicante che le dona moltissimo. 5. Aldo e Fabrizio si sono stretti la mano. 6. Stai per rovinarti le vacanze, lo sai? 7. Io e Paola ci stimiamo molto. 8. Vi siete già lavati? 9. Dovete preparvi in fretta.

27 ○○○ **COMPETENZE MORFOLOGICHE** **MITO** Distingui i pronomi personali, i pronomi riflessivi, le particelle pronominali *si/se* che fanno parte integrante di un verbo pronominale e *vi* con funzione di avverbio.

Teseo Vi raccontiamo un altro famoso mito, quello che ci parla dell'eroe Teseo, figlio del re di Atene, Egeo. Egeo durante un viaggio aveva incontrato la figlia del re di Trezene, se ne era invaghito e unendosi a lei aveva concepito un figlio. Poco dopo il re dovette lasciare la giovane per questioni politiche; prima però le rivelò che cosa Teseo avrebbe dovuto fare una volta che fosse cresciuto. Quando Teseo venne a conoscenza degli ordini del padre si preoccupò subito di metterli in pratica: si recò nel luogo indicato, vide un grande masso, lo spostò e sotto vi trovò i sandali e la spada nascosti anni prima dal padre. Dopo averli presi, si diresse alla reggia di Atene, dove si presentò come un ospite straniero.

28 ○○○ **COMPETENZE MORFOLOGICHE** **MITO** Distingui i pronomi personali, i pronomi riflessivi, le particelle pronominali *si/se* che fanno parte integrante di un verbo pronominale e il *si* con valore passivante.

Egeo ritrova suo figlio Egeo viveva allora con Medea che, essendo una maga, comprese subito la vera identità di Teseo; così per timore che il giovane potesse nuocerle e ostacolare i suoi piani, decise di disfarsi di lui. Medea ingannò Egeo dicendogli che quello sconosciuto era venuto per ucciderlo e gli propose di avvelenarlo durante un banchetto. Fu lo stesso re a porgere la coppa con il vino avvelenato a Teseo, il quale la prese e si alzò per fare un brindisi. In quell'atto però urtò con la spada la tavola, attirando l'attenzione di tutti non tanto su di sé, quanto sull'elsa della spada finemente cesellata. A quella vista Egeo riconobbe nel giovane il suo stesso figlio: subito si avventò sulla coppa, con una vigorosa manata la rovesciò e abbracciò amorevolmente il figlio ritrovato. Poi, essendosi ormai accorto della malvagità di Medea, la cacciò: la maga se ne andò da Atene portando con sé il figlioletto avuto da Egeo e di lei non si ebbe più notizia.

29 ○○○ **COMPETENZE MORFOLOGICHE** Indica se *ci* svolge la funzione di pronome personale [PP], pronome personale riflessivo [PR], parte integrante di un verbo pronominale [VP], avverbio di luogo [AVV] o rafforzativo [R].

1. Ci [.......] siamo messi sotto un albero e abbiamo fatto un pic-nic. 2. Firenze? È da una vita che non ci [.......] vado! 3. Non ci [.......] piace metterci [.......] in mostra. 4. Ci [.......] siamo adirati col commesso perché voleva venderci [.......] un capo fallato. 5. È meglio che ci [.......] sbrighiamo a prepararci [.......] per uscire. 6. Va' subito a casa! No, vacci [.......] tu! 7. Ci [.......] siamo dimenticati di portarci [.......] il costume. 8. Che meraviglia il mare! Ci [.......] siamo stati la scorsa settimana quando ci [.......] hanno dato le ferie. 9. Ci [.......] facciamo una bella pizza? 10. Ci [.......] siamo lavati con l'acqua fredda.

La morfologia

2 I pronomi relativi

I **pronomi relativi** sostituiscono un termine che li precede, detto **antecedente**, di cui assumono il significato, ma **non la funzione logica**.

Oltre alla funzione **sostituente**, essi svolgono una **funzione sintattica** subordinante, che consiste nel mettere in relazione due frasi collegandole tra loro: la proposizione in cui si trova l'antecedente viene detta **reggente**, quella introdotta dal pronome relativo prende nome di **subordinata relativa**.

Ecco il quadro sintetico delle forme e delle funzioni dei pronomi relativi.

forma	funzione sintattica	esempi
il/ la quale, i/ le quali	soggetto	Parlerò con lo zio di Lara, **il quale** è medico.
	complemento indiretto (in unione con una preposizione)	Non so il motivo per **il quale** si è offeso.
che	soggetto	La ragazza **che** abita qui è mia cugina.
	complemento oggetto	La ragazza **che** vedi laggiù è mia cugina.
(a) cui	complemento di termine	C'è qualcuno (a) **cui** chiedere informazioni?
articolo + cui + sostantivo	complemento di specificazione	Sentirò Sara, la **cui** opinione è decisiva.
preposizione + cui	complemento indiretto	Il problema di **cui** ti parlerò è complesso. È Luca il ragazzo con **cui** partirò.

Le forme *che*, *quale*, *chi* possono svolgere anche altre funzioni (➔ *che*, p. 329; *chi*, p. 330).

- *Il quale* è **variabile nel genere e nel numero**, e concorda con il nome che sostituisce. È d'uso poco frequente, anche perché appesantisce la frase; tuttavia, è preferibile usarlo al posto delle forme *che*, *cui*, più agili ma invariabili, quando il suo antecedente non risulta chiaro oppure quando nella frase ci sono altri *che*.

  Ho chiesto consiglio alla sorella di Gaetano, **la quale** è architetto.

  > l'uso di *che* sarebbe stato ambiguo perché avrebbe potuto riferirsi sia a *Gaetano* sia a *sorella*

- È, inoltre, la sola forma che può svolgere la **funzione di soggetto o di complemento oggetto di un verbo di modo indefinito** (infinito, gerundio, participio).
  Ho ancora tre esercizi, terminati **i quali**, potrò uscire.
  A destra c'è un cancello, varcando **il quale**, si arriva nel mio giardino.

7 Il pronome e gli aggettivi pronominali

- *Che* è **invariabile** ed è la forma più usata in **funzione di soggetto e di complemento oggetto**.

  Gianni, **che** è un bravo medico, mi ha sconsigliato quella medicina.   `soggetto`

  Ho visto il libro **che** hai scritto.   `complemento oggetto`

  L'espressione *il che* significa "la qual cosa, cosa che, ciò" e si riferisce a **un'intera frase**.
  Non ha risposto alla mia lettera, **il che** (= *e ciò*) mi preoccupa.

- *Cui* è **invariabile**; è usato come **complemento indiretto** ed è preceduto da **preposizione**.

  Questo è il ragazzo con **cui** ho rapporto.

  Nel complemento di termine può **non essere accompagnato dalla preposizione** *a*; nel complemento di specificazione è posto tra l'articolo (o la preposizione articolata) e un nome.

  Mi hai fatto una domanda **cui** (= *alla quale*) non so rispondere.

  Questi sono documenti la **cui** autenticità (= *l'autenticità dei quali*) è dubbia.

  Per cui significa "per la qual cosa" e si riferisce a **un'intera frase**.

  È tardi, **per cui** (= *per la qual cosa*) vedi di sbrigarti.

Infine, gli **avverbi di luogo** *dove* e i rari *donde*, *onde* assumono valore di pronomi relativi quando mettono in relazione due frasi: *dove*, con il significato di "in cui", e *donde*, *onde* che corrispondono a "da cui, per cui".

Questa è la città **dove** (= *in cui*) vorrei abitare.

Mira 'l gran sasso, **donde** (= *da cui*) Sorga nasce. (F. Petrarca, *Canzoniere*)

2*1 I pronomi relativi misti

> I **pronomi relativi misti** esprimono in **un'unica forma due pronomi**: un pronome **dimostrativo** o **indefinito**, che funge da antecedente, e un **pronome relativo**.

pronome relativo misto	= pronome dimostrativo o indefinito + pronome relativo	esempi
chi (invariabile)	quello/a che, colui / colei che	**Chi** (= *colui che*) non è d'accordo lo dica. Sarò grato a **chi** (= *quello che*) mi aiuterà.
quanti, quante	quelli / quelle che	Risponderò a **quanti** (= *quelli che*) mi scriveranno.
chiunque (invariabile)	qualunque persona che	**Chiunque** (= *qualunque persona che*) voglia venire, può farlo.
quanto (invariabile)	ciò che	**Quanto** (= *ciò che*) dici è ragionevole.

Chi, *chiunque* e *quanto* (= ciò che, usato solo per le cose) sono **sempre singolari**; *chiunque* richiede dopo di sé il verbo al **congiuntivo**.

A 305

La morfologia

Nell'analisi logica e nell'analisi del periodo il **pronome misto** deve essere scomposto nei due pronomi corrispondenti, che possono svolgere anche funzioni logiche diverse. Nell'analisi del periodo il dimostrativo o l'indefinito entra a far parte della proposizione reggente, il relativo introduce una proposizione relativa.

LINGUE A CONFRONTO — I PRONOMI PERSONALI E I PRONOMI RELATIVI

Nelle forme dei pronomi personali e dei pronomi relativi si possono riscontrare molte differenze tra le varie lingue.
Confronta sull'**eBook** le forme dei pronomi personali e dei pronomi realtivi in **inglese**, **francese**, **spagnolo** e **tedesco** e svolgi gli esercizi.

ALLENA LE COMPETENZE

30 ••○ COMPETENZE MORFOLOGICHE | DENTRO LE PAROLE   **Riconosci i pronomi relativi e il loro antecedente.**

La parola **fisco**, che proviene dall'antica Roma, indica il sistema tributario dello Stato e l'amministrazione finanziaria pubblica. In origine però il *fiscus* era una cesta in cui si trasportavano gli alimenti; poi si chiamò così anche la cassa nella quale i soldati riponevano il denaro durante le spedizioni militari. A partire dall'imperatore Augusto, *fiscus* diventò il nome con cui si indicava la cassa e il tesoro privato dell'imperatore: certo non era più l'umile cesto di un tempo, ma era uno scrigno sul quale erano riportate le insegne imperiali. Accanto alla cassa delle entrate imperiali rimase per un certo tempo anche l'*aerarium*, che durante il periodo repubblicano era stata la cassa del tesoro statale, di cui si impadronirono ben presto gli imperatori, i quali incamerarono nel *fiscus* tutte quante le entrate pubbliche. L'erario quindi scomparve, ma non il suo termine che nell'italiano indica anch'esso l'insieme delle finanze dello Stato.

31 ••• COMPETENZE LESSICALI | AMPLIA IL TUO VOCABOLARIO   **Spiega il significato che l'aggettivo *fiscale* ha nelle seguenti locuzioni. Consulta eventualmente il dizionario.**

1. cuneo fiscale
2. pressione fiscale
3. drenaggio fiscale
4. codice fiscale
5. domicilio fiscale
6. medico fiscale
7. comportamento fiscale
8. evasione fiscale
9. paradiso fiscale

7 Il pronome e gli aggettivi pronominali

> **I trucchi del mestiere**
>
> **Come distinguere *che* soggetto da *che* complemento oggetto** Il pronome relativo ***che*** può svolgere sia la funzione di **soggetto** sia quella di **complemento oggetto**. Per distinguerle poni attenzione al verbo della proposizione relativa:
>
> - se il verbo ha già **un suo soggetto**, espresso o sottinteso, il ***che*** è **complemento oggetto**;
> - se il verbo **non ha un altro soggetto**, il ***che*** è **soggetto**.
>
> Per un'ulteriore conferma, sostituiscilo con il termine a cui il pronome relativo si riferisce.
>
> Non conosco l'uomo **che** litigava con Valerio.   [soggetto]
> *l'uomo* è la persona che compie l'azione di litigare = *l'uomo litigava con Valerio*
>
> Il museo **che** visiteremo domani è molto interessante.   [complemento oggetto]
> *noi* è il soggetto che compie l'azione di visitare = *noi visiteremo il museo*

32 ●●○ **COMPETENZE MORFO-SINTATTICHE** **DENTRO LE PAROLE** **Indica** se il pronome relativo *che* svolge la funzione di soggetto [S] o di complemento oggetto [CO].

1. L'arte che [.....] chiamiamo **culinaria** è quella del ben cucinare; deriva da *culina*, che [.....] in latino indicava la "cucina".   **2.** La parola **gastronomia**, che [.....] usiamo come suo sinonimo, significa alla lettera "amministrazione dello stomaco", perché è composta con la radice greca *gastro-*, che [.....] significa "stomaco", e da *-nomìa*, "amministrazione".   **3.** Il termine **ragù**, che [.....] deriva dal francese *ragoûter*, "risvegliare l'appetito", indicava in origine i piatti di carne stufata con abbondante condimento. Secondo gli studiosi, la ricetta, che [.....] avevano inventato gli antichi Romani, fu portata nell'odierna Francia dai barbari.   **4. Mozzarella** è una voce napoletana, che [.....] richiama il "mozzare", cioè lo spezzare con una torsione il formaggio che [.....] ha una forma allungata. La parola compare per la prima volta nel 1570 in un libro di cucina che [.....] aveva scritto un cuoco della corte papale. Sono invece incerte le origini della mozzarella: secondo alcuni risalirebbe addirittura ai Greci che [.....] colonizzarono il Sud Italia nei secoli prima di Cristo.

33 ●●○ **COMPETENZE MORFO-SINTATTICHE** **Indica** se il pronome relativo *che* svolge la funzione di soggetto [S] o di complemento oggetto [CO].

1. La torta che [.......] hai preparato è davvero **fragrante**.   **2.** Il ladro, che [.......] è stato condannato, era stato colto in **flagrante** dai padroni di casa che [.......] ritornavano da una vacanza.   **3.** Questo pensiero è in contraddizione con la tesi che [.......] hai sostenuto nel tuo tema.   **4.** Andrea, che [.......] ha preso da poco la patente di guida, ha **innestato** inavvertitamente la retromarcia e ha travolto il motorino che [.......] avevo posteggiato dietro la sua auto.   **5.** La situazione che [.......] ti ho descritto ha screditato un negozio che [.......] molti frequentavano da anni.   **6.** Alcuni terroristi **irriducibili**, che [.......] avevano tentato la fuga, sono stati trasferiti in un nuovo carcere, che [.......] è di massima sicurezza.   **7.** Alessia, che [.......] è molto timida, sorrideva sentendo i complimenti che [.......] le facevano.   **8.** Quel ragazzino, che [.......] conosci anche tu, era spesso **schernito** da quei bulli della scuola, che [.......] hanno ricevuto due giorni di sospensione.   **9.** Sono contento per la notizia che [.......] mi hanno dato: Marco, che [.......] pensava di essere licenziato, è stato **reintegrato** nelle sue mansioni.

A 307

La morfologia

34 ●●○ COMPETENZE MORFO-SINTATTICHE DENTRO LE PAROLE **Indica** se il pronome relativo *che* svolge la funzione di soggetto [S], di complemento oggetto [CO] o di complemento indiretto [CI].

Il verbo latino **confiscare** che [.......] ha seguito pari passo la storia del nome da cui [.......] è derivato, significava prima "mettere nel *fiscus*", cioè nella cesta, poi "trasferire danaro nel tesoro imperiale", infine "incamerare nelle casse pubbliche gli averi" che [.......] qualcuno aveva. E anche oggi indica l'azione con cui [.......] lo Stato requisisce qualcosa. Per esempio può espropriare i beni che [.......] qualcuno ha accumulato con reati o azioni illegali, sottrarre gli averi ai debitori che [.......] sono stati insolventi, oppure può requisire ai cittadini privati quei beni che [.......] ritenga indispensabili alla comunità.

35 ●●● COMPETENZE MORFO-SINTATTICHE **Indica** se il pronome relativo svolge la funzione di soggetto [S], di complemento oggetto [CO], di complemento di termine [CT] o di complemento di specificazione [CS].

1. Alberto, a cui [.......] avevo chiesto l'indirizzo che [.......] tu mi avevi richiesto, è malato. **2.** Conosci la ragazza che [.......] hanno investito? No, ma conosco il motociclista che [.......] l'ha investita. **3.** La pizza che [.......] ho mangiato da te era ottima, e molto più gustosa di quella che [.......] faccio io. **4.** Non mi hanno detto nulla che [.......] io non sapessi già. **5.** Non c'è squadra che [.......] possa batterci, neanche quella che [.......] ha vinto l'anno scorso. **6.** Suo fratello, di cui [.......] ora mi sfugge il nome, è medico. **7.** Sono entrati dei ladri nella villa, il cui [.......] giardino confina con il mio. **8.** C'è qualcuno a cui [.......] chiedere informazioni? **9.** Ho fatto tutto ciò che [.......] potevo fare per aiutare quel ragazzo a cui [.......] sono morti i genitori. **10.** Quell'uomo, i cui [.......] quadri sono ora molto quotati, era un mio compagno di scuola. **11.** Ti presenterò la ragazza cui [.......] ho dedicato una canzone. **12.** Sono pochi quelli che [.......] lo sopportano; Danilo è uno che [.......] nessuno vuole per amico. **13.** Quell'appartamento, il cui [.......] prezzo è molto alto, non è stato ancora venduto. **14.** Quello è un uomo di cui [.......] non ti devi fidare.

36 SUPER! COMPETENZE MORFO-SINTATTICHE **Indica** se il pronome relativo svolge la funzione di soggetto [S], di complemento oggetto [CO], di complemento di termine [CT] o di complemento di specificazione [CS].

1. L'impresa di cui [.......] sei stato protagonista è degna di essere ricordata. **2.** Imita l'amico il cui [.......] comportamento è onesto. **3.** La gloria dell'uomo è un fumo che [.......] il vento disperde. **4.** La domanda cui [.......] non ho voluto rispondere era inopportuna. **5.** Là non c'era nessuno cui [.......] chiedere informazioni. **6.** Romolo fondò una città che [.......] diventò padrona del mondo. **7.** Ciò che [.......] sostenete non è credibile. **8.** Carneade, di cui [.......] ben pochi hanno memoria, fu un filosofo greco. **9.** Sono andato alla mostra di De Chirico, i cui [.......] quadri valgono milioni di euro. **10.** Marco, cui [.......] ho prestato la mia bicicletta, è un caro amico che [.......] conosco fin dalla scuola elementare. **11.** Sandra, a cui [.......] avevo affidato questo incarico, ha una brutta influenza che [.......] la costringerà a letto per alcuni giorni. **12.** Ho comprato un appartamento, il cui [.......] prezzo mi sembrava conveniente. **13.** Il suo medico, di cui [.......] ora mi sfugge il nome, è molto competente. **14.** La villa, il cui [.......] giardino confina con il mio, è stata abbandonata dai proprietari che [.......] si sono trasferiti all'estero.

7 Il pronome e gli aggettivi pronominali

37 ●●○ COMPETENZE LESSICALI ┃ PAROLE DENTRO I TESTI ┃ **Specifica** con un sinonimo o una definizione il significato delle seguenti parole, alcune delle quali sono state evidenziate nell'esercizio 33.

1. fragrante: ....
2. flagrante: ....
3. innestare: ....
4. innescare: ....
5. irreversibile: ....

6. irriducibile: ....
7. schermirsi: ....
8. schernire: ....
9. reiterato: ....
10. reintegrato: ....

Il buon uso della scrittura

L'uso del pronome relativo   L'uso del pronome relativo nella scrittura richiede alcune attenzioni, perché può essere oggetto di gravi errori.

- Il pronome relativo deve essere collocato **il più vicino possibile al suo antecedente**. Per questo motivo, la proposizione relativa viene spesso a trovarsi **all'interno della proposizione reggente**, che risulta così **spezzata in due parti**; e proprio in questi casi si deve fare particolare attenzione alla costruzione della frase e alla posizione del pronome relativo.

NO Il postino fu azzannato dal cane **che** per consegnare la posta si era avvicinato troppo al cancello.

> il *che* si riferirebbe alla parola più vicina, cioè *cane*, non *postino*

SÌ Il postino, **che** per consegnare la posta si era avvicinato troppo al cancello, fu azzannato dal cane.
Oppure
Il cane azzannò il postino **che**, per consegnare la posta, si era avvicinato troppo al cancello.

- La forma **che** deve essere usata o come **soggetto** o come **complemento oggetto**. È quindi scorretto, anche se piuttosto diffuso nel parlato informale, l'uso del *che* con altre funzioni logiche (detto **che polivalente**), per le quali sono d'obbligo le forme *cui* o *quale*.

NO Il compagno che gli ho prestato venti euro.

È una che non puoi fidarti.

Ricordi il giorno che ti ho conosciuta?

SÌ Il compagno **a cui / al quale** ho prestato venti euro.

È una **di cui / della quale** non puoi fidarti.

Ricordi il giorno **in cui** ti ho conosciuta?

Un altro errore da evitare, anch'esso tipico del parlato, è quello di far seguire al pronome relativo **un pronome atono in funzione anch'esso di complemento**.

NO Questo è un problema che non se ne esce.

Il caso che te ne ho parlato.

SÌ Questo è un problema **da cui / dal quale** non si esce.

Il caso **di cui / del quale** ti ho parlato.

A **309**

La morfologia

38 ●○○ COMPETENZE MORFO-SINTATTICHE Riconosci e correggi gli usi scorretti del pronome relativo. Attenzione: non tutte le frasi sono scorrette.

1. Tu sei uno che non si può fare affidamento. Fai delle promesse che poi te ne dimentichi. **2.** È un argomento che ora accenno e che tratterò meglio in seguito. **3.** Il ragazzo che hai conosciuto è un mio vicino di casa. **4.** Questa è l'ora che tutti partono: un'ora che è meglio evitare. **5.** L'incidente che ho assistito mi ha lasciato sconvolto. **6.** Il giorno che ti farai vivo chiariremo la questione. **7.** Nel mese che ho trascorso al mare il tempo è stato piuttosto incerto. **8.** Scriva su questo modulo le sue generalità e il nome della città che è nato. **9.** L'argomento che ti sei soffermato è molto interessante. **10.** Ho letto un libro che non ne ricordo il titolo. **11.** La persona che parlavo è la mia insegnante. **12.** La persona che parlava è la mia insegnante. **13.** Il cassetto che ci ho messo la tua maglia è quello a destra. **14.** I ragazzi che li hai visti ieri vengono da Parigi. **15.** Ho ritrovato le chiavi che avevo perso. Le avevo messe in un cassetto che non ci guardo mai. **16.** La camicia che me l'hai lavata tu ha ancora una macchia. Sembra proprio che sia una macchia che non va più via.

39 ●●● COMPETENZE MORFO-SINTATTICHE STORIA Completa il seguente testo con i pronomi relativi adeguati, aggiungendo, se necessario, la preposizione.

Un vigneto nella regione francese della Borgogna.

La storia della viticoltura

La viticoltura, ... in Italia era già praticata nel 2000 a.C., fu perfezionata all'epoca dei Romani dagli schiavi greci .... affluivano a Roma e .... era affidata la cura dei vigneti. Quando veniva la stagione della vendemmia, i contadini valutavano con attenzione i vigneti .... dovevano cominciare a cogliere l'uva. Raccoglievano per prima l'uva "precoce" e quella "mista", ... chiamavano "nera". Durante la raccolta venivano anche selezionate quelle qualità .... si ottenevano i grappoli da servire in tavola. L'uva, adatta per il vino, veniva riversata in grossi tini, ... erano state tappate le fessure con la pece, ... poi si procedeva alla pigiatura. Venivano poi messe nel torchio le bucce dei chicchi .... si otteneva un vino più forte. Gli acini, pressati una seconda volta, erano conservati in grossi recipienti .... era aggiunta dell'acqua per fare un vinello .... dissetasse d'estate i contadini. Nel I secolo d.C. una grave crisi di sovrapproduzione fece emanare un decreto .... si vietava l'impianto di nuovi vigneti. Le invasioni barbariche, ... tutti conoscono i tristi effetti, provocarono lo spopolamento delle campagne e la crisi della viticoltura, ... l'Italia si risollevò solo nel Medioevo. Grazie ai monaci benedettini, ... utilizzarono nuove tecniche di lavorazione dei terreni, la viticoltura, la .... pratica era basata fino ad allora solo sull'esperienza, assunse via via un carattere scientifico .... si è mantenuto fino ai giorni nostri.

7 Il pronome e gli aggettivi pronominali

40 ●●○ **COMPETENZE MORFOLOGICHE** **DENTRO LE PAROLE** **Completa** le seguenti frasi con i pronomi relativi adeguati, ed **esprimi**, se necessario, la preposizione o l'articolo.

1. La tecnica .... riguarda la produzione, la conservazione e l'invecchiamento dei vini si chiama **enologia**.

2. **Etologia** è la parola .... si definisce la disciplina .... studia il comportamento degli animali e il loro rapporto con l'ambiente.

3. L'**entomologia** è un settore della zoologia .... campo di studio sono gli insetti.

4. L'**etnologia**, ... parola è di derivazione greca, è la disciplina .... studia le strutture delle società antiche e la loro cultura.

5. La parola **laurea** deriva dal nome della pianta dell'alloro, o lauro, ... per le sue foglie sempreverdi era il simbolo della fama e della gloria. Nell'antica Roma, infatti, esse venivano usate per intrecciare le ghirlande .... venivano incoronati i poeti vincitori: è questo il motivo .... essi venivano chiamati "laureati".

41 ●●○ **COMPETENZE LESSICALI** **AMPLIA IL TUO VOCABOLARIO** **Trova** e **scrivi** il significato delle seguenti parole, composte con -*logia*, "studio, trattazione".

1. patologia: ....
2. criminologia: ....
3. dermatologia: ....
4. endocrinologia: ....
5. parapsicologia: ....

6. archeologia: ....
7. teologia: ....
8. glottologia: ....
9. ematologia: ....
10. zoologia: ....

42 ●●● **COMPETENZE MORFOLOGICHE** **DALLA GRAMMATICA ALLA SCRITTURA** **Scrivi** un unico periodo collegando con un pronome relativo le seguenti coppie di frasi. Segui l'esempio.

1. Ho visto il documentario. Tu mi avevi già parlato del documentario.

→ Ho visto il documentario di cui tu mi avevi già parlato.

2. Andrò alla stazione a prendere Andrea. Andrea sta per arrivare da Milano.

3. Nell'isola di Pantelleria si coltiva la vite. Dalla vite si ricava un pregiato moscato.

4. Anticamente l'alloro serviva a intrecciare corone per i poeti vincitori. Perciò essi venivano chiamati laureati.

5. In questa via passano molte automobili. Il rumore delle automobili non mi fa dormire la notte.

6. Questa è la famosa regione francese della Piccardia. La Piccardia è ricca di castelli medievali.

7. Per strada ho incontrato Federica. Da Federica ho saputo che sei stato ammalato.

8. Una cordata di alpinisti si sta arrampicando sul versante settentrionale del Monviso. Le pareti del versante settentrionale sono impervie e ghiacciate.

9. Il ragazzo guardava timoroso il padre. Dal padre era stato aspramente rimproverato.

10. Vagò a lungo per le strade deserte. Sulle strade stava scendendo una fitta nebbia.

A 311

La morfologia

43 SUPER! COMPETENZE MORFOLOGICHE DALLA GRAMMATICA ALLA SCRITTURA **Riscrivi** le seguenti frasi sostituendo alle forme *il/la quale*, *i/le quali* la forma *cui* opportunamente inserita; quindi **spiega** il motivo per cui in alcune frasi la sostituzione non è possibile.

1. Il fiume Tigri, lungo il quale sorgono numerosi centri abitati, è soggetto a piene rovinose. ....

2. L'amica di Franco, della quale ti ho già parlato, è una pittrice. ....

3. Non riesco a capire il motivo per il quale te ne sei andato. ....

4. Gli amici di Sandro, con i quali ho trascorso le vacanze, hanno qualche anno più di me. ....

5. Alexandre Dumas, i romanzi del quale sono molto noti, soggiornò per alcuni anni a Napoli. ....

6. Laggiù c'è un cancello, varcando il quale, si entra nella mia proprietà. ....

7. È ritornato il padre di Anna, sul conto del quale correvano varie voci. ....

8. Fai subito i compiti, terminati i quali potrai andare a giocare. ....

44 ●○○ COMPETENZE MORFOLOGICHE **Sostituisci** i pronomi in grassetto con un pronome relativo misto.

1. **Quelli che** [............] ritengono di non aver capito, alzino la mano. 2. Accoglieremo con piacere **qualunque persona che** [............] voglia aiutarci. 3. Non è giusto criticare **colui che** [............] è assente. 4. Non approvo **quelli che** [............] hanno fatto una cosa simile. 5. Devi comprare solo **ciò che** [............] è necessario. 6. Verranno scelte **quelle che** [............] forniranno adeguate referenze. 7. **Colui che** [............] ha compiuto questo danno dovrà risarcirlo. 8. Non credere a **quello che** [............] parla solo per parlare. 9. L'omaggio sarà consegnato a **qualunque persona** [............] che ne faccia richiesta. 10. Finalmente ho ottenuto **ciò che** [............] volevo.

45 ●●○ COMPETENZE MORFO-SINTATTICHE **Scomponi** i pronomi misti nei due pronomi (dimostrativo o indefinito, e relativo) corrispondenti e **specifica** la funzione logica di ciascuno.

1. Chi vuole venire in auto con me, lo dica. 2. Ho messo in valigia solo quanto mi sembrava necessario. 3. Chiunque ti abbia detto questo, non era al corrente dei fatti. 4. Il preside ha punito severamente quanti hanno umiliato quel ragazzino. 5. A chi mi chiederà spiegazioni riferirò quanto mi hai detto. 6. Non devi fidarti di chi non conosci a fondo. 7. Non devi credere a quanti parlano male di lui. 8. Tu credi sempre a chiunque ti ispiri fiducia, senza mai verificare quanto dice. 9. Ho stima di chi si è fatto strada impegnandosi. 10. Chi ha già pagato il biglietto può entrare nella sala.

RAFFORZA LE TUE COMPETENZE

46 ●●● COMPETENZE MORFO-SINTATTICHE · DENTRO LE PAROLE · Distingui i **pronomi personali**, **riflessivi** e **relativi** e **indicane** la funzione logica.

Certo molti di voi hanno giocato a **pallavolo**, ma sapete l'anno in cui è stato inventato questo sport? E ne conoscete l'origine? Se non la sapete, ve la diciamo noi. Fu nel 1895: un istruttore di educazione fisica americano, il cui nome era William G. Morgan, ideò la versione moderna della pallavolo, così come la pratichiamo noi oggi. Egli si era imposto l'obiettivo di inventare un gioco che non si basasse sulla forza e il contatto fisico tra i partecipanti e per il quale si richiedessero doti di agilità, prontezza e capacità di concentrazione. Il nome con cui chiamò il nuovo sport fu *minonette*, da *minon*,

Un gruppo di ragazze impegnate in una partita di pallavolo all'inizio del Novecento.

"micio", un gioco con la palla che la nobiltà francese praticava due secoli prima. Un anno dopo Alfred H. Halstead cambiò quel nome, che gli sembrava un po' troppo femminile, e lo chiamò *volleyball*, "palla sparata" (da *volley*, "raffica"). Ed è sempre a lui che si deve la grande diffusione negli Stati Uniti della pallavolo, che è giunta poi da noi durante la Prima guerra mondiale.

47 ●●● COMPETENZE MORFO-SINTATTICHE · DENTRO LE PAROLE · MITO · Distingui i **pronomi personali**, **riflessivi** e **relativi**, e **specificane** le funzioni nella tabella che riprodurrai sul quaderno. **Riporta** anche il verbo quando è indispensabile a distinguerli.

L'**eco** è la ripetizione di un suono che si riflette contro un ostacolo. L'origine sia della parola sia del fenomeno risale alla mitologia greca, che ci ha tramandato varie leggende sulla ninfa dei boschi Eco. Una di esse racconta che ella amava molto chiacchierare con coloro che incontrava sulla sua strada e che, proprio per questo, Giove la incaricò di intrattenere sua moglie Giunone, mentre lui si dedicava ai suoi incontri amorosi. La dea però, essendosi accorta dell'inganno che la ninfa aveva ordito contro di lei, la punì togliendole l'uso della parola e condannandola a ripetere solo l'ultima parola che le veniva rivolta o che udiva. In seguito, Eco si innamorò del bellissimo Narciso, di cui tutti, sia donne che uomini, si innamoravano alla follia. Narciso però amava la caccia e non si concedeva le gioie dell'amore. Così Eco, respinta da lui, si nascose in una grotta e lì si consumò dalla passione: il suo corpo scomparve e di lei restò la voce a cui è concesso solo di ripetere le ultime parole che sente pronunciare.

Alexandre Cabanel, *Eco*, XIX secolo, New York, Metropolitan Museum of Art.

pronomi	soggetto	complemento oggetto	complemento di termine	complemento indiretto
personali				
personali riflessivi				
relativi	che riflette			

La morfologia

48 ●●○ COMPETENZE MORFOLOGICHE DENTRO LE PAROLE MITO **Completa** il seguente testo con i **pronomi** adeguati.

Nicolas Poussin, *Eco e Narciso*, XVII secolo, Parigi, Museo del Louvre.

Caravaggio, *Narciso*, XVI secolo, Roma, Galleria Nazionale d'Arte Antica Palazzo Barberini.

essi (*2 volte*) • chi • che • di cui • esse • egli • le • lo (*3 volte*) • -lo • loro (*2 volte*) • lui (*2 volte*) • si • quanti • sé • -si • gli (*2 volte*)

Narciso Si definisce **narcisista** .... prova una grande ammirazione per ....: è un individuo molto vanitoso, ... pensa di possedere grandi qualità, fisiche e morali, e pretende che .... vengano riconosciute. Nelle forme quasi patologiche il narcisista .... ritiene superiore agli altri, pensa che tutto .... sia dovuto, giudica di scarso valore le opinioni di .... circondano; ...., da parte loro, ... vedono come una persona arrogante o egoista. La parola deriva dal nome proprio di un personaggio mitologico, Narciso. .... era figlio di un dio e di una ninfa. Un indovino aveva predetto .... che il figlio sarebbe vissuto fino a quando non avesse visto la propria immagine. .... perciò, spaventati dalla predizione, fecero in modo che non ci fossero mai specchi intorno a .... Con il tempo, Narciso diventò un giovane bellissimo, ... le giovani s'innamoravano perdutamente. Tutte .... guardavano estasiate, ... invece non .... degnava neppure di uno sguardo. Sentendo............... disprezzate, alcune di .... chiesero vendetta al Cielo, che diede .... ascolto ed escogitò un modo per punir............... .

49 ●●● COMPETENZE MORFOLOGICHE DENTRO LE PAROLE MITO **Completa** il seguente testo con i **pronomi personali**, **riflessivi** e **relativi** adeguati.

La tragica fine di Narciso Un giorno, il giovane si fermò presso una fonte, le .... acque erano tanto limpide che ogni cosa .... rifletteva in .... come in uno specchio. Narciso vide allora per la prima volta il suo bellissimo volto ma, non sapendo che quella fosse la sua immagine, se .... innamorò all'istante. .... non saziava mai di guardare quella .... sembrava una persona divina e sentiva di non poter più vivere senza di .... Quando però cercò di baciar..............., ... immediatamente si dileguò. Narciso cercò allora di raggiunger..............., _____ lasciò cadere nell'acqua e annegò. Il dio dell'amore, Eros, provando pietà per ...., ... trasformò nel fiore .... chiamò con il suo nome e .... come .... ha il capo reclinato su .... come se .... contemplasse nell'acqua.

Salvador Dalì, *Metamorfosi di Narciso*, XX secolo, Londra, Tate Gallery.

A 314

7 Il pronome e gli aggettivi pronominali

50 ●●○ COMPETENZE LESSICALI INSIEME Il suffisso -ista serve a formare i nomi e gli aggettivi che definiscono chi esercita attività di vario genere (*surfista*), chi ha particolari qualità o abitudini (*ottimista*, *alcolista*) o chi appartiene a dottrine o a movimenti (*buddista*). **Trovate** altri esempi. **Vince** chi per primo ne trova 10. **Tempo: 5 minuti.**

....

....

51 ●●○ COMPETENZE LESSICALI L'elemento *eco-* è riconducibile a due parole differenti del greco antico che significano "suono" e "ambiente". Di conseguenza, quando entra nella composizione di una parola, può trasmettere uno dei due significati. **Indica** se nelle seguenti parole composte *eco* significa "suono" [S] o "ambiente" [A].

1. ecologia [.....] **2.** ecodoppler [.....] **3.** ecopelle [.....] **4.** ecografia [.....] **5.** ecomafia [.....]
6. ecoincentivo [.....] **7.** ecoscandaglio [.....] **8.** ecosistema [.....]

52 ●●● COMPETENZE MORFOLOGICHE DENTRO LE PAROLE **Completa** il seguente testo con i **pronomi personali** e i **pronomi relativi** adeguati, preceduti eventualmente da una preposizione o da un articolo.

L'espressione **giro di vite** trae origine dal metodo .... veniva un tempo eseguita in Spagna l'esecuzione capitale: la *garrota*. ...., ... in origine era uno strumento di tortura medievale, consisteva in una panchina .... veniva fatto sedere il condannato. .... si appoggiava a un palo intorno .... passava un cerchio di ferro .... comprimeva la gola. Una manovella a vite stringeva sempre più il cerchio attorno alla gola del malcapitato, la .... morte avveniva per strangolamento dopo circa 25 minuti. Questo genere di condanna fu applicato per l'ultima volta nel 1974 contro un giovane di 26 anni .... si era battuto contro il regime dittatoriale del generale Francisco Franco: l'anarchico catalano Salvador Puig Antich, il .... nome diventò così tristemente famoso. Poco tempo dopo la morte del generale, la pena di morte, ... la *garrota* era stata per anni il terribile strumento, fu definitivamente abolita. Nella nostra lingua se .... conserva però la memoria nell'espressione *giro di vite* .... si indica un aumento della severità in un determinato ambiente, un irrigidimento di una norma o l'inasprimento di una pena nei confronti di un reato.

53 ●●○ COMPETENZE MORFOLOGICHE DALLA GRAMMATICA ALLA SCRITTURA **Correggi** nelle seguenti frasi l'**uso scorretto** dei pronomi.

1. Te come stai? A noi ci sta andando tutto bene. **2.** Il gattino che ce l'ha regalato il nonno è bellissimo. **3.** Faremo il torneo dove ci siamo già iscritti. **4.** Io compro tutto in quel negozio che si serve anche Mara; e te? **5.** Mi ricordo ancora il giorno dove ho iniziato la scuola. **6.** È una materia che devi studiarla a fondo. **7.** È un lavoro che ti devi impegnare molto. **8.** Marco è l'unico che gli si può chiedere aiuto. **9.** Hai detto delle cose che te ne pentirai. **10.** È un cane che lo abbiamo trovato per strada. **11.** Sono pacchi che li porteremo in cantina. **12.** È un luogo di cui ne ho un bel ricordo. **13.** Queste sono persone che ne ho grande stima. **14.** Il professore, che l'abbiamo già avuto ospite, ci parlerà di alimentazione. **15.** L'anno che scoppiò la guerra era il 1915. **16.** È un problema di cui affronteremo domani. **17.** Di questo non voglio proprio parlarne. **18.** Non farmelo fare sempre a me. **19.** Gli piace essere ammirata: te cosa pensi di Roberta? **20.** Non ricorda la città che è nata Paola.

A 315

La morfologia

3 I pronomi e gli aggettivi possessivi

> I **possessivi** esprimono una **relazione di appartenenza**: il possesso materiale di cose o di animali, il rapporto di parentela o di consuetudine con persone, una connessione generica con qualcuno o qualcosa.

Questa è la **mia** scuola. Quella è la **sua**.
Tua sorella è molto carina.

Hai letto il **suo** ultimo romanzo (= *scritto da lui*).
Qual è la **loro** città (*loro = in cui vivono*)?

Le forme dei possessivi variano in relazione alla **persona** del **possessore** e al **genere** e al **numero** del **nome a cui si riferiscono**, cioè la **cosa posseduta** (tranne *loro* e *altrui* che sono **invariabili**).

(Io) Ho messo in valigia il **mio** maglione, la **mia** giacca,
le **mie** camicie, i **miei** pantaloni.
I **loro** cani e la **loro** gattina giocano sempre assieme.
Si devono rispettare sia le idee **altrui** sia i beni **altrui**.

● possessore
● cose possedute
● possessivo

Ecco un quadro sintetico delle forme dei possessivi basato sulla persona grammaticale del possessore e il genere e il numero della cosa posseduta.

POSSESSORE	COSA POSSEDUTA			
persona	singolare		plurale	
	maschile	femminile	maschile	femminile
1ª singolare	mio	mia	miei	mie
2ª singolare	tuo	tua	tuoi	tue
3ª singolare	suo, proprio	sua, propria	suoi, propri	sue, proprie
1ª plurale	nostro	nostra	nostri	nostre
2ª plurale	vostro	vostra	vostri	vostre
3ª plurale	loro, proprio, altrui	loro, propria, altrui	loro, propri, altrui	loro, proprie, altrui

Le forme dei possessivi possono essere sia **pronomi** sia **aggettivi**.

La **mia** bici è nera, **la tua** è rossa.
Queste chiavi sono **vostre**; **le nostre** sono là.

aggettivo pronome

- Sono **pronomi** quando **sottintendono un nome** e sono sempre preceduti dall'**articolo** o da una **preposizione articolata**.
  Quest'ombrello non è **il mio** (sott. *ombrello*).

- Sono **aggettivi** quando **accompagnano o si riferiscono a un nome** con il quale **concordano**.
  Come tutti gli aggettivi possono essere usati in **funzione**:
  – **attributiva**, quando **precedono o seguono immediatamente** il nome.
     Tre **nostri** amici e alcuni **loro** compagni frequenteranno il **nostro** corso.
     A parer **mio**, tutto è successo per colpa **sua**.

7 Il pronome e gli aggettivi pronominali

- **predicativa**, quando si collegano al nome **mediante un verbo** e non sono **mai preceduti dall'articolo** (se hanno l'articolo sono pronomi).

  Tutto questo un giorno sarà **vostro**.

- **sostantivata**, quando sono accompagnati dall'**articolo** o da una preposizione articolata e hanno già in sé il significato di un nome.

Nel vivo della lingua

Gli aggettivi possessivi in funzione sostantivata Gli **aggettivi possessivi sostantivati** possono sottintendere:

- al maschile singolare, *il denaro* e *la disponibilità economica*.

  Ci ho rimesso del **mio** (*danaro*).

- al maschile plurale, *i genitori, i parenti, i compagni*.

  I **miei** (*genitori*) oggi non lavorano.

  Arrivano i **nostri**! (*compagni*).

- al femminile singolare, *l'opinione, la parte, la salute, l'occasione* e, nello stile epistolare, *la lettera*.

  Dimmi **la tua** (*opinione*).

  State **dalla nostra** (*parte*)?

  Alla **nostra** (*salute*)!

  In risposta **alla vostra** (*lettera*) del 23-11-2016 ...

- al femminile plurale, *le birichinate, le sciocchezze, le spiritosaggini*.

  Ne hai fatta una **delle tue** (*birichinate*)?

  Ne ha detta una **delle sue** (*sciocchezze*).

ALLENA LE COMPETENZE

54 ●○○ COMPETENZE MORFOLOGICHE **Distingui** gli aggettivi possessivi dai pronomi possessivi.

1. Esprimerò il mio parere dopo che avrò sentito il vostro. **2.** Smettila di criticare il loro modo di agire e cerca di correggere il tuo. **3.** La macchina in divieto di sosta è sua, la nostra è parcheggiata laggiù. **4.** Sono tuoi questi occhiali? No, sono i suoi. **5.** Le vostre proposte sono state considerate più convenienti delle nostre. **6.** Non tentare di convincermi con i tuoi discorsi: io resterò della mia idea e tu della tua. **7.** Il tuo è stato l'unico compito di matematica completamente giusto. **8.** La loro è stata una scelta condizionata dal volere altrui. **9.** I loro voti sono stati contrari alla vostra proposta, non alla nostra. **10.** Le vostre parole mi hanno convinto: la colpa è la sua, non la vostra.

La morfologia

55 ●●○ COMPETENZE MORFO-SINTATTICHE **Indica** se nelle seguenti frasi i possessivi svolgono la funzione di aggettivi con funzione attributiva **[AA]**, di aggettivi con funzione predicativa **[AP]** oppure di pronomi **[P]**.

1. La loro [.......] situazione non è paragonabile alla vostra [.......]. **2.** La loro casa [.......] non è molto lontana dalla vostra [.......]. **3.** Ti sembra mia [.......] questa firma? **4.** Non mi fido più né dei tuoi [.......] consigli né dei suoi [.......], perciò farò di testa mia [.......]. **5.** La loro [.......] è la più bella villa che io abbia mai visto. **6.** Sono pronti ad assumersi la loro [.......] parte di colpa, purché voi vi assumiate la vostra [.......]. **7.** Non sono mai stato a casa sua [.......]. **8.** L'organizzazione è stata a carico nostro [.......], non loro [.......]. **9.** Ho trovato un ombrello che non sembra mio [.......]. È forse il tuo [.......]? **10.** Non mi sembra che questo libro sia il mio [.......], probabilmente è il tuo [.......].

56 ●●○ COMPETENZE MORFO-SINTATTICHE **Indica** se nelle seguenti frasi i possessivi svolgono la funzione di aggettivi con funzione attributiva **[AA]**, di aggettivi con funzione predicativa **[AP]**, di aggettivi con funzione sostantivata **[AS]** oppure di pronomi **[P]**.

1. I nostri [.......] hanno vinto la finale del torneo. **2.** Critichi sempre i difetti altrui [.......] e non cerchi di correggere i tuoi [.......]. **3.** La scelta di agire così è stata tua [.......] e non mia [.......]. **4.** Quel gatto è suo [.......], il mio [.......] è in casa. **5.** Con questa mia [.......] vi informo che arriverò a casa vostra [.......] la prossima settimana. **6.** Le vostre [.......] preoccupazioni sono giustificate, le loro [.......] no. **7.** Ci ha messo molto del suo [.......] per la realizzazione di quel progetto. **8.** Quell'agenda è la tua [.......], la mia [.......] è nella mia [.......] borsa. **9.** Se sarete dei nostri [.......] vi divertirete sicuramente. **10.** Mentre io finisco il mio [.......] lavoro, tu cerca di concludere il tuo [.......].

57 SUPER! COMPETENZE LESSICALI **Indica** se i possessivi svolgono la funzione di sostantivo **[S]** o di pronome **[P]** e **specifica** il nome che sottintendono.

1. I suoi [.....] .... lo hanno rimproverato perché ne ha combinata una delle sue [.....] .... **2.** Il suo [.....] .... sarebbe stato un piano perfetto. **3.** Adesso che tutti hanno detto la loro [.....] ...., posso dire anch'io la mia [.....] .... **4.** Quei ragazzi vivono del loro [.....] .... senza chiedere niente a nessuno. **5.** La sua [.....] .... è davvero una vita emozionante. **6.** Con questa nostra [.....] .... vi informiamo che il vostro ricorso è stato accettato. **7.** La tua [.....] .... è stata davvero un'idea straordinaria. **8.** Brindiamo! Alla vostra [.....] .... ! **9.** Le uniche voci che si sentono sono le vostre [.....] .... **10.** Fate pure come avete detto, siamo tutti dalla vostra [.....] ....

58 ●●● COMPETENZE DI SCRITTURA **Scrivi** un breve testo che termini con una delle seguenti frasi.

1. E del resto, lo sai, io sono sempre dalla tua.

2. E finalmente arrivano i nostri!

3. E fu così che il mio amico / la mia amica ne aveva fatta / detta una delle sue.

7 Il pronome e gli aggettivi pronominali

Occhio all'errore

Sua zia o la sua zia? Gli aggettivi possessivi, a eccezione di *loro*, **rifiutano l'articolo** quando sono seguiti da **un nome di parentela singolare**; lo richiedono, invece, davanti ai **nomi di parentela alterati** o accompagnati da un **aggettivo qualificativo**.

Mia madre e **sua** cugina sono nostre clienti.
Verrà da noi **la mia** nonnina.   Giochiamo spesso con **il loro** cane.

Per le **3ᵉ persone** usiamo:

- *suo* se il possessore è **uno solo**; *loro*, **invariabile**, se i possessori sono **più di uno**.
   Anna ci parla sempre dei **suoi** figli.   un solo possessore
   Anna e Daniele vogliono vendere il **loro** camper.   più possessori

- *proprio*, al posto di *suo* e di *loro*, per indicare il possessore che è il **soggetto della frase** e che potrebbe essere **confuso con un'altra persona citata nella frase**; quando il verbo **non ha un soggetto** determinato; per **rafforzare** un altro possessivo.
   Luca ha chiesto a Giulia i **propri** appunti.   *propri* si riferisce a Luca; *suoi* si riferirebbe a Giulia
   Bisogna saper riconoscere i **propri** errori.   costruzione impersonale
   Ciascuno deve fare il **proprio** dovere.   il soggetto è un pronome indefinito
   L'ho fatto con le **mie proprie** mani.   valore rafforzativo

- *altrui*, invariabile, per indicare persone **non definite**, diverse da chi parla o ascolta.
   Dobbiamo rispettare le idee **altrui** (= *degli altri*).

59 ○○○ **COMPETENZE MORFOLOGICHE** **Correggi** gli usi scorretti dei possessivi.

1. La mia sorella si è appena laureata. **2.** L'allenatore elogiò i giocatori per le sue capacità. **3.** Bisogna ascoltare le sue aspirazioni. **4.** Il suo zio è sempre all'estero per lavoro. **5.** Alcuni allievi non hanno la giustificazione firmata dai suoi genitori. **6.** Fulvio e Nicoletta sono stati sgridati per i suoi scherzi. **7.** È importante che ognuno si preoccupi della sua salute. **8.** Andrò al parco con Giovanni e con il proprio cane.

60 ●●○ **COMPETENZE MORFOLOGICHE** **Volgi** al plurale tutte le parole delle frasi 1-5 e al singolare quelle delle frasi 6-7.

1. Suo zio acquisterà un nuovo negozio. **2.** Mia nonna verrà qui a Natale. **3.** Tuo cognato mi ha aggiustato la moto. **4.** Vostra cugina è molto bella. **5.** La loro nonna è amica della mia. **6.** Dove abitano le tue sorelle? **7.** I suoi cugini verranno?

61 ●●● **COMPETENZE MORFOLOGICHE** **Completa** le frasi con gli aggettivi possessivi adeguati, preceduti dall'articolo o dalla preposizione articolata opportuni.

1. La madre chiese un colloquio per parlare del rendimento .... figlio. **2.** I genitori di Carlo, al contrario del figlio, hanno un grande fiuto per gli affari: se essi si fossero occupati anche .... affari, sarebbe stato meglio per lui. **3.** I genitori di Carlo hanno un grande fiuto per gli affari e .... investimenti hanno avuto un ottimo rendimento. **4.** È ovvio che ciascuno badi .... tornaconto. **5.** Renata andrà al mare con Francesca e con .... figlio.

A 319

La morfologia

4 I pronomi e gli aggettivi dimostrativi

I **dimostrativi** specificano la **posizione** nello **spazio**, nel **tempo** o nel **discorso** di qualcuno o qualcosa **rispetto a chi parla o a chi ascolta**.

Alcune forme possono essere usate in funzione sia di **aggettivi** sia di **pronomi**, altre invece sono **solo pronomi**; in entrambe le funzioni **non sono mai preceduti dall'articolo**.

Ecco un quadro sintetico delle forme e delle funzioni dei dimostrativi.

I DIMOSTRATIVI	
aggettivi e pronomi	solo pronomi
questo, questa, questi, queste	costui, costei, costoro
codesto, codesta, codesti, codeste	colui, colei, coloro
quello, quella, quelle	questi, quegli (soggetto, maschile, singolare)
quell', quel, quei, quegli (solo aggettivi)	quelli (plurale)
stesso, stessa, stessi, stesse	ciò, ne, ci, vi, lo (inv.)
medesimo, medesima, medesimi, medesime	

- *Questo* indica qualcuno o qualcosa **vicino a chi parla**; *codesto* indica, invece, qualcuno o qualcosa **vicino a chi ascolta**, ma il suo uso è oggi limitato al parlato toscano o, per quanto riguarda la scrittura, alle lettere commerciali e al linguaggio burocratico.

- *Quello* indica qualcuno o qualcosa **lontano da chi parla e da chi ascolta**. Quando è usato come **aggettivo** ha varie forme e segue le stesse norme ortografiche valide per l'**articolo determinativo**. La forma *quelli* è **solo pronome**; *questi*, *quegli* sono usati nei testi letterari in riferimento a un nome di **persona maschile singolare** in funzione di soggetto.
  Questi occhiali non ti stanno bene; prova **quelli**.
  Questi è Caco, che [...] di sangue fece [...] spesse volte laco. (Dante)

- *Costui*, *costei*, *costoro* usati solo per le **persone**, hanno una sfumatura spregiativa.
  Cosa vuole ancora **costui**?

- *Colui*, *colei*, *coloro* si riferiscono solo alle **persone** e sono usati soprattutto come **antecedenti** del **pronome relativo**.
  Coloro che intendono iscriversi, si affrettino.

- *Ciò* si riferisce a una **cosa** o a un'intera **frase**; è spesso usato prima del **pronome relativo**.
  Era in ritardo e **ciò** mi stupì molto.   Fa sempre **ciò** che vuole lui.

- *Tale* è un **dimostrativo** nei seguenti casi: quando equivale a "questo"; quando significa "simile" ed è spesso seguito da una **proposizione consecutiva introdotta da** *che* o *da*; quando è inserito in una **correlazione** e indica **somiglianza** o **identità**.

A 320

7 Il pronome e gli aggettivi pronominali

È, invece, un **indefinito** quando significa "un certo".

È stato capace di **tale** azione? Il buio è **tale** che non vedo nulla.
Tale il padre, **tale** il figlio. Un **tale** (= *un certo uomo*) ti cerca.

- Le **particelle pronominali** *lo*, *ne*, *ci* e *vi* hanno valore dimostrativo nei seguenti casi:
  - *lo*, quando significa "ciò, questo" e ha funzione di **complemento oggetto**;
  - *ne*, quando significa "di / da questo, questa, questi, queste";
  - *ci* e *vi*, quando equivalgono a "di / a / in / su ciò, questo".

  Fa troppe cose e non **ne** fa bene nessuna (= *nessuna di queste*).
  Non **ci** avevo pensato, ma ora **lo** faccio subito.

- *Stesso* e *medesimo* si usano:
  - per esprimere **corrispondenza** e **identità** (e per questo sono anche classificati come **identificativi**) con il significato di "uguale, identico". In funzione di pronome, *lo stesso* può significare "la stessa cosa".

  Siamo nella **medesima** aula dell'anno scorso.
  I nostri gusti non sono **gli stessi**. Scegli tu: per me è **lo stesso**.

  - con **valore rafforzativo** con il significato di "proprio, in persona, persino".

  Il re **stesso** conduceva l'esercito. La legge **medesima** lo ammette.

ALLENA LE COMPETENZE

62 ○○○ **Distingui** gli aggettivi dimostrativi dai pronomi dimostrativi.

1. Questo quadro è più bello di quello esposto in quella mostra. 2. Passami la matita rossa, non quella verde! 3. Codesto solo oggi possiamo dirti, ciò che *non* siamo, ciò che *non* vogliamo. (E. Montale) 4. Non ripetermelo più! Ti assicuro che me ne ricorderò. 5. Questi disegni non sono molto precisi, quelli invece sono molto chiari. 6. Dopo quello che mi hanno detto, che cosa vogliono ancora costoro? 7. Quel libro di testo è molto apprezzato dagli studenti, questo invece è quello che preferiscono gli insegnanti. 8. Codesto incarico non riguarda coloro che non sono venuti. 9. Vorrei conoscere colei che accetterà. 10. "Costui è un assassino", gridò l'avvocato davanti a quei giudici.

63 ○○○ **Distingui** gli aggettivi dimostrativi dai pronomi dimostrativi.

1. Non capisco ciò che dici. 2. Mio nipote è quel bambino con quegli occhioni blu. 3. Costoro hanno certo mentito: che cosa ne pensi? 4. Passami la torta, ne vorrei ancora. 5. Non giocate con quegli oggetti di vetro! Come ve lo devo dire! 6. Questa canzone è per tutti coloro che sono innamorati. 7. Costui è proprio un insolente! 8. Ti darò quello che vuoi. 9. Dove andremo quest'estate? Ci hai già pensato? 10. Ti ha fatto lei quello sgarbo? Non ci posso credere! 11. Demostene e Cicerone furono i più famosi oratori dell'antichità: quegli visse in Grecia nel IV sec. a.C., questi a Roma nel I sec. a.C. 12. Siamo spiacenti di comunicarVi che codeste vostre richieste non potranno essere accolte.

A 321

La morfologia

RAFFORZA LE TUE COMPETENZE

▶ Facciamo il punto su... le funzioni di *ne*

La particella *ne* può svolgere la funzione di:

- **pronome personale di 3ª persona singolare e plurale** (= *di / da lui; lei, loro*).

  I nuovi professori? **Ne** parlano tutti bene.   È gentile con lei, ma **ne** riceve solo degli sgarbi.

- **pronome dimostrativo** (= *di / da questo, questa, questi, queste; di / da ciò*);

  Hai delle monete? Io non **ne** ho.   Hai torto: **ne** sono sicuro.

- **avverbio di luogo** (= *di / da qui, qua, lì, là*).

  Entrò nella grotta e non riuscì più a uscir**ne**.

- **rafforzativo**, in locuzioni tipiche del parlato, ad esempio:

  – con **verbi intransitivi di cui costituisce una componente fraseologica**, come *andarsene, venirsene, fuggirsene, tornarsene, dormirsene, uscirsene, ...*

  – con espressioni come *aversene a male, valerne la pena, non poterne più, ...*

  – con espressioni in cui si sottintende un nome, che a seconda del contesto può essere *cose, fatti, stupidaggini, birichinate, botte, ...*

  Non volergli**ne**! Non **ne** vale la pena!   Se **ne** sta lì tutto solo.
  Ne dice tante (sott. *di stupidaggini*)!   **Ne** ha prese, ma **ne** ha anche date (sott. *di botte*)!

64 ●●○ **COMPETENZE MORFOLOGICHE** **Indica** se le particelle pronominali *lo, ci, ne* svolgono la funzione di **pronome personale [P]** o di **pronome dimostrativo [D]**.

1. Ha promesso che si impegnerà a scuola, ma non ci [.....] crederei neppure se lo [.....] vedessi. **2.** Se hai capito il teorema, spiegamelo [.....]. **3.** Lo [.....] sai? Non ci [.....] hanno dato la sperata promozione. **4.** Verranno a prenderci [.....]? Non ne [.....] ho idea! **5.** Quante cartacce! Voglio disfarmene [.....] al più presto. **6.** Non lo [.....] sento da anni e me ne [.....] dispiace. **7.** Ci [.....] hanno invitati? Non lo [.....] sapevo! **8.** Ammettilo [.....]: ne [.....] sei ancora innamorata! **9.** Cosa regalargli? Non ci [.....] ho ancora pensato. **10.** Lui che cosa ci [.....] ha regalato? Non me lo [.....] ricordo. **11.** Presto ci [.....] inviterà nella sua casa nuova: ci [.....] possiamo contare! **12.** Ci [.....] hanno truffati, ne [.....] sono convinto.

65 ●●○ **COMPETENZE MORFOLOGICHE** **Indica** se la particella *ne* svolge la funzione di **pronome personale [P]**, **pronome dimostrativo [D]** o **avverbio di luogo [AL]**.

1. Appena la conobbe ne [.......] divenne subito amica. **2.** L'unica soluzione è questa, ma tu non ne [.......] sei convinto. **3.** Dammi del caffè per favore, io non ne [.......] ho più. **4.** Sei stato al supermercato? Sì, ne [.......] torno ora. **5.** È una situazione penosa e preferisco non parlarne [.......]. **6.** Ho visto un documentario sul Vietnam e ne [.......] sono rimasto molto impressionato. **7.** Ho incominciato un libro nuovo e ne [.......] ho già lette molte pagine. **8.** Ti raccomando di andare a sentire quel concerto, ne [.......] vale veramente la pena. **9.** Questa è la verità, perché dubitarne [.......]? **10.** Nonostante fosse in una situazione difficile ne [.......] venne fuori in modo decoroso. **11.** Siamo andati al mare, ma ne [.......] siamo ripartiti quasi subito perché c'era bruttissimo tempo.

A 322

7 Il pronome e gli aggettivi pronominali

66 ●●● COMPETENZE MORFOLOGICHE **Indica** se la particella *ne* svolge la funzione di pronome personale **[P]**, pronome dimostrativo **[D]**, avverbio di luogo **[AL]** o rafforzativo **[R]**.

1. Hai dei compiti per domani? Io non ne [.......] ho; quindi posso andarmene [.......] fuori a giocare. **2.** Quel ragazzo è entrato nel giro della droga e non è riuscito più a uscirne [.......]. **3.** Giulia è la più brava allieva della scuola: ne [.......] hai sentito parlare anche tu? **4.** L'ufficio dovrebbe essere questo, ma non ne [.......] sono certo. **5.** Gianluca doveva essere proprio di cattivo umore: gliene [.......] ha dette tante! **6.** Da bambino Andrea ne [.......] faceva di tutti i colori. **7.** Davide se ne [.......] veniva bel bello dalla spiaggia. **8.** Avevo molta stima del mio professore: ne [.......] parlo spesso ancora oggi. **9.** Ricordi i bei tempi della scuola? E come potrei dimenticarmene [.......]? **10.** Sei andato oggi a scuola? Certo, ne [.......] torno proprio ora. **11.** Mi piacciono molto i quadri di questo pittore: ne [.......] ricordi il cognome? **12.** Ci sono ancora dei biglietti? Sì, ne [.......] sono rimasti ancora una decina.

67 ●●● COMPETENZE MORFOLOGICHE DENTRO LE PAROLE **Distingui** i **pronomi personali**, i **pronomi relativi**, i **pronomi** e gli **aggettivi possessivi** e **dimostrativi**.

Background (da *back*, "indietro", e *ground*, "terra") è un sostantivo preso in prestito dall'inglese che può significare "sfondo, ambiente, contesto, retroterra, retroscena". È usato per indicare tutto ciò che sta dietro a fatti o persone e ne determina le conseguenze o i comportamenti. Il *background* di un individuo è l'insieme delle sue esperienze e di tutto quello che ha contribuito a farne ciò che è; il *background* di un fatto è ciò che lo ha causato, il complesso di fatti e circostanze, utile o necessario per capirlo. Nel linguaggio dell'informatica indica lo sfondo dello schermo oppure la modalità di esecuzione di programmi che non necessitano dell'intervento di colui che sta usufruendo del supporto informatico; in altre parole lavora in *background* un programma che esegue le proprie operazioni mentre l'utente ne sta usando un altro, come avviene con gli aggiornamenti o gli antivirus.

68 ●●● COMPETENZE LESSICALI E DI SCRITTURA **Trova** il significato dei seguenti prestiti, formati con la preposizione inglese *back*, "indietro", e **scrivi** una frase con ciascuno di essi.

backstage • backup • flashback

69 ●●○ COMPETENZE MORFOLOGICHE **Distingui** se *stesso* e *medesimo* sono **aggettivi [A]** o **pronomi [P]** e se esprimono **corrispondenza [C]** o un **valore rafforzativo [R]**.

1. Lo stile di vita non è per tutti lo stesso [.....; .....]. **2.** Gli uomini stessi [.....; .....] sono artefici della propria fortuna. **3.** Nel medesimo [.....; .....] periodo si sono verificate guerre su più fronti. **4.** Il re stesso [.....; .....] ha presenziato alla cerimonia. **5.** Nessuno di noi è in vecchiaia lo stesso [.....; .....] che era in gioventù. **6.** L'errore è nell'animo stesso [.....; .....] dell'essere umano. **7.** L'uomo arrestato per questo furto è il medesimo [.....; .....] che ha scippato ieri stesso [.....; .....] una donna anziana. **8.** Lui medesimo [.....; .....] non credeva di aver dipinto quel quadro con le sue stesse [.....; .....] mani. **9.** Sentire e ascoltare non sono la medesima [.....; .....] cosa. **10.** Pretendo le tue scuse oggi stesso [.....; .....]. **10.** Questi braccali hanno la stessa [.....; .....] forma; ma il materiale non è il medesimo [.....; .....]. **11.** I nostri ragionamento non sono stati gli stessi [.....; .....], ma la conclusione a cui siamo giunti è la medesima [.....; .....]. **12.** Devi presentare la dichiarazione dei tuoi stessi [.....; .....] genitori: il regolamento medesimo [.....; .....] lo richiede.

A 323

La morfologia

5 I pronomi e gli aggettivi indefiniti

> Gli **indefiniti** forniscono **in modo generico e imprecisato** informazioni relative alla **quantità** o alla **qualità** di qualcuno o di qualcosa.

Sono una **classe ampia e articolata**: molti di essi possono essere **sia aggettivi sia pronomi**, alcuni **solo aggettivi** o **solo pronomi**.

Tutti gli uomini sono uguali e **tutti** hanno diritti e doveri.   ● aggettivo   ● pronome
Ogni uomo ha **qualche** difetto.   ● solo aggettivo
Ognuno di noi ha **qualcosa** da dire e non ha **nulla** da nascondere.   ● solo pronome

Dal punto di vista morfologico alcuni sono **variabili nel genere e nel numero**, altri sono **variabili o solo nel genere o solo nel numero**, altri, soprattutto quelli che sono solo aggettivi o solo pronomi, sono **invariabili**.

Ecco un quadro sintetico delle forme e delle funzioni dei principali indefiniti, con l'indicazione delle desinenze per le forme variabili e la sigla (*inv.*) per quelle invariabili.

GLI INDEFINITI			
aggettivi e pronomi		**solo aggettivi**	**solo pronomi**
variabili in genere e numero	variabili solo nel genere o solo nel numero		
alquanto/a/i/e altro/a/i/e certo/a/i/e molto/a/i/e parecchio/a/i/e poco/a/i/e taluno/a/i/e tanto/a/i/e altrettanto/a/i/e troppo/a/i/e tutto/a/i/e	alcuni/e alcuno/a certuni/e ciascuno/a diversi/e nessuno/a quale/i tale/i vari/ie	qualche (*inv.*) ogni (*inv.*) qualunque (*inv.*) qualsiasi (*inv.*) qualsivoglia (*inv.*)	uno/a/i/e ognuno/a qualcuno/a qualcosa (*inv.*) chi (*inv.*) chiunque (*inv.*) chicchessia (*inv.*) niente (*inv.*) nulla (*inv.*)

- *Alcuno*, solo **singolare**, si usa sempre in **frasi negative** ed equivale a *nessuno*.
  Parla senza **alcun** timore.

- *Nessuno*, *niente*, *nulla* richiedono un'altra **negazione** solo quando si trovano dopo il verbo. *Niente* e *nulla* nelle proposizioni interrogative assumono il significato positivo di *qualcosa*.
  Nessuno ci ha interpellati.
  Non c'era **nessuno**.
  Niente ci fermerà.
  Non fai mai **niente** di buono.
  Non c'è **nulla** (= *qualcosa*) che possa fare per te?

A 324

7 Il pronome e gli aggettivi pronominali

- *Qualunque*, *qualsiasi*, *chiunque* richiedono dopo di sé il verbo al **congiuntivo**.
  Chiunque voglia essere interrogato alzi la mano.

- *Uno* può significare "un tale, qualcuno" oppure avere **valore impersonale**. Ammette anche il **plurale** quando ha l'**articolo** ed è in **correlazione** con *altro* ...
  C'era **uno** (= *un tale*) che non conoscevo.
  Lo darà a **uno** (= *qualcuno*) di loro.
  Uno non deve badare solo a sé. (= *Non si deve badare...*).
  Gli **uni** leggevano, gli **altri** scrivevano.

- Gli **aggettivi** *poco*, *molto*, *tanto* hanno anche le forme del **comparativo** (*meno*, *più*) e del **superlativo assoluto** (*pochissimo*, *moltissimo*, *tantissimo*).
  Si sono iscritti a ingegneria **moltissimi** studenti e **più** ragazze del solito.

- *Chi* è pronome indefinito solo quando è usato in **correlazione** ed equivale a "l'uno... l'altro, gli uni... gli altri".
  Chi la vuole cotta, **chi** la vuole cruda.

- *Certo*, *diverso*, *vario* sono **aggettivi indefiniti** quando **precedono** il nome; se lo **seguono**, sono **aggettivi qualificativi** e significano "sicuro, differente, molteplice".
  Ha avuto un **certo** successo.　　　　　　　　　　● aggettivo indefinito
  Avrà un successo **certo** (= *sicuro*).　　　　　　● aggettivo qualificativo

- *Poco*, *molto*, *parecchio*, *troppo*, *tanto*, *altrettanto*, *tutto*, oltre a essere pronomi e aggettivi indefiniti, sono **avverbi** quando modificano il significato di un **verbo** o di un **aggettivo**.
  Molti mangiano **poca** frutta.　　　　　　　　　　● aggettivo indefinito
  Ha lavorato **molto** e adesso è **molto** stanco.　　● avverbio

ALLENA LE COMPETENZE

70 ●○○ **COMPETENZE MORFOLOGICHE** **Distingui** gli aggettivi indefiniti **[AI]** e i pronomi indefiniti **[PI]**.

1. L'avidità spinge a qualsiasi [.....] scelleratezza.　2. Qualunque [.....] cosa tu dica, non sarai creduto da nessuno [.....].　3. Molti [.....] si sono iscritti alla corsa campestre, ma solo pochi [.....] si sono presentati.　4. L'alluvione provocò il crollo di alcune [.....] case, altre [.....] dovettero essere evacuate.　5. Molte disgrazie [.....] succedono per l'imprudenza di qualche [.....] sconsiderato.

71 ●○○ **COMPETENZE MORFOLOGICHE** **Distingui** gli aggettivi indefiniti e i pronomi indefiniti.

1. A nessuno piace rinunciare a tutte le proprie comodità.　2. Ciascuno di voi ha sempre qualcosa da criticare.　3. Non hai alcun diritto di parlar male di chiunque.　4. Ciascun ragazzo dovrà essere fornito di tutto l'occorrente per il campeggio.　5. Ha mangiato parecchio cioccolato e ne avrebbe mangiato altrettanto.　6. Sei troppo esigente: pretendi troppe cose e vuoi troppo di tutto.　7. Carlo mi ha prestato una certa somma per avviare l'attività.　8. Ho pochissimo tempo: vieni tu da me questa volta.

La morfologia

72 ●●○ COMPETENZE MORFOLOGICHE **Distingui** gli aggettivi indefiniti e i pronomi indefiniti.

1. Ogni cosa al suo posto e un posto per ogni cosa. (B. Franklin) 2. Presta a tutti il tuo orecchio, a pochi la tua voce. (proverbio) 3. Amo molto parlare di niente. È l'unico argomento di cui so tutto. (O. Wilde) 4. Ama tutti, credi a pochi e non far del male a nessuno. (W. Shakespeare) 5. Muoio grazie all'aiuto di troppi dottori. (Alessandro Magno) 6. È molto più bello sapere qualcosa di tutto, che tutto quanto di una cosa. (B. Pascal) 7. Non hai veramente capito qualcosa fino a quando non sei in grado di spiegarlo a tua nonna. (A. Einstein) 8. L'uomo che ha troppe parole, spesso non ha alcuna certezza. (proverbio) 9. Ogni bambino che nasce è in qualche misura un genio, così come un genio resta in qualche modo un bambino. (A. Schopenhauer) 10. Siate sempre capaci di sentire nel più profondo qualunque ingiustizia commessa contro chiunque in qualunque parte del mondo. (Che Guevara) 11. Parlare oscuramente lo sa fare ognuno, ma chiaro pochissimi. (G. Galilei) 12. Qualunque cosa un uomo possa immaginare, altri uomini possono renderla reale. (J. Verne) 13. Alcuni libri devono essere assaggiati, altri inghiottiti, pochi masticati e digeriti. (F. Bacone)

73 ●●○ COMPETENZE MORFOLOGICHE **Distingui** gli aggettivi indefiniti, i pronomi indefiniti e gli aggettivi qualificativi.

1. In certi giorni vorrei tanto che fossi qui. 2. Se non ne sei certa, non dirlo. 3. Ho letto certe notizie piuttosto allarmanti. 4. Molti sono stati entusiasti del concerto, certi invece hanno espresso giudizi diversi. 5. Per diversi giorni sono stato con lui e abbiamo discusso di argomenti vari. 6. Io e te abbiamo gusti diversi. 7. Alla sua festa erano in diversi. 8. Il mondo è bello perché è vario. 9. Su questo argomento ci sono varie opinioni. 10. Avete delle camicie di questo colore? Sì, ne abbiamo varie e di vario prezzo. 11. Ho raccolto diverse ricette per fare il cous-cous ma nessuna mi convince tanto quanto quella di Sahid. 12. Hai certe pretese a volte che mi lasciano senza parole.

74 ●●○ COMPETENZE MORFOLOGICHE **Completa** le seguenti frasi con le forme adeguate degli indefiniti *ciascuno, nessuno, alcuno*.

1. Parla senza .... timore. 2. .... altra è più brava di te in matematica. 3. .... di noi ha i propri gusti. 4. .... libro ha qualcosa di interessante. 5. Non c'era .... altro disponibile per quel lavoro. 6. Non c'è motivo .... per cui tu non debba venire. 7. .... amico mi è più caro di Andrea. 8. .... riuscirà a fermarmi. Non ho .... intenzione di abbandonare il mio progetto. 9. .... studente deve portare tutto l'occorrente. 10. .... attore ha il proprio camerino. 11. .... amica mi è stata così vicina. 12. Per quella colletta le mie amiche hanno dato venti euro .... 13. .... idea è originale come la tua. 14. .... di voi porterà a titolo simbolico un fiore. 15. Senza .... riguardo Tommaso ha detto a Valentina ciò che pensava del suo maglione. 16. Non avevo mai conosciuto .... come Cristiana.

75 ●●● COMPETENZE DI SCRITTURA **Scrivi** un breve testo commentando una delle citazioni dell'esercizio 72. **Non superare le 10 righe.**

6 I pronomi e gli aggettivi interrogativi ed esclamativi

Gli **interrogativi** esprimono, sotto forma di **domanda**, una **richiesta di informazioni** o un **dubbio** riguardo la **quantità**, la **qualità** o l'**identità** di qualcuno o di qualcosa.

Possono introdurre una **proposizione interrogativa diretta**, segnalata nella scrittura dal **punto interrogativo**, o una **subordinata interrogativa indiretta**.

Gli interrogativi possono essere usati anche come **aggettivi** o **pronomi esclamativi**; in questo caso introducono una **proposizione esclamativa** che nella scrittura è segnalata dal **punto esclamativo**.

Non so **quali** sci scegliere; tu **quali** hai comprato?   ● aggettivo interrogativo ed esclamativo

Che bella persona! Tu **che** ne pensi?   ● pronome interrogativo ed esclamativo

Ecco un quadro sintetico delle forme e delle relative funzioni sintattiche dei pronomi interrogativi ed esclamativi, con l'indicazione delle desinenze per le forme variabili e la sigla (*inv.*) per quelle invariabili.

GLI INTERROGATIVI ED ESCLAMATIVI	
pronomi e aggettivi	**solo pronomi**
che (*inv.*)	chi (*inv.*)
quale / i	che cosa, cosa (*inv.*)
quanto / a / i / e	

- *Che* in funzione di **pronome interrogativo** si usa solo in riferimento a **cose** ed è spesso sostituito da *che cosa* o *cosa*, che richiedono sempre una concordanza al maschile.

  Che hai detto?

  Che cosa hai comprato?

  Cosa ti ha detto Daniele? Di mettere in ordine.

- *Quale* si usa per esprimere una richiesta relativa all'**identità** o alla **qualità** di **esseri animati** o di **cose**. Al singolare si tronca in *qual*, **che non deve mai essere apostrofato**.

  Qual è il suo indirizzo?   **Quale** delle due vuoi?

  Non so **quale** isola scegliere per la mia vacanza.   **Quale** sorpresa mi hai fatto!

- *Quanto* si usa per chiedere informazioni o manifestare sorpresa, biasimo, felicità riguardo alla **quantità**.

  Quanto ne vuole?

  Quanta gente ha invitato!

- *Chi* si usa per chiedere informazioni riguardo all'**identità** solo di **persone**.

  Chi è quel ragazzo che hai salutato?

  Non so proprio **chi** sia.

A 327

La morfologia

ALLENA LE COMPETENZE

76 ●○○ COMPETENZE MORFOLOGICHE DENTRO LE PAROLE **Indica** se gli interrogativi svolgono la funzione di pronome [P] o di aggettivo [A].

Chi [.....] di voi sa a che cosa [.....] si deve l'invenzione dei *puzzle*? Il primo puzzle fu ideato nel 1760 da un inglese: non sappiamo con precisione di quanti [.....] pezzi fosse formato, ma sappiamo per quale [.....] motivo egli lo realizzò. Dovendo insegnare ai bambini qual [.....] era la disposizione degli stati, egli si domandò che cosa [.....] mai potesse escogitare. Così tagliò delle cartine geografiche in vari pezzi e li fece poi ricomporre dai suoi allievi. Da allora il puzzle è diventato molto comune: quanti [.....] ne avete fatti voi? E che [.....] dire dell'origine di questo strano nome? Deriva dal verbo inglese *to puzzle*. Sapete che [.....] significato ha questo verbo? Significa "mettere in imbarazzo".

77 ●●○ COMPETENZE MORFOLOGICHE DENTRO LE PAROLE **Distingui** gli interrogativi e gli esclamativi e **specifica** se svolgono la funzione di pronome o di aggettivo.

Un *sandwich* classico farcito con salumi, formaggi e verdure fresche.

Quanti di voi non hanno mai mangiato un *sandwich*? Probabilmente nessuno, ma forse solo pochi, addentandolo, si saranno chiesti quale origine abbia avuto e chi sia stato il suo inventore.
Il famoso panino deve la sua nascita e il nome al conte di Sandwich, che visse circa duecento anni fa. Poiché egli amava moltissimo giocare a carte, un giorno all'ora di pranzo si domandò in che modo avrebbe potuto mangiare senza interrompere la partita. Che intuizione gli venne! Si fece portare una bistecca tra due fette di pane e pranzò continuando tranquillamente a giocare. Nacque così il *sandwich* e quale successo ebbe da allora! Quanti, infatti, ne saranno già stati consumati in tutto il mondo?

78 ●●○ COMPETENZE MORFOLOGICHE E SINTATTICHE **Inserisci** opportunamente un segno di interpunzione forte (punto, punto interrogativo, punto esclamativo) e **indica** se la parola in grassetto svolge la funzione di aggettivo interrogativo [AI], pronome interrogativo [PI], aggettivo esclamativo [AE] o pronome esclamativo [PE].

1. **Che** [.......] fai questa sera   **2.** **Che** [.......] ho mai fatto per te   **3.** **Che** [.......] soddisfazione è stata aver vinto il primo premio   **4.** **Che** [.......] regalo hai ricevuto   **5.** Non capisco **che cosa** [.......] abbia fatto   **6.** Non so **quanti** [.......] crediti abbiano   **7.** **Che** [.......] bella notizia mi hai dato   **8.** **Quale** onore [.......]   **9.** Da giovani, **quanti** [.......] sogni si fanno Ma poi **quanti** [.......] si avverano   **10.** Spiegami **cosa** [.......] è successo ieri e **quale** [.......] guaio hai combinato

A 328

7 Il pronome e gli aggettivi pronominali

Facciamo il punto su... le diverse funzioni di *che*

Che è una delle parole più usate nella nostra lingua e assume **valori** e **funzioni diversi**.

La distinzione fondamentale è tra *che* **pronome** e **aggettivo** e *che* **congiunzione**.

che pronome		*che* aggettivo	
relativo = *il/la quale*, *i/le quali*	Lo farà lei **che** (= *la quale*) è più brava. Sono loro **che** (= *i quali*) ti aiuteranno.	–	–
interrogativo = *che cosa* in una domanda diretta (con il punto interrogativo) o indiretta	**Che** (= *che cosa*) dire? Non sapeva **che** (= *che cosa*) fare.	interrogativo = *quale*, in una domanda diretta (con il punto interrogativo) o indiretta	**Che** (= *quale*) scuola farai? Non so a **che** (= *quale*) corso iscrivermi.
esclamativo = *che cosa*, in una frase esclamativa	**Che** (= *che cosa*) vedo! **Che** (= *che cosa*) mi tocca sentire!	esclamativo = *quale*, in una frase esclamativa	**Che** (= *quale*) tipo è tuo zio!

Il *che* **congiunzione unisce due o più parole** oppure **due frasi**.

Amo sia i cani **che** i gatti.

Tutti sanno **che** è permalosa.

79 ●●● **COMPETENZE MORFOLOGICHE** **Indica** se *che* svolge la funzione di pronome relativo **[PR]**, di aggettivo interrogativo **[AI]**, di pronome interrogativo **[PI]**, di aggettivo esclamativo **[AE]** o di pronome esclamativo **[PE]**.

1. Che [.......] poca fiducia hai nelle mie doti! **2.** Con questa bici che [.......] ho ricevuto in regalo che [.......] giri mi farò! **3.** Non si sa che [.......] fine abbia fatto. **4.** Con che [.......] coraggio mi parli così! **5.** Che [.......] noia fare i compiti! **6.** Che [.......] dici? Andiamo al cinema con quei ragazzi che [.......] abbiamo conosciuto? **7.** Che [.......] fai? Mettiti le scarpe che [.......] ti ho portato e sbrigati! **8.** Che [.......] buon profumo che [.......] sento! **9.** Che [.......] strani pensieri che [.......] ti vengono in mente! **10.** La cioccolata che [.......] fa mia zia è quella che [.......] preferisco.

80 ●●● **COMPETENZE MORFOLOGICHE** **Indica** se *che* svolge la funzione di pronome relativo **[PR]**, di aggettivo interrogativo **[AI]**, di pronome interrogativo **[PI]**, di aggettivo esclamativo **[AE]** o di pronome esclamativo **[PE]**.

1. Che [.......] maglia hai comprato? **2.** Che [.......] avventura incredibile è quella che [.......] mi hai raccontato! **3.** Ma che [.......] ha quello da guardare! **4.** Mi hai chiesto che [.......] desideri ho? **5.** Mi prometti che manterrai il segreto che [.......] ti ho svelato? **6.** Dimmi che [.......] pensi di fare domenica. **7.** Che [.......] bel vestito ha oggi la prof! **8.** Mi ha raccontato che al mare ha provato il surf che [.......] gli ha regalato la zia. **9.** Che [.......] bella vita che [.......] fai! **10.** Non so proprio che [.......] possibilità tu abbia di vincere.

A 329

La morfologia

81 ●●● **COMPETENZE MORFOLOGICHE E SINTATTICHE** Indica se *che* svolge la funzione di pronome [P], di aggettivo [A] o di congiunzione [C].

1. Che [.....] motorino vorresti?   2. Che [.....] affare hai fatto!   3. Luca ha detto che [.....] ha ancora da fare i compiti che [.....] gli hanno assegnato la scorsa settimana.   4. Mi ha chiesto che [.....] intenzioni avessi.   5. Mi assicuri che [.....] manterrai la promessa che [.....] mi hai fatto?   6. Dimmi che [.....] pensi di ottenere con il tuo comportamento.   7. Che [.....] brutto sogno ho fatto!   8. Mi ha raccontato che [.....] è caduto dalla bici e ha battuto il ginocchio che [.....] gli faceva male.   9. Che [.....] brutta esperienza! Hanno dato una nota a me che [.....] non avevo fatto nulla!   10. Non credo che [.....] sarà promosso: ha molte insufficienze che [.....] non riuscirà a rimediare.

82 **SUPER!** **COMPETENZE MORFOLOGICHE** Distingui le diverse funzioni di *che*.

1. Che persone antipatiche!   2. Crede che tutto vada bene.   3. Che hai mai immaginato! Io uscire con quel ragazzo che è così presuntuoso!   4. Non so che vantaggio avrei a fare quello che mi hai consigliato.   5. Che mi tocca vedere! Che disastro! Sembra che nella stanza sia passato un uragano.   6. Che sciocchezza! Mandare dei fiori a lei che neppure ti guarda.   7. Dille che non venga: ho un lavoro che devo assolutamente consegnare domani.   8. Che fare adesso? Dimmelo tu, che sai sempre tutto.   9. Non so che farmene delle sue scuse.   10. So che non meritavo il tuo rimprovero e tutto quello che mi hai detto mi ha offeso.

> **Facciamo il punto su...** *chi*

Chi svolge **solo la funzione di pronome** e può essere:
- **interrogativo**.
  Chi viene con me?
  Mi chiedo *chi* l'abbia detto.
- **esclamativo**.
  Chi si vede!
- **indefinito**, solo nell'uso correlativo.
  Chi fa questo, *chi* fa quello.
- **misto**, con il significato di *colui che* (dimostrativo + relativo), *qualcuno che*, *uno che* (indefinito + relativo).
  Dallo a *chi* (= *colui che*) vuoi tu.   C'è *chi* (= *qualcuno che*) l'ha già consegnato.

83 ●●● **COMPETENZE MORFOLOGICHE** Indica se *chi* svolge la funzione di pronome interrogativo [INT], esclamativo [E] o indefinito [IND].

1. Chi [.......] potrà mai aiutarmi?   2. Non so più chi [.......] me l'abbia regalato.   3. A chi [.......] hai dato retta!   4. Chi [.......] si vede dopo tanto tempo!   5. Vorrei sapere con chi [.......] stai uscendo.   6. A chi [.......] lo hai detto?   7. Nell'osteria c'era una gran confusione: chi beveva, chi cantava, chi [.......] giocava a carte.   8. Dimmi per chi [.......] sono quei fiori.   9. Chi [.......] l'avrebbe mai immaginato!   10. Qui c'è sempre chi viene e chi [.......] va.   11. Dimmi con chi [.......] vai e ti dirò chi [.......] sei.   12. In questo mondo chi ha troppo chi [.......] ha niente.

7 I pronomi e gli aggettivi numerali

> I **numerali** indicano una **quantità numerabile** o l'**ordine all'interno di una sequenza numerica**. Sono una classe molto varia che comprende **aggettivi**, **pronomi**, **nomi** e **locuzioni**.

Quando i numerali **accompagnano** un nome, hanno funzione di **aggettivi**; quando **lo sottintendono**, hanno funzione di **pronomi**.

I numerali con **funzione di nomi** si comportano come tali e nella frase svolgono le **funzioni logiche proprie del sostantivo**.

Dovevo fare **sei** esercizi e ne ho già fatti **tre**.   ● aggettivo
La **terza** ragazza a destra nella foto è Luisa, la **quarta** è Marta.   ● pronome

Ecco un quadro sintetico dei numerali, in relazione ai significati che esprimono.

I NUMERALI		
tipologia	**significati**	**esempi**
cardinali	**quantità numerica precisa**	1, 2, 700, 1583
ordinali	**ordine** in una successione numerica	primo, decimo, 9°, XXIII
moltiplicativi	**quante volte** una quantità è maggiore di un'altra	duplice, triplo, dieci volte di più
distributivi	modalità e **quantità di distribuzione** di qualcuno o qualcosa nel tempo e nello spazio	per cinque; tre a testa; ogni dieci; sei per volta
frazionari	**le parti di un tutto**	un terzo, 7/20
collettivi	quantità numerica considerata come **un insieme**	un paio, una decina

- I **numerali cardinali** sono il cardine della nostra numerazione e corrispondono alla **serie infinita dei numeri**. Si scrivono in **cifre arabe** nelle date, nei testi tecnico-scientifici e burocratici e quando esprimono un numero elevato; sono scritti in **lettere** negli altri casi. Sono **invariabili** a eccezione di *uno*, che al femminile diventa *una*, e *mille*, che ha la forma plurale in *-mila*.

L'esercizio è a pagina **156**.   Sonia ha fatto **sette** viaggi in Africa.

Non sono preceduti dall'articolo, tranne quando indicano un **intero gruppo**.

I **tre** figli di Sandra giocano a pallavolo (= *Sandra ha in tutto tre figli*).
Due figli di Sandra giocano a pallavolo (= *Sandra ha più di due figli*).

Milione, *miliardo*, *bilione* e *zero* non sono dei numerali, ma **nomi variabili nel numero**.

- I **numerali ordinali** specificano l'**ordine in una successione numerica** e corrispondono **alla serie dei numerali cardinali**. I primi dieci hanno forme proprie derivate dal latino; i successivi, invece, si formano aggiungendo il suffisso *-esimo* alla forma del cardinale che perde la vocale finale, tranne nei composti con *tre* e *sei*.

ventiquattr(o) → ventiquattr**esimo**

ventitré → ventitre**esimo**

ventisei → ventisei**esimo**

A 331

La morfologia

Gli ordinali si possono scrivere in diversi modi:
- in **lettere** e sono variabili in **genere** e **numero**: *sesto, sesta, sesti, seste*;
- in **cifre arabe**, con il segno esponenziale ° per il maschile, e ª per il femminile; entrambi si scrivono in alto a destra.

  1° 1ª 2° 2ª 6° 6ª 10° 10ª 100° 100ª

- in **cifre romane**.

  I II IV VI XI XII CL MCLI

Gli aggettivi numerali cardinali e ordinali si collocano, in genere, **prima del nome** a cui si riferiscono. I cardinali si pongono, invece, **dopo il nome** quando sostituiscono un ordinale, gli ordinali, invece, quando indicano l'ordine di successione di sovrani, pontefici o documenti.

la camera **ventotto**　　　Bonifacio **VII**　　　Comma **terzo** dell'articolo 18.

Nel vivo della lingua

Gli aggettivi numerali sostantivati Gli aggettivi numerali cardinali e ordinali possono essere **sostantivati** e in questo caso sono **preceduti dall'articolo**.

I **cardinali sostantivati** indicano ore e date, un voto scolastico, una carta da gioco, una misura, una linea di tram o di autobus, un gruppo di persone note o un valore non numerico quando sono usati in senso figurato.

Chi ha il **sette** bello?　　　Per venire a casa mia prendi il **nove**.
Ho studiato lo sbarco dei **Mille**.　　　Ti parlerò a **quattr'**occhi (= *a tu per tu*).

Gli **ordinali sostantivati** indicano una misura, una marcia o la portata di un menù.

Non mangio il **primo**, ma solo il **secondo**.　　　Ingrana la **quarta**.

Appartengono alla categoria dei numerali anche i **moltiplicativi**, i **distributivi**, i **frazionari**, i **collettivi**, che comprendono aggettivi, nomi e locuzioni.

- I **moltiplicativi** sono **aggettivi** che indicano di **quante volte una quantità è maggiore di un'altra**.

  I più usati sono *doppio, triplo, quadruplo, quintuplo, centuplo*, che sono **variabili** e, se preceduti dall'articolo, hanno valore di **nome**; *duplice, triplice, quadruplice* sono invece **invariabili**.

  Per i numeri superiori al **quattro** si ricorre in genere a una **perifrasi** con il numero cardinale che indica di quante volte si moltiplica il numero.

  Il problema è **duplice** (= *presenta due aspetti distinti*).
  Si richiede un documento in **triplice** copia (= *in tre copie distinte*).
  Quel quadro vale il **triplo** del tuo alloggio.　　Rispetto a me, guadagna **cinque volte di più**.

- I **distributivi** sono **locuzioni** che indicano come persone o cose **si distribuiscono nello spazio o nel tempo**. Comprendono sempre un **numero cardinale**, come *due a due, per tre, cinque per ciascuno* o *a testa, ogni venti, sei per volta,* …

  Entrate in fila **per due** (= *due alla volta, due a due*).
  Hanno ricevuto quattro regali **per ciascuno** (= *a testa, per uno*).

A 332

7 Il pronome e gli aggettivi pronominali

- I **frazionari** sono **nomi** che indicano **le parti di un tutto** e possono essere scritti in lettere o in cifre. Sono formati da un numerale cardinale, che è il numeratore e definisce la parte, e un ordinale che è il denominatore e indica il tutto. Il cardinale è sempre **invariabile**, l'ordinale **varia** nel numero accordandosi al numeratore.
  È, invece, un **aggettivo** *mezzo*, che **concorda sempre con il nome quando lo precede**; il suo accordo è invece **facoltativo** quando **segue il nome** ed è preceduto dalla **congiunzione** *e*.

  Siamo a **metà** o a un **terzo** del lavoro?

  Calcola i **4/5** di 1000.

  Ha mangiato **mezza** torta.

  Ho studiato venti pagine e **mezzo** (*o venti pagine e mezza*).

- I **collettivi** indicano una quantità numerica di cose o persone. Sono **aggettivi** e **pronomi** *ambo, ambedue, entrambi*; sono, invece, solo **nomi** *paio, coppia, duo, duetto, bimestre, trio, terzetto, terno, terzina, trimestre, dozzina, centinaio, migliaio*.
  Alcuni nomi o aggettivi si formano aggiungendo al numerale cardinale i seguenti **suffissi**:
  - *-enne*, *-ario* per indicare l'**età** (*ventenne, trentenne, ottantenne, ottuagenario, centenario*);
  - *-ale*, *-ario*, *-ennale* per un **avvenimento** (*triennale, cinquantenario, ventennale*);
  - *-ennio* per un **periodo di tempo** (*triennio, quinquennio, ventennio*);
  - *-ina* per l'**approssimazione** (*ventina, trentina*) o per precisare il **numero di versi** di una strofa (*terzina, quartina*).

ALLENA LE COMPETENZE

84 COMPETENZE MORFOLOGICHE DENTRO LE PAROLE **Indica** se i numerali sono cardinali **[C]** o ordinali **[O]**.

I nomi dei 12 [.....] **mesi** dell'anno sia nelle lingue neolatine (italiano, francese e spagnolo), sia nell'inglese derivano dai corrispondenti nomi latini. Secondo la tradizione, a dare i nomi ai mesi dell'anno fu Romolo, che il 21 [.....] aprile del 756 [.....] a.C. fondò la città di Roma e ne fu il primo [.....] re. Allora l'anno era di 304 [.....] giorni, distribuiti in dieci [.....] mesi. Il primo [.....] mese, dedicato al dio Marte, fu chiamato *Marzo*; il secondo [.....], prese il nome di *Aprile*, dallo sbocciare delle gemme; *Maggio* e *Giugno* erano dedicati alle dee Maia e Giunone; *Quintile*, *Sestile*, *Settembre*, *Ottobre*, *Novembre*, *Dicembre* furono chiamati così perché erano rispettivamente il quinto [.....], sesto [.....], settimo [.....], ottavo [.....], nono [.....], decimo [.....] mese dell'anno. Numa Pompilio, secondo [.....] re di Roma, innalzò a 355 [.....] i giorni dell'anno e portò i mesi a dodici [.....], aggiungendone due [.....], che chiamò *Gennaio* e *Febbraio*. Dal II [.....] secolo a.C. si consolidò l'uso di iniziare l'anno a gennaio, ma i mesi che andavano dal settimo [.....] al dodicesimo [.....] mantennero i loro nomi, anche se erano ormai diventati impropri. Più tardi, *Quintile* e *Sestile* furono chiamati rispettivamente *Luglio*, in onore di Giulio Cesare, e *Agosto*, in onore di Augusto.

La morfologia

85 ●●○ **COMPETENZE MORFOLOGICHE** **DENTRO LE PAROLE** **Distingui** i numerali cardinali, ordinali, frazionari e collettivi.

La parola **schiavo** ha una strana origine: è derivata da *slavo* a seguito del fiorente commercio di schiavi slavi che avveniva tra il XII e XIII secolo. *Servus* era, invece, la parola in uso nell'antica Roma. Qui prima del II secolo a.C. le famiglie non ne avevano in genere più d'uno, ma la situazione cambiò radicalmente quando le grandi conquiste romane fruttarono ai Romani migliaia e migliaia di schiavi come bottino di guerra. Così verso il 30 a.C. ce n'erano a Roma almeno 400 000, quasi la metà della popolazione complessiva. In quei tempi le famiglie di ceto medio ne possedevano almeno una dozzina e quelle che non ne avevano almeno un paio erano considerate davvero molto povere. I potenti e i ricchi proprietari terrieri, poi, ne utilizzavano nelle loro fattorie centinaia e talvolta anche migliaia. Alla parola *schiavo* è poi legata un'altra curiosità etimologica. Da essa, e precisamente dalla formula di saluto in uso a Venezia *sciao* (schiavo) *vostro*, è derivata la parola **ciao**, attestata per la prima volta nella lingua italiana nel 1905 e ormai conosciuta in tutto il mondo.

Bassorilievo che rappresenta una scena di lavoro in una bottega romana, II secolo a.C.

Il buon uso della scrittura

Come si scrivono i numeri in cifre romane e i secoli   Le cifre con cui siamo soliti scrivere i numerali sono dette **arabe** perché, pur essendo state inventate in India verso il 500, furono diffuse dagli Arabi in Occidente attorno all'anno Mille. Gli antichi Romani usavano invece **un altro sistema di simboli**, che rimangono ancor oggi in uso per trascrivere gli **ordinali** e sono **d'obbligo nei nomi di papi, sovrani, principi**.
Le cifre romane di base, che permettono di comporre tutti i numeri, sono **sette**:

I = 1   V = 5   X = 10   L = 50   C = 100   D = 500   M = 1000

Combinando queste cifre in ordine decrescente, cioè dalla maggiore alla minore, **si possono scrivere tutti i numeri**; eccone le modalità:

- le cifre I, X, C, M ripetute si sommano:

    III = 3   XXX = 30   CC = 200   MMM = 3000

- le cifre, collocate alla destra di una cifra superiore, si **sommano** a questa:

    VII = V + I + I = 7   XI = X + I = 11   LXV = L + X + V = 65

- le cifre I, X, C, collocate alla sinistra di una cifra superiore, si **sottraggono** a queste:

    IV = V − I = 4   XL = L − X = 40   CM = M − C = 900

    Perciò:
    LXXIX = L + X + X + (X − I) = 79;
    CXXXIV = C + X + X + X + (V − I) = 134

A 334

7 Il pronome e gli aggettivi pronominali

Per scrivere i **secoli** si devono seguire alcune regole convenzionali:

- i **primi dieci** si indicano con il numero **ordinale**, scritto in **cifre romane** o in **lettere**, con l'**iniziale maiuscola**.

  il **VI** secolo   il **Sesto** secolo

- quelli **successivi** si indicano con l'**ordinale** scritto in **cifre romane**, oppure, sottintendendo le migliaia, si indicano le centinaia con il **cardinale** scritto in **lettere** e con l'**iniziale maiuscola**, oppure si scrivono in **cifre arabe** precedute dall'**apostrofo**.

  il **XIII** secolo   il **Trecento**

  il **'300**

Ricorda che per passare dall'indicazione di un **anno** a quella del **secolo corrispondente si aumenta di un'unità**.

156 a.C. → II secolo a.C.

837 d.C. → IX d.C.

86 ●●○ **Trascrivi** le cifre romane nelle corrispondenti cifre arabe.

V	....	XV	....	XL	....	CM	....
VII	....	XIX	....	XC	....	MCC	....
IX	....	XXV	....	CCLII	....	MXXIV	....
XIII	....	XXXIII	....	DVII	....	MDCCII	....

87 ●●○ **Trascrivi** le cifre arabe nelle corrispondenti cifre romane.

4	....	57	....	110	....	300	....
9	....	61	....	152	....	1001	....
11	....	76	....	178	....	1107	....
21	....	99	....	256	....	2012	....
49	....	102	....				

88 ●●○ **Indica** in quale secolo sono avvenuti i seguenti fatti.

1. La fine della I guerra punica (241 a.C.) ....
2. L'uccisione di Caio Giulio Cesare (44 a.C.) ....
3. La prima olimpiade (776 a.C.) ....
4. La morte di Alessandro Magno (323 a.C.) ....
5. La scoperta dell'America (1492) ....
6. La morte di Augusto (14 d.C.) ....
7. L'inizio della Rivoluzione Francese (1789) ....
8. La caduta dell'Impero Longobardo (774) ....
9. La morte di Maometto (632) ....
10. La nascita di Dante Alighieri (1265) ....

A 335

La morfologia

RAFFORZA LE TUE COMPETENZE

89 ●●○ **COMPETENZE MORFOLOGICHE** **Distingui** gli **aggettivi indefiniti** e i **pronomi indefiniti**. Attenzione: alcune forme sono usate anche in una funzione diversa.

1. Uno come lui non è per nulla affidabile: vuole fare troppe cose e finisce per non portarne a termine nessuna.   **2.** In questa casa devo sempre fare tutto io: uno mi chiede una cosa, uno me ne chiede un'altra e non c'è mai nessuno che faccia qualcosa per me.   **3.** Tutti i tuoi colleghi ti stimano molto, tranne uno che è molto invidioso.   **4.** Ho bevuto troppi caffè, ho dormito pochissimo e ho ancora alcuni documenti da scrivere: non posso dirmi soddisfatto di certo!   **5.** Ieri ci siamo presi uno spavento terribile: mentre tutti chiacchieravano tranquillamente un tale si è avvicinato con un fare alquanto minaccioso, come se volesse aggredire qualcuno di noi.   **6.** Chi vuole fare una vita sana deve mangiare molta frutta e verdura, usare pochi grassi e bere parecchio.   **7.** Il team di animazione del villaggio proponeva varie attività: chi frequentava il corso di ballo, chi quello di ginnastica, chi si dedicava a sport diversi.

90 ●●○ **COMPETENZE MORFOLOGICHE** **Completa** le seguenti frasi inserendo opportunamente gli **aggettivi** e i **pronomi indefiniti**.

1. _____ insetti vivono un giorno.   **2.** Non mi ha risposto _____.   **3.** _____ di noi deve fare il proprio dovere.   **4.** _____ di noi nella vita ha commesso _____ di male.   **5.** _____ sia la tua opinione, dimmela.   **6.** _____ anno mi reco a Ischia a fare le cure termali.   **7.** Se avrò _____ notizia, te la comunicherò.   **8.** Ho giocato per _____ la serata senza riuscire a vincere _____ partita.   **9.** _____ sono favorevoli alla pena di morte, _____ invece ritengono che non costituisca in _____ modo un deterrente alla criminalità.   **10.** Se sarai prudente eviterai _____ pericolo.   **11.** Non voglio più vedere _____ di loro e non voglio saperne più _____.   **12.** Vieni pure quando vuoi: non c'è _____ problema.   **13.** Se hai bisogno di _____, chiedi pure a _____ di noi: siamo qui per risolvere _____ i tuoi dubbi.   **14.** Non c'è _____ che possa fare per te?   **15.** La zia ha portato un regalino per _____ di voi.   **16.** Sono _____, anzi _____ quelli che si credono infallibili in _____.   **17.** _____ dicevano che il viaggio era troppo caro, _____ che i giorni della gita erano troppo _____; insomma _____ era pienamente soddisfatto.

91 ●●○ **COMPETENZE MORFOLOGICHE** **DENTRO LE PAROLE** **Distingui** gli **indefiniti** dai **dimostrativi** e **specifica** se sono **pronomi** o **aggettivi**.

Forse non proprio tutti, ma qualcuno di voi avrà sentito citare l'espressione *Cercare la quadratura del cerchio*; certo però quasi nessuno ne conosce il significato e l'origine. Vi diamo, quindi, qualche notizia a riguardo. La **quadratura del cerchio** è un classico problema di geometria che consiste nel costruire con riga e compasso un quadrato con la stessa area di un cerchio. Nel tentativo di risolverlo molti studiosi dell'antichità e non pochi dei tempi nostri hanno speso parecchi anni. Questo però è un problema senza alcuna possibilità di soluzione: la quadratura del cerchio, infatti, può essere operata solo con una certa approssimazione, perché il rapporto tra circonferenza e raggio è un numero irrazionale. La futilità di dedicarsi a questo esercizio ha portato però a usare l'espressione in contesti diversi, per indicare qualcosa che è impossibile da risolvere per chiunque, un'impresa vana perché priva di ogni speranza, un tentativo che fa perdere molto tempo e non approda a nulla.

A 336

7 Il pronome e gli aggettivi pronominali

92 ●●○ COMPETENZE MORFOLOGICHE DENTRO LE PAROLE **Distingui** gli indefiniti [I], i possessivi [P] e i dimostrativi [D] e **specifica** se si tratta di pronomi [Pr] o di aggettivi [A].

Da alcuni [..... ; .....] anni le nostre [..... ; .....] abitudini alimentari sono notevolmente cambiate e in certi [..... ; .....] casi si sono stravolte rispetto a quelle [..... ; .....] del passato. Spesso sentiamo dire che qualcuno [..... ; .....] è **vegano**, ma raramente ci chiediamo da dove derivi questa [..... ; .....] definizione. Infatti, pochi [..... ; .....] sanno che questo [..... ; .....] è un neologismo, nato dalla contrazione dell'aggettivo "vegetariano" e coniato da Donald Watson che fondò la sua [..... ; .....] "Vegan Society" a Londra nel 1944. Sappiamo tutti [..... ; .....] che i vegetariani sono individui che non si cibano di animali di nessuna [..... ; .....] specie perché li

La dieta vegana prevede un importante apporto di frutta e verdura.

considerano carne uccisa. Altri [..... ; .....] definiscono i vegani come dei vegetariani più radicali: infatti, non solo non mangiano nessun [..... ; .....] tipo di carne animale, ma si rifiutano di nutrirsi anche di qualsiasi [..... ; .....] prodotto derivato da questi [..... ; .....]. Tutti [..... ; .....] i vegani pensano che per ottenere latte, uova, miele o altri [..... ; .....] alimenti agli animali venga arrecato in ogni [..... ; .....] caso qualche [..... ; .....] danno. Essere vegano, dunque, non è solo una pratica alimentare, ma è l'atteggiamento etico di uno [..... ; .....] che vuole tutelare in qualsiasi [..... ; .....] modo, i diritti dei nostri [..... ; .....] amici animali.

93 ●●○ COMPETENZE MORFOLOGICHE DENTRO LE PAROLE **Completa** il seguente testo scegliendo i **pronomi** o gli **aggettivi** adeguati.

> propri • alcuni • ogni • sua • questa • suo • chiunque • tutti • questo • parecchie • pochi • ogni • molti

In .... casi impieghiamo .... espressioni di uso comune senza sapere che esse derivano in realtà da titoli di .... libri famosi.

Con **padre padrone**, ad esempio, si indica una persona che si dimostra tirannica e intransigente in .... circostanza e che considera ...., soprattutto i .... figli, oggetti di .... proprietà. .... espressione deriva dall'omonimo libro di Gavino Ledda, in cui si racconta l'esperienza autobiografica dell'autore sardo, al quale .... padre insegna la dura vita pastorale.

J'accuse è l'espressione che definisce .... forma di denuncia cruda e circostanziata di un sopruso o di un'ingiustizia, indicando nome e cognome di .... se ne sia reso responsabile. .... sanno che è proprio .... il titolo della lettera inviata al presidente della Repubblica francese e pubblicata sul giornale "Aurore", con la quale lo scrittore Émile Zola portò agli occhi dell'opinione pubblica il caso dell'ufficiale di origine ebraica, Dreyfus, dimostrando l'infondatezza dell'accusa di tradimento.

A 337

La morfologia

94 ●●○ COMPETENZE MORFOLOGICHE DENTRO LE PAROLE **Completa** il seguente testo inserendo opportunamente i **pronomi** e gli **aggettivi indefiniti** adeguati.

In .... i casi in cui sia dimostrata l'**incapacità di intendere e di volere** di un maggiorenne, come nel caso di .... affetto da una grave infermità mentale, il giudice emana una sentenza di interdizione, cioè un provvedimento che priva l'individuo della capacità di compiere .... atto giuridico. Vi è poi un' .... forma di interdizione, detta legale, che si applica come pena accessoria nei confronti di chi sia stato condannato per un reato di una .... gravità. L'ordinamento giuridico prevede che il soggetto che non abbia la capacità di agire per .... delle cause sopra citate, venga rappresentato da un tutore, cioè .... che amministri .... i beni in sua vece e lo difenda cosicché .... approfitti della sua debolezza per trarne un .... vantaggio.

95 ●●○ COMPETENZE LESSICALI PAROLE DENTRO I TESTI **Rintraccia** nel testo dell'esercizio 94 le parole che corrispondono alle seguenti definizioni.

1. incapacità di fare le proprie scelte in modo consapevole e responsabile:

   ....

2. privazione della capacità di agire: ....

3. rappresentante legale di un individuo: ....

4. malattia grave e permanente: ....

5. emettere: ....

96 ●●○ COMPETENZE LESSICALI AMPLIA IL TUO VOCABOLARIO Le parole italiane *tutela*, *tutelare*, *tutore* e il termine inglese *tutor* hanno la stessa origine latina. **Cerca** sul dizionario il verbo latino da cui derivano e **scrivi** il relativo significato.

97 ●●● COMPETENZE MORFOLOGICHE **Specifica** le funzioni di *chi*.

1. Oggi sono triste. A chi lo dici! ....
2. Chi dorme non piglia pesci. ....
3. Non so di chi sia stata questa idea. ....
4. Ho chiesto informazioni, ma chi mi diceva una cosa, chi un'altra. ....
5. In montagna c'era chi sciava, chi passeggiava, chi prendeva il sole. ....
6. Non so da chi l'abbia saputo. ....
7. Non prendertela con chi non ha colpa. ....
8. Con chi andrai alla festa? ....
9. Per chi si è rovinato! ....
10. Ditemi chi di voi vuol venire in macchina con me. ....
11. Al mercatino c'era molta gente: chi comprava e chi vendeva. ....
12. Chi lo riconosce è bravo! ....
13. Chi vuole venire in gita, lo dica al più presto. ....
14. Non credere a chi ti dà sempre ragione. ....

A 338

7 Il pronome e gli aggettivi pronominali

98 SUPER! COMPETENZE MORFOLOGICHE DENTRO LE PAROLE MITO **Distingui** e **analizza** i pronomi e gli aggettivi pronominali.

Il tallone fatale Achille, la cui popolarità è dovuta soprattutto all'*Iliade*, era figlio del re Peleo e della ninfa Teti. Questa, volendo eliminare nel proprio figlio gli elementi mortali dovuti al padre, lo immerse in un certo fiume che aveva il potere di rendere invulnerabile ogni essere vivente. Nel farlo, lo sorresse per un tallone, che rimase l'unico punto in cui l'eroe potesse essere ferito o ucciso. Da questo episodio è derivata l'espressione tallone d'Achille, che viene usata per indicare un qualunque punto debole di una persona o di un sistema difensivo. E fu proprio il tallone a determinare la morte dell'invincibile Achille. Infatti, i Troiani, che dopo l'uccisione di Ettore non pensavano ad altro se non a vendicarsi, sfruttarono il fatto che l'eroe si era innamorato di Polissena, la bellissima figlia di Priamo. Così gli inviarono una lettera falsa in cui la giovane, come se contraccambiasse il suo amore, lo invitava a un appuntamento. Ad attenderlo, però, Achille non trovò Polissena, ma l'arco di Paride che, essendo un abile arciere, riuscì a conficcargli una freccia nell'unico punto vulnerabile, ferendolo a morte.

99 ••• COMPETENZE DI SCRITTURA **Scrivi** un breve testo raccontando un episodio incentrato sul *tallone di Achille* di una persona o di una squadra.

Facciamo il punto su… le diverse funzioni di *uno*, *una*

A seconda del contesto in cui si trovano inseriti, **uno** e **una** possono essere:

- **articolo indeterminativo.**
  Lui è **uno** studente modello, lei **una** campionessa di sci.

- **nome.**
  Prendi l'**uno** e scendi alla sesta fermata.
  Arriveremo all'**una**.

- **aggettivo numerale cardinale.**
  Ho acquistato **una** penna rossa e due quaderni.

- **pronome indefinito** (= *un tale, qualcuno*); in correlazione con *altro* ammette anche il **plurale**.
  C'è **una** che ti chiama.   Gli **uni** dettano, gli altri scrivono.

100 ••• COMPETENZE MORFOLOGICHE **Indica** se *uno, una* svolgono la funzione di articolo indeterminativo **[A]**, di numerale cardinale **[N]** o di pronome indefinito **[P]**.

1. Ho visto uno [.....] strano individuo per strada. 2. In classe una [.....] ha avuto uno [.....] svenimento. 3. Non si vedeva uno [.....] così da tempo. 4. Compra uno [.....] o più francobolli. 5. Uno [.....] che si comporta così è uno [.....] sciocco. 6. Uno [.....] disse all'altro: "Una [.....] volta sì che si viveva bene!". 7. In una [.....] sola ora ho finito tutti i compiti! 8. Vorrei uno [.....] sciroppo per la tosse. 9. Ho incontrato una [.....] che assomigliava molto a una [.....] cantante famosa. 10. Uno [.....] scienziato non può credere alla magia! 11. Uscite in fretta uno a uno [.....]. 12. L'una [.....] e l'altra sono molto brave in grammatica. 13. Non posso prestarti una [.....] penna: ne ho solo una [.....]. 14. Uno [.....] leggeva una [.....] rivista, l'altro giocava con uno [.....] smartphone.

IL PRONOME • mappa delle conoscenze

Il **PRONOME** è la **parte del discorso** che **sostituisce un nome**, un'**altra parte del discorso** o un'**intera frase**.

personali
indicano **in modo generico** gli individui coinvolti nella comunicazione; hanno:

- **forme toniche** in funzione di **soggetto**
  - singolare: io, tu, egli, lui, esso, ella, lei, essa
  - plurale: noi, voi, essi, esse, loro

- **forme toniche** in funzione di **complemento**
  - singolare: me, te, lui, esso, lei, essa
  - plurale: noi, voi, essi, esse, loro

- **forme atone** in funzione di **complemento**
  - singolare: mi, ti, lo, gli, la, le, ne
  - plurale: ci, vi, li, le, ne

allocutivi
sono le **forme dei pronomi personali** usate per **rivolgersi direttamente a qualcuno**

personali riflessivi
indicano l'individuo **su cui si riflette** l'azione compiuta dall'individuo stesso; hanno:

- **forme toniche** in funzione di **complemento**
  - singolare: me, te, sé
  - plurale: noi, voi, sé, loro

- **forme atone** in funzione di **complemento oggetto** o **di termine**
  - singolare: mi, ti, si
  - plurale: ci, vi, si

relativi
sostituiscono un **termine che li precede**, detto **antecedente**, e introducono una **subordinata relativa**; hanno:

- **forme variabili**: il / la quale, i / le quali (funzione di soggetto e di complemento indiretto)

- **forme invariabili**: che (funzione di soggetto e di complemento oggetto)
  cui (funzione di complemento indiretto)

misti
fondono in **un'unica forma due pronomi** (dimostrativo o indefinito + relativo) e introducono una **subordinata relativa**; hanno:

- **forme variabili**: quanti / e

- **forme invariabili**: chi, quanto, chiunque

A 340

I PRONOMINALI • mappa delle conoscenze

I **PRONOMINALI** sono una **classe mista di aggettivi determinativi** e **pronomi** che esprimono caratteristiche specifiche.

possessivi
esprimono una **relazione di appartenenza**; sono:

- **aggettivi e pronomi variabili**: mio, tuo, suo, nostro, vostro, proprio
- **aggettivi e pronomi invariabili**: loro, altrui

dimostrativi
specificano la **posizione nello spazio**, **nel tempo** o **nel discorso** rispetto a chi parla o a chi ascolta; si distinguono in:

- **aggettivi e pronomi variabili**: questo, codesto, quello, tale
- **pronomi variabili**: costui, colui, ciò,
- **pronomi invariabili**: questi, quegli (soggetto, maschile, singolare)

identificativi
esprimono **identità** e corrispondenza tra persone, animali o cose; sono:

- **aggettivi e pronomi variabili**: stesso, medesimo

indefiniti
forniscono in **modo generico e imprecisato** informazioni riguardo alla **quantità** o alla **qualità**; si distinguono in:

- **aggettivi e pronomi variabili**: alcuno, altro, nessuno, molto, tanto, certo, tutto, poco, …
- **aggettivi invariabili**: qualche, ogni, qualunque, qualsiasi, qualsivoglia
- **pronomi invariabili**: chi, ognuno, qualcosa, chiunque, niente, nulla, chicchessia

interrogativi ed esclamativi
richiedono sotto forma di **domanda** o esprimono in una **esclamazione** informazioni riguardanti la **qualità**, la **quantità**, l'**identità** di qualcosa o di qualcuno; si distinguono in:

- **aggettivi e pronomi variabili**: quanto, quale
- **aggettivi e pronomi invariabili**: che
- **pronomi invariabili**: chi, che cosa, cosa

numerali
indicano una **quantità numerabile** o l'**ordine** all'interno di una sequenza numerica:

- **aggettivi e pronomi** (cardinali e numerali): mille, 700, 9°, XXIII, …

A 341

La morfologia

METTI IN GIOCO LE TUE COMPETENZE

COMPETENZE LOGICO-GRAMMATICALI

101 ●●○ **Trova** la caratteristica grammaticale condivisa dalle parole di ciascun gruppo tranne una e **cancella** l'intruso.

1. quegli, ogni, qualche, mio
2. che, i quali, egli, ne, io
3. niente, chiunque, tutti, chi
4. lo, le, uno, gli, ciò

COMPETENZE LOGICO-LESSICALI

102 ●●○ Alcune delle seguenti frasi hanno un significato pressoché equivalente perché esprimono, anche se in modo diverso, la stessa quantità "di amici". **Dividile** in quattro gruppi e **disponile** in ordine decrescente per quantità "di amici", scrivendo il numero progressivo nella parentesi. **Indica** con lo stesso numero d'ordine quelle che esprimono la stessa quantità.

[1] L'ho detto a tutti gli amici. [.....] Ai miei amici? L'ho detto a qualunque di loro. [.....] L'ho detto a parecchi amici. [.....] Non c'è nessun amico a cui non l'abbia detto. [.....] Non l'ho detto a tutti i miei amici. [.....] L'ho detto solo a qualcuno dei miei amici. [.....] Solo ad alcuni dei miei amici l'ho detto. [.....] Non l'ho detto a nessun amico. [.....] L'ho detto a pochi amici. [.....] L'ho detto a molti amici. [.....] A non pochi amici l'ho detto. [.....] Alla maggioranza dei miei amici l'ho detto. [.....] L'ho detto quasi a tutti gli amici. [.....] A ognuno dei miei amici io l'ho detto. [.....] Ai miei amici? Non l'ho detto ad alcuno. [.....] Non l'ho detto a molti amici. [.....] Non c'è nessun amico a cui l'abbia detto. [.....] L'ho detto alla minoranza dei miei amici.

COMPETENZE MORFOLOGICHE

103 ●●● MITO **Riconosci** e **analizza** i pronomi e gli aggettivi pronominali.

Il Minotauro Minosse era il re di Creta, a cui gli Ateniesi avevano ucciso il figlio. Durante i giochi, questi aveva partecipato a diverse gare e le aveva vinte tutte. Così gli altri atleti della città, invidiosi di lui, lo avevano eliminato. In seguito a ciò, lo stesso Minosse aveva marciato su Atene e le aveva imposto un tremendo tributo: ogni anno la città avrebbe consegnato sette giovani e sette giovinette destinati a essere sbranati dal Minotauro. Costui, figlio del toro inviato da Posidone e da Pasifae, moglie di Minosse, era un essere mostruoso che aveva il corpo di toro e viveva rinchiuso nel famoso Labirinto. L'aveva costruito Dedalo su ordine di Minosse ed era un edificio formato da così tante stanze e corridoi intricati che, chiunque vi si fosse avventurato, non sarebbe più riuscito a uscire. Dopo che Teseo, figlio del re di Atene Egeo, tornò nella propria città, fu messo al corrente di tutto l'accaduto e seppe che quel tributo di sangue veniva preteso ormai per la terza volta. Il giovane ne rimase inorridito e si offrì come vittima assieme agli altri giovani prescelti. In realtà egli sperava in cuor suo di uccidere il Minotauro. Ma se pur ci fosse riuscito, in che modo sarebbe poi ritornato indietro? Chi avrebbe potuto aiutarlo? Lo fece Arianna, la figlia del re Minosse.

7 Il pronome e gli aggettivi pronominali

104 ●●● MITO Riconosci e analizza i pronomi e gli aggettivi pronominali, quindi rintraccia il *che* in funzione di congiunzione.

Teseo uccide il Minotauro Arianna si innamorò di Teseo a prima vista e si chiese quale aiuto avrebbe potuto dargli per farlo sopravvivere a quell'impresa che sembrava non avere alcuna speranza di successo. Si fece promettere dal giovane che, una volta uscito dal Labirinto, l'avrebbe portata con sé nella sua patria per sposarla e infine gli diede un gomitolo di filo con il quale si sarebbe assicurato la via del ritorno. Teseo avrebbe dovuto fissare uno dei due capi del filo a un punto qualunque dell'ingresso del Labirinto, e svolgerne il gomitolo mentre avanzava; così, una volta ucciso il mostro, avrebbe potuto rifare all'indietro il medesimo percorso. Tutto avvenne secondo i piani: Teseo, grazie alla sua forza, riuscì a sorprendere il Minotauro e a ucciderlo e, facendo esattamente ciò che Arianna gli aveva suggerito, poté uscire dal Labirinto assieme agli altri giovani.

La vittoria di Teseo sul Minotauro, illustrazione tratta da *Collection des vases grecs de Madame Le Comte de Lamberg*, XIX secolo.

105 SUPER! MITO Riconosci e analizza i pronomi e gli aggettivi pronominali. Rintraccia i tre casi in cui la particella *si* è parte integrante del verbo.

Il triste epilogo della storia di Teseo In pochi minuti essi raggiunsero il porto dove Arianna li stava aspettando e tutti salparono felici verso Atene. Ma una volta scampato il pericolo, l'ingrato Teseo si pentì della promessa fatta ad Arianna e meditò di liberarsi di lei. E così durante lo scalo sull'isola di Nasso, mentre la giovane ignara si era addormentata, egli salì di soppiatto sulla nave e ripartì abbandonandola sull'isola. La sua slealtà venne però punita. La nave che conduceva le vittime issava vele nere in segno di lutto. Egeo aveva però consegnato al figlio anche altre vele, di colore bianco. Se lui fosse riuscito in qualche modo in quell'impresa disperata, lo avrebbe fatto sapere subito a tutti quelli che lo stavano aspettando ansiosi sulle spiagge dell'isola, issando le vele bianche sulla nave. Ma la gioia di ritornare vittorioso in patria tradì Teseo, che si dimenticò di sostituire le vele nere. Perciò il vecchio re, vedendole e pensando da ciò di aver perso l'amato figlio, si uccise gettandosi nel mare che da lui prese il nome di Egeo.

COMPETENZE MORFOLOGICHE E SINTATTICHE

106 SUPER! MITO Riconosci e analizza i pronomi e gli aggettivi pronominali, quindi specifica la funzione logica dei *che*.

Achille si nasconde dal re Licomede Un oracolo aveva profetizzato a Teti che, se Achille fosse partito per la guerra di Troia, non ne sarebbe più tornato. Teti supplicò il Destino di cambiare questa tragica fine, ma le fu proposto di scegliere per suo figlio o una vita lunga ma banale e senza alcuna gloria o una vita breve ma gloriosa. Fu Achille stesso che scelse per sé questa seconda possibilità. Tuttavia, Teti volle fare un ultimo tentativo per sottrarre il figlio alla morte prematura e, quando venne a sapere dell'imminente spedizione contro Troia, lo mandò dal re Licomede, il quale lo tenne nascosto, in abiti femminili, tra le sue figlie. I Greci, però, sapevano bene che non avrebbero potuto conquistare Troia senza Achille, l'eroe di gran lunga più forte di tutti. Nessuno, però, sapeva in quale luogo lui si trovasse. Lo rivelò ai Greci l'indovino Calcante, che li esortò a cercarlo nella reggia in cui si trovava sotto mentite spoglie e a indurlo a partire con loro.

A 343

La morfologia

COMPETENZE MORFOLOGICHE E SINTATTICHE

107 SUPER! MITO **Riconosci, analizza** i pronomi e gli aggettivi pronominali, quindi **specifica** la funzione logica (soggetto, complemento oggetto, complemento di termine o complemento indiretto) dei pronomi.

Achille viene smascherato   I Greci mandarono quindi Ulisse assieme ad altri alla reggia di Licomede, il quale, pur accogliendoli cordialmente, disse loro che Achille non si trovava in casa sua, e che, se non gli credevano, potevano essi stessi perlustrare a fondo tutta la reggia. Tutti capirono subito che c'era sotto qualche inganno, ma chi avrebbe potuto sventarlo? Lo fece Ulisse, che aveva già ben chiaro cosa dovesse fare. Aveva portato dei doni per le principesse e tra di essi aveva posto anche uno scudo e un'asta. Mise quindi in opera il suo piano: fece suonare ai trombettieri il canto di guerra e simulò un grande strepitio di armi, come se un nemico li stesse attaccando. A quel punto Achille si tradì: si strappò le vesti femminili e afferrò le armi, subito pronto a usarle. E grazie a questo astuto stratagemma, non poté più sottrarsi al suo dovere e partì alla volta di Troia assieme a tutti gli altri condottieri.

COMPETENZE MORFOLOGICHE E TESTUALI

108 ●●○ **Inserisci** il segno di interpunzione adeguato (punto, punto interrogativo, punto esclamativo) e **indica** se l'aggettivo o il pronome in grassetto è interrogativo [INT], esclamativo [E] o indefinito [IND].

1. A **quale** corso si sono iscritti [.......]   2. **Nessun** amico mi è più caro di te [.......]   3. **Quanti** problemi si devono affrontare ogni giorno [.......]   4. Non credi sia passato **troppo** tempo da allora [.......]   5. Non ho **alcun** desiderio di vederlo [.......]   6. **Quanti** libri hai letto quest'estate [.......]   7. **Che** strano vederti qui [.......]   8. Abbiamo ancora **molta** paura [.......] 9. Non so **quale** sia la scelta migliore [.......]   10. Non ricordo **quanti** abbiano accettato l'invito [.......]   11. Inventa sempre **qualche** scusa [.......]   12. **Quanta** imprudenza hai dimostrato [.......]   13. **Che** disordine c'è qui [.......]   14. Perché non ci hai detto **nulla** [.......]

COMPETENZE LESSICALI E SCRITTURA

109 ●●● **Spiega** il significato delle seguenti parole ed espressioni derivate dal mito di Teseo e **motivalo** in relazione alla vicenda che hai letto negli esercizi 103, 104, 105.

1. **labirinto** (nome comune): ....
....

2. **dedalo** (nome comune): ....
....

3. **il filo di Arianna**: ....
....

4. **piantare in asso**[1]: ....
....

5. **Egeo** (nome proprio): ....
....

---

1 In origine era *piantare in Nasso*, poi nella pronuncia *Nasso* diventò *asso*.

A 344

7 Il pronome e gli aggettivi pronominali

PREPARATI ALLA PROVA INVALSI

Perché le bugie hanno le gambe corte?

Dire che **le bugie hanno le gambe corte** è lo stesso che dire **il diavolo fa le pentole, ma non i coperchi**: significano che non è possibile nascondere a lungo nessuna bugia, perché prima o poi la verità viene a galla. Il primo modo di dire deriva da questo rac-
5 contino mitologico. Un giorno Prometeo, colui che donò furtivamente agli uomini il fuoco, aveva plasmato con la creta la Verità. Convocato all'improvviso dal padre degli dèi, lasciò l'officina a Inganno, che era il suo apprendista. Questi, preso dal desiderio di emulare il proprio maestro, si sedette al posto del maestro e si
10 mise alla prova: iniziò a plasmare anche lui una statua sul modello di quella di Prometeo, le diede le medesime dimensioni e cercò di farla identica a quella in ogni sua parte, ma non ci riuscì.

Infatti, quando stava per completare la sua opera, gli venne a mancare la creta per plasmarle i piedi e, lasciatala incompiuta,
15 tornò al proprio posto, facendo finta di nulla. Ben presto tornò Prometeo, il cui sguardo cadde subito sulla nuova statua. Stupìto dalla straordinaria somiglianza di quella con la sua, esclamò: «Che bella statua!», e decise di dar vita a entrambe. Pose l'una e l'altra nel forno e infuse loro l'anima. Subito la Verità cominciò
20 il suo cammino con passo solenne e sicuro; l'imitazione di lei, invece, essendo mutilata, non riuscì a seguirla. Allora Prometeo diede alla copia il nome di Menzogna e ancor oggi si usa dire che essa ha le gambe corte.

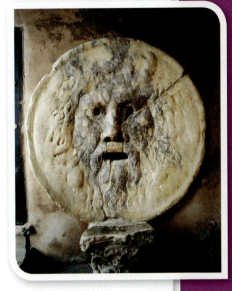

La bocca della verità, maschera di divinità fluviale in marmo, probabilmente parte di un pozzo, I secolo a.C., Roma, Chiesa di Santa Maria in Cosmedin.
Nel medioevo si fece strada la leggenda secondo cui il mascherone potesse decretare la fedeltà di una donna al marito, mordendole la mano in caso di adulterio.

A1. Prometeo lascia l'officina perché
- A. ☐ vuole mettere alla prova Inganno
- B. ☐ è convocato da Giove
- C. ☐ deve andare a comprare della creta
- D. ☐ deve andare a donare il fuoco agli uomini

A2. Inganno è
- A. ☐ maestro di Prometeo
- B. ☐ apprendista di Prometeo
- C. ☐ fratello della Menzogna
- D. ☐ creatore della Verità

A3. La Verità e la Menzogna
- A. ☐ sono del tutto identiche
- B. ☐ sono entrambe scolpite da Prometeo
- C. ☐ sono entrambe copie
- D. ☐ differiscono per quantità di materia impiegata

A4. La Menzogna non riesce a seguire la Verità perché
- A. ☐ è senza anima
- B. ☐ è in creta
- C. ☐ è stanca
- D. ☐ è mutilata

La morfologia

A5. Il racconto mitologico dimostra che
- A. ☐ non bisogna cercare di imitare gli altri con l'inganno
- B. ☐ gli inganni sono destinati con il tempo a essere scoperti
- C. ☐ è ammirevole emulare i propri maestri
- D. ☐ la Verità ha le gambe lunghe

A6. Rintraccia nel testo le parole corrispondenti alle seguenti definizioni.
- a. **di nascosto**: ....
- b. **maestoso**: ....
- c. **che manca in modo evidente di una parte**: ....

A7. Nell'espressione *è lo stesso che dire* (riga 1), *stesso* ha valore
- A. ☐ di corrispondenza e identità
- B. ☐ di enfasi
- C. ☐ rafforzativo
- D. ☐ avverbiale

A8. Indica un sinonimo dell'espressione *viene a galla* (riga 4).
....

A9. Il verbo *emulare* (riga 9) significa
- A. ☐ aiutare
- B. ☐ superare
- C. ☐ imitare
- D. ☐ prendere il posto

A10. I pronomi relativi contenuti nel brano sono
- A. ☐ 1
- B. ☐ 2
- C. ☐ 3
- D. ☐ 4

A11. Nella frase *era il suo apprendista* (riga 8), *suo* è
- A. ☐ aggettivo dimostrativo
- B. ☐ pronome possessivo
- C. ☐ pronome dimostrativo
- D. ☐ aggettivo possessivo

A12. Il pronome *questi* (riga 8) si riferisce a
- A. ☐ Zeus
- B. ☐ Prometeo
- C. ☐ Prometeo e Inganno
- D. ☐ Inganno

A13. Nella frase *iniziò a plasmare anche lui una statua* (riga 10), *lui* svolge funzione di:
- A. ☐ complemento oggetto
- B. ☐ soggetto
- C. ☐ complemento di termine
- D. ☐ complemento indiretto

A14. La frase *le diede le medesime dimensioni* (riga 11) contiene
- A. ☐ due articoli femminili plurali
- B. ☐ un pronome personale femminile e un articolo femminile plurale
- C. ☐ nessun pronome personale
- D. ☐ due pronomi personali femminili singolari

A15. Nella frase *cercò di farla identica a quella in ogni sua parte* (righe 11-12), *in ogni sua parte* non può essere sostituito da
- A. ☐ in tutte le sue parti
- B. ☐ in ciascuna delle sue parti
- C. ☐ in qualsiasi parte
- D. ☐ in entrambe le sue parti

7 Il pronome e gli aggettivi pronominali

A16. Nella frase *Gli venne a mancare la creta per plasmarle i piedi* (righe 13-14)

A. ☐ *gli* è riferito a Prometeo, *-le* alla Verità

B. ☐ *gli* è riferito all'Inganno, *-le* alla copia della Verità

C. ☐ *gli* è riferito all'Inganno, *-le* alla Verità

D. ☐ *gli* e *-le* sono riferiti entrambi alla copia della Verità

A17. Nella frase *si sedette al posto del maestro e si mise alla prova* (righe 9-10); e nella frase *si accorse di non essersi procurato della creta a sufficienza* (righe 13-14), i pronomi riflessivi sono

A. ☐ 1   C. ☐ 3

B. ☐ 2   D. ☐ 4

A18. Nella frase *cercò di farla identica a quella in ogni sua parte, ma non ci riuscì* (righe 11-12), *ci* è

A. ☐ pronome personale

B. ☐ pronome riflessivo

C. ☐ pronome dimostrativo

D. ☐ avverbio

A19. Nella frase «*Che bella statua!*» (riga 18), *che* ha valore di

A. ☐ congiunzione subordinante dichiarativa

B. ☐ pronome relativo

C. ☐ pronome esclamativo

D. ☐ aggettivo esclamativo

A20. *L'una e l'altra* (riga 19) sono

A. ☐ aggettivi dimostrativi

B. ☐ pronomi indefiniti

C. ☐ pronomi dimostrativi

D. ☐ aggettivi indefiniti

A21. Indica se le seguenti affermazioni sono vere (V) o false (F).

a. *Colui* (riga 5) è un aggettivo dimostrativo.   V☐ F☐

b. *Le* è sempre plurale femminile. V☐ F☐

c. *Proprio* si riferisce sempre al soggetto della frase.   V☐ F☐

d. Nella frase *Cercò di farla identica a quella in ogni sua parte* (righe 11-12) ci sono due pronomi.   V☐ F☐

e. Nella frase *infuse loro l'anima* (riga 20) *loro* è aggettivo possessivo.   V☐ F☐

f. La parola *seguirla* (riga 22) presenta un pronome personale atono proclitico.   V☐ F☐

A 347

VERIFICA LE TUE COMPETENZE

A. Indica se i pronomi personali hanno la funzione di soggetto [S], di complemento oggetto [CO] o di complemento di termine [CT].

1. Proponi loro [.......] di accompagnarli [.......] a casa dopo cena. **2.** Ti [.......] ho ripetuto più volte che non ti [.......] ho urtato apposta per farti [.......] male. **3.** Proprio tu [.......] mi [.......] fai di questi discorsi! **4.** Se lo dici tu [.......] allora dobbiamo crederti [.......]. **5.** Mi [.......] apprezzano, ma non mi [.......] concederanno l'aumento. **6.** Vi [.......] chiamerò alla cattedra per consegnarvi [.......] il vostro compito corretto. **7.** Per quanto riguarda le nuove allieve, le [.......] inserirò in questa classe dove, ne sono certo, le compagne faranno loro [.......] una buona accoglienza. **8.** Le [.......] ho spiegato più volte che non l'[.......] avevo vista. **9.** Gli [.......] avevo promesso che lo [.......] avrei chiamato. **10.** Le [.......] ho dato il mio cellulare perché ti [.......] chiamasse e ti [.......] spiegasse che cosa ci [.......] era successo. **11.** Sono loro [.......] che li [.......] hanno ritrovati. **12.** Ci [.......] hanno convocati e ci [.......] hanno detto che ci [.......] avrebbero assegnato un incarico. **13.** Mi [.......] hanno riferito che proprio lei [.......] ha vinto la gara.

1 punto per ogni risposta esatta   **Punti** ..../30

B. Indica se *ci* ha la funzione di pronome personale [PP], di pronome riflessivo proprio [PR], di pronome riflessivo reciproco [R] o di avverbio di luogo [A].

1. Con chi vengo alla festa? Ci [.......] vengo da sola. **2.** Come ci [.......] siamo accordati? **3.** Ci [.......] hanno proposto di andare al cinema con loro; potremmo andarci [.......] sabato sera. **4.** Ci [.......] siamo preparati una deliziosa cenetta. **5.** Ci [.......] siamo comprati una villetta al mare per trascorrerci [.......] le vacanze. **6.** Ci [.......] hanno trattati decisamente male. **7.** Ci [.......] vediamo più tardi per scambiarci [.......] le impressioni. **8.** Quel ristorante ci [.......] ha davvero delusi; non voglio più tornarci [.......] **9.** Senza volerlo, ci [.......] siamo vestite allo stesso modo. **10.** Anche se siamo sole, ci [.......] faremo compagnia. **11.** Io e Marisa ci [.......] diciamo sempre tutto.

1 punto per ogni risposta esatta   **Punti** ..../15

C. Indica se il pronome relativo ha funzione di soggetto [S], di complemento oggetto [CO], di complemento di termine [CT] o di complemento di specificazione [CS].

1. La persona cui [.......] ho parlato è la stessa che [.......] hai visto ieri. **2.** Federico, il cui [.......] fratello è in classe con te, ha un libro che [.......] vuole vendere. **3.** Il film che [.......] avete visto è quello a cui [.......] hanno dato il Leone d'Oro. **4.** Quell'allievo, la cui [.......] bravura è ben nota, ha svolto perfettamente il compito che [.......] gli era stato assegnato. **5.** Francesca, che [.......] ha preparato la torta migliore, è stata premiata. **6.** Pirro, di cui [.......] sono note le vittorie contro i Romani, morì a causa di una tegola che [.......] gli cadde in testa. **7.** Sei certo di aver fatto tutto ciò che [.......] potevi fare? **8.** I colleghi cui [.......] abbiamo proposto una cena ci hanno suggerito un locale che [.......] già conoscono. **9.** Dovrò stare molto vicina ad Anna, i cui [.......] genitori sono stati feriti gravemente in un incidente stradale.

1 punto per ogni risposta esatta   **Punti** ..../15

A 348

7 Il pronome e gli aggettivi pronominali

D. Indica se *che* ha la funzione di pronome relativo [PR], di aggettivo interrogativo [AI], di pronome interrogativo [PI], di aggettivo esclamativo [AE] o di pronome esclamativo [PE].

1. Spiegami che [.......] programma hai in mente.   2. Che [.......] combinano i miei angioletti?
3. Non so che [.......] vino abbia scelto per la cena che [.......] ho preparato.   4. Che [.......] invidia provo per i compagni che [.......] prendono sempre bei voti!   5. Spiegami che [.......] hai intenzione di fare con quel compagno che [.......] ti chiede sempre di copiare i compiti che [.......] tu hai già fatto.   6. Che [.......] bella notizia mi hai appena dato!   7. Non capivo mai a che [.......] stesse pensando.   8. Che [.......] abito indosserai per la cerimonia che [.......] ti vedrà testimone di nozze?   9. Che [.......] mi tocca fare per amor tuo!   10. Che [.......] splendida giornata!

1 punto per ogni risposta esatta   Punti .... /15

E. Indica se le parole in grassetto sono aggettivi dimostrativi [AD] o pronomi dimostrativi [PD], aggettivi indefiniti [AI] o pronomi indefiniti [PI].

1. **Alcuni** [.......] di noi non sanno se andare a vedere **quel** [.......] film d'azione o **l'altro** d'amore.   2. Che cosa fa **costui** [.......] qui? Ha già combinato **molti** [.......] guai con **altri** [.......] nostri conoscenti.   3. **Questo** [.......] pomeriggio **qualcuno** [.......] di voi potrebbe comprare **qualcosa** [.......] da mangiare al supermercato?   4. Costoro sono gli **stessi** [.......] individui che hanno già truffato **parecchi** [.......] anziani.   5. Elisabetta e Riccardo hanno invitato alla festa **tutti** [.......] gli amici, ma non **tutti** [.......] potranno venire.   6. **Ne** [.......] sono certa: me l'[.......] ha confidato un **tale** [.......] che è sempre informato su **qualunque** [.......] cosa accada.   7. **Questo** [.......] è proprio **ciò** [.......] che desideravo.   8. Non c'è **nulla** [.......] che Alessandra non farebbe per te: e tu **lo** [.......] sai bene.   9. Qui c'è chi va e **chi** [.......] viene; **pochi** [.......] sono disposti a dare una mano, ma **ognuno** [.......] ha **qualcosa** [.......] da ridire su questo e **quello** [.......].

1 punto per ogni risposta esatta   Punti .... /25

TOTALE PUNTI .... /100

A 349

8 Le parti invariabili del discorso

Le parti invariabili del discorso sono l'avverbio, la preposizione semplice, la congiunzione e l'interiezione.

FORME Le **forme invariabili** sono dette così perché non esprimono **né il genere né il numero**. Le **preposizioni**, però, diventano **variabili**, quando si uniscono agli **articoli determinativi** dando luogo alle **preposizioni articolate**.

FUNZIONI L'avverbio **precisa** o **modifica il significato** di una parola o di una frase.

La **preposizione** e la **congiunzione** **collegano le parole** di una frase o **le proposizioni di un periodo**: senza di esse non avremmo un discorso, ma solo un insieme di parole slegate e prive di relazione logica.

L'interiezione è una parte del discorso che **non è indispensabile** e che **non ha legami grammaticali** con gli altri elementi della frase.

CONOSCENZE • ABILITÀ • COMPETENZE

◑ p. 99

La morfologia

1 L'avverbio

> L'**avverbio** (dal latino *ad verbum*, "vicino a una parola") è la parte invariabile del discorso che **precisa** o **modifica il significato della parola o della frase** a cui si riferisce.

Può precisare o modificare:

- un **verbo**.
  Camminava **lentamente**.
- un **aggettivo**.
  Sei **poco** attento.
- un **nome**.
  Era **quasi** l'alba.
- un **altro avverbio**.
  È troppo **tardi**.
- una **frase**.
  Forse andrò al mare.

In base alla **forma** e alla loro **formazione**, gli avverbi sono:

- **primitivi**, se non sono scomponibili in unità minori, come *oggi*, *sotto*, *presto*, *bene*, *più*.
- **derivati**, se derivano da un'altra parola, che può essere:
  – un **aggettivo** di genere femminile a cui si aggiunge il suffisso **-mente**. Negli aggettivi in **-ale cade la *e* finale** prima del suffisso.

     libera → libera**mente**   dal latino *libera mente*, "con mente libera"
     ugual(e) → ugual**mente**

  – un **nome** o un **verbo**, con l'aggiunta del suffisso **-oni**.

     ginocchio → ginocchi**oni**   ruzzolare → ruzzol**oni**

- **alterati**, se presentano un **suffisso alterativo**. Ammettono questa forma solo pochi avverbi che si avvalgono degli stessi suffissi dei nomi e degli aggettivi.

  bene → ben**one**, ben**ino**   **male** → mal**accio**, mal**uccio**
  poco → poch**ino**, poch**etto**   **piano** → pian**ino**, pian**uccio**

- **composti**, se sono formati dalla fusione di due o più parole.

  tal + volta → **talvolta**   da + per + tutto → **dappertutto**

- **locuzioni avverbiali**, combinazioni fisse e non separabili di due o più parole che possono comprendere:
  – un **nome** o un **aggettivo** o un **avverbio** ripetuti, come *via via*, *passo passo*, *bel bello*, *piano piano*, *così così*, *quasi quasi*, *or ora*;
  – una **preposizione** e un **nome**, un **aggettivo** o un **avverbio** in combinazioni talora ripetute, come *alla fine*, *a lungo*, *di sicuro*, *per sempre*, *di punto in bianco*, *d'ora in avanti*.

8 Le parti invariabili del discorso

> **Nel vivo della lingua**
>
> **Aggettivi in funzione di avverbi** Alcuni aggettivi qualificativi sono usati in funzione di **avverbi** quando **accompagnano un verbo** e sono espressi al **maschile singolare**; quando invece è possibile concordarli, sono normali aggettivi.
>
> Parla **chiaro**!   Guardare **storto**.
> Mangiare **sano**.   Colpire **duro**.
> un colore **chiaro** / gli occhi **chiari**
>
> ● avverbio
> ● aggettivo

In base al **significato**, gli avverbi si classificano in **avverbi di modo** e **avverbi determinativi**. I determinativi **precisano il significato della parola** a cui si riferiscono, determinandola in rapporto alle categorie di **luogo**, **tempo**, **quantità**, **identità**.

- Gli **avverbi** e le **locuzioni avverbiali di modo** (o **qualificativi**) specificano la **modalità dell'azione** e rispondono alla domanda *come? in che modo?*
  In analisi logica corrispondono ai **complementi avverbiali di modo**.

  Lo zio si è comportato **generosamente**.
  La notizia è **certamente** attendibile.
  Anche se arriveremo **in un batter d'occhio**, sarà comunque tardi.

  Sono avverbi di modo:
  - la maggior parte degli avverbi in **-mente** e in **-oni**, come *attentamente, chiaramente, rapidamente, saggiamente, cavalcioni, ginocchioni, ruzzoloni, tastoni, ...*
  - gli aggettivi qualificativi usati in **funzione avverbiale**, come *chiaro, veloce, forte, nero, ...*
  - alcuni avverbi derivati dal latino, come *bene, male, così, come, altrimenti, comunque, volentieri, ...*

  Sono locuzioni avverbiali di modo *a casaccio, a fatica, a forza, a quattr'occhi, a squarciagola, al contrario, a piedi, all'antica, alla meno peggio, alla svelta, così così, di corsa, di proposito, di sicuro, di solito, in fretta e furia, in genere, per caso, ...*

- Gli **avverbi** e le **locuzioni avverbiali di luogo** precisano il **luogo** o la **posizione** di qualcuno o qualcosa e rispondono alla domanda *dove?* In analisi logica corrispondono ai **complementi avverbiali di luogo**.

  Andiamo **fuori**: **dentro** fa un gran caldo!
  Che tempo fa **da quelle parti**? **Qui** piove.

  Sono avverbi di luogo: *qui, qua, quaggiù, quassù, lì, là, laggiù, lassù, vicino, lontano, accanto, dappertutto, fuori, dentro, dietro, davanti, intorno, sotto, sopra, giù, altrove, dovunque, ovunque, dove, ci, vi, ne, ...*

  Sono locuzioni avverbiali di luogo: *a sinistra, al centro, a lato, all'indietro, alla fine, da vicino, da queste parti, di fianco, di là, di qua, di sopra, in basso, in cima, in coda, in giro, nei dintorni, nei paraggi, per di qua, per di là, ...*

A 353

La morfologia

Sono, inoltre, avverbi di luogo:

- **ne**, quando significa *di qui, di là, da questo / quel luogo* (⬅ per gli altri valori, p. 322).

  Ne (= *da quel luogo*) uscì piangendo.

  Non vuole allontanarse**ne** (= *da qui, da questo luogo*).

- **ci** e **vi** (**ce** e **ve** davanti a una particella pronominale), quando equivalgono a "qui, là, in questo / quel luogo" (⬅ per gli altri valori, p. 301). Sono invece considerate parte integrante del verbo *essere* quando questo significa "esistere".

  Ci (= *là*) andremo domenica.   **Ce** (= *in questo luogo*) li hai messi tu?

- Gli **avverbi** e le **locuzioni avverbiali di tempo** precisano la **circostanza temporale** di un'azione o di un evento e rispondono alla domanda *quando?* In analisi logica corrispondono ai **complementi avverbiali di tempo**.

  Prima ho studiato, **adesso** faccio i compiti, **dopo** uscirò.

  Arriva **spesso** in ritardo, perché ha **sempre** qualcosa da fare.

Sono avverbi di tempo: *allora, già, ieri, precedentemente, ormai, prima, stamani, ora, subito, oggi, finora, dopo, poi, domani, ancora, continuamente, sempre, frequentemente, spesso, ripetutamente, sovente, talora, talvolta, raramente, mai, presto, tardi, …*

Sono locuzioni avverbiali di tempo: *una volta, un tempo, giorni or sono, poco fa, or ora, tra poco, in futuro, prima o poi, di frequente, di rado, di quando in quando, fino ad allora, da oggi, d'ora in poi, per sempre, sul tardi, in anticipo, in ritardo, per le lunghe, in men che non si dica, in un batter d'occhio, all'improvviso, in un baleno, …*

 Nel vivo della lingua

Il significato dell'avverbio *mai*   L'avverbio ***mai*** assume due significati opposti a seconda del modo in cui è costruito.

- Ha il significato **negativo** di "in nessun tempo, in nessuna circostanza", quando **rafforza la negazione *non***; rifiuta il *non* quando **è posto prima del verbo** o quando è **da solo**.

  Non sei **mai** puntuale.   **Mai** l'avrei immaginato!   Lo faresti? **Mai**!

- Ha il significato **positivo** di "qualche volta, per caso" nelle **proposizioni interrogative**, **condizionali** o **esclamative**, nelle quali ha un valore puramente **rafforzativo**.

  Sei **mai** stato a Parigi?

  Che cosa mi tocca **mai** sentire!

- Gli **avverbi** e le **locuzioni avverbiali di quantità** indicano una **quantità indefinita e imprecisata**, e rispondono alla domanda *quanto?* In analisi logica corrispondono ai **complementi avverbiali di quantità**.

  Abbiamo mangiato **troppo**.

  Camminava **molto** lentamente.

8 Le parti invariabili del discorso

Sono avverbi di quantità:

– alcuni **aggettivi indefiniti** nella sola forma del **maschile singolare**, come *molto*, *poco*, *tanto*, *troppo*, *alquanto*, *parecchio*, *meno*, *più*, ...

– i **pronomi indefiniti** *niente* e *nulla*, usati in funzione avverbiale;

– alcuni avverbi in -*mente*, come *minimamente*, *eccessivamente*, *talmente*, *esageratamente*, *parzialmente*, *totalmente*, ...

– gli avverbi *abbastanza*, *assai*, *piuttosto*, *quasi*, *affatto*, *appena*, *pure*, *perfino*, *ancora*, *addirittura*, ...

Sono locuzioni avverbiali di quantità: *a bizzeffe*, *all'incirca*, *in parte*, *né più né meno*, *per niente*, *per nulla*, *più o meno*, *poco meno*, *press'a poco*, *su per giù*, *un po'*, *per un pelo*, *fin troppo*, *di gran lunga*, ...

- Gli **avverbi** e le **locuzioni di valutazione** esprimono il **giudizio di chi parla riguardo qualcosa** e sono:

– **affermativi**, se confermano o rafforzano quanto si sta dicendo
Sì, Luca è **davvero** gentile.

– **negativi**, se negano quanto si sta dicendo
Non partirò **nemmeno** io.

– **dubitativi**, se esprimono un dubbio a proposito.
Forse verrò con voi.

Ecco un quadro sintetico degli avverbi e delle locuzioni avverbiali.

	avverbi di valutazione	locuzioni avverbiali di valutazione
affermativi	sì, appunto, indubbiamente, certamente, proprio, davvero, esatto, certo, evidentemente, così, giusto, sicuro, ...	di certo, per certo, di sicuro, senz'altro, senza dubbio, per l'appunto, in tutti i modi, ...
negativi	no, non, neppure, nemmeno, neanche, mica, ...	per niente, per nulla, niente affatto, neanche per idea, nemmeno per sogno, meno che mai, in nessun modo, ...
dubitativi	forse, probabilmente, magari, quasi, circa, ...	quasi quasi, se possibile, ...

- Gli **avverbi interrogativi** ed **esclamativi** introducono rispettivamente una **domanda diretta** o un'**esclamazione** riguardo il modo, la posizione nel tempo o nello spazio, la quantità e la causa di qualcosa o di qualcuno.

Come va? **Dove** vai? [avverbi interrogativi]   **Come** sei bella! **Quanto** costa! [avverbi esclamativi]

	avverbi interrogativi	avverbi esclamativi
di modo	come?	come!
di luogo	dove?	dove!
di tempo	quando?	
di quantità	quanto?	quanto!
di causa	perché?	

A 355

La morfologia

ALLENA LE COMPETENZE

1 ●○○ COMPETENZE MORFOLOGICHE DENTRO LE PAROLE **Distingui** gli avverbi e le locuzioni avverbiali.

La parola *corner* è ormai usata comunemente anche al di fuori dell'ambito calcistico, in cui indica il calcio d'angolo. Dal significato di "evitare una rete calciando il pallone oltre la propria linea di fondo", l'espressione "salvarsi in *corner*" ha assunto quello di "cavarsela all'ultimo e per un pelo". *Corner* è una parola inglese ma, come accade spesso, la sua origine è latina (da *cornu*, "ala dell'esercito, estremità").

2 ●○○ COMPETENZE MORFOLOGICHE DENTRO LE PAROLE **Distingui** gli avverbi e le locuzioni avverbiali.

Gol è senza dubbio una parola specifica dello sport, soprattutto del calcio. Il successo planetario di questo gioco ha diffuso ampiamente il termine, che al giorno d'oggi viene anche usato per indicare un obiettivo in genere, un traguardo finale. Ma non di rado accade che si faccia un **autogol**: nello sport si manda erroneamente la palla nella propria porta; nella vita di tutti i giorni si compie un'azione che prima o poi finirà per danneggiarci.

3 ●●○ COMPETENZE MORFOLOGICHE DENTRO LE PAROLE **Distingui** gli avverbi, le locuzioni avverbiali e gli aggettivi qualificativi in funzione di avverbio.

Si dice che i proverbi siano frutto della saggezza popolare: in genere, riportano quello che la gente ritiene vero, ma non di rado accade che propongano opinioni del tutto discordanti. È il caso dei proverbi che riguardano il modo d'agire. Raccomandano la calma e la riflessione **presto e bene non stanno insieme**, **presto e bene raro avviene**, **chi va piano va sano e va lontano**, **chi va forte va alla morte**; d'altra parte già i Romani ci hanno tramandato il motto *festina lente*, cioè "affrettati adagio", a significare che bisogna sì affrontare le cose in modo tempestivo, ma non in fretta e furia e sempre ponderando i propri passi. Altri, però, la pensano ben diversamente e raccomandano invece di agire in tutta fretta, perché **chi tardi arriva male alloggia**, **chi ha tempo non aspetti tempo**, **chi dorme non piglia pesci**, **beati i primi...** In fondo, è davvero il caso di dirlo, e lo dicevano già i Romani, *tot capita*, *tot sententiae*, cioè **tante teste, tanti pareri**!

4 ●○○ COMPETENZE MORFOLOGICHE **Forma** da ciascuno dei seguenti nomi e verbi i corrispondenti avverbi derivati.

1. cavalcare: ....
2. penzolare: ....
3. balzellare: ....
4. rotolare: ....
5. tentare: ....
6. ginocchio: ....
7. bocca: ....
8. tastare: ....
9. gattonare: ....

8 Le parti invariabili del discorso

5 ●●○ COMPETENZE MORFOLOGICHE **Indica** se gli avverbi in grassetto sono primitivi **[P]**, composti **[C]**, derivati **[D]**, alterati **[A]** o locuzioni avverbiali **[L]**.

1. È **prestino** [.....] per poter dare un giudizio: non mi piace **assolutamente** [.....] emettere sentenze **alla cieca** [.....]. **2.** Ieri [.....] mi sono intrattenuto **piacevolmente** [.....] con quella ragazza: **appena** [.....] ho tempo, la rivedrò **di buon grado** [.....]. **3.** Il compito **domani** [.....] andrà **maluccio** [.....]; **di sicuro** [.....] non prenderò un bel voto. **4.** **Certamente** [.....] lo spettacolo ha riscosso [.....] successo: il pubblico rideva **a crepapelle** [.....] e non smetteva **più** [.....] di applaudire. **5.** **Talvolta** [.....], **specialmente** [.....] di sera, mi capita di studiare **molto** [.....], così **poi** [.....] le mie verifiche vanno **benone** [.....]. **6.** Fare le cose **frettolosamente** [.....] **non** [.....] ti farà **affatto** [.....] risparmiare tempo: **di sicuro** [.....] commetterai errori e **così** [.....] dovrai rifare tutto **daccapo** [.....]. **7.** Ti avanzano **per caso** [.....] due uova? **Stamattina** [.....] sono dovuto uscire **di corsa** [.....] e **poi** [.....] **purtroppo** [.....] mi sono **assolutamente** [.....] scordato di fare la spesa. **8.** Il cunicolo era **così** [.....] stretto che si poteva procedere **solamente** [.....] **a carponi** [.....]. **9.** Il bimbo cominciò a scusarsi **timidamente** [.....] e **subito** [.....] scoppiò a piangere **a dirotto** [.....]. **10.** Stai facendo progressi **di giorno in giorno** [.....]: **evidentemente** [.....] hai capito che non studiare **abbastanza** [.....] ti avrebbe portato **senza dubbio** [.....] alla bocciatura.

6 ●●○ COMPETENZE MORFOLOGICHE DENTRO LE PAROLE **Distingui** e **classifica** gli avverbi e le locuzioni avverbiali in relazione al significato che esprimono.

Le numerose espressioni che chiamano in causa il cane risalgono senza dubbio al mondo contadino di un tempo: tra queste c'è **menare il can per l'aia** che è oggi d'uso piuttosto comune nel parlato. Questo modo di dire significa che si prolunga inutilmente qualcosa senza concludere nulla. Lo fa per esempio chi dice molte parole ma non arriva mai al nocciolo della questione, chi rimanda continuamente un impegno o chi conduce una trattativa molto lunga e poco fruttuosa. Ma perché si dice così? Ovviamente una volta non esistevano le macchine trebbiatrici. Di solito perciò **si trebbiava**, cioè si facevano uscire i chicchi dalle spighe, menando, vale a dire conducendo, un bue in lungo e in largo per l'aia: in questo modo il lavoro di trebbiatura veniva svolto grazie agli zoccoli e al peso dell'animale. Di sicuro far passare avanti e indietro un cane al posto di un bue sarebbe stato davvero tempo perso, perché totalmente inutile.

7 ●●○ COMPETENZE LESSICALI PAROLE DENTRO I TESTI **Scegli** l'accezione in cui sono usate le parole evidenziate nell'esercizio 6.

1. chiamare in causa: **a.** ☐ citare   **b.** ☐ accusare

2. risalire: **a.** ☐ salire di nuovo   **b.** ☐ essere originato da

3. tempo: **a.** ☐ la successione delle ore e dei giorni   **b.** ☐ il passato

4. comune: **a.** ☐ abituale   **b.** ☐ banale

5. nocciolo: **a.** ☐ punto centrale   **b.** ☐ parte del frutto

6. trattativa: **a.** ☐ trattamento   **b.** ☐ negoziazione

7. poco fruttuoso: **a.** ☐ svantaggioso   **b.** ☐ inconcludente

A 357

La morfologia

8 ●○○ **COMPETENZE MORFOLOGICHE** Indica se l'avverbio *mai* esprime un significato negativo **[N]**, se rafforza la negazione **[R]** oppure se ha un significato positivo **[P]**.

1. Non ho mai [.....] capito come ricavare la formula delle equazioni di secondo grado. **2.** Hai mai [.....] pensato di trasferirti in Australia? No, mai [.....]. **3.** Mai [.....] una volta che ti rendi utile! **4.** Avresti mai [.....] detto che sarebbe finita così la loro relazione? **5.** Non ho mai [.....] partecipato a una conferenza tanto noiosa! **6.** Se mai [.....] ti capitasse di passare da queste parti, avvisami. **7.** Non sei mai [.....] in casa quando ti cerco. **8.** Hai già sentito parlare di questo autore? Mai [.....] prima d'ora. **9.** Che mi tocca mai [.....] sentire! **10.** Mi hai proprio deluso. Non ti darò mai [.....] più credito! **11.** Che mai [.....] faremo se la professoressa di scienze se ne andrà? **12.** Ti è mai [.....] capitato di innamorarti di un ragazzo più grande di te? No, mai [.....].

I trucchi del mestiere

Come distinguere un avverbio da un aggettivo o da un pronome
Alcune forme usate come **avverbi** possono svolgere anche **altre funzioni grammaticali**:

- *molto*, *poco*, *tanto*, *alquanto*, *parecchio*, *troppo* possono avere funzione di **aggettivi** o **pronomi indefiniti**;
- *forte*, *chiaro*, *veloce* sono **aggettivi qualificativi**;
- *lontano*, *vicino*, *lungo* sono **aggettivi qualificativi**, ma possono essere usati anche in funzione di **preposizione**;
- *quanto* può essere **aggettivo**, **pronome interrogativo**, **pronome esclamativo** o **pronome misto**;
- *perché*, *quando*, *come* sono anche **congiunzioni**.

Per distinguerne le funzioni, ricorda che hanno valore di:

- **avverbi**, quando modificano il significato di un'altra parola e sono sempre espressi nella forma del **maschile singolare**.

    Ha viaggiato **molto**.　　　　Quelle rose sono **molto** belle.
    Arrivò **molto** tardi.　　　　Parlate **forte** e **chiaro**!
    Quanto parlano!

- **aggettivi**, quando si riferiscono a un nome **con cui concordano in genere e numero**; come tutti gli aggettivi, possono anche essere **sostantivati**.

    Ha **molti** amici.　　　　Le ragazze correvano **veloci**.
    Quante settimane mancano?　　　　I miei **vicini** sono simpatici.

- **pronomi**, quando si riferiscono a un **nome sottinteso** o lo sostituiscono.

    Hai dei soldi? Non **molti**.　　　　**Quanti** verranno?

- **congiunzioni**, quando introducono una **proposizione dipendente**.

    Mi chiedo **perché** tu sia qui.　　　　Te lo dirò **quando** verrai.
    Non so **come** dirglielo.

8 Le parti invariabili del discorso

9 ●○○ **COMPETENZE MORFOLOGICHE** **Indica** se le parole in grassetto hanno funzione di nomi [N], aggettivi [AG] o avverbi [AV].

1. Ho lavorato **sodo** [........] tutta la settimana. **2.** Sono a dieta e mangerò un uovo **sodo** [........]. **3.** Non capisco! Parla **chiaro** [........]! **4.** Oggi il cielo è più **chiaro** [........] che mai. **5.** Hai visto che bel **chiaro** [........] di luna? **6.** Ti senti **bene** [........]? **7.** Il **bene** [........] più grande è l'amore dei propri genitori. **8.** Parla così **veloce** [........] che è difficile stargli dietro. **9.** Ti andrebbe una colazione **veloce** [........] al bar? **10.** Non è facile assegnare il **giusto** [........] valore alle cose. **11.** I **giusti** [........] non devono temere nulla. **12.** A pranzo preferisco mangiare **leggero** [........]. **13.** Non è affatto **leggero** [........] il pacco che mi hai dato. **14.** Quell'aereo vola molto **alto** [........]. **15.** Hai visto com'è **alto** [........] quel cipresso? **16.** Gli **alti** [........] spesso si sentono superiori alle persone di bassa statura.

10 ●●○ **COMPETENZE MORFOLOGICHE** **Indica** se le parole in grassetto svolgono la funzione di avverbi [AV], aggettivi indefiniti [AI] o pronomi indefiniti [PI].

1. Non gli ho dato **molto** [........] peso, perché mi sta **poco** [........] simpatico e credo sia **troppo** [........] vanaglorioso. **2.** **Molti** [........] lettori apprezzano **molto** [........] i libri di Camilleri e ne acquistano **molti** [........]. **3.** Quanti *hamburger* ci sono in frigo? Spero non **pochi** [........]. **4.** Nutro **molta** [........] simpatia per Giulia, anche se dovrei averne **poca** [........] perché è **poco** [........] altruista e parla **troppo** [........] male degli assenti. **5.** A causa del **troppo** [........] rumore, non ho potuto riposare **molto** [........]. **6.** Luisa è **molto** [........] simpatica, anche se a volte chiacchiera **tanto** [........] e commette **parecchi** [........] strafalcioni. **7.** Quanto cammino ci resta ancora? Temo **parecchio** [........] e per questo arriveremo alla baita **piuttosto** [........] tardi. **8.** Siamo arrivati **troppo** [........] tardi perché abbiamo trovato **parecchio** [........] traffico. **9.** Quando fa **tanto** [........] freddo è bene coprirsi **molto** [........] e indossare **parecchi** [........] strati di indumenti; **pochi** [........] però lo fanno. **10.** Quei fiori sono **molto** [........] belli e mi sono costati **parecchio** [........], ma amandoli **molto** [........] non mi sono preoccupata **molto** [........] del prezzo.

11 ●●○ **COMPETENZE MORFOLOGICHE** **Indica** se *ci* e *vi* svolgono la funzione di avverbi [A] o pronomi [P].

1. La professoressa ci [.....] ha invitati ad andare in biblioteca, ma noi non ci [.....] vogliamo andare. **2.** Vi [.....] manderemo una cartolina dalle Galapagos. **3.** Conosco bene quel negozio: ci [.....] vado spesso. **4.** Vi [.....] ho prenotato un posto a teatro: dovete andarci [.....] per le 21:30. **5.** Montale nacque in Liguria e vi [.....] trascorse gran parte della sua infanzia. **6.** Ci [.....] sembra strano che Paolo ci [.....] vada e Gianni no. **7.** Ci [.....] avrà anche presi in giro, ma io non ci [.....] vedo nulla di male. **8.** Fate quel che vi [.....] pare, purché vi [.....] sembri di agire per il meglio. **9.** Ci [.....] iscriviamo a un corso di tango? Andiamoci [.....] domani! **10.** Vi [.....] vedo annoiati; perché non rimanete ancora un po' alla festa? **11.** Vi [.....] ho già detto che stanno facendo dei lavori in piazza Cavour? Lo so perché ci [.....] passo spesso. **12.** Sono stato a Londra e vi [.....] ho soggiornato tre mesi.

A 359

La morfologia

1*1 I gradi di intensità dell'avverbio

Alcuni avverbi ammettono il **grado comparativo** e il **grado superlativo**, che si formano come quelli degli aggettivi qualificativi.

comparativo	formazione	esempi
di maggioranza	*più* + avverbio	più presto, più velocemente
di minoranza	*meno* + avverbio	meno presto, meno velocemente
di uguaglianza	avverbio + *come* *tanto* + avverbio + *quanto*	presto come tanto velocemente quanto
superlativo		
assoluto	avverbio + *-issimo* (*-issimamente* per gli avverbi in *-mente*) *molto, assai* + avverbio ripetizione dell'avverbio	prestissimo velocissimamente molto presto, assai velocemente presto presto
relativo	articolo + *più*/*meno* + avverbio	il più presto possibile

Come i corrispondenti aggettivi, alcuni avverbi presentano forme particolari derivate dal latino.

avverbio positivo	comparativo di maggioranza	superlativo assoluto
bene	meglio	ottimamente o benissimo
male	peggio	pessimamente o malissimo
molto	più	moltissimo
poco	meno	minimamente o pochissimo
grandemente	maggiormente	massimamente o sommamente

● forme particolari

ALLENA LE COMPETENZE

12 ●○○ COMPETENZE MORFOLOGICHE **Indica** se il grado di intensità degli avverbi è **comparativo di maggioranza [CM], comparativo di minoranza [CMI] o superlativo assoluto [S].**

1. Siamo arrivati **molto tardi** [.....], **più tardi** [.....] del previsto.   **2.** L'uomo parlava **piano piano** [.....] e non ho sentito **benissimo** [.....] il suo discorso.   **3.** Questo lavoro non è fatto **malissimo** [.....], ma è fatto **peggio** [.....] di quello precedente.   **4.** La donna stava **molto male** [.....], ma era ferita **meno gravemente** [.....] di quanto si pensasse.   **5.** Sara ha accettato l'invito **più volentieri** [.....] di Sandra.   **6.** Cammina **meno lentamente** [.....] o arriveremo **tardissimo** [.....].

8 Le parti invariabili del discorso

13 ●●○ COMPETENZE MORFOLOGICHE Indica se il grado di intensità degli avverbi in grassetto è comparativo di maggioranza [CM], comparativo di minoranza [CMI], comparativo di uguaglianza [CU], superlativo assoluto [SA] o superlativo relativo [SR].

1. Ti sei comportato male **come** [........] al solito. **2.** Il rifugio si trovava **meno vicino** [........] di quanto ci avessero detto. **3.** Hai seguito **più attentamente** [........] di quanto fai di solito. **4.** Procedevamo **adagio adagio** [........] per stancarci **il meno possibile** [........]. **5.** Ho riparato l'auto **più facilmente** [........] di quanto pensassi. **6.** Non ci vediamo da **tantissimo** [........]: dobbiamo organizzare una cena **al più presto** [........]. **7.** Sono stato **molto male** [........] la settimana scorsa: ora mi sento **decisamente meglio** [........]. **8.** Si è fatto tardi **come** [........] sempre. **9.** **Peggio** [........] di così non poteva proprio andare! **10. Molto probabilmente** [........] il tuo tema è stato svolto **meno diligentemente** [........] di quello di Marco.

14 ●●○ COMPETENZE MORFOLOGICHE Indica se gli avverbi in grassetto sono alterati [A] o se sono espressi al grado comparativo [C] o superlativo [S].

1. Questo PC costa **caruccio** [......]; non si può spendere **meno** [......]? **2.** Hai studiato **pochetto** [......]: domani cerca di fare **meglio** [......]. **3.** Laura abita **un po' lontanuccio** [......], ma arriva a scuola sempre **prima** [......] di me. **4.** Ti sei comportato **meno diligentemente** [......] del solito e ci sono rimasto **maluccio** [......]. **5.** Pranzo **più volentieri** [......] con mia sorella che con mio fratello: con lei vado **spessissimo** [......] in quel ristorante di cui tutti parlano **benissimo** [......]. **6.** Aiutami **un pochetto** [......]: è **tardissimo** [......] e non riesco a svolgere i compiti **bene come** [......] vorrei.

15 ●●○ COMPETENZE MORFOLOGICHE Riconosci gli avverbi e **indica** se sono di grado comparativo [C] o superlativo [S]; quindi **specifica** il grado positivo corrispondente.

1. Gianni non si è minimamente pentito. [......]
2. Spero che oggi tu ti senta meglio. [......]
3. Da qui si sente benissimo il rumore delle onde. [......]
4. Quest'estate fa meno caldo del solito. [......]
5. In questo negozio i profumi costano pochissimo. [......]
6. L'ho già aspettato più del dovuto. [......]
7. I nonni sono rimasti sommamente sorpresi dai tuoi progressi. [......]
8. Non potevi comportarti peggio di così! [......]

 Occhio all'errore

Meglio o più meglio? Dire **più meglio*, **più peggio* è un grave errore perché *meglio* e *peggio* sono **già al grado comparativo**. Allo stesso modo, non si possono usare *meglio* e *peggio* con i verbi ***migliorare*** e ***peggiorare*** perché i due verbi hanno **già in sé il significato comparativo**.

NO La situazione va <u>più</u> migliorando / <u>più</u> peggiorando.

SÌ La situazione **va migliorando / peggiorando**.

A 361

La morfologia

2 La preposizione

> La **preposizione** (dal latino *praeponere*, "porre davanti") è la parte del discorso che **collega e mette in relazione le parole di una frase o le proposizioni di un periodo**. Svolge pertanto una **funzione subordinante** ponendo una parola in dipendenza da un'altra.

La preposizione può reggere un **complemento indiretto** oppure un **verbo all'infinito** introducendo una **proposizione subordinata implicita**.

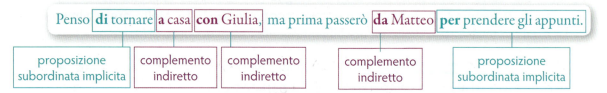

Penso **di** tornare **a** casa **con** Giulia, ma prima passerò **da** Matteo **per** prendere gli appunti.

- proposizione subordinata implicita
- complemento indiretto
- complemento indiretto
- complemento indiretto
- proposizione subordinata implicita

A seconda delle **forme** e degli **usi**, le preposizioni si classificano in **proprie**, **improprie** e **locuzioni preposizionali**.

- Le **preposizioni proprie** svolgono **solo la funzione di preposizione** (a eccezione di *su* che può anche essere avverbio di luogo). Esse si distinguono in:
  - **semplici**: *di*, *a*, *da*, *in*, *con*, *su*, *per*, *tra*, *fra*;
  - **articolate**: si uniscono all'articolo determinativo diventando **variabili nel genere e nel numero**. Queste forme sono ammesse solo dalle preposizioni semplici *di*, *a*, *da*, *in*, *su* e da *con*, le cui due forme articolate sono, tuttavia, poco usate perché di suono non gradevole.

semplici	articolate	semplici	articolate
di	del, dello, della, dei, degli, delle	in	nel, nello, nella, nei, negli, nelle
a	al, allo, alla, ai, agli, alle	con	col, coi
da	dal, dallo, dalla, dai, dagli, dalle	su	sul, sullo, sulla, sui, sugli, sulle

- Le **preposizioni improprie** sono **avverbi**, **aggettivi** o **forme verbali** che funzionano da preposizioni quando **precedono un nome o un pronome** per esprimere un **complemento indiretto**. In particolare, sono:
  - gli **avverbi** *sopra*, *sotto*, *dentro*, *fuori*, *presso*, *davanti*, *dietro*, *attraverso*, *prima*, *dopo*, *oltre*, *circa*, *senza*, ...

    Verremo **dopo** cena.   Siediti **dietro**.
    - preposizione
    - avverbio

  - gli **aggettivi** *lungo*, *salvo*, *secondo*, *vicino*, *lontano*, ...

    Secondo me, hai torto.   Abito al **secondo** piano.
    - preposizione
    - aggettivo

  - i **participi presenti o passati** ormai usati come preposizioni come *durante*, *mediante*, *stante*, *nonostante*, *dato*, *eccetto*, *escluso*, *verso*, ...

    Leggerò il libro **durante** le vacanze.   Starò con te vita natural **durante**.
    - preposizione
    - verbo

8 Le parti invariabili del discorso

- le **locuzioni preposizionali** sono **gruppi di parole che formano un tutt'uno** e che funzionano da preposizione. L'ultima parola è **sempre una preposizione propria** e questo elemento le differenzia dalle locuzioni avverbiali.
  Le più usate sono *unitamente a, conformemente a, prima di, vicino a, lontano da, insieme con, di fronte a, in base a, per mezzo di, nel mezzo di, all'interno di, al cospetto di, a proposito di, al di là di, al di qua di, a prescindere da, ...*

  La barca andrà **a fondo**. ● locuzione preposizionale
  Andrò **a fondo della** questione. ● locuzione avverbiale

ALLENA LE COMPETENZE

16 ○○○ COMPETENZE MORFOLOGICHE DENTRO LE PAROLE **Indica** se le preposizioni sono proprie (semplici [PS] o articolate [PA]) o locuzioni preposizionali [LP].

Nelle [PA] partite di [PS] alcuni sport, i giocatori possono commettere **fallo**. Il termine deriva dal [PA] verbo *fallare*, "commettere un errore, sbagliare": nei [PA] *Promessi sposi* Renzo parla con [PS] Don Abbondio e dice «Posso aver fallato», cioè "posso aver sbagliato". Conformemente a [LP] questo significato la parola si ritrova in [PS] alcuni modi di dire come **cadere in fallo, cogliere qualcuno in fallo, mettere un piede in fallo**. Oltre al [PA] sostantivo maschile, esiste anche il nome femminile **falla**, che indica una rottura, una crepa: per [PS] esempio si ha una falla quando, per via di [LP] una causa accidentale, si ha un'entrata o una fuoriuscita di acqua dentro a [PS] una tubatura o allo scafo di una nave. Inoltre, a causa di [LP] una falla all'interno di [LP] un sistema si può perdere denaro oppure dati informatici. Infine un capo di abbigliamento o un altro prodotto simile è fallato in seguito a [LP] un difetto di lavorazione.

17 ○○○ COMPETENZE MORFOLOGICHE DENTRO LE PAROLE **Riconosci** le preposizioni proprie e **distingui** se introducono un complemento indiretto o una proposizione subordinata.

Chi ha l'abitudine di andare allo stadio a seguire le partite di calcio si sarà certo **imbattuto** negli **ultras**. Si tratta di tifosi di una determinata società sportiva che si organizzano per seguire in modo **assiduo** dalla curva la propria squadra del cuore e per sostenerla con inni, *slogan*, canzoni. Il termine deriva da "*ultra-royaliste*": questa espressione francese indicava gli appartenenti al partito dei monarchici **conservatori** che, dopo il fallimento della Rivoluzione francese e dell'esperienza napoleonica, si battevano per riportare la monarchia assoluta. Ancora oggi in Francia, si definiscono "ultrarealisti" coloro che, con **fanatismo**, sostengono posizioni politiche **estremiste**.

18 ●●○ COMPETENZE LESSICALI PAROLE DENTRO I TESTI **Spiega** il significato delle seguenti parole evidenziate nell'esercizio 17.

1. imbattuto: _incontrato_
2. assiduo: _continuo/costante_
3. *slogan*: _frasi incitanti_
4. conservatori: _coloro che conservano_
5. fanatismo: _essendo fanatici_
6. estremiste: _radicalisti_

eccessivo entusiasmo verso qualcosa

A 363

La morfologia

19 ●●○ COMPETENZE MORFOLOGICHE DENTRO LE PAROLE Indica se le preposizioni sono proprie (semplici [PS] o articolate [PA]), improprie [I] o locuzioni preposizionali [LP].

Secondo [.I..] il gergo calcistico il *dribbling* è la tecnica attraverso [.I..] la quale il calciatore, durante [.I..] il gioco, mantiene il possesso del [PA] pallone, schivando gli avversari mediante [.I..] opportune finte e grazie a [LP] un veloce e abile palleggio. Riguardo alla [LP] origine della [PA] parola, sappiamo che è derivata dal [PA] verbo inglese *to dribble*, "gocciolare". Dal *dribbling* calcistico è stato poi coniato il verbo **dribblare**, che si usa per [PS] indicare l'atto di [PS] schivare una difficoltà di qualunque genere.

20 ●●○ COMPETENZE MORFOLOGICHE Completa le seguenti frasi con la preposizione o l'articolo adeguati; nel caso in cui entrambi non siano necessari, **barra** la casella; qualora vi siano due possibilità, **indicale** entrambe.

1. Vediamoci alle 20 sotto __di__ me / sotto __/__ casa di Filippo / sotto __la__ nostra scuola.
2. Non vedi che le chiavi sono dietro __di__ te / dietro __/__ i libri?
3. I miei nonni abitano proprio sopra __di__ noi / sopra __/__ la farmacia.
4. Arriverò a scuola dopo __di__ te / dopo __la__ lezione di latino / dopo __/__ pranzo.
5. Quanta verità si nasconde dentro __di__ te / dentro __/__ i libri degli antichi!
6. L'ho visto venire verso __/__ casa / verso __il__ giardino / verso __di__ te.
7. Come si fa a uscire senza __di__ noi / senza __gli__ amici più cari / senza __/__ denaro?
8. Il mio bisnonno vive presso __la__ casa di riposo / presso __di__ noi / presso __/__ suo figlio.
9. Ha lanciato una sedia contro __/__ mio cugino / contro __di__ me / contro __la__ finestra.

Nel vivo della lingua

Verbi e aggettivi che si costruiscono solo con certe preposizioni Si dice *aderire a* (non *aderire con*), *corredare di* (non *corredare con*), *derogare a* (non *derogare da*), *sapere di* (= avere il sapore o l'odore; non *sapere da*), *dovuto a* (non *dovuto da*), *pieno di* (non *pieno con*), *capace di* (non *capace a*). *Inerente* è seguito dalla preposizione *a*, quindi *inerente al lavoro* (non *inerente il lavoro*).
Non esistono regole per determinare le preposizioni: è necessario imparare le reggenze.

21 ●●○ COMPETENZE MORFOLOGICHE Completa le seguenti frasi con la preposizione semplice o articolata richiesta dal verbo o dall'aggettivo.

1. Sono lieto [.....] presentarti i miei genitori. 2. Non sono pronto [.....] riprendere le lezioni di greco. 3. L'imputato è stato accusato [.....] furto. 4. Alla tua età, dipendi ancora [.....] tuoi genitori? 5. Simone è un ragazzo ricco [.....] inventiva. 6. Ti prego [.....] di ascoltarmi! 7. Questo film è simile [.....] quello che abbiamo visto la settimana scorsa. 8. Mi hai allarmato: sono preoccupato [.....] le sue condizioni di salute. 9. Ti ho già detto che non m'intendo [.....] matematica. 10. Prova [.....] adeguarti [.....] nuove indicazioni senza cercare [.....] sottrarti [.....] tue responsabilità. 11. Sono incappato [.....] un gravissimo errore. 12. Non devi prestarti [.....] simili compromessi. 13. Disponi [.....] tuo tempo libero come meglio credi. 14. Il parroco mi ha chiesto [.....] condizioni di salute della nonna. 15. Come hanno fatto a scambiarlo [.....] te?

8 Le parti invariabili del discorso

Facciamo il punto su... alcune preposizioni

Del, *dello*, *della*, *dei*, *degli*, *delle* sono:
- **preposizioni articolate** quando collegano gli elementi di una frase.
  Non ricordo il titolo **dell'**ultimo romanzo **della** Allende.
- **articoli partitivi** quando esprimono una **quantità imprecisata** e possono essere sostituiti dalle espressioni *un po' di*, *qualcosa di* e al plurale dall'aggettivo indefinito *alcuni / e*.
  Ho comprato **della** (= *un po' di*) verdura e **delle** (= *alcune*) arance.

Lontano, *vicino*, *lungo*, *dietro*, *prima*, *dopo*, *sotto*, *sopra* sono:
- **preposizioni** o **locuzioni preposizionali**, quando reggono un nome, un pronome o un verbo all'infinito; le forme variabili sono sempre espresse al maschile singolare;
  Passeggiammo **lungo** il fiume.   Vieni **prima di** cena.
- **avverbi**, quando modificano il significato della parte del discorso a cui si riferiscono; le forme variabili sono sempre espresse al maschile singolare;
  Il portiere calciò **lungo**.   Dovevi pensarci **prima**.
- **aggettivi**, quando si riferiscono a un nome; le forme variabili concordano con esso in genere e numero.
  Metti l'abito **lungo**.   **Lunga** vita a te.   È nato l'anno **prima**.

22 ●●○ **COMPETENZE MORFOLOGICHE** Indica se la parola in grassetto svolge funzione di avverbio [A] o preposizione [P].

1. Il locale che cerchi è proprio **dietro** [.....] l'ospedale.   2. Ti ho già detto che non puoi stare **davanti** [.....]: devi sederti **dietro** [.....].   3. Mi sta capitando una sciagura **dietro** [.....] l'altra.   4. Abbiamo discusso **su** [.....] un fatto alquanto strano.   5. Cerca di non pensarci troppo **su** [.....].   6. Non fai altro che darmi dispiaceri **su** [.....] dispiaceri.   7. Hai provato a cercare lì **sotto** [.....]?   8. Mio nonno è morto **sotto** [.....] le armi.   9. **Sopra** [.....] la panca la capra campa, **sotto** [.....] la panca la capra crepa.   10. Conta pure **su** [.....] di me.   11. Vieni **su** [.....], non aspettarmi **sotto** [.....] casa.

23 ●●● **COMPETENZE MORFOLOGICHE** **DENTRO LE PAROLE** Distingui le preposizioni proprie e improprie, le locuzioni preposizionali, gli avverbi e le locuzioni avverbiali.

L'espressione **avere la coda di paglia** deriva da un'antica favola del greco Esopo. Questa narra di una volpe che un giorno si mozzò la coda nel mezzo di una trappola. Poiché la bestiola, così deturpata nella sua bellezza, si vergognava, le sue amiche volpi le misero una coda di paglia al posto di quella recisa. La coda era così bella che nessuno avrebbe mai potuto sospettare fosse finta. Ma in seguito un gallo si lasciò scappare il segreto e la notizia della volpe con la coda di paglia arrivò fino ai contadini. Questi allora accesero dei fuochi davanti ai pollai, perché la bestiola non potesse mai più rubare i loro polli. Senza alcun dubbio, la volpe sapeva bene che la paglia è facilmente infiammabile, e da allora non osò più andare vicino ai pollai. Da qui nacque il modo di dire, che significa temere delle critiche per un difetto o un comportamento scorretto. Secondo un proverbio toscano, *Chi ha la coda di paglia ha sempre paura che gli pigli fuoco*.

La morfologia

3 La congiunzione

> La **congiunzione** (dal latino *cum*, "insieme", e *iungere*, "unire") è la parte invariabile del discorso che **collega due elementi in una frase** oppure **due frasi di un periodo**.

In base alla **forma** le congiunzioni si distinguono in:

- **congiunzioni semplici**, se sono formate da **un'unica parola**, come *e*, *né*, *ma*, *anche*, *o*, *se*, *quindi*, *quando*, …

- **congiunzioni composte**, se sono formate dall'**unione di due o più parole**, come *neanche* (*né* + *anche*), *perciò* (*per* + *ciò*), *nondimeno* (*non* + *di* + *meno*), *oppure* (*o* + *pure*), *sebbene* (*se* + *bene*), *pertanto* (*per* + *tanto*), …

- **locuzioni congiuntive**, se sono costituite da espressioni formate da **due o più parole scritte separatamente**, come *anche se*, *visto che*, *dal momento che*, *in modo che*, *per il fatto che*, *prima che*, …

In base alla **funzione**, le congiunzioni e le locuzioni congiuntive si distinguono in **congiunzioni coordinanti** e in **congiunzioni subordinanti**.

Facciamo il punto su… i connettivi

I **connettivi collegano i pensieri e rimarcano le articolazioni del discorso all'interno del testo**. Il loro uso corretto e appropriato ha quindi un'importanza fondamentale: come la segnaletica disseminata lungo un percorso ci aiuta a orientarci senza difficoltà, così i connettivi segnano il sentiero del discorso permettendoci di capirne connessioni e passaggi logici. Svolgono la funzione di connettivi le seguenti parole, che appartengono a diverse categorie grammaticali:

- le **congiunzioni**, i connettivi per eccellenza, le **preposizioni** e le **locuzioni prepositive**.

  Non so **se** posso guidare la macchina, **perché** mi duole ancora la spalla; **perciò** preferisco **che** guidi tu.

  Mi ha chiesto **di** andare **da** lui **per** aiutarlo **a** fare i compiti.

- gli **avverbi** e le **locuzioni avverbiali**.

  Prima rifletti attentamente, **poi** mi comunicherai la tua decisione.

- le **espressioni di rinvio**, cioè i gruppi di parole o intere frasi che evidenziano i rapporti logici e cronologici, come *riassumendo quanto abbiamo visto finora…*; *per dirla in breve…*; *come abbiamo già detto precedentemente*; *ne consegue che*; *come vedremo in seguito*.

A scandire l'articolazione e i passaggi logici nel testo scritto, contribuiscono anche i **segni di punteggiatura**: essi svolgono una funzione analoga a quella dei connettivi e in molti casi possono sostituirli. In particolare, i **due punti** corrispondono ai connettivi *perciò*, *cioè*, *in altre parole*, *vale a dire*, *perché*, *in conclusione* o a un'intera frase, come *mi spiego meglio*, *e adesso ti dico quali*, *e adesso ti faccio degli esempi*; i due punti, infatti, segnalano che quanto segue chiarisce, spiega, illustra, dimostra, esemplifica, conclude quanto detto precedentemente. Sono quindi molto utili per la coesione del testo: evitano di appesantire il discorso con ripetizioni o con troppi connettivi, permettono di gestire un periodo altrimenti troppo lungo e complesso o, in modo molto espressivo, sottintendono un passaggio del discorso.

8 Le parti invariabili del discorso

3*1 Le congiunzioni coordinanti

Le **congiunzioni coordinanti** collegano due elementi, ponendoli **sullo stesso piano**.

Gli elementi congiunti possono essere:

- **due parole** che svolgono la stessa funzione logica all'interno di una frase.
  Preferisci mangiare della carne ← **o** → del pesce?

- **due proposizioni** che hanno lo stesso valore sintattico all'interno di un periodo.
  Ho letto un po' ← **e** → ho telefonato a Marta.
  Vai da Luca per aiutarlo ← **o** → per farti aiutare?

Ecco un quadro sintetico delle congiunzioni e locuzioni congiuntive coordinanti.

congiunzioni coordinanti	funzioni	esempi
copulative *e, ed, anche, pure, altresì, né, neanche, neppure, nemmeno, ...*	stabiliscono un **semplice collegamento tra elementi simili**, con significato affermativo o negativo	Lavoro sempre, **anche** il sabato. Non l'ho visto **né** l'ho sentito.
disgiuntive *o, oppure, ovvero, altrimenti, ...*	collegano due elementi ponendoli **in alternativa** o **escludendone uno**	Vuoi il caffè **o** il tè? Mi porterà Matteo, **altrimenti** prenderò un taxi.
avversative *ma, però, anzi, invece, mentre, tuttavia, pure, eppure, per altro, del resto, ...*	collegano due elementi mettendoli in **contrapposizione**, oppure **modificano** parzialmente o **contraddicono** quanto detto precedentemente	Il professore è severo, **ma** preparato. Non è ricco, **eppure** spende molto.
correlative *e ... e, né ... né, o ... o, sia ... sia, sia che ... sia che, non solo ... ma anche, ...*	mettono in corrispondenza due elementi e sono per lo più costituite da **congiunzioni copulative** o **disgiuntive** usate in coppia, o da espressioni formate da congiunzioni e avverbi	**Né** io **né** lei lo conosciamo. **Non solo** sono stanco, **ma** mi sento **anche** poco bene.
esplicative o dichiarative *cioè, infatti, ossia, vale a dire, per essere precisi, ...*	introducono una parola o una frase che **chiarisce** o giustifica ciò che precede	Sono arrivato tre giorni fa, **cioè** sabato. La città dista un miglio, **vale a dire** 1600 metri circa.
conclusive *(e) dunque, (e) quindi, pertanto, perciò, allora, ebbene, per la qual cosa, ...*	introducono una parola o una frase che esprime la **conseguenza** o la **conclusione logica** di quanto affermato in precedenza	È tardi e **quindi** dobbiamo rientrare. Piove, **perciò** non andare in moto.
comparativa *che*	introduce il **secondo termine di paragone nei comparativi di maggioranza e di minoranza**, quando il paragone avviene tra **due aggettivi**, **participi**, **infiniti** oppure tra **nomi** e **pronomi** preceduti da **preposizione**.	Era meglio parlare **che** tacere. Mi fido più di lui **che** di te.

A 367

La morfologia

3*2 Le congiunzioni subordinanti

> Le **congiunzioni subordinanti** collegano due proposizioni di un periodo, ponendo l'una in rapporto di **dipendenza** dall'altra: la proposizione introdotta dalla congiunzione è detta **dipendente** o **subordinata**, quella che regge la subordinata è definita proposizione **reggente**.

Credo **che** tu le debba delle scuse.   ● proposizione reggente
Per comprare l'auto nuova ho dovuto rinunciare a quel viaggio.   ● proposizione dipendente

Ecco un quadro sintetico delle congiunzioni e locuzioni congiuntive subordinanti.

congiunzioni subordinanti	funzioni	esempi
causali *perché, poiché, giacché, siccome, come, che, ché, dato che, per il fatto che, dal momento che, ...*	indicano la **causa**	**Dato che** nevica, non andremo a sciare.
finali *perché, affinché, allo scopo di, al fine di, pur di, ...*	indicano il **fine**	Andrò da Paolo **perché** mi aiuti a fare i compiti.
temporali *quando, prima che, dopo (che), allorché, mentre, finché, ogni volta che, ...*	specificano le **circostanze di tempo**	**Prima che** tu parta, verrò a salutarti.
consecutive *(tanto), (così), (al punto), (a tal punto) ... che, in modo tale che, sicché, cosicché*	indicano la **conseguenza**	Fa così caldo **che** non riesce a respirare.
condizionali *se, qualora, quando, nell'ipotesi che, a condizione che, a patto che, ...*	pongono una **condizione**	**Posto che** ti impegni, puoi farcela.
dichiarative *che, come*	**completano** il significato della reggente	Mi hanno detto **che** la riunione è stata rimandata.
concessive *benché, sebbene, quantunque, nonostante, malgrado, ancorché, per quanto, anche se, ...*	indicano una **circostanza nonostante la quale** avviene quanto detto nella reggente	**Nonostante** abbiano giocato bene, hanno perso la partita.
avversative *mentre, quando, laddove, invece che, ...*	esprimono una **contrapposizione**	Avresti dovuto ascoltarmi, **invece che** fare di testa tua.
comparative *come, quanto, più che, meno che, tanto quanto, ...*	introducono un **paragone**	La prova non è stata impegnativa **come** credevo.
modali *come, nel modo che, come se, quasi che, ...*	specificano il **modo**	Mi salutò **come se** non dovessimo più rivederci.
esclusive *senza, senza che, salvo che, a meno che, ...*	indicano un'**esclusione**	Hanno rubato tutto **senza che** nessuno se ne accorgesse.
eccettuative *eccetto che, tranne che, fuorché, ...*	indicano un'**eccezione**	Mi piace fare di tutto, **tranne che** cucinare.
limitative *che, per quanto, quanto a, per quello che, secondo che, secondo quanto*	esprimono una limitazione	**Per quello che** ne so, ormai dovrebbe essere partito.
interrogative e dubitative *se, come, quando, perché, quanto*	pongono in modo indiretto una domanda	Chiedile **quando** arriverà. Non sa **se** accettare quell'incarico.

A 368

ALLENA LE COMPETENZE

24 ○○○ COMPETENZE MORFOLOGICHE **Distingui** nel seguente testo le congiunzioni e le locuzioni congiuntive.

Sebbene viviamo in un'epoca di grandi progressi della scienza, sopravvivono ancor oggi antiche superstizioni. Per esempio, anche se sembra incredibile, alcuni credono che rompere uno specchio porti sette anni di disgrazie. Cerchiamo dunque di capire come possa essere nata questa credenza. Innanzitutto possiamo presupporre che, quando l'uomo primitivo vedeva la propria immagine riflessa nell'acqua, si spaventasse, dal momento che la riteneva un'altra persona. Prima che lo specchio venisse inventato, si presumeva che ogni superficie riflettente (vetro, acqua, metallo) fosse caratterizzata da proprietà magiche e che, quindi, qualsiasi interruzione del suo riflesso potesse causare un pericolo per la propria salute oppure un'altra disgrazia.

25 ●●○ COMPETENZE MORFOLOGICHE E SINTATTICHE **Indica** se le congiunzioni e le locuzioni congiuntive sono coordinanti [C] o subordinanti [S].

Dopo che [.....] lo specchio fu inventato, questa credenza si rafforzò ulteriormente, in quanto [.....] si pensava che [.....], se [.....] l'immagine fosse risultata distorta, la persona avrebbe subìto conseguenze negative. Del resto [.....], i riflessi erano allora considerati una propagazione dell'anima; perciò [.....], rompere la propria anima sarebbe stata davvero una grande sventura. Esiste tuttavia [.....] un'altra ipotesi: lo specchio rotto porterebbe sfortuna per un motivo molto più banale. Gli specchi, infatti [.....], costavano molto, dal momento che [.....] si usava uno strato d'oro, d'argento o [.....] di rame puro come riflettente, prima di [.....] posizionare la pur carissima lastra di vetro. Rompere uno specchio comportava quindi [.....] una grande perdita economica, tanto che [.....] erano poi necessari ben sette anni di sacrifici perché [.....] se ne potesse comprare un altro.

26 ○○○ COMPETENZE MORFOLOGICHE DENTRO LE PAROLE **Riconosci** e **classifica** i tipi di congiunzioni coordinanti.

1. L'aggettivo **eclatante** è derivato dal verbo francese *éclater* che significa "scoppiare": indica pertanto qualcosa che colpisce e fa sbalordire, perché risulta di una clamorosa evidenza.
2. Il **plagio** è l'appropriazione illecita, totale oppure parziale, di un lavoro soprattutto di tipo intellettuale. Perciò un artista commette un plagio se spaccia e diffonde come propria un'opera che era invece di altri, cioè se l'ha copiata. Questo nome, però, così come il corrispondente verbo **plagiare**, indica anche l'azione di assoggettare psicologicamente qualcuno: è quindi il caso di alcune sette che con pressioni molto forti rendono gli individui succubi ai propri voleri, così che essi non siano più in grado né di reagire né di opporsi in alcun modo.

27 ●●○ COMPETENZE LESSICALI PAROLE DENTRO I TESTI **Spiega** il significato delle seguenti parole evidenziate nell'esercizio 26.

sbalordire • clamoroso • illecito • parziale • intellettuale • assoggettare • succube

La morfologia

28 ●●○ COMPETENZE MORFOLOGICHE E SINTATTICHE **Indica** se le congiunzioni subordinanti hanno valore causale [C], finale [F], temporale [T], avversativo [A], condizionale [CD], concessivo [CC] o interrogativo [I].

1. Devo chiedergli perché [.....] si comporta sempre in modo maleducato.   2. Ti correggo perché [.....] tu non sbagli più in futuro.   3. Mi sono affezionato a te perché [.....] sei un amico sincero.   4. Non capisco proprio perché [.....] tu stia ridendo.   5. Mentre [.....] faccio la doccia, mi piace canticchiare.   6. Io sono più bravo in matematica, mentre [.....] Lucio è un genio in latino.   7. Non so quando [.....] potrò venire a trovarti.   8. Quando [.....] passi da casa, avvisami.   9. Giada sta copiando i compiti, quando [.....] avrebbe dovuto farli da sola a casa.   10. Anche se [.....] siamo in tanti, cerchiamo di non far troppo rumore.   11. Se [.....] fossi in te, ci penserei su due volte.   12. Hai capito se [.....] ha intenzione di raggiungerci?

29 ●●○ COMPETENZE MORFOLOGICHE, SINTATTICHE E LESSICALI **Completa** le seguenti coppie di frasi scegliendo la congiunzione adeguata, quindi **indica** se è coordinante [C] o subordinante [S].

> affinché • altrimenti • anche se • anzi • benché •
> dunque • eppure • in modo da • oppure • perché

1. a. Aiutami .... [....] ci metteremo il doppio del tempo.
   b. Aiutami .... [....] da sola non ce la potrò mai fare.
2. a. Non puoi risolvere la situazione, ... [....] rassegnati.
   b. Non puoi risolvere la situazione, ... [....] ti impegni intensamente.
3. a. Segui la lezione .... [....] esci dall'aula.
   b. Segui la lezione, ... [....] tu possa imparare qualcosa.
4. a. Impegnati, ... [....] fare bella figura.
   b. Impegnati, ... [....] sforzati più che puoi per ottenere il risultato sperato.
5. a. Non lo conosco, ... [....] lui sostenga il contrario.
   b. Non lo conosco, ... [....] mi sembra di averlo già visto da qualche parte.

30 ●●● COMPETENZE MORFOLOGICHE E SINTATTICHE DENTRO LE PAROLE **Riconosci** e **classifica** le congiunzioni subordinanti.

1. Quando riveliamo una notizia riservata, chiediamo che "rimanga *inter nos*", cioè "fra noi". In questo modo intendiamo dire che gliela confidiamo solo a condizione che non la riveli a nessuno, anche se, almeno per quanto ci risulta, questo non avviene quasi mai.
2. Se definiamo una cosa il *non plus ultra* vogliamo dire che è tanto perfetta che non può essere superata né migliorata. Sembra che queste parole latine che significano "non più in là" fossero scritte sulle colonne d'Ercole, l'attuale stretto di Gibilterra, allo scopo di intimare ai naviganti di non oltrepassarle.
3. L'aggettivo **postumo**, se è riferito a un figlio, indica che egli è nato dopo la morte del padre, se è riferito a un'opera, significa che essa è stata pubblicata dopo che l'autore è scomparso. I **postumi** sono invece i disturbi che sono la conseguenza di una malattia e che si avvertono nonostante si sia guariti.

31 ●●○ COMPETENZE LESSICALI **Completa** le seguenti frasi scegliendo le parole adeguate dell'esercizio 30.

1. Tomasi di Lampedusa, l'autore del *Gattopardo*, morì nel 1957; il romanzo, pubblicato .... nel 1958, divenne un vero e proprio caso letterario. 2. Abbiamo cercato di sistemare la faccenda ...., ma ormai troppe persone ne erano a conoscenza. 3. Soffro ancora dei .... che la bronchite mi ha lasciato. 4. Per me, quelle scarpe sono il .... dell'eleganza. 5. Quelle che ho avuto sul suo conto sono informazioni che devono restare ....

32 ●●● COMPETENZE MORFOLOGICHE E SINTATTICHE DENTRO LE PAROLE **Riconosci** e **classifica** le congiunzioni subordinanti.

Quando leggiamo i giornali o ascoltiamo i telegiornali, sentiamo spesso parlare di **inflazione**. Se consultassimo un dizionario etimologico, scopriremmo che il termine è entrato nell'italiano attraverso la voce inglese *inflation*, ma ha avuto origine dalla parola latina che significa "gonfiore", "ingrossamento". Riguardo al significato, per inflazione si intende "l'incremento della quantità di moneta circolante che causa una continua perdita di valore della moneta stessa". Il comico Ugo Tognazzi la spiegava semplicemente dicendo che è "l'essere povero con tanti soldi in tasca", perché con l'inflazione, anche se si ha in tasca una certa quantità di denaro, si può acquistare sempre meno. E così, pur scherzando, egli riusciva a farsi capire da tutti. E anche noi abbiamo ben compreso che, se con la stessa quantità di denaro si può acquistare una minore quantità di beni e servizi, il risultato è immancabilmente l'aumento dei prezzi.

Il buon uso della scrittura

Assolutamente sì, assolutamente no, piuttosto che!   Per lungo tempo le due risposte "Sì" o "No" sono risultate chiare e prive di possibili fraintendimenti. Oggi, invece, **il *sì* e il *no*** hanno perso **progressivamente la loro forza**. Per essere sicuri di mandare un messaggio del tutto chiaro, dobbiamo dare più forza e vigore a entrambi e dire "Assolutamente sì!" o "Assolutamente no!".

Un altro uso sconsigliabile, non solo nella lingua scritta, ma anche nella lingua parlata, è quello di ***piuttosto che*** nel significato di "oppure" o di "oltre che": "piuttosto che" significa "anziché", indica cioè la preferenza di un elemento rispetto a un altro, mentre "o" e "oppure" pongono un'alternativa tra due elementi che poniamo sullo stesso piano.

33 ●●○ CONOSCENZE MORFOLOGICHE **Correggi** gli usi impropri di *piuttosto che*.

1. Valeria morirebbe piuttosto che ammettere di aver sbagliato. 2. Andiamo in auto con Sandro piuttosto che con Andrea? 3. Se vai al mercato compra delle fragole piuttosto che mele, piuttosto che pere. 4. Se vuoi uscire questa sera abbiamo due alternative: andare al cinema piuttosto che a ballare. 5. Piuttosto che andare in auto con quell'incosciente, andrei a piedi. 6. Il programma di storia di quest'anno prevede lo studio degli Egizi piuttosto che dei Babilonesi, piuttosto che dei Greci. 7. Piuttosto che dire sciocchezze, è meglio rimanere in silenzio.

A 371

La morfologia

> **Facciamo il punto su... la congiunzione *che***
>
> Oltre ad avere funzione di pronome relativo e di aggettivo e pronome interrogativo ed esclamativo, ***che*** ammette numerosi usi in funzione di **congiunzione**, in particolare:
>
> - **collega** parole all'interno di una stessa frase e introduce:
>   - il **secondo termine di paragone**.
>
>   L'auto è più utile a te **che** a me.   È più intelligente **che** studioso.
>
>   - il **secondo elemento nella correlazione** *sia ... che*.
>
>   Amo viaggiare **sia** in treno **che** in aereo.
>
>   - il **congiuntivo** di valore **dubitativo** o **desiderativo**.
>
>   **Che** sia già partita? `dubbio`   **Che** sia la volta buona! `desiderio`
>
> - **introduce** una **proposizione dipendente**; in questo caso può far parte di locuzioni congiuntive, come *in modo che*, *dopo che*, *nonostante che*, *dal momento che*, *visto che*, *per il fatto che*, oppure può costituire una congiunzione semplice di valore:
>
>   - **dichiarativo**.
>
>   Ti avverto **che** noi non potremo venire.
>
>   - **finale**.
>
>   La supplicai **che** (= *affinché*) mi ascoltasse.
>
>   - **consecutivo**.
>
>   La strada era così buia **che** avevo paura.
>
>   - **temporale**.
>
>   Se ne andò **che** (= *quando*) era già molto tardi.
>
>   - **comparativo**.
>
>   L'esame finì più presto **che** non sperassi.
>
>   - **eccettuativo**.
>
>   Non fa altro **che** litigare con tutti.
>
>   - **limitativo**.
>
>   **Che** io sappia, non si è ancora laureato.
>
> **34** ●●● **COMPETENZE MORFOLOGICHE** **Indica** se *che* svolge funzione di congiunzione **[C]**, pronome relativo **[PR]**, pronome interrogativo **[PI]**, aggettivo interrogativo **[AI]** o aggettivo esclamativo **[AE]**.
>
> **1.** Che [.....] fai? Vieni con me alla mostra che [.....] ci hanno proposto? **2.** Credo che [.....] sia bene non riferire a nessuno ciò che [.....] ci hai confidato. **3.** In che [.....] anno è nato il ragazzo che [.....] abita con te? **4.** Che [.....] hai combinato? Non immaginavo che [.....] potessi osare tanto. **5.** È evidente che [.....] non sta bene, ma sono convinto che [.....] ci raggiungerà. **6.** Che [.....] invidia! Credo che [.....] non diventerò mai famoso come lui. **7.** Ti sei accorto che [.....] il cane che [.....] abbaia sempre è il suo? **8.** Non so che [.....] voto mi darà il professore. Che [.....] angoscia! **9.** Dimmi che [.....] libro ti serve: credo che [.....] possiamo ordinarlo. **10.** Che [.....] emozione! Hai letto la dedica che [.....] mi ha scritto Eugenio?

RAFFORZA LE TUE COMPETENZE

35 ●●○ **COMPETENZE MORFOLOGICHE** **DENTRO LE PAROLE** **Completa** scegliendo gli **avverbi** e le **locuzioni avverbiali** adeguati.

> così • al di là • come mai • tempo fa • senza dubbio • come • soltanto •
> apparentemente • per volta • non • infine • prima • davvero • quanto • ecco •
> di là • certo • ben • alla fine

Salvare capra e cavoli significa trovare una soluzione che soddisfa due esigenze (............) inconciliabili. Ma (............) diciamo (............)? Perché circolava (............) questa storiella. Un contadino doveva recarsi (............) del fiume con una capra, un lupo e dei cavoli; la sua barchetta però poteva portare (............) un animale (............). (............) fare? (............) il lupo, una volta rimasto solo con la capra, l'avrebbe mangiata e altrettanto avrebbe fatto la capra con i cavoli se li avesse avuti a disposizione. C'era (............) il pericolo di perdere o la capra o i cavoli. (............) ci pensò! Ma (............) trovò la soluzione. (............) traghettò la capra; con un secondo giro portò (............) il lupo, ma riportò la capra con sé sull'altra riva. Con un terzo giro trasferì i cavoli sull'altra sponda, (............) sapendo che il lupo (............) li avrebbe (............) mangiati. (............) fece un ultimo giro per trasportare la capra. Ed (............) come salvò la capra e i cavoli.

36 ●●○ **COMPETENZE MORFOLOGICHE** **Indica** se le parole in grassetto sono **avverbi [AV]**, **preposizioni improprie [P]**, **nomi [N]** o **aggettivi [AG]**.

1. Il libro che ci hanno assegnato è **lungo** [.....] e noioso. **2.** Andiamo a farci una passeggiata **lungo** [.....] la spiaggia? **3.** Cerca di ritornare a casa sano e **salvo** [.....]. **4.** **Salvo** [.....] imprevisti, dovrei riuscire a raggiungerti **dopo** [.....] cena. **5.** Ho comprato i biglietti per la **prima** [.....] della Scala. **6.** Alla gara sono arrivato **prima** [.....] di tutti. **7.** Entra **prima** [.....] tu; io ti raggiungo **dopo** [.....]. **8.** **Dopo** [.....] l'allenamento, andiamo a berci un cocktail? **9.** L'opposizione ha votato **contro** [.....]. **10.** Sono andato a sbattere **contro** [.....] il mobiletto del salotto. **11.** **Secondo** [.....] il professore siamo tutti insufficienti. **12.** Quella pasta mi ha saziato; non credo di ordinare il **secondo** [.....]. **13.** È il **secondo** [.....] gatto nero che vedo nell'arco di poche ore. **14.** Numerosi naufraghi furono tratti in **salvo** [.....] dai marinai.

37 ●●○ **COMPETENZE MORFOLOGICHE** **Indica** se le parole in grassetto sono avverbi [A], preposizioni improprie [P] o congiunzioni [C].

1. Quando [.....] andremo in vacanza? **2.** Non so ancora **quando** [.....] potremo ritirare i diplomi. **3. Senza** [.....] fare i capricci, prendi lo zaino e vai a scuola. **4.** Sono riuscito a essere promosso **senza** [.....] grandi sforzi. **5. Come** [.....] si è fatto buio, sono ritornato a casa. **6.** Non so proprio **come** [.....] riusciremo a cavarcela questa volta. **7. Come** [.....] hai osato rivolgermi la parola in questo modo? **8. Come** [.....] sei elegante! **9. Perché** [.....] hai comprato i biscotti al posto delle brioche? **10.** Ho insistito **perché** [.....] Gianni venga con noi al mare. **11.** Sai **perché** [.....] Paola non si è degnata di rispondermi? **12. Dopo** [.....] pranzo, andrò al parco a correre. **13.** Prima studio, **dopo** [.....] esco. **14. Dopo** [.....] aver studiato a lungo, mi sono concesso una bella granita.

A 373

La morfologia

38 ○○○ **COMPETENZE MORFOLOGICHE** **Sostituisci** le preposizioni con le locuzioni preposizionali di significato analogo, scegliendole tra quelle elencate (se necessario, modifica o inserisci l'articolo).

> a dispetto di • a favore di • riguardo a • in compagnia di •
> da parte di • in cima a • sulla base di • in mezzo a • in seguito a

1. Per (................) la nevicata, il traffico in città è impazzito. **2.** Limitatamente a (................) quello che ho sentito, darei ragione a Giada. **3.** Mi piace sempre stare tra (................) amici. **4.** Quest'estate andrò in vacanza con (................) i miei nonni. **5.** Nonostante (................) l'impegno profuso, non abbiamo vinto il torneo di calcetto. **6.** Ti ho già dato delle indicazioni sulle (................) modalità della prova? **7.** Raccoglieremo dei fondi per (................) i terremotati. **8.** Camminando camminando, siamo arrivati sul (................) monte. **9.** Ha ricevuto un'ammonizione dall' (................) arbitro.

39 ●●○ **COMPETENZE MORFOLOGICHE** **Distingui** le **congiunzioni coordinanti** e le **congiunzioni subordinanti** e **specificane** i tipi.

1. Io ti sgrido e tu non mi ascolti. **2.** Io ti sgrido, ma tu non mi ascolti. **3.** Io ti sgrido, perché tu non mi ascolti. **4.** Io ti sgrido, anche se tu non mi ascolti. **5.** Io ti sgrido, ogni volta che tu non mi ascolti. **6.** Benché io ti sgridi, tu non mi ascolti. **7.** Io ti sgrido, infatti tu non mi ascolti. **8.** Quando io ti sgrido, tu non mi ascolti. **9.** Io non ti sgrido, a patto che tu mi ascolti. **10.** Io ti sgrido, di modo che tu mi ascolti. **11.** Né io ti sgrido né tu mi ascolti. **12.** Io ti sgrido, perché tu mi ascolti.

40 ●●● **COMPETENZE MORFOLOGICHE** **STORIA** **Riconosci** e **classifica** le **congiunzioni** e le **locuzioni congiuntive coordinanti** e **subordinanti**.

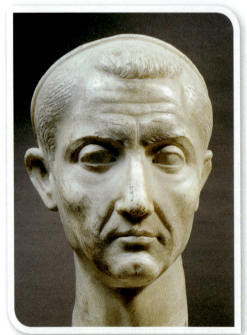

Testa in marmo di Giulio Cesare, I secolo a.C., Alessandria d'Egitto, Museo greco-romano.

L'espressione **il dado è tratto** indica che si è presa una decisione o si è intrapresa un'azione tanto decisiva che non consente più alcun ripensamento. La pronunciò Giulio Cesare nel 49 a.C. dopo aver concluso felicemente le campagne in Gallia. Benché ne avesse tratto grande prestigio, egli si vide respingere la candidatura al consolato. Il Senato, infatti, poiché temeva la sua potenza, decretò che egli congedasse le sue legioni e si recasse a Roma come cittadino privato. Nonostante Cesare cercasse di venire a patti, il Senato si mostrò irremovibile. Ma Cesare non obbedì al decreto, dal momento che temeva per la sua sorte. Alla testa del suo esercito raggiunse quindi il Rubicone, il fiume che segnava il confine tra la Gallia Cisalpina e l'Italia, cosicché chi l'avesse oltrepassato al comando di un esercito sarebbe stato considerato un nemico di Roma. Lì si fermò, ma prima di aver preso una decisione sul da farsi, un giovane misterioso comparso dal nulla, dopo aver afferrato la tromba di un soldato, intonò il segnale di battaglia e oltrepassò il fiume. Si dice allora che Cesare, senza più indugiare, abbia esclamato: «Andiamo, dunque, per la strada indicata dai prodigi degli dèi! Il dado è tratto».

8 Le parti invariabili del discorso

41 ●●● **COMPETENZE DI SCRITTURA** **Scrivi** un breve testo in cui racconti un episodio che sia pertinente con il detto: *Ormai il dado era tratto*.

42 ●●○ **COMPETENZE MORFOLOGICHE** **Indica** se *che* svolge funzione di congiunzione [C] o pronome relativo [P].

1. Il quadro che [.....] vedi appeso alla parete è una tela che [.....] ho acquistato da un antiquario. **2.** Gli hai detto che [.....] deve studiare le poesie che [.....] sono nel capitolo cinque? **3.** Alcuni ritengono che [.....] sia più facile lavorare che [.....] studiare. **4.** La tua incertezza fa capire che [.....] non sei soddisfatta dei risultati che [.....] hai conseguito. **5.** So che [.....] sei più bravo a disegnare che [.....] a scrivere. **6.** Sono così timido che [.....] non me la sento di andare alla festa che [.....] ha organizzato Patrizia. **7.** È chiaro che [.....] all'interrogazione non hai detto tutto ciò che [.....] sapevi. **8.** Il commento della poesia che [.....] devo imparare è spiegato più chiaramente sul libro che [.....] sugli appunti. **9.** Ho saputo che [.....] tornerai presto e che [.....] porterai con te anche i nonni. **10.** È più bella che [.....] intelligente; ecco perché tutti quelli che [.....] la frequentano dicono che [.....] è una persona poco brillante.

43 ●●● **COMPETENZE MORFOLOGICHE** **Distingui** gli **avverbi**, le **preposizioni**, le **congiunzioni** e **fanne** l'analisi grammaticale.

1. Se vorrai tornare qui, avvisami preventivamente. **2.** Vi ripeto spesso le stesse nozioni, cosicché possiate impararle più facilmente. **3.** Né oggi né ieri sono andato a scuola, perché ero troppo stanco. **4.** Perché rispondi sempre superficialmente alle domande di storia? Perché sia storia sia matematica sono due materie che odio da sempre. **5.** Per via della sua negligenza, non si è impegnato per nulla, anzi ha proprio smesso di studiare. **6.** Sebbene fossi arrivato in ritardo, fortunatamente la festa non era iniziata perché mancavano molti degli ospiti.

44 ●●● **COMPETENZE MORFOLOGICHE** **Distingui** gli **avverbi**, le **preposizioni**, le **congiunzioni** e **fanne** l'analisi grammaticale.

1. Quando parli velocemente, non si capisce mai il senso delle tue parole. **2.** Dopo Pasqua andrò senza dubbio a trovare i nonni. Potresti venire con me, anche se so che ci sei già stato precedentemente. **3.** Credevo che quel libro fosse noioso, invece l'ho divorato in fretta e con piacere. **4.** Quando andrai al mare, potrò venire con voi? Sì, certo e con molto piacere. **5.** Se non sei troppo stanco, potremmo andare a fare un giro tra le bancarelle del centro storico. **6.** Procediamo assai lentamente: probabilmente c'è stato un incidente lungo la strada.

45 ●●● **COMPETENZE MORFOLOGICHE** **Collega** le seguenti frasi prima con una **congiunzione coordinante**, poi con una **congiunzione subordinante**, in modo da formare un unico periodo.

1. Fa troppo freddo. Non esco.

2. Esco. Vorrei rimanere sul divano.

3. È bello andare a correre all'alba. All'alba ci sono poche persone in giro.

4. Non sai risolvere l'esercizio. L'insegnante non ha ancora spiegato il procedimento.

5. Mi sono bagnato tutto. Aspettavo il tram in ritardo.

6. La penna nera non funziona. Userò la penna blu.

A 375

La morfologia

4 L'interiezione

> L'**interiezione** (dal latino *inter* e *iacere*, "gettare in mezzo") è una **parola-frase invariabile** che viene usata per esprimere un'**emozione** e uno **stato d'animo** o per formulare un **ordine**, una **preghiera**, un **saluto**.

Pur essendo tradizionalmente considerata una parte del discorso, l'interiezione è **una forma isolata che non ha legami grammaticali con gli altri elementi della frase** e, poiché sintetizza in una o in poche parole un messaggio di senso compiuto, **equivale in realtà a un'intera frase**.

In base alla **forma**, le interiezioni si classificano in proprie, improprie e locuzioni esclamative:

- le **interiezioni proprie** sono parole invariabili che **vengono usate solo con questa funzione**. Alcune di esse esprimono un **significato preciso**: dolore (*Ahi!*, *Uhi!*, *Ahimè!*), dubbio (*Mah!*, *Boh!*, *Mmh!*), disgusto (*Puah!*), noia o impazienza (*Uff!*, *Uffa!*); altre, invece, assumono significati diversi in base al **contesto** e al **tono di voce** con cui vengono pronunciate.

  Ahi, mi sono punta!

  Uh che barba!

  Oh, che bel regalo!

  Oh, come mi spiace che tu non sia qui!

- le **interiezioni improprie** sono costituite da **nomi**, **aggettivi**, **verbi** o **avverbi** pronunciati da soli con tono esclamativo, come *Accidenti!*, *Forza!*, *Coraggio!*, *Ottimo!*, *Bravo!*, *Sciocco!*, *Scusa!*, *Andiamo!*, *Avanti!*

- le **locuzioni esclamative** sono costituite da **gruppi di parole** o **frasi brevi** usati in funzione esclamativa, come *Povero me!*, *Per amor del cielo!*, *Fammi il piacere!*, *Per carità!*, *Dio mio!*, *Al ladro!*

Vi sono poi le **onomatopee** che hanno una funzione simile a quella delle interiezioni: si tratta di espressioni che **imitano e riproducono dei suoni**, come i versi degli animali o i rumori.
Da esse sono derivate alcune **parole onomatopeiche**, per lo più verbi o nomi che indicano i versi degli animali o i rumori.

miao	chicchirichì
muuu	cra cra
bau bau	din don
coccodè	tic tac
cip cip	patatrac

Le onomatopee sono molto usate nei fumetti per esprimere i sentimenti di un personaggio o i rumori dell'ambiente; gran parte di esse sono derivate da **verbi onomatopeici** della lingua inglese.

gulp!	ring!	sigh!	slurp!
snort!	sob!	splash!	bang!

8 Le parti invariabili del discorso

ALLENA LE COMPETENZE

46 ○○○ COMPETENZE MORFOLOGICHE **Associa** le interiezioni proprie allo stato d'animo corrispondente.

1. Oh! Che magnifico giardino!	....	a. rassegnazione
2. Oh! Che piacere averti incontrato!	....	b. rimpianto
3. Oh! Come vorrei non averglielo detto!	....	c. dolore
4. Oh! Che male allo stomaco!	....	d. meraviglia
5. Oh! Come vorrei vincere alla lotteria!	....	e. minaccia
6. Eh! Attento a quel che fai!	....	f. ammonimento
7. Eh! Ti sei comprato una spider!?!	....	g. desiderio
8. Guai a te, eh, se non lo fai!	....	h. gioia
9. Eh! Andrà meglio la prossima volta!	....	i. incredulità
10. Mmh! Che buono!	....	l. piacere

47 ●●○ COMPETENZE MORFOLOGICHE **Indica** se le interiezioni sono proprie [P], improprie [I] o se sono locuzioni esclamative [L].

1. Al ladro! [.....] Quell'uomo mi ha scippata! 2. Evviva! [.....] Anche questa volta abbiamo vinto! 3. Ahimé! [.....] Per quest'anno le vacanze sono terminate! 4. Mamma mia! [.....] Fa freddissimo questa mattina! 5. Al fuoco! [.....] È scoppiato un incendio laggiù! 6. Forza! [.....] Non è il momento di arrendersi! 7. Accidenti! [.....] Ho dimenticato a casa il passaporto! 8. Ahi! [.....] Mi hai fatto male! 9. Uffa! [.....] Questa conferenza è proprio noiosa! 10. Benissimo! [.....] Il tuo tema è eccellente! 11. Salve! [.....] È da un po' che non ti si vede! 12. Santo cielo! [.....] Non dire queste assurdità!

48 ●●● COMPETENZE MORFOLOGICHE **Distingui** le interiezioni proprie [P], le interiezioni improprie [I], le locuzioni esclamative [L] e **specifica** quale stato d'animo esprimono.

1. Ottimo! [.....] Hai finito prima del previsto! 2. Ah, [.....] se fosse qui lui! 3. Ehilà! [.....] Chi si vede! 4. Peccato! [.....] Non hanno la taglia dell'abito che volevo! 5. Via! [.....] Non vorrai offenderti per così poco! 6. Misericordia! [.....] In che stato ti sei conciato! 7. Per amor di Dio! [.....] Falla finita con questa storia! 8. Eh! [.....] Questa volta ti è andata proprio male! 9. Povero te! [.....] Chissà cosa ti dirà tua madre! 10. Per amor del cielo! [.....] Non fate imprudenze! 11. Oh! [.....] Che meraviglia la tua casa! 12. Al diavolo! [.....] Lo finirò domani!

 LINGUE A CONFRONTO **LE PARTI INVARIABILI DEL DISCORSO**

Le parti invariabili del discorso presentano nelle diverse lingue considerate caratteristiche generali simili, con alcune particolarità e differenze interessanti.
Confronta sull'**eBook** le forme dell'avverbio, della preposizione, della congiunzione e dell'interiezione in **inglese**, **francese**, **spagnolo** e **tedesco**, e svolgi gli esercizi.

A 377

LE PARTI INVARIABILI DEL DISCORSO
• mappa delle conoscenze

LE PARTI INVARIABILI DEL DISCORSO sono l'**avverbio**, la **preposizione**, la **congiunzione** e l'**interiezione**.

L'AVVERBIO
precisa o modifica il significato di un **verbo**, un **nome**, un **aggettivo**, un altro **avverbio**, una **frase**.

In relazione alla forma e alla formazione è:

- **primitivo**
  non deriva da altre parole italiane: oggi, presto, meno

- **derivato**
  è formato con l'aggiunta dei **prefissi** -*mente* e -*oni* alla radice di un'altra parola: felicemente, carponi

- **composto**
  deriva dall'unione di **due o più parole**: talvolta, giammai

- **alterato**
  è formato con l'aggiunta di un **suffisso alterativo**: benino, benone, pianino

- **locuzione avverbiale**
  è la **combinazione fissa** di due o più parole: per sempre, in fretta e furia, or ora

In relazione al significato è:

- **qualificativo o di modo**
  specifica la **modalità** dell'azione: facilmente, bene, invano, alla svelta, per caso

- **determinativo**
  precisa il significato della parola a cui si riferisce e può essere:
  - **di luogo**: qui, là, sotto, lontano, in giù, al centro, ...
  - **di tempo**: oggi, dopo, ancora, una volta, tra poco, ...
  - **di quantità**: meno, più, troppo, per nulla, un po', ...
  - **di valutazione**: sì, neppure, per nulla, forse, magari, ...
  - **interrogativo**: come? dove? quando? quanto? perché?
  - **esclamativo**: come! dove! quanto!

Alcuni avverbi ammettono il grado d'intensità:

- **comparativo**
  di **maggioranza**, di **minoranza**, di **uguaglianza**: più brevemente; meno brevemente; tanto brevemente quanto

- **superlativo**
  assoluto, **relativo**: molto brevemente; il più brevemente possibile

A 378

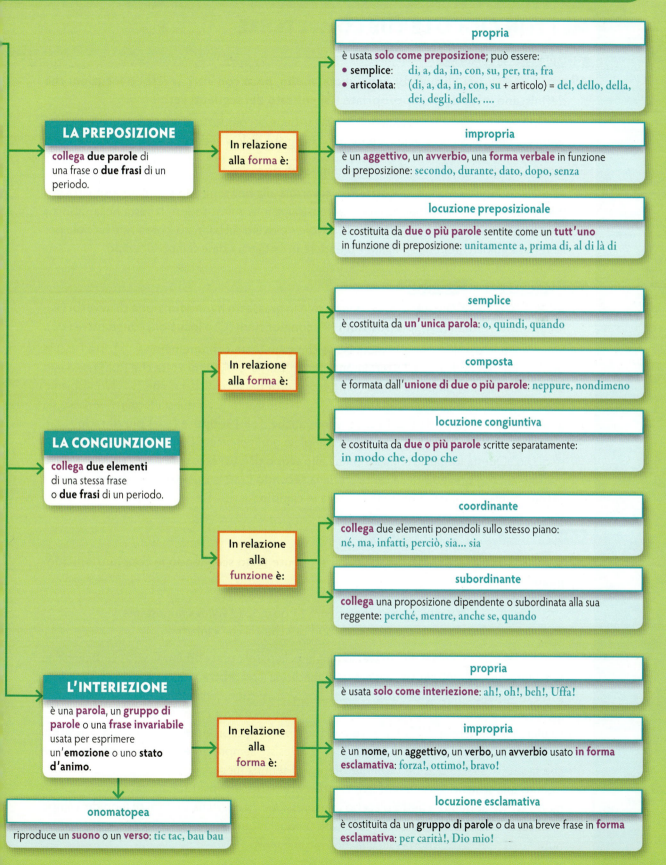

La morfologia

METTI IN GIOCO LE TUE COMPETENZE

COMPETENZE LESSICALI

49 ●●○ **Sostituisci** gli avverbi *bene*, *male*, *molto*, *poco* con altri avverbi o locuzioni che definiscano in modo più appropriato il significato dei seguenti verbi.

parlare bene • fare bene qualcosa • vestirsi bene • comportarsi bene • scrivere male • trattare bene qualcuno • mangiare molto • mangiare male • vedersi poco • conoscere poco

50 ●●○ **Spiega** il significato dei seguenti modi di dire.

venire al dunque • mangiare a bizzeffe • cavarsela alla bell'e meglio • cantare a squarciagola • cadere dalla padella nella brace • bere a garganella • nascondere la testa nella sabbia • prendere fischi per fiaschi • cadere dalle nuvole • piovere sul bagnato • prendere lucciole per lanterne • guidare a sirene spiegate • prendere in castagna • dare tempo al tempo

COMPETENZE MORFOLOGICHE

51 ●●○ **DENTRO LE PAROLE** **Indica** se le parole in grassetto hanno funzione di avverbi (A), locuzioni avverbiali (LA), preposizioni (P), congiunzioni (C) o locuzioni congiuntive (LC).

Sono molte le parole e le espressioni latine che sono usate **comunemente** [.....]. **Tra** [.....] le **più** [.....] ricorrenti è gratis, **letteralmente** [.....], "per favore". **Ogni volta che** [.....] riceviamo un servizio o [.....] un bene **senza** [.....] esborso di denaro, diciamo **che** [.....] lo abbiamo ricevuto gratis, **cioè** [.....] **gratuitamente** [.....]. **Nonostante** [.....] questa forma avverbiale sia usata **per lo più** [.....] **da** [.....] sola, si sente **anche**, [.....] **seppure** [.....] più **di rado** [.....], l'espressione latina **nella** [.....] sua forma completa *gratis et amore Dei*, "per favore e per amore di Dio". Questa formula venne inventata **allo scopo di** [.....] accostare l'idea di un beneficio gratuito **al** [.....] precetto della carità cristiana **secondo** [.....] la quale si deve donare **disinteressatamente** [.....], senza pretendere nulla **in cambio** [.....].

COMPETENZE MORFO-SINTATTICHE

52 ●●○ **DENTRO LE PAROLE** **Completa** il seguente testo scegliendo le congiunzioni adeguate.

per il fatto di • senza che • benché • quando (*2 volte*) • nonostante • anche se • allo scopo di • che • sì che • infatti

.... ci è giunta attraverso l'inglese, la parola **placebo** è una voce verbale latina e significa "io piacerò". Nel linguaggio della medicina il placebo è un preparato farmacologico privo di sostanze medicamentose. .... si sperimenta un farmaco, si somministra ad alcuni soggetti un placebo, ... essi ne siano a conoscenza, ... valutare gli effetti reali del farmaco vero e quelli psicologici prodotti dalla sostanza non attiva. Si è visto, ..., ... esiste sempre un effetto di autosuggestione che fa .... un paziente ritenga di sentirsi meglio, solo .... aver assunto una sostanza, ... priva di principi attivi. Il risultato ottenuto in questo modo si dice appunto "effetto placebo"; l'espressione viene anche usata al di fuori del campo medico, ... si vuole indicare un qualunque effetto psicologico positivo, ottenuto .... non vi sia una motivazione reale.

A 380

8 Le parti invariabili del discorso

53 ●●● **DENTRO LE PAROLE** **Completa** il seguente testo scegliendo le congiunzioni e locuzioni congiuntive adeguate.

> anche se • che • e • infatti • ma • ma neppure • mentre • né ... né •
> non solo • perché • però • pur • quando • quindi • sia ... sia • tanto che

Si usa l'espressione **senza infamia e senza lode** _____ si vuole indicare qualcosa di mediocre che, _____ non avendo palesi difetti, non presenta _____ neppure particolari qualità. L'espressione, _____ è oggi d'uso corrente, ha un'origine assai nobile: deriva _____ dalla *Divina Commedia* di Dante Alighieri. _____ nel Canto III dell'*Inferno* descrive la massa degli ignavi, il poeta li definisce «coloro / che visser sanza 'nfamia e sanza lodo». Riguardo alla parola **ignavi** si deve precisare _____ essa non appartiene al linguaggio del poeta, _____ è frutto della critica successiva. Si tratta di coloro che durante la vita non agirono mai, _____ nel bene _____ _____ nel male: furono sempre vili _____ non si schierarono mai _____ a favore _____ contro alcuna causa. Dante li inserisce _____ nell'Antinferno, _____ li ritiene indegni di meritare _____ le gioie del Paradiso _____ le pene dell'Inferno: lì essi gireranno nudi per l'eternità attorno a un'insegna _____ saranno punti da vespe e mosconi.

54 ●●○ **Completa** le seguenti frasi inserendo la congiunzione adeguata.

1. Verrò in treno
- _____ ho l'auto dal meccanico.
- tu _____ vieni a prendermi alla stazione.
- _____ sia meno veloce dell'aereo.
- _____ porterò solo pochi bagagli
- _____ preferirei venire in auto.
- _____ mi porti tu con la tua auto.
- _____ in aereo, non in auto.

2. Gli scriverò una mail
- _____ arriverò.
- _____ tu dammi il suo indirizzo.
- _____ mi dai il suo indirizzo.
- _____ io preferisca parlare al telefono.
- _____ lui sappia dove e come sto.
- _____ non ho intenzione di incontrarlo.

3. Vorrei raggiungere Paolo
- _____ devo portargli un documento.
- _____ temo sia già partito.
- _____ gli do la sua valigia.
- _____ devo andare alla posta.
- _____ forse è meglio restare qui ad aspettarlo.
- _____ non lo sappia mia mamma.

A 381

La morfologia

COMPETENZE MORFOLOGICHE, SINTATTICHE E DI SCRITTURA

55 ●●● **DENTRO LE PAROLE** **Leggi** il testo e **svolgi** le seguenti attività.

1. **Distingui** gli avverbi, le preposizioni e le congiunzioni.
2. **Scrivi** un breve testo dal titolo *Se potessi gridarlo ai quattro venti...*, utilizzando alcune delle parti invariabili presenti nel brano.
3. **Disegna** una rosa dei venti con i nomi dei venti citati nel testo.

La **rosa dei venti** è la rappresentazione grafica dei venti all'interno di un cerchio, in base ai punti cardinali e alla direzione in cui essi spirano. È ovvio che per parlare di direzioni occorre assumere un punto di osservazione relativo: questo punto è il centro del Mar Ionio, che fu preso come punto di riferimento per indicare la direzione del vento rispetto alla poppa delle navi. D'altra parte la denominazione di alcuni venti si spiega soltanto se pensiamo al punto di osservazione di chi navigava in quelle acque. Infatti, in quella posizione, le navi che provenivano da nord-est giungevano approssimativamente dalla Grecia: perciò il vento che soffia da quella direzione prese il nome di **grecale**. Da sud-est giungevano navi provenienti dalla Siria e quindi al vento fu dato il nome di **scirocco**. Poiché a sud-ovest vi è la Libia, nome che anticamente comprendeva anche la Tunisia e l'Algeria, il vento venne chiamato **libeccio**. Infine da nord-ovest giungevano le navi salpate da Roma, che in genere preferivano circumnavigare la Sicilia piuttosto che affrontare lo stretto di Messina e, dal momento che in epoca romana la via da e per Roma era considerata la via "maestra", al vento fu dato il nome di **maestrale**. Se si uniscono a questi quattro venti, quelli che provengono dai quattro punti cardinali, si ottiene la rosa dei venti a 8 punte. Il vento che spira da est è il **levante**, quello che proviene da ovest è **ponente**: è chiaro che i loro nomi indicano il sole che rispettivamente si leva o va a posarsi. Infine l'**austro**, caldo e umido, soffia da sud e prende il nome dal termine latino che indicava il sud, mentre la **tramontana** deriva quasi certamente il suo nome dalla locuzione latina *intra montes*, perché spira dalle Alpi che tradizionalmente rappresentavano per i Romani il nord.

56 ●●● **DENTRO LE PAROLE** **Leggi** il testo e **svolgi** le seguenti attività.

1. **Riconosci** le congiunzioni e **specificane** la tipologia; poi **rintraccia** le preposizioni che introducono una proposizione.
2. **Scrivi** una lettera destinata a un amico che vive all'estero, nella quale descrivi il "Bel Paese" e le sue risorse ambientali e artistiche.

L'espressione "**Bel Paese**" prende le mosse dai versi di due importantissimi poeti italiani, che con oltre 500 anni rispetto al processo politico del Risorgimento del 1861, richiamano l'unità dell'Italia. Dante Alighieri nel *canto XXXIII* dell'*Inferno* cita *bel paese là dove 'l sì sona*, con riferimento all'unità linguistica italiana, la cosiddetta "lingua del sì", contrapposta alle lingue francesi dette *langue d'oc* e *langue d'oïl*. Francesco Petrarca allude invece all'unità territoriale del *bel paese / Ch'Appennin parte e 'l mar circonda e l'Alpe*. Nel 1876 l'abate Antonio Stoppani scrive *Il Bel Paese. Conversazioni sulle bellezze naturali, la geologia e la geografia fisica d'Italia*, allo scopo di aiutare gli Italiani del nuovo Stato unitario a conoscere meglio il proprio Paese. Nel 1906 Egidio Galbani, fondatore dell'omonima azienda, dopo aver constatato come all'epoca si vendessero per lo più formaggi francesi, decise di produrre un formaggio per far concorrenza all'industria casearia d'oltralpe. Lo chiamò *Il Bel Paese* e sulla confezione mise sia la figura dell'Italia sia l'immagine dell'abate Stoppani, al cui libro si era ispirato. Il formaggio ebbe successo anche all'estero e il *Bel Paese* diventò la denominazione con cui l'Italia è nota nel mondo.

8 Le parti invariabili del discorso

PREPARATI ALLA PROVA INVALSI

A1. In quale delle seguenti frasi *oltre* svolge la funzione di preposizione?

A. ☐ Torna indietro: sei andato troppo oltre.

B. ☐ Oltre che essere bella, è anche simpatica.

C. ☐ Oltre la collina c'è casa mia.

D. ☐ Muoviti! Non posso aspettarti oltre.

A2. Indica se nelle seguenti frasi *lungo* ha funzione di aggettivo (AG), preposizione (P) o avverbio (AV).

a. Vorrei un caffè lungo. ....

b. Tira lungo! ....

c. Passeggiamo lungo la spiaggia. ....

d. Me ne parlò lungo il viaggio. ....

A3. Nella frase *Malgrado non si sentisse molto bene, Alessandra è venuta ugualmente a scuola oggi*, gli avverbi sono

A. ☐ 2   C. ☐ 4

B. ☐ 3   D. ☐ 5

A4. Nella frase della domanda A3, la congiunzione *malgrado* si può sostituire con

A. ☐ anche se

B. ☐ poiché

C. ☐ come se

D. ☐ sebbene

A5. Nella frase *Credo che Marta sia arrabbiata con me; infatti, quando m'incontra, non mi saluta*, la congiunzione *infatti* serve a

A. ☐ contraddire quanto detto prima

B. ☐ circoscrivere quanto detto prima

C. ☐ spiegare quanto detto prima

D. ☐ escludere quanto detto prima

A6. Nella frase della domanda A5 ci sono

A. ☐ due congiunzioni coordinanti e una subordinante

B. ☐ due congiunzioni subordinanti e una coordinante

C. ☐ due congiunzioni coordinanti e due subordinanti

D. ☐ una congiunzione coordinante e una subordinante

A7. Nella frase *Sta giocando, mentre dovrebbe studiare*, la congiunzione *mentre* può essere sostituita con

A. ☐ e invece

B. ☐ e intanto

C. ☐ e contemporaneamente

D. ☐ eppure

A8. Indica se nelle seguenti frasi *che* ha valore di congiunzione (V) oppure no (F).

a. Dimmi che vuoi suonare.   V☐ F☐

b. Che brutta storia!   V☐ F☐

c. Sbrigati che è tardi.   V☐ F☐

d. Dille che venga anche lei.   V☐ F☐

e. È una torta che non mi piace.   V☐ F☐

A9. Indica se nelle seguenti frasi *perché* è una congiunzione di valore finale (F) o causale (C).

a. Ti senti male perché ti sei stancato troppo.   F☐ C☐

b. Diglielo tu, perché non lo venga a sapere da altri.   F☐ C☐

c. Corriamo perché è tardi.   F☐ C☐

d. Corriamo perché non ci raggiungano.   F☐ C☐

e. Corre perché si allena per la gara.   F☐ C☐

A 383

VERIFICA LE TUE COMPETENZE

A. Distingui se *di*, nelle forme semplici o articolate, svolge la funzione di preposizione [P] o di articolo partitivo [A].

1. Aggiungi dello [.....] zucchero di [.....] canna nel caffè. **2.** Si raccontano delle [.....] strane cose sugli amici dei [.....] tuoi fratelli. **3.** Nell'appartamento dei [.....] tuoi cugini ci sono degli [.....] oggetti di [.....] grande valore. **4.** Vai al mercato e compra del [.....] formaggio. **5.** Adesso parlami di [.....] te. **6.** Ho incontrato delle [.....] ragazze molto simpatiche.

1 punto per ogni risposta esatta   **Punti** ..../10

B. Indica se le parole in grassetto sono aggettivi [A] o avverbi [Avv].

1. Era **chiaro** [.....] che cosa volesse. **2.** In questo affare non ci vedo **chiaro** [.....]. **3.** Devi parlare **forte** [.....] per farti sentire dalla nonna. **4.** In Sardegna in quei giorni c'era un vento **forte** [.....]. **5.** Alessandra ha lavorato **troppo** [.....], perché aveva **troppo** [.....] lavoro da fare e il tempo era **poco** [.....] **6.** È **troppo** [.....] presto per prendere una decisione. **7.** Il bar **vicino** [.....] chiuderà per ferie in agosto. **8.** Non ti sento: vieni più **vicino** [.....].

1 punto per ogni risposta esatta   **Punti** ..../10

C. Distingui se *ne* e *ci* svolgono la funzione di avverbio [A] o di pronome [P].

1. Martina ci [.....] ha riferito che Valeria ci [.....] vuole invitare a cena: io non ne [.....] sapevo nulla, ma ci [.....] andrò. **2.** Questo è un parco molto bello; ci [.....] vado spesso a correre. Ci [.....] vuoi venire anche tu? **3.** Sta sempre con il suo cagnolino: non sa staccarsene [.....]. **4.** Stai andando all'assemblea? Io ne [.....] torno proprio ora. **5.** Questa gonna è diventata troppo stretta: non ci [.....] entro più. **6.** Il mio gatto è entrato in un cassetto e non voleva più uscirne [.....].

1 punto per ogni risposta esatta   **Punti** ..../10

D. Indica se le parole in grassetto sono avverbi [Avv], preposizioni o locuzioni prepositive [P] o aggettivi [A].

1. Francesca abita **dietro** [.....] l'angolo. **2.** In auto i bambini devono sedersi **dietro** [.....]. **3.** Stefano è il **primo** [.....] ragazzo con cui sono uscita. **4.** Dovevi partire **prima** [.....], anzi **molto** [.....] prima. **5.** Nessuno può arrivare **prima di** [.....] me! **6.** Riccardo studia **poco** [.....]. **7.** Sbrigati: ho **poco** [.....] tempo! **8. Secondo** [.....] te, sono dimagrita? **9.** È già il **secondo** [.....] piatto di pasta che mangi! **10.** Vorrei imparare a dipingere **su** [.....] ceramica. **11.** Vieni **su** [.....] o ci aspetti **sotto** [.....] casa? **12.** Quell'abito è **lungo** [.....] per te, davvero **troppo** [.....] lungo.

1 punto per ogni risposta esatta   **Punti** ..../15

E. Indica se le parole in grassetto sono avverbi [Avv], congiunzioni [C] o pronomi [P].

1. Sai **che** [.....] non mi piace **che** [.....] tu vada con quel ragazzo **che** [.....] hai conosciuto da poco. **2. Come** [.....] la mettiamo con lui? **3. Quanto** [.....] lo desideravo! **4. Quanto** [.....] ne vuoi? **5.** Non so **quanto** [.....] l'abbia apprezzato. **6.** Mettilo lì **sopra** [.....]. **7.** Hai comperato della frutta? Sì, **molta** [.....]. **8.** Se tu non vai, **allora** [.....] non ci vado nemmeno io.

1 punto per ogni risposta esatta   **Punti** ..../10

A 384

8 Le parti invariabili del discorso

F. Completa le seguenti frasi scegliendo la congiunzione coordinante adeguata.

1. Sa coprire tutti i ruoli, *oppure / anche / quindi* il ruolo di attaccante.   **2.** Mi piacciono sia i Muse *o / né / sia* i Green Day.   **3.** Oggi non mi sento bene, *ma / perciò / piuttosto* non vado in palestra.   **4.** Siamo andati al lago, *tuttavia / o / nonché* non abbiamo fatto il bagno.   **5.** Non c'erano ragazze, *o / sia / pertanto* me ne sono andato.   **6.** Giorgio non è mai venuto a trovarmi in ospedale *infatti / quindi / tuttavia* non lo invito alla mia festa.   **7.** Non sopporta né i codardi *né / sia / oppure* gli imprudenti.   **8.** Il piccolo era in ritardo *ma / invece / perciò* lo hanno fatto entrare ugualmente.   **9.** Che fame! *perciò / quindi / infatti* è mezzogiorno.   **10.** Non ricordo se sia di Napoli città *o / anche / ma* se sia originario della provincia.

1 punto per ogni completamento esatto   **Punti** .... /10

G. Distingui le congiunzioni coordinanti e subordinanti classificandole nella tabella e **indicane** la tipologia

1. Nonostante abbia molti impegni di lavoro, Alessandro verrà a trovarci al più presto.   **2.** Non ho più farina e i negozi sono ormai chiusi, perciò non potrò fare la torta.   **3.** Dice sempre che ha troppi impegni di lavoro, eppure lo vedo spesso in palestra alle cinque di pomeriggio.   **4.** Sono contentissima perché, mentre passeggiavo in centro, ho trovato un abito meraviglioso, non solo della mia taglia ma anche in saldo!   **5.** Poiché ama leggere, le ho regalato un romanzo, ma l'aveva già letto.   **6.** Se me lo permetti, chiederò a Marta se vuole venire in montagna con noi. **7.** Mi ha chiamata perché le spiegassi il nostro progetto, io però preferirei non parlargliene ancora.   **8.** Non ho voglia di parlargli, quindi farò di tutto per non incontrarlo.

congiunzioni coordinanti	congiunzioni subordinanti

2 punti per ogni risposta esatta   **Punti** .... /30

TOTALE PUNTI .... /95

A 385

La morfologia

I trucchi del mestiere

COME SI FA L'ANALISI GRAMMATICALE

L'analisi grammaticale del verbo

Per fare l'analisi grammaticale del **verbo** specifica i seguenti aspetti:

- la **forma** dell'**infinito** (*voce del verbo...*) e la **coniugazione** di appartenenza;
- il **genere**, transitivo, intransitivo, e la **forma**, attiva, passiva, riflessiva; quando lo è, occorre anche indicare che la forma è pronominale o impersonale;
- il **modo**, il **tempo**, la **persona** (per i soli modi finiti) e il **numero**, l'eventuale **genere**; bisogna anche indicare quando un verbo è servile o fraseologico (nell'analisi grammaticale questi verbi si analizzano da soli).

a. **Saremmo dovuti partire** prima, ma **stavamo** ancora **preparando** i bagagli.

Saremmo dovuti	*dovere*, 2ª coniugazione, transitivo attivo, condizionale, passato, 1ª persona plurale, verbo servile
partire	*partire*, 3ª coniugazione, intransitivo attivo, infinito, presente
stavamo	*stare*, 1ª coniugazione, intransitivo attivo, indicativo, imperfetto, 1ª persona plurale, verbo fraseologico
preparando	*preparare*, 1ª coniugazione, transitivo attivo, gerundio, presente

b. **È capitato** che mi **siano stati regalati** due cellulari molto simili.

È capitato	*capitare*, 1ª coniugazione, intransitivo attivo, indicativo, passato prossimo, 3ª persona singolare, forma impersonale
siano stati regalati	*regalare*, 1ª coniugazione, transitivo passivo, congiuntivo, passato, 3ª persona plurale

c. Giulio non **verrà** alla festa sebbene **sia stato avvisato** da tempo e **abbia ricevuto** l'invito via mail due mesi fa.

verrà	*venire*, 3ª coniugazione, intransitivo attivo, indicativo, futuro semplice, 3ª persona singolare
sia stato avvisato	*avvisare*, 1ª coniugazione, transitivo passivo, congiuntivo, passato, 3ª persona singolare
abbia ricevuto	*ricevere*, 2ª coniugazione, transitivo attivo, congiuntivo, passato, 3ª persona singolare

8 Le parti invariabili del discorso

L'analisi grammaticale del nome

Per fare l'analisi grammaticale del **nome** specifica i seguenti aspetti:

- il **significato**, comune o proprio, di persona, animale, o cosa; concreto o astratto; collettivo o non numerabile (occorre precisarlo solo quando lo è);
- il **genere**, maschile o femminile (è opportuno specificare anche se il nome è mobile, indipendente, ambigenere, di genere promiscuo);
- il **numero**, singolare o plurale (è opportuno specificare anche se è invariabile, difettivo, sovrabbondante);
- la **formazione**, primitivo, derivato, composto o alterato diminutivo, vezzeggiativo, accrescitivo, peggiorativo.

Ho trascorso un bel **dopocena** con **Luigi** che mi ha portato un **mazzo** di **roselline**.

dopocena	nome comune di cosa, astratto, maschile, singolare, composto
Luigi	nome proprio di persona, maschile
mazzo	nome comune di cosa, concreto, maschile, singolare, collettivo, primitivo
roselline	nome comune di cosa, concreto, femminile, plurale, alterato diminutivo

L'analisi grammaticale dell'aggettivo qualificativo

Per fare l'analisi grammaticale dell'**aggettivo qualificativo** specifica i seguenti aspetti:

- il **genere**, maschile o femminile;
- il **numero**, singolare o plurale;
- la **formazione**, primitivo, derivato, alterato (diminutivo, vezzeggiativo, accrescitivo, peggiorativo) o composto;
- il **grado**, positivo, comparativo di maggioranza, uguaglianza, minoranza, superlativo assoluto o relativo.

L'interrogazione di ieri è stata **impegnativa**; Beatrice, che è davvero **molto brava**, ha preso **il** voto **più alto**.

impegnativa	aggettivo qualificativo, femminile, singolare, derivato, grado positivo
molto brava	aggettivo qualificativo, femminile, singolare, primitivo, grado superlativo assoluto
il più alto	aggettivo qualificativo, maschile, singolare, primitivo, grado superlativo relativo

A 387

La morfologia

L'analisi grammaticale dei pronomi personali e relativi

Per fare l'analisi grammaticale del **pronome** specifica i seguenti aspetti:

- il **tipo**, personale, personale riflessivo, relativo, relativo misto.

Del **pronome personale** e del **pronome personale riflessivo** indica:

- la **persona**, 1ª, 2ª, 3ª persona singolare o plurale, maschile o femminile;
- la **funzione logica**, soggetto, complemento oggetto, complemento di termine, complemento indiretto;
- la **forma**, forte o debole, quando è un pronome complemento.

Del **pronome relativo** indica:

- il **genere** e il **numero** e precisa quando è invariabile; specifica anche la **funzione logica**, soggetto, complemento oggetto, complemento indiretto.

a. **Lei** è l'amica di Franco, della **quale ti** ho già parlato.

Lei	pronome personale di 3ª persona singolare, femminile, soggetto
quale	pronome relativo, singolare, femminile, complemento indiretto
ti	pronome personale di 2ª persona singolare, complemento di termine, forma debole

b. **Gli** avete parlato dei problemi **che vi** assillano?

Gli	pronome personale di 3ª persona singolare, maschile, complemento di termine, forma forte
che	pronome relativo, invariabile, soggetto
vi	pronome personale di 2ª persona plurale, complemento oggetto, forma debole

L'analisi grammaticale dei pronomi e degli aggettivi pronominali

Per fare l'analisi grammaticale dei **pronominali** specifica i seguenti aspetti:

- la **funzione**, aggettivo o pronome;
- il **tipo**, possessivo, dimostrativo, indefinito, interrogativo, esclamativo, numerale;
- il **genere** e il **numero**; precisa quando è invariabile.

a. **Chi** ti ha detto **queste** cose? **Nessuno** o forse **qualche nostro** amico.

Chi	pronome interrogativo, invariabile
queste	aggettivo dimostrativo, femminile, plurale
Nessuno	pronome indefinito, invariabile
qualche	aggettivo indefinito, invariabile
nostro	aggettivo possessivo, maschile, singolare

A 388

b. Non so proprio **quale** di **questi due** vestiti scegliere, ma forse preferisco **questo**.

quale	pronome interrogativo, singolare
questi	aggettivo dimostrativo, maschile, plurale
due	aggettivo numerale cardinale, invariabile
questo	pronome dimostrativo, maschile, singolare

L'analisi grammaticale delle parti invariabili del discorso

Per fare l'analisi grammaticale delle **parti invariabili** del discorso specifica:

- dell'**avverbio** e della **locuzione avverbiale**:
  - il **tipo**, di **modo**, di **tempo**, di **luogo**, di **quantità**, di **valutazione**, **interrogativo**, **esclamativo**;
  - l'eventuale **grado**, **comparativo** di maggioranza, uguaglianza, minoranza, **superlativo** assoluto o relativo.

- della **preposizione**:
  - la **forma**, **propria**, semplice o articolata (in questo caso occorre indicare da quale preposizione semplice e da quale articolo è composta), **impropria**, **locuzione preposizionale**.

- della **congiunzione** e della **locuzione congiuntiva**:
  - la **funzione**, **coordinante** o **subordinante**;
  - il **tipo**, copulativa, disgiuntiva, avversativa, correlativa, dichiarativa, conclusiva, se è **coordinante**; causale, finale, temporale, consecutiva, condizionale, ..., se è **subordinante**.

a. Credo **che** domani, **il più presto possibile**, andrò **dal** dottor Rossi **per** parlargli **a quattr'occhi**.

che	congiunzione subordinante dichiarativa
domani	avverbio di tempo
il più presto possibile	avverbio di tempo di grado superlativo relativo
dal	preposizione articolata (*da+il*)
per	preposizione semplice
a quattr'occhi	locuzione avverbiale di modo

A 389

La morfologia

VERIFICA FINALE DELLE COMPETENZE - MORFOLOGIA A

Ladro in manette:
«Arrestatemi ma non toglietemi la *Divina Commedia*»

Mario Rossi, 34 anni, e Luigi Bianchi, 41 anni, sono stati bloccati ieri mattina dalla polizia a Palermo nel cortile interno del Centro educativo di via Piersanti Mattarella, dove alcuni studenti avevano segnalato al 113 il tentativo di furto di un'auto.

Arrestato mentre faceva da palo per il furto, Luigi Bianchi ha chiesto ai poliziotti di non se-
5 questrargli la copia della *Divina Commedia* di Dante che aveva con sé tra gli arnesi da scasso. Agli agenti ha spiegato che, dopo aver visto in TV la lettura dantesca di Roberto Benigni, si è innamorato dell'Alighieri tanto da portarsi sempre appresso il poema. «Non lo lascio mai, mi tiene compagnia», ha detto loro.

("Il Corriere della sera")

A1. Il testo proposto è:

A. ☐ un breve racconto   C. ☐ una fiaba
B. ☐ un articolo di cronaca D. ☐ una storia inventata   Punti ..../0,50

A2. Che cos'è il *113*?

....Punti ..../0,50

A3. **Rintraccia** nel testo i nomi, quindi **classifica** le altre parole del testo attribuendole alle diverse parti del discorso.

articoli	
aggettivi	
pronomi	
verbi	
avverbi	
congiunzioni	
preposizioni	

Punti ..../14

A4. Tra i pronomi che hai classificato **riconosci**

a. una particella enclitica   ....
b. due particelle proclitiche   ....
c. un pronome personale di forma tonica   ....
d. un pronome riflessivo di forma tonica   ....   Punti ..../4

A5. Quale funzione svolge il pronome *loro* nella frase *ha detto loro* (riga 8)?

....Punti ..../1

A 390

Verifica finale delle competenze – Morfologia A

A6. **Analizza** le voci verbali, che hai rintracciato nel testo, con l'aiuto della seguente tabella.

voce verbale	tr. / intr.	att. / pas.	modo	tempo	persona

Punti _____ /14

A7. Nella frase *Arrestato mentre faceva da palo per il furto* (riga 4), quali delle seguenti forme mantengono lo stesso significato e lo stesso rapporto di tempo di *arrestato*?

A. ☐ essendo stato arrestato

B. ☐ dopo essere stato arrestato

D. ☐ poiché era stato arrestato

E. ☐ essendo arrestato

Punti _____ /1

A8. La forma *faceva* (riga 4) indica un particolare aspetto dell'azione: quale?

_____

Punti _____ /1

A9. **Considera** la frase *Agli agenti ha spiegato che si è innamorato dell'Alighieri tanto da portarsi sempre appresso il poema* (righe 6-7) e completa le seguenti affermazioni.

a. *Che è* _____ di tipo _____ .

b. I due *si* hanno valore _____ .

Punti _____ /2

A10. Da che cosa può essere sostituita la parola *appresso* (riga 7)? _____

Punti _____ /1

A11. La locuzione congiuntiva *tanto da* introduce

A. ☐ una causa

B. ☐ un modo

C. ☐ un fine

D. ☐ una conseguenza

Punti _____ /1

TOTALE PUNTI _____ /40

A 391

La morfologia

VERIFICA FINALE DELLE COMPETENZE - MORFOLOGIA B

La *tournée* del celebre cantore Omero: una cetra che non invecchia mai

TIRINTO – Sono passati ormai quasi trent'anni da quando un giovane ricciluto giunto dall'Asia Minore rivoluzionò il mondo della canzone greca e conquistò il grande pubblico con le note stridule e aggressive de *L'ira di Achille*. Oggi Omero ha qualche capello in meno e qualche ruga in più ma non sembra aver perso lo smalto dei vecchi tempi, e la forza della
5 sua musica continua ad attirare grandi folle. Un pubblico alquanto eterogeneo in mezzo al quale è possibile incontrare sia giovani metallari, che nel loro strano abbigliamento tentano di rifare il verso alle armature dei veliti, sia opliti sulla quarantina inoltrata pronti a lasciarsi cullare nel ricordo della loro spensierata adolescenza di quei favolosi anni Sessanta (*L'Ira di Achille* conquistò i primi posti in classifica nel 767).
10 Ieri a Tirinto si è avuto un assaggio di cosa sarà la nuova *tournée* di Omero, che nei prossimi giorni toccherà le principali città del Peloponneso: un nuovo, ineguagliato successo di critica e di pubblico e la consacrazione dell'intramontabile cantore tra le grandi stelle della musica epica. Forse neanche gli organizzatori si aspettavano tanto, ma già durante le prevendite si intuiva che ci sarebbero stati incassi *record*. E ieri l'anfiteatro era pieno fino all'inverosimile
15 di gente accorsa da ogni dove per ascoltare quelli che ormai possono a pieno titolo definirsi poemi, benché a suo tempo bollati da alcuni critici sbrigativi e disattenti alle nuove sonorità della musica epica come insignificanti canzonette, buone solo per istigare le giovani generazioni a inutili forme di violenza mascherata da gesto eroico. Oggi il genere lanciato da Omero conta innumerevoli estimatori, e con i suoi testi ricchi di passioni, tradimenti, inganni
20 ha dimostrato di saper colpire l'immaginario collettivo.
A fare da spalla al maestro si esibiscono dapprima i Beozia '43, gruppo di recente formazione composto da buoni strumentisti che però indugiano troppo sugli sperimentalismi, cercando di ricavare dalle loro cetre modificate dei suoni distorti che non sempre vengono capiti dalla platea. Appare fin troppo audace il tentativo di «svisare», come si dice in gergo, al fine di far
25 miagolare la nota, una pretesa spesso vanificata dalle limitate potenzialità espressive dello strumento. Ma il pubblico è ben disposto e applaude i Beozia con sincera ammirazione, finché concludono la loro *performance* con la struggente *Per Zeus*, una ballata del genere *hard epic* che narra un episodio realmente accaduto sull'Olimpo alcuni secoli or sono. Quindi lasciano il campo libero alla *star* della serata. Quando Omero appare sul palco e saluta con
30 un semplice «Ciao a tutti», l'ovazione della folla è un autentico boato che lacera i timpani. «Siete stupendi!» aggiunge, quindi senza perdere tempo imbraccia la cetra e attacca con le note accattivanti di *Nessuno*, il celebre brano che racconta le avventure di Odisseo alle prese con Polifemo. Estasiati, gli spettatori canticchiano a mezza bocca, poi prorompono nel ritornello con un coro irresistibile: «Nessuno oh oh! Il mio nome è Nessuno oh oh oh!». Subito
35 dopo è la volta di *Incontro con i Lotofagi*, il pezzo che gli organizzatori volevano censurare per il suo contenuto chiaramente allusivo alle droghe. Ma Omero non ne ha voluto sapere, senza *Incontro con i Lotofagi* il suo repertorio sarebbe stato come mutilato, in quanto il brano rappresenta il momento psichedelico della sua creazione artistica, quello in cui ha prodotto le sue opere più fantasiose.
40 Si va poi avanti con i ritmi sostenuti di *Quel cavallo di Troia*, *Sapore di Proci*, *In ginocchio da Antinoo*, quindi arriva il *clou* della serata: Omero posa la cetra in un angolo e impugna la

A 392

Verifica finale delle competenze – Morfologia B

vecchia Armònia a dodici corde, la cetra degli esordi, concedendo ai suoi *fan* una versione de *L'ira di Achille* più *soft*, ma non per questo meno suggestiva. In platea molti hanno le lacrime agli occhi. Ma Omero ama vedere la gente sorridere e subito dopo passa ai temi più
45 spensierati, di sapore marino, tra cui *Sulla zattera*, *Tra Scilla e Cariddi* e l'indimenticabile *Oh sirena sirena*, brani forse più commerciali ma che hanno allietato tutta quella generazione che si ritrovava allegramente sulle spiagge del Peloponneso nelle torride estati dei favolosi anni Sessanta. Il concerto si chiude, ma è impossibile non chiedere il *bis*, e lui lo concede generosamente con due brani elettrizzanti, *Circe addio* e *Telemaco blues*.
50 Nonostante si avvii verso la sessantina, Omero si muove sul palco con strabiliante agilità, roteando la cetra come faceva ai vecchi tempi, dimenandosi senza sosta e strappando applausi interminabili. Non è da meno la sua *band*, composta da professionisti di grande livello tecnico: Femio d'Argolide fornisce un efficace tappeto armonico con la sua cetra ritmica, mentre Demodoco alle percussioni è il vero regista dello spettacolo, capace di stupire la platea con
55 improvvise svolte ritmiche. Il cetrabassista Ermante, infine, oltre ad essere un virtuoso dello strumento è anche seconda voce, dalla tonalità profonda e cavernosa particolarmente efficace nel brano in cui interpreta il lamento del Ciclope accecato.

(Historicus, *Tutta un'altra storia, Frammenti di giornalismo antico e medioevale*, Il Mulino, Bologna 1995)

B1. Il testo è:
A. ☐ un passo di un poema epico
B. ☐ un articolo di cronaca
C. ☐ una descrizione
D. ☐ una recensione

Punti ..../1

B2. Il testo parla
A. ☐ di un concerto descritto nell'*Odissea*
B. ☐ di un concerto immaginario
C. ☐ di un concerto avvenuto realmente nella Grecia antica
D. ☐ di un concerto tramandato dalla mitologia greca

Punti ..../1

B3. Il concerto si svolge
A. ☐ nella Grecia di oggi
B. ☐ nel Peloponneso negli anni Sessanta
C. ☐ a Tirinto nel 740 d.C
D. ☐ a Tirinto nel 740 a.C

Punti ..../1

B4. Al momento del concerto, Omero è
A. ☐ un giovane riccioluto
B. ☐ un uomo sulla quarantina
C. ☐ un uomo senza età
D. ☐ un uomo di quasi sessant'anni

Punti ..../1

B5. I titoli delle canzoni
A. ☐ sono puramente immaginari
B. ☐ rimandano a episodi dell'*Iliade* e dell'*Odissea*
C. ☐ ricordano canzoni di oggi
D. ☐ riprendono episodi avvenuti anticamente in Grecia

Punti ..../1

B6. La cetra è uno strumento
A. ☐ a fiato
B. ☐ a corde
C. ☐ ad arco
D. ☐ a percussione

Punti ..../1

A 393

La morfologia

B7. Che cos'è un *gergo* (riga 24)? Qual è il gergo citato nel testo?

.... Punti ..../1

B8. Nelle seguenti espressioni, che cosa segnalano le virgolette?

a. «svisare» (riga 24): ....

b. «Siete stupendi!» (riga 31) ....

c. «Nessuno oh oh! Il mio nome è nessuno oh oh oh!» (riga 34) ....

Punti ..../3

B9. **Analizza** le seguenti forme verbali indicando il genere, la forma, il modo e il tempo.

a. sono passati ....

b. giunto ....

c. rivoluzionò ....

d. aver perso ....

e. toccherà ....

f. ha dimostrato ....

g. composto ....

h. cercando ....

i. vengono capiti ....

l. appare ....

Punti ..../10

B10. **Indica** se, nelle seguenti voci verbali del testo, *si* svolge una funzione passiva (P), riflessiva (R), impersonale (I) o pronominale (PR).

a. lasciarsi cullare   P☐ R☐ I☐ PR☐   e. si esibiscono   P☐ R☐ I☐ PR☐

b. si aspettavano   P☐ R☐ I☐ PR☐   f. si va   P☐ R☐ I☐ PR☐

c. si intuiva   P☐ R☐ I☐ PR☐   g. si avvii   P☐ R☐ I☐ PR☐

d. possono definirsi   P☐ R☐ I☐ PR☐   h. dimenandosi   P☐ R☐ I☐ PR☐

Punti ..../8

B11. **Indica** se le seguenti analisi del nome *gente* sono vere (V) o false (F).

a. astratto   V☐ F☐   e. derivato   V☐ F☐

b. concreto   V☐ F☐   f. collettivo   V☐ F☐

c. comune   V☐ F☐   g. singolare   V☐ F☐

d. primitivo   V☐ F☐   h. plurale   V☐ F☐

Punti ..../4

A 394

Verifica finale delle competenze – Morfologia B

B12. **Indica** che cosa esprimono nel testo le voci verbali al condizionale.

	un dubbio	l'impossibilità nel passato	l'impossibilità nel presente	la posteriorità rispetto al passato
a. **sarebbero stati** (riga 14)				
b. **sarebbe stato** (riga 37)				

Punti ..../2

B13. La parola *canzonette* (riga 17) è

A. ☐ un nome derivato

B. ☐ un nome composto

C. ☐ un nome alterato

D. ☐ un nome mobile   Punti ..../1

B14. L'aggettivo *intramontabile* (riga 12) è formato da

A. ☐ un prefisso

B. ☐ un suffisso

C. ☐ un prefisso e un suffisso

D. ☐ un affisso   Punti ..../1

B15. **Specifica** il grado dell'aggettivo qualificativo nelle seguenti espressioni:

a.   le sue opere **più fantasiose** ....

b.   una versione **più** *soft* ....

c.   non per questo **meno suggestiva** ....

d.   passa ai temi **più spensierati** ....

e.   brani **più commerciali** ....

Punti ..../5

B16. **Considera** la frase *Si è avuto un assaggio di cosa sarà la nuova tournée di Omero* (riga 10) e indica se le seguenti analisi sono vere (V) o false (F).

a.   **si è avuto** è trapassato prossimo   V☐ F☐

b.   **cosa** è un pronome interrogativo   V☐ F☐

c.   **tournée** è in corsivo perché è una parola straniera   V☐ F☐   Punti ..../1

B17. Nella frase *Nonostante si avvii verso la sessantina...* (riga 50), la congiunzione *nonostante* può essere sostituita da

A. ☐ anche se

B. ☐ ciononostante

C. ☐ benché

D. ☐ qualora   Punti ..../1

B18. La locuzione *alquanto eterogeneo* (riga 5) può essere sostituita da

A. ☐ troppo eterogeneo

B. ☐ piuttosto eterogeneo

C. ☐ poco eterogeneo

D. ☐ più eterogeneo   Punti ..../1

A 395

La morfologia

B19. Indica quale è la funzione di *che* nelle seguenti frasi.

		congiunzione	aggettivo interrogativo	pronome relativo soggetto	pronome relativo complemento oggetto
a.	Si è avuto un assaggio della *tournée* che nei prossimi giorni toccherà le principali città.				
b.	Si intuiva che ci sarebbero stati incassi *record*.				
c.	La gente è accorsa per ascoltare quelli che ormai consideriamo dei poemi.				
d.	È un brano che gli organizzatori volevano censurare.				
e.	Non so in che città si terrà il prossimo concerto.				
f.	Si è subito avuta l'impressione che la *tournée* riscuoterà un successo grandissimo.				
g.	È un complesso che è sempre innovativo.				
h.	Mi chiedo che incasso strepitoso avrà fatto la *tournée*.				

Punti _____ /8

B20. Nella frase *istigare le giovani generazioni a inutili forme di violenza* (righe 17-18), **il verbo** *istigare* **non può essere sostituito da**

A. ☐ aizzare   C. ☐ indurre
B. ☐ trascinare   D. ☐ istillare

Punti _____ /1

B21. Sostituisci le parole in grassetto con una parola o un'espressione di significato simile

a. avere **qualche capello in meno e qualche ruga in più** _____
b. **lo smalto** dei vecchi tempi _____
c. **rifare il verso** _____
d. **a pieno titolo** _____
e. **l'ovazione** della folla _____
f. **lacerare i timpani** _____

Punti _____ /6

B22. Indica quale coppia di parole sono l'una il contrario dell'altra.

A. ☐ estimatori / detrattori   C. ☐ (*voce*) cavernosa / profonda
B. ☐ (*estate*) torrida / calda   D. ☐ esordio / inizio

Punti _____ /1

TOTALE PUNTI _____ /60

A 396

Parte 3

La sintassi

Per comunicare un messaggio completo e articolato, le parole si combinano tra loro in un insieme ordinato e dotato di senso compiuto, la **frase**.

In relazione al **numero di verbi** che contiene, la frase si definisce:

- **semplice**, o **proposizione** (dal latino *proponĕre*, "mettere davanti"), quando presenta **un unico predicato**, che è per lo più un verbo di modo finito;

- **complessa**, o **periodo** (dal greco *periodos*, "giro di parole"), quando contiene più verbi e risulta formata da tante proposizioni quanti sono i predicati verbali.

Mentre la morfologia classifica le parole in relazione alla forma, la **sintassi** (dal greco *syntaxis*, "disposizione, ordinamento") stabilisce le **norme con cui le parole si combinano tra loro**.

---

competenze
Saper riconoscere e analizzare correttamente le principali strutture sintattiche della lingua.
Saper produrre frasi e testi applicando correttamente le regole della sintassi.

conoscenze	abilità
• La struttura della frase semplice: nucleo, argomenti, espansioni. • Gli elementi della frase semplice: soggetto, predicato verbale e nominale, complementi diretti e indiretti; caratteri distintivi e funzioni logiche. • La struttura del periodo, i rapporti di coordinazione e subordinazione. • I tipi e le funzioni delle proposizioni subordinate. • Il procedimento dell'analisi logica e del periodo.	• Analizzare la struttura di una frase riconoscendo i sintagmi e la loro funzione logica. • Riconoscere le proposizioni e distinguerne la funzione. • Fare l'analisi del periodo attribuendo a ciascuna frase la rispettiva funzione sintattica. • Applicare le regole sintattiche per produrre frasi e periodi corretti, coesi e coerenti.

9 La sintassi della frase semplice

La frase semplice o proposizione è la più piccola unità sintattica dotata di senso compiuto.

STRUTTURA È costituita da una **sequenza unitaria di parole**, posta tra segni di interpunzione forti (punto, punto interrogativo o esclamativo, punto e virgola, due punti) ed è organizzata **attorno a un verbo**, che nella sintassi prende il nome di **predicato**.

Nella sua forma essenziale è detta *frase minima* o *frase nucleare* ed è formata solo dal **nucleo**, cioè dal **verbo** e dagli **elementi strettamente necessari** a esprimere un significato compiuto. Il numero dei componenti del nucleo **varia in relazione al significato e alla natura del verbo**, che ne costituisce l'elemento centrale.

  Giulio ha portato a Sabrina delle rose.

● verbo
●●● argomenti

Questa struttura di base però può **essere arricchita con altri elementi** che, introducendo ulteriori informazioni o precisazioni, completano il significato della frase. Questi elementi accessori sono detti **espansioni** e, in loro presenza, si ha una *frase espansa*.

Ieri sera mio fratello Giulio, dopo una lunga giornata di lavoro, ha portato a Sabrina, la sua fidanzata, delle splendide rose rosse per il suo compleanno.

● verbo
●●● argomenti
● espansioni

Fare l'**analisi logica** significa dunque scomporre la frase nei singoli elementi e individuare la categoria sintattica di ciascuna parola; questo procedimento è tradizionalmente definito "logico" perché le funzioni che le parole assumono nella frase vengono riconosciute attraverso deduzioni che sono proprie del nostro sistema di ragionamento.

CONOSCENZE • ABILITÀ • COMPETENZE

← p. 397

La sintassi

1 La struttura della proposizione

1•1 Il nucleo della frase e le valenze del verbo

> Il **nucleo della frase** è costituito dal **verbo** e dai suoi **argomenti**, elementi indispensabili a completarne il significato. Verbo e argomenti costituiscono una **frase minima** di senso compiuto.

Il **verbo**, che nella sua funzione logica costituisce il **predicato**, è l'elemento portante della frase. Tuttavia, tranne in pochissimi casi, il verbo, da solo, non è in grado di esprimere un significato compiuto e necessita di **argomenti**.

> La proprietà di un verbo di legare a sé un certo numero di argomenti, così da formare una frase minima di senso compiuto, è detta **valenza**.

Il termine deriva dal linguaggio della chimica, in cui indica la capacità degli atomi di combinarsi tra loro all'interno di una struttura molecolare, secondo determinate regole.

In relazione alla valenza, cioè al **numero di argomenti richiesti per esprimere un significato compiuto**, i verbi si possono distinguere in **4 categorie**:

- **VERBI ZEROVALENTI** = **VERBO** + **0 ARGOMENTI**

    Sono i **verbi impersonali** che non richiedono neppure il soggetto e che, anche da soli, sono in grado di formare una frase minima.
    Nevicava.

- **VERBI MONOVALENTI** = **VERBO** + **1 ARGOMENTO** (**SOGGETTO**)
    Sono i **verbi intransitivi** e i **verbi transitivi usati in senso assoluto**, cioè senza complemento oggetto: per formare una frase minima necessitano solo del **soggetto**, espresso o sottinteso.

- **VERBI BIVALENTI** = **VERBO** + **2 ARGOMENTI** (**SOGGETTO** + **1 ARGOMENTO**)
    Sono verbi che, **oltre al soggetto**, richiedono anche **un altro argomento**; in particolare:
    – i **verbi transitivi** e i **verbi intransitivi costruiti transitivamente con l'oggetto interno** richiedono, come **2° argomento**, il **complemento oggetto**.

A 400

9 La sintassi della frase semplice

- i **verbi intransitivi** richiedono, come **2° argomento**, un **complemento indiretto**: molti completano il loro significato con il complemento di termine, altri con il complemento di argomento, di misura, di stima ..., i verbi che indicano stato o moto con il complemento di luogo.

- il **verbo essere** in funzione di **copula** e i **verbi copulativi** richiedono rispettivamente il **nome del predicato** e il **complemento predicativo**.

- **VERBI TRIVALENTI = VERBO + 3 ARGOMENTI (SOGGETTO + 2 ARGOMENTI)**

  Possono essere trivalenti:
  - i **verbi transitivi** che, oltre al **soggetto** e al **complemento oggetto**, richiedono un **complemento indiretto**.

  - i **verbi intransitivi** che si costruiscono con due **complementi indiretti**.

A 401

La sintassi

- **VERBI TETRAVALENTI = VERBO + 4 ARGOMENTI (SOGGETTO + COMPLEMENTO OGGETTO + 2 COMPLEMENTI INDIRETTI)**

Sono pochissimi i **verbi transitivi** che indicano una trasformazione o uno spostamento che qualcuno fa compiere a un oggetto da una forma a un'altra oppure da un luogo a un altro.

> La **valenza sintattica** del verbo è il riflesso della sua **valenza semantica**, cioè del suo significato. Perciò, **modificando** in modo più o meno rilevante il significato di un verbo, si può avere anche un cambiamento del numero o del tipo di valenze.

A titolo di esempio, ecco le diverse valenze semantiche e sintattiche del verbo *andare*.

verbo *andare*	esempi
monovalente	L'orologio non **va** (= *non funziona*). L'esame non è **andato** (= *non ha avuto successo*). Questo modello non **va** più (= *non si vende / non si usa*).
bivalente	Alberto **va** da Maria (= *si reca*). La carne a me non **va** (= *non mi piace*). Il pacco **va** al direttore (= *è destinato*).
trivalente	Questo Eurocity **va** da Verona a Innsbruck (= *copre il tragitto*).

1*2 Le espansioni

> Le **espansioni** sono tutti gli elementi che **non sono indispensabili a formulare una frase di senso compiuto**, ma che tuttavia introducono informazioni e precisazioni utili ad ampliare il significato della frase. Hanno questa funzione l'**attributo**, l'**apposizione** e i **complementi circostanziali**, quelli cioè che **non sono argomenti del verbo**.

> L'**attributo**, che per lo più è un **aggettivo**, l'**apposizione**, che è sempre un **nome**, sono **espansioni del nome** o di una parte del discorso in funzione nominale: essi ne precisano il significato e ne **assumono la funzione logica**.

La **Divina** Commedia, opera del **sommo** poeta Dante Alighieri, è apprezzata in **tutto** il mondo.

● attributo
● apposizione

9 **La sintassi della frase semplice**

> I **complementi circostanziali** sono i **complementi accessori**: pur non essendo strettamente indispensabili, in quanto non richiesti dalla valenza del verbo, servono a precisare il significato di un elemento della frase o della frase intera con informazioni di vario tipo.

Alla cena di Natale, Sara **ha consegnato** al nonno una cravatta **di seta**, **a righe**.   ● complementi circostanziali

Sono costituiti da **nomi** o da parti del discorso in funzione nominale, o da **pronomi**, e svolgono una funzione sintattica propria; equivalgono ai complementi indiretti.

Si dicono complementi "indiretti" perché, in genere, sono preceduti da una preposizione, semplice o articolata, o da una locuzione preposizionale; in pochi casi, tuttavia, possono collegarsi direttamente all'elemento da cui dipendono.

Ritornerò l'anno prossimo.

● complemento indiretto ── ⌐ tempo determinato
                              └ tempo indeterminato

Valeria **gioca tutto il giorno**.

I complementi circostanziali sono classificati in base al **significato**, cioè all'informazione che introducono: l'appartenenza, la materia, la misura, l'età, ... di qualcuno o di qualcosa oppure il luogo, la causa, il fine, il modo, il mezzo, il tempo, ... di un'azione o di un evento.

Gli **avverbi** e le **locuzioni avverbiali** che modificano il significato di un elemento della frase sono considerati **complementi avverbiali**; equivalendo ai complementi indiretti, sono anch'essi complementi circostanziali.

Ieri il fratello **di Luca mi ha prestato**   ● complementi indiretti
gentilmente la sua bici **da corsa per due giorni**.   ● complementi avverbiali

Tradizionalmente, si considera come **complemento diretto** per eccellenza il **complemento oggetto**, che però è sempre un argomento del verbo e **mai** un'espansione.

1*3 I complementi-argomento e i complementi circostanziali

In relazione al ruolo e all'importanza che rivestono nella frase, i complementi si possono distinguere in **complementi-argomento** e **complementi circostanziali**.

> I **complementi-argomento** sono **necessari** a far assumere un significato compiuto al verbo, con cui formano il **nucleo** della frase.

Il loro stretto legame con il verbo fa sì che la preposizione da cui sono introdotti **non possa essere cambiata**, in quanto è dovuta alla **reggenza del verbo**.

A causa della nevicata **verrò da te** in autobus con Andrea.   ● complemento-argomento

> I **complementi circostanziali** sono quelli **non indispensabili** alla compiutezza della frase: in qualità di **espansioni**, essi ne arricchiscono il significato con circostanze **accessorie**.

A 403

La sintassi

Questi complementi possono essere introdotti da **preposizioni diverse** o da **locuzioni preposizionali**.

A causa della nevicata verrò da te **in** autobus **con** Andrea.
Per via della nevicata verrò da te **con** l'autobus **in compagnia di** Andrea.

La distinzione tra i due gruppi, tuttavia, non è rigida, perché la differenza di funzione non dipende dal complemento in sé, ma **dal verbo** della frase. Di conseguenza, alcuni complementi possono assumere nella frase funzioni diverse: sono **complementi-argomento** quando, in loro assenza, il verbo perde senso compiuto o cambia significato; sono **complementi circostanziali** quando, anche senza di essi, il significato del verbo rimane invariato.

complementi di	complementi in funzione di argomento	complementi circostanziali in funzione di espansione
specificazione	Mi fido **di Luigi**.	Ho incontrato un amico **di Luigi**.
argomento	Abbiamo parlato **di te**.	Comprerò un libro **di astronomia**.
stato in luogo	Andrea abita **a Sanremo**.	**A Sanremo** sono fiorite le mimose.

Allena le Competenze

1 ●○○ COMPETENZE SINTATTICHE **Riconosci** le frasi minime.

1. Michela, la sorella di Francesca, ha visitato i castelli della Loira. ☐
2. Laura sta cucinando l'arrosto. ☐
3. Il professore ha assegnato i compiti agli studenti. ☐
4. Un bravo architetto ha ristrutturato la casa di campagna della mia amica Lucia. ☐
5. Ieri ho incontrato il mio professore di matematica al cinema. ☐
6. Il giardiniere ha tagliato la siepe. ☐
7. Il sole è tramontato. ☐
8. Massimo è andato a Venezia. ☐
9. I nonni hanno regalato un gattino a Matteo. ☐
10. Per un importante impegno di lavoro non potrò venire con voi in Sardegna. ☐

2 ●○○ COMPETENZE SINTATTICHE **Indica** il numero degli argomenti dei verbi delle seguenti frasi minime.

1. Il tecnico ha riparato il televisore. [......] 2. Sta tuonando. [......] 3. Lo zio è ritornato a casa da Palermo. [......] 4. Silvia è caduta dall'albero. [......] 5. Pioverà? [......] 6. Valeria sta scrivendo. [......] 7. Il padre riferì la notizia al figlio. [......] 8. Noi crediamo in te. [......] 9. Riccardo sta distribuendo volantini ai passanti. [......] 10. La bambina piangeva. [......] 11. L'albero è stato danneggiato da un fulmine. [......] 12. Erika ha trasferito la residenza da Milano a Mantova. [......] 13. Il ponte ha ceduto. [......] 14. Noi non cederemo alle pressioni. [......] 15. Antonio ha ceduto l'attività al figlio. [......]

9 La sintassi della frase semplice

3 ●○○ COMPETENZE SINTATTICHE Riconosci il nucleo delle seguenti frasi.

1. La settimana scorsa Marco è andato a Parigi in aereo. **2.** Il bambino con i capelli rossi ha ordinato un gelato al gusto di vaniglia e cioccolato. **3.** Paolo ha regalato a Francesca delle rose rosse per il suo ventesimo compleanno. **4.** Ieri sera pioveva a dirotto. **5.** In alta montagna la grande nevicata ha causato seri danni alle baite. **6.** Sulla spiaggia i bambini giocavano a palla. **7.** A causa di gravi danni strutturali l'edificio sarà ben presto abbattuto. **8.** Durante la cena di Natale Giulietta ha recitato una bella poesia ai nonni. **9.** Davide e Stefano hanno litigato accanitamente per futili motivi. **10.** Giorgio si è allenato scrupolosamente per la gara.

4 ●●○ COMPETENZE SINTATTICHE Specifica il genere del verbo e riconosci i suoi argomenti.

1. Il sole tramonta dietro la collina. **2.** I miei figli hanno sparecchiato la tavola. **3.** Uno sconosciuto ha avvicinato una donna al parco. **4.** Elena ha affidato a me il suo gattino per tutto il periodo delle sue vacanze. **5.** A quelle parole la ragazzina arrossì per timidezza. **6.** D'inverno fa buio molto presto. **7.** L'atleta ha corso la gara al di sotto delle sue possibilità. **8.** L'atleta italiano correrà per la medaglia d'oro. **9.** Io ho discusso della partita con Luigi. **10.** Degli ignoti hanno rubato un'auto sulla strada con degli attrezzi. **11.** Luca non è ancora ritornato dallo stadio. **12.** Voi dovete andare subito a casa.

5 ●●○ COMPETENZE SINTATTICHE DALLA GRAMMATICA ALLA SCRITTURA Scrivi una frase con ciascuno dei seguenti verbi completandone il significato con il numero di argomenti indicato.

1. tuonare = **0 argomenti**
2. piangere, sbocciare, pubblicare = **1 argomento**
3. tagliare, partecipare, vedere = **2 argomenti**
4. assegnare, togliere, spostare = **3 argomenti**

6 ●●● COMPETENZE SINTATTICHE Scrivi due frasi con ciascuno dei seguenti verbi completandone il significato con il numero di argomenti indicato.

1. scrivere
   a. 1 argomento ....
   b. 3 argomenti ....
2. pesare
   a. 1 argomento ....
   b. 2 argomenti ....
3. passare
   a. 1 argomento ....
   b. 3 argomenti ....
4. combattere
   a. 1 argomento ....
   b. 2 argomenti ....
5. consigliare
   a. 2 argomenti ....
   b. 3 argomenti ....

A 405

La sintassi

2 Il predicato

> Il **predicato** (dal latino *praedicatum*, "ciò che è affermato") è l'elemento della frase che "predica", cioè **dà informazioni riguardo al soggetto**.

Il predicato è sempre costituito da un **verbo**, che si accorda con il soggetto nella **persona**, nel **numero** e, talora, nel **genere**.

Formano **una sola unità sintattica** e quindi nell'analisi devono essere considerati come **un unico predicato**:

- i **verbi ausiliari** (⬅ p. 141) con il verbo che accompagnano (*avendo letto*, *essere stato visto*, *venne ucciso*, ...);
- i **verbi servili** (⬅ p. 143) e i **verbi fraseologici** (⬅ p. 143) con l'infinito o il gerundio di un verbo (*devo essere*, *sto per uscire*, *smetti di gridare*, *stavano partendo*, ...);
- il **pronome atono** con un verbo pronominale (*ti pentirai*, *si vergogna*, ...);
- il *si* impersonale o passivante con il verbo (*si parte*, *si praticano (sconti)*, ...).

In relazione al tipo di verbo da cui è costituito, il predicato viene tradizionalmente distinto in **verbale** e **nominale**.

2*1 Il predicato verbale

> Il **predicato verbale** è costituito da un **verbo predicativo**, cioè da un verbo dotato di un significato autonomo.

In particolare, il predicato verbale può indicare:

- un **evento** che accade indipendentemente dal soggetto.

    Sta nevicando. → verbo impersonale

- l'azione **compiuta dal soggetto**, quando il verbo è **transitivo**, di forma **attiva** o **riflessiva**, o **intransitivo**.

    Federica **dipinge** un quadro. → verbo transitivo attivo

    Federica **si trucca**. → verbo transitivo riflessivo

    Federica **sorride**. → verbo intransitivo

- l'azione **subita dal soggetto**, quando il verbo è **transitivo** di forma **passiva**.
    Stefano è **stato promosso**.
    Carlo e Grazia **sono** molto **apprezzati** dai loro compagni.
    Il film *Jurassic World* è **stato visto** da milioni di spettatori.

2*2 Il predicato nominale

> Il **predicato nominale**, come suggerisce la sua stessa denominazione, è costituito da un **verbo copulativo** e da una **parte nominale**, che necessariamente ne completa il significato.

Il verbo copulativo per eccellenza è il **verbo *essere***, che prende il nome di **copula** (dal latino *copula*, "legame"), quando collega il soggetto con il **nome del predicato**, cioè la parte nominale che è la vera portatrice di significato.

Il nome del predicato è costituito da un **nome**, un **aggettivo**, **un pronome** o da una parte del discorso in funzione di nome.

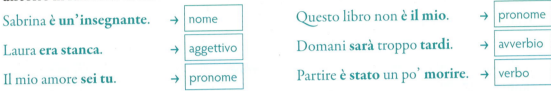

La **concordanza con il soggetto** avviene solo nel **numero** quando il nome del predicato è un **nome**, che quindi mantiene il proprio genere; avviene, invece, sia nel **genere** sia nel **numero** quando il nome del predicato è un **aggettivo** o un **nome mobile**.

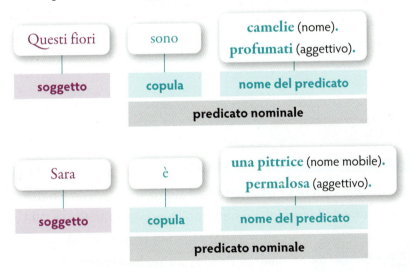

È considerato un predicato nominale anche quello formato da un **verbo copulativo** e da **una parte nominale**, chiamata in questo caso **complemento predicativo**.
Nel fare l'analisi, è opportuno definire il verbo come **predicato con verbo copulativo** e indicare il complemento predicativo, di cui parleremo più diffusamente a p. 463.

La sintassi

2*3 La frase nominale

> La **frase nominale** è formata solo da **elementi nominali**, nomi, aggettivi o parti del discorso in funzione nominale, per via dell'**ellissi**, cioè dell'omissione del predicato. Il predicato, in realtà, rimane sottinteso e può essere dedotto dal contesto.

Il fenomeno dell'ellissi si verifica prevalentemente:

- nelle **risposte** in cui il verbo può essere facilmente ricavato dalla domanda.
  Quanti verranno alla festa? (sott. *Verranno*) Almeno in venti.

- nei **proverbi** e nelle **massime**.
  Anno nuovo, vita nuova.
  Lontano dagli occhi, lontano dal cuore.

- nelle **espressioni di cortesia**, di **augurio**, di **saluto** e negli **ordini**.
  Tanti auguri!
  A presto!
  Biglietti, prego!

- nei **messaggi pubblicitari** e nei **titoli** di giornale o di libri in genere.
  La palestra a casa tua.
  Nuovi rincari della benzina.
  Il cacciatore di aquiloni.
  12 anni schiavo.

ALLENA LE COMPETENZE

7 ●○○ COMPETENZE SINTATTICHE DENTRO LE PAROLE **Riconosci il predicato verbale.**

La **famiglia** è definita dalla Costituzione italiana una "società naturale". Storicamente l'istituzione della famiglia è nata molto prima dello Stato. Nel corso dei secoli è andata via via trasformandosi sulla base delle diverse condizioni socio-economiche e culturali. Nelle società contadine del passato e fino ai primi anni del XX secolo, la famiglia ha continuato a essere di tipo **patriarcale**. Era cioè formata da una o più coppie di coniugi con figli e dai rispettivi genitori o fratelli; era guidata dall'autorità del padre di famiglia più anziano. In essa gli anziani avevano un ruolo di prestigio: dovevano essere rispettati da tutti. Inoltre i figli contribuivano all'economia domestica e al lavoro nei campi.

9 La sintassi della frase semplice

8 ●○○ COMPETENZE SINTATTICHE | DENTRO LE PAROLE Riconosci i predicati verbali e **classificali** nella tabella che riprodurrai sul quaderno, **distinguendo** quelli costituiti da un solo verbo (comprese le forme composte con un ausiliare) da quelli formati con un verbo preceduto da un servile o un fraseologico.

Con l'affermarsi dell'economia industriale, grandi masse di popolazione dovettero spostarsi nelle città: la famiglia prese così a restringere progressivamente il suo nucleo. Diventò per lo più **mononucleare**: era cioè formata dalla sola coppia di coniugi con o senza figli. Negli ultimi decenni la famiglia, almeno nei paesi occidentali, sta diventando un'istituzione sempre meno stabile e di diversa composizione. Continuano ad aumentare i divorzi con matrimoni o unioni successive. Vanno perciò affermandosi altri tipi di famiglia. La famiglia **monoparentale** è costituita da un solo genitore e dai figli; quella **allargata** comprende figli di genitori diversi; la **famiglia di fatto** è basata invece sulla convivenza stabile di due persone. In tutti questi casi abbiamo una famiglia **monogamica**. In altre aree geografiche, in particolare nell'ambiente islamico, possiamo ancora trovare la famiglia **poligamica**, cioè l'unione coniugale di un uomo con più donne, sempre però meno diffusa.

un solo verbo	verbo servile + infinito	verbo fraseologico + infinito o gerundio
	dovettero spostarsi	

9 ●○○ COMPETENZE SINTATTICHE Riconosci il predicato nominale e **distingui** la copula e il nome del predicato. Attenzione: non tutte le frasi lo contengono.

1. Domani andremo al mare con i nostri amici. **2.** Ieri era una giornata di sole; oggi invece piove. **3.** Matteo è stato richiamato dal professore. **4.** Giulia è sempre disponibile verso i suoi compagni. **5.** Quella è la casa di campagna dei miei nonni. **6.** Il mio amico più caro sei tu. **7.** La vacanza è stata piacevolissima.

10 ●○○ COMPETENZE SINTATTICHE **Indica** se il nome del predicato individuato nell'esercizio **9** è un nome [N], un aggettivo [A] o un pronome [P].

1. [.....] **2.** [.....] **3.** [.....] **4.** [.....] **5.** [.....] **6.** [.....] **7.** [.....]

11 ●●○ COMPETENZE SINTATTICHE | DENTRO LE PAROLE **Distingui** il predicato verbale [V] dalla copula [C].

1. I **sindacati** sono [.....] associazioni di lavoratori. Il loro scopo è [.....] la tutela dei diritti e degli interessi comuni sul posto di lavoro. Le prime forme di sindacato nacquero [.....] in Inghilterra nei primi decenni dell'Ottocento. Esse miravano a ottenere [.....] nelle fabbriche condizioni lavorative più sopportabili. Lo strumento di lotta per eccellenza del sindacato è [.....] lo sciopero, che consiste [.....] nell'astensione dal lavoro. **2.** Lo **sciopero** viene attuato [.....] dai lavoratori dipendenti nei confronti del datore di lavoro. Con questa forma di protesta essi cercano di ottenere [.....] miglioramenti economici o di altro genere. Il termine è derivato [.....] dal verbo *scioperare* (dal latino *exoperare*, "non operare"); Il suo significato era [.....] questo: "distogliere [.....] qualcuno dalle sue occupazioni e fargli perdere [.....] tempo". Il significato originario è [.....] tuttora presente nell'aggettivo **scioperato** che è [.....] sinonimo di "inoperoso, sfaticato, fannullone".

A 409

La sintassi

12 ●●○ COMPETENZE SINTATTICHE DENTRO LE PAROLE **Delimita** con una barretta le frasi semplici, **sottolinea** il verbo di ciascuna e **distingui** il predicato verbale dal predicato nominale.

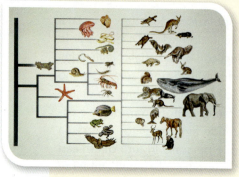

La classificazione degli animali dai protozoi ai mammiferi.

In biologia la **specie** è un insieme di animali o di organismi che hanno caratteristiche molto simili e che generano una prole fertile. Ad esempio l'elefante africano e quello indiano sono molto simili, ma appartengono a specie diverse, perché dal loro accoppiamento non potrebbero nascere dei figli. Così dall'accoppiamento di un asino e una cavalla si ha un mulo, che è un animale sterile: perciò la specie di asini e cavalli è diversa e i muli non formano una specie. Più specie simili costituiscono un **genere**, più generi con caratteristiche comuni formano una **famiglia**, più famiglie sono raggruppate in un **ordine** e gli ordini confluiscono in una classe che condivide delle caratteristiche fondamentali. Ad esempio la classe di mammiferi comprende tutti gli animali che partoriscono figli vivi e posseggono mammelle per il loro allattamento, ma si suddivide a sua volta in altri sottogruppi. La tigre, il gatto, il lupo sono mammiferi e fanno parte dello stesso ordine dei carnivori; la tigre e il gatto sono però della famiglia dei felidi, mentre il lupo è un canide; la tigre appartiene al genere *Panthera*, il gatto al genere *Felis*, il lupo al genere *Canis*.

13 ●●○ COMPETENZE LESSICALI **Spiega** il significato delle seguenti parole, composte con il suffissoide *-fero* che trasmette alla parola il significato di "produttore o portatore di" come nella parola "mammifero" (dal latino *mamma*, "mammella", e *-fero*, "porto").

1. frigorifero: ....
2. calorifero: ....
3. fiammifero: ....
4. fruttifero: ....
5. pestifero: ....
6. soporifero: ....
7. mortifero: ....
8. aurifero: ....

14 ●●○ COMPETENZE SINTATTICHE **Metti** una crocetta accanto alle frasi in cui non è presente un predicato verbale e **motiva** la tua scelta.

1. Ettore era figlio di Priamo e di Ecuba. ☐
2. Ettore era considerato il più audace dei Troiani. ☐
3. Egli era soprannominato "domatore di cavalli". ☐
4. Combatté coraggiosamente a Troia. ☐
5. Fu sfidato a duello da Achille. ☐
6. All'inizio del combattimento Ettore sembrava smarrito. ☐
7. Poi il fratello Deifobo lo rincuorò e gli promise il suo aiuto. ☐
8. La persona sembrava Deifobo. ☐
9. In realtà era Atena sotto mentite spoglie. ☐
10. La dea non era neutrale. ☐
11. Lei parteggiava per i Greci. ☐
12. Ettore era in difficoltà. ☐
13. Si rivolse a Deifobo per un aiuto. ☐
14. Ma lì Deifobo non c'era più. ☐
15. Così fu ucciso da Achille. ☐
16. Tutta la città rimase costernata. ☐
17. Anche per Troia la sorte era ormai segnata. ☐

9 La sintassi della frase semplice

15 ●●○ **COMPETENZE LESSICALI** **PAROLE DENTRO I TESTI** **Trova** un sinonimo e un contrario dei seguenti aggettivi già evidenziati nell'esercizio 14.

1. audace: ....

2. smarrito: ....

3. neutrale: ....

4. costernata: ....

Facciamo il punto su ... le funzioni del verbo *essere*

Il verbo *essere* ha funzione di:

• **copula**, quando non ha senso compiuto, ma funge da **legame tra soggetto e parte nominale**.

Mio zio **è** medico.   Mio zio **è** simpatico.

• **predicato verbale**, quando ha il significato autonomo di "stare, trovarsi, esistere, verificarsi, vivere" o quando indica appartenenza o destinazione.

Non **era** (= *si trovava*) in casa.   Il dubbio c'**è** (= *esiste*).

La borsa **è** (= *appartiene a*) di Laura.   I fiori **sono** (= *sono destinati a*) per te.

• **verbo ausiliare**, quando "aiuta" un altro verbo a formare i **tempi composti** e con esso costituisce un unico predicato.

Sono andato al cinema.   Mi **sono** visto allo specchio.

Si **è** discusso molto.   **Sono stato** rimproverato da lei.

---

16 ●○○ **COMPETENZE SINTATTICHE** **Indica** se il verbo *essere* ha funzione di copula [C], predicato verbale [P] o ausiliare di un altro verbo [A].

1. Questo è il regalo di Claudia. [.....] **2.** Questo regalo è per Claudia. [.....] **3.** Questo regalo mi è stato consegnato da Claudia. [.....] **4.** Il regalo di Claudia è qui. [.....] **5.** Il regalo di Claudia è molto bello. [.....] **6.** Il regalo di Claudia è stato molto apprezzato dalla zia. [.....] **7.** Dov'è il regalo di Claudia? [.....] **8.** Il regalo di Claudia non c'è più. [.....] **9.** Questo regalo è di Claudia. [.....] **10.** Il regalo di Claudia è andato perso. [.....] **11.** Il regalo di Claudia si è rotto. [.....] **12.** È Claudia l'amica che mi ha fatto il regalo. [.....] **13.** Questo regalo è suo. [.....]

---

17 ●○○ **COMPETENZE SINTATTICHE** **Specifica** la funzione del verbo *essere*.

1. Sono per me questi cioccolatini? (..........................) **2.** Quel film è stato molto apprezzato dai critici. (..........................) **3.** Non c'è nessuno qui? (..........................) **4.** Diceva Cartesio: «Penso, quindi sono». (..........................) **5.** Marco è un bravissimo architetto. (..........................) **6.** Siamo ormai troppo stanchi. (..........................) **7.** Domani non sarò a casa. (..........................) **8.** Dove sono andati i nostri amici? (..........................) **9.** Questo bel lampadario era prima nella mia casa di campagna. (..........................) **10.** Questo lenzuolo era stato ricamato da mia nonna. (..........................) **11.** Tu non sei mai puntuale. (..........................) **12.** Perché sei così triste? (..........................)

A 411

La sintassi

18 ●●○ COMPETENZE SINTATTICHE DENTRO LE PAROLE **Distingui** il predicato verbale dal predicato nominale, facendo particolare attenzione alla funzione del verbo *essere*.

La parola **ferie** indica il periodo di riposo dal lavoro; l'aggettivo **feriale** definisce invece i giorni settimanali lavorativi. È strano. E poi sono derivati entrambi da una stessa parola latina. Ma una spiegazione c'è ed è nella storia antica. I Romani chiamavano *feriae* i giorni festivi, che erano davvero tanti ed erano disseminati in tutto l'anno. Tra questi c'erano le feste in onore di Augusto che sono poi diventate il nostro **ferragosto** (e dal suo nome è anche derivato Agosto). Nel 391 ci fu l'imposizione del Cristianesimo a religione di Stato da parte dell'imperatore Teodosio. Da allora fu fissato un giorno non lavorativo, dedicato a Dio, che è la nostra domenica (da *feria dominica*, il giorno del Signore). Gli altri giorni della settimana furono invece dedicati al culto di un santo: erano "feriali", cioè giorni dedicati alla festa di un santo, ma erano giorni di lavoro e sono lavorativi ancora per noi. Nella parola italiana "ferie" invece c'è ancor oggi il significato originario di "periodo festivo e di riposo per lo più estivo".

19 ●●○ COMPETENZE SINTATTICHE DENTRO LE PAROLE STORIA **Scomponi** il seguente testo in frasi semplici, separandole con una barretta, **distingui** i predicati nominali dai predicati verbali, quindi **classificali** nella tabella.

Il grande legislatore Licurgo aveva istituito i **sissizi**. I cittadini spartani non potevano consumare i pasti principali tra le mura domestiche. Dovevano, invece, recarsi a queste mense comuni, nelle quali tutti gli uomini ricevevano gli stessi cibi e le medesime bevande. Le spese dei pasti venivano poi ripartite in parti uguali tra i partecipanti. Questi banchetti erano privi di vivande raffinate e il piatto forte era il famoso **brodo nero**. Era una specie di spezzatino di maiale o di cinghiale; veniva cotto con sale e aceto ed era scuro per l'aggiunta di sangue. Riguardo a questo piatto c'è un aneddoto di Cicerone. Egli racconta che un giorno il tiranno Dionisio volle assaggiarlo. «Ma è disgustoso!» esclamò. Lo spartano da cui il piatto era stato cucinato era lì nei pressi e sentì. Fu offeso da quel giudizio negativo e disse a Dionisio: «Non è strano per nulla: infatti, in questo brodo non c'erano i condimenti necessari». «Quali sarebbero questi condimenti?» chiese Dionisio. «La fatica della caccia, il sudore, la corsa al fiume Eurota, la fame, la sete: di questi condimenti deve abbondare il brodo degli Spartani!»

copula	predicato verbale, verbo di forma semplice	predicato verbale, verbo di forma composta	predicato verbale con verbo servile
		aveva istituito	

A 412

9 La sintassi della frase semplice

20 ●●● COMPETENZE SINTATTICHE **Completa** le seguenti frasi in modo da far assumere al verbo *essere* la funzione proposta.

1. Michael Jackson   **fu** (*copula*) ....

                                   fu (*ausiliare*) ....

2. Sara e Giovanna   **saranno** (*copula*) ....

                                   saranno (*ausiliare*) ....

3. I professori   **sono** (*copula*) ....

                       sono (*predicato verbale*) ....

                       sono (*ausiliare*) ....

4. I libri   **sono** (*copula*) ....

              sono (*predicato verbale*) ....

              sono (*ausiliare*) ....

5. La mia squadra   **è** (*copula*) ....

                      è (*predicato verbale*) ....

                      è (*ausiliare*) ....

21 ●○○ COMPETENZE SINTATTICHE **Spunta** con una crocetta i titoli di giornale che presentano uno stile nominale.

1. Frana in Cadore, auto travolte in un parcheggio: due morti. ☐

2. La produzione industriale frena a giugno ma il semestre è positivo, volano le auto. ☐

3. Calendario amichevoli: ecco il programma completo. ☐

4. Ragusa, vuole donare 2 milioni all'ospedale. Ma aspetta troppo e va via. ☐

5. Nuovo aeroporto, Firenze divisa ora «Opportunità» e «Troppi rischi». ☐

6. Milano, incendio in centro giovanile, piromani tra i 13 e i 15 anni. ☐

7. Turchia, prima crociera per musulmani: niente alcol, salumi e gioco d'azzardo. ☐

8. In Riviera non piove da 54 giorni, scatta l'emergenza siccità. ☐

9. Ad Alicante la corsa dei tori estiva è stata sostituita da una corsa in bici. ☐

10. Calcioscommesse, in arrivo nuovi avvisi di garanzia. ☐

22 ●●○ COMPETENZE SINTATTICHE DALLA GRAMMATICA ALLA SCRITTURA **Riscrivi** i titoli di giornale proposti nell'esercizio 21: **specifica** un predicato nei titoli espressi in stile nominale e **rendi** in stile nominale i titoli che presentano un predicato.

23 ●●○ COMPETENZE SINTATTICHE INSIEME **Trova** proverbi o modi di dire, titoli di film o di canzoni espressi in stile nominale. **Tempo 10 minuti.**

24 ●●○ COMPETENZE DI SCRITTURA **Scrivi** un breve testo ironico in cui immagini di dover difendere la bontà di un piatto che hai cucinato tu e che i tuoi amici hanno definito disgustoso.

A 413

La sintassi

I trucchi del mestiere

Come si fa l'analisi logica

Fare l'**analisi logica** significa individuare le **relazioni logico-sintattiche** che si stabiliscono tra gli elementi della frase. A differenza dell'analisi grammaticale, che analizza le singole parole in relazione alla forma e le suddivide nelle nove parti del discorso, l'analisi logica prende in esame le **unità sintattiche** di base.

- Formano **una sola unità sintattica** e devono quindi essere considerati **come un tutt'uno**:
  - il **nome** e l'**articolo**;
  - il **nome** o il **pronome** con la **preposizione** o la **locuzione preposizionale**.

    un gioco   **a** me   **vicino a** noi

    con il cane   **per via del** traffico

  - il **verbo** e il suo **ausiliare**;
  - il **verbo** e il suo **verbo servile** o **fraseologico**;

    ho dormito   **devi** capire   **sta** mangiando

  - il **verbo** e il *si* **passivante** o **impersonale**;

    si cercano (venditori)

    si va

  - la **particella pronominale** e il verbo, nel caso di un **verbo pronominale**.

    ti pentirai

  - l'**avverbio negativo** e il **verbo**, oppure l'**avverbio** e il **nome**, l'**aggettivo**, l'**avverbio** che modifica.

    non studia   **quasi** mezzogiorno

    molto bello   **troppo** tardi

  - le parole che costituiscono una **locuzione avverbiale**.

    di qua e di là   **in un batter d'occhio**   **press'a poco**

- Costituisce invece un'**unità sintattica propria** la **particella pronominale** unita a un **verbo non pronominale**: la particella va separata dal verbo, trasformata nella forma forte corrispondente e analizzata nella sua funzione logica.

  chiama**la** (= chiama *lei*)

  dite**ci** (= dite *a noi*)

  parla**mene** (= parla *a me di ciò*)

- Le **congiunzioni** (*e, o, però, infatti, perché, mentre, …*) non vengono analizzate perché all'interno della frase semplice non svolgono una funzione sintattica.

- L'**attributo** e l'**apposizione** assumono la **stessa funzione logica del nome** o del **pronome** che accompagnano e possono essere analizzati assieme a esso.

  un cielo **grigio e nuvoloso**   il **fiume** Tamigi   con te, **cara amica mia**

9 La sintassi della frase semplice

Ecco alcuni esempi di analisi logica.

1. **A Natale Anna le ha regalato una borsa.**

- trova il **predicato** → ha regalato
- individua il **soggetto** rispondendo alla domanda:
  chi ha compiuto l'azione di "regalare"? → Anna
- dal momento che il predicato è un verbo transitivo attivo, trova il **complemento oggetto**, rispondendo alla domanda:
  che cosa Anna ha regalato? → una borsa
- **chiediti** che tipo di informazione fornisce ciascuno degli altri elementi della proposizione e individua i **complementi indiretti**, rispondendo alla domanda:
  a chi l'ha regalata? → complemento di termine → a lei (forma forte di *lei*);
  quando Anna l'ha regalata? → a Natale → complemento di tempo determinato.
- nel caso ci sia un **attributo** o un'**apposizione**, puoi indicarlo assieme al nome che accompagna.

  A Natale la cugina Anna le ha regalato una bella borsa.

la cugina Anna	→	soggetto + apposizione
una bella borsa	→	compl. oggetto + attributo

2. Con gran facilità il ladro aprì la finestra del nostro salotto con un cacciavite.

il ladro	→	soggetto
aprì	→	predicato verbale
la finestra	→	compl. oggetto
del nostro salotto	→	compl. di specificazione + attributo
con gran facilità	→	compl. di modo + attributo
con un cacciavite	→	compl. di mezzo.

3. Mi sono stati dati da lui degli ottimi consigli che mi hanno aiutato per la soluzione di quel problema.

   In questo esempio le frasi semplici sono **due**, perché **due** sono i predicati: occorre quindi separarle e analizzarle singolarmente.

   Mi sono stati dati da lui degli ottimi consigli **/** che mi hanno aiutato per la soluzione di quel problema.

degli ottimi consigli	→	soggetto partitivo +attributo
sono stati dati	→	predicato verbale
mi (= a me)	→	compl. di termine
da lui	→	compl. d'agente
che	→	soggetto
hanno aiutato	→	predicato verbale
mi (= me)	→	compl. oggetto
per la soluzione	→	compl. di fine
di quel problema.	→	compl. di specificazione + attributo

A 415

La sintassi

3 Il soggetto

> Il **soggetto** (dal latino *subiectum*, "ciò che sta alla base, ciò a cui si fa riferimento") è l'**elemento a cui si riferisce l'azione, lo stato o il modo di essere** espresso dal predicato.

In genere, il soggetto è costituito da un **nome** o da un **pronome**, ma può anche essere una **qualunque parte del discorso** in funzione nominale oppure una **locuzione**. Inoltre, può fungere da soggetto un'**intera proposizione**, detta appunto **soggettiva**. (→ p. 528)

La **balena** è un mammifero.	→ nome
Il tuo **dolce** è eccezionale.	→ aggettivo
Chi mi aiuterà? Non lo fa mai **nessuno**.	→ pronome
Viaggiare mi piace molto.	→ verbo
Domani sarà un bel giorno.	→ avverbio
Il **perché** mi sfugge.	→ congiunzione
Il **fai da te** è un'utile occupazione del tempo libero.	→ locuzione
Sembra **che debbano partire subito**.	→ proposizione soggettiva

Riguardo alla **posizione**, il soggetto **tende a precedere il predicato**, ma in molti casi può essere collocato **dopo il predicato** o addirittura **a fine frase**.

C'era una volta **un re**.
Che cosa voleva quell'**uomo**?
Li ho visti proprio **io**.
Questa sera arriveranno **i nostri amici**.
In cima alla collina tra il folto degli alberi s'intravedeva **una casetta**.

Il soggetto **precede sempre** il predicato:

- **quando nella frase vi è un complemento oggetto** e il soggetto e il complemento oggetto **sono costituiti da nomi**: in questi casi, infatti, il cambiamento dell'ordine comporterebbe un rovesciamento di significato.

    Alex ha battuto Cecilia a scacchi.   **Cecilia** ha battuto Alex a scacchi.
    Un cane ha inseguito il mio gatto.   **Il mio gatto** ha inseguito un cane.

- quando è costituito da un **pronome relativo**.

    Al primo piano abita un ragazzo **/ che** l'anno prossimo verrà nella mia scuola.
    Si chiama George il ragazzo **/ che** sarà ospitato dalla nostra famiglia per tre mesi.

A 416

9 La sintassi della frase semplice

Nel vivo della lingua

L'inversione del soggetto e del complemento oggetto
È possibile invertire la posizione del soggetto e del complemento oggetto **quando il senso della frase permette di distinguere la funzione dei nomi a prescindere dalla loro posizione prima o dopo il verbo**. In questo caso il ribaltamento della regolare collocazione produce un forte **effetto espressivo** perché dà rilievo al complemento oggetto e lo mette in primo piano rispetto al soggetto.

Tutto ha distrutto **l'incendio**.   ● complemento oggetto
L'incendio ha distrutto **tutto**.   ● soggetto

Nella lingua italiana il soggetto in genere non è espresso, ma rimane **sottinteso** quando **può essere dedotto dalla desinenza del verbo oppure dal contesto**, come nel caso delle risposte a una domanda. La mancata espressione del soggetto è chiamata **ellissi** e la frase viene definita **ellittica del soggetto**.

Entrate pure (sott. *voi*).   Vanno (sott. *essi*) spesso a sciare.
Dov'è Raffaele?   (sott. *Raffaele*) È in salotto e sta leggendo il giornale.

Il soggetto, invece, **non è espresso e manca del tutto** quando il **verbo è impersonale**: in questo caso il verbo è **zerovalente**, o è costruito in **forma impersonale**.

Tuona e **lampeggia**.   **Si giunse** quando ormai **era** troppo tardi.   **Conviene** che tu rimanga qui.

Il soggetto può essere introdotto dall'**articolo partitivo** (*del, dello, della* = un po' di; *dei, degli, delle* = alcuni, alcune) e in questo caso viene chiamato **soggetto partitivo**.

Mi occorre ancora **del tempo** (= *un po' di tempo*).
Sono state diffuse **delle notizie** (= *alcune notizie*) allarmanti.

I trucchi del mestiere

Come riconoscere il soggetto
Quando fai l'analisi logica non attribuire automaticamente la funzione di soggetto alla prima parola della frase o a quella che precede il verbo; **individua** piuttosto **la parola alla quale si riferisce quanto espresso dal predicato**, ponendoti le domande: *chi compie (o subisce) l'azione? chi possiede la qualità indicata dal verbo?*

Inoltre ricorda:

- **il soggetto è sempre concordato con il predicato della frase**: perciò, in caso di incertezza, **cambia la persona del verbo** e valuta se la frase rimane ancora corretta.

  Mi piace molto la granita al limone.   →   *Mi piacciono molto la granita al limone.

  la frase non è corretta, perché il soggetto è *la granita*; infatti, volgendo al plurale anche la parola *granita*, la frase riacquista il suo significato:

  Mi piacciono molto le granite al limone.

A 417

La sintassi

- **il soggetto non è mai preceduto da preposizione.** Non confondere, pertanto, **l'articolo partitivo con la preposizione articolata** *di*: per non sbagliare, sostituisci le forme *del*, *dello*, *della* con la locuzione **un po' di**, e le forme plurali *dei*, *degli*, *delle*, con il pronome indefinito *alcuni/e*.

  Sulla tovaglia **della nonna** è stato versato del caffè.

  della nonna → *un po' della nonna* → è preposizione, **non è soggetto**
  del caffè → *un po' di caffè* → è soggetto partitivo

ALLENA LE COMPETENZE

25 ○○○ COMPETENZE SINTATTICHE **Riconosci** il soggetto di ciascuna frase.

1. Il frassino può sopravvivere anche in zone inquinate o ventose. **2.** Nel campionato di calcio italiano degli anni Quaranta spiccò la squadra del Torino. **3.** Per il volume di scambi commerciali la Cina ha superato gli Stati Uniti nel 2013. **4.** Nelle zone caratterizzate da forte analfabetismo, le disgrazie vengono spesso spiegate con la stregoneria. **5.** A fare le spese di tutti i loro errori fu, alla fine, proprio lui. **6.** Lo sanno tutti: fa male fumare. **7.** L'ultimo ad arrivare fu Antonio; lui non aveva l'auto.

26 ●○○ COMPETENZE SINTATTICHE **Riconosci** il soggetto di ciascuna frase.

1. Chi te lo ha detto? Non me l'ha detto nessuno. **2.** Sono buonissimi questi biscotti. Li hai fatti davvero tu? **3.** Nel giardino di fronte a casa mia è già fiorito un albero di mimosa. **4.** Li ha invitati lei; io non l'avrei fatto. **5.** Sull'autobus non c'era più posto per tutti noi. **6.** In quella mostra sono esposti alcuni dei suoi quadri più belli. **7.** Alla ristrutturazione della casa provvederà mio zio. Lui è architetto. **8.** Alla festa c'era un centinaio di persone. Erano stati invitati tutti gli amici di Flavia e di Marco. **9.** Mi piace molto questo sorbetto alla fragola.

27 ●●○ COMPETENZE SINTATTICHE **Riconosci** il soggetto di ciascuna frase e **specifica** da quale parte del discorso è costituito.

1. Ti piace sciare? (..................) **2.** Nel tema ci sono troppi *ma*. (..................) **3.** Guidare di notte mi stanca molto. (..................) **4.** Ti ha chiamato qualcuno. (..................) **5.** Il nero è molto di moda. (..................) **6.** Quando si deve apostrofare *un*? (..................) **7.** A tutti è utile il leggere. (..................) **8.** Si è mangiata tutta la torta, la golosona! (..................) **9.** Nessuno di voi viene in auto? (..................) **10.** Dove sono andati i tuoi? (..................) **11.** Il bello deve ancora venire. (..................) **12.** I tuoi continui "se" mi innervosiscono. (..................)

28 ●●○ COMPETENZE SINTATTICHE **Specifica** il soggetto sottinteso delle seguenti frasi.

1. Dove sei andato? (..................) **2.** Non ho voglia di uscire. (..................) **3.** Mi potete dare un passaggio? (..................) **4.** Non ne volete più? (..................) **5.** A chi l'ha detto? (..................) **6.** Questa sera dove andiamo? (..................) **7.** Non sanno il nostro numero! (..................) **8.** Perché non me l'hanno detto? (..................)

9 La sintassi della frase semplice

29 ●●○ COMPETENZE SINTATTICHE **Indica** se nelle seguenti frasi il soggetto manca del tutto [M] oppure è sottinteso [S]. Nel caso sia sottinteso, **specificalo** tu.

1. Bisogna sempre aver fiducia nel futuro. [..................] **2.** Sta nevicando. [..................] Cosa facciamo? [..................] Si va in montagna o no? [..................] **3.** In questo campeggio si sta benissimo. [..................] **4.** Sei animatrice turistica? [..................] Sì, e lavoro in un villaggio in Sardegna. [..................] **5.** Non restare sempre muto come un pesce! [..................] **6.** Che cosa state facendo? [..................] Stiamo potando le rose. [..................] **7.** Si sta preparando? [..................] Si fa tardi. [..................] **8.** In cucina occorre avere molto tempo e pazienza. [..................] **9.** Quali ingredienti avranno usato per questa torta? [..................] **10.** Oggi fa molto freddo [..................]; ci si deve vestire bene. [..................] **11.** Affrettiamoci! [..................] Altrimenti non ci aspetteranno a lungo. [..................] **12.** Con questi occhiali non ci vedo [..................]; mi accompagni dal tuo bravo ottico? [..................]

30 ●●● COMPETENZE SINTATTICHE DENTRO LE PAROLE **Riconosci** il soggetto di ogni frase semplice in cui abbiamo scomposto il seguente testo: **sottolinealo** quando è espresso, **specificalo** quando è sottinteso.

Nessuna statuetta è famosa come quella dell'**Oscar**, il premio dell'Accademia Statunitense delle Arti cinematografiche. Ma qual è l'origine del suo nome? Nacque da una battuta o piuttosto da un equivoco. Il segretario dell'Accademia aveva visto un uomo **/** che portava la statuetta **/** ed esclamò: «Ecco Oscar!». **/** Forse quell'uomo somigliava tutto a suo zio Oscar **/** o forse l'aveva scambiato proprio per lui. Un giornalista l'udì **/** e pensò **/** che quel nome fosse stato detto in riferimento alla statuetta: **/** così tutti i presenti cominciarono a chiamarla Oscar **/** e la chiamiamo così ancor oggi.

31 ●●● COMPETENZE SINTATTICHE DENTRO LE PAROLE **Riconosci** il soggetto di ogni frase semplice in cui abbiamo scomposto il seguente testo: **sottolinealo** quando è espresso, **indicalo** tu quando è sottinteso.

Un'altra prestigiosa onorificenza è costituita dal premio **Nobel**, **/** che viene assegnato annualmente dal governo svedese a persone **/** che si sono distinte **/** o perché hanno svolto importantissime ricerche **/** o perché hanno dato all'umanità un grande contributo per la letteratura, la chimica, la medicina, la fisica, l'economia, la pace. Il premio fu istituito in seguito alle ultime volontà di Alfred Nobel (1833-96), il grande chimico svedese **/** che inventò la dinamite **/** e che lasciò parte del suo patrimonio a un'associazione **/** perché ogni anno premiasse degli individui benemeriti. Ogni anno il 10 dicembre, data dell'anniversario della morte di Alfred Nobel, viene consegnato in una cerimonia formale ciascun premio, **/** che comporta anche la vincita di una notevole somma di denaro (circa un milione di euro). Nell'ottica del grande chimico, gli studiosi premiati avrebbero potuto continuare le loro ricerche senza la pressione per la raccolta di fondi.

A 419

La sintassi

32 ●●● COMPETENZE LESSICALI PAROLE DENTRO I TESTI Sostituisci con un sinonimo le seguenti parole o locuzioni evidenziate nell'esercizio 31.

1. prestigioso: _____
2. ultime volontà: _____
3. benemerito: _____
4. formale: _____
5. ottica: _____
6. fondi: _____

33 ●●● COMPETENZE SINTATTICHE Riconosci il soggetto delle seguenti frasi e indica il soggetto partitivo [SP].

1. Hanno partecipato al concerto anche dei gruppi musicali molto famosi; li hanno applauditi tutti con grande entusiasmo. [......] 2. Nel giardino della scuola, a causa del forte vento, è caduto un grande albero. [......] 3. Da quella squadra di calcio sono stati acquistati dei nuovi giocatori. [......] 4. Durante il temporale sono caduti dei grossi chicchi di grandine; molte auto ne sono state danneggiate. [......] 5. Mi hanno fatto questa bella sorpresa degli amici di scuola. [......] 6. Di quale sport è appassionato Matteo? [......] 7. C'è ancora del gelato nel frigorifero? [......] 8. La caduta di alcuni massi ha ostruito la strada: per alcune ore i paesi vicini sono rimasti isolati. [......] 9. Nel mio giardino sono nati dei graziosi fiorellini blu. [......] 10. Qual è la casa di Erica? In fondo al viale laggiù c'è la sua villetta. [......] 11. Da te mi vengono dati sempre degli ottimi suggerimenti. [......] 12. Gli hanno impedito di venire con noi degli improvvisi impegni di lavoro.

34 ●●● COMPETENZE SINTATTICHE Riconosci il soggetto delle seguenti frasi e indica quando è partitivo [P] o sottinteso [S]. Specifica tu i soggetti sottintesi.

1. È più difficile fare che dire. [......] (_____) 2. C'erano dei ragazzi che vi cercavano. [......] (_____) 3. Abbiamo comprato le tisane che ci ha consigliato Martina. [......] (_____) 4. Non ci posso credere! Hai dimenticato a scuola il dizionario che ti hanno appena regalato gli zii! [......] (_____) 5. Si è staccata dalla montagna una grossa valanga che ha travolto molti sciatori. [......] (_____) 6. Hai assaggiato il dolce che hai preparato? C'è del sale al posto dello zucchero! [......] (_____) 7. Mi hanno svegliata degli strani rumori che provenivano dall'appartamento vicino. [......] (_____) 8. Conosco da molti anni quella persona che ti ho presentato. [......] (_____) 9. Ci sono stati dei problemi tra lui e suo fratello, ma preferisce non parlarne. [......] (_____) 10. Percorri tutta la stradina: laggiù ai piedi della collina c'è una graziosa chiesetta. [......] (_____) 11. Non a tutti piacciono le medesime cose: ognuno ha i propri gusti. [......] (_____) 12. Con chi ha litigato oggi Andrea? [......] (_____)

35 ●●● COMPETENZE SINTATTICHE ANALISI LOGICA Fai l'analisi logica.

1. Stefania è una pittrice. 2. Luca e Matteo stanno dormendo. 3. Ci sono i saldi. 4. Ci sono dei panini? C'è dell'aranciata? 5. Sono arrivati gli ospiti. 6. Sono sbocciati dei tulipani. 7. Vuoi guidare tu? 8. Ci sono degli errori: alcuni sono gravi. 9. C'è Francesca. 10. Possiamo partire? Sei pronta?

A 420

9 La sintassi della frase semplice

4 L'attributo e l'apposizione

> L'**attributo** (dal latino *attributum*, "ciò che è attribuito") è un **aggettivo**, qualificativo o determinativo, che **accompagna un nome** (o un'altra parte del discorso in funzione nominale) per precisarlo, attribuendogli una caratteristica o una qualità.

La funzione di attributo può essere svolta anche dal **participio** di un verbo oppure da un **avverbio** o una **locuzione avverbiale**, che vengono definiti **attributi avverbiali**.

A **quali** ragazzi non piacerebbe **questa nuova** auto **sportiva**?	→	aggettivo
Il bambino **ferito** e **tremante** venne portato in ospedale.	→	participio
Il giorno **prima** si era già verificato un furto nella casa **accanto**.	→	avverbio
Al ristorante **qui sotto** hanno servito una cena **così così**.	→	locuzione avverbiale

L'attributo non svolge una funzione sintattica autonoma, ma **è l'espansione** (🔄 p. 402) **di un elemento nominale** di cui assume **la funzione logica**: si può quindi **avere l'attributo del soggetto, della parte nominale, dell'apposizione e di qualunque complemento**.

Pur essendo un **elemento accessorio**, l'attributo assume **talora un valore indispensabile a definire il significato del nome**: in questi casi, infatti, la sua soppressione produce **un cambiamento radicale del senso della frase**.

Patrizia era una **cara** compagna di scuola.	→	attributo accessorio
Non sopporto gli uomini **ipocriti** (non tutti, solo quelli ipocriti).	→	attributo necessario
Le case **abusive** verranno abbattute (non tutte, solo quelle abusive).	→	attributo necessario

> L'**apposizione** (dal latino *adponĕre*, "porre accanto") è un **nome** che si pone **accanto a un altro nome** oppure a un **pronome** per definirlo e descriverlo.

L'apposizione **accompagna spesso, ma non necessariamente, un nome proprio**. Può collegarsi direttamente o essere preceduta da *come, da, quale, in funzione di, in qualità di, in veste di*.

Come si pronuncia **la parola** *stage*?

Da giovane, Luigi si rivolse a me, **quale medico** di famiglia.

Noi tutti, **in qualità di amici**, ti esortiamo a riflettere.

Lui, **in veste di esperto**, mi ha sconsigliato quell'investimento.

L'apposizione si definisce:

• **semplice**, quando è costituita **dal solo nome**; in genere, **precede il nome** a cui si riferisce.
Il **fiume** Nilo attraversa la **capitale** Il Cairo.

A 421

La sintassi

- **composta**, quando è formata **dal nome e da altri elementi**, come **uno o più attributi** o **un complemento di specificazione**. Può **precedere** il nome che definisce o **seguirlo** e, in questo caso, è posta **tra due virgole**.

  Il servizio da tè, **il mio regalo di nozze**, è piaciuto molto **alla mia cara amica** Sandra.

Come l'attributo, l'apposizione non svolge una funzione sintattica autonoma, ma **è l'espansione di un elemento nominale** e ne assume quindi la funzione logica.

L'apposizione concorda con il nome o il pronome che accompagna **solo nel numero** perché, essendo un nome, ha un proprio genere. L'unico caso di accordo **anche nel genere** si ha quando l'apposizione è costituita da un **nome mobile**.

La Senna, **fiume della Francia**, sfocia nella Manica.
La Loira e la Garonna, **fiumi** della Francia, sfociano nell'Atlantico.
Ho conosciuto il **Signor** Rossi, **dottore** in legge, e la **Signora** Rossi, **dottoressa** in economia.

Nel vivo della lingua

Il nome *città*
In italiano il **nome *città* non è considerato apposizione** quando è **seguito dalla specificazione del nome proprio**. Ad esempio, nella frase *La città di Roma è molto famosa*, *la città* è soggetto, *di Roma* è **complemento di denominazione**. Il latino, invece, considerava *Roma* come soggetto, e la parola corrispondente a *città* come apposizione del soggetto e quindi le esprimeva entrambe con lo stesso caso.

Allena le Competenze

36 ●○○ COMPETENZE SINTATTICHE · PAROLE DI OGGI · **Riconosci** gli attributi.

L'inquinamento atmosferico è un grave problema per molte città. L'aria è irrespirabile a causa dei numerosi impianti di riscaldamento e i gas tossici delle auto. Perciò alcune amministrazioni comunali hanno vietato alle automobili l'accesso a certe zone cittadine, che sono diventate aree solo pedonali. In altre zone è stata istituita la **ZTL**, cioè "zone a traffico limitato". Sono aree situate in alcuni punti delle città, soprattutto nei centri storici, dove il traffico per tutti i veicoli inquinanti è limitato a determinati orari. Un altro problema dei nostri tempi è l'**inquinamento acustico**: si tratta di un'eccessiva esposizione a suoni e rumori di elevata intensità, che può provocare malesseri anche gravi.

Segnale stradale che indica l'attivazione della ZTL in un'area della città.

9 La sintassi della frase semplice

37 ●●○ COMPETENZE SINTATTICHE DENTRO LE PAROLE **Riconosci** gli attributi e **distingui** se si riferiscono al soggetto o a un complemento.

La Costituzione italiana garantisce il diritto di **sciopero**. Il singolo lavoratore, però, non può esercitare questo diritto in modo autonomo: lo sciopero, infatti, deve essere indetto dai sindacati. Solo dopo la sua proclamazione ufficiale ogni lavoratore potrà scegliere di aderirvi o meno. Lo sciopero può avvenire in forme diverse: lo sciopero articolato si effettua nei vari reparti con turni e tempi differenti; quello a singhiozzo viene interrotto da brevi intervalli di lavoro. Lo sciopero generale interessa tutte le categorie e i settori, mentre quello di categoria coinvolge solo determinati lavoratori. Una categoria non interessata in modo diretto può fare uno sciopero di solidarietà con un'altra categoria in sciopero.

38 ●●○ COMPETENZE SINTATTICHE DENTRO LE PAROLE **Riconosci** gli aggettivi e **distingui** se svolgono la funzione di attributo o di nome del predicato.

È a oltranza lo sciopero prolungato che viene fatto a tempo indeterminato, cioè fino a quando i lavoratori non conseguono gli obiettivi desiderati. Lo sciopero è **selvaggio** quando avviene senza che nessun sindacato lo abbia **indetto**. L'astensione dal lavoro è improvvisa: in questo caso i disagi per gli **utenti** del servizio possono anche essere molto gravi. Perciò per limitare la pratica degli scioperi selvaggi nei servizi pubblici, le **sanzioni** previste dall'attuale **normativa** sono severe. Lo sciopero può essere **bianco**: i lavoratori non sospendono il lavoro, ma rimangono al loro posto e, rallentando il normale ritmo, causano grossi disagi alla produzione e non perdono la **retribuzione** giornaliera, come avviene invece per tutte le altre forme di sciopero. Lo sciopero della fame e della sete è particolare: l'astensione non è dal lavoro, ma dall'assunzione di cibo e di liquidi per un certo **lasso** di tempo. Il suo scopo è **sensibilizzare** l'opinione pubblica su determinati problemi, soprattutto riguardo a diritti **civili**.

39 ○○○ COMPETENZE LESSICALI PAROLE DENTRO I TESTI **Scrivi** il significato delle seguenti parole evidenziate nell'esercizio 38.

1. indire: ....
2. utenti: ....
3. sanzioni: ....
4. normativa: ....
5. retribuzione: ....
6. lasso: ....
7. sensibilizzare: ....
8. civili: ....

40 ●●○ COMPETENZE SINTATTICHE PAROLE DI OGGI **Riconosci** gli aggettivi e **distingui** se svolgono la funzione di attributo o di nome del predicato.

1. *Cool* è un aggettivo inglese e la sua attestazione è molto recente. Il suo primo significato è "fresco", ma è usato anche per indicare una persona o un oggetto alla moda. Proprio con questo secondo significato è entrato a far parte della lingua italiana.
2. Anche l'aggettivo *mainstream* è inglese ed è entrato da qualche anno nel vocabolario italiano. Alla lettera significa "corrente principale" e quindi "tendenza dominante", seguita dalla massa. Questo impiego del termine nasconde un giudizio di valore, che nella maggior parte dei casi è negativo.
Il termine è impiegato nel campo artistico, cinematografico e musicale con significato spesso dispregiativo: indica, infatti, qualcosa che è molto diffuso e quindi considerato di basso livello culturale.

A 423

La sintassi

41 ●●○ COMPETENZE SINTATTICHE PAROLE DI OGGI **Distingui** se gli attributi sono del soggetto, del nome del predicato o di un complemento.

1. *Trend* è una parola usatissima che è entrata nell'uso della nostra lingua verso il 1960 e che può essere tradotta con "andamento, tendenza". Nel linguaggio economico questa parola inglese indica l'andamento dei titoli e dei tassi di interesse o più in generale di un certo mercato. Nel linguaggio comune il trend è la nuova tendenza di un costume o di un atteggiamento in un determinato periodo. **2.** Da *trend* è derivato l'aggettivo **trendy**: definisce tutto ciò che è molto moderno, ma ha una durata passeggera. Nell'abbigliamento i capi *trendy* sono quelli che caratterizzano una stagione, ma che rischiano di non durare fino alla stagione successiva. La persona *trendy* segue la moda del momento, indossa abiti all'ultimo grido e frequenta i locali di tendenza. Lo stretto legame con l'apparenza finisce però per imprimere all'aggettivo un'idea di superficialità e di breve durata.

42 ●●○ COMPETENZE SINTATTICHE **Riconosci** le apposizioni.

La *Venere che nasce dal mare*, un dipinto tra i più celebrati nell'antichità, è andata perduta. L'affresco, opera di Apelle, il grande pittore greco vissuto nel secolo IV a.C., fu realizzato per Alessandro Magno. Nel ritrarre la dea Venere, il pittore si ispirò a Campaspe, una concubina dello stesso Alessandro. Il dipinto fu fatto portare a Roma da Kos, la città dell'omonima isola greca, dall'imperatore Augusto che lo fece collocare nel tempio del Divino Giulio, dedicato cioè al suo predecessore Giulio Cesare. Si raccontava che Augusto, per risarcire Kos della privazione di un'opera tanto preziosa, fece abbonare ai suoi abitanti tributi per 100 talenti, una somma astronomica per quei tempi.

43 ●●○ COMPETENZE SINTATTICHE DENTRO LE PAROLE **Distingui** le apposizioni semplici da quelle composte.

1. Il **ketchup**, la celeberrima salsa di pomodoro, era in origine tutt'altra cosa: lo testimonia la sua etimologia. Il termine deriva dalla parola *kecap*, che è malese e significa "salsa a base di pesce fermentato". Nel Settecento alcuni cuochi statunitensi iniziarono a utilizzare il pomodoro e nel 1872 l'industriale Henry Heinz sviluppò la ricetta che si utilizza ancora oggi. La ditta italiana "Cirio", a metà dell'Ottocento, commercializzò invece la *Salsa Rubra*, "salsa rossa" (*rubra* è il femminile dell'aggettivo latino *ruber*, "rosso"). **2.** La *béchamel*, o **besciamella**, la salsa tipica della cucina francese, è composta da semplici ingredienti: latte, farina, burro. Il suo nome deriva da Louis de Béchamel, maggiordomo di Luigi XIV, il re Sole. **3.** Sembra che la **maionese**, o *mayonnaise*, risalga al 1756: sarebbe stata servita al Duca di Richelieu, nipote del famoso cardinale Richelieu, durante un banchetto per celebrare la conquista di Mahòn, città spagnola, situata nelle isole Baleari.

A 424

9 La sintassi della frase semplice

44 ●●○ COMPTENZE SINTATTICHE DENTRO LE PAROLE Distingui le apposizioni del soggetto dalle apposizioni di un complemento.

1. La parola **brandy** è l'abbreviazione della locuzione inglese *brand wine*, "vino bruciato". Il *brandy*, il più antico distillato di vino, è molto simile al cognac, il cui nome può essere usato solo per i distillati di origine francese. Il nome **cognac** deriva da Cognac, cittadina della Charente, un dipartimento della Francia centro-occidentale.
2. L'**armagnac**, un'altra acquavite di vino, viene prodotto esclusivamente nell'Armagnac, una regione del Sud Ovest della Francia anche conosciuta come Guascogna, patria dei Moschettieri.
3. Il **barolo** e il **barbaresco**, vini molto pregiati e apprezzati, sono prodotti nella zona di Barolo e Barbaresco, due comuni nei pressi della cittadina piemontese di Alba.

45 ●●○ COMPETENZE SINTATTICHE DENTRO LE PAROLE Distingui gli attributi dalle apposizioni.

Il **tartufo**, un fungo sotterraneo, era già usato ai tempi del patriarca Giacobbe. Era un alimento sicuramente apprezzato dai Greci e di questo ci dà testimonianza lo storico Plutarco nel primo secolo d.C. Il poeta latino Giovenale lo chiamava "tubero della terra": secondo la sua versione, il tartufo sarebbe stato prodotto dal dio Giove, scagliando un fulmine vicino a una quercia, l'albero a lui sacro. Giove, padre degli dèi e degli uomini, era molto famoso per le sue avventure amorose e così fin dall'antichità si attribuirono al tartufo qualità afrodisiache, citate anche dal medico latino Galeno. In epoche successive questa specie di fungo riscosse un notevole successo per il suo spiccato sapore e per il suo particolare profumo.

46 ●●○ COMPETENZE SINTATTICHE E LESSICALI Completa il seguente testo scegliendo opportunamente le parole: **scrivi** in rosso quelle con funzione di attributo, in blu quelle con funzione di apposizione.

> europee • simili • questo • interessati • tutte • parola • alcuni •
> animali • pietra porosa • latina • loro (*2 volte*) • termine

Per la ricerca dei tartufi vennero impiegati in un primo tempo dei maialini, che però ne erano ghiotti, in seguito furono addestrati i cani, ... più al .... odore che al .... sapore, e tra l'altro proprio con il .... *tartufo* si definisce anche il naso del cane. Ma la .... *tartufo* da cosa è derivata? Secondo .... studiosi, nascerebbe dalla somiglianza tra .... fungo e il tufo, la .... ; così dall'espressione .... che metteva in relazione il tartufo con il tufo sarebbero nati termini molto .... in .... le lingue ....

A 425

La sintassi

5 La classificazione dei complementi

5•1 Il complemento oggetto (o diretto)

> Il **complemento oggetto** è l'elemento su cui **ricade direttamente l'azione espressa dal predicato e compiuta dal soggetto**. Poiché non è mai introdotto da una preposizione, viene anche denominato **complemento diretto**.

RISPONDE ALLE DOMANDE chi? che cosa?
È COSTITUITO DA un **nome**, un **pronome** o una **qualunque parte del discorso sostantivata**.

Lo ha detto Andrea: ama **viaggiare** e preferisce **l'aereo**.
Non accetto **i** tuoi continui *se* e **i** tuoi fastidiosi *perché*.

Come il soggetto, può essere introdotto dall'**articolo partitivo** (*del*, *dello*, *della* = un po' di; *dei*, *degli*, *delle* = alcuni, alcune) e in questo caso viene chiamato **complemento oggetto partitivo**.

Vuoi **del ghiaccio** (= *un po' di ghiaccio*)?
Hai sempre **delle idee** (= *alcune idee*) originali.

È RETTO DA i **verbi transitivi** di forma **attiva** o **riflessiva**, che richiedono un oggetto per completare il loro significato.

| Hai già visitato **il museo**? | → | complemento oggetto con verbo transitivo attivo |
| Veronica **si** sta pettinando. | → | complemento oggetto con verbo transitivo riflessivo |

I **verbi intransitivi**, invece, **non lo ammettono**. Alcuni di essi, tuttavia, possono assumere **forma transitiva** e reggere il **complemento oggetto interno**, che è costituito da un nome della stessa radice del verbo o di significato affine ed è sempre accompagnato da un **attributo** o da un **complemento** introdotto dalle preposizioni *di*, *da*.

Alessandra sta vivendo un **momento** magico.
Alcuni uomini vivono **una vita** di stenti, altri vivono **una vita** da re.

Riguardo alla **posizione**, il complemento oggetto **segue di norma il verbo**; lo **precede**, invece, quando

- è un **pronome personale di forma atona**; se, invece, il verbo è espresso all'**imperativo** o a un modo **indefinito**, queste particelle diventano **enclitiche**.

  Monica **mi** (**ti, la, ci, vi, li**) sta chiamando (= *sta chiamando me, te, lei, noi, voi, loro*).

Chiamate**mi**!	→	particella enclitica
Devi vestir**ti**.	→	particella enclitica
Vedendo**la** impallidì.	→	particella enclitica

A 426

9 La sintassi della frase semplice

- è costituito dal **pronome relativo** *che*.

  Ha perso gli occhiali da sole **che** io gli avevo appena regalato.

- è costituito da un **pronome interrogativo** o da un **nome preceduto da un aggettivo interrogativo**.

  Chi o **che cosa** state cercando?   **Quale libro** hai scelto tu?

- **deve essere posto in rilievo** e non può essere confuso con il soggetto.

  Tutto ci hanno rubato i ladri.   Begli **amici** mi hai portato a casa!

Allena le Competenze

47 ●○○ **COMPETENZE SINTATTICHE** Riconosci **il complemento oggetto e i suoi attributi.**

1. Hai invitato tanti amici per cena; ma hai comprato tutto il necessario? **2.** Il tuo atteggiamento ha suscitato numerose critiche da parte degli amici. **3.** Mi passi quel giornalino? Vorrei leggerlo. **4.** Ho incontrato Paola e Tiziana: non le vedevo da tanto tempo. **5.** Quale tipo di frutta preferisci? D'estate preferisco le pesche, d'inverno mangio molte arance. **6.** Chi avete incontrato ieri al cinema? Non abbiamo incontrato nessuno dei nostri amici.

48 ●○○ **COMPETENZE SINTATTICHE** **DENTRO LE PAROLE** Riconosci **il complemento oggetto e i suoi attributi.**

Perché si dice **mangiare la foglia**? Chi lo fa? Chi intuisce il vero significato di qualche cosa; chi capisce una cosa al volo ed evita così un pericolo. Qual è la sua origine? Alcuni dicono l'abitudine dei bachi da seta; essi assaggiano le foglie e ne verificano la commestibilità. Altri dicono l'episodio di Ulisse sull'isola della maga Circe. L'eroe dell'*Odissea* conosce il trucco della maga: Circe trasforma gli uomini in bestie grazie a una pozione. Lo ha avvertito il dio Mercurio. Ulisse mangia le foglie donategli dal dio: così è immune dal sortilegio di Circe e non subisce gli spiacevoli effetti della pozione.

49 ●●○ **COMPETENZE SINTATTICHE** **DENTRO LE PAROLE** Riconosci **il complemento oggetto: può essere costituito da nomi, pronomi relativi o particelle pronominali.**

L'espressione **spada di Damocle** indica un pericolo o una minaccia di cui avvertiamo costantemente la presenza. Deriva da un aneddoto che ci ha tramandato lo scrittore latino Cicerone. Il tiranno di Siracusa, Dionigi, aveva invitato a banchetto un certo Damocle. Volendo compiacere il sovrano, Damocle elogiava le sue ricchezze e la sua potenza: nessuno, secondo lui, superava Dionigi in ricchezza e felicità. Allora, nel vederlo tanto attratto e invidioso della sua sorte, Dionigi gli propose di provare lui stesso le condizioni di vita di un sovrano. Così lo fece accomodare sul suo trono cesellato d'oro, lo circondò di tavole colme di vivande e di servi pronti ai suoi ordini: in tutto quel lusso, Damocle era davvero felice. Poco dopo però il tiranno fece legare al soffitto una spada che pendeva proprio sulla testa del suo ospite. Quello allora cambiò subito umore e chiese a Dionigi di lasciarlo andar via, perché tutto quello sfarzo non gli procurava più alcun piacere. Damocle aveva quindi compreso la condizione del tiranno, sicura e privilegiata solo in apparenza.

A 427

La sintassi

50 ●●○ COMPETENZE SINTATTICHE Riconosci il complemento oggetto e specifica da quale parte del discorso è costituito.

1. Impara a distinguere il *se* dal *sì*! 2. Lo avevi già incontrato? 3. Apprezza il buono che c'è in lui. 4. Comprendo la scelta che hai fatto, ma non ne capisco il perché. 5. Non amo cantare; preferisco la recitazione. 6. Tra i tanti quadri esposti adoro quello che ha dipinto Enrico. 7. Non ho ancora terminato il tema che il professore ci ha assegnato. 8. Non ne posso più di ascoltare i "ma" di Antonella. 9. Non fai mai niente di buono e non capisco il senso delle azioni che compi. 10. "Ahi!" esclamò la donna quando il ladro la spinse giù dalle scale.

51 ●●○ COMPETENZE SINTATTICHE Riconosci il complemento oggetto e distingui quando è partitivo.

1. La zia ha preparato delle ottime lasagne. 2. È appena arrivato il pacco che aspettavamo. 3. Ti invito a non fare rumore e a non creare dei problemi. 4. In alcuni casi i daltonici confondono il rosso e il verde. 5. Ho prenotato dei posti in quel locale che ci hai segnalato. 6. Ti ho sempre detto ciò che penso delle persone che trattano male gli animali. 7. Che sorpresa incontrarvi! Non vi vedevo da una vita! 8. Mi hanno regalato dei biglietti per il concerto. 9. Tu mi hai aiutato e mi hai dato degli ottimi consigli: ricambierò ciò che hai fatto per me. 10. Ho trascorso delle meravigliose vacanze in compagnia degli amici che ti ho presentato.

52 ●●○ COMPETENZE SINTATTICHE Riconosci il complemento oggetto e distingui quando è complemento oggetto interno.

1. Ho intenzione di visitare Londra, la capitale del Regno Unito. 2. Quella donna ha pianto tutte le sue lacrime. 3. Da quando ho saputo la notizia, non riesco a dormire sonni tranquilli. 4. Non capisco quale lingua parli: usa parole più semplici! 5. Durante la prima guerra mondiale, gli eserciti combatterono una logorante guerra di trincea. 6. Perché hai cantato quella ridicola canzone? Hai suscitato l'ilarità del pubblico. 7. Quell'atleta ha corso i cento metri e ha vinto la gara. 8. Tutti desiderano vivere un'esistenza da sogno. 9. Francisco Goya dipinse il celebre quadro intitolato *Maja desnuda*. 10. Hai visto quel quadro futurista che hanno esposto alla Galleria d'Arte Moderna?

53 ●●○ COMPETENZE SINTATTICHE Indica se il pronome relativo svolge la funzione di soggetto [S] o di complemento oggetto [CO].

1. È tua la bicicletta che [........] ha una gomma bucata? 2. Non fidarti di quelli che [........] fanno troppi complimenti. 3. Non ho capito bene la tesi che [........] l'avvocato ha sostenuto davanti al giudice. 4. Chi sono le ragazze che [........] hanno accettato l'invito domani? 5. Stefano, che [........] è il cugino di Ada, sarà il protagonista dello spettacolo che [........] andremo a vedere. 6. Nell'ultimo compito che [........] abbiamo svolto ho preso un voto che [........] non mi sarei mai aspettato. 7. Hai mai assaggiato la torta di pesche che [........] è la specialità di nonna Lia? 8. La giacca che [........] ho acquistato si è macchiata con l'aranciata che [........] Gigi ha fatto cadere. 9. Chi ha scalato il Monte Bianco, che [........] è la vetta più alta fra quelle che [........] abbiamo in Europa? 10. Hai mai letto la poesia di Prevert che [........] si intitola *I ragazzi che [........] si amano*? 11. A causa della nevicata che [........] ha travolto il paese, abbiamo dovuto rinviare il viaggio che [........] aspettavamo da tanto. 12. Tutte le materie che [........] si studiano hanno la medesima importanza.

A 428

9 La sintassi della frase semplice

54 ●●● COMPETENZE SINTATTICHE DENTRO LE PAROLE **Indica** se il pronome relativo *che* svolge la funzione di soggetto [S], complemento oggetto [CO] o congiunzione [C].

Non è raro che [.......] alcuni personaggi che [.......] hanno fatto la storia letteraria lascino una traccia così profonda di sé da meritare un aggettivo che [.......] deriva dal loro nome. Questo è ciò che [.......] è accaduto a Niccolò Machiavelli, lo storico che [.......] fu anche grande politico e scrittore. Egli si discostò tanto dall'opinione comune che [.......] ancora oggi con **machiavellico** si indica una persona che [.......] persegue i propri fini con astuzia e inganno. In realtà, questa accezione negativa deriva da interpretazioni successive che [.......] i critici hanno dato della sua opera, che [.......] è intitolata *Il Principe*. Volendo spiegare a un governante come ottenere e mantenere il potere che [.......] ha conquistato, Machiavelli fornisce suggerimenti che [.......] non sempre appaiono leciti. Egli afferma che [.......] la morale va disgiunta dalla politica: un buon principe deve comportarsi in base alle circostanze che [.......] incontra e, a seconda del caso che [.......] si presenta, può persino essere violento, spergiuro, sleale, se questo serve a salvare lo Stato.

55 ●●● COMPETENZE SINTATTICHE DENTRO LE PAROLE **Distingui** il soggetto dal complemento oggetto, quindi **specifica** tu il soggetto quando è sottinteso.

Secondo Machiavelli il principe deve saper **blandire** gli altri, **lusingandoli** con modi e parole **carezzevoli**. Deve saper **adescare** i nemici, attirandoli con promesse **illusorie**, proprio come si fa con i pesci. Il perfetto regnante sarà allora come un **centauro**, la creatura mitologica metà uomo e metà cavallo. Se le circostanze lo permetteranno, impiegherà la parte umana: userà quindi la razionalità e il diritto. In caso contrario, si servirà della parte bestiale: impiegherà l'astuzia della volpe, per non farsi **irretire** dagli avversari. Userà la forza del leone, perché i "profeti disarmati" vanno in rovina. In base a questa interpretazione, si usa come sintesi del pensiero di Machiavelli una frase che lo scrittore non ha mai pronunciato: *Il fine giustifica i mezzi*. La frase significa che in vista del bene comune vengono meno le regole dell'**etica**.

56 ●●● COMPETENZE LESSICALI PAROLE DENTRO I TESTI **Sostituisci** con un sinonimo le seguenti parole evidenziate nell'esercizio 55.

blandire • lusingare • carezzevoli • adescare • illusorie • irretire • etica

57 ●●● COMPETENZE SINTATTICHE ANALISI LOGICA **Fai** l'analisi logica. **Presta** particolare **attenzione** alla funzione dei pronomi.

1. Che cosa stai insinuando? **2.** Chi lo ha trovato? **3.** Ci ha intervistati il giornalista. **4.** Lo ha scortato la guardia giurata. **5.** Ti stimo: sei proprio una persona onesta. **6.** Mi ha convocato la preside. **7.** Asciugati e vestiti! **8.** Ascolta i consigli altrui, ma segui la tua coscienza. **9.** Ti ha interrogato la professoressa Arzilli? **10.** Chi hai incontrato? **11.** Ci aiuteranno loro.

58 ●●● COMPETENZE SINTATTICHE ANALISI LOGICA **Fai** l'analisi logica.

1. I Bardi e i Peruzzi furono celebri famiglie fiorentine. **2.** La preside ha consegnato le pagelle scolastiche. **3.** Agnese dà degli ottimi consigli. **4.** Avete già esposto tutti la vostra tesina? **5.** Niente ha risparmiato quella terribile alluvione. **6.** Pianterò dei tulipani: adoro i balconi fioriti. **7.** Inviteranno anche me i tuoi migliori amici? **8.** Si accettano delle proposte originali. **9.** Il sindaco Rossi ha fatto ristrutturare la pista ciclabile. **10.** L'ha visitata il mio ortopedico.

La sintassi

5*2 Il complemento di termine

> Il **complemento di termine** indica la persona, l'animale o la cosa a cui **è indirizzata** o **su cui termina** l'azione verbale.

RISPONDE ALLE DOMANDE a chi? a che cosa?

È INTRODOTTO DA la **preposizione** *a*, semplice o articolata.

La preposizione *a* non è invece espressa quando il complemento di termine è costituito dalle **particelle pronominali** *mi*, *ti*, *gli*, *le*, *ci*, *si*, *vi* e da *me*, *te*, *ce*, *ve* seguite da un altro **pronome atono**.

Ho consegnato il documento non **a lui**, ma **alla segretaria**.
Le (= *a lei*) manderò dei fiori.   Fa**gli** (= *fa' a lui*) un prestito.
Te (= *a te*) l'ha detto lui?   **Ve** (= *a voi*) lo porterò domani.

L'uso della preposizione *a* è **facoltativo** davanti al **pronome personale** *loro* e al **pronome relativo** *cui*.

Di' **(a) loro** di venire subito.   È questa la domanda, **(a) cui** non ho saputo rispondere.

È RETTO DA

- **verbi intransitivi** di cui **completa necessariamente il significato**.
  La decisione spetta **a te**.   Quest'orologio apparteneva **al nonno**.

- **verbi transitivi**, di forma **attiva** o **passiva**, di cui **può completare il significato**.
  Hai restituito il libro **a Carlo**?   Manda**mi** una tua foto.
  A Marta è stato regalato un bel gattino; **a me** invece compreranno un cagnolino.

- **aggettivi**, in particolare quelli che indicano **somiglianza** o **diversità**, **amicizia** o **ostilità**, **attitudine**, **disposizione**.
  I tuoi gusti sono simili **ai miei**.   Questo è contrario **ai miei principi**.
  Non lo ritengo adatto **all'incarico**.   **Ti** sono grato per la tua disponibilità.

ALLENA LE COMPETENZE

59 ●○○ **COMPETENZE SINTATTICHE** | **DENTRO LE PAROLE** Riconosci i complementi di termine e i loro attributi.

1. L'**estradizione** è la consegna da parte di uno Stato a un altro Stato di una persona che si è rifugiata nel suo territorio e che è imputata o condannata nel Paese richiedente. Una volta estradato, l'individuo sarà sottoposto a un processo o, se già condannato, alle sanzioni penali. Lo Stato italiano nega l'estradizione a quegli Stati che non garantiscano agli individui i diritti fondamentali, per esempio la rifiuta a quei Paesi in cui è in vigore la pena di morte.

2. La parola **defezione** indica l'abbandono del gruppo o dell'associazione specialmente politica a cui si appartiene, oppure il venir meno a un impegno o a una fede.

9 La sintassi della frase semplice

60 ●○○ **COMPETENZE SINTATTICHE** **Distingui** i complementi di termine dai complementi oggetto. **Fai attenzione** alla funzione dei pronomi.

1. Dimmi pure il tuo parere. **2.** Diglielo: ti ascolterà. **3.** Ho pensato a voi e vi ho portato un souvenir. **4.** Ci hanno nascosto la verità per non farci preoccupare. **5.** Non me lo hai mai detto. **6.** Le hanno fatto tutti i complimenti. **7.** Mi hai rivolto dei rimproveri che mi hanno turbato. **8.** Questo ti comunico: tieniti libero per il mio compleanno!

61 ●●○ **COMPETENZE SINTATTICHE E LESSICALI** **Completa** le seguenti frasi inserendo come indicato un complemento oggetto (**O**), un complemento di termine (**T**) o entrambi (**O+T**).

1. Ti appigli sempre (**T**) ....

2. Ha demandato (**O+T**) ....

3. Voglio devolvere (**O+T**) ....

4. Accludo (**O+T**) .... dell'originale.

5. Questo comportamento non si addice (**T**) ....

6. Devi adeguare (**O+T**) ....

7. Quell'uomo aspira (**T**) .... ; è pericoloso aspirare (**O**) ....

8. Non esporre (**O+T**) ....

9. Non esporti (**T**) ....

10. La tua versione non corrisponde (**T**) ....

11. Dopo il divorzio, l'uomo doveva corrispondere (**O+T**) .... per il mantenimento dei figli.

12. Il dirigente scolastico dovrà accorpare (**O**) .... ; la sezione F sarà accorpata (**T**) ....

62 ●●● **COMPETENZE SINTATTICHE** **ANALISI LOGICA** **Fai** l'analisi logica.

1. Antonio si è tagliato i capelli: i suoi alunni non lo riconoscono più. **2.** Mi avete convinto: vi concedo ancora venti minuti. **3.** Mi dispiace, ma non mi hanno dato tutti i dettagli: non posso aiutarvi. **4.** Sarà contenta Paola, a cui hanno regalato delle perle preziose. **5.** Glielo dirai tu: non voglio interromperlo. **6.** È stato disponibile il vigile urbano a cui ho chiesto delle informazioni. **7.** Le vedrò domani e darò loro il tuo messaggio. **8.** Le ho confidato dei segreti importanti e lei li ha riferiti a tutti. **9.** Il tuo comportamento è contrario ai princìpi che ti ho insegnato. **10.** Sarò grato agli amici che mi aiuteranno.

63 ●●● **COMPETENZE SINTATTICHE** **ANALISI LOGICA** **Fai** l'analisi logica.

1. Mi passi il pennarello che è vicino a quel libro? **2.** Roberto è antipatico: non lo sopporta nessuno. **3.** Non mi piacciono le persone che non mi danno ascolto. **4.** Il professor Limiti ci ha assegnato troppi compiti: io non riesco a svolgerli tutti. **5.** Il ragazzo a cui hai stretto la mano è il mio più caro amico. **6.** Il frigo si è rotto: ho chiamato un tecnico che possa ripararlo. **7.** Non risponderò alle domande che mi poni: vuoi incastrarmi. **8.** Sveglialo e preparagli un'abbondante colazione. **9.** Li hanno visti tutti: erano allegri e spensierati. **10.** Daglielo subito!

A 431

La sintassi

5*3 Il complemento di specificazione

> Il **complemento di specificazione** precisa il significato della parola che lo precede, specificandone un aspetto particolare come **l'appartenenza, la specie, la categoria, il rapporto di parentela, la pertinenza**.

RISPONDE ALLE DOMANDE di chi? di che cosa?

È INTRODOTTO DA la **preposizione** *di*, semplice o articolata.

La preposizione *di* non è invece espressa quando il complemento è costituito dalla particella pronominale **ne** (= *di lui, di lei, di loro*) o dalla forma **cui** del pronome relativo.

Nel giardino **del nonno** sono già fiorite le nuove piante **di ortensie**.
Il compagno **di banco di Stefania** ha una bella collezione **di vecchi soldatini**. Erano **di suo padre**.
Ho un nipotino il **cui** nome (= *il nome del quale*) è Pietro e **ne** vado fiero (= *vado fiero di lui*).

PUÒ ESSERE RETTO DA

- **aggettivi**, come *avido, contento, consapevole, desideroso, geloso, noncurante, ...*
- **verbi intransitivi**, come *abusare, approfittare, disperare, disporre, ridere, ...*, e **intransitivi pronominali**, come *accorgersi, accontentarsi, fidarsi, dimenticarsi, ricordarsi, ...*, di cui **completa necessariamente il significato**.

    Nessuno deve abusare **del proprio potere**.
    Simona non si fida **di nessuno**.

- **verbi transitivi**, come *avvertire, convincere, incaricare, persuadere, ...*, di cui **completa necessariamente il significato**.

    Sara convincerà Ugo **dell'inutilità** del suo progetto e lo avvertirà **di eventuali problemi**.

Il complemento di specificazione è, molto spesso, un'**espansione del nome**. La sua funzione di precisarne una caratteristica lo avvicina alla **funzione dell'attributo**. Non di rado, infatti, il nome che esprime il complemento può essere sostituito dall'aggettivo corrispondente.

la volta **del cielo** = celeste
l'acqua **del mare** = marina
l'amore **dei figli** = filiale
i diritti **dell'uomo** = umani

La specificazione può essere **soggettiva** o **oggettiva** quando il complemento è retto da un nome che ha la **radice di un verbo**: trasformando questo nome nel verbo corrispondente, il complemento di specificazione diventa rispettivamente il soggetto del verbo o il complemento oggetto.

La partenza **di Erica** è per domani.   →   Erica (= soggetto) partirà domani.
Ho il timore **dei serpenti**.   →   Io temo **i serpenti** (= complemento oggetto).

A 432

ALLENA LE COMPETENZE

64 **COMPETENZE SINTATTICHE** Riconosci i complementi di specificazione e il loro attributo.

1. Francesco è molto geloso del suo fratellino. 2. Non mi scorderò mai di te. 3. L'Arno è il fiume di Firenze. 4. Ti piacciono i romanzi di Stephen King? 5. Comprami una confezione di bottiglie di aranciata. 6. Nairobi è la capitale del Kenya. 7. La lentezza del traffico è causa di nervosismo per gli automobilisti. 8. La sorella di Luisa è la compagna di banco di mia cugina. 9. Non è contento di sé ed è geloso dei successi degli amici. 10. Il viaggio di Colombo portò alla scoperta di nuovi popoli e di nuove terre.

65 **COMPETENZE LESSICALI** Trasforma il complemento di specificazione in un aggettivo appropriato e viceversa.

1. Le riserve d'oro
2. L'arte della cucina
3. L'energia del vento
4. Gli strumenti della guerra
5. Il latte di vacca
6. Le attività del giorno e della notte
7. I giorni della settimana lavorativi
8. L'industria casearia
9. I danni sismici
10. Gli allevamenti suini e ittici
11. La storia inglese
12. Un'emorragia cerebrale
13. Il consumo idrico
14. Uno sbalzo termico
15. Il nervo ottico
16. La crescita demografica
17. Il piano urbanistico
18. Le previsioni meteorologiche

66 **COMPETENZE SINTATTICHE** **DENTRO LE PAROLE** Riconosci i complementi di specificazione e il loro attributo.

Il colore **giallo** possiede da sempre una ricca simbologia. Essendo il colore del sole e dell'oro, rappresentava nel passato la ricchezza, la fertilità e, soprattutto in Oriente, era il simbolo del potere, della sacralità e della regalità. In molti Paesi orientali il giallo era il colore delle vesti sacerdotali e delle insegne imperiali, perciò in Giappone poteva essere indossato solo dai membri della famiglia reale. Fu invece meno fortunato in Occidente: nell'antica Grecia dovevano avere questo colore gli abiti dei pazzi, nel Medioevo quelli delle prostitute; gialla era la bandiera delle navi infettate dalla peste o da altre malattie contagiose; una coccarda o un distintivo giallo marchiava gli Ebrei; anche Giuda venne spesso raffigurato in abiti gialli perché questo colore era simbolo di gelosia e di tradimento. Oggi invece la parola *giallo* è per noi sinonimo di "genere poliziesco", indica cioè una storia basata sull'inchiesta di un abile investigatore. L'origine di questo significato risale al 1929, quando la casa editrice Mondadori pubblicò una collana di romanzi polizieschi, la cui copertina era gialla. E così dal colore della copertina si passò a indicare l'argomento dei romanzi e in seguito anche dei film.

S.S. Van Dine, *La strana morte del signor Benson*, Mondadori, ristampa del 1933 del primo titolo della collana "I Gialli Mondadori" uscita in Italia nel 1929.

A 433

La sintassi

67 ●●○ COMPETENZE SINTATTICHE Riconosci i complementi di specificazione. **Fai attenzione**: può anche essere costituito da un pronome.

1. Non mi è piaciuto quel film: non ne ricordo neppure il titolo. **2.** Era ieri il compleanno di Amanda? Me ne sono proprio scordato. **3.** Ho corretto dei temi di cui non ho capito il senso. **4.** Ho sostenuto un esame il cui esito mi preoccupa molto. **5.** I professori sono fieri degli alunni la cui principale preoccupazione è impegnarsi nello studio. **6.** Visiteremo la mostra del pittore Magritte, di cui sono un grande estimatore. **7.** Ho un gatto il cui nome è Felix e devo prendermene cura. **8.** Ti sono caduti dei centesimi dalla tasca della giacca. Te ne sei accorto? **9.** Ti sei ricordato di ciò che ti avevo detto? **10.** Ho scelto per quel lavoro la sorella di Emanuela, di cui mi posso veramente fidare.

68 ●●○ COMPETENZE SINTATTICHE Distingui i complementi di specificazione dai complementi oggetto introdotti dall'articolo partitivo.

1. Gli amici di Luisa mi hanno dato dei dolci per te. **2.** Evita di farti delle illusioni sulla buona riuscita del tuo progetto. **3.** La stesura della tesi mi ha portato via del tempo prezioso, ma mi ha permesso di ottenere degli ottimi risultati in sede di discussione. **4.** Consulta dei volumi di geografia e fa' delle ricerche sulle civiltà dell'antica Cina. **5.** I consigli degli adulti sono indispensabili per affrontare le prove della vita. **6.** Parigi ha proposto delle originali iniziative nel campo dell'elettrotecnica. **7.** La nazionalizzazione del Canale di Suez ha creato delle difficoltà nel rapporto tra l'Egitto e i Paesi dell'Occidente. **8.** Ho messo delle nocciole nell'impasto della torta. **9.** Mi auguro che tu abbia trascorso delle vacanze serene in casa degli zii. **10.** Ho provato delle forti emozioni al matrimonio dei nostri amici.

69 ●●○ COMPETENZE SINTATTICHE DENTRO LE PAROLE Distingui i complementi di specificazione dai complementi oggetto introdotti dall'articolo partitivo.

Il nome **Argentina** deriva dal latino *argentum*, anche se l'Argentina non ha mai avuto dell'argento in abbondanza. L'origine del nome si deve piuttosto a un equivoco. Nei primi decenni del 1500 il veneziano Sebastiano Caboto vide degli abitanti indigeni che avevano in mano degli oggetti in argento: in realtà essi li avevano ricevuti dai marinai di una precedente spedizione spagnola. Tuttavia egli, pensando che la zona dell'estuario dei fiumi Uruguay e Paranà avesse delle grandi quantità di quel metallo prezioso, la chiamò **Rio della Plata** (nella lingua spagnola "Fiume dell'Argento").

70 ●●○ COMPETENZE SINTATTICHE DENTRO LE PAROLE Distingui i complementi di specificazione, i soggetti partitivi e i complementi oggetto introdotti dall'articolo partitivo.

La leggenda raccontava che in quella regione c'erano delle montagne d'argento e, anche quando la cosa fu chiarita, i nomi Argentina e Rio della Plata sopravvissero. Una regione dell'Argentina è la Patagonia, in cui ci sono delle pianure immense: comprende anche l'estremità meridionale del continente, la cosiddetta "**Terra del Fuoco**". Essa fu scoperta dalla spedizione di Ferdinando Magellano che, navigando vicino alla costa, vide dei fuochi e proprio da qui si ebbe il nome della regione. Tra l'altro Magellano aveva creduto che gli abitanti stessero preparando delle imboscate agli uomini della sua flotta, mentre essi avevano acceso dei fuochi probabilmente solo per scaldarsi.

9 La sintassi della frase semplice

71 ●●● COMPETENZE SINTATTICHE | DALLA GRAMMATICA ALLA SCRITTURA | **Scrivi** tre frasi con il complemento di specificazione di tipo oggettivo e tre con il complemento di specificazione di tipo soggettivo e **trasformale** come nell'esempio.

L'origine di quel fenomeno è piuttosto strana. → genitivo soggettivo
→ Quel fenomeno ha un'origine piuttosto strana.
L'origine di quel fenomeno si deve al bradisismo. → genitivo oggettivo
→ Il bradisismo ha originato quel fenomeno.

1. a. genitivo soggettivo:
   _____ → _____

   b. genitivo oggettivo:
   _____ → _____

2. a. genitivo soggettivo:
   _____ → _____

   b. genitivo oggettivo:
   _____ → _____

3. a. genitivo soggettivo:
   _____ → _____

   b. genitivo oggettivo:
   _____ → _____

72 ●●● COMPETENZE SINTATTICHE | ANALISI LOGICA | DENTRO LE PAROLE | **Fai** l'analisi logica.

Sono **onomatopeiche** le parole che cercano di riprodurre un suono, un rumore o il verso di un animale. L'aggettivo *onomatopeico* ha la stessa radice di *onomastico*: la parola greca *ónoma* significava "nome". Te ne proponiamo un esempio noto a tutti. **Boom** è il rumore del rimbombo del tuono; è quello di un aereo che supera la barriera del suono. Il boom però è anche tutto quello che ha una rapida diffusione e popolarità. Indica lo scoppio di una moda o di un uso oppure una fase di rapido sviluppo di un'industria, di una produzione o dell'economia.

73 SUPER! COMPETENZE SINTATTICHE | ANALISI LOGICA | DENTRO LE PAROLE | **Fai** l'analisi logica.

Ti indichiamo il significato di alcuni termini tipici del linguaggio medico, la cui conoscenza ti potrà aiutare. La **diagnosi** è l'identificazione della malattia che i sintomi e l'anamnesi del malato e gli esami di laboratorio permettono di effettuare. L'**anamnesi** è la raccolta di tutte le notizie che riguardano le malattie, le abitudini di vita, il precedente stato di salute di un paziente e dei suoi stretti familiari. Alla diagnosi segue la **prognosi** che è la previsione del decorso e dell'esito della malattia. Le prescrizioni mediche prevedono anche la **posologia**, che è l'indicazione delle dosi e delle modalità di assunzione di un farmaco. I farmaci possono anche causare ai pazienti degli **effetti collaterali** che sono conseguenze indesiderate o disturbi.

La sintassi

RAFFORZA LE TUE COMPETENZE

74 ●○○ **COMPETENZE SINTATTICHE** **ANALISI LOGICA FACILITATA** **Fai** l'analisi logica delle seguenti frasi. Contengono complessivamente: 4 complementi oggetto; 4 complementi di specificazione; 4 complementi di termine.

1. Io accetto la tua decisione, ma non ne comprendo le ragioni.   **2.** Ho acquistato un cellulare le cui funzioni mi sono utilissime.   **3.** C'era la festa a cui tenevi, ma te ne sei dimenticato.
4. Sono stati attribuiti dei grandi riconoscimenti alle sue capacità organizzative.   **5.** Serberò il ricordo di tutti quelli che mi sono stati vicini.

75 ●●○ **COMPETENZE SINTATTICHE** **Completa** le seguenti frasi e **specifica** se le parole che hai inserito svolgono la funzione di complemento oggetto, di complemento di termine o di complemento di specificazione.

1. Devo parlare con Luigi: .... (..) chiamerò il prima possibile.

2. Devo parlare con Luigi: .... (..) telefonerò il prima possibile.

3. Ho parlato con Sandra: i ladri .... (..) hanno rubato tutti i gioielli.

4. Ho parlato con Sandra: i ladri .... (..) hanno derubata di tutti i suoi gioielli.

5. Giada è una ragazza che cura molto .... (..).

6. Giada è una ragazza incurante .... (..).

7. Giada è una ragazza indifferente a .... (..).

8. Non si deve ridere .... (..).

9. Non si deve deridere .... (..).

10. Questa scelta non spetta .... (..).

11. Questa scelta non riguarda .... (..).

12. Devi essere cosciente .... (..).

13. Devi essere riconoscente .... (..).

14. Non devi affidarti .... (..).

15. Devi fidarti .... (..).

76 ●●○ **COMPETENZE SINTATTICHE** **ANALISI LOGICA** **Fai** l'analisi logica.

1. L'esercizio è incompleto: devi terminarlo.   **2.** L'ora di lezione è terminata.   **3.** Mi è calata la pressione.   **4.** I pescatori hanno calato le loro reti: prenderanno molti pesci?   **5.** Vorrei prendere una boccata d'aria fresca: c'è un'afa tremenda.   **6.** Le hai preso le caramelle che ti aveva chiesto?   **7.** Vuoi delle caramelle? Prendile pure tu. Io non ne sono ghiotta.   **8.** Da piccola, mi davano del latte e del miele.   **9.** Era una bambina graziosa: ne ricordi il nome?   **10.** A chi hai dato la collana che ti era tanto cara?   **11.** La mia collana ha una pietra dura di cui non ricordo il nome.   **12.** La mia collana ha una pietra il cui nome è ametista.

A 436

9 La sintassi della frase semplice

77 ●●○ COMPETENZE SINTATTICHE ANALISI LOGICA **Fai** l'analisi logica.

1. Abbiamo acquisito tutti gli elementi utili al progetto che dobbiamo presentare. **2.** I carabinieri cercavano l'arma del delitto: hanno perquisito l'appartamento della vittima, ma non l'hanno trovata. **3.** Sei stato molto scorretto: lo riferirò ai tuoi genitori. **4.** Inviteranno Luigi e Carlo: devono dirimere una questione importante, di cui non conosco i dettagli. **5.** La professoressa ha requisito il cellulare a un allievo: stava mandando dei messaggini agli amici. **6.** Sono ormai molto severe le disposizioni di legge, che tutti gli studenti devono conoscere.

78 ●●○ COMPETENZE LESSICALI **Associa** i seguenti verbi alla definizione corrispondente.

> **a.** requisire • **b.** aborrire • **c.** imbonire • **d.** inquisire • **e.** disquisire •
> **f.** perquisire • **g.** acquisire • **h.** concupire

1. .... investigare, condurre un'inchiesta per appurare colpe e responsabilità
2. .... venire in possesso di qualcosa
3. .... cercare, in un luogo o su una persona, oggetti attinenti a un reato
4. .... trasferire la proprietà di un bene da un privato alla pubblica amministrazione
5. .... avere in orrore, in avversione
6. .... desiderare ardentemente
7. .... cercare di convincere qualcuno esaltando i pregi di qualcosa
8. .... discutere con sottigliezza talvolta eccessiva

79 ●●● COMPETENZE SINTATTICHE MITO ANALISI LOGICA **Fai** l'analisi logica del seguente testo.

Il termine **pigmalione** indica una persona che scopre e valorizza le doti naturali e il talento di qualcuno. In qualità di maestro, egli contribuisce al suo successo. Pigmalione era il nome di un re, che era anche un abile scultore. Ci narra la sua storia un antico mito. Da giovane, egli era tutto intento alla sua arte e non ricambiava l'amore di nessuna donna. Così Afrodite, la dea dell'amore, meditò una vendetta. Fece innamorare Pigmalione di una statua, che rappresentava una donna bellissima e di cui lui stesso era l'autore. Lo sventurato la contemplava e le sussurrava parole d'amore. Infine il giovane chiese ad Afrodite una moglie simile a quella statua. La dea esaudì la richiesta e le infuse il fuoco della vita. Pigmalione allora sposò la splendida donna che era stata opera sua.

80 ●●● COMPETENZE LOGICO-SINTATTICHE ANALISI LOGICA **Fai** l'analisi logica dei seguenti gruppi di frasi, **illustra** lo **schema logico-sintattico** delle frasi di ciascun gruppo, indicando **se sono formate da complementi diversi** o se li presentano in una **diversa successione**, e **spiega** il **diverso significato** che esse esprimono.

1. a. Nessuno li ha visti. **b.** Nessuno ha visto loro.

2. a. La viabilità della città è stata rallentata. **b.** La viabilità cittadina è stata rallentata.

3. a. Sandra ha migliorato le proprie condizioni di lavoro. **b.** Sandra ha migliorato le condizioni lavorative di lei. **c.** Le condizioni lavorative di Sandra sono migliorate.

4. a. Si sta lavando i capelli. **b.** Sta lavando loro i capelli. **c.** Sta lavando i loro capelli.

5. a. Non te l'ha voluto dire. **b.** Non ha voluto dirtelo. **c.** Non ha voluto dirlo a te.

A 437

La sintassi

81 SUPER! COMPETENZE SINTATTICHE DALLA GRAMMATICA ALLA SCRITTURA **Scrivi** sei frasi usando sempre il **verbo** *cambiare* e i **complementi indicati**, e mantenendo la successione proposta.

1. soggetto – predicato verbale

_____

_____

2. soggetto – predicato verbale – complemento oggetto – complemento di termine + attributo

_____

_____

3. soggetto sottinteso – complemento di termine – predicato verbale – complemento oggetto – complemento di termine

_____

_____

4. soggetto – complemento di termine – predicato verbale – complemento oggetto – complemento di specificazione

_____

_____

5. soggetto sottinteso – predicato verbale – complemento di termine – complemento oggetto

_____

_____

6. apposizione del soggetto + attributo – soggetto – predicato verbale – complemento oggetto + attributo

_____

_____

82 SUPER! COMPETENZE SINTATTICHE ANALISI LOGICA **Fai** l'analisi logica.

1. Mi ha dato la notizia dell'incidente di Marco la mia amica Sara e ne ho appreso la gravità.
2. Ci ha detto che non ci aveva visti. Ma io non ci credo.   **3.** Ti hanno ingannato proprio loro che sono i tuoi amici? Ne sei convinto?   **4.** Ho letto un romanzo bellissimo di cui non ricordo il titolo.   **5.** Il dottor Rossi, l'avvocato cui ti sei affidato, è molto esperto di questo genere di cause.   **6.** È stato assunto il dottor Rossi: gli hanno assegnato dei compiti molto impegnativi.
7. Ti presenterò un'amica che è una campionessa di nuoto. Ne sono sicura: ti piacerà.   **8.** Ti metterai gli orecchini che ti hanno regalato i nonni? Vorrei proprio vederli.   **9.** Ho comprato dei cioccolatini buonissimi, e te li farò assaggiare.   **10.** Devi vedere la casa di mia cugina Donatella!

A 438

5*4 Il complemento d'agente e il complemento di causa efficiente

> Il **complemento d'agente** e il **complemento di causa efficiente** indicano rispettivamente l'**essere animato** e l'**essere inanimato** che compiono l'azione espressa dal verbo di **forma passiva**.

RISPONDONO RISPETTIVAMENTE ALLE DOMANDE da chi? da che cosa?

SONO INTRODOTTI DA la **preposizione** *da*, semplice o articolata, e le **locuzioni** *da parte di*, *a opera di*.

La preposizione *da* **non è espressa** quando la funzione di complemento d'agente o di causa efficiente è svolta dalla particella pronominale *ne*, che significa "da lui, da lei, da loro, da ciò, da essi, da esse".

Giulia è stata interrogata **dall'insegnante** di italiano.
Quegli alberi sono stati abbattuti **dal vento**.
Paolo ha visto Monica e **ne** (= *da lei*) è stato subito affascinato.
Hanno detto che accetteranno e **ne** (= *da ciò*) sono stata sorpresa.

Facciamo il punto su... il passaggio dalla frase attiva a quella passiva

Una frase attiva può essere volta alla forma passiva **solo quando il verbo è di genere transitivo** ed è **accompagnato dal complemento oggetto**.
Il passaggio da una forma all'altra avviene nel seguente modo:

Le trasformazioni della frase si possono così riassumere:

forma attiva	→	forma passiva
complemento oggetto	→	soggetto
verbo di forma attiva	→	verbo di forma passiva
soggetto	→	complemento d'agente o di causa efficiente, introdotto dalla preposizione *da*

La frase passiva, invece, **può sempre essere volta alla forma attiva.** Nel caso in cui essa non presenti il complemento d'agente espresso, la corrispondente frase attiva ha il **soggetto indeterminato** e il verbo per lo più alla **terza persona plurale**.

Tutti i biglietti **sono stati venduti**. → **Hanno venduto** tutti i biglietti.

La sintassi

ALLENA LE COMPETENZE

83 ○○○ COMPETENZE SINTATTICHE **Indica** se i complementi sono d'agente [A] o di causa efficiente [C].

1. Sono stato accolto con calore dai parenti [.....] degli sposi. **2.** Ho visto quei naufraghi mentre venivano salvati da alcuni pescatori [.....]. **3.** A causa del caldo insopportabile, il nonno è stato colto da un lieve malore [.....] ed è stato soccorso dai suoi vicini [.....] di casa. **4.** Alcuni alberi sono stati sradicati dal vento [.....]. **5.** Il litorale è battuto da onde gigantesche [.....]. **6.** Le tue abitudini sono considerate strane da tutti [.....], ma non da me [.....]. **7.** La prima stella pulsar fu scoperta da Susan Jocelyn Bell [.....], astrofisica britannica. **8.** Se non sarò invitato da altri amici [.....], passerò da te. **9.** La cottura a microonde fu scoperta nel 1940 dall'ingegnere americano Percy Spencer [.....]. **10.** Ugo è stato baciato dalla sorte [.....].

84 ●●○ COMPETENZE SINTATTICHE **Volgi** alla forma attiva le frasi dell'esercizio precedente.

1. .... 6. ....
2. .... 7. ....
3. .... 8. ....
4. .... 9. ....
5. .... 10. ....

85 ●●○ COMPETENZE SINTATTICHE DENTRO LE PAROLE **Distingui** i complementi d'agente da quelli di causa efficiente.

Il termine **carpaccio** è usato comunemente da tutti per indicare la carne o il pesce servito crudo e a fette. Il carpaccio originale fu inventato nel 1950 da Giuseppe Cipriani, da cui venne fondato l'*Harry's Bar* di Venezia. A una sua amica contessa era stata vietata dai medici la carne cotta. A causa di questa dieta egli le propose un piatto, da lui appositamente creato, che consisteva in sottilissime fettine di carne cruda ricoperta da una salsa di maionese e senape. A questo piatto fu dato un nome dallo stesso Cipriani, che era anche un appassionato di arte. In quei giorni era stata allestita dai Veneziani una mostra in onore del pittore Vittore Carpaccio e poiché i colori del nuovo piatto richiamavano i colori intensi e vivaci dei suoi quadri, lo chiamò *carpaccio*. La salsa, versata dalle mani dello stesso Cipriani, fu fatta cadere sulla carne in modo irregolare, "alla Kandinskij", in omaggio al pittore russo, riconosciuto dai critici come il capostipite della pittura astratta. Oggi il carpaccio è ancora molto apprezzato dai buongustai ed è stato anche rivisitato dai cuochi moderni che hanno cambiato o aggiunto alcuni ingredienti.

9 La sintassi della frase semplice

86 ●●○ COMPETENZE SINTATTICHE DENTRO LE PAROLE **Distingui** i complementi d'agente da quelli di causa efficiente, quindi **volgi** alla forma attiva le frasi di forma passiva.

Lo strano nome dell'*Harry's Bar*, come venne spiegato dallo stesso Cipriani, deriva da quello di un giovane americano. Harry, per guarire dall'alcolismo, si era trasferito a Venezia con una zia, ma dopo un litigio era stato piantato in asso da lei ed era rimasto senza il denaro sufficiente per ritornare in patria. Cipriani era stato assunto come barman dall'hotel in cui l'americano alloggiava: egli era rimasto impietosito dalla vicenda e perciò diede al giovane 10 000 lire, una somma davvero considerevole per allora. Qualche anno dopo, Harry, ormai guarito, tornò a Venezia: la somma intera fu da lui restituita a Cipriani, con l'aggiunta di 30 000 lire perché potesse aprire un'attività in proprio. In segno di gratitudine il nuovo locale, inaugurato nel 1931, fu chiamato da Cipriani proprio *Harry's Bar*.

87 ●●● COMPETENZE SINTATTICHE **Volgi** alla forma passiva le seguenti frasi di forma attiva.

1. Un violento terremoto ha devastato lo stato del Nepal. **2.** A causa della nebbia, l'arbitro sospese la partita di calcio. **3.** I contadini amici di mio zio allevano un gran numero di oche e di galline. **4.** Nel 1965 il regista David Lean diresse il film *Il dottor Zivago*. **5.** La prossima settimana Giulia discuterà la tesi di laurea. **6.** Le librerie di tutto il mondo hanno venduto oltre 450 000 copie dei romanzi della scrittrice J.K. Rowling. **7.** Dopo che i nazisti lo ebbero liberato, nel 1943 Mussolini fondò la Repubblica di Salò. **8.** Se non mi avessi avvertito, non avrei fatto in tempo a prendere il treno.

88 ●●● COMPETENZE SINTATTICHE ANALISI LOGICA **Fai** l'analisi logica. **Presta attenzione** alle funzioni della particella *ne*.

1. Le tue favole sono apprezzate da tutti: i più piccoli ne sono entusiasti. **2.** Gli alunni hanno conosciuto la nuova professoressa e ne sono rimasti affascinati. **3.** Hai commesso delle azioni irresponsabili: te ne sei accorto? **4.** C'è stata una violenta tempesta di neve e alcuni miei amici ne sono stati travolti. **5.** È avanzata della torta: chi ne gradisce un assaggio? **6.** Si è diffusa un'epidemia di varicella e anche mio nipote ne è stato colpito. **7.** A molti giovani piace il calcio: io stesso ne sono un grande appassionato. **8.** La nonna non può mangiare troppi dolci: non dimenticartene! **9.** Non mi fido più di quell'uomo: ne sono stato ingannato.

89 SUPER! COMPETENZE SINTATTICHE ANALISI LOGICA **Fai** l'analisi logica. **Presta attenzione** alle parole precedute dalla preposizione *da*.

1. Te lo dico da vero amico: Sara è stata offesa dal tuo atteggiamento. **2.** Da bambina, mia madre era accudita dalla balia. **3.** Il fidanzato di Giovanna è antipatico ed è malvisto da tutti. **4.** Dimmi ciò che vuoi fare da grande. **5.** Il pilota di Formula Uno Sergio Perez è stato battuto dal suo avversario Lewis Hamilton. **6.** L'ho scoperto da grande: sono stato adottato dai miei genitori. **7.** Da laureato vorrei essere assunto dall'azienda di informatica a cui ho inviato il mio curriculum. **8.** Numerosi villaggi della zona sono stati distrutti dal violento terremoto che si è scatenato. **9.** La piazza è stata invasa dai manifestanti che si opponevano al licenziamento di molti operai della fabbrica. **10.** Noi, da veri amici, ti sconsigliamo il viaggio che ti è stato proposto da quell'agente di viaggio.

A 441

La sintassi

5*5 Il complemento di causa

> Il **complemento di causa** indica il **motivo** per il quale **si fa** o **si verifica** l'azione espressa dal verbo.

RISPONDE ALLE DOMANDE perché? per quale motivo?
È INTRODOTTO DA le **preposizioni** *di*, *a*, *da*, *per*, *con* e le **locuzioni preposizionali** *a causa di*, *a motivo di*, *per via di*, *in seguito a*, *in conseguenza di*.
È RETTO DA **verbi**, **nomi** e **aggettivi** che indicano per lo più **uno stato** o **una condizione**.

Dalla sorpresa restai di sasso; poi piansi **di gioia**.
Felici **per la vittoria**, festeggiammo fino a tardi.
A quella notizia, ammutolimmo: il dolore **per la disgrazia** coinvolse tutti.
In seguito al (= *A causa del*) **temporale** eravamo tutti fradici.

La causa indicata dal complemento può essere:

- **interna** o **esterna** al soggetto,
- **impediente**, se rappresenta il motivo che impedisce lo svolgimento dell'azione; in questo caso la frase è sempre negativa.

Sto morendo **dalla sete**. → causa interna

Alla sua battuta, tutti scoppiarono a ridere. → causa esterna

Per via dello sciopero non potrò partire. → causa impediente

ALLENA LE COMPETENZE

 90 ●○○ **COMPETENZE SINTATTICHE** Riconosci i complementi di causa e il loro attributo.

1. Per la troppa fretta, mi sono scordato di prendere le chiavi di casa. 2. A causa dello sciopero, le lezioni riprenderanno solo la prossima settimana. 3. Siamo molto preoccupati dell'esito del colloquio. 4. Con questo tempaccio è meglio rimanere a casa. 5. Per i troppi errori ortografici, il compito è insufficiente. 6. Per via dei miei troppi impegni, devo *declinare* il tuo invito. 7. In seguito alla promozione, riceverò un motorino nuovo. 8. Dallo stupore rimasi senza parole.

91 ●○○ **COMPETENZE LESSICALI** Nella frase 6. dell'esercizio 90 c'è il verbo *declinare* che può assumere vari significati. **Associa** ciascuna locuzione al significato corrispondente.

1. declinare un'offerta .... a. tendere gradatamente verso il basso
2. declinare le generalità .... b. diminuire, volgere verso la fine
3. declinare un nome .... c. allontanarsi
4. declinare verso un luogo .... d. evitare di assumersi
5. declinare dalla retta via .... e. rifiutare cortesemente
6. le richieste declinano .... f. fornire nel dettaglio, rendere noto
7. declinare ogni responsabilità .... g. elencare le varie forme grammaticali

A 442

5*6 Il complemento di fine

> Il **complemento di fine** indica lo **scopo** o l'**obiettivo** in vista del quale si compie l'azione espressa dal verbo.

RISPONDE ALLE DOMANDE a quale scopo? per quale fine?
È INTRODOTTO DA le **preposizioni** *di*, *a*, *da*, *in*, *per*, e le **locuzioni preposizionali** *allo scopo di*, *al fine di*, *in vista di*.
È RETTO DA **verbi**, **nomi** o **aggettivi** di cui indica la destinazione d'uso o la funzione specifica.

È intervenuto **a mia difesa**; poi mi ha detto parole **di grande conforto**.
Hai stabilito il giorno **per la festa**? Intendo la festa **in suo onore**.
Fisserò la data **per il colloquio**: la riunione avverrà **allo scopo di un chiarimento**.
Si è impegnato molto **in vista della gara**.
I bicchieri **da spumante** e la scatola **per i biscotti** sono nella sala **da pranzo**.

ALLENA LE COMPETENZE

92 ○○○ **Riconosci** i complementi di fine e il loro attributo.

1. Lavoro giorno e notte al fine di un miglioramento delle mie condizioni economiche. **2.** Il viaggio all'estero ti sarà utile per l'apprendimento dell'inglese. **3.** In vista dell'esame di guida faccio pratica con mio padre. **4.** Gli porterò in dono una cornice d'argento. **5.** Tutti devono battersi a difesa dei propri diritti. **6.** Metti le scarpe da ginnastica e usciamo per una passeggiata. **7.** Quegli occhiali sono da sole o da vista? **8.** Marco ci ha chiesto in regalo dei nuovi scarponi da sci.

! I trucchi del mestiere

Come distinguere il complemento di causa dal complemento di fine

I complementi di causa e di fine possono essere introdotti entrambi dalla preposizione *per*; per distinguerli, ricorda che:

- il **complemento di causa** indica il **motivo**, che si manifesta **prima** dell'azione espressa dal verbo.

    Sono contento **per la tua completa guarigione**. → la guarigione è già avvenuta prima

- il **complemento di fine** indica lo **scopo**, che si realizzerà **dopo** l'azione espressa dal verbo; inoltre, può essere trasformato in una **proposizione finale** con un verbo di significato adeguato.

    Per la tua completa guarigione devi stare a riposo → la guarigione avverrà dopo il riposo

    Per guarire completamente devi stare a riposo. → proposizione finale

La sintassi

93 ●○○ COMPETENZE SINTATTICHE DENTRO LE PAROLE STORIA **Indica** i complementi di causa [C] e i complementi di fine [F].

Il termine **faida** viene oggi impiegato per la definizione [.....] degli scontri tra gruppi criminali e cosche mafiose che si trovano in competizione per il potere [.....] su un territorio. La parola risale al linguaggio del diritto delle popolazioni germaniche: per il rispetto [.....] che avevano delle tradizioni, esse rimasero sempre fedeli alle proprie norme giuridiche, anche grazie alla tolleranza [.....] di Roma. In base alla "faida", la famiglia di un uomo ucciso o danneggiato in seguito a uno scontro [.....] con un'altra famiglia poteva agire per vendetta [.....] e a difesa del proprio onore [.....] sia contro il diretto responsabile, sia nei confronti della sua parentela. Per via di questo metodo [.....], però, si verificavano ritorsioni a catena, che colpivano anche molti membri della famiglia per colpe [.....] che non avevano commesso. Per la limitazione [.....] delle vendette private fu poi introdotta la **legge del taglione**: per il risarcimento [.....] del torto subìto si poteva infliggere solo lo stesso danno e solo a chi l'aveva arrecato.

94 ●●○ COMPETENZE SINTATTICHE DENTRO LE PAROLE STORIA **Distingui** i complementi di causa dai complementi di fine.

Per il superamento di queste forme primitive e private di diritto si passò al "**guidrigildo**". Ai fini del ripristino dell'equilibrio socio-economico violato, questa istituzione prevedeva che la famiglia del reo dovesse pagare per le colpe di un famigliare un'indennità di tipo monetario. Per esempio, l'Editto del re longobardo Rotari stabiliva in 900 solidi il risarcimento per la morte di un individuo libero. A causa della mentalità maschilista dell'epoca, l'assassinio del coniuge veniva valutato diversamente a seconda del sesso dell'omicida: per l'uccisione del marito la moglie veniva condannata alla pena capitale; per via dell'uxoricidio il marito doveva invece versare 1200 solidi, cifra comunque molto alta, tanto che alcuni per questo pagamento erano costretti ai lavori forzati. Per il risarcimento di eventuali ferite l'Editto stabiliva somme diverse a seconda della gravità del danno subìto.

95 ●●○ COMPETENZE SINTATTICHE DALLA GRAMMATICA ALLA SCRITTURA **Scrivi** tre coppie di frasi con la preposizione *da* e altrettante con la preposizione *per*, in modo che la preposizione introduca prima un complemento di causa, poi un complemento di fine.

96 ●●○ COMPETENZE LESSICALI PAROLE DENTRO I TESTI **Sostituisci** con un sinonimo le seguenti parole evidenziate negli esercizi 93 e 94.

1. cosche: ....
2. competizione: ....
3. giuridiche: ....
4. ritorsioni: ....
5. risarcimento: ....
6. infliggere: ....
7. ripristino: ....
8. reo: ....
9. indennità: ....
10. capitale: ....
11. uxoricidio: ....
12. stabilire: ....

9 La sintassi della frase semplice

97 ●●● COMPETENZE SINTATTICHE | DALLA GRAMMATICA ALLA SCRITTURA **Scrivi** quattro frasi con le seguenti parole nella funzione logica e nella successione indicate.

> per l'influenza • per l'anniversario • per la vittoria • in regalo • indescrivibile • ci •
> alla tua festa • dei genitori • dei nonni • del figlio • di fidanzamento • dai nipoti •
> Lorenza • la grande sala • la felicità • delle scarpette • da pranzo • da ballo • ha chiesto •
> non potrò partecipare • era • è stata preparata • è

1. complemento di causa – soggetto sottinteso – predicato verbale – complemento di termine + attributo – complemento di fine

....

....

2. soggetto – complemento di termine – predicato verbale – complemento di fine – complemento oggetto partitivo – complemento di fine

....

....

3. soggetto – complemento di specificazione – complemento di causa – complemento di specificazione – copula – nome del predicato

....

....

4. soggetto + attributo – complemento di fine – predicato verbale – complemento d'agente – complemento di fine – complemento di specificazione

....

....

98 ●●● COMPETENZE SINTATTICHE | ANALISI LOGICA | DENTRO LE PAROLE **Fai** l'analisi logica.

1. Il **metabolismo** è l'insieme delle trasformazioni chimiche e fisiche di un organismo animale o vegetale per la conservazione e il rinnovo delle sue componenti.

2. La **biopsia** è l'asportazione di frammenti di tessuto per l'esame della sua struttura. La biopsia viene praticata dal medico ospedaliero a un paziente per la diagnosi di una malattia.

3. Un **ematoma** o un'**ecchimosi** è un livido: si forma per una piccola emorragia che sopraggiunge in seguito alla rottura dei capillari per via di un urto o un trauma.

4. L'**ipocondria** è una forma di psicosi: l'individuo che ne è colpito esagera la portata dei minimi sintomi o inventa l'esistenza di malanni. Per via della sue morbose preoccupazioni e per la paura di gravi malattie l'**ipocondriaco** è ansioso, malinconico e depresso.

5. L'**eutanasia** è la morte rapida e indolore che è provocata in vista della cessazione delle sofferenze di un malato incurabile.

99 ●●● COMPETENZE DI SCRITTURA **Scrivi** un testo che inizi così: *Tra alcune classi della nostra scuola è scoppiata una faida...* **Non superare le 25 righe.**

A 445

La sintassi

5*7 Il complemento di mezzo

Il **complemento di mezzo** indica la persona, l'animale o la cosa **per mezzo dei quali** si compie l'azione.

RISPONDE ALLE DOMANDE con quale mezzo? per mezzo di chi? per mezzo di che cosa?

È INTRODOTTO DA le **preposizioni** *di, a, da, in, con, per, mediante, tramite, attraverso*, e le **locuzioni preposizionali** *per mezzo di, per opera di, grazie a*.

Vive **di espedienti**.
Si esige il pagamento **in contanti**.
Grazie a lei ho superato molte difficoltà.
Chiudi la porta **a chiave**.
Attraverso lui ho saputo molte cose.

È RETTO DA **verbi** e **nomi**. In particolare, sono complementi di mezzo:

- le locuzioni che indicano **un mezzo di trasporto** o **di comunicazione**, come *a piedi, a cavallo, in barca, in aereo, con la moto, via satellite, per fax, per telefono, per radio*, ...

  Ti ho riconosciuto **dalla voce**.
  Saranno assunti **mediante concorso**.
  La discesa **con gli sci nuovi** è stata emozionante.
  Le invierò la merce **tramite il corriere**.
  Il viaggio **in aereo** è stato molto comodo.

- i nomi che, preceduti dalla preposizione *a*, dipendono apparentemente da un altro **nome**, ma in realtà sono retti dal verbo sottinteso *funzionare*, come *barca a vela, forno a legna, mulino a vento, lampada a petrolio, cucina a gas, ferro a vapore*.

5*8 Il complemento di modo

Il **complemento di modo** indica il **modo** o la **maniera** in cui si compie un'azione o si verifica un evento.

RISPONDE ALLE DOMANDE come? in che modo?

È INTRODOTTO DA le **preposizioni** *di, a, da, in, con, su, per, secondo, senza*, e le **locuzioni preposizionali** *alla maniera di, al modo di*, ... In genere, equivale a un **avverbio di modo**, da cui può essere spesso sostituito.

È RETTO DA **verbi** oppure da **nomi** che riguardano prevalentemente la **cucina** o l'**abbigliamento** (in realtà in questi casi si sottintende il participio dei verbi *preparare, cucinare, tagliare, cucire*, ...).

Le formule si studiano **a memoria**; mio figlio però lo fa **di malavoglia**.
È vestito **alla maniera di un** *punk*.
Io prendo un risotto (cucinato) **alla milanese**, lei degli spaghetti **alla carbonara**.
Ho acquistato un abito (cucito) **su misura**.
Ascoltate **in silenzio** e **con attenzione**.
Dobbiamo giudicare **secondo equità** (equamente).

La determinazione di modo può anche essere espressa direttamente da un **avverbio** o da una **locuzione**: in questo caso si ha un **complemento avverbiale di modo**.

In quell'hotel si mangia **benissimo**.
Non mettere tutto **alla rinfusa**.
Comportati **educatamente**.
Sono partita **a malincuore**.

5*9 Il complemento di compagnia e il complemento di unione

> Il **complemento di compagnia** e il **complemento di unione** indicano rispettivamente l'essere animato e inanimato **assieme al quale si compie** o **si subisce l'azione**, oppure nel caso del complemento di unione **la cosa a cui un'altra cosa è collegata** o mescolata.

RISPONDONO ALLE DOMANDE con chi? in compagnia di chi? con che cosa?

SONO INTRODOTTI DA la **preposizione** *con* e le **locuzioni preposizionali** *insieme con, assieme a, in compagnia di, in unione con, unitamente a*.

SONO RETTI DA **verbi** e **nomi**.

Sono complementi di unione anche i nomi che indicano gli **ingredienti di un piatto** o **di una bevanda** e sono introdotti dalla preposizione *a*, in genere articolata.

Verrò **insieme con i miei cuginetti**.   Esco **con l'ombrello** e vado al parco **con il cane**.

Io prendo un risotto **ai funghi**, lei una pasta **alle vongole**, lui dei ravioli **al ragù**.

I trucchi del mestiere

Come distinguere i complementi di mezzo, di modo, di compagnia o unione

Se hai difficoltà a distinguere tra loro i **complementi di modo, di mezzo, di compagnia o di unione**, tieni presente che:

- il **complemento di modo** indica la **modalità dell'azione** del verbo e può essere sostituito da un **avverbio di modo**;
- il **complemento di mezzo** può essere riconosciuto sostituendo la preposizione *con* con la locuzione *per mezzo di*.

Osserva le seguenti frasi in cui i due complementi presentano la stessa preposizione.

complemento di modo	complemento di mezzo
Camminava **a passi veloci** (= *velocemente*).	È andato **a piedi**.
Camminava **in fretta** (= *frettolosamente*).	È venuto **in aereo**.
Entrò **di nascosto**.	Si nutre **di dolci**.
Agì **con astuzia** (= *astutamente*).	L'ha aggiustato **con il cacciavite**.

- il **complemento di compagnia o di unione** può essere individuato sostituendo la preposizione con la locuzione *insieme con*.

complemento di mezzo	complemento di unione
Mi riparo **con** (= *per mezzo di*) **l'ombrello**.	Esco **con** (= *insieme con*) **l'ombrello**.

In particolare, per distinguere il complemento di unione e di modo con nomi introdotti dalla preposizione *a*, indicanti un **piatto**, ricorda che il complemento è di unione se indica gli ingredienti, di modo, se indica il modo in cui il piatto è cucinato.

gnocchi **alla sorrentina**. → cucinati alla sorrentina   ● modo

gnocchi **al pesto**. → con il pesto   ● unione

La sintassi

ALLENA LE COMPETENZE

100 ●○○ COMPETENZE SINTATTICHE Riconosci i complementi di mezzo e il loro attributo.

1. Ti invieremo quel pacco per mezzo del corriere. **2.** Ludovico sarà assunto mediante un concorso pubblico. **3.** È da anni che non vado in bicicletta: preferisco girare a piedi. **4.** Grazie al mio cane il ladro è fuggito. **5.** Vai in moto? Proteggiti col casco. **6.** Mi hanno avvertito per mail: arriveranno con l'aereo. **7.** Attraverso le indagini si è scoperto il responsabile del furto. **8.** Devi giudicare gli amici dalle loro azioni, non dalle loro idee.

101 ●○○ COMPETENZE SINTATTICHE DENTRO LE PAROLE Riconosci i complementi di mezzo e il loro attributo.

1. L'**omeopatia** è una terapia medica che cerca di curare le malattie con le stesse sostanze che le hanno provocate, mediante una somministrazione a piccole dosi. **2. Circuire** significa cercare di piegare una persona alla propria volontà, circondandola di lusinghe e di inganni. **3.** L'aggettivo **coatto** indica qualcosa imposto o con la forza o per legge. **4. Business** è un termine inglese che indica un'attività economica molto redditizia, conseguita talora anche con sistemi illegali. **5.** L'**appalto** è il contratto con cui un'impresa si impegna a compiere determinati lavori o servizi con i propri mezzi e a proprio rischio. **6.** L'**abrogazione** è la revoca o l'annullamento di una legge o di un decreto mediante un atto d'autorità.

102 ●○○ COMPETENZE SINTATTICHE Riconosci i complementi di modo.

1. Ho seguito la ricetta con attenzione e ho preparato in fretta la torta. **2.** I lavori di ristrutturazione procedono con estrema lentezza. **3.** Devi dirmi apertamente ciò che pensi. **4.** I prodotti offerti a prezzo ridotto sono talvolta di qualità scadente. **5.** Sono arrivato in anticipo perché sono venuto in taxi. **6.** Con diligenza ho chiuso l'armadietto a chiave. **7.** Oggi sono di buonumore: andrò a scuola con piacere. **8.** Chiamalo per cognome: vedrai che ti risponderà. **9.** Paolo si è preparato di fretta e ha lasciato la casa in disordine. **10.** Qui si mangiano benissimo le penne all'amatriciana.

103 ●●○ COMPETENZE SINTATTICHE DENTRO LE PAROLE Distingui i complementi di modo dai complementi avverbiali di modo.

1. Chi va **a tutta birra**, va a gran velocità. La birra però non c'entra: l'espressione infatti deriva dal francese *a toute bride*, che indicava l'andare "a briglia sciolta". La parola *bride* però è stata tradotta in modo sbagliato con *birra* per il fatto che le due parole si pronunciano in modo molto simile. Un'altra variante che si usa frequentemente è andare **a tutto gas**. **2.** Chi se ne va **alla chetichella** se ne va in silenzio o di nascosto; l'aggettivo *cheto* significa infatti "tranquillo, silenzioso". Si definisce anche un'**acqua cheta** una persona che è tranquilla e mite solo in apparenza, ma che sotto sotto persegue con costanza i propri fini, talora anche ai danni degli altri. **3.** Paga **alla romana** un gruppo che divide il conto in parti uguali, a prescindere da ciò che ciascuno ha realmente consumato.

A 448

9 La sintassi della frase semplice

104 ●●○ COMPETENZE SINTATTICHE DENTRO LE PAROLE Distingui i complementi di mezzo dai complementi di modo.

1. Si definisce **alla cacciatora** un piatto preparato semplicemente con carne cucinata in umido. Queste preparazioni risalgono al dopoguerra, quando si mangiava modestamente e la carne a disposizione era poca. Per nobilitarla, la si condiva con ingredienti vari mescolati alla rinfusa e il risultato aveva l'aspetto di un piatto gustoso ma cucinato in modo frugale, secondo lo stile di vita dei cacciatori. **2.** È denominata **alla Bismarck** una pietanza con uova fritte. Il nome deriva dal tedesco Otto von Bismarck, che si impegnò con forza e costanza per l'unificazione della Germania. Secondo i biografi, il "cancelliere di ferro" si sarebbe nutrito in abbondanza di uova (addirittura dodici alla volta) e avrebbe gustato con piacere tutti i piatti realizzati con questo suo ingrediente preferito.

105 ●●○ COMPETENZE SINTATTICHE PAROLE DI OGGI Distingui i complementi di mezzo, di modo e i complementi avverbiali di modo.

La parola **bullismo** è derivata di recente, cioè verso il 1960, dal verbo inglese *to bully*, "agire con prepotenza, tiranneggiare". Il fenomeno si riferisce al comportamento di quei giovinastri che con grande accanimento tormentano la loro vittima designata con continue umiliazioni e vessazioni. Bulli e bulle sono in genere giovani che hanno grandi difficoltà di maturazione e di comunicazione emotiva e che si sentono forti e sorretti dalle simpatie del gruppo. D'altra parte i compagni si rendono loro complici con l'indifferenza, il silenzio o peggio con un divertito compiacimento. Le modalità mediante le quali si esercita quest'opera persecutoria sono diverse: i bulli affrontano la vittima direttamente, la opprimono con offese, umiliazioni e persino con la violenza fisica; le bulle lo fanno soprattutto con violenze verbali, calunnie e atteggiamenti di esclusione. Le vittime subiscono passivamente e in silenzio; vivono male e reagiscono all'incirca allo stesso modo, cioè con paure e ansie continue, con l'autoesclusione e la disaffezione per la scuola, nei casi più drammatici persino con il suicidio.

106 ●●○ COMPETENZE LESSICALI E TESTUALI PAROLE DENTRO I TESTI Spiega il significato che le seguenti parole o espressioni hanno nel testo dell'esercizio 105.

1. accanimento: ....
2. vessazioni: ....
3. maturazione: ....
4. comunicazione emotiva: ....
5. sorretti: ....
6. compiacimento: ....
7. opera persecutoria: ....
8. atteggiamenti di esclusione: ....
9. autoesclusione: ....
10. disaffezione: ....

107 ●●○ COMPETENZE SINTATTICHE Trasforma la frase in grassetto in un complemento di modo o di mezzo e **indicalo** nella parentesi.

1. Le tue piante, **se potate vigorosamente**, si irrobustiranno. .... (........................)
2. I Greci perfezionarono l'alfabeto **introducendo le vocali**. .... (........................)
3. Dobbiamo rivolgerci agli altri **usando la gentilezza**. .... (........................)
4. Devi montare quel mobiletto **come è spiegato nelle istruzioni**. .... (........................)
5. **Essendo intervenuto lui**, risolvemmo tutto quanto. .... (........................)

A 449

La sintassi

108 ●●● COMPETENZE SINTATTICHE ANALISI LOGICA DENTRO LE PAROLE **Fai** l'analisi logica.

L'**uragano** è un ciclone tropicale e il suo nome ha un'origine mitologica. Hurakan infatti era il nome del dio delle tempeste, una terribile divinità marina. Sorgeva all'improvviso, si abbatteva con grande violenza e intensità e scatenava tutte le furie dell'oceano. Questo dio era adorato dagli abitanti dei Caraibi. Il suo nome veniva implorato da loro con religioso terrore, quando il cielo si oscurava minacciosamente e il mare si agitava per il vento impetuoso. Gli Spagnoli indicarono quindi il pauroso fenomeno con lo stesso nome del dio che per il suo potere distruttivo era temuto da tutti gli indigeni.

109 ●●○ COMPETENZE SINTATTICHE **Distingui** i complementi di compagnia dal complemento di unione.

1. Domani uscirò con Antonella. **2.** Gradisci della pasta col pomodoro? **3.** Rachele è partita per le vacanze insieme ai suoi zii e al suo cagnolino. **4.** Non mi va il risotto agli asparagi: prendo degli spaghetti alle vongole. **5.** Con chi pensi di uscire? Di certo non con me. **6.** Riccardo si è presentato da Amanda con un mazzo di fiori e una confezione di cioccolatini. **7.** È difficile studiare in compagnia di Paolo. **8.** Con grande fatica mi sono imbarcato con tutti quei pesanti bagagli. **9.** Adoro la pasta al pesto: l'ho mangiata ieri sera al ristorante in compagnia di Giovanni. **10.** Non andare con Tommaso al cinema: lo sai che si addormenta sempre!

110 ●●● COMPETENZE SINTATTICHE ANALISI LOGICA DENTRO LE PAROLE **Fai** l'analisi logica.

1. La parola *motel* è stata coniata dagli Americani con la fusione di *motor* e *hotel*. I *motel* sono alberghi vicini alle autostrade e alle grandi vie di comunicazione. Hanno anche attrezzature per riparazioni meccaniche e rifornimenti di benzina.

2 Con la parola *brunch* si indica una specie di colazione sostanziosa o di pranzo leggero. Lo dice anche il nome stesso: il termine è stato coniato tramite la fusione di *breakfast*, "colazione", e *lunch*, "pranzo". Il buffet del brunch propone i cibi tipici di una colazione assieme a cibi salati, carni, pesce, verdure. La tradizione del brunch ha origini americane e tramite i telefilm si è poi diffusa rapidamente.

111 ●●● COMPETENZE SINTATTICHE DALLA GRAMMATICA ALLA SCRITTURA **Completa** le seguenti frasi esprimendo i complementi indicati.

1. Ho appreso la notizia (*mezzo*) .... (*modo*) ....
2. Mangia (*mezzo*) .... (*modo*) ....
   (*compagnia*) ....
3. Abbiamo mangiato la pasta (*mezzo*) ....
   (*modo*) .... (*unione*) ....
4. Viaggiano (*mezzo*) .... (*modo*) ....
   (*unione*) .... (*compagnia*) ....
5. I ladri sono entrati dalla finestra (*mezzo*) ....

A 450

RAFFORZA LE TUE COMPETENZE

112 ●●○ COMPETENZE SINTATTICHE DENTRO LE PAROLE STORIA **Indica** se le parole in grassetto sono **soggetti [S], nomi del predicato [NP], complementi oggetto [CO], complementi di termine [CT], complementi di specificazione [CS], complementi di causa [CC]** o **complementi di fine [CF]**.

Nel Medioevo, **per l'autodifesa** [.......] di una **persona** [.......] che [.......] riteneva di essere stata accusata ingiustamente, esisteva l'**ordalia** [.......] o "giudizio divino". **Questa** [.......] era **una prova** [.......] fisica **a cui** [.......] veniva sottoposto **il soggetto** [.......] **in virtù della** sua presunta **colpevolezza** [.......]: se **la** [.......] superava, era considerato innocente. Questa **pratica** [.......] dimostra **la** profonda **fede** [.......], **che** [.......], **a causa della superstizione** [.......], legava **la mentalità** [.......] **di** questi **popoli** [.......] **alle credenze** [.......] popolari. La prova più diffusa era **quella** [.......] **del fuoco** [.......]: l'**accusato** [.......], a sua **discolpa** [.......] e pur tremando **dalla paura** [.......] doveva camminare sui carboni ardenti, esporsi **al fuoco** [.......], impugnare **un ferro** [.......] rovente o immergere **un arto** [.......] in acqua bollente. C'era anche **la prova** [.......] **dell'acqua** [.......]: l'imputato era gettato in acqua legato e dopo un po' veniva riportato a galla: **a dimostrazione** [.......] **della** sua **innocenza** [.......] l'**individuo** [.......] doveva essere ancora **vivo** [.......].

113 ●●○ COMPETENZE SINTATTICHE **Indica** se i complementi in grassetto sono di **mezzo [Me], di modo [Mo], di compagnia [Co]** o di **unione [U]**.

1. Il mio cane mangia **con gusto** [.......] la sua pappa e poi gioca **con l'osso** [.......] o **con i cani** [.......] del vicinato. **2.** Abbiamo giocato **a palla** [.......] **con i compagni** [.......] di classe e ora ci laviamo **in fretta e furia** [.......]. **3.** Devi studiare **con costanza** [.......] **assieme ai tuoi amici** [.......]. **4.** Bisogna agire **con prudenza** [.......]: solo **con questa qualità** [.......] si possono evitare **facilmente** [.......] i colpi della fortuna. **5. Con determinazione** [.......] ho viaggiato da solo **in traghetto** [.......] **con tre bagagli** [.......] pesantissimi. **6.** Dei ladri arrivati **in scooter** [.......], ci hanno minacciati **con una pistola** [.......] e sono fuggiti **con i soldi** [.......]. **7.** Sono a fare *shopping* **con la nonna** [.......] che mi ha **generosamente** [.......] regalato un completo da basket **con le scarpe** [.......] coordinate. **8.** Ho mangiato **con appetito** [.......] la deliziosa pizza **al pomodoro** [.......] che preparano **con l'antico forno** [.......] a legna [.......]. **9.** Sabrina mi ha raccontato **con entusiasmo** [.......] il giro che ha fatto **in treno** [.......] **a vapore** [.......] **in compagnia dei suoi amici** [.......]. **10. Con una borsa** [.......] di studio sono vissuto **dignitosamente** [.......] in Inghilterra **con la famiglia** [.......].

114 ●●○ COMPETENZE SINTATTICHE **Indica** se il complemento introdotto dalla preposizione *con* è di **causa [C], mezzo [Me], modo [Mo], compagnia [Co]** o di **unione [U]**.

1. Con questo **freddo** [.......] preferisco restare a casa **con il mio gattino** [.......]. **2. Con** tutto questo **baccano** [.......], come faccio a disegnare **con precisione** [.......]? **3.** Il cuoco prepara **con maestria** [.......] la pasta **con le vongole** [.......]. **4.** Se vuoi preparare la torta **con successo** [.......], mescola gli albumi **con la panna** [.......]. **5.** Sono uscito **con gli stivali** [.......] nuovi, ma **con** quell'**acquazzone** [.......] si sono rovinati **con** mio grande **dispiacere** [.......]. **6. Con il prestito** [.......] sono riuscito a fare un viaggio. **7. Con** questo **caldo** [.......], preferisco non andare **col pullman** [.......]. **8. Con il** mio **diabete** [.......], non posso mangiare cibi **con lo zucchero** [.......].

A 451

La sintassi

115 ●●○ **COMPETENZE SINTATTICHE** Indica se le parole in grassetto sono soggetti partitivi [S], complementi oggetto partitivi [O], complementi di specificazione [Sp], complementi di causa [C], complementi di mezzo [Me] o complementi di modo [Mo].

1. C'è ancora **del burro** [.......] in frigorifero? 2. Sono andato via **di corsa** [.......]: dovevo raggiungere la casa **del professor Mattei** [.......]. 3. Sto morendo **di sete** [.......]: gradirei **dell'acqua** tonica [.......]. 4. Il sogno **di Luca** [.......] è quello di partecipare alle Olimpiadi **di Pechino** [.......]. 5. Grazie all'eredità **del bisnonno** [.......], Ernesto vive **di rendita** [.......]. 6. Si udivano **delle grida** [.......] **di bambini** [.......]: provenivano dal fondo **della strada** [.......]. 7. Ho ricevuto l'annuncio **del lieto evento** [.......] e ho pianto **di gioia** [.......]. 8. Ho lavorato **di fino** [.......] e sono riuscito a realizzare **dei quadretti** [.......] di legno. 9. Se bevo **di getto** [.......] **dell'acqua** [.......] fredda, soffro **di mal** [.......] **di stomaco** [.......]. 10. **Dei ladri** [.......] si sono intrufolati in casa **di nascosto** [.......]. 11. In molte parti **del mondo** [.......] **dei bambini** [.......] muoiono **di fame** [.......].

116 ●●○ **COMPETENZE SINTATTICHE** Indica se le parole introdotte dalla preposizione *da* sono apposizioni [A], complementi di causa [C], complementi di mezzo [Me], complementi d'agente [AG] o complementi di causa efficiente [CE].

1. Da vecchio [.......] vorrei essere circondato dagli amici [.......]. 2. Gli regaleremo una bici da corsa [.......]. 3. Hanno trovato nel Mediterraneo una nave da guerra romana [.......] affondata dai Cartaginesi. [......] 4. Quell'uomo anziano è afflitto da mille problemi [.......]. 5. Batteva i denti dal freddo [.......]. 6. Ho riconosciuto Gianni dal passo sostenuto [.......]. 7. Da buon intenditore [.......], Marco ha scelto questa raffinata sala da tè [.......]. 8. Non riesco a reggermi in piedi dalla stanchezza [.......].

117 ●●● **COMPETENZE SINTATTICHE** **ANALISI LOGICA** **DENTRO LE PAROLE** Fai l'analisi logica.

L'*identikit* di un ricercato viene mostrato dalla polizia nel corso di una conferenza stampa su un'indagine in corso.

1. Il termine inglese *identikit* è formato da due parole: la prima è *identification*, "identificazione", la seconda è *kit*, che indica la cassetta e gli utensili di un mestiere. La parola significa quindi alla lettera "attrezzatura per il riconoscimento". L'identikit è il procedimento con cui le polizie di tutto il mondo ricostruiscono l'immagine del volto di una persona con i tratti somatici indicati da testimoni oculari. Questa particolare ricostruzione somatica era realizzata a mano o per mezzo di fotografie. La tecnica odierna è ben più sofisticata per le infinite possibilità grafiche del computer.

2. Gli esperti, grazie alle indicazioni dei testimoni, sovrappongono con grande pazienza e con vari tentativi i diversi elementi del volto e con questo procedimento ottengono un aspetto somigliante alla persona ricercata. Questo sistema di identificazione fu escogitato da Hugh Mac Donald, un arguto funzionario della polizia di Los Angeles, e fu adottato da tutte le polizie del mondo. La parola *identikit* è oggi usata da noi in maniera ricorrente, ma con pronuncia italianizzata; la pronuncia inglese è, infatti, "aidèntikit".

118 **SUPER!** **COMPETENZE DI SCRITTURA** **DESCRIVERE** Scrivi un breve testo facendo l'*identikit* **del tuo amico ideale**; utilizza tutti i complementi finora studiati. **Non superare le 15 righe.**

9 La sintassi della frase semplice

119 ●●● COMPETENZE SINTATTICHE ANALISI LOGICA MITO **Fai** l'analisi logica.

La parola **sosia** indica una persona che assomiglia a un'altra e può prenderne il posto. Un **anfitrione** è un padrone di casa generoso e ospitale. Questi due nomi erano i nomi propri dei protagonisti della commedia *Anfitrione* del commediografo latino Plauto. Te ne proponiamo la trama. Giove si era invaghito di Alcmena, la moglie fedele e virtuosa del re Anfitrione, e per averla ricorse ai suoi poteri e all'inganno. Anfitrione era partito con il suo esercito per la guerra. Il dio assunse le sembianze del re e raggiunse la reggia di Alcmena. Per l'imbroglio Giove venne aiutato da Mercurio che prese l'aspetto di Sosia, il servo di Anfitrione. Entrambi riuscirono a ingannare la servitù e Alcmena stessa. La donna accolse il falso marito con grande gioia e trascorse con lui una notte d'amore. Ma all'improvviso giunse il vero Anfitrione. Il re era preceduto dal servo Sosia, che fu sconvolto dalla vista di un altro se stesso. L'inganno procedeva a fatica e i due dèi dovettero confessare a malincuore il loro tranello. Il re antepose però all'orgoglio la devozione religiosa: il padre degli dèi e degli uomini si era invaghito proprio di sua moglie e lui ne fu onorato. In seguito a quell'unione nacquero due gemelli: uno era figlio di Anfitrione, l'altro, il semidio Ercole, era stato concepito da Giove.

120 ●●● COMPETENZE SINTATTICHE DALLA GRAMMATICA ALLA SCRITTURA **Ricomponi** le due frasi usando le parole nella **funzione logica** e nell'**ordine** indicati.

> Io • vado • di famiglia • il mio medico • dei nuovi farmaci • ha prescritto • volentieri • Rossi • in bicicletta • per l'emicrania • assieme a Marta • mi

1. soggetto – predicato verbale – complemento avverbiale di modo – complemento di compagnia

2. soggetto – apposizione del soggetto + attr. – complemento di specificazione – complemento di termine – predicato verbale – complemento oggetto partitivo – complemento di fine

121 SUPER! COMPETENZE SINTATTICHE DALLA GRAMMATICA ALLA SCRITTURA **Ricomponi** le tre frasi usando le parole nel riquadro nella **funzione logica** e nell'**ordine** indicati. **Esprimi** opportunamente articoli e preposizioni.

> complimenti • signora • le • arrossì • erano • stati rivolti • Rossi • presenti • che

1. apposizione del soggetto – soggetto – predicato verbale – complemento di causa – soggetto – complemento di termine – predicato verbale – complemento d'agente.

> moto • andrò • cui • è • prudenza • nota • Roberto

2. soggetto sottinteso – predicato verbale – complemento di mezzo – complemento di compagnia – complemento di specificazione – soggetto – copula – nome del predicato.

> a malincuore • consegna • Sandro • ha rinunciato • aveva programmato • lavoro • gita • che

3. complemento di fine – complemento di specificazione – soggetto – complemento di modo – predicato verbale – complemento di termine – complemento oggetto – soggetto sottinteso – predicato verbale

A 453

La sintassi

5*10 I complementi di luogo

> I **complementi di luogo** precisano la **posizione nello spazio** di qualcuno o di qualcosa. Possono indicare un **luogo reale** e **concreto** oppure un **concetto astratto** e, in questo caso, il complemento si definisce **figurato**.

In base alla **determinazione di spazio** e al tipo di **verbo** o di **nome** da cui dipendono, si distinguono complementi diversi.

> Il **complemento di stato in luogo** precisa il luogo reale o figurato **dove si trova** qualcuno o qualcosa, oppure **dove si svolge** un'azione o si verifica un evento.

RISPONDE ALLE DOMANDE dove? in quale luogo?
È INTRODOTTO DA le **preposizioni** *a*, *in*, *su*, *tra*, *da*, e le **locuzioni preposizionali** *sotto a*, *accanto a*, *vicino a*, *fuori di*, *dentro a*, *all'interno di*, *nei pressi di*, *nei dintorni di*.
È RETTO DA verbi che indicano uno **stato** o una **permanenza**, come *essere*, *stare*, *abitare*, *trovarsi*, *restare*, *rimanere*, *vivere*, *lavorare*, di cui costituisce spesso un completamento necessario, e da **nomi** di significato analogo come *posto*, *soggiorno*, *permanenza*, …

Gli occhiali non sono **nella borsa** ma **sulla tua scrivania**.
Valentina è **da te**? No, è **in piscina**.
A Torino visiterò il Museo del cinema **all'interno della Mole Antonelliana**.
Il nostro soggiorno **nei pressi di Napoli** è stato bellissimo.
Hai sempre la testa **tra le nuvole**. → stato in luogo figurato

> Il **complemento di moto a luogo** indica il **luogo reale o figurato verso il quale** qualcuno **si dirige** o verso cui si orienta l'azione.

RISPONDE ALLE DOMANDE verso dove? verso quale luogo?
È INTRODOTTO DA le **preposizioni** *a*, *da*, *in*, *su*, *per*, *verso*, *sotto*, *sopra*, e le **locuzioni** *dentro a*, *vicino al*, *alla volta di*, *presso il*, *in direzione di*.
È RETTO DA verbi di movimento come *andare*, *partire*, *dirigersi*, *venire*, *cadere*, *tornare*, di cui costituisce spesso un completamento necessario, e da **nomi** di significato analogo, come *arrivo*, *partenza*, *andata*, *caduta*.

Vieni con noi **in palestra**? No, devo andare **dal dentista**.
Luca è caduto **dentro a un fosso**; la sua partenza **per Londra** perciò è rimandata.
Gli emigranti partivano **alla volta dell'America**.
Come ricondurlo **alla ragione**? → moto a luogo figurato

Quando indica lo spazio preciso e determinato, come *casa*, *cortile*, *giardino*, *piazza*, *strada* e simili, entro i cui limiti si svolge il movimento, prende nome di **complemento di moto entro luogo circoscritto**.

Ho passeggiato a lungo **nel bosco**.   L'anziana donna si muoveva solo **dentro casa**.

A 454

9 La sintassi della frase semplice

> Il **complemento di moto da luogo** indica il **luogo reale o figurato da cui proviene** qualcuno o qualcosa o da cui prende avvio l'azione verbale.

RISPONDE ALLE DOMANDE da dove? da quale luogo?

È INTRODOTTO DA le preposizioni *di*, *da*.

È RETTO DA **verbi di movimento**, come *provenire*, *arrivare*, *uscire*, *partire*, di cui costituisce un completamento necessario, e da **nomi** di significato analogo, come *rientro*, *partenza*, *arrivo* ecc.

Il mio gatto non esce mai **di casa**, né **dalla mia camera**.

Il suo rientro **da Mosca** è previsto per domenica.

Quella donna è uscita ora **da uno stato depressivo** → moto da luogo figurato

> Il **complemento di moto per luogo** indica il **luogo reale o figurato attraverso il quale passa** o si muove qualcuno o qualcosa.

RISPONDE ALLE DOMANDE per dove? per quale luogo? attraverso quale luogo?

È INTRODOTTO DA le preposizioni *da*, *in*, *per*, *attraverso*, e la **locuzione** *in mezzo a*.

È RETTO DA **verbi** che indicano transito come *passare*, *oltrepassare*, *andare*, *venire*, *transitare*, *correre*, *marciare*, di cui costituisce un completamento necessario, e da **nomi** di significato analogo, come *passaggio*, *marcia*, *corsa*, *transito*, *viaggio*, ...

I malviventi giunsero **attraverso il bosco** ed entrarono **dalla porta posteriore**.

Nel viaggio di ritorno passeremo **da Roma**.

Con la ruspa apriranno un varco **in mezzo alla neve**.

Il viaggio **per mare** è stato piuttosto lungo.

Quella famiglia procede **tra mille difficoltà**. → moto per luogo figurato

Sono **complementi avverbiali di luogo** gli avverbi e le locuzioni avverbiali:

- *qui*, *qua*, *lì*, *là*, *su*, *sopra*, *sotto*, *lassù*, *laggiù*, *dove*, *ci* e *vi*, che, a seconda del verbo da cui dipendono, esprimono lo **stato in luogo** e il **moto a luogo**.

  Tuo padre è già **qui sotto**.

  Ci andrò e **ci** resterò per un po'.

  Siamo andati **lassù**, **dove** ci sono le stelle alpine.

- *da qui*, *da qua*, *da lì*, *da dove*, *da laggiù*, *da lassù*, *ne* (= *da lì*), che indicano il **moto da luogo**.

  Da dove partirà la gara di corsa? Partirà **da laggiù**.

  Sei andato al cinema? Sì, **ne** torno proprio ora.

- *da qua*, *da qui*, *da lì*, *da dove*, *ci* e *vi* (= *di lì*), che indicano il **moto per luogo**.

  Da dove sei entrato?

  Ho provato a entrare **da lì**, ma non **ci** passavo.

A 455

La sintassi

ALLENA LE COMPETENZE

122 ○●○ COMPETENZE SINTATTICHE DENTRO LE PAROLE Distingui se i complementi di luogo nei seguenti modi di dire sono di stato in luogo, moto a luogo, moto da luogo o moto per luogo.

1. Cadere dalle nuvole. 2. Fare castelli in aria. 3. Mettersi le gambe in spalla. 4. Essere come il cacio sui maccheroni. 5. Cadere nelle braccia di Morfeo. 6. Essere una cattedrale nel deserto. 7. Costruire sulla roccia/sulla sabbia. 8. Passare dalla padella alla brace. 9. Passare per le forche caudine. 10. Mettere i bastoni fra le ruote. 11. Essere sull'orlo dell'abisso. 12. Passare per il rotto della cuffia. 13. Passare dalle stelle alle stalle. 14. Da quale pulpito viene la predica.

123 ○●○ COMPETENZE LESSICALI PAROLE DENTRO I TESTI Spiega i modi di dire dell'esercizio 122.

124 ○●○ COMPETENZE SINTATTICHE Distingui se i complementi di luogo sono di stato in luogo, moto a luogo, moto da luogo o moto per luogo.

1. Il Kilimangiaro si innalza nella Tanzania nord-orientale. 2. Il mais fu importato in Europa da Cristoforo Colombo. 3. Sono passato per una scorciatoia attraverso il bosco e sono giunto a casa prima del previsto. 4. Tutti i giorni passo per il centro, faccio colazione al bar e mi dirigo in ufficio. 5. Lo stambecco si arrampicò sulla vetta e poi scese a valle per un erto sentiero. 6. Pietro è caduto dal muretto che è in cortile, ma non si è fatto troppo male. 7. Per andare da Torino a Napoli si passa per Genova. 8. Parto da Milano per trovare rifugio nella tranquillità della campagna. 9. La processione panatenaica si radunava prima dell'alba nei pressi della porta del Dipylon e attraverso la via Panatenaica giungeva all'Acropoli. 10. Non ricordo il luogo in cui ci siamo conosciuti. 11. Ho dovuto recarmi dal medico per il certificato di sana e robusta costituzione. 12. Vado in piscina e passo per i giardini di via Castel Morrone.

125 ○●● COMPETENZE SINTATTICHE Riconosci i complementi di luogo e specifica se sono reali o figurati.

1. Sono giunto alla conclusione che non tornerò mai più in quel luogo.
2. Nelle favole, la volpe simboleggia l'astuzia.
3. Laura è caduta in uno stato di profonda depressione, ma ne è uscita grazie all'aiuto dei suoi amici.
4. Poiché Marco vive sempre tra le nuvole, la zia è sempre in uno stato d'ansia quando suo figlio esce di casa e si reca in ufficio.
5. Spero di essere in errore, ma noto molta cattiveria nelle tue parole.
6. Mentre l'aereo da Milano a New York passava per le regioni artiche, mi sono sentito al settimo cielo.
7. Nella pazienza sta la virtù dei forti.
8. Sono andato da Marta e le ho chiesto che cosa le è passato per la mente.
9. Sei in errore: gli zii partiranno per Parigi, non per Lione.
10. È passato improvvisamente dalla ricchezza alla povertà.

126 ●●○ COMPETENZE SINTATTICHE **Riconosci** i complementi avverbiali di luogo espressi da avverbi e particelle avverbiali di luogo.

1. Mi trovo in una difficile situazione e non riesco a uscirne.   **2.** Il paesaggio delle Langhe è favoloso; vorrei tanto trasferirmi lì.   **3.** Viviamo qui da dieci anni e ci troviamo benissimo.   **4.** Non andare laggiù: aspettami qui!   **5.** Da dove sei uscito?   **6.** Non sono mai stato in Kenya: perché non ci andiamo?   **7.** Da dove passi per arrivare lassù?   **8.** Luisa è stata in Congo e ne è tornata entusiasta.   **9.** La tenuta dei Rossi è meravigliosa: vi abbiamo soggiornato con molto piacere.   **10.** Dimmi dove hai messo le chiavi dell'auto di Luca!

127 ●●○ COMPETENZE SINTATTICHE DALLA GRAMMATICA ALLA SCRITTURA **Completa** le seguenti frasi con i complementi di luogo indicati.

1. stato in luogo:
 a. Abita nel ....
 b. Abita accanto a ....
 c. Abita tra ....
 d. Abita da .... da molti anni.

2. moto a luogo:
 a. Vado da ....
 b. Vado a ....
 c. Vado in ....
 d. Passerò da ....

3. moto da luogo:
 a. Sono appena uscito di ....
 b. Vai là? Io .... torno proprio ora.
 c. La nostra partenza da .... è fissata per domenica.

4. moto per luogo:
 a. Siamo passati per .... ?
 b. Firenze? .... passeremo al ritorno.

128 ●●○ COMPETENZE SINTATTICHE ANALISI LOGICA MITO **Fai** l'analisi logica.

Le **colonne d'Ercole** sono i monti Abila e Calpe. Si trovano ai lati dello stretto presso Gibilterra, tra l'Africa nord-occidentale e la Spagna meridionale e nella concezione degli antichi erano un limite invalicabile. Gli uomini, infatti, non dovevano andare al di là. La locuzione si deve al mito del semidio Ercole. Egli era figlio della regina Alcmena e di Zeus, il re degli dèi. Per questo motivo era odiato profondamente da Era, moglie dello stesso Zeus. Per via del suo risentimento, la dea aveva sconvolto la mente del giovane Ercole: lui a causa della pazzia era persino arrivato a uccidere i propri figli.

129 ●●● COMPETENZE SINTATTICHE ANALISI LOGICA DENTRO LE PAROLE **Fai** l'analisi logica.

1. Per l'espiazione del suo orrendo delitto Ercole dovette affrontare dodici durissime fatiche. Nessun uomo mortale avrebbe potuto compierle; Ercole però era un semidio e riuscì a superare tutte quelle difficilissime prove. Di queste sue eccezionali imprese è rimasta traccia in un'altra locuzione: sono infatti **fatiche d'Ercole** delle imprese molto impegnative o dei lavori che richiedono una forza straordinaria.

2. La prima fatica portò Ercole nell'isola Erizia, estremo lembo occidentale della terra nell'Oceano che circonda il mondo. Lì egli avrebbe dovuto rubare degli splendidi buoi rossi, che appartenevano a un mostruoso gigante. Per quell'impresa l'eroe dovette fare un lunghissimo viaggio attraverso la Tracia, l'Asia Minore, l'Egitto. Giunse infine sullo stretto di Gibilterra, dove innalzò le omonime colonne.

A 457

La sintassi

5*11 Il complemento di allontanamento o di separazione

> Il **complemento di allontanamento o di separazione** indica la persona o la cosa **da cui qualcuno o qualcosa si allontana**, **si separa** o **si distingue**.

RISPONDE ALLE DOMANDE (*lontano, libero, separato*) **da dove? da chi? da che cosa?**
È INTRODOTTO DA la preposizione *da*.
È RETTO DA **verbi** che indicano allontanamento, separazione, distacco, come *abbandonare, cacciare, separare, dividere, liberarsi, distinguere, disinfestare*, di cui costituisce un completamento necessario, e da **nomi** e **aggettivi** di significato analogo, come *lontananza, liberazione, distacco, allontanamento, lontano, separato, diviso, distinto*.

Allontanati **da** quello **strapiombo**!
Liberati **da** questi **pregiudizi**!
Ho separato le scarpe invernali **da quelle** estive.
Devi distinguere il vero **dal falso**.
Il distacco **dalla** sua **città** è stato doloroso e soffre per la lontananza **dai suoi**.

5*12 Il complemento di origine o di provenienza

> Il **complemento di origine o di provenienza** indica il **luogo**, la **famiglia**, la **condizione sociale**, da cui qualcuno o qualcosa **proviene** o **trae origine**.

RISPONDE ALLE DOMANDE (*nato, proveniente*) **da dove? da chi? da che cosa?**
È INTRODOTTO DA le preposizioni *di*, *da*.
È RETTO DA **verbi**, come *nascere, provenire, derivare, discendere, sorgere*, di cui costituisce un completamento necessario, e da **nomi** e **aggettivi** di significato affine, talora sottintesi.

Discende **da una famiglia nobile**.   Le lingue neolatine derivano **dal latino**.
Il Po nasce **dal Monviso**.   Enea vantava la nascita **dalla dea Venere**.
Dante era (*nativo*) **di Firenze**.

I trucchi del mestiere

Come distinguere il complemento di origine dal complemento di moto da luogo Ricorda che il complemento di origine esprime la **provenienza intesa come origini** e non implica, quindi, un effettivo spostamento; il secondo, invece, indica **l'inizio di uno spostamento reale da un determinato luogo**.

Claude viene **da Parigi**.   ● complemento di origine, se si intende che Parigi è la città dove Claude è nato e risiede

Claude viene **da Parigi**.   ● complemento di moto da luogo, se si intende che Claude ha compiuto uno spostamento da Parigi

Allena le Competenze

130 ○●○ COMPETENZE SINTATTICHE **Riconosci** i complementi di allontanamento o di separazione.

1. Giorgio non sa distinguere un dittongo da uno iato. 2. Non so in che modo potermi liberare dagli scocciatori. 3. Non sono d'accordo con loro e ne ho preso le distanze. 4. Grazie al tuo aiuto, mi sono tolto dagli impicci. 5. Bisogna saper distinguere i veri amici dagli opportunisti. 6. Mi sono allontanato da quel luogo perché lo trovavo poco accogliente. 7. Questi alimenti vanno tenuti lontani dalle fonti di calore. 8. Mi hanno consigliato di fare la disinfestazione dagli scarafaggi. 9. Ho divorziato da mia moglie a causa del suo carattere non facile. 10. Un cornicione si è staccato dal quinto piano di quell'edificio. 11. L'eruzione del Vesuvio travolse gli abitanti di Ercolano che non riuscirono ad allontanarsi per tempo dalla città. 12. Il distacco dai miei cari è stato per me un trauma che non ho ancora superato.

131 ●●○ COMPETENZE SINTATTICHE DENTRO LE PAROLE **Riconosci** i complementi di origine o provenienza.

1. Il termine *offshore* viene dall'inglese e indica le società finanziarie che stabiliscono la propria sede in un paradiso fiscale. L'aggettivo *offshore* nasce dall'accostamento di *off*, "fuori", e *shore*, "spiaggia": significa quindi "al largo" e definisce le gare motonautiche in mare aperto, cioè lontano dalle coste, oppure i grandi motoscafi che le disputano. 2. Il termine *jeep* deriva dalla pronuncia di *General Purpose*, che significa "(veicolo) di destinazione generica". Discende dalla jeep il **S.U.V.**, acronimo per *Sport Utility Vehicle*, "Veicolo Utilitario Sportivo". 3. Alcuni Paesi sono definiti **paradisi fiscali**. Questa denominazione trae origine dalle condizioni finanziarie vantaggiose che essi offrono, dalle tasse inesistenti o molto basse al segreto bancario, alla scarsa collaborazione con le autorità investigative internazionali. Il denaro che vi affluisce nasce spesso da attività e scopi illeciti, come evadere le tasse o riciclare il **denaro sporco**, quello cioè derivato da commerci illegali di armi o droga. Il 45% del denaro, infatti, proviene dall'**evasione fiscale**, il 40% da traffici legati al terrorismo o alla criminalità organizzata, il 15% da fondi sottratti illegalmente a opera di dittatori o funzionari corrotti.

132 ●●● COMPETENZE SINTATTICHE ANALISI LOGICA DENTRO LE PAROLE **Fai** l'analisi logica.

1. Il verbo inglese *to manage* proviene dal verbo **maneggiare** che è derivato dal latino. Il verbo indicava originariamente l'addestramento dei cavalli. Perciò il significato attuale si è allontanato notevolmente da quello originario: di esso però rimane ancora traccia nella parola **maneggio**. Il maneggio è infatti il luogo dove si addestrano cavalli e cavalieri. Grande diffusione ha avuto anche il sostantivo *manager* che è derivato da questo verbo. Il **manager** è la persona che dirige con competenza un'azienda e che coordina il lavoro di altre persone.

2. Che cos'è l'**asso nella manica**? È una soluzione vincente che gli altri non si aspettano. Da che cosa ha avuto origine questa espressione? L'asso in parecchi giochi di carte è la carta più importante. I bari perciò la nascondevano all'interno delle maniche e la estraevano opportunamente da lì per una mossa vincente.

La sintassi

5*13 I complementi di tempo

I **complementi di tempo** indicano le diverse **circostanze temporali** in cui si verifica un evento e, in base al **tipo di determinazione**, si distinguono in complementi di **tempo determinato** e di **tempo continuato**.

Il **complemento di tempo determinato** specifica il **momento** in cui avviene l'azione.

RISPONDE ALLA DOMANDA quando?

Esprime anche circostanze temporali **più specifiche**, che in modo più puntuale **rispondono alle domande**:

- entro quanto tempo?   Conto di finire **entro sei giorni**.
- quanto tempo prima?   Siamo partiti **cinque giorni prima**.
- quanto tempo dopo?   Arrivarono **dopo due ore**.
- quanto tempo fa?   Ci siamo visti **due mesi fa**.
- fra quanto tempo?   Sarò da te **fra due ore**.
- per quando?   Ho fissato un appuntamento **per lunedì**.

È INTRODOTTO DA le **preposizioni** *di*, *a*, *in*, *per*, *tra*, *durante*, *dopo*, *entro*, e le **locuzioni preposizionali** *prima di*, *al tempo di*. Il tempo approssimativo viene invece indicato con *verso*, *circa*, *su*, *intorno a*. Può anche non avere nessuna preposizione.

D'estate andiamo al mare, poi **a fine agosto** torniamo in città.
La domenica andiamo in spiaggia **prima delle dieci**.
Durante l'inverno (= *in inverno*) il sole tramonta **intorno alle cinque** del pomeriggio.

Gli avverbi e le locuzioni avverbiali di tempo costituiscono dei **complementi avverbiali di tempo**.

Ti raggiungo **subito**.   **Ieri** mi sono svegliato **tardi**.
Domani devo alzarmi **di buon'ora**.   **Un tempo** la vita era meno frenetica.

Il **complemento di tempo continuato** indica la **durata** dell'azione verbale.

RISPONDE ALLA DOMANDA per quanto tempo?

Esprime anche altre sfumature, relative alla durata, **più specifiche**, che rispondono alle domande:

- in quanto tempo?   Ho scritto questa relazione **in tre ore**.
- da quanto tempo?   Luisa è assente **da cinque giorni**.
- fino a quando?   Siamo rimasti sulla spiaggia **fino all'alba**.

È INTRODOTTO DA la **preposizione** *per*, che può essere anche omessa, o da *in*, *da*, *durante*, *oltre*, *fino a*.

Rimarrò a Parigi (**per**) **cinque giorni**.   La domenica dormo **fino a tardi**.
In tutta la giornata non ha smesso di piovere.   Ha dormito **durante tutto il film**.

Gli avverbi e le locuzioni avverbiali di tempo che riguardano la durata dell'azione sono **complementi avverbiali di tempo**.

Ti sarò **sempre** riconoscente.   Ho parlato **a lungo** con loro.

A 460

9 La sintassi della frase semplice

ALLENA LE COMPETENZE

133 ●○○ COMPETENZE SINTATTICHE **Indica** se i complementi sono di tempo determinato [D] o continuato [C].

1. Dobbiamo partire: entro quarantotto ore [.....] si devono preparare tutti i bagagli.
2. Nicolò ha studiato tutto il pomeriggio [.....], fino a tarda sera [.....]   **3.** Un giorno o l'altro [.....] ci rivedremo; fino ad allora [.....] possiamo sentirci su Facebook.   **4.** Nel 1789 [.....] scoppiò la Rivoluzione francese, nel 1917 [.....] quella russa.   **5.** Questa mattina [.....] il professore ha spiegato per un'ora [.....] senza interruzione.   **6.** Giorgio e Mattia sono arrivati stamattina [.....] e hanno aspettato Gabriele per due ore [.....].
7. In primavera [.....] la natura si risveglia dopo il gelo invernale [.....].   **8.** Al tramonto [.....] la spiaggia tropicale si è riempita di moscerini che ci hanno infastidito per tutta la serata [.....].   **9.** Al tempo della vendemmia [.....] si va nelle vigne la mattina presto [.....].   **10.** Li aspettavo a mezzogiorno [.....], sono arrivati al tramonto [.....].

134 ●●○ COMPETENZE SINTATTICHE **Distingui** i complementi di tempo determinato da quelli di tempo continuato.

1. Attendo da mesi il giorno della partenza e domani finalmente potrò coronare il mio sogno.
2. Per le 15 parte il traghetto che in dodici ore ci porterà a Olbia.   **3.** Durante la proiezione del film è mancata la luce per diversi minuti.   **4.** Ieri sera il tenore ha cantato per due ore senza una pausa.   **5.** La casa sarà pronta per fine anno: entro due settimane inizieremo con i lavori.
6. Nel 9 d.C., sotto il regno di Augusto, Publio Quintilio Varo fu sconfitto nella selva di Teutoburgo.   **7.** Prima dell'esame, il presidente ha ricordato che il tema si sarebbe svolto in sei ore.
8. Dopo l'assassinio di Matteotti, nel 1925 furono promulgate le *Leggi fascistissime*.   **9.** Ignazio rientra tutte le sere alle otto e il suo cane lo accoglie abbaiando per mezz'ora.

135 ●●● COMPETENZE SINTATTICHE **Distingui** i complementi di tempo determinato da quelli di tempo continuato e **specifica** a quale domanda risponde ciascuno di essi.

1. Due anni fa (.....................................) sono stato alle Maldive.   **2.** Fra poco (.....................................) usciremo e torneremo per le nove. (.....................................)   **3.** Sono in punizione fino a sabato (.....................................), perché non ho riferito alla mamma di aver preso una nota la settimana scorsa. (.....................................)   **4.** Mi preparo in cinque minuti (.....................................) e cerco di arrivare alla festa per le 20 in punto. (.....................................)   **5.** Durante il concerto (.....................................) ho gridato così tanto che sono rimasto afono per parecchi giorni. (.....................................)   **6.** Non ci vediamo da mesi (.....................................): ti andrebbe di venire a pranzo da me domenica prossima? (.....................................)   **7.** Nel 313 d.C. (.....................................) Costantino emanò l'editto di tolleranza e da quell'anno in poi (.....................................) concesse la libertà di culto ai cristiani.   **8.** D'estate (.....................................) mi piace correre per ore (.....................................) al tramonto. (.....................................)   **9.** A causa dell'indigestione, sono rimasto sveglio fino all'alba. (.....................................)   **10.** È da giorni (.....................................) che te lo ripeto: preparati alla sfilata che si terrà giovedì. (.....................................)

A 461

La sintassi

136 ●●○ COMPETENZE SINTATTICHE | DALLA GRAMMATICA ALLA SCRITTURA | **Completa** le seguenti frasi scegliendo opportunamente le espressioni di tempo.

> spesso • da un sacco di tempo • nel frattempo • recentemente • ancora • per domani •
> in un baleno • per mesi • nel 1968 • giorno e notte • mai • la scorsa settimana •
> per ore • al più presto • per troppo tempo • due anni prima

1. Arriverò .... , ma .... comincia a studiare la lezione .... 2. Mia zia è nata .... , ... di mio padre. 3. .... il team di operai lavorò .... in quell'edificio. 4. .... mi è arrivato il libro di cui ti ho parlato .... 5. .... , quando sto con Luigi, capisco .... quello che da sola avrei capito studiando .... 6. .... ti aspetto qui: perché non sei .... arrivato? 7. Questo alloggio è rimasto chiuso .... : non è .... stato abitato.

137 ●●○ COMPETENZE LOGICO-LESSICALI | **Metti** in ordine decrescente le seguenti frasi sulla base delle loro espressioni di tempo e **indica** quelle che esprimono una durata equivalente.

1. [......] Ogni giorno mi capita di pensare a te.   2. [......] In ogni istante della mia vita io penso a te.   3. [......] Io non penso più a te.   4. [......] Talvolta io penso ancora a te.   5. [......] Giorno e notte io penso a te.   6. [......] Al calar della sera io penso sempre a te.   7. [......] Spesso, durante il giorno, io penso a te.   8. [......] Io non penso mai a te.   9. [......] Non smetto mai di pensarti.

138 ●●○ COMPETENZE SINTATTICHE | ANALISI LOGICA | DENTRO LE PAROLE | **Fai** l'analisi logica.

Tempo fa la parola **virus** era un termine specifico della medicina, che è entrato poi successivamente anche nella lingua quotidiana. Qui è usata in senso figurato: definisce un sentimento o una passione fortissima. In tempi più recenti è stata ripresa anche dal linguaggio informatico. Indica le false istruzioni che danneggiano i dati della memoria di un computer e cancellano dei *file* dell'*hard disk*. Il vettore di trasmissione di questi virus sono stati per lungo tempo i *floppy disk*; negli ultimi anni il canale di distribuzione più efficace è Internet.

139 ●●● COMPETENZE SINTATTICHE | ANALISI LOGICA | DENTRO LE PAROLE | **Fai** l'analisi logica.

Un virus visto in 3D.

Virus è una parola latina. All'epoca degli antichi Romani indicava la secrezione delle piante e il veleno degli animali. Nel Cinquecento il chirurgo militare francese Ambroise Paré definì con questa parola il pus contagioso di una piaga. Da quei tempi *virus* è diventato un termine specialistico del linguaggio della medicina e in epoca moderna ha dato origine ai derivati *virulento, virulenza, virale, virologia, virologo*. Attualmente, indica gli agenti patogeni che possono moltiplicarsi solo all'interno di cellule di esseri viventi: la cellula infettata modifica il suo patrimonio genetico e trasmette l'infezione alle altre cellule. Un ceppo molto virulento causò la più alta mortalità che si sia mai verificata. Infatti, tra il 1918 e il 1919 furono ben 40 milioni i morti nel mondo a causa dell'influenza spagnola. A quei tempi non esistevano ancora gli antibiotici: solo nel 1928 la penicillina sarà scoperta da Alexander Fleming.

5*14 Il complemento predicativo

Il **complemento predicativo** completa il significato del verbo "predicando", cioè dicendo qualcosa del **soggetto**, e in questo caso prende nome di **predicativo del soggetto**, o del **complemento oggetto**, e in questo caso prende nome di **predicativo dell'oggetto**.

È COSTITUITO DA un **nome** o un **aggettivo** (più raramente, da un **pronome**).

PUÒ COLLEGARSI DIRETTAMENTE al **verbo**.

OPPURE PUÒ ESSERE INTRODOTTO DA **preposizioni**, **avverbi** o **locuzioni preposizionali**, come *a*, *da*, *per*, *come*, *quale*, *in qualità di*, *in funzione di*, *in veste di*.

Il traffico è stato reso **difficoltoso** dalla nevicata. → soggetto predicativo del soggetto
La nevicata ha reso **difficoltoso** il traffico. → predicativo dell'oggetto complemento oggetto
Luca sarà scelto **come allenatore** dalla squadra. → soggetto predicativo del soggetto
Sceglieranno Luca **come allenatore** della squadra. → complemento oggetto predicativo dell'oggetto

Nelle prime due frasi proposte, *difficoltoso* è un aggettivo che fornisce un'**informazione relativa al soggetto** o **al complemento oggetto**, completando il significato del verbo *rendere* che, da solo, non avrebbe senso compiuto.
Nelle altre due frasi, l'espressione *come allenatore* precisa il significato del verbo *scegliere* introducendo un'informazione sul soggetto o sul complemento oggetto.

Il **complemento predicativo del soggetto** è retto da qualunque verbo; ricorre, però, **soprattutto** con i **verbi copulativi** di cui costituisce un **completamento necessario** perché, senza il predicativo, questi verbi non avrebbero senso compiuto. Il **complemento predicativo del soggetto** e il **verbo copulativo** formano un **predicato nominale**.

È RETTO DA

- **verbi predicativi**, cioè verbi di significato autonomo.

  Siamo arrivati alla festa **per ultimi**: lei era tornata a casa **molto stanca**.
  Ascoltammo **stupiti** quel racconto: Luca aveva agito **da vero incosciente**.
  Sono intervenuto non **in qualità di sindaco**, ma **in veste di cittadino**.

- **verbi copulativi intransitivi**, come *risultare*, *restare*, *rimanere*, *nascere*, *morire*, *fingersi*.

  Il suo compito è risultato **il migliore** della scuola: siamo rimasti tutti **allibiti!**
  Quell'uomo nacque **ricco**, visse **da infelice** e morì **povero**.
  L'uomo si finse **paralitico**, ma la sua simulazione risultò ben presto **evidente**.

- **verbi transitivi di forma passiva in funzione copulativa** che, in base al loro significato, sono definiti **appellativi**, **elettivi**, **estimativi**, **effettivi**.

  L'imperatore Federico I era chiamato "**il Barbarossa**".
  Sergio e Gianna sono stati eletti **rappresentanti**.
  Quella è considerata una ditta **molto affidabile**.
  Quel sentiero è stato reso **impraticabile** dalla frana.

La sintassi

> Il **complemento predicativo dell'oggetto** è retto da qualunque verbo transitivo attivo che abbia il complemento oggetto espresso e costituisce un completamento necessario dei **verbi copulativi transitivi attivi**.

È RETTO DA

- **verbi predicativi**.

  Non trattarlo **da bambino**: lo hai preso **per uno sciocco**?
  Non prendete lui **a modello**, anche se ve lo hanno presentato **come bravissimo**.
  Vi immaginate Matteo **in veste di dirigente**?
  Ti vedo un po' **fredda**; eppure ti abbiamo accolta **come un'amica**.

- **verbi transitivi di forma attiva** usati in **funzione copulativa**: si tratta degli **stessi verbi** che nella forma passiva reggono il complemento predicativo del soggetto.

  I nemici soprannominarono Attila "**il flagello di Dio**".
  Ci hanno eletti **rappresentanti** di classe.　　　La frana ha reso impraticabile quel **sentiero**.
  Tutti considerano quella ditta molto **affidabile**.

Allena le Competenze

140 ●○○ **COMPETENZE SINTATTICHE** Indica se il complemento predicativo è del soggetto [S] o dell'oggetto [O].

1. Il comportamento di Ernesto mi è sembrato un po' freddo. [.....] 2. Il sole oggi sembra particolarmente caldo. [.....] 3. Gli antichi consideravano il Sole una divinità. [.....] 4. Riteniamo Paolo un ottimo organizzatore. [.....] 5. Il nonno è sembrato soddisfatto. [.....] 6. Lo hanno già proclamato vincitore? [.....] 7. In quell'occasione, Lidia ci è apparsa molto decisa. [.....] 8. Quell'abito mi sembra troppo elegante. [.....] 9. Lo trovai un po' dimagrito. [.....] 10. Sei tornata da quella riunione troppo stanca. [.....]

141 ●●○ **COMPETENZE SINTATTICHE** Riconosci il complemento predicativo del soggetto e indica se il verbo è intransitivo [I] o transitivo di forma passiva [TP].

1. Il feldmaresciallo Erwin Rommel fu soprannominato "la volpe del deserto". [.......] 2. Molti sembrano amici, ma poi si rivelano egoisti. [.......] 3. La tua strategia si è rivelata fallimentare. [.......] 4. I bambini meno viziati crescono più educati. [.......] 5. A inizio Seicento, Antonio Vivaldi divenne uno dei musicisti più famosi d'Italia e fu soprannominato "il prete rosso". [.......] 6. Serena Williams è attualmente *ritenuta* la migliore tennista del mondo. [.......] 7. Vincenzo Gioberti fu considerato uno dei più importanti *leader* della politica risorgimentale. [.......] 8. Il cardinale Giulio Mazzarino fu scelto come precettore del giovane Luigi XIV. [.......] 9. Cesare Borgia fu indicato da Machiavelli quale esempio di perfetto principe rinascimentale. [.......] 10. Domani sarò esaminato per primo: ecco perché ti sembro turbato. [.......]

142 ●●○ **COMPETENZE LESSICALI** **PAROLE DENTRO I TESTI** Nell'esercizio 141 trovi il participio *ritenuta*, che proviene da uno dei verbi più usati fra quelli formati con il verbo-base *tenere*. **Trova** almeno altri quattro verbi derivati dal verbo *tenere* e **scrivi** una frase con ciascuno di essi.

A 464

9 La sintassi della frase semplice

143 ●●● **COMPETENZE SINTATTICHE** **Distingui** se i complementi predicativi sono del soggetto o dell'oggetto e **specifica** se il verbo è predicativo o copulativo (appellativo, elettivo, estimativo, effettivo), transitivo o intransitivo, attivo o passivo.

1. Bonifacio VIII fu eletto papa dopo Celestino V. **2.** Credi che questo costume mi renda ridicola? **3.** Sono stato nominato arbitro. **4.** Il preside la considera la migliore studentessa dell'istituto. **5.** Ritengo questo progetto irrealizzabile. **6.** Albert considera l'Italia come sua seconda patria. **7.** Napoleone morì esule sull'isola di Sant'Elena. **8.** Gli Egizi consideravano il gatto un animale sacro. **9.** Ti vedo provato dalla cura dimagrante. **10.** Questo non mi sembra un buon momento per parlarle. **11.** Questo caldo asfissiante mi rende nervoso. **12.** La rosa è chiamata "la regina dei fiori". **13.** I tuoi capricci rendono la situazione peggiore di quel che è. **14.** Il suo comportamento è stato reputato scandaloso da tutti noi. **15.** Il Dottor Bianchi, il nostro medico, è diventato primario. **16.** Il pittore Ligabue visse povero e sconosciuto.

! I trucchi del mestiere

Come distinguere il complemento predicativo

Per distinguere il **complemento predicativo** da altri elementi della frase ricorda che:

- l'**attributo** e l'**apposizione** sono espansioni del nome (⬅ p. 402) e, quindi, **elementi accessori**: perciò, anche se li sopprimi, la frase mantiene un senso compiuto;

- il **complemento di modo**, pur rispondendo come il predicativo alla domanda "**come?**", specifica la modalità dell'azione del verbo e determina, quindi, il **significato del verbo**, non il significato del nome come fa il predicativo; inoltre, è costituito da un **nome** (mai da un aggettivo) ed è sempre preceduto da una **preposizione**;

- il **complemento predicativo** si collega al **nome** che determina mediante il **predicato**; perciò, senza il predicativo, o il verbo non ha più senso compiuto o il senso generale della frase si modifica radicalmente.

attributo	È finita l'attesa **ansiosa** dell'esame. La cuginetta **capricciosa** voleva sempre dei dolci.
apposizione	**Come presidente** dell'assemblea il signor Rossi parlerà per primo. **Da bambino** Matteo aveva paura del buio.
complemento di modo	Tua madre ti aspetta **con ansia**. Si comportò **con grande competenza**.
complemento predicativo	Il signor Rossi è stato nominato **presidente** dell'assemblea. Mi credi ancora **un bambino**? Tua madre ti aspetta **ansiosa**. Si comportò **da persona molto competente**.

Inoltre, per avere un'ulteriore conferma, sostituisci **il verbo con una voce del verbo** *essere*: se la frase rimane corretta e mantiene un senso logico, il complemento è sicuramente un predicativo.

Luca è stato eletto **rappresentante** di classe. → Luca è **rappresentante** di classe.

Non mi sembri molto **disponibile**. → Non sei molto **disponibile**.

A 465

La sintassi

144 ●●○ COMPETENZE SINTATTICHE **Distingui** i complementi predicativi dagli attributi.

1. Il suo compito mi sembra buono. 2. Il gelato di via Verdi è davvero buono. 3. L'astuto Prometeo rubò il fuoco agli dèi per donarlo agli uomini. 4. La volpe è tradizionalmente considerata astuta. 5. La notizia della sua bocciatura mi è giunta inaspettata. 6. Ieri ho ricevuto una visita inaspettata. 7. L'imputato fu giudicato innocente dal giudice. 8. Lo lascerei andare: mi sembra innocente. 9. Il dottore stimò opportuno il riposo assoluto. 10. Un opportuno riposo è il rimedio prospettato dal medico. 11. È morto povero. 12. È un ragazzo povero, ma onesto.

145 ●●○ COMPETENZE SINTATTICHE **Distingui** i complementi predicativi dalle apposizioni.

1. Lo consideriamo tutti un fedele amico. 2. Come amico, sei davvero insuperabile. 3. Smettila di trattarmi da bambino. 4. Enrico, da bambino, si comportava da irresponsabile. 5. Non so perché ti abbiano eletto come rappresentante di classe. 6. Come rappresentante di classe, sai far valere i diritti di tutti gli studenti. 7. Gianni, uomo di grande acume, si è rivelato un ottimo caposquadra. 8. Gianni è considerato da tutti un uomo di grande acume e si è rivelato un ottimo caposquadra. 9. David, come padre, è poco paziente. 10. Gli sono così affezionato che lo considero un padre.

146 ●●○ COMPETENZE SINTATTICHE **Distingui** i complementi predicativi dai complementi di modo.

1. Mi hanno lasciato solo in quella circostanza, ma me la sono cavata con successo. 2. Luca è stimato da tutti un eccezionale critico d'arte: giudica con attenzione e apprezza soprattutto i dipinti realizzati con cura e maestria. 3. Sembravamo annoiati, ma in realtà abbiamo partecipato alla conferenza in silenzio e con grande attenzione. 4. Il cucciolo ferito si guardava attorno confuso e sembrava intimorito, perché agiva con estrema circospezione. 5. Giacomo si è rivelato un maleducato: è arrivato alla festa sudato e in modo arrogante si è presentato agli ospiti che lo hanno accolto con freddezza, considerandolo un bifolco. 6. Ho letto attentamente quell'articolo in cui si spiega in modo molto approfondito come far crescere i bambini sani e felici. 7. Me ne vado dispiaciuto per l'accaduto e ricorderò questa serata con molto rammarico. 8. Inaspettatamente sono arrivato puntuale: sono uscito così di fretta che sembravo un razzo.

147 ●●○ COMPETENZE SINTATTICHE **Indica** se l'aggettivo ha la funzione di attributo [A], di nome del predicato [NP] o di complemento predicativo [CP].

1. Quella [......] sentenza non è imparziale [......] e verrà ritenuta non valida [......]. 2. Il celebre [......] Sean Connery è considerato il più seducente attore [......] degli ultimi decenni. 3. La tedesca [......] Angela Merkel è una cancelliera intransigente [......]. 4. Quel [......] pianista è davvero straordinario [......] ed è stimato il più brillante [......] di tutta Europa. 5. Tutti [......] gli uomini avari [......] muoiono poveri [......]. 6. I tuoi [......] guanti verdi [......] non mi sembrano eleganti [......]. 7. Durante tutta [......] l'epoca fascista [......] la libera [......] opinione fu un sogno irrealizzabile [......]. 8. I buoni [......] professori non solo devono sembrare autorevoli [......], ma devono essere capaci [......] di offrire agli alunni ottimi [......] insegnamenti validi [......] per la loro [......] vita. 9. Tutti ritengono le vostre [......] richieste illegittime [......], eppure a me sembrano abbastanza ragionevoli [......]. 10. Sono alquanto preoccupato [......] per gli esami estivi [......] di riparazione: mi sembrano insuperabili [......].

148 ●●○ COMPETENZE SINTATTICHE · ANALISI LOGICA · DENTRO LE PAROLE · **Fai** l'analisi logica.

Spesso i capi d'abbigliamento derivano il loro nome da luoghi o da personaggi della storia. Ad esempio, sono chiamati **bermuda** i pantaloni corti che coprono solo le ginocchia: prendono il loro nome dalla popolarità che hanno nelle isole Bermuda al largo dell'oceano Atlantico. Qui questo indumento è considerato trendy e viene indossato volentieri dagli abitanti, non solo in situazioni informali, ma anche in contesti importanti. Viene abbinato spesso con giacca e cravatta. In origine, però, i bermuda erano indossati solo dalle donne. Con questo abbigliamento, trovavano una via d'uscita al divieto che le leggi locali imponevano: le donne non potevano, infatti, mostrare le gambe in pubblico. Grazie al suo successo, questo capo entrò in seguito anche nel vestiario maschile: fu impiegato anche dall'esercito britannico per gli spostamenti nelle zone desertiche e tropicali.

149 ●●● COMPETENZE SINTATTICHE · ANALISI LOGICA · DENTRO LE PAROLE · **Fai** l'analisi logica.

Un altro caso emblematico è quello del *montgomery*. Il celebre cappotto è caratterizzato da una lunghezza media e deve all'ambiente militare il suo ingresso nell'universo della moda. Fu, infatti, introdotto all'epoca delle guerre mondiali nelle dotazioni dei marinai per la protezione e il riparo che il cappuccio e il tessuto potevano fornire ai soldati. In Italia, a partire dal secolo scorso, questo indumento venne chiamato *montgomery*, in onore del generale inglese Bernard Law Montgomery che lo rese particolarmente famoso: infatti, il grande generale lo indossava spesso sopra la divisa. Invece, in altri paesi è detto *duffle coat*, per via del tessuto con cui viene prodotto: infatti, per la sua realizzazione, si impiega della stoffa pesante.

Gli alamari sono i caratteristici bottoni del *montgomery*.

150 ●●● COMPETENZE SINTATTICHE · DENTRO LE PAROLE · **Fai** l'analisi logica.

Hypnos era il dio greco del Sonno che i Romani chiamavano *Somnius*. Era ritenuto il fratello di Tanatos, il dio della morte. Veniva rappresentato come un ragazzo nudo e alato che reggeva in mano un corno dorato con un potentissimo sonnifero. Il suo nome ha originato il termine **ipnosi**. Nel 1785 James Braid denominò "ipnosi" lo stato psicofisico simile al sonno: è provocato artificialmente ed è caratterizzato da una diminuzione delle capacità razionali e da un incremento dell'emotività. Hypnos aveva mille figli: era suo figlio anche Morfeo, il dio dei sogni. Per il suo potente effetto narcotico nel 1821 fu chiamato **morfina** l'alcaloide dell'oppio. La morfina è somministrata oggi dai medici ai pazienti come analgesico per il trattamento del dolore acuto o cronico. Il suo uso prolungato determina tuttavia assuefazione e intossicazione.

Il movimento ipnotico di un orologio da taschino.

RAFFORZA LE TUE COMPETENZE

151 ●●○ COMPETENZE SINTATTICHE **Indica** se i complementi introdotti dalla **preposizione da**, semplice o articolata, sono di origine o provenienza [O], di allontanamento o separazione [A], di moto a luogo [MA], di moto da luogo [MD], di agente [AG], di causa efficiente [C] o di fine [F].

1. Gli inquilini che non pagano l'affitto vengono sfrattati dalle loro abitazioni [.......] dai padroni [.......] di casa.   **2.** Nel 568 d.C. l'Italia fu invasa dai Longobardi [.......], che probabilmente provenivano dalla Scandinavia [.......].   **3.** Il petrolio è un combustibile fossile che è prodotto da resti [.......] di piante e animali morti e che si estrae da alcuni giacimenti [.......] negli strati superiori della crosta terrestre.   **4.** Lo stile rococò si distingue da quello barocco [.......] per la maggiore sobrietà e raffinatezza.   **5.** Appena mi separerò dai miei cugini [.......] farò un salto da te [.......].   **6.** Allontanarmi da te [.......] mi addolora sempre.   **7.** Il treno che arriva da Bari [.......] parte dal secondo binario [.......].   **8.** Il rotweiler, che discende dagli antichi mastini [.......] del Tibet, è un ottimo esempio di cane da guardia [.......].   **9.** Questa nave da crociera [.......] parte dal porto [.......] di Genova.   **10.** Da alcuni storici [.......] è stato raccontato che Cleopatra ebbe un figlio da Giulio Cesare [.......].   **11.** Passa dal negozio [.......] di Stefano per ritirare la mia mazza da baseball [.......].   **12.** Castore e Polluce, nati da Leda [.......], erano stati generati da Zeus [.......].

152 ●●○ COMPETENZE SINTATTICHE **Specifica** la funzione logica delle parole introdotte dalla **preposizione da**.

1. Cicerone discendeva da una famiglia non nobile.   **2.** Da studente andavo spesso a studiare da Martina.   **3.** Da un'ora aspetto notizie dai miei amici.   **4.** Dagli zii dormivo sul divano della camera da pranzo.   **5.** Dai miei amici sono stata trattata da regina.   **6.** Dall'estate scorsa manco da casa e vivo da sola.   **7.** Sono stato svegliato da un rumore: non dormo dalle quattro e adesso sto crollando dal sonno.   **8.** Sto tornando solo adesso da scuola e non posso venire da voi.

153 ●●○ COMPETENZE SINTATTICHE **Specifica** la funzione logica delle parole introdotte dalla **preposizione per**.

1. Il gattino tremava per la paura: era stato abbandonato per strada.   **2.** L'ho cercata per mesi e adesso l'ho trovata per caso passeggiando per il parco.   **3.** Non dirlo nemmeno per scherzo: mi hai preso per uno sciocco?   **4.** Parto per Roma e arriverò per le dieci.   **5.** Per la prossima settimana ti risponderò per mail.   **6.** Per la tua disattenzione ti sei perso e hai vagato per la città: eppure ti avevo spiegato il percorso per filo e per segno.   **7.** Mattia Pascal fu dato per morto.   **8.** Metti in fresco le bibite per la festa.

154 ●●○ COMPETENZE SINTATTICHE **Specifica** la funzione logica delle parole introdotte dalla **preposizione a**.

1. Rimprovero a Marco di parlare a vanvera.   **2.** Ti ho eletto a mio modello.   **3.** A gran voce mi sono battuto a difesa dei diritti degli animali.   **4.** A malincuore andiamo a scuola a piedi.   **5.** A maggio fioriranno le rose.   **6.** A quel rimprovero, la ragazza arrossì.   **7.** Preferisci il riso alla pescatora o le trofie al pesto?   **8.** A noi tutti piacerebbe abitare a Roma.   **9.** A Natale a noi piacerebbe mangiare la pasta al forno.   **10.** Sono stato scelto a guida della mostra.

A 468

La sintassi della frase semplice

155 ●●● **COMPETENZE SINTATTICHE** **ANALISI LOGICA** **DENTRO LE PAROLE** **Fai** l'analisi logica.

San Martino di Tours, cittadina francese della Valle della Loira, visse nel IV secolo. Egli è riconosciuto come santo dalla Chiesa cattolica, ortodossa e copta. Di lui è rimasto celebre il dono del suo mantello a un mendicante infreddolito per il gelo invernale. Subito dopo questo suo gesto accadde un miracolo: il cielo diventò sereno e l'aria si fece mite. Da allora si definisce **estate di San Martino** l'11 novembre, giorno della sepoltura del santo. In effetti in questa data si verificano frequentemente condizioni climatiche favorevoli e il tempo per pochi giorni diventa bello e tiepido.

156 ●●● **COMPETENZE SINTATTICHE** **ANALISI LOGICA** **DENTRO LE PAROLE** **Fai** l'analisi logica.

Il mantello miracoloso di san Martino venne conservato come reliquia nell'oratorio del palazzo dei re Franchi. L'**oratorio** era in quei tempi un piccolo edificio per la preghiera e il culto privato delle famiglie nobili. In latino il mantello corto era chiamato *cappella*. Furono perciò denominati **cappellani** i custodi della reliquia. Successivamente **cappella** diventò il nome dell'edificio in cui era conservato il mantello stesso. Oggi si definiscono cappelle le nicchie delle chiese dove ci sono gli altari dedicati alla Madonna o ai santi.

157 ●●● **COMPETENZE SINTATTICHE** **ANALISI LOGICA** **DENTRO LE PAROLE** **Fai** l'analisi logica.

Oggi definiamo *silhouette* il profilo di una persona slanciata. Il termine deriva da Étienne de Silhouette, che diventò controllore delle Finanze del re di Francia Luigi XV, verso la metà del Settecento. Luigi XV e il suo bisnonno Luigi XIV, il Re Sole, avevano speso delle cifre folli. Étienne de Silhouette doveva quindi porre rimedio a quella emorragia di denaro. Propose una drastica diminuzione delle spese reali, cercò di tassare i patrimoni e i beni dei nobili e del clero e tentò di imporre un'amministrazione pubblica molto parsimoniosa. Per questo suo atteggiamento egli diventò subito impopolare: la sua politica così rigorosa aveva reso tutti furiosi. Per il gran malcontento de Silhouette diventò bersaglio di insulti e di attacchi violenti: ben presto le sue dimissioni dalla carica sembrarono inevitabili.

158 ●●○ **COMPETENZE LESSICALI** **PAROLE DENTRO I TESTI** **Rintraccia** nel testo dell'esercizio 157 le parole che esprimono i seguenti significati.

1. forte perdita di risorse umane o materiali: ....
2. luogo, persona o cosa che si intende colpire: ....
3. persona alta e snella: ....
4. moderato: ....
5. radicale: ....

159 ●●● **COMPETENZE SINTATTICHE** **ANALISI LOGICA** **DENTRO LE PAROLE** **Fai** l'analisi logica.

Dopo il suo ritiro in campagna, di Silhouette rimase comunque traccia nella lingua. In quegli anni, infatti, veniva definito "*à la Silhouette*" ogni genere di cose che sembrassero povere ed essenziali. In un'accezione positiva venne chiamata "*à la Silhouette*" la tecnica di ritratto che riproduceva i contorni del viso o della figura. Il profilo della persona veniva ritagliato da un cartoncino nero ed era poi incollato su un cartoncino bianco. Da questa tecnica è derivato il significato attuale del termine francese *silhouette*, che usiamo nel significato di "corporatura sottile, fisico snello".

A 469

La sintassi

160 ●●● **COMPETENZE SINTATTICHE** **DALLA GRAMMATICA ALLA SCRITTURA** Ricomponi le quattro frasi usando le parole del riquadro nella funzione logica e nell'ordine indicati.

> per tre ore • dalla cantina • è entrato • alla festa • sulla scrivania • dai nonni • attraverso il giardino • -mi • in casa • per una settimana • in campagna • vieni • che • abbiamo ballato • ed è fuggito • andrò • un ladro • di Riccardo • il libro • dello studio • è • qui • e porta-

1. (soggetto sottinteso) – predicato verbale – complemento di moto a luogo – complemento di moto a luogo – complemento di tempo continuato

2. complemento di stato in luogo – complemento di specificazione – (soggetto sottinteso) – predicato verbale – complemento di tempo continuato + attr.

3. soggetto – predicato verbale – complemento di moto a luogo – complemento di moto per luogo – (soggetto sottinteso) – predicato verbale – complemento di moto per luogo

4. (soggetto sottinteso) – predicato verbale – complemento avverbiale di moto a luogo – predicato verbale – complemento di termine – complemento oggetto – soggetto – predicato verbale – complemento di stato in luogo – complemento di specificazione

161 **SUPER!** **COMPETENZE SINTATTICHE** **ANALISI LOGICA** **DENTRO LE PAROLE** Fai l'analisi logica.

1. La **sindrome di Stendhal** è un disturbo **psicosomatico** che non deriva da nessuna causa **organica**. È provocata da un forte **impatto** emotivo che **insorge** in alcune persone davanti a opere artistiche molto significative. Frequentemente si è verificata **al cospetto** delle opere di Caravaggio e di Michelangelo. Di fronte ai loro capolavori alcuni si sono trovati in una situazione emotiva molto **coinvolgente** e quasi violenta. Gli effetti della sindrome sono vari: la persona prova un malessere **diffuso**, perdita del senso di orientamento, difficoltà respiratoria e sensazione di svenimento. Nei casi più gravi i disturbi possono anche richiedere il ricovero in ospedale.

2. Il nome della sindrome si deve allo scrittore francese Stendhal. Egli ne descrisse i sintomi nella sua opera *Roma, Napoli e Firenze*: infatti, ne fu colpito a Firenze in Santa Croce. Lì lo scrittore fu colto da un'intensa vertigine che lo costrinse a uscire dalla basilica. Il fenomeno si verifica in particolar modo nelle città che **racchiudono** in poco spazio un'enorme quantità di monumenti e musei. La sindrome colpisce particolarmente persone che si sono recate all'estero: infatti, il senso di sradicamento per la lontananza dalla patria favorisce il manifestarsi di questi attacchi. Negli stranieri si registra anche il desiderio di un immediato ritorno nel proprio Paese.

162 ●●○ **COMPETENZE LESSICALI** **PAROLE DENTRO I TESTI** Sostituisci con un sinonimo le seguenti parole evidenziate nell'esercizio 161.

1. psicosomatico: ....
2. organica: ....
3. impatto: ....
4. insorge: ....
5. al cospetto: ....
6. coinvolgente: ....
7. diffuso: ....
8. racchiudere: ....

A 470

5*15 Il complemento di qualità

Il **complemento di qualità** indica le **qualità** di una persona o le **caratteristiche** di un animale o di una cosa.

RISPONDE ALLE DOMANDE di che qualità? con quali caratteristiche?
È INTRODOTTO DA le **preposizioni** *di*, *a*, *da*, *con*.
È RETTO DA un **nome**, che può anche essere sottinteso.

Questo è un vino **dall'intenso aroma** e pare **di ottima qualità**.
Quell'uomo con i baffi indossa un abito **dal taglio perfetto**.
La ragazza con la gonna **a pieghe** ha un bel cane **a pelo lungo**.
Luca è un ragazzo **dai bellissimi occhi azzurri** e sembra **di carattere allegro**.

5*16 Il complemento di argomento

Il **complemento di argomento** precisa l'**argomento** di cui si parla o si scrive.

RISPONDE ALLE DOMANDE su chi? su che cosa? su quale argomento?
È INTRODOTTO DA le **preposizioni** *di*, *su*, *circa*, e le **locuzioni preposizionali** *intorno a*, *a proposito di*, *riguardo a*. Non ha alcuna preposizione quando è costituito dalla particella pronominale *ne*.
È RETTO DA **verbi** come *dire, discutere, parlare, raccontare, scrivere, trattare*, di cui completa il significato, e **nomi** di significato analogo come *articolo, convegno, discorso, discussione, libro, opinione, parere, ricerca, scritto, trattato*, ...

Di che cosa tratta quel libro? È un trattato **di psicologia**.
Cosa sai **sull'energia eolica**? Non **ne** so nulla.
Attorno a questo problema non ho le idee chiare.
Che idea ti sei fatto **a proposito di ciò** che è accaduto?
Non condivido la tua opinione **riguardo a lei**.

Allena le Competenze

163 ●●○ **COMPETENZE SINTATTICHE** Riconosci **i complementi di qualità**.

1. I rettili sono animali a sangue freddo. **2.** È un ragazzo dai modi bruschi e dal carattere difficile. **3.** Il pechinese è un cane dalla folta criniera dal pelo lungo. **4.** Un omone grande e grosso con barba e baffi folti si è piazzato davanti a noi: col suo cappello dalla forma strana ci ha impedito di vedere bene il film. **5.** Hai notato quel ragazzo dallo sguardo malizioso e con gli occhi verdi? **6.** Quella italiana è una bandiera a tre colori di forma rettangolare. **7.** Vorrei un divano a tre posti di colore chiaro. **8.** La zagara è un fiore dal colore bianco e dal profumo intenso e penetrante.

La sintassi

164 ○○○ **COMPETENZE SINTATTICHE** Riconosci i complementi di argomento.

1. Che cosa pensate degli extraterrestri? 2. Preferisco non pronunciarmi sull'accaduto. 3. Ho acquistato un'interessante monografia su Leonardo: quando vuoi ne discutiamo. 4. Non si parla di corda in casa dell'impiccato. 5. Smettetela di parlare di argomenti di cui non siete a conoscenza. 6. Ha partecipato a un corso sulle nuove tecnologie informatiche e non smette più di parlarne. 7. Sai darmi qualche informazione sulle condizioni climatiche della Malesia?

165 ●●○ **COMPETENZE SINTATTICHE** Distingui i complementi di qualità dai complementi di argomento.

1. Mio nonno mi parla spesso della sua esperienza da soldato. 2. Ho avanzato numerose proposte sulla valorizzazione degli spazi civici all'interno delle periferie. 3. Laura è una ragazza dalle maniere gentili ed è una persona di grande sensibilità. 4. Il mio è un gatto a pelo lungo, dai bellissimi occhi azzurri. 5. La sposa indossava un abito con il corpino ricamato e aveva un velo di media lunghezza. 6. Le riviste di cucina permettono di diventare bravi cuochi dilettanti. 7. Le notizie circa quel grave fatto di cronaca sono discordanti. 8. Ti sei chiarito le idee riguardo a quello che ci siamo detti? 9. Chi è quell'uomo con la camicia a righe?

5*17 Il complemento di denominazione

> Il **complemento di denominazione** indica il **nome proprio** di un luogo o di una persona o il nome del **giorno** o del **mese**.

RISPONDE ALLA DOMANDA di quale nome?
È INTRODOTTO DA la preposizione *di*.
È RETTO DA nomi comuni geografici, come *città, paese, isola*, o come *nome, cognome, titolo, pseudonimo, giorno, mese, festa*, ...

Trascorrerò il mese **d'agosto** nell'isola **di Pantelleria**.
Ettore Schmitz scriveva con lo pseudonimo **di Italo Svevo**.

ALLENA LE COMPETENZE

166 ○○○ **COMPETENZE SINTATTICHE** Riconosci i complementi di denominazione.

1. Il fiume Arno attraversa la città di Firenze. 2. Alessandro III diede il suo nome alla città piemontese di Alessandria. 3. La città di Stalingrado oggi ha preso il nome di Volgograd. 4. La catena delle Ande si estende nell'America del Sud. 5. Il nome di Irene, derivato dalla lingua dei Greci, significa "pace". 6. Le coste rocciose dell'isola di Itaca sono celebrate nei versi dei poemi omerici. 7. Gli amici di Raffaele gli hanno attribuito il soprannome di Ulisse. 8. Nel mese di giugno festeggeremo la festa di San Giovanni, patrono della città di Torino e di altre numerose città.

A 472

> 9 La sintassi della frase semplice

167 ●●● **COMPETENZE SINTATTICHE** Distingui i complementi di denominazione dai complementi di specificazione.

1. L'isola dell'Asinara è sede di un importante parco faunistico per l'osservazione degli uccelli. 2. Credo che il nome del professor Caretti derivi dall'ebraico; è piuttosto insolito. 3. La ricetta di Fausta ha fatto scalpore: è finita in copertina! 4. La città di Milano ha un simbolo che richiama la dominazione degli Sforza. 5. Nel mese di aprile è raccomandata la semina di alcuni ortaggi, nel mese di maggio di altri. 6. Il re di Francia Luigi XVI sposò Maria Antonietta, figlia della regina d'Austria, Maria Teresa. 7. Non sopporto che tu mi dia il soprannome di "bradipo". Non mi sembra di essere così lenta! 8. L'amministrazione della Regione Emilia Romagna ha sede nella città di Bologna.

168 ●●● **COMPETENZE SINTATTICHE** **ANALISI LOGICA** **DENTRO LE PAROLE** Fai l'analisi logica.

1. In questi anni siamo subissati da un'infinità di *quiz*. Le riviste, le trasmissioni radiofoniche e televisive ci propongono domande su argomenti di cultura o di attualità; ma ci sono anche quiz negli esami di vario genere. In questa sede, però, non parleremo dei quiz in sé ma della parola. Il termine proviene dall'inglese d'America e indica una serie di indovinelli o di quesiti. È attestato già nel 1782, ma fino al 1800 indicava una persona dai gusti eccentrici.

2. Riguardo all'origine della parola *quiz* ci sono ipotesi di diversa natura e attendibilità. Alcuni lo fanno derivare dal pronome interrogativo latino *quis*, "chi?". Altri lo ritengono la forma abbreviata della parola inglese (in)*quis*(ition), di derivazione latina. La terza è un'ipotesi di grande fantasia. Un impresario teatrale della città di Lublino avrebbe fatto una scommessa. Sarebbe riuscito a introdurre una parola nuova in 24 ore nella lingua della città. Durante una notte scrisse "quiz" con una vernice rossa su tutti i muri della città. La mattina seguente tutta la gente si interrogava circa il significato di quella strana parola. In questo modo da quel giorno "quiz" diventò sinonimo di domanda. Quale ipotesi ti sembra più realistica?

5*18 Il complemento partitivo

Il **complemento partitivo** specifica l'**intero di cui si considera solo una parte**.

RISPONDE ALLE DOMANDE di (tra) chi? di (tra) che cosa?
È INTRODOTTO DA le **preposizioni** *di*, *tra*, *fra*.
È RETTO DA **nomi** o **avverbi di quantità**, da **aggettivi qualificativi di grado superlativo relativo**, da **pronomi indefiniti** o **interrogativi**, da **numerali**.

Gran parte **della mia classe** verrà in gita. Quanti **dei tuoi compagni** non verranno?
Chi **fra gli ospiti** vuole ancora un po' **di gelato**?
Tra le ragazze, lei è quella che gioca meglio, anzi è anche più veloce di alcuni **di noi**.
Nessuno **di loro** vuole esporre la relazione; fallo tu, che sei il più disinvolto **di tutti**.
Tre **di noi** hanno l'influenza.
Tra tutti Marco è quello che sta peggio.

A 473

La sintassi

5*19 Il complemento di paragone

> Il **complemento di paragone** indica il **secondo termine di paragone** e dipende da un **comparativo**.

RISPONDE ALLE DOMANDE rispetto a chi / che cosa? in confronto a chi / che cosa?
È INTRODOTTO DA *di* o *che*, se il **comparativo è di maggioranza** o **di minoranza**; *quanto*, *come*, se il **comparativo è di uguaglianza**.

La mia idea è meno originale **della tua**.
Dovete impegnarvi più **dell'anno scorso**.
Questo divano è più bello **che comodo**.
Luca non è forte **come te**, ma corre veloce **come il vento**.
Sono arrabbiato con Luca **quanto te**, anche se sono meno permaloso **di te**.

5*20 Il complemento di materia

> Il **complemento di materia** specifica il **materiale** o la **sostanza di cui è fatto un oggetto** o, in senso **figurato**, una **persona**.

RISPONDE ALLE DOMANDE di che cosa? di che materiale?
È INTRODOTTO DA le **preposizioni** *di*, *in*.
È RETTO DA **nomi**, ma può anche completare il significato di **verbi**, come *fabbricare*, *fare*, *ricoprire*, ...

I contenitori **di vetro** e **in plastica** sono riciclabili?
Preferisco i gioielli **in oro bianco**.
L'acqua è un composto **di idrogeno** e **di ossigeno**.
È un uomo **di ferro** e con muscoli **d'acciaio**, ma ha un cuore **d'oro**.

5*21 Il complemento di età

> Il **complemento di età** definisce l'**età** di qualcuno o **precisa a quale età** qualcuno o qualcosa ha compiuto un'azione o si è trovato in una situazione.

RISPONDE ALLE DOMANDE di quanti anni? di quale età? a quanti anni? a quale età?
È INTRODOTTO DA le **preposizioni** *di*, *a*, e le **locuzioni preposizionali** *all'età di*, *in età di*; da *su* o *intorno a* se indica l'età approssimativa.

È una donna **sui trent'anni** e ha una bambina **di pochi mesi**.
Sua figlia, che adesso è **intorno ai vent'anni**, si è sposata **all'età di diciotto**.
Mia madre ha preso la patente di guida **a quarant'anni**.
Camilla **all'età tua** era già andata a vivere da sola.

9 La sintassi della frase semplice

ALLENA LE COMPETENZE

169 ●●● COMPETENZE SINTATTICHE Riconosci i complementi partitivi.

1. Molti fra voi hanno sbagliato l'esercizio. **2.** Tra i calciatori, i più forti non sono mai fallosi. **3.** Quanti di noi avrebbero un simile coraggio? **4.** Devi aggiungere ancora un po' di zucchero nell'impasto della torta. **5.** La maggior parte dei miei amici ha già visto quel film; molti di loro però vorrebbero rivederlo. **6.** Cinque dei miei studenti parteciperanno alle olimpiadi di matematica. **7.** In quella pinacoteca si può ammirare un gran numero di quadri di pittori impressionisti. **8.** Nessuno degli abitanti del paese rimase vittima della frana; alcuni di loro riuscirono ad avvertire del pericolo gran parte della popolazione.

170 ●●● COMPETENZE SINTATTICHE Riconosci i complementi partitivi.

1. Tra i beni dell'uomo nessuno è più prezioso della libertà. **2.** Chi di voi ha intenzione di partecipare alla festa del sindaco? **3.** Sette dei miei compagni di classe trascorreranno delle settimane sull'isola di Cipro. **4.** Occorre ancora un po' di sale nel condimento della pasta. **5.** La lingua latina ha conservato solo alcuni dei casi dell'indoeuropeo. **6.** È avanzata della crostata: ne gradisci un po'? **7.** Molti di voi hanno risposto al questionario in modo soddisfacente. **8.** In quel museo possiamo contemplare una grande quantità di statue dell'antichità classica.

171 ●●● COMPETENZE SINTATTICHE Riconosci i complementi di paragone.

1. Sei più brava di noi, ma meno brava di Laura. **2.** Il ghepardo è più veloce del leone. **3.** L'Italia è poco più vasta della Polonia ed è molto meno estesa della Russia. **4.** Il numero di abitanti della Cina è più elevato di quello dell'India. **5.** La torta di Marisa è meno buona della tua; ma la tua non è buona come quella della nonna. **6.** A scuola ottieni risultati migliori dei suoi, pur non essendo diligente quanto lui. **7.** Se vuoi ottenere risultati uguali a quelli di tuo fratello, devi studiare molto di più dell'anno scorso.

172 ●●● COMPETENZE SINTATTICHE Distingui i complementi di paragone dai complementi partitivi.

1. La seta è più delicata del cotone ed è il più pregiato di tutti i tessuti. **2.** Nessuno di noi ti batte nella corsa a ostacoli, ma prima o poi troverai qualcuno più veloce di te. **3.** Il Qatar è uno dei Paesi più ricchi del mondo: secondo una delle stime più recenti, sarebbe addirittura più ricco degli Stati Uniti. **4.** Riccardo è il più diligente della classe, ma è senz'altro meno simpatico dei suoi compagni. **5.** Tra tutte quelle avanzate, questa proposta è senz'altro la migliore, perché è tanto sensata quanto la mia. **6.** Quell'assassino è più crudele di Barbablù, che ha ucciso sei delle sue sette mogli. **7.** Mi sembri più folle di Caligola, uno dei più odiati imperatori della storia di Roma. **8.** L'escursione in collina è stata meno noiosa del previsto, ma senza dubbio la più pericolosa di quelle fatte fino ad ora. **9.** Chi di voi si sente più preparato di Camilla?

A 475

La sintassi

173 ○○○ **COMPETENZE SINTATTICHE** **Riconosci** i complementi di materia e **indica** se sono reali [R] o figurati [F].

1. Ho conosciuto persone dal cuore di ghiaccio e dalla testa di legno. [.....] 2. La domestica ha appena spolverato le posate d'argento del servizio della bisnonna. [.....] 3. Come hai fatto a rompere i piatti di cristallo? [.....] Hai le mani di pastafrolla? [.....] 4. Devi assaggiare quanto prima il paté di olive e la passata di fave che prepara Annalisa. [.....] 5. Durante lo scavo archeologico, sono state rinvenute numerose monete di bronzo e alcuni manufatti in argilla. [.....] 6. Si dice che ha la coda di paglia chi non ha la coscienza pulita. [.....] 7. Per non accendere la lavastoviglie, useremo bicchieri di carta e piatti di plastica [.....] 8. Credo ce l'abbia con me perché le ho rotto il bicchiere di vetro di Murano. [.....]

174 ●●○ **COMPETENZE LESSICALI** **AMPLIA IL TUO VOCABOLARIO** **Spiega** il significato dei seguenti modi di dire formati da parole che si riferiscono al corpo umano.

1. avere il cuore d'oro 2. avere il pugno di ferro 3. avere lo stomaco di ferro 4. avere le mani in pasta 5. avere le mani di velluto 6. avere la testa di rapa 7. avere le mani d'oro 8. avere i nervi d'acciaio 9. avere gli occhi di falco

175 ●●● **COMPETENZE SINTATTICHE** **ANALISI LOGICA** **DENTRO LE PAROLE** **Fai** l'analisi logica del seguente testo.

Nella lingua latina l'aggettivo **robusto** indicava originariamente ciò che era fatto di legno di quercia. La civiltà rurale degli antichi Romani collocava quindi il simbolo della forza nel mondo delle piante. Noi, invece, viviamo in una società industrializzata e indichiamo la robustezza con i metalli. Un uomo forte ha i **muscoli d'acciaio**; chi ha grande forza fisica o morale è **di ferro**.

176 ○○○ **COMPETENZE SINTATTICHE** **Riconosci** i complementi di età.

1. Sergio all'età di 22 anni ha incominciato a lavorare nell'azienda del padre e ne è diventato l'amministratore delegato a 30. 2. Il nonno è andato in pensione a 68 anni. 3. Se Napoleone Bonaparte è nato nel 1769, è morto a 52 anni. 4. Avevo all'incirca quattro anni quando sono andato per la prima volta negli Stati Uniti. 5. In Italia si vota a 18 anni, ma per eleggere i deputati del Senato occorre averne 21.

177 ●●○ **COMPETENZE SINTATTICHE** **Distingui** i complementi di età dai complementi di tempo.

1. Nel 1643, all'età di soli cinque anni, Luigi XIV di Borbone divenne re di Francia. 2. Enrico ha un fratellino di due anni che è nato esattamente un anno dopo mia sorella. 3. L'impero bizantino si è retto per secoli, finché nel 1453 la città di Costantinopoli non fu conquistata dai Turchi, oltre mille anni dopo la sua fondazione. 4. In Iran gli uomini di quindici anni sono considerati maggiorenni. 5. Sobhuza II, sovrano dello Swaziland, succedette al padre nel 1899 all'età di sei mesi e regnò per oltre ottant'anni. 6. Da un mese circa il nuovo preside è quel signore sulla cinquantina che ti ho presentato questa mattina. 7. Dopo la morte del papa, fino all'elezione di un nuovo pontefice, il potere passa simbolicamente nelle mani del Decano, il cardinale d'età più avanzata. 8. I miei zii si sono sposati a vent'anni e sono rimasti insieme più di trent'anni prima di separarsi l'estate scorsa.

9 La sintassi della frase semplice

I trucchi del mestiere

Come distinguere i complementi introdotti dalla preposizione *di*

Per distinguere il complemento
- **di denominazione**, sostituisci la preposizione *di* con **che ha il nome di**;
- **di materia**, premetti il **participio passato** *fatto*;
- **partitivo**, sostituisci la preposizione *di* con **tra** o **fra**;
- **di paragone**, ricorda che dipende sempre da un **comparativo**.

Osserva i seguenti esempi:

L'isola **di Pantelleria** (= *che ha il nome di*).	→ denominazione
Dei tovaglioli **di carta** (= *fatti di carta*).	→ materia
Una fornitura **di carta**.	→ specificazione
Un po' **di carta**.	→ partitivo
Anna è la più giovane **delle** (= *tra le*) **mie sorelle**.	→ partitivo
Sabrina è più giovane **di me**.	→ paragone

Ricorda che la preposizione **di**, in funzione di articolo partitivo, può introdurre il **soggetto** e il **complemento oggetto partitivi**.

Ho comperato **delle** (= *alcune*) **arance**.	→ complemento oggetto partitivo
Occorrono **delle** (= *alcune*) **idee** nuove.	→ soggetto partitivo

178 ●●○ **COMPETENZE SINTATTICHE** **Specifica** il tipo di complemento introdotto dalla preposizione *di*.

1. La maggior parte delle gite scolastiche ha come mete le città di Firenze o di Roma.
2. Nell'escursione quei due sono quasi morti di freddo per le loro giacche di qualità scadente. 3. Nei parchi dell'Australia ho visto delle farfalle bellissime. 4. Il vaso di cristallo della zia è di un gusto squisito. 5. Non puoi avere più paura di me, perché sei il più bravo di tutti. 6. Dei bambini si affacciarono di soppiatto alla porta della gelateria. 7. Molti degli anziani soffrono di depressione per l'abbandono dei figli. 8. Alcuni dei giovani si interessano di politica e sono di carattere intraprendente.

179 ●●○ **COMPETENZE SINTATTICHE** **Specifica** il tipo di complemento introdotto dalla preposizione *di* e dalle sue forme articolate.

1. I bambini delle *favelas* vivono di elemosina e di piccoli reati e muoiono di stenti. 2. Un ragazzo di buona volontà ottiene dei risultati scolastici molto migliori dei tuoi. 3. Nel mese di agosto visiterò i castelli della Loira. 4. I nostri vicini hanno adottato un bambino di due anni del Ciad. 5. In vacanza ho conosciuto delle ragazze davvero carine. 6. La sorella di Peter s'intende solo di moda. 7. Sto morendo di freddo: passami una di quelle coperte di lana. 8. Quale dei tuoi desideri hai realizzato negli anni della maturità? 9. Degli strani incubi turbarono il mio sonno mentre ero in vacanza sull'isola d'Elba. 10. Susan è una vecchina di novantadue anni: è originaria di Glasgow, è di umili origini, ma ha un cuore d'oro. 11. Luisa sembra più vecchia di te, forse perché è di corporatura robusta. 12. Nel bel mezzo della notte ho sentito dei loschi individui parlare di traffici illeciti.

A 477

La sintassi

180 ●●○ COMPETENZE SINTATTICHE | ANALISI LOGICA | DENTRO LE PAROLE **Fai** l'analisi logica del seguente testo.

Il termine **sarcofago** deriva dal greco: il suo significato letterale sarebbe "mangiatore di carne". Infatti, la parola è composta da *sarco*, "carne", e da *fagos*, "mangiatore". Il sarcofago è una cassa sepolcrale di grande imponenza ed è fatta di legno o di pietra. Spesso è ornata con fregi, pitture o sculture. Si usava in tempi molto antichi per la sepoltura di personaggi di grande prestigio. Tra tutti quelli antichi i sarcofagi più sfarzosi sono quelli egiziani. La scoperta più famosa dell'egittologia fu fatta da Howard Carter nel 1922. Egli ritrovò la tomba intatta del faraone Tutankhamon. Tutankhamon era salito al trono a 9 anni ed era morto a 18-20. Nessuna delle altre tombe reali fu ritrovata intatta: esse infatti erano state depredate da ladri in epoche diverse.

181 ●●○ COMPETENZE LESSICALI | AMPLIA IL TUO VOCABOLARIO **Spiega** o **cerca** sul dizionario il significato delle seguenti parole composte con il suffissoide o prefissoide *-fago*.

1. antropofago: ....
2. fagocitare: ....
3. esofago: ....
4. lotofago: ....
5. fagocìta: ....
6. necrofago: ....

182 ●●● COMPETENZE SINTATTICHE | ANALISI LOGICA | STORIA **Fai** l'analisi logica.

La tomba di Tutankhamon La tomba di Tutankhamon è la più ricca delle tombe che sono state finora scoperte dagli archeologi. La cassa esterna era di granito; al suo interno si trovavano due sarcofagi antropomorfi in legno e oro. Un terzo sarcofago era d'oro massiccio e aveva decorazioni di vetro e pietre preziose. Intorno al collo vi era un ampio collare su cui spiccavano gemme di vetro rosso, blu e turchese. I millenni avevano reso i sarcofagi molto fragili: il lavoro di separazione impegnò gli archeologi per circa due anni. La mummia del faraone era protetta da bende di lino; il volto era celato sotto una splendida maschera mortuaria d'oro massiccio. Gli occhi erano in quarzo ed ossidiana, le sopracciglia e il trucco erano realizzati in lapislazzuli.

183 SUPER! COMPETENZE SINTATTICHE | ANALISI LOGICA | STORIA **Fai** l'analisi logica.

Il corredo funerario Il cadavere imbalsamato era stato adornato di gioielli e di un centinaio di amuleti. Il corredo funebre di Tutankhamon era composto da 5000 oggetti: c'erano preziosissimi gioielli, oggetti ornamentali d'oro e gemme, armi, statue e mobili di alto valore artistico. Questo tesoro di valore immenso è oggi esposto al Museo della città del Cairo. Questo è comunque il corredo funerario di un faraone dal regno brevissimo e di scarsa importanza. Possiamo forse immaginare quello di un faraone così longevo e importante come Ramses II? Egli infatti morì a più di novant'anni e fu molto potente. Lo testimoniano anche le numerose statue e i grandiosi monumenti in suo onore. La sua mummia, ancora ben conservata, si trova al museo del Cairo.

5*22 Il complemento di limitazione

Il **complemento di limitazione** precisa **in quale ambito è valido quanto affermato**.

RISPONDE ALLA DOMANDA limitatamente a che cosa?
È INTRODOTTO DA le **preposizioni** *di*, *a*, *da*, *in*, *per* e le locuzioni *in quanto a*, *quanto a*, *limitatamente a*, *in fatto di*, *relativamente a*, *rispetto a*.
È RETTO DA **verbi**, come *superare*, *eccellere*, e da **nomi** e **aggettivi**, come *bravo*, *degno*, *indegno*, *cieco*, *ferito*, *malato*, *sofferente*, *zoppo* di cui limita il significato.

Tutte le idee sono degne **di rispetto**.
Sono d'accordo solo **rispetto ad alcuni punti**.
Quel gattino è cieco **da un occhio** ed è ferito **a una zampina**.

Sono complementi di limitazione le **espressioni** *a parer mio*, *a mio avviso*, *quanto a me*, *secondo me*, *a giudizio di*, *a parere di*, *secondo l'opinione di* che restringono il valore di quanto si afferma riferendolo al parere di qualcuno.

5*23 I complementi di vantaggio e di svantaggio

I **complementi di vantaggio e di svantaggio** indicano a **beneficio** o a **danno di chi o di che cosa si compie un'azione** o si verifica un fatto.

RISPONDONO ALLA DOMANDA per chi / che cosa? a vantaggio / svantaggio di chi / di che cosa?
SONO INTRODOTTI DA la **preposizione** *per*, e le **locuzioni preposizionali** *a vantaggio* (*a svantaggio*) *di*, *a favore* (*a sfavore*) *di*, *in difesa di*, *a danno di*, *a discapito di*.
SONO RETTI DA **verbi, nomi, aggettivi**.

Ha accettato quel lavoro solo **per i figli**. → vantaggio
La fretta va **a discapito della qualità** del lavoro. → svantaggio

5*24 Il complemento di colpa

Il **complemento di colpa** indica **il reato di cui una persona è accusata** o **per il quale è stata condannata**.

RISPONDE ALLA DOMANDA di quale colpa? per quale colpa?
È INTRODOTTO DA le **preposizioni** *di*, se indica la colpa o la responsabilità di tipo morale di cui si è accusati; *per*, se indica la colpa per cui si è condannati o puniti.
È RETTO DA **verbi**, **espressioni** o **aggettivi** tipici del **linguaggio giuridico**, come *accusare*, *condannare*, *punire*, *accusa*, *delitto*, *reo*, *colpevole*.

L'uomo fu condannato **per spaccio** di stupefacenti; l'accusa **di furto** risultò invece infondata.
Non accusare gli altri **dei tuoi guai**: è giusto che tu sia punito **per la tua maleducazione**.

La sintassi

5*25 Il complemento di pena

Il **complemento di pena** indica la **pena**, la **condanna** o la **multa inflitta a qualcuno**.

RISPONDE ALLA DOMANDA a quale pena?
È INTRODOTTO DA le **preposizioni** *con*, *per*, *di*, *a*.
È RETTO DA **verbi** che indicano condanna, come *condannare*, *castigare*, *multare*, e da **nomi** e **aggettivi**, come *condanna*, *multa*, *sanzione*, *condannabile*, *punibile*.

Quel ragazzo è stato punito **con una sospensione** di due giorni.
Oggi Sergio è stato multato **di cento euro**.
Per i traditori c'era la condanna **a morte**.
Dante fu condannato **all'esilio** nel 1302.

ALLENA LE COMPETENZE

184 ●○○ **COMPETENZE SINTATTICHE** Riconosci i complementi di limitazione.

1. Quanto a pulizia, questo albergo lascia molto a desiderare. **2.** Marco è un ragazzo molto mite di carattere e quanto ad affabilità non ha pari. **3.** La squadra, forte in difesa, ha giocato un'ottima partita. **4.** Secondo la teoria di Erodoto, gli Etruschi sarebbero giunti in Italia dall'Asia Minore. **5.** Mi sembri molto esperto nei lavori domestici. **6.** Siamo tutti coraggiosi a parole, ma quando è il momento di agire solo pochi si dimostrano forti d'animo. **7.** Antigono Monoftalmo deve il suo soprannome al fatto di essere orbo da un occhio. **8.** Secondo me non sei sano di mente e non seguirò più i tuoi consigli. **9.** Come sei messo a soldi? **10.** A prima vista sembra una ragazza simpatica, ma, a mio giudizio, non è adatta a te. **11.** È un genio in informatica, ma in italiano è una frana. **12.** In quanto a eleganza Emanuela non ha rivali, ma in fatto di simpatia non eccelle.

185 ●●○ **COMPETENZE SINTATTICHE** Distingui i complementi di vantaggio dai complementi di svantaggio.

1. Stiamo organizzando una raccolta di fondi per le vittime del terremoto. **2.** Se agisci nel tuo interesse, non devi comunque fare nulla a discapito degli altri. **3.** Non sono disposto a mentire neppure a favore dei miei genitori. **4.** L'abuso di droghe è nocivo per la salute. **5.** Nelson Mandela si è battuto a lungo per i diritti delle persone di colore. **6.** Nel 1848 Alexis de Tocqueville pronunciò un discorso contro il diritto al lavoro. **7.** Le *Filippiche* sono famose orazioni pronunciate da Demostene contro Filippo di Macedonia; esse furono di ispirazione per le orazioni di Cicerone contro Marco Antonio. **8.** Pelopida ed Epaminonda combatterono in difesa della libertà di Tebe. **9.** Ho avanzato queste proposte nell'interesse di tutti e contro ogni forma di discriminazione. **10.** Mi sono espresso a favore della proposta del professor Carli, mentre ho votato contro quella della vicepreside.

A 480

9 La sintassi della frase semplice

186 ●●○ COMPETENZE DI SCRITTURA ARGOMENTARE **Oggi chiamiamo *filippica* un discorso polemico, di tono serio o scherzoso. Scrivi un breve testo che sia una filippica contro qualcuno o qualcosa. Non superare le 20 righe.**

187 ●●● COMPETENZE SINTATTICHE ANALISI LOGICA DENTRO LE PAROLE **Fai l'analisi logica.**

La scienza ha smentito nel modo più assoluto tutte le premesse da cui il **razzismo** trae origine. Secondo le teorie razziste alcune razze umane presenterebbero un diverso grado di evoluzione: quella "bianca" o ariana sarebbe superiore per livello evolutivo e intellettivo. Il razzismo professa quindi la superiorità della razza bianca; giustifica inoltre la discriminazione e l'oppressione delle razze che ritiene inferiori. Queste teorie furono usate nel XIX secolo a sostegno del colonialismo e della schiavitù.

188 ●●● COMPETENZE SINTATTICHE ANALISI LOGICA DENTRO LE PAROLE **Fai l'analisi logica.**

Nel XX secolo l'ideologia razzista originò in molte parti del mondo discriminazioni o segregazioni razziali a discapito della gente di colore. In Germania e in Italia durante il periodo nazifascista giustificò le persecuzioni a danno di ebrei, zingari, omosessuali. Nella Repubblica Sudafricana produsse l'***apartheid***, un tipico esempio di segregazione razziale a vantaggio della minoranza bianca. A giudizio dei bianchi, infatti, la gente di colore doveva condurre una vita separata completamente dalla loro riguardo a ogni occasione della vita pubblica e privata.

189 ●●○ COMPETENZE LESSICALI PAROLE DENTRO I TESTI **Spiega il significato delle seguenti parole evidenziate nel testo degli esercizi 187 e 188.**

smentire • premesse • professare • discriminazione • oppressione • segregazione razziale

190 ●●○ COMPETENZE DI SCRITTURA ESPORRE **Dopo esserti documentato adeguatamente, scrivi una breve relazione spiegando che cosa fu l'*apartheid* in Sudafrica e quale fu il personaggio politico che più di ogni altro contribuì alla sua abolizione. Non superare le 30 righe.**

191 SUPER! COMPETENZE DI SCRITTURA ARGOMENTARE **Oggi la parola razzismo è usata soprattutto come sinonimo di intolleranza e comprende tutti gli atteggiamenti che discriminano categorie di persone sentite come diverse per il credo religioso, la provenienza geografica, gli usi e costumi. Ci sono, secondo te, degli atteggiamenti di questo genere nella tua città? Scrivi un breve testo in forma di argomentazione. Non superare le 30 righe.**

192 SUPER! COMPETENZE DI SCRITTURA DOCUMENTARSI ED ESPORRE **Ci sono ancor oggi nel mondo delle minoranze che sono discriminate? Quali sono le motivazioni che portano a sentirle come estranee o pericolose? Dopo aver raccolto gli opportuni documenti, scrivi un testo in cui esponi le informazioni che hai raccolto sull'argomento. Non superare le 50 righe.**

A 481

La sintassi

193 ●○○ COMPETENZE SINTATTICHE DENTRO LE PAROLE **Distingui** i complementi di colpa dai complementi di pena.

Chi offende l'onore o il decoro di una persona che è presente può essere accusato di **ingiuria**: questo reato è punito con una multa o con la reclusione fino a sei mesi. Se invece si offende la reputazione di qualcuno che è assente, si può essere incolpati di **diffamazione**: in questo caso si può essere multati per circa mille euro o essere condannati alla reclusione fino a un anno. Si rende invece colpevole di **calunnia** chi incolpa di un reato una persona che egli sa essere innocente, denunciandola all'Autorità giudiziaria, o chi simula le tracce di un reato a carico di qualcuno. La legge prevede che il colpevole di questo reato sia condannato alla reclusione da due a sei anni. Nel linguaggio comune la calunnia è semplicemente la diffusione di notizie false su qualcuno allo scopo di danneggiarne la reputazione.

194 ●●● COMPETENZE SINTATTICHE ANALISI LOGICA DENTRO LE PAROLE **Fai** l'analisi logica.

1. Con l'**amnistia** lo Stato condona le pene già previste: grazie a essa i condannati a una determinata pena vengono liberati. L'amnistia generale si applica a tutti i reati punibili con una pena detentiva fino a un certo numero di anni; quella speciale, invece, si applica solo ai colpevoli di specifici reati.
2. Con l'**indulto** una parte della pena viene condonata a tutti i condannati per taluni reati. Il termine *indulto* ha la stessa radice di *indulgenza*.
3. La **grazia** è il condono o la riduzione della pena concessa dal presidente della Repubblica. La può ricevere una persona che sta scontando la condanna di un reato. È quindi un provvedimento individuale, non collettivo come l'amnistia e l'indulto.

195 ●●● COMPETENZE SINTATTICHE ANALISI LOGICA DENTRO LE PAROLE **Fai** l'analisi logica.

1. La parola **concussione** è derivata dal verbo latino che significa "scuotere". Il termine indica il reato di cui è accusato il pubblico ufficiale che abusi dei suoi poteri, per costringere qualcuno a dargli denaro o altra utilità. La terminologia giuridica definisce **concusso** l'individuo che subisce il reato, definisce **concussore** quello che lo compie. Il colpevole di concussione può essere punito con la reclusione fino a dodici anni. Viene invece accusato di **abuso d'ufficio** il pubblico ufficiale che approfitta delle sue funzioni per ottenere un ingiusto vantaggio patrimoniale per sé o per altri. In questo caso egli può essere condannato alla reclusione da sei mesi a tre anni.
2. La **custodia cautelare** è la carcerazione preventiva dell'imputato, che viene disposta dal Pubblico Ministero. Il giudice emette questo provvedimento con un mandato di cattura, ma solo quando siano stati accertati gravi indizi di colpevolezza e fondate motivazioni: quando l'imputato possa reiterare il reato, **inquinare** le prove, cioè alterarle a proprio vantaggio o a discapito di altri, o tentare la fuga. Se l'imputato viene poi riconosciuto colpevole del reato, il periodo di custodia cautelare viene detratto dalla durata della pena a cui è stato condannato.

9 La sintassi della frase semplice

5*26 I complementi di quantità

I **complementi di quantità** indicano una **quantità misurabile** riguardante la **misura**, la **distanza**, la **stima** e il **prezzo**.

`RISPONDONO ALLE DOMANDE` **quanto? a quanto? di quanto?**
`SONO RETTI DA` **nomi** o **verbi** di cui costituiscono un **completamento necessario**.
Tutti esprimono la **misura approssimativa** con *circa*, *su*, *all'incirca*.

Il **complemento di misura** indica l'**estensione**, il **peso**, la **capacità** di ciò di cui si parla.

`È INTRODOTTO DA` le **preposizioni** *di*, *a*, *da*, *per* o può collegarsi **direttamente**.
`È RETTO DA` **verbi**, come *pesare*, *misurare*, *elevarsi*, *estendersi*, *innalzarsi*; **aggettivi**, come *lungo*, *largo*, *alto*, *profondo* o **nomi** come *peso*, *misura*, *altezza*, *lunghezza*, *profondità*.

Vorrei un tappeto **di tre metri per due**.
Il tuo zainetto pesa **una tonnellata!**
Quanto costa spedire un pacco **di dieci chili?**
Qui l'acqua ha una profondità **di dieci metri**.
Il monte Everest è alto **8846 metri**.
La confezione **da due litri** è più economica.

Il **complemento di distanza** indica la **distanza** di qualcuno o qualcosa **rispetto a un punto di riferimento**.

`È INTRODOTTO DA` le **preposizioni** *a*, *tra*, o le **locuzioni preposizionali** *alla distanza di*, *a... di distanza*, ma si lega **direttamente** al verbo *distare*.
`È RETTO DA` **verbi** di cui spesso costituisce un completamento necessario.

Il mio hotel dista **800 metri** dal mare.
Abito **a due passi** dalla scuola.
Tra un chilometro c'è una deviazione.
L'ufficio postale è **a trecento metri di distanza**.
Il rifugio si trova **a circa tre chilometri** da qui.

Il **complemento di stima** indica **quanto qualcuno è stimato sul piano morale** o **quanto qualcosa è valutato sul piano commerciale**.

`È RETTO DA` **verbi** che indicano **stima** e **valore**, come *apprezzare*, *stimare*, *valere*, *valutare*, a cui si collega **direttamente**.

Un amico sincero vale **un tesoro**.
Quel quadro è stato valutato **800 euro**.

A 483

La sintassi

> Il **complemento di prezzo** indica **quanto costa** qualcosa.

È INTRODOTTO DA le **preposizioni** *a*, *per*, *di*, tranne quando è retto dai verbi *costare* e *pagare* a cui si collega **direttamente**.
È RETTO DA **verbi**, come *vendere*, *affittare*, *comprare*, *costare* e *pagare*.

Ha pagato questa maglia ben **trecento euro**; là costa tutto **un occhio della testa**.
Qui si vende tutto **a metà prezzo**; c'è qualcosa che costi **dieci euro**?
Vendono questa bici usata **per cento euro**; da nuova ne costava **circa cinquecento**.
Quella villa è all'asta **per due milioni**.

La **quantità indeterminata** può essere espressa da un **avverbio di quantità**, come *poco*, *molto*, *parecchio*, *troppo*, che costituisce un **complemento avverbiale di quantità**.

Questa valigia non pesa **molto**.
Qui il mare è **troppo** profondo.
Casa mia dista **parecchio** da qui.
L'ho pagato **poco**; Luca ha speso ben **di più**.
Questa collana vale **poco**, per non dire **nulla**.
Non apprezzo **affatto** ciò che hai fatto.

5*27 I complementi di abbondanza e di privazione

> I **complementi di abbondanza** e **di privazione** indicano qualcosa che si ha **in abbondanza** o di cui **si è privi**.

RISPONDONO RISPETTIVAMENTE ALLE DOMANDE (*pieno*, *fornito*, *privo*) **di che / di che cosa?**
SONO INTRODOTTI DA la **preposizione** *di*.
SONO RETTI DA **verbi** che indicano **abbondanza**, come *abbondare*, *arricchire*, *caricare*, *colmare*, *ornare*, *traboccare*, o **privazione** come *difettare*, *mancare*, *privare*, *spogliare*, *avere bisogno*, *essere senza*, o da **aggettivi** e **locuzioni** di significato analogo.

Lo stadio era gremito **di tifosi**.
Il tuo armadio trabocca **di vestiti**.   → complemento di abbondanza
Ti hanno colmato **di doni**.
Quel giovane è ricco **di risorse**.

Hai bisogno **di un tutor**?
Il lavoro lo ha privato **di ogni energia**.   → complemento di privazione
Il tuo tema difetta **di coerenza**.
L'arrosto manca **di sale**.

A 484

ALLENA LE COMPETENZE

196 ●○○ **COMPETENZE SINTATTICHE** **Riconosci** i complementi di quantità e **distingui** se sono di misura, distanza, stima o prezzo.

1. La statua crisoelefantina di Athena Parthenos era alta 12,75 metri e la sua realizzazione costò 750 talenti. **2.** Il celebre dipinto di Munch, *L'urlo*, è stato stimato ottanta milioni. **3.** L'isola di Giava, che appartiene all'arcipelago del Borneo, si estende per 132 000 chilometri quadrati. **4.** Sebbene tu non sia un allievo modello, ti stimo molto ugualmente. **5.** Quando si trovavano a pochi metri dalla vetta, gli escursionisti furono costretti a tornare a valle a causa di una valanga di neve. **6.** Ho affittato per 2300 euro una casa che dista 100 metri dal mare. **7.** La mamma ha acquistato una cassetta di carciofi di tre chili a dieci euro e ha messo i carciofi sott'olio in barattoli da 120 grammi. **8.** La scuola più vicina si trova a tre chilometri da qui. **9.** Ho comprato due confezioni d'acqua da due litri. **10.** La celebre piramide di Cheope, che è alta 137 metri e la cui base misura 230 metri di lato, è costituita da più di 2 250 000 blocchi di pietra calcarea ognuno dei quali pesa circa 2,5 tonnellate.

197 ●○○ **COMPETENZE SINTATTICHE** **Distingui** se i complementi sono di abbondanza o privazione.

1. A causa dell'umidità, questo giardino pullula di zanzare. **2.** Il dietologo mi ha consigliato un'alimentazione ricca di pesce e povera di grassi. **3.** Il teatro traboccava di spettatori in attesa che cominciasse il balletto. **4.** Il tuo tema è zeppo di errori e privo di coerenza sintattica. **5.** Luisa è una ragazza piena di paure e assolutamente priva di spirito d'iniziativa. **6.** Quella villa è ricca di statue preziose e trabocca d'oro. **7.** La vita è un percorso fitto di ostacoli, ma anche ricco di soddisfazioni. **8.** Fino a qualche anno fa ero ricco d'entusiasmo, ma ora ne sono completamente privo. **9.** Quel piccolo villaggio turistico straripa di gente. **10.** Sono rimasto senza amici e sono pieno di debiti.

198 ●●○ **COMPETENZE SINTATTICHE** **DALLA GRAMMATICA ALLA SCRITTURA** **Scrivi** due frasi ricomponendo le parole proposte nella funzione logica e nell'ordine indicati.

> dista • Cinzia • di un istruttore paziente • la casa • da un centro abitato • ha bisogno • di nuoto • dei nonni • 12 chilometri • in montagna

1. soggetto – predicato verbale – complemento di privazione + attributo – complemento di specificazione

_____

2. soggetto – complemento di specificazione – complemento di stato in luogo – predicato verbale – complemento di distanza – complemento di moto da luogo + attributo

_____

La sintassi

5*28 Il complemento di rapporto

> Il **complemento di rapporto** indica tra chi o che cosa si stabilisce **un determinato rapporto**.

RISPONDE ALLE DOMANDE in rapporto con chi / che cosa? tra chi / che cosa?

È INTRODOTTO DA le **preposizioni** *con*, *tra*, *fra*.

È RETTO DA **verbi** che indicano vari tipi di **relazioni reciproche**, come *combattere*, *comunicare*, *discutere*, *incontrarsi*, *litigare*, *parlare*, e da **nomi** di significato corrispondente.

Ho discusso a lungo **con Chiara** sulle motivazioni del suo litigio **con Giulia**.
Sono d'accordo **con te**: **tra questo vino e quello** c'è una bella differenza.
Sei in buoni rapporti **con i tuoi colleghi**? Sì, **tra di noi** c'è molto affiatamento.

5*29 Il complemento di esclusione o eccettuativo

> Il **complemento di esclusione** (o eccettuativo) indica l'**elemento che viene escluso dall'azione**.

RISPONDE ALLE DOMANDE senza chi / che cosa? eccetto chi / che cosa?

È INTRODOTTO DA le **preposizioni improprie** *senza*, *fuorché*, *tranne*, *eccetto*, *meno*, *salvo*, e le **locuzioni preposizionali** *all'infuori di*, *ad eccezione di*, *a parte*.

Verranno tutti **tranne Alessia**: lei **senza** Luca non va da nessuna parte.
All'infuori di te abbiamo apprezzato tutti il film.
Tutti gli animali mi piacciono **eccetto i rettili e i ragni**.

5*30 Il complemento di sostituzione o di scambio

> Il **complemento di sostituzione** (o di scambio) indica un **elemento** che viene **sostituito o scambiato con un altro**.

RISPONDE ALLE DOMANDE al posto di chi / che cosa? invece di chi / che cosa?

È INTRODOTTO DA le **preposizioni** *per*, *con*, e le **locuzioni preposizionali** *al posto di*, *invece di*, *in luogo di*, *in cambio di*.

Forse mi stai confondendo **con qualcun altro**.
Ha firmato lui **per lei**? Io **al posto di Andrea** non l'avrei fatto.
Invece del burro ho messo la margarina.
In cambio dei miei francobolli, mi ha dato le sue monete.

5*31 Il complemento concessivo

Il **complemento concessivo** indica l'**elemento nonostante il quale** si compie un'azione.

RISPONDE ALLE DOMANDE **nonostante chi? nonostante che cosa?**

È INTRODOTTO DA *nonostante*, *malgrado*, *con*, e la **locuzione** *a dispetto di*.

Nonostante il suo egoismo e **malgrado tutto** l'ho perdonato.
Con tutti i suoi soldi, Alessandro non è felice.
A dispetto delle loro critiche, non mi tirerò indietro.

5*32 Il complemento distributivo

Il **complemento distributivo** indica il modo in cui **qualcuno** o qualcosa **viene distribuito in rapporto** allo **spazio**, al **tempo**, all'**ordine** o alla **quantità**.

RISPONDE ALLE DOMANDE ogni quanto tempo? ogni quanti? In quale ordine?

È INTRODOTTO DA le **preposizioni** *a*, *per*, *su*, ma può anche presentarsi **senza preposizione**.

Disponetevi in fila **per due**.
Prendi lo sciroppo **ogni otto ore**.
Hai sbagliato solo una frase **su venti**.
Andando a 100 km **(al)l'ora**, quanti chilometri **al giorno** possiamo fare?
Oltre allo sconto del dieci **per cento**, regaleremo una borsa da viaggio **(a) ciascuno**.

5*33 Il complemento vocativo

Il **complemento vocativo** indica la **persona di cui si vuole richiamare l'attenzione**.

È COSTITUITO DA un **nome** o un **pronome**, talora preceduto dall'**interiezione** *o*, delimitato dalla **virgola**.

In senso stretto, non costituisce un vero e proprio complemento perché non dipende da nessun elemento della frase e rappresenta una **frase nominale autonoma**.

Sergio, non ti muovere!
E allora, **amico mio**, grazie di tutto.
Si accomodi pure, **signorina**.
Oh mio Dio! Cosa hai ancora combinato, **Luca**?

La sintassi

ALLENA LE COMPETENZE

199 ○○○ **COMPETENZE SINTATTICHE** **Indica** se i complementi sono di rapporto **[R]**, di esclusione **[E]** o di sostituzione **[S]**.

1. Torna a casa senza troppi capricci [E] e scusati con lo zio [R]. 2. Come fai a non andare d'accordo con Fabio? [R] 3. Per girare quel film, hanno scelto Kirsten Stewart al posto di Jennifer Laurence [S]. 4. Nessuno degli attori del film *Harry Potter* ha avuto successo tranne Emma Watson [E]. 5. Invece della pasta [S] hanno tutti ordinato una pizza, tranne me [E]. 6. La bisnonna non è in buoni rapporti con i vicini [R]. 7. Mi piace intrattenere interessanti scambi culturali con gli studenti [R] stranieri. 8. Lo ha fatto lui per lei [S]. Al posto suo [S] io non l'avrei fatto. 9. In cambio di una proroga [S] sull'ultima rata, abbiamo pattuito con gli inquilini [R] la riverniciatura degli infissi a carico loro. 10. All'infuori di te [E], tutti mi confondono con mio fratello [S].

200 ○○○ **COMPETENZE SINTATTICHE** **Indica** se i complementi sono concessivi **[C]**, distributivi **[D]** o vocativi **[V]**.

1. Sara [V], vieni subito alla lavagna! 2. Nonostante il tuo assiduo impegno [C], i tuoi risultati sono tuttora insufficienti. 3. Il corpo umano è composto al 65 per cento [D] di acqua. 4. Professoressa [V], potrebbe non interrogarmi oggi? 5. Luca [V], sei proprio un asino! Hai sbagliato nove esercizi su dieci [D]. 6. Con tutti i tuoi difetti [C], sei comunque molto apprezzato dai tuoi amici. 7. Il 20 per cento [D] degli uccelli europei è a rischio estinzione. 8. Tutti i professori ci fanno fare un compito al mese [D] tranne l'insegnante di arte [E]. 9. A dispetto delle critiche [C], al posto tuo avrei fatto lo stesso anch'io. 10. Che noia! Non abbiamo voglia di metterci in fila per due [D].

201 ●●● **COMPETENZE SINTATTICHE** **DENTRO LE PAROLE** **Fai** l'analisi logica.

Nella sua opera *La Poetica*, il filosofo greco Aristotele definisce la **metafora** come il trasferimento a un oggetto del nome di un altro: infatti al posto di una parola si usa un altro vocabolo quando esiste una certa somiglianza di significato tra le due parole. Il grande maestro latino dell'arte retorica, Quintiliano, definisce la metafora come una similitudine abbreviata. Una delle metafore più famose è la parola **testa**, che nella lingua latina indicava un vaso di terracotta. Il termine cominciò a essere usato in tono scherzoso al posto della parola *capo*, proprio come noi diciamo *zucca* invece di *testa*, e dopo un po' di tempo ha assunto questo significato in modo stabile.

Un'antica anfora di terracotta a forma di testa.

9 La sintassi della frase semplice

RAFFORZA LE TUE COMPETENZE

202 ●●○ **COMPETENZE SINTATTICHE** **Specifica** la funzione logica delle parole introdotte dalla **preposizione** *a*.

1. Al museo (........................) potrai vedere un treno a vapore (........................)
2. Parli sempre a vanvera (........................). **3.** A mezzogiorno (........................) saremo da voi. **4.** A chi (........................) hai prestato la tua matita? **5.** Per l'Erasmus andrò a Boston (........................). **6.** Si è laureato a venticinque anni (........................).
7. Prendi lui a modello (........................). **8.** A carte (........................) è imbattibile.
9. È bello il tuo copriletto a fiori (........................). **10.** Venderò questo quadretto a duecento euro (........................). **11.** A quelle parole (........................) arrossì.
12. L'imputato è stato condannato al pagamento (........................) di un'ingente somma di denaro.

203 ●●○ **COMPETENZE SINTATTICHE** **Specifica** la funzione logica delle parole introdotte dalla **preposizione** *di*.

1. Di mattina (........................) esco sempre di casa (........................) di gran fretta (........................). **2.** Qualcuno di voi (........................) ha intenzione di aiutarmi nelle faccende domestiche? **3.** Di sabato (........................) si dedica ai lavori domestici.
4. La mia cantina è piena di topi (........................). **5.** È un incarico di grande responsabilità (........................). **6.** Quell'uomo fu accusato di omicidio (........................).
7. Andava di corsa (........................) e non abbiamo avuto molto tempo per parlare di ciò (........................) che sai. **8.** Nel mese di aprile (........................) compirò gli anni. **9.** Le mante si nutrono di plancton (........................). **10.** Durante la rapina sono quasi morta di paura (........................). **11.** I gianduiotti di Torino (........................) sono deliziosi. **12.** L'insegnante era un uomo di cinquant'anni (........................). **13.** Non mi sei stato d'aiuto (........................). **14.** Al museo egizio ho visto molti vasi di alabastro (........................). **15.** Siamo partiti di qui (........................) e siamo passati di là (........................). **16.** Hai più interessi di me (........................).

204 ●●○ **COMPETENZE SINTATTICHE** **Specifica** la funzione logica delle parole introdotte dalla **preposizione** *da*.

1. Sta crollando dal sonno (........................). **2.** È stato investito da una moto (........................). **3.** Non mangia da tre giorni (........................). **4.** Il treno passa dalla stazione (........................), ma non si ferma. **5.** Si è comportato da eroe (........................). **6.** Le mie scarpette da calcio (........................) mi sono state regalate da mio zio (........................). **7.** Il mio cagnolino non si allontana un attimo da me (........................). **8.** È un gatto dal carattere molto socievole (........................). **9.** Pellizza da Volpedo (........................) è l'autore de *Il quarto stato*. **10.** È arrivato da scuola (........................) un quarto d'ora fa.
11. Quando non vuole darmi retta, non ci sente da quell'orecchio (........................).
12. Farei un salto da Carlo (........................) prima di andare in palestra. **13.** Dalla nonna (........................) si mangia sempre bene.

A 489

La sintassi

205 ●●○ COMPETENZE SINTATTICHE **Specifica** la funzione logica delle parole introdotte dalla **preposizione** *in*.

1. Si vendemmia in autunno (………………………). **2.** In Francia (………………………) ci sono molte centrali nucleari. **3.** In inglese (………………………) sono proprio una frana. **4.** Preferisco i gioielli in oro (………………………) bianco. **5.** Nessuno arrivò in soccorso (………………………) dello sciatore infortunato. **6.** Solitamente vado a scuola in autobus (………………………). **7.** Aspettami: mi preparerò in un baleno (………………………). **8.** L'imperatore Claudio prese in moglie (………………………) Agrippina. **9.** Hanno ristrutturato la casa in tre mesi (………………………). **10.** Quando andrai in montagna (………………………)?

206 ●●○ COMPETENZE SINTATTICHE **Specifica** la funzione logica delle parole introdotte dalla **preposizione** *per*.

1. Fosse per me (………………………) non lo perdonerei **2.** Ha sacrificato tutta la vita per il bene (………………………) della famiglia. **3.** Arriverò a Milano per le tre (………………………). **4.** Ha rischiato la vita per un incidente stradale (………………………). **5.** Mi ha inviato un pacco per posta celere (………………………). **6.** Ho acquistato una crema per le rughe (………………………). **7.** Parto per Roma (………………………) domattina. **8.** Poiché non avevo tempo, ha fatto lui il lavoro per me (………………………). **9.** Non stare sdraiato lì per terra (………………………). **10.** Dopo l'intervento devi restare a casa per una settimana (………………………). **11.** Non passare per la cucina (………………………), il pavimento è bagnato. **12.** Racconta per sommi capi (………………………) cosa ti è successo.

207 ●●○ COMPETENZE SINTATTICHE **Specifica** la funzione logica delle parole introdotte dalla **preposizione** *con*.

1. Mi piace la cioccolata con la panna (………………………). **2.** Se è una brutta notizia, comunicategliela con tatto (………………………). **3.** In città Maurizio si sposta con lo *scooter* (………………………). **4.** Con la sua testardaggine (………………………) ha rovinato la nostra amicizia. **5.** Quest'anno andrò con i miei allievi (………………………) in gita a Roma. **6.** Ha visto un bambino con i capelli biondi (………………………)? **7.** L'attaccante fu punito con l'espulsione (………………………). **8.** Cambierei volentieri la mia situazione con la tua (………………………).

208 ●●● COMPETENZE SINTATTICHE ANALISI LOGICA DENTRO LE PAROLE **Fai** l'analisi logica.

La Sfinge Oggi la **Sfinge** è il celeberrimo monumento che possiamo vedere a Giza, presso il Cairo, assieme alle tre grandi piramidi.
Il nome di **sfinge** è stato dato anche a una famiglia di farfalle per questo motivo: i loro bruchi durante il riposo assumono una posizione simile a quella del mitico mostro. Infine, con la parola sfinge definiamo una persona enigmatica, dall'espressione indefinita e misteriosa, di cui non si riescono a cogliere i pensieri e i sentimenti.

Grande Sfinge di Tanis, III secolo a.C., Museo del Louvre, Parigi.

209 ••• COMPETENZE SINTATTICHE ANALISI LOGICA MITO Fai l'analisi logica.

L'indovinello della Sfinge ed Edipo   La mitologia greca rappresentava la Sfinge come un essere mostruoso: aveva il volto di donna, il corpo di leone e le ali di uccello rapace. Il mostro era stato inviato nella città di Tebe da Giunone, come punizione per un'offesa che le era stata arrecata. La Sfinge si era insediata su un'alta rupe che dominava la strada. Di là fermava tutti i passanti e proponeva loro il suo indovinello: «Qual è l'animale che al mattino ha quattro zampe, a mezzo giorno solo due e alla sera tre?». Nessuno dei passanti aveva saputo risolvere l'enigma e tutti quanti erano stati divorati dal mostro sanguinario. Ma un giorno si trovò a passare di là il giovane Edipo. Egli era un uomo di grande ingegno e risolse il terribile indovinello con grande facilità: «L'animale è l'uomo: da bambino egli procede a quattro zampe, da adulto cammina sulle due gambe e da vecchio usa un bastone come sostegno.» La Sfinge era stata quindi battuta da quel giovane dalla risposta pronta: essa rimase furiosa per la sconfitta, si lanciò giù dalla rupe e morì.

210 SUPER! COMPETENZE SINTATTICHE ANALISI LOGICA MITO Fai l'analisi logica.

Il **Partenone** è considerato dai critici uno dei più straordinari capolavori dell'architettura greca. La celebre costruzione si trova sull'Acropoli della città di Atene. Il suo nome deriva da *Parthénos*, l'epiteto con cui veniva indicata la dea Atena. Il termine significa "vergine": Atena era infatti la dea vergine ed era nata non da un atto sessuale, ma dalla testa di Zeus. Il Partenone è un maestoso esempio di tempio di ordine dorico. Aveva otto colonne sul lato corto e diciassette sul lato lungo; la sua base era lunga 69,5 metri e larga 30,9 metri. All'interno del Partenone si stagliava la monumentale statua di culto della dea Atena. La statua era d'oro e d'avorio: per i suoi materiali era detta **crisoelefantina**. Il tempio era stato fatto costruire da Pericle come simbolo della democrazia ateniese. Egli affidò la direzione dei lavori allo scultore Fidia, che è considerato il più celebre architetto dell'epoca.

Il Partenone, V secolo a.C., Acropoli di Atene, Grecia.

211 SUPER! COMPETENZE SINTATTICHE ANALISI LOGICA MITO Fai l'analisi logica.

Il regalo più bello   A ricordo delle vittorie sui barbari, sul Partenone erano rappresentate scene di battaglie mitologiche. Secondo il racconto dell'erudito Pausania, il frontone occidentale narrerebbe la disputa tra Atena e Poseidone per il possesso dell'Attica. Secondo il mito, Zeus non volle assegnare la vittoria a nessuno dei due. Proclamò quindi una sfida: avrebbe vinto il dio che avesse fatto il regalo più utile alla città. Cecrope, il re di Atene, fu scelto come arbitro della contesa. Poseidone scosse la terra con il suo tridente e da essa balzò fuori il cavallo, un animale sconosciuto in quei tempi. Atena, per mezzo del suo giavellotto, percosse il suolo, da cui nacque la pianta dell'olivo. Cecrope assegnò la vittoria ad Atena: la dea aveva fatto a quella terra il dono migliore.

LA FRASE SEMPLICE • mappa delle conoscenze

La **FRASE SEMPLICE** è la più piccola unità sintattica di senso compiuto e si organizza attorno a un verbo di modo finito.

la frase minima
è composta solo dagli **elementi essenziali**:

il predicato
fornisce l'informazione principale; è:

verbale
se è costituito da un **verbo predicativo**:
Io leggo. Diego si annoia.
Tu ti annoi. Ada sarà sgridata.

nominale
se è composto dall'insieme della **copula** e del **nome del predicato**:
Tu sei simpatico.
Gianna è mia cugina.

non espresso e sottinteso
in questo caso la frase è detta nominale: Nebbia al nord.

il soggetto
è l'elemento di cui parla il predicato; può essere:

- **espresso**
  Paolo va, noi restiamo.
- **non espresso e sottinteso**
  Sto studiando.
- **non espresso e mancante**
  Piove. Si parte.
- **partitivo**
  Verranno degli amici.
  C'è del vino?

la frase espansa
presenta, oltre agli elementi essenziali, altri elementi, detti **espansioni**, che ne completano il significato:

l'attributo
è un **aggettivo** che determina un nome: può essere un **aggettivo** o un **participio**:
È un bel film.
È un libro bello molto venduto.

l'apposizione
è un **nome** che determina un altro nome per lo più proprio:
La zia Maria. Maria, la zia di Ugo.

i complementi
completano il significato di un elemento della frase; tra di essi si distinguono:

il complemento diretto
cioè il **complemento oggetto** che **non** richiede mai la preposizione, ma può essere introdotto dall'**articolo partitivo**: Ho visto Luca, non lei. Ho comprato dei libri. Luca ama Luisa. Guardiamo un film. Vive una vita serena.

i complementi indiretti
nomi, pronomi, parti del discorso in funzione nominale che si collegano all'elemento da cui dipendono per lo più attraverso una **preposizione** o una **locuzione preposizionale**: Verrò in compagnia di Marco. Parlavo con Marta di lui. Vengo da te con Ada. Fallo per me.

i complementi avverbiali
costituiti da **avverbi** o da **locuzioni avverbiali** che modificano il significato di un altro elemento della frase: Verrò lì domani. Vive miseramente. Arriva da laggiù.

- di termine
- di specificazione
- d'agente e di causa efficiente
- di causa
- di fine
- di mezzo
- di modo
- di compagnia e di unione
- di luogo

- di allontanamento o di separazione
- di origine o di provenienza
- di tempo
- predicativo
- di qualità
- di argomento
- di denominazione
- partitivo

- di paragone
- di materia
- di età
- di limitazione
- di vantaggio e di svantaggio
- di colpa
- di pena
- di quantità
- di abbondanza e di privazione

- di rapporto
- di esclusione e di eccettuazione
- di sostituzione o di scambio
- concessivo
- distributivo
- vocativo

9 La sintassi della frase semplice

METTI IN GIOCO LE TUE COMPETENZE

COMPETENZE LOGICHE

212 ●●○ **Riconosci** gli attributi che esprimono un'informazione indispensabile al senso della frase.

1. Chiamami la ragazza dai capelli lunghi e biondi.   **2.** Tutte le case pericolanti saranno abbattute.   **3.** Sulla spiaggia assolata i bambini costruivano dei castelli di sabbia.   **4.** Il freddo invernale invitava a rimanere nelle proprie case.   **5.** Nelle credenze popolari i capelli rossi erano indice di indole malvagia.   **6.** Mi rifiuto di mangiare la pasta scotta.   **7.** Tutti hanno apprezzato i tuoi piatti semplici ma squisiti.   **8.** Non sopporto gli uomini egoisti e bugiardi.

COMPETENZE LOGICO-SINTATTICHE

213 ●●○ **Riconosci** in ciascun gruppo di frasi la funzione logica condivisa da tutte le parole in grassetto, tranne una. **Trova** l'intruso e **specificane** la diversa funzione logica.

1. a. Il tuo atteggiamento **mi** irrita non poco.

 b. Giulia considera **me** la sua migliore amica.   ....

 c. **Mi** piace il cioccolato al latte.   ....

 d. **Mi** chiamerà appena potrà.

2. a. È un momento **che** aspetto da anni.

 b. Non credere a tutto ciò **che** ti dicono.   ....

 c. Mi passi la borsa **che** è sul divano?   ....

 d. La signora **che** sto salutando è mia zia.

3. a. Ho sentito **dei rumori assordanti**.

 b. Ieri ho conosciuto **dei simpatici ragazzi**.   ....

 c. Vorrei **delle matite colorate**.   ....

 d. Nessuno **dei nostri amici** è d'accordo con te.

4. a. **Da amico** devo dirti la verità.

 b. Non mi hai trattato **da amico**.   ....

 c. **Da bambino** mi piaceva giocare a calcio.   ....

 d. **Come rappresentante**, farò i vostri interessi.

214 ●●○ **Riconosci** il complemento indiretto che è presente in tutte le frasi di ciascun gruppo, tranne una. **Trova** l'intruso e **specificane** la funzione logica.

1. a. La strada è interrotta per via della frana.   **b.** Con questo rumore non posso dormire.
 c. Dalla stanchezza non riesco a ragionare.   **d.** La squadra gareggia per lo scudetto.

2. a. Il cugino di Flavia è un pittore famoso.   **b.** L'albero dell'ulivo era sacro a Minerva.
 c. Ho comprato dei libri sulla civiltà egizia.   **d.** Questo libro è del professore.

3. a. A vent'anni Luca praticava molto sport.   **b.** È da vent'anni che non ci sentiamo.
 c. Nel 20 d.C. regnava l'imperatore Tiberio.   **d.** Vent'anni fa ero un ragazzo molto atletico.

A 493

La sintassi

COMPETENZE LOGICO-SINTATTICHE

215 ●●● L'insegnante di matematica ti ha assegnato questi problemi: **leggi** bene la consegna e **svolgili**, quindi **spiega** da quali elementi sintattici hai capito la differenza di significato delle coppie di frasi.

1. **a.** Il lato di un triangolo misura 18 cm: calcola la metà del lato aumentata di 4 cm. ....

   b. Il lato di un triangolo misura 18 cm: calcola la metà del lato aumentato di 4 cm. ....

2. **a.** Calcola l'area di un quadrato che ha il lato di 14 cm diminuito di 2. ....

   b. Calcola l'area di un quadrato che ha il lato di 14 cm diminuita di 2. ....

216 ●●● **Fai** l'analisi delle seguenti frasi e **riconosci** eventuali differenze di significato tra le frasi di ciascun gruppo.

1. **a.** Non te l'ho detto per il timore di un tuo rimprovero.
   b. Il timore di un tuo rimprovero mi ha impedito di dirtelo.
   c. Nonostante il timore di un tuo rimprovero te l'ho detto.
2. **a.** Luca è più alto di te, che sei più alto degli altri compagni di squadra.
   b. Tra i compagni di squadra Luca è il più alto: ma non è alto quanto te.
   c. Di tutti i compagni di squadra e di te Luca è il più alto.
3. **a.** Ieri non ho potuto studiare per l'esame per il mal di testa.
   b. Dovevo studiare per l'esame: ma fino a ieri ho avuto mal di testa.
   c. Ieri il mal di testa mi ha impedito di studiare per l'esame.

COMPETENZE SINTATTICHE

217 ●●● **Riconosci** le differenze sintattiche in ciascun gruppo di frasi e **spiega** se sono formate da complementi diversi o se li presentano in una diversa successione.

1. **a.** Le acque del mare sono inquinate dagli scarichi industriali. **b.** Le acque degli scarichi delle industrie inquinano le acque marine. **c.** Gli scarichi industriali inquinano le acque del mare. **d.** Con gli scarichi industriali si inquinano le acque marine.
2. **a.** Amore e Psiche è una famosa statua di marmo che è stata scolpita da Canova. **b.** Canova ha scolpito Amore e Psiche, la famosa statua di marmo. **c.** È di marmo la famosa statua di Amore e Psiche che scolpì Canova.

218 ●●● **Completa** le seguenti locuzioni con il complemento richiesto, retto dalla preposizione *con*.

1. Non posso partire... (*modo*); (*causa*); (*mezzo*); (*unione*); (*compagnia*); (*moto a luogo*); (*concessivo*)
2. Mi sono stati regalati dei fiori... (*fine*); (*qualità*); (*d'agente*); (*unione*); (*modo*); (*tempo*)
3. Dobbiamo studiare... (*oggetto*); (*oggetto partitivo*); (*fine*); (*tempo determinato*); (*tempo continuato*); (*compagnia*); (*modo*)

9 La sintassi della frase semplice

219 ●●● **Ricomponi** le tre frasi usando le parole dell'elenco nella funzione logica e nell'ordine indicati.

> è stata chiamata • dei doni • con tutti i passeggeri •
> per una comunicazione • la mia segretaria • una donna • in poche ore • la nave •
> dal direttore • con i capelli rossi • con urgenza • sui cinquant'anni • ai bambini poveri •
> affondò • ha consegnato • da crociera • Luisa

1. soggetto – complemento di età + attr. – complemento di qualità + attr. – predicato verbale – complemento oggetto partitivo – complemento di termine + attr.
2. complemento di tempo continuato + attr. – soggetto – complemento di fine – predicato verbale – complemento di compagnia + attr.
3. soggetto – apposizione del soggetto + attr. – predicato verbale – complemento di modo – complemento d'agente – complemento di fine

220 ●●● `DALLA GRAMMATICA ALLA SCRITTURA` **Scrivi** alcune frasi con le seguenti parole in modo che svolgano le funzioni logiche indicate.

1. **affidabile**: nome del predicato; attributo; complemento predicativo del soggetto; complemento predicativo del soggetto
2. **successo**: apposizione del soggetto; complemento oggetto; complemento di termine; complemento di fine; complemento di causa; complemento predicativo del soggetto

221 ●●● `DALLA GRAMMATICA ALLA SCRITTURA` **Scrivi** alcune frasi con le seguenti parole in modo che svolgano o reggano le funzioni logiche indicate.

1. **città**: apposizione del complemento di moto a luogo; complemento di denominazione; complemento di moto da luogo; complemento di moto a luogo; complemento di moto per luogo
2. **mese**: apposizione del soggetto; complemento di denominazione; complemento di tempo continuato; complemento di tempo determinato; complemento di pena; complemento partitivo; complemento di paragone

222 `SUPER!` `DALLA GRAMMATICA ALLA SCRITTURA` **Scrivi** cinque frasi usando delle parole a tua scelta nelle funzioni logiche e nell'ordine indicati.

1. complemento di stato in luogo – soggetto partitivo – complemento di età + attr. – predicato verbale – complemento di modo – complemento oggetto
2. (soggetto sottinteso) – predicato verbale – complemento di modo – complemento oggetto – complemento di argomento – complemento di specificazione
3. soggetto - predicato con verbo copulativo – complemento d'agente – complemento predicativo del soggetto
4. complemento di tempo determinato – (soggetto sottinteso) – predicato verbale – complemento oggetto partitivo – complemento di fine
5. soggetto – predicato verbale – complemento di compagnia – complemento di mezzo – complemento di moto a luogo

A 495

La sintassi

COMPETENZE SINTATTICHE

223 ●●○ **Completa** le frasi collegando opportunamente le parti che le compongono.

1.	Queste copie non sono fedeli	[.....]	**a.** il mio dovere.
2.	Non ti reputo idoneo	[.....]	**b.** al vostro sostentamento.
3.	L'ho distolto	[.....]	**c.** all'originale.
4.	Devi munirti	[.....]	**d.** di buona volontà.
5.	Luca ambisce	[.....]	**e.** alla gloria.
6.	Cerca di astenerti	[.....]	**f.** alla proposta.
7.	L'imputato è stato assolto	[.....]	**g.** alla vita militare.
8.	Ho semplicemente assolto	[.....]	**h.** da quella impresa pericolosa.
9.	L'assemblea si dimostrò avversa	[.....]	**i.** dall'accusa di furto.
10.	Devo provvedere	[.....]	**l.** da commenti inopportuni.

224 ●●○ DENTRO LE PAROLE **Completa** il seguente testo con le preposizioni e le locuzioni preposizionali indicate e **specifica** il tipo di complemento che hai ottenuto.

> ai • al • all' • assieme ad • con (*2 volte*) • da • del • delle •
> di (*4 volte*) • grazie agli • in • nelle • per (*2 volte*) • tramite • nel

Transgenico è attestato .... (................................) la prima volta .... (................................) uno scritto .... (................................) 1988. Un organismo transgenico ha subìto una modificazione .... (................................) suo patrimonio genetico .... (................................) inserimento .... (................................) geni estranei .... (................................) sue cellule embrionali. Questi transgeni possono provenire .... (................................) una specie uguale o affine. Essi sono modificati .... (................................) tecniche .... (................................) ingegneria genetica e successivamente sono impiantati .... (................................) altri elementi necessari .... (................................) loro funzionamento. La "creazione" .... (................................) animali transgenici porterà grandi progressi .... (................................) umanità. .... (................................) esempio, ... (................................) sviluppi recenti .... (................................) biotecnologie si va profilando una prospettiva molto importante: .... (................................) la trasformazione genetica gli insetti vettori .... (................................) agenti infettivi potranno essere refrattari .... (................................) parassiti che essi trasmettono oggi.

COMPETENZE LESSICALI

225 ●●○ AMPLIA IL TUO VOCABOLARIO **Trova** un sinonimo e un contrario delle parole *affidabile* e *successo* e di alcune parole derivate dai nomi *città* e *mese*.

226 ●●○ PAROLE DENTRO I TESTI **Rintraccia** e **trascrivi** le parole dell'esercizio 224 che corrispondono alle seguenti definizioni.

1. organismo che trasporta o trasferisce qualcosa • **2.** che presenta somiglianza • **3.** applicazioni di tecnologie avanzate ai processi biologici • **4.** animale o vegetale il cui metabolismo dipende da un altro organismo vivente • **5.** insensibile, resistente

A 496

9 La sintassi della frase semplice

PREPARATI ALLA PROVA INVALSI

L'uovo di Colombo

La soluzione banale di un problema apparentemente insormontabile si definisce l'**uovo di Colombo**. La sua origine è fatta risalire a un aneddoto popolare, attribuito a Girolamo Benzoni; ma sull'autenticità di questo gli studiosi nutrono molti dubbi. Una volta ritornato in patria dalle Americhe, Colombo fu invitato dal cardinal Mendoza, al quale era molto caro. Lì alcuni
5   nobili spagnoli, ostili a Colombo per via della sua fama, cercarono di sminuirne la reputazione, sostenendo che la sua impresa non era stata poi così straordinaria. Offeso da quelle parole, il navigatore, fidandosi della sua sagacia, sfidò allora i suoi detrattori a compiere una semplice operazione: collocare un uovo sulla superficie di un tavolo, in modo che stesse diritto. I nobili fecero numerosi tentativi, ma tutti risultarono vani. Quando li vide ormai persuasi dell'inso-
10 lubilità del problema, Colombo mostrò la soluzione: con grande sicurezza praticò una lieve ammaccatura all'estremità dell'uovo, che poté così restare diritto. I commensali cominciarono a borbottare e dissero che anche loro avrebbero potuto fare lo stesso. Colombo allora rispose loro: «Tra di noi la differenza è questa: voi avreste potuto farlo, io invece l'ho fatto!».

A1. Si definisce "uovo di Colombo"

A. ☐ un uovo che sta dritto perché ammaccato

B. ☐ una sfida impossibile

C. ☐ un modo semplice per risolvere un problema in apparenza insolubile

D. ☐ un problema insormontabile, nonostante numerosi tentativi

A2. Nella frase *la soluzione banale [...] si definisce "l'uovo di Colombo"* (righe 1-2), *l'uovo di Colombo* è

A. ☐ un complemento oggetto

B. ☐ un complemento di modo

C. ☐ un complemento predicativo dell'oggetto

D. ☐ un complemento predicativo del soggetto

A3. Indica se le seguenti affermazioni sono vere (V) o false (F).

a. Nell'espressione *al quale era molto caro*, *molto caro* è nome del predicato
con attributo.   V☐ F☐

b. Nell'espressione *sull'autenticità di questo*, *sull'autenticità* è un complemento
di stato in luogo figurato.   V☐ F☐

c. Nell'espressione *dal cardinal Mendoza*, *cardinal* è apposizione.   V☐ F☐

d. Nell'espressione *li vide ormai persuasi*, *persuasi* svolge la funzione
di predicativo del soggetto.   V☐ F☐

A4. Nella frase *cercarono di sminuirne la reputazione* (riga 5), *ne* può essere sostituito da
.... e svolge la funzione logica di ....

A5. Nell'espressione *io invece l'ho fatto* (riga 13), *l'* dal punto di vista grammaticale è
.... e svolge la funzione logica di ....

A 497

La sintassi

A6. Nelle frasi *anche loro avrebbero potuto fare lo stesso* e *Colombo allora rispose loro* (righe 12-13), **i due *loro* hanno funzione rispettivamente di**
- A. ☐ complemento oggetto e complemento di termine
- B. ☐ complemento di termine e complemento di termine
- C. ☐ soggetto e complemento di termine
- D. ☐ soggetto e complemento oggetto

A7. Associa i sintagmi tratti dal testo alla funzione logica da essi svolta.

a. dal cardinal Mendoza (riga 4)	....	1. nome del predicato
b. al quale (riga 4)	....	2. complemento avverbiale di stato in luogo
c. per via della (sua) fama (riga 5)	....	3. complemento di causa efficiente
d. lì (riga 4)	....	4. complemento di termine
e. da (quelle) parole (riga 6)	....	5. complemento predicativo del soggetto
f. straordinaria (riga 6)	....	6. complemento d'agente
g. vani (riga 9)	....	7. complemento di modo
h. con grande sicurezza (riga 10)	....	8. complemento di causa

A8. Rintraccia nel testo il complemento di moto a luogo.

....

A9. *Insormontabile* (riga 1) è sinonimo di
- A. ☐ accessibile
- B. ☐ semplice
- C. ☐ difficile
- D. ☐ insuperabile

A10. Un sinonimo di *sagacia* (riga 7) è
- A. ☐ perspicacia
- B. ☐ imprudenza
- C. ☐ ottusità
- D. ☐ malizia

A11. Il contrario di *detrattore* (riga 7) è
- A. ☐ sostenitore
- B. ☐ diffamatore
- C. ☐ invidioso
- D. ☐ direttore

VERIFICA LE TUE COMPETENZE

A. **Indica** se le parole in grassetto hanno la funzione di soggetto [S], di complemento oggetto [CO] o di complemento di termine [CT].

1. Che **cosa** [.....] **mi** [.....] stai dicendo? 2. **Chi** [.....] **ci** [.....] aiuterà? 3. Domani **le** [.....] telefonerà **Carla** [.....] 4. Non ha chiesto **loro** [.....] **niente** [.....] di tutto ciò. 5. A **chi** [.....] potrò raccontar**lo** [.....] 6. **Vi** [.....] ha già interrogato **il professore** [.....]? 7. **Ciò** [.....] **che** [.....] **voi** [.....] dite non corrisponde al vero. 8. **Nessuno** [.....] di noi ha osato contraddir**la** [.....] 9. **Quale segreto** [.....] **ti** [.....] ha confidato **Marta** [.....]? 10. Se **lo** [.....] vuole dag**lielo** [.....] [.....] pure. 11. **Nulla** [.....] **ci** [.....] avevano detto.

1 punto per ogni risposta esatta   Punti .... /25

B. **Indica** se le parole in grassetto hanno la funzione di soggetto [S], di complemento oggetto [CO] o di complemento di termine [CT].

1. Dimmi [.....] **ciò** [.....] a cui [.....] stai pensando **tu** [.....]. 2. **Chi** [.....] **ci** [.....] accusava? 3. **Nessuno** [.....] **ti** [.....] ha visto. 4. A **cosa** [.....] alludi? 5. **Le** [.....] regalerà **un anello** [.....]. 6. **Niente** [.....] **ci** [.....] fermerà. 7. **Li** [.....] ho invitati a cena e vorrei chieder**ti** [.....] se sono vegetariani anche **loro** [.....]. 8. Non **ci** [.....] stai dicendo **nulla** [.....] di nuovo. 9. Ricorda**mi** [.....] di spedir**la** [.....] entro domani. 10. Ridam**melo** [.....] [.....] immediatamente! 11. Non **gli** [.....] ridirò **ciò** [.....] **che** [.....] non vuole capire.

1 punto per ogni risposta esatta   Punti .... /25

C. **Specifica** il tipo dei complementi in grassetto.

1. Di **fame** (........................) si muore ancora oggi. 2. Ungere la padella **d'olio** (........................). 3. È appena uscito **di casa** (........................). 4. È arrivato **di gran carriera** (........................). 5. È passato **di qui** (........................)? 6. Si nutre solo **di nutella** (........................). 7. Soffre **di nostalgia** (........................). 8. La casa fu sommersa **dalla neve** (........................). 9. **Da chi** (........................) sei stato informato? 10. Rientra oggi **dalle vacanze** (........................). 11. Gianni non è **da me** (........................). 12. Hai agito **da sciocco** (........................). 13. Quando arriveremo **dalla nonna** (........................)? 14. Ho bevuto un ottimo vino **da pasto** (........................). 15. È **da due ore** (........................) che sono qui. 16. Viaggerò **con pochi bagagli** (........................). 17. Luisa studia **con diligenza** (........................). 18. Mi piace bere le bibite **con la cannuccia** (........................). 19. Non riesco a studiare **con questo rumore** (........................)! 20. Vengo **con te** (........................).

1 punto per ogni risposta esatta   Punti .... /20

D. **Specifica** il tipo dei complementi in grassetto.

1. Si è comportato **da eroe** (........................). 2. **Da dove** (........................) è passato? 3. Corro **da Tommaso** (........................). 4. Gioca **da portiere** (........................). 5. Scoppio **dalle risate** (........................). 6. Vengo **da te** (........................). 7. Ho rotto gli occhiali **da vista** (........................). 8. Arrivo adesso **dall'ufficio** (........................). 9. Adesso è **dal medico** (........................). 10. La busta è sul tavolo **da pranzo** (........................). 11. **Da qui** (........................) non si può entrare. 12. Cospargere la torta **di zucchero** (........................). 13. Si è fermato **di botto** (........................). 14. È morto **di dolore** (........................). 15. Viene sempre qui **d'estate** (........................). 16. Vorrei una coppa di gelato **con panna** (........................). 17. **Con i dispiaceri** (........................) ha perso il suo buonumore. 18. Mi rispose **con tono scherzoso** (........................). 19. Partirò **con Carlo** (........................). 20. È venuta **col treno** (........................).

1 punto per ogni risposta esatta   Punti .... /20

A 499

La sintassi

E. **Fai** l'analisi logica delle seguenti frasi. Nel caso in cui il soggetto sia sottinteso **indicalo** nella riga del verbo.

1. Di quel discorso ....
non aveva capito ....
il senso ....
neanche lei. ....

2. Gianni ....
da bambino ....
era ....
molto vivace. ....

3. Non raccontare ....
notizie ....
di cui ....
non sei ....
certo. ....

4. Chi ....
è ....
l'autore ....
di questo romanzo? ....

5. Gli studenti ....
hanno già terminato ....
il compito ....
di matematica ....
che ....
la professoressa ....
Rossi ....
ha assegnato ....
loro. ....

6. La favola ....
Amore e Psiche ....
narra ....
il destino ....
della bella Psiche, ...
terza figlia ....
di un re e una regina, ...
amata ....
da Cupido. ....

7. A chi ....
l' ....
ha chiesto ....
Luisa? ....

8. Alcuni sciatori ....
sono stati travolti ....
da una valanga ....
di neve. ....

9. Tua sorella ....
Luisa ....
sarà ....
una brava ballerina ....
di flamenco. ....

10. Nessuno ....
può resistere ....
alle esilaranti battute ....
di Andrea. ....

11. Che cosa ....
ha combinato ....
quell'incosciente ....
a cui ....
stavi parlando? ....
Come madre ....
gli ....
tirerei ....
le orecchie. ....

12. Il professore ....
da cui ....
è stata interrogata ....
mia sorella ....
le ....
ha fatto ....
delle domande difficili ....
cui ....
non ha saputo rispondere. ....

1 punto per ogni elemento correttamente analizzato   **Punti** .... /70

A 500

9 La sintassi della frase semplice

F. **Fai** l'analisi logica delle seguenti frasi. Nel caso in cui il soggetto sia sottinteso **indicalo** nella riga del verbo.

1. Come sindaco ....
del suo paese ....
Luca ....
ha ....
dei precisi doveri. ....

2. In quel prato ....
Luigi ....
sta giocando ....
a pallone ....
con i compagni ....
con gran divertimento. ....

3. Queste mura ....
furono costruite ....
secoli fa ....
dai Romani ....
a difesa ....
della città. ....

4. Per il suo talento ....
l'allenatore ....
considera ....
Giorgio ....
una grande promessa. ....

5. Abbiamo camminato ....
per quattro ore ....
fino al rifugio ....
con le scarpe ....
da trekking ....
e nel primo pomeriggio ....
siamo ripartiti ....
stanchi ma contenti. ....

6. Ieri ....
ho visto ....
i tuoi invitati ....
molto soddisfatti ....
per l'ottima cena. ....

7. Sono rimasta ....
delusa ....
del comportamento ....
che ....
hai tenuto ....
a casa sua. ....

8. Osservava ....
estasiata ....
la distesa ....
che ....
si stagliava ....
all'orizzonte. ....

9. Per quell'acquisto ....
mi ....
è stato dato ....
del denaro ....
dai miei genitori. ....

10. Con questa neve ....
sto tremando ....
di freddo ....
e attendo ....
con ansia ....
il tuo arrivo ....
per una cioccolata ....
con panna. ....

1 punto per ogni elemento correttamente analizzato   **Punti** .... **/60**

TOTALE PUNTI .... **/220**

A 501

10 La sintassi del periodo

La frase complessa, o periodo (dal greco *periodos*, "giro di parole"), è l'espressione linguistica di senso compiuto che è formata da due o più proposizioni, comprese tra due segni di interpunzione forti (punto, punto interrogativo, punto esclamativo).

STRUTTURA Il periodo può essere formato da due tipi fondamentali di proposizioni: quelle **indipendenti**, che non sono rette da nessun'altra proposizione, e quelle **dipendenti** o **subordinate**, che non possono esistere da sole ma, come indica lo stesso termine, **dipendono da un'altra proposizione**.

Salutamelo!	proposizione principale indipendente
Sono corso da te	proposizione principale reggente
per salutarti.	proposizione dipendente o subordinata

Il nucleo del periodo è costituito dalla **proposizione principale**, che è sempre una frase **indipendente**, trasmette l'informazione fondamentale e organizza attorno a sé tutte le altre proposizioni. Le altre frasi del periodo si collegano alla principale e tra di loro attraverso due diversi tipi di rapporto: la **coordinazione** e la **subordinazione**.

In base al tipo di frasi da cui è formato e al rapporto che le unisce, il periodo si dice:

- **composto**, quando comprende **solo proposizioni indipendenti**, collegate per **coordinazione**;
- **complesso**, quando è formato anche da **proposizioni dipendenti**, collegate per **subordinazione**.

Claudia verrà a cena e festeggeremo il suo compleanno.

proposizione principale + proposizione coordinata = periodo composto

Claudia mi ha invitata a cena per festeggiare il suo compleanno.

proposizione principale + proposizione subordinata = periodo complesso

CONOSCENZE · ABILITÀ · COMPETENZE

p. 397

La sintassi

1 Il periodo, le proposizioni indipendenti e le proposizioni dipendenti

> Ogni proposizione si organizza attorno a **un predicato**: il **periodo** è quindi formato da **tante frasi semplici quanti sono i predicati in esso contenuti**.

La donna **disse** / che non **si sentiva** bene / e che **aveva chiamato** il medico / perché **venisse** / a **visitarla**.

Nel conteggiare i predicati occorre tenere presente che **un verbo servile** o **fraseologico** forma **un unico predicato** con il verbo al **modo infinito** o **gerundio** che lo segue.

Mio padre non **può accompagnar**mi / perché non **ha** l'auto: / il meccanico **deve** ancora **consegnar**gliela / perché non **ha finito di riparar**la.

Prima di esaminare la struttura del periodo, bisogna innanzitutto precisare che le proposizioni possono essere ricondotte a due specie fondamentali: le **indipendenti** e le **dipendenti**.

> Le **proposizioni indipendenti** sono grammaticalmente **autonome**, cioè **non dipendono mai da un'altra proposizione**. Sul piano del significato esprimono, in genere, un **senso compiuto**; talora invece richiedono dopo di sé una proposizione dipendente che completi il loro significato.

La squadra della sua scuola ha vinto il torneo di pallavolo. → proposizione indipendente con autonomia sintattica e semantica

Sembra che la squadra della sua scuola vincerà il torneo. → proposizione indipendente senza autonomia semantica

Le proposizioni indipendenti possono esistere anche da sole come frasi semplici. Nel periodo c'è sempre una proposizione indipendente che svolge la funzione di **proposizione principale**.

> Le **proposizioni dipendenti non sono mai autonome** né sul piano sintattico né su quello del significato, ma, come indica lo stesso termine, **dipendono sempre da un'altra proposizione**. Poiché questo rapporto di dipendenza all'interno del periodo è definito **subordinazione**, le dipendenti sono comunemente chiamate **proposizioni subordinate**.

La **proposizione che regge una dipendente** è detta **reggente**: qualunque proposizione, sia **indipendente** sia **dipendente**, diventa reggente quando da essa dipende un'altra proposizione.

Voglio proprio sperare /	**che si ricordi** /	di prendere le chiavi.
Mi sembra /	**di capire** /	che anche tu sei preoccupato.
proposizione indipendente reggente	proposizione dipendente reggente	proposizione dipendente

A 504

10 La sintassi del periodo

Merita un discorso a parte la **proposizione incidentale** (dal latino *incidere*, "cadere dentro"), che è una **breve frase inserita all'interno di un periodo** con la funzione di chiarire, commentare, attenuare o rafforzare un'affermazione. Può essere posta **tra parentesi**, **tra due virgole** o **lineette** e **non ha alcun legame sintattico con le altre proposizioni del periodo**: non può essere considerata una proposizione indipendente, perché in genere non è autonoma dal punto di vista del significato, né una dipendente perché non ha una frase reggente.

Con il suo patrimonio di foreste (**il dieci per cento di tutte quelle rimaste nel mondo**) l'Indonesia è seconda soltanto al Brasile.
Il nonno, **e tu lo sai meglio di me**, è abituato a cenare molto presto.
Chi di voi – **chiese l'insegnante** – si farà interrogare domani?

ALLENA LE COMPETENZE

1 ●○○ COMPETENZE SINTATTICHE MITO **Riconosci**, separandole con una barretta, le proposizioni che formano ciascun periodo e **sottolinea** la proposizione principale.

Il ciclo bretone e il mito di re Artù Nel XII secolo, nelle corti della Francia del Nord, si diffusero i "romanzi del ciclo bretone", che erano così chiamati perché le loro vicende erano ambientate in Bretagna. Questi racconti, originariamente in prosa, presero poi il nome di "romanzi", poiché erano la versione in volgare di opere in lingua latina. Le storie erano frutto del lavoro di chierici colti che vivevano alla corte di grandi signori feudali: esse fondevano insieme gli elementi cavallereschi delle "canzoni di gesta" con gli elementi amorosi che erano presenti nella poesia provenzale. Queste opere narrano le eroiche vicende dei cavalieri della Tavola Rotonda di re Artù, i quali combattevano per conquistare la donna amata e per appagare il loro desiderio di virtù.

2 ●●○ COMPETENZE SINTATTICHE **Riconosci** la proposizione principale.

1. Mentre ci interrogavamo su chi fosse il responsabile, in classe entrò il preside per comunicare che Nicolò sarebbe stato sospeso per aver rotto la finestra. **2.** Se tu non credessi a ciò che sto per dirti, non mi stupirei, perché la vicenda è incredibile e credo non sia capitata mai a nessun altro. **3.** Non avendoti visto alla festa organizzata da Sara, ho chiesto a Carmen se stessi male, ma lei non ha saputo dirmi perché tu non fossi presente. **4.** Molti giovani credono che il conflitto con i propri genitori sia inevitabile, dal momento che la differenza d'età è tale da provocare incomprensioni.

3 ●●● COMPETENZE SINTATTICHE **Riconosci** la proposizione principale e indica se è autonoma dal punto di vista semantico **[A]** o richiede una dipendente per completare il suo significato **[NA]**.

1. Non sappiamo se crederti, quando racconti questi strani episodi. [.....] **2.** Lucrezia è convinta che tu ti sia dimenticato del vostro anniversario. [.....] **3.** Non mi hai ancora detto se hai intenzione di venire con noi a teatro. [.....] **4.** Accade spesso che tu ti infervori per un nonnulla. [.....] **5.** Non sono riuscita a dormire per tutta la notte, perché ero preoccupata per l'esito del colloquio. [.....] **6.** Farò tutto il possibile perché non voglio deluderti. [.....] **7.** Malgrado abbia novant'anni, la nonna è ancora molto attiva. [.....]

A 505

La sintassi

2 La classificazione delle proposizioni indipendenti

> Le **proposizioni indipendenti**, che sono sintatticamente autonome, hanno **forma esplicita**, hanno cioè il **verbo al modo finito** (indicativo, congiuntivo, condizionale, imperativo), tranne in alcuni casi in cui ammettono l'**infinito**.

In relazione al tipo di messaggio che esprimono e alla forma in cui si presentano, le proposizioni indipendenti vengono classificate in cinque categorie.

- le **enunciative** riferiscono un fatto, un pensiero o un'opinione.
  HANNO IL VERBO AL MODO **indicativo** o **condizionale** per esprimere un'affermazione espressa in **tono attenuato** o **con riserva**.

  Le **hanno portato** dei fiori.   Martina **sorrideva** felice.
  Mangerei volentieri un gelato.   Per lei **sarebbe andato** sulla luna.

- le **interrogative dirette** pongono una **domanda in modo diretto**. Nei testi scritti terminano con il punto interrogativo, mentre nel parlato si possono riconoscere dal tono della voce ascendente.
  SONO INTRODOTTE DA un **aggettivo**, un **pronome** o un **avverbio interrogativo**.
  HANNO IL VERBO AL MODO **indicativo** o **condizionale** per esprimere una possibilità o una richiesta formulata in modo cortese.

  Come ti **chiami**?   Quale canzone **stai ascoltando**?
  A chi **dovrebbe** rivolgersi?   **Potresti** parlare sottovoce?

  Le interrogative dirette si definiscono:
  - **reali**, quando pongono una domanda di cui non si conosce la risposta;
    A chi stai telefonando?
  - **retoriche**, quando pongono una domanda dando già per scontata la risposta.

    | Ti ho forse rimproverato? | → | risposta implicita negativa |
    | Non ho forse ragione? | → | risposta implicita affermativa |

  - **semplici**, quando contengono un'unica domanda.
    Dove l'hai comprato?
  - **disgiuntive**, quando pongono in alternativa due o più domande, collegate dalle congiunzioni disgiuntive **o**, **oppure**.
    Arriverete domani **o** vi fermerete ancora?

- le **indipendenti volitive** comunicano una volontà.
  Si definiscono:
  - **imperative**, quando esprimono un comando, un'esortazione o un invito con il verbo all'**imperativo** o, se negative, all'**infinito** preceduto da **non**; **esortative** quando hanno il **congiuntivo presente**, detto appunto **esortativo**.

    Vattene subito!   Non **discutere** con me!
    Se ne **vada**!   **Rimanga** con noi!

A 506

10 La sintassi del periodo

- **desiderative**, quando esprimono un desiderio, un augurio o un rimpianto; presentano generalmente il punto esclamativo, sono spesso introdotte da espressioni come *oh*, *se*, *magari*, *volesse il cielo* e hanno il verbo al **congiuntivo**.

  Oh, se mi **avessi ascoltato**!   Magari **fossi stato** qui!

- **concessive**, quando esprimono una concessione; sono spesso introdotte da *sia pure*, *pure*, *ammettiamo che* e hanno il verbo al **congiuntivo** o all'**imperativo**.

  Ammettiamo che la colpa non **sia** tua.   **Fate** pure l'intervallo.

• le **dubitative** esprimono un dubbio sotto forma di una domanda che, a differenza di quanto avviene nell'interrogativa, non è rivolta a un interlocutore definito e non comporta alcuna risposta.

  HANNO IL VERBO AL MODO indicativo o **condizionale**, spesso costituito dai verbi servili *potere* e *dovere* o sono espresse all'**infinito**.

  Che **dire** di lui?   A chi **dovrei rivolgermi**?

  Come **avrei potuto** rimediare?   Dove **sarei dovuto andare**?

• le **esclamative** esprimono un'emozione o un sentimento sotto forma di esclamazione.

  HANNO IL VERBO AI MODI indicativo, **congiuntivo**, **condizionale** o **infinito**. Nei testi scritti sono caratterizzate dal punto esclamativo, mentre nel parlato si distinguono per l'intonazione esclamativa.

  Come **sei** bella!   **Avesse** mai un po' di tempo!

  Come **sarebbe** felice il nonno!   **Tu**, fare simili cose!

ALLENA LE COMPETENZE

4 ○○○ **COMPETENZE SINTATTICHE** **Indica** se le proposizioni indipendenti sono enunciative **[E]**, volitive **[V]** o dubitative **[D]**.

1. Sono felice. [E] 2. Che cosa posso dire di te? [D] 3. Dove andare? [D] 4. Se ne vada subito da qui! [V] 5. Ammettiamo che non venga Carlo. [E] 6. Uscite pure per questa porta. [E] 7. Come venirne a capo? [D] 8. Magari fosse venuta! [V]

5 ○○○ **COMPETENZE SINTATTICHE** **Indica** se le proposizioni indipendenti sono interrogative semplici **[IS]**, interrogative retoriche **[IR]**, interrogative disgiuntive **[ID]**, volitive imperative **[VI]**, volitive esortative **[VE]**, volitive desiderative **[VD]**, volitive concessive **[VC]**, dubitative **[D]** o esclamative **[E]**.

1. Qual è la densità di popolazione del Burkina Faso? [IS] 2. Ammettiamo pure che io abbia torto. [VC] 3. Smettete di parlare! [E] 4. Vieni oggi o domani? [ID] 5. Ah, se fossi stato qui! [VD] 6. Che bella idea hai avuto! [E] 7. Come posso aiutarvi? [IS] 8. Non sedetevi, ragazzi! [VI] 9. La mamma sta cucinando o è già uscita per la spesa? [ID] 10. Che tristezza quel film! [E] 11. Che cosa s'intende per periodo ipotetico? [IS] 12. Ti ho forse accusato io? [IR] 13. È il caso di farne una tragedia? [IR] 14. È un paese più ricco il Giappone o il Pakistan? [ID] 15. Ammettiamo pure che tu sia innocente. [VC] 16. Dove ti eri nascosto? [IS] 17. Oh se non piovesse! [VD] 18. Che dire? [D]

La sintassi

6 ●●○ COMPETENZE SINTATTICHE **Indica** se le proposizioni interrogative dirette sono reali [R], retoriche [RT] o disgiuntive [D].

1. Quali sono i tuoi programmi per domani? [R] 2. È una tua decisione o sei stato convinto da qualcun altro? [D] 3. Che cosa hai combinato ieri? [R] 4. Avete per caso intenzione di andare a quel concerto? [RT] 5. Sei forse preoccupato per l'esame? [RT] 6. Vuoi andare all'università o cercare un lavoro? [D] 7. Ti ho mai detto bugie? [RT] 8. Qual è la tua materia preferita? [R] 9. Di chi è quel motorino parcheggiato in doppia fila? [R] 10. È forse tuo quel motorino parcheggiato in doppia fila? [RT] 11. Potevo forse non dirti la verità? [RT] 12. Preferisci fare un salto al parco o raggiungere i tuoi amici al cinema? [D]

7 ●●○ COMPETENZE SINTATTICHE DENTRO LE PAROLE **Riconosci** le proposizioni indipendenti: **sottolinea** le enunciative e **classifica** le altre riportandole opportunamente nella tabella.

«Dimmi un po': secondo te, la parola *monitor* è inglese o no?» «È sicuramente inglese». «E invece no; o per lo meno non del tutto.» «Ma è impossibile! Non prendermi in giro!» «E invece è proprio così. Chiedine pure conferma al tuo professore di italiano. Monitor è un sostantivo latino che significa "suggeritore", "rammentatore", "consigliere". Pensa che si chiamava così anche lo schiavo che aveva il compito di suggerire e quindi far ricordare al padrone i nomi delle persone che incontrava. Così l'inglese ha ripreso questo termine per indicare il dispositivo di controllo, usato come *video* (termine anch'esso latino, perché è la voce verbale che significa "io vedo").» «E come avrei potuto immaginarlo? E la parola *monitoraggio* è legata a monitor?» «Ma certo che lo è! È stata inserita nell'italiano verso il 1970 per definire il controllo tramite monitor, ma ha poi esteso il suo significato per indicare il controllo sistematico di qualunque fenomeno sociale, economico, culturale o la sorveglianza continua di un paziente tramite le apparecchiature del caso». «Quante cose si scoprono con l'etimologia!»

1. interrogative semplici	
2. interrogative disgiuntive	
3. volitive imperative	
4. volitive concessive	
5. dubitative	
6. esclamative	

8 ●●● COMPETENZE SINTATTICHE **Specifica** la tipologia di ciascuna frase indipendente, quindi **trasformala** nelle altre tipologie richieste.

1. Hai già pranzato? (*interrogativa disgiuntiva / volitiva imperativa / esclamativa*)
2. Hai finito! (*enunciativa / interrogativa retorica / volitiva desiderativa*)
3. Rita, vieni pure a cena, sabato sera! (*esclamativa / enunciativa / interrogativa disgiuntiva*)
4. Giacarta è la capitale dell'Indonesia. (*esclamativa / interrogativa disgiuntiva / volitiva esortativa*)
5. Secondo te, Luca ha ragione o no? (*volitiva desiderativa / interrogativa retorica / concessiva*)

A 508

3 La struttura del periodo

> Il **nucleo del periodo** è costituito dalla **proposizione principale**, che è sempre una frase **indipendente**, sintatticamente autonoma. Come indica lo stesso termine, è la proposizione che **trasmette l'informazione fondamentale** e attorno a essa si organizzano le altre proposizioni.

La posizione della proposizione principale all'interno del periodo **non è fissa**: può trovarsi **all'inizio**, **nel mezzo** o **alla fine** del periodo.

Sembra che domani inizi a nevicare.
Dovendo andare da lei, **ho chiesto a Sandra** quale autobus avrei potuto prendere.
Dopo avermi spiegato quello che aveva da fare, **se ne andò in tutta fretta**.

Le altre frasi del periodo si collegano alla principale e tra di loro attraverso due diversi tipi di rapporto, la **coordinazione** e la **subordinazione**.

> La **coordinazione**, o **paratassi** (dal greco *para*, "accanto" e *taxis*, "collocazione"), è il rapporto che lega due o più proposizioni tra loro autonome, **ponendole sullo stesso piano**.

Le frasi coordinate **sono indipendenti l'una dall'altra** e **sono dello stesso tipo**: la proposizione coordinata alla principale è una proposizione indipendente (non è la principale solo perché è collocata dopo un'altra proposizione indipendente che funge da principale); una proposizione coordinata a una proposizione subordinata è anch'essa una proposizione dipendente e condivide la sua funzione logica: ad esempio, la coordinata a una causale è anch'essa una proposizione causale.

La coordinazione è quindi un **rapporto di parità** che può essere rappresentato graficamente in orizzontale.

La sintassi

> La **subordinazione**, o **ipotassi** (dal greco *hypo*, "sotto" e *taxis*, "collocazione"), è il rapporto di **dipendenza** che lega una proposizione, detta **subordinata**, a un'altra, che costituisce la sua **reggente**, senza la quale non avrebbe senso né sul piano sintattico né su quello semantico.

Il rapporto sintattico di subordinazione è di **tipo gerarchico**, cioè **di non parità**, e viene rappresentato graficamente in verticale.

ALLENA LE COMPETENZE

9 ○○○ COMPETENZE SINTATTICHE **Scomponi** con una barretta (/) le proposizioni che formano ciascun periodo, quindi **scegli**, tra quelle proposte, la struttura di ciascuno (**scrivi** tra parentesi la lettera corrispondente).

> a. subordinata / principale / subordinata / coordinata alla subordinata
> b. principale / subordinata / coordinata alla principale / subordinata
> c. subordinata / coordinata alla subordinata / principale / coordinata alla principale
> d. principale / subordinata / coordinata alla subordinata
> e. subordinata / principale / coordinata alla principale / subordinata

1. Luca si è reso conto / di aver sbagliato l'esercizio / e mi ha chiesto un foglio / per rifarlo. [.b.] **2.** Leggendo molto / e facendo molti esercizi, / ho recuperato il debito formativo / e sono stato promosso. [.c.] **3.** Ho invitato Gianna a vedere lo spettacolo / ma mi sono accorto / di non avere più biglietti. [.b.] **4.** Per ricevere la pergamena di laurea, / mi hanno chiesto / di andare all'ufficio postale / e di versare una quota di quindici euro. [.a.] **5.** Non so / se rimanere al mare con voi / o andare in montagna con i nonni. [.d.] **6.** Dopo aver usato il phon, / stacca la spina / e rimettilo nella custodia / in cui si trovava. [.e.]

A 510

10 La sintassi del periodo

10 ●○○ **COMPETENZE SINTATTICHE** **Scomponi** con una barretta (**/**) le proposizioni che formano ciascun periodo, quindi **scegli**, tra quelle proposte, la struttura di ciascuno (**scrivi** tra parentesi la lettera corrispondente).

- **a.** subordinata / principale / subordinata / coordinata alla subordinata
- **b.** subordinata / principale / coordinata alla principale / subordinata / coordinata alla subordinata
- **c.** principale / subordinata / subordinata / coordinata alla principale / subordinata
- **d.** principale / subordinata / subordinata / subordinata / coordinata alla subordinata / subordinata
- **e.** subordinata / principale / subordinata / subordinata / subordinata

1. Luisa riceveva spesso dei bigliettini con cui gli amici le comunicavano di essersi innamorati di lei, ma lei non tollerava che si comportassero così. [.....] **2.** Dopo essere uscita di casa, mia sorella si accorse che non avevo chiuso la porta e che non avevo preso le chiavi. [.....] **3.** Mangiando troppi dolci sono ingrassato e ho capito di dovermi limitare nell'alimentazione e di dover fare più esercizi in palestra. [.....] **4.** Sebbene fossi lontano, ho visto bene il ladro mentre usciva dalla banca così in fretta da travolgere la ragazza che camminava sul marciapiede. [.....] **5.** Sonia mi ha detto che andrà alla mostra a vedere i quadri che sono stati esposti da poco e di cui ci sono stati grandi apprezzamenti da parte di coloro che li hanno visti. [.....]

11 ●●○ **COMPETENZE SINTATTICHE** **DENTRO LE PAROLE** **Scomponi** con una barretta (**/**) le proposizioni che formano ciascun periodo, **riconosci** la proposizione principale e **poni** tra parentesi tonde le proposizioni coordinate e tra parentesi quadre le proposizioni subordinate. Segui l'esempio.

<u>Pensi</u> [che il **ministro** e la **minestra** possano avere qualcosa in comune?] Ebbene, ce l'hanno / ed è l'origine del loro nome da una stessa parola latina. / La parola *minister* era derivata dall'avverbio *minus*, "meno" / e indicava una persona subalterna / che era soggetta all'autorità di qualcuno. / *Minister* era, ad esempio, il cameriere / che serviva i signori durante i banchetti. / Con il passare del tempo il termine passò a designare coloro / che esercitavano il potere al servizio di un sovrano in nome suo. / Anche se il ministro rimaneva pur sempre un subalterno, / lo diventò però di un re / o di un imperatore / e aveva a sua volta sotto di lui intere comunità, / stati / e popolazioni. / Dopo che il re ebbe perso il suo potere, / il ministro mantenne il posto privilegiato / che si era conquistato nel corso dei secoli. / Oggi è il titolare di un organo del governo, / il ministero / che è stato nominato dal Presidente della Repubblica su proposta del Presidente del Consiglio. / Ma come si spiega il significato di *minestra*? / L'antico *minister* aveva varie mansioni / e serviva in tavola anche la zuppa di verdure / o il brodo. / Questo compito prese poi il nome di *minestrare* / e da lì derivò *minestra*.

A 511

La sintassi

12 ●●● **COMPETENZE SINTATTICHE** **PAROLE DI OGGI** **Scomponi** con una barretta (**/**) le proposizioni che formano ciascun periodo, **riconosci** la proposizione principale e **poni** tra parentesi quadre le proposizioni subordinate e tra parentesi tonde le coordinate a una subordinata.

È ormai risaputo che le innovazioni tecnologiche hanno i loro *pro* e i loro *contro*, in base all'uso che se ne fa. Quando si è talmente assorbiti dagli *smartphone* e si è completamente avulsi dal contesto circostante, la tecnologia rivela il suo lato deleterio perché si trasforma in un vizio o in una mania. Sarà capitato a tutti voi di trovarvi in un locale o in autobus e di essere seduti di fronte a qualcuno che non vi considera affatto, ma continua a utilizzare il cellulare, come se voi non esisteste. Questo atteggiamento ineducato è diventato purtroppo così comune che è stato coniato un nuovo termine, **phubbing**, per indicarlo. La parola è stata ottenuta fondendo insieme i termini inglesi **phone** (telefono) e **snubbing** ("snobbare, ignorare"). Per boicottare questo fastidioso comportamento, è stato creato persino un sito, chiamato "stophubbing.com".

3*1 Le forme di coordinazione

Il rapporto di coordinazione può realizzarsi:

- per **asindeto** (dal greco *asyndeton*, "privo di legami"), o **giustapposizione**, cioè accostando semplicemente le proposizioni l'una all'altra e separandole con un segno di interpunzione debole (virgola, punto e virgola o due punti);

  Cadde, si rialzò subito, ripartì in gran fretta.

- per mezzo di **congiunzioni coordinanti**; in questo caso, le coordinate prendono il nome dal **tipo di congiunzione coordinante** che le introduce.

coordinata	se è introdotta da una congiunzione	esempi
copulativa	copulativa: *e, né, neanche, neppure*	Non studia, **né** lavora.
disgiuntiva	disgiuntiva: *o, oppure, ovvero, ossia, altrimenti, ...*	Verrò, **altrimenti** vi chiamo.
avversativa	avversativa: *ma, però, anzi, invece, mentre, tuttavia, per altro, del resto, ...*	Credevo di poter venire, **invece** ho un impegno.
dichiarativa o esplicativa	dichiarativa o esplicativa: *cioè, infatti, ossia, vale a dire, per essere precisi, ...*	Me l'ha detto, **cioè** me l'ha fatto capire.
conclusiva	conclusiva: *dunque, quindi, pertanto, perciò, allora, ...*	L'ha rotto lui, **perciò** lo pagherà.
coordinata	**se è introdotta da due elementi correlativi**	**esempi**
correlativa	congiunzioni: *e... e, né... né, o... o, sia... sia, sia che... sia che* congiunzione e avverbio: *non solo... ma anche* avverbi: *ora... ora, prima... poi* pronomi: *chi... chi, gli uni... gli altri, alcuni... gli altri, questo... quello*	**Né** ha studiato **né** ha fatto i compiti. **Non solo** canta, **ma** lo fa anche per ore. **Ora** lo ama, **ora** lo odia. **Alcuni** sono favorevoli, **altri** sono contrari alla proposta.

- per **polisindeto** (dal greco *polysyndeton*, "con molti legami"), attraverso la **ripetizione di una congiunzione coordinante** davanti a ciascuna proposizione del periodo.

  E si muove **e** chiacchiera **e** si alza in continuazione.

A 512

ALLENA LE COMPETENZE

13 ○○○ COMPETENZE SINTATTICHE **Indica** se le proposizioni sono coordinate copulative [C], avversative [A], disgiuntive [D] o correlative [COR].

1. Hai seguito le cure e sei guarito in fretta [..C..]. 2. Paola doveva preparare una torta per la festa, ma se n'è scordata [.COR.]. 3. Questa sera esci o resti a casa [..D..]? 4. Non solo hai copiato il compito, ma hai anche inventato una giustificazione ridicola [.COR.]. 5. Per favore, pensa tu a bagnarmi le piante e a dare da mangiare al gatto [..C..]. 6. Doveva venire anche Valerio, invece è ammalato [..A..]. 7. Luca ha sbagliato, però non lo ammette. 8. O mettete in ordine la stanza o butto tutte le vostre cose fuori dalla finestra! [..D..] 9. Passerò io a prendere Paolo, altrimenti non verrà [..D..]. 10. Alessandro non ha studiato né ha fatto i compiti [.COR.]. 11. Francesca né è venuta alla festa né ci ha fatto gli auguri [.COR.].

14 ●○○ COMPETENZE SINTATTICHE PAROLE DI OGGI **Riconosci** le proposizioni coordinate e **poni** tra parentesi tonde le proposizioni coordinate alla principale e tra parentesi quadre le coordinate a una subordinata.

Sebbene se ne senta parlare solo da poco tempo, gli *hipster* sono più diffusi del previsto, perché secondo una recente ricerca ciascuno di noi ne conosce almeno uno ed è facile imbattersi in uno di loro, girando per la città. Sono giovani borghesi che vanno contro la cultura *mainstream*, sono interessati alla cultura alternativa dei grandi centri urbani o amano generi musicali e cinematografici di nicchia. Si possono facilmente riconoscere dall'abbigliamento: indossano jeans attillati, camicie a quadri, scarpe semplici assieme a *gadget* tecnologici e accessori *vintage*. Il termine è derivato dalla cultura statunitense degli anni Quaranta e indicava all'epoca gli appassionati di jazz e bebop che volevano emulare i loro idoli ed erano del tutto indifferenti alla politica e alla carriera. La migliore definizione del termine *hipster* è stata fornita dallo scrittore Norman Mailer: egli, infatti, definisce l'*hipster* come un individuo che vuole "divorziare dalla società e vivere senza radici".

15 ○○○ COMPETENZE LESSICALI PAROLE DENTRO IL TESTO **Spiega** il significato che le seguenti parole hanno nel testo dell'esercizio 14.

1. cultura alternativa: ....
2. nicchia: ....
3. gadget: ....
4. vintage: ....
5. emulare: ....
6. idoli: ....
7. radici: ....

A 513

La sintassi

16 ●●○ COMPETENZE SINTATTICHE DENTRO LE PAROLE Riconosci le proposizioni principali e **poni** tra parentesi tonde le proposizioni coordinate alla principale, tra parentesi quadre le coordinate a una subordinata e tra parentesi graffe le subordinate.

Tutti sanno ormai che per *mass media* si intende l'insieme degli organi di stampa e dei mezzi audiovisivi, come la televisione, la radio, il cinema, Internet, che sono indirizzati a un vasto pubblico e che permettono di informare, ma anche di influenzare molti individui contemporaneamente. Molti credono che si tratti di una tipica parola inglese, entrata come prestito non integrato nella nostra lingua, e di conseguenza la pronunciano "masmìdia". Il termine in realtà, benché sia l'abbreviazione dell'espressione inglese *media of mass comunication*, vanta origini latine, dal momento che *mass* deriva dal latino "massa" e *media* è parola latina e precisamente il plurale di *medium*, "mezzo". In genere, perciò, coloro che conoscono la paternità latina del termine dicono "masmèdia", preferendo quindi la pronuncia italiana che è assolutamente legittima. Ma riprendiamo la parola *medium*: verso la fine dell'Ottocento questo termine latino è confluito nell'inglese, poi nel francese e di lì in italiano per indicare una persona che sarebbe dotata di poteri paranormali e che soprattutto avrebbe la capacità di mettere in comunicazione gli spiriti dei morti con i viventi.

17 ●●○ COMPETENZE SINTATTICHE **Indica** se nei seguenti periodi le proposizioni sono coordinate disgiuntive **[D]**, avversative **[A]**, dichiarative **[DIC]**, conclusive **[CON]** o correlative **[COR]**.

1. Hai sostenuto un brillante esame, pertanto sei stato promosso [.......], ma non aspettarti un gran voto [.......]. **2.** Non mangio carne, infatti sono vegetariano [.......]. **3.** Ho lavorato molto, eppure ho guadagnato poco [.......], perciò ho deciso [.......] che cambierò lavoro. **4.** Il professore non è molto soddisfatto dei tuoi risultati, perciò ti darà il debito in latino [.......]. **5.** Preferisci leggere o scrivere [.......]? **6.** O ti decidi a riordinare lo studio o non ti permetterò di uscire con gli amici [.......]. **7.** Questo PC funziona solo con la rete ethernet, cioè si connette solo alla rete locale [.......]. **8.** Paolo non solo non si è presentato all'appuntamento, ma ha anche avuto il coraggio di non scusarsi [.......].

18 ●●○ COMPETENZE SINTATTICHE **Indica** se nei seguenti periodi le proposizioni sono coordinate copulative **[C]**, disgiuntive **[D]**, avversative **[A]**, conclusive **[CON]** o correlative **[COR]**.

1. Cerca di stampare tu la ricerca e di farla rilegare [..C..], altrimenti dimmi chi può farlo al posto tuo [..D..]. **2.** Ho usato tutti gli ingredienti richiesti e ho seguito alla lettera il procedimento [..C..], tuttavia la mia pizza è immangiabile [..A..]. **3.** Credevo di stargli antipatico, invece mi ha invitato al cinema [..A..] e mi ha pure pagato il biglietto [..C..]. **4.** Né ti sei comportato bene né hai ricevuto una bella pagella [COR], quindi non ti meriti il motorino nuovo [CON]. **5.** Sono arrabbiato con lui, perciò [CON] non lo ascolterò più, e [..C..] cercherò di evitarlo.

19 ●●○ **COMPETENZE SINTATTICHE** **Indica** se le proposizioni sono coordinate copulative [C], disgiuntive [D], avversative [A], dichiarative [DIC], conclusive [CON] o correlative [COR].

1. O ci mettiamo d'accordo o interrompiamo qui la nostra amicizia [.......]. **2.** Napoleone attaccò la Russia con un ingente esercito, tuttavia la campagna si rivelò un disastro [.......] e molti soldati trovarono la morte [.......]. **3.** Donatello realizzò sculture di inestimabile valore, infatti è molto apprezzato anche ai giorni nostri [.......]. **4.** Ti prenderai un anno sabbatico o proseguirai con gli studi di medicina [.......]? **5.** Non è bello né criticare gli assenti né lusingare i presenti [.......]. **6.** Siamo appena arrivati, dunque gradiremmo un aperitivo [.......], anzi vorremmo proprio cenare [.......]. **7.** Quel dottore è stato radiato dall'albo, cioè è stato cancellato dall'ordine professionale dei medici [.......] e nessuno può più rivolgersi a lui [.......]. **8.** Vuoi visitare Pompei o fare un giro a Ercolano [.......]?

20 ●●● **COMPETENZE TESTUALI** **Completa** opportunamente i seguenti periodi con la congiunzione coordinante adeguata.

> altrimenti • anzi • cioè • e • eppure • infatti • invece (*2 volte*) • ma anche • non solo • né • o (*2 volte*) • oppure • perciò • però • quindi

1. Non trovavo le chiavi, *infatti* le aveva prese mio fratello. **2.** Riccardo non si è divertito alla festa, ~~infatti~~ *eppure* c'era gente davvero simpatica. **3.** Non ha potuto aiutarti, *anzi* non ha proprio voluto. **3.** Non hai preso le medicine *e né* sei rimasto a letto, ~~quindi~~ *perciò* è ovvio che tu non stia ancora bene. **4.** *O* ti comporti in modo conveniente *o* ti manderanno via; *perciò quindi*, decidi di conseguenza. **5.** Te lo avevo raccomandato tanto, tu *invece* te ne sei scordato. **6.** Al mare *non solo* pioveva, *ma anche* tirava un vento gelido. **7.** Fra un po' dovrei uscire per fare la spesa, *però*, è meglio che lo faccia subito, *oppure* troverò i negozi chiusi. **8.** Devo andare con il treno, *anzi* posso venire in auto con te? **9.** Raffaele è uscito con Valentina senza dire nulla a Daniela, ... adesso lei è molto arrabbiata con lui *e* non vuole più parlargli. **10.** Ti credevamo tutti un amico sincero, *invece* abbiamo ormai potuto constatare che sei solo un opportunista.

21 ●●● **COMPETENZE TESTUALI** **Completa** i seguenti periodi con una congiunzione coordinante adeguata.

1. Vorrei potermi trattenere ancora un po', ... purtroppo devo rientrare in ufficio. **2.** Non mi pare il caso di allarmarsi, ... cerchiamo di mantenere la calma. **3.** .... ti dai una mossa .... ce ne andiamo .... non abbiamo tempo da perdere. **4.** È appena uscito il sole, ... andrò in piscina. **5.** Laura sa benissimo di essere distratta .... scorda spesso dove mette le cose. **6.** Fabrizio è un tipo solitario: .... se ne sta chiuso in camera, ... esce da solo. **7.** Non capisco .... perché tu ti si sia comportata così .... tantomeno perché tu non voglia parlarmi. **8.** Per tenersi in forma, è utile .... mangiare in modo sano, ... dedicarsi a una regolare attività fisica. **9.** Non ho voglia di discutere .... di perdere altro tempo .... non parliamone più. **10.** Devi metterti subito a studiare, ... che tu lo voglia .... che tu non lo voglia.

A 515

La sintassi

3*2 Le forme e i gradi di subordinazione

> Il **rapporto di subordinazione** mette in **dipendenza** una **proposizione subordinata** da un'altra proposizione, detta, appunto, **reggente**.

Può funzionare da **reggente qualunque tipo di proposizione** – la principale, una coordinata alla principale, ma anche una proposizione subordinata che regge un'altra subordinata – e questo rapporto gerarchico viene indicato dai **gradi di subordinazione**.

La **subordinata di 1° grado** dipende direttamente dalla **proposizione principale** oppure da una **coordinata alla principale**. Quando la proposizione principale regge più proposizioni si hanno **più** subordinate di 1° grado.

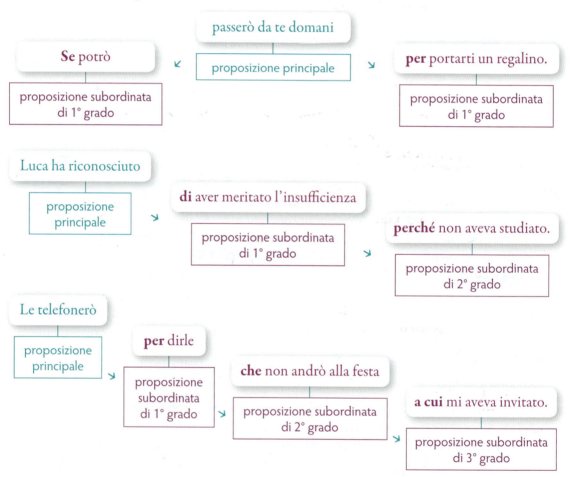

Riguardo alla **forma**, le proposizioni subordinate si distinguono in **esplicite** e **implicite**.

- Si dicono **esplicite** le proposizioni che hanno il **verbo di modo finito**: possono quindi avere l'**indicativo**, il **congiuntivo** o il **condizionale** (mai l'imperativo).
  Sono di norma introdotte da:
  - **congiunzioni** o **locuzioni subordinanti** (p. 368)
    Anche se non è ben pagato e **nonostante** sia faticoso, **il suo lavoro le piace**.

A 516

- **pronomi** o **avverbi relativi** (*che, cui, il quale, chi, chiunque, dove, dovunque, ...*), **aggettivi, pronomi, avverbi interrogativi** (*quale, quanto, chi, dove, quando, ...*).

    Non sapevo **a chi** rivolgermi.

    Non sapeva **quale** scegliere. Poi hai visto **quanto** ha speso?

- Si dicono **implicite** le proposizioni che hanno il **verbo di modo indefinito**: possono quindi avere l'**infinito**, il **participio** o il **gerundio**.

    Queste proposizioni possono collegarsi:
    - **direttamente**, se il verbo è espresso al **gerundio** o al **participio**.

        Sbagliando si impara.   **Terminata** la scuola, partirò.

    - per mezzo di **preposizioni** o **locuzioni preposizionali** se il verbo è all'**infinito** o di alcune **congiunzioni subordinanti** se il verbo è al **gerundio**.

        Prima di andare in montagna, **andrò a** comprare gli sci nuovi.

        Pur essendo stanca, **verrò**, soprattutto **per** rivedere vecchi amici.

Per quanto riguarda l'**uso dei tempi verbali nelle proposizioni dipendenti** (pp. 172-173).

Le due forme **non sono sempre equivalenti**: la **forma esplicita è sempre possibile** e talora anche più chiara, ma talvolta può risultare poco scorrevole. La **forma implicita**, invece, **non è sempre possibile** perché il verbo di modo indefinito non ha desinenze personali: in generale, è ammessa solo quando il **soggetto della subordinata è il medesimo della proposizione reggente**.

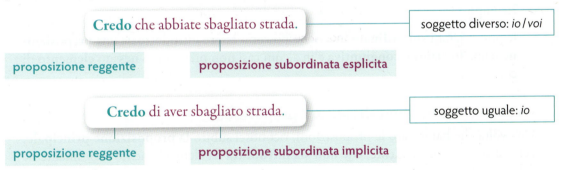

Per quanto riguarda la **funzione**, le proposizioni subordinate servono a **completare** o a **precisare il significato della proposizione reggente**: perciò svolgono una funzione analoga a quella svolta nella proposizione semplice dal **soggetto**, dal **complemento oggetto**, dall'**attributo**, dall'**apposizione** e dai vari **complementi**. Sulla base di questa corrispondenza esse si classificano in:

- **completive**: svolgono la stessa funzione del **soggetto**, del **complemento oggetto**, dell'**apposizione**; sono la **soggettiva**, l'**oggettiva**, la **dichiarativa**, l'**interrogativa indiretta**;
- **attributive**: svolgono la funzione corrispondente a quella dell'**attributo**; l'unica proposizione attributiva è la **relativa propria**.
- **circostanziali**: svolgono le funzioni dei vari **complementi indiretti**. Esse costituiscono perciò il gruppo più numeroso e sono la **causale**, la **finale**, la **consecutiva**, la **temporale**, la **concessiva**, la **relativa impropria**, la **condizionale**, la **modale**, la **strumentale**, la **comparativa**, l'**avversativa**, l'**eccettuativa**, l'**esclusiva**, la **limitativa**, ...

La sintassi

I trucchi del mestiere

COME SI FA L'ANALISI DEL PERIODO

L'**analisi del periodo** è l'esercizio che permette di **capire** e di **descrivere la struttura della frase complessa**. Fare l'analisi del periodo significa quindi:

- **scomporre** il periodo nelle proposizioni che lo formano;
- **riconoscere** la funzione di ciascuna proposizione.

Scomporre il periodo nelle proposizioni che lo formano

La prima operazione che devi compiere è quella di **riconoscere i predicati** perché a ciascuno di essi corrisponde una proposizione; delimita le proposizioni con una barretta ricordando che:

- tra due proposizioni c'è spesso un **segno di punteggiatura** (virgola, due punti, punto e virgola);
- le proposizioni **coordinate** sono introdotte da una **congiunzione coordinante** o sono separate da un **segno di punteggiatura**;
- le proposizioni **subordinate esplicite** sono introdotte da una **congiunzione subordinante**; le **interrogative indirette** sono introdotte anche da **aggettivi**, **pronomi** o **avverbi interrogativi**; le **relative** sempre da un **pronome relativo** (la relativa può anche essere inserita all'interno di un'altra proposizione e nell'analisi essa deve essere ricomposta);
- le proposizioni **subordinate implicite** possono essere introdotte da una **preposizione** o una **locuzione congiuntiva** e in alcuni casi non presentano **nessun elemento** di congiunzione.

Riconoscere la funzione di ciascuna proposizione

Una volta che hai isolato le proposizioni, riconosci subito la **proposizione principale**: cerca una frase indipendente, **che non sia introdotta** da alcun elemento coordinante né subordinante.

Poi analizza le altre proposizioni del periodo indicando di ciascuna:

- se è una **coordinata** o una **subordinata**;
- se è una **coordinata**, specifica a quale proposizione si collega (alla principale, alla subordinata di 1° grado, di 2° …);
- se è una **subordinata**, precisa il grado di subordinazione (di 1° grado, se dipende da una principale o da una coordinata alla principale, di 2° grado, se dipende da una subordinata di 1°, …), la funzione logica (soggettiva, causale, temporale, …), la forma (esplicita o implicita);
- nel caso di un **periodo ipotetico** (→ p. 580) distingui la protasi e l'apodosi e indicane il tipo (I, II o III tipo).

A 518

10 La sintassi del periodo

I due metodi in cui può essere svolta l'analisi del periodo

1. **Trascrivere su una riga ciascuna proposizione di cui si compone il periodo e farne l'analisi a fianco.**

a. *Ho deciso che non andrò più da Marta ❘ finché non si sarà scusata con me ❘ e non ci saremo chiarite riguardo a ciò ❘ che mi ha detto domenica ❘ quando siamo uscite insieme.*

Ho deciso	proposizione principale
che non andrò più da Marta	proposizione subordinata di 1° grado, oggettiva, esplicita
finché non si sarà scusata con me	proposizione subordinata di 2° grado, temporale, esplicita
e non ci saremo chiarite riguardo a ciò	proposizione coordinata alla subordinata di 2° grado, temporale, esplicita
che mi ha detto domenica	proposizione subordinata di 3° grado, relativa, esplicita
quando siamo uscite assieme.	proposizione subordinata di 4° grado, temporale, esplicita

b. Nel caso in cui una proposizione sia spezzata, a causa dell'**inserimento di un'altra proposizione**, occorre completarla, **posticipando la proposizione che è inserita al suo interno.**

Il "Battesimo della nave" è la cerimonia ❘ che ha luogo prima del varo della nave ❘ e nella quale, [dopo che il sacerdote ha benedetto la nave,] si rompe sulle sue fiancate una bottiglia di spumante: ❘ questa operazione è considerata di buon augurio.

Il Battesimo della nave è la cerimonia	proposizione principale
che ha luogo prima del varo della nave	proposizione subordinata di 1° grado, relativa, esplicita
e nella quale si rompe sulle sue fiancate una bottiglia di spumante	proposizione coordinata alla subordinata di 1° grado, relativa, esplicita
dopo che il sacerdote ha benedetto la nave:	proposizione subordinata di 2° grado, temporale, esplicita
questa operazione è considerata di buon augurio.	proposizione coordinata alla principale

A 519

La sintassi

    c. Come puoi osservare dall'esempio, possono collegarsi alla proposizione principale più proposizioni subordinate **che sono ugualmente di 1° grado**. Allo stesso modo a una stessa proposizione possono collegarsi **due o più proposizioni subordinate**, le quali, trovandosi sullo stesso piano, **hanno lo stesso grado di subordinazione**.

- *Si stanno inasprendo le pene contro coloro / che guidano in stato d'ebbrezza, / dopo che molte persone sono morte / o sono rimaste ferite a causa di autisti ubriachi.*

Si stanno inasprendo le pene contro coloro	proposizione principale
che guidano in stato d'ebbrezza	proposizione subordinata di 1° grado, relativa, esplicita
dopo che molte persone sono morte	proposizione subordinata di 1° grado, temporale, esplicita
o sono rimaste ferite a causa di autisti ubriachi.	proposizione coordinata alla subordinata di 1° grado, temporale, esplicita

- *Dopo aver assediato / e distrutto la città di Gerusalemme / il re Nabucodonosor deportò gli Ebrei in Mesopotamia: / ebbe così inizio la "cattività babilonese", / che ebbe fine / quando il re persiano Ciro [una volta conquistata Babilonia,] diede il permesso al popolo ebraico / di ritornare in patria / e di ricostruire il tempio.*

Dopo aver assediato	proposizione subordinata di 1° grado, temporale, implicita
e distrutto la città di Gerusalemme	proposizione coordinata alla subordinata di 1° grado
il re Nabucodonosor deportò gli Ebrei in Mesopotamia:	proposizione principale
ebbe così inizio la "cattività babilonese",	proposizione coordinata alla principale
che ebbe fine	proposizione subordinata di 1° grado, relativa, esplicita
quando il re persiano Ciro diede il permesso al popolo ebraico	proposizione subordinata di 2° grado, temporale, esplicita
una volta conquistata Babilonia,	proposizione subordinata di 3° grado, temporale, implicita
di ritornare in patria	proposizione subordinata di 3° grado, dichiarativa, implicita
e di ricostruire il tempio.	proposizione coordinata alla subordinata di 3° grado, dichiarativa, implicita

A 520

10 La sintassi del periodo

2. **Rappresentare graficamente la struttura del periodo.** Partendo dalla proposizione principale si collocano **a fianco** e **in orizzontale**, **a destra**, le **proposizioni coordinate**, e **in verticale le subordinate**. Così una coordinata risulterà a fianco della proposizione a cui si collega e ogni subordinata si troverà al di sotto della frase da cui dipende. Con questo procedimento visivo occorre indicare solo il tipo di proposizione subordinata e la sua forma, senza dover esprimere il rapporto di coordinazione o di subordinazione (reso già evidente dalla collocazione in orizzontale o in verticale), né il grado, che può **essere desunto dal livello** in cui è posta la subordinata in verticale.

- Si tramanda che **|** Leonardo ideò una saracinesca mobile sull'Isonzo **|** per elevare il livello del fiume **|** e provocare così l'allagamento della pianura **|** qualora ci fosse stato un attacco nemico.

- Per dimostrare **|** che la gente Giulia discendeva da Iulo, **|** il poeta Virgilio riprese un precedente mito **|** che parlava della venuta di Enea in Italia **|** e su questo mito compose l'Eneide.

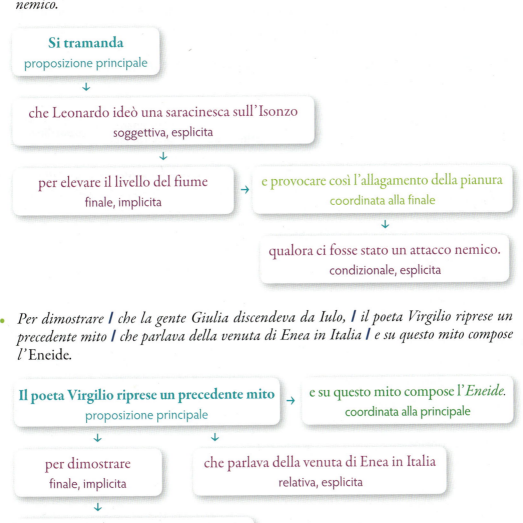

La sintassi

Allena le Competenze

22 ●○○ **COMPETENZE SINTATTICHE** **Analizza** la struttura dei seguenti periodi: **distingui** le proposizioni principali, le coordinate alla principale (sono 3), le subordinate (sono 8; e in questo caso **indica** se la forma è esplicita o implicita), le coordinate alla subordinata (sono 2).

1. Ho capito di aver sbagliato e ho telefonato per scusarmi. **2.** Chiesi a Marco se avesse già deciso, ma non ricevetti risposta. **3.** Per ottenere il rimborso l'ufficio imposte ha chiesto di compilare i moduli e di inviarli con raccomandata. **4.** Mi hanno convinto a comprare una racchetta e a giocare a tennis. **5.** Penso di occuparmi del progetto ma non so che collaboratori scegliere.

23 ●●○ **COMPETENZE SINTATTICHE** **Indica** la tipologia delle proposizioni e la forma in cui sono espresse (esplicita [E] o implicita [I]).

	proposizione principale	proposizione coordinata alla principale	proposizione coordinata alla subordinata	proposizione subordinata	E	I
1. Ludovico pensa						
di essere simpatico						
e di avere molti amici,						
ma tutti sappiamo						
che non è così.						
2. Visto il maltempo,						
è bene						
che non usciate						
ma che restiate a casa.						
3. Edward è così gentile	✗				✗	
da essere ammirato				✗		
e stimato da tutti.			✗			
4. Dopo aver finito i compiti,						
puoi decidere						
se andare al cinema						
o venire al ristorante.						
5. Benché avesse ragione						
nessuno gli credeva,						
anzi si diceva						
che fosse stato lui.						
6. Prima di partire,						
lasciami le chiavi						
così posso innaffiarti le piante.						

10 La sintassi del periodo

24 ●●○ COMPETENZE SINTATTICHE **Indica** la tipologia delle proposizioni e la forma in cui sono espresse (esplicita [E] o implicita [I]).

	proposizione principale	proposizione coordinata alla principale	proposizione coordinata alla subordinata	proposizione subordinata	E	I
1. Dopo aver detto						
di non volere il secondo,						
Maurizio ha sorriso						
e ha preso il bis del primo						
ma poi non lo ha finito.						
2. Avendo tempo						
e possedendo molto denaro						
viaggerei per mesi						
e visiterei molte città.						
3. Devo ricordarmi						
di chiudere il gas						
prima di partire.						
4. Se farà bello						
e se Marco potrà						
andremo in Marocco.						
5. Non so						
che lavoro faccia						
né dove abiti.						

25 ●●○ COMPETENZE SINTATTICHE DENTRO LE PAROLE **Completa** l'analisi della struttura del periodo: **indica** le proposizioni principali [P], le proposizioni coordinate alla principale [CP], le proposizioni subordinate [S] (in questo caso **specificane** il grado e la forma esplicita [E] o implicita [I]) e le proposizioni coordinate a una subordinata [CS].

Snob è il termine [....................] che viene usato [S di 1°, ...] per definire tutte quelle persone [..... di 2°, I] che imitano modi e comportamenti di classi sociali superiori [S ....., ...], atteggiandosi in maniera raffinata e superba [..... di 4°, ...]. La parola è anche utilizzata [P] per indicare persone di posizione elevata [....., I], che ostentano altezzosità o disprezzo verso classi sociali o gruppi di persone [S di 2°, ...] che considerano inferiori [S di ....., ...]. Un tempo gli snob erano coloro [....................] che stavano a stretto contatto con l'aristocrazia del tempo [..... di 1°, ...], pur non avendo titolo nobiliare [....., I]. Riguardo all'origine della parola, ci sono due ipotesi [....................], ma entrambe fanno risalire la parola all'antica procedura [....................] con cui l'Università di Oxford registrava gli studenti [S di 1°, ...]. La prima ipotesi sostiene [....................] che i funzionari dell'istituto scrivevano, in calce all'iscrizione di studenti "non di sangue blu", la nota *sine nobilitate*, cioè senza titoli nobiliari [S di 1°, ...]; la seconda ipotesi invece afferma [CP] che la parola trae origine da un dialetto inglese [S di 1°, E].

A 523

La sintassi

RAFFORZA LE TUE COMPETENZE

26 ●●○ **COMPETENZE SINTATTICHE** Analizza i seguenti periodi che sono già stati scomposti in proposizioni e di ciascuna specifica se è una principale, una coordinata alla principale o una subordinata e, in questo caso, specificane il grado e la forma, oppure una coordinata alla subordinata.

1. Sebbene ci fosse lo sciopero dei mezzi,
   decidemmo
   di andare
   a trovare la nonna
   che abita in periferia
   e che ci invita spesso
   a pranzare da lei.

2. Gridando a squarciagola,
   entrarono in campo i tifosi della squadra
   che stava vincendo,
   ma furono allontanati dall'arbitro
   che li fece portare via
   e arrestare dai carabinieri.

3. Pur avendo attuato importanti riforme
   Teodosio non riuscì a garantire l'unità dello Stato,
   perciò fu costretto a dividere l'impero fra i suoi figli,
   per permettere una migliore amministrazione.

4. Tutti sanno
   che il titanio è un elemento leggero
   che viene impiegato
   per realizzare numerosi tipi di vernici
   e per creare le protesi dentali.

5. Entrando,
   ci siamo accorti
   che la casa era così disordinata
   da essere irriconoscibile,
   perciò abbiamo subito pensato
   che fossero entrati i ladri.

A 524

10 La sintassi del periodo

27 ●●○ COMPETENZE SINTATTICHE STORIA **Analizza** i seguenti periodi che sono già stati scomposti in proposizioni e di ciascuna **indica** se è una **principale [P]**, una **coordinata alla principale [CP]** o una **subordinata [S]** (e, in questo caso, **specificane** il **grado** e la **forma esplicita [E]** o **implicita [I]**), oppure una **coordinata a una subordinata [CS]**.

Sfogliando libri di curiosità antiche [..S1..], si viene a scoprire [..P..] che una famosa tecnologia del passato era il **fuoco greco** [..SE..]. Quest'arma incendiaria era un segreto militare dell'Impero Romano d'Oriente, [..P..] e permise a Costantinopoli di sopravvivere per molti secoli [..CP..]. Lo storico Teofane racconta [..P..] come fosse già stata usata contro gli Arabi [..SE..]. Egli riferisce [..P..] che durante l'assedio dei musulmani si recò dall'imperatore Costantino IV un chimico greco, [..SE..] chiamato Kallinikos [..S1..], dopo essere scappato dalla Siria [..CS..] per sfuggire agli eserciti arabi [..S1..]. Fu lui [..P..] a insegnare ai bizantini [..S1..] come creare il fuoco greco [..S1..], e a farlo impiegare per la prima volta nella battaglia navale [..CS..] tenutasi intorno al 678 d.C. [..SE..]. Secondo quanto ci dicono le testimonianze [..SE..], era questa la tecnica [..SE..] che veniva impiegata [..SE..]: piccole e veloci imbarcazioni passavano tra le navi nemiche [..P..] spruzzandole di fuoco greco [..S1..]. I contenitori non avevano grosse dimensioni [..P..], ma erano degli otri in pelle con un tubo di rame [..CP..]. Quando si schiacciava l'otre [..SE..], scaturiva un getto [..SE..] che prendeva fuoco [..SE..] e si attaccava alla pelle [..CS..]. Neppure buttandosi in acqua [..S1..] ci si salvava [..P..], perché il composto galleggiava sull'acqua [..SE..] e continuava a bruciare [..CS..].

28 ●●● COMPETENZE SINTATTICHE STORIA **Scomponi** i periodi nelle singole proposizioni e di ciascuna **indica** se è una **principale**, una **coordinata** (alla principale o alla subordinata) o una **subordinata** e, in questo caso, **specificane** il **grado** e la **forma**.

La formula misteriosa del fuoco greco   Il fuoco greco era un'arma devastante che poteva cambiare le sorti di una battaglia e tutte le potenze dell'epoca avrebbero voluto conoscerne i segreti. Tuttavia, per oltre cinquecento anni, nessuno riuscì a scoprirne la formula e a capirne il meccanismo di funzionamento, che era legato alla presenza di altri strumenti come sifoni, tubi e calderoni ed era custodito soltanto dalla famiglia imperiale. Nel corso del tempo il metodo e la formula precisa si sono perduti ed è quasi impossibile che vengano recuperati. Gli studiosi, però, hanno conoscenze sufficienti a formulare ipotesi piuttosto verosimili. Dal momento che si trattava di un liquido che generava rumore e fumo, doveva contenere del petrolio greggio, che si poteva trovare facilmente nei pozzi del Mar Nero e che era mescolato con altre sostanze, pece, zolfo, calce viva e resina di pino. La tecnologia di molti secoli dopo avrebbe poi permesso di realizzare un'arma da fuoco ben più devastante su larga scala: durante la Seconda guerra mondiale, infatti, fu inventato il napalm, un acido che venne impiegato per costruire bombe incendiarie e che fu utilizzato in modo massiccio quando si scatenò la guerra del Vietnam. Il suo nome è un acronimo derivante dalle iniziali dei due acidi, il naftenico e il palmitico, impiegati per realizzarlo.

29 ●●● COMPETENZE SINTATTICHE DALLA GRAMMATICA ALLA SCRITTURA **Completa** le seguenti frasi con una proposizione coordinata introdotta dalle **congiunzioni coordinanti** indicate.

1. Ho ripreso a studiare (e / quindi / ma) ....
2. Non è per nulla simpatico (e / ma / cioè / né) ....
3. Stefano ha promesso che sarebbe venuto, (infatti / invece / o) ....

A 525

La sintassi

30 ●●● COMPETENZE SINTATTICHE DALLA GRAMMATICA ALLA SCRITTURA **Completa** le seguenti frasi con una **proposizione subordinata** introdotta dalle **congiunzioni** o **locuzioni congiuntive** indicate.

1. Andrà a casa (*perché / anche se / dopo che / se*)
2. Gli ho prestato del denaro (*affinché / quando / come / nonostante*)
3. Aspetterò sotto casa (*che / finché / perché / purché*)
4. Devi farlo (*mentre / dopo che / benché / dal momento che*)

31 ●●● COMPETENZE SINTATTICHE DALLA GRAMMATICA ALLA SCRITTURA **Unisci** le coppie di frasi indipendenti in un unico periodo ponendole prima in un **rapporto di coordinazione**, poi in un **rapporto di subordinazione**.

1. I miei cugini hanno vinto alla lotteria. Compreranno una casa.
2. Abbiamo frenato con la bici sulla strada bagnata. Non abbiamo sbandato.
3. Sono arrivati gli imbianchini. Ridipingono solo la cucina.
4. I miei genitori non vogliono comprarmi un cane. Insisterò fino allo sfinimento.
5. Gli alberi del giardino sono stati potati. Avevano una malattia.
6. Visiteremo Ravenna. Andremo a Bologna.
7. Ho attivato AVG. Non c'è un virus nel computer.
8. Stanotte non ho dormito. Non sono stanca.

32 ●●● COMPETENZE SINTATTICHE DALLA GRAMMATICA ALLA SCRITTURA **Riformula** le seguenti frasi esprimendo le proposizioni e i **rapporti** indicati.

1. Finisco di pulire i vetri, apro l'asse da stiro, ti stiro le camicie.

proposizione principale	proposizione coordinata alla principale	proposizione subordinata
proposizione subordinata	proposizione principale	proposizione subordinata

2. Passo dal fruttivendolo, prendo banane e kiwi, faccio un frullato.

proposizione principale	proposizione coordinata alla principale	proposizione subordinata
proposizione subordinata	proposizione principale	proposizione subordinata

3. Piove, ma devo uscire con il cane: ha bisogno di muoversi.

proposizione subordinata	proposizione principale	proposizione subordinata

A 526

10 La sintassi del periodo

Il buon uso della scrittura

L'uso della coordinazione e della subordinazione
L'**uso della coordinazione** o della **subordinazione** produce nel testo un diverso effetto stilistico.

Quando prevale lo **stile paratattico**, cioè quando i periodi sono costruiti per lo più su rapporti di coordinazione, il testo procede in modo **veloce** e **lineare**: perciò lo stile paratattico è tipico della **lingua parlata**, dei **testi scritti descrittivi** e **informativi**.

Questo stile, tuttavia, può risultare banale e incolore: ad esempio, quando il discorso propone molte informazioni (una sequenza di frasi semplicemente accostate o legate da congiunzioni coordinanti risulterebbe davvero monotona) oppure quando i pensieri si collegano secondo rapporti di tempo, di causa-effetto o altre relazioni logiche. In questi casi è più efficace costruire periodi più ampi e articolati, con proposizioni collegate anche da **rapporti ipotattici**, cioè di **subordinazione**.

In ogni genere di testo scritto, comunque, è opportuno usare una **giusta misura**: da un lato bisogna evitare di spezzettare il pensiero in frasi brevi e poco collegate tra loro, dall'altro è opportuno non comporre periodi troppo lunghi e non appesantire il testo con un numero eccessivo di proposizioni subordinate.

33 ●●● COMPETENZE DI SCRITTURA **Descrivi** una persona a tua scelta: dapprima **sviluppa** ogni periodo solo con una proposizione principale indipendente; quindi **amplialo** solo con proposizioni coordinate; infine **riscrivi** il testo usando in ciascun periodo almeno una proposizione subordinata. **Rileggi** i tre testi e **fai** le tue considerazioni riguardo alla chiarezza, all'efficacia e alla gradevolezza di ciascuno.

34 ●●● COMPETENZE DI SCRITTURA **Scrivi** il resoconto di un'estate particolare: dapprima **sviluppa** ogni periodo usando almeno due proposizioni subordinate; quindi **riscrivilo** collegando le proposizioni solo attraverso rapporti di coordinazione. Infine, **rileggi** i due testi così ottenuti e **fai** le tue considerazioni riguardo alla chiarezza, all'efficacia e alla gradevolezza di ciascuno.

35 ●●● COMPETENZE COMUNICATIVE **Osserva** la mappa della metro di Milano e **immagina** di dover dare informazioni a un turista per arrivare da Bignami a Piazza del Duomo. **Usa** prima una sintassi paratattica, poi una sintassi ipotattica.

A 527

La sintassi

4 Le proposizioni subordinate completive

> Le **proposizioni subordinate completive**, o **sostantive** o **complementari dirette**, costituiscono il **completamento necessario della proposizione reggente**, da cui il nome completive.

Esse svolgono una funzione simile a quella del soggetto, del complemento oggetto, dell'apposizione, che sono funzioni proprie del sostantivo, e sono quindi anche chiamate **sostantive** o **complementari dirette**.
Rientrano in questo gruppo le proposizioni **soggettiva**, **oggettiva**, **dichiarativa** e **interrogativa indiretta**.

RISPONDONO ALLA DOMANDA che cosa?

4*1 La proposizione soggettiva

> La **proposizione subordinata soggettiva** svolge la funzione di **soggetto della proposizione reggente**.

La tua collaborazione è necessaria. → soggetto

È necessario **che tu collabori**. → proposizione soggettiva

È RETTA DA **verbi impersonali** o **verbi e locuzioni** espressi in **forma impersonale**.

In particolare si trova in dipendenza da:

- **verbi**, come *accadere, capitare, convenire, occorrere, parere, sembrare, bisognare, ...*, usati alla 3ª persona singolare;

    Conviene che tu rimanga qui.   **Sembra** che ci sia stato un incidente.

- **verbi**, come *credere, ritenere, dire, pensare, narrare, temere, ...*, costruiti con il *si* **impersonale** alla 3ª persona singolare;

    Si sapeva già che non sarebbe stato facile.   **Si spera** che Luca guarisca presto.

- **locuzioni**, formate dai verbi *essere, parere, sembrare, riuscire* e da un **nome**, un **aggettivo** o un **avverbio**, come *è ora, è tempo, è dovere, è bello, è giusto, è bene, è male, è tanto, è poco, pare opportuno, sembra necessario, sembra certo, riesce difficile, ...*

    È bene che ti confidi con qualcuno.   **È tanto** che non li si vede.
    È ora che impari anche tu.   **Mi riesce difficile** credere alle tue parole.

NELLA FORMA ESPLICITA È INTRODOTTA DA *che* o più raramente da *come*.

HA IL VERBO AI MODI

- **indicativo**, se il verbo della proposizione reggente esprime certezza.

    È evidente che **hai sbagliato**.

A 528

10 La sintassi del periodo

- **congiuntivo**, quando dipende da un verbo che esprime **volontà, possibilità, dubbio, timore** (in questo caso la congiunzione **che** può anche essere sottintesa) o da una locuzione formata con il verbo *essere*, oppure quando è introdotta da *come*.

  Mi sembra (che) non voglia uscire con noi.
  È incredibile come tu le somigli.

- **condizionale**, se indica un'azione **posteriore a quella della reggente** avvenuta nel **passato** o un'azione **subordinata a una condizione**.

  Si pensava che non saresti venuto.
  È ovvio che me lo direbbe, se glielo chiedessi.

> **NELLA FORMA IMPLICITA HA IL VERBO AL MODO** infinito, preceduto o meno dalla preposizione *di*. Questa forma è ammessa solo quando il **soggetto** della proposizione è **indeterminato** o quando **può essere ricavato dalla proposizione reggente**.

Bisogna prendere in fretta una decisione.
Mi sembra di essere stata fin troppo comprensiva.

ALLENA LE COMPETENZE

36 ○○○ **COMPETENZE SINTATTICHE** Riconosci le proposizioni soggettive e distingui se sono di forma esplicita o implicita.

1. Mi sembra che tu stia sottovalutando la situazione. 2. È giusto essere sognatori, quando si è giovani. 3. Non è credibile che tu possa recuperare tutte le insufficienze in pochi giorni. 4. Che non vogliate aiutarmi è fin troppo evidente! 5. Conviene fare anche un altro tentativo. 6. È indispensabile prendere seri provvedimenti. 7. È strano che tu non ti sia accorta dell'incidente. 8. Mi stupisce che tu sia stato così gentile. 9. Si dice che la cucina sarda sia pesante, ma a me sembra che sia ottima. 10. Nella società odierna è auspicabile avere buone competenze linguistiche e informatiche.

37 ●●○ **COMPETENZE MORFO-SINTATTICHE** Completa le seguenti frasi con una proposizione soggettiva che esprima il rapporto di tempo indicato.

1. Si teme (*anteriorità*) ....
2. Si sa (*contemporaneità*) ....
3. Era meglio (*anteriorità*) ....
4. È opportuno (*contemporaneità*) ....
5. Sembrava   a. (*contemporaneità*) ....
                b. (*anteriorità*) ....
6. Conviene   a. (*contemporaneità*) ....
                b. (*posteriorità*) ....

A 529

La sintassi

> **38** ●●○ **COMPETENZE SINTATTICHE** | **ANALISI DEL PERIODO** Fai l'analisi del periodo.
>
> **1.** È certo che la stampa fu inventata in Germania e si diffuse poi rapidamente in tutta Europa. **2.** Non è ammissibile che tu sia sempre così distratto! **3.** È triste che ancora nel XXI secolo molti bambini del mondo muoiano per denutrizione. **4.** Sarebbe strano che tu fossi arrivato in anticipo. **5.** Si sperava che venissero investite più risorse nell'istruzione, invece accadde che fossero effettuati dei tagli proprio in quel settore. **6.** Occorre ricordare ai giovani il grande esempio civico dei Partigiani della Resistenza: a molti, però, riesce difficile credere nel valore della libertà. **7.** Sarà davvero interessante andare a teatro e assistere al balletto di Ciaikovskij.

4*2 La proposizione oggettiva

> La **proposizione subordinata oggettiva** svolge la funzione di **complemento oggetto** della proposizione reggente.

Tutti riconoscono **la tua generosità**. → complemento oggetto

Tutti riconoscono **che tu sei generoso**. → proposizione oggettiva

DIPENDE DA verbi o locuzioni che esprimono:

- un'**affermazione**, una **dichiarazione** o una **conoscenza**, come *dire, affermare, dichiarare, negare, comunicare, dare notizia, spiegare, sapere, constatare, …*
  L'imputato **negò** di essersi recato là.   Erica **sostiene** che tu vuoi cambiare scuola.

- un'**opinione**, un **giudizio**, un **dubbio**, come *credere, pensare, ritenere, giudicare, supporre, ipotizzare, dubitare, essere consapevole, essere convinto, …*
  Supponiamo che le cose stiano così.   **Dubito** di potermi fidare di lei.

- una **percezione** o un **ricordo**, come *vedere, sentire, udire, accorgersi, capire, ricordare, dimenticare, venire in mente, …*
  Ti ricordi di passare in banca?   **Mi accorsi** di aver dimenticato le chiavi.

- una **volontà**, un **timore** o un **desiderio**, come *volere, ordinare, disporre, vietare, proibire, temere, essere timoroso, desiderare, …*
  Vorrei che mi accompagnassi tu.   Le **hanno proibito** di uscire la sera.

NELLA FORMA ESPLICITA È INTRODOTTA DA *che* o, più raramente da *come*.

HA IL VERBO AI MODI

- **indicativo**, se dipende da un verbo che esprime **realtà** o **certezza**.
  Ho saputo che tutto **è finito** bene.   **Mi raccontò** come **fu derubato**.

- **congiuntivo**, se dipende da un verbo che esprime **giudizio, dubbio, volontà, timore, desiderio**.
  Non pensavo che **fosse stato** lui.   **Pensavamo** che **vincessi** tu.

- **condizionale**, se indica un'**azione posteriore a quella della reggente** avvenuta **nel passato** oppure un'azione **subordinata a una condizione**.
  Dubitavo che l'**avrebbero fatto**.   **Credo** che **verrebbe**, se lo invitassi tu.

A 530

10 La sintassi del periodo

NELLA FORMA IMPLICITA HA IL VERBO AL MODO infinito, preceduto o meno dalla preposizione *di*. Questa forma è la più frequente quando il **soggetto dell'oggettiva è lo stesso della proposizione reggente**.

Siamo consapevoli di avere agito male.   Capirai presto di non avere ragione.
Marco riteneva di essere stato sottovalutato.   Spero di fare in tempo.

Quando i soggetti sono diversi, la **forma implicita è possibile** solo se l'oggettiva dipende da:
- un **verbo di comando**, **divieto** e **permesso** e se il soggetto dell'oggettiva **è già citato** nella reggente.
  Chiesi a Daniela di prendere il mio posto.   Gli raccomandai di non parlarne.
- un **verbo di percezione**, come *sentire*, *vedere*; in questo caso, l'infinito non è preceduto dalla preposizione *di*.
  Ho sentito la porta aprirsi e mi sono spaventata.

ALLENA LE COMPETENZE

39 ●○○ **COMPETENZE SINTATTICHE** Riconosci le proposizioni oggettive e distingui se sono di forma esplicita o implicita.

1. Il vincitore del premio decise di dedicare la vittoria ai suoi nonni.   **2.** Nel *Canzoniere*, Petrarca dice di essersi convertito e di aver rinnegato il suo amore giovanile per Laura.   **3.** Alessandro Magno pretendeva che i funzionari si inchinassero al suo cospetto secondo l'uso dei sovrani orientali.   **4.** Nel 1929 Stalin decise di porre fine alla NEP e di organizzare l'economia sovietica sulla base di piani quinquennali.   **5.** Capirai un giorno di aver trascurato i consigli che ti ho dato per il tuo bene.   **6.** Tutti sanno che dopo l'8 settembre 1943 il governo italiano entrò in una fase di crisi profonda.   **7.** Il mio meccanico crede che i filtri dell'olio debbano essere sostituiti.   **8.** L'articolo 2 della Costituzione italiana stabilisce che la Repubblica riconosce e garantisce i diritti inviolabili dell'uomo e richiede che siano adempiuti i doveri di solidarietà politica, economica e sociale.

40 ●●● **COMPETENZE MORFO-SINTATTICHE** Indica se le proposizioni oggettive esprimono un rapporto di anteriorità [A], contemporaneità [C], posteriorità [P] rispetto alla proposizione principale.

1. Cicerone diceva che l'amicizia è preziosa come il sole. [C]   **2.** Quando consegnai il compito, capii di aver commesso numerosi errori. [A]   **3.** La professoressa ci ha spiegato che quel sonetto era stato composto da un anonimo autore della Scuola siciliana. [A]   **4.** Gli albergatori prevedono che ci sarà un notevole afflusso di turisti durante il ponte del Primo Maggio. [P]   **5.** Ho comunicato al professore che mi sarei assentato per alcuni giorni. [P]   **6.** Sono scappato perché temevo che quel tizio volesse aggredirmi. [C]   **7.** Non avevo immaginato che quella fosse la decisione giusta. [C]   **8.** Il preside decise che gli scrutini sarebbero stati posticipati. [P]   **9.** Seneca sosteneva che senza un avversario la virtù marcisce. [C]   **10.** So che non hai ancora consegnato la relazione. [A]

A 531

La sintassi

41 ●●○ COMPETENZE MORFO-SINTATTICHE DALLA GRAMMATICA ALLA SCRITTURA **Completa** le seguenti frasi con una proposizione oggettiva che esprima il rapporto di tempo indicato.

1. Il giornalista comunicò
   a. (*anteriorità*) ....
   b. (*posteriorità*) ....
2. Credevamo
   a. (*anteriorità*) ....
   b. (*contemporaneità*) ....
3. Mio padre teme
   a. (*anteriorità*) ....
   b. (*posteriorità*) ....
4. Stavo sognando
   a. (*anteriorità*) ....
   b. (*contemporaneità*) ....
5. Il professore sostiene
   a. (*contemporaneità*) ....
   b. (*anteriorità*) ....
6. Valeria ha sempre pensato
   a. (*anteriorità*) ....
   b. (*posteriorità*) ....

I trucchi del mestiere

Come distinguere la proposizione soggettiva dall'oggettiva Per non confondere la **soggettiva** e l'**oggettiva**, entrambe introdotte da *che* o da *di*, ricorda che:

- la **proposizione soggettiva** è retta da un **verbo di forma impersonale**, cioè del tutto privo di soggetto.
  Si dice che quell'uomo sia un impostore.

- la **proposizione oggettiva** dipende da un verbo che **ha sempre il soggetto espresso o sottinteso**.
  (Molti) **dicono che quell'uomo sia un impostore**.

42 ●●○ COMPETENZE SINTATTICHE **Distingui** le proposizioni soggettive dalle oggettive e **indica** se sono di forma esplicita [E] o implicita [I].

1. Sarebbe bene che dichiarassero apertamente le loro intenzioni. [......] 2. Gli alunni credevano di aver vinto il concorso letterario. [......] 3. Pino ha deciso di trasferirsi in Gran Bretagna. [......] 4. È evidente che i più giovani avranno difficoltà nel trovare un impiego. [......] 5. Il preside ci intimò di fare silenzio. [......] 6. Gli inquirenti hanno accertato che il corpo era quello della povera vedova. [......] 7. Tutti sperano che tu metta la testa a posto. [......] 8. Avere a che fare con la segretaria non è affatto facile. [......] 9. Ci sembra che tu sia felice. [......] 10. Sarà meglio che tu ti sbrighi. [......]

A 532

10 La sintassi del periodo

4*3 La proposizione dichiarativa

> La **proposizione dichiarativa** "dichiara", cioè **spiega il significato** di un elemento, **nome** o **pronome**, contenuto nella proposizione reggente; svolge quindi una funzione simile a quella dell'**apposizione**.

L'elemento della reggente di cui la dichiarativa costituisce una precisazione può essere **un nome derivato** da un verbo che indica opinione, convinzione, speranza, timore, **un pronome indefinito** o **dimostrativo**, o **un avverbio**.

Ho **il sospetto** che Laura non stia bene.   Non contare **sul fatto** che lui ci aiuti.
Ho l'**impressione** di averlo perso.   Solo **questo** ti chiedo: di pensarci bene.
Lo hai capito o no, che non devi farlo?   **Così** ho deciso, che tutti partecipino alle spese.

NELLA FORMA ESPLICITA È INTRODOTTA DA *che*.

HA IL VERBO AI MODI

- **indicativo**, se la reggente esprime **realtà o certezza**.
  Sono certa di questo, che **ti sei sbagliato**.   Ho la sensazione che **vincerà** lui.

- **congiuntivo**, se la reggente presenta il fatto come dubbio o incerto;
  Ho paura che non **torni** più.   Solo questo vorrei: che tu **parlassi** chiaro.

- **condizionale**, se la reggente esprime una **possibilità** o se l'azione della dichiarativa è **posteriore** rispetto a un passato.
  Ho il timore che non l'**avrebbe aiutata**.   Avevo il sospetto che non **sarebbe venuto**.

NELLA FORMA IMPLICITA È INTRODOTTA DA la **preposizione** *di*.

HA IL VERBO AL MODO **infinito**. Questa forma è possibile solo quando **il soggetto della dichiarativa coincide con quello della reggente**.

Di questo sono sicura, di **fare** la scelta giusta.
Avevamo la certezza di **aver**lo già **visto** altrove.

ALLENA LE COMPETENZE

43 ○○○ **COMPETENZE SINTATTICHE** Riconosci le proposizioni dichiarative e indica se sono di forma esplicita [E] o implicita [I].

1. Mi è sorto il dubbio che lui non abbia chiuso la porta. [E] **2.** Una cosa ormai è assodata, che non è mai conveniente lasciare la via vecchia per quella nuova. [...] **3.** A tutti gli abitanti del mondo dovrebbe essere data l'opportunità di difendere i propri diritti civili. [I] **4.** Giulia ha la certezza che riuscirà ad avere la media dell'otto. [E] **5.** Alberto nutre il sogno di frequentare il conservatorio. [...] **6.** È noto il fatto che nel 1865 la schiavitù fu abolita negli Stati Uniti d'America. [E] **7.** Lidia ha l'illusione di diventare una ballerina famosa. [...] **8.** Questo ti chiederei, di essere più ordinato. [I]

A 533

La sintassi

44 ●○○ COMPETENZE SINTATTICHE **Indica** la struttura di ciascun periodo, scegliendola tra quelle proposte (**scrivi** nelle parentesi la lettera corrispondente).

> **a.** proposizione principale / subordinata di 1° grado dichiarativa, esplicita / coordinata alla principale / subordinata di 1° grado oggettiva, esplicita
>
> **b.** proposizione principale / subordinata di 1° grado dichiarativa, esplicita / subordinata di 2° grado oggettiva, implicita / coordinata alla principale / subordinata di 1° grado soggettiva, esplicita
>
> **c.** proposizione principale / subordinata di 1° grado dichiarativa, implicita / coordinata alla principale / subordinata di 1° grado oggettiva, esplicita
>
> **d.** proposizione principale / subordinata di 1° grado soggettiva, esplicita / coordinata alla principale / subordinata di 1° grado oggettiva, esplicita
>
> **e.** proposizione principale / subordinata di 1° grado oggettiva, implicita / coordinata alla subordinata di 1° grado oggettiva, implicita / subordinata di 2° grado oggettiva, implicita
>
> **e.** proposizione principale / subordinata di 1° grado dichiarativa, implicita / coordinata alla principale

1. È encomiabile il fatto che tu abbia confessato di aver copiato e a me fa piacere che tu abbia imparato la lezione. [.....] **2.** Ti consiglio di telefonargli e di chiedergli di restituire il libro della biblioteca civica. [.....] **3.** Ho la vaga sensazione che tu mi stia prendendo in giro, ma credo che non mi arrabbierò. [.....] **4.** Si crede che l'abuso di dolci faccia male, ma i nutrizionisti affermano che un consumo equilibrato di zuccheri arreca benefici all'organismo. [.....] **5.** Non si rassegna all'idea di doversi trasferire e crede che gli abbiano fatto uno scherzo. [.....] **6.** Avevo l'impressione di aver calcolato male la distanza e infatti mi sono ritrovata a metà strada dopo un'ora di viaggio. [.....]

I trucchi del mestiere

Come distinguere la proposizione dichiarativa dalle altre proposizioni completive

Per non confondere la **proposizione dichiarativa** con la **soggettiva** o l'**oggettiva**, tieni presente che:

- le proposizioni **soggettive** e **oggettive** dipendono sempre dal verbo della reggente, nei confronti del quale svolgono la funzione rispettivamente di soggetto e di complemento oggetto;

    Mi sembra che tu non voglia seguire i miei consigli. →

    Temo che tu non voglia seguire i miei consigli. →

- la proposizione **dichiarativa** dipende da un nome o un pronome, di cui fornisce un chiarimento o una specificazione.

    Di questo sono dispiaciuta: che tu non voglia seguire i miei consigli.
    Il fatto che tu non me ne abbia parlato **è imperdonabile**.

10 La sintassi del periodo

45 ●●○ COMPETENZE SINTATTICHE PAROLE DI OGGI **Indica** se le proposizioni completive sono soggettive (S), oggettive (O) o dichiarative (D).

L'Accademia della Crusca ha dichiarato che uno dei neologismi più usati in questi anni è *selfie* [.....]. È ormai noto a tutti che questo termine indica un autoritratto fotografico [.....], fatto con uno *smartphone* e condiviso sui *social network*. I linguisti spiegano che il termine è entrato nell'uso italiano come prestito non adattato dall'inglese *selfie*, [.....] composto da *self* e dal suffisso *-ie*. Sembra che la prima apparizione lessicografica sia del 2005 [.....], quando venne registrata dagli utenti di un famoso dizionario in rete nella grafia *selfy*: questo conferma il fatto che fosse già diffusa in precedenza l'abitudine [.....] di autofotografarsi [.....] e la tendenza di condividere foto su siti e social network [.....]. Il termine è fresco di coniazione, ma non tutti sanno che conta più di cent'anni di anticipo sull'era del web l'azione [.....] di autofotografarsi [.....]. Occorre fare un salto al 1913 [.....]: sembra che risalga proprio a quell'anno il primo selfie della storia [.....].

46 ●●○ COMPETENZE SINTATTICHE STORIA **Distingui** se le proposizioni completive sono soggettive, oggettive o dichiarative.

Un autoscatto "reale" In una foto vediamo che una bambina è davanti allo specchio e che tiene in mano una macchina fotografica modernissima per l'epoca, nel tentativo di autoritrarsi. Dicono che la lettera di accompagnamento di questa foto, indirizzata a un amico, contenesse queste parole: "fare questa foto è stato molto difficile, perché mi tremavano le mani". E in verità sembra proprio che a quell'epoca non dovesse essere facile. Ma ancora più straordinario è il fatto che la bambina della foto è la granduchessa Anastasia Romanov, figlia minore dell'ultimo zar di Russia Nicola II. È davvero penoso il pensiero che lei, cinque anni dopo quell'autoscatto, sarebbe stata massacrata assieme alla famiglia reale, in seguito alla Rivoluzione russa. È bello, però, immaginare che la storia abbia voluto tramandare questa immagine a ricordo di una bambina morta troppo presto, colpevole solo del fatto di essere figlia dello zar.

47 ●●○ COMPETENZE SINTATTICHE ANALISI DEL PERIODO DENTRO LE PAROLE **Fai** l'analisi del periodo.

L'etimologia ci dice che la parola **cinema** deriva dal greco antico e che in particolare proviene dalla parola *kìnema*, "movimento". Il termine richiama quindi l'idea del movimento di immagini su una pellicola (questa parola era in latino il diminutivo di *pelle*). Tutti sanno che gran parte del successo di un film dipende anche dal suo genere. I primi cortometraggi furono o dei documentari o dei film comici; era infatti diffusa l'idea che il cinema offrisse molte possibilità a questo genere. Gli studiosi affermano che l'evolversi degli effetti speciali favorì lo sviluppo del cinema di fantascienza, già a inizio Novecento. È ovvio che esso permettesse di riprodurre scene impossibili a teatro, come i viaggi sulla Luna.

A 535

La sintassi

RAFFORZA LE TUE COMPETENZE

48 ●●○ COMPETENZE SINTATTICHE | ANALISI DEL PERIODO FACILITATA | DENTRO LE PAROLE
Fai l'analisi del periodo tenendo presente che nel testo vi sono 2 **proposizioni soggettive**, 3 **proposizioni oggettive**, 4 **proposizioni dichiarative** (le coordinate alle subordinate non sono conteggiate).

B. Barloccini, *La secessione della plebe sul Monte Sacro*, XIX secolo.

Il dizionario della lingua italiana ci dice che la parola **secessione** deriva dal latino e indica la separazione, il distacco di una regione o di un gruppo dallo Stato. È evidente, però, che nel passato la parola avesse un significato un po' diverso: gli storici, infatti, spiegano che nell'antica Roma la secessione rappresentava una forma di lotta della plebe per i propri diritti. Non vi è dubbio che la secessione più famosa della storia antica sia stata la secessione dell'Aventino del V secolo a.C. Le fonti concordano sul fatto che a quell'epoca una serie di carestie sconvolsero la società romana e colpirono soprattutto i ceti meno abbienti. Essi desideravano che ci fosse una più equa distribuzione del terreno pubblico e rivendicarono la pretesa di ottenere un codice di leggi scritte. Non bisogna stupirsi del fatto che i patrizi non fossero d'accordo. E allora i plebei diedero vita a una sorta di sciopero generale e si ritirarono sul colle Aventino: lo scopo era quello di lasciare la città priva di forza lavoro.

49 ●●● COMPETENZE SINTATTICHE | ANALISI DEL PERIODO | STORIA | **Fai** l'analisi del periodo.
L'apologo di Menenio Agrippa Lo storico romano Tito Livio racconta che il senatore Menenio Agrippa riuscì a comporre il dissidio. Era un personaggio carismatico e così fu mandato sull'Aventino. Si racconta che egli abbia esposto alla plebe un famoso **apologo**, cioè un racconto allegorico. Il senatore spiegò che l'ordinamento sociale romano era come un corpo umano: le singole parti potevano sopravvivere solo con la collaborazione di tutte le altre. Era invece inevitabile che i continui litigi causassero la morte di una parte e poi del corpo intero. I plebei allora capirono questo, che lo stomaco (il senato) riceveva sostentamento dalle braccia (cioè il popolo). Lo stomaco senza cibo sarebbe morto, ma allo stesso tempo sarebbe deperito tutto il corpo. Si dice che in seguito a questo racconto il popolo prese la decisione di rinunciare alla secessione. Chiese però che fosse costituita un'assemblea riservata ai soli plebei (il concilio della plebe) e che fosse loro garantita la possibilità di eleggere due rappresentanti (i tribuni della plebe).

50 ●●○ COMPETENZE LESSICALI | PAROLE DENTRO I TESTI | **Associa** a ciascuna parola già evidenziata negli esercizi 48 e 49, il sinonimo corrispondente.

1. abbiente .... a. alimento, nutrimento
2. equo .... b. reclamare, richiedere
3. rivendicare .... c. andare in rovina, soccombere
4. allegorico .... d. equilibrato, giusto
5. sostentamento .... e. agiato, benestante
6. deperire .... f. simbolico, metaforico

10 La sintassi del periodo

51 ●●● COMPETENZE SINTATTICHE | ANALISI DEL PERIODO | STORIA **Fai** l'analisi del periodo.

Una nuova secessione Può capitare a volte che gli episodi della storia si ripetano, perciò non dobbiamo stupirci del fatto che anche nel XX secolo si sia verificata una "secessione dell'Aventino". L'11 giugno 1924 avvenne che i deputati e i senatori decisero di astenersi dai lavori parlamentari come segno di protesta in seguito alla scomparsa del *leader* socialista Giacomo Matteotti. Risulta evidente che si trattava di un atto di opposizione nei confronti del governo fascista: i deputati, infatti, avevano la convinzione che Matteotti fosse stato eliminato da Mussolini e dai suoi seguaci per il fatto che egli aveva avuto il coraggio di denunciare i brogli elettorali e il clima di intimidazione delle elezioni. Gli eventi successivi dimostrarono che i "secessionisti" avevano ragione: pochi mesi dopo, l'opinione pubblica fu sconvolta dalla notizia che il corpo di Matteotti era stato ritrovato senza vita. Mussolini, allora, dichiarò di assumersi la responsabilità morale, politica e storica dell'accaduto e proclamò che sarebbe stato pronto a stroncare ogni forma di opposizione al regime.

52 ●●● COMPETENZE MORFO-SINTATTICHE **Completa** le frasi coniugando opportunamente i verbi in modo da esprimere il **rapporto di tempo** richiesto, quindi **indica** se la proposizione è **soggettiva [S]**, **oggettiva [O]**, o **dichiarativa [D]**.

contemporaneità

1. Credevo che ti (*comportarsi*) .... [.....] in modo più cortese. **2.** Sembra che loro non (*conoscere*) .... [.....] il suo nome. **3.** Questo mi ha detto Luigi che (*sentire*) .... [.....] molto la sua mancanza. **4.** Ho il desiderio di (*trascorrere*) .... [.....] le mie vacanze in Polinesia. **5.** Temevo che l'imprevisto (*pregiudicare*) .... [.....] l'esito della gara. **6.** Molti hanno la speranza che la situazione (*migliorare*) .... [.....]. **7.** Era evidente che Marco (*stare*) .... [.....] poco bene. **8.** Ti sei accorto che le giornate (*allungarsi*) .... [.....] impercettibilmente?

anteriorità

1. Credevo che Gianni (*superare*) .... [.....] l'esame. **2.** Ho la sensazione che i nostri vicini di casa (*partire*) .... [.....]. **3.** Ho notato questo, che Enrica (*perdere*) .... [.....] qualche chilo. **4.** È evidente che quel tale vi (*ingannare*) .... [.....]. **5.** Sembrava che il caso (*essere chiuso*) .... [.....], ma so che il pubblico ministero (*richiedere*) .... [.....] la riapertura delle indagini. **6.** Mi sembra che Rebecca (*agire*) .... [.....] nel rispetto del regolamento scolastico. **7.** Credevo che Gianni (*accettare*) .... [.....] quel lavoro; invece Agnese ha la sensazione che lo (*rifiutare*) .... [.....].

posteriorità

1. I miei cugini hanno detto che (*partire*) .... [.....] domani, ma so che (*tornare*) .... [.....] presto. **2.** Era assodato che Ludovica non mi (*invitare*) .... [.....] alla festa. **3.** Mi hanno detto che presto (*essere nominato*) .... [.....] dirigente. **4.** Avresti mai pensato che Andrea (*scrivere*) .... [.....] un romanzo? **5.** Si pensava che quell'uomo non (*commettere*) .... [.....] più lo stesso reato. **6.** Credevo che mi (*aiutare*) .... [.....] nel momento del bisogno, ma non l'hai fatto: è chiaro che non (*fidarsi*) .... [.....] più di te.

A 537

La sintassi

53 ●●● **COMPETENZE MORFO-SINTATTICHE** Completa le seguenti frasi coniugando i verbi tra parentesi al modo e al tempo adeguati a esprimere il **rapporto di tempo** richiesto.

1. **contemporaneità**

    Mi sembra che Rossella (*essere*) .... in gran forma.

    Mi sembrava che Rossella (*essere*) .... in gran forma.

    Mi sembrò che Rossella (*essere*) .... in gran forma.

2. **posteriorità**

    Si dice che Viviana (*essere trasferita*) ....

    Si diceva che Viviana (*essere trasferita*) ....

    Si disse che Viviana (*essere trasferita*) ....

3. **anteriorità**

    Credo che il balletto ti (*piacere*) ....

    Credevo che il balletto ti (*piacere*) ....

    Avevo creduto che il balletto ti (*piacere*) ....

4. **contemporaneità**

    Non credo che il preside (*partecipare*) .... a quell'evento.

    Avevo creduto che il preside (*partecipare*) .... a quell'evento.

    Non sapevo che il preside (*partecipare*) .... a quell'evento.

5. **posteriorità**

    Ho il sospetto che Luisa non (*partire*) ....

    Avevo il sospetto che Luisa non (*partire*) ....

    Avevo avuto il sospetto che Luisa non (*partire*) ....

54 ●●● **COMPETENZE MORFO-SINTATTICHE** Completa le seguenti frasi coniugando i verbi tra parentesi al **modo** e al **tempo** adeguati.

1. Si teme che le temperature (*crescere*) .... ulteriormente nel *weekend*. **2.** Chi l'avrebbe mai detto che Paolo un giorno (*laurearsi*) ....? **3.** Vi avevo già detto che non (*venire*) .... alla cena. **4.** Luisa giura di non (*copiare*) .... il compito, ma la professoressa ribadisce di (*avere*) .... delle prove schiaccianti. **5.** Alcuni cittadini sostengono di (*riconoscere*) .... il ladro. **6.** Spero davvero che il tempo (*migliorare*) ...., anche se sono certo che non (*capitare*) .... **7.** È evidente che tu ieri (*mentire*) .... **8.** Raccontano che da piccolo mio fratello (*essere*) .... una peste e che mio padre (*avere*) .... il timore che (*diventare*) .... un teppista. **9.** Il professore affermò che tutti gli alunni (*recuperare*) .... le insufficienze e che quindi nessuno (*dovere*) .... sostenere l'esame a settembre. **10.** Credo che quell'abito ti (*calzare*) .... a pennello. **11.** Non penso proprio che Stefania (*venire*) .... in vacanza con noi; dice sempre che (*preferire*) .... un viaggio in inverno al mare in estate. **12.** Dimmi che non (*essere partito*) .... se ti avessi telefonato!

10 La sintassi del periodo

 55 ●●● COMPETENZE SINTATTICHE **Completa** i seguenti periodi con una **proposizione reggente** o **dipendente** in modo da far assumere alla proposizione dipendente il valore indicato.

1. soggettiva	Si pensa	
oggettiva		che il ladro sia fuggito.
dichiarativa	Questo pensiamo	
2. soggettiva	Per il preside era inevitabile	
oggettiva	Il preside aveva pensato	
dichiarativa	Il preside aveva l'intenzione	
3. soggettiva	Sarebbe bene	
oggettiva		smettere di fumare.
dichiarativa	Ho preso la decisione	
4. soggettiva	È chiaro	
oggettiva	Tutti sanno	
dichiarativa		di averlo fatto soffrire.
5. soggettiva	È bene	
oggettiva	Ho sentito dire	
dichiarativa		che non sei mai puntuale.

56 ●●● COMPETENZE DI SCRITTURA **Scrivi** cinque periodi formati dalle proposizioni indicate.

1. proposizione principale + soggettiva, implicita + coordinata alla soggettiva, implicita

....

2. proposizione principale + coordinata alla principale + oggettiva, esplicita

....

3. proposizione principale + dichiarativa, implicita + coordinata alla dichiarativa, implicita

....

4. proposizione principale + coordinata alla principale + dichiarativa, esplicita

....

5. proposizione principale + oggettiva, esplicita + coordinata alla principale

....

6. proposizione principale + oggettiva, esplicita + dichiarativa, implicita + coordinata alla dichiarativa, implicita

....

A 539

La sintassi

4*4 La proposizione interrogativa indiretta

> La **proposizione subordinata interrogativa indiretta** pone sotto forma di **domanda indiretta** una **richiesta** di informazione o un **dubbio** e, in questo caso, prende anche il nome di **dubitativa**.

La sua funzione nel periodo è simile a quella del **soggetto** e del **complemento oggetto** nella proposizione.

Non si sa **la sua professione**. →	soggetto
Non si sa **che professione svolga**. →	proposizione interrogativa indiretta
Non so **la sua professione**. →	complemento oggetto
Non so **che professione svolga**. →	proposizione interrogativa indiretta

DIPENDE DA

- **verbi** o **locuzioni di domanda**, come *chiedere, domandare, interrogare, informarsi, ...*, o **sostantivi** di significato analogo come *domanda, indagine, interrogazione, ...*

    Gli **chiesi** da dove venisse.   È un'**indagine** su chi consuma alcolici.

- **verbi**, come *dire, sapere, pensare, spiegare, far sapere, ...*

    Dimmi dove pensi di andare.   Non **sappiamo** chi lo abbia acquistato.

- **verbi** o **locuzioni di dubbio**, come *dubitare, ignorare, non sapere, non capire, essere incerto, non essere certo, ...*, e **sostantivi** o **aggettivi** di significato equivalente come *dubbio, incertezza, dubbioso, incerto, ...*

    Non so perché si sia offeso.   **Sono incerta** se andare o no.

È INTRODOTTA DA

- **aggettivi**, **pronomi** e **avverbi interrogativi**, gli stessi che introducono le proposizioni interrogative dirette: *che, chi, che cosa, quale, quanto, dove, da dove, quando, da quando, come, perché*.

    Dimmi con **chi** vai e **quando** tornerai.   So bene **quanto** vale.

- la **congiunzione** *se*.

    Mi ha chiesto **se** la aiuteremo.   Non so **se** potrò venire.

NELLA FORMA ESPLICITA HA IL VERBO AI MODI

- **indicativo** o, se esprime un **dubbio**, **congiuntivo**.

    Dimmi dov'**è** Monica.   Non so dove **sia** Monica.

- **condizionale**, quando esprime **un'eventualità** oppure quando indica **un'azione posteriore** rispetto a quella della reggente, espressa a un tempo del passato.

    Dimmi che cosa **faresti** tu.   Non sapevo che cosa **avrebbe detto**.

10 La sintassi del periodo

NELLA FORMA IMPLICITA HA IL VERBO AL MODO infinito; questa forma però è solo ammessa per la **dubitativa** che abbia il **medesimo soggetto della reggente**.

Non so che cosa **fare** né dove **andare**.

Era incerta se **partire**.

Al pari delle dirette, le interrogative indirette si definiscono:

- **semplici**, quando pongono una sola domanda.
  Non so chi sia l'autore di questo romanzo.
- **doppie**, quando pongono due o più domande.
  Mi chiedo chi sia e da dove venga.
- **disgiuntive**, quando pongono in alternativa due o più domande, collegate dalle congiunzioni disgiuntive *o*, *oppure*.
  Non sapevo se partire subito o rimandare la partenza.

ALLENA LE COMPETENZE

57 ●●● **COMPETENZE SINTATTICHE** **Riconosci** le proposizioni interrogative indirette.

1. Barbara vorrebbe sapere quando le restituirai il libro che ti ha prestato.
2. Non so di chi sia quel portapenne.
3. Chi sa in quale città vogliono andare in gita?
4. Il vigile urbano gli ha chiesto se avesse con sé il libretto di circolazione.
5. Non sappiamo proprio come fare a risolvere quella questione.
6. Tutti si domandano come io faccia a essere così parsimonioso.
7. Mi domando se abbiano accettato le sue richieste.
8. I miei genitori mi chiesero con chi avrei fatto quel viaggio.

58 ●●● **COMPETENZE SINTATTICHE** **Riconosci** le proposizioni interrogative indirette e **indica** se sono di forma esplicita **[E]** o implicita **[I]**. **Sottolinea** l'elemento che le introduce (congiunzione, avverbio, aggettivo o pronome interrogativo).

1. Il giornalista domandò all'uomo politico quando avesse incontrato quel banchiere. [.....]
2. Mia madre non sapeva se mio fratello fosse già uscito. [.....]
3. Il professore chiese agli allievi in quale test volessero cimentarsi l'indomani. [.....]
4. Fu chiesto agli esperti se fosse necessario procedere al rilevamento delle anomalie nell'analisi del territorio. [.....]
5. Il preside voleva sapere a che ora le classi avrebbero fatto il rientro a scuola. [.....]
6. Mi chiesero se avessi compreso l'equivoco o se lo giudicassi solo un malinteso. [.....]
7. Il direttore si domandò quali strategie adottare o quali prevedere da parte degli altri. [.....]
8. Molti ragazzi oggi si interrogano su come possa essere il loro avvenire. [.....]

A 541

La sintassi

59 ◉◉◉ COMPETENZE LESSICALI PAROLE DENTRO I TESTI Scegli il sinonimo delle seguenti parole evidenziate nell'esercizio 58.

1. cimentarsi   a. ☐ mettersi alla prova   b. ☐ alimentarsi
2. rilevamento   a. ☐ importanza   b. ☐ messa a fuoco
3. anomalie   a. ☐ abitudini   b. ☐ anormalità
4. equivoco   a. ☐ interpretazione sbagliata b. ☐ confusione
5. malinteso   a. ☐ mancanza di comprensione   b. ☐ mancanza di udito
6. strategie   a. ☐ stranezze   b. ☐ metodi per ottenere un obiettivo

60 ◉◉◉ COMPETENZE MORFO-SINTATTICHE Trasforma opportunamente la voce verbale delle proposizioni interrogative indirette, facendole dipendere dal verbo indicato.

1. All'ingresso del cinema mi chiesero quale film volessi vedere. (*chiedono*) 2. Tutti si domandavano quale sarebbe stata la sentenza del giudice. (*si domandano*) 3. Nel questionario si chiederà chi sia stato il miglior studente dell'anno. (*si chiedeva*) 4. I cittadini vogliono sapere come si intenda affrontare l'emergenza criminalità nelle periferie. (*vollero*) 5. Ho chiesto a Pietro se si sentisse abbastanza preparato. (*chiederò*) 6. Non so dove mio fratello abbia messo le foto del liceo. (*sapevo*) 7. Il maestro chiede chi vuole rispondere alla sua domanda. (*chiese*) 8. Non so come si risolverà la lite tra quei due. (*sapevo*)

61 ◉◉◉ COMPETENZE SINTATTICHE Trasforma le proposizioni interrogative dirette in indirette, facendole dipendere dalla reggente indicata. Attenzione alle modifiche necessarie.

1. Le ho chiesto: "Quanto costa?". 2. Il preside domandò: "Sono già stati eletti i rappresentanti di classe?". 3. Le chiedemmo: "Perché non rispondi al telefono?". 4. Daniela chiese alla sorella: "Qual è il tuo film preferito?". 5. Pino mi sta chiedendo: "Preferisci mangiare la pasta o andare in hamburgeria?". 6. Mi domandavo: "Non posso sistemare questo ingombrante mobile in cantina?". 7. Ha voluto sapere: "Da dove provenite?". 8. Gianluca era incerto: "Continuo a studiare o cerco un lavoro?". 9. Antonio chiese loro: "Siete sicuri di voler acquistare quell'appartamento?". 10. L'intervistatore gli chiese: "Quanto guadagna? E quanto ha guadagnato?".

> **I trucchi del mestiere**
>
> **Come distinguere la proposizione interrogativa indiretta dalle altre completive**
>
> Le **proposizioni interrogative indirette**, come le soggettive, le oggettive e le dichiarative, possono essere introdotte da ***che***; per distinguerne il valore, ricorda che:
>
> • nelle proposizioni **interrogative indirette** il ***che*** ha funzione di **aggettivo** ed equivale a *quale*; o di **pronome interrogativo** e corrisponde a *che cosa*; inoltre la frase, tranne quando è introdotta dalla congiunzione *se*, può essere trasformata in una interrogativa diretta.
>
> | interrogativa indiretta | → | interrogativa diretta |
> |---|---|---|
> | **Dimmi che cosa** farai. | → | **Che cosa** farai? |
> | **Non so che** voto abbia preso. | → | **Che** voto ha preso? |

A 542

- nelle proposizioni **soggettive**, **oggettive** e **dichiarative**, il *che* è una **congiunzione subordinante**.

  È necessario che Stefano si curi. → soggettiva
  Mi ha detto che non vede l'ora di vederci. → oggettiva
  Di questo sono certa, che non mi convincerà. → dichiarativa

62 ●●○ COMPETENZE SINTATTICHE DENTRO LE PAROLE **Riconosci** l'elemento da cui sono rette le proposizioni subordinate e **indica** se sono soggettive [S], oggettive [O], dichiarative [D] o interrogative indirette [I].

Se qualcuno si chiede che origine abbia il termine "**vulcano**" [.....], la risposta è semplice: tutti i libri dicono che questo era già per gli Etruschi il nome del dio del fuoco [.....]. Se invece definiamo "vulcano" una persona, vogliamo intendere che è creativa e dinamica [.....]. Dal termine è derivato poi l'uso di chiamare **vulcanizzazione** [.....] sia i procedimenti per riparare le gomme delle auto, sia gli impasti che permettono di produrle. Si sa che alla fine dell'Ottocento se ne sviluppò un grande mercato [.....], anche perché è noto che proprio in quell'epoca iniziavano a circolare le prime automobili [.....]. Qualcuno potrebbe chiedersi in che anni sia stata ideata la vulcanizzazione [.....] e chi ne sia stato l'inventore [.....]. Fu l'americano Charles Goodyear nel 1839 e raccontano che la sua invenzione fu casuale [.....].

63 ●●○ COMPETENZE SINTATTICHE STORIA **Riconosci** l'elemento da cui sono rette le proposizioni subordinate e **indica** se sono soggettive (S), oggettive (O), dichiarative (D) o interrogative indirette (I).

Un successo casuale e tardivo Pare che la moglie di Goodyear lo rimproverasse per le spese nelle ricerche [.....]. Perciò una sera, quando sentì che lei era tornata a casa prima del previsto [.....], scelse per la fretta una soluzione d'emergenza, quella di nascondere nel forno un miscuglio di gomma e zolfo [.....]. Il giorno dopo ne estrasse una gomma flessibile e ritenne che proprio per questa proprietà essa fosse perfetta per ogni genere di lavorazione [.....]. È cosa certa però che lui per cinque anni non poté brevettarla [.....]. Gli amici, memori di tanti fallimenti, respingevano l'idea di prestargli denaro per ulteriori esperimenti [.....]. Charles Goodyear morì povero, nel 1860: si diceva che il collasso per cui era deceduto avesse una ragione ben precisa, l'aver saputo della morte precoce di sua figlia [.....]. Il successo della sua invenzione giunse qualche decennio dopo: nel 1898 Frank Seiberling si chiese se la gomma così lavorata potesse essere utile alle automobili [.....] ed ebbe l'idea di fondare un'azienda [.....]. È risaputo che essa, la multinazionale Goodyear, è oggi la prima produttrice di gomma al mondo [.....].

A 543

La sintassi

64 ○○○ COMPETENZE SINTATTICHE | ANALISI DEL PERIODO FACILITATA | DENTRO LE PAROLE
Analizza le proposizioni del seguente testo scegliendo opportunamente tra le tipologie proposte.

> principale • principale • principale • principale, interrogativa diretta • subordinata di 1° grado, dichiarativa, implicita • subordinata di 1° grado, interrogativa indiretta, esplicita • subordinata di 1° grado, soggettiva, esplicita • subordinata di 1° grado, soggettiva, esplicita

Nel linguaggio giudiziario si dice (..........................) che è **a piede libero** un individuo in stato di libertà vigilata e in attesa di giudizio, (..........................) ma non in arresto. Ti sei mai domandato (..........................) da che cosa derivi questa espressione? (..........................). La sua origine si rifà alla consuetudine medievale (..........................) di chiudere i piedi dei carcerati in ceppi, cioè grossi arnesi di legno o di altro materiale (..........................). È evidente (..........................) che proprio da quest'uso sono nate le espressioni **spezzare i ceppi**, **liberarsi dai ceppi**, cioè "liberarsi da una tirannia o da una servitù" (..........................).

65 ●●○ COMPETENZE SINTATTICHE | ANALISI DEL PERIODO | DENTRO LE PAROLE **Fai** l'analisi del periodo.

Ti sei mai chiesto perché si dice che uno ha l'**argento vivo addosso**? Sai di chi si dice? È ovvio: si dice di qualcuno sempre in movimento e di grande vivacità. L'**argento vivo** è un antico modo di indicare il mercurio, il metallo dal colore dell'argento. A temperatura ambiente il mercurio si presenta in forma liquida e sembra avere una vitalità propria: ha, infatti, la caratteristica di suddividersi, al minimo urto, in sferette sempre più piccole. Inoltre gli antichi alchimisti credevano che avesse la proprietà di essere trasformato in oro, con opportuni trattamenti.

66 ●●● COMPETENZE SINTATTICHE | ANALISI DEL PERIODO | MITO **Fai** l'analisi del periodo.

Visione del Graal, miniatura dal codice *Artù e i cavalieri della tavola rotonda*, XV secolo.

Origine del mito di re Artù Non è possibile parlare del ciclo bretone e non citare il celebre **re Artù**. Gli studiosi si chiedono se l'inventore della Tavola Rotonda sia stato solo un'invenzione letteraria o se egli sia esistito davvero. Sappiamo che nel VI secolo, presso i Britanni, esisteva un certo Artù, ma è certo che il suo mito iniziò a diffondersi nel XII secolo. Le fonti ci dicono che Enrico si unì in matrimonio con Eleonora d'Aquitania e che lei gli portò in dote molti dei possedimenti del suo primo marito, erede di Carlo Magno. È chiaro che il sovrano inglese si trovò, dunque, di fronte alla necessità di dover rintracciare nel proprio passato qualche figura di grande prestigio. Chi avrebbe potuto competere in autorevolezza con gli esponenti della famiglia carolingia? Pensò quindi quale eroe scegliere come suo antenato illustre, e ritenne di rifarsi alla *Storia dei Britanni* di Nennio. Qui si raccontava che un tale Artù aveva vinto una guerra contro i Sassoni e aveva tollerato per tre giorni la penitenza di portare sulle spalle la croce di Cristo.

A 544

10 La sintassi del periodo

67 ●●● [COMPETENZE SINTATTICHE] **Completa** i seguenti periodi con una proposizione reggente o dipendente in modo da far assumere alla proposizione dipendente il valore indicato.

1. a. soggettiva		finire il lavoro entro giugno.
b. oggettiva	Vogliono	
c. dichiarativa		di finire il lavoro entro giugno.
d. interrogativa indiretta	Non so	
2. a. soggettiva		che avrebbe vinto il concorso.
b. oggettiva	Tutti speravano	
c. dichiarativa	Tutti nutrivano la speranza	
d. interrogativa indiretta		se avrebbe vinto il concorso.
3. a. soggettiva		che tu rifiuti il nostro invito.
b. oggettiva	Dicono	
c. dichiarativa	Questo è fuori dubbio	
d. interrogativa indiretta	Gli chiesi	
4. a. soggettiva		che avesse paura dell'aereo.
b. oggettiva	Si meravigliavano	
c. dichiarativa	Si stupivano del fatto	
d. interrogativa indiretta		come potesse aver paura dell'aereo.

68 [SUPER!] [COMPETENZE SINTATTICHE] [DALLA GRAMMATICA ALLA SCRITTURA] **Scrivi** 8 periodi formati dalle proposizioni indicate.

1. proposizione principale + soggettiva + coordinata alla soggettiva
2. proposizione principale + oggettiva + coordinata alla oggettiva
3. proposizione principale + interrogativa indiretta + coordinata alla interrogativa indiretta
4. proposizione principale + interrogativa indiretta + oggettiva
5. proposizione principale + soggettiva + interrogativa indiretta
6. proposizione principale + oggettiva + interrogativa indiretta
7. proposizione principale + interrogativa indiretta + coordinata alla interrogativa indiretta, disgiuntiva
8. proposizione principale + dichiarativa + coordinata alla dichiarativa + coordinata alla principale

A 545

La sintassi

5 Le proposizioni subordinate attributive o appositive

> Le **proposizioni subordinate attributive** o **appositive** completano il significato del periodo determinando o **espandendo un elemento nominale** della proposizione reggente.

Esse svolgono quindi una funzione simile a quella specifica dell'attributo, da cui la denominazione di **attributive**, o dell'apposizione, da cui il nome di **appositive**.
L'unica subordinata attributiva è la proposizione **relativa propria**.

Non sopporto **gli uomini ipocriti**. →	attributo
Non sopporto gli uomini **che sono ipocriti**. →	proposizione relativa
Andrò a Barolo, **un paese** delle Langhe. →	apposizione
Andrò a Barolo, **che è un paese delle Langhe**. →	proposizione relativa

5*1 La proposizione relativa propria

> La **proposizione subordinata relativa propria** chiarisce e precisa il **significato di un nome o di un pronome** che si trova nella reggente e a cui si collega mediante un **pronome** o un **avverbio relativo**.

È INTRODOTTA DA

- un **pronome relativo** o un **avverbio relativo** *che*, *il / la quale*, *cui*, *dove*, *da dove*, riferito a una parola della proposizione reggente, detta **antecedente**.

  È una persona **su cui** poter contare.

- un **pronome misto**, *chi* (= *colui / colei che, qualcuno che*), *chiunque* (= *qualunque persona che*), *quanto* (= *ciò che*), *quanti* (= *quelli che*), o l'**avverbio misto** *dovunque* (= *in qualunque luogo in cui*). In questo caso, i due componenti del pronome o dell'avverbio misto si sdoppiano e il **dimostrativo** o l'**indefinito** entrano a fare parte della **proposizione reggente**; il **relativo**, che ha come antecedente il dimostrativo o l'indefinito, **introduce la subordinata relativa**.

  Ti troverò **dovunque** tu sia.   =   Ti troverò **in qualunque luogo** in cui tu sia.

                                                                             proposizione   proposizione
                                                                             reggente   relativa

NELLA FORMA ESPLICITA HA IL VERBO AI MODI

- **indicativo**, quando esprime un fatto **certo** e **reale**.

  L'uomo che **vedi** là è un artista di cui **hai sentito** certo parlare.

10 La sintassi del periodo

- **congiuntivo** o **condizionale**, quando presenta il fatto come **incerto, possibile, desiderato, temuto o ipotizzato**.

  Cerchiamo una persona che **sappia** bene l'inglese.   Ho conosciuto uno che ti **aiuterebbe**.

NELLA FORMA IMPLICITA HA IL VERBO AI MODI

- **infinito**, preceduto dalle preposizioni *a*, *da*, o da un **pronome relativo** in funzione di complemento indiretto oppure senza alcuna preposizione.

  Sei il solo **a negare** (= *che nega*) l'evidenza.

  Abbiamo una poesia **da studiare** (= *che deve essere studiata*) a memoria.

  Ho sentito il telefono **squillare** (= *che squillava*).

- **participio**, presente o passato, che può sempre essere trasformato in una relativa di forma esplicita.

  Il treno **proveniente** (= *che proviene*) da Roma arriverà tra pochi minuti.

  Ho rotto il vaso **acquistato** (= *che era stato acquistato*) da mia madre a Murano.

A seconda dell'importanza dell'informazione che trasmette, la relativa si definisce:

- **determinativa**, quando è **indispensabile a completare il significato dell'antecedente**: in questo caso svolge una funzione simile a quella dell'aggettivo in funzione distintiva e la sua soppressione modifica il senso complessivo del periodo. Lo stretto rapporto della relativa con la reggente richiede che non siano separate dalla virgola.

  Verranno soppressi tutti gli animali che sono affetti dal virus (*solo questi, non gli altri*).

- **accessoria**, quando fornisce un'informazione non necessaria, che può essere omessa senza compromettere il significato del periodo; in questo caso la proposizione relativa si trova delimitata dalla virgola.

  Sarò sempre riconoscente a Marta**,** che mi è stata di grande aiuto.

La **relativa** di forma **esplicita** può anche assumere il valore di una **subordinata circostanziale**; in questo caso si definisce **impropria** perché **non svolge una funzione puramente attributiva** e può assumere valore:

- **causale** (➡ p. 554).

  Ammiro Sergio **che** (= *poiché*) **dice** sempre la verità.

- **finale** (➡ p. 556).

  Ho chiamato un tecnico **che** (= *affinché*) **ripari** la lavatrice.

- **consecutivo** (➡ p. 562).

  Cerca un lavoro **che** (= *tale che*) gli **permetta** di viaggiare.

- **temporale** (➡ p. 567).

  Ti ho visto **che** (= *mentre*) **cercavi** di evitarmi.

- **concessivo** (➡ p. 571).

  Anna, **che** (= *anche se*) è molto brava, non ha saputo rispondere.

- **condizionale** (➡ p. 580).

  Chi (= *se qualcuno*) **volesse** partecipare alla cena, mi telefoni entro stasera.

A 547

La sintassi

ALLENA LE COMPETENZE

69 **COMPETENZE SINTATTICHE** Riconosci la proposizione relativa e indica se è determinativa [D] o accessoria [A].

1. Saranno ammessi alla finale del concorso tutti gli allievi che hanno una media non inferiore all'otto. [.....]
2. Gianni, che si è laureato da poco in architettura, spera di trovare subito un impiego. [.....]
3. Saranno abbattute tutte le case pericolanti a seguito del terremoto. [.....]
4. Gli amici più fedeli sono quelli che ti soccorrono nel momento del bisogno. [.....]
5. Ho ricevuto proprio un'ora fa una telefonata da Vincenzo, che è il fratello di zia Rosaria. [.....]
6. Gianna ha consegnato la tesi, che aveva come oggetto la trasmissione dei miti nell'antichità. [.....]
7. Detesto i ragazzi che si illudono di sapere tutto. [.....]
8. Il mio amico Ivan, che ho incontrato ieri, si è diplomato da poco. [.....]

70 **COMPETENZE SINTATTICHE** **PAROLE DI OGGI** Riconosci le subordinate relative e distingui se sono di forma esplicita o implicita.

Twitter è un *social* di cui si sente molto parlare. Si tratta di una bacheca virtuale dove si può lasciare un messaggio di non più di centoquaranta caratteri, che tutti possono vedere, tramite computer o telefonino. Può partecipare chiunque lo voglia: il meccanismo impiegato è davvero semplice e gli usi che se ne fanno possono essere i più svariati. *Twitter*, nato in prima battuta per rendere pubbliche notizie personali, è diventato anche uno strumento usato per attività di servizio e di lavoro, o per diffondere informazioni, anche in modo clandestino. Coloro che l'hanno inventato non sapevano a che cosa avrebbe portato, ma è ormai chiara a tutti l'enorme influenza che ha avuto sulla comunicazione.

71 **COMPETENZE SINTATTICHE** **PAROLE DI OGGI** Riconosci le subordinate relative e indica se sono di forma esplicita o implicita. Trasforma in forma esplicita le relative implicite.

Questo social non aveva niente da invidiare alla messaggistica già esistente. Necessitava però di una terminologia nuova; così per indicare la comunicazione realizzata con *Twitter* si ricorse al neologismo *twittare*, derivato dall'adattamento di una parola proveniente dall'inglese. Con *tweet*, si indica il singolo messaggio con cui si costruisce il proprio microblog. Nel passaggio dall'inglese all'italiano si è perso un po' il richiamo onomatopeico al significato di *to twitter*, che è quello di "cinguettare".

72 ●●○ **COMPETENZE SINTATTICHE** **Trasforma** in forma esplicita le relative implicite.

1. L'unico a non presentarsi alla cerimonia è stato Matteo.
2. Spediranno dei pacchi contenenti farmaci di prima necessità.
3. Queste non sono cose da raccontare a uno sconosciuto.
4. Ho molti compiti da svolgere prima di poter uscire con voi.
5. L'imputato, prosciolto questa mattina, è ritornato nella sua casa di campagna.
6. Sei il solo ad averlo pensato.
7. Il mio nuovo compagno di banco è un ragazzo proveniente dall'Angola.

73 ●●○ **COMPETENZE SINTATTICHE** **ANALISI DEL PERIODO FACILITATA** **DENTRO LE PAROLE**
Fai l'analisi del periodo tenendo presente che nel brano vi sono le seguenti proposizioni subordinate:

- 1 subordinata di 2° grado, dichiarativa, implicita
- 1 subordinata di 1° grado, oggettiva, esplicita
- 3 subordinate di 1° grado, relative, esplicite
- 1 subordinata di 2° grado, relativa, implicita
- 2 subordinate di 1° grado, soggettive, esplicite

Perché diciamo che ha l'**occhio di lince** una persona dotata di vista eccezionale o di intelligenza lungimirante? È noto che la lince ha una capacità visiva fenomenale; nel Medioevo si pensò che i suoi occhi penetranti, a metà tra il giallo e il verde, avessero il potere di trapassare le pietre. Questa caratteristica sarebbe stata paragonabile a quella di Linceo, la cui vista straordinaria poteva scrutare persino oltre i muri; questo almeno è quello che tramandano i racconti mitologici. E proprio dal nome di questo eroe derivò il nome della lince e, di conseguenza si formò anche l'espressione, di cui "vista da falco" è una variante.

74 ●●○ **COMPETENZE LESSICALI E DI SCRITTURA** **Spiega** la diversa sfumatura di significato dei seguenti verbi e **scrivi** una frase con ciascuno di essi.

1. osservare: ....
2. scrutare: ....
3. scorgere: ....
4. vedere: ....
5. intravedere: ....
6. sbirciare: ....
7. avvistare: ....

La sintassi

RAFFORZA LE TUE COMPETENZE

75 ●●○ **COMPETENZE SINTATTICHE** **PAROLE DI OGGI** **Distingui** se il *che* svolge la funzione di congiunzione che introduce una proposizione soggettiva [S], oggettiva [O] o dichiarativa [D], oppure di pronome o aggettivo interrogativo che introduce una proposizione interrogativa indiretta [I] o di pronome relativo che introduce una relativa [R].

È opportuno che [.....] coloro che [.....] vogliono avventurarsi nel mondo di Twitter ne conoscano i termini fondamentali per evitare di non sapere che [.....] fare una volta in Rete. Occorre sapere che [.....] sono definiti *twoosh* i *tweet* che [.....] contengono esattamente centoquaranta caratteri. Capita spesso che [.....] qualcuno apprezzi il *tweet* di un altro utente: oltre a diventarne seguace (cioè ***follower***) può effettuare l'operazione di ***retweet***, che [.....] consiste nell'inoltrare un messaggio altrui per condividerlo con coloro che [.....] sono iscritti al programma. Chi vuole che [.....] sia evidente l'argomento chiave del messaggio si serve di un ***hashtag***, un simbolo a forma di cancelletto, che [.....] sottolinea l'elemento che [.....] deve attirare l'attenzione di quelli che [.....] leggono. Nell'eventualità che [.....] qualcuno voglia rispondere a un messaggio, basta che [.....] componga una ***reply*** con una propria *mention*, cioè il riferimento, in un *tweet*, al nome di un altro utente Twitter preceduto dal simbolo @. E con queste semplici nozioni tutti possono scoprire che [.....] bella invenzione sia Twitter.

76 ●●○ **COMPETENZE SINTATTICHE** **DENTRO LE PAROLE** **Distingui** se il *che* svolge la funzione di congiunzione che introduce una proposizione soggettiva [S] o oggettiva [O], oppure di pronome o aggettivo interrogativo che introduce una proposizione interrogativa indiretta [I] o di pronome relativo che introduce una relativa [R].

Si definisce **franco tiratore** colui che [.....] in occasione di un voto segreto vota diversamente dalle indicazioni che [.....] sono state date dal suo partito o dal suo gruppo. È noto che [.....] nel linguaggio militare il franco tiratore è il soldato irregolare che [.....] fa azioni di guerriglia contro un esercito che [.....] ha invaso un territorio ed è sinonimo di "cecchino". Mi sono chiesto che [.....] origine avesse l'espressione e ho trovato che [.....] è un calco del francese *franc-tireur*, "libero cacciatore". Sembra che [.....] una prima traccia dell'espressione si trovi nei resoconti giornalistici della guerra franco-prussiana, in riferimento ai soldati che [.....], sotto la guida di Giuseppe Garibaldi, combatterono nell'ultima fase della guerra franco-prussiana del 1870.

77 ●●○ **COMPETENZE SINTATTICHE** **ANALISI DEL PERIODO** **DENTRO LE PAROLE** **Fai** l'analisi del periodo.

L'espressione "franco tiratore" si diffuse nel nostro Paese al ritorno in patria dei volontari italiani che parteciparono al conflitto franco-prussiano. In realtà vi è anche l'ipotesi che abbia radici più antiche e che debba essere fatta risalire alle milizie volontarie, istituite nella regione dei Vosgi in occasione dell'invasione del 1792. Risulterebbe poi che verso il 1950 il prestito si sia esteso al gergo politico-giornalistico e che abbia conservato l'accezione di cecchino che di nascosto provoca danni al proprio schieramento. Il nostro Parlamento ha ampliato i casi che prevedono lo scrutinio palese proprio per la preoccupazione che i franchi tiratori operino grazie al segreto dell'urna. Ma a proposito della parola **cecchino**, sai che origine ha? Si deve al fatto che venivano definiti scherzosamente così i tiratori scelti dell'esercito dell'imperatore d'Austria Francesco Giuseppe, che era chiamato popolarmente "Cecco".

A 550

78 ••• COMPETENZE SINTATTICHE | ANALISI DEL PERIODO | DENTRO LE PAROLE **Fai** l'analisi del periodo.

Imprinting è il termine derivato dal verbo inglese *to imprint*, "imprimere", con il quale si definisce l'apprendimento precoce degli animali nei primi giorni di vita, dovuto all'imitazione del comportamento dei genitori. Nel caso più tipico si manifesta con la tendenza istintiva di seguire il primo animale che vedono, che in genere è la madre, ma che può anche essere un individuo di un'altra specie, l'uomo o persino un oggetto in movimento. Il termine fu coniato da Konrad Lorenz, universalmente riconosciuto come il fondatore della moderna **etologia**, il settore della zoologia che studia il comportamento degli animali e i loro rapporti con l'ambiente; a riconoscimento dei suoi studi egli ricevette il premio Nobel per la medicina e la fisiologia nel 1973. Lorenz aveva una grande passione per le anatre: lui stesso spiega in un suo libro che questa predilezione gli derivava dal fatto che le anatre hanno abitudini familiari molto simili a quelle umane. Così Lorenz si propose come "madre sostitutiva" per molte piccole anatre e si accorse che esse si attaccavano affettivamente a lui; sono rimaste famose alcune fotografie in cui egli viene ritratto nei giardini di Altenberg assieme alle sue anatre che lo seguono in fila.

Konrad Lorenz e le sue anatre selvatiche.

79 ••• COMPETENZE SINTATTICHE | ANALISI DEL PERIODO | DENTRO LE PAROLE **Fai** l'analisi del periodo.

Per situazioni di gran confusione accade che si usino i termini **baraonda**, **chiasso**, **baccano**, **gazzarra**, **schiamazzo**. *Baraonda* sembra derivare da una parola spagnola che era in uso a fine '800, ma non sappiamo altro; di *chiasso* è sicuro solo il fatto che sia molto più antica. Si sa, invece, da dove siano giunte nella lingua italiana le altre parole. *Baccano* proviene chiaramente dal nome di Bacco, dio del vino, le cui cerimonie sacre erano chiamate *orge*. Durante questi riti i fedeli, inebriati dal vino, si trovavano in uno stato di esaltazione, che li privava di ogni forma di autocontrollo, e si abbandonavano a danze convulse. *Gazzarra* deriva da un antico verbo arabo usato dai Mori di Spagna, il cui grido di guerra era "algazara". Lo *schiamazzo* è soprattutto il rumore generato da voci e il nome ha le sue radici nel verbo latino che significa "gridare".

80 ••• COMPETENZE SINTATTICHE | ANALISI DEL PERIODO | DENTRO LE PAROLE **Fai** l'analisi del periodo.

In contesti più familiari c'è l'abitudine di dire che qualcuno ha fatto un **cancan**. È ovvio che non si vuol intendere che quella persona ha fatto il vero *cancan*, che è la danza francese molto vivace, in voga nei varietà francesi della *Belle Époque*. Si vuole piuttosto dire che, per lo più in preda alla collera, egli ha scatenato un putiferio, un pandemonio e magari ha provocato così uno scandalo. Nel linguaggio giovanile, però, si preferisce a tutti questi termini la parola **casino**, che oggi è utilizzata anche nel significato di "un mucchio di". Un tempo il casino era una casa signorile di campagna, usata per la caccia e lo svago, oppure era chiamata così la sede di un circolo frequentato dall'alta borghesia. Come mai poi è diventata una parola da non dire? A un certo punto è passata a indicare la "casa di tolleranza", il luogo in cui si praticava la prostituzione legalizzata, abolita nel 1958 dalla legge Merlin, così chiamata dal nome della sua promotrice.

La sintassi

81 ●●○ **COMPETENZE LESSICALI** **Associa** le seguenti definizioni alle parole corrispondenti.

a. fragore • **b.** baraonda • **c.** sussurro • **d.** ultrasuono •
e. rimbombo • **f.** sibilo • **g.** mormorio • **h.** tintinnio

1. insieme di suoni brevi, acuti e distaccati ....

2. caotico rumore causato da un confuso e tumultuoso
movimento di persone ....

3. suono confuso e leggero, simile a quello di acque correnti
e fronde mosse dal vento ....

4. fischio acuto, sottile e continuo ....

5. suono leggero, continuo e indistinto ....

6. strepito con un effetto di eco ....

7. rumore forte e violento ....

8. suono con frequenze superiori a quelle percepibili dall'uomo ....

82 ●●● **COMPETENZE SINTATTICHE E TESTUALI** **DENTRO LE PAROLE** **Trasforma** alcune proposizioni indipendenti dei seguenti testi in proposizioni relative di forma esplicita o, per non ripetere il pronome relativo più volte in uno stesso periodo, di forma implicita. In questo modo otterrai un testo ben costruito e non una serie di frasi tra loro slegate.

1. *No global* è un'espressione inglese. Con questa espressione si indicano alcuni gruppi e movimenti, molto eterogenei tra loro. Essi criticano la globalizzazione. La globalizzazione è ritenuta da loro responsabile dell'aumento delle disparità tra i paesi poveri e quelli ricchi. Il dissenso dei no global è rivolto principalmente contro le politiche economiche dei paesi ricchi e le decisioni di alcuni organismi internazionali. Questi organismi internazionali governano e regolano i processi economici e finanziari a livello mondiale. Il movimento ebbe notorietà in tutto il mondo, quando manifestò contro il vertice della *World Trade Organization*. Il vertice si svolse a Seattle nel 1999.

2. *No profit* è una locuzione inglese. Questa locuzione è stata coniata nel XX secolo. Questa locuzione a sua volta è derivata dal verbo latino *proficĕre*. L'espressione significa "senza scopo di lucro". Si applica a enti. Questi enti operano nei settori dell'assistenza o della pubblica utilità. I profitti di questi enti devono essere obbligatoriamente reinvestiti nelle attività della stessa organizzazione e non possono essere ceduti ad altri.

83 ●●○ **COMPETENZE LESSICALI** **PAROLE DENTRO I TESTI** **Scrivi** un sinonimo e un contrario delle seguenti parole evidenziate nell'esercizio 82.

1. eterogeneo: ....

2. responsabile: ....

3. disparità: ....

4. dissenso: ....

5. notorietà: ....

6. lucro: ....

7. profitto: ....

A 552

10 La sintassi del periodo

84 ●●○ COMPETENZE TESTUALI **Completa** i seguenti periodi con una proposizione reggente o una dipendente in modo da far assumere alla proposizione dipendente il valore indicato.

1. a. soggettiva	Si dice	
b. oggettiva		che venderanno quella villa.
c. dichiarativa	Abbiamo la certezza	
d. interrogativa indiretta		se vendano quella villa.
e. relativa	Quella è una villa	
2. a. soggettiva	Pare	
b. oggettiva		che si è laureato.
c. dichiarativa	Sono contento del fatto	
d. interrogativa indiretta		quando si è laureato.
e. relativa	Ammiro Giancarlo	
3. a. soggettiva		che l'abbiamo studiato l'anno scorso.
b. oggettiva	La professoressa crede	
c. dichiarativa		che l'abbiamo studiato l'anno scorso.
d. interrogativa indiretta	La professoressa chiede	
e. relativa		studiato l'anno scorso.
4. a. soggettiva		che hanno accettato l'invito.
b. oggettiva	Pensano	
c. dichiarativa	Sono certo di questo,	
d. interrogativa indiretta		perché abbiano accettato l'invito.
e. relativa		che avevano accettato l'invito.

85 ●●● COMPETENZE SINTATTICHE DALLA GRAMMATICA ALLA SCRITTURA **Scrivi** 5 periodi formati dalle proposizioni indicate.

1. proposizione principale + interrogativa indiretta + relativa

2. proposizione principale + relativa + coordinata alla relativa

3. proposizione principale + coordinata alla principale + soggettiva + relativa

4. proposizione principale + interrogativa indiretta + relativa

5. proposizione principale + interrogativa indiretta + finale

A 553

La sintassi

6 Le proposizioni circostanziali

> Le **proposizioni subordinate circostanziali**, o **avverbiali** o **complementari indirette**, sono proposizioni subordinate che arricchiscono la proposizione reggente introducendo **informazioni circostanziali** di vario genere.

Esse quindi svolgono nel periodo la medesima funzione svolta nella proposizione dai **complementi indiretti**, di cui, tra l'altro, assumono spesso la denominazione, e dai **complementi avverbiali**.

6*1 La proposizione causale

> La **proposizione subordinata causale** indica la **causa** di quanto espresso nella proposizione reggente. Svolge perciò una funzione analoga a quella del **complemento di causa**.

Sono fuggita **per la paura**. → complemento di causa

Sono fuggita **perché avevo paura**. → proposizione causale

RISPONDE ALLE DOMANDE perché? per quale motivo?

NELLA FORMA ESPLICITA È INTRODOTTA DA le **congiunzioni** e **locuzioni** *perché*, *poiché*, *giacché*, *siccome*, *che* (nel parlato informale), ***dal momento che***, ***per il fatto che***, ***in quanto***, ***dato che***, ***visto che***, ...

HA IL VERBO AI MODI

- **indicativo**, se la causa è sentita come reale.

  Lo dico perché ti **voglio** bene.   Siccome **era** tardi, non lo trovammo.

  Dato che non **ti senti** bene, guido io.   Quando **sai** che è così, non insistere.

- **condizionale**, se la causa è presentata come probabile, eventuale o desiderata.

  Prendi l'ombrello perché **potrebbe** piovere.

  Resterò con lei, perché **potrebbe avere** bisogno di me.

  Passa da noi, perché **vorremmo** parlarti.

- **congiuntivo**, quando introduce una **causa ipotizzata e subito negata**. In questo caso la causale è collegata a un'altra causale con il verbo all'indicativo.

  Ho agito così non perché lo **volessi**, ma perché non **avevo** altra scelta.

NELLA FORMA IMPLICITA HA IL VERBO AI MODI

- **infinito** preceduto da ***di***, ***a***, ***per***; in questo caso il soggetto della causale può anche essere diverso da quello della reggente, ma deve essere già citato in essa.

  Ti ringrazio di (per) **avermi** aiutato.   Ho fatto male a non **rispondere**.

A 554

- **gerundio** o **participio passato**; quando il soggetto della causale è diverso da quello della reggente deve essere **esplicitamente espresso** e collocato **dopo** il verbo.

  Essendo in ritardo, Adele ci raggiungerà al cinema.
  Non **avendomi** Marco **detto** nulla, ero all'oscuro della faccenda.
  Impressionata dall'accaduto, la donna non riusciva a dormire.
  Morto il padre, Luca si trovò in gravi difficoltà.

ALLENA LE COMPETENZE

86 ○○○ COMPETENZE SINTATTICHE DENTRO LE PAROLE **Riconosci** le proposizioni causali.

L'espressione **fare la parte del leone** deriva da questa famosa favoletta. Un giorno una mucca, una capra e una pecora fecero un'alleanza con il leone, perché speravano di trarne vantaggio nella caccia. Dal momento che avevano catturato tutti insieme un cervo di grandi proporzioni e poiché i compagni volevano spartirsi la preda, il leone fece quattro parti e poi disse ai suoi alleati: "La prima parte la prendo io, visto che sono il re; mi darete la seconda perché sono uno dei soci; la terza mi spetta perché sono il più forte; capiterà un grosso guaio poi a chi oserà toccare la quarta". E così il prepotente prese per sé tutte le quattro parti; i tre deboli alleati, invece, dal momento che non osavano replicare di fronte alla forza del leone, rimasero a bocca asciutta. La morale della storia è che l'alleanza con i potenti non è mai conveniente, dal momento che essi sono arroganti e tirannici.

87 ●●○ COMPETENZE SINTATTICHE **Volgi** alla forma implicita le proposizioni causali di forma esplicita individuate nell'esercizio 86.

88 ●●○ COMPETENZE LESSICALI **Spiega** il significato dei seguenti modi di dire.
1. avere un coraggio da leone 2. essere un leone in gabbia 3. finire nella fossa dei leoni
4. indossare la pelle del leone

89 ○○○ COMPETENZE SINTATTICHE ANALISI DEL PERIODO FACILITATA DENTRO LE PAROLE
Fai l'analisi del periodo, tenendo presente che nel testo ci sono le seguenti proposizioni subordinate: 2 causali (1 di 1° grado e 1 di 2° grado); 3 relative (2 di 1° grado e 1 di 2° grado). Le coordinate alle subordinate non sono invece conteggiate.

La **canicola** è il periodo più caldo dell'anno: ma perché lo chiamiamo così? Canicola deriva dal diminutivo della parola latina *canis*, "cane", ed era il nome con cui i Romani chiamavano Sirio, la stella più luminosa del cielo notturno, la quale sorge e tramonta con il Sole dal 24 luglio al 26 agosto e appartiene alla costellazione del Cane. Furono gli antichi Egizi a dare questo nome alla costellazione e a chiamare Sirio "la stella del cane", perché come un cane vigile, essa li avvertiva dell'imminente inizio dello straripamento del fiume Nilo. Poiché la comparsa della stella coincideva con l'inizio dell'estate, la parola *canicola* divenne sinonimo di "calore estivo" e indicava soprattutto il caldo afoso e opprimente delle ore centrali della giornata.

La sintassi

90 ●●● COMPETENZE SINTATTICHE · ANALISI DEL PERIODO · DENTRO LE PAROLE Fai l'analisi del periodo.

L'espressione **i giorni della merla** è derivata da un'antica leggenda, citata anche da Dante nella *Divina Commedia*. Essa raccontava che un tempo Gennaio aveva solo ventotto giorni e che Febbraio era invece di trentuno. Ma un giorno una merla disse al vecchio mese, giunto ormai al suo ultimo giorno, che era ben contenta della sua fine imminente, perché così non avrebbe più dovuto temere il suo freddo insopportabile. Il vecchio Gennaio però si infuriò e, volendo punire la merla impertinente, si fece dare da Febbraio altri tre giorni nei quali scatenò un freddo davvero terribile. Da allora gli ultimi tre giorni di gennaio sono chiamati "i giorni della merla" e, in genere, sono i più freddi dell'anno.

91 ●●○ COMPETENZE LESSICALI La parola *giorno* è usata in italiano con diversi significati: **associa** ogni significato della parola alle frasi in cui è usata tale accezione.

> **a.** periodo di ventiquattro ore che va da una mezzanotte a quella successiva •
> **b.** di cui tutti parlano •
> **c.** giornata dedicata alla celebrazione di una ricorrenza •
> **d.** periodo di luce contrapposto alla notte
>
> **1.** i giorni si stanno allungando. [.....] **2.** la settimana è di sette giorni. [.....] **3.** il giorno della vittoria. [.....] **4.** gli avvenimenti del giorno. [.....] **5.** i giorni feriali. [.....] **6.** l'uomo del giorno. [.....] **7.** il giorno dei morti. [.....]

6*2 La proposizione finale

> La **proposizione subordinata finale** indica lo **scopo** dell'azione espressa nella proposizione reggente. Svolge perciò una funzione analoga a quella del **complemento di fine**.

Andrò da lui **per un consiglio**. → complemento di fine

Andrò da lui **perché mi dia un consiglio**. → proposizione finale

RISPONDE ALLA DOMANDA a quale scopo?

NELLA FORMA ESPLICITA È INTRODOTTA DA le **congiunzioni** e le **locuzioni** *perché*, *affinché*, *in modo che* (= *affinché*), *che* (congiunzione e pronome relativo).

HA IL VERBO AL MODO **congiuntivo presente** o **imperfetto**.

Te lo ripeto perché non te lo **dimentichi**.
Vi ho avvertiti affinché (= *in modo che*) **sappiate** regolarvi.
Insisteva che **andassi** da lei.
Bisogna cercare qualcuno che **prenda** il suo posto.

A 556

10 La sintassi del periodo

NELLA FORMA IMPLICITA È INTRODOTTA DA le **preposizioni** e le **locuzioni** *per*, *a*, *di*, *da*, *al fine di*, *onde*, *allo scopo di*, *con l'intenzione di*, *pur di*, *in modo da*.

HA IL VERBO AL MODO infinito. Questa forma è sempre possibile – anzi preferita – quando la proposizione finale e la sua reggente hanno il medesimo soggetto; in caso contrario è possibile solo quando **il soggetto della finale si trova già nella reggente in funzione di complemento oggetto o di termine**.

È qui per **darmi** una mano.
Ve l'ho detto onde **evitare** malintesi.
Gli ho regalato questo libro **da leggere**.
Siamo andati al mare con l'intenzione di **riposarci**.

Vengo a **mangiare** a casa tua.
Pur di **lavorare**, andrebbe all'estero.
Vi prego di **ripensarci**.

ALLENA LE COMPETENZE

92 ●○○ **COMPETENZE SINTATTICHE** Riconosci le proposizioni finali e indica se sono di forma esplicita [E] o implicita [I].

1. Siamo usciti per comprare qualcosa. [.....] 2. Non so cosa fare per tirarmi fuori dai guai. [.....] 3. Ti ho proposto quel lavoro perché diventassi indipendente. [.....] 4. Nell'intento di trovare quel fascicolo, hanno messo tutto a soqquadro. [.....] 5. Devo chiamare qualcuno che porti a scuola Lorenzo. [.....] 6. Onde evitare problemi futuri, fate molta attenzione. [.....] 7. Perché poteste capire, ho usato parole semplici. [.....] 8. Ti prego di comportarti bene con i miei ospiti. [.....] 9. Per dormire bene, devi cambiare il materasso. [.....] 10. Sono corso a cercare una farmacia. [.....] 11. Siamo venuti con l'intenzione di trovare un accordo. [.....] 12. Pur di rivederti, sono disposto a tutto.

93 ●○○ **COMPETENZE SINTATTICHE** **DENTRO LE PAROLE** Riconosci le proposizioni finali e le coordinate alla finale.

1. L'**UNESCO** (Organizzazione delle Nazioni Unite per l'Educazione, la Scienza e la Cultura) ha sede a Parigi ed è sorta nel 1946 allo scopo di promuovere la collaborazione culturale tra Stati e di rafforzare i rapporti tra i popoli. Si è distinto per aver portato avanti varie iniziative mirate a salvaguardare opere d'arte e ambienti naturali considerati come "patrimonio dell'umanità".

2. L'**UNICEF** (Fondo internazionale di Emergenza per l'Infanzia delle Nazioni Unite) ha la sua sede centrale a New York ed è nato nel 1946 per aiutare i bambini dopo i disastri causati dalla Seconda guerra mondiale. È un'agenzia delle Nazioni Unite, da cui ha ricevuto il mandato per difendere i diritti dei bambini, per soddisfare i loro bisogni essenziali e per dar loro la possibilità di raggiungere una completa realizzazione. Opera attualmente per conoscere la situazione dell'infanzia nei vari Paesi, in particolar modo in quelli in via di sviluppo, al fine di intervenire in sua difesa con aiuti finanziari, sanitari e organizzativi. Perché venisse riconosciuta la sua alta opera umanitaria, finanziata dai contributi volontari di Governi e privati, gli è stato assegnato nel 1965 il premio Nobel per la pace.

La sintassi

94 ●●○ COMPETENZE SINTATTICHE | ANALISI DEL PERIODO FACILITATA | DENTRO LE PAROLE
Fai l'analisi del periodo, tenendo presente che nel testo ci sono le seguenti proposizioni subordinate: 5 relative, 2 dichiarative, 5 finali, 1 causale. Le coordinate alle subordinate non sono invece conteggiate.

Francoise Le Villain, *Il cavalletto (per la gogna)*, litografia tratta dal volume *Un an a Rome* di Antoine-Jean-Baptiste Thomas, XIX secolo.

Un tempo vi era l'usanza di mettere i colpevoli di reati **alla berlina** o **alla gogna** per esporli al pubblico ludibrio. La gogna era formata da tavole di legno provviste di fori nei quali venivano inserite la testa e le braccia del condannato. Questo strumento di pena aveva anche delle cerniere in modo che le tavole potessero essere aperte e poi bloccate insieme per trattenere il prigioniero. Vicino a lui era esposto un cartello per far conoscere a tutti il delitto di cui si era macchiato. Così imprigionata, la vittima diventava un facile bersaglio della folla, che in questo modo aveva l'opportunità di infierire impunemente sul malcapitato e di sfogare così i suoi istinti aggressivi e le sue insoddisfazioni. Erano molti quelli che accorrevano a imbrattargli la faccia di sputi o di sostanze ripugnanti, a mettergli il sale sulle ferite o semplicemente a fargli il solletico.

95 ●●● COMPETENZE SINTATTICHE | ANALISI DEL PERIODO | DENTRO LE PAROLE **Fai** l'analisi del periodo.

La pena della gogna rimase in vigore per molto tempo sia allo scopo di rendere note le persone giudicate pericolose sia nell'intento di dare una dimostrazione pubblica. Fu poi aspramente criticata da Cesare Beccaria, in quanto era fortemente lesiva della dignità personale, e fu poi abolita subito dopo la Rivoluzione francese. Della gogna o berlina sono però rimasti i due modi di dire sopracitati. Inoltre negli ultimi tempi è nata un'altra espressione che vi fa riferimento: è **gogna mediatica**, che ha un corrispondente in **tritacarne mediatico**. Esse hanno più o meno lo stesso significato poiché evocano il potere distruttivo dei mass media, i quali riescono a provocare gravi danni alle persone che ne diventano bersaglio. Non provocano mali fisici, ma ledono la reputazione e la credibilità di una persona, giudicata avversaria, al fine di intimidirla, punirla o condizionarla.

96 ●●○ COMPETENZE LESSICALI | PAROLE DENTRO I TESTI **Spiega** il significato delle seguenti parole evidenziate negli esercizi 94 e 95.

1. ludibrio: ....
2. bersaglio: ....
3. infierire: ....
4. impunemente: ....
5. imbrattare: ....
6. ripugnanti: ....
7. lesivo: ....
8. credibilità: ....

A 558

RAFFORZA LE TUE COMPETENZE

I trucchi del mestiere

Come distinguere le proposizioni introdotte da *perché* Per capire se una proposizione introdotta da *perché* è una **proposizione interrogativa indiretta**, **causale** o **finale**, ricorda che:

- nella **proposizione interrogativa indiretta**, *perché* può essere sostituito da *per quale motivo*; inoltre, la frase può essere trasformata in una interrogativa diretta.
  Non so perché (= *per quale motivo*) ti ho telefonato. → Perché ti ho telefonato?

- nella **proposizione causale**, *perché* è quasi sempre seguito da un verbo al modo **indicativo** e può essere sostituito da *per il fatto che*.
  Ti ho telefonato perché (= *per il fatto che*) avevo bisogno di parlarti.

- nella **proposizione finale**, *perché* è sempre seguito da un verbo al modo **congiuntivo** e può essere sostituito da *affinché*.
  Ti ho telefonato perché (= *affinché*) tu venissi al più presto.

97 ●●○ COMPETENZE SINTATTICHE **Indica** se le proposizioni subordinate introdotte da *perché* sono causali **[C]**, finali **[F]**, interrogative indirette **[I]**.

1. Non capisco perché Alberto non sia ancora arrivato. [.....] **2.** Sono andata dal mio medico di famiglia, perché non mi sentivo bene. [.....] **3.** Domani andrò dal mio medico, perché mi prescriva una cura per la gastrite. [.....] **4.** Ha tamponato la mia auto perché non ha frenato in tempo. [.....] **5.** Mi chiedo perché tu abbia preso quella decisione avventata. [.....] **6.** Siamo rimaste a casa perché non abbiamo finito di studiare. [.....] **7.** Ho lasciato un messaggio a Luca perché mi richiami al più presto. [.....] **8.** Lascerò un messaggio a Laura perché ho bisogno di parlarle con urgenza. [.....] **9.** Mi spiegherai perché sono stata convocata dal tuo insegnante. [.....] **10.** Chiedigli perché non vuole che Mario venga alla festa. [.....]

98 ●●○ COMPETENZE SINTATTICHE **Distingui** se le proposizioni subordinate introdotte da *perché* sono **causali**, **finali**, **interrogative indirette**.

1. Ho capito perché non hanno voluto che andassi da loro in auto: perché la strada è davvero pericolosa. **2.** Ho spento la radio perché mi disturbava. **3.** Ti ho chiamato perché mi aiutassi. **4.** Vorrei sapere perché mi dai sempre torto. **5.** Ti convocheranno perché hai dimenticato di firmare quei fogli. **6.** Il professore mi spiegò perché dovessi presentarmi in presidenza. **7.** Chiedimi perché mi sento triste. **8.** Vado a scuola perché è utile, interessante e a volte perfino divertente. **9.** Gettarono quei giocattoli perché non funzionavano più. **10.** Giorgio si abbonò a quella rivista perché i suoi figli fossero sempre informati.

99 ●●○ COMPETENZE SINTATTICHE DALLA GRAMMATICA ALLA SCRITTURA **Completa** le seguenti frasi prima con una **proposizione causale**, poi con una **proposizione finale**.

1. Sono entrato in questo museo. **2.** Ti presterò questo libro. **3.** Vorrei discuterne con la professoressa. **4.** Prenoteremo presso quella struttura. **5.** Sono rimasto a casa da scuola ieri.

A 559

La sintassi

100 ●●○ **COMPETENZE LESSICALI** **AMPLIA IL TUO VOCABOLARIO** **Spiega** i seguenti modi di dire che richiamano parti del corpo.

1. Bere un dito di una bevanda. ....

2. Pensare con i piedi. ....

3. Avere il pollice verde. ....

4. Avere orecchio. ....

5. Avere la testa sulle spalle. ....

6. Tenere la schiena dritta. ....

7. Alzare troppo il gomito. ....

8. Alzare le mani. ....

9. Pagare sull'unghia. ....

10. Puntare i piedi. ....

11. Essere in gamba. ....

12. Far gola. ....

13. Essere la spalla di qualcuno. ....

101 ●●○ **COMPETENZE LESSICALI** **INSIEME** **Trovate** altri modi di dire che richiamino parti del corpo. **Vince chi ne trova di più in 10 minuti.**

102 ●●● **COMPETENZE LESSICALI** **DENTRO LE PAROLE** **Fai** l'analisi del periodo.

La **democrazia diretta** è la forma di governo in cui le decisioni politiche vengono prese direttamente da tutto il popolo riunito in assemblea; un esempio di questa forma democratica si affermò nel V secolo a.C. ad Atene, dove tutti i cittadini maschi potevano far parte in prima persona degli organismi attraverso i quali si esercitava il potere. Dato che oggi le ampie dimensioni dei popoli rendono impossibile la partecipazione diretta, gli Stati moderni hanno adottato varie forme di **democrazia rappresentativa**, con cui i cittadini eleggono dei rappresentanti affinché governino in loro vece. Sopravvivono tuttavia alcune forme di democrazia diretta: per esempio l'intero corpo elettorale può essere chiamato a esprimere la propria opinione su temi specifici attraverso il *referendum*. Con il *referendum* **propositivo**, per esempio, i cittadini possono proporre una nuova legge e vincolare lo Stato a far emanare dal Parlamento una legge coerente con l'espressione popolare. Questo tipo di referendum, però, è previsto dall'ordinamento della Repubblica di San Marino, ma non è ammesso nello Stato italiano, la cui Costituzione prevede che il *referendum* sia solo **abrogativo**. Grazie ad esso è possibile solo cancellare delle disposizioni di legge, ma non proporne delle nuove: questo tuttavia può avvenire mediante la manipolazione del testo legislativo, perché, attraverso l'eliminazione di alcune parole, si può far acquisire al testo un significato diverso e introdurre quindi nuove norme.

103 ●●● **COMPETENZE LESSICALI** **PAROLE DENTRO I TESTI** **Spiega** con un **sinonimo** o con una **definizione** il significato che hanno le seguenti parole evidenziate nell'esercizio 102.

1. vincolare: ....

2. emanare: ....

3. coerente: ....

4. manipolazione: ....

A 560

104 ●●● COMPETENZE SINTATTICHE | ANALISI DEL PERIODO | TEATRO Fai l'analisi del periodo.

Prometeo incatenato   Per conoscere il mito di Prometeo, occorre leggere la tragedia di Eschilo, intitolata *Prometeo incatenato*. Essendosi ribellato agli dèi e avendo rubato il fuoco per darlo in dono agli uomini, Prometeo, uno dei Titani viene incatenato, nudo, a una rupe della Scizia. Zeus inoltre ha mandato un'aquila perché gli squarci il petto e gli dilani il fegato, che ricresce poi ogni notte. A visitarlo giungono le ninfe Oceanine, non solo per consolarlo, ma anche per persuaderlo a sottomettersi agli dèi. Prometeo parla con loro allo scopo di difendere le proprie azioni e si proclama benefattore dell'umanità per aver inventato le arti. Poco dopo arriva una donna sul cui capo spuntano corna di vacca: è la ninfa Io, vittima dell'egoismo di Zeus, perché il dio prima l'ha assillata affinché lei cedesse al suo amore, poi l'ha abbandonata alla gelosia di Era che l'ha trasformata in vacca, per punire il tradimento del marito.

105 ●●● COMPETENZE SINTATTICHE | ANALISI DEL PERIODO | TEATRO Fai l'analisi del periodo.

Prometeo incatenato ... e poi liberato   A Io Prometeo rivela che lui avrà un futuro difficile, ma che un discendente di lei, il semidio Eracle, lo libererà dalle catene. Inoltre le rivela di avere una via d'uscita dalla triste situazione in cui si trova, perché conosce un segreto che potrebbe causare a Zeus la perdita del potere olimpico. La minaccia consiste in questo, che da una relazione tra Zeus e Teti potrebbe nascere un figlio e spodestare il re degli dèi. A far visita al Titano giunge il messaggero divino Ermes, per riferirgli la richiesta di Zeus: per poter essere perdonato da lui, Prometeo dovrà rivelargli il suo segreto. Avendo però rifiutato il patto, Prometeo viene scagliato in un burrone, assieme alla rupe a cui è incatenato. Dalla tragedia di Eschilo, intitolata *Prometeo liberato*, si apprende che tremila anni dopo Eracle passerà nel Caucaso, trafiggerà con una freccia l'aquila che tormentava Prometeo e lo libererà dalle catene.

106 ●●● COMPETENZE MORFO-SINTATTICHE | DALLA GRAMMATICA ALLA SCRITTURA **Volgi** al passato il racconto della storia di Prometeo, proposto negli esercizi 104 e 105. **Presta attenzione** a modificare opportunamente tutti i tempi verbali.

107 ●●● COMPETENZE DI SCRITTURA | DESCRIVERE **Descrivi** la statua di Prometeo raffigurata nell'immagine utilizzando 2 **proposizioni causali** e 2 **proposizioni finali**. **Non superare le 10 righe**.

La statua bronzea di Prometeo che dona il fuoco agli uomini troneggia sul *Rockefeller Center* a New York.

La sintassi

6*3 La proposizione consecutiva

La **proposizione subordinata consecutiva** indica la **conseguenza** di quanto affermato nella reggente.

È quasi sempre anticipata nella proposizione reggente da un **elemento antecedente**, che può essere costituito da un **avverbio** o da una **locuzione avverbiale**, come *così*, *tanto*, *talmente*, *in (di) modo*, *a tal punto*, ..., o da un **aggettivo,** come *tale*, *simile*, ...

NELLA FORMA ESPLICITA È INTRODOTTA DA   la **congiunzione** *che*, in correlazione con un elemento antecedente. Il *che* può unirsi all'antecedente a formare un'unica parola, *cosicché* o *sicché*.

HA IL VERBO AI MODI

- **indicativo**, quando la conseguenza è reale.

  È **così** fortunata che tutti la **invidiano**.

- **congiuntivo**, quando la conseguenza è presentata come possibile.

  Gli ho parlato **in modo tale che** non **si facesse** illusioni.

- **condizionale**, quando la conseguenza è sentita come possibile a una determinata condizione, per lo più sottintesa.

  La strada è lunga sicché la nonna **potrebbe** avere dei problemi.

  È **talmente** buono che **aiuterebbe** sempre tutti. (sott. *se potesse*)

NELLA FORMA IMPLICITA È INTRODOTTA DA   le **preposizioni** *da*, *di*.

HA IL VERBO AL MODO   infinito, ed è possibile solo quando il **soggetto è lo stesso della reggente**.

Il mobile è così alto da non **passare** sotto la porta.

Siamo arrivati al punto di non **capire** più nulla.

Sono classificate come consecutive anche le subordinate espresse con:

- *a* e l'**infinito** in dipendenza da **aggettivi**, come *adatto*, *atto*, *capace*, *inadatto*, *il primo*, *il solo*, *l'unico*, *l'ultimo*, e con *di* e l'**infinito** in dipendenza da *degno*, *indegno*.

  Il primo ad arrivare sei sempre tu.

  Questo prodotto non è **adatto a pulire** il tappeto.

  La loro proposta è **degna di essere approfondita**.

- *perché* e il **congiuntivo**, nella **forma esplicita**, *per* e l'**infinito**, nella **forma implicita**, in dipendenza da avverbi di quantità, come, *troppo*, *troppo poco*, *abbastanza*.

  È **troppo** bello **perché si avveri**.

  È **abbastanza** grande **per capire**.

A 562

10 La sintassi del periodo

ALLENA LE COMPETENZE

108 ●○○ COMPETENZE SINTATTICHE Riconosci le proposizioni consecutive e indica se sono di forma esplicita [E] o implicita [I].

1. Carlo era così buono che tutti gli volevano bene. [.....] 2. Quella ragazza è così volonterosa da riuscire sempre in tutto. [.....] 3. Molti fiumi sono troppo impetuosi per poter essere balneabili. [.....] 4. Siete davvero degni di essere premiati! [.....] 5. Lo tsunami fu così potente da inondare l'entroterra per centinaia di metri. [.....] 6. Sono così felice che ti abbraccerei. [.....] 7. Eravamo stanchi al punto di andare subito a dormire. [.....] 8. Le farfalle hanno una vita talmente breve che spesso non vedono la fine del giorno. [.....] 9. Alcune pareti rocciose sono troppo scoscese per essere scalate. [.....]

109 ●○○ COMPETENZE SINTATTICHE Distingui le proposizioni consecutive dalle finali.

1. Quel pittore era ancora troppo giovane per potersi imporre sui suoi maestri. 2. Giorgio arrivò primo per assicurarsi un posto in prima fila. 3. È piovuto così tanto e in così poche ore che il fiume è tracimato: per impedire disagi e pericoli molte strade sono state chiuse al traffico. 4. Sono andato al supermercato per fare la spesa, ma c'era così tanta gente che sono tornato a casa per finire quel lavoro. 5. È andato in vacanza solo per pochi giorni per non spendere tanto da rischiare di non pagare il mutuo. 6. Quel gruppo si fermò a fianco al monumento per ascoltare la spiegazione della guida. 7. Pagammo così tanto per essere sicuri di non incorrere in qualche truffa, ma fummo truffati ugualmente. 8. Era troppo bello per essere vero! 9. Uscii per prendere una boccata d'aria e camminai così tanto da ritrovarmi all'altro capo della città in meno di un'ora. 10. Dopo la corsa Agnese era talmente stanca che si addormentò sulla panchina del parco.

110 ●○○ COMPETENZE SINTATTICHE ANALISI DEL PERIODO FACILITATA MITO Fai l'analisi del periodo, tenendo presente che nel testo ci sono le seguenti proposizioni subordinate: 1 interrogativa indiretta e 1 finale (entrambe di 1° grado); 3 consecutive (2 di 1° grado e 1 di 3° grado); 2 oggettive (1 di 1° grado e 1 di 2° grado); 1 causale e 1 dichiarativa (entrambe di 2° grado); 4 relative (3 di 2° grado e 1 di 3° grado); 1 soggettiva (di 3° grado). Le coordinate alle subordinate non sono invece conteggiate.

I cavalieri della tavola rotonda Alle leggendarie vicende dei Britanni si ispirò il poeta normanno Robert Wace per comporre il suo *Romanzo di Bruto*, in cui si racconta che i cavalieri di re Artù sedevano attorno a una Tavola Rotonda. La forma del tavolo era tale da impedire che qualcuno di essi primeggiasse e da garantire il fatto che tutti fossero alla pari. Sappiamo che il libro fu dedicato a Eleonora d'Aquitania, che gestiva un salotto letterario alla corte di Poitiers, dove viveva il grande poeta medievale Chrétien de Troyes. Nelle sue opere, intitolate *Lancelot e Perceval*, scopriamo quali erano i cavalieri più importanti della corte di Artù, le cui vicende erano ambientate alla corte di Camelot. Thomas Mallory fu un altro autore degno di essere ricordato, perché fu il primo a raccogliere intorno al 1450 in un'opera unitaria i principali elementi della saga di Artù.

A 563

La sintassi

111 ●●● COMPETENZE SINTATTICHE | ANALISI DEL PERIODO | DENTRO LE PAROLE **Fai** l'analisi del periodo.

Sembra che il modo di dire **fare il diavolo a quattro** abbia origini medievali e si riferisca al teatro. Nelle rappresentazioni del Medioevo il diavolo era un personaggio che non mancava mai e che cambiava repentinamente sembianze sulla scena, perché così voleva la tradizione. I cambi d'abito, perciò, risultavano molto lunghi e laboriosi tanto che spesso c'erano quattro attori a interpretare la parte del diavolo: ognuno di essi era già pronto e agghindato per andare in scena. Certo dietro le quinte e sul palco ci doveva essere una tale confusione che si doveva fare molta attenzione per non sbagliare le entrate. Così, "fare il diavolo a quattro" (cioè usare quattro attori per fare un solo diavolo) è diventato un modo di dire molto comune e si dice di qualcuno che fa un gran baccano o che si agita tanto per ottenere qualcosa da lasciarsi andare a violente scenate.

112 ●●● COMPETENZE SINTATTICHE | ANALISI DEL PERIODO | PAROLE DI OGGI **Fai** l'analisi del periodo.

Si possono davvero contare sulle dita di una mano quelli che oggi non usano *Whatsapp* per comunicare. Questo sistema di *chat* ha avuto una diffusione così capillare che in Italia è stato coniato il verbo **whatsappare**. È noto che questa applicazione di messaggistica istantanea ha riscosso tanto successo perché ha la peculiarità di permettere lo scambio di messaggi testuali e multimediali in modo quasi totalmente gratuito, dal momento che sfrutta il traffico dati del cellulare. Il suo nome però è strano tanto che molti si chiedono da dove abbia avuto origine e che cosa significhi. È stato spiegato che il nome deriva dalla fusione della locuzione *what's up?* con *app*: la prima espressione si può tradurre con "come va?", *app* è l'abbreviazione del sostantivo *application* ("applicazione").

113 SUPER! COMPETENZE SINTATTICHE | ANALISI DEL PERIODO | PAROLE DI OGGI **Fai** l'analisi del periodo.

Whatsappare è solo una delle numerose parole che negli ultimi anni si sono formate a partire dal nome di software informatici. Per creare questa parola, che è un prestito adattato, è stata aggiunta al nome del marchio inglese la desinenza della prima coniugazione, che è la più ampia delle tre coniugazioni verbali ed è la più adatta ad accogliere i verbi di nuova coniazione. I più esperti di tecnologie informatiche sanno che si è creato allo stesso modo il termine **photoshoppare**, derivato dall'omonimo programma *Photoshop*, usato per ritoccare le immagini digitali, allo scopo di migliorarle. I linguisti sostengono che il verbo ha assunto una connotazione negativa, perché viene usato per indicare un'alterazione della realtà così evidente da far risultare artificiosi i soggetti ritratti.

A 564

10 La sintassi del periodo

Il buon uso della scrittura

L'uso delle proposizioni subordinate implicite Per usare una proposizione implicita, tieni presente che esse **assumono come proprio soggetto il soggetto della proposizione da cui dipendono**. Perciò, quando costruisci dei periodi complessi, devi fare attenzione a disporle nella frase in modo che **siano legate e riferite correttamente al soggetto**: una collocazione errata può dare luogo a errori di tipo grammaticale o far assumere alla frase un significato completamente diverso da quello che vuoi esprimere.

(a) **NO** Luigi reagì così violentemente da rimanere tutti senza parole. | **SÌ** Luigi reagì così violentemente **da far rimanere** tutti senza parole (**che tutti rimasero**...).

(b) **NO** Marta non rivolge più la parola ad Anna, avendola offesa. | **SÌ** Marta non rivolge più la parola ad Anna, **essendo stata offesa da lei**.

In frasi come questa si può avere una proposizione subordinata implicita di **forma passiva**: il soggetto del gerundio **viene così a coincidere** con quello della proposizione reggente, nell'esempio *Marta*.

(c) **NO** Gli abitanti dell'isola furono assaliti dai pirati, per depredarli. | **SÌ** **I pirati** assalirono gli abitanti dell'isola **per depredarli**.

(d) **NO** Ti ho mandato Aldo per aiutarti nel trasloco. | **SÌ** Ti ho mandato Aldo **perché ti aiutasse** nel trasloco.

Osserva ora questo esempio:

(e) Gli ho dato **da leggere** un bel libro.

A differenza della frase (d), che contiene anch'essa una proposizione finale con un soggetto diverso da quello della proposizione reggente, la frase (e) è corretta, perché con verbi come *dare* **è possibile la costruzione implicita** anche quando il soggetto della proposizione **è diverso**, purché esso **si trovi già citato nella proposizione reggente** (in questo caso *gli*), in funzione di **complemento oggetto** o **di termine**.

114 ●●● COMPETENZE SINTATTICHE DALLA GRAMMATICA ALLA SCRITTURA **Riconosci** e riscrivi le frasi scorrette. **Fai attenzione**: non tutte lo sono.

1. Il governo convocò il segretario del sindacato per discutere una vertenza. **2.** Il custode fu ucciso dai ladri per poter eseguire il furto nell'appartamento. **3.** Il professore spiegò così a lungo quell'argomento da annoiare tutti gli alunni. **4.** La multinazionale indiana fece delle offerte così generose all'azienda italiana da accettarle subito. **5.** Il campionato fu così duro da infortunarsi molti giocatori. **6.** Quel telefonino era tanto resistente da non patire nemmeno il contatto con sostanze come l'olio e l'aceto. **7.** Per essere riuscito a coinvolgere tutti i presenti, il preside si complimentò con il conferenziere. **8.** Il locale ci parve subito troppo piccolo per poter fare lì la festa. **9.** Hai lasciato così a lungo quella verdura fuori dal frigo da andare a male. **10.** Per avere svolto una pessima verifica, il professore non selezionerà Vittorio per i campionati regionali di Matematica. **11.** Il ciclista era così affaticato da non riuscire più a respirare. **12.** Fu premiato per aver scritto il miglior tema della scuola.

La sintassi

115 ●●● **COMPETENZE SINTATTICHE** **DALLA GRAMMATICA ALLA SCRITTURA** **Riscrivi** le seguenti frasi volgendo in forma implicita le proposizioni subordinate in grassetto. **Spiega** perché in certi casi la trasformazione non è possibile.

1. Il vigile era così severo **che faceva contravvenzioni senza sosta**. 2. **Poiché era stato sconfitto**, il pugile decise di ritirarsi dall'agonismo. 3. **Benché avessero scarse prospettive di lavoro**, i quattro fratelli non vollero emigrare. 4. Sei così gentile con me **che ti regalo una vacanza**. 5. Laura continua ad affermare **che non vuole quel premio**. 6. Mario, **dopo che ebbe visto** com'era ridotto il box, si mise le mani nei capelli. 7. Assegnerò dei compiti **che desidero che voi svolgiate a casa**. 8. **Poiché siete stati indisciplinati**, riceverete una nota. 9. **Poiché siete stati indisciplinati**, vi darò una nota. 10. Il ladro, **dal momento che aveva capito che non c'erano molte vie di fuga**, attese nascosto per un po'.

116 ●●○ **COMPETENZE SINTATTICHE** **DALLA GRAMMATICA ALLA SCRITTURA** **Completa** le seguenti frasi con una proposizione consecutiva introdotta dall'elemento indicato.

1. Abbiamo *tanto* lavoro *da* ....
2. Luca è stato *così* gentile *che* ....
3. Sei stata *tanto* ingenua *da* ....
4. Abbiamo incontrato persone antipatiche *al punto che* ....
5. Giorgio è *troppo* intelligente *per* ....
6. Questa casa è *talmente* bella *che* ....
7. In autostrada guida con *tanta* prudenza *da* ....
8. Comportati bene *in modo che* ....
9. Sono arrivati *al punto di* ....
10. Mi sono *così* arrabbiata *che* ....

117 ●●● **COMPETENZE SINTATTICHE** **DALLA GRAMMATICA ALLA SCRITTURA** **Scrivi** 9 periodi formati dalle proposizioni indicate.

1. causale, implicita + principale
2. proposizione principale + coordinata alla principale + causale, implicita
3. proposizione principale + causale, implicita + coordinata alla causale
4. finale, implicita + coordinata alla finale + proposizione principale
5. causale, implicita + proposizione principale + finale, implicita
6. proposizione principale + coordinata alla principale + consecutiva, implicita
7. causale, implicita + proposizione principale + consecutiva, implicita
8. proposizione principale + oggettiva, implicita + coordinata all'oggettiva + causale, implicita
9. causale, esplicita + proposizione principale + soggettiva implicita + coordinata alla soggettiva implicita

A 566

6*4 La proposizione temporale

> La **proposizione subordinata temporale** **colloca nel tempo** l'azione della reggente, stabilendo una **relazione di contemporaneità, anteriorità, posteriorità**. Svolge nel periodo la stessa funzione che svolge nella proposizione il **complemento di tempo**.

Vedrò Laura **prima della sua partenza.** → complemento di tempo

Vedrò Laura **prima che parta.** → proposizione temporale

RISPONDE ALLE DOMANDE quando? per quanto tempo? da quando? fino a quando?

Rispetto all'azione espressa dalla subordinata temporale, l'**azione della reggente** può essere presentata come:

contemporanea	**Mentre ceno, vedo la TV.**	→	**Vedo la TV** e intanto ceno.
anteriore	**Prima di cenare, vedo la TV.**	→	**Vedo la TV** e dopo ceno.
posteriore	**Dopo aver cenato**, vedo la TV.	→	**Ceno** e dopo vedo la TV.

I diversi rapporti si esprimono nei seguenti modi:

rapporto	congiunzioni e locuzioni avverbiali + modo verbale	esempi
contemporaneità	**forma esplicita** *mentre, quando, nel momento in cui* + **indicativo**	**Quando parlavo**, non mi ascoltava. **Mentre guidi**, non devi distrarti.
	forma implicita gerundio semplice, *a* + infinito presente	**Giocando**, Ugo ruppe un vetro. **A pensarci**, rabbrividisco.
anteriorità	**forma esplicita** *prima che* + **congiuntivo**	**Prima che arrivaste**, ero in ansia.
	forma implicita *prima di* + infinito	**Prima di parlare**, rifletti.
posteriorità	**forma esplicita** *quando, non appena, dopo che, una volta che, come* + **indicativo**	**Quando avrai studiato**, giocherai. **Una volta che fu guarito**, partì. **Come ebbe finito**, si addormentò.
	forma implicita *dopo* + infinito passato, *(una volta)* + **participio passato**	**Dopo essere caduto**, svenne. (Una volta) **finita** la scuola, partirò.

La **forma implicita con l'infinito** è possibile solo quando tra la subordinata e la reggente c'è **identità di soggetto**; con il verbo al participio i due soggetti possono anche essere diversi, ma il soggetto del participio deve essere esplicitamente espresso.

La sintassi

La proposizione temporale può anche indicare **altre relazioni temporali** con la reggente:

rapporto indicato	congiunzioni e locuzioni	esempi
inizio dell'azione della reggente	*da quando, da che, dacché* + **indicativo**	Da quando si è **trasferito**, non l'ho più visto.
durata dell'azione della reggente	*finché (non), fino a che (non), fino a quando (non), fintanto che* + **indicativo** o **congiuntivo**, se la circostanza è sentita come possibile	Sarò tuo amico finché lo **vorrai**. Non andrò a dormire, fino a quando non **torniate**.
ripetersi dell'azione della reggente	*ogni volta che, tutte le volte che, ogniqualvolta* + **indicativo**	Tutte le volte che la **vedo**, mi parla di te.
sviluppo progressivo dell'azione della reggente	*via via che, a mano a mano che, man mano che* + **indicativo**	A mano a mano che **procedevo**, la nebbia era sempre più fitta.

Allena le Competenze

118 ●○○ COMPETENZE SINTATTICHE Riconosci le proposizioni temporali e indica se sono di forma esplicita [E] o implicita [I].

1. Mentre si combatteva la prima guerra punica, i Romani conquistarono la città di Palermo. [.....] **2.** Una volta sconfitto Antonio, Ottaviano rientrò trionfante a Roma. [.....] **3.** Dopo che Carlo Martello morì, il regno dei Franchi era ormai uno stato solido. [.....] **4.** Prima che si faccia buio, è bene ritornare in albergo. [.....] **5.** Non appena salì al potere, Caligola manifestò atteggiamenti dispotici. [.....] **6.** Dopo aver lavorato tutto il giorno, Daniela si sentiva molto stanca. [.....] **7.** Uscendo di casa, ho incontrato il professore di biologia. [.....] **8.** Ogni volta che parlo con Andrea, lo trovo sempre più simpatico. [.....] **9.** Quando lo vide, non lo riconobbe; poi via via che lui le parlava, si ricordò dove l'avesse incontrato. [.....] [.....] **10.** Finché non avrai finito, non uscirai di qui. [.....]

119 ●○○ COMPETENZE SINTATTICHE Riconosci le proposizioni temporali e indica se l'azione della reggente è presentata come contemporanea [C], anteriore [A] o posteriore [P] rispetto a quella della temporale.

1. Una volta che avrai capito i tuoi errori non li rifarai più. [.....] **2.** Mentre eri assente è arrivata questa lettera. [.....] **3.** Dopo aver discusso a lungo i due si riconciliarono. [.....] **4.** I Romani prima di intraprendere una guerra traevano gli auspici. [.....] **5.** Quando lo vide, impallidì. [.....] **6.** Dobbiamo partire prima che sopraggiunga la notte. [.....] **7.** Una volta sistemate le valigie in albergo, usciremo. [.....] **8.** Visitando quella mostra ho incontrato Valeria. [.....] **9.** Come ebbe finito di mangiare, il neonato si addormentò tra le braccia del papà. [.....] **10.** Prima di telefonare ad Alessandro, considera con attenzione quello che vuoi dirgli. [.....]

10 La sintassi del periodo

120 ●●○ **COMPETENZE SINTATTICHE** Indica se le proposizioni introdotte da *quando* sono causali [C], temporali [T], interrogative dirette [ID] o interrogative indirette [II].

1. Quando entra il professore, [.......] bisogna alzarsi. **2.** È inutile sgridarlo, quando si sa che non ascolta nessuno [.......]. **3.** Quando andremo in vacanza? [.......] **4.** Non so quando potremo acquistare un'auto nuova. [.......] **5.** Mi hai telefonato proprio quando stavo per farlo io. [.......] **6.** Quando questa è la tua opinione [.......], non ha senso continuare a discutere. **7.** Il fioraio mi ha chiesto quando potrà consegnare il mazzo di fiori a Monica. [.......] **8.** Mi fiderò di te quando mi mostrerai [.......] di essere cambiato. **9.** Non ricordo quando ci siamo incontrati per la prima volta. [.......] **10.** Quando passi a prendermi? [.......] **11.** Quando arrivi a Barcellona [.......], avvisami. **12.** Dimmi quando pensi di inviarmi il pacco: [.......] cerco di tornare a casa per riceverlo di persona. **13.** Quando pensavamo [.......] che non ci fosse più nulla da fare, il gatto ha riaperto gli occhi e si è stiracchiato.

121 ●●● **COMPETENZE SINTATTICHE** **ANALISI DEL PERIODO FACILITATA** **DENTRO LE PAROLE**
Fai l'analisi del periodo, tenendo presente che nel testo ci sono le seguenti proposizioni subordinate: 4 temporali (2 di 1° grado, esplicite; 2 di 2° grado, esplicite); 1 consecutiva di 1° grado esplicita; 3 relative (1 di 1° grado, esplicita, 1 di 1° grado, implicita); 1 di 2° grado, implicita. Le coordinate alle subordinate non sono invece conteggiate.

L'origine delle parole è interessante, ma non si bada certo all'etimologia quando si pensa al denaro; comunque vediamone alcuni esempi. Prima che si diffondesse l'uso del denaro, vigeva il baratto e il mezzo di scambio più diffuso era costituito dal bestiame, tanto che la parola latina *pecunia*, "denaro", si formò da *pecus*, cioè "bestiame". In seguito nell'antica Roma venne adottato il bronzo a pezzi che veniva pesato su una bilancia detta "libra", ogni volta che serviva per uno scambio. Da qui derivò **lira**, il nome della moneta usata in Italia finché non fu adottata, nel 2002, la moneta europea.

122 ●●● **COMPETENZE SINTATTICHE** **ANALISI DEL PERIODO** **MITO** **Fai** l'analisi del periodo.

Artù diventa re La storia di Artù prende l'avvio quando sul trono di Britannia siede Uther, detto "Pendragon", "testa di drago". Era un sovrano valoroso, che aveva rafforzato i confini della Britannia e che, grazie all'aiuto di Gorlois, duca di Cornovaglia, aveva stroncato la rivolta dei Sassoni dopo che questi si erano ribellati. Mentre si teneva un banchetto per festeggiare la vittoria, Uther fu travolto dalla passione per la moglie di Gorlois, Ygraine, che era così bella da incantare tutti coloro che la incontravano. Dopo che l'adulterio fu consumato, nacque il piccolo Artù, che fu affidato alle cure del mago Merlino. Una volta cresciuto, Artù riuscì a estrarre la spada Excalibur dalla roccia in cui era infissa. Era una spada magica che poteva tagliare qualunque materiale, ma solo l'erede di Uther avrebbe potuto estrarla. Poiché nessuno era riuscito nell'impresa, prima che lui si cimentasse, Artù diventò re di Britannia. Dopo che ebbe compiuto numerose imprese, egli ottenne in sposa Ginevra, la figlia del re dei Nani.

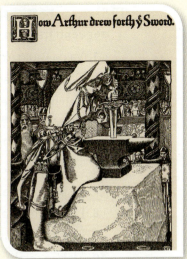

Howard Pyle, *Come Artù estrasse la spada dalla roccia*, illustrazione dall'edizione inglese *La storia di re Artù e i suoi cavalieri*, XX secolo.

A 569

La sintassi

123 SUPER! COMPETENZE SINTATTICHE ANALISI DEL PERIODO DENTRO LE PAROLE **Fai l'analisi del periodo.**

Una volta intrapresi i rapporti commerciali con altre potenze del Mediterraneo, Roma coniò la sua prima moneta d'argento, il *denarius*, il cui nome si trasformò poi in **denaro**. La zecca in cui si coniava questa moneta era situata sul Campidoglio, accanto al tempio di Giunone e secondo la leggenda, quando nel 390 a.C. i Galli invasero la città, furono proprio le oche allevate nel recinto del santuario di Giunone, che diedero l'allarme prima che il nemico conquistasse la città. Questo episodio valse alla dea l'epiteto di **moneta**, che significa "colei che avverte" e la parola, dopo essere passata a indicare ogni mezzo di scambio, si è trasmessa fino a noi. Anche il termine generico **soldi** risale alla civiltà latina: il *solidus* infatti era la paga che veniva corrisposta al soldato romano. La valuta che usiamo oggi è invece l'**euro**, abbreviazione di Europa. Si potrebbe pensare che questo nuovo termine interrompa la tradizione classica, ma non è così: infatti, **Europa** era il nome della ninfa che, secondo un antico mito, dopo essere stata rapita da Zeus e portata a Creta, generò tre figli, tra cui il famoso Minosse. E i Greci indicarono poi con questo nome l'area geografica intorno alla Grecia, la culla della civiltà, che essi contrapponevano all'Asia, terra di "barbari".

124 ●●○ COMPETENZE LESSICALI AMPLIA IL TUO VOCABOLARIO **Completa le seguenti definizioni.**

1. *Pecuniario* deriva da *pecunia*, e significa ....
2. Da *danaro* derivano l'aggettivo *danaroso*, che è un sinonimo di .... , e il nome .... , un piccolo contenitore dotato di una fessura in cui si inseriscono monete o banconote che si vogliono risparmiare.
3. Da *soldo* vengono *assoldare*, che significa .... , e *soldato*.
4. Da *moneta* deriva l'aggettivo *monetario*, che significa .... ; il termine *cartamoneta* è invece un sinonimo di ....

125 ●●○ COMPETENZE SINTATTICHE DALLA GRAMMATICA ALLA SCRITTURA **Completa le seguenti frasi con una proposizione temporale che esprima la relazione di tempo indicata.**

1. Va da Paolo (*contemporaneità*) ....
2. Giorgio svolgerà i compiti (*posteriorità*) ....
3. L'ambasciatore giunse in città (*anteriorità*) ....
4. Alessandra salutò i suoi (*contemporaneità*) ....
5. Dicono che tu sia felice (*ripetersi dell'azione*) ....
6. Andremo a raccogliere funghi (*durata dell'azione*) ....
7. I ragazzi dovrebbero studiare (*sviluppo dell'azione*) ....
8. Le guerre scoppiano (*ripetersi dell'azione*) ....
9. La verifica era sempre più complessa (*sviluppo dell'azione*) ....
10. Matteo sembra più disponibile (*inizio dell'azione*) ....
11. Gli ho prestato del danaro (*durata dell'azione*) ....
12. Non ha più smesso di telefonarmi (*inizio dell'azione*) ....

A 570

10 La sintassi del periodo

126 ●●○ **COMPETENZE SINTATTICHE DALLA GRAMMATICA ALLA SCRITTURA** **Unisci** le coppie di frasi in un periodo unico, formato da una proposizione principale e da una subordinata temporale. **Segui** l'esempio.

1. Cade la neve. Le strade diventano impraticabili. → *Quando cade la neve, le strade diventano impraticabili.*

2. Alarico mise a ferro e fuoco Roma per tre giorni. La ricostruzione della città fu molto lunga.
3. I turisti giunsero all'albergo. Presero d'assalto il bar.   4. Eri fuori di casa. Ha telefonato un tuo compagno di classe.   5. La comitiva raggiunse l'alpeggio. Sentì che l'aria era più pura.
6. La famiglia perse tutti i suoi beni. Il ragazzo non poté più condurre una vita agiata.   7. Calava il sole. I contadini rientrarono nelle loro case.   8. Abbiamo terminato il pranzo. Siamo usciti per una passeggiata.   9. Erano arrivati a destinazione. Tirarono un sospiro di sollievo.

6*5 La proposizione concessiva

La **proposizione subordinata concessiva** indica una **circostanza nonostante la quale** si verifica il fatto espresso nella proposizione reggente. Svolge nel periodo la stessa funzione che svolge nella proposizione il **complemento concessivo**.

Andrò al cinema **malgrado la stanchezza**.   →   complemento concessivo

Andrò al cinema **malgrado io sia molto stanco**.   →   proposizione concessiva

RISPONDE ALLA DOMANDA   **nonostante che cosa?**

NELLA FORMA ESPLICITA È INTRODOTTA DA

- *anche se*, *con tutto che* e ha il verbo al modo **indicativo**.
  Anche se mi **chiederà** scusa, non sono disposta a perdonarlo.
  Anche se **sei stato** sgarbato, non mi sono offeso.

- *benché*, *sebbene*, *quantunque*, *nonostante*, *malgrado* e ha il verbo al modo **congiuntivo**.
  Sebbene **fosse** preoccupata, non lo dimostrava.
  Malgrado **sia** tardi, non ho sonno.

- un **aggettivo** o un **pronome indefinito**, come *qualunque*, *qualsiasi*, *chiunque*, e ha il verbo al modo **congiuntivo**.
  Qualunque cosa **abbia fatto**, lo perdona.
  Chiunque mi **chiami**, non risponderò.

- un **aggettivo**, un **avverbio**, un **verbo** all'**infinito** preceduti da *per* e seguiti da *che* e ha il verbo al modo **congiuntivo**.
  Per forte che **sia**, non potrà spostare questo armadio.
  Per piangere che tu **faccia**, non te lo comprerò.

A 571

La sintassi

NELLA FORMA IMPLICITA il soggetto è il medesimo della reggente.

HA IL VERBO AI MODI

- **participio passato**, per lo più preceduto da *benché*, *pure*, *sebbene*, *per quanto*, *quantunque*.
  Benché ferito, il malvivente riuscì a fuggire.

- **gerundio**, preceduto da *pure*, *anche*.
  Anche vedendolo, non ci crederei.

- **infinito**, preceduto da *a costo di*.
  A costo di pentirmene, lo farò.

Allena le Competenze

127 ○○○ **COMPETENZE SINTATTICHE** Riconosci le proposizioni concessive e indica se sono di forma esplicita [E] o implicita [I].

1. Non l'ho mai incontrato, anche se ha un volto che mi sembra noto. [.....] 2. Benché fosse stato organizzato nei minimi dettagli, lo spettacolo fu un fiasco. [.....] 3. Malgrado sia molto anziana, la nonna è ancora arzilla. [.....] 4. Anche se non sei d'accordo, noi faremo quanto abbiamo stabilito. [.....] 5. Luisa ha deciso di iscriversi a quel corso, sebbene glielo avessimo sconsigliato. [.....] 6. Anche dandomi molto da fare, non sono sicuro di riuscire a terminare la relazione. [.....] 7. Pur invitata, Laura ha deciso di non andare alla festa. [.....] 8. Ha voluto andare in moto, nonostante stia piovendo. [.....] 9. Malgrado molti storici lo abbiano criticato, Claudio si rivelò un buon imperatore. [.....] 10. A costo di sbagliare, non vuole sentire ragioni. [.....]

128 ●●○ **COMPETENZE MORFO-SINTATTICHE** Completa le seguenti proposizioni concessive coniugando opportunamente il verbo tra parentesi.

1. Anche se (*dire*) .... la verità, nessuno ti ha creduto. 2. Per quanto (*impegnarsi*) .... , non riesco a ottenere risultati soddisfacenti. 3. Malgrado non (*stare*) .... bene, Luca uscì ugualmente. 4. Ho finto di credergli, pur (*sapere*) .... che stava mentendo. 5. Per simpatico che (*essere*) .... , Fabrizio non riscuote molto successo. 6. Nonostante ci (*conoscere*) .... da poco, ci innamorammo l'uno dell'altra. 7. Pur (*lavorare*) .... fino a tardi, non riuscirò a finire. 8. Benché il professore (*essere*) .... assente, noi abbiamo fatto gli esercizi. 9. Sebbene io (*trovarsi*) .... in difficoltà, Tiziana non mi aiuterà. 10. Per quanto i miei genitori (*essere*) .... molto anziani, viaggiano ancora molto ed escono a cena con i loro amici. 11. Qualunque cosa (*fare*) .... ieri, Luca non vuole ammettere di avere esagerato. 12. Malgrado (*costare*) .... moltissimo, regalerò quel ciondolo a Claudia.

A 572

129 ○○○ COMPETENZE SINTATTICHE · ANALISI DEL PERIODO FACILITATA · MITO Fai l'analisi del periodo, tenendo presente che nel testo ci sono le seguenti proposizioni subordinate: 1 dichiarativa, 1 finale, 1 oggettiva, 1 interrogativa indiretta, 2 concessive, 2 temporali, 6 relative. Le coordinate alle subordinate non sono conteggiate.

Lancillotto   Benché Lancillotto sia uno dei personaggi più celebri del ciclo arturiano, egli non appare nella leggenda originale. Non si sa neppure chi sia stato a inventare il personaggio di Lancillotto; sappiamo però che fu Chrétien de Troyes il primo a farne il protagonista del suo romanzo *Lancillotto o il cavaliere della carretta*, scritto nel XII secolo in lingua d'*oïl* e composto in versi ottosillabi in rima baciata. Il suo personaggio compare poi in altri romanzi del ciclo bretone, che dall'inizio del XIII saranno scritti in prosa. Sebbene le notizie sull'eroe siano molto discordanti, vediamo i passaggi fondamentali della sua storia. Egli era figlio di Re Ban, che morì mentre combatteva una rivolta. Lancillotto fu rapito dalla Dama del Lago che lo condusse nel suo regno; quando poi diventò un giovane coraggioso, ottenne da lei il permesso di recarsi alla corte del re Artù per diventare cavaliere.

130 ●●○ COMPETENZE SINTATTICHE · ANALISI DEL PERIODO · MITO Fai l'analisi del periodo.

Lancillotto e Ginevra   Benché considerato il più valoroso e fidato dei cavalieri, Lancillotto si innamora ben presto di Ginevra, la bellissima moglie del re. Mentre sta nascendo la passione tra i due giovani, Ginevra viene rapita dal perfido Meleagant. L'amore di Lancillotto per la donna è così grande che il cavaliere fa di tutto per salvarla. Accetta persino il ricatto di un nano che gli promette di dargli in cambio delle informazioni: per ottenerle, si sottopone al disonore di salire sulla carretta, su cui erano trasportati i condannati a morte. Una volta superate altre prove, Lancillotto può finalmente liberare l'amata e uccidere Meleagant. Ginevra pur essendo tornata dal marito a Camelot, è ormai innamorata del suo salvatore. Lancillotto e Ginevra si incontrano segretamente finché la loro relazione viene rivelata ad Artù, che li sorprende insieme. Lancillotto vorrebbe combattere, ma lei lo costringe alla fuga, ben sapendo che solo lui potrà salvarla.

Lancillotto e Ginevra giocano a scacchi, miniatura da *Artù e i cavalieri della tavola rotonda*, XV secolo.

131 ●●● COMPETENZE SINTATTICHE · ANALISI DEL PERIODO · MITO Fai l'analisi del periodo.

La fine della storia di Lancillotto, Ginevra e Artù   Ginevra viene condannata al rogo dai baroni del re e anche il re dà il consenso, pur essendo sconvolto dal dolore. Quando però Ginevra sta per essere uccisa, anche se il luogo è presidiato dai cavalieri, Lancillotto sopraggiunge come una furia, la salva e la porta via con sé. Fuggiti al di là del mare, gli adulteri sono inseguiti da Artù. Iniziano allora scontri tanto cruenti da provocare la morte di gran parte dei cavalieri e da minare la stabilità del regno di Camelot. Restituita al re per intercessione di Roma, Ginevra si ritira in un convento e più tardi anche Lancillotto si relegherà in un eremo. Artù muore per le ferite riportate in combattimento e, nonostante abbia subìto da lui un grave torto, riconosce che solo Lancillotto sarebbe stato degno di ereditare la sua Escalibur. L'amore tormentato e illecito di Lancillotto e Ginevra causerà anche lo scoppio della passione di Paolo e Francesca, che si daranno il primo bacio proprio mentre leggono la loro storia: così racconta Dante nel V canto dell'*Inferno*.

La sintassi

RAFFORZA LE TUE COMPETENZE

132 ○○○ COMPETENZE SINTATTICHE · ANALISI DEL PERIODO FACILITATA · MITO Fai l'analisi del periodo, tenendo presente che nel testo ci sono 5 proposizioni subordinate di 1° grado; 4 di 2° grado; 2 di 3° grado.

Lorenzo Costa il Vecchio, *La spedizione degli Argonauti*, 1484-90.

Il vello d'oro e la storia di Frisso ed Elle Il vello d'oro era la pelle dorata di un ariete alato, che aveva dei poteri magici tra cui vi era quello di guarire le ferite. Ermes lo aveva donato a Nefele, dea delle nubi, e moglie del re Atamante il quale la ripudiò per sposare la mortale Ino. La nuova moglie odiava tanto i figli di lui, Frisso ed Elle, che cercò un modo per liberarsene. Fece in modo che gli abitanti distruggessero tutti i semi per la semina e provocò così una terribile carestia. Atamante mandò allora dei messaggeri all'oracolo di Delfi per chiedere al dio che cosa avrebbe dovuto fare, per porre termine alla sciagura.

133 ○○○ COMPETENZE SINTATTICHE · ANALISI DEL PERIODO FACILITATA · MITO Fai l'analisi del periodo, tenendo presente che nel testo ci sono le seguenti proposizioni subordinate: 1 causale, 2 oggettive, 2 relative, 3 finali, 3 temporali.

Frisso e il sacrificio dell'ariete Ino aveva pagato i messaggeri affinché dicessero al re che l'oracolo aveva imposto di sacrificare a Zeus i figli del re. Quando Frisso ed Elle compresero il pericolo, invocarono la propria madre, che inviò loro il magico ariete perché potessero fuggire. Mentre Elle era in groppa all'ariete, precipitò nel tratto di mare che da lei prese il nome di Ellesponto, in greco "mare di Elle"; Frisso invece riuscì ad approdare nella Colchide. Qui, dopo aver sacrificato a Zeus l'ariete, ne inchiodò il vello a una quercia sacra ad Ares e mise a guardia un drago affinché lo custodisse giorno e notte, dal momento che non dormiva mai.

134 ●●○ COMPETENZE SINTATTICHE · DENTRO LE PAROLE Fai l'analisi del periodo.

Thor era assieme a Odino la più importante divinità vichinga, tanto che proprio dal suo nome ebbe origine la parola inglese *thursday*, il "giorno di Thor", che per noi è invece il **giovedì**, cioè il "giorno di Giove". I nomi italiani dei giorni della settimana sono derivati dai corrispondenti nomi latini che richiamano le divinità di Roma: **lunedì**, "giorno della Luna", **martedì**, "giorno di Marte", **mercoledì**, "giorno di Mercurio", **venerdì**, "giorno di Venere". Prima che si diffondesse il Cristianesimo, il sabato era il "giorno di Saturno" e la domenica era il "giorno del Sole". Il nome attuale di **sabato** è poi derivato da *shabbath*, che in ebraico significa "riposo, pausa": è noto infatti che per gli ebrei osservanti è un giorno di riposo assoluto, dedicato completamente alla preghiera e a Dio, anche se risulta che oggi non tutti si astengono completamente da ogni genere di attività. **Domenica** deriva, invece, dall'espressione latina *dominica dies*, che significa "giorno del Signore". Benché siano scomparse dai giorni del nostro fine settimana, le divinità di Saturno e del Sole hanno lasciato traccia di sé nel *weekend* degli Inglesi, dal momento che essi (lo avrete già capito) chiamano i giorni festivi *saturday* e *sunday*.

10 La sintassi del periodo

135 ●●○ COMPETENZE SINTATTICHE | ANALISI DEL PERIODO | STORIA | DENTRO LE PAROLE
Fai l'analisi del periodo.

Enrico IV va a Canossa Alcuni eventi del passato hanno lasciato così grande memoria di sé da essere immortalati persino nella lingua. Uno di questi è **andare a Canossa**, che ricorda l'umiliante atto di pentimento dell'imperatore Enrico IV in quella città. Nel 1076 il sovrano era stato scomunicato dal papa Gregorio VII, dopo che si era trovato in forte disaccordo con lui riguardo alla questione delle investiture dei vescovi. In quei tempi la scomunica aveva conseguenze molto gravi anche sul piano politico, dal momento che liberava i sudditi dal vincolo di fedeltà al sovrano. Una volta scomunicato, Enrico IV capì ben presto che, per la salvaguardia della sua autorità, doveva assolutamente far sì che il papa revocasse il provvedimento contro di lui. Mentre il pontefice era ospite della contessa Matilde a Canossa, egli si recò da lui a implorare il perdono.

136 SUPER! COMPETENZE SINTATTICHE | ANALISI DEL PERIODO | STORIA **Fai** l'analisi del periodo.

L'atto di penitenza di Enrico IV Dopo essere giunto a Canossa, Enrico IV non venne subito ricevuto da Gregorio VII, anzi dovette aspettare ben tre giorni nel cortile del castello a piedi nudi nella neve e in abito da penitente, prima di poterlo incontrare. Il fatto fu talmente clamoroso che ancora oggi si dice che qualcuno "è andato a Canossa" quando si vuole intendere che, dopo essersi comportato in modo spavaldo e spregiudicato, ha dovuto riconoscere i propri errori e chiedere umilmente perdono. Volete poi sapere che cosa fece l'imperatore dopo aver sopportato quella penitenza e aver ottenuto il perdono del papa? Egli, non avendo alcuna intenzione di sottomettersi all'autorità papale, dopo che ebbe riacquistato i suoi poteri e non appena ebbe riorganizzato le sue forze, riaprì lo scontro con il papa che continuò fino a quando Gregorio VII morì.

137 ●●○ COMPETENZE DI SCRITTURA **Scrivi** un breve testo incominciando così: *Prima o poi, ne ero certo/a, lui/lei sarebbe dovuto/a andare a Canossa.*

138 ●●● COMPETENZE SINTATTICHE | DALLA GRAMMATICA ALLA SCRITTURA **Completa** le seguenti proposizioni reggenti costruendo periodi che abbiano le proposizioni subordinate indicate.

1. **Venite...** (*causale / finale / temporale / concessiva / consecutiva*)

2. **Non hanno detto nulla...** (*causale / finale / temporale / concessiva / relativa*)

3. **Sappiamo...** (*oggettiva + causale / oggettiva + concessiva / dichiarativa + temporale*)

139 SUPER! COMPETENZE SINTATTICHE | DALLA GRAMMATICA ALLA SCRITTURA **Completa** le seguenti proposizioni reggenti costruendo periodi che abbiano le proposizioni subordinate indicate.

1. **È evidente...** (*soggettiva + finale / soggettiva + temporale / dichiarativa + causale*)

2. **Dicono...** (*oggettiva + temporale / oggettiva + consecutiva / oggettiva + dichiarativa*)

3. **Non andremo...** (*concessiva + relativa / causale + oggettiva / finale + relativa*)

4. **Gli ho chiesto...** (*interrogativa indiretta + relativa / interrogativa indiretta + finale / interrogativa indiretta + temporale*)

A 575

La sintassi

6*6 La proposizione modale

> La **proposizione subordinata modale** indica il **modo** in cui si verifica l'azione espressa nella reggente. Svolge nel periodo la stessa funzione che svolge nella proposizione il **complemento di modo**.

Alessandra è arrivata **di corsa**. → complemento di modo

Alessandra è arrivata **correndo**. → proposizione modale

RISPONDE ALLE DOMANDE come? in che modo?

NELLA FORMA ESPLICITA È INTRODOTTA DA

- le **congiunzioni** e **locuzioni congiuntive** *come*, *nel modo che*, *nel modo in cui*
  E HA IL VERBO AI MODI indicativo o, se esprime soggettività o possibilità, **condizionale**.
  Ho agito come tu mi **avevi suggerito**.
  Non ho potuto decidere come **avrei voluto**.

- la **congiunzione** *comunque*.
  E HA IL VERBO AL MODO congiuntivo.
  Comunque **vadano** le cose, non mi pentirò.

NELLA FORMA IMPLICITA HA IL VERBO AI MODI **gerundio presente** o **infinito** preceduto dalle preposizioni *a* o *con*. La forma implicita è possibile solo quando tra la subordinata e la reggente c'è **identità di soggetto**. La forma implicita non può **mai** essere trasformata in forma esplicita.

Mostrò il suo disappunto, **scrollando** il capo.

Ha passato tutta la giornata a **studiare**.

Con il **criticare** sempre tutto e tutti, ti renderai antipatica.

ALLENA LE COMPETENZE

140 ●○○ **COMPETENZE SINTATTICHE** Riconosci le proposizioni modali e indica se sono di forma esplicita [E] o implicita [I].

1. Alice vive sognando ad occhi aperti. [.....] 2. Gli ho risposto come avresti fatto tu [.....]: parlandogli chiaramente. [.....] 3. Smettetela di correre per la casa gridando! [.....] Comportatevi come richiedono le buone maniere. [.....] 4. Comunque vadano le cose, non mi pentirò della mia decisione, che ho preso riflettendo a lungo [.....] e valutando ogni possibile conseguenza. [.....] 5. A prendere le cose con troppa serietà [.....] e a farti troppi problemi [.....] ti rovinerai la vita: cerca di vivere pensando positivo! [.....]

6*7 La proposizione strumentale

> La **proposizione subordinata strumentale** indica l'**azione attraverso la quale** si realizza quanto espresso nella reggente. Svolge nel periodo la stessa funzione che svolge nella proposizione il **complemento di mezzo**.

Si mantiene agli studi **con un lavoro serale**. → complemento di mezzo

Si mantiene agli studi **lavorando di sera**. → proposizione strumentale

RISPONDE ALLA DOMANDA con quale mezzo?

Può essere espressa solo in **forma implicita**: perciò ha sempre il medesimo soggetto della proposizione reggente.

HA IL VERBO AI MODI

- **gerundio presente**.
  Mi tengo informato **leggendo** più quotidiani.

- **infinito**, preceduto da **locuzioni** come *a furia di*, *a forza di*.
  A furia di **gridare**, perderai la voce.

ALLENA LE COMPETENZE

141 ●○○ **COMPETENZE SINTATTICHE** Riconosci le proposizioni strumentali.

1. A forza di fare economia e rinunciando a tutte le cose superflue, la povera donna riuscì a pagare i debiti del figlio. **2.** La ragazza riuscì a sfuggire al tentativo di rapimento a furia di divincolarsi e attirando l'attenzione dei passanti con le sue grida. **3.** Con l'adattarsi alle diverse situazioni ambientali, l'uomo è riuscito a conquistare l'intero pianeta. **4.** Con l'insistere e con l'alzare la voce, non otterrai nulla da me. **5.** Prestando denaro a un interesse altissimo, l'usuraio aveva accumulato una cospicua fortuna. **6.** Alcuni difetti di pronuncia si possono correggere leggendo ad alta voce. **7.** Facendo la dieta consigliatami dal mio medico di famiglia, sono dimagrita di dieci chili. **8.** Sono riuscita a rassicurare Giulia, promettendole che l'avrei aiutata. **9.** A forza di fare e di rifare l'esercizio sono riuscita a risolverlo. **10.** A furia di raccontare menzogne, non ti crederà più nessuno. **11.** La zia era molto energica perché si teneva in forma camminando due ore ogni giorno nel parco. **12.** A forza di ripetere la lezione, prese il massimo dei voti.

La sintassi

I trucchi del mestiere

Come distinguere la proposizione modale dalla strumentale La **proposizione strumentale** con il verbo al **gerundio** può essere confusa con la **proposizione modale**, che è anch'essa espressa al **gerundio** ed esprime talora un **significato affine**.

Per distinguerle, ricorda che:

- la **modale** risponde alla domanda **in quale modo?** Corrisponde al **complemento di modo**: indica la modalità in cui avviene **l'azione espressa dal verbo** della reggente;
- la **strumentale** risponde alla domanda **con quale mezzo?** Corrisponde al **complemento di mezzo**; inoltre, il gerundio può essere trasformato in **un infinito sostantivato preceduto dalla preposizione** *con*.

Si è slogato un polso **cadendo dalla scala**. →	in quale modo si è slogato un polso?
Mostrai la strada al turista cinese **gesticolando**. →	con quale mezzo mostrai la strada? Con il gesticolare (= con dei gesti)
Trascorrerò la domenica **sciando**. →	in che modo trascorrerò la domenica?
Migliorerai **allenandoti tutti i giorni**. →	con quale mezzo migliorerai? Con l'allenarti (= con l'allenamento)

142 ●●○ **COMPETENZE SINTATTICHE** | **DENTRO LE PAROLE** **Distingui** le proposizioni modali dalle strumentali e **specifica** se sono di forma esplicita o implicita.

1. L'espressione **essere male in arnese** richiama i tempi in cui l'arnese era l'armatura (*hernest* significa, in antico scandinavo, "equipaggiamento per l'esercito") e, indicandolo per esteso, l'indumento; come la si intende oggi, l'espressione indica invece chi è in cattive condizioni.

2. Studiando le antiche carte comunali, si è concluso che un tempo era **senz'arte né parte** un individuo che non aderiva alle *arti*, le corporazioni di mestiere, e, con il rimanere neutrale anche nella politica cittadina, senza cioè scegliere una *parte*, non rischiava di compromettersi. Oggi l'espressione indica il fannullone che vive non facendo nulla per l'avvenire.

3. Facendo **man bassa**, si spazza via ogni cosa per portarla con sé. Come affermano gli storici, la locuzione deriverebbe dal vecchio grido militare "Mani in basso!" con cui si consentiva ai soldati di smettere di combattere e cercare di arricchirsi a furia di saccheggiare la città.

4. Chi **spara a zero** sta criticando duramente qualcuno o qualcosa con l'attaccarlo senza remore; in origine, utilizzando questa espressione si indicava l'alzo minimo del cannone per la vicinanza del nemico: quindi, ricorrendo ad essa, si evocava una situazione di emergenza.

5. L'espressione latina *in medias res*, "nel mezzo delle cose", indica la tecnica narrativa con cui si inizia a raccontare la storia partendo non dal principio ma dagli avvenimenti centrali.

10 La sintassi del periodo

143 ●●○ **COMPETENZE SINTATTICHE** **DENTRO LE PAROLE** **Distingui** le proposizioni modali dalle strumentali.

Spesso le specie che vivono in uno stesso ambiente entrano in competizione tra loro contendendosi il nutrimento e il riparo. La **predazione** è un rapporto vantaggioso di una specie rispetto a un'altra: l'individuo di una specie, il predatore, si nutre cibandosi di un individuo di un'altra specie, la preda. Alcuni animali carnivori sono **necrofagi**, cioè si nutrono di animali morti per malattia o vecchiaia oppure si impadroniscono delle prede, sottraendole ai predatori che le hanno uccise. Alcune specie si difendono dai predatori con particolari strategie, per esempio fuggendo velocemente, producendo sostanze irritanti o maleodoranti, oppure mimetizzandosi. Si ha il **mimetismo** quando un animale cerca di sfuggire ai suoi avversari assumendo colorazioni del corpo, del piumaggio o del pelo simili all'ambiente, cambiando colore a seconda delle stagioni o travestendosi in modo da assomigliare a una specie temuta. Quando invece un essere vive nutrendosi alle spese di un altro si ha il **parassitismo**; alcuni parassiti per esempio attaccano l'ospite succhiandone il sangue. In genere il parassita agisce sull'ospite indebolendolo e provocando la sua morte solo di rado, perché la sua eliminazione non gli porterebbe alcun vantaggio. Un caso ben diverso si ha con la **simbiosi**, quando individui di due specie diverse vivono assieme traendo da questa forma di vita associata vantaggi reciproci.

144 ●●● **COMPETENZE SINTATTICHE** **ANALISI DEL PERIODO FACILITATA** **DENTRO LE PAROLE**
Fai l'analisi del periodo, tenendo presente che nel testo ci sono le seguenti proposizioni subordinate: 2 dichiarative di 1° grado; 1 modale di 2° grado; 1 finale di 2° grado; 2 strumentali (1 di 1° e 1 di 2° grado); 3 relative (2 di 1° grado e 1 di 2° grado). Le coordinate alle subordinate non sono invece conteggiate.

L'**estorsione** è il tentativo di farsi consegnare denaro o di ottenere favori e profitti usando la violenza o ricorrendo a minacce e a intimidazioni. Sono soprattutto le associazioni mafiose a commettere questo reato, ad esempio pretendendo il **pizzo**, un pagamento periodico da parte di commercianti e imprenditori in cambio di una presunta offerta di protezione. Altre forme di estorsione vengono attuate dal *racket*, il cui termine significa "rumore confuso": queste organizzazioni criminose controllano determinati settori economici e in particolar modo il mondo sommerso delle attività illecite estorcendo denaro, costringendo le vittime a sottostare alle proprie regole, punendo duramente chi si ribella.

145 ●●● **COMPETENZE SINTATTICHE** **ANALISI DEL PERIODO** **DENTRO LE PAROLE** **Fai** l'analisi del periodo.

Il **denaro sporco** è quello ottenuto praticando attività illecite. Le organizzazioni criminose, prima di reinserire questo denaro nel normale circuito monetario legale, devono "lavarlo", facendo perdere le tracce della fonte da cui esso proviene, per farlo sembrare un reddito lecito e legittimo. Questa complessa operazione è detta **riciclaggio** e, in genere, si attua ricorrendo a un gran numero di scambi economici al fine di generare confusione e depistare eventuali ricerche da parte degli organi competenti. Ben altra cosa è il **riciclaggio dei rifiuti** che si prefigge di recuperare materiali potenzialmente utili per poi riutilizzarli. Pur essendo complesse e costose, le tecniche di riciclaggio permettono comunque di evitare degli sprechi e di salvaguardare l'ambiente, riducendo i consumi delle materie prime e di energia e limitando l'uso delle discariche, dannose per il territorio e la salute degli abitanti.

A 579

La sintassi

6*8 La proposizione condizionale e il periodo ipotetico

> La **proposizione subordinata condizionale** indica la **condizione** necessaria perché si realizzi quanto espresso nella proposizione reggente.
> L'insieme della **proposizione condizionale** e della **sua reggente** forma un'unità logica, detta **periodo ipotetico**.

In particolare nel periodo ipotetico:

- la proposizione **condizionale**, detta **protasi**, enuncia l'**ipotesi**, cioè la premessa necessaria al verificarsi dell'azione della reggente;
- la proposizione **reggente**, detta **apodosi**, presenta la **conseguenza** dell'ipotesi formulata nella protasi.

A seconda di come viene presentata l'ipotesi, si ha il **periodo ipotetico della realtà** (I tipo), **della possibilità** (II tipo), **dell'irrealtà** (III tipo).

- Il **periodo ipotetico della realtà** presenta l'**ipotesi** e la **conseguenza** come **reali** e **certe**.

  NELLA FORMA ESPLICITA LA PROTASI È INTRODOTTA DA la **congiunzione** *se*.
  I modi verbali sono i seguenti:

protasi	apodosi	esempi
indicativo	indicativo	**Se** lo **vedi**, **saluta**lo.
		Se verrà, mi **farà** piacere.
	imperativo	**Se potete**, **venite** subito.
	congiuntivo esortativo	**Se vuole**, **venga** a parlarmi.

  NELLA FORMA IMPLICITA LA PROTASI PUÒ AVERE IL VERBO AI MODI

  – **infinito presente** preceduto da ***a***.
    A sentirlo parlare (= *se lo sentivi parlare*), sembrava avesse ragione lui.
  – **gerundio**
    Gridando a quel modo (= *se gridi*), perderai la voce.
  – **participio passato** talora preceduto dalla congiunzione *se*.
    Se **richiesta** (= *se verrà richiesta*), allegheremo la fotocopia.

10 La sintassi del periodo

● Il **periodo ipotetico della possibilità** presenta l'**ipotesi** e la **conseguenza** come **possibili** e **realizzabili**, ma non certe.

NELLA FORMA ESPLICITA LA PROTASI È INTRODOTTA DA le **congiunzioni** e **locuzioni congiuntive** *se*, *qualora*, *nel caso che (in cui)*, *quando*, *casomai*, *posto che*, *a condizione che*, *a patto che*, *posto che*, *nell'ipotesi che*, *nell'eventualità che*, ...

I modi e i tempi verbali sono i seguenti:

protasi	apodosi	esempi
congiuntivo imperfetto	condizionale presente imperativo congiuntivo esortativo	**Se venisse**, ne **sarei** felice. **Qualora ritardassi**, **avvert**imi. **Casomai** lo **vedessi**, **parla**gliene.

NELLA FORMA IMPLICITA LA PROTASI PUÒ AVERE IL VERBO AI MODI

– **infinito presente** preceduto da *a*, *a patto di*, *a condizione di*, ...

A **conoscer**lo (= *se lo conoscessi*) bene, ne rimarresti delusa.

– **gerundio**.

Mangiando (= *se mangiassi*) sempre così, ingrasserei di dieci chili.

– **participio passato**, talora preceduto dalla congiunzione *se*.

Se **riparata** (= *se fosse riparata*), questa bicicletta potrebbe ancora servirci.

● Il **periodo ipotetico dell'irrealtà** presenta l'**ipotesi** e la **conseguenza** come **irreali** o **irrealizzabili**.

NELLA FORMA ESPLICITA LA PROTASI È INTRODOTTA DA le **congiunzioni** e **locuzioni congiuntive** *se*, *qualora*, *nel caso che (in cui)*, *quando*, *casomai*, *posto che*, *a condizione che*, *a patto che*, *posto che*, *nell'ipotesi che*, *nell'eventualità che*, ...

I modi e i tempi verbali sono i seguenti:

protasi	apodosi	esempi
congiuntivo imperfetto (per il presente) congiuntivo trapassato (per il passato)	condizionale presente (per il presente) condizionale passato (per il passato)	**Se sapessi** volare, **verrei** subito da te. **Se** mi **avessi dato** retta, non **saresti** in questa situazione. **Nel caso che** l'ambulanza **fosse arrivata** prima, **si sarebbe salvato**.

NELLA FORMA IMPLICITA LA PROTASI PUÒ AVERE IL VERBO AI MODI

– **infinito presente** preceduto da *a*.

A **saper**lo (= *se lo avessi saputo*), **sarei partita** ieri.

– **gerundio**.

Avendolo **conosciuto** (= *se lo avessi conosciuto*) meglio, non **mi sarei fidata**.

– **participio passato**, talora preceduto dalla congiunzione *se*.

Avvertito (= *se fosse stato avvertito*) per tempo, Giulio **avrebbe disdetto** l'impegno.

A 581

La sintassi

Quando l'apodosi non è una proposizione indipendente, ma una proposizione subordinata, il periodo ipotetico si definisce **dipendente**. In questo caso la protasi e l'apodosi seguono le regole generali dell'**uso dei tempi nelle proposizioni subordinate** (che non sempre quindi coincidono con quelli indicati negli schemi precedenti) e possono essere collocate nella frase nel seguente ordine:

Allena le Competenze

146 ●○○ **COMPETENZE SINTATTICHE** Riconosci le proposizioni condizionali e indica se sono di forma esplicita [E] o implicita [I].

1. È evidente che, se non ti fossi comportato male, non saresti stato sospeso. [.....]
2. I ghiacci continueranno a sciogliersi, se l'uomo non limiterà i danni all'ambiente. [.....]   3. Quand'anche gli avessi suggerito la risposta, Paolo non avrebbe saputo comprenderla. [.....]   4. Preparandoti di fretta, riusciresti forse a prendere l'autobus. [.....]
5. Telefonami, qualora non dovessi trovare la strada. [.....]   6. A essere sincero, non ho molta voglia di uscire. [.....]   7. Andate a trovare la zia, casomai passaste per il paese. [.....]   8. Lasciato solo, il piccolo Giorgio si metterebbe a piangere. [.....]

147 ●●○ **COMPETENZE SINTATTICHE** Riconosci le proposizioni condizionali implicite e volgile alla forma esplicita.

1. Tradotto, quel sonetto perderebbe di poeticità.   2. Non avendo preso quella decisione, non ci troveremmo in questa situazione.   3. Volendo smettere di fumare, potreste farlo in qualsiasi momento.   4. A saperlo prima, sarei venuto anch'io al toga party.   5. Comportandoti bene, riceveresti i complimenti del professore.   6. Ad averlo incontrato, sarei rimasto senza parole.   7. Osservata dallo spazio, la Terra è un minuscolo puntino.   8. Conoscendo bene il francese, mi piacerebbe vivere a Parigi.   9. Riordinata, la camera assumerebbe un aspetto più decoroso.   10. Avendo capito le sue intenzioni, non lo avrei lasciato agire.

10 La sintassi del periodo

148 ●○○ **COMPETENZE SINTATTICHE** **Indica** se i seguenti periodi ipotetici sono della realtà **[R]**, della possibilità **[P]** o dell'irrealtà **[I]**.

1. Se non siete interessati alla lezione, potete anche uscire dall'aula. [.....]   2. Se fossi stato meno timido, l'avrei invitata a prendere un gelato. [.....]   3. Nell'ipotesi che vincessi un milione di euro, comprerei una villa in California. [.....]   4. Se vedi Antonella, dille di telefonarmi. [.....]   5. Se ti fossi fermato allo stop, avresti evitato quell'incidente. [.....]   6. Se ti va, possiamo scambiarci il numero di telefono. [.....]   7. Se se ne fossero andati all'improvviso, tutti li avrebbero criticati. [.....]   8. Potrete andare in vacanza con gli zii, a patto che vi comportiate bene. [.....]   9. Qualora volessi scambiare quattro chiacchiere, potresti venire da me. [.....]   10. Se non trovassi nessuno a casa, lascia il pacco alla custode. [.....]   11. Essendo stato più prudente, Gianni non si sarebbe cacciato in quel pasticcio. [.....]   12. Casomai avessi bisogno di me, mi troveresti in segreteria. [.....]

149 ●●○ **COMPETENZE SINTATTICHE** **Indica** se i seguenti periodi ipotetici sono della realtà **[R]**, della possibilità **[P]** o dell'irrealtà **[I]**, quindi **trasforma** al passato i periodi al presente e viceversa; **specifica**, infine, quale tipo di periodo ipotetico hai ottenuto.

1. Se non ti presenti a quel colloquio, perderai un'occasione importante. [.....]
   .... (...........................)

2. Se avessi saputo meglio l'inglese, saresti riuscito a capire il suo discorso. [.....]
   .... (...........................)

3. Se hai scommesso su quel cavallo, hai certamente vinto. [.....]
   .... (...........................)

4. Se avessi la patente, mi comprerei un fuoristrada. [.....]
   .... (...........................)

150 ●●○ **COMPETENZE SINTATTICHE** **DALLA GRAMMATICA ALLA SCRITTURA** **Indica** se i seguenti periodi ipotetici sono della realtà **[R]**, della possibilità **[P]** o dell'irrealtà **[I]**, poi **riscrivili** in modo da ottenere il tipo di periodo ipotetico richiesto.

1. Se ne hai il coraggio, parti da solo. [.....]
   (*possibilità*) ....

2. Saresti stato uno sciocco se avessi perso quell'occasione. [.....]
   (*realtà*) ....

3. Se l'affare è andato in porto, è stato merito mio. [.....]
   (*irrealtà*) ....

4. Che cosa potresti fare, se ti trovassi in una situazione così? [.....]
   (*realtà*) ....

151 ●●● **COMPETENZE SINTATTICHE** **DALLA GRAMMATICA ALLA SCRITTURA** **Scrivi** cinque periodi sul seguente modello.

Se domenica pioverà, rimarrò a casa, ma se fosse una bella giornata andrei al mare.

A 583

La sintassi

 Occhio all'errore

I modi verbali richiesti dalla congiunzione *se* Ricorda che, quando la congiunzione *se* introduce la protasi, **non può mai essere seguita dal modo condizionale**; *se* può reggere il modo condizionale **solo quando introduce una proposizione interrogativa indiretta** che esprime **eventualità** o indica un'**azione posteriore** rispetto a una passata.

NO PERCHÉ È UN ERRORE GRAVISSIMO!	SÌ
Se avrei tempo, verrei a trovarti.	**Se avessi tempo**, verrei a trovarti. proposizione condizionale
Se saresti venuto, ti saresti divertito.	**Se fossi venuto**, ti saresti divertito. proposizione condizionale
	Non so **se l'avrei fatto**. proposizione interrogativa indiretta
	Mi chiedevo **se tu avresti accettato**. proposizione interrogativa indiretta

152 ●●○ COMPETENZE MORFO-SINTATTICHE **Indica** se la proposizione introdotta dalla congiunzione *se* è una subordinata condizionale [C] o una interrogativa indiretta [I].

1. Le ho chiesto se potesse aiutarmi. [......] **2.** Se puoi aiutarmi, fallo! [......] **3.** Non so se al posto tuo mi sarei comportato così. [......] **4.** Se avessi immaginato le conseguenze, non avrei agito così. [......] **5.** Se fossimo arrivati tardi, avremmo perso la coincidenza. [......] **6.** Non so se potrò mai perdonarti. [......] **7.** Sarebbe stato meglio se non avessi parlato. [......] **8.** Non domandarmi se Giada mi è simpatica. [......] **9.** Se andassi a dormire prima, non ti addormenteresti in classe. [......] **10.** Dimmi se sei d'accordo. [......] **11.** Dimmelo, se sei d'accordo. [......] **12.** Non riesco a capire se sia uno scherzo. [......]

153 ●●○ COMPETENZE SINTATTICHE DENTRO LE PAROLE **Distingui** la protasi dall'apodosi (nel caso del periodo ipotetico dipendente, **specifica** da quale proposizione subordinata è costituita l'apodosi) e **specifica** il tipo di periodo ipotetico (I, II, III).

Oggigiorno è inevitabile che, se sentono parlare di **test**, gli allievi comincino a sudare freddo. E forse il terrore potrebbe aumentare se gli scolari sapessero che questa parola, ripresa dall'inglese, ha un'origine latina. Il *testum* era un recipiente realizzato con materiale refrattario. Recandovi a Roma, potreste andare a visitare il Testaccio, il quartiere che deve il suo nome proprio ai cumuli di detriti di vasi di terracotta utilizzati per il trasporto marittimo. Sappiamo infatti che le navi che risalivano il Tevere si disfacevano dei vasi, a patto che non fossero più utili. Nel Medioevo il termine *testum*, passato nel francese e quindi all'inglese, indicava il vaso di cui si servivano gli alchimisti nel caso volessero provare le proprietà dei loro miscugli. A dar retta ai linguisti dobbiamo ammettere che, col tempo, la parola ha davvero modificato il suo significato. Se così non fosse stato, infatti, oggi non indicheremmo con la parola *test* la prova o l'esperimento che ci permette di fare una valutazione riguardo a qualcosa. A questo punto, volendo **testare**, cioè mettere alla prova le vostre competenze grammaticali, non vi resta che svolgere gli esercizi proposti!

A 584

10 La sintassi del periodo

154 ●●○ COMPETENZE LESSICALI PAROLE DENTRO I TESTI **Trova** nel testo dell'esercizio 153 le parole che corrispondono alle seguenti definizioni.

1. di un materiale atto a resistere alle alte temperature senza subire alterazioni notevoli ....

2. inconsapevole, all'oscuro ....

3. mettere alla prova ....

4. prodotti di uso alimentare o merci di largo consumo ....

5. chi pratica la scienza con cui si pensava di poter convertire i metalli vili in nobili ....

6. frammento di materiale inutilizzabile ....

155 ●●○ COMPETENZE MORFO-SINTATTICHE **Completa** la protasi dei seguenti periodi ipotetici della realtà, coniugando opportunamente il verbo tra parentesi.

1. Se (*comportarsi*) .... così, sei stato proprio scortese. **2.** Se (*svolgere*) .... l'esercizio in questo modo, hai sicuramente sbagliato. **3.** Se (*andare*) .... con lo zoppo, imparerai a zoppicare subito. **4.** Se (*fare*) .... tu il danno, dovrai pagare. **5.** Se (*ripensare*) .... alla sua vita, si rende conto di aver commesso molti sbagli. **6.** Se ti (*servire*) .... il mio aiuto, sappi che sono sempre a tua disposizione. **7.** Ti prometto che se (*riuscire*) .... a finire presto questo lavoro, ti porto al cinema. **8.** Se non (*capire*) .... bene, doveva chiedere spiegazioni.

156 ●●○ COMPETENZE MORFO-SINTATTICHE **Completa** la protasi dei seguenti periodi ipotetici della possibilità e della irrealtà, coniugando opportunamente il verbo tra parentesi.

1. Se (*essere*) .... più giovane, andrei in giro per il mondo. **2.** Se (*andare*) .... d'accordo, ora non ci troveremmo in questa situazione. **3.** Se (*trovare*) .... una casa come la tua, la comprerei a occhi chiusi. **4.** Se qualcuno ti (*dire*) .... una cosa simile, che cosa gli avresti risposto? **5.** Se (*potere*) .... tornare indietro, certo non rifarei questo errore. **6.** Se me lo (*chiedere*) .... lui, verrei anch'io in vacanza con voi. **7.** Se (*applicarsi*) .... più costantemente nello studio, avresti conseguito risultati migliori. **8.** Se il treno non (*arrivare*) .... in ritardo, sarei riuscito a prendere la coincidenza per Napoli.

157 ●●○ COMPETENZE SINTATTICHE **Riscrivi** i seguenti periodi ipotetici volgendo la protasi alla forma esplicita.

1. Rimesso in ordine, l'ufficio risulterebbe più funzionale. **2.** A comportarti sgarbatamente con noi, avresti tutto da perdere. **3.** Partendo la mattina presto, probabilmente arriveremo a Roma verso mezzogiorno. **4.** A lavorare con più calma, avrebbero fatto un lavoro migliore. **5.** Valutando a fondo il problema, troveremo sicuramente una soluzione. **6.** A vederlo così, diresti che è un tipo sospetto. **7.** Conoscendo la strada, saremmo arrivati prima. **8.** Continuando a mangiare così, finirai per ingrassare. **9.** Avendo mostrato un atteggiamento più conciliante, avresti sicuramente ottenuto ciò che desideravi. **10.** Alzandoti in tempo la mattina, arriveresti puntuale a scuola.

A 585

La sintassi

158 ●●● COMPETENZE SINTATTICHE | ANALISI DEL PERIODO | DENTRO LE PAROLE | **Fai** l'analisi del periodo.

Con la parola **decimazione** si indica una forte riduzione degli individui di una popolazione o, in senso lato, di qualsiasi altra entità, che può essere deliberatamente voluta o essere causata da una calamità naturale. Il termine deriva dal latino, dove *decimatio*, da *decem*, "dieci", aveva il significato di "eliminare uno ogni dieci". La decimazione era, infatti, la punizione che veniva comminata a interi reparti dell'esercito romano, uccidendo un soldato ogni dieci: se essa veniva messa in atto, la legione veniva divisa in gruppi di 10 soldati e in ciascuno di essi veniva scelto a sorte un legionario da eliminare. In questo modo tutti i soldati erano spronati a comportarsi in battaglia in modo coraggioso e risoluto, dal momento che qualunque membro della legione sotto accusa avrebbe corso il rischio di essere ucciso, visto che la punizione colpiva a caso. Il provvedimento era talmente grave che veniva applicato solo nel caso che i soldati si fossero ammutinati o si fossero macchiati di gravissimi atti di vigliaccheria o di insubordinazione. D'altra parte anche i generali erano di solito contrari a questo provvedimento estremo, perché capivano bene che, nel caso esso fosse stato comminato alle loro truppe, anche il loro prestigio personale ne sarebbe uscito compromesso.

159 ●●○ COMPETENZE SINTATTICHE | PAROLE DENTRO I TESTI | **Spiega** il significato delle seguenti parole evidenziate nell'esercizio 158.

1. spronare: .... 5. vigliaccheria: ....
2. risoluto: .... 6. insubordinazione: ....
3. applicare: .... 7. comminare: ....
4. ammutinarsi: .... 8. compromettere: ....

160 SUPER! COMPETENZE SINTATTICHE | DENTRO LE PAROLE | **Fai** l'analisi del periodo.

1. Secondo il diritto penale si può essere accusati di **concorso materiale** in un reato, se vi si contribuisce realmente e si prende parte in un modo qualsiasi alla sua realizzazione. L'accusa sarebbe invece di **concorso morale**, nel caso in cui, pur mancando una partecipazione attiva, si facesse sorgere o si rafforzasse in qualcuno un proposito criminoso: per esempio ci si rende colpevoli di questo reato nell'ipotesi che si istighi qualcuno a commettere un furto oppure se si viene riconosciuti come "mandanti" di un omicidio.
2. Ad assistere in modo passivo alla perpetrazione di un reato che si potrebbe impedire, oppure a tollerare azioni immorali o illegali con una tacita approvazione si può essere accusati invece di **connivenza**. In altre parole, si è conniventi se, pur non contribuendo in alcun modo né materiale né morale alla realizzazione di un reato, si assiste al fatto in totale indifferenza.
3. Un individuo, pur totalmente estraneo a un fatto delittuoso si rende colpevole di **favoreggiamento** se, dopo che è stato compiuto il reato, aiuta colui che lo ha commesso a eludere le investigazioni o a sottrarsi alle ricerche dell'Autorità, oppure se si adopera per assicurare il prodotto o il profitto di un atto criminoso. La legge persegue le due forme di favoreggiamento per motivi diversi: nel primo caso lo fa allo scopo di tutelare l'amministrazione della giustizia nel corso di un processo penale, nel secondo caso invece lo fa per impedire che si collabori con criminali al fine di rendere definitivi gli effetti dei loro atti illeciti.
4. Qualora invece una persona, al fine di procurare a sé o ad altri un profitto, acquisti, riceva o occulti denaro o cose provenienti da un determinato fatto illecito, si parla di **ricettazione**.

10 La sintassi del periodo

RAFFORZA LE TUE COMPETENZE

161 ●●○ COMPETENZE SINTATTICHE **Analizza** le proposizioni espresse al *gerundio*.

1. Insistendo e ancora insistendo siamo riusciti a convincere Giulia a venire con noi. **2.** Essendosi rotto il femore, Luigi cammina ancora zoppicando. **3.** Pur essendo gemelle, Anna e Luisa non si assomigliano molto. **4.** Uscendo di casa, fai in modo di prendere le tue chiavi, perché essendo molto sbadato, di solito prendi le mie. **5.** Marco mi ha invitata alla sua festa, mandandomi questo biglietto spiritoso. **6.** Giacomo, essendo molto timido, ha esposto la sua relazione alla classe parlando a voce bassa e interrompendosi continuamente. **7.** Andando a scuola Luca, pur attraversando la strada sulle strisce pedonali, è stato investito da un motorino. **8.** Carlo passeggiava riflettendo su quello che avrebbe dovuto dire a Silvia. **9.** Si dice che sbagliando si impara, tu invece continui a comportarti perseverando nei tuoi errori. **10.** Ritornando dal mare, siamo passati da un grazioso paesino dell'entroterra.

162 ●●● COMPETENZE SINTATTICHE ANALISI DEL PERIODO PAROLE DI OGGI **Fai** l'analisi del periodo.

Se siete giovani o giovanissimi, vi sarà capitato senza dubbio di aver sentito apostrofare qualcuno con l'epiteto di **nerd**. Si tratta di un termine della lingua inglese che viene impiegato quando si vogliono qualificare quegli individui che hanno una certa predilezione per la tecnologia e sono piuttosto solitari, perché hanno una scarsa propensione alla socializzazione. Sappiamo che il termine, fino agli anni Ottanta, aveva una sfumatura negativa, in quanto era usato per indicare gli studenti che amavano stare chiusi nel loro mondo e passare ore al computer. Se invece andiamo agli anni Novanta, quando inizia a diffondersi la rivoluzione informatica, notiamo che il concetto di *nerd* inizia a cambiare in senso positivo: indica, infatti, una persona che è così preparata a livello tecnico da riuscire a ottenere successi finanziari. E questo avviene, nonostante sia timida e riservata.

163 ●●● COMPETENZE SINTATTICHE ANALISI DEL PERIODO DENTRO LE PAROLE **Fai** l'analisi del periodo.

Anche se è una parola ormai molto diffusa, non si sa quale sia l'etimologia più corretta di **nerd**. Alcuni sostengono che la parola sia apparsa per la prima volta negli anni Cinquanta, in un libro del Dottor Seuss, *If I Ran the zoo*, dove Nerd era semplicemente uno degli animali immaginari del libro, scritto per intrattenere i bambini. Se così fosse, dovremmo ammettere che il termine risale addirittura alla metà del secolo scorso. Volendo dar credito a un'altra interpretazione, la parola sarebbe l'acronimo di Northern Electric Research and Development, un dipartimento nato negli anni Settanta per favorire la ricerca e lo sviluppo delle telecomunicazioni. Si dice che gli impiegati dell'azienda portassero sulla camicia un astuccio da tasca che aveva stampata la sigla N.E.R.D. Poiché non c'è due senza tre, per farvi valutare quale possa essere l'origine più attendibile, vi proponiamo un'ultima etimologia. In base ad essa nerd deriverebbe dalla parola *knurd* che otteniamo se anagrammiamo l'aggettivo inglese *drunk* (ubriaco): dovremmo quindi usarla per indicare uno che non ha l'abitudine di bere durante i ritrovi sociali.

A 587

La sintassi

164 ••• COMPETENZE SINTATTICHE | ANALISI DEL PERIODO | MITO Fai l'analisi del periodo.

Tristano Al ciclo bretone appartiene anche la tragica storia di Tristano e Isotta, che ci è giunta in differenti redazioni: la più antica è quella del poeta normanno Thomas, della quale ci restano solo pochi frammenti. Vediamo dunque chi è il protagonista. Dopo essere rimasto orfano, Tristano è stato cresciuto da suo zio, il re Marco di Cornovaglia, che deve pagare un ingente tributo al re d'Irlanda. Una volta cresciuto, il giovane decide di liberare la Cornovaglia dal tributo e s'imbarca per l'Irlanda, dove uccide il gigante Moroldo, fratello del re. Pur ferito da un colpo di spada avvelenata, si salva grazie alle cure della figlia del re, Isotta, che non è a conoscenza del fatto che lui abbia ucciso suo zio. Una volta guarito, torna in patria. Nel frattempo, il re Marco è pressato dai suoi sudditi a sposarsi in modo che possa garantire un erede legittimo al trono; lui – così dice – si sposerà a patto di trovare la donna a cui appartiene il capello d'oro portato da un uccello del mare. La donna è Isotta la Bionda, figlia del sovrano d'Irlanda.

165 ••• COMPETENZE SINTATTICHE | ANALISI DEL PERIODO | MITO Fai l'analisi del periodo.

L'amore tra Tristano e Isotta A Tristano viene affidato il compito di raggiungere l'isola e di scortare Isotta che ha accettato di sposare il re Marco per sedare le rivalità tra i due regni. La regina d'Irlanda, al momento della partenza della figlia, consegna a un'ancella un filtro magico: le dice che, se gli sposi lo berranno durante la prima notte di nozze, si innamoreranno perdutamente l'uno dell'altra. Durante il viaggio, però, Tristano beve il filtro, credendo che sia vino, e lo offre anche a Isotta: il filtro magico produce il suo effetto tanto che i due giovani si accendono di ardente passione. Pur essendo innamorata di Tristano, Isotta sposa Marco, facendosi però sostituire dalla sua ancella durante la notte. I due giovani continuano ad amarsi incontrandosi di nascosto, finché vengono scoperti e condannati a morte. Si salvano, però, fuggendo e rifugiandosi in una foresta. Tormentato dai sensi di colpa, Tristano riporta Isotta allo zio e parte per la Bretagna, dove sposa una donna, che gli ricorda Isotta, ma non consuma il matrimonio.

166 SUPER! COMPETENZE SINTATTICHE | ANALISI DEL PERIODO | MITO Fai l'analisi del periodo.

La morte di Tristano e Isotta Nel frattempo, l'onore della regina è continuamente messo in discussione da alcuni baroni malvagi, che la costringono a un'ordalia (se non conosci il significato del termine, vai a p. 451). Essendo colpevole, Isotta non avrebbe superato la prova, se non fosse intervenuto Tristano: egli prende parte all'ordalia, travestendosi, e riesce a scagionare la donna ricorrendo a un inganno. I due continuano a incontrarsi di nascosto fino a quando Tristano rimane ferito gravemente nel corso di una spedizione. Tristano sa che solo Isotta, grande esperta di arti mediche, può guarirlo e manda una nave a prenderla. Se lei accetta, la nave al ritorno del viaggio isserà delle vele bianche; nel caso invece lei non volesse venire la nave avrebbe delle vele nere. Isotta parte in soccorso dell'amato, ma la moglie di Tristano, venuta a conoscenza del loro amore segreto, riferisce al marito che le vele sono nere. Credendosi abbandonato da Isotta, Tristano muore per il dolore, invocando il nome dell'amata; arrivata troppo tardi per salvarlo, anche Isotta muore a sua volta per la disperazione. A questo punto la moglie di Tristano, che è profondamente pentita per le infauste conseguenze della sua menzogna, fa portare in Cornovaglia i corpi dei due amanti e ordina ai servitori di seppellirli assieme.

167 ••• COMPETENZE SINTATTICHE | DALLA GRAMMATICA ALLA SCRITTURA Riscrivi la storia di Tristano e Isotta presentata negli esercizi 164, 165 e 166 volgendo al passato i tempi del presente narrativo.

10 La sintassi del periodo

6*9 La proposizione comparativa

La **proposizione subordinata comparativa** stabilisce **un paragone** con quanto affermato nella proposizione reggente. Svolge nel periodo la stessa funzione che svolge nella proposizione il **complemento di paragone**.

Ho speso più del previsto. → complemento di paragone

Ho speso più **di quanto avevo previsto**. → proposizione comparativa

RISPONDE ALLA DOMANDA rispetto a che cosa?

Le proposizioni comparative possono essere di **uguaglianza**, di **maggioranza**, di **minoranza**.

NELLA FORMA ESPLICITA

- la **comparativa di uguaglianza**

  È INTRODOTTA DA *come*, *quanto*, *quale* e può essere anticipata nella reggente da *così*, *tanto*, *tale*.

  HA IL VERBO AI MODI indicativo, o **condizionale** se esprime un paragone sotto **forma di ipotesi**.

  L'esame non è stato così facile come **speravamo**.

  Era tanto contento quanto non **potresti** immaginare.

- le **comparative di maggioranza** e di **minoranza** sono introdotte da *che*, *di quanto*, *di quello che*, *di come* e dipendono da una reggente che contiene un **aggettivo** o un **avverbio al grado comparativo di maggioranza o di minoranza**.

  HANNO IL VERBO AI MODI indicativo o **congiuntivo**, oppure **condizionale**, se esprimono un paragone **sotto forma di ipotesi**.

  Parla forte più che **puoi**.

  L'hotel era più bello di quanto mi **aspettassi**.

  Quel ragazzo beve più di quanto **dovrebbe**.

  La situazione è meno grave di come tu ce l'**hai prospettata**.

  La camminata è stata faticosa, ma meno di quanto ci **aspettassimo**.

  Abbiamo meno tempo di quello che ci **vorrebbe**.

  NELLA FORMA IMPLICITA SONO INTRODOTTE DA *che*, *come*, *quanto* e possono essere anticipate nella reggente da un aggettivo o un avverbio al grado comparativo.

  HANNO IL VERBO AL MODO infinito.

  Cercare qualcosa qui è tanto difficile quanto **cercare** un ago in un pagliaio.

  È meglio leggere un buon libro piuttosto che **guardare** certi programmi televisivi.

  È meno dignitoso rubare che **vivere** in povertà.

A 589

La sintassi

La proposizione comparativa si definisce **ipotetica** quando introduce un paragone sotto forma di **ipotesi** o di **condizione**; in questo caso, è introdotta da *come se*, *come*, *quasi*, *quasi che*, *non altrimenti che*, *se*, e ha sempre il verbo al **congiuntivo imperfetto** o **trapassato**.

Ha agito con arroganza **come se fosse stato** lui il padrone.
Mi chiese spiegazioni **quasi** (che) **fossi stato** io il responsabile dell'accaduto.
Ci guardava **non diversamente che se fossimo stati** dei marziani.

Allena le Competenze

168 ●○○ **COMPETENZE SINTATTICHE** Indica se le proposizioni comparative sono di maggioranza [M], uguaglianza [U] o minoranza [MIN], o se sono comparative ipotetiche [I].

1. Tanto siamo stati gentili con loro, quanto loro sono stati scortesi con noi. [.......]
2. Il suo discorso è stato più breve di quanto pensassimo. [.......]   3. Ugo ci ha evitati, quasi temesse un rimprovero da parte nostra. [.......]   4. Siamo indignati per l'accaduto tanto quanto lo sei tu. [.......]   5. Quest'anno i negozianti hanno venduto meno di quanto si aspettavano. [.......]   6. Quel ragazzo vale più di quanto credi. [.......]
7. Si dice che il diavolo non è brutto come lo si dipinge [.......], per dire che una situazione è meno grave di quanto non sembri a prima vista. [.......]   8. Alberto si vanta della sua ricchezza ben più di come dovrebbe. [.......] Eppure la sua situazione economica non è così solida come vorrebbe far credere. [.......]   9. Parli sempre a voce alta, come se tutti fossero sordi. [.......]   10. Piuttosto che mangiare questa cosa orrenda preferisco digiunare. [.......]   11. Per me dare l'esame la prossima settimana sarebbe peggio che passare oggi. [.......]   12. Andare in vacanza con i miei genitori è meno divertente che rimanere in città con i miei amici. [.......]   13. Parlare con te è come parlare al muro. [.......]   14. Più che fare [.......], tu dai sempre ordini agli altri, come se ti ritenessi autorizzato a farlo [.......].

169 ●●○ **COMPETENZE SINTATTICHE** **DALLA GRAMMATICA ALLA SCRITTURA** Completa le seguenti frasi con una proposizione subordinata comparativa.

1. La questione mi sembra più complessa ....
2. Preferisco rinunciare ad andare in discoteca ....
3. La tua stanza è rimasta tale ....
4. In città si conduce una vita più frenetica ....
5. È meglio avere più fiducia nelle nostre forze ....
6. I risultati conseguiti non sono stati tanto positivi ....
7. Restaurare questo vecchio mobile mi costa di più ....
8. Faremo così ....
9. Tanto più uno si crede più furbo ....
10. Marisa studia meno ....

10 La sintassi del periodo

170 ●●● COMPETENZE SINTATTICHE ANALISI DEL PERIODO DENTRO LE PAROLE **Fai** l'analisi del periodo.

1. Entrata ormai a far parte del nostro vocabolario, la parola inglese *marketing* indica l'insieme delle tecniche e dei metodi finalizzati a commercializzare i prodotti di una società. È un'azione tanto più importante quanto più si rende indispensabile, non solo per produrre i beni o i servizi, ma soprattutto per venderli con maggior profitto. L'attività di marketing si svolge analizzando il mercato ed elaborando le informazioni, studiando la confezione del prodotto, valutando i canali commerciali, le tecniche di vendita, la pubblicità.

2. La locuzione latina *deus ex machina* si usa per definire l'intervento felice e inatteso di una persona che riesce a risolvere un problema più velocemente di quanto non si potesse pensare. Nel teatro antico era invece una divinità che veniva calata sulla scena con un apposito congegno meccanico come se scendesse improvvisamente giù dal cielo e che riusciva a risolvere positivamente una situazione difficile o controversa, intervenendo direttamente nella vicenda.

6*10 La proposizione avversativa

> La **proposizione subordinata avversativa** indica un'azione o un fatto che **si contrappone** a quanto affermato nella reggente. Svolge nel periodo la medesima funzione che svolge nella proposizione il **complemento di sostituzione**.

Devi dargli affetto **invece che denaro**. → complemento di sostituzione

Devi dargli affetto **invece che dargli denaro**. → proposizione avversativa

RISPONDE ALLA DOMANDA **invece di che cosa?**

NELLA FORMA ESPLICITA È INTRODOTTA DA *mentre* (*invece*), *quando* (*invece*), *laddove*.

HA IL VERBO AI MODI **indicativo** o, se presenta l'azione come soggettiva, **condizionale**.

Dice di aver cucinato lei, mentre non **è** vero.
Vuoi avere ragione, quando invece **dovresti** scusarti.
Continuò a insistere, laddove **avrebbe fatto** meglio a tacere.

NELLA FORMA IMPLICITA È INTRODOTTA DA *invece di*, *anziché*, *al posto di*, *in luogo di* e ha lo stesso soggetto della reggente.

HA IL VERBO AL MODO **infinito**.

Dovresti lavorare sodo, anziché **protestare**.
Invece di **cercare** di copiare, studia!

A 591

La sintassi

ALLENA LE COMPETENZE

171 ●●○ **COMPETENZE SINTATTICHE** Riconosci le proposizioni avversative e indica se sono di forma esplicita [E] o implicita [I].

1. Alcuni giovani sprecano il tempo in cose futili invece di preoccuparsi del loro futuro. [.....] 2. Presso gli Zulù, gli uomini curano l'allevamento del bestiame, mentre le donne sono dedite all'agricoltura. [.....] 3. Il pittore Parmigianino fu accusato di sprecare il suo tempo in esperimenti di alchimia, anziché dedicarsi pienamente alla pittura. [.....] 4. Qui costruiranno un supermercato, laddove avrebbe potuto sorgere un parco. [.....] 5. Mi sembra che tu sia troppo impegnato nel lavoro, mentre avresti bisogno di un po' di vacanza. [.....] 6. Invece di accettare tutto senza discutere, dovresti farti valere. [.....] 7. Al posto di scusarsi [.....], Valerio ha continuato a recriminare; rinfacciava ciò che aveva fatto, laddove avrebbe fatto meglio a tacere. [.....] 8. La zia è arrivata oggi, quando invece l'aspettavamo per domani. [.....] 9. Quell'uomo vive modestamente, mentre potrebbe permettersi molto di più [.....]: invece di risparmiare farebbe meglio a prendersi qualche soddisfazione. [.....] 10. Invece di risparmiare a fine mese qualche quattrino, Francesca spende tutto quello che guadagna in oggetti futili e costosissimi. [.....]

172 ●●○ **COMPETENZE SINTATTICHE** Indica se la proposizione introdotta da *mentre* è temporale [T] o avversativa [A].

1. *Mentre* andavo in palestra [.....] ho visto Marco con la sua nuova compagna. 2. Alessandro è stato visto in spiaggia, *mentre* tutti noi lo credevano ammalato. [.....] 3. *Mentre* tu prepari la cena [.....], io metto in ordine la mia camera. 4. Lo credevamo una persona onesta e leale, *mentre* abbiamo saputo [.....] che è un usuraio. 5. *Mentre* stavamo per metterci a tavola [.....], abbiamo udito uno scoppio. 6. Voglio sentire silenzio *mentre* spiego. [.....] 7. *Mentre* tu non ti preoccupi mai di nulla [.....], io devo pensare a risolvere tutto quanto. 8. *Mentre* mia madre è tifosa dell'Inter [.....], mio padre tifa per la Juventus. 9. Raccontami che cosa ti è accaduto ieri, *mentre* stiamo aspettando Paolo [.....] che è sempre in ritardo. 10. Avevo detto che saresti arrivato per cena, *mentre* ho avuto un contrattempo. [.....]

173 ●●○ **COMPETENZE SINTATTICHE** Indica se la proposizione introdotta da *quando* è interrogativa indiretta [I], temporale [T], condizionale [C] o avversativa [A].

1. Molte persone gettano cibo e materiali quando farebbero meglio a evitare gli sprechi per il bene dell'ambiente. [.....] 2. Vorrei sapere quando saresti libero per una gita al mare. [.....] 3. Verrò a trovarti, quando ti trasferirai a Londra. [.....] 4. Quando avessi bisogno di aiuto [.....], chiamami. 5. Quando lavoro [.....], non voglio sentire rumori. 6. Quando ti venisse in mente una soluzione [.....], faccela sapere. 7. I suoi genitori lo credevano a scuola, quando invece lui se ne andava in giro per la città. [.....] 8. Luisa ci ha chiesto quando potremo andare a fare un viaggio con lei. [.....] 9. Quando vinceste una grossa somma alla lotteria [.....], come spendereste il danaro? 10. Marco, quando dorme [.....], non sente neppure le cannonate.

6•11 La proposizione eccettuativa

La **proposizione subordinata eccettuativa** indica una **circostanza che può o potrebbe impedire** quanto espresso nella reggente.

RISPONDE ALLA DOMANDA eccetto che cosa?

NELLA FORMA ESPLICITA È INTRODOTTA DA le locuzioni *tranne che*, *eccetto che*, *salvo che*, *fuorché*, *a meno che* (*non*), *se non che*.

HA IL VERBO AI MODI indicativo, quando esprime un **fatto reale**, congiuntivo, quando indica un **fatto ipotizzato**.

Stavo per uscire, se non che **è arrivata** mia zia.

Quei due si assomigliano, salvo che l'uno **ha** gli occhiali, l'altro no.

Partirò domani, a meno che non **capiti** un imprevisto.

NELLA FORMA IMPLICITA È INTRODOTTA DA *tranne che*, *fuorché*, *salvo che*, *se non*, e ha lo stesso soggetto della reggente.

HA IL VERBO AL MODO infinito.

Gli piace fare qualsiasi cosa, tranne **studiare.**

Non possiamo fare nient'altro, se non **aspettare.**

Sono disposto a tutto, fuorché **lavorare** con lui.

6•12 La proposizione esclusiva

La **proposizione subordinata esclusiva** indica **un fatto che viene escluso** rispetto a quanto affermato nella reggente e mette in evidenza una circostanza che non si è verificata. Svolge la stessa funzione che svolge nella frase semplice il **complemento di esclusione**.

Non uscirai **senza il mio permesso.** → complemento di esclusione

Non uscirai **senza che io ti dia il permesso.** → proposizione esclusiva

RISPONDE ALLA DOMANDA senza che cosa?

NELLA FORMA ESPLICITA È INTRODOTTA DA *senza che*, *che non*.

HA IL VERBO AL MODO congiuntivo.

Non passa giorno che non **pensi** a te.

Il ladro entrò in casa, senza che nessuno **se ne accorgesse**.

NELLA FORMA IMPLICITA È INTRODOTTA DA *senza* e ha lo stesso soggetto della reggente.

HA IL VERBO AL MODO infinito.

Massimiliano uscì, senza **dire** una parola.

Me ne andai a casa, senza **aver concluso** nulla.

La sintassi

> **ALLENA LE COMPETENZE**

174 ●○○ COMPETENZE SINTATTICHE **Distingui** le proposizioni eccettuative dalle esclusive e indica se sono di forma esplicita [E] o implicita [I].

1. Tutto avrei immaginato, tranne che vederti qui. [.....] **2.** A meno che debba partire, verrò domani. [.....] **3.** Il tempo è volato, senza che ce ne accorgessimo. [.....] A meno che avvenga un miracolo, non arriveremo in tempo. [.....] **4.** Oggi non hai fatto nulla se non guardare la televisione [.....]; perciò adesso fa' quello che ti dico, senza discutere. [.....] **5.** Davide sa fare di tutto, fuorché studiare. [.....] **6.** Non passa giorno che lei non mi parli di te. [.....] **7.** Che cosa potevo fare se non scusarmi con lui? [.....] **8.** Domani andremo a giocare a tennis, a meno che non piova [.....] e salvo che non capiti qualche imprevisto. [.....]

175 ●●● COMPETENZE SINTATTICHE ANALISI DEL PERIODO DENTRO LE PAROLE **Fai** l'analisi del periodo.

Nel gergo studentesco il **secchione** è il ragazzo che studia così tanto da fare solo quello: tranne che impegnarsi per la scuola, non coltiva altri interessi, e riesce ad avere dei buoni risultati, senza essere un genio. A meno che non si sia esperti di linguistica, non si riesce a capire come dall'immagine del secchio si sia passati a quella di uno studente diligente. Il nesso in realtà è più contorto di quanto ci si possa aspettare e si deve a un **qui pro quo**. Nel dialetto lombardo c'è il verbo *sgamelà* (lavorare duro): gli studiosi affermano (a meno che non si sbaglino) che il termine deriva da *camallo*, con cui a Genova si indica lo scaricatore di porto, che è un lavoratore imbattibile per la fatica del suo lavoro! Grazie alla somiglianza fonetica, *sgamelà* venne accostato a *gamella*, il nome che indica la gavetta, cioè il recipiente per contenere il cibo. Così la parola *gamella* fu usata per indicare qualcuno che lavora così sodo da spaccarsi la schiena. Poi, come se le dimensioni del recipiente fossero pari all'intensità del lavoro svolto, la gamella si ingrandì e diventò un secchio, poi un secchio grande, un secchione appunto.

6*13 La proposizione limitativa

> La **proposizione subordinata limitativa** esprime **una limitazione**, precisando in quale ambito possa essere ritenuto valido quanto affermato nella reggente. Svolge la stessa funzione che svolge nella frase semplice il **complemento di limitazione**.

Sei bravo **nell'imitazione** di quell'attore. → complemento di limitazione

Sei bravo **in quanto a imitare quell'attore**. → proposizione limitativa

RISPONDE ALLA DOMANDA limitatamente a che cosa?

NELLA FORMA ESPLICITA È INTRODOTTA DA *per quello che*, *in base a quello che*, *per quanto*, *secondo quanto*, *che*.

A 594

10 La sintassi del periodo

HA IL VERBO AI MODI indicativo o congiuntivo, quando è introdotto da *che*.

Secondo quanto **afferma** lui, siamo quasi arrivati.   Per quanto ne **so** io, stanno tutti bene.
Che tu **sappia**, Luisa è già partita?

NELLA FORMA IMPLICITA È INTRODOTTA DA *a*, *per*, *(in) quanto a*, *limitatamente a*.

HA IL VERBO AL MODO infinito

È facile a **dirsi**, quanto a **farsi** è un'altra cosa.   A **cucinare**, ci penso io.

Allena le Competenze

176 ●○○ **COMPETENZE SINTATTICHE** Riconosci le proposizioni limitative e indica se sono di forma esplicita [E] o implicita [I].

1. A criticare sei bravissimo, ma in quanto a fare sei una frana. [.....] [.....] **2.** Per quanto ne so io, il compito di matematica è stato già fissato. [.....] **3.** Cercherò di aiutarti per quello che ne so io di biologia. [.....] **4.** A sentire Luca, il nuovo professore è molto simpatico. [.....] **5.** Per quello che mi riguarda, io posso venire, ma non so se mio marito è libero da impegni. [.....] **6.** Secondo quanto mi ha detto Paola, Andrea ha acquistato una bella casa e per quanto ho capito io, vicina a casa tua. [.....] [.....] **7.** Per impegnarsi si impegna, ma non ottiene risultati soddisfacenti. [.....] **8.** A suonare la chitarra sei davvero bravo, a cantare invece no. [.....]

177 ●●● **COMPETENZE SINTATTICHE** **ANALISI DEL PERIODO** **PAROLE DI OGGI** Fai l'analisi del periodo.

Stalking è un termine inglese, entrato da poco nella nostra lingua, che nel linguaggio gergale della caccia significa "appostamento, inseguimento". Con questa parola si definisce la forma persecutoria che nasce come complicazione di una relazione interpersonale. Lo *stalker* è un molestatore che assilla la sua vittima colmandola di telefonate indesiderate e di continui messaggini, ossessionandola con minacce, parolacce, pedinamenti, giungendo talvolta ad aggressioni fisiche e persino all'omicidio. Secondo quanto emerge da indagini statistiche, in Italia su circa 8000 reati persecutori più del 77% ha avuto come vittima una donna. Nella maggioranza dei casi il molestatore è un conoscente, spesso è il coniuge separato, l'ex compagno o il fidanzato con il quale la donna ha interrotto la relazione. Il fenomeno cominciò a essere definito come tale negli anni Ottanta negli Stati Uniti, quando si verificarono gravi fatti di cronaca che coinvolsero personaggi famosi, perseguitati da ammiratori ossessivi. Dopo che lo *stalking* in Italia fu riconosciuto come reato nel 2009, è stato attivato un servizio antiviolenza per dare una prima assistenza alle vittime. Sono anche operativi gruppi di criminologi, psicologi, sociologi e informatici che cercano di elaborare un quadro completo dell'identikit degli *stalker*, monitorando il fenomeno. In base a quello che emergerà dai profili psicosociali dei molestatori, sarà possibile per gli operatori investigativi riconoscere al più presto lo *stalker* e valutarne il grado di pericolosità.

A 595

La sintassi

Facciamo il punto su ... le congiunzioni e le preposizioni che introducono più proposizioni subordinate

Le **stesse congiunzioni e preposizioni** possono introdurre proposizioni subordinate di **differente tipo**. Questo quadro riassuntivo ti aiuterà a distinguerne i valori.

	CONGIUNZIONI CHE INTRODUCONO PROPOSIZIONI SUBORDINATE ESPLICITE	
	subordinate	**esempi**
che	soggettiva	È evidente **che** è stato lui.
	oggettiva	Temevo **che** fosse troppo tardi.
	dichiarativa	Di questo ti avverto: **che** non potrò aiutarti.
	causale	Non uscire **che** è già buio.
	consecutiva	La strada era così buia **che** avevo paura.
	temporale	Se ne andò **che** era molto tardi.
	comparativa	Vieni più in fretta **che** puoi.
	limitativa	**Che** io sappia, non è laureato.
perché	interrogativa indiretta	Vorrei sapere **perché** non mi ha telefonato.
	causale	Non sono venuto **perché** ero malato.
	finale	Ve lo dico **perché** sappiate comportarvi.
	consecutiva	È troppo cocciuto **perché** cambi idea.
quando	interrogativa indiretta	Vorrei sapere **quando** tornerai.
	causale	È inutile parlare, **quando** non vuoi capire.
	temporale	Ti scriverò, **quando** arriverò.
	condizionale	**Quando** volessi, potresti abitare con me.
	avversativa	Sono qui, **quando** dovrei già essere al mare.
mentre	temporale	**Mentre** camminava, un'auto lo investì.
	avversativa	È solo, **mentre** pensavo venisse con lei.
se	interrogativa indiretta	Dimmi **se** accetterai quell'invito.
	condizionale	**Se** piovesse, rimarrei a casa.
come	soggettiva	È incredibile **come** passi il tempo.
	oggettiva	Mi fece notare **come** fosse tardi.
	interrogativa	Vorrei sapere **come** lo hai conosciuto.
	temporale	**Come** arrivi, chiamami.
	modale	Comportati **come** ti ho detto.
	comparativa	Non è così burbero **come** sembra.

10 La sintassi del periodo

PREPOSIZIONI CHE INTRODUCONO PROPOSIZIONI SUBORDINATE IMPLICITE CON IL VERBO ALL'INFINITO		
	subordinate	esempi
di	soggettiva	Mi pare ancora **di** vederlo.
	oggettiva	Disse **di** essersi smarrito.
	dichiarativa	Questo ti raccomando, **di** partire subito.
	causale	Mi dispiace **di** averti dato delle illusioni.
	finale	Ti consiglio **di** riflettere.
	consecutiva	Non è degno **di** essere ammesso.
a	causale	Ho fatto male **a** parlarti di lei.
	finale	Andiamo **a** ballare.
	temporale	**A** guardarlo, mi fa tenerezza.
	condizionale	**A** invitarlo, sarebbe stato un errore.
	limitativa	**A** vederlo, sembrava guarito.
da	relativa	Abbiamo un brano **da** tradurre.
	consecutiva	È così arcigno **da** incutere timore.
per	causale	Fu sgridato **per** essere arrivato tardi.
	finale	Non ti racconto il resto **per** non tediarti.
	consecutiva	È un fatto troppo grave **per** nasconderlo.
	limitativa	**Per** studiare, studia, ma...

RICORDA

il participio può esprimere una proposizione subordinata	
relativa	Il ladro, **ferito** nello scontro, non poté fuggire.
causale	**Caduta** dalla scala, si fratturò una caviglia.
temporale	**Raccolte** le firme, si presentò la petizione.
condizionale	**Interpellato**, Mario potrebbe aiutarci.
concessiva	**Pur ammesso** all'esame, non si presentò.

il gerundio può esprimere una proposizione subordinata	
causale	**Essendo raffreddato**, non verrà a sciare.
temporale	**Tornando** dalla discoteca, ebbe un incidente.
condizionale	**Affrettandoti**, potrai ancora arrivare in tempo.
strumentale	Vive **chiedendo** l'elemosina.
modale	I fan lo accolsero **gridando** e **applaudendo**.
concessiva (con *pur*)	**Pur studiando**, non ottiene buoni risultati.

A 597

La sintassi

RAFFORZA LE TUE COMPETENZE

178 ●●○ **COMPETENZE SINTATTICHE** **Distingui** se le proposizioni introdotte dalla congiunzione *come* sono **comparative**, **interrogative indirette**, **modali** o **temporali**.

1. Non so **come** tu faccia a prendere sempre ottimi voti. **2.** Comportatevi **come** vi ho insegnato **3.** Ho seguito la ricetta **come** era scritta sul libro **3.** Filippo non è poi così antipatico **come** lo descrivono i suoi amici **4. Come** torna la mamma, le chiedo se posso uscire con te. **5.** Mi sono sempre chiesto **come** si vive sugli altri pianeti. **6.** In matematica sei bravo **come** lo è anche Ernesto. **7. Come** venne a sapere di quel fatto, la mamma andò su tutte le furie. **8.** Studiate sempre con metodo **come** i vostri professori vi hanno insegnato. **9.** Ci chiediamo **come** possiamo risolvere quella questione. **10.** I barbari erano più forti di **come** i Romani se li immaginavano.

179 ●●○ **COMPETENZE SINTATTICHE** **Distingui** se le proposizioni introdotte dalla congiunzione *quando* sono **interrogative indirette**, **causali**, **temporali**, **avversative** o **condizionali**.

1. Erano convinti di vincere, **quando** era evidente che sarebbero stati sconfitti. **2. Quando** smette di nevicare, andremo al centro commerciale. **3. Quando** gli altri fingono di non capire, non ha senso continuare a discutere. **4.** Le chiesero **quando** si sarebbero celebrate le nozze. **5. Quando** fosse necessario, prenderei i provvedimenti adeguati. **6.** Me ne sono andato **quando** stavano per arrivare nuovi ospiti. **7.** Mi chiedono sempre **quando** metterò la testa a posto. **8.** La professoressa ha punito Paolo, **quando** la colpa era di Antonello. **9.** Dimmi **quando** posso telefonarti. **10.** Non fare promesse, **quando** sai già che non potrai mantenerle. **11. Quando** mettessi la giacca blu al posto di quella nera, che problema ci sarebbe? **12.** Sei qui che perdi tempo, **quando** invece dovresti terminare gli esercizi di chimica.

180 ●●○ **COMPETENZE SINTATTICHE** **ANALISI DEL PERIODO FACILITATA** **MITO** **Fai** l'analisi del periodo, tenendo presente che nel testo ci sono le seguenti proposizioni subordinate: 1 **causale**, 1 **concessiva**, 1 **condizionale**, 1 **dichiarativa**; 1 **eccettuativa**, 2 **interrogative indirette**, 1 **limitativa**, 1 **temporale**, 1 **consecutiva**, 3 **oggettive**, 5 **relative**, 3 **finali**.

Gli Argonauti Quello degli Argonauti è uno dei miti più complessi: per poterne seguire le vicende, dovete conoscere quali siano gli antefatti della storia. Il perfido Pelia aveva sottratto il trono della città di Iolco, in Tessaglia, al fratellastro Esone e quando il figlio di quest'ultimo, Giasone, gli chiese di riavere il regno che gli spettava, non rifiutò, ma gli pose una condizione. Gli avrebbe ridato il trono legittimo, se lui avesse riportato in Tessaglia il vello d'oro dell'ariete su cui un giorno Frisso ed Elle erano volati via per sfuggire al padre che voleva sacrificarli. Giasone, pur sapendo che sarebbe stata un'impresa molto ardua, accettò, senza fare alcuna obiezione. Per portarla a termine, chiese ad Argo, il figlio di Frisso, di costruirgli una nave, a cui fu dato il nome dello stesso costruttore. Per il fatto di essersi imbarcati sulla nave Argo, gli eroi della spedizione presero il nome di "Argonauti". La prua della nave era stata ricavata da una quercia sacra dotata di parola, cosicché la nave poteva profetizzare quale sarebbe stato il destino degli eroi. Alcuni sostengono che i naviganti fossero cinquanta; secondo quanto riferiscono altri, erano invece cinquantacinque. Tutte le fonti concordano sul fatto che tra di loro ci fossero Ercole, Orfeo, Castore e Polluce.

181 ●●● COMPETENZE SINTATTICHE | ANALISI DEL PERIODO | MITO Fai l'analisi del periodo.

La fuga di Giasone e Medea Dopo aver compiuto un viaggio molto avventuroso, gli Argonauti giunsero finalmente nella Colchide e Giasone chiese al re Eeta di riavere il vello d'oro. Il sovrano non rifiutò formalmente, ma impose a Giasone tre prove, l'ultima delle quali prevedeva che l'eroe riuscisse a sottrarre il vello d'oro al drago insonne, riuscendo ad addormentarlo. Il re pensava che Giasone avrebbe perso sicuramente la vita, se avesse affrontato anche solo una delle prove. E sarebbe stata davvero un'impresa impossibile, se Medea, maga e figlia dello stesso re, non fosse intervenuta in suo aiuto. Essendosi perdutamente innamorata di lui per volontà divina, la donna lo aiutò a superare tutte le prove, usando le pozioni magiche di cui era a conoscenza. Senza incontrare alcuna difficoltà, Giasone riuscì quindi anche a venire in possesso del famoso vello d'oro e subito si imbarcò con Medea e il fratello minore, che lei stessa aveva rapito. Il re Eeta allora li inseguì, ma Medea fece in modo che il padre non potesse raggiungerli. Agendo con grandissima crudeltà, uccise il proprio fratello e ne sparse in mare i poveri resti affinché il padre interrompesse l'inseguimento nell'intento di raccoglierli.

182 ●●● COMPETENZE SINTATTICHE | ANALISI DEL PERIODO | MITO Fai l'analisi del periodo.

Medea vendica Giasone Nonostante Giasone avesse riportato il vello d'oro, come gli era stato imposto da Pelia, questi non mantenne la promessa e rifiutò di consegnare il trono al nipote. Sfruttando le proprie abilità magiche per aiutare Giasone a vendicarsi, Medea fece uccidere Pelia dalle stesse figlie. Facendo a pezzi un vecchio caprone, bollendolo e riportandolo con un filtro magico alla condizione di agnello, riuscì a convincerle dei suoi straordinari poteri magici. Per ringiovanire il padre, le ragazze fecero altrettanto con il proprio padre, che morì soffrendo atrocemente, mentre le figlie lo facevano a pezzi. Dopo aver seppellito i poveri resti del padre, Acasto, figlio di Pelia, bandì Medea e Giasone dal regno. I due fuggiaschi giunsero poi a Corinto, dove si sposarono e condussero una vita felice assieme ai loro due figli, finché il re di Corinto, Creonte, non propose a Giasone la successione al proprio trono, dandogli in sposa la figlia Glauce.

Medea, I secolo, Museo Archeologico Nazionale di Napoli, Italia.

183 ●●● COMPETENZE SINTATTICHE | ANALISI DEL PERIODO | TEATRO Fai l'analisi del periodo.

La tragedia *Medea* Se non possedessimo la tragedia di Euripide, che ha come protagonista Medea, non sapremmo in che modo si conclude la storia di Medea e di Giasone. La tragedia inizia quando Giasone ha ormai accettato la proposta di Creonte di sposare la giovane figlia Glauce, nonostante Medea abbia cercato di opporsi e si disperi. Giasone si mostra del tutto indifferente al suo dolore e difende la sua scelta adducendo motivi di banale convenienza personale. Medea, che ha sacrificato tutto per lui, tradendo il padre e uccidendo persino il fratello, medita una vendetta atroce. Finge di essersi rassegnata e invia come dono di nozze a Glauce una veste, che lei ha intriso di veleno. Non appena la giovane la indossa, muore tra grandi sofferenze e allo stesso modo muore Creonte, dopo averla toccata per soccorrere la figlia. Medea però non si riterrebbe pienamente vendicata, se non punisse ulteriormente il suo sposo fedifrago, privandolo della sua discendenza. Così, pur con il cuore straziato, uccide i figli che ha avuto da Giasone e che Giasone voleva sottrarle. Medea dal cocchio del Sole mostra i loro cadaveri al marito, accorso da lei dopo la morte di Glauce, e vola ad Atene, mentre lui, in preda alla disperazione, la maledice.

La sintassi

184 ●●● COMPETENZE SINTATTICHE ANALISI DEL PERIODO PAROLE DI OGGI **Fai** l'analisi del periodo.

Derivata dal verbo *to mob*, "assalire", la parola **mobbing** venne usata inizialmente dall'etologo Konrad Lorenz (1903-1989) per indicare l'insieme dei comportamenti aggressivi messi in atto da alcune specie animali o contro un predatore o contro un membro della propria specie, allo scopo di difendersi o di cacciarlo dal gruppo. Il termine è poi stato ripreso e usato nell'ambito della psicologia e della sociologia per definire l'azione di persecuzione e di emarginazione condotta da un gruppo nei confronti di un individuo, il cosiddetto **mobbizzato**. Questo atteggiamento persecutorio può manifestarsi in vari ambienti, ma avviene più frequentemente sui luoghi di lavoro: può essere messo in atto senza che vi sia una particolare ragione oppure allo scopo di screditare e isolare un individuo per ridurne le possibilità competitive. Si fa *mobbing* isolando una persona, molestandola in vari modi, ricorrendo a intimidazioni o a ricatti, nei casi estremi usando comportamenti aggressivi di violenza psicologica o, addirittura, fisica.

185 ●●● COMPETENZE SINTATTICHE ANALISI DEL PERIODO DENTRO LE PAROLE **Fai** l'analisi del periodo.

La **galassia**, il cui nome deriva dalla parola greca che significa "latteo, di latte", è un enorme insieme di stelle, ammassi stellari, gas e polveri, legati assieme dalla reciproca forza di gravità. La Galassia per antonomasia è la **Via Lattea**, di cui fa parte anche il sistema solare. Se osservata dalla Terra, essa appare come una fascia chiara di luce bianca che percorre trasversalmente l'intera volta celeste. Se ne parliamo in termini scientifici, possiamo dire che il numero di stelle che vi appartengono è stimato dai 200 ai 400 miliardi e che il suo disco stellare ha un diametro di circa 100 000 anni luce. Per avere un'idea della sua estensione, pensa che, se ne facessimo un modellino in scala del diametro di 130 chilometri, il sistema solare ne occuperebbe appena 2 millimetri. Se invece vogliamo parlare dell'origine del nome, dobbiamo rifarci alla mitologia greca e in particolare a un mito sull'infanzia di Eracle (per i latini Ercole), figlio di Alcmena e di Zeus.

186 ●●● COMPETENZE SINTATTICHE ANALISI DEL PERIODO MITO **Fai** l'analisi del periodo.

Come nacque la Via Lattea Per rendere immortale il figlio Eracle, generato con una donna mortale, Zeus avrebbe dovuto fargli bere il latte divino di sua moglie, la dea Era. Certamente però se glielo avesse chiesto, lei non avrebbe mai accettato: infatti, provava un odio profondo per ognuna delle numerose donne amate dal marito. A risolvere la situazione intervenne l'astutissimo dio Ermes: se si voleva che l'impresa riuscisse, si doveva agire di nascosto e fare in modo che Eracle riuscisse a succhiare il latte dal seno di Era, mentre lei dormiva. Il piano funzionò finché la dea non si svegliò di soprassalto, quando però il bambino aveva già succhiato qualche sorso. Lei lo allontanò di scatto e dalla sua mammella sprizzò ancora del latte che, schizzando via nel cielo notturno, lasciò una traccia bianca, a cui venne appunto dato il nome di Via Lattea. Se poi volete sapere come reagì Era, sappiate che in seguito cercò di vendicarsi inviando due enormi serpenti a soffocare il neonato nella sua culla. Se si fosse trattato di un qualunque mortale, la dea sarebbe certo riuscita nel suo intento; il fortissimo semidio invece afferrò i serpenti con le sue mani piccole, ma già vigorose, e li strozzò.

187 ●●○ COMPETENZE LESSICALI **Spiega** il significato espresso dagli aggettivi *galattico* e *megagalattico* nel linguaggio della fisica e nella lingua d'uso.

A 600

10 La sintassi del periodo

188 ●●● COMPETENZE DI SCRITTURA **Scrivi** un testo che inizi così: *È stata una festa megagalattica!*

189 ●●● COMPETENZE SINTATTICHE ANALISI DEL PERIODO DENTRO LE PAROLE **Fai** l'analisi del periodo.

1. La parola *élite* è usata per indicare gruppi sociali ristretti che godono di una riconosciuta superiorità e un grande prestigio così da influenzare il sistema sociale o alcuni suoi settori. Essendo di origine francese, si pronuncia *elìt*. **2.** Un altro prestito dal francese è *escamotage*, che indica un espediente, uno stratagemma, una scappatoia escogitata per aggirare una difficoltà e ribaltare così una situazione sfavorevole. **3.** Si definisce *stage* il periodo di formazione o di perfezionamento professionale presso un'azienda o un'università allo scopo di acquisire la preparazione e l'esperienza per svolgere un'attività; per uno studente può anche avere una funzione di orientamento nella scelta della facoltà universitaria, per capire se il lavoro che dovrà svolgere in futuro gli piace. Il termine è diventato d'uso così diffuso che lo sentiamo quasi quotidianamente; spesso però è pronunciato "*steig*", secondo la dizione della lingua inglese nella quale ha invece un significato diverso, dato che tra le sue principali accezioni ci sono quelle di "fase", "tappa" o "palcoscenico". Essendo una voce francese, derivata tra l'altro dal verbo latino *stare*, la sua pronuncia corretta sarebbe *stage* (alla francese).

190 ●●● COMPETENZE SINTATTICHE ANALISI DEL PERIODO DENTRO LE PAROLE **Fai** l'analisi del periodo.

La musica prevalente oggi è il *pop*, che sta per "popolare". Un altro genere molto diffuso è la *techno*, che sta per "tecnologica" e si basa sull'impiego di tastiere per ottenere effetti particolari. Ma sappiamo che esistono molti generi musicali. Il rock, il blues e il jazz sono forse, ovviamente insieme alla classica, i principali, perché seguiti da centinaia di milioni di persone e i concerti dei loro portabandiera, nonostante la fruizione della musica sul web continui a crescere, furoreggiano ai quattro angoli del Pianeta. Il *rock* di oggi discende dal *rock'n'roll* ballabile di Elvis Presley, che spezzò il predominio del genere melodico negli anni Cinquanta. Prevede l'uso di chitarra elettrica, batteria, basso, a volte tastiere, le cui caratteristiche sono state portate all'eccesso e hanno determinato la nascita di generi recenti come l'*hard rock* e l'*heavy metal*. Questi sono oggi molto diffusi fra i più giovani perché sono più potenti e brutali, tanto da essere ritenuti piuttosto distanti dall'approccio melodico, a meno che le band non si dedichino alla riscrittura di brani classici, come a volte accade.

191 ●●● COMPETENZE SINTATTICHE ANALISI DEL PERIODO STORIA & SCIENZA **Fai** l'analisi del periodo.

Archimede Archimede, che visse a Siracusa nel III secolo a.C., è considerato uno dei maggiori matematici e fisici dell'antichità, dal momento che si devono a lui importanti studi sulla geometria e la meccanica, e invenzioni di vario genere, come la vite, la carrucola, la ruota dentata, la catapulta e altre macchine per lanciare proiettili, oltre a specchi ustori, con cui avrebbe incendiato le navi romane. È sua anche la teoria della leva a proposito della quale egli pronunciò la famosa frase: «Datemi un punto d'appoggio e vi solleverò il mondo». Di lui si racconta anche un episodio singolare, che si rivelò più importante di quanto si sarebbe mai potuto immaginare, perché proprio grazie a questo fatto Archimede poté porre le basi dell'*idrostatica*, la scienza che studia le leggi dell'equilibrio dei liquidi.

A 601

192 SUPER! COMPETENZE SINTATTICHE ANALISI DEL PERIODO STORIA & SCIENZA **Fai** l'analisi del periodo.

Eureka!, ritratto di Archimede.

Eureka, eureka! Si narra che un giorno il tiranno di Siracusa Gerone, che in quei tempi governava la città, avesse dato una grande quantità di oro a un famoso orafo, perché realizzasse una corona votiva. L'artista però, invece di utilizzare tutto l'oro, ne aveva trattenuta una buona parte per sé e l'aveva sostituita con altrettanto argento. A lavoro finito la corona pesava esattamente quanto pesava l'oro fornitogli, ma il sovrano ebbe subito il sospetto che parte dell'oro fosse stata sostituita con un uguale peso di metallo meno pregiato. Dimostrare la frode però si rivelò molto più difficile di quanto non sembrasse, soprattutto per il fatto che Gerone non voleva che la bellissima corona ne risultasse danneggiata. Poiché nessuno sapeva come fare, il tiranno chiese ad Archimede se avesse lui qualche sistema per venire a capo della questione. Lo studioso dapprima non disse nulla, ma poco tempo dopo mentre faceva il bagno, notò che fuoriusciva dalla vasca tanta acqua quanta era la massa del suo corpo immerso. Preso da una folgorante intuizione, Archimede uscì per strada, nudo così come si trovava, gridando «*Eureka, eureka!*», che in greco significa: "Ho trovato, ho trovato!". I concittadini che lo videro mentre correva nudo gridando ed esultando, avrebbero potuto pensare che il grande studioso fosse impazzito: lui invece aveva trovato sia la soluzione al problema della corona sia un principio fondamentale della fisica. Quanto all'esclamazione, viene usata tuttora per esprimere la soddisfazione di aver trovato la soluzione di un problema o di una situazione difficile.

193 SUPER! COMPETENZE SINTATTICHE ANALISI DEL PERIODO STORIA & SCIENZA **Fai** l'analisi del periodo.

Illustrazione dell'esperimento di Archimede.

Un celebre esperimento Ma che cosa aveva capito Archimede? Aveva capito che due materiali differenti e di diverso volume, ma di ugual peso, ricevono, se immersi nell'acqua, spinte idrostatiche diverse, le quali dipendono esclusivamente dal volume e non dal peso o dal tipo di materiale.
Una volta avuta questa intuizione lo studioso si accinse a sperimentarla: costruì due lingotti, l'uno d'oro, l'altro d'argento, dello stesso peso della corona consegnatagli da Gerone. Poi introdusse la massa d'argento in un vaso riempito di acqua fino all'orlo, e vide che fuoriusciva tanta acqua quanto era il volume immerso. Una volta che ebbe tolto l'argento dal vaso, riempì nuovamente il vaso per immergervi la massa d'oro e con la medesima operazione notò che la quantità dell'acqua versata era minore di quella che era fuoriuscita nell'esperimento precedente. Infine introdusse nel vaso la corona e constatò che il volume d'acqua mancante era maggiore di quello che aveva misurato dopo l'immersione dell'oro di ugual peso. Secondo quanto risultava dall'esperimento, la corona era quindi composta in parte da oro e in parte da un altro metallo, ovviamente meno prezioso, che era stato aggiunto in ugual peso ma in maggior volume, cosicché la corona risultava avere un volume maggiore di quello sviluppato dal lingotto d'oro.

194 SUPER! COMPETENZE SINTATTICHE ANALISI DEL PERIODO DENTRO LE PAROLE **Fai l'analisi del periodo.**

Con i suoi esperimenti, Archimede aveva scoperto sia la frode dell'artista orafo, sia il principio del **peso specifico**, che è il rapporto tra il peso di un corpo e il suo volume. In seguito egli formulò in una sua opera quello che sarebbe poi stato chiamato il principio di Archimede. Secondo questa legge fisica, *un corpo immerso in un liquido riceve una spinta dal basso verso l'alto pari al peso del volume di liquido spostato*.
Riguardo ad Archimede sappiamo, in base a quanto ci raccontano le testimonianze degli antichi scrittori, che era insuperabile in quanto a essere distratto e incurante di tutto. Infatti, prima di dare inizio al saccheggio di Siracusa, che, grazie alla difesa delle macchine di Archimede, era stata conquistata dopo tre anni di guerra, il console romano Marcello aveva raccomandato ai suoi soldati di risparmiare Archimede, di cui era grande ammiratore. Ma quando un soldato romano si avvicinò e gli chiese chi fosse, Archimede, tutto assorto nei suoi studi, non rispose e così venne ucciso. Marcello, profondamente amareggiato per la sua morte, gli fece tributare solenni onoranze funebri e gli fece erigere una tomba: secondo quanto lo stesso Archimede aveva lasciato detto, su di essa venne posta una sfera inscritta in un cilindro con i numeri che regolano i rapporti fra questi due solidi.

195 SUPER! COMPETENZE SINTATTICHE ANALISI DEL PERIODO TEATRO **Fai l'analisi del periodo.**

Edipo e la terribile profezia La psicanalisi definisce **complesso di Edipo** lo stato emotivo di amore e di ostilità che il bambino vive fra i tre e i cinque anni nei confronti del genitore di sesso opposto. Edipo è il nome del protagonista di uno dei miti più celebri della letteratura greca, la cui vicenda era stata al centro di numerosi poemi epici, andati perduti, e dell'omonima tragedia di Sofocle, che ci è invece pervenuta.
La storia narra che Laio, padre di Edipo e re di Tebe, aveva saputo dall'oracolo che, se avesse avuto un figlio, questi un giorno lo avrebbe ucciso, avrebbe sposato la madre e avrebbe provocato la rovina della sua casa. Laio, tuttavia, generò Edipo e per evitare l'avverarsi della profezia, ordinò a un servo di abbandonare su un monte il neonato. Il servo eseguì l'ordine, ma poco dopo un viandante che passava di là per caso udì piangere il bambino e, mosso a pietà, lo raccolse e lo portò al suo signore, il re di Corinto Polibo che, non avendo figli ed essendo desideroso di averne uno, lo allevò come proprio.

Edipo che uccide il padre Laio, re di Tebe, epoca romana, Il Cairo, Museo Nazionale Egizio.

Divenuto adulto, Edipo ebbe una disputa con un tale che, per offenderlo, gli disse che lui non era il vero figlio di Polibo, ma solo un trovatello salvato dalla morte. Allora, turbato da quella rivelazione, il giovane andò a Delfi per chiedere al dio Apollo chi fossero i suoi veri genitori. L'oracolo non gli disse nulla a questo proposito, ma gli predisse che un giorno avrebbe ucciso suo padre e sposato la stessa madre. Volendo sfuggire a quel destino che lo terrorizzava, Edipo decise di non tornare mai più a Corinto.

196 SUPER! COMPETENZE SINTATTICHE ANALISI DEL PERIODO TEATRO **Fai** l'analisi del periodo.

Messa in scena de *L'Edipo re* di Sofocle (V secolo a.C.) del 1968. L'attore Giulio Bosetti interpreta Edipo.

La profezia dell'oracolo si avvera Un giorno mentre Edipo si trovava a un bivio incrociò la carrozza su cui viaggiava Laio, il cui cocchiere prese così male la curva che una ruota passò sopra a un piede di Edipo. Essendone nato un grave litigio, il giovane, per difendersi da Laio che stava per ucciderlo, trafisse proprio quel padre che non aveva mai conosciuto. Tempo dopo, mentre continuava il suo viaggio, Edipo incontrò la Sfinge e risolse il suo enigma e, avendo liberato Tebe da quel mostro sanguinario, fu accolto dalla città come un trionfatore tanto da riceverne in moglie la regina Giocasta, sua stessa madre.
E così, sebbene Laio ed Edipo avessero cercato entrambi di sfuggire alla terribile profezia, tutto si era avverato inesorabilmente.
Edipo regnava ormai da molti anni su Tebe, quando un giorno scoppiò una terribile pestilenza; i Tebani allora supplicarono il re affinché indagasse sulla causa del morbo, che in quei tempi era considerato come un castigo del dio Apollo. Edipo, dopo aver inviato un messaggero che consultasse l'oracolo, venne a sapere che la peste sarebbe cessata solo a condizione che venisse punito l'uccisore di Laio.

197 SUPER! COMPETENZE SINTATTICHE ANALISI DEL PERIODO TEATRO **Fai** l'analisi del periodo.

Messa in scena di *Aedipus* di Seneca (I secolo d.C.) al Teatro del Vittoriale di Roma il 28 luglio 1990.

Edipo scopre la terribile verità Il re, avendo a cuore la salvezza del suo popolo, lanciò una maledizione contro l'autore del delitto, e intanto portò avanti personalmente le indagini e venne a sapere che Laio era stato ucciso ad un crocicchio, la cui descrizione era molto simile a quella del luogo in cui un tempo aveva avuto lo scontro con lo sconosciuto, terminato con la sua uccisione. Ma anche se la descrizione dello stesso Laio e della sua carrozza gli ricordavano ugualmente quell'episodio, Edipo, pur turbato dalle rivelazioni, non aveva ancora compreso l'atroce verità. Intanto era stato inviato da Corinto a Tebe un messaggero che informasse Edipo che Polibo era morto. Edipo, che ascolta la notizia e che crede che Polibo sia il suo vero padre, si rallegra del fatto che egli sia morto di morte naturale e non, secondo la terribile profezia, per mano sua, ma, temendo ancora l'eventualità dell'incesto, afferma che non sarebbe mai più tornato a Corinto.
Per rassicurarlo, il messaggero gli rivela che Polibo non era il suo vero padre e per avvalorare la sua affermazione gli racconta nei dettagli come un giorno l'avesse raccolto lui stesso, dopo che era stato abbandonato ancora in fasce su un monte, e come l'avesse portato personalmente al re di Corinto. Non appena viene a conoscenza dei particolari del ritrovamento, la regina Giocasta non ha più dubbi e disperata che i terribili eventi predetti un tempo a Laio dall'oracolo si fossero avverati, si uccide per l'orrore di aver sposato il proprio figlio e di aver generato dei figli con lui. Edipo, da parte sua, sconvolto dai tremendi misfatti di cui si era macchiato, pur non essendone consapevole, si acceca e, colpito dalle maledizioni che lui stesso aveva pronunciato, si allontana da Tebe per vagare di terra in terra ed espiare così le sue colpe.

10 La sintassi del periodo

7 Il discorso diretto e indiretto

> Per **riferire il pensiero o le parole di qualcuno** si possono usare **tre diverse strutture linguistiche**, definite tradizionalmente **discorso diretto**, **discorso indiretto**, **discorso indiretto libero**.

- Il **discorso diretto** è la **riproduzione fedele di discorsi, frasi** o **parole riferiti da altri** in una narrazione. Costituisce **un periodo indipendente** e nella scrittura è segnalato da specifici indicatori grafici, i due punti (:), le virgolette basse («...») o le virgolette alte ("..."), oppure i trattini (–...–), ed è accompagnato da un **verbo di** *dire* o simili, che può essere collocato **all'inizio**, **alla fine** o **interposto** – tra due trattini – a costituire **una frase incidentale**.

    Un uomo **gridava**: «Lasciatemi passare, vi prego, lasciatemi passare!».

    "Non voglio sentire una parola di più!" mi **disse** mio padre con tono severo.

    – Parla! – gli **intimò** il giudice.

    «Marco sei superficiale! – **osservò** il professore – Devi crescere!».

- Il **discorso indiretto** riferisce, invece, le parole o il pensiero di una persona attraverso **il racconto fatto da un narratore**. In questo caso il discorso è costituito da **proposizioni subordinate** che si trovano in dipendenza **da un verbo di** *dire* o simili, ed è introdotto dalla congiunzione *che* o dalla preposizione *di*.

    Un uomo **gridava che** lo lasciassero passare.

    Mio padre con tono severo mi **disse che** non voleva sentire una parola di più.

    Il giudice gli **intimò di** parlare.

    Il professore **osservò che** Marco era superficiale e che doveva crescere.

I trucchi del mestiere

Il passaggio dal discorso diretto al discorso indiretto

Il **passaggio dal discorso diretto a quello indiretto** comporta alcune importanti **trasformazioni linguistiche**.

- Le **proposizioni indipendenti** del discorso diretto diventano **proposizioni subordinate oggettive** o **interrogative indirette**, rette da un verbo di *dire* o simili; i modi e i tempi verbali si adeguano di conseguenza.

Gli disse: «Sono stanco».	Gli **disse di essere** (che era) stanco.
Gli chiese: «Sei stanco?».	Gli **chiese se fosse** stanco.

- I **pronomi personali**, gli **aggettivi** e i **pronomi dimostrativi**, gli **avverbi di tempo** e **di luogo** devono modificarsi opportunamente.

    Il mio compagno di banco disse: «**Domani** il professore di matematica **mi interrogherà** di sicuro su **questo** problema **qui** che non **mi** è molto chiaro».

    Il mio compagno di banco disse che **il giorno seguente** il professore di matematica **lo avrebbe interrogato** di sicuro su **quel** problema là che non **gli era** molto chiaro.

A 605

 **La sintassi**

- Il **discorso indiretto libero**, tipico della prosa narrativa del Novecento, **riporta in forma indiretta le parole o i pensieri** di un personaggio, **fondendo le caratteristiche del discorso diretto con quello indiretto**. In particolare vengono a mancare:
  - i segni grafici, le interruzioni, tipiche del discorso diretto;
  - il verbo di *dire* o simili, la congiunzione **che** o la preposizione **di**, e le strutture subordinative proprie dello stile indiretto.

  Proprio dalla soppressione di questi elementi subordinanti deriva la sua denominazione di "libero", a sottolineare che si tratta di un **discorso indiretto, ma svincolato dai normali collegamenti sintattici**.

Osserva come il seguente passo tratto da *Gli indifferenti* di Alberto Moravia (1907-1990) si trasformi nel passaggio negli altri tipi di discorso.

discorso indiretto libero	Mariagrazia guardava l'amante con occhi disincantati e amari; tanta fretta la travolgeva. Tra poco Leo sarebbe partito, sarebbe scomparso nella notte piovosa lasciandola alla sua casa fredda, al suo letto vuoto; sarebbe andato altrove... (A. Moravia, *Gli indifferenti*, Bompiani, Milano)
discorso indiretto	Mariagrazia guardava l'amante con occhi disincantati e amari; tanta fretta la travolgeva e **diceva** tra sé **che di lì** a poco Leo **sarebbe partito**, **sarebbe scomparso** nella notte piovosa lasciando**la** alla **sua** casa fredda, al **suo** letto vuoto; **sarebbe andato** altrove...
discorso diretto	Mariagrazia guardava l'amante con occhi disincantati e amari; tanta fretta la travolgeva e **diceva** tra sé: «Tra poco Leo **partirà**, **scomparirà** nella notte piovosa lasciando**mi** alla **mia** casa fredda, al **mio** letto vuoto; **andrà** altrove...».

ALLENA LE COMPETENZE

198 ○○○ **COMPETENZE SINTATTICHE** **Indica** se il discorso è diretto [D], indiretto [I] o indiretto libero [IL].

1. Il ragazzo dovette ammettere di aver fatto una sciocchezza e promise ai suoi genitori che non avrebbe mai più mentito a loro. [.......] **2.** Sabrina ammise: "Mi dispiace. Ieri sono stata sgarbata con te, non ti ho dato retta". Poi cercò di giustificarsi con Sandra: "Avevo appena litigato con Luca ed ero preoccupata. Temevo che mi avrebbe lasciata". [.......] **3.** Nella sua stanza Martina rifletteva sull'accaduto. Era stata davvero sciocca a credere alle parole di Andrea. Lui non era un ragazzo affidabile e aveva già fatto soffrire altre ragazze. Anche le sue amiche più care l'avevano avvertita. [.......]

A 606

199 ●●○ **COMPETENZE SINTATTICHE** Distingui il discorso diretto dall'indiretto e indiretto libero.

1. Charlotte era abbastanza tranquilla. Le sue riflessioni furono in generale soddisfacenti. Certo, Mr. Collins non era né intelligente né piacevole; era una compagnia noiosa, e il suo affetto puramente immaginario. Ma comunque sarebbe stato un marito. Senza aspettarsi molto dagli uomini e dal matrimonio, sposarsi era sempre stato il suo obiettivo; era l'unica soluzione onorevole per una signorina istruita e di scarsi mezzi, e per quanto fosse incerta la felicità che se ne poteva trarre, era sicuramente il modo più piacevole per proteggersi dalla miseria. Quella protezione l'aveva ormai ottenuta, e a ventisette anni, senza mai essere stata bella, era consapevole della sua fortuna.

Ritratto di Jane Austen, XIX secolo.

2. [Charlotte] replicò con calma:
"Perché mai ti sorprendi, mia cara Eliza? Ritieni incredibile che Mr. Collins possa essere capace di procurarsi la stima di una donna solo perché non è stato così fortunato da meritarsi la tua?".
Ma Elizabeth si era ormai ricomposta e, facendo uno sforzo enorme, fu in grado di assicurarle con discreta fermezza che la prospettiva di quel legame le era estremamente gradita, e che le augurava tutta la felicità immaginabile.
"So quello che provi, – replicò Charlotte, – sei sorpresa, molto sorpresa; è passato così poco tempo da quando Mr. Collins voleva sposare te."

(J. Austen, *Orgoglio e pregiudizio*, Einaudi, Torino 2007)

200 ●●○ **COMPETENZE SINTATTICHE** Distingui il discorso diretto dall'indiretto e indiretto libero.

Borobà si mosse sotto il giaccone. Nadia aprì la lampo e la piccola amica si affacciò, fissando i suoi occhi intelligenti in quelli della ragazzina. «Non so dove andare, Borobà. Le montagne sembrano tutte uguali e non vedo nessun sentiero percorribile» disse Nadia. L'animale indicò la direzione da dove erano giunte. «Non posso tornare di lì perché i Guerrieri blu mi catturerebbero. Tu invece passeresti inosservata, Borobà, in questo paese ci sono scimmie dappertutto. Tu puoi trovare la strada di ritorno per Tunkhala. Vai a cercare Giaguaro» le ordinò Nadia. La scimmia fece segno di no con la testa, si tappò le orecchie con le mani e si mise a gridare, ma Nadia le spiegò che se non si separavano non c'era nessuna possibilità di salvare le altre ragazze né loro stesse.
Il loro destino, quello di Pema e anche il suo, dipendevano da lei. Doveva trovare aiuto o sarebbero tutte morte. «Io mi nasconderò qui vicino finché non sarò sicura che non mi cercano più e poi troverò il modo di scendere a valle. Ma intanto tu devi correre, Borobà. È sorto il sole, non farà molto freddo e potresti arrivare in città prima che tramonti di nuovo» insistette Nadia Santos.
Alla fine Borobà si separò da lei e si mise a correre veloce come un fulmine giù per la montagna.

(I. Allende, *Il Regno del drago d'oro*, trad. di E. Liverani, Feltrinelli, Milano 2003)

La sintassi

201 ●●○ **COMPETENZE SINTATTICHE** Trasforma i seguenti discorsi diretti in discorsi indiretti e viceversa.

discorso diretto	discorso indiretto
1. Giacomo domandò: «Siete più o meno di quindici?».	
2. L'oculista mi diceva: «Curi la sua vista, altrimenti la affaticherà sempre di più e dovrà portare lenti ancor più spesse».	
3. L'attore rivelò al giornalista: «Quando abbiamo girato quel film, ogni singolo giorno ci sono stati dissidi con il regista e ce ne volevamo andare!».	
4.	Le due cuginette dicevano di essere state proprio bene a casa nostra e di voler tornare l'anno successivo.
5.	Il veterinario mi ha chiesto se volessi far curare il mio cane o no, dato che era vecchio e forse meritava un po' di pace invece di quelle cure tutto sommato inutili.
6. Anna mi ha detto: «Non ti preoccupare per la cena: preparo tutto io; se proprio ti fa piacere, puoi fare quel dolce che mi piace tanto».	
7. Io dissi a Paolo: «Non puoi immaginare quanto tempo sono rimasto ad aspettarti davanti al portone! E se succederà un'altra volta partirò senza di te».	
8.	I miei amici inglesi mi dissero che non sarebbero potuti rimanere un'altra settimana, come avrebbero voluto, perché avevano un esame all'Università, ma che, appena possibile sarebbero ritornati.

202 ●●○ **COMPETENZE SINTATTICHE** Trasforma nella struttura del discorso indiretto le parti del testo dell'esercizio 200 proposte nella struttura del discorso diretto.

10 La sintassi del periodo

METTI IN GIOCO LE TUE COMPETENZE

COMPETENZE LOGICO-SINTATTICHE

203 ●●○ **Riconosci** il tipo di proposizione che è presente nei seguenti gruppi di periodi, tranne uno, e **specifica** la tipologia dell'intruso.

1. a. È evidente che Stefano si sia offeso

   b. Si teme che abbia avuto un incidente.

   c. Speriamo di non arrivare in ritardo.

   d. A quei due sembrava di essere tornati giovani.

tipologia della proposizione:

....

intruso: ....

2. a. Dimmi quando devo cominciare.

   b. Non voglio sapere cosa fai.

   c. Non voglio sapere ciò che stai facendo.

   d. Mi chiedo se mai tu stia facendo la cosa giusta.

tipologia della proposizione:

....

intruso: ....

3. a. Ho chiamato il tecnico perché mi ripari la lavatrice.

   b. Devo chiamare il tecnico perché la lavatrice non funziona.

   c. Ho chiamato l'elettricista per fargli rifare l'impianto.

   d. Venga al più presto a ripararmi l'impianto.

tipologia della proposizione:

....

intruso: ....

204 ●●○ La lingua permette di esprimere uno stesso contenuto in forme diverse e ugualmente efficaci. Le seguenti frasi, ad esempio, propongono tutte le stesse informazioni: la circostanza (*l'andare in bicicletta*), la causa (*la caduta*), l'effetto (*la frattura di una gamba*). Quello che cambia è la struttura logico-sintattica in cui le informazioni sono formalizzate e l'ordine in cui sono presentate. **Associa** a ciascuna frase la struttura corrispondente.

giustapposizione: (**A**) tre proposizioni semplicemente accostate

periodo composto: (**B**) proposizione principale / coordinata alla principale / coordinata alla principale

periodo complesso: (**C**) proposizione principale / subordinata temporale / coordinata alla principale   (**D**) subordinata temporale / proposizione principale / coordinata alla principale (**E**) proposizione principale / subordinata causale / subordinata temporale   (**F**) proposizione principale / subordinata modale / subordinata temporale   (**G**) proposizione principale / subordinata soggettiva / subordinata temporale / coordinata alla soggettiva

1. Andando in bicicletta, Luigi è caduto e si è fratturato una gamba. ....

2. Luigi è caduto mentre andava in bicicletta e così si è fratturato una gamba. ....

3. Luigi andava in bicicletta, è caduto e si è fratturato una gamba. ....

4. Luigi andava in bicicletta. È caduto. Si è fratturato una gamba. ....

5. È capitato che Luigi cadesse, andando in bicicletta, e si fratturasse una gamba. ....

6. Luigi si è fratturato una gamba, cadendo mentre andava in bicicletta. ....

7. Luigi si è fratturato una gamba: andava in bicicletta e ha fatto una brutta caduta. ....

8. Luigi si è fratturato una gamba, perché è caduto mentre andava in bicicletta. ....

A 609

La sintassi

COMPETENZE LOGICO-SINTATTICHE

205 ●●○ Le frasi che compongono un periodo possono essere disposte a incastro, cioè l'una dentro l'altra. **Trasforma** due frasi dell'esercizio precedente, come nell'esempio proposto.

Luigi, che andava in bicicletta, è caduto e si è rotto una gamba.

206 ●●● **Individua** le frasi che esprimono lo stesso significato.

1. O mi risarcisci il danno o io ti denuncerò. ☐ **2.** A patto che tu mi risarcisca il danno, io non ti denuncerò. ☐ **3.** Anche se mi risarcisci il danno, io ti denuncerò. ☐ **4.** Se mi risarcisci il danno, io non ti denuncerò. ☐ **5.** Vedi di risarcirmi il danno se non vuoi che io ti denunci. ☐ **6.** Risarcendomi tu il danno, io non ti denuncerò. ☐ **7.** Perché io non ti denunci, tu risarciscimi il danno. ☐ **8.** Dato che tu non mi risarcisci il danno, io ti denuncerò. ☐

207 ●●● **Unisci** le coppie di frasi in un unico periodo, **trasformando** in una subordinata causale la frase che esprime la causa. Poi, facendo le opportune modifiche, **forma** un nuovo periodo, trasformando in una subordinata consecutiva la frase che indica l'effetto. **Rispondi**: le coppie di periodi così ottenuti producono un effetto diverso o identico? Quale dei due periodi mette in maggior rilievo la causa che ha prodotto l'azione? È sempre possibile porre la proposizione principale indifferentemente prima o dopo la subordinata?

1. La salute è preziosa. Non possiamo fare qualunque cosa a suo discapito. **2.** Mi sono addormentata. Il film era noioso. **3.** Si è sentita male. Mia sorella ha mangiato molto. **4.** Le case in quel quartiere erano alte. Impedivano che filtrasse il sole. **5.** Abbiamo dovuto parcheggiare in strada. Il garage era gremito d'auto.

COMPETENZE SINTATTICHE

208 ●●○ **Completa** i seguenti periodi collegando le proposizioni in modo da esprimere un rapporto di coordinazione.

1. Prendete l'autobus numero nove .... andate a piedi.

2. Vorrei studiare in pace, ... andate via dalla mia camera.

3. Sara arrossisce per un nonnulla, ... è molto timida.

4. Non tornerà a casa tanto presto, ... forse non tornerà neppure.

5. Valeria risparmia nel vitto, spende molto .... nell'abbigliamento.

6. Verrò il prima possibile, ... dopodomani.

7. Non sono stanco .... non ho sonno; .... ho lavorato per tutto il giorno.

8. Sono stanco .... ho sonno; .... ho lavorato per tutto il giorno.

9. Carlotta non mi piace perché è brava, ... non aiuta mai nessuno.

10. Siamo talmente stanche che .... ci riposiamo un po' .... non capiremo più cosa stiamo facendo.

11. Mia madre mi ha chiesto .... di andare dalla nonna .... di farle la spesa.

12. Mi rispose che non aveva intenzione .... di andare al loro matrimonio .... di far loro un regalo.

A 610

10 La sintassi del periodo

209 ●●○ **Completa** i seguenti periodi collegando le proposizioni in modo da esprimere un rapporto di subordinazione.

1. Fa' attenzione .... potresti scivolare, ... il terreno è molto franabile.

2. Venne da me .... chiedermi .... avessi comprato la mia maglia nuova.

3. .... ci fosse parecchio rumore, sono riuscita a dormire benissimo .... ero molto stanca.

4. La polizia, ... era arrivata a sirene spiegate, riuscì a bloccare i rapinatori .... ormai stavano uscendo dalla banca .

5. .... passeggiavamo nel parco, all'improvviso il cielo è diventato molto scuro .... fosse calata la notte.

6. .... arrivammo a casa, all'improvviso il cielo è diventato tanto scuro .... sembrava fosse calata la notte.

7. .... ebbe pranzato, non salutò nessuno e, ... dire una parola, uscì dal ristorante.

8. È risaputo .... Patrizia è tanto permalosa .... riuscire poco simpatica a tutti.

9. Chiedimi tutto, ... di dare un passaggio a Sergio .... non sta mai zitto un minuto.

10. .... la vacanza fosse ormai imminente, non avevano ancora stabilito .... sarebbero andati in Puglia in auto o in treno.

11. Ho la certezza ...., ... verrai con noi al mare, ci divertiremo come matti.

12. .... avevo poco tempo sono riuscito a sistemare tutto quello .... mi aveva raccomandato mia madre .... partisse.

210 ●●○ **Specifica** le tipologie di proposizioni subordinate che hai ottenuto completando i periodi dell'esercizio 209.

211 ●●○ **Riconosci** il collegamento logico che mette in relazione le coppie di frasi indipendenti, poi **uniscile** a formare un unico periodo, legandole prima con un rapporto di coordinazione, poi con un rapporto di subordinazione.

1. I miei cugini hanno vinto alla lotteria. / Compreranno una casa.

2. Abbiamo frenato con la bici sulla strada bagnata. / Non abbiamo sbandato.

3. Vado da Erica. / Riprendo i miei appunti.

4. I miei genitori non vogliono comprarmi un cane. / Insisterò fino allo sfinimento.

5. Gli alberi del giardino sono stati potati. / Avevano una malattia.

6. Visiteremo Roma. / Visiteremo Napoli.

7. Sandra pattinava. / è caduta.

8. Stanotte non ho dormito. / Non sono stanca.

9. Disegno. / Ascolto il cd del mio cantante preferito.

10. È piovuto tanto. / La cantina si è allagata.

11. Vai al supermercato. / Comprami tutto l'occorrente per la torta.

12. Sono arrivato in perfetto orario. / Ho corso all'impazzata.

A 611

La sintassi

COMPETENZE SINTATTICHE

212 ●●○ **Riconosci** la funzione logica delle parole in grassetto, poi **riscrivi** la frase trasformando il complemento individuato nella proposizione subordinata corrispondente.

1. Riconosciamo **la fondatezza** delle vostre richieste e dichiariamo la **nostra disponibilità** a soddisfarle.   2. **Durante il regno** di Luigi XIV la Francia diventò una grande potenza commerciale.   3. Amnesty International fu fondata nel 1961 **per la denuncia** delle violazioni dei diritti dell'uomo nel mondo.   4. **Per l'alto rischio** dell'intervento i medici attesero che le condizioni del paziente migliorassero.   5. **Per la puntura** di un calabrone, ho dovuto andare al Pronto Soccorso.   6. **Con le minacce e gli insulti** non migliorerà la sua situazione.   7. **Dopo la lettura** del verbale si sciolse la seduta.   8. **Nonostante la pioggia**, sono ritornato a casa a piedi.   9. Ho la speranza **di un tuo ritorno**.   10. Sei bravo **nell'imitazione** di quel personaggio.

213 ●●● **Completa** le seguenti proposizioni con le proposizioni subordinate indicate.

1. Passerei adesso da Sabrina...   (*causale – finale – temporale – condizionale – concessiva*)
2. È incredibile...   (*soggettiva – interrogativa indiretta – concessiva*)
3. Mi iscriverò a quel corso...   (*finale – temporale – condizionale – modale – avversativa*)
4. Andrò all'aeroporto...   (*relativa – modale – strumentale – esclusiva – eccettuativa*)

214 ●●● **Scrivi** dei periodi in cui la preposizione *di* introduca le seguenti proposizioni subordinate di forma implicita.

soggettiva • oggettiva • dichiarativa • causale • finale

215 SUPER! **Scrivi** 4 periodi in cui la preposizione *a* introduca le seguenti proposizioni subordinate di forma implicita.

relativa • causale • finale • condizionale

COMPETENZE TESTUALI

216 ●●○ DENTRO LE PAROLE **Completa** il seguente testo inserendo opportunamente le proposizioni subordinate proposte.

> anche se modificata nell'accento • tanto che proprio per questo motivo la città di Bologna diventò celebre per la pratica della chirurgia • dal momento che il nome latino di Pistoia era *Pistorium* • (leggi bisturì) • soprattutto quando si passa dalla sala operatoria • prodotti in una famosa fabbrica della città • per incidere le parti molli del corpo

Si ritiene che la città di Pistoia abbia dato origine a una parola che è usata nell'italiano corrente: si tratta di **bisturi**. Sappiamo che nel Medioevo i cittadini di Pistoia erano chiamati "pistoresi"; perciò erano conosciuti come "pistorini" i coltelli a doppio taglio. Dopo che i Francesi importarono questi coltelli, ne modificarono il nome secondo la loro pronuncia in *bistouri* e la parola è poi tornata in Italia, per indicare il coltello adoperato dai chirurghi. In base a quanto raccontano le testimonianze antiche, Guglielmo da Saliceto, un medico attivo a Bologna nel Duecento, fu il primo a introdurre nella chirurgia l'uso dell'odierno bisturi.

10 La sintassi del periodo

217 ●●● **MITO** **Completa** il seguente testo inserendo opportunamente le congiunzioni, le locuzioni congiuntive, le preposizioni o i pronomi proposti, in modo da introdurre delle proposizioni subordinate.

> che (*4 volte*) • di (*3 volte*) • nonostante • non appena • per (*3 volte*) • perché • quando • se • senza • dal momento che • in modo che • ogni volta che • per il fatto di • tanto che

La metamorfosi di Aracne Aracne era una giovane della Lidia, ... era dotata di una straordinaria abilità nei lavori di tessitura e di ricamo. Va detto però .... , oltre ad avere capacità straordinarie, era anche molto presuntuosa .... si vantava .... essere più brava della stessa Atena. Un giorno la dea le apparve sotto mentite spoglie .... consigliarle .... avere più rispetto degli dèi, ... non voleva incorrere nella loro ira. .... avesse ricevuto questo avvertimento, lei continuò a dire .... non temere alcun confronto. .... indugiare oltre, allora Atena si rivelò a lei .... sfidarla a una gara al telaio. Le due tele risultanti, ... raffiguravano l'Olimpo, erano due capolavori. .... Atena vide il lavoro di Aracne, lo scrutò attentamente, ... trovarvi qualche difetto. .... non ne trovò nessuno, accecata dall'ira, distrusse il manufatto della sua rivale. Per l'affronto subìto Aracne stava già per impiccarsi, ... la dea la salvò. .... la sua superbia fosse comunque punita, la trasformò in un ragno .... , sotto quella forma, continuasse a tessere tele .... gli uomini, però, distruggono .... le vedono. Questa fu quindi la punizione di Aracne .... aver osato competere con una dea.

218 **SUPER!** **DENTRO LE PAROLE** **Completa** il seguente testo inserendo opportunamente le congiunzioni, le locuzioni congiuntive, le preposizioni o i pronomi adeguati a introdurre le proposizioni subordinate.

.... sapete certamente, la parola **boicottaggio** e il relativo verbo **boicottare** indicano l'azione .... si impedisce il regolare svolgimento di un'attività .... danneggiare qualcuno. Ma sapete .... derivano? .... volete saperlo leggete la storia .... ebbero origine.
Queste parole provengono dall'inglese e precisamente dal nome di Charles Boycott, un ufficiale .... nel 1881 fu scelto come amministratore da un ricco lord irlandese. .... doveva coordinare un gran numero di contadini e di fattori, egli si comportava in modo molto rigido e intransigente. Si racconta .... a un certo punto i suoi dipendenti furono tanto esasperati dai suoi modi e dalle sue richieste .... incominciarono a fare ostruzionismo, ... ostacolare o impedire le sue varie attività e quindi danneggiarlo. .... nessuno lavorava più per lui né gli vendeva la merce, gli affari andavano sempre peggiorando, ... il proprietario dovette mandarlo via. .... fosse stato licenziato, la persecuzione contro di lui continuò .... fu costretto persino a lasciare l'Irlanda. Nel frattempo però la notizia di quella vicenda si era diffusa in tutta l'Inghilterra e aveva fatto tanto scalpore .... il nome di Boycott diventò così famoso .... essere conosciuto da tutti. E .... probabilmente non l'avrebbe ripagato di tutte le sue disavventure, di lui è rimasta una traccia indelebile persino nella lingua inglese e in altre lingue.

A 613

La sintassi

COMPETENZE LESSICALI

219 ●○○ **PAROLE DENTRO I TESTI** **Associa** alle parole dell'esercizio 218 i sinonimi corrispondenti.

1. rigido e intransigente ....
2. esasperato ....
3. ostruzionismo ....
4. ostacolare ....
5. scalpore ....
6. traccia ....
7. indelebile ....

a. irritato, spazientito
b. severo e inflessibile
c. impressione, scandalo
d. ricordo
e. permanente, incancellabile
f. atteggiamento di chi vuole ostacolare un'attività
g. Intralciare, mettere i bastoni tra le ruote

220 ●○○ La fobia (dal greco *phòbos*, "paura") è l'avversione o il timore incontrollabile e ingiustificato per qualcosa. Le fobie classificate sono centinaia; in genere i loro nomi sono composti da *fobia* e un'altra parola di origine greca. **Deduci** dalla derivazione etimologica di che cosa ha timore chi soffre delle seguenti fobie.

1. agorafobia (da *agorà*, piazza)
2. aracnofobia (da *arákhnē*, ragno)
3. ailurofobia (da *áilouros*, gatto)
4. cinofobia (da *kýōn*, cane)
5. idrofobia (da *hýdōr*, acqua)
6. nosofobia (da *nòsos*, malattia)
7. musofobia (da *mýs*, topo)
8. ofidiofobia (da *òphis*, serpente)
9. ornitofobia (da *òrnis*, uccello)
10. xenofobia (da *xènos*, straniero)

221 ●○○ In latino *claūstrum* significava "luogo chiuso": **specifica** il nome della fobia di trovarsi in luoghi chiusi.

COMPETENZE SINTATTICHE E TESTUALI

222 ●●● **Leggi** il seguente testo e **svolgi** le attività richieste.

1. **Trasforma** il discorso diretto in indiretto.
2. **Riscrivi** il periodo che inizia da *La rana fece un grande balzo*, in modo da ottenere la seguente struttura: subordinata temporale esplicita – proposizione principale – subordinata temporale implicita – coordinata alla principale – subordinata modale implicita.
3. **Riscrivi** l'ultimo periodo in modo da ottenere la seguente struttura: proposizione principale – subordinata dichiarativa esplicita – subordinata condizionale esplicita.

Un professore di anatomia, nel corso di una lezione agli studenti, volle dimostrare la veridicità di una sua personale teoria.
«Vi illustrerò, per mezzo di questa rana, la mia eccezionale scoperta»; così dicendo mise la rana sul tavolo: «Salta!».
La rana fece un grande balzo in avanti, il professore la riacciuffò, le tagliò di netto le zampine, la rimise sul tavolo e le gridò: «Salta!... Salta!... Ti ho detto di saltare!».
La rana, immobile, guardò il professore sgomenta.
«Bene, ragazzi, vi ho dimostrato scientificamente la mia teoria: senza zampe, la rana è sorda!».

10 La sintassi del periodo

PREPARATI ALLA PROVA INVALSI

Di corsa, fino a Maratona

La **maratona** è la gara podistica che si corre sulla distanza di 42,195 chilometri. Nell'estate del 490 a.C. si disputò in Grecia un'importante battaglia. Per punire gli Ateniesi, dal momento che essi avevano aiutato le colonie ioniche ribelli, il re persiano Dario I aveva inviato un esercito, che, secondo gli storici antichi, sarebbe stato di centomila uomini. Mentre l'esercito
5 persiano avanzava contro Atene, l'ateniese Milziade schierò il suo esercito nella pianura vicina alla città di Maratona e fece in modo che i nemici avessero il sole di fronte e non vedessero l'esiguità delle sue truppe. Pur essendo inferiori di numero, gli Ateniesi disponevano quindi di una posizione più vantaggiosa; è ovvio inoltre che essi fossero molto più determinati dei nemici, visto che stavano difendendo la loro vita e la loro libertà. Pertanto essi combatterono
10 con così grande determinazione e coraggio che, dopo aver aggirato i Persiani, riuscirono a costringerli alla fuga. Felici per la vittoria, gli Ateniesi inviarono l'araldo Fidippide ad Atene, per comunicare subito la straordinaria notizia alla città in ansia. E questi, dopo aver percorso a gran velocità la strada da Maratona all'Acropoli, riuscì a malapena ad annunciare la vittoria e poi, sopraffatto dalla fatica, stramazzò al suolo. In suo onore fu quindi istituita la gara della
15 maratona, che è entrata a far parte delle gare sin dalla prima Olimpiade moderna del 1896 e che si disputa ancor oggi nella stessa distanza percorsa secoli fa da Fidippide. Dato il grande impegno richiesto dalla gara, il termine "maratona" ha poi assunto anche il significato figurato di fatica lunga, estenuante e da portare a termine in gran fretta.

A1. Il periodo *Per punire gli Ateniesi, dal momento che essi avevano aiutato le colonie ioniche ribelli, il re persiano Dario I aveva inviato un esercito, che, secondo gli storici antichi, sarebbe stato di centomila uomini* (righe 2-4) **è composto da**

A. ☐ subordinata di 1° grado, finale, implicita / subordinata di 1° grado, causale, esplicita / principale / coordinata alla principale

B. ☐ subordinata di 1° grado, finale, esplicita / subordinata di 1° grado, causale, implicita / principale / subordinata di 1° grado, relativa, esplicita

C. ☐ subordinata di 1° grado, finale, implicita / subordinata di 1° grado, causale, esplicita / principale / subordinata di 1° grado, relativa, esplicita

D. ☐ subordinata di 1° grado, finale, implicita / coordinata alla subordinata di 1° grado, finale, esplicita / principale / subordinata di 2° grado, relativa, esplicita

A2. **Il condizionale nella frase** *sarebbe stato di centomila uomini* (riga 4) **indica**

A. ☐ una condizione   C. ☐ un dubbio

B. ☐ una supposizione   D. ☐ un desiderio o una richiesta

A3. **Trasforma al presente il seguente periodo:** *Mentre l'esercito persiano avanzava, Milziade schierò il suo esercito nella pianura vicina alla città di Maratona, e fece in modo che i nemici avessero il sole di fronte e non vedessero l'esiguità delle sue truppe* (righe 4-7).

....

....

A 615

A4. Trasforma in forma passiva le due proposizioni del seguente periodo: *gli Ateniesi inviarono l'araldo Fidippide ad Atene, per comunicare subito la straordinaria notizia alla città in ansia* (righe 11-12).

....

....

A5. Nel periodo *E questi, dopo aver percorso a gran velocità la strada da Maratona all'Acropoli, riuscì a malapena ad annunciare la vittoria e poi, sopraffatto dalla fatica, stramazzò al suolo* (righe 12-14), **il pronome *questi* si riferisce a:**

A. ☐ i Persiani   C. ☐ Fidippide

B. ☐ gli Ateniesi   D. ☐ i soldati vittoriosi

A6. Indica la funzione svolta da *che*: svolge funzione di pronome relativo (P), congiunzione (C) o parte di una locuzione congiuntiva (LC).

a. La maratona è la gara podistica **che** (......) si corre sulla distanza di 42,195 chilometri.

b. Tutti sanno **che** (......) nell'estate del 490 a.C. si disputò in Grecia un'importante battaglia.

c. Per punire gli Ateniesi – dal momento **che** (......) essi avevano aiutato le colonie ioniche ribelli – aveva inviato un esercito.

d. Milziade fece in modo **che** (......) i nemici avessero il sole di fronte.

e. È ovvio **che** (......) essi fossero molto più determinati dei nemici, visto **che** (......) stavano difendendo la loro libertà.

f. Pertanto essi combatterono con così grande determinazione **che** (......) riuscirono a costringerli alla fuga.

g. Fu istituita la gara della maratona, **che** (......) è entrata a far parte delle gare sin dalla prima Olimpiade moderna.

A7. Riconosci quale tipo di proposizione subordinata introducono le congiunzioni e le locuzioni congiuntive individuate al punto A6.

....

....

A8. Sostituisci le parole in grassetto con quelle tra parentesi e modifica opportunamente modi e tempi verbali.

a. **Se** (*nel caso*) non conoscete (.........................) l'origine della parola, ve la spiegherò.

b. Gli Ateniesi, **pur** (*benché*) essendo inferiori (.........................) di numero, disponevano di una posizione più vantaggiosa.

c. Essi combatterono con così grande determinazione **che** (*da*) riuscirono (.........................) a costringerli alla fuga.

d. **Dopo** (*una volta*) aver percorso (.........................) la strada da Maratona all'Acropoli, stramazzò al suolo.

e. **Dato** (*dal momento che*) il grande impegno richiesto (.........................) dalla gara, il termine *maratona* ha assunto anche il significato di fatica lunga ed estenuante e **da** (*che*) (.........................) portare a termine in gran fretta.

A 616

10 La sintassi del periodo

A9. Indica quante sono le proposizioni temporali presenti nel testo.

A. ☐ 1   B. ☐ 2   C. ☐ 3   D. ☐ 4

A10. Indica quante sono le proposizioni causali presenti nel testo.

A. ☐ 1   B. ☐ 2   C. ☐ 3   D. ☐ 4

A11. Riconosci a quale dei due schemi corrisponde la struttura di ciascuno dei seguenti periodi, quindi trascrivi opportunamente le proposizioni tenendo conto dei rapporti di coordinazione e di subordinazione.

A. Mentre l'esercito persiano avanzava, l'ateniese Milziade schierò il suo esercito e fece in modo che i nemici avessero il sole di fronte e non vedessero l'esiguità delle sue truppe.

B. Pur essendo inferiori di numero, gli Ateniesi disponevano di una posizione più vantaggiosa; è ovvio inoltre che essi fossero molto più determinati dei nemici, visto che stavano difendendo la loro vita e la loro libertà.

☐

A 617

VERIFICA LE TUE COMPETENZE

A. **Specifica** il tipo delle proposizioni dei seguenti periodi.

1. È evidente (.........................) che Matteo ha il desiderio (.........................) di fare un viaggio a New York (.........................).

2. Presso le popolazioni dell'Arabia il gatto era molto rispettato, tanto (.........................) che la tradizione raffigura lo stesso Maometto (.........................) mentre taglia il lembo del suo mantello (.........................) per non disturbare il suo gatto (.........................) che vi si era addormentato (.........................).

3. Nonostante te lo avessimo sconsigliato (.........................), tu sei voluto uscire (.........................) pur essendo molto raffreddato (.........................); adesso hai la febbre (.........................) e perciò dovrai stare a letto un po' di giorni (.........................).

4. Volendo visitare la Savoia (.........................) abbiamo chiesto a Franco (.........................), che c'è già stato, (.........................), di indicarci (.........................) quali sono le località turistiche più suggestive (.........................).

5. Dopo aver cenato da Sara (.........................) siamo subito tornati a casa (.........................) prendendo un taxi (.........................) perché eravamo preoccupati per lo stato di salute della nonna (.........................).

6. L'origine della parola **disastro** è assai curiosa (.........................), dal momento che è formata dal prefisso *dis-*, "senza", e *astro*, cioè "stella" (.........................). Per spiegarla (.........................), si deve fare riferimento al sistema di navigazione dei tempi antichi (.........................). Quando non era ancora stata inventata la bussola (.........................), i marinai si orientavano (.........................) seguendo le stelle (.........................). Ma se in cielo c'erano le nuvole (.........................) e quindi non si vedevano le stelle (.........................), essi dovevano navigare senza punti di riferimento (.........................), correndo il rischio di un vero... disastro (.........................).

1 punto per ogni risposta esatta   **Punti** ..../33

B. **Specifica** il tipo delle proposizioni subordinate introdotte dalle preposizioni *a* e *per*.

1. Sono andato dal medico **a** (.........................) chiedere un consiglio.
2. **A** (.........................) vederlo non diresti che è così anziano.
3. Marta è stata punita **per** (.........................) aver fatto un dispetto a suo fratello.
4. **A** (.........................) vederlo così allegro, mi sento felice.
5. È stato sfortunato **a** (.........................) perdere quel lavoro.
6. Ho usato un nuovo prodotto **per** (.........................) pulire la cucina.
7. Sono stata trattata troppo male **per** (.........................) far finta di nulla.
8. I vicini sono venuti tutti **a** (.........................) vedere il neonato.
9. Voglio convincere Pietro **a** (.........................) venire con noi.
10. **A** (.........................) raccontarlo, sembrerebbe impossibile.
11. **A** (.........................) leggere la sua lettera mi sono rattristata.
12. Ho sbagliato **a** (.........................) fidarmi di te.
13. Sono stata rimproverata **per** (.........................) non aver detto la verità.
14. È troppo astuto **per** (.........................) farsi ingannare.

1 punto per ogni risposta esatta   **Punti** ..../14

A 618

10 La sintassi del periodo

C. **Fai** l'analisi del periodo.

Quando definiamo qualcuno o qualcosa una **pietra miliare**

intendiamo dire

che è talmente importante

da essere considerato un punto di riferimento o di svolta.

La pietra miliare era una piccola colonna

che gli antichi Romani ponevano sul ciglio delle strade

per indicare la distanza da un punto convenzionale

e perciò può essere considerata un esempio di segnale stradale.

Era un manufatto

che pesava circa cinquecento kg

e che era ottenuto

lavorando un unico blocco di pietra in modo

da ricavare una colonnina cilindrica

e da ottenere, nella parte inferiore, un basamento quadrato

da infiggere poi nel luogo prestabilito.

Sulla parte cilindrica recava delle incisioni

per indicare il numero progressivo del miglio,

da cui derivò il termine *miliare*,

e per rendere noto il nome dell'imperatore o del magistrato

che aveva fatto costruire quel tratto di strada.

Anche se sono documentati tentativi precedenti,

è al tribuno della plebe Gaio Gracco

che si deve attribuire la proposta

di far approvare una legge organica sulle arterie stradali,

che furono poi accuratamente misurate

e furono dotate di questi cippi a intervalli di mille passi.

Si sa

che in Italia le pietre miliari indicavano la distanza dalla cerchia delle Mura Serviane di Roma,

e che poi in epoca imperiale il punto di riferimento diventò il *miliario aureo*,

fatto apporre nel 20 a.C. da Augusto nel Foro Romano.

Se erano poste invece nelle province

segnalavano la distanza dalla capitale o dalle principali città.

2 punti per ogni risposta esatta   **Punti** ..../64

TOTALE PUNTI ..../111

A 619

La sintassi

VERIFICA FINALE DELLE COMPETENZE - SINTASSI A

L'ergastolo è poco "scientifico"

Il carcere a vita è la punizione che il sistema giudiziario italiano prevede per i crimini più efferati. Ma secondo molte voci all'interno della comunità scientifica l'ergastolo non è una soluzione razionale dal punto di vista delle dinamiche biologiche che presiedono al nostro cervello.

5 Lo pensa anche l'oncologo Umberto Veronesi, il quale ha proposto di trattare questo tema durante la conferenza mondiale di *Science for Peace*, il comitato scientifico per la pace che è stato da lui creato. *Science for Peace* – nata nel 2009 – si propone di promuovere la cultura della pace attraverso attività divulgative e di chiedere ai governi la riduzione delle spese militari e per gli ordigni nucleari in favore di un investimento di quelle stesse risorse economiche
10 nel mondo della ricerca.

Un impegno contro l'ergastolo   Nel nostro Paese gli "ergastolani" sono 1540, in un regime carcerario che fu stabilito nei primi anni Novanta per la necessità di rispondere con fermezza ai numerosi delitti di mafia.

Negli Stati Uniti la situazione è anche peggiore: ci sono più di 2 250 000 persone in prigione,
15 726 ogni 100 000 abitanti, vale a dire uno ogni 138 americani: il *record* mondiale d'imprigionamento e metà dei detenuti sono di colore.

In Norvegia, dove le prigioni sono umane, meno del 20% dei detenuti torna a commettere reati. E nelle prigioni si studia, si acquisiscono competenze.

Una pena poco "scientifica"   Ma al di là dell'aspetto umanitario, la scelta di sostenere
20 questa causa si basa su teorie scientifiche, più precisamente neuroscientifiche: il cervello cambia rinnovandosi in continuazione nel corso della nostra vita. Quindi, non sono solo le influenze ambientali e sociali a influenzare il nostro modo di agire, ma anche la struttura modificata delle nostre cellule cerebrali. Dopo 20 anni, anche l'assassino più efferato è cerebralmente differente dall'uomo che ha commesso quel delitto.

25 **Il recupero è possibile**   Tutti gli studi dimostrano che il recupero è possibile e che pervenire a un completo ravvedimento della persona è un obiettivo raggiungibile. Inoltre, le ricerche più recenti in neurologia ci hanno dimostrato che il nostro sistema di neuroni si rinnova di continuo, perché il cervello è dotato di staminali proprie, che sono in grado di generare nuove cellule. È quindi di fondamentale importanza promuovere strumenti di rieducazione
30 carceraria che puntino al recupero dei detenuti favorendone il reinserimento nella società, anche dopo 10 anni e senza pericolo per la collettività.

(www.focus.it)

A1. Perché nell'articolo si dice che l'ergastolo è poco "*scientifico*"?

....
....
....
....

Punti _____ /2

Verifica finale delle competenze – Sintassi A

A2. A che cosa dovrebbe essere finalizzato il carcere?

_____

_____

Punti .... /1

A3. In quale Paese il carcere si prefigge questo scopo?

_____

Punti .... /1

A4. **Considera** il periodo *Lo pensa anche l'oncologo Umberto Veronesi, il quale ha proposto di trattare questo tema durante la conferenza mondiale di Science for Peace, il comitato scientifico per la pace che è stato da lui creato* (righe 5-7) e **rispondi** alle domande.

a. La funzione logica di *oncologo* è _____

b. La funzione logica di *comitato* è _____

c. La funzione logica di *per la pace* è _____

d. La funzione logica di *che* è _____

e. La parola o le parole che la particella pronominale *lo* sostituisce sono _____

_____

1 punto per ogni risposta esatta   Punti .... /5

A5. **Considera** il periodo *Nel nostro paese gli "ergastolani" sono 1540, in un regime carcerario che fu stabilito nei primi anni Novanta per la necessità di rispondere con fermezza ai numerosi delitti di mafia* (righe 11-13) e **rispondi** alle domande.

a. Qual è il tempo di *fu stabilito*? A.☐ trapassato remoto B.☐ passato remoto

b. Qual è la funzione logica di *che*? A.☐ soggetto B.☐ compl. oggetto

c. Qual è la funzione logica di *per la necessità*? A.☐ compl. di causa B.☐ compl. di fine

d. Qual è la funzione logica di *con fermezza*? A.☐ compl. di mezzo B.☐ compl. di modo

1 punto per ogni risposta esatta   Punti .... /4

A6. Nella frase *Negli Stati Uniti la situazione è anche peggiore* (riga 14), l'aggettivo *peggiore* a quale grado di intensità è espresso? Qual è il suo grado positivo?

_____

1 punto per ogni risposta esatta   Punti .... /2

A7. **Indica** il valore dei due *si* nelle frase *Nelle prigioni si* (1) *studia, si* (2) *acquisiscono competenze* (riga 18).

1. A. ☐ impersonale   C. ☐ passivante
   B. ☐ riflessivo proprio   D. ☐ riflessivo apparente

2. A. ☐ impersonale   C. ☐ passivante
   B. ☐ riflessivo proprio   D. ☐ riflessivo apparente

1 punto per ogni risposta esatta   Punti .... /2

A 621

La sintassi

A8. **Considera** il periodo *Il carcere a vita è la punizione che il sistema giudiziario italiano prevede per i crimini più efferati* e **indica** se le affermazioni sono vere (V) o false (F).

a. *La punizione* è complemento oggetto.   V ☐   F ☐

b. *Che* è pronome relativo in funzione di soggetto.   V ☐   F ☐

c. *I (crimini) più efferati* è superlativo relativo.   V ☐   F ☐

d. Al passato remoto *prevede* diventa *previde*.   V ☐   F ☐

e. *A vita* significa per tutta la vita.   V ☐   F ☐

1 punto per ogni risposta esatta   **Punti** ..../5

A9. **Considera** il periodo *È quindi di fondamentale importanza promuovere strumenti di rieducazione carceraria che púntino al recupero dei detenuti favorendone il reinserimento nella società* (righe 29-30) e **rispondi** alle domande.

a. Qual è il modo e il tempo di *púntino*?

   A. ☐ indicativo presente   C. ☐ congiuntivo presente

   B. ☐ riflessivo proprio   D. ☐ indicativo imperfetto

b. Che proposizione è *promuovere strumenti di rieducazione carceraria*?

   A. ☐ oggettiva   C. ☐ soggettiva

   B. ☐ dichiarativa   D. ☐ interrogativa indiretta

c. Che cosa sostituisce il *ne* enclitico? ....

1 punto per ogni risposta esatta   **Punti** ..../3

A10. **Considera** i seguenti periodi: da quali proposizioni sono formati?

a. *La scelta di sostenere questa causa si basa su teorie scientifiche, più precisamente neuroscientifiche: il cervello cambia rinnovandosi in continuazione nel corso della nostra vita.*

   A. ☐ principale, coordinata alla principale, subordinata di 1°

   B. ☐ principale, subordinata di 1°, coordinata alla principale, subordinata di 2°

   C. ☐ principale, subordinata di 1°, coordinata alla principale, subordinata di 1°

   D. ☐ principale, subordinata di 1°, coordinata alla subordinata di 1°, subordinata di 2°

b. *Le ricerche più recenti in neurologia ci hanno dimostrato che il nostro sistema di neuroni si rinnova di continuo, perché il cervello è dotato di staminali proprie, che sono in grado di generare nuove cellule.*

   A. ☐ principale, subordinata di 1° soggettiva, subordinata di 2° causale, subordinata di 3° relativa

   B. ☐ principale, subordinata di 1° soggettiva, subordinata di 2° finale, subordinata di 3° relativa

   C. ☐ principale, subordinata di 1° oggettiva, subordinata di 2° causale, subordinata di 2° relativa

   D. ☐ principale, subordinata di 1° oggettiva, subordinata di 2° causale, subordinata di 3° relativa

2 punti per ogni risposta esatta   **Punti** ..../4

Verifica finale delle competenze – Sintassi A

A11. Individua nel testo le proposizioni che formano i periodi indicati e **riportale** nello schema, tenendo conto dei rapporti di coordinazione e di subordinazione.

a. *Tutti gli studi dimostrano che il recupero è possibile e che è un obiettivo raggiungibile pervenire a un completo ravvedimento della persona.*

b. *Non sono solo le influenze ambientali e sociali a influenzare il nostro modo di agire, ma è anche la struttura modificata delle nostre cellule cerebrali.*

2 punti per ogni completamento corretto   **Punti** .... /4

A12. Indica qual è il significato delle seguenti parole.

a. *efferato* (riga 2 e riga 23):

A. ☐ fenomenale

B. ☐ avvenuto in un tempo molto lontano

C. ☐ crudele

D. ☐ che ottiene un risultato efficace

b. *dinamiche biologiche* (riga 3):

A. ☐ ragionamenti logici

B. ☐ intreccio di relazioni fra le varie funzioni biologiche

C. ☐ capacità di pensare correttamente

D. ☐ conseguenze di un'alimentazione a base di cibi biologici

c. *ravvedimento* (riga 26):

A. ☐ pentimento

B. ☐ revisione

C. ☐ spettacolo visto più volte

D. ☐ provvedimento legislativo

1 punto per ogni risposta esatta   **Punti** .... /3

TOTALE PUNTI .... /34

A 623

La sintassi

VERIFICA FINALE DELLE COMPETENZE - SINTASSI B

La sintassi, lo spartiacque tra la comunicazione dell'uomo e quella degli animali

Non esistono persone [...] che non siano capaci di disporre insieme delle parole e con esse comporre un discorso col quale far intendere il loro pensiero. E al contrario non esiste un altro animale tanto perfetto o posto in una condizione tanto favorevole da poter fare una cosa simile. (Cartesio, *Discorso sul metodo*, parte V)

[...] Non si deve confondere la *capacità* di comunicazione con la *struttura* del codice che si usa per comunicare. Tutti gli animali sicuramente comunicano: colibrì con colibrì, cani con cani, gatti con gatti, cani con gatti, colibrì con gatti e tanti altri. Certo, se comunicare significa passare informazioni da un individuo a un altro, anche un papavero comunica con un altro papavero scambiandosi il polline, ma è difficile ammettere l'esistenza di un linguaggio dei papaveri.

Il caso degli animali è più delicato, soprattutto perché è evidente che ci sono animali che pensano e comunicano: dunque per coloro che legano senza ulteriori distinzioni il pensiero e la comunicazione al linguaggio diventa difficile sostenere che quegli animali non abbiano un linguaggio. Se invece ci si concentra sulla struttura del linguaggio, cioè sulla struttura del codice che veicola l'informazione, allora le difficoltà, almeno per chi affronta il problema in termini sperimentali, sono definitivamente risolte.

Il caso più eclatante fu il famoso esperimento condotto su un cucciolo di scimpanzé. Negli anni Settanta alcuni ricercatori vissero isolati assieme a un cucciolo di scimpanzé e decisero di comunicare (tra di loro e con il cucciolo) utilizzando esclusivamente il linguaggio dei segni americano, e compararono i progressi del cucciolo di scimpanzé con quelli di un cucciolo d'uomo. Fu una mossa decisiva e risolutrice, dettata dall'esigenza di superare l'insistente opinione che lo scimpanzé non riuscisse a parlare per via di una conformazione della laringe e degli organi fonatori troppo rozza rispetto a quella umana. Il risultato fu netto: all'inizio, il percorso linguistico dello scimpanzé e quello del bambino furono sostanzialmente paralleli. Entrambi raggiunsero la padronanza di un vocabolario di circa 120 parole; poi, all'improvviso, il bambino iniziò a utilizzare l'ordine delle parole per veicolare significati diversi, sempre più complessi e nient'affatto scontati. Per noi si tratta di un fenomeno naturalissimo, al punto che non ci facciamo caso. Con tre parole come *Caino*, *Abele* e *uccise* sappiamo formulare due frasi dal significato opposto: *Caino uccise Abele* e *Abele uccise Caino*. Questa capacità del nostro codice, che chiamiamo "sintassi", lo scimpanzé non la possiede. Ma non si tratta semplicemente dell'ordine di presentazione dei nomi e dei verbi. Mi spiego con un esempio: un bambino inglese può formulare frasi semplici di due parole senza verbo *daddy here* (*papà qui*, intendendo "il papà è qui") o *hat red* (*cappello rosso*, intendendo "il cappello è rosso"); ma quando passa a frasi di tre parole, come *daddy hat here* (*papà cappello qui*, intendendo "il cappello di papà è qui"), fa un vero e proprio salto quantico: è la sintassi che costruisce un significato nuovo senza l'uso di parole nuove – in questo caso il significato di possesso –, non altro. È solo uno dei tantissimi casi simili nei quali il cucciolo d'uomo superò il cucciolo di scimpanzé.

Oggi si dà dunque per assodato che la sintassi sia lo spartiacque tra il codice di comunicazione dell'uomo e quello di tutti gli altri animali. [...] (A. Moro, *Parlo dunque sono*, Adelphi, 2012, Milano)

A 624

Verifica finale delle competenze – Sintassi B

B1. Che cosa significare comunicare?

....

....

Punti ..../2

B2. Quali esseri sono in grado di comunicare? Quali posseggono un linguaggio?

....

....

....

1 punto per ogni risposta esatta   Punti ..../2

B3. **Indica** se le seguenti affermazioni relative all'esperimento fatto negli anni Settanta sono vere (V) o false (F).

a. I ricercatori hanno insegnato al cucciolo di scimpanzé e al bambino a comunicare tra di loro con il linguaggio dei segni americano.   V ☐ F ☐

b. Nella fase iniziale il cucciolo di scimpanzé e il bambino hanno imparato un numero pressoché uguale di parole.   V ☐ F ☐

c. Successivamente il bambino ha imparato un numero di parole molto superiore.   V ☐ F ☐

d. Lo scimpanzé non ha la capacità di costruire significati nuovi agendo semplicemente sull'ordine delle parole, cioè tramite la sintassi.   V ☐ F ☐

1 punto per ogni risposta esatta   Punti ..../4

B4. Quale valore hanno rispettivamente i due *si* nel periodo *Non si deve confondere la capacità di comunicazione con la struttura del codice che si usa per comunicare* (righe 5-6)?

A. ☐ impersonale e riflessivo

B. ☐ passivante e impersonale

C. ☐ impersonale e passivante

D. ☐ passivante tutti e due

Punti ..../1

B5. Che funzione hanno i quattro *che* presenti nel primo periodo del secondo capoverso del testo?

A. ☐ pronome relativo, congiunzione, congiunzione, pronome relativo

B. ☐ pronome interrogativo, congiunzione, congiunzione, pronome relativo

C. ☐ pronome relativo, congiunzione, pronome relativo, congiunzione

D. ☐ pronome interrogativo, congiunzione, pronome relativo, congiunzione

Punti ..../1

B6. Quale complemento tra quelli indicati non è presente nella frase *Negli anni Settanta alcuni ricercatori vissero isolati assieme a un cucciolo di scimpanzé* (righe 17-18)?

A. ☐ compl. di tempo determinato

B. ☐ compl. di modo

C. ☐ compl. di compagnia

D. ☐ compl. predicativo del soggetto

Punti ..../1

A 625

La sintassi

B7. Nel periodo *Fu una mossa decisiva, dettata dall'esigenza di superare l'opinione che lo scimpanzé non riuscisse a parlare per via di una conformazione della laringe e degli organi fonatori troppo rozza* (righe 21-23),

a. *dall'esigenza* è complemento di:

A. ☐ moto da luogo

B. ☐ causa

C. ☐ agente

D. ☐ causa efficiente

b. *per via di una conformazione* è complemento di:

A. ☐ moto per luogo

B. ☐ causa

C. ☐ mezzo

D. ☐ causa efficiente

c. *troppo rozza* è:

A. ☐ attributo del complemento di specificazione

B. ☐ attributo del complemento di causa

C. ☐ attributo del soggetto

D. ☐ apposizione

1 punto per ogni risposta esatta   **Punti** ..../3

B8. Quali complementi sono le parole evidenziate nella frase <u>Con tre parole</u> sappiamo formulare due frasi <u>dal significato opposto</u>?

A. ☐ compl. di modo, di qualità

B. ☐ compl. di mezzo, di qualità

C. ☐ compl. di unione, di qualità

D. ☐ compl. di mezzo, di separazione

Punti ..../1

B9. **Considera** il periodo *Per noi si tratta di un fenomeno naturalissimo, al punto che non ci facciamo caso* (righe 27-28) e **rispondi** alle domande:

a. *si tratta* è un verbo

A. ☐ copulativo

B. ☐ fraseologico

C. ☐ riflessivo

D. ☐ pronominale

b. *naturalissimo* è un aggettivo di grado

A. ☐ comparativo

B. ☐ superlativo assoluto

C. ☐ superlativo relativo

c. *al punto che* può essere sostituito dalla locuzione

A. ☐ anche se

B. ☐ a patto che

C. ☐ al fine che

D. ☐ tanto che

1 punto per ogni risposta esatta   **Punti** ..../3

B10. Nel periodo *Non esistono persone che non siano capaci di disporre insieme delle parole e con esse comporre un discorso col quale far intendere il loro pensiero* ci sono

A. ☐ due relative proprie

B. ☐ tre relative proprie

C. ☐ una relativa impropria con valore consecutivo e una propria

D. ☐ una relativa impropria con valore finale e una propria

1 punto per ogni risposta esatta   **Punti** ..../1

A 626

Verifica finale delle competenze – Sintassi B

B11. Individua le proposizioni che formano i periodi indicati e riportale nello schema, tenendo conto dei rapporti di coordinazione e di subordinazione.

a. *Il caso degli animali è più delicato, perché è evidente che ci sono animali che pensano e che comunicano.*

```
┌─────────────────────────────────┐
│                                 │
└─────────────────────────────────┘
              ↓
┌─────────────────────────────────┐
│                                 │
└─────────────────────────────────┘
              ↓
┌─────────────────────────────────┐
│                                 │
└─────────────────────────────────┘
              ↓
┌─────────────────────────────────┐   ┌─────────────────────────────────┐
│                                 │───│                                 │
└─────────────────────────────────┘   └─────────────────────────────────┘
```

b. *Gli studiosi videro che sia lo scimpanzé sia il bambino avevano raggiunto risultati simili, ma poi dovettero constatare che il bambino iniziava a utilizzare l'ordine delle parole per veicolare significati sempre più complessi.*

```
┌─────────────────────────────┐        ┌─────────────────────────────┐
│                             │────────│                             │
└─────────────────────────────┘        └─────────────────────────────┘
          ↓                                      ↓
┌─────────────────────────────┐        ┌─────────────────────────────┐
│                             │        │                             │
└─────────────────────────────┘        └─────────────────────────────┘
                                                 ↓
                                       ┌─────────────────────────────┐
                                       │                             │
                                       └─────────────────────────────┘
```

1 punto per ogni risposta esatta   Punti ..../2

B12. Analizza il periodo *Anche un papavero comunica con un altro papavero scambiandosi il polline, ma è difficile ammettere l'esistenza di un linguaggio dei papaveri* (righe 8-10). **Trascrivi** opportunamente le proposizioni e **inserisci** le informazioni richieste.

	tipo di proposizione	grado	forma

Punti ..../4

TOTALE PUNTI ..../25

A 627

La sintassi

VERIFICA FINALE DELLE COMPETENZE - SINTASSI C

Ha un impatto ambientale maggiore un classico libro cartaceo o un moderno *eBook reader*?

La risposta, che fino a qualche tempo fa sembrava assolutamente spontanea e univoca, potrebbe invece essere rimessa in discussione dalle osservazioni mosse da alcuni studi che hanno provato a calcolare le conseguenze sull'ambiente derivanti dall'uso continuato delle due tipologie di supporti per la lettura.

5 Scegliere di usare un lettore digitale per accedere ai propri testi preferiti comporta l'abbandono del volume cartaceo, regalando all'ambiente una mano preziosa in quanto come prima cosa si evita l'abbattimento degli alberi necessari alla produzione della carta, a tutto vantaggio delle politiche di contenimento della deforestazione che, in alcune aree del mondo, sta diventando un problema molto importante.

10 Eppure, a conti fatti, scegliere i libri elettronici al posto di quelli tradizionali potrebbe non essere un grande affare per la nostra Terra. Prendendo in considerazione le emissioni di biossido di carbonio (CO_2) prodotte da un lettore medio che legge circa 6,5 libri all'anno, si nota che i volumi tascabili cartacei hanno un impatto di 26 kg di CO_2 prodotta, contro i poco meno di 70 grammi di CO_2 necessari per un libro elettronico.

15 La situazione, messa così, sembrerebbe una netta vittoria per il nuovo formato digitale, ma alcuni osservatori spiegano che, considerando l'impatto legato all'*eBook reader* e ai *tablet* vari, le cose cambiano, tanto che per un apparecchio in uso per 5 anni si può arrivare fino a 130 kg di emissioni di CO_2. Lo studio, però, ha considerato come lettori digitali anche i *tablet*, e non ha tenuto conto esclusivamente dei veri e propri *eBook reader*, cioè prodotti che na-
20 scono per la lettura e che, verosimilmente, hanno un impatto ambientale più contenuto di dispositivi polivalenti come i *tablet*.

Quel che il rapporto sembra voler affermare è che i supporti elettronici rischiano talvolta di dare all'utente un'immagine di efficienza ambientale che, a conti fatti e dati alla mano, non c'è o non è nella stessa misura in cui viene proposta dalle logiche commerciali.   (greenstyle.it)

C1. Rintraccia l'idea centrale espressa in ciascun capoverso e riportala nella seguente tabella.

1° capoverso	
2° capoverso	
3° capoverso	
4° capoverso	
5° capoverso	

1 **punto** per ogni risposta esatta   Punti ____ /5

C2. Quale funzione logica svolgono le parole *spontanea* (riga 1) e *univoca* (riga 1)?

1 **punto** per ogni funzione individuata   Punti ____ /2

A 628

Verifica finale delle competenze – Sintassi C

C3. **Volgi** in forma attiva tutto il seguente periodo: *La risposta, che fino a qualche tempo fa sembrava assolutamente spontanea e univoca, potrebbe invece essere rimessa in discussione dalle osservazioni mosse da alcuni studi* (righe 1-2).

....

....

Punti ..../1

C4. **Considera** la frase *Hanno provato a calcolare le conseguenze sull'ambiente derivanti dall'uso continuato delle due tipologie di supporti per la lettura* e **indica** se le seguenti affermazioni sono vere (V) o false (F).

a. *Provare* è un verbo fraseologico che indica il tentativo di fare un'azione   V ☐   F ☐

b. *Derivanti* è un participio presente   V ☐   F ☐

c. *Derivanti* ha funzione di aggettivo   V ☐   F ☐

d. *Dall'uso continuato* è complemento di causa efficiente   V ☐   F ☐

e. *Per la lettura* è complemento di causa   V ☐   F ☐

1 punto per ogni risposta esatta   Punti ..../5

C5. **Leggendo** il lungo periodo che forma il secondo capoverso, ti sarai accorto che è piuttosto contorto e presenta un uso non corretto del gerundio: **riscrivilo** spezzandolo e facendo in modo che risulti più scorrevole.

....

....

....

Punti ..../2

C6. **Volgi** in forma esplicita le proposizioni implicite presenti nel seguente periodo: *"Prendendo in considerazione le emissioni di biossido di carbonio (CO_2) prodotte da un lettore medio che legge circa 6,5 libri all'anno, si nota che i volumi tascabili cartacei hanno un impatto di 26 kg di CO_2* (righe 11-13).

....

....

....

Punti ..../2

C7. **Nel** periodo *La situazione, messa così, sembrerebbe una netta vittoria per il nuovo formato digitale, ma alcuni osservatori spiegano che, considerando l'impatto legato all'eBook reader e ai tablet vari, le cose cambiano, tanto che per un apparecchio in uso per 5 anni si può arrivare fino a 130 kg di emissioni di CO_2* (righe 15-18), **quali delle proposizioni subordinate indicate non sono presenti?**

A. ☐ soggettiva   C. ☐ oggettiva   E. ☐ causale

B. ☐ consecutiva   D. ☐ condizionale   F. ☐ relativa

1 punto per ogni risposta esatta   Punti ..../2

A 629

La sintassi

C8. Nella frase *Lo studio ha considerato come lettori digitali anche i tablet* (riga 18), **che funzione logica svolgono rispettivamente *i tablet* e *come lettori digitali*?**

....

....

1 punto per ogni risposta esatta   **Punti** ..../2

C9. **Considera** il periodo *Quel che il rapporto sembra voler affermare è che i supporti elettronici rischiano talvolta di dare all'utente un'immagine di efficienza ambientale che, a conti fatti e dati alla mano, non c'è o non è nella stessa misura in cui viene proposta dalle logiche commerciali* (righe 22-24) **e rispondi** alle domande.

a. Quali parti del discorso sono i tre *che*? ....

b. Quali proposizioni subordinate introducono? ....

c. Nelle espressioni *non c'è o non è nella stessa misura* quale funzione (o quali funzioni) svolge il verbo essere? ....

d. *Viene proposta* che tempo e forma è? ....

e. Qual è la funzione logica di *dalle logiche commerciali*? ....

1 punto per ogni risposta esatta   **Punti** ..../5

C10. **Completa** la seguente frase e **svolgi** l'attività proposta.

L'aggettivo *polivalente* significa .... ed è formato dal prefissoide di origine greca .... che dà origine a molte parole composte: indicane almeno sei.

....

....

1 punto per ogni completamento corretto   **Punti** ..../8

C11. **Nella parola *eBook* la e- ha il significato di "per via telematica" o "in formato elettronico": qual è il significato delle seguenti parole inglesi che sono state assorbite nella lingua italiana?**

a. *e-mail*: ....

b. *e-banking*: ....

c. *e-learning*: ....

d. *e-commerce*: ....

1 punto per ogni risposta esatta   **Punti** ..../4

TOTALE PUNTI ..../38

A 630

Parte 4

La competenza comunicativa

La **competenza comunicativa** è la capacità di **comprendere** e **produrre messaggi adeguati a situazioni**, **destinatari** e **scopi diversi**.

Comunicare è un'esigenza fondamentale dell'uomo: egli ha saputo elaborare **diversi linguaggi**, funzionali a scopi e contesti diversi, ma soprattutto ha creato il **linguaggio verbale** e la sua realizzazione pratica, la **lingua**.

La **lingua** è un sistema straordinario ed efficace perché è **aperta** e **flessibile** ed è, per adattarsi a ogni esigenza comunicativa, in **perenne evoluzione**.
Per sfruttare le infinite potenzialità della lingua, però, **non è sufficiente conoscerne le regole grammaticali**, bisogna anche **saperla usare**, adattandola di volta in volta al contesto e agli interlocutori con i quali si entra in contatto; occorre, in sostanza, saper scegliere all'interno delle **varietà** in cui la lingua si differenzia e a cui si deve la sua infinita capacità espressiva.

A questo proposito lo studioso Dell Hymes osservava che si è davvero **competenti sul piano comunicativo** quando si è capaci di scegliere "quando tacere, quando parlare e riguardo a che cosa, a chi, quando, dove e in che modo parlare".

competenze	conoscenze	abilità
Saper padroneggiare gli strumenti espressivi e argomentativi, indispensabili a gestire l'interazione comunicativa nelle diverse situazioni sociali. **Saper riconoscere e usare** in modo consapevole le potenzialità della lingua e le varietà sincroniche. **Saper distinguere** le varietà diacroniche della lingua.	• Il concetto e il meccanismo della comunicazione. • I segni e i codici. • I linguaggi verbali e non verbali. • La storia e l'evoluzione della lingua italiana. • I registri e i contesti. • I linguaggi specialistici. • Le funzioni della lingua.	• Distinguere gli elementi fondamentali della comunicazione. • Riconoscere le varietà diacroniche della lingua. • Applicare nei diversi contesti le varietà sincroniche della lingua (registri formali e informali, linguaggi specialistici, funzioni della lingua).

11 La comunicazione

La comunicazione (dal latino *comunicare*, "mettere in comune") è il processo che rende possibile lo scambio di informazioni tra individui.

FORME La capacità di trasmettere messaggi è stata determinante per l'**evoluzione dell'uomo**. Unico essere vivente a possedere gli organi vocali, ha elaborato il **linguaggio verbale** e lo ha poi trasposto in varie forme di **scrittura**.

A mano a mano che la vita sociale diventava più complessa, gli esseri umani hanno incrementato la capacità di scambiare informazioni elaborando **sistemi e strumenti comunicativi** via via più sofisticati. Dalla scrittura all'invenzione della stampa, dal telegrafo al telefono, fino alla radio, alla televisione e a Internet, l'uomo non ha mai smesso di mettere a punto sistemi che gli consentissero di raggiungere gli altri in maniera sempre più precisa, diffusa e capillare.

FUNZIONI I diversi **sistemi comunicativi** permettono agli esseri umani di trasmettere qualunque tipo di informazione **senza limiti di tempo e di spazio**, di rispondere a ogni possibile esigenza e finalità comunicativa, di condividere concetti molto complessi e astratti. La capacità umana di comunicazione è, quindi, ben diversa, per quantità, qualità e consapevolezza rispetto a quella degli altri esseri viventi. Per quanto gli animali sappiano comunicare messaggi basilari, come il bisogno di nutrirsi o di essere accuditi, la disponibilità all'accoppiamento, la prontezza al combattimento e altre informazioni utili alla conservazione della specie, la loro capacità di comunicazione è molto limitata e agisce sotto impulsi propriamente istintivi. Per questo le loro forme comunicative, ben diversamente da quelle umane, non possono evolversi né essere ulteriormente potenziate.

CONOSCENZE · ABILITÀ · COMPETENZE

p. 631

La competenza comunicativa

1 Gli elementi della comunicazione

Ogni **scambio comunicativo** presuppone sempre la presenza e l'interazione di **sei elementi** essenziali[1]: l'**emittente**, il **ricevente**, il **messaggio**, il **referente**, il **canale** e il **codice**. A questi si aggiungono lo **scopo** e il **contesto**.

- L'**emittente** è colui che **elabora** e **invia il messaggio**.
- Il **destinatario**, o **ricevente**[2], è colui che **riceve il messaggio**.
- Il **messaggio** è il **contenuto** di ciò che si comunica, l'informazione trasmessa e strutturata secondo un **codice**.
- Il **referente** (dal latino *referre*, "riportare, riferire) è l'**oggetto** (cosa materiale, idea, situazione) **a cui il messaggio si riferisce**. Per capire la differenza tra messaggio e referente poniamo il caso di due insegnanti, l'uno italiano, l'altro francese che parlino di un cane: il referente – il mammifero con quattro zampe che abbaia – rimane invariato, mentre cambia il messaggio perché formulato in un diverso codice, la lingua italiana e quella francese.

---

1 Gli elementi fondamentali della comunicazione sono stati individuati e definiti dallo studioso russo Roman Jakobson, nato a Mosca nel 1896 e morto negli Stati Uniti nel 1984, che fu tra i fondatori del formalismo e dello strutturalismo.

2 Tra i due termini esiste una sfumatura di significato: il **destinatario** è colui al quale l'emittente invia il messaggio in modo consapevole e intenzionale; il **ricevente** è invece colui che lo recepisce, indipendentemente dalla volontà comunicativa dell'emittente.

- Il **codice** è un **sistema di segni** che, combinati tra loro secondo **regole convenzionali**, consente di formulare messaggi diversi. Perché la comunicazione possa avvenire in modo completo, l'emittente e il destinatario devono conoscere entrambi il **codice**, cioè essere in grado di interpretare i singoli segni e le regole con cui essi si combinano. Se la condivisione del codice è solo parziale, la comunicazione può avvenire, ma in maniera limitata.
- Il **canale** è il **mezzo fisico** richiesto dal codice prescelto; può essere sia il **mezzo sensoriale** coinvolto nella comunicazione, come la vista o l'udito, sia il **mezzo tecnico** tramite il quale il messaggio viene trasmesso nelle comunicazioni a distanza, come il telefono, il fax, il computer, ...

A questi sei elementi si deve poi aggiungere il **contesto**, cioè la situazione concreta in cui avviene la comunicazione; il contesto non è parte attiva dell'atto comunicativo, ma lo determina e lo condiziona.

Tenendo conto dell'interazione di tutti i fattori, il modello della comunicazione può essere rappresentato schematicamente in questo modo:

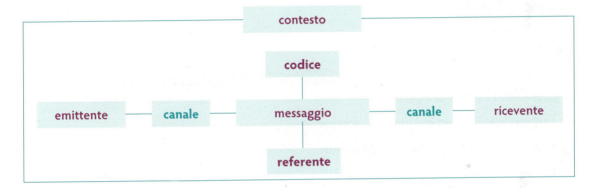

2 I segni

> I **segni** sono **suoni**, **immagini** o **gesti** che, quando vengono **percepiti dai nostri sensi**, sono in grado di trasmetterci **una determinata informazione**.

Un segno si compone di **due elementi** che, come le due facce di uno stesso foglio di carta, sono inscindibili; essi sono:

- il **significante**, la **forma materiale e concreta**, riconosciuta dai nostri sensi;
- il **significato**, l'idea mentale, il **concetto astratto**, a cui associamo quel significante.

Facciamo un esempio concreto. Stiamo cercando dove sia via Roma. A un uomo che incontriamo, chiediamo: «Scusi, per via Roma si va di qui?». Lui risponde muovendo su e giù la testa un paio di volte. Capiamo subito che la risposta è: «Sì». Muovere la testa in su e in giù è un atto fisico ed è il **significante**; "sì" è il suo **significato**.

Significante e significato sono inseparabili, perché né l'uno né l'altro, presi singolarmente, sarebbero in grado di trasmettere un'informazione. Sono termini **relativi**, cioè possono essere definiti solo l'uno in relazione all'altro: il significante è ciò che richiama un significato; il significato ha sempre bisogno di un significante.

La competenza comunicativa

Il **segno** quindi è una **relazione**, **non un oggetto in sé**.

segno	significante	significato
(cartello STOP)	cartello ottagonale, con cornice bianca e parola S+T+O+P	obbligo di fermarsi e di dare la precedenza
(forbici con tratteggio)	disegno di un paio di forbici e di un tratteggio	possibilità di ritagliare lungo il tratteggio
(pollice alzato)	pollice su	richiesta di autostop

La **semiotica**, o **semiologia** (dal greco *seméion*, "segno") è la **scienza che studia i segni** e li classifica secondo i seguenti aspetti:

- l'**intenzionalità** con cui sono prodotti;
- la **relazione** tra significante e significato;
- i **sensi** attraverso i quali sono percepiti.

  – Sulla base dell'**intenzionalità**, i segni si distinguono in **segni naturali** e **segni artificiali**.

  – Sono **naturali** i segni **non intenzionali**: possono essere fenomeni spontanei della natura o anche dell'uomo, ma in ogni caso vengono emessi **senza una precisa volontà** di trasmettere un messaggio. Ciò che ci consente di ricavare da essi un'informazione è la nostra **esperienza**, grazie alla quale siamo in grado di operare un ragionamento di tipo **causale**, collegando l'**effetto** (il significante del segno) con la **causa** che lo ha provocato (il significato). Sono segni naturali:

    – i **sintomi**, come il tuono, i lampi, l'oscurarsi del cielo, da cui deduciamo l'imminenza di un temporale, i segni involontari dell'uomo come il rossore sul viso che è l'effetto di un'emozione, e tutti i fenomeni che permettono ai medici di risalire alla malattia che ne è la causa;

    – le **tracce**, come le orme di un animale sul terreno ci possono dare molte informazioni: capire che tipo di animale è passato di lì, da quanto tempo o se era ferito;

    – gli **indizi**, come i segni che, lasciati involontariamente dagli autori di fatti criminosi, permettono agli investigatori di individuare i colpevoli del reato.

  – Sono **artificiali** i segni **elaborati dall'uomo** a scopo comunicativo e usati per trasmettere un messaggio **in modo intenzionale**. Le scienze della comunicazione considerano solo questi come veri segni perché, a differenza di quelli naturali, rispondono a una precisa volontà di avviare uno scambio comunicativo.

11 La comunicazione

Un segno naturale può anche diventare artificiale: ad esempio, il segno del fumo è naturale quando è l'effetto di un incendio, ma diventa artificiale se viene utilizzato per inviare informazioni a distanza, come nel sistema comunicativo dei pellerossa; così un colpo di tosse è un segno naturale se è emesso in modo spontaneo a causa di un'indisposizione, ma diventa artificiale se viene prodotto con l'intenzione di richiamare l'attenzione del destinatario.

- In base alla **relazione** tra significante e significato, i **segni artificiali** si definiscono:
  - **icone** (dal greco *eikón*, "immagine"), se il loro significante riproduce, in modo più o meno fedele e somigliante, il significato che è un elemento della realtà. Sono icone la mappa di una metropolitana, i dipinti o le fotografie che rappresentano persone o luoghi, le parole onomatopeiche che riproducono suoni naturali, come *tic-tac*, *din-don*, *bau-bau*, *belare*, *sussurrare*, ...;
  - **indici**, se il loro **significante ha una vicinanza fisica o causale con il significato**. Sono indici la stretta di mano, alzare le braccia in segno di esultanza, i gesti della lingua dei segni;
  - **simboli**, se l'associazione del loro significante con il significato è **arbitraria**, cioè non è dovuta ad alcuna relazione logica né a un rapporto di somiglianza o vicinanza, ma è stata fissata **per convenzione**, cioè grazie a un accordo tra quanti utilizzano lo stesso codice. Questi segni rappresentano, in genere, un'entità astratta e possono essere usati dall'emittente e compresi dai destinatari solo nel caso che essi abbiano **una buona conoscenza del codice**. Sono simboli le lettere e i numeri, le note musicali e le formule chimiche, ma anche le immagini dell'agnello o dell'ulivo in ambito cristiano o la mezzaluna in ambito islamico. Anche certi comportamenti hanno un valore rituale e quindi simbolico: la posa della prima pietra di un edificio, il taglio del nastro durante un'inaugurazione, lo scambio degli anelli durante la cerimonia del matrimonio.

segno	significante	significato	codice
CANE	insieme di suoni o lettere che compongono la parola C+A+N+E	idea di "cane"; immagine mentale di "cane"	lingua italiana
DOG	insieme di suoni o lettere che compongono la parola D+O+G	idea di "cane"; immagine mentale di "cane"	lingua inglese

- In base all'**organo di senso** da cui vengono percepiti, i segni si distinguono in:
  - **visivi**, come le immagini, i disegni, i grafici, le figure, i colori, i numeri e le lettere scritte dell'alfabeto, i gesti, le espressioni del volto, ...;
  - **acustici**, come i suoni e i rumori;
  - **tattili**, come le strette di mano e gli abbracci; i segni che compongono l'alfabeto Braille usato dai ciechi;
  - **olfattivi**, come gli odori e i profumi, che sono segni solo naturali; ad esempio, sono segni olfattivi gli odori emanati dagli animali per attrarre o respingere altri animali, l'odore di pulito di una casa, il profumo di prestigio indice di distinzione sociale, l'odore di sudore segno del lavoro svolto, quello del gas che rivela la presenza di un guasto all'impianto, gli odori del cibo che segnalano che il pranzo è pronto;
  - **gustativi**, come i sapori del cibo e delle bevande che caratterizzano una festività, individuano le usanze di un popolo o rimandano a una particolare regione del mondo o, addirittura, a un determinato popolo.

La competenza comunicativa

3 I linguaggi

> La parola **linguaggio** indica comunemente la facoltà dell'uomo di esprimersi a parole; nel settore specifico della linguistica definisce, invece, la capacità di **trasmettere un messaggio per mezzo di un qualunque sistema di segni**.

Il **linguaggio verbale** (dal latino *verbum*, "parola") è la facoltà specifica dell'uomo di comunicare mediante **segni linguistici**, cioè per mezzo di **parole**, e ha la sua realizzazione pratica nelle varie **lingue**. La lingua è il sistema comunicativo più ricco ed efficace, perché è:

- **potente** ed **economico**, con un numero ridotto di segni riesce a rendere con chiarezza e precisione ogni tipo di messaggio;
- **flessibile** e **creativo**, si adatta a tutte le situazioni comunicative e si arricchisce e si rinnova in continuazione;
- **riflessivo**, unico tra tutti i linguaggi, la lingua è capace di riflettere su se stessa, di descriversi e di analizzare ogni aspetto del proprio codice.

I **linguaggi non verbali** sono, in genere, linguaggi "di relazione" e offrono **vantaggi** di ordine **pratico**: sono facili da apprendere e permettono una rapida trasmissione del messaggio. Alcuni sono durevoli nel tempo, altri sono adatti alla comunicazione a distanza, altri risultano particolarmente espressivi e di immediata comprensione. Per queste caratteristiche, alcuni di essi possono dimostrarsi molto efficaci o indispensabili per comunicare in determinati contesti, altri, grazie alla loro immediatezza e semplicità, servono come **sostegno** e **arricchimento** del linguaggio verbale. Essi, tuttavia, presentano anche dei **limiti**: sono poveri, poco flessibili e inefficaci a esprimere concetti astratti e messaggi complessi e articolati.

I **linguaggi non verbali** si classificano in base all'organo di senso con cui li percepiamo.

- I **linguaggi visivi**, basati sull'organo della **vista**, sono i più numerosi, hanno un impiego molto diffuso e vario e si distinguono ulteriormente in **grafici** e **gestuali**.
  - I **linguaggi grafici** utilizzano come segni **figure**, **disegni** e **immagini** di vario genere. Ne fanno parte la segnaletica pubblica e stradale, il codice utilizzato nelle carte meteorologiche o nelle rappresentazioni cartografiche, le note musicali, le istruzioni per il lavaggio dei capi di biancheria, l'alfabeto Morse, i diagrammi. Sono molto diffusi perché si prestano alla **comunicazione a distanza**, rendono il **messaggio durevole nel tempo**, sono di **facile e immediata comprensione** anche a destinatari di lingue diverse.

Nel vivo della comunicazione

I messaggi chiariti dalle *emoticon* Forme di comunicazione capillarmente diffuse, come la posta elettronica e le diverse forme di messaggistica, non sono sempre funzionali a fare comprendere il quadro in cui si forma e viene espresso il messaggio. Anche nei casi in cui emittente e destinatario condividano un certo contesto, **non è sempre facile cogliere lo stato d'animo sotteso a un'affermazione espressa in forma scritta**. Ad esempio, il messaggio "Ti odio!" potrebbe indicare un reale sentimento di avversione e rancore, ma

11 La comunicazione

in un determinato contesto potrebbe invece essere espressione di ironia o di invidia scherzosa. Per rendere immediatamente chiaro il "tono di voce" di una comunicazione informale scritta ed evitare fraintendimenti, sono state inventate le cosiddette **emoticon**. Il termine deriva dalla contrazione delle parole inglesi *emotion* e *icon*: questi segni sono costituiti da **vere e proprie immagini o dalla combinazione di caratteri che le evocano e sono usati per esternare emozioni e sentimenti**. Note anche come *smiley* (dall'inglese *smile*, "sorriso"), le emoticon sono dunque **traduzioni visive di concetti astratti**. Il fine comunicativo dell'espressione "Ti odio!" diventa chiarissimo se è seguita da una "faccina" che ride a sottolineare il tono scherzoso.

Le *emoticon* che usiamo ogni giorno, che sorridono, strizzano l'occhio, piangono, si arrabbiano, mandano un bacio e via dicendo, sono da un punto di vista formale un vero e proprio **sistema paralinguistico**, cioè un linguaggio puramente figurativo che affianca e integra la comunicazione (in questo caso scritta), rispondendo alla nostra esigenza di spiegare al nostro interlocutore la portata emotiva di quanto scriviamo.

– I **linguaggi gestuali** utilizzano, come segni, **gesti mimici** di vario tipo. Per la loro caratteristica di poter essere recepiti con grande immediatezza, sono utilizzati per le **comunicazioni internazionali** e in quelle che coinvolgono **ampie fasce di utenti**. Sono gestuali i sistemi comunicativi dei vigili, dei pompieri e degli elicotteristi che usano come segni i movimenti delle braccia e quello delle comunicazioni navali che si avvale di segnalazioni con bandierine; l'alfabeto dei sordomuti che ricorre ai gesti delle mani. È gestuale anche il **linguaggio del corpo**: attraverso la mimica, i movimenti delle mani e del corpo, le espressioni del volto, che sono segni involontari, manifestiamo stati d'animo, sentimenti e reazioni in modo più espressivo di quanto non facciamo con le parole. In genere, il linguaggio del corpo rafforza e conferma la comunicazione verbale, ma, essendo più spontaneo e poco controllato, può anche smentirla. Ad esempio, se un ospite si trattiene più di quanto vogliamo, possiamo dirgli per pura cortesia: «Fermati ancora un po'; mi fa piacere parlare con te». Ma se guardiamo continuamente l'orologio, e non prestiamo attenzione ai suoi discorsi, inviamo con il linguaggio gestuale un messaggio opposto a quello verbale, rivelando tutta la nostra impazienza. In queste situazioni spetta allora alla sensibilità e all'intuito del destinatario valutare se sia preminente il messaggio verbale o quello gestuale.

• I **linguaggi fonico-acustici** si avvalgono di **segni fonici**, suoni e rumori di diverso genere. Alcuni sono emessi dall'uomo in modo naturale, come il fischio e l'urlo, altri tramite uno strumento, come lo squillo del campanello, i rintocchi delle campane, la sirena dell'autoambulanza, il fischio del vigile o del capostazione. Anche la musica trasmette emozioni e messaggi e rappresenta quindi una forma elaborata di linguaggio fonico-acustico.

• I **linguaggi tattili** hanno segni che presuppongono un **contatto fisico**, come baci, abbracci, carezze, schiaffi. Sono utilizzati per esprimere sentimenti e come rinforzo del linguaggio verbale. In genere si risolvono in gesti e sono quindi percepibili anche con la vista, ma si differenziano dai linguaggi visivi e gestuali perché implicano un contatto fisico tra l'emittente e il destinatario. Appartengono a questa tipologia le diverse forme convenzionali di saluto, che variano a seconda delle tradizioni dei popoli, e il sistema di scrittura Braille, formato da punti in rilievo che vengono letti dai ciechi passando sul foglio i polpastrelli della mano.

A 639

La competenza comunicativa

- I **linguaggi olfattivi** si avvalgono di **odori**; sono fondamentali nella comunicazione tra gli animali e sono diffusi anche nei vegetali, non hanno invece un utilizzo pratico da parte dell'uomo. Odori, profumi, esalazioni sono per noi segni naturali, capaci di trasmetterci delle informazioni ma, non essendo stati strutturati in un codice, non costituiscono un linguaggio.

Il buon uso della comunicazione

Forme trasversali: creare linguaggi sensoriali per supplire agli impedimenti comunicativi della disabilità

Se comunicare è condividere, è importante non dimenticare mai che i sensi – pur essendo legati ai linguaggi – **non devono rappresentare un limite per lo scambio fra gli esseri umani**. Quando uno dei cinque sensi o altre funzioni corporee sono impediti da una forma di disabilità, diventa cruciale creare delle opportunità di comunicazione che la superino: solo in questo modo si può realizzare l'integrazione scolastica, lavorativa e sociale cui la persona disabile ha pieno diritto. È il caso dei disturbi che riguardano la visione e l'udito, la voce e la capacità di parlare, il sistema nervoso, muscolare o le funzioni mentali.

Il Braille

Intorno al 1820, il francese Louis Braille, rimasto cieco da bambino, ispirandosi a un metodo di comunicazione usato dai militari di notte ha inventato il linguaggio che ancora oggi porta il suo nome, un metodo che consente alle persone non vedenti di leggere e scrivere. Il Braille traduce, infatti, le lettere dell'alfabeto (oltre che i numeri, le note musicali e gli altri segni) in simboli formati in rilievo su una griglia composta da sei punti, che si "leggono" passandoci sopra con le dita. Questi caratteri si possono creare con un punteruolo apposito, che equivale a una forma di scrittura "a mano", o con una speciale macchina, simile a quella per scrivere, detta "dattilobraille". Nell'era dei computer, in cui l'interfaccia non è fisica, e dunque non può essere toccata, a questo sistema si affianca la possibilità, prevista da tutti i sistemi operativi, che tutti i testi che appaiono sullo schermo vengano letti ad alta voce da un apposito programma.

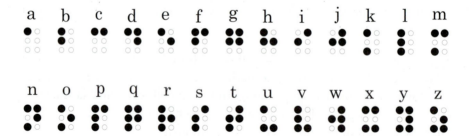

La lingua dei segni

La **lingua dei segni** è un sistema complesso fatto di gesti e di espressioni delle mani, del viso e del corpo, che consente alle persone sorde, mute o sordomute di esprimersi con una vera e propria lingua. Questa forma visiva, infatti, conta su una grammatica e una sintassi proprie: come i fonemi delle lingue parlate, anche i più semplici segni possono dare vita, combinati insieme, a espressioni articolate, capaci di esprimere qualunque concetto. Un'altra

11 La comunicazione

caratteristica che la rende simile alle lingue parlate è il fatto di non essere universale: esistono tante lingue dei segni – e quindi tante regole linguistiche – quante sono le comunità che le utilizzano in tutto il mondo.

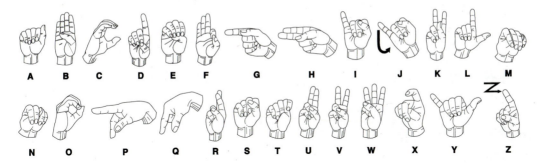

Altre esperienze

Al di là dei linguaggi strutturati, come il Braille e la lingua dei segni, esistono molte altre forme più o meno elaborate che consentono di costruire uno scambio con le persone affette da *deficit* sensoriali o motori. Il **gioco**, le **sperimentazioni tattili**, **visive**, **uditive**, il **sostegno psicologico** e qualunque altro tipo di stimolo dell'intelletto possono essere preziosi per permettere alle persone disabili di organizzare, elaborare ed esprimere le loro idee e sentimenti. Negli ultimi anni, inoltre, la tecnologia sta fornendo spunti preziosi per superare questo genere di barriera.

Rappresenta un esempio l'esperienza del fisico, matematico e astrofisico inglese Stephen Hawking, affetto da sclerosi laterale amiotrofica: benché non potesse più esprimersi usando la voce, la scrittura o i gesti, ha superato questi impedimenti attraverso un raffinato sistema informatico di riconoscimento dei movimenti facciali e oculari.

Allena le Competenze

1 ●○○ **COMPETENZE COMUNICATIVE** **Associa i seguenti segni al significato corrispondente.**

1. .... **a.** Conservare in freezer.

2. 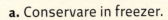 .... **b.** Stampare il documento.

3. .... **c.** Si prevede pioggia.

4. .... **d.** Pericolo! Caduta massi!

5. .... **e.** Attenzione! C'è un'auto in panne!

A 641

La competenza comunicativa

2 ○○○ COMPETENZE COMUNICATIVE Specifica i codici di appartenenza dei seguenti segni.

1. $(a + 1)(a - 1) = a^2 - 1$
2. α β γ δ ε π ρ
3. ♪ ♩ ♩ 𝅝 ♫
4. ☀ ☁ ≋
5. H_2O
6. (50) ⚠ ⛺
7. CAP 10100
8. 🧺 🚫 🔲

3 ○○○ COMPETENZE COMUNICATIVE Completa la tabella specificando per ogni scambio comunicativo gli elementi mancanti.

a. "Posso provare il 37 di questo modello di scarpe?" b. "Would you show me the way to the airport?" c. L'ambulanza accende la sirena: gli automobilisti accostano. d. Alla fine dell'esame, Andrea dà una pacca sulla spalla a Luca. e. Angela ferma un taxi con un cenno della mano. f. Una notifica di Facebook ti ricorda che oggi è il compleanno di Piero. g. Viale Mazzini chiusa al traffico per lavori fino al 23 settembre.

	emittente	destinatario	canale	codice
a.	cliente		auditivo	verbale (lingua italiana)
b.	turista		auditivo	
c.				
d.				
e.				non verbale
f.				
g.		tu		

4 ○○○ COMPETENZE COMUNICATIVE Specifica il significato dei seguenti segni.

1. un nodo al fazzoletto
2. la spia accesa dell'indicatore della benzina
3. il dito indice sulle labbra
4. la fede all'anulare sinistro
5. i lenti rintocchi delle campane di una chiesa
6. una fascia tricolore indossata da una persona
7. la figura di un cane su un cancello
8. i dieci rintocchi di un pendolo
9. l'indice dell'insegnante puntato su un allievo
10. il calo del sipario a teatro

A 642

11 La comunicazione

5 ●●○ COMPETENZE COMUNICATIVE **Completa** i seguenti schemi, indicando gli elementi comunicativi richiesti.

1. referente: nebbia in autostrada
emittente: ....
destinatario: ....
messaggio: ....
codice: ....
canale: visivo

2. referente: ....
emittente: ....
destinatario: ....
messaggio: Vieni pure con i tuoi amici!
codice: lingua italiana
canale: auditivo + telefono

3. referente: un fatto di cronaca
emittente: giornalista
destinatario: ....
messaggio: ....
codice: ....
canale: visivo + giornale

4. referente: una partita di calcio
emittente: ....
destinatario: ....
messaggio: ....
codice: ....
canale: sonoro + mezzo radiofonico

6 ●○○ COMPETENZE COMUNICATIVE **Indica** se i seguenti segni sono naturali [N] o artificiali [A].

1. il numero su un portone [.....] **2.** la puzza di bruciato [.....] **3.** la luce di un faro [.....] **4.** l'oscurarsi improvviso del cielo [.....] **5.** la luce accesa in una casa [.....] **6.** la bandiera bianca [.....] **7.** il semaforo lampeggiante [.....] **8.** una grande macchia sul soffitto [.....] **9.** il battere le mani [.....] **10.** l'arrivo delle rondini [.....] **11.** i punti rossi e blu sui rubinetti [.....] **12.** una bandiera ammainata [.....] **13.** il bastone bianco portato da una persona [.....] **14.** il cadere delle foglie dagli alberi [.....] **15.** la muffa su un alimento [.....] **16.** le orme su un pavimento bagnato [.....] **17.** le strisce bianche su una strada [.....] **18.** le macchie di rossetto su una tazzina [.....] **19.** il rossore improssivo sulle guance [.....] **20.** la spia verde sul caricabatteria del cellulare [.....]

7 ●●○ COMPETENZE COMUNICATIVE **Specifica** quale informazione puoi dedurre dai segni naturali individuati nell'esercizio precedente.

8 ●●○ COMPETENZE COMUNICATIVE **Spiega** come il tossire, l'accendere e spegnere la luce in una stanza, lasciare tracce sulla sabbia possano essere sia segni naturali sia segni artificiali, quindi **specifica** il significato di ciascun segno.

1. tossire: ....

2. accendere e spegnere la luce: ....

3. lasciare tracce sulla sabbia: ....

A 643

La competenza comunicativa

9 ●○○ **COMPETENZE COMUNICATIVE** **Specifica** con quali tipi di linguaggi è possibile trasmettere i seguenti messaggi.

	messaggio	linguaggi adatti a esprimerlo
1.	Alt, fermati!	
2.	Partite!	
3.	Sono d'accordo con te!	
4.	Attenzione! Pericolo di morte!	
5.	Ti amo molto.	
6.	È ora di alzarsi!	
7.	Rallentare!	
8.	Posto riservato agli invalidi.	
9.	Fine delle lezioni.	
10.	Non farlo più!	

10 ●●○ **COMPETENZE COMUNICATIVE** **Specifica** il linguaggio non verbale che ti sembra più adatto a trasmettere ciascuno dei seguenti messaggi verbali nel contesto proposto; se ritieni che in alcuni casi il messaggio possa essere codificato solo nel linguaggio verbale, spiegane il motivo.

	messaggio	contesto	linguaggio
1.	Ho avuto un guasto meccanico	in auto su una strada	
2.	Oggi è pericoloso fare il bagno.	al mare	
3.	*Partire* è modo infinito.	a scuola	
4.	Non lavare a più di 30°	su un capo di vestiario	
5.	Attenzione! Pericolo di bombardamento!	in città durante la guerra	
6.	Ho un mal di testa terribile.	a casa	
7.	Vorrei un modulo per fare un versamento sul conto corrente.	in banca	
8.	Basta! Fate silenzio!	a scuola	
9.	Ciao! Vieni qui!	per strada a un amico in lontananza	
10.	I clienti sono pregati di recarsi alle casse!	al supermercato	
11.	Aiuto! La barca ha un'avaria al motore.	in barca	
12.	Si tratta di un angolo retto.	a scuola alla lavagna	
13.	Il giorno 4 novembre si terranno le elezioni per il consiglio di istituto.	in un'assemblea scolastica	

11 La comunicazione

RAFFORZA LE TUE COMPETENZE

 11 ●●○ **COMPETENZE COMUNICATIVE** **Completa** opportunamente la seguente tabella indicando gli **elementi comunicativi** adeguati ai seguenti messaggi.

	emittente	destinatario	messaggio	contesto	linguaggio
1.		ospite di riguardo	Che buono!!!		
2.	tu con la bocca piena	amica	Che buono!!!		
3.			Domani bel tempo		
4.	padre				linguaggio gestuale
5.			Errore grave!		linguaggio grafico
6.			Tutto bene!		
7.		calciatore			
8.			Partenza!	gara automobilistica	
9.			È vietato fumare.	studio medico	
10.			Inizia una nuova ripresa!	match di boxe	

 12 ●●○ **COMPETENZE COMUNICATIVE** Indica se i seguenti segni sono **icone [I]**, **indizi [IN]** o **simboli [S]**.

1.
2.
3.

4.
5.
6.

7.
8.

9.
10.

A 645

La competenza comunicativa

4 Il contesto comunicativo

> Il **contesto** è tutto **ciò che fa da contorno** allo scambio comunicativo.

Per la corretta comprensione di un messaggio, **la conoscenza del codice è indispensabile, ma non sufficiente**: è necessaria anche **la condivisione di tutte le informazioni che formano il contesto**. In particolare:

- il **contesto linguistico**, dato dall'insieme delle informazioni fornite dagli altri **elementi linguistici**. La frase "40mila giovani e meno giovani impazziti" desterebbe non poche preoccupazioni se non fosse seguita da "al concerto di Vasco Rossi allo stadio di Messina".
- il **contesto situazionale**, la **situazione concreta** in cui avviene la comunicazione, determinata da oggetti e persone, tempi e luoghi, tipo di rapporto tra emittente e destinatario. Così la domanda «Hai un dado?» può essere interpretata in tre modi diversi a seconda che sia pronunciata in cucina, in un'officina o a un tavolo da gioco. Allo stesso modo un insegnante che commenti «Bene, molto bene, Luca», invia a Luca un messaggio completamente differente se lo dice dopo una brillante interrogazione o dopo averlo sorpreso a copiare.
- il **contesto culturale**, cioè il **bagaglio di conoscenze** legate alla **cultura** e al tipo di società.

Possiamo immaginare quanti messaggi, per noi chiarissimi, risulterebbero incomprensibili sia a individui vissuti secoli fa sia a uomini che, pur appartenendo al nostro tempo, vivono in una società diversa dalla nostra. Ad esempio, il colore del lutto per quasi tutto l'Occidente è il nero, mentre in Estremo Oriente è il bianco; in molti Paesi del mondo, fra cui il nostro, il giorno di riposo è la domenica, ma in Israele è il sabato e nei paesi arabi il venerdì.

La condivisione del contesto, in tutti i suoi aspetti, permette anche di integrare le **presupposizioni**, gli elementi del discorso o del pensiero lasciati sottintesi e impliciti. Il destinatario può dedurre quanto l'emittente ha dato per scontato tramite deduzioni logiche, chiamate **inferenze**, che sono rese possibili solo grazie all'adeguata conoscenza del contesto.

Prendiamo in considerazione le seguenti frasi:

1. «Mi fai accendere?» 2. «Passami quello rosso.»

il significato che cogliamo dalla frase **1.** è una richiesta di accendere una sigaretta: ma chi non vivesse in una società come la nostra potrebbe interpretarla in un modo diverso. Per quanto riguarda la frase **2.**, solo il contesto comunicativo – l'identità dell'emittente e del destinatario, soprattutto, l'ambiente in cui si trovano – permette di operare delle inferenze e di cogliere il significato preciso, indipendentemente dalle appartenenze linguistiche e/o culturali.

Le presupposizioni sono molto frequenti nel **parlato** e in tutte le situazioni comunicative in cui il contesto è ben noto agli interlocutori; vengono spesso sfruttate anche nei **titoli dei giornali** e nella **pubblicità** a scopi espressivi, per ottenere effetti particolari e catturare l'attenzione dei destinatari. Anche le **barzellette**, le **storielle comiche** e le **battute a doppio senso** si basano su presupposizioni e derivano il loro senso umoristico o da una mancata capacità di inferenza o da una scorretta integrazione delle informazioni.

Un signore va in un negozio di abbigliamento e chiede alla commessa: «Vorrei una camicia» e lei: «La taglia?». E il signore: «No, no, la metto intera!». → il senso umoristico è dato dall'interpretazione della parola *taglia* come voce verbale e non come nome

11 La comunicazione

Allena le Competenze

13 ●○○ **COMPETENZE COMUNICATIVE** **Completa** la tabella con i significati che i significanti assumono nei contesti indicati.

	significante	contesto	significato
1.	entrambe le mani alzate	a. in una banca b. durante una partita c. in una moschea	....
2.	una mano alzata	a. durante un'asta b. durante una conferenza c. alla fermata di un autobus	....
3.	delle urla	a. per strada b. allo stadio c. nello studio di un dentista d. a un concerto	....
4.	il numero 3	a. sulla maglia di un giocatore b. sul calendario c. su un compito in classe	....

14 ●○○ **COMPETENZE COMUNICATIVE** **Specifica** il significato che assume un fischio nei seguenti contesti.

1. il padrone al suo cane. **2.** il vigile in mezzo al traffico. **3.** l'arbitro durante una partita di calcio. **4.** il capostazione in direzione di un treno fermo sui binari. **5.** un ragazzo per strada nei confronti di una ragazza sconosciuta. **6.** un ragazzo che vede un amico sul marciapiede opposto della strada. **7.** il pubblico di giovani ad un concerto rock. **8.** il pubblico alla prima di un'opera alla Scala.

15 ●○○ **COMPETENZE COMUNICATIVE** **Specifica** i diversi significati che i seguenti segni possono assumere nei diversi contesti.

l'immagine di una croce	il colore rosso o una luce rossa	il suono di una sirena
contesto 1:	contesto 1:	contesto 1:
significato 1:	significato 1:	significato 1:
contesto 2:	contesto 2:	contesto 2:
significato 2:	significato 2:	significato 2:

A 647

La competenza comunicativa

16 ●●○ COMPETENZE COMUNICATIVE **Completa** la tabella con l'emittente, il destinatario e il contesto dei messaggi indicati.

	emittente	messaggio	destinatario	contesto
1.		Per il prossimo lunedì completate gli esercizi del primo capitolo.		
2.		Attenzione! Il certificato di sicurezza del sito è scaduto – Vuoi procedere comunque?		
3.		Vorrei il "Corriere della Sera", per favore.		
4.		Batteria scarica! Ti resta solo il 10% di energia.		
5.		Mi porti alla stazione, per cortesia.		
6.		Per il dolore al braccio, consiglio una cura antinfiammatoria per 3 giorni e riposo assoluto per una settimana.		
7.		Passaporto e motivo del viaggio, per favore.		
8.		Per me una margherita con doppia mozzarella!		

17 ●●○ COMPETENZE COMUNICATIVE **Individua** per ciascun messaggio due contesti linguistici: il primo in cui il messaggio possa essere inteso in senso letterale, il secondo in senso figurato. Segui l'esempio.

1. È una bomba!
   senso letterale: Un ragazzo vede in un prato uno strano oggetto e, dopo essersi avvicinato, grida spaventato: «È una bomba!».
   senso figurato: «Ho visto l'ultimo film di George Clooney: è una bomba!»

2. Dagli da bere.
   senso letterale: ....
   senso figurato: ....

3. Non ho le mani libere.
   senso letterale: ....
   senso figurato: ....

4. Ha le orecchie lunghe.
   senso letterale: ....
   senso figurato: ....

5. Devo giocare l'ultima carta.
   senso letterale: ....
   senso figurato: ....

11 La comunicazione

18 ●●○ COMPETENZE COMUNICATIVE **Individua** per ciascun messaggio due contesti lingui-stici: il primo in cui il messaggio possa essere inteso in senso letterale, il secondo in senso figurato. Segui l'esempio dell'esercizio 17.

1. Parla arabo.

senso letterale: ....

senso figurato: ....

2. Non vuole cantare?

senso letterale: ....

senso figurato: ....

3. Secondo me, è proprio cotto.

senso letterale: ....

senso figurato: ....

4. Che fulmine!

senso letterale: ....

senso figurato: ....

19 ●●○ COMPETENZE COMUNICATIVE **Completa** la tabella con i diversi significati che i mes-saggi possono esprimere nei contesti indicati.

	messaggio	contesti	significati
1.	La macchina è senza benzina.	il padre risponde al figlio che gli chiede l'auto per uscire	
		il padre porge le chiavi dell'auto al figlio	
		il padre al figlio che la sera prima ha preso la sua auto per uscire	
2.	Qui si parla inglese.	su un cartello di un negozio in Italia	
		l'insegnante di inglese a un allievo	
3.	Ma che bella giornata!	sta piovendo a dirotto	
		c'è un sole splendido	
4.	Attento che esce!	Sara a un amico che sta guardando il suo gatto	
		Sara a un amico al distributore delle bibite	
		Sara a un amico davanti all'hotel di un cantante famoso	

A 649

La competenza comunicativa

20 ●●○ **COMPETENZE COMUNICATIVE** **Specifica** per ciascun messaggio due diversi contesti in modo che possa assumere due diversi significati.

1. Occorre un buon taglio.
   contesto 1: .... contesto 2: ....
2. Che belle penne!
   contesto 1: .... contesto 2: ....
3. Che volume!
   contesto 1: .... contesto 2: ....
4. Bel lavoro!
   contesto 1: .... contesto 2: ....
5. Non si muove niente!
   contesto 1: .... contesto 2: ....
6. Non c'è corrente.
   contesto 1: .... contesto 2: ....
7. Laura è in linea.
   contesto 1: .... contesto 2: ....
8. È una radice molto grande.
   contesto 1: .... contesto 2: ....
9. Che pizza!
   contesto 1: .... contesto 2: ....
10. Siamo alla frutta.
    contesto 1: .... contesto 2: ....

5 I fattori di disturbo e di rinforzo della comunicazione

> Il **fattore di disturbo** della comunicazione è detto **rumore**, mentre i fattori di rinforzo e potenziamento sono detti **ridondanza** e *feedback*.

- Il **rumore** è un **disturbo di qualunque genere**, non solo di tipo acustico, che **ostacola** o addirittura **impedisce** la ricezione del messaggio. Può riguardare il canale (la nebbia non permette di ricevere il messaggio della segnaletica stradale; la mancanza di energia elettrica non consente la trasmissione di messaggi attraverso il citofono, la televisione, il computer), il mittente (un improvviso calo di voce), il destinatario (un difetto alla vista, all'udito o semplicemente una distrazione).

- La **ridondanza** è la **ripetizione di uno stesso messaggio in codici diversi**: ad esempio, le ambulanze e le auto della polizia che devono fronteggiare un'emergenza, invitano gli automobilisti a lasciare loro la strada tramite un segno visivo, i lampeggianti accesi, e un segno acustico, la sirena spiegata.

- Il *feedback* è l'**informazione di ritorno** che permette all'emittente di capire, mentre sta comunicando, se il suo messaggio è stato ricevuto e compreso correttamente, e di reagire di conseguenza. È ciò che fa l'insegnante durante una spiegazione quando verifica la comprensione degli allievi chiedendo loro «Avete capito?», «È chiaro?», «Tutto bene?», oppure quando cerca di dedurre dalle loro espressioni se il livello di attenzione e di concentrazione è adeguato a ricevere le informazioni.

Si può ricorrere al *feedback* solo nelle situazioni comunicative in cui i due **interlocutori possono invertire i loro ruoli**: il destinatario, sollecitando una nuova formulazione o un'integrazione del messaggio, diventa l'emittente; l'emittente, diventato destinatario, può precisare o riproporre il messaggio e così via. **Non si ha invece *feedback* quando il processo comunicativo si svolge in un'unica direzione** e i ruoli dell'emittente e del destinatario rimangono fissi. È ciò che avviene quando osserviamo la segnaletica stradale, leggiamo un libro o vediamo un film.

ALLENA LE COMPETENZE

21 ●○○ COMPETENZE COMUNICATIVE **Riconosci il rumore che impedisce i seguenti scambi comunicativi e specifica su quale elemento comunicativo interviene.**

1. Accidenti! Manca proprio questa pagina! (..................................) **2.** L'insegnante ha corretto la versione di latino. Io però pensavo a Veronica e mi sono perso le ultime tre righe. (..................................) **3.** Questo articolo mi interesserebbe molto, ma ho dimenticato a casa gli occhiali e il carattere è troppo piccolo perché lo possa leggere. (..................................) **4.** Marco dall'altra parte della strada mi ha gridato qualcosa, ma proprio in quel momento è passato un camion che faceva un rumore assordante. (..................................) **5.** Entschuldigung, haben Sie bitte Feuer? (..................................) **6.** Abbiamo già superato la casa di Marco? Con questa nebbia non riesco a leggere i numeri civici. (..................................) **7.** Vorrei proprio sapere se questa maglia si può lavare in acqua, ma l'etichetta è tanto sbiadita che non si legge più. (..................................)

22 ●●○ COMPETENZE COMUNICATIVE **Specifica i possibili rumori, relativi al codice, all'emittente o al destinatario, che possono compromettere i seguenti tipi di comunicazione.**

1. una conferenza: ....
2. un articolo di giornale: ....
3. un programma televisivo: ....
4. un comizio in piazza: ....
5. la segnaletica stradale: ....
6. uno spettacolo teatrale: ....

VERIFICA LE TUE COMPETENZE

Affari di cuore

Il giorno prima Patrizia le aveva scritto un SMS: «Sai ke Andre è uscito con Vale?». Così quella mattina gli occhi segnati e il gusto amaro in bocca rivelavano la notte agitata di Francesca. Un buon odorino proveniva dalla cucina. «Sbrigati! Il *croissant* è già nel microonde» le gridò sua madre. Poi quando vide la sua espressione imbronciata le chiese: «Che c'è? Hai paura di
5   essere interrogata?». Lei scosse la testa. La madre capì che doveva trattarsi di un problema di cuore, le appoggiò affettuosamente una mano sulla spalla e aggiunse: «Non te la prendere; vedrai, tutto si aggiusta». Nerino le andò incontro, come sempre, miagolando e strusciandosi contro le sue gambe; lei lo accarezzò distrattamente, poi, terminata la colazione, uscì. Fuori grossi nuvoloni scuri si stavano addensando; anche il bollettino meteo aveva preannuncia-
10 to: «In mattinata possibilità di temporali su tutto il Nord-Ovest». Uscì per andare a scuola. A metà strada il cellulare squillò: era Andrea, ma lei non rispose. Al passaggio a livello le sbarre erano abbassate. Nell'attesa si voltò verso il muretto: il disegno dei due cuori con i nomi "Francesca" e "Andrea" era sempre là. Lei li osservò e non poté trattenere una smorfia. Finalmente il fischio del treno, poi le sbarre alzate. «Accidenti, sono in ritardo» esclamò
15 vedendo le lancette dell'orologio sulle otto. Sulla porta della scuola il bidello stava gesticolando ai ritardatari. Francesca entrò, raggiunse la sua aula e senza salutare nessuno si avviò al proprio posto. I compagni la guardavano stupiti, ma Andrea, nel banco in fondo, aveva capito perfettamente che cosa significava quel silenzio.

A. Riconosci i messaggi verbali.

....
....
....
....
....
....

0,5 punti per ogni messaggio individuato   Punti ..../3

B. Riconosci gli elementi della comunicazione nella situazione compresa tra le righe 4 e 6.
1. emittente: ....
2. destinatario: ....
3. messaggio: ....
4. codice: ....
5. canale: ....
6. referente: ....

0,5 punti per ogni risposta esatta   Punti ..../3

A 652

11 La comunicazione

C. Sulla base dell'organo sensoriale con cui sono percepiti, **specifica** la tipologia dei seguenti segni non verbali e **spiegane** il significato.

1. la mano sulla spalla   **segno** ....

                                           significato ....

2. lo scuotere la testa   **segno** ....

                                           significato ....

3. lo squillo del cellulare   **segno** ....

                                           significato ....

4. le sbarre abbassate e alzate   **segno** ....

     del passaggio a livello   **significato** ....

5. il disegno di due cuori   **segno** ....

     con i nomi   **significato** ....

6. il fischio del treno   **segno** ....

                                           significato ....

7. le lancette dell'orologio   **segno** ....

     sulle otto   **significato** ....

8. il gesticolare   **segno** ....

                                           significato ....

9. il silenzio   **segno** ....

                                           significato ....

1 punto per ogni tipologia individuata, **1 punto** per ogni spiegazione fornita   **Punti** .... **/18**

D. Specifica quale informazione puoi dedurre dai seguenti segnali naturali.

1. gli occhi segnati: ....

2. l'odorino dalla cucina: ....

3. l'espressione imbronciata: ....

4. il miagolare e strusciarsi del gatto: ....

5. i nuvoloni scuri: ....

6. la smorfia: ....

1 punto per ogni risposta esatta   **Punti** .... **/6**

E. Specifica il rumore che non consente lo scambio comunicativo tra Francesca e Andrea.

....

....

....

Punti .... **/2**

TOTALE PUNTI .... **/32**

A 653

La lingua nel tempo e nello spazio

Ogni lingua, pur mantenendo il suo carattere unitario, è un sistema aperto, dinamico e vitale e comprende in sé molteplici varietà.

FORME La lingua è **unitaria** e **continua** per risultare comprensibile a quanti la usano, **aperta** e **dinamica** per adeguarsi alle continue trasformazioni della società; per questo va incontro a una serie di **variazioni lente e graduali**, ma **costanti** e **significative**.

Non diversamente dalle altre manifestazioni della vita umana, la lingua cambia a seconda delle epoche storiche, dei rivolgimenti politici, sociali, economici e culturali, ma varia anche in relazione al **territorio**, al **contesto socio-culturale** e agli scopi per cui viene usata.

FUNZIONI I diversi **scopi comunicativi** determinano le diverse **funzioni della lingua**. Basate sui **sei elementi della comunicazione** individuati dallo studioso Roman Jacobson, si distinguono in:

- funzione espressiva;
- funzione conativa;
- funzione fatica;
- funzione metalinguistica;
- funzione poetica;
- funzione referenziale.

PROSPETTIVE DI ANALISI Le diverse dinamiche linguistiche possono essere analizzate secondo due differenti prospettive:

- **diacronica** (dal greco *dià* e *chrónos*, "attraverso il tempo"), quando, attraverso un approccio di **tipo storico**, si esamina il **processo evolutivo della lingua** e se ne evidenziano i progressivi sviluppi;
- **sincronica** (dal greco *syn* e *chrónos*, "in unione con il tempo"), quando si esamina il funzionamento della lingua in un determinato periodo e si individuano le **varietà determinate dal contesto d'uso**.

CONOSCENZE · ABILITÀ · COMPETENZE

p. 631

La competenza comunicativa

1 Le varietà diacroniche

> Le **varietà diacroniche**, o varietà storiche, sono le **diverse forme** che una medesima lingua assume **nel corso del tempo**.

Quando leggiamo un testo di un'epoca anche non molto lontana, avvertiamo subito le diversità dalla lingua d'oggi; se poi vogliamo capire un testo di alcuni secoli fa, dobbiamo intervenire quasi con un lavoro di traduzione.

Le varietà diacroniche presentano differenze innanzitutto di **lessico**: infatti, alcune parole che indicano oggetti caduti in disuso o idee superate scompaiono, altre modificano o cambiano il loro significato originario e nel contempo nascono molte parole, i **neologismi**, indispensabili a indicare prodotti o apparecchi di recente invenzione, fenomeni e concetti nuovi.
La trasformazione lessicale è quella più appariscente e più rapida, ma non l'unica: anche la grafia, la pronuncia, la struttura morfologica e sintattica subiscono nell'arco dei secoli mutamenti significativi e il loro processo è tuttora in atto.

Osservare quindi la lingua da una prospettiva **diacronica** significa esaminarne il processo evolutivo ed evidenziarne i progressivi sviluppi: in altre parole, **significa tracciarne la storia**.

1*1 Le origini dal latino

> L'italiano è una delle dieci **lingue neolatine**, cioè "latine nuove", o **romanze**, dall'espressione *romanice loqui*, "parlare al modo dei Romani".

L'italiano, infatti, **è nato dal latino** o, più precisamente, **è la continuazione del latino** fino ai giorni nostri: è il risultato di una tradizione ininterrotta che nel corso del tempo, con variazioni lente e graduali ma costanti e significative, ha modificato la lingua latina nella grafia, nella pronuncia, nel lessico, nella struttura morfologica e sintattica.

Il **latino** era in origine la lingua di alcune tribù indoeuropee che, dopo essersi insediate nel Lazio, diedero origine nell'VIII sec. a.C. alla città di Roma.
In seguito, con l'affermarsi della potenza romana, il latino si diffuse dapprima sul territorio della penisola, poi nelle regioni conquistate e assoggettate, fino a diventare la lingua ufficiale in uso in tutta l'area del Mediterraneo.
In questi territori così vasti, però, prima dell'arrivo dei Romani si parlavano altre lingue, dette **lingue di sostrato**; queste furono abbandonate a favore della lingua dei conquistatori, ma lasciarono comunque delle tracce, soprattutto nella pronuncia e nel lessico. Si ebbero così **diverse varietà geografiche**: il latino parlato nei territori dei Galli era diverso da quello parlato in Spagna o in Egitto e le parlate dei vari territori si differenziavano tutte dal latino parlato a Roma.
Oggi accade la stessa cosa. Pensiamo alla diversità dell'inglese parlato in Inghilterra, in Australia, in Sudafrica. La lingua è la stessa, le persone si comprendono, ma nella lingua confluiscono anche molti aspetti propri di ciascuna realtà: ci sono parole, modi di dire, che sono specifici di ognuno di questi Paesi. Anche la pronuncia cambia, tanto da rendere facilmente riconoscibile un americano o un australiano da un inglese.

12 La lingua nel tempo e nello spazio

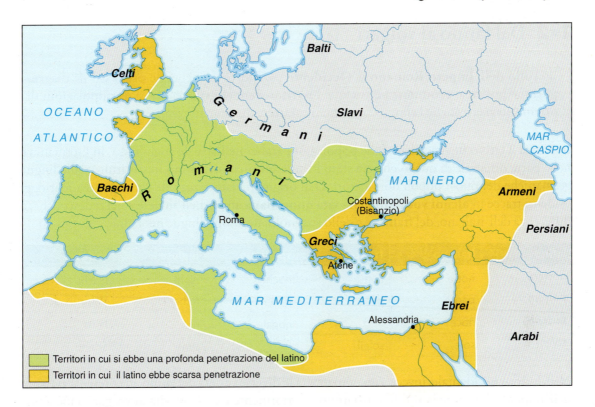

- Territori in cui si ebbe una profonda penetrazione del latino
- Territori in cui il latino ebbe scarsa penetrazione

Le differenze linguistiche, però, non dipendevano solo dall'area geografica. Anche a Roma il **latino volgare** (da *vulgus*, "popolo"), cioè il parlato quotidiano, era molto diverso dal **latino classico** e **colto**, insegnato nelle scuole e usato dagli uomini di cultura.

- Il **latino classico**, soprattutto nella sua forma scritta, era molto curato nelle scelte lessicali, rispettava le regole grammaticali, aveva una costruzione del periodo ampia, elegante e ricca di proposizioni subordinate. Inoltre, proprio perché rispettava le regole fissate dalla grammatica, tendeva a mantenersi uniforme e invariato.

- Il **latino volgare**, invece, tendeva a semplificare la lingua in tutti i suoi aspetti. Possiamo capirlo dalle iscrizioni trovate a Pompei e in altre zone archeologiche o dagli scritti che riproducono il parlato, come nel caso delle commedie. Nel parlato quotidiano non si pronunciavano le consonanti finali delle parole, le regole della morfologia e della sintassi venivano trascurate, il lessico era infarcito di termini dialettali, diminutivi, espressioni vivaci e spesso sgrammaticate e inglobava continuamente termini provenienti da altre parlate. Per questi motivi il latino volgare si trasformava a ritmi molto rapidi e si differenziava sempre più dal latino classico.

A partire dal II-III secolo d.C., con la radicale trasformazione della società romana, **il latino volgare prese sempre più piede a scapito del latino classico**. Furono fattori determinanti la perdita di potere della classe aristocratica colta, la decadenza del prestigio degli intellettuali e della scuola, la diffusione del Cristianesimo. La nuova religione influì profondamente sulla lingua: innanzitutto per la sua predicazione scelse il volgare così che tutti gli strati sociali potessero comprenderla e, per esprimere i nuovi concetti e princìpi morali, arricchì il lessico di termini ripresi dal **greco**, la lingua in cui fino al II secolo venne espresso e diffuso il messaggio cristiano.

La competenza comunicativa

1*2 Dal latino ai volgari

Il **crollo dell'Impero Romano d'Occidente** comportò un generale **processo di disgregazione politica**, **economica** e **sociale**: i territori vennero via via invasi da popolazioni di origine diversa e anche la lingua perse ogni carattere di compattezza.

In Africa il latino fu cancellato dalle popolazioni arabe; nell'attuale Inghilterra, in Germania e nella parte orientale di quello che era stato l'Impero romano, il latino fu sostituito dalle lingue germaniche dei nuovi popoli dominatori. Dell'originaria latinizzazione rimangono ancor oggi evidenti tracce in **alcuni vocaboli della vita quotidiana** anche nell'inglese e nel tedesco, che, a differenza dell'italiano, del francese e dello spagnolo, non sono lingue neolatine.

latino	italiano	francese	spagnolo	inglese	tedesco
noctem[1]	notte	nuit	noche	night	Nacht
patrem	padre	père	padre	father	Vater
nucem	noce	noix	nogal	nut	Nuss
solem	sole	soleil	sol	sun	Sonne

Nell'Europa occidentale, invece, rimasero in vita le diverse varietà del latino, già presenti ai tempi dell'Impero, che tuttavia si differenziarono ulteriormente e diedero vita ai **volgari**, cioè a una serie di **parlate locali**, molto diverse da zona a zona.

Ad accentuare le differenze linguistiche contribuirono molti fattori: l'influenza in ciascuna regione delle lingue dei popoli invasori e delle lingue originarie di sostrato; le guerre, le epidemie, il generale abbassamento del tenore di vita, l'impraticabilità e precarietà delle vie di comunicazione, la radicale diminuzione degli scambi di merci che isolarono le popolazioni in comunità ristrette e impedirono i contatti tra le persone.

Il **latino** rimaneva comunque l'unica **lingua scritta** e continuava a essere praticato, anche se non con la padronanza del passato, da un numero molto ristretto di persone che facevano parte della classe intellettuale e del clero.

Nel IX secolo Carlo Magno, volendo ricomporre l'unità politica, religiosa, culturale e linguistica nel Sacro Romano Impero adottò proprio il latino come lingua ufficiale dell'apparato amministrativo e politico. Ma tra le **lingue volgari** e il **latino** era avvenuto ormai un **netto distacco**.

Ne è la riprova la decisione assunta dai vescovi durante il Concilio di Tours, voluto da Carlo Magno nell'813: nella consapevolezza che il latino fosse ormai diventato incomprensibile al popolo, essi stabilirono che le predicazioni venissero pronunciate o in lingua germanica, parlata dai Franchi invasori, o nella lingua comunemente parlata in Gallia, la *lingua romana rustica* ("*romana lingua*", da cui il termine "romanza", nel senso di lingua derivata dal latino).

Il primo documento di lingue romanze scritte, che testimonia anche la profonda differenziazione linguistica ormai avvenuta, è il **Giuramento di Strasburgo** dell'842, in cui Carlo II il Calvo e Ludovico II il Germanico si giurarono fedeltà reciproca e si impegnarono a non stringere patti di alleanza con Lotario I (imperatore e fratello di Carlo e Ludovico). Il testo ci è giunto grazie allo storico Nitardo, che all'interno della sua opera scritta – com'era consuetudine a quel tempo – in

---

1 Le parole latine sono citate nella forma dell'accusativo, il caso del complemento oggetto, da cui sono derivate le parole nelle lingue neolatine.

A 658

12 La lingua nel tempo e nello spazio

latino, inserì le formule di giuramento nelle lingue effettivamente usate dai due popoli. Carlo, di lingua francese, giurò in antico tedesco, per farsi comprendere dalle truppe di Ludovico; Ludovico, di lingua germanica, giurò nella lingua del fratello; i rappresentanti dei due eserciti giurarono invece ognuno nella propria lingua.

Eccone i testi originali e le rispettive traduzioni.

antico francese *Pro Deo amur et pro christian poblo et nostro commun saluament, d'ist di in auant, in quant Deus sauir et podir me dunat, si saluarai eo cist meon fradre Karlo, et in adiudha et in cadhuna cosa si cum om per dreit son fradra saluar dist, in o quid il mi altresi fazet. Et ab Ludher nul plaid nunquam prindrai qui meon uol cist meon fradre Karle in damno sit.*	Per l'amore di Dio e per il popolo cristiano e per la nostra comune salvezza, da qui in avanti, in quanto Dio mi concede sapere e potere, così aiuterò io questo mio fratello Carlo e in aiuto e in qualunque cosa, così come è giusto, per diritto, che si aiuti il proprio fratello, a patto ch'egli faccia altrettanto nei miei confronti, e con Lotario non prenderò mai alcun accordo che, per mia volontà, rechi danno a questo mio fratello Carlo.
antico tedesco *In Godes minna ind in thes christiānes folches ind unsēr bēdhero gehaltnissī, fon thesemo dage frammordes, sō fram sō mir Got gewizci indi mahd furgibit, sō haldih thesan mīnan bruodher, sōso man mit rehtu sīnan bruodher scal, in thiu thaz er mig sō sama duo, indi mit Ludheren in nohheiniu thing ne gegango, the mīnan willon imo ce scadhen werdhēn.*	Per l'amore di Dio e del popolo cristiano e per la salvezza di entrambi, da oggi in poi, in quanto Dio mi concede sapere e potere, così aiuterò io questo mio fratello, così come è giusto, per diritto, che si aiuti il proprio fratello, a patto ch'egli faccia altrettanto nei miei confronti, e con Lotario non prenderò mai alcun accordo che, per mia volontà, possa recargli danno [a Ludovico].

Anche questo documento testimonia come in quell'ampia area si verificò una **diglossia**, cioè la compresenza di due lingue con funzioni diverse: il **latino** per la **comunicazione scritta** o in **ambito formale**, il **volgare**, diverso da zona a zona, per la **comunicazione orale**.

1*3 Le prime testimonianze del volgare nella penisola italiana

Il testo, oggi conosciuto come *Indovinello veronese*, è il più antico **esempio di volgare italiano**; risale all'VIII secolo ed è stato scoperto nel 1924 in un codice custodito nella Biblioteca Capitolare di Verona.

Sul codice, che proveniva dalla Spagna e conteneva un'opera di sant'Isidoro, un amanuense veronese aveva annotato a margine della pergamena il seguente indovinello:

Se pareba boves, alba pratalia araba, et albo versorio teneba et negro semen seminaba	Spingeva avanti i buoi (= le dita), arava prati bianchi (= i fogli di pergamena), teneva un aratro bianco (= la penna d'oca) e seminava un seme nero (= l'inchiostro).[2]

La lingua **non è più il latino classico**: ad esempio, è caduta la desinenza -*t* della terza persona singolare dei verbi (in latino *parabat, arabat, tenebat, seminabat*) e la desinenza -*um* dell'accusativo singolare è sostituita dalla -*o*. Rimangono tuttavia tratti tipicamente latini, come le parole *boves* e *semen*. Per queste incongruenze alcuni studiosi ritengono che l'indovinello non sia in realtà un vero esempio di scrittura volgare, ma una scrittura di fase intermedia.

---

2 La soluzione dell'indovinello è: "Lo scrivano che, come un seminatore, sparge con le dita per mezzo della penna l'inchiostro sui fogli di pergamena".

A 659

La competenza comunicativa

> Il **primo documento ufficiale scritto in volgare** è, invece, il cosiddetto *Placito Capuano* che risale al **960**.

È il verbale del processo in cui i monaci dell'abbazia benedettina di Montecassino si opponevano a un feudatario locale per la proprietà di alcune terre. La controversia fu risolta a favore del monastero sulla base delle testimonianze di alcuni contadini, le quali furono trascritte così come erano state pronunciate, cioè in **volgare**. Il resto del documento era redatto, invece, in latino, che rimaneva la lingua del diritto e dell'amministrazione; in genere, si riportavano in latino anche le testimonianze: nel caso della controversia di Montecassino si scelse invece il volgare per consentire ai testimoni di verificare ciò che avevano detto, prima di sottoscriverlo con un giuramento.

Sao ke kelle terre, per kelle fini que ki contene, trenta anni le possette parte sancti Benedicti	So che quelle terre, con quei confini che qui sono indicati, le possedette per trent'anni la parte (il monastero) di San Benedetto.

Tra l'XI e il XII secolo, a causa di grandi cambiamenti storici, i diversi volgari parlati nella penisola italiana cominciarono sempre più a essere utilizzati anche per la **scrittura a scopi pratici**. Erano nati i **Comuni** e si era sviluppata la **borghesia**, una classe sociale che non conosceva necessariamente il latino e che per le comunicazioni a scopi commerciali doveva usare un altro strumento, più immediato e quotidiano: il volgare, appunto.

1*4 Le principali trasformazioni nel passaggio dal latino all'italiano

> Il **processo** che trasformò il **latino volgare** nella **lingua italiana** fu **lento e graduale** e coinvolse il sistema della lingua **in tutti i suoi aspetti**.

Vediamone i principali cambiamenti.

- **Mutamenti fonetici**: alcuni dei mutamenti fonetici intervenuti nel passaggio dal latino all'italiano **erano già in atto nel latino volgare**. Come abbiamo già visto, nel parlato quotidiano si tendeva a semplificare i suoni difficili da pronunciare, innanzitutto non si pronunciava la consonante finale dell'accusativo (il caso che esprimeva il complemento oggetto e da cui sono per lo più derivate le parole italiane), *m* per il singolare, *s* per il plurale.
Nella tabella, altre evoluzioni fonetiche, che hanno interessato soprattutto le parole d'uso comune.

latino classico	trasformazioni fonetiche	italiano
rosae *poena* *paucum*	chiusura dei dittonghi: *ae* → *e* *oe* → *e* *au* → *u*	rose pena poco
unda	*u* → *o*	onda
fabula	*b* intervocalica → *v*	favola
clarum	*cl* → *chi*	chiaro

latino classico	trasformazioni fonetiche	italiano
filia	*li* + vocale → *gli*	figlia
planta	*pl* → *pi*	pianta
septem *somnum*	*bt*, *ct*, *pt* → *tt* *mn* → *nn*	sette sonno
aetatem *virtutem*	troncamento di: *ate* → *à* *ute* → *ù*	età virtù

A 660

12 La lingua nel tempo e nello spazio

- **Mutamenti morfologici**: in latino le parti nominali cambiavano la desinenza per indicare il genere (maschile, femminile, neutro), il numero e anche il caso, cioè la funzione svolta dalla parola nella frase: questo complesso sistema costituiva la **declinazione**. Con la tendenza a non pronunciare più le consonanti finali divenne quasi impossibile distinguere i casi e via via **le declinazioni scomparvero**. L'aspetto morfologico si trasformò radicalmente: la variabilità delle parti nominali si limitò al **genere** (ma il genere neutro fu assimilato dal maschile) e al **numero**, venne introdotto l'**uso dell'articolo**, sconosciuto al latino, e si incrementò la funzione delle **preposizioni**, ormai indispensabili per indicare le diverse funzioni logiche.

- **Mutamenti sintattici**: la caduta del sistema delle declinazioni determinò anche cambiamenti significativi riguardo alla **disposizione delle parole** nella frase. La presenza dei casi che esprimevano le funzioni logiche rendeva l'ordine delle parole molto meno rigido rispetto a quello dell'italiano: ad esempio, il verbo, preceduto da tutti i complementi indiretti e diretti, occupava in genere l'ultima posizione. Una volta scomparsi i casi, l'ordine delle parole divenne determinante e si fissò progressivamente nella sequenza che è ora in uso sia nell'italiano sia in altre lingue neolatine: soggetto – verbo – complemento diretto – complementi indiretti.

  Dearum aram rosarum coronis matronae cum ancillis suis ornaverant.
  Le matrone con le loro ancelle avevano ornato l'altare delle dee con corone di rose.

  Anche la struttura sintattica subì un processo di semplificazione e si adattò alle costruzioni sintattiche del latino volgare, ben lontane da quelle del latino classico, che erano complesse, articolate e ricche di proposizioni subordinate.

- **Mutamenti lessicali**: le parole derivate dal latino costituiscono oltre il 70% del lessico italiano e sono confluite nella nostra lingua in tempi e modi diversi; possono, quindi, essere suddivise in due gruppi.

  - Il **fondo latino ereditario**, cioè tutte le parole dell'italiano che tutti conoscono e che si usano abitualmente, si sono trasmesse dal **latino volgare** per **tradizione ininterrotta**, cioè sono state sempre usate, senza alcuna interruzione, e dal latino sono giunte fino ai giorni nostri, pur con trasformazioni di forma o di significato.

    Molte hanno mantenuto il loro significato, ma hanno subìto delle **trasformazioni fonetiche**. Eccone alcuni esempi (i nomi latini sono citati nella forma dell'accusativo).

viam	→ via	*amicum*	→ amico	*mensem*	→ mese
formicam	→ formica	*patrem*	→ padre	*regem*	→ re
deam	→ dea	*iustitiam*	→ giustizia	*legere*	→ leggere
Siciliam	→ Sicilia	*oculum*	→ occhio	*laudare*	→ lodare
venire	→ venire	*timere*	→ temere	*habere*	→ avere

Alcune parole che avevano un significato generico hanno assunto un **significato più specifico**, altre, invece, hanno subìto il passaggio inverso.

mulierem	= donna	→ moglie	*otium*	= tempo libero	→ ozio
dominam	= padrona	→ donna	*verbum*	= parola	→ verbo
cognatum	= parente	→ cognato	*imbecillum*	= debole	→ imbecille
adripare	= giungere a riva	→ arrivare	*cubare*	= giacere	→ covare

A 661

La competenza comunicativa

Alcuni nomi si sono trasmessi nella forma del **diminutivo**, di largo uso nella lingua popolare.

agnellum	diminutivo di *agnum*	→ agnello
fratellum	diminutivo di *fratrem*	→ fratello
auriculam	diminutivo di *aurem*	→ orecchia
cepullam	diminutivo di *cepam*	→ cipolla

– Le parole definite **latinismi** (⬅ 2, § 2.4) sono confluite nell'italiano per **via dotta** attraverso una **tradizione interrotta**, cioè, dopo essere cadute in disuso per secoli, sono state recuperate dagli studiosi a partire dal XII secolo direttamente dagli autori latini. Si tratta in genere di termini colti che sono stati ripresi in una forma molto vicina a quella originaria, ma con un significato diverso, per indicare oggetti di recente invenzione o nuovi concetti. Il latino, infatti, assieme al greco antico è alla base del linguaggio intellettuale di tutte le lingue europee, anche dell'inglese, considerato oggi la lingua per eccellenza in campo scientifico e tecnico. I latinismi si sono trasmessi nelle lingue in forme tra loro molto simili, tanto che si può parlare di un **lessico europeo della cultura e dei settori tecnico-scientifici**.

bacillum = bastoncino → bacillo	*nucleum* = gheriglio della noce → nucleo
capsulam = scatola → capsula	*cellulam* = celletta → cellula
video = io vedo → video	*lavabo* = io laverò → lavabo

Nel caso di sinonimi, l'uno in uso nel latino volgare, l'altro nel latino classico, ha avuto la meglio nell'italiano il **sinonimo di uso popolare**, mentre la **voce dotta**, caduta in disuso, ha dato origine a un **latinismo**.

parola d'uso popolare	parola italiana
focum	fuoco
stellam	stella
caballum (cavallo da lavoro)	cavallo
casam (casupola, capanna)	casa

parola dotta	latinismo
ignem	ignifugo
sidus	siderale, sidereo
equum (cavallo di razza)	equestre, equino
domum (casa signorile)	duomo

Talora una stessa parola latina ha avuto **due esiti diversi**: l'esito popolare ha subìto trasformazioni fonetiche, il latinismo di derivazione dotta è rimasto pressoché inalterato.

latino	esito popolare	esito dotto
circulum	cerchio	circolo
solidum	soldo	solido
maculam	macchia	macula

Molti latinismi sono giunti nella nostra lingua **in modo indiretto**, cioè attraverso il francese e l'inglese che a loro volta li avevano già inseriti nel loro lessico a partire dal XVIII secolo. I franco-latinismi e gli anglo-latinismi sono molto numerosi e sono soprattutto termini **tecnici legati** alla società moderna. Eccone alcuni esempi:

A 662

12 La lingua nel tempo e nello spazio

- **franco-latinismi**: **petrolio** (*pétrole*, da *petrae oleum*, "olio della pietra"), **ascensore** (*ascenseur* da *ascendere*, "salire"), **locomotore** (*locomoteur*, da *loco motivus*, "che si muove da un luogo"), **turbina** (*turbine*, da *turbinem*, "turbine") …
- **anglo-latinismi**: **petizione** (*petition*, da *petere*, "chiedere"), **inflazione** (*inflation*, da *inflare*, "gonfiare"), **costituzionale** (*constitutional*, da *constitutionem*, "ordinamento"), **sessione** (*session*, da *sessionem*, "seduta") …
- I **prestiti interni**, invece, sono le parole e le espressioni latine che in quantità cospicua sono entrate a far parte della nostra lingua: *plus*, *deficit*, *habitat*, *aut aut* …

Allena le Competenze

1 ●○○ **COMPETENZE LESSICALI** Indica l'aggettivo che è derivato dalle seguenti parole e che ha mantenuto la stessa radice della parola latina.

	parola latina	aggettivo		parola latina	aggettivo
1.	*balneum* = bagno		8.	*locum* = luogo	
2.	*ecclesiam* = chiesa		9.	*episcopum* = vescovo	
3.	*nautam* = marinaio		10.	*pugnam* = battaglia	
4.	*copiam* = abbondanza		11.	*pecuniam* = denaro	
5.	*dolum* = inganno		12.	*epistulam* = lettera	
6.	*florem* = fiore		13.	*arborem* = albero	
7.	*hospitem* = ospite		14.	*hostem* = nemico	

2 ●○○ **COMPETENZE LESSICALI** Le seguenti parole latine, di cui ti indichiamo il significato, non si sono trasmesse nel lessico italiano, ma per via dotta hanno dato vita a vari latinismi: **indicane** uno o più d'uno.

	parola latina	latinismo		parola latina	latinismo
1.	*iter* = viaggio		12.	*puerum* = bambino	
2.	*urbem* = città		13.	*diem* = giorno	
3.	*hostem* = nemico		14.	*avem* = uccello	
4.	*agrum* = campo		15.	*caseum* = formaggio	
5.	*bellum* = guerra		16.	*potare* = bere	
6.	*virum* = uomo		17.	*mittere* = mandare	
7.	*rus* = campagna		18.	*docere* = insegnare	
8.	*sus* = maiale		19.	*loqui* = parlare	
9.	*ovem* = pecora		20.	*petere* = chiedere	
10.	*senem* = vecchio		21.	*agere* = fare	
11.	*scurram* = buffone		22.	*venari* = cacciare	

A 663

La competenza comunicativa

3 ●●○ **COMPETENZE MORFO-LESSICALI** Ti indichiamo una serie di parole latine e le rispettive parole italiane derivate per via popolare. **Completa** la tabella scrivendo una o più parole italiane derivate per via dotta. Ricorda che queste parole hanno mantenuto una forma molto più simile a quella originaria latina.

	parola latina	parola per via popolare	parole per via dotta
1.	rotare	ruotare	rotazione, rotatorio, rotante
2.	lignum	legno	
3.	crucem	croce	
4.	taurum	toro	
5.	vitrum	vetro	
6.	pilum	pelo	
7.	aurum	oro	
8.	pulverem	polvere	
9.	novum	nuovo	
10.	focum	fuoco	
11.	pedem	piede	
12.	urticam	ortica	
13.	caudam	coda	

4 ●●○ **COMPETENZE MORFO-LESSICALI** Delle seguenti coppie di parole, la prima, da cui deriva la corrispondente parola italiana, era di uso popolare, l'altra era invece una forma dotta: **indica** le parole italiane che ne sono derivate.

	forma latina popolare	parola italiana	forma latina dotta	parola italiana
1.	buccam	bocca	orem	
2.	gulam	gola	gutturem	
3.	sanguinem	sangue	cruorem	
4.	testam	testa	caput	
5.	pellem	pelle	cutem	
6.	catum	gatto	felem	
7.	porcum	porco	suem	
8.	civitatem	città	urbem	
9.	campum	campo	agrum	
10.	imparare	imparare	discere	
11.	iocare	giocare	ludere	
12.	bibere	bere	potare	

A 664

1*5 Il volgare diventa lingua letteraria

> A partire dal XII-XIII secolo si ebbe una grande svolta: l'**uso dei volgari** si estese anche alla **letteratura**.

Questo sviluppo venne favorito dall'influenza della **poesia in francese antico** e **in provenzale** (lingua parlata nella Francia meridionale), che si era diffusa già a partire dal IX secolo. La poesia provenzale lasciò traccia anche nel lessico legato al linguaggio d'amore: furono introdotte ad esempio parole come *domna* (donna), *cortz* (corte e corteggiare), *leialz* (leale), *aventura* (avventura).

I primi testi letterari in volgare risalgono all'inizio del **Duecento** e utilizzano volgari diversi. In **Sicilia**, alla corte di Federico II di Svevia, vari intellettuali, soprattutto funzionari statali, diedero vita alla cosiddetta **Scuola siciliana**. Poeti come **Iacopo da Lentini**, **Cielo d'Alcamo**, **Stefano Protonotaro** e altri ancora usarono per le loro poesie il volgare siciliano, depurato dai tratti più popolari e impreziosito da qualche forma colta.
San Francesco d'Assisi con il *Cantico delle Creature* e **Iacopone da Todi** svilupparono la poesia religiosa in volgare umbro. In Toscana, **Guittone d'Arezzo**, **Chiaro Davanzati**, **Bonagiunta da Lucca** scrissero poesie usando forme dell'aretino, del lucchese, del fiorentino.

Nel **Trecento**, ancora in Toscana, soprattutto a Firenze, fiorì la straordinaria produzione artistica della scuola del **Dolce Stil Novo** e si ebbero le opere di altissimo valore dei tre grandi maestri: **Dante Alighieri** (1265-1321), **Francesco Petrarca** (1304-1374), **Giovanni Boccaccio** (1313-1375). Dante, in particolare, aveva affrontato il problema dell'uso letterario della nuova lingua nel *De vulgari eloquentia* ("L'arte del dire in volgare"), scritto in latino: egli proponeva la ricerca di un *volgare illustre*, nobile ed elegante, che si innalzasse al di sopra delle parlate popolari per proporsi come la lingua di tutti i letterati della penisola. Grazie alla posizione espressa, alla ricerca linguistica e, soprattutto, alla generale ammirazione suscitata dalla *Divina Commedia*, Dante costituì un punto di riferimento, tanto da essere universalmente riconosciuto come il "padre" della lingua italiana.

Domenico di Michelino, *La Divina Commedia di Dante Alighieri*, XV secolo, Firenze, Santa Maria del Fiore.

Da allora il **volgare fiorentino** diventò una lingua elegante ed espressiva e acquistò un immenso prestigio: fu consacrato a **modello della lingua letteraria** e a poco a poco s'impose come **prima forma di lingua nazionale italiana**.
Oltre al valore riconosciuto e alla diffusione delle opere dei tre grandi autori del Trecento, altri fattori storici, sociali, economici concorsero al primato del fiorentino sugli altri volgari italiani:

- l'**autorevolezza** e la **maggiore comprensibilità**; il fiorentino, infatti, aveva caratteristiche più vicine al latino rispetto a tutti gli altri volgari, dal momento che il territorio toscano aveva subìto invasioni barbariche limitate e la lingua poteva, quindi, risultare comprensibile sia a Sud che a Nord;

- l'**importanza politica ed economica di Firenze**, che aumentò il benessere delle persone e di conseguenza l'alfabetizzazione. Perciò in quell'area, più che in altre regioni d'Italia, si produsse una grande quantità di opere di tutti i generi, di alta qualità, ma allo stesso tempo vicine al modo di pensare di una borghesia comunale molto attiva.

La competenza comunicativa

1*6 Il Quattrocento e l'invenzione della stampa

> La prima metà del Quattrocento si caratterizza per l'ampio movimento culturale dell'**Umanesimo** che promosse la **riscoperta della civiltà e della cultura classica** e, di conseguenza, lo **studio del latino**.

Johan Gutenberg, pagina della *Bibbia delle 42 linee o Mazarina*, XV secolo, Magonza, Museo Gutenberg.

Agostino di Ippona, miniatura dal codice del *De civitate dei*, V secolo, Treviso, Biblioteca Comunale.

Gli Umanisti riportarono alla luce molte opere degli antichi scrittori latini che, dopo essere state ricopiate pazientemente dai monaci nel corso dei secoli, giacevano ormai dimenticate nelle biblioteche dei monasteri. Mentre il volgare rimaneva la lingua d'uso nella vita quotidiana, il latino tornò a essere **la lingua principale della comunicazione scritta e della letteratura**. Molte parole, riprese dal latino antico dotto o dal greco, ampliarono il lessico latino umanistico, ma vennero anche "italianizzate" dagli umanisti stessi per scrivere testi in volgare e in questo modo si arricchì anche il lessico volgare letterario.

I volgari usati in letteratura non erano però ben codificati da grammatiche o da norme di scrittura: ad esempio, alcuni scrivevano la consonante occlusiva velare sorda (la *c* di "cane") "c", altri "ch", altri ancora "k". A porre rimedio a questa disomogeneità, oltre che a modificare ampiamente la situazione linguistica, fu l'**invenzione della stampa** a caratteri mobili a opera del tedesco **Johann Gutenberg**. Nel 1455 egli pubblicò con una tiratura di 180 copie il primo libro a stampa che fu accolto con entusiasmo immediato: si trattava della *Bibbia*, nella versione *Vulgata* di san Girolamo (la prima traduzione completa della Bibbia in latino). L'invenzione, grazie soprattutto a una serie di tipografi tedeschi, si diffuse rapidamente in tutta Europa.

In Italia il **primo libro a stampa**, il *De civitate Dei* di sant'Agostino, fu realizzato nel 1465 nel monastero di Subiaco, vicino a Roma; nel giro di pochi anni **Venezia diventò il più importante centro editoriale europeo** e mantenne questo predominio fino alla fine del Cinquecento. L'invenzione della stampa ebbe risvolti fondamentali sia sul piano culturale, sia su quello economico. Innanzitutto, permise di realizzare libri a costi inferiori di quelli di un manoscritto (nel tempo in cui, in passato, si poteva riprodurre a mano una copia di un libro, ora se ne potevano realizzare almeno cento), rendendoli così accessibili a un pubblico ben più vasto. La produzione libraria diventò un'attività finalizzata anche al guadagno: la necessità di stampare libri che potessero essere acquistati dal maggior numero possibile di persone, favorì quelli scritti in volgare. Inoltre, per poter vendere i libri anche al di fuori della loro regione, i tipografi sentirono il bisogno di fissare delle regole comuni per uniformare il più possibile la lingua riguardo la grafia, la punteggiatura, la fonetica. La loro azione finì quindi per dare un forte impulso al processo di unificazione del volgare. Negli ultimi decenni del Quattrocento anche gli stessi umanisti si convinsero che il **volgare** aveva la stessa dignità del latino e grandi capacità espressive come **lingua letteraria**. Soprattutto a Firenze si ebbe una nuova fioritura in volgare, con le opere di **Lorenzo de' Medici**, **Angelo Poliziano**, **Luigi Pulci** e **Leonardo da Vinci**.

1*7 Il Cinquecento e la questione della lingua

La mancanza di unità nazionale e i contrasti tra i diversi regnanti facilitarono l'ingresso nella penisola italiana di truppe straniere che presero il controllo di molte regioni: **la situazione politica impedì la creazione di una lingua nazionale**, come avvenne, invece, tra Cinque e Seicento, in Francia o in Inghilterra. Nonostante la crisi politica ed economica, dalla seconda metà del XIV secolo fino al XVI secolo si era sviluppato, a partire da Firenze, il **Rinascimento**, un periodo artistico e culturale che vide una fioritura straordinaria della letteratura e delle arti.

Dal punto di vista linguistico, il volgare si era ormai affermato come lingua letteraria, ma si presentava adesso un altro problema: tra i tanti volgari esistenti quale adottare per la scrittura? E quali norme grammaticali seguire? Sulla nuova **questione della lingua** si accese tra gli intellettuali dell'epoca un lungo e animato dibattito.

Le posizioni erano diverse: alcuni, come Nicolò Machiavelli, pensavano al fiorentino parlato dell'epoca; altri a una **lingua cortigiana**, una specie di lingua **mista**, utilizzata nelle principali corti italiane; altri ancora, tra cui **Pietro Bembo**, proponevano la lingua letteraria dei grandi maestri del Trecento.

Alla fine prevalse quest'ultima tesi: il **fiorentino del Trecento** divenne definitivamente il modello della lingua letteraria e fu considerato la **lingua comune a tutta la popolazione italiana**. Di pari passo sotto l'esempio di Bembo, autore delle *Prose della volgar lingua*, si affermarono anche tutte quelle norme di scrittura (accenti, apostrofi, punteggiatura, separazione delle parole, grafia) che rimarranno sostanzialmente immutate nella lingua italiana.

Il fiorentino, però, restò relegato al mondo della cultura e assunse sempre di più i caratteri di lingua dotta: era la lingua delle opere colte e scientifiche di tutta l'Italia, ma era parlato solo a Firenze. Nell'uso quotidiano la popolazione continuava a usare i propri **dialetti**, molto numerosi e tra loro diversi.

1*8 Il Seicento e il Settecento

Successivamente la situazione rimase abbastanza stabile e si può riassumere così:

- i **dialetti erano usati da tutti**, senza distinzione sociale, per la comunicazione quotidiana. Alcuni vennero anche usati per l'**espressione letteraria** (ad esempio, nel Settecento il grande commediografo veneziano **Carlo Goldoni** scriverà alcune famose commedie nel suo dialetto), ma rimasero tuttavia episodi isolati;

- il **fiorentino letterario** era usato in letteratura o per la comunicazione tra persone colte di regioni diverse; solo in **Toscana** e a **Roma** si parlava una lingua abbastanza vicina alla lingua letteraria;

- il **latino** era usato come lingua alta, per scrivere di scienza o di diritto, e rimaneva la lingua ufficiale della Chiesa cattolica.

- Nel 1612 avvenne un fatto importante: la pubblicazione del primo *Vocabolario della lingua italiana*, da parte dell'**Accademia della Crusca**[3]. L'Accademia era stata fondata a Firenze nel 1583

Villa Medicea di Castello, sede dell'Accademia della Crusca, Firenze.

---

[3] L'Accademia è ancora oggi attiva e ha un sito internet molto utile, dove si possono trovare notizie interessanti e spazi di discussione su tutti gli aspetti della lingua italiana (www.accademiadellacrusca.it).

La competenza comunicativa

per difendere la lingua fiorentina e imporla come modello, separando la *farina* (la lingua degli scrittori fiorentini del Trecento) dalla *crusca* (qualunque altra varietà linguistica). Il Vocabolario era un'opera innovativa per la disposizione delle parole in ordine alfabetico e gli esempi lessicali tratti da poeti e scrittori, ma mirava all'immobilismo della lingua: prendeva come esempio una lingua lontana nel tempo e limitata nello spazio e ignorava le parole della scienza, della tecnica, dei mestieri.

Un tentativo importante per dare caratteri nuovi alla lingua fu fatto da **Galileo Galilei** (1564-1642). Per scrivere la sua opera più importante, il *Dialogo sopra i due massimi sistemi*, egli **scelse il volgare**, per far sì che i risultati delle sue ricerche potessero essere conosciuti anche al di fuori degli ambienti accademici. Inoltre, per dare un nome ai nuovi oggetti egli utilizzò dei termini popolari, che poi gli scienziati, per esigenze di comunicazione, sostituirono con parole nuove coniate su modelli latini o greci: ad esempio, Galileo chiamò *cannone*, o *occhiale*, lo strumento da lui inventato per guardare il cielo, a cui successivamente fu dato il nome di *telescopio* (dal greco *téle-*, "lontano", e *scopéin*, "osservare").

Dopo l'esempio di Galileo, l'uso del volgare incominciò a estendersi progressivamente anche nel **mondo della scienza**, della **filosofia**, dell'**economia**, del **diritto**, i cui trattati erano tradizionalmente scritti in latino.

Nel Settecento la situazione linguistica della nostra penisola fu fortemente influenzata dai grandi eventi che fecero della Francia la nazione più importante d'Europa. In Francia si era formato l'**Illuminismo**, un ampio movimento che esaltava la ragione umana e confidava nella sua capacità di costruire un mondo migliore. Gli ideali politici (che portarono nel 1789 alla **Rivoluzione Francese**), e le idee filosofiche, scientifiche ed economiche degli Illuministi si diffusero in tutta Europa e fecero del **francese** la **lingua internazionale della cultura**.

Anche in Italia gli intellettuali adottarono il francese per le loro discussioni culturali o mondane, e al secolare bilinguismo italiano/latino sostituirono il nuovo bilinguismo italiano/francese. Di conseguenza, la lingua si arricchì di numerosi **francesismi**, tanto che il francese può essere ritenuto la lingua straniera moderna che ha esercitato la maggiore influenza sull'italiano.

Nel frattempo, per la comunicazione quotidiana si continuava a usare il dialetto. I dialetti parlati ogni giorno, ma privi di punti di riferimento, erano molto variabili nello spazio e nel tempo: notevoli erano le diversità tra zone anche vicine e notevoli furono anche i cambiamenti che i dialetti subirono con l'andare del tempo.

Fino agli **inizi dell'Ottocento** la situazione linguistica della nostra penisola rimase molto complessa e variegata; la stragrande maggioranza della popolazione era analfabeta e la **distanza tra la lingua parlata e la lingua scritta era enorme**.

Galileo Galilei, pagine di frontespizio dell'edizione a stampa del *Dialogo sopra i due massimi sistemi del mondo, tolemaico e copernicano*, XVII secolo, Firenze, Biblioteca nazionale centrale.

1*9 L'Ottocento e la ricerca di una lingua nazionale

Nel primo Ottocento, grazie al vasto movimento culturale del **Romanticismo**, si diffuse in Europa l'idea di **nazione**, considerata come un insieme di individui che, pur politicamente divisi, condividevano le stesse tradizioni storiche e la stessa lingua. Il problema linguistico posto dalla cultura romantica come questione non solo letteraria, ma anche sociale e politica, era particolarmente sentito in Italia. In quegli anni, infatti, era in corso l'intenso programma politico di unificazione nazionale, che avrebbe portato nel 1861, attraverso i moti e le guerre del Risorgimento, alla proclamazione dell'**Unità d'Italia** e alla sua **indipendenza**.

Per fare dell'Italia una nazione realmente unita, però, si doveva realizzare anche l'unità linguistica: occorreva sia una lingua d'uso comune a livello nazionale sia una lingua letteraria meno lontana da quella quotidiana e comprensibile anche al di fuori del ristretto mondo della cultura. Sulla questione della lingua lo scrittore **Alessandro Manzoni** (1785-1873) diede un contributo fondamentale sia con scritti teorici, sia con la concreta stesura del romanzo *I promessi sposi*. Egli pensava che l'Italia avesse bisogno di una **lingua viva** e non solo libresca, che potesse adattarsi a tutti gli scopi e a tutti gli argomenti, e essere adottata **su tutto il territorio nazionale**. Nell'edizione del 1827, egli aveva usato il toscano della tradizione letteraria, ma per la stesura definitiva del suo romanzo, pubblicato tra il 1840 e il 1842, egli volle andare a "sciacquare i panni in Arno", cioè si recò a Firenze per prendere a modello il **fiorentino parlato dalla borghesia colta**. In questo modo egli riaccostò lo scritto al parlato, facendo dell'italiano non più una lingua letteraria, legata a modelli antiquati, ma uno strumento concreto, vivace, spontaneo, che ben si prestava a diventare la lingua comune.

I promessi sposi ebbero molto successo sia presso gli altri scrittori sia tra i ceti politici ed economici dominanti e la lingua del romanzo divenne un punto di riferimento. Manzoni si impegnò anche a livello pratico: consultato dai governi della neonata monarchia italiana, suggerì la stesura di nuovi dizionari della lingua italiana basati sul fiorentino e l'obbligo per i nuovi maestri di fare esperienza in Toscana per imparare dal vivo la lingua. Queste proposte ebbero solo parziale successo: il sistema scolastico era ancora poco sviluppato e soprattutto era ben difficile che una lingua si potesse imporre dall'alto, cioè per la volontà di scrittori o di politici. Fatta l'Italia, dunque, per parafrasare una frase molto nota, rimaneva ancora da fare la lingua italiana. L'impegno e la ricerca di Manzoni, tuttavia, erano stati fondamentali: egli aveva posto le premesse per l'**unità linguistica** e di fatto, pur attraverso integrazioni e mescolanze, **il fiorentino diventò la lingua nazionale**.

Frontespizio illustrato da Francesco Gonin dell'edizione del 1840-42 de *I promessi sposi* di Alessandro Manzoni.

La competenza comunicativa

1*10 L'unificazione linguistica dopo l'Unità d'Italia

> Le premesse concrete per la creazione di un lingua realmente comune vennero solo negli anni successivi all'**Unità d'Italia**.

Al processo di unificazione linguistica contribuirono numerosi fattori, di cui di seguito elenchiamo i principali.

- La **scuola pubblica** e l'**obbligo scolastico**: nell'Ottocento le classi privilegiate affidavano ancora i loro figli a scuole private o a precettori. Nel 1877 la legge Coppino rese obbligatoria e gratuita l'istruzione elementare della durata di tre anni, portata poi a quattro nel 1904; nel 1923 la **legge Gentile** riformò tutta la scuola italiana e impose fino ai 14 anni l'obbligo scolastico, che però diventò effettivo solo nel 1963, con l'introduzione della **scuola media unificata**.

- L'**emigrazione**: dal 1861 moltissimi italiani (si stima una trentina di milioni fino al 1970) sono emigrati verso l'estero o all'interno del nostro Paese e non solo da Sud a Nord, ma anche da Est a Ovest (ad esempio, dal Veneto verso la Lombardia e il Piemonte). Queste ondate migratorie determinarono un bisogno di comunicazione prima poco sentito: trovarsi in un'altra regione significava scontrarsi con un mondo linguisticamente diverso; da qui la necessità di impadronirsi della lingua nazionale per la vita, il lavoro, le relazioni sociali.

- Il **servizio militare e la guerra**: fin dal suo nascere, lo Stato italiano impose ai giovani italiani il servizio militare obbligatorio, durato fino al 2001. La leva militare portò i giovani a spostarsi da una parte all'altra del Paese e a rapportarsi sia con coetanei di varie regioni sia con l'apparato militare, che comunicava in italiano. Tutto ciò divenne ancora più rilevante in occasione delle due Guerre mondiali, quando centinaia di migliaia di giovani si trovarono a condividere, tra di loro e con ufficiali e sottoufficiali, la vita e, quindi, anche la lingua.

- La **burocrazia**: i trasferimenti dei funzionari e i rapporti con il pubblico e più in generale la stesura di leggi e documenti validi su tutto il territorio nazionale diedero un forte contributo alla diffusione di una tipologia linguistica nazionale unitaria.

- I **mezzi di comunicazione di massa**: alla creazione di una lingua comune aveva già contribuito nell'Ottocento la diffusione della stampa quotidiana, ma la spinta definitiva venne data dalla radio, a partire dagli anni '20, e dalla televisione, la cui prima trasmissione ufficiale in Italia risale al 1954.
  La televisione ha ricoperto un ruolo fondamentale soprattutto riguardo alla capacità di comprensione della lingua italiana: la sua funzione non solo di informare ma anche di intrattenere ha posto l'esigenza di creare modelli culturali e linguistici. Quando ancora la televisione era un apparecchio molto costoso, molte persone si radunavano nei bar o nelle poche case che la possedevano per vedere trasmissioni come *Lascia o raddoppia*, *Il musichiere*, *Rischiatutto*, condotte da personaggi allora noti, come Mario Riva o Mike Bongiorno. Grande importanza ebbe anche il maestro Alberto Manzi, autore della trasmissione *Non è mai troppo tardi*, un vero e proprio corso di alfabetizzazione a uso popolare. Inizialmente alla televisione di Stato, la RAI, e alla radio vigevano codici di comportamento molto rigidi, anche sul piano linguistico: forme linguistiche troppo popolari o ritenute scurrili erano vietate. Una maggiore apertura verso le forme popolari dell'italiano è venuta dal cinema: i film della cosiddetta *Commedia all'italiana*, con Alberto, Sordi, Marcello Mastroianni, Gina Lollobrigida, Sofia Loren, hanno contribuito a diffondere un italiano meno ingessato di quello televisivo, aperto agli influssi dei dialetti e della lingua parlata da tutti i ceti sociali.

A 670

12 La lingua nel tempo e nello spazio

2 Le varietà sincroniche della lingua

Le **varietà sincroniche** sono le forme in cui la lingua di **una stessa epoca** si differenzia nei **diversi contesti d'uso**.

Oltre alle diversità dovute al livello culturale e sociale dei singoli individui, le **varietà linguistiche** derivano da **fattori** differenti.

fattori	varietà linguistiche
varietà geografiche	area geografica
registri	rapporto tra interlocutori e situazione comunicativa
sottocodici o linguaggi settoriali	argomento specifico
gerghi	appartenenza a un gruppo specifico
lingua parlata e lingua scritta	mezzo
funzioni della lingua	scopo comunicativo

2*1 Le varietà geografiche e i dialetti

Prima di parlare delle varietà regionali dell'italiano, occorre fare una distinzione tra **lingua** e **dialetto**.

I **dialetti** (dal greco *diàlektos*, "lingua") non sono forme linguistiche rozze o primitive, ma **lingue** a tutti gli effetti, **derivate direttamente dal latino volgare**.

Come l'italiano, sono dei sistemi linguistici compiuti, dotati di fonetica, grammatica e lessico propri. Si differenziano però dalla lingua nazionale per le seguenti caratteristiche:

- sono usati in un'**area** molto **limitata** e possono, quindi, **variare** anche da paese a paese;
- in genere, sono **poco usati** per la **scrittura**;
- **non hanno un sistema di regole ortografiche**, **grammaticali** e **sintattiche** codificate e riconosciute da tutti;
- hanno un **vocabolario modesto** e per lo più limitato alle parole della vita quotidiana o del mondo rurale.

Per tutte queste ragioni, i dialetti hanno **minore prestigio sul piano culturale e sociale**. Tuttavia, ancora oggi i dialetti coesistono con l'italiano; in alcune regioni in particolare, le persone di ogni ceto e grado di istruzione sentono il dialetto come il mezzo migliore per comunicare tutto ciò che ha a che fare con il quotidiano. Certo, chi oggi sapesse usare solo il dialetto sarebbe limitato nelle sue capacità di comunicazione. Dall'altro lato, conoscere anche il dialetto offre possibilità espressive ulteriori: chi lo usa, infatti, sa che ci sono espressioni dialettali intraducibili in italiano e che solo *quella* parola dialettale sa rendere.

A 671

La competenza comunicativa

I dialetti, quindi, non sono da considerare come codici arretrati o grossolani né come forme linguistiche di minore dignità. Anche se non possono competere per importanza, diffusione, tradizioni con la lingua italiana, costituiscono pur sempre una parte significativa del nostro **patrimonio culturale**. Alcuni dialetti in particolare, come il **veneto**, il **milanese**, il **piemontese** o il **napoletano** hanno una **ricca tradizione letteraria**, che arriva fino ai giorni nostri. Hanno usato il dialetto o hanno lasciato filtrare degli elementi dialettali nelle loro opere autori come Cesare Pavese, Beppe Fenoglio, Pierpaolo Pasolini, Emilio Gadda, Albino Pierro, Tonino Guerra, Andrea Camilleri.

Inoltre, tra dialetti e lingua nazionale vi è sempre stato un **interscambio lessicale**: da un lato, molte parole dialettali sono ormai entrate a far parte dell'italiano a tutti gli effetti, tanto che non se ne avverte più la provenienza regionale; dall'altro, la lingua nazionale ha influito sui vari dialetti che hanno subìto un progressivo processo di italianizzazione.

Tra l'italiano e i dialetti, quindi, non c'è una netta frattura, ma piuttosto una serie di livelli intermedi che sfumano l'uno nell'altro.

Le **varietà geografiche** dei parlanti "italiano" dipendono dalla zona da cui si proviene o nella quale si vive e possono essere ricondotte a cinque gruppi fondamentali.

- La **lingua nazionale**, o italiano *standard*, è la varietà di lingua che viene assunta come **modello** su tutto il territorio nazionale. È l'italiano che si usa nelle occasioni pubbliche e ufficiali, nel mondo del lavoro, dell'informazione e della scuola. Per definizione, dovrebbe essere privo di coloritura regionale a tutti i livelli, incluso quello fonetico; tuttavia, la pronuncia standard è patrimonio solo di chi, avendo frequentato una scuola di dizione, non manifesta alcuna inflessione.

- L'**italiano regionale** è la lingua parlata dalla maggioranza degli Italiani e si articola in numerosissime varietà, nate dall'incontro della lingua nazionale con i dialetti. Gli italiani regionali presentano una coloritura regionale che può essere più o meno marcata, a seconda del livello culturale dei parlanti e della situazione comunicativa. Le differenze riguardano innanzitutto la **pronuncia**, ma in misura minore anche le scelte **lessicali e sintattiche**: così quando sentiamo parlare qualcuno, è facile dedurre dalla cadenza e dal complessivo modo di esprimersi quale sia la sua regione di provenienza. Queste varietà geografiche, seppur numerose, possono essere ricondotte a quattro aree regionali: l'italiano regionale **settentrionale**, il **toscano**, il **romano**, il **meridionale**.

- L'**italiano popolare** si articola in molte varietà che sono **varianti sia geografiche sia sociali**. È un italiano approssimativo, parlato e scritto da persone di scarsa cultura che nella vita quotidiana usano per lo più il dialetto.

- I **dialetti regionali** sono varietà dialettali; si sono formati sotto l'influenza dell'italiano e in genere sostituiscono forme e parole strettamente locali con altre che possono essere comprese da chi vive in zone geografiche diverse ma vicine.

- I **dialetti puri** sono dialetti parlati nella loro "purezza"; esprimersi in un dialetto puro è quello che definiamo comunemente "parlare un dialetto stretto". I dialetti puri sono molto numerosi e tuttora in vita, anche se tendono a trasformarsi in dialetti regionali[4].

---

4 Non fanno parte dei dialetti il **sardo** e il **ladino** che, possedendo caratteristiche proprie, sono considerati a tutti gli effetti lingue romanze autonome e si articolano a loro volta in numerose varietà linguistiche.

12 La lingua nel tempo e nello spazio

In Italia esistono **minoranze etniche e linguistiche**: si tratta di piccole comunità che nel passato facevano parte di Stati diversi o che si sono insediate nel nostro territorio in epoche remote per vari motivi. Queste persone, che sono oggi cittadini italiani, hanno mantenuto la loro lingua originaria e costituiscono delle **comunità alloglotte**, cioè di lingua diversa.
Alcune di queste comunità hanno ottenuto il diritto di usare la loro lingua, nella scuola e negli uffici, in condizione di parità con quella italiana. Queste popolazioni, che sono quindi **bilingui**, vivono nella Valle d'Aosta (il francese è la seconda lingua), in Trentino (tedesco), nella Venezia Giulia (sloveno).
Ecco un quadro sintetico di alcune minoranze linguistiche che non hanno ancora ottenuto il riconoscimento ufficiale di "minoranza".

lingua	area regionale	numero di parlanti
franco-provenzale	Valle d'Aosta e due comuni della Puglia (Faeto, Celle)	90 000
provenzale	Piemonte e comune di Guardia Piemontese in Calabria	50 000
serbo-croato	alcuni comuni del Molise e dell'Abruzzo	15 000
greco	zone del Salento e della Calabria	20 000
albanese	varie zone dell'Italia Meridionale	90 000
catalano	Sardegna	20 000

A queste comunità storiche si devono poi aggiungere le **nuove minoranze**, costituite dagli immigrati provenienti dall'Est europeo, dall'Africa, dall'Asia.

Allena le Competenze

5 ●○○ COMPETENZE COMUNICATIVE E LESSICALI **Associa** a ogni parola che rappresenta una variante regionale la parola corrispondente dell'italiano comune.

> a. fede nuziale • b. avvolgibile • c. lucchetto • d. cocomero •
> e. formaggio • f. calzini • g. tazza • h. salumiere • i. pulizie di casa •
> l. insipido • m. poggiolo • n. pupo

1. cacio: ....
2. mestieri: ....
3. pedalini: ....
4. tapparella: ....
5. scodella: ....
6. catenaccio: ....

7. anguria: ....
8. bambino: ....
9. pizzicagnolo: ....
10. balcone: ....
11. scipito: ....
12. vera: ....

6 ●○○ COMPETENZE LESSICALI **Prendendo** in considerazione degli attori comici di tua conoscenza, **riconosci** le caratteristiche della loro pronuncia in base all'area geografica di appartenenza e **riporta** alcuni esempi delle loro tipiche espressioni regionali.

La competenza comunicativa

2*2 I registri

> I **registri** sono **varietà sincroniche della lingua** determinate dalle diverse **situazioni comunicative**: variano a seconda del tipo di **rapporto tra gli interlocutori**, del **contesto** in cui avviene la comunicazione e dell'**argomento**.

Adottare un determinato registro significa **selezionare lessico, grammatica, sintassi e adeguarli alla situazione** in cui avviene l'atto comunicativo tenendo conto dei seguenti **fattori**.

- Il **rapporto socio-culturale tra gli interlocutori**, cioè la posizione sociale, il ruolo professionale e il grado di conoscenza reciproca. Le convenzioni sociali richiedono, infatti, un uso della lingua attento e controllato quando gli interlocutori hanno un rapporto **asimmetrico**, cioè di **non parità**, determinato dal ruolo o dal prestigio sociale (medico → paziente), dalla gerarchia professionale (superiore → dipendente), dall'età anagrafica o dall'anzianità professionale (anziano, adulto → giovane; collega con anzianità di servizio → collega appena assunto). Il livello espressivo può invece essere più disinvolto e meno sorvegliato quando gli interlocutori hanno un rapporto **simmetrico**, cioè **di parità** e di una certa familiarità (allievo ↔ allievo; coetaneo ↔ coetaneo; marito ↔ moglie).

- Il **contesto** e, in particolar modo, il **luogo** in cui avviene la comunicazione. In generale, tutte le **situazioni** e le **sedi pubbliche** richiedono un linguaggio più attento e controllato di quello ammesso in **ambiti privati**. Così due colleghi si esprimono in modi ben diversi durante un'importante riunione di lavoro o una conferenza rispetto a uno scambio di opinioni al bar o una chiacchierata in casa di amici.
  La stessa distinzione vale anche per i testi scritti: gli articoli dei giornali, le comunicazioni ufficiali, le lettere commerciali richiedono scelte linguistiche molto più accurate e formali di una mail a un amico, un diario o un qualunque scritto di carattere personale.

- L'**argomento della comunicazione**: parlare o scrivere di temi generici, semplici e quotidiani, oppure di questioni complesse, specialistiche e impegnative comporta **scelte linguistiche** e, quindi, **registri diversi**. Così due colleghi non useranno lo stesso registro se discutono di lavoro in ufficio o di fatti personali durante una cena privata, perché è diverso non solo il contesto, ma anche l'argomento.

Le varietà sincroniche sono state ricondotte a **cinque registri fondamentali**, che si caratterizzano per le scelte sintattiche, morfologiche e lessicali operate nell'ambito dei **tre livelli espressivi della lingua**: **formale**, **medio**, **informale**. Tuttavia, i confini tra un registro e l'altro non sono sempre rigidi e precisi: più che di classificazione si può parlare di un orientamento generale all'interno di una scala graduale che va da un massimo di formalità al massimo dell'informalità.

- Il **livello formale** è utilizzato nelle comunicazioni, scritte o orali, su **argomenti elevati** e in **situazioni ufficiali e pubbliche**. Gli interlocutori sono estranei o non hanno rapporti di confidenza; anche se si conoscono, l'occasione comunicativa e il ruolo sociale o professionale che rivestono comportano l'uso di un tono distaccato e impersonale.
  In particolare, il **registro aulico** è adatto tra interlocutori di particolare riguardo per i quali si richiede un atteggiamento rispettoso, come nel caso di incontri ufficiali tra ministri, membri di una delegazione, … Il **registro burocratico** è proprio delle situazioni d'ufficio che prevedono un approccio impersonale e anonimo e un tono di tipo tecnico-amministrativo. È in

A 674

uso prevalentemente nei testi scritti in cui ci si rivolge a un ente pubblico o a una persona nella veste del suo ruolo professionale. Il **registro colto** si usa nell'esperienza quotidiana tra interlocutori che **non hanno rapporti di reciproca conoscenza** e, soprattutto, negli scambi di carattere professionale che vertono su argomenti di una certa complessità, come avviene nelle conferenze o nelle dichiarazioni ufficiali. In questo livello espressivo, **l'uso della lingua è particolarmente sorvegliato**: la forma è corretta e curata, la costruzione sintattica elaborata, le scelte lessicali appropriate, talora di una certa ricercatezza.

- Il **livello medio** è d'uso quotidiano nelle **relazioni sociali e professionali** e nei rapporti interpersonali di tipo non strettamente confidenziale. È quindi **la varietà linguistica più usata**, sia orale che scritta, nelle comunicazioni di massa, nei notiziari radio-televisivi, nei giornali, nei testi informativi in genere, nei libri scolastici. L'**uso della lingua è controllato e corretto**, la struttura sintattica piana e scorrevole, il lessico appropriato, privo di coloriture regionali e di espressioni colloquiali.

- Il **livello informale** è usato nella comunicazione quotidiana tra interlocutori che **si frequentano abitualmente** e che hanno un rapporto di grande familiarità. I registri informali sono adatti solo a contesti privati e nella comunicazione orale oppure in tipologie di testi scritti di carattere pratico e d'uso personale, come biglietti, appunti, annotazioni, lettere a persone con cui si è in intimità. In questo livello espressivo, **l'uso della lingua è spontaneo e non controllato**: la sintassi è poco articolata, talora trascurata; l'allocutivo specifico è il *tu*; il lessico, semplice e poco ricercato, dà spazio a parole di significato generico, a regionalismi e a termini e modi di dire colloquiali e di una certa coloritura espressiva.

livello	registro	esempi
formale	aulico o ricercato	Onorevole collega, Le faccio formale richiesta di consentire all'onorevole Rossi di completare l'intervento.
	burocratico - colto	Egregio dottor Bianchi, la prego cortesemente di consentire al suo collega di portare a termine il suo intervento.
medio	medio o *standard*	Caro collega, le chiedo di tacere e di far completare al dottor Rossi il suo intervento.
informale	colloquiale - familiare	La vuoi smettere di parlare! Lascialo finire!
	intimo - confidenziale	Ehi, la vuoi chiudere 'sta boccaccia? Piantala e lascia parlare anche gli altri!

Nel vivo della lingua

Il buon uso dell'allocutivo Per l'influenza della lingua inglese e i rapporti sempre meno vincolati alle gerarchie e professionali va sempre più estendendosi l'**uso del *tu***; tieni presente però che le regole convenzionali richiedono che si usi:

- il ***tu*** reciproco tra interlocutori con un rapporto di parità;
- il ***tu*** non reciproco da parte di chi, in un rapporto asimmetrico, ricopre la posizione superiore; ad esempio l'insegnante, dato il suo ruolo e la differenza di età, può rivolgersi con il *tu* a un allievo, il quale deve rispondere invece con il ***lei***.

La competenza comunicativa

2*3 I sottocodici o linguaggi settoriali

> I **sottocodici**, o **linguaggi settoriali**, sono **varietà linguistiche professionali**, determinate dall'**argomento specifico** di una disciplina, di un'attività o di un mestiere.

Per trattare un argomento di una disciplina scientifica o di un'attività particolare, come lo sport, la finanza, il diritto, l'economia, l'arte culinaria, il lessico della lingua d'uso risulta insufficiente e troppo generico per definire i dettagli e le sfumature di significato. Così, per esprimere i contenuti delle specializzazioni del sapere e delle professioni, si sono andati formando dei **linguaggi speciali**: queste varietà sono chiamate **sottocodici** perché possono essere considerate come sottoinsiemi del codice linguistico, o **linguaggi settoriali** perché in uso in particolari settori.
I sottocodici sono molto **numerosi**, perché ogni disciplina, scienza, tecnica, professione o mestiere, ne possiede uno proprio, e sono molto **vitali** e **in continua espansione**.

Schematizziamo qui di seguito i diversi aspetti per cui i sottocodici si differenziano dalla lingua d'uso comune.

- La **differenziazione lessicale**: i sottocodici dispongono di **termini specialistici** che non fanno parte del vocabolario comune e hanno la forza di esprimere in **modo chiaro**, **preciso** ed **economico** i significati specifici del settore. Queste parole sono anche dette **tecnicismi** e formano nel loro insieme la **terminologia** del sottocodice che contraddistingue una particolare professione, attività o disciplina.
Per quanto riguarda le **relazioni tra il lessico dei sottocodici e quello della lingua d'uso**, si possono avere i seguenti casi:
  - a **un termine specialistico** corrisponde **un'altra parola o espressione della lingua comune** (caso 1);
  - a **più termini specialistici**, che definiscono in modo rigoroso e particolareggiato un concetto, corrisponde **una parola o espressione di significato generico** (caso 2);

	tecnicismi del linguaggio della medicina	termini della lingua comune
caso 1	ipertermia	febbre
	otalgia	mal d'orecchio
	cefalea	mal di testa
	cardiopatia	mal di cuore
caso 2	faringite, laringite, tracheite, tonsillite	mal di gola

  - **alcuni tecnicismi**, grazie soprattutto ai mezzi di comunicazione di massa, **sono passati a far parte della lingua comune**, ma al di fuori del sottocodice hanno perso il loro significato specialistico per assumerne uno più generico. Ad esempio, parole come *emorragia, sintonia, attrito, input, nebulosa, galattico, inflazionato* sono tecnicismi usati ormai per lo più in **senso figurato** o estensivo anche da quanti ne ignorano il significato settoriale;
  - **altre parole hanno subìto il processo inverso**: dalla lingua comune sono entrate in un sottocodice, all'interno del quale hanno subìto una restrizione di significato, specializzandosi a esprimere un concetto ben definito. È il caso di termini come *forza, lavoro, potenza*, ripresi dal linguaggio settoriale della fisica.

A 676

12 La lingua nel tempo e nello spazio

- L'**uso accurato e circostanziato delle singole parole**: se la lingua comune è fortemente **polisemica**, perché oltre a utilizzare le parole con significati diversi, tende a esprimere uno stesso significato con più parole, i sottocodici attribuiscono a ciascuna parola un **significato preciso** e **univoco** che permette di comprenderne il senso in modo rapido e senza ambiguità. Ad esempio, lo scienziato usa il lessico tecnico e specialistico perché è il solo veramente appropriato ed efficace a esprimere i contenuti della disciplina e non si presta a equivoci o a fraintendimenti. Se è senza dubbio facilmente recepito da colleghi e specialisti del settore, risulta invece oscuro a tutti gli altri: questo inconveniente, tuttavia, non è dovuto al lessico in sé, ma agli argomenti che ne richiedono l'uso e che sono sconosciuti alla maggioranza. Ciò vale per tutti i sottocodici, sia di tipo scientifico sia tecnico o professionale, come quelli usati, ad esempio, da un tipografo o da un meccanico: i linguaggi settoriali, infatti, non sono appannaggio solo del mondo della cultura e della scienza, ma di ogni mestiere e attività.

- Tutti i sottocodici utilizzano **la grammatica della lingua d'uso**.

- Alcuni sottocodici si differenziano per l'uso di uno **stile particolare**. I **linguaggi di tipo tecnico-scientifico**, ad esempio, si distinguono per:
  - uno stile **rigoroso**, **chiaro ed economico**;
  - un **uso ridotto e semplificato dei modi e dei tempi verbali**, privilegiando l'**indicativo** e i modi **indefiniti**;
  - una **struttura sintattica semplice e lineare**, scandita dalla presenza di **connettivi**, cioè avverbi e congiunzioni, che segnalano i passaggi logici e le associazioni di pensiero e rendono chiaro e coerente lo sviluppo del discorso.

Ecco un esempio di testo scritto con un registro specialistico, di carattere scientifico, tratto da un manuale di biologia.

In una **catena alimentare** la **materia circola** continuamente da un **livello trofico** all'altro. A ogni livello **sono** attivi **organismi decompositori** che **degradano** la **sostanza organica e** la **rendono** nuovamente disponibile, in forma **inorganica**, per i produttori. **Esistono** tuttavia alcune sostanze nocive che non **vengono trasformate.** La loro concentrazione **aumenta** a ogni passaggio da un livello trofico al successivo; al termine di questa catena alimentare il consumatore **può arrivare** a contaminarsi così gravemente da compromettere le possibilità di sopravvivenza. Alcune di queste sostanze **sono** i **pesticidi** usati in agricoltura e i metalli pesanti provenienti dagli scarichi industriali, **come** il piombo, il cadmio, il cromo, il rame e il mercurio.

- uso del presente indicativo
- lessico specialistico
- struttura paratattica e a elenco

I **sottocodici sportivo** e **politico** sono, invece, caratterizzati da uno stile **più ricco** e **vivace**. I loro messaggi, indirizzati a un vasto pubblico, sono spesso costruiti con frasi complesse e ridondanti, ricche di perifrasi, giri di parole, locuzioni di tono emotivo ed enfatico, iperboli, cioè esagerazioni, metafore, per produrre effetti accattivanti e vivacizzare il tono del discorso.

A 677

La competenza comunicativa

Ecco un passo della cronaca della finale dei Mondiali di calcio del 2006, vinta dall'Italia contro la Francia.

> ### Finale mondiale
> Per una decina di minuti la Nazionale **arranca**, **intrappolata** in una paura giustificata. Ma, nonostante il preoccupante **vuoto sulla fascia** di Perrotta e la precarietà di Totti, piano piano gli azzurri **ricuciono lo strappo** e cominciano a giocare **come sanno**. ... E il gol di Materazzi ne è la sintesi. Sull'angolo di Pirlo, il difensore salta almeno una decina di centimetri in più di Vieira e **impallina** Barthez: **dall'inferno al paradiso**. È il gol che **dà la carica**. Gattuso è l'**icona**: l'uomo che **va su tutte le palle**, che **morde le caviglie senza mai ferire**. La Francia si fa sorprendere dal gioco alto della Nazionale riducendo la sua portata di azione in **attacco** e favorendo il **possesso di palla**. **Chiusi i varchi** a Ribery e Henry, anche per Zidane tutto si complica: il capitano è grande, ma autogestirsi nel **pressing** azzurro è praticamente un'impresa. Un'Italia migliore, senza ogni dubbio, e la **traversa** di Toni al 36' è il miglior **biglietto da visita**.
>
> (da "La Gazzetta dello sport")

- linguaggio figurato
- lessico specialistico

Nel vivo della lingua

Come si sono formati i sottocodici Il repertorio lessicale dei vari sottocodici si è formato in modi diversi, di cui elenchiamo i principali.

- Gran parte del lessico specialistico è costituito da **neologismi**, coniati con un ampio ricorso al **materiale lessicale greco e latino**.

  Un caso significativo è costituito dalla **terminologia medica**, che presenta una spiccata predilezione per i **grecismi** e per la **derivazione** e la **composizione** di nuovi termini **con prefissi e suffissi di derivazione greca**. Ad esempio, dalla parola greca *trophè*, "nutrimento", sono derivati con l'aggiunta di prefissi:
  - *atrofia* (*a-* privativa e *trophè*) che è il difetto di nutrizione dei tessuti o di un organo;
  - *distrofia* (*dys*, prefisso che indica "difficoltà", e *trophè*): il disturbo di nutrizione di una parte anatomica con conseguenti lesioni;
  - *ipotrofia* (*ypò*, "sotto", e *trophè*): il difetto di nutrizione di un organo che comporta la diminuzione del volume;
  - *ipertrofia* (*iper*, che indica "eccesso", e *trophè*): l'aumento di nutrizione di un organo che comporta l'aumento di volume e varie alterazioni anatomiche.

  Attraverso i suffissi *-ite*, *-osi*, *-oma* sono stati coniati numerosi termini che indicano uno stato patologico; in particolare:
  - *ite* indica un processo infiammatorio, acuto o cronico, come *appendicite*, *artrite*, *cellulite*, *enterite*, *gastrite*, *nefrite*, *meningite*, *otite*, *pleurite*, *stomatite*, *tonsillite*, *tracheite*, ...
  - *òsi* designa l'ambito interessato al fenomeno morboso o la causa specifica che scatena la malattia, come *acidosi*, *artrosi*, *calcolosi*, *fibrosi*, *micosi*, *osteoporosi*, *sclerosi*, ...
  - *òma* designa una massa dovuta a semplice tumefazione o a tumore, come *adenoma*, *angioma*, *ematoma*, *carcinoma*, *glaucoma*, *linfoma*, *mieloma*, *sarcoma*, ...

A 678

12 La lingua nel tempo e nello spazio

Dalla composizione di più parole greche sono derivati:

– *gastroenterostomìa* (da *gastèr*, "stomaco", *énteron*, "intestino", *stóma*, "bocca"): l'operazione che consiste nel mettere in comunicazione lo stomaco con un'ansa (bocca) intestinale;

– *anisocromemìa* (da *an*, prefisso privativo, *ísos*, "uguale", *króma*, "colore", *aíma*, "sangue"): l'ineguaglianza di colorazione dei globuli rossi del sangue.

- Numerosi termini specialistici sono, invece, **prestiti**, cioè parole riprese da altre lingue (◐ 2, § 2.4). I linguaggi della tecnica in genere prediligono gli **anglismi**, sia per il prestigio esercitato dagli Stati Uniti, sia per il carattere di grande economicità dei termini inglesi, spesso costituiti da una o due sillabe. Gran parte dei prestiti sono stati acquisiti come **non integrati**, cioè nella loro forma originaria, altri invece sono stati **integrati**, cioè adattati alla nostra lingua.

- Molte parole, infine, sono state **prese a prestito dalla lingua d'uso**. Abbandonata l'accezione della lingua comune, hanno acquistato piena autonomia in un determinato contesto settoriale, all'interno del quale vengono utilizzate con un significato ristretto e univoco che non dà adito a fraintendimenti. Alcuni termini sono diventati tecnicismi di più sottocodici, ma all'interno di ognuno assumono un significato proprio e specifico: in questo caso è solo il **contesto**, cioè il linguaggio settoriale in cui sono utilizzate, a renderne inequivocabile il significato. Ecco i vari significati che può avere la parola *rivoluzione* nei singoli sottocodici e nella lingua comune.

	linguaggi	accezioni
rivoluzione	lingua comune	rivolgimento violento dell'ordine politico-sociale vigente;
	della fisica	movimento di un corpo che gira intorno al suo asse;
	dell'astronomia	movimento di un corpo celeste che compie un'orbita ellittica intorno ad un altro;
	della medicina	successione ciclica dei movimenti del cuore.

ALLENA LE COMPETENZE

7 ●○○ **COMPETENZE COMUNICATIVE** **Disponi** in ordine di registro decrescente, dal più formale al più informale, i seguenti messaggi.

1. Veda, non possiamo proprio venire. [......]
2. La informo che non sarà possibile per noi venire. [......]
3. Non ci riusciamo davvero a venire, accidentaccio! [......]
4. Mi pregio di informarLa che il nostro arrivo non rientra nel campo delle possibilità reali. [......]
5. Guarda, non possiamo proprio venire. [......]
6. Sono spiacente, ma non potremo venire. [......]

A 679

La competenza comunicativa

8 ○○○ **COMPETENZE COMUNICATIVE** **Indica** il livello espressivo a cui possono essere ricondotti i seguenti sinonimi: formale [F], medio [M], informale [I].

1. urtare [.....], andare a sbattere [.....], cozzare [.....]
2. picchiare [.....], percuotere [.....], menarsi [.....]
3. infinocchiare [.....], imbrogliare [.....], frodare [.....]
4. rompere [.....], fracassare [.....], frantumare [.....]
5. timoroso [.....], pauroso [.....], fifone [.....]
6. povero [.....], indigente [.....], spiantato [.....]
7. noioso [.....], uggioso [.....], barboso [.....]
8. testone [.....], caparbio [.....], ostinato [.....]
9. ubriaco [.....], ebbro [.....], sbronzo [.....]
10. salato [.....], caro [.....], esoso [.....]
11. scalogna [.....], iattura [.....], sfortuna [.....]
12. impiccio [.....], guaio [.....], grana [.....]

9 ○○○ **COMPETENZE COMUNICATIVE** **Indica** il livello espressivo in cui sono formulati i seguenti messaggi: molto formale [MF], formale [F], medio [M], informale [I], molto informale [MI].

1. Ci pregiamo di comunicarLe che la Sua richiesta è stata favorevolmente accolta. [.....] 2. La conferenza sulle nuove tecnologie si terrà martedì 8 febbraio alle ore 14.30 nell'aula magna dell'istituto. [.....] 3. Ritengo che le lezioni del professore di storia sulla civiltà egizia siano state molto interessanti. [.....] 4. Di', spiegami un po' dov'è 'sto posto che dici? [.....] 5. Per favore, qual è l'ufficio postale più vicino? [.....] 6. Mamma, mi attaccheresti questo bottone? [.....] 7. Si certifica che il signor Mario Rossi non è affetto da alcuna malattia contagiosa. [.....] 8. Posso fare un giro sulla tua bici? [.....] 9. Facciamo seguito ai colloqui intercorsi per proporre al Vostro esame il seguente accordo. [.....] 10. Vorrei un biglietto di prima classe. [.....] 11. Ehi, bello mio, te la vuoi dare una mossa? [.....] 12. Si rende noto che saranno erogati contributi per le famiglie numerose, prorogate le verifiche sui falsi invalidi, avviati i prepensionamenti e lo sveltimento delle procedure per gli incentivi alle imprese.

10 ○○○ **COMPETENZE COMUNICATIVE** **Specifica** il livello espressivo e il registro in cui sono espressi i seguenti messaggi.

1. Le confermiamo la consegna della merce, da Lei ordinata alla nostra Ditta, nei termini previsti. 2. Chissà che accidenti gli è successo: aveva una faccia da paura! 3. Il Comandante Provinciale, Ten. Col. Paolo Bianchi, ha l'onore di invitare Sua Eccellenza il Vescovo alla cerimonia celebrativa della Fondazione dell'Arma dei Carabinieri. 4. Professore, sarebbe disposto ad accompagnarci in gita con il professore di matematica? 5. Ragazzi, tutti a casa mia a fare baldoria! I miei sono partiti per il mare e abbiamo tutta la casa per noi. 6. Come da Vs. cortese richiesta, in allegato Vi trasmettiamo la ns. migliore offerta per la fornitura di quanto in oggetto. Rimaniamo in attesa di conoscere le Vs. decisioni a riguardo e, con l'occasione, ci pregiamo di porgerVi i ns. più distinti saluti. 7. Alzati, dormiglione, o farai tardi a scuola! 8. Uffa, che stress! E dacci un taglio con 'sta lagna! 9. Vorrei fare la denuncia di smarrimento della mia patente.

A 680

12 La lingua nel tempo e nello spazio

11 ○○○ COMPETENZE COMUNICATIVE E LESSICALI **Associa** al campo settoriale corrispondente i seguenti termini specialistici.

> a. appezzamento • b. freno • c. azione • d. obbligazione • e. stagionatura • f. bardatura •
> g. tasso • h. pedigree • i. decespugliatore • j. monologo • k. staffa • l. locandina •
> m. debuttare • n. humus • o. dividendo • p. ostacoli • q. cedola • r. comparsa •
> s. antiparassitario • t. replica

1. borsa: [.......]   [.......]   [.......]   [.......]   [.......]
2. teatro: [.......]   [.......]   [.......]   [.......]   [.......]
3. agricoltura: [.......]   [.......]   [.......]   [.......]   [.......]
4. ippica: [.......]   [.......]   [.......]   [.......]   [.......]

12 ●○○ COMPETENZE COMUNICATIVE E LESSICALI **Specifica** per ciascuno sport almeno un tecnicismo che sia usato nella lingua comune o che abbia originato un modo di dire.

1. atletica: *passare il testimone, saltare gli ostacoli*
2. calcio: ....
3. scherma: ....
4. boxe: ....
5. ciclismo: ....
6. nautica: ....
7. rugby: ....
8. ippica: ....

13 ●○○ COMPETENZE COMUNICATIVE E LESSICALI **Spiega** il significato che le seguenti parole, d'uso corrente nella lingua comune, assumono all'interno del sottocodice indicato.

	parola	sottocodice	significato
1.	caccia	aeronautica	
2.	battuta	sport	
3.	pastiglia	meccanica	
4.	zoccolo	architettura	
5.	estetica	filosofia	
6.	esponente	matematica	

	parola	sottocodice	significato
	sacro	anatomia	
	cima	marina	
	dado	culinaria	
	acuto	musica	
	parte	diritto	
	corona	numismatica	

14 ●○○ COMPETENZE COMUNICATIVE E LESSICALI **Specifica** il sottocodice a cui le seguenti parole, d'uso anche comune, possono appartenere, e **spiega** il significato che assumono nel loro settore di riferimento.

	parola	sottocodice	significato
1.	accordo		
2.	archi		
3.	aria		
4.	basso		
5.	capriccio		
6.	chiave		

parola	sottocodice	significato
fortissimo		
fuga		
notturno		
piano		
piatti		
scala		

A 681

La competenza comunicativa

15 ●●○ **COMPETENZE COMUNICATIVE E LESSICALI** **Indica** se nei seguenti enunciati i termini in grassetto sono usati all'interno di un sottocodice specialistico o in un'accezione della lingua comune e di ciascuno di essi **specifica** il campo settoriale.

		sottocodice specialistico	lingua comune	campo settoriale
1.	È andato a battere contro lo **spigolo** della porta.		X	matematica
2.	Prendo queste pastiglie per la **pressione** alta.			
3.	La **pressione** è il rapporto tra una forza che agisce su una superficie e l'area della superficie stessa.			
4.	Questo progetto si è ormai **arenato**.			
5.	Queste obbligazioni danno un **interesse** del 5%.			
6.	È proprio un **parassita** e si fa mantenere dai genitori.			
7.	Alla mia proposta ha fatto subito **retromarcia**.			
8.	Il **passivo** di amare è *essere amato*.			
9.	Quel bambino va **marcato** da vicino.			
10.	Vado al mare: ho bisogno di un po' di **ossigeno**.			
11.	C'è un'**inflazione** di cantanti stranieri.			
12.	Le tue parole per me sono una vera **sinfonia**!			

16 ●●○ **COMPETENZE COMUNICATIVE E LESSICALI** **AMPLIA IL TUO VOCABOLARIO** Le seguenti parole sono termini specifici di più sottocodici: **specifica** i campi settoriali di apparte-nenza e **spiega** il significato che esprimono in ciascuno di essi.

1. radicale
2. bacino
3. corteccia
4. tangente

5. arco
6. passivo
7. marcia
8. borsa

9. causa
10. forza
11. cambio
12. supplementare

13. classe
14. processo
15. canale
16. articolo

17 ●●○ **COMPETENZE COMUNICATIVE E LESSICALI** Il campo settoriale della politica, più che possedere un lessico specifico, ricorre a termini specifici di altri sottocodici usandoli in senso metaforico. **Trova** altri esempi oltre a quelli proposti e **spiegane** il significato.

1. **sottocodice della matematica**: direttrice, convergenza, spirale, asse, _____

2. **sottocodice della fisica**: vaso comunicante, spinta, forza, pressione, _____

3. **sottocodice della medicina**: emorragia, terapia d'urto, stato di salute, _____

4. **sottocodice militare**: scontro frontale, manovra di accerchiamento, reclutare, _____

5. **sottocodice marinaresco**: varare, cambiamento di rotta, colpo di timone, _____

A 682

12 La lingua nel tempo e nello spazio

2*4 I gerghi

I **gerghi** (dal francese *jargon*, "cinguettio di uccelli", e, quindi, "linguaggio incomprensibile e oscuro") sono **varietà linguistiche di tipo socio-culturale**, create e usate da persone che appartengono ad ambienti ristretti e omogenei.

Alcuni gerghi sono stati coniati per **difendersi** o **isolarsi** dal resto della società e, allo stesso tempo, per rimarcare lo spirito di **solidarietà** e di **coesione all'interno di un gruppo**: sono esempi di questo tipo i gerghi nati all'interno delle società segrete, come la Carboneria durante il nostro Risorgimento, o di ordini iniziatici come la Massoneria, quello della borsa nera durante l'ultima guerra mondiale o quello dei contrabbandieri, quelli che circolano tuttora negli ambienti della malavita con specificità proprie per ogni organizzazione (mafia, 'ndrangheta, camorra, Sacra Corona Unita, ...).

profano	=	chi non appartiene alla Massoneria
fratello	=	membro della Massoneria
pietra cubica	=	membro affidabile
dormiente	=	un membro che momentaneamente non frequenta l'ambiente
pietra grezza	=	chi sta per essere iniziato alla Massoneria
essere coperto	=	appartenere alla Massoneria
essere quadrato	=	aver raggiunto un particolare livello

Altri gerghi rispondono, invece, al bisogno di **riconoscersi in un gruppo**. Un tempo erano utilizzati da alcune categorie come gli spazzacamini e gli ombrellai e si sono poi perduti con la scomparsa del relativo mestiere. Oggi rimangono i gerghi militari, in uso nelle caserme e, soprattutto, i **gerghi giovanili**. Questi linguaggi sono molto variabili nel tempo e nello spazio e sono soggetti a continue innovazioni: sono particolarmente aperti ai modi di dire del momento, riprendono frasi fatte, spesso derivate da canzoni o da spettacoli di successo, amano gli accostamenti metaforici e iperbolici e tendono a creare parole nuove usando prefissi e suffissi.

ti stimo fratello	=	ho considerazione per te
sei ganzo	=	sei bravo
sei fuori come un balcone	=	matto, stravagante
scialla, amico	=	stai tranquillo, amico
intrippato	=	particolarmente preso da qualcosa
scimmia	=	ossessione per

I gerghi mantengono la normale struttura morfologica e sintattica della lingua comune, ma **si differenziano nel lessico**, con una finalità opposta a quella dei sottocodici che mirano alla chiarezza e all'univocità delle parole.

Il procedimento più diffuso è quello di **deformare** o di **travisare il significato di parole d'uso corrente**, allo scopo di produrre un distacco ironico o addirittura dissacrante.

Ad esempio, il gergo militare indica persone o oggetti con parole che nell'uso comune hanno un significato sproporzionato rispetto a quanto indicano.

universitario	=	la recluta semianalfabeta che frequenta la scuola elementare del reggimento
argenteria	=	la dotazione di posate, piatti, ...
hotel	=	la caserma
nonno	=	il soldato anziano
cacciatore di scalpi	=	il barbiere

A 683

La competenza comunicativa

2*5 La lingua parlata e la lingua scritta

> La **lingua parlata**, o **lingua orale**, e la **lingua scritta** sono varietà che dipendono dal **mezzo** utilizzato – la voce e la scrittura – e sono caratterizzate da **situazioni comunicative diverse**.

Prima di esaminare le specificità linguistiche, vediamo in quali diversi contesti si collocano la lingua parlata e la lingua scritta, almeno nelle rispettive forme tradizionali.

lingua parlata	lingua scritta
L'emittente e il destinatario **sono compresenti** e **possono interagire**. 	L'emittente e il destinatario **non sono in una situazione di compresenza** e **non possono interagire**. 
Il messaggio si **sviluppa nel tempo**, una parola dopo l'altra; viene costruito **nello stesso momento** in cui si parla e ciò che è già stato pronunciato non può essere cancellato né modificato. L'emittente **può intervenire a integrare** o a **riformulare** il messaggio in tempo reale sulla base delle reazioni o delle richieste del destinatario.	Il messaggio si sviluppa nello **spazio**, cioè sul foglio o sullo schermo del computer e, una volta scritto può **essere corretto** e **messo a punto** dall'emittente. Nella sua forma definitiva, però non **può essere riformulato in tempo reale**. L'emittente deve fornire **informazioni esaurienti**, tenendo conto di tutte le necessità del destinatario; il destinatario deve impegnarsi a comprenderlo **senza poter chiedere ulteriori informazioni** aggiuntive all'emittente.
Il messaggio, espresso nel linguaggio verbale, può essere rafforzato e completato da **elementi paralinguistici**, come il **tono della voce**, dall'**intonazione**, dai **gesti** e dalle **espressioni** dell'emittente.	Il messaggio, espresso nel linguaggio verbale, può essere rafforzato da **mezzi grafici**, **caratteri speciali**, **tabelle**, **schemi**.
Il messaggio può essere recepito a una **distanza limitata**, non dura nel tempo e raggiunge un **numero limitato di destinatari**, a meno che non ci si avvalga di uno strumento tecnico di supporto.	Il messaggio si trasmette nello **spazio** e nel **tempo**, rimanendo **inalterato** e può raggiungere un **numero illimitato di destinatari**.

Le differenze riguardo l'uso della lingua si possono ricondurre ad alcuni aspetti fondamentali:

- la lingua parlata ha come principali caratteristiche la **spontaneità** e l'**immediatezza** determinate dal fatto che il discorso viene formulato nell'atto stesso in cui si parla;
- la lingua scritta si distingue invece per la sua **pianificazione** e, quindi, per un maggior livello di **organizzazione** e di **elaborazione formale**, e per la **proprietà lessicale**.

12 La lingua nel tempo e nello spazio

lingua parlata	lingua scritta
È caratterizzata dall'uso di una **varietà di italiano** per lo più **regionale**, che può essere riconosciuto soprattutto dalla pronuncia.	È caratterizzata dall'**italiano** *standard*.
È caratterizzata da una **sintassi semplice**, con frasi brevi e prevalentemente **coordinate**, talora lasciate incomplete o sospese, talora ripetute. Al primo posto della frase si pone l'elemento del discorso ritenuto più importante La carne io non la mangio. È caratterizzata da un **uso improprio e non sorvegliato dei pronomi, dei tempi e dei modi verbali.** Di questo non me ne pento proprio e, **se lo sapevo prima**, non venivo alla riunione...	È caratterizzata da una **sintassi organizzata**: i periodi sono più lunghi e complessi, spesso articolati in frasi **anche subordinate**. Le varie parti del discorso sono disposte in modo regolare; i periodi risultano completi e opportunamente **collegati**. È caratterizzata dall'osservanza di **tutte le regole grammaticali**. Non mi pento assolutamente di avere agito in questo modo e se lo avessi saputo prima non sarei venuta alla riunione.
È caratterizzata dall'uso di un **lessico generico e povero**, con ampio uso di alterazioni o abbreviazioni di nomi, di termini o espressioni colloquiali e regionali. Sono frequenti i **deittici**, cioè elementi che fanno riferimento allo spazio, al tempo o alle persone della situazione comunicativa. Prendilo tu ... è quello lì sul tavolo.	È caratterizzata dall'uso di un **lessico appropriato** e **non ripetitivo**, in cui sono evitati modi di dire colloquiali e regionali. Le persone o le cose di cui si parla, sono descritte in modo chiaro ed esauriente, e sono collocate con cura nel tempo e nello spazio.
Sono frequenti gli elementi per recuperare le fila del discorso o per modificare e correggere quanto detto, come gli intercalari (*cioè, insomma ... sì, precisamente ... niente, per farla breve*), le false partenze, le autocorrezioni (*io penso che posso... no, cioè... noi possiamo andare*)	È caratterizzata da un'**esposizione rigorosa e chiara** del discorso riconducibile a una sua preliminare pianificazione.

Nella realtà comunicativa, tuttavia, la lingua scritta e la lingua parlata, pur avendo specificità proprie, **non sono due varietà rigidamente separate o opposte**; possono, piuttosto, essere considerate come i poli estremi di un'ideale **linea continua** che prevede al suo interno varie posizioni intermedie. Le caratteristiche evidenziate nella tabella precedente sono pertanto i poli estreni di questo *continuum* ideale. Infatti, per quanto concerne i testi scritti, una domanda di assunzione, un atto pubblico o una relazione di lavoro corrispondono pienamente a quanto indicato, ma le scelte linguistiche per un appunto d'uso personale o un SMS a un amico sono ben diverse.

Questo è ancor più vero per i testi orali: le caratteristiche descritte nella tabella valgono per la lingua parlata in un contesto quotidiano, privato e informale, ma non per la lingua richiesta nelle occasioni pubbliche e nella vita sociale. In queste occasioni, infatti, chi si esprime, pur nella spontaneità e immediatezza propria del parlato, cerca di controllare il proprio discorso e usare una lingua il più possibile corretta e appropriata nelle scelte sintattiche e lessicali.

Vi è poi il **parlato pianificato**, una sorta di parlato-scritto, a cui ricorre chi è chiamato a esporre oralmente in pubblico un testo già elaborato in precedenza. Sono esempi di parlato-scritto la lingua usata durante una conferenza, nei discorsi pubblici e nei notiziari televisivi. In questi casi chi parla si è documentato, ha già strutturato il suo discorso, adeguandolo al tempo di cui dispone, e ha fissato i punti fondamentali in una scaletta. Si aggiunga il registro medio-alto richiesto dalla situazione comunicativa, le scelte linguistiche corrette, il lessico preciso e appropriato: ecco quindi che queste forme di parlato riducono di molto la spontaneità e l'immediatezza e usano una varietà linguistica che non si discosta molto da quella propria degli scritti.

A 685

La competenza comunicativa

Nel vivo della lingua

Gli elementi extralinguistici della lingua parlata La lingua parlata dispone di **mezzi extralinguistici**, utili a fornire dati aggiuntivi funzionali alla corretta decodificazione del messaggio. Questi **canali non verbali**, legati anche alla cultura e alla tradizione di una determinata società, sono stati classificati in **paralinguistici**, **cinesici** e **prossemici**.

- Gli **elementi paralinguistici** (da *para-*, "accanto") sono **l'intonazione, la velocità, il ritmo e l'intensità della voce**, e **chiariscono l'intenzione e lo stato d'animo** di chi parla, confermando, rafforzando o persino smentendo il messaggio verbale. Il tono è influenzato da fattori fisiologici (età, costituzione fisica), dal contesto e dal livello sociale degli interlocutori: ad esempio una persona che si trova a parlare con una di livello superiore tende ad avere un tono di voce più basso rispetto al normale. È un elemento molto importante perché, in molti casi, è il tono (pacato, solenne, implorante, ironico, sarcastico, minaccioso, ...) che fa capire il vero significato delle parole. La stessa frase, pronunciata con una diversa intonazione e intensità, produce significati diversi: l'intonazione pacata e scandita, ad esempio, rivela una situazione formale, mentre il tono concitato lascia trapelare un'emotività condizionata da dati affettivi.

    Hai fatto. → Hai fatto! → Hai fatto? → Hai faattoo...?! (con tono spazientito, tipico di chi è stanco di aspettare)

    Il ritmo del discorso conferisce maggiore o minore autorevolezza alle parole pronunciate: parlare a un ritmo lento, dà un tono di solennità a ciò che si dice. Anche il silenzio è importante, soprattutto nelle interazioni affettive: nella cultura occidentale è segno di incertezza, in quella orientale invece è indice di saggezza.

- Gli **elementi cinesici** (dal greco *kinesis*, "movimento") riguardano i **movimenti delle varie parti del corpo** durante lo scambio comunicativo. Importantissimi quelli degli occhi che possono avere una pluralità di significati, dal comunicare interesse al gesto di sfida. Le espressioni del volto poi sono state distinte dagli studiosi di comunicazione in 44 possibili movimenti, involontari e volontari, alcuni dei quali variabili da cultura a cultura. Anche la gestualità manuale è molto significativa: può sottolineare e rafforzare il significato delle parole, ma può anche fornirne una chiave di lettura completamente diversa. Inoltre, i gesti possono esprimere significati diversi all'interno delle diverse culture: in Bulgaria lo scuotimento laterale del capo, che in quasi tutte le culture significa "No", ha esattamente il significato opposto; il gesto della mano con indice e medio alzati, a formare la lettera "V", indicano generalmente il segno di vittoria, ma in Inghilterra ha il significato di una grave offesa.

    In generale, gli elementi cinesici possono svolgere varie funzioni:

    - **sostituire contenuti** che potrebbero essere espressi anche a parole (salutare aprendo e chiudendo una mano);
    - **commentare** o **sottolineare il contenuto** (scandire le parti di un discorso, indicare oggetti o luoghi del contesto);
    - **smentire il contenuto** (esprimere a parole gioia e interesse, mostrare con i gesti disappunto e noia);
    - **essere fonte di** *feedback* (mostrare interesse o distrazione);

12 La lingua nel tempo e nello spazio

- indicare stati d'animo (torcersi le dita);
- esprimere rituali propri di una cultura (stringere la mano, assentire o negare con la testa).

- Gli **elementi prossemici** riguardano la **distanza nelle situazioni comunicative**, non solo lo spazio vero e proprio, ma anche il modo con cui gli interlocutori sentono il loro **rapporto reciproco**. La prossemica, infatti, si occupa dei messaggi che il nostro corpo trasmette collocandosi nello spazio rispetto ad altre persone; è quindi una tecnica di lettura della spazialità come canale di comunicazione.
  Le distanze interpersonali, che influenzano notevolmente il comportamento degli interlocutori, si distinguono in quattro tipologie:
  - la **distanza intima** (fino a 50 centimetri) indica un rapporto molto confidenziale, ad esempio tra madre e figlio o tra due innamorati. In questo caso il messaggio verbale è potenziato dallo sguardo, dalla voce, dai sensi del tatto e dell'olfatto e può essere anche solo sussurrato;
  - la **distanza personale** (da 50 centimetri a 1 metro) interessa la comunicazione tra interlocutori che possono essere legati da rapporti confidenziali o gerarchici, come nel caso di un dialogo tra due amici o due colleghi o di una conversazione in un salotto su argomenti di carattere privato;
  - la **distanza sociale** (da 1 metro a 3 o 4 metri) è propria delle relazioni formali e impersonali che avvengono, ad esempio, in un ufficio pubblico o negli incontri occasionali;
  - la **distanza pubblica** (oltre 4 metri) riguarda gli scambi comunicativi molto formali in cui si è obbligati a potenziare la voce e la gestualità e, nello stesso tempo, a scandire le parole, come nel caso di una comunicazione in una sala conferenze.

ALLENA LE COMPETENZE

18 ●○○ **COMPETENZE COMUNICATIVE** **Indica** se i seguenti testi possono essere formulati a voce [V] o se sono sicuramente scritti [S].

1. Mi raccomando, non prenda impegni per sabato sera: l'aspetto a cena da me! [.....]
2. Spostati, che mi dai fastidio! [.....] **3.** Il presente biglietto dopo l'obliterazione non è cedibile e va conservato e presentato a ogni richiesta del personale. [.....]
4. Art. 24 – Permessi non retribuiti. I dirigenti sindacali di cui all'art. 23 hanno diritto a permessi non retribuiti per la partecipazione a trattative sindacali o a congressi e convegni di natura sindacale, in misura non inferiore a otto giorni all'anno. [.....]
5. Ma la vuoi chiudere 'sta boccaccia, sì o no? [.....] **6.** L'imputato, riconosciuto colpevole del reato a lui ascritto, è condannato alla pena di mesi tre di reclusione e al pagamento delle spese processuali. [.....] **7.** Giungano a Lei e alla Sua consorte le nostre più sentite condoglianze per il luttuoso evento. [.....] **8.** Lo vuoi un bel caffè? [.....]

A 687

La competenza comunicativa

19 ○○○ **COMPETENZE COMUNICATIVE** **Associa** uno dei seguenti aspetti tipici della lingua parlata alle battute indicate. Alcune battute contengono più di un aspetto.

> **a.** sintassi semplice con brevi frasi coordinate •
> **b.** uso prevalente del modo indicativo • **c.** uso scorretto del pronome •
> **d.** correzione del messaggio durante la sua formulazione

1. È un locale che ci tutti vanno. [.....] **2.** Adesso vado alla posta, faccio la raccomandata, poi torno qui a prenderti e andiamo a comprare le scarpe. [.....] **3.** Penso che tu... no, cioè... che noi possiamo parlargli, magari fargli una telefonata. [.....] **4.** Se me lo dicevi prima, era meglio. [.....] **5.** Un giorno che vengo ti faccio vedere come si fa. [.....] **6.** Volevo chiedergli un prestito, ma poi ho pensato che era meglio non chiedergli nulla. [.....] **7.** Sapevo che... anzi me lo sentivo che Alberto aveva qualcosa, certo non sta bene. [.....] **8.** Ci hai parlato tu a Sergio? [.....] **9.** Mi sono vista davanti 'sto tipo, mi guardava, si avvicinava, ho avuto una paura... ma poi era il cugino di Camilla e mi ha salutato. [.....]

20 ●○○ **COMPETENZE COMUNICATIVE** Nei seguenti passi dei *Promessi sposi* **riconosci** gli aspetti tipici del parlato, riprodotti dall'autore per rendere in modo realistico il discorso dei personaggi.

1. «M'ha mandata il nostro curato, – disse la buona donna, – perché questo signore, Dio gli ha toccato il cuore (sia benedetto!), ed è venuto al nostro paese, per parlare al signor cardinale arcivescovo (che l'abbiamo là in visita, quel sant'uomo), e s'è pentito de' suoi peccatacci, e vuol mutar vita; e ha detto al cardinale che aveva fatta rubare una povera innocente, che siete voi, d'intesa con un altro senza timor di Dio, che il curato non m'ha detto chi possa essere.»

2. «Monsignore, – disse don Abbondio, facendosi piccino piccino, – Non ho già voluto dire... Ma m'è parso che, essendo cose intralciate, cose vecchie e senza rimedio, fosse inutile di rimestare... Però, però, dico... so che vossignoria illustrissima non vuol tradire un suo povero parroco. Perché vede bene, monsignore; vossignoria illustrissima non può esser per tutto; e io resto qui esposto... Però, quando Lei me lo comanda, dirò, dirò tutto.»

(A. Manzoni, *I Promessi sposi*)

21 ●●○ **COMPETENZE COMUNICATIVE E DI SCRITTURA** Tipico del parlato informale è l'uso dei verbi con un significato molto generico: **riscrivi** le seguenti frasi usando verbi di significato più specifico e appropriato.

1. Hai già avuto il tuo regalo? **2.** Mia madre ha frequenti emicranie. **3.** I pinguini sono al Polo nord o al Polo sud? **4.** Fra quanto sarai a casa? **5.** A fine mese sarò nella mia nuova casa. **6.** Alla festa Valentina aveva un abito rosso molto elegante. **7.** Ho fatto l'esame: ho buone speranze di passarlo. **8.** Quanto è l'ingresso a questa mostra? **9.** Antonio non ha avuto la votazione che sperava. **10.** Il mio calciatore preferito ha fatto uno splendido gol. **11.** Mia sorella ha fatto un bellissimo autoritratto. **12.** Di quanto è il suo debito?

12 La lingua nel tempo e nello spazio

22 ●●○ **COMPETENZE COMUNICATIVE E DI SCRITTURA** Le seguenti frasi riproducono alcuni usi scorretti che sono ricorrenti nel parlato informale, ma inaccettabili nella lingua parlata formale o in un testo scritto: **riscrivile** in modo corretto.

1. Se vincevo la lotteria, mi facevo un bel viaggio e mi compravo una bella casa. **2.** A Francesco, gli hai detto di non fare tardi come al solito? **3.** Di quella storia non ne voglio proprio più sentir parlare. **4.** Io vorrei andare al mare, Marco, invece... a lui gli piace tanto la montagna. **5.** Aveva detto che ci portava lui con la macchina di sua madre, ma poi la macchina l'ha presa lei. **6.** A me questo film non mi ha proprio convinto... non mi è piaciuto per niente. **7.** Al ritorno, non è che mi date un passaggio, eh? **8.** L'anno prossimo non ci torno più in questo posto qui: vado in Sardegna, là sì che c'è un bel mare. **9.** Ma a Marta non gli hai ancora detto della festa? **10.** Le vacanze..., per ora non ho nessuna idea.

2*6 Le funzioni della lingua

Le **funzioni della lingua** sono le varietà linguistiche determinate dallo **scopo comunicativo**.

Nella realtà quotidiana si parla o si scrive **per raggiungere uno scopo**: la lingua viene quindi usata di volta in volta con **funzioni** diverse e adattata all'**intenzione** e all'effetto desiderati.

Le funzioni della lingua sono molto varie e numerose, ma per comodità di analisi sono state ricondotte dallo studioso Roman Jakobson a **sei funzioni fondamentali**, ciascuna delle quali **è incentrata su uno dei sei elementi della comunicazione** (↩ 11, § 1). I sei elementi, infatti, sono presenti in ogni scambio comunicativo, ma di volta in volta uno di essi assume un **ruolo prevalente** rispetto agli altri e determina quindi una specifica funzione della lingua. Spesso accade che i messaggi assolvano a più di una funzione: ad esempio, un articolo sui rifiuti urbani può informare e allo stesso tempo cercare di convincere a fare la raccolta differenziata; la poesia, oltre a una funzione poetica, ha spesso una funzione espressiva, quella di esprimere i sentimenti del poeta. Il messaggio inoltre può essere formulato in modo che lo scopo risulti chiaro e inequivocabile, oppure può essere espresso in una forma che, mostrando solo lo **scopo apparente**, lascia implicito quello vero e reale, detto **sovra-scopo**.

La **funzione referenziale**, o **informativa**, è incentrata sul **referente**, cioè sul **contenuto del messaggio**.

SCOPO inviare informazioni in modo oggettivo. L'emittente non esprime commenti o opinioni personali e non ne sollecita da parte del ricevente.

TESTI IN CUI È PREVALENTE tecnico-scientifici e **messaggi informativi** in genere.

CARATTERISTICHE LINGUISTICHE chiarezza e **precisione espositiva**, **tono neutro**, **lessico** usato in **senso letterale** e **denotativo**, in prevalenza **modo indicativo** e **terza persona**.

Férmi, Enrico – fisico (Roma 1901 - Chicago 1954). Accostatosi allo studio della fisica fin dall'adolescenza, alla fine del liceo entrò alla Scuola normale superiore di Pisa. Durante il periodo universitario studiò in modo autonomo molti lavori di fisica moderna, acquistando una notevole conoscenza dei più recenti risultati.

A 689

La competenza comunicativa

> La **funzione emotiva**, o **espressiva**, è incentrata sull'**emittente**.

SCOPO esprimere **stati d'animo**, **sentimenti**, **idee**, **valutazioni** e **opinioni personali**.

TESTI IN CUI È PREVALENTE **diari e lettere** di contenuto privato, **autobiografie**, **commenti** e **interpretazioni critiche** in cui l'autore esprime il suo giudizio e le sue valutazioni.

CARATTERISTICHE LINGUISTICHE presenza di elementi che segnalano la **soggettività**: parole che evidenziano il **coinvolgimento emotivo** dell'emittente, come **aggettivi**, **espressioni esclamative**, **interiezioni**.

Che piacere vederti!
Oh! Finalmente sei arrivato!
Ero ansiosa di avere tue notizie e molto preoccupata per il tuo lungo silenzio.
Davvero interessante il libro che mi hai regalato!

> La **funzione conativa** (dal latino *conari*, "indurre a"), o **persuasiva**, è incentrata sul **destinatario**.

SCOPO coinvolgere l'interlocutore, convincerlo di qualcosa o indurlo ad assumere un determinato atteggiamento.

TESTI IN CUI È PREVALENTE discorsi politici, arringhe giudiziarie, leggi e regolamenti, prediche, messaggi pubblicitari.

CARATTERISTICHE LINGUISTICHE modi **imperativo** o **congiuntivo esortativo**, formule di cortesia come *per favore*, *per cortesia*, **quando l'ordine o l'invito viene esplicitamente impartito**. Forme persuasive più attenuate, sotto forma di suggerimenti, consigli, apparenti richieste di informazioni, al modo **condizionale** (*mi daresti..., ti chiederei il favore di..., saprebbe dirmi dove, vorrei sapere se...*), espressioni interrogative **quando lo scopo persuasivo è dissimulato**: la funzione della lingua in questo caso è apparentemente diversa da quella conativa. È quanto succede nei messaggi pubblicitari, che trasmettono il messaggio sotto forma di informazioni oggettive o di valutazioni, mentre il vero scopo è sempre persuasivo.

Abbassa subito il volume di quella radio!
Comperami il pane e il giornale, per favore. — **ordini espliciti**
Respiri profondamente con la bocca aperta.

Avresti, per favore, una penna rossa?
(= *Prestami la tua penna rossa!*)
Sei venuto in auto?
(= *Dammi un passaggio in automobile!*) — **ordini attenuati, suggerimenti, richieste**
Sono aperte le iscrizioni al corso di danza;
i posti sono limitati a venti. (= *Iscrivetevi subito*)

12 La lingua nel tempo e nello spazio

Nel vivo della lingua

Lo *slogan* pubblicitario La **pubblicità** utilizza, in genere, diversi linguaggi (in particolare, visivi e auditivi), e il messaggio globale è sempre dato dall'**insieme delle varie componenti che integrandosi a vicenda formano un tutt'uno**. Tuttavia ci sembra interessante richiamare l'attenzione sull'uso particolare che i pubblicitari fanno del linguaggio verbale. Sempre in funzione conativa, anche se talora celata sotto l'apparenza di altre funzioni, gli slogan pubblicitari attingono a diverse varietà linguistiche: al registro approssimativo del parlato, a quello aulico della letteratura e dell'arte, ai sottocodici prestigiosi della scienza, della tecnica, alle lingue straniere.
Ne risulta una lingua settoriale composita che si caratterizza per i seguenti fenomeni:

- la **formazione di superlativi inusuali**, la coniazione di **neologismi** e, soprattutto, di **parole macedonia**, derivate cioè dalla fusione di parole già esistenti.

    pomodorissimo, gingerissimo, affettatissimo, fabuloso, sofficette, visiospazio, pretrattare, intellighiotto, mangiasporco, salvaroma, gengiprotettivo, digestimola, ...

- la **deformazione** o i **giochi di parole** per ottenere figure retoriche di suono o di significato, o per sfruttare i doppi significati.

Quanto miele mi vuoi?	per un marchio di caramelle al miele
Se avete fretta prendetevela comoda.	per un marchio di automobili
Nonno Nanni. Il nonno più buono che c'è.	per un marchio di formaggio
Chicchiricchi.	per un marchio di riso che ha il gallo come simbolo
Nata per le curve.	per una campagna di un'azienda automobilistica

- la **ripresa** e l'**adattamento di frasi** tratte da poesie, canzoni, proverbi, oppure da titoli di film, o di spettacoli televisivi.

M'illumino di meno	per una campagna per il risparmio energetico
Gli italiani preferiscono la bionda	per un marchio di birra
Sicurezza, dolce sicurezza	per un marchio di antifurto
Premio calante per uomo al volante	per una campagna di un marchio assicurativo

- l'uso dei **tecnicismi** tratti dai sottocodici scientifici per dare al prodotto una convalida tecnica, delle **lingue straniere** per creare un senso di appartenenza a una società internazionale o delle **lingue classiche** come segno di prestigio culturale.

Parfum d'evasion	per un marchio di profumo
Don't worry, be happy	per una campagna di automobili
Just do it	per un marchio di abbigliamento sportivo
Life is now	per una campagna di un'azienda di telefonia
Das Auto	per un marchio di automobili

- l'uso di **costrutti** che ripropongono le caratteristiche del **parlato**, per stabilire un rapporto confidenziale con i destinatari.

    Kimbo, a me, me piace.

A 691

La competenza comunicativa

Nello stesso tempo, il linguaggio pubblicitario ha una ricaduta sulla **lingua parlata nel quotidiano**: molte parole e numerose espressioni appositamente coniate dalla pubblicità e note al grande pubblico tendono sempre più a diffondersi nella **lingua d'uso comune**.

L'uomo Del Monte ha detto sì!
Ma è nuovo?... No ... lavato con Perlana!
No Martini, No party!
Chiaro limpido?... Recoaro!
Più lo mandi giù più ti tira su!

La **funzione fàtica** (dal latino *fari*, "parlare") è incentrata sul **canale**.

SCOPO **aprire**, **mantenere** o **chiudere il contatto** con il destinatario, o verificare il **corretto funzionamento del canale** di trasmissione del messaggio.

TESTI IN CUI È PREVALENTE **frasi convenzionali di saluto**, per dare avvio o per concludere l'azione comunicativa; **formule stereotipate e sovrabbondanti**, che intercalano il discorso per verificare l'attenzione del destinatario e il funzionamento del canale.

CARATTERISTICHE LINGUISTICHE **espressioni brevi, spesso in forma interrogativa**.

Ciao, come stai?
Come va?
Buongiorno a tutti!
Senti...
Buonasera! Anche Lei da queste parti?
Ti saluto, a presto!
Chi è? (nel rispondere al citofono)
Pronto? (nell'avviare la comunicazione telefonica)
Torre di controllo chiama ... Passo e chiudo (nella comunicazione di controllo di volo)
Avete capito? Tutto chiaro?
Fate ben attenzione adesso! Seguite? (per mantenere il contatto con gli studenti durante una spiegazione)

La **funzione metalinguistica** (dal greco "al di sopra della lingua") è incentrata sul **codice**.

SCOPO **spiegare il funzionamento e le regole del codice verbale**.

TESTI IN CUI È PREVALENTE **dizionari**, **grammatiche**, **testi di lingue straniere**, **testi scolastici** o **divulgativi**, in cui si analizza un testo o si spiega il significato di un termine o di un concetto.

CARATTERISTICHE LINGUISTICHE **chiarezza e precisione espositiva**, punto di vista **oggettivo**, tono **impersonale**, verbo prevalentemente all'**indicativo presente** e in **terza persona**.

Il prefisso a-, detto alfa privativo, indica "mancanza, privazione, negazione".
La 3ª persona singolare del passato remoto di giacere è giacque.

12 La lingua nel tempo e nello spazio

> La **funzione poetica** è incentrata sul **messaggio** in se stesso: l'attenzione è rivolta non tanto all'argomento, cioè a cosa si dice, quanto **al modo in cui lo si dice**.

SCOPO arricchire e valorizzare il messaggio.

TESTI IN CUI È PREVALENTE tutti i testi letterari, in poesia e in prosa; proverbi, giochi di parole nella comunicazione ordinaria.

CARATTERISTICHE LINGUISTICHE uso del lessico in senso connotativo, presenza di figure retoriche, grande cura per la scelta delle parole e per la loro combinazione, sulla base non solo del significato ma, soprattutto, dei significanti, che producono particolari effetti fonici e timbrici. La lingua è polisemica, gioca sull'ambiguità dei significati e sfrutta tutte le sue potenzialità per evocare immagini nuove e suggestive, e imprimere alla forma del messaggio un particolare ritmo e una diffusa musicalità.

Trentatré trentini entrarono a Trento tutti e trentatré trotterellando.

Rosso di sera, bel tempo si spera

Fornelli d'Italia.

Mezzogiorno di cuoco

> titoli di trasmissioni televisive di cucina

La funzione poetica è specifica delle **opere letterarie** o **poetiche**: per comprendere la bellezza di un verso di Giacomo Leopardi, come *Sempre caro mi fu quest'ermo colle*, bisogna concentrarsi sulla scelta ricercata delle parole, sulla loro armonia, sull'importanza del verbo al passato remoto, sul ritmo della sequenza nel verso. Ma non solo.
Alla funzione poetica ricorre frequentemente la pubblicità, che tende a puntare sull'efficacia degli *slogan*: *Vi voliamo molto bene!* è lo *spot* pubblicitario di una compagnia aerea e gioca sullo scambio tra *vogliamo/voliamo*. Un altro esempio è il linguaggio scelto dagli sceneggiatori dei film. In *Guerre stellari*, ad esempio, per caratterizzare l'anziano, saggio Maestro Yoda, lo si fa parlare con un ordine delle parole poco scontato: «*Arduo da vedere il Lato Oscuro è!*».

ALLENA LE COMPETENZE

23 ●○○ **COMPETENZE COMUNICATIVE** Indica se la lingua è usata in funzione referenziale [R], espressiva [E], conativa [C], fàtica [F], metalinguistica [M] o poetica [P].

1. Vieni subito! [.....] **2.** Benissimo: viene subito! [.....] **3.** Torno subito. [.....] **4.** Seduti! [.....] **5.** Seduto, participio passato del verbo sedere. [.....] **6.** Lavare in acqua fredda. [.....] **7.** Buongiorno a tutti! [.....] **8.** Che bel mare calmo! [.....] **9.** Mari calmi o leggermente mossi. [.....] **10.** Ma mi vuoi ascoltare? [.....] **11.** Ascolta. Risponde / al pianto il canto / delle cicale / che il pianto australe / non impaura, / né il ciel cinerino. [.....] **12.** I versi precedenti fanno parte della poesia *La pioggia nel pineto* di Gabriele d'Annunzio. [.....] **13.** Ossequi alla sua signora. [.....] **14.** Che signora affascinante! E mi sembra anche simpatica e gentile. [.....] **15.** La datazione al carbonio ha stabilito che la mummia ritrovata nel ghiacciaio di Similaun nel 1991 risale a 5300 anni fa. [.....] **16.** Taglia taglia, aggiungi aggiungi, più lo tagli e più l'allunghi. [.....]

A 693

La competenza comunicativa

24 ●●○ **COMPETENZE COMUNICATIVE** **Specifica** le diverse funzioni linguistiche che agiscono nelle seguenti frasi.

1. Amica mia carissima, ti scrivo con immensa gioia per comunicarti una bellissima notizia: ho avuto un nipotino e il suo nome è Lorenzo.

a. _____ b. _____ c. _____

2. Piacere, Signora; sono il dottor Rossi e abito nell'appartamento adiacente al Suo.

a. _____ b. _____ c. _____

3. Ah, se fossi capace di non telefonargli più! E tu, aiutami, impediscimi di farlo.

a. _____ b. _____ c. _____

4. È inutile che telefoni a Lorenzo, Gianna, perché non è ancora tornato dalla montagna.

a. _____ b. _____ c. _____

5. Pronto? Mi senti? Hai già saputo che venerdì ci sarà lo sciopero dei benzinai?

a. _____ b. _____ c. _____

6. Scusi, Signora, avrebbe da cambiarmi cinque euro in monete?

a. _____ b. _____ c. _____

7. Le isole Tonga, scoperte dagli Olandesi nel 1616, sono oggi un paradiso tutto da scoprire.

a. _____ b. _____ c. _____

25 ●●○ **COMPETENZE COMUNICATIVE E DI SCRITTURA** **Riconosci** nelle seguenti frasi la funzione linguistica prevalente, quindi **riscrivile** in modo che svolgano la nuova funzione indicata. Segui l'esempio.

1. Devi assolutamente trovarlo! → *funzione conativa*

(*funzione metalinguistica*): *Nella frase "devi trovarlo", lo è complemento oggetto.*

2. Che bello! Finalmente la neve! _____

(*funzione referenziale*): _____

3. Tu non lo prenderesti un caffè? _____

(*funzione emotiva*): _____

4. Che meraviglia le Maldive! _____

(*funzione conativa*): _____

5. Finisci la pasta! _____

(*funzione referenziale*): _____

6. Che bel sorriso che hai! _____

(*funzione conativa*): _____

7. Le temperature registrate oggi sono al di sopra della media stagionale. _____

(*funzione emotiva*): _____

8. Vergognati! Devi scrivere nazione, non nazzione. _____

(*funzione metalinguistica*): _____

9. Rosso di sera, bel tempo si spera

(*funzione referenziale*): _____

A 694

VERIFICA LE TUE COMPETENZE

A. Completa il seguente testo inserendo opportunamente le parole usate nella lingua comune al posto dei termini del linguaggio burocratico contenuti nel brano.

> associa alle carceri • avvenire • commette • controllare • mandare • nasconde •
> non potere • ordinare • realizzare • rifiutare • scappare • scontrarsi con un'altra •
> scoppi o divampi • si vada a casa • trovare • verificare

Nel linguaggio burocratico anziché dire .... , si dice *si oppone un rifiuto*, anziché .... *si procede a un controllo*; si preferisce *mettere ordine* anziché .... , *porre in atto* e non .... , *essere nell'impossibilità di* anziché .... , *aver luogo* invece di .... Molto filtra direttamente dal formulario dei comunicati di polizia e il linguaggio della cronaca lo ricalca: *si è potuto appurare* piuttosto che .... l'istanza, più che .... *la domanda* la si fa *pervenire*; l'incendio *si verifica* più di quanto .... ; anziché *rinchiudere* o *trasferire in carcere* un malvivente, di solito lo si .... ; un malfattore si rende *irreperibile, si eclissa, si dà alla fuga* più che .... , una vettura *entra in collisione* piuttosto che .... ; ci si *reca nella propria abitazione ubicata, sita in* e non succede mai che .... ; la refurtiva non si .... ma *si occulta*, più che .... *si rinviene, si reperisce*, non si .... un furto ma lo si *perpetra ai danni di...*

(G. L. Beccaria, *Italiano antico e nuovo*, Garzanti, Milano)

0,25 punti per ogni inserimento corretto **Punti** .... /4

B. Indica se i seguenti testi sono adatti a una comunicazione solo scritta [S], solo a voce [V] o a entrambe [E]. **Distingui** il registro (formale, medio, informale), la funzione prevalente e la presenza di segni grafici; **riconosci** e **distingui** eventuali parole appartenenti a un sottocodice specialistico, prestiti stranieri o prestiti interni.

1. BTP Italia è il primo titolo di Stato indicizzato all'inflazione italiana, con cedole semestrali e durata quadriennale, pensato soprattutto per le esigenze dei risparmiatori e degli investitori *retail*. Il nuovo titolo fornisce all'investitore una protezione contro l'aumento del livello dei prezzi italiani, con cedole pagate semestrali che offrono un tasso reale annuo minimo garantito collegato all'indice ISTAT dei prezzi al consumo per famiglie di operai e impiegati.   (http://www.tesoro.it/primo-piano/btp.asp)

[.....] (..)

2. Il *non plus ultra* della perfezione! 5 notti in questo B&B sono state perfette. La colazione abbondante con dolci fatti in casa della signora Laura! Una grande! Ritornerò sicuramente! Alla prossima!

[.....] (..)

3. Roberto Benigni: Ma io quando dici la parola Presidente, a me guarda, quanto m'è piaciuto questo centocinquantenario! Dal 1861, pensate, ancora non c'erano gli euro. Come ora, non se ne vedono, è la stessa cosa, praticamente. Però insomma son camb.... E pensate... Ma io vorrei un monologo solo sull'Unità d'Italia. Ah, la nazione... no è un sentimento che non so da dove viene, proprio mi piace mi piace proprio l'argomento. Il, il... Risorgimento la parola stessa che dice... ma la, la grandezza di quel periodo tutte cose che ripeto sempre. Quindi quando ero lì con il Presidente della Repubblica, insomma, son finiti i centocinquant'anni, io un applauso personale glielo rifarei a questa Unità, che ne abbiamo bisogno... Viva l'unità d'Italia ...

[.....] (..)

A 695

La competenza comunicativa

4. La chiamavano bocca di rosa
metteva l'amore, metteva l'amore,
la chiamavano bocca di rosa
metteva l'amore sopra ogni cosa.

Appena scese alla stazione
nel paesino di Sant'Ilario
tutti si accorsero con uno sguardo
che non si trattava di un missionario.

C'è chi l'amore lo fa per noia
chi se lo sceglie per professione
bocca di rosa né l'uno né l'altro
lei lo faceva per passione. (F. De André, *Bocca di rosa*)
[.....] (......................................) ....

5. *Déficit* [dè-fi-cit] n.m. invar.   **1.** deficienza, carenza, insufficienza [+ di]: *deficit mentale, culturale; deficit di vitamine* | **deficit immunitario**, (med.) riduzione congenita o acquisita dell'attività del sistema immunitario, che ha come effetto una minore resistenza alle malattie   **2.** (econ., fin.) in un bilancio, eccedenza del passivo sull'attivo: *essere in deficit*
Etimologia: ← voce lat. diffusasi in it. attrav. il modello fr. *déficit*; propr. terza pers. sing. pres. indic. di *deficĕre*, "mancare"   (www.garzantilinguistica.it)
[.....] (......................................) ....

6. Il *baseball* è uno sport di squadra in cui due squadre composte da 9 giocatori si affrontano per nove *inning* (o riprese) e in cui le due squadre si alternano nella fase di attacco e di difesa. Il lanciatore (della squadra in difesa) lancia la palla verso il battitore (della squadra in attacco), che cerca di colpirla "in battuta" con la mazza di legno, in modo da avanzare in senso antiorario su una serie di quattro *basi*, poste agli angoli di un rombo chiamato "diamante", e tornare infine al punto di partenza (*casa base*), dove ha diritto a segnare un punto per la propria squadra. La squadra in difesa, composta oltre che dal lanciatore da altri giocatori posti in diversi punti del campo, cercherà di fermare il battitore facendo giungere la palla a una base prima del battitore, oppure semplicemente afferrando al volo la palla battuta.
(www.wikipedia.it)

[.....] (......................................) ....

7. Dalle antiche sorgenti dell'imperatore Claudio
Acqua minerale naturale Claudia
Effervescente ad hoc
[.....] (......................................) ....

8. Esperto ragioniere offresi per gestione contabilità ad aziende, adempimenti fiscali, invii telematici, supporto alla predisposizione del *budget* e del bilancio e scadenziario tributi. Massima disponibilità a spostamenti o a *part-time*.
[.....] (......................................) ....

2 punti per ogni testo analizzato correttamente   **Punti** .... /16

TOTALE PUNTI .... /20

A 696

Indice analitico

A

a, preposizione, 62, 64, 291, 362, 379
a, vocale, 18
abbreviazione, 63
accento, 28, 76,
– grafico, 28-29
– – acuto, 18, 29, 49
– – circonflesso, 29
– – grave, 18
– tonico, 28-29
accrescitivo
– aggettivo, 387
– nome, 387
affisso, 62
aggettivo, 62, 83, 132-133, 138, 182, 225-227, 248, 260-274
– composto, 266
– determinativo, 185, 264
– – dimostrativo, 388
– – esclamativo, 327
– – identificativo, 321
– – indefinito, 321, 325
– – interrogativo, 327
– – numerale, 331
– – possessivo, 316
– invariabile, 319
– qualificativo, 260-274
– – alterato, 266
– – composto, 266
– – derivato, 266
– – di grado comparativo, 269
– – di grado positivo, 269
– – di grado superlativo, 270
– – funzione, 263
– – invariabile, 260
– – primitivo, 266
– – valore descrittivo, 263
– – valore distintivo, 263
– – variabile, 279
alfabeto, 17
alterato
– aggettivo, 266
– avverbio, 352
– nome, 247
alterazione, 63
analisi del periodo, 518-519
analisi logica, 414-415
anglo-latinismi, 662
antonimía, 76
antonimo, 83

– totale, 83
– complementare, 83
– inverso, 83
antonomasia, 234
apodosi, 169, 171, 580-582
apostrofo, 32-35
apposizione, 421
– semplice, 421
– composta, 422
argomento, elemento della frase, 400
articolo, 220-228
– determinativo, 222
– forme dell', 222
– funzioni dell', 221
– indeterminativo, 226
– partitivo, 226
– usi specifici dell', 225
asindeto, 512
aspetto dell'azione del verbo, 108
– durativo, 108
– egressivo, 108
– imperfettivo, 108
– ingressivo, 108
– momentaneo, 108
– perfettivo, 108
– progressivo, 108
asterisco, 49
atona, sillaba, 28
attiva, forma del verbo, 110-111
attributo, 402
ausiliare, verbo, 102, 106, 111-112, 115
– coniugazione, 191
avere, verbo ausiliare, 132
– coniugazione, 193
avverbio, 352-360
– alterato, 352
– composto, 352
– derivato, 352
– determinativo, 352
– – di luogo, 353
– – di quantità, 354
– – di tempo, 354
– – di valutazione, 355
– – interrogativo, 355
– – esclamativo, 355
– grado, 360
– – comparativo, 360
– – – di maggioranza, 360
– – – di minoranza, 360
– – superlativo, 360
– – – assoluto, 360

– – – relativo, 360
– primitivo, 378
avversativa, congiunzione, 389

B

b, 20
barra (o slash), 49

C

campo semantico, 86
carattere maiuscolo, 17
causale, congiunzione, 368
che, 269, 304, 309, 329, 367, 594
chi, 330
ci, particella, 115, 129, 133
cifra araba, 331
cifra romana, 332
cognome, 234
come, 596
comparativa, congiunzione, 368-369
comparativo, aggettivo, 269-271
– di maggioranza, 269
– di minoranza, 269
– di uguaglianza, 269
compiutezza, 108
complemento, 426-447
– accessorio o circostanziale,
– avverbiale, 446
– diretto, 403
– – oggetto, 426
– – – partitivo, 473
– indiretto, 401
– – concessivo, 487
– – d'agente e di causa efficiente, 439
– – di abbondanza, 484
– – di allontanamento o di separazione, 458
– – di argomento, 471
– – di causa, 442
– – di colpa, 479
– – di compagnia, 447
– – di denominazione, 472
– – di esclusione e di eccettuazione, 486
– – di età, 474
– – di fine, 443
– – di limitazione, 479
– – di luogo, 454
– – – moto a luogo, 455

A **697**

Indice analitico

– – – moto da luogo, 455
– – – moto entro luogo, 454
– – – moto per luogo, 455
– – – stato in luogo, 455
– – di materia, 474
– – di mezzo, 446
– – di modo, 446
– – di origine o di provenienza, 458
– – di paragone, 474
– – di pena, 480
– – di privazione, 484
– – di qualità, 471
– – di quantità, 483
– – – di distanza, 483
– – – di estensione, 483
– – – di peso e misura, 483
– – – di prezzo, 484
– – – di stima, 483
– – di rapporto, 486
– – di sostituzione o di scambio, 486
– – di specificazione, 432
– – di tempo, 460
– – – continuato, 460
– – – determinato, 460
– – di termine, 430
– – di unione, 447
– – di vantaggio e di svantaggio, 479
– – distributivo, 487
– – vocativo, 487
– predicativo, 463
– – dell'oggetto, 463
– – del soggetto, 463
composizione, 69-71
composto, 69-70
– colto, 69
– stabile, 69
con, preposizione, 365
concessiva, congiunzione, 366
conclusiva, congiunzione, 367
concordanza, 182
condizionale, congiunzione,
condizionale, modo, 104, 169, 170
– tempi del, 169
– – passato, 169
– – presente, 169
congiuntivo, modo, 162, 163
– tempi del, 162
– – imperfetto, 162
– – passato, 162
– – presente, 162
– – trapassato, 162
congiunzione, 30, 4, 62, 171, 366-372
– composta, 366
– coordinante, 367
– – avversativa, 367
– – conclusiva, 367
– – copulativa, 367

– – correlativa, 367
– – dichiarativa o esplicativa, 367
– – disgiuntiva, 367
– locuzione congiuntiva, 368
– semplice, 368
– subordinante, 368
– – avversativa, 368
– – causale, 368
– – comparativa, 368
– – concessiva, 368
– – condizionale, 368
– – consecutiva, 368
– – dichiarativa, 368
– – esclusiva o eccettuativa, 368
– – finale, 368
– – interrogativa o dubitativa, 368
– – limitativa, 368
– – modale, 368
– – temporale, 368
coniugazione (dei verbi), 191
– ausiliari, 192-193
– difettivi, 205
– forma attiva, 194-196
– forma passiva, 197
– forma riflessiva, 198
– irregolari, 199-205
– prima, 194
– regolare, 191, 194-196
– seconda, 195
– terza, 196
connotativo, significato, 693
connotazione, 79
consecutiva, congiunzione, 389
consonante, 20-22
– affricata, 20
– alveolare, 20
– dentale, 20
– fricativa, 20
– gutturale, 20
– labiale, 20
– labio-dentale, 20
– liquida, 20
– nasale, 20
– occlusiva, 20
– palatale, 20
– sonora, 20
– sorda, 20
coordinazione o paratassi, 509
copula, 401
copulativa, congiunzione, 512
correlativa, congiunzione, 389

D

da, preposizione, 30, 32, 362, 389
del, della, dello, 362
denotativo, significato, 79

derivazione, 62-66
desinenza, 62, 63, 102, 191
di, preposizione, 30, 32, 228, 239, 269, 270
dichiarativa o esplicativa, congiunzione, 389, 512
digramma, 27
diminutivo
– aggettivo, 387
– avverbio, 352
– nome, 662
dipendente, proposizione, → subordinata
discorso, 605-606
– diretto, 605
– indiretto, 605
– indiretto libero, 606
disgiuntiva, congiunzione, 367, 389
dittongo, 18
due punti, 40
durata, 108

E

e, congiunzione, 30, 366
e, vocale, 18
eccettuativa, proposizione, 593
elisione, 32
ellissi, 408
esclusiva, proposizione, 593
esplicativa, congiunzione, 512
esplicita, proposizione indipendente, 506
essere, verbo ausiliare, 138, 401, 407, 411, 465
– coniugazione, 192

F

falsa variazione di genere, 241
famiglia di parole, 86
finale, congiunzione, 368
fonologia, 70
forma (del verbo), 110-133
– attiva, 110-112, 117
– impersonale, 132
– passiva, 121
– pronominale, 127, 129
– riflessiva, 126, 130, 198
– – diretta, 126
– – indiretta, 126
– – reciproca, 126
forma attiva, 121
forma femminile, 102
forma maschile, 179, 183
forma sintetica, 270
formazione (del nome), 247-249
fra, preposizione, 362

A 698

Indice analitico

franco-latinismi, 662-663
frase, 400-447, 504-606
– complessa, 504-527
– ellittica del soggetto, 408
– espansa, 399
– minima, 400
– nominale, 402-403
– semplice, 400-447

G

genere
– alternanza del, 240
– dell'aggettivo, 260, 266
– del nome, 240-241
– del verbo, 110-133
gerundio, modo,
– tempi del, 188
– passato o composto, 188
– presente o semplice, 188
giustapposizione, 512
gruppo
– del predicato, 138
– del soggetto, 138

H

h, 20

I

i, vocale, 18
iato, 18
identificativo, aggettivo e pronome, 321
imperativo, modo, 177
– forme parallele o sostitutive, 177
imperfetto, tempo, 150-151
– conativo, 150
– descrittivo, 150
– di modestia, 150
– ludico, 150
– narrativo o storico, 150
impersonale, forma del verbo, 132-133
implicita, proposizione dipendente, 162
in, preposizione, 362, 389
indefinito
– aggettivo e pronome, 324-325
– verbo, 102-205
indicativo, modo,
– tempi dell', 148-157
– – futuro anteriore, 156
– – futuro semplice, 156
– – imperfetto, 150
– – passato prossimo, 154
– – passato remoto, 151
– – presente, 148

– – trapassato prossimo, 155
– – trapassato remoto, 155
indoeuropee, lingue, 656
infinito, modo, 179
– tempi dell', 179
– passato, 179
– presente, 179
insieme omogeneo, 235
interiezione, 376
– impropria, 376
– propria, 376
interrogativa diretta, 45, 540-542
– disgiuntiva, 541
– semplice, 541
iperonimía, 76
iponimía, 76
ipotassi, o subordinazione, 510
-issimo, suffisso, 270

J

j, 20

K

k, 20

L

lettera, → grafema
lettere dell'alfabeto, 17
– maiuscole, 46
– minuscole, 17
limitativa, congiunzione, 517
lineetta, 47
locuzione
– avverbiale, 421, 518, 562
– congiuntiva, 163, 363, 378, 389
– esclamativa, 379
– impersonale, 163
– preposizionale, 290, 379, 414
– subordinante, 163, 416

M

ma, congiunzione, 366-367
meglio, 270
mentre, 596
metafora, 79
metonimia, 91
mi, particella, 115
modale, congiunzione, 367
modo, del verbo, 104
– finito, 104
– indefinito, 104
monosillaba, parola, 26

– accentata, 28
– atona, enclitica, 28
– atona, proclitica, 28
– non accentata, 28
morfologia, 99

N

ne, particella, 288
neolatine, lingue, 458
neologismi, 63, 656, 678, 691
nome (o sostantivo), 234-253
– ambigenere, 240
– astratto, 235
– collettivo, 235, 239
– composto, 248
– comune, 234
– concreto, 234
– derivato, 247
– di cosa, 234
– di esseri viventi, 240
– di esseri non viventi, 240
– difettivo, 245
– femminile, 240
– forma del, 240-244
– il genere, 240
– – femminile, 240
– – maschile, 240
– indipendente, 240
– invariabile, 245
– mobile, 240
– monosillabi, 245
– non numerabile, 235
– numerabile, 235
– origine latina, 245
– origine straniera, 245
– polisillabo, 245
– primitivo, 247
– promiscuo, 240
– proprio, 234
– – di luogo, 234
– – di persona, 234
– sovrabbondante, 245
– variabile, 244
– – di 1ª classe, 244
– – di 2ª classe, 244
– – di 3ª classe, 244
– verbale, 104
– funzioni del, 233
– significato del, 234
– struttura del, 247
numerale, 331-333
– cardinale, 331
– – a più cifre, 331
– – sostantivato, 332
– collettivo, 331
– distributivo, 331

A **699**

Indice analitico

– frazionario, 331
– moltiplicativo, 332
– ordinale, 331
numero, 18, 26, 62, 102, 121, 191, 244, 260, 288, 316, 324, 362, 386
plurale, 102, 177, 222, 244, 260, 288, 316
singolare, 102, 177, 222, 244, 260, 288, 316

O

o, congiunzione,
o, vocale, 18
oggettiva, proposizione, 528, 530-532, 534
omòfoni, 76
omògrafi, 76
omonimìa, 76
ortografia, 13

P

p, 20
paratassi o coordinazione, 509
parentesi, 47
– quadre, 47
– tonde, 47
parola, 13
– derivata, 63-64
– forma o significante, 61
– frase, 81
– invariabile, 62
– macedonia, 71
– primitiva, 62
– significato, 64
– struttura, 62
– variabile, 62
– uso figurato, 79
– relazione di significato, 76
– famiglia di, 86
particella pronominale, → pronome personale atono
participio, modo, 104
– funzione nominale, 104
– tempi del, 182-183
– – passato, 182
– – presente, 182
passiva, forma del verbo, 121
peggiorativo
– aggettivo, 266
– nome, 247
per, preposizione, 362
perché, 554, 596
periodo, sintassi del, 504-606
periodo ipotetico, 580-584
– irrealtà, 581

– possibilità, 581
– realtà, 580
persona, del verbo, 102
– 1ª, 102
– 2ª, 102
– 3ª, 102
piana, parola, 28
più, avverbio, 269
plurale, 244-245
plurale di modestia, 290
pluralis maiestatis, 290
polisemìa, 76
polisillaba, parola, 26
polisindeto, 512
predicato, 101, 104, 138, 143, 182, 406-407
– ellissi del, 408
– nominale, 407
– verbale, 406
prefissazione, 63
prefisso, 63-65
preposizione, 112, 143, 228, 290, 362-364
– impropria, 362
– locuzioni preposizionali, 362
– propria, 362
– – articolata, 362
– – semplice, 362
presente, tempo, 105, 148-149
– atemporale o acronico, 148
– per il futuro, 149
– storico, 149
prestito, 72-73
– integrato, 72
– non integrato, 72
– interno, 72
principale, proposizione, 504-510
– dubitativa, 507
– enunciativa, 506
– esclamativa, 507
– interrogativa, 506
– – diretta, 506
– volitiva, 506
pronome, 61, 288-341
– dimostrativo, 320
– esclamativo, 324
– funzione, 287-288
– indefinito, 324
– interrogativo, 327
– misto o doppio, 305
– personale, 288
– – allocutivo, 292
– – atono, 290
– – – enclitico, 290
– – – proclitico,
– – complemento, 290
– – riflessivo, 299
– – soggetto, 289-290

– – tonico, 290
– possessivo, 316
– relativo, 304, 309
pronominale, forma del verbo, 110-115
proposizione, 503-584
– coordinata, 509-510
– dipendente, → subordinata
– esplicita, 506
– implicita, 506
– incidentale, 505
– indipendente, 504
protasi, 169
punteggiatura, 40
puntini di sospensione, 47
punto, 45
punto e virgola, 40-42
punto esclamativo, 45
punto interrogativo, 45

Q

quadrisillaba, parola, 26
quando, 596

R

radice, 62
rafforzativo, 291, 299, 301
riflessiva, forma del verbo, 126-127

S

sdrucciola, parola, 26
se, congiunzione, 169
semiconsonante, 20
semivocale, 18
senso assoluto, 111
si, particella,
significato diverso, 245
significato uguale, 245
sillaba, 26-27
– aperta, 26
– atona, 26
– chiusa, 26
– divisione in, 27
– tonica, 26
similitudine, 79
sineddoche, 76
sinonimìa, 81
sintagma, 402-404
– avverbiale, 403
– nominale, 403
– preposizionale, 403
– verbale, 403
sintassi, 400-492, 503-606

A 700

Indice analitico

– del periodo, 503-606
– della frase semplice, 400-492
slash, → barra
soggettiva, proposizione, 416-417
soggetto, 416
– espresso, 417
– mancante, 417
– partitivo, 417
– sottinteso, 417
sostantivato, aggettivo, 264
sostantivo, → nome
spersonalizzare il discorso, 290
stile nominale, 408
su, preposizione, 362
subordinata, proposizione dipendente, 504-521
– attributiva o appositiva, 517
– – relativa propria, 517
– circostanziale o avverbiale o complementare indiretta, 517
– – avversativa, 591
– – causale, 554
– – comparativa, 589
– – – di maggioranza, 589
– – – di minoranza, 589
– – – di uguaglianza, 589
– – concessiva, 571
– – condizionale e periodo ipotetico, 580
– – consecutiva, 562
– – eccettuativa, 593
– – esclusiva, 593
– – finale, 556
– – limitativa, 594
– – modale, 576
– – relativa propria, 546
– – strumentale, 577
– – temporale, 567
– – completiva o sostantiva o complementare diretta, 528
– – dichiarativa, 533
– – interrogativa indiretta, 540
– – oggettiva, 530
– – soggettiva, 528
subordinazione o ipotassi, 510
suffisso, 48, 63-66
– alterativo, 63
superlativo, aggettivo, 270-271
– assoluto, 270
– relativo, 270
svolgimento, 108

T

tema, della parola, 62
tempo, del verbo, 104-106
– assoluto, 105
– composto, 106
– futuro, 105
– passato, 105
– presente, 105
– rapporto di, 105, 107, 148-149
– – anteriorità, 105, 107, 148-149
– – contemporaneità, 105, 107, 148-149
– – posteriorità, 105, 107, 148-149
– relativo, 105
– semplice, 106
temporale, proposizione, 567-568
termine di paragone, 269
– primo, 269
– secondo, 269
ti, particella, 115, 129-130
tonica, sillaba, 28
tra, 362
trattino, 47
trigramma, 22
trisdrucciola, parola, 28
trisillaba, parola, 26
trittongo, 18
tronca, parola, 32
troncamento, 32

U

u, vocale, 18
unità lessicali superiori, 45

V

valenza, 400
verbo (o verbi), 102
– aspetto dell'azione del, 108
– composto, 169
– coniugazione del, 191-205
– – attiva, 192-195
– – passiva, 197
– – riflessiva, 198
– forma del, 110
– fraseologico, 108
– – aspettuale, 108
– – causativo, 108
– funzione del, 138
– – copulativi, 138
– – ausiliari, 141
– – servili, 143
– genere del, 110
– impersonale, 132
– intransitivo, 112
– modo, 104
– – finito, 104
– – indefinito, 104
– numero del, 102
– persona del, 102
– predicativo, 139
– pronominale, 141
– riflessivo, 110, 126
– struttura del, 102
– tempo, 105
– transitivo, 110-111
vezzeggiativo
– aggettivo, 269
– avverbio, 352
– nome, 247
vi, particella, 216-127
virgola, 40
virgolette, 47
– alte, 47
– apici, 47
– basse, 47
vocale, 18
– aperta, 18
– chiusa, 18
– gruppo vocalico, 18
voci onomatopeiche, 376
volitiva, proposizione, 506
– concessiva, 506
– desiderativa, 506
– esortativa, 506

W

w, 20

X

x, 20

Y

y, 20

Z

z, 20

internet: deascuola.it
e-mail: info@deascuola.it

Redattore responsabile: Sergio Raffaele
Redazione e ricerca iconografica: Monica Garbarini
Redazione multimediale: Sergio Raffaele
Tecnico responsabile: Daniela Maieron
Progetto grafico: Gloriana Conte
Impaginazione: Fotocomposizione Finotello snc – Borgo San Dalmazzo (CN)
Copertina: Simona Corniola, Erika Barabino
Illustrazioni: Erika Barabino

Art Director: Nadia Maestri

Si ringrazia il professor Raffaele Girasole per la consulenza didattica e la stesura di parte degli esercizi.

Proprietà letteraria riservata
© 2016 De Agostini Scuola SpA – Novara
1a edizione: gennaio 2016
Printed in Italy

Le fotografie di questo volume sono state fornite da: De Agostini Picture Library, Corbis, Getty Images, Shutterstock.
Illustrazione in copertina: Erika Barabino

L'editore dichiara la propria disponibilità a regolarizzare eventuali omissioni o errori di attribuzione.
Nel rispetto del DL 74/92 sulla trasparenza nella pubblicità, le immagini escludono ogni e qualsiasi possibile intenzione o effetto promozionale verso i lettori.
Tutti i diritti riservati. Nessuna parte del materiale protetto da questo copyright potrà essere riprodotta in alcuna forma senza l'autorizzazione scritta dell'Editore.

Fotocopie per uso personale del lettore possono essere effettuate nei limiti del 15% di ciascun volume dietro pagamento alla SIAE del compenso previsto dall'art. 68, commi 4 e 5, della legge 22 aprile 1941 n. 633.
Le fotocopie effettuate per finalità di carattere professionale, economico o commerciale o comunque per uso diverso da quello personale possono essere effettuate a seguito di specifica autorizzazione rilasciata da CLEARedi, Centro Licenze e Autorizzazioni per le Riproduzioni Editoriali, Corso di Porta Romana, 108 – 20122 Milano – e-mail: *autorizzazioni@clearedi.org* e sito web *www.clearedi.org*.
Eventuali segnalazioni di errori, refusi, richieste di chiarimento di funzionamento tecnico dei supporti multimediali o spiegazioni sulle scelte operate dagli autori e dalla Casa Editrice possono essere inviate all'indirizzo di posta elettronica *info@deascuola.it*.

Stampa: Grafica Veneta SpA – Trebaseleghe (PD)

Ristampa:	2	3	4	5	6	7	8	9	10	11
Anno:	2017		2018		2019		2020		2021	

Appunti

Appunti

Appunti

Appunti

Appunti

Appunti

Appunti

Appunti

Appunti

Appunti

Appunti

Appunti

Appunti

Appunti

Appunti

Appunti